全本全注全译丛书

中华经典名著

陈广忠◎译注

淮南子 上

中华书局

图书在版编目 (CIP) 数据

淮南子/陈广忠译注. —2 版. —北京: 中华书局, 2022. 3
(2025. 4 重印)
（中华经典名著全本全注全译丛书）
ISBN 978-7-101-15650-8

Ⅰ. 淮… Ⅱ. 陈… Ⅲ. ①杂家-中国-西汉时代②《淮南子》
-译文③《淮南子》-注释 Ⅳ. B234.42

中国版本图书馆 CIP 数据核字 (2022) 第 033973 号

书　　名	淮南子 (全二册)
译 注 者	陈广忠
丛 书 名	中华经典名著全本全注全译丛书
责 任 编 辑	舒　琴
责 任 印 制	管　斌
出 版 发 行	中华书局
	（北京市丰台区太平桥西里 38 号　100073）
	http://www. zhbc. com. cn
	E-mail: zhbc@ zhbc. com. cn
印　　刷	北京盛通印刷股份有限公司
版　　次	2012 年 1 月第 1 版
	2022 年 3 月第 2 版
	2025 年 4 月第 18 次印刷
规　　格	开本/880×1230 毫米　1/32
	印张 40⅝　字数 750 千字
印　　数	121001-129000 册
国 际 书 号	ISBN 978-7-101-15650-8
定　　价	89.00 元

目 录

前　言

　　在 2100 年前的西汉前期，江淮之间出现了一个重要的文化学术中心。数千名"俊伟之士"，云集古都寿春，纵论天下兴亡，探讨学术方技，寻求治国良方，而他的倡导者，就是被南宋史学家高似孙在《子略》中称为"天下奇才"的淮南王刘安。

一　天下奇才

　　淮南王刘安（前 179—前 122）为汉高祖刘邦之孙，淮南厉王刘长之子，为王 42 年，享年 58 岁。淮南王博学多才，思维敏捷，著述宏富，留下的主要著作就有二十多种，涉及哲学、文学、音乐、自然科学等众多领域，成为一座智慧的宝库。《汉书·淮南衡山济北王传》中说：

> 淮南王安为人好书鼓琴，不喜弋猎狗马驰骋。……招致宾客方术之士数千人，作为《内书》二十一篇，《外书》甚众，又有《中篇》八卷，言神仙黄白之术，亦二十余万言。……初，安入朝，献所作《内篇》，新出，上爱秘之。使为《离骚传》，旦受诏，日食时上。又献《颂德》及《长安都国颂》。

　　这里记载，属于叔辈、41 岁的淮南王于前 139 年，将《内篇》作为珍贵的礼品，献给即位刚两年、年仅 18 岁的侄辈皇帝汉武帝。当时还写下了评论《离骚》的专论《离骚传》，这是我国最早研究《离骚》的文章，莫定了两千年来评价《离骚》的基调。淮南王作为西汉文学巨子,谙于辞赋。《汉志》中载有"淮南王赋八十三篇,淮南王群臣赋四十四篇;淮南歌诗四篇"。淮南王及群臣的辞赋著作,占《汉志》"屈原赋"类著作的三分之一。淮南王特别爱好"鼓琴",在《汉志》中就留下了《琴颂》的篇名。在梁代萧统编的《文选》中,收有题名刘安的《招隐士》。在《古文苑》中,载有刘安的《屏风赋》。淮南王在《易》学研究方面也极为突出。《汉志》所载《易》类18种学术著作,就有"《淮南道训》二篇"。淮南王聘请九个高明的《易》学专家,潜心研究天地阴阳变化之道,又称"九师说"。淮南王对《老子》、《庄子》的道家思想进行了精深的研究,并有所创新。著有《庄子略要》和《庄子后解》,《文选》李善注中多处引用了两书的佚文。

　　淮南王在自然科学研究方面,也做出了杰出的贡献。淮南王所著的《外书》、《中篇》数十万言,已全部失传。而《汉书·楚元王传》中记载:

　　　　上(即汉宣帝)复兴神仙方术之事,而淮南有《枕中鸿宝苑秘
　　书》。书言神仙使鬼物为金之术,及邹衍《重道延命方》,世人莫见。
　　而更生父德武帝时治淮南狱得其书。

　　这两部大约是养生术和炼丹术著作,所记载的是"神仙黄白之术"。"神仙"研究的是"保性命之真"的方技,包括导引、按摩、吐纳、服饵等。"黄白"即用化学方法从各种矿物质中提炼黄金白银。当年刘向曾按书中方法提炼黄金,没有成功。而在《淮南万毕术》中,也记载了大量的科技研究成果。淮南王对天文学也做过研究。《汉志》"天文类"中有《淮南杂子星》十五卷。除了上述记载以外,见于《隋书·经籍志》的,尚有《汉淮南王集》一卷、《淮南变化术》一卷、《淮南中经》四卷、《淮南八公相鹤经》二卷等。

　　淮南王的上书仅存一篇。建元三年(前138年),闽越伐围东瓯,东瓯告急于汉。建元六年(前135年),闽越又举兵攻击南越,刘安给武帝上书,留下了《谏伐闽越文》,保存在《汉书·严助传》之中。

可以知道，淮南王著述之丰富，涉猎之广泛，影响之深远，都是罕见的，而被高似孙称为"天下奇才"，亦是恰如其分的。

二　绝代奇书

淮南王的著作流传至今的，主要是《淮南子》。全书二十一卷，二十余万言（今存仅 131,324 字）。刘安称之为《鸿烈》和《刘氏之书》。究其写作宗旨，《要略》中说："若刘氏之书，观天地之象，通古今之论，权事而立制，度形而施宜。"含有成一家之言的意思。当代学者胡适在《淮南鸿烈集解·序》中誉之为"绝代奇书"，就其思想体系和影响来说，自然是独树一帜，有其奇特之处。

祖、父辈的自杀惨剧，宫廷斗争的暗无天日，秦汉战争的生灵涂炭，"文景之治"的相对繁荣与隐藏的深刻的社会矛盾，凡此种种，促使这位饱学的侯王，不断思索着天下长治久安之策，于是《淮南子》这部融黄老道家的自然天道观、儒家的仁政学说、法家的进步历史观、阴阳家的阴阳变化理论以及兵家的战略战术等各家思想精华为一体，而以道家思想为主旨的学术创新之作，便在他的主持之下，应运而生了。

其一，《淮南子》思想深邃，理论透辟，集道家之大成。

东汉高诱《淮南子注·叙》中指出："其旨近《老子》，淡泊无为，蹈虚守静，出入经道。"近代学者梁启超在《中国近三百年学术史》中这样说："《淮南鸿烈》为西汉道家言之渊府，其书博大而有条贯，汉人著述中第一流也。"又在《汉书艺文志诸子略考释》中说："《淮南鸿烈》实可谓集道家学说之大成。"《淮南子》设有《原道》、《道应》、《俶真》、《精神》等篇，探讨"道"的精义、道家的宇宙生成论以及道家生命的学说，仅《道应》就引用《老子》52 处；而全书引用的《庄子》，王叔岷认为有 223 处。《淮南子》的"道"论及"无为"论，全部来源于《老》、《庄》，而第一次对春秋以来流行三百五十余年的"无为"论，进行了全新的阐释：

　　所谓无为者，不先物为也；所谓无不为者，因物之所为也；所谓

无治者,不易自然也;所谓无不治者,因物之相然也。(《原道训》)

或曰:"无为者,寂然无声,漠然不动,引之不来,推之不往,如此者乃得道之像。"吾以为不然。……圣人忧民,如此其明也,而称以无为,岂不悖哉!(《脩务训》)

若吾所谓无为者,私志不得入公道,耆欲不得枉正术,循理而举事,因资而立[功],权自然之势,而曲故不得容者,政事而身弗伐,功立而名弗有,非谓其感而不应,攻而不动者。若夫以火熯井,以淮灌山,此用己而背自然,故谓之有为。若夫水之用舟,沙之用鸠,泥之用輴,山之用蔂……此非吾所谓为之。《脩务训》)

何谓无为?智者不以位为事,勇者不以位为暴,仁者不以位为惠,可谓无为矣。(《诠言训》)

可以知道,《淮南子》的"无为",不是无所作为,消极顺应自然,而是按照"自然之势"和人类自身及社会规律办事,不要人为地违背它,这样才能实现"无为"而"无不为"的完整统一。而那种"以淮灌山"、不尊重自然规律、得不偿失的荒唐行动,才叫"有为"。这就彻底划清了"无为"与"有为"的界限。可以说,这是《淮南子》对道家理论的创新,成为西汉治国、修身的利器之一。

其二,《淮南子》文笔瑰丽,雄浑多姿,成为"文宗秦汉"的典范作品。

高似孙在《子略》中说:"《淮南》之奇,出于《离骚》;《淮南》之放,得于《庄》、《列》;《淮南》之议论,错于不韦之流。"《淮南子》博采众长,继承了先秦文学和诸子的创作手法,开创了具有鲜明西汉特色的雄浑博大而又绚丽多彩的文风。道家思想的超逸和对精神自由的追求,楚文化的瑰丽神奇和浓重的浪漫气息,成为韵、散结合的西汉政论散文的典范,对汉赋及其后的文学创作产生了重要的影响。《淮南子》对艺术形式的运用,独具匠心而得心应手,长于铺陈而又妙语连珠,巧设譬喻和善用神话故事,一气呵成而又韵律和谐。《淮南子》的文采,冠绝一世,备受历代文人青睐。南朝梁代文论家刘勰在《文心雕龙》中多次评论淮南王及其作品："是以淮南有英才,武帝命相如视草"(《诏策》),"《淮南》泛采而文丽",《淮南》有倾天折地之说"(《诸子》),"淮南崇朝而赋《骚》"(《神思》),"而楚人之多才乎! 昔汉武爱《骚》,而淮南作传"(《辨骚》)。刘勰对淮南王的才华和《淮南子》的"文丽",极为推崇,并给予了准确的定位。

其三,《淮南子》中杰出的科技成就,泽惠古今,令人称"绝"。

《淮南子》虽不是自然科学著作,但其中牵涉到的如天文、物理、化学、农学、医药、水利、气象、物候、地理、生物进化、乐律、度量衡等诸方面的科技成果,成为其宇宙自然观的重要组成部分,代表了汉代的最高科技水平,有的流传两千余年,到今天仍然泽惠后人。

比如:二十四节气的完整、科学的总结,第一次见于《淮南子·天文训》:"两维之间九十一度十六分度之五,而斗日行一度,十五日为一节,以生二十四时之变。"《淮南子》中用北斗斗柄的旋转来确定季节,构成了一个天象、四季、二十四节气、十二月、农事、物候、气象、干支、音律、方位等的完整体系,成为两千余年我国历代朝廷施政、农事、祭祀、渔猎、实施刑法、军事活动等各种大事的主要依据,也成为道家天道观中顺应自然,与自然和谐相处的重要内容。

《淮南万毕术》中对利用太阳聚焦取火,也有奇妙的创造:"削冰令圆,举以向日,以艾承其影,则火生。"

其制作方法是:把坚冰打磨成圆形凸透镜的形状,对着太阳,能够使光线折射会聚为太阳的"影子",把艾叶放在后面,就能使它燃烧。水火不相容。制成冰透镜后,却能得火而冰不致融化,这真是巧夺天工的创造。

可以知道,《淮南子》作为西汉黄老道家治国理论的结晶和汉代科技成就的最高代表,在中国古代学术文化史上,确实是空前绝后的,胡适称为"绝代奇书",是实事求是的。

三　研究与版本

　　《淮南子》问世之后,引起了汉代朝野的极大关注。见于记载的就有汉武帝、刘向、刘歆、扬雄、王充、许慎、马融、卢植、高诱、应劭等人。当然司马谈、司马迁父子,应该对《淮南子》也不陌生。在《史记》三家注中,就引用《淮南子》七十多条,说明《史记》对《淮南子》采摘甚多。东汉学者许慎大约在42岁作《淮南间诂》,并把研究成果写入《说文解字》之中。150年后,汉末学者高诱,继承前贤研究成果,前后用了八年时间,完成了《淮南子注》。许慎、高诱,成了汉代研究《淮南子》的功臣。

　　到了宋代,许慎和高诱注本,皆成了残卷。北宋学者苏颂《校淮南子题序》中认定八篇为许注,十三篇为高注,但两家注文皆已相掺。现在保存最早的二十一卷北宋本,是由清代道光年间刘泖生所抄,1920年收入上海涵芬楼影印的《四部丛刊·子部》之中。《淮南子》的另一种主要版本是二十八卷本,收入明英宗正统十年(1445)《正统道藏·太清部》第863—867册。其中把《原道》、《俶真》、《天文》、《地形》、《时则》、《主术》、《氾论》分成上、下,形成独特的版本体系。

　　《淮南子》传入日本很早。在《日本国见在书目》中,收录唐代或唐代之前《淮南子》注本就有三部,许慎、高诱各有二十一卷本。日本发现的唐抄本《淮南鸿烈兵略残卷》,说明唐代之前许慎注本已传入日本。而在日本 Naikaku Bunk 保存的朝鲜活字本《淮南鸿烈解》二十八卷,大约成书于1670年前后。就是说,在清朝康熙九年,《淮南子》在朝鲜半岛已经刊印。

　　在中国数千年的学术史上,两千一百年间,《淮南子》研究成为一大奇观。首先是同朝代的许慎、高诱等,潜心研究《淮南子》。高诱曾在《淮南子注·叙》中发出这样的感慨:"故夫学者不论《淮南》,则不知大道之深也。是以先贤通儒述作之士,莫不援采以验经传。"一千五百年后,清代乾嘉及其后的学者王念孙、王引之、黄丕烈、顾广圻、庄逵吉、钱

塘、卢文弨、朱骏声、曾国藩、吴汝纶等,又进行了深入的研究。其中对
《淮南子》进行校勘的是学术巨擘王念孙。这位 70 高龄的学者,九校
《淮南子》,订正九百余条,其精华留在《读书杂志·淮南内篇》二十二卷
之中。另一位学者钱塘,为《天文训》作了《补注》。严谨的学者高诱,对
于《天文训》,留下了"诱不敏也"的记载,给后人研读天书,带来了一定
的困难。钱塘前后用了十年时间,呕心沥血,终于完成了不朽之作《淮
南天文训补注》,使极其复杂而宝贵的《天文训》的要义,可以为后代学
者理解和运用。到了清季晚期及近、现、当代,大批的研究者踵武先贤,
继续求索。梁启超、胡适、吴承仕、杨树达、马宗霍、于省吾、刘文典、何
宁、张双棣等人皆有评论和著作问世。1931 年出版的胡适《淮南王书》
中,首先对《淮南子》的政治、哲学思想进行了研究,认为"道家集古代思
想的大成,而《淮南书》又集道家的大成"。香港学者刘典爵、中国台湾
学者于大成、美国学者安乐哲、加拿大学者白光华、日本学者池田知久
等,也都致力于《淮南子》研究,成就卓著。可以说,至少在唐代,《淮南
子》就已经走向了世界。

四　本书整理方式

本书采用的底本是上海涵芬楼影印刘泖生影写北宋本。用作对校
的有明《道藏》本、清《道藏辑要》本,用作参校的有明刘绩《补注》本、文
渊阁《四库全书》本、清庄逵吉本等,并参考古今中外数十种《淮南子》研
究资料。精心校勘,力求保持宋本原貌,而又融会最新研究成果。

对影宋本注文的处理,采用北宋苏颂《校淮南子题序》、清劳格《读
书杂识》、清陶方琦《淮南许注异同诂》、清陆心源《仪顾堂集》之观点,认
为《缪称》、《齐俗》、《道应》、《诠言》、《兵略》、《人间》、《泰族》、《要略》八
篇为许慎注,其余十三篇为高诱注。然二注已多有相掺。

对北宋钞本之误进行校定。其校勘结论,在注释中加以说明。北

宋本衍文用（　）表示，如《天文训》："道（曰规）始于一。"脱文用〔　〕表示，如《原道训》："夫精〔神〕气志者。"

本书注文除了依据许慎、高诱原注外，并参照《尔雅》、《说文》、《方言》、《广雅》等，力求符合原意。注音采用《说文》、《广韵》、《集韵》、《韵镜》等记载，按照语言演变规律，标出今音。译文以直译为主，基本采取句句对译的形式，使古今文义一目了然。

对本书正文的分章析句，基本上以韵段划分为主，并参照其他版本，斟酌而成。

本书采用标准的简化字。文中出现的异体字、古今字、通假字，除通假、古今字基本保持原貌外，异体字大多以简化正字取代。由于校勘需要、繁简字对应有误、繁简字无法对应等原因，保留了少量的异体和繁体字。

陈广忠

于安徽大学草野居

2011 年 8 月 25 日

附　记

本次修订，增加了一些内容。主要有：补充了《地形训》五行相生相克图（221 页）。《淮南子》中第一次完整地记载了五行生克及五行休王理论，这一学术观点备受后人重视；增加了对五行内容的解释（175、222页）；补充了"五德转移"说的解释（591 页）；参考《道藏本》二十八卷本，调整了部分段落（24、25、26 页）；依照刘绩补注本，补充了"脾主舌"的内容（340 页），与"脾为雷"相应，五藏所主归于完整。并改正了一些误字。

2014 年 3 月

第一卷　原道训

【题解】

《淮南子》中的"道",指的是自然规律和宇宙本原。"本道根真,包裹天地,以历万物"。空间上包容一切,时间上无穷无尽。它无所不包,无处不在,是不以人的意志为转移的客观存在。因此治政要实行"无为而治"。作者对"无为"、"无不为"、"无治"、"无不治"等流行说法,重新进行了界定,并赋予了新的内涵,发展了先秦道家的"无为"论。同时,作者表达了道家的"真"、"静"人性观:"人生而静,天之性也。"而与此有关的生命问题,作者认为形、气、神为生命三大要素,互相依存,而"神为之使"。作者强调只有掌握"道"的规律,才能适应自然、社会及人类自身的发展变化。全书以探索"道"之原开篇,并以其为核心贯穿全书,充分显示了汉初黄老道家代表作《淮南子》立论之宏伟、包容之广大及体例之缜密。

陶方琦《淮南许注异同诂》:序目有"因以题篇"语,乃高注本也。与旧辑许君残注本较之,说多异。

夫道者①,覆天载地,廓四方②,柝八极③;高不可际④,深不可测。包裹天地,禀授无形⑤;原流泉浡⑥,冲而徐盈⑦;混混汩汩⑧,浊而徐清。故植之而塞于天地⑨,横之而弥于四海⑩；施之无穷⑪，而无所朝夕⑫；舒之幎于六合⑬，卷之不盈于一握⑭。约而能张⑮，幽而能明⑯；弱而能强，柔而能刚；横四维而含阴阳⑰，绲宇宙而章三光⑱。甚淖而滒⑲，甚纤而微；山以之高，渊以之深；兽以之走，鸟以之飞。日月以之明，星历以之行；麟以之游，凤以之翔。泰古二皇⑳，得道之柄，立于中央；神与化游，以抚四方。

【注释】

①道：指自然规律和宇宙本原。

②廓（kuò）：张大。

③柝：通"拓"，扩大。八极：八方极远之处。

④际：到达。

⑤禀授：给予。无形：指万物没有形成之时。

⑥原：水源。滂：指水盛涌出。

⑦冲：通"盅"，空虚。

⑧混混：水流不绝的样子。汩汩（gǔ）：水流声。

⑨植：树立。塞：充满。

⑩弥：通"縻"，牵系。

⑪施：使用。

⑫无所朝夕：指道永恒，没有时间、空间的变化。黄锡禧本作"无朝夕盛衰"。

⑬舒：舒散。幎（mì）：覆盖。六合：高诱注：孟春与孟秋为合，仲春与仲秋为合，季秋与季春为合，孟夏与孟冬为合，仲夏与仲冬为合，季夏与季冬为合，故曰六合。言满天地间也。一曰四方上下为六合。

⑭一握：一把。极言其小。

⑮约：缠束。

⑯幽：幽暗。

⑰四维：四角、四隅。

⑱绗(xuàn)：维系。宇宙：高诱注：四方上下曰宇，古往今来曰宙。
按，指时间和空间。《文子·自然》作"往古来今曰宙"。章：通
"彰"，显明。三光：指日、月、星。

⑲淖㴽(nào gē)：柔和的样子。

⑳二皇：指伏羲、神农。

【译文】

道，覆盖上天运载大地，扩展到四方，延绵到八极；高度不能够到
达，深度不能够测量。包容天地，施予万物；像泉水涓涓流淌，由空虚却
能逐渐充实；似急流汹涌，由混浊却能逐渐澄清。把它直立起来可以充
满天地，把它横放着可以系联四海；使用它无穷无尽，而永远没有盛衰；
舒展起来可以覆盖六合，卷拢起来还不满一把。捆束起来却能够张大，
幽暗之时却能大放光明；弱小的时候却能强大，柔软的时候却能刚强；
横贯着天地而包含着阴阳，维系着宇宙而使日月星发光。极其柔和，非
常细微；山岳依靠它而高耸，潭渊凭借它而变深，野兽依靠它而奔跑，鸟
类凭借它而高飞；日月依靠它而光明，星辰凭借它而运行；麒麟依靠它
而出游，凤凰凭借它而翱翔。远古伏羲、神农两位帝王，掌握了道的枢
要，而处在天地的中央；精神和万物变化相结合，来安抚天下之民。

是故能天运地滞①，轮转而无废②；水流而不止，与万物
终始。风兴云蒸，事无不应③；雷声雨降④，并应无穷。鬼出
电入⑤，龙兴鸾集；钧旋毂转⑥，周而复匝⑦。已雕已琢，还反
于朴⑧。无为为之⑨，而合于道；无为言之，而通乎德；恬愉无
矜⑩，而得于和；有万不同，而便于性。神托于秋毫之末⑪，而

大与宇宙之总⑫。其德优天地而和阴阳⑬,节四时而调五行⑭;呴谕覆育⑮,万物群生;润于草木,浸于金石;禽兽硕大,豪毛润泽;羽翼奋也⑯,角骼生也⑰;兽胎不贕⑱,鸟卵不毈⑲。父无丧子之忧,兄无哭弟之哀;童子不孤⑳,妇人不孀㉑;虹霓不出,贼星不行㉒,含德之所致㉓。

【注释】

①天运地滞:记述的是盖天说,即"天圆地方"。运,运行。滞,停止。

②废:休止。

③应:相应。

④声:指雷鸣。

⑤鬼出:指没有踪迹。电入:指速度迅疾。电,指电神。

⑥钧:古代制造陶器所用的转轮。毂(gǔ):车毂,车轮的中心部位。

⑦匝(zā):周还。

⑧朴:指原始自然质朴的存在,即指道。《老子》二十八章:"朴散则为器。"

⑨无为:指顺应自然规律。

⑩恬愉:安静,安适。矜(jīn):自大。篆作"矝"。

⑪神:精神。秋毫之末:喻极微细的事物。

⑫宇宙之总:天地的总和。

⑬优:和柔。和:和调。

⑭四时:四季。五行:金、木、水、火、土。

⑮呴谕:通"煦妪",温恤。育:生长。

⑯奋:健壮。

⑰角骼(gé):"角"指鹿角,"骼"指麋角。

⑱觫(dú)：兽未出生而死。

⑲鷇(duàn)：鸟卵孵不出。北宋本原作"鷇"，形误。当正。

⑳孤：无父曰孤。

㉑孀：指寡妇。

㉒贼星：妖星。

㉓含：含怀。

【译文】

　　因此能使上天运行而大地不动，像车轮绕轴运行永不休止；像水流向下不会停息，和万物共相终始。如同风起便会云升，事物中没有不是互相应和的；像雷声轰鸣大雨便要降落，同时应对不会停止；像鬼魂出现没有踪迹、像闪电那样迅疾，似神龙兴起、鸷鸟聚集；像钧轮旋转车毂运行，周而复始。虽经雕琢刻画，仍然保持质朴本色。二王不加做作而做出的事情，都符合道的规律；不加修饰而发表的言论，都和德相通；安适而不自傲，上下得到和谐；万事万物虽有不同，而都符合人的天性。精神虽然有时处在细微之处，而扩大时却超过宇宙的总合。其美德覆盖着天地而协调着阴阳，节制四时而调和五行；温愉化育，万物一起生长；滋润了草木，浸透到金石之中；飞禽走兽健壮肥大，羽毛光泽润滑；鸟类翅膀强硬，鹿麕之类得到生养；野兽怀孕无死胎，鸟儿孵卵无不出；父亲没有丧子的忧愁，兄长也没有失弟的悲哀；孩童不会成为孤儿，妇人不会做寡妇；虹霓不会出现，妖星不会运行，这是二王含怀的德泽造成的。

　　夫太上之道①，生万物而不有，成化像而弗宰②。跂行喙息③，蝡飞蠕动④，待而后生，莫之知德；待之后死，莫之能怨。得以利者不能誉，用而败者不能非；收聚畜积而不加富，布施禀授而不益贫；旋县而不可究⑤，纤微而不可勤⑥；累之而不高,堕之而不下;益之而不众,损之而不寡;斫之而不薄⑦,杀之而不残;凿之而不深,填之而不浅。忽兮恍兮,不可为象兮;恍兮忽兮,用不屈兮;幽兮冥兮,应无形兮⑧;遂兮洞兮⑨,不虚动兮;与刚柔卷舒兮⑩,与阴阳俯仰兮⑪。

【注释】

①太上:指最高的。

②化像:自然造化而生成的物像。

③跂(qí)行:用足行走。喙(huì)息:用嘴呼吸。

④蠉(xuān)飞:指虫类飞行。蠕(rú)动:爬行的虫类。

⑤旋县:双声叠韵连绵词,形容微小的样子。

⑥勤:穷尽。

⑦斫(zhuó):砍削。

⑧"忽兮"六句:化自《老子》二十一章。《文子·道原》略同。忽恍,似有似无的样子。象,形象。屈,枯竭。幽冥,渺茫的样子。

⑨遂、洞:深远的样子。遂,通"邃"。

⑩卷舒:屈伸。

⑪俯仰:升降。

【译文】

最高的道,产生万物却不据为己有,化生成万物的形象却不去主宰。那些用脚行走用嘴呼吸的动物,飞行和爬行的昆虫类,依靠它然后才能产生,但是没有什么动物感戴它的恩德;依赖它而后死去,也没有哪一物类怨恨它。得到利益的人不能够赞誉它,采用它而失败的人也不去非难它;收敛积聚而不增加财富,施舍赈救也不会增加贫困;极其渺小而无法深究,特别细微而又没有穷尽;累叠它而不会增高,堕毁它也不会倒下;使它增加却不见变多,使它削弱而又不会减少;砍削它不会变薄,杀戮它不会伤残;挖凿它而不会变深,填塞它而不会变浅。若有若无啊，不能够描绘形象啊；似存似亡啊，使用不会枯竭啊；渺渺茫茫啊，相应没有形体啊；幽深难测啊，不会虚妄行动啊；和刚柔一起屈伸啊，与阴阳一起升降啊。

　　昔者冯夷、大丙之御也①，乘云车②，入云霓③；游微雾④，骛恍忽⑤；历远弥高以极往，经霜雪而无迹，照日光而无景；扶摇抮抱羊角而上⑥，经纪山川⑦，蹈腾昆仑⑧；排阊阖⑨，沦天门⑩。末世之御，虽有轻车良马，劲策利錣⑪，不能与之争先。

【注释】

①冯夷、大丙："夷"又作"迟"。"丙"又作"白"。二人为传说中的仙人。一说为河神。

②乘云车：《太平御览》卷十四《天部》十四引此作"乘雷车，驾云虹"。

③入云霓：《文选·〈七发〉》李善注引《淮南子》作"六云霓"。

④微雾：天之微气。

⑤骛（wù）：奔驰。恍忽：无形之象。

⑥扶摇：盘旋而起的暴风。抮（zhěn）抱：旋转曲折。《广雅·释训》："轸轹（zhěn sè），转戾也。"抮抱，当作"抮抱（sè）"。羊角：曲折上行的旋风。

⑦经：行。纪：通。

⑧蹈：踏。腾：上。昆仑：高诱注：山名也。在西北，其高万九千里，河之所出。

⑨排：推开。阊阖（chāng hé）：升天之门。许慎《说文》：阊，天门也。楚人名门曰阊阖。

⑩沦：进入。天门：指上帝所居紫微宫门。

⑪策：马鞭。锲（zhuì）：指马鞭末端的刺针。北宋本原作"锲"。刘
  绩《补注》本作"锲"。据正。

【译文】

从前冯夷、大丙的御术，乘坐雷公之车，用六条云霓为马；行走在微
气之中，奔驰在浩渺的太空；历经高远而驰往无极，踏过霜雪而没有痕
迹，日光照射而没有影子；随着旋转的扶摇、羊角大风向上飞行，穿过高
山大川，踏上昆仑之巅；推开登天之门，进入到天帝的宫廷。末世的驾
驭者，即使有轻便车子和上等好马，坚固的鞭子和锋利的刺针，也不能
和他们争个先后。

是故大丈夫恬然无思①，澹然无虑②；以天为盖，以地为
舆③；四时为马，阴阳为御；乘云陵霄，与造化者俱④；纵志舒
节，以驰大区⑤；可以步而步⑥，可以骤而骤⑦；令雨师洒道⑧，
使风伯扫尘⑨；电以为鞭策，雷以为车轮；上游于霄霈之野⑩，
下出于无垠之门⑪；刘览偏照⑫，复守以全；经营四隅⑬，还反
于枢⑭。故以天为盖，则无不覆也；以地为舆，则无不载也；
四时为马，则无不使也；阴阳为御，则无不备也。是故疾而
不摇⑮，远而不劳；四支不动，聪明不损，而知八纮九野之形
埒者⑯，何也？执道要之柄⑰，而游于无穷之地。是故天下之
事不可为也⑱，因其自然而推之⑲；万物之变，不可究也，秉其
要归之趣⑳。夫镜水之与形接也，不设智故㉑，而方圆曲直弗
能逃也。是故响不肆应㉒，而景不一设㉓；叫呼仿佛㉔，默然
自得㉕。

【注释】

①大丈夫：高诱注：喻体道者也。按，指得道者。

②澹然：心志满足的样子。澹，通"憺"，安。

③舆：车厢。

④造化者：指天地。道家也用以指道。俱：在一起。

⑤大区：大虚，指天。

⑥步：安步徐行。

⑦骤：奔驰。

⑧雨师：司雨之神。即二十八宿之毕宿。

⑨风伯：风神。也指东方苍龙之箕星。

⑩霄霓(zhào)：虚无幽深的样子。高诱注指"高峻貌也"。

⑪无垠：没有形状。按，《文选·张平子〈西京赋〉》注引许慎本作："出于无垠鄂之门。"许注："垠锷，端崖也。"疑脱"鄂"字。

⑫刘览：浏览观看。刘，通"浏"。偏：通"遍"，周遍。

⑬经营：周旋。隅：方，旁。

⑭枢：本。

⑮疾：急速。摇：动摇。

⑯八纮(hóng)：八极。九野：中央及八方。形埒(liè)：构形，界域。

⑰道要：《文子·道原》作"执道之要"。

⑱为：治理。指违背自然规律的行为。

⑲推：探求。

⑳秉其要归之趣：《文子·道原》作"秉其要而归之"。秉，执掌。

㉑智故：巧饰，伪诈。

㉒响：回声。肆：陈设。

㉓景：通"影"。

㉔叫呼：指回声。仿佛：指影子。

㉕默然：《广韵》鉴韵："瞁，叫呼仿佛，瞁然自得。"知"默"字误。瞁

（yǎn）然，遗忘的样子。

【译文】

　　所以体道的大丈夫安静地好像不在思索，淡泊地好像没有思虑；把上天作为车盖，大地作为车子；用四季作为御马，让阴阳来驾驭；乘着白云升上九霄，和天地一起生存；放开思绪舒缓车速，而奔向太虚；能够缓步徐行，可以急速飞奔；命令雨师在前洒道，指派风神在后面扫尘；把电作为鞭子，用雷作为车轮；向上漫游在幽远之处，向下穿过没有边际的大门；虽广泛浏览观照，又恪守全部纯真；虽周游四方极远之处，还能返回到中央。因此用天作为车盖，那么没有什么不能覆盖的；用地作为车子，那么没有什么不能装载的；用四季作为御马，那么没有什么不听使唤的；用阴阳作为御者，那么万物没有什么不能齐备的。因此虽疾行却不会动摇，远行而不觉劳困；四肢不劳作，聪明不减损，而能知道八纮九野的构形和界域，这是为什么呢？因为掌握了道的要领，进而可以畅游到无穷无尽的境地。所以天下的事情不能够违背规律去行事，应按照它的自然特点去探求；万物的变化，不能够探究明白，执掌要道变化而万物都可以归向它。像镜子和水可以照见形容，不需要任何巧饰，而方圆曲直都不能够逃过。所以回声不是要求特意响应，而影子不是物体特地设置的；但是回声和影子，都能够自然得以产生。

　　人生而静，天之性也；感而后动，性之害也①；物至而神应，知之动也②；知与物接，而好憎生焉③。好憎成形④，而知诱于外，不能反己，而天理灭矣⑤。故达于道者，不以人易天。外与物化⑥，而内不失其情。至无而供其求，时骋而要其宿⑦；大小脩短，各有其具⑧。万物之至，腾踊肴乱⑨，而不失其数⑩。是以处上而民弗重，居前而众弗害，天下归之，奸邪畏之。以其无争于万物也，故莫敢与之争⑪。

【注释】

①害：《文子·道原》、《礼记·乐记》作"欲"。《史记·乐书》作
　"颂"。徐广曰："颂音容。"容，活动。

②知：同"智"，智慧。

③好憎：指情欲。

④形：显现。

⑤灭：衰灭。按，以上"人生"至"天理灭矣"，化自《礼记·乐记》，
　《史记·乐书》略同。

⑥物化：与物变化。

⑦"至无"二句：见于《庄子·天地》。至无，道体至虚。骋，奔跑。
　要，通"邀"，邀约。宿，归宿。

⑧具：具备。

⑨腾踊：翻腾，跳跃。肴乱：杂乱。肴，通"殽（xiáo）"，相杂错。

⑩数：法度，规律。

⑪"是以"六句：见于《老子》六十六章。敢，河上公本《老子》作"能"。

【译文】

　　人生下来就是安静的，这是人的天性；受了外物感化而后有活动，
它是天性的外部表现；外物到来而精神上有了反应，这是智慧的活动；
智慧与外物互相接触，而好憎之情便产生了。好憎形成显露出来，而智
慧被外物所诱惑，不能返回到人的本性上去，那么天性便要衰灭了。因
此通达大道的人，不因为人欲来改变天性。表面和外物一起变化，但内
心却不会改变他的本性。道体至虚却能供给万物任何需求，时时变化
却能使万物有所归宿；不论是大小长短，各样的东西都是齐备的。世上
万事万物涌来时，尽管是腾踊纷乱的，但是却不会失去法度。因此得道
者居处上位却不使百姓感到沉重，处在前面而众人不感到有危害，天下
的人都归向他，奸邪的人害怕他。因为他不同万物相争，所以就没有人
和他相争。

夫临江而钓，旷日而不能盈罗^①。虽有钩箴芒距、微纶芳饵^②，加之以詹何、娟嬛之数^③，犹不能与网罟争得也^④。射者扞乌号之弓^⑤，弯蟇卫之箭^⑥，重之羿、逢蒙子之巧^⑦，以要飞鸟^⑧，犹不能与罗者竞多^⑨。何则？以所持之小也。张天下以为之笼，因江海以为罟^⑩，又何亡鱼失鸟之有乎？故矢不若缴^⑪，缴不若无形之像。

【注释】

①旷日：很长的一天。罗：箩筐。

②芒距：尖利的钩爪。纶：钓丝。

③詹何：战国楚隐者，善钓。娟嬛（xuān）：战国楚哲学家，传为老子弟子。《汉书·艺文志》"道家"有《蜎子》十三篇。数：技艺。

④罟（gǔ）：网类。下文指渔网。

⑤扞：当作"扜"，通"弙（wū）"，拉开。乌号之弓：用柘桑所制强弓名。

⑥弯：引，拉。蟇（qí）卫：箭竹名。

⑦重（chóng）：加上。羿（yì）：古代善射者。《淮南子》中指尧时羿。逢（páng）蒙子：羿的弟子。射箭能百发百中。

⑧要：通"徼"，捕取。

⑨竞：争逐，比赛。

⑩因：用。

⑪矢：北宋本原作"夫"。刘绩《补注》本作"矢"。据正。缴（zhuó）：拴在箭上的丝绳。《初学记》卷二十二引："故矢不若缴，缴不若网，网不若无形之象。"可与此相参。

【译文】

到长江去钓鱼，一整天也不能装满一箩筐。即使有利钩锐爪、细丝香饵，又加上詹何、娟嬛的绝技，还是不能够和渔网争个高下。射鸟的人张开乌号之弓，扣上綦卫这样的利箭，又加上羿、逢蒙子的巧技，来射取飞鸟，还是不能同鸟网比赛优劣。这是为什么呢？是因为他们持掌的工具太小的缘故。如果张开天下把它作为捕鸟的笼子，用长江、大海作为渔网，又怎么会有逃鱼失鸟的现象呢？所以箭头不如带绳的利箭，带绳的利箭不如没有形体的天网。

　　夫释大道而任小数，无以异于使蟹蝐鼠①，蟾蜍捕蚤②，不足以禁奸塞邪，乱乃逾滋。昔者夏鲧作三仞之城③，诸侯背之，海外有狡心④。禹知天下之叛也⑤，乃坏城平池，散财物，焚甲兵，施之以德，海外宾服，四夷纳职⑥。合诸侯于涂山⑦，执玉帛者万国。故机械之心藏于胸中⑧，则纯白不粹，神德不全，在身者不知，何远之所能怀⑨！是故革坚则兵利，城成则冲生⑩，若以汤沃沸⑪，乱乃逾甚。是故鞭噬狗⑫，策蹄马⑬，而欲教之，虽伊尹、造父弗能化⑭。欲宋之心亡于中⑮，则饥虎可尾，何况狗马之类乎！故体道者逸而不穷⑯，任数者劳而无功⑰。

【注释】

①蝐(fǔ)：《道藏》本作"捕"。《集韵》虞韵：蝐，蟹也。按，蝐，疑通"捕"。

②蟾蜍(chán chú)：蛤蟆。

③鲧(gǔn)：禹之父。三仞：王念孙《读书杂志》认为当作"九仞"。仞，八尺曰仞。

④狡心：狡猾之心。

⑤禹：夏朝开国之君。

⑥四夷:指海外之地。职:贡赋。

⑦涂山:在今安徽怀远。

⑧机械:指巧诈。

⑨怀:招徕。

⑩冲:古代用来攻城冲锋用的战车。

⑪汤:热水。沃:浇灌。

⑫噬(shì):咬。

⑬蹄:踢。

⑭伊尹:商汤时贤相。造父:周穆王之臣,善驾驭。

⑮宾:《道藏》本作"寅",刘绩《补注》本作"害"。《干禄字书》:宾肉,
上俗下正。按,知"宾"字是。残杀义。

⑯体:效法。逸:安适。穷:困穷。

⑰任数:指玩弄权术。

【译文】

抛弃大道而依靠小技,如同用螃蟹捕老鼠,让蛤蟆捕跳蚤,不能够
用来禁止奸人、堵塞邪道,混乱反而更加滋长。从前夏鲧建造了九仞高
的城墙,然而诸侯国背叛了他,海外的人也离心离德。禹知道天下的人
将要叛离,于是便毁掉城墙、填平护城河,把财物分给民众,销毁兵甲武
器,对人民广施恩德,使海外的异族又来归服,四方诸侯纷纷献上贡赋。
禹在涂山会合天下诸侯,带来美玉丝帛的国家成千上万。因此奸伪之
心藏在胸中,那么纯白的东西也被认为不纯粹,精神专一的道德也被认
为不全备,对于自身的情况都不懂得,又怎么能招徕远方的人呢? 因此
盔甲坚固就产生尖利的兵器,城墙高筑就有冲车产生,如果用热水来浇
熄滚水,混乱只会更加严重。因此用鞭子抽打咬人的狗,用马鞭制服踢
人的马,虽然想来训练它,即使有贤相伊尹、善御者造父,也不会把它们
驯服。想要残害他人的念头不存在,那么就是饥饿的老虎也可以尾随
其后,何况是狗马之类呢? 因此效法大道的人安逸却不会穷困,玩弄权

术的人辛劳而不会成功。

　　夫峭法刻诛者①,非霸王之业也;箠策繁用者②,非致远之术也。离朱之明③,察箴末于百步之外,不能见渊中之鱼;师旷之聪④,合八风之调⑤,而不能听十里之外。故任一人之能,不足以治三亩之宅也;脩道理之数⑥,因天地之自然,则六合不足均也⑦。是故禹之决渎也⑧,因水以为师;神农之播谷也⑨,因苗以为教。

【注释】

①峭法:严峻的刑法。刻:苛刻。

②箠:马鞭。繁:多。

③离朱:黄帝之臣,视力敏锐。

④师旷:春秋时晋平公著名乐师,善辨音。

⑤合:郑良树《淮南子斠理》云:"合"疑当作"分"。言师旷之聪,足　　以分辨八风之调也。八风:八方之风。

⑥脩:修行,修治。

⑦六合:四方上下为六合。均:平。

⑧渎(dú):大河。

⑨神农:古帝名,又称炎帝。教民播种五谷,号为神农。

【译文】

　　实行严刑苛法,不是成就霸王大业之路;经常使用鞭子棍子,不是御马到达远方的办法。离朱的眼睛特别敏锐,可以在百步之外看到针尖,但是不能见到深渊中的游鱼;师旷的耳朵特别灵敏,可以分辨八方之风的乐调,但是却不能听到十里之外的声音。因此任凭一个人的才能,不能够用来治理三亩大小的田宅;修行大道的规律,根据天地的自然特性，就是整个天下也能够治理太平。因此禹疏通大河，以水流的规律为师法；神农种植五谷，根据禾苗的生长规律作为后世常教。

夫萍树根于水①，木树根于土；鸟排虚而飞②，兽蹠实而走③；蛟龙水居④，虎豹山处，天地之性也。两木相摩而然⑤，金火相守而流⑥；员者常转，窾者主浮⑦，自然之势也。是故春风至则甘雨降，生育万物；羽者妪伏⑧，毛者孕育；草木荣华，鸟兽卵胎；莫见其为者，而功既成矣⑨。秋风下霜，到生挫伤⑩；鹰雕搏鸷⑪，昆虫蛰藏⑫；草木注根⑬，鱼鳖凑渊⑭；莫见其为者，灭而无形。木处榛巢⑮，水居窟穴；禽兽有艽⑯，人民有室；陆处宜牛马，舟行宜多水；匈奴出秽裘⑰，干、越生葛绤⑱；各生所急，以备燥湿；各因所处，以御寒暑；并得其宜，物便其所。由此观之，万物固以自然，圣人又何事焉⑲？

【注释】
①萍：浮萍。树：植。
②排虚：排击空气，而获得浮升之力。
③蹠（zhí）：此指用脚践踏。实：土地。
④蛟龙：古代传说中的龙属。
⑤然：同"燃"，燃烧。
⑥守：守候。即起化学作用。
⑦窾（kuǎn）：空。
⑧妪（yù）伏：指孵卵。
⑨既：已经。
⑩到（dǎo）生：草木倒地而生。到，古"倒"字。挫伤：指凋落。
⑪搏：北宋本原作"抟"。《道藏》本作"搏"。据正。鸷（zhì）：击杀

⑫蛰(zhé)：伏，此指冬眠。

⑬注：集中。

⑭凑：聚集。

⑮榛(zhēn)：丛生。

⑯芃(qiú)：兽穴里的垫草。北宋本原作"芃(wán)"。刘绩《补注》本作"芃"。据正。

⑰匈奴：汉代指中国北方少数民族。秽(huì)裘：粗陋的皮衣。

⑱干：通"邗(hán)"，高诱注：吴也。《说文》："邗，国也。今属临淮。一曰邗本属吴。"古邗国在今扬州市东，为吴所灭。越：周代诸侯国，在今浙江东部。葛：草本植物。茎皮可织布。绤(chī)：用葛纤维织成的细布。

⑲事：职掌，从事。

【译文】

浮萍扎根在水中，树木在土里生长；鸟类排空而飞，兽类着地而跑；蛟龙居住在水中，虎豹生活在山上，这是天地生成的特性。两块木头相互摩擦而燃烧起火，金属在火中便可以熔化；圆的转轮之类可以转动，中空的木船之类可以上浮，这是天然的属性。因此春风到来甘雨就要降落，化育生成万物；长羽的孵卵，有毛的孕育；草木茂盛开花，鸟兽孵雏怀胎；没有人见到它(指道)的所为，而使万物大功告成了。秋风到来寒霜下降，植木凋落倒地；鹰雕之类搏杀小鸟，昆虫越冬伏藏；草木的生命集中到根部，鱼鳖之类聚集在渊潭，没有人见到它的所为，万物消失而不见形迹了。住在树木上的会筑巢，生活在水中的有洞穴；飞禽走兽巢穴有垫草，人类会建造房室；陆地居处的适宜用马牛，舟船行走适宜多水地区；匈奴出产粗陋皮裘，吴、越生产凉爽的葛布；各个环境产生所急需的东西，用来防备气候干燥和潮湿；各人按照所处的不同地域，用不同的方式来抵御寒暑；各自都得到它们适宜的环境，万物都有它们的用场。从这里可以看出，万物本身是按照自然规律行事的，圣人又为什么要改变呢？

　　九疑之南①，陆事寡而水事众，于是民人被发文身②，以像鳞虫；短绻不绔③，以便涉游；短袂攘卷④，以便刺舟，因之也。雁门之北狄不谷食⑤，贱长贵壮，俗尚气力；人不弛弓⑥，马不解勒⑦，便之也。故禹之裸国⑧，解衣而入，衣带而出，因之也。今夫徙树者，失其阴阳之性⑨，则莫不枯槁。故橘树之江北，则化而为枳⑩；鸲鹆不过济⑪，貉度汶而死⑫。形性不可易，势居不可移也⑬。

【注释】

①九疑：因其山九峰相似，故曰九嶷（yí）山。在今湖南宁远南，传说舜所葬之地。

②被发：剪断头发。文身：在身上刺上鱼龙形花纹。

③短绻：短衣。绻，通"裈（kūn）"，今称满裆裤。绔（kù）：类似今套裤。

④袂（mèi）：袖子。攘（rǎng）：挽起。

⑤雁门：山名。在今山西代县西北。古以两山对峙，雁度其间而得名。北狄：高诱注指鲜卑。古代生活在中国北方。

⑥弛：解除。

⑦勒：带嚼子的笼头。

⑧裸国：古代南方国名。其民皆不穿衣，故名。

⑨失：指改变。

⑩枳（zhǐ）：落叶灌木，果实黄绿色，可入药。

⑪鸲鹆（qú yù），鸟名。即八哥。喜生活于南方。鹆，北宋本原作

　　"鹢"。"鹢"字形误。当正。济(jǐ)：济水。古四渎之一。源于河

　　南济源西王屋山，东汇流大野泽，入东海。今已埋。

⑫　貉(hé)：狗獾。分布于我国北方、朝鲜、日本、俄罗斯，毛皮珍贵。

　　汶(wèn)：水名。在山东境内。

⑬　势居：指环境、地位。

【译文】

　　在九疑山的南面，陆地上活动的事少，而水中活动的事多，这里的百姓剪发文身，来模仿水中的动物；穿短衣不加套裤，以方便渡河游水；短袖子挽起来，以方便撑船，这是按照水乡特点而采取的措施。居住在雁门山的北狄不吃五谷，轻视年长的、重视青壮年，当地习俗崇尚勇力；人人不解下弓箭，马匹不解下马笼头，这是为了适应草原环境的需要。因此禹到南方裸国，脱掉衣服进去，系上佩带出来，这是适应当地习俗的需要。现在移植树木的人，改变了树木适应冷暖的特性，那么没有不枯死的。因此橘树移往长江以北种植，那么就会改变生态而成为枳树；鹢鹢不能渡过济水，狗獾越过汶水就要死去。它们的生理特性是不能改变的，居处的地理环境也是不能转移的。

　　是故达于道者，反于清静；究于物者①，终于无为。以恬养性②，以漠处神③，则入于天门④。所谓天者，纯粹朴素，质直皓白，未始有与杂糅者也。所谓人者，偶眭智故⑤，曲巧伪诈，所以俯仰于世人而与俗交者。故牛歧蹄而戴角，马被髦而全足者，天也。络马之口，穿牛之鼻者，人也。循天者，与道游者也；随人者，与俗交者也⑥。夫井鱼不可与语大，拘于隘也；夏虫不可与语寒，笃于时也；曲士不可与语至道，拘于俗、束于教也⑦。故圣人不以人滑天⑧，不以欲乱情；不谋而当，不言而信，不虑而得，不为而成；精通于灵府⑨，与造化者为人⑩。

【注释】

①究：探究。

②恬：安静。

③漠：淡泊。

④天门：指天然的境界。

⑤偶眭：疑通"隅差"，喻不合，相抵触。隅，不正。差，不齐。智故：
巧诈。

⑥"故牛"十句：化自《庄子·秋水》。歧，分岔。络，罩住。循，
依循。

⑦"夫井鱼"数句：化自《庄子·秋水》。夏虫，指蝉蜩之类。笃，
限制。

⑧滑：通"汩(gǔ)"，乱。天：指自身。

⑨灵府：即精神之宅。指心。

⑩人：王念孙《读书杂志》云：人者，偶也。言与造化者为偶也。按，
偶，依存。

【译文】

　　所以通达大道的人，可以返回到人的清静之性中去；探究事物至理的人，最终达到顺应自然的要求。用恬静来培养人的性情，用淡泊来使精神安适，那么就可以达到天然的境界。所说的天然，是指纯粹朴素，质地纯正洁白，不曾与其他的东西混杂在一起。所说的人为，是指反复无常玩弄智巧，逢迎投机虚伪欺诈，以用来和世人同沉浮而与世俗相交接。所以说牛蹄岔开而头上长角，马儿披散鬃毛而长单只蹄子，这就是天然。套上马笼头，穿上牛鼻子，这就是人为。遵循天然的人，和道一起往来；追逐人为的人，就是和世俗一起交接。不能够和井里的小鱼谈论大海，由于局限在狭隘范围的缘故；不能够和夏季的蝉蜩之类谈论寒冬，是因为受到季节的限制；不能够和见识短浅的人谈论大道，是因为他们被流俗和教养所束缚。因此圣人不因为人事扰乱自身，不因为欲

望而惑乱清静之性；圣人不经谋划而行事妥当，不说话而使人信服，不经过思虑而达到要求，不必动手而干成事业；是由于精神与心灵相通，而和天地互相依存。

　　夫善游者溺，善骑者堕；各以其所好，反自为祸。是故好事者未尝不中①，争利者未尝不穷也。昔共工之力②，触不周之山③，使地东南倾；与高辛争为帝④，遂潜于渊，宗族残灭，维嗣绝祀。越王翳逃山穴⑤，越人熏而出之，遂不得已。由此观之，得在时，不在争；治在道，不在圣；土处下，不争高，故安而不危；水下流，不争先，故疾而不迟⑥。

【注释】

①好（hào）事：指好为情欲之事。中（zhòng）：伤害。

②共（gōng）工：传说中的水神。

③触不周之山：指与南方火神祝融大战，不胜，而头触不周山。不周之山，在西北，传说中天柱之一。

④高辛：即帝喾，黄帝之曾孙，五帝之一。

⑤翳：越太子名。有贤德。《庄子·让王》作"王子搜"。

⑥疾：快。迟：凝滞。

【译文】

　　善于游泳的人往往被淹死，善于骑马的人常常被摔死；各人凭着自己的长处，却反而成为自己的祸害。因此好事的人没有不受到中伤的，争夺权力的人没有不受到困窘的。从前水神共工和火神祝融争夺霸主，因奋力而头触不周之山，使西北天柱折断大地向东南倾斜；和高辛氏争夺天下帝位，失败后便潜入到深渊之中，他的宗族被消灭，子孙断绝失去祭祀。越王太子翳逃到山穴之中，越人用火熏使他出洞，于是便不得已出来为王。从这里可以看出,得天下,在于天时,而不在争夺;治理天下,在于得道,不在于智巧;土地位置低下,不与谁争高,所以能够平安而不危险;水是往下流的,不和谁争先,因此速度又快而又不会停息。

　　昔舜耕于历山①,期年而田者争处垆埩②,以封壤肥饶相让③;钓于河滨,期年而渔者争处湍濑④,以曲隈深潭相予⑤。当此之时,口不设言⑥,手不指麾⑦,执玄德于心⑧,而化驰若神⑨。使舜无其志,虽口辩而户说之⑩,不能化一人。是故不道之道,莽乎大哉⑪! 夫能理三苗⑫,朝羽民⑬,从裸国⑭,纳肃慎⑮,未发号施令,而移风易俗者,其唯心行者乎! 法度刑罚,何足以致之也?

【注释】

①舜:古代传说中的帝王,受尧禅让。历山:一说在今山东济南历城南。

②期年:一周年。垆埩(qiāo què):土地贫瘠之处。

③封壤:指田界。《太平御览》卷八十一《皇王部》六引此作"封畔"。

④湍濑(tuān lài):石滩上的急流。

⑤曲隈(wēi):崖岸弯曲处。

⑥设:陈说。

⑦指麾(huī):指挥。

⑧玄德:天然的德性。按,出自《老子》五十一章。

⑨驰:行。神:指神化。

⑩口辩:能言善辩。户说:向家家户户陈说。

⑪莽乎:无边无际的样子。

⑫理：治理。三苗：古代生活在长江中游洞庭湖一带的少数民族。
　　后被尧流放。

⑬羽民：南方羽国之民。

⑭从：化。《说文》：从，随行也。《四库全书》本作"徙"，误。裸国：
　　南方国名。

⑮肃慎：生活在东北、华北的古老民族。《山海经·大荒北经》郭璞
　　注：今肃慎国去辽东三千余里，穴居无衣，衣猪皮，冬以膏涂体，
　　厚数分，用却风寒。

【译文】

　　从前舜在历山耕田，一年后种田的人争着去要贫瘠的山地，而把肥沃的田地让给别人；舜在黄河边钓鱼，一年后打渔的人争着去水流湍急的地方，把弯曲涯岸深潭多鱼的地方让给乡邻。在这个时候，舜没有去游说，也没有指挥过别人，而是怀着天然的德性，因此感化他人就像神灵驱使一样。假使舜没有远大志向，即使能言善辩挨家挨户劝说，也不能感化一个人。所以不能用言辞表达出来的道，真是广大无边啊！舜能治理好三苗，使羽民国来朝拜，让裸国来归顺，收服北方肃慎之国，没有发号施令而能够改变风气和习俗，这恐怕是内心具有美好的德行才能做到的吧！依靠法度刑罚，怎么能达到这样的效果呢？

　　是故圣人内修其本，而不外饰其末；保其精神，偃其智故①；漠然无为而无不为也②，澹然无治也而无不治也③。所谓无为者，不先物为也；所谓不为者④，因物之所为。所谓无治者，不易自然也；所谓无不治者，因物之相然也⑤。

【注释】

①偃：停息。

②漠然：寂静无声的样子。

③澹然：淡泊的样子。

④所谓：《道藏》本"所谓"下无"无"字。刘绩《补注》本增补"无"字。

⑤然：适宜。

【译文】

因此圣人要在内部修治根本，而不在外部粉饰末节；保养他的内心精神，熄灭他的智巧；寂静无声地依循规律就没有什么办不成；淡泊地好像不加治理而没有什么不能治理的。所说的无为，就是不在事物没有到来之前行事；所说的无不为，就是顺应万物的规律行事。所说的无治，就是不改变自然的属性；所说的无不治，就是适应万物的变化规律。

万物有所生，而独知守其根；百事有所出，而独知守其门①。故穷无穷，极无极，照物而不眩②，响应而不乏，此之谓天解③。故得道者，志弱而事强④，心虚而应当⑤。所谓志弱者，柔毳安静⑥，藏于不敢，行于不能；恬然无虑，动不失时；与万物回周旋转，不为先唱⑦，感而应之⑧。是故贵者必以贱为号，而高者必以下为基⑨。托小以包大，在中以制外；行柔而刚⑩，用弱而强；转化推移，得一之道，而以少正多。所谓其事强者，遭变应卒⑪，排患扞难⑫；力无不胜，敌无不凌⑬；应化揆时⑭，莫能害之。是故欲刚者，必以柔守之；欲强者，必以弱保之。积于柔则刚，积于弱则强；观其所积，以知祸福之乡⑮。强胜不若己者，至于若己者而同；柔胜出于己者，其力不可量⑯。故兵强则灭，木强则折，革固则裂，齿坚于舌而先之弊⑰。

【注释】

①门：指要害。

②眩：迷惑。

③天解：马宗霍《淮南旧注参正》云："天"者言其自然也，"解"犹"化"也。"天解"犹言自然之化。

④弱：柔弱。强：坚强，强大。

⑤当：适合。

⑥柔毳（cuì）：柔弱。毳，兽类动物细毛。

⑦唱：倡导。

⑧感：感触。应：应和。

⑨"是故"二句：化自《老子》三十九章之文。基，开始。

⑩而：能。

⑪卒：通"猝"，突然。

⑫扞（hàn）：抵御。

⑬凌：逾越，战胜。

⑭揆（kuí）：考察。

⑮乡（xiàng）：通"向"，方向，趋向。

⑯"强胜"四句：化自《列子·黄帝篇》。同，等同。

⑰"故兵"四句：并见《老子》七十六章、《列子·黄帝篇》、《文子·道原》。弊，破败。

【译文】

　　万物都有所产生的地方，而只知守持它的根本大道；各种事情都有产生的场所，而只知持守它的要害。因此圣人能探究无穷尽的事物，到达无边无际的境地，明察万物却不受迷惑，响应万物而不会贫乏，这就叫做天解。所以得道的人，意念柔弱但行事坚强，虚怀若谷而应对自如。所说的志弱，是说把柔弱安静，隐藏在不敢作为之中，行动上像不能成事一样；静默得像没有思虑，而行动不会失掉时机；和万物一起随着自然变化，不去首先倡导，感触之后却能随时应和。因此尊贵的王公侯伯必定用低贱的孤、寡、不穀来称呼，而高大的建筑必定从底部打下基础。寄托在小处用以包罗广大，处于中部可以控制四方；行动柔弱而实则刚强，用事弱小而可以强大；随着万物的变化而转移，掌握了一的道理，可以用少数来制服多数。所说的其事强，就是遭遇变故、应对突变，能排除祸患、抵御困难；没有什么力量不能战胜的，没有什么敌人不能打败的；应对变化考察时势，没有什么人能危害他。因此想达到刚强的目的，必须用柔弱来守护它；想要达到强大的目的，必须以弱小来保护它。柔弱积累多了就能刚强，弱小积累多了就能强大；考察他的积累多少，进而可以知道祸福发生的方向。刚强的人可以胜过不如自己的，至于和自己相当的，则力量相等不能取胜；柔弱的人可以战胜超出自己的，他的力量是不可估量的。因此兵势强大的最终被消灭，木质强硬的容易被折断，皮革坚固的容易被撕裂，牙齿比舌头坚硬但先脱落。

　　是故柔弱者生之干也，而坚强者死之徒也①；先唱者穷之路也，后动者达之原也。何以知其然也？凡人中寿七十岁，然而趋舍指凑②，日以月悔也③，以至于死。故蘧伯玉年五十④，而有四十九年非。何者？先者难为知，而后者易为攻也⑤。先者上高，则后者攀之；先者谕下⑥，则后者蹑之⑦；先者陵陷⑧，则后者以谋；先者败绩⑨，则后者违之⑩。由此观之，先者则后者之弓矢质的也⑪。犹锝之与刃⑫，刃犯难而锝无患者，何也？以其托于后位也。此俗世庸民之所公见也⑬，而贤知者弗能避也。所谓后者，非谓其底滞而不发⑭，凝结而不流⑮，贵其周于数而合于时也⑯。夫执道理以耦变⑰，先亦制后，后亦制先。是何则？不失其所以制人，人不能制也。时之反侧，间不容息；先之则太过，后之则不逮⑱。夫日回而月周，时不与人游。故圣人不贵尺之璧而重寸之阴，时难得而易失也。禹之趋时也⑲，履遗而弗取，冠挂而弗顾，非争其先也，而争其得时也。是故圣人守清道而抱雌节⑳，因循应变，常后而不先；柔弱以静，舒安以定，攻大磨坚㉑，莫能与之争。

【注释】

①"是故"二句：化自《老子》七十六章。干，主干。徒，同类。

②指凑：指行止。

③月：北宋本原作"自"。《道藏》本作"月"。据正。

④蘧(qú)伯玉：春秋卫大夫，曾为相。按，此条化自《庄子·则阳》。

⑤攻：通"功"，成功。

⑥谕：越过。刘绩《补注》本作"逾"。

⑦躩(jué)：王念孙《读书杂志》云："躩"当为"屦"，字之误也。《广雅》："蹑，履也。"按，即踩踏义。

⑧陨：通"蹪(tuí)"，楚方言，跌倒，仆倒。《玉篇》："蹪，仆也。"

⑨败绩：溃败。

⑩违：北宋本原作"逢"。刘绩《补注》本作"违"。据正。

⑪质的(dì)：箭靶。的，箭靶的中心。

⑫镦(duì)：古代武器矛和戟柄末端的铜套。

⑬庸：通"众"。公：详。

⑭底滞：停滞。底，止。滞：停止。

⑮凝：停止。

⑯周：和调。数(shù)：技艺。

⑰耦(ǒu)：相应。

⑱逮(dài):达到。

⑲趋时:指追赶时间,掌握时机。

⑳清道:清静无为之道。雌节:指退藏自守。《经法》有《雌雄节》篇。

㉑礳(mó):同"磨",碾碎。

【译文】

所以说柔弱是生存的支柱,而坚强则是死亡的同类;率先倡导的走的是穷困之路,后来行动的却是通达的源泉。怎么知道是这样的呢?一般的人中寿可达七十岁,但是他们对于自己的进退行止,积日至月地悔恨,而这样一直到老死。因此卫国贤相蘧伯玉活了五十岁,回顾过去而知道了自己四十九年的过错。为什么会这样呢?前面的人做的事难以知道对错,而后面的人有了经验就容易成功了。先行的人攀上高峰,那么后面的人可以照此攀援而上;前面的人越过低洼之地,那么后面的人可以踩着越过;前面的人跌倒陷落,那么后面的人就会加以谋划;前面的人大败,那么后面的人就会另谋他途。从这里可以看出,前面的人就是后面人的弓矢箭靶。就像兵器的锋刃与把柄末端的铜套一样,锋刃坏了而铜套是安然无恙的,为什么这样呢?因为它常常依托在后面的缘故。这是平常的人都能清楚看到的,然而贤德有才智的人却不能回避。所说的后面的人,不是说停滞而不行动,凝固而不流动,可贵的是他能协调规律而合于时势。掌握了道理来应对变化,前面的也可以制服后面的,后面的可以制服前面的。这是为什么呢?因为道随时而变,不会失去制约人的办法,人也不能够不被制约。时间的反复变化极为神速,不容有喘息之机;在它前面行动就会超越太多,在它后面行动就又达不到目的。日月运动,光阴易逝,时光不和人多作周旋。因此圣人不看重尺璧而重视寸阴,因为时光难得而容易失去。夏禹为了追随时间,鞋子丢了而没有工夫去取,帽子挂在树枝上而不看一眼,不是争着走到前面,而是争着得到大好的时光。因此圣人恪守清和之道而坚持退藏自守，遵循着道而应时变化，常常走在后面而不赶到前头；柔弱而安静，淡泊而平定，战胜大难碾碎坚固，没有人能够和它相争。

天下之物，莫柔弱于水，然而大不可极，深不可测；脩极于无穷，远沦于无涯①；息耗减益②，通于不訾③；上天则为雨露，下地则为润泽；万物弗得不生，百事不得不成；大包群生，而无好憎；泽及蚑蛲④，而不求报；富赡天下而不既⑤，德施百姓而不费；行而不可得穷极也，微而不可得把握也；击之无创，刺之不伤；斩之不断，焚之不然；淖溺流遁⑥，错缪相纷⑦，而不可靡散⑧；利贯金石，强济天下；动溶无形之域⑨，而翱翔忽区之上⑩；遭回川谷之间⑪，而滔腾大荒之野⑫；有余不足，与天地取与⑬，授万物而无所前后。是故无所私而无所公，靡滥振荡⑭，与天地鸿洞⑮；无所左而无所右，蟠委错紾⑯，与万物始终。是谓至德⑰。夫水之所以能成其至德于天下者，以其淖溺润滑也。故老聃之言曰："天下至柔，驰骋于天下之至坚。出于无有，入于无间。吾是以知无为之有益⑱。"

【注释】

①沦：沦没。北宋本原作"渝"。刘绩《补注》本作"沦"。据正。

②耗：通"消"，消耗，亏损。

③訾：通"赀（zī）"，计算，计量。

④蚑（qí）：虫类。蛲（náo）：微小之虫。

⑤赡：富足。既：尽。

⑥淖（nào）溺：水性柔软的样子。流遁：指流散。

⑦错缪（miù）：错杂。

⑧靡（mí）散：散乱。

⑨动溶：摇荡。

⑩忽区：无形象。

⑪邅（zhān）回：徘徊。

⑫大荒之野：特别荒远的地方。

⑬与：王叔岷《淮南子斠证》云：《天中记》九引作"任天地取与"。

⑭靡滥：水势浩荡。靡，通"灖（mǐ）"，水流的样子。滥，泛滥。

⑮鸿洞（hòng tóng）：融通，连续。

⑯蟠委：盘旋，委曲。错紾（zhěn）：交错变化。

⑰至德：最高的德性。

⑱"天下"五句：见于《老子》四十三章。

【译文】

　　天下万物中，没有什么比水更柔弱的了，但是它大到没有尽头，深到无法测量；长得达到无穷无尽的地方，远得沦没到无边无际之中；水的生息耗灭、增多减少，达到了无法计量的程度；它升发到天上就成为雨露，落到大地就能润泽草木；万物得不到它不能生长，各种事情得不到它不能成功；它包容了所有的生物，却没有喜爱厌恶；恩泽达到微细的小虫，却不求得到报答；它使天下富足而又取用不尽，德泽遍施百姓而又不认为耗费；水的流动不能够有穷尽，水的微小无法用手把握住；击打它没有创伤，行刺它不留疤痕；砍杀它也不断绝，焚烧它不会燃烧；它柔软地流向任何地方，错杂纷纠，而不能使它离散；它的锋利可以穿透金石，它的强大可以通达天下；它荡漾在无边无际的地方，自由翱翔在无穷无尽的太空；在山川、峡谷之间徘徊流连，翻腾奔涌在广袤无垠的原野；时多时少，任凭从天地中索取，施予万物而没有什么前后之分。因此没有什么公私之别，水势浩荡，和天地相连接；它没有什么左右之分，盘旋交错，和万物共度始终。这就是水的最高德性。

水之所以能在天下成就最高的德性,主要是因为柔软润滑的特性。因此老子说:"天下最柔弱的东西,可以驱使天下最坚强的东西。从不存在的地方出现,进入到没有空隙的地方。我因此知道无为是有利的。"

　　夫无形者物之大祖也,无音者声之大宗也。其子为光,其孙为水,皆生于[无]形乎①! 夫光可见而不可握,水可循而不可毁②。故有像之类,莫尊于水。出生入死,自无蹠有③;自有蹠无,而以衰贱矣④。

【注释】

①"皆生于[无]形乎"句:北宋本"形"上原无"无"字。刘绩《补注》
　　本有"无"字。据补。

②循:通"揗",抚摸。

③蹠(zhí):到。

④衰贱:指衰亡之路。

【译文】

　　无形生有形,因此无形成为万物的最高祖先,无音生有音,因此无音便是有声之音的老祖宗。无形的儿子是光,它的孙子是水,这些恐怕都生于无形吧! 光可以见到而不可以把握,水可以抚摸而不可以毁灭。所以凡属有形象的一类东西,没有比水要尊贵的了。从清静之道出生到匿情欲入死道,从无形到有形,离开了根本;从有形到无形,不能复得根本,所以说走向衰亡之路了。

　　是故清静者德之至也,而柔弱者道之要也,虚而恬愉者万物之用也①。肃然应感,殷然反本②,则沦于无形矣。所谓无形者,一之谓也③。所谓一者,无匹合于天下者也。卓然独立④,块然独处⑤;上通九天,下贯九野;员不中规,方不中矩;大浑而为一⑥,叶累而无根⑦;怀囊天地⑧,为道关门⑨;穆忞隐闵⑩,纯德独存;布施而不既⑪,用之而不勤⑫。是故视之不见其形,听之不闻其声,循之不得其身⑬。无形而有形生焉⑭,无声而五音鸣焉,无味而五味形焉⑮,无色而五色成焉。是故有生于无,实出于虚⑯;天下为之圈⑰,则名实同居⑱。音之数不过五,而五音之变不可胜听也⑲。味之和不过五,而五味之化不可胜尝也⑳。色之数不过五,而五色之变不可胜观也㉑。故音者,宫立而五音形矣㉒;味者,甘立而五味亭矣㉓;色者,白立而五色成矣;道者,一立而万物生矣。是故一之理㉔,施四海;一之解㉕,际天地。其全也,纯兮若朴㉖;其散也,混兮若浊。浊而徐清,冲而徐盈;澹兮其若深渊㉗,泛兮其若浮云。若无而有,若亡而存。万物之总㉘,皆阅一孔㉙;百事之根,皆出一门。其动无形,变化若神;其行无迹,常后而先。

【注释】

①虚而:刘绩《补注》本作"虚无"。用:《文子·道原》作"祖"。

②殷然:果决的样子。

③一:指道,又指万物的普遍本质。《诠言训》:一也者,万物之本也,无敌之道也。

④卓然:高超的样子。

⑤块然:孤独的样子。

⑥大浑:大同。浑,通"捆(hùn)",同。

⑦叶累:积累贯通。叶,聚。无根:没有根底。言其微妙。

⑧怀囊:怀藏包裹。

⑨关:《太平御览》卷五十八《地部》二十三引"关"作"开"。又引注作"开道之门"。

⑩穆忞(mín)隐闵:不著形迹。

⑪既:尽。

⑫勤:穷尽。

⑬"是故"三句:以下三句化自《老子》十四章。循,通"揗",抚摸。

⑭无形:指道。有形:指万物。

⑮形:形成。

⑯实:实在,实物。

⑰圈(juàn):圈笼。

⑱名:指名称,概念。实:指事实,实在。

⑲五音:宫、商、角、徵、羽。变:指"上生"、"下生"。见《天文训》。
胜(shēng):尽。

⑳五味:甘、酸、咸、辛、苦。化:变化。

㉑五色:青、赤、白、黑、黄。

㉒宫:五音之首。宫是音阶组织中最重要的一个音级。形:正。

㉓亭:确定,调和。《文子·道原》作"定"。

㉔理:道。

㉕解:通达,解散。

㉖朴:刘绩《补注》本作"璞",指未雕琢之玉。

㉗澹:平静不动。

㉘总:聚束。

㉙阅:具备。

【译文】

因此说清静是道德的最高体现,而柔弱是道的要害所在,虚无恬漠是万物被使用的原因。恭敬地互相感动影响,果决地返回到根本,那么就又可以沦没到无形之中了。所说的无形,说的也就是一。所谓一,天下万物中没有同它相匹合的意思。它很高傲地昂然挺立,又很孤独地默然独处;向上可以通达九天,向下可以贯通九野;说它是圆形又不符合规的要求,说它是方形又不合矩的要求;它的形貌大同而为一,聚集贯通却没有根底;怀抱天地,为道把守门户;它无形无迹,只有纯粹的德性独自存在;施予万物却不会穷尽,使用起来却不会劳损。所以用眼睛看不到形体,用耳朵听不到声音,用手不能触摸到身子。因此说无形的道产生了有形的万物,无声之处却有五音鸣奏,无味之中才有五味形成,无色之处而有五色构成。所以说有从无中产生,实物是从虚无中产生;如果把天下作为它的圈栏,那么名与实便共处在一起。音阶的数目不超过五位,而五音的相生变化却不能够全部听完。味道的调和不过五种,但是五味的调和变化不可能全部尝遍。颜色的数目不过五样,但是五色的变化是不能全部看完的。因此在声调中,宫音确立而五音便形成了;在味道中,甘味确定五味便可以确定出来了;在颜色中,白色确立五色就可以固定了;在大道之中,一确立而万物便可以产生了。因此说一的道理,可以施予四海;一如果扩散,可以包容天地。它处于一个整体时,纯粹得像未经加工的木材;它分散开来时,混杂得像一池浑水。但是混浊可以逐渐澄清,空虚而又渐渐充满;平静不动时像深渊,飘浮不定时像浮云。若无若有,若亡若存。万物的所有变化,都聚集在道的孔洞之中;各种事物的根源,都出于道的门庭之内。它活动起来没有形体,但是变化像神灵一样;它行动起来没有踪迹,常常在后面而又因此领先。

　　是故至人之治也①,掩其聪明,灭其文章,依道废智,与民同出于公②。去其诱慕③,除其嗜欲④,损其思虑⑤。约其所守则察⑥,寡其所求则得。夫任耳目以听视者,劳形而不明；以知虑为治者，苦心而无功。是故圣人一度循轨⑦，不变其宜，不易其常；放准修绳⑧，曲因其当⑨。

【注释】

①至人：至道之人。

②公：公正。

③诱慕：贪图荣华富贵。

④嗜欲：指情欲。

⑤损：王念孙《读书杂志》云："损"当为"捐"，字之误也。"捐"与去、除同义。《文子·道原》正作"捐其思虑"。

⑥察：罗常培、周祖谟《淮南子韵谱》作"塞"。

⑦一：统一，整齐。轨：法度。

⑧放（fǎng）：仿效。修：王叔岷《淮南子斠证》云："修"当为"循"。《汉魏丛书》本、庄本并作"循"。按，即依循义。

⑨曲：曲折周全。

【译文】

　　因此具有最高道德的人治理天下，掩盖起他们的聪明智慧，消灭他们的文饰，按照道的规律、废除人为的智巧，与百姓同出于公正之心。抛去名利势位的诱惑，消除自己的贪欲，捐弃自己的思虑。约束自己的职守就不会有烦扰，减少自己的需求就能精神安逸。如果放任耳目去追求音乐声色，只会使形体劳乏而不能明察；凭着智巧来治理天下，会使身心痛苦而不会成功。因此圣人统一法度、遵循准则，不去改变那些适宜的办法，不去变更那些固有的准则；依据并遵循准绳的规定，曲折周到地实行妥当的办法。

　　夫喜怒者，道之邪也①；忧悲者，德之失也；好憎者，心之过也;嗜欲者,性之累也②。人大怒破阴③,大喜坠阳④;薄气发喑⑤,惊怖为狂⑥;忧悲多恚⑦,病乃成积;好憎繁多,祸乃相随。故心不忧乐,德之至也;通而不变,静之至也;嗜欲不载,虚之至也;无所好憎,平之至也;不与物散⑧,粹之至也⑨。能此五者,则通于神明。通于神明者,得其内者也。是故以中制外⑩,百事不废;中能得之,则外能牧之⑪。中之得,则五藏宁,思虑平;筋力劲强,耳目聪明;疏达而不悖⑫,坚强而不鞼⑬;无所大过,而无所不逮。处小而不逼,处大而不窕⑭;其魂不躁,其神不娆⑮;湫漻寂漠⑯,为天下枭⑰。

【注释】

①邪:偏邪。

②累:牵累。

③阴:指阴气。

④阳:阳气。喜者为阳气,怒者为阴气。

⑤薄气:阴阳相迫之气。薄,迫。喑(yīn):哑。

⑥狂:指人的精神失常。

⑦恚(huì):怨恨。

⑧散:散乱。

⑨粹:纯粹。

⑩中:指内心。外:指情欲。

⑪牧:北宋本原作"收"。刘绩《补注》本注文作"牧,养也"。《文子·道原》亦作"牧"。据正。

⑫悖(bèi):悖乱。

⑬鞼(guì):折。《文子·道原》作"匮"。《经法·道原》作"攒"。

⑭窕(tiǎo):空旷。

⑮娆(ráo)：烦扰。

⑯湫漻(qiū liáo)：清静。寂漠：恬淡。

⑰枭(xiāo)：猛禽。这里指枭雄。

【译文】

喜悦和愤怒，是道的偏邪行为；忧虑和快乐，是德丧失的表现；爱好和憎恨，是心灵的过错；无穷的贪欲，是性情的牵累。人大怒会破坏体内阴气，大喜就会挫伤阳气；阴阳之气相冲突便使人变哑，惊吓恐怖使人发狂；忧虑悲愤使怨恨增加，疾病便会积累而成；爱好和憎恶太多，灾祸便会跟着来到。因此心里不忧不乐，是德的最高表现；通达而不变化，是清静的最高表现；贪欲不在内心产生，是虚无的最高表现；没有什么爱好与憎恶，是平正的最高表现；不与外物相混杂，是纯粹的最高表现。能够做到这五点，就和神明相通了。和神明相通的人，是内心得到充实的缘故。因此可以用内心去控制外部的情欲，那么各种事情都不会被废弃；内心得到了充实，那么外部的情欲就可以得到保养了。内心充实，那么五脏便会安宁，思虑平静；筋力强健，耳聪目明；通达而不会受到阻碍，坚强而不会被折断；没有什么太过头的，也没有什么不能达到的。处在小的地方不感到逼迫，处在大的地方也不感到空旷；它的灵魂不会感到急躁，它的精神也不会感到烦扰；清静恬淡，这才能成为天下的枭雄。

迫则能应，感则能动；物穆无穷①，变无形像；优游委纵②，如响之与景③；登高临下，无失所秉④；履危行险，无忘玄仗⑤；大道坦坦⑥，去身不远；求之近者，往而复反。能存之此，其德不亏。万物纷糅⑦，与之转化，以听天下⑧，若背风而驰⑨，是谓至德。至德则乐矣。

【注释】

①物穆:深微的样子。

②优游:悠闲自得。委纵:委曲柔顺。

③响:回声。景:同"影",影子。

④秉:掌握。

⑤玄伏:指道。庄逵吉本作"玄伏"。

⑥坦坦:平坦。

⑦纷糅:杂乱。

⑧听:治理。

⑨驰:疾行。

【译文】

　　迫近时就能应对,感触后就有行动;深微无穷,变幻无形;悠闲地委曲顺从,就像声响与回声、物体和影子一样相随;登临高山、面对平地,都不会失去所掌握的道;踏上危险的境地,不会忘记持守道义;大道平坦正直,离自身是不远的;要向自身去寻求道,离开了还可以回来。能够保守住道,他的德性就不会亏缺。万物虽然纷纭错杂,却能和它一起转移变化,用它来治理天下,就像顺风奔驰一样,这就是最高的德性。具有最高德行的人是很快乐的。

　　古之人有居岩穴而神不遗者①,末世有势为万乘而日忧悲者②。由此观之,圣亡乎治人③,而在于得道;乐亡于富贵,而在于德和。知大己而小天下,则几于道矣④。所谓乐者,岂必处京台、章华⑤,游云梦、沙丘⑥,耳听《九韶》、《六莹》⑦,口味煎熬芬芳,驰骋夷道⑧,钓射鹔鹚之谓乐乎⑨? 吾所谓乐者,人得其得者。夫得其得者,不以奢为乐,不以廉为悲⑩;与阴俱闭,与阳俱开。故子夏心战而臞⑪,得道而肥。圣人不以身役物⑫,不以欲滑和⑬。是故其为曜不忻忻⑭,其为悲不惙惙⑮。万方百变,消摇而无所定⑯,吾独忼慨遗物⑰,而与道同出。是故有以自得,乔木之下,空穴之中,足以适情⑱;无以自得也,虽以天下为家,万民为臣妾,不足以养生也。能至于无乐者,则无不乐;无不乐,则至极乐矣⑲。

【注释】

①岩穴:山崖洞穴。遗:失去。

②万乘:指天子车乘。

③亡:不在。

④几(jī):接近。

⑤京台:楚高台名。章华:楚国离宫名。今其地有四,未详何指。

⑥云梦:古泽薮名。在今湖北监利北。沙丘:相传为商纣王所筑,在今河北广宗西北大平台。

⑦《九韶》:亦作《九招》。指韶乐中九个段落。《山海经·大荒西经》中云源于夏启。《庄子·至乐》成玄英疏谓是舜乐。《六莹》:颛顼之乐。

⑧夷:平坦。

⑨鹔鹴(sù shuāng):鸟名。长颈绿身,形似雁。一曰凤凰之别名。按,《太平御览》卷六十五《地部》三十引作"钓射潇湘"。

⑩廉:少。

⑪子夏:孔子弟子,名商。战:交争。臞(qú):瘦。

⑫役物:被外物所役使。

⑬滑和:扰乱天和。

⑭"是故"句:《文子·道原》作"其为乐不忻忻"。曜,刘绩《补注》本

改作"懽",同"欢"。忻忻(xīn),欣喜、得意的样子。

⑮惙惙(chuò):忧愁的样子。

⑯消摇:动摇不定;无拘无束。

⑰忧慨:不得志的样子。遗物:抛弃外物。

⑱适:适合。

⑲至极乐:高诱注指:"至德之乐"。极,至。王念孙《读书杂志》:"至极乐"本作"至乐极"。《文子·九守》篇正作"至乐极矣"。

【译文】

古时候有人隐居在山洞之中仍然精神饱满,末世有人虽然身为天子而日夜忧愁悲哀。由此看来,圣贤不在于治人,而在于得道;快乐不在于富贵,而在于道德和洽。懂得了看重自己而轻视天下的权势,那么就接近道了。所说的快乐,难道必定是住在京华、章台,游览云梦、沙丘,耳朵里听的是《九韶》、《六莹》这样的妙音,口里吃的是烹调的美味,坐着高车骏马驰骋在大道上,猎取鵷鶵这样的事,才算快乐吗? 我所说的快乐,是人得到他应得的满足罢了。能得到自己满足的人,不把奢侈作为快乐,不把缺少作为悲哀;和阴气一起隐藏,和阳气一起开放。因此子夏面对仁义与富贵内心斗争激烈而形体消瘦,先王之道战胜了富贵而他又变胖了。有道德的人不让外物支配自己,不让欲望扰乱自己的天和。因此他们得到欢乐时不兴高采烈,有了悲哀时不忧心忡忡。尽管外物千变万化、无拘无束而没有什么稳定之时,我只凭坦荡的襟怀抛弃外物,而和道一起出行。因此如果能够自得其所,大树之下,山穴之中,完全能够适合自己的情趣;如果不能够自得其所,即使把天下作为个人的家私,把万民作为奴仆,也不能够保养性命。能够达到没有快乐境地的人,那么没有什么不是快乐的;没有什么不是快乐的,那么就达到最大的快乐了。

夫建钟鼓,列管弦①;席旃茵②,傅旄象③;耳听朝歌北鄙靡靡之乐④,齐靡曼之色⑤;陈酒行觞⑥,夜以继日;强弩干高鸟⑦,走犬逐狡兔,此其为乐也,炎炎赫赫⑧,怵然若有所诱慕⑨。解车休马,罢酒彻乐⑩,而心忽然若有所丧,怅然若有所亡也。是何则？不以内乐外,而以外乐内;乐作而喜,曲终而悲;悲喜转而相生,精神乱营⑪,不得须臾平。察其所以,不得其形,而日以伤生,失其得者也。是故内不得于中,禀授于外而以自饰也,不浸于肌肤⑫,不浃于骨髓⑬,不留于心志,不滞于五藏。故从外入者,无主于中不止;从中出者,无应于外不行⑭。故听善言便计,虽愚者知说之⑮;称至德高行,虽不肖者知慕之。说之者众,而用之者鲜;慕之者多,而行之者寡。所以然者何也？不能反诸性也。夫内不开于中而强学问者,不入于耳而不著于心⑯,此何以异于聋者之歌也？效人为之⑰,而无以自乐也。声出于口,则越而散矣⑱。夫心者五藏之主也,所以制使四支,流行血气,驰骋于是非之境,而出入于百事之门户者也。是故不得于心,而有经天下之气⑲,是犹无耳而欲调钟鼓、无目而欲喜文章也,亦必不胜其任矣。

【注释】

①管:箫。弦:指琴瑟之类。

②席:铺垫。旃(zhān):通"毡",毛毡。茵:坐垫,车垫。

③傅:通"缚",捆绑。旄:旄牛尾。用以作旌旗杆上的装饰品。象:象牙为饰。

④朝(zhāo)歌:纣都。在今河南淇县。鄙:边鄙城邑。靡靡之乐:商纣王之乐师师延所作,古代认为是情调低下的音乐。

⑤齐：排列。靡曼：指肌理柔美。

⑥陈：陈设。觞（shāng）：劝酒。

⑦干：求。北宋本原作"于"。《道藏》本作"干"。据正。

⑧炎炎：火光熊熊的样子。赫赫：显赫的样子。

⑨怢然：受引诱的样子。怢，通"诔"。

⑩彻：通"撤"，撤去。

⑪营：通"营"，惑乱。

⑫浸：浸润。

⑬浃（jiā）：浸渍，透彻。

⑭"故从"四句：化自《庄子·天运》《则阳》。

⑮说：同"悦"，喜欢。

⑯不入于耳：俞樾《诸子平议》云："不"字衍。言虽入于耳而不著于
　心也。

⑰效：模仿。

⑱越：散播。

⑲经：治理。

【译文】

　　那些竖立钟鼓，排列管弦；铺上毡毛毯子，陈设着饰有旄尾象牙的仪仗；耳朵听的是朝歌、北鄙迷惑人的音乐，拥抱着妖冶的歌女；排列酒宴、劝酒行令，昼夜不停；或者用强弓去射飞鸟，带着猎犬追捕野兔的人，他们那种快乐的样子，真是热闹和显赫，权势诱人很能引起别人羡慕。等到解下了车子，使马休息，吃罢酒席、撤去音乐，而心里却突然觉得有所丧失，茫然地好像丢弃了什么。为什么这样呢？他们不是把内心的快乐自然地表现出来，而是靠外部的快乐愉悦内心；音乐奏起来就感到欢喜，乐曲结束就感到悲哀；一悲一喜交织出现，精神发生惑乱，得不到一点儿平静。考察造成这样的原因，主要是没有得到快乐的形神状态，而导致一天天丧失生活的乐趣，失去应得的满足罢了。因此内心

不能得到足够的满足,就只能靠外部的施予来自我粉饰了,外部的粉饰不会浸润到肌肤之中,不会透达骨髓,也不会止留在心中,更不会进入到五脏之内。所以从外部进入的东西,内心没有接受就不会止留;从内心表现出来的东西,如果外部没有相应的环境也不会通行。因此听到好的言论和有利的计策,即使是愚蠢的人也知道喜欢它;称颂高尚的品德和美好的行为,即使是不肖的人也知道仰慕。欣赏的人多,但是采纳的人少;仰慕的人多,但是实行的人少。为什么会这样呢? 是因为他们不能够返回自己本性的缘故。如果心灵没有开启而是勉强地去学习,即使能够进入到耳中也不能记在心上,这同教聋子唱歌又有什么两样呢? 只是模仿别人演唱,而没有办法使自己快乐。声音从口中发出,那么传播出去便四散了。心脏是五脏的主宰,是用来控制四肢、流通血气的,在是非的境内奔驰,而出入百事的门户之中。所以如果心里没有得到大道的主宰,而有治理天下的气魄,这就像没有耳朵的人想要调整钟鼓的乐音,没有眼睛的人想喜欢文采,也一定是不能够胜任的。

　　故天下神器,不可为也。为者败之,执者失之①。夫许由小天下而不以己易尧者②,志遗于天下③。所以然者何也? 因天下而为天下也。天下之要,不在于彼而在于我,不在于人而在于我身④,身得则万物备矣;彻于心术之论⑤,则嗜欲好憎外矣。是故无所喜而无所怒,无所乐而无所苦,万物玄同也⑥。无非无是,化育玄耀⑦,生而如死。夫天下者亦吾有也,吾亦天下之有也;天下之与我,岂有间哉⑧? 夫有天下者,岂必摄权持势⑨,操杀生之柄,而以行其号令邪? 吾所谓有天下者,非谓此也,自得而已,自得则天下亦得我矣。吾与天下相得,则常相有已,又焉有不得容其间者乎? 所谓自得者,全其身者也⑩;全其身,则与道为一矣。

【注释】

①"故天下"四句：出自《老子》二十九章。神器，神圣之物。指国家
　权柄。

②许由：尧时隐士。尧以天子之位禅之，许由不受。

③遗：抛弃。

④我身：刘绩《补注》本作"身我"。《文子·九守》无"我"字。

⑤彻：贯通。心术：指思想、意识、方法。

⑥玄同：与天地万物混同为一。

⑦化育：生长，养育。玄耀：上天光明。高诱注：玄，天也。耀，
　明也。

⑧间：间隙。

⑨摄：执掌。

⑩全其身：指保全自然赋予人的天性。

【译文】

　　因此天下权柄是神圣之物，不能够求取它。求取它的人就要失败，把持它的人就会失掉。从前许由轻视天下之权而不肯以自己来取代尧，就是因为心中把天下之权抛开了。他这样做是什么原因呢？就是按照天下的自然规律来对待天下。天下的要柄，不在于他人而在于自我，不在于别人而在于自己，身心得到满足那么天下万物便齐备了；透彻掌握了心术的论说，那么嗜欲、好憎都可以排除在外了。因此没有什么值得欢喜、没有什么值得发怒的，没有什么值得欢乐、没有什么值得痛苦的，那么万物就混同为一了。没有什么是和非，生成化育万物是上天光明所致，即使有生命活动也像死一样没有欲望。天下是属于我所有的，我也是天下所有的；天下和我，难道还有区别吗？占有天下，难道一定是执掌权柄、依持势力，掌握生杀大权，而发号施令吗？我所说的占有天下，不是这样的，而是自己得到心灵满足罢了，自得其所那么天下也就对我满足了。我和天下互相得到满足，那么就天下有我、我也有

天下,我怎么不能在它中间从容活动呢?所说的自己得到满足,就是保全自身完整无缺;保全自身完整,那么就与道融为一体了。

　　故虽游于江浔海裔①,驰要袅②,建翠盖③;目观《掉羽》、《武象》之乐④,耳听滔朗奇丽《激》、《抮》之音⑤;扬郑、卫之浩乐⑥,结《激楚》之遗风⑦;射沼滨之高鸟⑧,逐苑囿之走兽,此齐民之所以淫泆流湎⑨。圣人处之,不足以营其精神⑩,乱其气志,使心怵然失其情性⑪。处穷僻之乡,侧溪谷之间⑫,隐于榛薄之中⑬;环堵之室⑭,茨之以生茅⑮,蓬户瓮牖⑯,揉桑以为枢⑰;上漏下湿,润浸北房⑱;雪霜滚灖⑲,浸潭苁蒋⑳;逍遥于广泽之中,而仿洋于山峡之旁㉑,此齐民之所为形植黎累㉒,忧悲而不得志也。圣人处之,不为愁悴怨怼㉓,而不失其所以自乐也。是何也?则内有以通于天机㉔,而不以贵贱贫富劳逸失其志德者也。故夫乌之哑哑㉕,鹊之唶唶㉖,岂尝为寒暑燥湿变其声哉?

【注释】

①浔(xún):水涯。裔:边。

②驰:驾。要袅(niǎo):良马名,日行万里。

③翠盖:用翠鸟羽毛做盖饰的大伞。

④《掉羽》:手执野鸡尾羽的一种舞蹈。即上古时代的《羽舞》。《武象》:周武王时乐舞。

⑤滔朗:激昂响亮。《激》、《抮(zhěn)》:《激扬》、《抮转》,舞曲名。

⑥扬:回荡。郑:春秋郑国,在今河南新郑一带。卫:周初在今河南淇县一带。浩乐:盛大的音乐。

⑦结:盘旋,回荡。《激楚》:歌曲名。《楚辞·招魂》:"宫廷震惊,发

《激楚》些。"

⑧沼：水的支流。

⑨齐民：同等之民，即凡民 。淫泆(yì)：纵欲放荡。流湎(miǎn)：放纵，沉溺。

⑩营：通"荧"，惑乱。

⑪怵然：受利诱的样子。

⑫侧：伏。

⑬榛(zhēn)：草木聚集。薄：深草。

⑭环堵：长、高、方各一丈的土墙。这里指低矮的土室。

⑮茨：用芦苇、茅草盖的屋顶。

⑯蓬户：用蓬草编的门户。瓮牖：用破瓮蔽窗户。

⑰揉：揉制。枢：户枢。

⑱北房：指寝居之室。

⑲溓瀡(suī mǐ)：受雪霜而漏水。

⑳浸潭：滋润蔓延。苽(gū)：蒋的果实，其米叫雕胡，可食。蒋：一种草本植物。

㉑仿(páng)洋：徘徊，游移不定。峡：两山之间为峡。

㉒形：形体。植：诸说不同。俞樾《诸子平议》谓"植"当读为"殖"。"殖"有瘦瘠义。形殖谓形体瘦瘠也。藜：通"黎"，黑色。累：通"羸"，疲惫。

㉓悴(cuì)：忧愁，悲伤。怼(duì)：怨恨。

㉔天机：指造化的奥妙。

㉕哑哑(yā)：乌鸦叫声。

㉖喈喈(jiē)：鸟鸣声。

【译文】

　　所以即使到江边海岸游览，乘着千里马，张开翠羽装饰的大伞；眼睛观赏着《掉羽》、《武象》这样的乐舞，耳朵听着高亢奇妙的《激》、《抮》

音乐;回荡着郑、卫歌女悲壮而美妙的歌声,回旋着楚国《激楚》的余音,射杀水边的飞鸟,追捕苑囿中的野兽,这就是普通人所纵情放荡留恋沉溺的东西。有道德的人对待它们,不能够迷惑自己的精神,扰乱自己的气志,使心里受到诱惑而改变自己的性情。至于居处在穷困偏僻的乡间,隐伏在深山、溪流之间,避居在荒草丛生之处;处于低矮土墙的陋室,用茅草盖屋顶、蓬草编门、破瓮遮窗,揉弯了桑条作为门枢;上面漏雨、下面潮湿,浸湿了住室;降霜飞雪,浸湿而长出了雕胡米;游荡在广野大泽之中,徘徊在山间峡谷之旁,这就是普通人形体瘦弱、面孔黑黄,忧愁悲伤而不得志的境遇。但是有道德的人处在这种情况下,不会因此忧愁怨恨,也不会失去自己心里的快乐。这是什么原因呢?就是内心已经同自然的奥秘相通,而不会因为贵贱、贫富、劳逸失去自己的德性。就像那哑哑叫的乌鸦,喈喈叫的喜鹊,难道因为寒暑、燥湿的不同而改变它们的声调吗?

是故夫得道已定,而不待万物之推移也①;非以一时之变化,而定吾所以自得也。吾所谓得者,性命之情②,处其所安也。夫性命者与形俱出其宗,形备而性命成,性命成而好憎生矣。故士有一定之论③,女有不易之行④,规矩不能方圆,钩绳不能曲直。天地之永,登丘不可为修,居卑不可为短。是故得道者,穷而不慑⑤,达而不荣⑥;处高而不机⑦,持盈而不倾;新而不朗⑧,久而不渝⑨;入火不焦,入水不濡⑩。是故不待势而尊⑪,不待财而富,不待力而强;平虚下流,与化翱翔⑫。若然者,藏金于山,藏珠于渊⑬;不利货财,不贪势名⑭。是故不以康为乐⑮,不以慊为悲⑯;不以贵为安,不以贱为危;形神气志,各居其宜,以随天地之所为。

【注释】

①推移：变化。

②性命：指人的天性和命运。

③有一定之论：指确定的道德准则。

④易：改变。

⑤慴：恐惧，害怕。

⑥达：显贵。

⑦机：通"几"，危险。

⑧朗：明朗。

⑨渝：改变。

⑩濡：沾湿。

⑪势：形势，权势。

⑫翱翔：俯仰。

⑬"藏金"二句：指舜藏金于崭（chún）岩之山，藏珠于五湖之渊，以堵塞贪淫之欲望。本文化自《庄子·天地》。

⑭势名：势位爵号之名。

⑮康：安。

⑯慊：通"歉"，食物少。

【译文】

因此那些得道的人心志已经确定，而不需要等待万物的转移变化；不是用一时的变化，来确定获得自我满足的根因。我所说的得到满足，指的是把性命之情，放置到最安定的地方。性命和形体同出自一个来源，形体全备了而性命就形成了，性命形成而好憎等感情便产生了。所以士人有确定的道德观点，女子出嫁有不能改变的贞操，规矩不能随意改变方圆，绳墨也不能随便改变曲直。如同天地长久不变，登上高丘不能使它加长，处在低处也不能使它变得矮小。因此得道的人，困穷的时候不会害怕，显达的时候不慕荣华；处在高位不会发生危险，执掌装满的器物不会倾覆;新的东西不显得有光亮,使用长久的东西也不会改变;放到火里不会烧焦,进入到水中也不会沾湿。因此可以不待势力而尊显,不待财物而富饶,不待力量而强大;像水流往平坦空虚之处,和自然变化一起运动。如果能够这样,可以像舜一样将金银藏到山上,把宝珠藏到深渊;不贪图货财,不谋求势位名号。因此不会把安康作为快乐,不把贫苦作为悲哀;不把尊贵看作安逸,不把卑贱看作危险;形体、精神和气志,各自都有适宜的场所,来适应天地的自然变化。

　　夫形者生之舍也①,气者生之充也②,神者生之制也③,一失位则二者伤矣。是故圣人使人各处其位,守其职,而不得相干也。故夫形者非其所安也而处之,则废;气不当其所充而用之,则泄;神非其所宜而行之,则昧④。此三者,不可不慎守也。夫举天下万物,蚑蛲贞虫⑤,蠕动蚑作⑥,皆知其所喜憎利害者,何也? 以其性之在焉而不离也。忽去之,则骨肉无伦矣⑦。今人之所以眭然能视⑧,䁪然能听⑨,形体能抗⑩,而百节可屈伸,察能分白黑、视丑美,而知能别同异、明是非者,何也? 气为之充,而神为之使也。何以知其然也? 凡人之志,各有所在,而神有所系者⑪,其行也,足蹪趹埳⑫,头抵植木⑬,而不自知也;招之而不能见也,呼之而不能闻也,耳目去之也⑭,然而不能应者,何也? 神失其守也。故在于小则忘于大,在于中则忘于外;在于上则忘于下,在于左则忘于右;无所不充,则无所不在。是故贵虚者,以毫末为宅也。

【注释】
　　①形:指人的躯体。

②气：指维护生命活动的精气。充：充实。《管子·心术》作"充"，《文子·九守》作"元"。

③神：指人的精神。

④昧：昏暗。

⑤蚑(qí)：动物行走。贞虫：高诱注指细腰蜂之类的小昆虫。无牝牡之合曰"贞"。

⑥蟜：虫类缓慢爬行的样子。

⑦无伦：指没有匹比。伦，类。

⑧眭(huī)然：目光专注的样子。

⑨营(yíng)：通"荧"，明。

⑩抗：抵御。

⑪系：联系，牵挂。

⑫蹪(tuí)：颠仆，跌倒。趎(chú)嵍：坑坎。趎，通"株"，木头倒下。嵍，《道藏》本作"坎(kǎn)"。《玉篇》："坎，陷也。与坎同。"

⑬植：树立。

⑭耳目去之也：刘绩《补注》本"耳目"下增"非"字。按，应有"非"字。

【译文】

人的形体是生命的客舍，元气是生命的根本，精神是生命的主宰，其中一个方面失去位置，那么其他两方面将受到损伤。因此有道德的人使人们各自安守他们的职位，尽其职守，而不能够互相干预。所以人的形体不是在安适的环境而安放它，那么就会受到伤残；元气不在充实的地方而使用它，那么就会泄散；精神不是在适宜的地方而推行它，那么就会昏昧。这三种东西，不能不慎重地加以守护。大凡整个天下的万物中，小到蚑行蛲动昆虫之类，时而爬行、时而仰起，都知道它们所喜恶、利害的事情，这是为什么呢？因为它们的本性存在而没有离开。忽然一旦骨肉脱离本性，那么骨肉便没有什么可作依附的了。现在人们能够用眼睛看清楚，耳朵听分明，形体能抵御，而百节能屈伸，观察能够分清黑白、看清丑恶美好，而智慧能够区别同异、辨明是非，这是什么原因呢？就是因为形体内充满元气，而精神能为它主使。怎么知道会是这样的呢？大凡人的思绪中，各自都有专注的目标，而靠精神在维系着，他的行动，往往会因道路坑坎而跌跤，将头撞到树上，而自己却不能预先知道；招呼他也不能看见，喊叫他也听不到，耳朵、眼睛又不是离开了他自己，然而不能够反应，这是什么原因呢？就是因为精神离开了守持的形体。所以精神集中于小事会忘记大事，在内部就会忘掉外面；在上面就会忘掉下面，在左边就会忘掉右边；精神没有什么地方不充满，也就没有什么地方不存在。因此把虚无作为尊贵的人，可以把毫末这样小的地方作为安身之所。

今夫狂者之不能避水火之难，而越沟渎之崄者①，岂无形神气志哉？然而用之异也。失其所守之位，而离其外内之舍，是故举错不能当②，动静不能中，终身运枯形于连嵝列埒之门③，而蹎蹠于污壑陷阱之中④，虽生俱与人钧⑤，然而不免为人戮笑者⑥，何也？形神相失也。故以神为主者，形从而利；以形为制者，神从而害。贪饕多欲之人⑦，漠睧于势利⑧，诱慕于名位，冀以过人之智，植于高世⑨，则精神日以耗而弥远⑩，久淫而不还⑪；形闭中距，则神无由入矣。是以天下时有盲妄自失之患，此膏烛之类也⑫，火逾然而消逾亟。夫精[神]气志者⑬，静而日充者以壮，躁而日耗者以老。是故圣人将养其神⑭，和弱其气，平夷其形，而与道沉浮俯仰⑮。恬然则纵之，迫则用之；其纵之也若委衣⑯，其用之也若发机⑰。如是则万物之化无不遇⑱，而百事之变无不应。

【注释】

①岘(xiǎn)：同"险"。《道藏》本作"险"。

②错：通"措"，安排。

③枯：病。连嵝(lǒu)：连续不断。《说文系传》引《淮南子》作"连遝"。列埒(liè)：高低不平。埒，矮墙。

④蹪(tuí)蹈：跌倒。王绍兰《读书杂记》谓"蹈"当作"埍"。"埍"即"陷"之今字。污壑(hè)：大壑。阱：陷坑。

⑤钧：通"均"，均等。

⑥戮笑：污辱，取笑。戮，辱。

⑦贪饕(tāo)：贪得无厌。

⑧漠睧(mǐn)：迷惑。《文子·九守》作"颠冥"。

⑨植于高世：《文子·九守》作"位高于世"。

⑩耗：虚。

⑪淫：过。

⑫"此膏烛"句：膏烛与火，喻形体与精神之关系。无烛即无火，无形即无神。

⑬夫精[神]气志者：北宋本"精"下原无"神"字。《文子·九守》"精"下有"神"字。据补。

⑭将养：持养，奉养。

⑮沉浮：指盛衰。俯仰：升降。

⑯委衣：衣服自然下垂。含有"无为而治"之义。

⑰机：弩机。

⑱遇：周合。《文子·道原》作"耦"。

【译文】

现在发狂的人不能避开水火这样的灾难，而要跳过沟渎这样危险的地方，难道是没有形体、精神、元气、意念了吗？然而只是使用不同罢了。精神失去应该守护的位置，而离开了它的原来外、内居留的地方，因此举止不能适当，动静不能适中，使枯朽的形体终身兜转在连续不断崎岖不平的门径之内，而跌倒在大壑和陷阱之中，虽然他的生存和一般人没有不同，然而却免不了要被人耻笑，这是为什么呢？是因为形体和精神互相离开的缘故。因此由精神作主宰的，形体相随着而获得便利；由形体来制约的，精神随之而受到危害。那些贪得无厌的人，被权势名利所诱惑，迷恋美慕名声地位，希望凭着超人的智慧，在世上立于高位，那么精神一天天消耗而越离越远，长久沉溺其中而无法复还；形体关闭，内心抗拒，那么精神便无法进入了。所以天下时常有盲目狂妄自我丧失的祸患存在，这就像蜡烛一样，火焰愈燃烧而消失得愈快。形体、精神、元气、意念，淡漠安静日益充实的人就会强健，精神烦躁日渐消耗的人就会衰老。所以有道德的人经常保养他的精神，柔和他的气志，平静他的形体，而和自然之道一起盛衰升降。静漠的时候就要放纵它，急迫的时候便使用它；放纵的时候就像衣服自然下垂，使用的时候就像发动弩机。如果像这样，那么万物的变化没有不能顺应对待的，而各种事物的变动没有不能适应的了。

第二卷　俶真训

【题解】

高诱注：俶，始也。真，实也，说道之实，始于无有，化育于有。

本训是《淮南子》的宇宙起源论。文中把从天地开辟到万物形成，由近及远分成三个阶段。又把现实世界从"无"到"有"四个发展阶段做了横的剖析。这是对《庄子·齐物论》宇宙观的进一步深化。这种宇宙发展论虽不符合科学实际，但是它把宇宙的发展归结为物质世界的发展变化，这就从上帝造物说的传统观念中解放了出来。

文中把上古历史分为至德之世、伏羲氏、神农黄帝、昆吾夏后、周室之衰五个阶段。指出随着社会发展，纯朴消失，争斗不休，道德沦丧，失去人性的根本。其中虽有崇古非今的倾向，但也包含了肯定平等、公正、互助等积极思想。只有"内修道术"，而不"外饰仁义"，"返性于初，而游心于虚"，"遗物反己"，才能返回到"俶真"状态。

陶方琦《淮南许注异同诂》：(此)"乃高注本也。"

有始者①，有未始有有始者②，有未始有夫未始有有始者③。有有者④，有无者⑤，有未始有有无者⑥，〔有未始有夫未始有有无者⑦。〕

【注释】

①有始者：高诱注指天地开辟之始也。

②"有未始有"句：高诱注：言万物萌兆，未始有始者，始成形也。

③"有未始有夫"句：高诱注：言天地合气，寂寞萧条，未始有也。夫未始有始，仿佛也。按，未始，未曾。

④有有者：高诱注：言万物始有形兆也。按，后"有"字，指现实存在的万物。

⑤有无者：高诱注：言天地浩大，言无可名也。按，"无"指物体以外的广大宇宙空间。

⑥有未始有有无者：高诱注：言道微妙，苞裹天地。"未始有有无者"，在"有无者"之前。

⑦["有未始有夫"]句：此句北宋本脱。据《道藏》本补。按，以上化自《庄子·齐物论》。

【译文】

有天地开辟的时候，有未曾有开始的时候，有未曾有未曾有开始的时候。有现实存在的宇宙万物，有物体以外的广大宇宙空间，远的是未曾有的广大宇宙空间，再远的是未曾有的未曾有的广大宇宙空间。

所谓有始者：繁愤未发①，萌兆牙蘖②，未有形埒垠堮③，无无蠕蠕④，将欲生兴而未成物类。

有未始有有始者：天气始下，地气始上，阴阳错合，相与优游竞畅于宇宙之间⑤，被德含和⑥，缤纷茏苁⑦，欲与物接而未成兆朕⑧。

有未始有夫未始（者）有有始者⑨：天含和而未降，地怀气而未扬，虚无寂寞，萧条霄霠⑩，无有仿佛气遂⑪，而大通冥冥者也⑫。

【注释】

①繁愦：积聚散发的样子。

②萌兆：开始。牙蘖（niè）：树木的嫩芽。牙，通"芽"。

③形埒（liè）：北宋本原作"呼"。"呼"字形讹。当正。埒，畛域，际涯。垠堮（è）：界限。王念孙《读书杂志》云：疑"垠堮"是"形埒"之注，而误入正文。

④无无：李哲明《淮南训义疏补》：按"无无"义不可晓，疑当作"冯冯"。《天文训》："冯冯翼翼。"注："无形之貌。"蠕蠕（rú）：昆虫爬行的样子。

⑤优游：悠闲自得。竞：追逐。畅：通达。

⑥和：和合之气。

⑦缤纷：混杂。茏苁（lóng cōng）：聚集。

⑧兆朕（zhèn）：与"形埒"义同，指际涯。

⑨未始者：《道藏》本无"者"字。疑衍。

⑩萧条：寂寥冷落的样子。霄霏（xiāo diào）：虚无寂寞。

⑪遂：成。

⑫大通：畅通。冥冥：昏暗的样子。北宋本原作"亘亘"。《道藏》本作"冥冥"。据正。

【译文】

所说的有开始的时候：是指万物积聚而未散发，萌芽初生，没有形成界限，蠢蠢欲动，万物将要兴起而没有产生物类的时候。

有未曾有开始的时候：上天之气开始下降，大地之气开始上升，阴气和阳气互相交合，相互悠闲地追逐融通在宇宙之间，覆盖着德泽、含怀着和气，混杂聚集，想和万物交接而不见形迹。

有未曾有未曾有开始的时候：上天含有的中和之气没有下降，大地含有的和气没有上扬，虚无冷清，荒远幽深，没有像要成气，而畅通在昏暗的宇宙之间的样子。

有有者：言万物掺落①，根茎枝叶，青葱苓茏②，萑蔰炫煌③，蠉飞蠕动④，蚑行哙息⑤，可切循把握而有数量⑥。

有无者：视之不见其形，听之不闻其声，扪之不可得也⑦，望之不可极也，储与扈冶⑧，浩浩瀚瀚⑨，不可隐仪揆度而通光耀者⑩。

有未始有有无者：包裹天地，陶冶万物⑪，大通混冥⑫，深闳广大⑬，不可为外；析毫剖芒⑭，不可为内；无环堵之宇，而生有、无之根。

有未始有夫未始有有无者：天地未剖，阴阳未判，四时未分，万物未生，汪然平静⑮，寂然清澄，莫见其形。若光耀之问于无有⑯，退而自失也⑰。曰：予能有无⑱，而未能无无也⑲。及其为无无，至妙何从及此哉？

【注释】

①掺（chān）落：参差错落，杂乱。

②青葱：青翠茂盛的样子。苓茏：茂盛。

③萑蔰（guàn hù）：草木繁荣茂盛。高诱注：萑读曰唯也。按，"萑"字形误，当作"萑（wéi）"。炫煌：光彩鲜艳的样子。

④蠉（xuān）：虫类盘旋行走或飞行。蠕（rú）：虫类缓慢行动。

⑤蚑（qí）：虫类行走。哙（huì）：通"喙"，指鸟兽虫鱼的嘴。黄锡禧本作"喙"。

⑥切循：抚摸。循，通"揗"，抚摸。

⑦扪：摸。

⑧储与扈冶：广大。

⑨浩浩瀚瀚：广大无边的样子。

⑩隐仪：仪度。揆（kuí）度：度量、考察。光耀：指无形。

⑪陶冶：化育，造成。

⑫混冥：大冥，喻道。混，大。

⑬深闳（hóng）：精深而广大。闳，通"宏"。

⑭剖：判，分离。

⑮汪然：池水平静的样子。

⑯光耀之问于无有：事见《庄子·知北游》。问，北宋本原作"间"。
陈昌齐《淮南子正误》云："间"当作"问"。据正。

⑰自失：隐藏不见。

⑱有无：指有形而不可把握的"光"。

⑲无无：指什么也不存在。

【译文】

天地产生了现实存在的万物有：指的是万物参差错落，根茎枝叶，青翠茂盛，色彩鲜明，飞行的昆虫和蠕动的爬虫，用脚行走的和用嘴呼吸的，可以用手抚摸把握而能计算数量。

有物体以外的广大宇宙空间"无"：走近它看不见形体，倾听它没有声音，抚摸它得不到，远望它没有尽头，广漠深远，无边无际，不能够度量考察而通往无形。

远的是未曾有的广大宇宙空间：包裹了整个天地，化育生成了万物，并且和大道相通，精深而广大，不能够确定外部边界；解剖分开毫芒，也无法分清内部边际；没有一点极小的界域，但这是能产生有、无的根本。

再远的就是未曾有的未曾有的广大宇宙空间：天地还没有分开，阴阳还没有分离，四季还没有分明，万物还没有产生，平静如池水，寂静清澈，没有办法见到它的形体。就像光耀询问无有一样，退下后便自然消失了。光耀说，我能达到有"无"的境界，却不能达到"无无"的境界。等到达到无无的境界，至妙又怎么能够到达这种境界呢？

夫大块载我以形，劳我以生，逸我以老，休我以死。善我生者，乃所以善吾死也①。夫藏舟于壑，藏山于泽，人谓之固矣。虽然，夜半有力者负而趋，寐者不知，犹有所遁。若藏天下于天下，则无所遁其形矣②。物岂可谓无大扬攉乎③？一范人之形而犹喜④，若人者，千变万化而未始有极也。弊而复新⑤，其为乐也，可胜计邪？譬若梦为鸟而飞于天⑥，梦为鱼而没于渊。方其梦也，不知其梦也，觉而后知其梦也。今将有大觉，然后知今此之为大梦也⑦。始吾未生之时，焉知生之乐也？今吾未死，又焉知死之不乐也？昔公牛哀转病也⑧，七日化为虎。其兄掩户而入觇之⑨，则虎搏而杀之。是故文章成兽⑩，爪牙移易，志与心变，神与形化。方其为虎也，不知其尝为人也；方其为人，不知其且为虎也。二者代谢舛驰⑪，各乐其成形，狡猾钝惛⑫，是非无端，孰知其所萌？

【注释】

①"夫大块"六句：见于《庄子·大宗师》。大块，指大自然。劳我，使我劳苦。逸我，使我安逸。休我，使我安息。善，认为善。

②"夫藏舟"八句：化自《庄子·大宗师》。壑（hè），沟。趋，快走。遁，亡失。

③扬攉（què）：陶方琦《淮南许注异同诂》、《补遗》云："扬攉，粗略也。"按，有约略、大概义。攉，通"搉"。据《庄子·徐无鬼》郭象注，有显扬妙理而确实论之义。

④范：模子。引申为效法。

⑤弊：破旧。

⑥梦为鸟而飞于天：化自《庄子·大宗师》。

⑦"方其梦也"五句：化自《庄子·齐物论》。大觉，大梦醒觉。

⑧公牛哀：人名。有鲁人、韩人、江淮之间公牛氏三说。转病：高诱
　注：易病也。按，古代有借尸还魂之说，与此类似。

⑨掩：打开。觇（chān）：察看、侦察。

⑩文章：指外表的皮毛。

⑪代谢：更替。舛（chuǎn）驰：背道而驰。舛，相背。

⑫狡猾：诡诈。钝惛（hūn）：昏昧，不明事理。

【译文】

　　大自然用形体负载我，用生存来使我劳苦，用年老使我安逸，用死亡使我安息。那种把我生存当作好事的，便是把我死看作好事的原因。把船隐藏在山谷中，把大山藏在深泽中，人们认为它是牢固的了。即使这样，深夜时大力士背着它很快逃走了，而睡觉的人并不知道，可见事物还是能够亡失的。假如把天下藏在天下里面，那么便没有办法使它的形体亡失。万物的变化难道可以说不是充满妙理的吗？人类一旦只获得了人的形体就欢喜，其实像人这样的形状，是千变万化而没有穷尽的。陈旧的去了而新的又出现了，那样的是值得快乐的，那么值得快乐的事难道还可以计算出来吗？比如就像梦中变成鸟而飞到天上，又在梦中变成鱼而沉没到深渊之中。当他正在梦中的时候，不知道他正在做梦，睡觉醒了之后才知道这是一场梦。现在一定要有大觉大悟的人，然后才能够知道这些都是人生的一场大梦。当初我没有生下来的时候，怎么能知道人生的快乐呢？现在我没有死，又怎么能知道死亡不快乐呢？从前公牛哀患了一种转症的病，七天变成了一只老虎。他的兄长推门进去探视他，这只虎扑上来便把兄长吃了。因此人的外部形体变成了兽类，人的四肢变成了虎的爪牙，人的心志变成了虎的心志，精神和形体都发生了变化。当他是虎形的时候，不知他曾经有过人形；当他是人形的时候，也不曾想到自己将要变成虎形。二者互相更替发生不同变化，各自乐意所化的人形、虎形，变化多端昏昧不明，是非没有端绪，谁能知道它们是怎么产生的？

夫水向冬则凝而为冰,冰迎春则泮而为水①;冰故移易于前后②,若周员而趋③,孰暇知其所苦乐乎? 是故形伤于寒暑燥湿之虐者④,形苑而神壮⑤;神伤乎喜怒思虑之患者,神尽而形有余。故罢马之死也⑥,剥之若槁⑦;狡狗之死也⑧,割之犹濡⑨。是故伤死者其鬼娆⑩,时既者其神漠⑪,是皆不得形神俱没也。夫圣人用心杖性⑫,依神相扶⑬,而得终始。是故其寐不梦,其觉不忧⑭。

【注释】

①泮:消散。北宋本原作"洋"。《道藏》本作"泮"。据正。

②故:《道藏》本、刘绩《补注》本作"水"。当是。

③趋:归附。

④虐:祸害,残害。

⑤苑:枯病。壮:壮健。

⑥罢:通"疲",气衰力竭。

⑦槁:枯木。

⑧狡:少壮。

⑨濡(rú):濡湿,气力未尽。

⑩伤:《广韵》漾韵:"或作殇。"据《说文》,年十九至十六死为长殇,十五至十二死为中殇,十一至八岁死为下殇。娆(rǎo):指作祟害人。

⑪时既:时尽。指年老寿终。漠:定。

⑫杖:凭倚。

⑬依神相扶:郑良树《淮南子斠理》云:疑当作"形神相扶"。

⑭"是故"二句:见于《庄子·大宗师》、《刻意》及《文子·道原》。

【译文】

　　水到了冬天往往就要凝结成冰,冰冻到了春天就会消融为水;冰、水前后的不同变化,就像圆周一样循环往复,谁有空闲知道它们的苦乐事情呢? 因此形体被严寒酷暑、干燥潮湿的灾祸伤害时,形体枯竭而精神健壮;精神被喜怒、忧虑的患祸伤害时,精神竭尽而形体尚有余力。所以那些气衰力竭的老马死后,宰剥它就像朽木一样;少壮的狗死后,宰割时还存在血气。因此早年夭亡的人的鬼魂能危害人,寿终正寝的人的灵魂是安定的,这些现象都说明形体和精神没有一起消亡。有道德的人支配自己的心性,使形体和精神互相依存,而共同始终。因此他睡觉时不做梦,醒来时也没有忧虑。

　　古之人有处混冥之中①,神气不荡于外,万物恬漠以愉静,搀抢衡杓之气②,莫不弥靡而不能为害③。当此之时,万民倡狂④,不知东西;含哺而游⑤,鼓腹而熙⑥;交被天和⑦,食于地德⑧;不以曲故是非相尤⑨,茫茫沈沈⑩,是谓大治。于是在上位者,左右而使之,毋淫其性⑪;镇抚而有之⑫,毋迁其德。是故仁义不布,而万物蕃殖;赏罚不施,而天下宾服。其道可以大美兴⑬,而难以算计举也。是故日计之不足,而岁计之有余⑭。

【注释】

　　①混冥之中:指上古之世。

　　②搀(chān)抢:指彗星。又指妖星。衡杓(biāo):北斗七星,第五为衡,第七为杓。王念孙《读书杂志》王引之曰:"衡"当为"冲",形似而误。冲、杓皆妖气。

　　③弥靡:远逃。弥,远。靡,逃散。

④倡狂：自由放任。

⑤哺（bǔ）：口中咀嚼食物。

⑥熙：通"娭"，玩乐，嬉戏。

⑦交：俱，全部。天和：天然平和之气。

⑧地德：古时认为土地产百物，人赖以生存，有德于人，故称地德。《天文训》：凉风至则报地德。

⑨曲故：曲巧，诈伪。尤：指责。

⑩茫茫沈沈：盛大无边。王念孙《读书杂志》："沈"皆当为"沆（hàng）"，茫茫沆沆，叠韵也。《说文》"沆"字注云："莽沆，大水。"

⑪淫：过分，无节制。

⑫镇抚：镇守而安抚。

⑬大美：出于《庄子·知北游》："天地有大美而不言。"指天地覆载万物之美。兴：兴育。

⑭"是故"二句：出自《庄子·庚桑楚》，亦见《泰族训》、《文子·精诚》。

【译文】

古代的人处在混沌愚昧的环境之中，精神气志不流荡在外面，万物恬淡而安静，彗星侵凌北斗之气，没有不全部逃散而不能造成危害的。当这个时候，万民恣情放任，分不清东南西北；嚼着食物而游玩，拍着肚子而嬉戏；覆盖着上天的平和之气，享用大地赐予的五谷；不因为巧诈和是非互相指责，真是一片太平景象啊，这就是大治。这个时候为政的君主，执使左右的人，而不使他们的性情过分放纵；镇守安抚四方而占有他们，不使他们的德性受到改变。因此仁义之道虽没有布达，而万物却能蓬勃生长；赏赐、刑罚没有施行，而天下的人民纷纷归附。他的治道可以使天地万物享受抚育之美德，而这些功德是难以全部计算的。因此每天计算好像是不够的，但是以一年来计算它却是有余的。

　　夫鱼相忘于江湖，人相忘于道术①。古之真人②，立于天地之本，中至优游③，抱德炀和④，而万物杂累焉⑤，孰肯解构人间之事、以物烦其性命乎⑥？

【注释】

①"夫鱼"二句：化自《庄子·大宗师》。

②真人：存养本性的得道之人。

③中至：中和。优游：自由自在。

④炀（yàng）：烘烤。此指熏陶。按，本句出于《庄子·徐无鬼》。

⑤杂累：积累。

⑥解：离间。构：交构。烦：受辱。

【译文】

　　鱼儿在江湖中遨游会互相忘记，人在道术上得志会互相忘却。古代的真人，立在天地的根本之处，秉受中和之气而自由自在，怀抱圣德、和气熏陶，而万物得以成熟，谁又肯参与人世间的乱事、因为外物而使自己的天性受辱呢？

　　夫道有经纪条贯①，得一之道②，连千枝万叶。是故贵有以行令，贱有以忘卑，贫有以乐业，困有以处危。夫大寒至，霜雪降，然后知松柏之茂也③；据难履危④，利害陈于前⑤，然后知圣人之不失道也。是故能戴大员者履大方⑥，镜太清者视大明⑦，立太平者处大堂⑧；能游冥冥者⑨，与日月同光。是故以道为竿，以德为纶⑩，礼乐为钩，仁义为饵，投之于江，浮之于海，万物纷纷，孰非其有？

【注释】

①经纪：纲常，法度。

②一：道之根本。

③"夫大寒"三句：出自《庄子·让王》、《吕览·慎人》及《论语·子罕》。

④履(lǚ)：践踏。

⑤陈：排列。

⑥大员：指天。大方：指地。

⑦太清：指天空。《文子·微明》："镜大清者视大明。"

⑧太平：指天下大治。大堂：指明堂。

⑨冥冥：指昏暗。

⑩纶：钓鱼的网绳。

【译文】

道是有法度条理的，得到一这个道的根本，千枝万叶便可以连通起来。因此尊贵的人用它来行使指令，低下的人用它来忘记卑贱，贫困的人用它来钟爱事业，困惑的人也有处理危险的办法。严寒到来，霜雪降落，然后才知道松柏枝叶繁茂；面临困境、踏着危险，利害摆到面前，这时才知道圣人不会抛开道德。因此能够掌握天道的人能主掌大地，以太空作镜子的人能看得特别深远，创立天下大治的人能立于明堂之上；能够在昏暗的地方遨游的得道者，才能和日月同放光明。因此用道作为钓竿，用德作为钓绳，用礼乐作为钓钩，以仁义作为钓饵，把它投到大江之中，漂浮到大海之上，万物纷纭复杂，又有谁不归它所有呢？

夫栖依于跂跃之术①，提挈人间之际②，撣捄挺捅世之风俗③，以摸苏牵连物之微妙④，犹得肆其志⑤，充其欲。何况怀瑰玮之道⑥，忘肝胆，遗耳目⑦，独浮游无方之外⑧，不与物相弊捼⑨，中徙倚无形之域⑩，而和以天地者乎？若然者，偓其聪明⑪，而抱其太素⑫；以利害为尘垢⑬，以死生为昼夜⑭。是故目观玉辂琬象之状⑮，耳听《白雪》、《清角》之声⑯，不能以乱其神；登千仞之溪，临猿眩之岸⑰，不足以滑其和⑱。譬若钟山之玉⑲，炊以炉炭⑳，三日三夜而色泽不变，则至德天地之精也㉑。是故生不足以使之，利何足以动之？死不足以禁之，害何足以恐之？明于死生之分，达于利害之变，虽以天下之大，易骭之一毛㉒，无所概于志也㉓。

【注释】

①梜(jiā)：通"挟"，怀着。刘绩《补注》本作"挟"。跂(qǐ)跃之术：指不正之道。跂，不正。跃，跳。

②提挈(qiè)：扶持。

③撢(tàn)：探寻、探求。掞(yǎn)：锐利。挺挏：求利。

④摸苏：摸索、探取。苏，取。牵连：牵涉，关联。微妙：细小。

⑤肆：尽、极。

⑥瑰玮(guī wěi)：宏伟。

⑦"忘肝胆"二句：见于《庄子·大宗师》、《达生》。

⑧浮游：漫游。无方：没有极限。

⑨弊揵(bì shā)：混杂。

⑩徙(xǐ)倚：倚靠。

⑪偃：熄灭。

⑫太素：指自然之朴。

⑬尘垢：喻轻微。

⑭昼：北宋本原作"尽"。《道藏》本作"昼"。据正。

⑮玉辂(lù)：带玉饰的帝王专用车。琬(wǎn)：没有棱角的圭。

⑯《白雪》：古代著名琴乐曲，传为师旷所奏。《清角》：传说中黄帝

时代的乐曲。《韩非子·十过》中载：昔者黄帝合鬼神于泰山之
上……作为《清角》。

⑰猿眩：使猿猴目眩。

⑱滑：滑乱。和：天和。

⑲钟山：指昆仑山。

⑳炊：燃烧。《太平御览》卷三十八《地部》三引此作"灼"。《吕览·
重己》高注引作"燔以炉炭"。

㉑则至德：郑良树《淮南子斠理》云："则至德"疑当作"则德"。德、
得古通，妄增"至"字。《艺文类聚》八十三引作："得天地之
精也。"

㉒骭（gàn）：小腿。

㉓概：古代用来刮平的器具。引申为刮平。志：北宋本原作"忠"。
《道藏》本作"志"。据正。

【译文】

　　那些怀着不正当的手段，参与人世间的关系，从社会风气中上下求
得利益，来探求事物微小变化的人，尚且能够尽其心志，满足他们的欲
望。何况那些怀有宏伟志向，忘记了自己的肝胆，遗忘了自己的耳目，
独自漫游在没有边际的地方，不和外物相混杂，内心只倚靠在无形的境
地，而和天地相融合的人呢？像这样的人，熄灭他们的智巧，而怀抱着
自然之朴，把个人的利害当作尘土，把死生看作白天、黑夜一样。因此
眼睛看到玉辂、琬圭和象牙的形状，耳朵听到美妙的《白雪》、《清角》的
音乐，也不能够惑乱他的精神；登临千仞深的溪谷，面对着使猿猴头晕
的山崖，也不能够扰乱他的和气。就像昆仑山的宝玉，用炉炭加以燃
烧，三天三夜也不会改变颜色，那是得到天地的精华所形成的。因此用
生存不能够驱使他，利欲又怎么能打动他呢？用死亡都不能够禁止他，
祸害又怎么能够使他恐惧呢？明确了死生的分别，通达了利害的变化，
即使拿天下这样大的东西，来更换小腿上的一根汗毛，也不会动摇自己

的志向。

　　夫贵贱之于身也,犹条风之时丽也①;毁誉之于己,犹蚊虻之一过也。夫秉皓白而不黑②,行纯粹而不糅,处玄冥而不暗③,休于天钧而不伪④,孟门、终隆之山不能禁⑤,唯体道能不败。湍濑、旋渊、吕梁之深不能留也⑥,大行、石涧、飞狐、句望之险不能难也⑦。是故身处江海之上,而神游魏阙之下⑧。非得一原,孰能至于此哉⑨?

【注释】

①条风:春天的东北风。丽:通"历",迅速经过。

②黑:北宋本原作"里"。《道藏》本作"黑"。据正。

③玄冥:昏暗。又指北方之神统治之地。《礼记·月令》中记载:孟冬之月,其神玄冥。

④天钧:北极之地。亦指万物自然之变化。伪:通"硙(huǐ)",毁坏。刘绩《补注》本作"硙"。《集韵》纸韵:硙,败也。

⑤孟门:山名,太行山险隘之地。在今陕西宜川东北、山西吉县西,绵延黄河两岸。终隆:即终南山。在陕西西安南。

⑥湍濑(lài):急流。旋渊:深潭。吕梁:古水名,在江苏铜山东南。

⑦大(tài)行:指太行山,绵延山西、河北、河南三省。大,《集韵》过韵:"太也。"石涧:深谷名。飞狐:要隘名。在今河北涞源北、蔚县南。两岸峭立,一线微通,迤逦百余里。句(gōu)望:又名句注山。在今山西代县西。因山势勾转、水势流注而得名。

⑧魏阙:王宫之门阙。又高诱注:一曰心下巨阙,神内守也。按,"是故"二句,见于《庄子·让王》《吕览·审为》。

⑨孰:北宋本原作"执"。《道藏》本作"孰"。据正。

【译文】

富贵、贫贱对于自己，就像春天的东北风一样迅速吹过；诋毁、赞誉对于自己，就像蚊虻从自己耳边飞过。持守着洁白之行而不会变黑，品行纯洁高尚而不会混杂，处在黑暗的地方不感到昏暗，停留在北极而不会毁坏，孟门、终南这样的险塞不能禁止，只有掌握了道的人才能立于不败之地。急流、深潭、吕梁的旋流，不能使他滞留，太行、石涧、飞狐、句望这样险隘，不能使他为难。因此自己虽然处于偏远的江海之上，而精神却能在京城的魏阙遨游。如果不是得到了道的根本，谁能达到这样的境界呢？

是故与至人居①，使家忘贫，使王公简其贵富而乐卑贱②，勇者衰其气，贪者消其欲。坐而不教，立而不议，虚而往者实而归③，故不言而能饮人以和④。是故至道无为，一龙一蛇⑤；盈缩卷舒，与时变化；外从其风，内守其性；耳目不耀，思虑不营⑥。其所居神者，臺简以游太清⑦；引楯万物⑧，群美萌生。是故事其神者神去之⑨，休其神者神居之⑩。道出一原，通九门⑪，散六衢⑫，设于无垓坫之宇⑬；寂寞以虚无，非有为于物也，物以有为于己也。是故举事而顺于道者，非道之所为也，道之所施也。

【注释】

①至人：道德修养达到最高境界的人。

②简：轻视。

③"坐而"三句：化自《庄子·德充符》。

④饮（yìn）：给人喝。

⑤"一龙一蛇"句：喻像龙化蛇解一样变化。出自《庄子·山木》。

⑥眢：迷惑。

⑦臺（wò）简：掌握大道。臺，当作臺（wò）。《说文》：握，搤（è）持也。臺，古文"握"。按，即执持义。简，大。

⑧引楯：拔擢。楯，通"揗"，抚循。

⑨事：治理。

⑩休：休止。

⑪九门：九天之门。

⑫六衢（qú）：指六合之内。一说六通之衢。衢，四通八达之路。

⑬设：施予。垓坫（gāi diàn）：边际。

【译文】

　　因此和道德修养达到最高境界的人生活在一起，会使家居的人忘掉贫困，使王公贵族轻视富贵而乐意卑贱，使有勇力的人衰减他的血气，使贪婪的人消除他的欲望。安坐不去教训别人，站立着也不发议论，空手去学习的人满载而归，所以他虽然不说话，却能让人享受到平和之气。因此最高的道是不违背自然规律行事，就像龙化蛇解一样；伸缩、卷舒，和节令一起变化；在外部能随从风气而变，内部能持守自己的天性；耳目虽不显明，而思虑却不会迷惑。他平居静漠的时候，精神执持大道而游于太空；引导抚循万物，各种美好的事物萌发生长。因此扰乱精神的人精神就离开他，使其精神休息的人精神就可以停留下来。大道从一本原产生，向上通达九天之门，向下布散在六合之内，施放在没有边际的宇宙；静漠而空虚，对于外物不强求改变它，外物对于自己已经有所变化。因此行事顺从道的规律，不是道所强求的，而是道所施予的。

　　夫天之所覆，地之所载，六合所包①，阴阳所呴②，雨露所濡，道德所扶，此皆生一父母而阅一和也③。是故槐榆与橘柚，合而为兄弟；有苗与三危④，通为一家。夫目视鸿鹄之飞⑤,耳听琴瑟之声,而心在雁门之间⑥。一身之中,神之分离剖判;六合之内,一举而千万里。是故自其异者视之,肝胆胡越;自其同者视之,万物一圈也⑦。百家异说⑧,各有所出。若夫墨、扬、申、商之于治道⑨,犹盖之无一橑⑩,而轮之无一辐。有之可以备数,无之未有害于用也。己自以为独擅之,不通之于天地之情也。

【注释】

①六合:上下四方。

②呴(xǔ):张口出气。引申有长养义。

③父母:喻天地。阅:汇总。和:和气。

④有苗:舜时生活在今洞庭湖一带的民族。亦称三苗。三危:西方山名。在今甘肃敦煌一带。《史记·五帝本纪》张守节正义引《括地志》:三危山有三峰,故曰三危。在沙州敦煌东南三十里。

⑤鸿鹄(hóng hú):天鹅。

⑥雁门:在山西代县西北。古以两山对峙,雁度其间而得名。

⑦"是故"四句:出自《庄子·德充符》。肝胆,喻近。胡越,喻远。圈,范围。

⑧百家异说:指先秦诸子学说。

⑨墨:墨翟。春秋、战国之际思想家。《汉书·艺文志》有《墨子》七十一篇。扬:《道藏》本作"杨"。杨、扬古通用。杨朱,战国初期道家人物。申:申不害。战国中期法家人物。《汉志》有《申子》六篇。商:商鞅。战国法家,卫国人,曾仕秦为相。《汉志》有《商君》二十九篇。

⑩橑(liáo):屋椽。此指伞盖的骨架。北宋本原作"撩"。《道藏》本作"橑(liáo)"。据正。

【译文】

上天所覆盖的,大地所运载的,六合所包含的,阴阳所长养的,雨露所滋润的,道德所扶持的,这些都产生在一个天地之内,而汇聚在一个和气之中。因此槐树和榆树,橘树与柚树,总合起来看是同种异物的兄弟;有苗和三危,联系起来看是一个家族。眼睛看到天鹅的飞翔,耳朵听到琴瑟之声,而精神活动却远在雁门关之间。在一人之身中,精神能够游移分离;精神活动在六合之内,一次远举就能达到成千上万里。因此从事物的不同方面去观察,同处于体内极近的肝胆,就像胡越那样遥远;从它们相同的方面去观察,万事万物都在一个范围内活动。诸子百家的学说,各自都有产生的背景。至于像墨子、杨朱、申不害、商鞅的学说对于治政,就像伞盖缺少一个伞弓子,车轮少一根车辐条。有它可以充个数,没有它对于治世也并无妨害。自己认为对于治政是独自专有的,这是不能通达天地之情的表现。

今夫冶工之铸器,金踊跃于炉中,必有波溢而播弃者^①,其中地而凝滞^②,亦有以象于物者矣。其形虽有所小周哉^③,然未可以保于周室之九鼎也^④,有况比于规形者乎^⑤?其与道相去亦远矣。今夫万物之疏跃枝举^⑥,百事之茎叶条枿^⑦,皆本于一根而条循千万也。若此,则有所受之也^⑧,而非所授者^⑨。所受者,无授也,而无不受也。无不受也者^⑩,譬若周云之茏苁^⑪,辽巢彭薄而为雨^⑫,沉溺万物,而不与为湿焉。

【注释】

①播:撒。

②中(zhòng):得。

③周：周合。《四库全书》本作"用"。

④保：通"宝"，宝贵。九鼎：古代象征国家的传国之宝。《史记·五帝本纪》等载为禹所铸。

⑤规形：指规范事物的形体。

⑥疏跃：布散。

⑦枿（niè）：树木砍去后重生的枝条。北宋本原作"梓"。刘绩《补注》本改作"枿"。据正。

⑧受：接受。

⑨授：授予。

⑩"所受者"四句：刘绩《补注》本作："所授者，无受也，而无不受也。无不受也者。"

⑪周云：密雨云。茏苁（lóng cōng）：聚合。

⑫辽巢彭薄：浓云蕴积的样子。薄，刘绩《补注》本作"濞"。王念孙《读书杂志》认为，"薄"即"薄"之误。

【译文】

现在冶炼工匠在铸器的时候，熔液在火炉中翻腾，一定有因翻滚而撒播到外面的，那些落地而凝结在一起的，也有同外物相像的。那些形状虽然也有少许相合，但是不能够同周王室的九鼎比贵重，又何况同有标准的形体相比呢？它和道相距得就更远了。现在世上万物的布散伸展，各种事物的茎叶枝条，都源于一个根本而引发出千枝万叶。像这样，那么则是对道有所接受，而不是强行授予的。接受道所给予的，正因为不是强迫授予的，因而没有什么不能接受的。没有什么不能接受的，就像密雨云聚合，浓云密布便成为雨，虽然使万物浸没于水中，但是却不会同万物一样被沾湿。

今夫善射者，有仪表之度①，如工匠有规矩之数②，此皆所得以至于妙。然而奚仲不能为逢蒙③，造父不能伯乐者④，是皆谕于一曲⑤，而不通于万方之际也。

【注释】

①仪表：指法则、标准。

②如：而。

③奚仲：夏后氏时车的发明者。逢（páng）蒙：古代善射之人。羿的弟子。

④造父：周穆王时善驾驭之人。伯乐：秦穆公时善相马者。

⑤谕：知晓。一曲：一事。

【译文】

现在善于射箭的人，有标准作为法度，而工匠有规矩作为准则，这些都是掌握标准才达到这样巧妙的程度。但是奚仲不能成为逢蒙，造父不能成为伯乐，这是因为他们通晓自己这方面的内容，而不能通达各个方面的变化规律。

今以涅染缁①，则黑于涅；以蓝染青②，则青于蓝。涅非缁也，青非蓝也。兹虽遇其母③，而无能复化已。是何则？以谕其转而益薄也④。何况夫未始有涅、蓝造化之者乎！其为化也，虽镂金石⑤，书竹帛，何足以举其数？由此观之，物莫不生于有也⑥，小大优游矣⑦。夫秋毫之末⑧，沦于无间⑨，而复归于大矣。芦符之厚⑩，通于无垠⑪，而复反于敦庞⑫。若夫无秋毫之微、芦符之厚，四达无境，通于无圻⑬，而莫之要御夭遏者⑭，其袭微重妙⑮，挺挏万物⑯，揣丸变化⑰，天地之间，何足以论之！夫疾风教木⑱，而不能拔毛发；云台之高⑲，堕者析脊碎脑⑳，而蚊虻适足以翱翔㉑。夫与蚑蛲同乘天机㉒，天受形于一圈㉓，飞轻微细者，犹足以脱其命㉔，又况未有类也㉕？由此观之，无形而生有形亦明矣。

【注释】

①涅（niè）：一种矿石名，古代用作黑色染料。缁（zī）：黑色。

②蓝：一种草本植物，叶子可以提取蓝色染料。又叫蓼蓝。青：靛青。

③兹：这。母：本。指涅和蓝。

④谕：明白。转：转化。

⑤镂（lòu）：雕刻。

⑥有：指有形。

⑦优游：种类繁多。

⑧秋毫：喻微小。

⑨间：孔隙。

⑩芦：芦苇。符：苇中白膜。黄锡禧本作"苻"。厚：厚度。这里指薄。

⑪垫（yín）：同"垠"，边界。刘绩《补注》本作"垫"。

⑫庞：敦庞，厚大。北宋本原作"庬"。《道藏》本作"庞"。据正。

⑬无圻（qí）：无垠。

⑭要御：禁御。夭遏（è）：夭折；阻塞。又作"夭阏"。

⑮袭：重复。妙：微小。

⑯挺挏：推引。

⑰揣（tuán）丸：和调。与"姹捖"通。

⑱敦：通"挗（bó）"，拔除。

⑲云台：台高入云，故称云台。

⑳析：折断。

㉑蚊虻：喻微细。

㉒蚑蛲：喻微小。乘：凭借。天机：指造化的奥妙。

㉓一圈：一个范围。

㉔脱：杨树达《淮南子证闻》云："脱"字无义，字当作"托"，声近误耳。

㉕类：指形象。

【译文】

现在用涅矿石染料染黑色衣服，那么比涅矿石更黑；用蓼蓝染蓝色衣服，则比蓝色更蓝。涅矿石不是黑色，蓝色也不是蓼蓝。现在即使遇到本色，也不能使衣服再还原了。这是什么原因呢？由此知道它们经过转化而变得更加稀薄了。何况那些不曾经过涅矿石、蓼蓝染化的情况呢！它们作为变化来说，即使雕刻在金石上，书写在竹帛上，又怎么能完全列举出它的变化规律呢？从这里可以看出，万物没有不是从有形中产生的，大大小小种类繁多。像秋毫之末这样微小的东西，可以进入到没有孔隙的地方，秋毫比起道又可归为大的一类了。道像极薄的芦苇的膜，可以通达到没有边际的地方，但是又可以返回到厚大的芦苇之中。至于说不像秋毫这样微小的东西、芦膜这样极薄的东西，都可以四达无境之地，通往无边无际的地方，而不会受到阻挡而折损，那些在天地之间，比微小还微小，能推引万物，和调变化的道，处在天地之间，又将怎么来评论它呢！强劲的大风能够拔起树木，但是却不能够拔掉人的毛发；云台高耸，跌落的人骨碎脑裂，但是蚊虻却能够自由自在地翱翔。它们和蚊蛅一样凭借的是造化的奥秘，接受大自然赋予的形体，这些飞行轻捷极其微细的生物，尚且能够寄托自己的生命，又何况没有形象的物体呢？从此可以看出，无形的道而生出有形的万物是很明显的。

是故圣人托其神于灵府①，而归于万物之初。视于冥冥，听于无声。冥冥之中，独见晓焉；寂漠之中，独有照焉②。其用之也以不用，其不用也而后能用之；其知也乃不知，其不知也而后能知之也。夫天不定,日月无所载③;地不定,草木无所植④;所立于身者不宁⑤,是非无所形⑥。是故有真人然后有真知⑦。其所持者不明,庸(愚)讵知吾所谓知之非不知欤⑧?

【注释】

①灵府:精神之宅。指心。

②"视于冥冥"六句:见于《庄子·天地》。"照"字彼文作"和"。

③载:行。

④植:树立。

⑤所立于身者不宁:《文子·精诚》作"身不宁"。

⑥形:见。

⑦真知:不巧诈,故谓真。

⑧庸(愚)讵:刘绩《补注》本无"愚"字。《文子·精诚》作"何知"。《庄子·齐物论》作"庸讵"。庸讵,岂能。按,"愚"字疑沂。

【译文】

因此有道德的人把精神寄托在心中,而归向到万物开始的时候。能够在幽深暗昧中看得清楚,在无声之处能听到声音。在幽冥之中,独独能看到光明;静漠之中,却能见到和声。它以不被人使用的方式而让人使用,它不被人使用而后才能使用它;它以不被人知道的方式而使人知道它,它不被人知道而后才能使人知道它。上天的位置不确定,日、月便无法运行;大地不确定位置,草木便无法生长;人们所立身的地方不安宁,是非曲直便没有办法辨明。因此有道的人才能做到不巧诈。他所持守的东西(即道)是不明显的,又怎么知道我所说的知道不是不知道呢?

今夫积惠重厚①,累爱袭恩②,以声华呕符妪掩万民百姓③,使知之诉诉然人乐其性者④,仁也。举大功,立显名,体君臣⑤,正上下,明亲疏,等贵贱,存危国,继绝世,决挐治烦⑥,兴毁宗,立无后者,义也。闭九窍⑦,藏心志,弃聪明,反无识,芒然仿佯于尘埃之外⑧,而消摇于无事之业⑨,含阴吐阳,而万物和同者⑩,德也。是故道散而为德,德溢而为仁义,仁义立而道德废矣⑪。

【注释】

①厚:《文子·精诚》作"货"。

②袭:相袭,承袭。

③声华:声誉,荣耀。呕(xū)符:怜爱。妪(yǔ)掩:抚育。

④知:刘绩《补注》本无"知"字。王念孙《读书杂志》认为"知"为衍文。诉诉(xīn)然:欣喜的样子。

⑤体:亲近。

⑥决挐(rú):解决纷乱。挐,乱。

⑦九窍:九孔。《庄子·齐物论》成玄英疏:"九窍,谓眼、耳、鼻、舌、口及下二漏也。"

⑧芒:通"茫",茫然。

⑨业:开始。

⑩和同:和洽同心。

⑪"是故"三句:出自《老子》三十八章。《文子·精诚》亦同。

【译文】

现在积聚恩德、增加财物,厚施恩爱,用声誉荣耀去怜爱抚育万民百姓,使他们欣喜地珍爱自己的生命,这是仁的表现。推举有功的人,树立有突出名节的人,使君臣关系亲近,端正上下之间的关系,明确亲疏,划分贵贱,保存危亡的国家,继续灭绝的世族,解决纷乱、治理危难,兴起毁灭的宗庙,存立没有后代的家族,这是义的表现。关闭人的九窍,隐藏起心志,抛弃智巧,返回到没有知识的境地,茫然地徘徊在尘世之外,而自由往来于万物开始的时候,吸进阴气,吐出阳气,而与万物和睦同心,这是德的表现。因此说道分散而成为德,德溢落的部分而成为仁义,仁义确定而道德便废止了。

　　百围之木,斩而为牺尊,镂之以剞劂,杂之以青黄,华藻镈鲜,龙蛇虎豹,曲成文章;然其断在沟中,一比牺尊沟中之断,则丑美有间矣。然而失木性钧也①。是故神越者其言华②,德荡者其行伪③。至精亡于中④,而言行观于外⑤,此不免以身役物矣⑥。夫趋舍行伪者⑦,为精求于外也。精有湫尽⑧,而行无穷极,则滑心浊神,而惑乱其本矣。其所守者不定,于外淫于世俗之风,所断差跌者⑨,而内以浊其清明,是故踌躇以终⑩,而不得须臾恬淡矣。

【注释】

①"百围之木"至"失木性钧也":见于《庄子·天地》。牺尊,古代的一种牛形酒器。剞劂(jī jué),雕刻用的刀。华藻,华文。镈,疑通"敷",布敷,涂饰。鲜,鲜艳。北宋本原作"鲜"。《道藏》本做"鲜"。据正。文章,文采。一,一旦。间,远。钧,通"均",等。

②越:分散。

③荡:放纵。

④至精:最纯粹的精气。

⑤观:显示。

⑥役物:被外物所役使。

⑦趋(qū)舍:取舍。刘家立《淮南内篇集证》:今本"言华"讹作"趋舍"。

⑧湫尽：穷尽。湫，通"遒"，尽。

⑨差跌：失误。郑良树《淮南子斠理》云："所断差跌者"，义不可通。
　　疑当作"所断者差跌"。

⑩踌躇（chóu chú）：犹豫、疑虑。

【译文】

　　百围粗的大树，砍断做成精美的牛状酒器，用雕刀加以刻镂，涂上青黄的色彩，刻上鲜艳华美的花纹，配上龙蛇虎豹的图案，曲折而成灿烂的文彩；然而它要被砍断倒在水沟之中，一旦把牺尊同断在沟中的木头相比，那么美和丑之间的差距就很远了。不过就失去木头本性这一点上都是一样的。因此精神散乱的人言词华而不实，品德放纵的人行动伪诈。最美的精气在心中消失，而言行便在外部显示出来了，这样身形免不了要被外物所役使。言词华美，行动虚伪，是精神为求得在外部的表现。精神有穷尽，而行动没有穷尽，那么就会扰乱心志使精神混乱，从而使它的本性发生惑乱。他内心所守持的精神不能安定，而外部被世俗之风所迷惑，所决断就会有失误，而使内部清静明朗的精神受到扰乱，因此就会犹豫疑虑一生，而不会有一刻的清静了。

　　是故圣人内修道术①，而不外饰仁义；不知耳目之宜，而游于精神之和②。若然者，下揆三泉③，上寻九天，横廓六合④，撢贯万物⑤，此圣人之游也。若夫真人，则动溶于至虚⑥，而游于灭亡之野；骑蜚廉⑦，而从敦圄⑧，驰于方外⑨，休乎宇内；烛十日⑩，而使风雨；臣雷公⑪，役夸父⑫；妾宓妃⑬，妻织女⑭；天地之间，何足以留其志？是故虚无者道之舍，平易者道之素⑮。

【注释】

①脩：刘绩《补注》本作"脩"。当是。

②"不知"二句：本于《庄子·德充符》。宜，北宋本原作"宣"。刘绩
《补注》本作"宜"，《文子·精诚》、《庄子·德充符》同。据正。

③揆（kuí）：度量。三泉：三重泉。即地下深处。

④廓：扩大。

⑤揲（dié）贯：积累、贯通。

⑥动溶：摇荡。溶，通"搈"，摇荡。

⑦蜚（fěi）廉：神兽名，长毛有翼。

⑧敦圄（yǔ）：似虎而小。一曰仙人名。

⑨方外：区域之外。

⑩十日：指十个太阳。见于《山海经·海外东经》、《庄子·齐物
论》、《楚辞·天问》、《淮南子·本经训》及马王堆汉墓帛画等。
一说指"幻日"现象。

⑪雷公：雷神。

⑫夸父：神名。又为兽名。

⑬宓（fú）妃：洛河女神名。传为伏羲氏之妃。

⑭织女：神女名。又为星名。

⑮素：本色。

【译文】

因此有道德的人在内部提高道德的修养，而不在外部用仁义来修
饰；不去关心耳目适宜于何种声色，而只求心灵游弋在精神和谐的环境
之中。像这样的话，向下可以度量极深的三泉，向上可寻觅极高的九
天，横着扩大天地四方，竖着贯通万事万物，这就是圣人的游观。至于
说真人，他们游荡在最空虚的地方，而往来于什么都不存在的境地；骑
着神兽蜚廉，而让敦圄做随从；奔驰在方外之地，休息在环宇之内；让十
日来照耀，让风雨供使唤；把雷公作臣子，使夸父来服役；让宓妃作妾，

织女为妻；天地之间，怎么能止留他的志向呢？所以虚无是道的馆舍，平易是道的本色。

　　夫人之事其神而娆其精①，营慧然而有求于外②，此皆失其神明而离其宅也③。是故冻者假兼衣于春，而暍者望冷风于秋④。夫有病于内者，必有色于外矣⑤。夫梣木色青翳⑥，而蠃瘉蜗睆⑦，此皆治目之药也。人无故求此物者，必有蔽其明者。圣人之所以骇天下者，真人未尝过焉；贤人之所以矫世俗者，圣人未尝观焉⑧。夫牛蹄之涔⑨，无尺之鲤；块阜之山⑩，无丈之材。所以然者何也？皆其营宇狭小⑪，而不能容巨大也，又况乎以无裹之者邪⑫？此其为山渊之势亦远矣。夫人之拘于世也，必形系而神泄⑬，故不免于虚⑭。使我可系羁者，必其有命在于外也⑮。

【注释】

①事：奉事。神：指人体生命活动的外在表现，也指精神意识活动。娆（rǎo）：烦扰。精：古代指构成人体和生命的基本物质。

②营慧然：求索名利的样子。

③宅：指精神之宅。

④"是故"二句：出于《庄子·则阳》。暍（yē），中暑。

⑤色：容色。

⑥梣（cén）木：秦皮。又叫苦枥木。瘉：治疗。青翳（yì）：今称角膜翳，有云翳、斑翳、白斑之分。

⑦蠃：通"螺"，池塘中的螺蛳，有清热、利水、明目之功效。蜗睆（wō huǎn）：又称烛睆。类似今白内障。

⑧"圣人之所以"四句：化自《庄子·外物》。骇，惊骇。矫，纠正。

⑨涔(cén)：积水。

⑩块阜(fù)：小山名。《列子·汤问》作"魁父"。

⑪营宇：指范围。

⑫无：无形。

⑬神泄：精神泄散。

⑭虚：指疾病。

⑮"使我"二句：本于《庄子·则阳》、《山木》。《文子·精诚》作："必其命自在外者矣。"《庄子·山木》作："吾命有在外者也。"可与此相参。

【译文】

　　人们劳碌心志而扰乱内部的精气，竭尽心力向外钻营追求名利，这些做法都会丧失精神元气而使精神远离身心。因此受冻的人希望借助于衣服温暖如春，而中暑的人希望秋天的冷风赶快吹来。身体内部有病的人，必定表现在外部气色上。秦皮可以治疗角膜翳，螺蛳可以治疗白内障，这些都是治疗眼病的药物。人们没有其他原因而寻找这些药物，必定是眼睛被病状遮住了。圣人所以使天下人惊动的原因，是因为真人未曾过问；贤人所以纠正世俗风气的原因，是圣人不曾过问。就像牛蹄那样小的水坑，不会有一尺长的鲤鱼；块阜这样的小山丘，不会长出一丈高的木材。造成这样的原因是什么呢？都是因为它们所处的范围狭小，而不能容纳巨大的事物罢了，又何况用无形来包裹的万物呢？它们距离作为山渊的气势也是很远的了。人们被世俗所拘泥，必定会使形体受到羁绊而精神衰竭，所以免不了要生病。假使我能被别人束缚住，必定是我的命运和外物有所接触罢了。

　　至德之世，甘瞑于溷澜之域①，而徙倚于汗漫之宇②，提挈天地而委万物③，以鸿濛为景柱④，而浮杨乎无畛崖之际⑤。是故圣人呼吸阴阳之气，而群生莫不颙颙然仰其德以和顺⑥。当此之时，莫之领理决离⑦，隐密而自成⑧，浑浑苍苍⑨，纯朴未散⑩，旁薄为一⑪，而万物大优⑫。是故虽有羿之知而无所用之。

【注释】

①"至德"二句：化自《庄子·列御寇》。至德，最高的道德。甘暝，酣睡。暝，通"眠"。涽涆（hùn xián），无涯的样子。

②徙倚：自由遨游。汗漫：广大无涯的样子。

③提挈（qiè）：提举。委：抛弃。

④鸿濛：东方之野，日所出之地。景（yǐng）柱：测日影的表柱。景，通"影"。

⑤浮杨：遨游。刘绩《补注》本作"浮扬"。畛（zhěn）崖：界限。

⑥顒顒（yóng）然：仰慕的样子。顒，通"喁"，本指鱼张口出气，此指仰慕、期许。

⑦领理：统率、治理。决：决裂。离：背离。

⑧隐密：隐藏，不露声色。《太平御览》卷七十七《皇王部》二引作"隐愍"。《原道训》有"穆忞隐闵"。高诱注：皆无形之类也。

⑨浑浑苍苍：混沌广大的样子。

⑩纯朴：纯粹朴素。

⑪旁薄：广大无边。

⑫优：充足，富裕。

【译文】

在最好的道德统治时期，人们酣睡在混沌无涯的境界之中，自由遨游在广阔无垠的地方，提举天地而抛弃万物，他们把东方之野作为太阳的影柱，而在浩渺无边的天际漫游。因此圣人自然呼吸阴阳二气，平民百姓没有不仰慕他的美德而和平柔顺的。在这个时候，没有人统率治理而导致决裂而去，不声不响地而万物自然形成，混沌不清，淳朴之性没有消失，广大无边而又混而为一，而万物自然丰足。即使有后羿那样的智巧也没有地方能够使用它。

及世之衰也，至伏羲氏①，其道昧昧芒芒然②。吟德怀和③，被施颇烈④，而知乃始昧昧昞昞⑤，皆欲离其童蒙之心⑥，而觉视于天地之间，是故其德烦而不能一⑦。

乃至神农、黄帝⑧，剖判大宗⑨，窍领天地⑩，袭九㺉⑪，重九㷸⑫，提挈阴阳，姪捖刚柔⑬，枝解叶贯⑭，万物百族，使各有经纪条贯。于此万民睢睢盱盱然⑮，莫不竦身而载听视⑯，是故治而不能和⑰。

下栖迟至于昆吾、夏后之世⑱，嗜欲连于物，聪明诱于外，而性命失其得⑲。

施及周室之衰⑳，浇淳散朴㉑，杂道以伪㉒，俭德以行㉓，而巧故萌生㉔。周室衰而王道废㉕，儒、墨乃始列道而议㉖，分徒而讼㉗。于是博学以疑圣㉘，华诬以胁众㉙，弦歌鼓舞，缘饰《诗》、《书》㉚，以买名誉于天下。繁登降之礼㉛，饰绂冕之服㉜，聚众不足以极其变，积财不足以赡其费。于是万民乃始㤞鲑离跂㉝，各欲行其知伪，以求凿枘于世㉞，而错择名利㉟。是故百姓曼衍于淫荒之陂㊱，而失其大宗之本。夫世之所以丧性命，有衰渐以然㊲，所由来者久矣。

【注释】

①伏羲氏：传说中上古部落领袖。

②昧昧：淳厚的样子。芒芒：同"茫茫"，广大。

③吟：吟咏。怀和：含怀和气。

④被：覆盖。施：施加。烈：大。

⑤昧昧：似明未明的样子。眓眓（lín）：求知的样子。《文子·上礼》作"懋懋"。

⑥离：离开。童蒙：指寡知蒙昧之人。

⑦烦：无常，纷歧。一：统一。

⑧乃：《文子·上礼》作"及"。

⑨剖判：分离。大宗：事物的本源。

⑩窍：贯通。领：理。

⑪袭：因袭。九窾（kuǎn）：九天之法。

⑫九熬（yín）：即九地之形。熬，王念孙《读书杂志》云：当为"堥"，字之误也。《玉篇》：堥，古文"垠"字。

⑬㛠捖（wán）：和调。㛠，通"抟（tuán）"，聚合。

⑭解：会合。叶贯：积累。

⑮睢睢（huī）盱盱（xū）：张目直视的样子。

⑯竦（sǒng）：恭敬地站立看。戴：通"戴"，头顶着。《文子·上礼》作"戴"。

⑰和：谐和。

⑱栖迟：停留。昆吾：夏的同盟部落名。夏后：指夏桀。

⑲得：通"德"，根本。

⑳施（yì）：延续。

㉑浇：薄。淳：通"醇"，纯酒。指淳朴本性。

㉒杂：《文子·上礼》作"离"，离开。

㉓佥：《文子·上礼》作"险德以为行"。险，危险。

㉔巧故：巧言伪诈。

㉕王道：指先贤所行之道。语出《尚书·洪范》："无偏无党，王道荡荡。"

㉖儒：孔子创立的学派。墨：墨子创立的学派。《韩非子·显学》：

世之显学,儒、墨也。列:裂,分离。

㉗讼:争讼。

㉘疑:本于《庄子·天地》,其文作"拟",模仿义。

㉙华诬:设虚华之言,以诬蔑圣人。诬,欺骗。胁:胁迫。

㉚缘饰:赘誉粉饰。《文子·上礼》作"琢饰"。

㉛登降:进退揖让之礼。

㉜绂(fú):系(jì)印章或佩玉用的丝带。绂色依官职品级不同而定。冕(miǎn):大夫以上贵族所戴的礼帽。

㉝懑(mán):糊涂,不明事理。觟:通"懈(xié)",有二心。离跂:用力的样子。

㉞凿枘(ruì):喻迎合世俗。枘,榫眼。北宋本原作"柄"。《道藏》本作"枘"。据正。

㉟错:施行。择:索取。

㊱曼衍:放纵。陂(bēi):水边,山坡。

㊲衰渐:逐渐衰退。

【译文】

等到世道开始衰败,在伏羲氏统治时,他的道德仍然纯厚宽广。人民称颂他的功德、含怀和气,布散他的德泽、施予大众,但是用智巧开始似懂非懂、似明似暗的追求,都想违背淳朴的本性,而想觉察明白天地间的某些道理,因此德性无常而不能统一。

到了神农、黄帝的时代,分离事物的根本,贯通天地,按照九天的法则,依循九地之形法,引导阴阳,调和刚柔,像连接千枝万叶一样,影响到万物百族,使各种事物都有一定的法规条理。这时万民都睁大眼睛,没有不景仰地站立着看着,因此天下得到治理但不能使百姓和谐。

渐渐发展到昆吾、夏后之时,对外物嗜欲无度,聪明被外物所诱惑,而性命便失去了根本。

延续到周王朝衰落之时,淳朴的本性散失了,离开了道而干起虚伪的勾当,推行存在危险的德行,因此诈巧迅速产生了。周朝统治衰败而王道被废止,儒、墨两家开始分裂而辩论,两方信徒激烈争讼。这时便运用广博的知识而模仿圣人,用虚华欺骗之言来胁迫大众,奏乐唱歌跳舞,赞誉粉饰《诗》、《书》,来向天下收买名誉。他们制订繁琐的进见之礼,装饰带有佩带和礼帽的服装,即使聚集很多人也不能够弄清它的变化,积累很多财物也不能够供给他们的费用。这时老百姓开始不明事理并被引上邪路,各人想要施展自己的智巧,来求得逢迎于世,以便索取名利地位。因此百姓在荒淫之路上追逐,而失掉他们的道德根本。世人之所以丧失性命之本的原因,是由逐渐衰败而造成这个样子,它的由来已经很久了。

　　是故圣人之学也,欲以反性于初①,而游心于虚也②。达人之学也③,欲以通性于辽廓④,而觉于寂漠也。若夫俗世之学也,则不然:擢德攓性⑤,内愁五藏,外劳耳目,乃始招蛲振缱物之豪芒⑥,摇消掉捎仁义礼乐⑦,暴行越智于天下⑧,以招号名声于世,此我所羞而不为也。是故与其有天下也,不若有说也⑨;与其有说也,不若尚羊物之终也始⑩,而条达有、无之际⑪。是故举世而誉之不加劝,举世而非之不加沮⑫。定于死生之境,而通于荣辱之理。虽有炎火洪水弥靡于天下⑬,神无亏缺于胸臆之中矣。若然者,视天下之间,犹飞羽浮芥也⑭,熟肯分分然以物为事也⑮?

【注释】

①性:指人的本性,亦即天性。

②虚:指无情欲。

③达人:通达知命的人。

④辽廓：旷远，空阔。

⑤擢（zhuó）：去掉。攓（qiān）：拔取。

⑥招蛲（náo）：通"挑挠"，循环往复。振缱（qiǎn）：情意缠绵的样子。

⑦摇消掉捎：奔走鼓动。

⑧暴：表露。越：扬。

⑨说：通"脱"，舍弃。

⑩尚羊：逍遥。终也始：疑衍"也"字。

⑪条达：通达。

⑫"是故"二句：出自《庄子·逍遥游》。劝，勉力。沮（jǔ），沮丧。

⑬弥靡：漫延。

⑭芥：小草。

⑮熟：《方言》卷七钱绎笺疏："孰、熟古今字。"分分然：忙乱的样子。

【译文】

　　因此圣人的学习，是想用来使人的性情返回到开初的淳朴状态，使心灵在无情无欲的境界中游弋。通达知命的人的学习，想要用来在空旷的环境中通达性命，而在寂静中得到觉醒。至于像世俗之人的学习，就不是这样：他们抛去人的道德和天性，内心使五脏愁苦，外部使耳朵、眼睛劳困，开始永无休止的追求毫芒之利，奔走鼓动仁义礼乐，并在天下散播推行智巧和诈伪，来求得在世上昭显得到好的名声，这种行为是我所感到羞愧而不干的事。因此与其这样占有天下，倒不如抛弃了它；与其舍弃了它，倒不如逍遥于万物的变化之中，而和有、无的境界相联系。因此整个社会赞美他也不更加努力，整个社会非难他也不感到沮丧。在生和死的环境中泰然处之，而通达荣宠耻辱变化之理。即使有烈火、洪水漫延于天下，自己的精神也不会在心意中有任何损害。如果像这样的话，看待天下之间的万事万物，就像飞过的羽毛和浮动的小草，谁肯忙乱地把外物作为一回事呢？

　　水之性真清，而土汩之；人性安静，而嗜欲乱之①。夫人之所受于天者，耳目之于声色也，口鼻之于芳臭也②，肌肤之于寒燠③，其情一也。或通于神明，或不免于痴狂者④，何也？其所为制者异也。是故神者智之渊也，渊清则智明也⑤；智者心之府也，智公则心平矣。人莫鉴于流沫，而鉴于止水者⑥，以其静也；莫窥于生铁，而窥于明镜者，以睹其易也⑦。夫唯易且静，形物之性也⑧。由此观之，用也必假之于弗用也⑨。是故虚室生白，吉祥止也⑩。

【注释】

①"水之性"四句：本自《吕览·本生》。水之性真清，《太平御览》卷七百二十《方术部》一引此作："夫水之性清，而沙土汩之。"《吕览·本生》："夫水之性清。"无"真"字。汩（gǔ），乱。

②"口鼻"句：《文子·九守》作"鼻口之于芳臭也"。

③燠（yù）：温暖。

④痴：傻。

⑤渊清则智明：《文子·九守》作"神清则智明"。

⑥"人莫"二句：见于《庄子·德充符》。鉴，镜子。沫，泥中的泡沫。《文子·九守》作"潦"。

⑦睹：《太平御览·服用部》十九引无"睹"字。易：平。

⑧形：见。

⑨用也：《庄子·知北游》作"是用之者"。《文子·九守》作"故用之者"。

⑩"是故"二句：见于《庄子·人间世》。虚，心。室，身。白，指道。止，栖息。

【译文】

　　水的特性是清的,但是泥土使它混浊;人的本性是安静的,但是嗜欲使它混乱。人类从上天那儿所接受的本能,耳朵、眼睛能分清声音、色彩,口鼻可以辨出香臭,肌肤可以感觉寒热,他们的情感都是一样的。但是有的同神明相通达,有的却免不了成为傻子、疯子,这是为什么呢?这是由于制约他们的精神不一样。因此说精神是智慧的渊源,渊源平静就会智慧显明;智慧是心灵的府库,神智平正那么心灵就会平静了。没有人用流动的浑水当镜子,而用静止的清水来照面,是因为它平静的缘故;没有人从生铁中观察自己的形容,只会从明镜中观察面容,是因为它平正的缘故。只有平正和安静,才能显现外物的性状。由此可以看出,被使用的东西必定借助于不能被使用的部分。因此只有使身心空虚起来道才能产生,吉祥才能停留。

　　夫鉴明者,尘垢弗能薶①。神清者②,嗜欲弗能乱。精神以越于外③,而事复返之,是失之于本而求之于末也。外内无符④,而欲与物接,弊其玄光⑤,而求知之于耳目,是释其炤炤而道其冥冥也⑥,是之谓失道。心有所至,而神喟然在之⑦;反之于虚,则消铄灭息⑧,此圣人之游也。故古之治天下也,必达乎性命之情;其举错未必同也,其合于道一也。夫夏日之不被裘者,非爱之也,燠有余于身也。冬日之不用翣者,非简之也,清有余于适也⑨。夫圣人量腹而食,度形而衣,节于己而已,贪污之心⑩,奚由生哉?故能有天下者,必无以天下为也⑪;能有名誉者,必无以趋行求者也⑫。

【注释】

　　①薶(wō):玷污。

②神清：指精神内守，神清智明。

③越：泄散。

④符：符应。

⑤弊：通"蔽"，遮蔽。玄光：内明。

⑥炤炤（zhāo）：光明的样子。道（dǎo）：同"导"，导向。

⑦"而神"句：《文子·九守》作"则神慨然在之"。喟（kuì）然，欣然的样子。

⑧铄（shuò）：熔化。息：生。

⑨"夫夏日"六句：化自《吕览·有度》。翣（shà），通"箑"，扇子。《精神训》高诱注：箑，扇也，楚人谓扇为箑。简，贱，轻慢。

⑩贪污，贪婪，卑下。

⑪以：用。

⑫趋行：奔走忙碌。

【译文】

　　镜子明净，灰尘不能够玷污它。精神内守，嗜欲不能够惑乱它。精神已经外泄散到外面，却又再重新使它返回，这是失去了根本却从末节上去探求。外形与内心不能配合，却想同外物交接，遮蔽住了内心的聪明，却想从耳目那里求得智慧，这是抛弃光明而导向黑暗，这就叫做失道。心里向往所到达的地方，而精神也能够欣然存在；精神返回到虚静状态，那么情欲活动也就会停息下来，这就是圣人的行为。因此古代有道德的人治理天下，必然通达性命的情理；他们的治政措施不一定全部相同，但是同道相合则是一致的。夏天不穿皮衣，不是爱惜它，对于身子来说热度太高了。冬天不用扇子，不是认为它卑贱，对于身体适宜来说寒气太多了。圣人按照食量多少而吃饭，度量形体大小而穿衣服，对于自己有所节制而已，贪婪卑下的想法，怎么能产生呢？所以能够占有天下的，一定是不利用地位为自己谋利的人；能够得到名誉的人，一定不是靠奔走钻营而得到的。

圣人有所于达①，达则嗜欲之心外矣②。孔、墨之弟子，皆以仁义之术教导于世，然而不免于儡③，身犹不能行也，又况所教乎？是何则？其道外也。夫以末求返于本，许由不能行也④，又况齐民乎⑤？诚达于性命之情，而仁义固附矣⑥，趋舍何足以滑心？若夫神无所掩，心无所载，通洞条达，恬漠无事，无所凝滞，虚寂以待，势利不能诱也，辩者不能说⑦，声色不能淫也，美者不能滥也⑧，智者不能动也，勇者不能恐也，此真人之道也⑨。若然者，陶冶万物，与造化者为人⑩，天地之间，宇宙之内，莫能夭遏⑪。夫化生者不死⑫，而化物者不化⑬。神经于骊山、太行而不能难，入于四海、九江而不能濡。处小隘而不塞，横扃天地之间而不窕⑭。不通此者，虽目数千羊之群，耳分八风之调，足蹀《阳阿》之舞⑮，而手会《绿水》之趋⑯，智终天地⑰，明照日月，辩解连环⑱，泽润玉石⑲，犹无益于治天下也。

【注释】

①达：通达事理。

②外：抛弃。

③儡（lěi）：疲困。

④许由：尧时贤人。

⑤齐民：平民。

⑥固：《文子·守真》作"因"，归依。

⑦说：解释。

⑧滥：淫乱。

⑨道：《文子·九守》作"游"。按，"辨者"至"真人之道也"，化自《庄

　　子·田子方》。

⑩为人：王念孙《读书杂志》王引之云："人"者"偶"也。言与造化者
　　为偶也。高诱未解"人"字之义，故训"为"为"治"。

⑪夭遏(è)：阻挡。

⑫化生者：指天。

⑬化物者：指德。

⑭"神经"四句：化自《庄子·田子方》。骊山，在今陕西西安市东。
　　太行，在今河南黄河以北沁阳的北面，绵延四百余公里。九江，
　　长江于古荆地界分为九支。诸说多有分歧。扃(jiōng)，贯穿。
　　窕(tiǎo)，充满。

⑮蹀(dié)：踏，踩。《阳阿》：古楚曲名。又古之名倡。

⑯会：配合。《绿水》：古舞曲。又古诗名。趍：节奏。

⑰终：周遍。《文子·九守》作"统"。

⑱连环：本指连成串不可解之玉环。喻紧密相连之事物。

⑲润泽玉石：《文子·九守》作"辞润金石"。泽，润泽。

【译文】

　　圣人通达万物变化之理，通达那么贪欲的心理便被抛弃在外了。孔子、墨子的弟子们，都用仁义的学说来教导世人，虽然这样自身却免不了疲困，连自身都不能够施行，又何况所教导的弟子呢？这是什么原因呢？是因为他们的学说只重视外部的缘故。只抓住末节却要求返回根本，许由也不能够做到，更何况普通百姓呢？如果真能通达性命的情理，那么外部的仁义就可归附了，取舍怎么能扰乱思想呢？至于像精神没有什么要掩饰的，心灵没有什么要负担的，通达事物的情理，静漠得像无事一样，没有什么凝结不动的，以虚静来等待，权势利益不能诱惑他，善辩的人不能说服他，声乐美色不能使之放纵，美人不能使他淫乱，智巧也不能打动他，有勇力的人不能使他恐惧，这就是真人的行为。如果能像这样，那么就可以化育万物，和大自然做伴侣，天地之间，宇宙之

内,没有什么能够阻挡的。自然界是不会死亡的,化育万物的德性是不会改变的。精神经过骊山、太行而不会受到阻碍,通过四海、九江而不会被沾湿。处在狭小的山隘不会壅塞,横贯天地之间也不会充满。不能通晓这样的道理,即使眼睛能数清千头羊群,耳朵能够分清八方声音的乐调,脚可以踏着《阳阿》的舞步,手可以配合《绿水》的节奏,智慧周知天地之理,光辉照耀日月,口辩可以解开连环,辞章能够润泽金石,对于治理天下,也还是没有一点补益。

　　静漠恬澹,所以养性也;和愉虚无,所以养德也。外不滑内,则性得其宜;性不动和,则德安其位。养生以经世,抱德以终年,可谓能体道矣。若然者,血脉无郁滞,五藏无蔚气①,祸福弗能挠滑②,非誉弗能尘垢,故能致其极。非有其世,孰能济焉? 有其人,不遇其时,身犹不能脱,又况无道乎? 且人之情,耳目应感动,心志知忧乐,手足之攒疾蛘、辟寒暑③,所以与物接也。蜂虿螫指而神不能憺④,蚊虻嚼肤而知不能平⑤。夫忧患之来撄人心也⑥,非直蜂虿之螫毒而蚊虻之惨怛也⑦,而欲静漠虚无,奈之何哉? 夫目察秋毫之末,耳不闻雷霆之音;耳调玉石之声⑧,目不见太山之高,何则? 小有所志而大有所忘也⑨。今万物之来擢拔吾性⑩,攓取吾情⑪,有若泉源,虽欲勿禀⑫,其可得耶?

【注释】

①蔚气:病色。蔚,通"菀",病。

②挠(náo)滑:扰乱。

③攒(fèi):挠抓,除去。蛘(yǎng):搔蛘。蛘,后作"痒"。辟寒暑:郑良树《淮南子斠理》云:"辟寒暑"上疑脱"肌肤"二字。《吕览·

恃君览》:"肌肤不足以扞寒暑。"可证。

④虿(chài):蝎类毒虫。螫(shì):有毒腺的虫刺人。憺(dàn):平定。

⑤噆(zǎn):刺穿。

⑥攫:干扰。

⑦直:只。惨怛(cǎn dá):伤痛。

⑧玉石:《太平御览》卷十三《天部》十三引《文子·九守》作"金石之音"。今本《文子》作"金玉"。

⑨志:记住,专注。忘:北宋本作"志"。《道藏》本作"忘"。据正。

⑩擢(zhuó)拔吾性:《文子·九守》作"擢拔吾生"。擢,拔取。性,北宋本原作"悟"。刘绩《补注》本作"性"。据正。

⑪攓(qiān):拔取。

⑫禀:承受。

【译文】

静漠恬淡,是用来养性的;和愉虚无,是用来养德的。外物不扰乱内心,那么性情便能得到适宜的处所;性情不扰动内心的平和之气,那么德性便有了安定的位置。保养性命是用来治理社会,内怀德性是为了终了天年,可以说是体察到了道的根本。像这样,血液经脉没有瘀滞,五脏没有疾病,灾祸、福气不能扰乱,非难、赞誉不能玷污,所以能够达到理想的顶点。但是没有那样的清平之世,怎么又能得到成功呢?即使有能得道的人,没有遇到明世,自身还是不能够脱难,何况无道之人呢?况且人的常情,耳目能够感应行动,内心意可以感知忧愁欢乐,手脚可以揉搓伤痛和搔痒、肌肤可以防备寒暑的侵袭,这就是器官和外物进行接触的原因。蜂子、毒虫叮咬手指而精神不能平定,蚊虻刺穿皮肤,而感觉不能平息。忧愁、患难来干扰人心的时候,不只是像蜂子、毒虫的毒汁和蚊虻叮咬的伤痛,这样却想要平静淡漠,怎么能做到呢?视力集中在细微事物上的时候,耳朵听不到雷霆的吼声;耳朵倾听金石之音时,眼睛连泰山也见不到,为什么呢?精神专注在细小的方面而把重大的事情遗忘了。现在万事万物来拔取我的天性,摄取我的性情,就像泉水涌流一样,即使想不接受,又怎么能够做到呢?

今夫树木者,灌以蘩水①,畴以肥壤②,一人养之,十人拔之③,则必无余櫱④,有况与一国同伐之哉? 虽欲久生,岂可得乎? 今盆水在庭,清之终日,未能见眉睫;浊之不过一挠⑤,而不能察方员⑥。人神易浊而难清,犹盆水之类也。况一世而挠滑之,曷得须臾平乎?

【注释】

①蘩(fán):《道藏》本作"瀿",指水暴涨。古楚语。

②畴(chóu):壅土。

③"一人"二句:出自《韩非子·说林上》:"然使十人树之,而一人拔之,则毋生杨矣。"

④櫱(niè):再生的枝条。

⑤挠(náo):搅动。

⑥察:见。

【译文】

现在种植树木的人,用大水来浇灌它,用肥沃的土壤来壅培它,如果一个人来培植,十个人来拔掉它,那么必定连枝条也没有了,又何况和一国的人共同砍伐它呢? 虽然想要长久地生存下去,又怎么可能呢? 现在把一盆水放到庭院中,使它澄清一整天,还不能照见眉毛和睫毛;轻轻搅动一下便使之浑浊,就不能看见方形和圆形的轮廓了。人的精神容易被搅浑而难于变清,就像盆水之类。更何况整个社会都来搅动它,怎么能有一刻的平静呢?

古者至德之世,贾便其肆①,农乐其业,大夫安其职,而处士脩其道②。当此之时,风雨不毁折,草木不夭,九鼎重味③,珠玉润泽④,洛出《丹书》⑤,河出《绿图》⑥,故许由、方回、善卷、披衣得达其道⑦。何则?世之主有欲利天下之心,是以人得自乐其间。四子之才,非能尽善,盖今之世也⑧。然莫能与之同光者⑨,遇唐、虞之时⑩。

逮至夏桀、殷纣⑪,燔生人⑫,辜谏者⑬,为炮烙⑭,铸金柱⑮,剖贤人之心,析才士之胫⑯,醢鬼侯之女⑰,菹梅伯之骸⑱。当此之时,峣山崩⑲,三川涸⑳,飞鸟铩翼㉑,走兽挤脚㉒。当此之间,岂独无圣人哉?然而不能通其道者,不遇其世。夫鸟飞千仞之上㉓,兽走丛薄之中㉔,祸犹及之,又况编户齐民乎㉕?由此观之,体道者不专在于我㉖,亦有系于世者矣。

【注释】

①贾(gǔ):行商。肆:店铺。

②处士:隐居之人。脩:《太平御览》卷七十七《皇王部》二引此作"循"。

③九鼎:古代象征国家政权的传国之宝,传为夏禹所铸。高诱注:"九鼎,九州贡金所铸也。一曰象九德,故曰九鼎也。"重:厚。

④润泽:有光泽。

⑤洛:今河南洛河。《丹书》:一种所谓的天书,用丹笔书写。

⑥河:黄河。《绿图》:传说为天赐符命之书。《周易·系辞上》中记载:河出图,洛出书。

⑦许由、方回、善卷、披衣:皆尧、舜时隐士。

⑧盖:掩。

⑨光：赞誉。

⑩唐、虞：指唐尧、虞舜。

⑪夏桀：夏朝末代国君。被商汤所推翻。殷纣：商朝末代之君。被周武王所推翻。

⑫燔（fán）：焚烧。

⑬辜（gū）：无罪而杀。

⑭炮烙：纣王所用酷刑。一说置铜格，布火其下，置人于其上。烙，通"格"。

⑮铸金柱：高诱注：然火其下，以人置其上，人堕陷火中，而对之笑也。此说与"炮烙"无别，疑误。上博简《容成氏》有"金桎三千"。桎（zhì），桎梏。束缚脚、手的刑具。金柱，疑即"金桎"。

⑯析：解开。胫：脚。

⑰醢（hǎi）：肉酱。鬼侯：纣时诸侯。又作九侯。

⑱菹（zū）：把人剁成肉酱。梅伯：纣时诸侯。

⑲崤（yáo）山：在陕西蓝田东南。

⑳三川：指泾水、渭水、汧（qiān）水。涸：干竭。

㉑铩（shā）：本指有鼻的剑，此指折断。

㉒挤：毁坏。

㉓夫：北宋本原作"天"。《道藏》本作"夫"。据正。

㉔丛薄：聚木曰丛，深草曰薄。

㉕编户：编入户籍。

㉖体：实行。

【译文】

在古代德政最好的时代，商人在方便的地方设置店铺，农民以耕种为乐，大夫安于自己的职守，而隐士修养他的道德。在这个时候，狂风暴雨不毁折农作物，草木没有夭折，九鼎中滋味醇厚，珍珠美玉光华润泽，洛水里出现《丹书》，黄河里出了《绿图》。因此许由、方回、善卷、披衣，能够实现他们的道术。为什么这样呢？天子有为天下人谋利益之心，因此人们能够自乐其道于天地之间。这四个人的才能，不能算是最好的，却能超过今世。然而当今之世却没有人能够同他们争名誉，是因为他们遇到了唐尧、虞舜这样的盛世。

等到夏桀、商纣王统治时代，烧死活人，杀死劝谏者，设置炮烙酷刑，铸造金柱刑具，剖开贤人比干的五脏，割掉才士的脚胫，把鬼侯的女儿剁成肉酱，把梅伯的骸骨压成肉泥。在这个时候，峣山崩塌了，泾、渭、汧三川枯竭了，天上的飞鸟折断了翅膀，地上的走兽打断了腿脚。在这个时候，难道唯独没有圣人吗？然而圣人不能够推行他们的理想，是因为没有遇到明世。鸟儿飞到千仞的高空，野兽奔跑在草丛之中，灾祸还不能避免，又何况是普通的民众呢？从这里可以看出，实行道的人不仅仅在于我自身，也是和整个社会联系在一起的。

　　夫历阳之都①，一夕反而为湖②，勇力圣知与罢怯不肖者同命；巫山之上③，顺风纵火，膏夏、紫芝与萧、艾俱死④。故河鱼不得明目，稚稼不得育时⑤，其所生者然也。故世治则愚者不得独乱，世乱则智者不能独治。身蹈于浊世之中，而责道之不行也，是犹两绊骐骥⑥，而求其致千里也。置猿槛中⑦，则与豚同，非不巧捷也，无所肆其能也⑧。舜之耕陶也⑨，不能利其里⑩；南面王，则德施乎四海。仁非能益也，处便而势利也。

　　古之圣人，其和愉宁静，性也；其志得道行，命也。是故性遭命而后能行，命得性而后能明。乌号之弓，溪子之弩⑪，不能无弦而射；越舲蜀艇⑫，不能无水而浮。今矰缴机而在上，网罟张而在下⑬，虽欲翱翔，其势焉得！故《诗》云："采采卷耳，不盈倾筐。嗟我怀人，寘彼周行⑭。"以言慕远世也。

【注释】

①历阳：西汉淮南国县名，在今安徽和县、含山一带，陷而为巢湖。

②反：倾覆、陷落。

③巫山：山名。在今四川巫山县。

④膏夏：大木名。紫芝：今称灵芝。《本草经》中载：久服轻身，不老延年，坚筋骨，好颜色。萧、艾：两种草名。

⑤稚：幼小。

⑥两：双。骐骥：千里马名。

⑦槛：围野兽的栅栏。

⑧肆：极尽。

⑨舜：传说中的五帝之一。耕陶：据《墨子·尚贤中》记载：舜曾在历山耕田，在河滨制作陶器。

⑩里：所居之乡里。

⑪溪子：国名。以产弩而著名。

⑫舲（líng）：小船。

⑬"今矰（zēng）"二句：亦见于《楚辞·九章·惜诵》。矰，一种用丝绳系住射飞鸟的箭。缴（zhuó），拴在箭上的生丝绳。机，发箭的机关。网罟（gǔ），网。

⑭"采采"四句：见于《诗·周南·卷耳》。卷耳，野菜名。寘（zhì），放置。周行，大路。

【译文】

　　历阳国的都城，一个晚上陷落成为湖泊，勇敢、有力、聪明、智慧的人和老弱、胆怯、不肖的人命运相同；高高的巫山上，顺风放起火来，昂贵的膏夏、紫芝和低贱的萧、艾一起死亡。因此黄河中鱼儿眼睛不能明亮，寒霜降临禾苗不能按时发育，这是因为它们所生长的环境造成了这个样子。所以世道太平那么愚蠢的人也不能单独造成混乱，社会混乱就是聪明的人也不能单独治理好。身体陷于浑浊的社会之中，却责难大道不能通行，这就像绊住千里马的双脚，而要求它日行千里一样。把猿猴关在笼子里，那么它便和猪没有两样，不是已经失去灵敏轻捷的特性，而是无法施展自己的才能罢了。舜在耕田、制陶的时候，美德不能有利于所居的乡里；而他南面称王时，德泽可以施加到四海。所以光凭仁术是不能使他们增加什么，靠的是所处的地位方便和形势便利罢了。

古代的圣人，他们的平和宁静，是本性所决定的；他们的志向、道德得以施行，是时运所造成的。因此天性遇到适宜的时运后才能通行，时运遇到天性才能得以显明。乌号这样的强弓，溪子这样的硬弩，不能没有弓弦就能射出去；越国的小船和蜀国的轻舟，不能够没有水就浮在水面上。现在上面架好了弓箭，下面张开网罗，鸟儿即使想要自由飞翔，面临这样的情势又怎能做到呢！因此《诗》中说：采采卷耳菜，不满一浅筐。叹我想念人，置它大路旁。说的是思慕古代贤君的政治。

第三卷　天文训

【题解】

　　这是一篇记载淮南王刘安及门客科学技术成果的重要文献,代表了汉代的最高科技成就,也成为《淮南子》自然天道观的重要组成部分。

　　文中探讨了宇宙本原、演化和形成的问题。对五星、二十八宿、八风、二十四节气、岁星和干支纪年法、五音、十二律、旋宫等许多问题进行研究,达到了很高的水平。文中对物候、气象、农事、政事及反常气候等也作了记载。作者运用先进的几何学原理,对正朝夕、大地东西南北的长度、日高等进行了测定。当然其中的数字是不实的,但是敢于探索宇宙奥秘的精神,则是十分可贵的。

　　而高诱的题解是:"文者,象也。天先垂文象,日月五星及彗孛,皆谓以谴告一人。"也就是说,用天象的变化,来禁告和责示人君,必须"仰天承顺","不乱其常",顺应天道规律,否则上天必降祸殃。其中带有浓重的"天人感应"的成分。

　　陶方琦《淮南许注异同诂》:(此)"高注本也"。

　　天地未形,冯冯翼翼,洞洞漏漏①,故曰大昭②。道始于虚霩③,虚霩生宇宙④,宇宙生气⑤,气有汉垠⑥。清阳者薄靡而为天⑦,重浊者凝滞而为地⑧。清妙之合专易⑨,重浊之凝竭难⑩,故天先成而地后定。天地之袭精为阴阳⑪,阴阳之专精为四时⑫,四时之散精为万物⑬。积阳之热气生火,火气之精者为日;积阴之寒气者为水,水气之精者为月。日月之淫为⑭,精者为星辰。天受日月星辰⑮,地受水潦尘埃⑯。昔者共工与颛顼争为帝⑰,怒而触不周之山⑱,天柱折⑲,地维绝⑳。天倾西北㉑,故日月星辰移焉;地不满东南,故水潦尘埃归焉㉒。

【注释】

①"冯冯"二句:冯翼、洞漏(zhú),高诱注:无形之貌。按,即混沌不分、没有定型的样子。

②大昭:宇宙原始混沌的状态。大,《道藏》本作"太"。

③道:指宇宙本源。虚霩(kuò):空虚、无形。

④宇宙:宇,四方上下;宙,往古来今也。指无穷的空间和时间。

⑤气:指构成万物的原始物质。

⑥汉垠:高诱注:重安之貌也。汉,庄逵吉本作"涯"。疑"汉"字不误。

⑦清阳者:指清轻之气。薄靡:轻微浮散的样子。

⑧重浊:沉重混沌之气。《黄帝内经·素问·阴阳应象大论》:积阳为天,积阴为地。故清阳为天,浊阴为地。

⑨清妙:指清微之气。合专:聚合。专,通"抟(tuán)",结聚。

⑩凝竭:凝固。

⑪袭精:即合成之精气。袭,合。精,气。

⑫专精:聚合精气。

⑬散精:四散之气。

⑭淫为:《广韵》"星"字注引此云:"日月之淫气,精者为星辰。"按,

淫气,过甚之气。

⑮受:包容。

⑯潦(lǎo):积水。

⑰共(gōng)工:古代部落领袖,生活于伏羲、神农之间。颛顼(zhuān xū):古代部落首领。"五帝"之一,黄帝之孙。

⑱不周之山:在西北方,昆仑之西北。

⑲天柱:古代盖天说认为,上天由八根大柱支撑。

⑳维:系地的大绳。

㉑倾:高。

㉒"地不满"二句:《楚辞·天问》:"八柱何当? 东南何亏? 康回冯怒,地何故以东南倾?"可与此相参。

【译文】

天地没有形成的时候,混沌不分,迷迷茫茫,所以称之为大昭。道产生于虚廓的状态,虚廓之中产生了宇宙,宇宙之中产生了大气,大气是有形态的。清轻的部分浮起飞扬而变成天,沉重混浊的部分聚结起来而变成大地。清微之气聚合容易,沉重混浊之气凝结困难,因此上天先形成而后大地才逐渐定形。天地合成的精气变成阴阳,阴阳聚合之气成为四季,四季的消散之气成为万物。阳气积聚热气生成火,火的精气变成太阳;阴气积聚寒气生成水,水的精气变成月亮。日月的过甚之气,精华生成星辰。上天容纳日月星辰,大地接受水潦尘埃。从前共工和颛顼争夺帝位,共工发怒碰倒了西北方的不周之山,撑天的柱子被撞折,系地的大绳子被拉断。西北方的天高起来,所以日月星辰便移向那儿;大地向东南方倾斜,所以水流尘土归向东方。

天道曰员,地道曰方①;方者主幽②,员者主明。明者吐气者也③,是故火曰外景④;幽者含气者也⑤,是故水曰内景⑥。吐气者施⑦,含气者化⑧,是故阳施阴化。天之偏气⑨,

怒者为风；天地之含气⑩，和者为雨⑪。阴阳相薄⑫，感而为雷⑬，激而为霆⑭，乱而为雾。阳气胜，则散而为雨露⑮，阴气胜，则凝而为霜雪。

【注释】

①"天道"二句："天圆地方"说，并见于《吕览·圜道》、《大戴礼记·曾子天圆》、《周髀算经》等。道，指构成。

②主：主掌。

③吐气：放出气体。

④火曰：顾广圻《校淮南子》云："曰"疑当作"日"。《大戴礼记》作"火日"。外景：光芒在外。指火和太阳。

⑤含气：吸收气体。

⑥水曰：洪颐煊《淮南子丛录》：此本作"火日外景"，"水月内景"。两"曰"字是俗人所改。内景：光芒在内。指水和月亮。

⑦施：施予。

⑧化：生成。

⑨偏气：不正之气。

⑩天地：刘绩《补注》本作"地"。

⑪和：和调。

⑫薄：迫近。

⑬感：感触。

⑭激：剧烈。霆：疑为"电"。《地形训》："阴阳相薄为雷，激扬为电。"

⑮散：散发。

【译文】

上天的构成是圆的，大地的构成是方的；方的大地主管幽暗，圆的上天主掌光明。光明的天是放射出气体的，所以火和太阳叫做"外景"；

幽暗的大地是吸收气体的,所以水和月亮叫做"内景";太阳放射光芒施予大地,大地吸收光芒化生万物。所以说阳气布施、阴气化育。上天的偏斜方向聚集的气体,激怒成为风;大地吸收的气体,中和后便形成了雨。阴气、阳气相迫近,感触而成为雷,剧烈接触便成为电,杂乱混合便成为雾。阳气强烈战胜阴气,那么便散发成为雨露;阴气强烈战胜阳气,那么便凝结而成为霜雪。

毛羽者①,飞行之类也,故属于阳;介鳞者②,蛰伏之类也③,故属于阴。日者阳之主也,是故春夏则群兽除④,日至而麋鹿解⑤。月者阴之宗也,是以月虚而鱼脑减⑥,月死而蠃蛖膲⑦。火上荨⑧,水下流,故鸟飞而高,鱼动而下。物类相动⑨,本标相应⑩。故阳燧见日⑪,则燃而为火;方诸见月⑫,则津而为水⑬。虎啸而谷风至⑭,龙举而景云属⑮;麒麟斗而日月食⑯,鲸鱼死而彗星出⑰;蚕珥丝而商弦绝⑱,贲星坠而勃海决⑲。

人主之情⑳,上通于天。故诛暴则多飘风㉑,枉法令则多虫螟㉒;杀不辜则国赤地㉓,令不收则多淫雨㉔。

【注释】

①毛羽者:指鸟类。

②介鳞者:指龟、蛇类。

③蛰(zhé)伏:指冬眠。

④除:坠落。即换毛。

⑤日至:日冬至、日夏至。日冬至,麋角脱落;日夏至,鹿角脱落。

⑥月虚:月亏。减:减损。

⑦月死:指月衰、月晦之时。蠃:通"蠃",通"螺",蚌类。《道藏》本

作"蠃"。蚌(bàng)：刘绩《补注》本作"蚄（bàng）"。即蚌蛤。䏰(jiāo)：肉不满。据今人研究，蚌肉肥瘦盈虚变化，与月亮对蚌性腺刺激有关。

⑧荨：通"燂（xún）"，火气上腾。

⑨物类：万物的种类。

⑩标：末端。

⑪阳燧(suì)：利用凹面镜聚光原理而制成的取火器。

⑫方诸：大蚌壳制成的月下承露取水设备。高诱注：阴遂，大蛤也。熟磨拭令热，月盛时以向月下，则水生。以铜盘受之，下水数滴。

⑬津：生津。即汽化。

⑭谷风：东风。

⑮景云：祥云。

⑯麒麟：传说中兽名。古代以犀牛、长颈鹿等为其原形。食：通"蚀"。

⑰鲸鱼：海中生长的大鱼，哺乳类动物，胎生。彗星：俗称扫帚星。天体中运行的星体。

⑱珥：通"咡(ěr)"，吐。商弦：高诱注：商音清，弦细而急。

⑲贲(bēn)星：又作孛星、流星。是一种忽隐忽现的星。勃海：大海。勃，大。决：溢出。

⑳人主：指天子、国君。

㉑暴：暴虐。飘风：疾风。

㉒枉法令：《意林》卷二作"法苛"。枉，歪曲。螟(míng)：食心虫。

㉓赤地：大旱。

㉔令不收：《意林》卷二作"令不时"。令，违时之命令。淫雨：久雨为淫。

【译文】

长着羽毛的鸟类，是在天空飞行一类的动物，所以归属到阳；身着鳞甲的龟蛇之类,是在地下冬眠一类的动物,所以属于阴。太阳是阳类万物的主宰,因此到了春季和夏季野兽便开始换毛,冬至、夏至麋、鹿角脱落。月亮是阴类万物的主宰,因此月亏的时鱼脑的重量减少,月晦的时蚌蛤之类肉不满。火气是向上升腾的,水是向低处流动的,所以鸟儿向上高飞,鱼儿向下潜伏。万物种类之间是互相感应的,本与末之间是互相呼应的。因此阳燧对着太阳,便可以聚焦取火;方诸放置月下,可使气体液化为水。老虎咆哮便有东风来临,神龙举首则有祥云相会;麒麟争斗便会发生日食、月食,鲸鱼死亡便有彗星出现;春蚕吐丝商弦便会断绝,流星坠落时大海就要漫溢。

天子的情感,是和上天相通的。所以实行暴政就会多有暴风,法令苛烦就会虫灾为患;诛杀无罪之人国家会造成大旱,乱发违时之令便会出现阴雨连绵。

四时者,天之吏也;日月者,天之使也;星辰者,天之期也^①;虹霓彗星者,天之忌也^②。

【注释】

①期:约期,聚会。

②忌:通"诫(jì)",告诫。

【译文】

春夏秋冬四季,是上天的官吏;太阳、月亮,是上天的使臣;星辰,是上天的聚会之处;虹霓、彗星,是上天发布的告诫。

天有九野^①,九千九百九十九隅^②,去地五亿万里^③。五星^④,八风^⑤,二十八宿^⑥,五官^⑦,六府^⑧,紫宫、太微、轩辕、咸池、四守、天阿。

【注释】

①九野：九天。野，分野。

②隅（yú）：角落。

③五亿万里："盖天说"对天高的推测。

④五星：岁星、荧惑、镇星、太白、辰星。

⑤八风：八方之风。亦见《地形训》。

⑥二十八宿（xiù）：古代把天球赤道和黄道一带（即月球和太阳视运动的天区部分）的若干恒星，组成二十八星组，称二十八宿。每七宿成一象，称为四象。

⑦五官：即田、司马、理、司空、都五官。

⑧六府：上天藏物之府库。即子午、丑未、寅申、卯酉、辰戌、巳亥。

【译文】

上天中央八方为九野，有九千九百九十九个边相交，离开地面五亿里。有五星，有八风，有二十八宿，有五官，有六府，有紫宫、太微、轩辕、咸池、四守、天阿。

何谓九野？中央曰钧天①，其星角、亢、氐②。东方曰苍天③，其星房、心、尾④。东北曰变天⑤，其星箕、斗、牵牛⑥。北方曰玄天⑦，其星须女、虚、危、营室⑧。西北方曰幽天⑨，其星东壁、奎、娄⑩。西方曰昊天⑪，其星胃、昴、毕⑫。西南方曰朱天⑬，其星觜嶲、参、东井⑭。南方曰炎天⑮，其星舆鬼、柳、七星⑯。东南方曰阳天⑰，其星张、翼、轸⑱。

【注释】

①钧天：中央天之名。《吕览·有始》高诱注：钧，平也。为四方主，故为钧天。按，钧，通"均"。

②角:东方苍龙七宿的第一宿,有星 2 颗。亢:东方苍龙七宿的第
二宿,有星 4 颗。氐(dī):东方苍龙七宿的第三宿,有星 4 颗。

③苍天:东方天之名。《吕览·有始》高诱注:东方,二月建卯,木之
中也。木色青,故曰苍天。

④房:东方苍龙七宿的第四宿,有星 4 颗。心:亦名商星、大火、鹑
火,东方苍龙七宿的第五宿,有星 3 颗。尾:东方苍龙七宿的第
六宿,有星 9 颗。

⑤变天:东北天之名。高诱注:(扬)[阳]气始作,万物萌芽,故曰
变天。

⑥箕(jī):东方苍龙七宿的末宿,有星 4 颗。斗:北方玄武七宿的第
一宿,有星 6 颗。牵牛:也称牛宿。北方玄武七宿的第二宿,有
星 6 颗。

⑦玄天:北方天之名。《吕览·有始》高诱注:北方,十一月建子,水
之中也。水色黑,故曰玄天。

⑧须女:即女宿,也称婺女、婴女。北方玄武七宿的第三宿,有星 4
颗。虚:亦名天节。北方玄武七宿的第四宿,有星 2 颗。危:北
方玄武七宿的第五宿,有星 3 颗。营室:亦称室宿、定。北方玄
武七宿的第六宿,有星 2 颗。

⑨幽天:西北方天之名。高诱注:幽,阴也。(西)[西](北)方季秋,
将即于阴,故曰幽天也。

⑩东壁:亦称壁宿。北方玄武七宿的末宿,有星 2 颗。奎:亦称天
豕、封豕。西方白虎七宿的第一宿,有星 16 颗。娄:西方白虎七
宿的第二宿,有星 3 颗。

⑪昊(hào)天:西方天之名。高诱注:皓,白也。西方金色,白,故曰
昊天。

⑫胃:西方白虎七宿的第三宿,有星 3 颗。昴:西方白虎七宿的第
四宿,有星 7 颗。毕:亦称天浊。西方白虎七宿的第五宿,有星

8 颗。

⑬朱天：西南方天之名。高诱注：朱，阳也。西南为少阳，故曰朱天。

⑭觜嶲（zī xī）：西方白虎七宿的第六宿，有星 3 颗。参（shēn）：西方白虎七宿的末宿，有星 7 颗。东井：亦称井宿、鹑首。南方朱雀七宿的第一宿，有星 8 颗。

⑮炎天：南方天之名。《吕览·有始》高诱注：南方，五月建午，火之中也，火性炎上，故曰炎天。

⑯舆鬼：亦称鬼宿。南方朱雀七宿中的第二宿，有星 4 颗。柳：亦称咮。南方朱雀七宿的第三宿，有星 8 颗。七星：亦称星。南方朱雀七宿中的第四宿，有星 7 颗。

⑰阳天：东南方天之名。高诱注：东南纯乾用事，故曰阳天。

⑱张：亦称鹑首。南方朱雀七宿中的第五宿，有星 6 颗。翼：南方朱雀七宿的第六宿，有星 22 颗。轸（zhěn）：南方朱雀七宿的末宿，也是二十八宿的最后一宿，有星 4 颗。

【译文】

什么叫九野？中央叫钧天，二十八宿中的属星是角、亢、氐。东方叫苍天，它的属星是房、心、尾。东北方叫变天，它的属星叫箕、斗、牵牛。北方叫玄天，它的属星叫须女、虚、危、营室。西北方叫幽天，它的属星是东壁、奎、娄。西方叫昊天，它的属星叫胃、昴、毕。西南方叫朱天，它的属星有觜嶲、参、东井三宿。南方叫炎天，它的属星有舆鬼、柳、七星。东南方叫阳天，它的属星是张、翼、轸。

何谓五星？

东方木也①，其帝太皞②，其佐句芒③，执规而治春，其神为岁星，其兽苍龙④，其音角⑤，其日甲乙⑥。

南方火也⑦，其帝炎帝⑧，其佐朱明⑨，执衡而治夏⑩，其神为荧惑⑪,其兽朱鸟⑫,其音徵⑬,其日丙丁。

中央土也⑭,其帝黄帝⑮,其佐后土⑯,执绳而制四方⑰,其神为镇星⑱,其兽黄龙,其音宫⑲,其日戊己。

西方金也⑳,其帝少昊㉑,其佐蓐收㉒,执矩而治秋,其神为太白㉓,其兽白虎㉔,其音商㉕,其日庚辛。

北方水也㉖,其帝颛顼㉗,其佐玄冥㉘,执权而治冬㉙,其神为辰星㉚,其兽玄武㉛,其音羽㉜,其日壬癸。

【注释】

①木:即木星,也叫岁星。九大行星之五,太阳系中最大的一颗星,有卫星16颗。古代认为木星十二年一周天(实际是11.86年),每岁行一次,故名。

②太皞(hào):伏羲氏有天下之号,被祀为东方之天帝。

③句(gōu)芒:少皞氏之裔子,名重,辅佐木德之帝,死为木官之神。

④苍龙:高诱注:木色苍,苍龙顺其色也。按,苍龙为古代四象之一。东方七宿,想象构成龙形,叫青龙或苍龙。《史记·天官书》:东宫苍龙。

⑤角:五音之一。《礼记·月令》孔颖达疏:角是扣木之声,但作乐器之用。

⑥甲乙:代表木日。

⑦火:火星。九大行星之四。呈火红色。古代称荧惑。

⑧炎帝:即神农氏,被祀为南方之帝。

⑨朱明:即祝融。炎帝后裔,被祀为火神。

⑩衡:义同"准",测量水平的器具。

⑪荧惑:因其隐现不定,使人迷惑而得名。《汉书·天文志》:荧惑出则有大兵。

⑫朱鸟:亦名朱雀。四象之一。古人把南方七宿,想象成朱雀之形。《史记·天官书》:南宫朱鸟。

⑬徵(zhǐ):五音之一。

⑭土:土星。古称镇星、填星。九大行星之六,有卫星20颗。

⑮黄帝:五帝之首。少典之子。王天下,祀为中央之帝。

⑯后土:炎帝之裔。

⑰绳:绳尺。木工用以取直的墨线和尺子。

⑱镇星:因其28岁行一周天,好像镇压28宿一样,故名。《开元占经·填星占》:填星,其行岁填一宿,故名。

⑲宫:五音之首。

⑳金:金星。又称太白星。九大行星之二。除太阳、月亮外,亮度最高。

㉑少昊:黄帝之子青阳。号金天氏。祀为西方之帝。

㉒蓐(rù)收:少昊之子。

㉓太白:晨出东方,又名启明星。《诗·小雅·大东》:"东有启明,西有长庚。"

㉔白虎:四象之一。古人把西方七宿想象成白虎之形,故名。《资治通鉴》胡三省注:白虎,西方之兽,主威武。

㉕商:五音之一。

㉖水:水星。又称辰星。九大行星之一。

㉗颛顼(zhuān xū):黄帝之孙。号高阳氏。祀为北方之帝。

㉘玄冥:水神。

㉙权:秤锤。

㉚辰星:即水星。水星距太阳最近,常在太阳左右一辰(30度)之内,故称辰星。

㉛玄武:四象之一。北方七宿,形如龟、蛇相交,故名。《史记·天官书》:北宫玄武。四象中的苍龙和白虎,见于湖北随州战国初

年古墓中,而完整记载以《天文训》为最早。

㉜羽:五音之一。

【译文】

什么叫五星?

东方是木星,它的主管天帝是太皞,它的辅佐是木神句芒,手执圆规而管理春天,它的保护神是岁星,它的代表兽是苍龙,它在五音中属于角,它的代表时间是十干中的甲乙。

南方是火星,它的主管天帝是炎帝,它的辅佐是祝融,执掌衡而管理夏天,它的保护神是荧惑,它的代表动物是朱雀,它在五音中属于徵,它的代表时间是十干中的丙丁。

中央是土星,它的主管天帝是黄帝,它的辅佐是后土,执掌绳墨而统治四面八方,它的保护神是镇星,它的代表兽是黄龙,它在五音中属宫音,它的代表时间是十干中的戊己。

西方是金星,它的主管天帝是少昊,它的辅佐是蓐收,执掌矩形工具而管理秋天,它的保护神是太白,它的代表兽是白虎,它在五音中属于商,它的代表时间属十干中的庚辛。

北方是水星,它的主管天帝是颛顼,它的辅佐是水神玄冥,手执秤锤而管理冬天,它的保护神是辰星,它的代表兽是玄武,它在五音中属于羽,它的代表时间属十干中的壬癸。

太阴在四仲①,则岁星行三宿②。太阴在四钩③,则岁星行二宿。二八十六④,三四十二⑤,故十二岁而行二十八宿⑥。日(月)行十二分度之一⑦,岁行三十度十六分度之七,十二岁而周。

荧惑常以十月入太微⑧,受制而出行列宿⑨,司无道之国⑩,为乱、为贼、为疾、为丧、为饥、为兵,出入无常,辨变其色⑪,时见时匿⑫。

镇星以甲寅元始建斗⑬,岁镇行一宿⑭。当居而弗居,其国亡土。未当居而居之,其国益地、岁熟。日行二十八分度之一,岁行十三度百一十二分度之五,二十八岁而周⑮。

太白元始,以正月甲寅与荧惑晨出东方⑯,二百四十日而入,入百二十日而夕出西方,二百四十日而入,入三十五日而复出东方⑰。出以辰戌,入以丑未;当出而不出,未当入而入,天下偃兵;当入而不入,当出而不出⑱,天下兴兵。

辰星正四时⑲,常以二月春分效奎、娄⑳,以五月夏至效东井、舆鬼,以八月秋分效角、亢,以十一月冬至效斗、牵牛。出以辰戌,入以丑未,出二旬而入,晨候之东方,夕候之西方。一时不出,其时不和㉑;四时不出,天下大饥㉒。

【注释】

①太阴:也叫太岁、岁阴。古代天文学家假设的星名,与岁星相应。但与岁星运行方向相反,每岁行一辰。主要解决岁星超辰问题。用在岁星纪年等方面。《周官・春官・保章氏》:“以十有二岁之相。”郑玄注:岁,谓太岁。岁星为阳,右行于天;太岁为阴,左行于地,十二岁而周。四仲:指十二辰中卯、酉、子、午四处,即二十四节气中的春分、夏至、秋分、冬至点。

②岁星:即木星。

③四钩:陶方琦《淮南许注异同诂》:《占经》二十三引许慎注:四钩,谓丑寅为一钩,辰巳为一钩,未申为一钩,戌亥为一钩。四钩,即四角(亦称四维)之处。《天文训》高诱注不确。

④二八十六:岁星行 2 宿×4(钩,即 8 辰)=16 宿。

⑤三四十二:岁星行 3 宿×4(仲,即 4 辰)=12 宿。

⑥"故十二岁"句:16 宿＋12 宿＝28 宿。木星实际是 11.86 年行一周天,我国约在两千年前测定为十二年一周天。

⑦"日(月)行"三句:刘绩《补注》本、《开元占经》二十三引、《史记·天官书》无"月"字。"月"为衍文。古代以 $365\frac{1}{4}$ 为一周天的度数,木星每天行 $\frac{1}{12}$ 度,一年是: $\frac{1}{12}$ 度×$360\frac{1}{4}$＝$30\frac{7}{16}$ 度。十二年是: $30\frac{7}{16}$ 度×12＝$365\frac{1}{4}$ 度。

⑧太微:即太微垣。在北斗之南,轸宿和翼宿之北。

⑨制:裁断。《说文》:"制,裁也。"

⑩司:主掌。

⑪辨:辨别。

⑫见(xiàn):出现。

⑬甲寅元始:即甲寅年正月开始。建:北斗星斗柄所指叫建。《周礼·春官·占梦》贾公彦疏:建,谓斗柄所建,谓之阳建。按,建斗,即镇星起于斗。

⑭镇:镇压。

⑮"日行"三句:每年行:$\frac{1}{28}$ 度×360＝$13\frac{5}{112}$ 度。二十八年行:$13\frac{5}{112}$ 度×28＝$365\frac{1}{4}$ 度。

⑯正月甲寅:即甲寅年正月为一年之首。太阳、岁星相同。王念孙《读书杂志》王引之曰:"正月甲寅",当作"甲寅正月"。"荧惑"当为"营室"。

⑰"二百四十"四句:240＋120＋240＋35＝635(日)。这里指出的是金星的会合周期,比今值大 51.08 日。比《淮南子》早三十年的《五星占》中测得的是 584.4 日,比今值大 0.48 日。

⑱"当入而不入"二句:《史记·天官书》:"未当出而出,当入而不

入,(天)下起兵,有破国。"疑《天文训》有误。

⑲正:规定。

⑳效:见。

㉑时:季节。

㉒饥:饥荒。指谷物歉收。

【译文】

太阴处在卯、酉、子、午四仲位置的时候,那么岁星行三宿。太阴在丑寅、辰巳、未申、戌亥四角之处,那么岁星行二宿。二宿乘八辰是十六宿,三宿乘四辰是十二宿,因此十二岁行完二十八宿。太阴每天行进 $\frac{1}{12}$ 度,每岁行进 $30\frac{7}{16}$ 度,十二年行完一周天 $365\frac{1}{4}$ 度。

荧惑常在十月进入太微垣,受天帝之命而出巡列宿,主管无道的国家,使之出现动乱、盗贼、疾疫、丧亡、饥荒、战争,荧惑出入无常,辨别变换的颜色,有时出现、有时藏匿。

镇星在甲寅年正月起于北斗,每年镇行一宿。应当占据而没有占据时,这个星宿所代表的国家便失去土地。不当居留而居留时,这个星宿所代表的国家增加土地、五谷丰收。每日行程 $\frac{1}{28}$ 度,每年行进 $13\frac{5}{112}$ 度,二十八岁运行一周天。

太白开始运行的时候,在甲寅年正月早晨与营室一同出现在东方,二百四十天以后便被阳光掩蔽住,经过一百二十天,黄昏时出现在西方,运行二百四十天又隐没在余晖之中,经过三十五天又重新出现在东方完成一个周期。出现在辰、戌之辰,伏入在丑、未之辰;应当出现而没有出现,不应当隐没而隐没,天下便会停息干戈;应当隐没而没有隐没,不应当出现而出现,天下便会兴起战争。

辰星能够规定四季的节气,常常在二月春分时出现在奎、娄二宿,在五月夏至时出现在东井、舆鬼二宿,在八月秋分时出现在角、亢二宿,在十一月冬至时出现在斗、牵牛二宿。出现时在辰、戌之辰，隐没时在丑、未之辰，出现二旬便要隐没，早晨在东方等候，晚上在西方等候。一个季节里没有出现，这个季节里便会发生不协调之事；四季里不出现，天下便会出现大的饥荒。

　　何谓八风？

　　距日冬至四十五日，条风至①；条风至四十五日，明庶风至②；明庶风至四十五日，清明风至③；清明风至四十五日，景风至④；景风至四十五日，凉风至⑤；凉风至四十五日，阊阖风至⑥；阊阖至四十五日，不周风至⑦；不周风至四十五日，广莫风至⑧。

　　条风至，则出轻系⑨，去稽留⑩；明庶风至，则正封疆，修田畴⑪；清明风至，则出币帛，使诸侯；景风至，则爵有位⑫，赏有功；凉风至，则报地德，祀四郊⑬；阊阖风至，则收县垂⑭，琴瑟不张；不周风至，则脩宫室，缮边城；广莫风至，则闭关梁，决刑罚。

【注释】

①条风：立春时的东北风。

②明庶风：春分时的东风。

③清明风：立夏时的东南风。

④景风：夏至后暖和的风。

⑤凉风：立秋时的西南风。

⑥阊阖（chāng hé）风：秋分时的西风。

⑦不周风：立冬时的西北风。

⑧广莫风：冬至时的北风。"八风"之说，见于《吕览·有始》《地形

　　训》亦载之,并见于《史记·律书》、《说文》等。

⑨轻系:轻刑。

⑩稽(jī)留:指拘留的人。

⑪田畴(chóu):田地。

⑫爵有位:俞樾《诸子平议》云:"位"疑"德"字之误。《白虎通·八风》作"爵有德"。《太平御览》卷二十三《时序部》八引作"施爵位"。

⑬四郊:四方之神。

⑭县(xuán)垂:指钟、磬等悬挂的乐器。县,悬挂。

【译文】

什么叫八风?

距离冬至四十五日,立春时的条风到来;条风到后四十五日,春分时的明庶风到来;明庶风到后四十五日,立夏时的清明风到来;清明风至四十五日,夏至时的景风到来;景风到后四十五日,立秋时的凉风到来;凉风到后四十五日,秋分时的阊阖风到来;阊阖风到后四十五日,立冬时的不周风到来;不周风到来四十五日,冬至时的广莫风吹来。

条风到来时,便赦免轻罪之人,放出监狱犯人;明庶风来临时,要修正疆界,整治田地;清明风吹来时,天子要拿出币帛之类的财物,出使诸侯国;景风吹拂之时,要给有功德的人授爵,赏赐有功劳的人;凉风到来时,要报答土地之德,祭祀四方之神;阊阖风吹来时,要收起钟、磬等悬挂的乐器,琴瑟等不再张弦;不周风吹来时,就要修缮房室,整治边城;广莫风来临,就要封闭关卡、桥梁,处罚有罪之人。

　　何谓五官①?

　　东方为田②,南方为司马③,西方为理④,北方为司空⑤,中央为都⑥。

【注释】

①五官：即上天五星所担任的官职。《管子·五行》房玄龄注：立五
　　行之官，分掌六府也。

②田：主农。

③司马：主兵。

④理：主刑狱。于大成《天文校释》：《五行大义·论诸官》引《淮南》
　　作"大理"。

⑤司空：主土木工程。

⑥都：四方官之总管。

【译文】

什么叫五官？

东方是主管农业的田官，南方是主兵政的司马之官，西方是主管刑
狱的理官，北方是主管土木的司空之官，中央是四方官之总管。

何谓六府①？

子午、丑未、寅申、卯酉、辰戌、巳亥是也。

【注释】

①六府：古人以为天上贮藏财物之所。每两个方位为一府，分别是
　　子午、丑未、寅申、卯酉、辰戌、巳亥所代表的六个方位。分为水、
　　火、金、土、木、谷六府。

【译文】

什么是六府？

每二个地支子午、丑未、寅申、卯酉、辰戌、巳亥所代表的方位叫
六府。

太微者①,太一之庭也②。紫宫者③,太一之居也④。轩辕者⑤,帝妃之舍也。咸池者⑥,水鱼之囿也⑦。天阿者⑧,群神之阙也⑨。四宫者⑩,所以为司赏罚。

【注释】

①太微:星官名,即太微垣。包括室女、后发、狮子等星座的一部分。《春秋元命苞》:"太微为天庭,五帝合明。"

②太一:俞樾《诸子平议》疑作"天子"。《太平御览》引《天官星占》曰:"紫宫,太一坐也。太一之宫,天子之庭,五帝之坐也。"

③紫宫:星官名,亦称紫微。包括北天极附近的天区,大致相当于拱极星区,有15星。《占经》引石氏云:紫微垣十五星,西藩七,东藩八。

④太一:星官名。也作太乙。在紫微垣内。

⑤轩辕:星官名,也称"权"。《史记·天官书》正义:轩辕十七星,在七星北。主雷雨之神,后宫之象也。

⑥咸池:星官名,又称"天池"。《史记·天官书》记载:西宫咸池。正义:咸池三星,在五车中,天潢南,鸟鱼之所托也。

⑦水鱼:天神。《北堂书钞》百五十引此文作"水衡之囿"。水衡,主上林之官。

⑧天阿:钱塘《天文训补注》、王念孙《读书杂志》认为"天阿"应作"天河"。俞樾《诸子平议》谓"天河"当作"两河"。

⑨阙:门观。

⑩四宫:高诱注指"紫宫、轩辕、咸池、天阿"。按,《太平御览》卷六《天部》下:"四守者,所司赏罚。"许慎注:"四守:紫宫、轩辕、咸池、天河也。"知"宫"应作"守"。

【译文】

太微垣,是天子的庭院。紫微宫,是天帝的居室。轩辕,是天帝后妃的寝宫。咸池，是天神的范围。天阿，是群神进入天庭的门户。四守，是用来主管赏罚的。

　　太微者，主朱鸟①。紫宫执斗而左旋②，日行一度，以周于天，日冬至峻狼之山③；日移一度，月行百八十二度八分度之五④，而夏至牛首之山⑤。反覆三百六十五度四分度之一⑥，而成一岁。天一元始⑦，正月建寅⑧，日、月俱入营室五度⑨。天一以始建，七十六岁，日、月复以正月入营室五度，无余分⑩，名曰一纪⑪。凡二十纪⑫，一千五百二十岁大终⑬。日、月、星、辰复始甲寅元⑭。日行一度⑮，而岁有奇四分度之一⑯，故四岁而积千四百六十一日⑰，而复合故舍⑱，八十岁而复故日⑲。

【注释】

①主：掌管。朱鸟：亦称朱雀。四象之一，由井、鬼、柳、星、张、翼、轸七宿组成，位正南方向。古人想象成大鸟飞翔之形。南方属火，配红色，故称朱雀。

②斗：北斗。由排列成斗形的七颗亮星组成。位于北天极附近，用作指示方向和识别其他星座。《史记·天官书》：斗为帝车，运于中央，临制四乡。分阴阳，建四时，均五行；称节度，定诸纪，皆系于斗。

③峻狼之山：南极之山。冬至时斗柄所指。《玉篇》作"日冬至入峻狼之山"。

④月：庄逵吉本作"凡"，钱塘《天文训补注》"月"上疑脱"六"字，刘绩《补注》"月"字疑误。以钱说为胜。

⑤牛首之山：北极之山。夏至时斗柄所指。

⑥反覆：指从冬至经夏至，再回到冬至，一周天是 $365\frac{1}{4}$ 度，是为一年。

⑦天一：又作"太一"。《史记·天官书》：中宫天极星，其一明者，太一常居也。正义云：泰一，天神之尊贵者也。按，即北极神之别名。一说是太岁。

⑧建寅：夏正以寅月为岁首（即农历正月），称为建寅。

⑨营室：即二十八宿中玄武七宿的第六宿。也称"室"、"定"。

⑩余分：即小分。$5\frac{1}{4}$ 日×76＝399 日。

⑪一纪：纪年的单位，为 76 岁。

⑫二十纪：即 76 岁×20＝1520 岁。

⑬大终：一个周期，也是一终。

⑭"日、月"句：王念孙《读书杂志》王引之云："大终"下当有"三终"二字。盖一终而建甲戌，积五百二十岁；二终而建甲午，积三千四十岁；三终而复得甲寅之元，积四千五百六十岁。故曰：三终，日月星辰复始甲寅之元也。

⑮日行一度：王念孙《读书杂志》王引之云：本作"日行危一度"。后人删去"危"字耳。陶方琦《淮南许注异同诂》：《占经》五引："日行危一度。"许慎注：危，北方宿也。

⑯奇：零数。

⑰"故四岁"句：$365\frac{1}{4}$ 日×4＝1461 日。四，北宋本原作"曰"。《道藏》本作"四"。据正。

⑱舍：宿。

⑲日：北宋本原作"曰"。"曰"字形误。当正。何宁《淮南子集释》引黄祯云："曰"当作"日"。一岁凡三百六十五日四分日之一，八十岁计有四百八十七甲子，而余分皆尽，仍复故日干支也。

【译文】

太微垣,主管南方朱雀七宿。紫宫执掌北斗斗柄而向左面旋转,每天行进一度,每年在天上轮回一周,冬至斗柄指向峻狼之山;每天移行一度,六月共行 $182\frac{5}{8}$ 度,而夏至日斗柄指向牛首之山。从夏至再到冬至是 $365\frac{1}{4}$ 度,便是一岁的时间。纪年开始的时候,以寅月为岁首(即初一夜里三点至五点),太阳、月亮恰好在营室五度的位置,为历元之始。从太一开始确定纪元之时,过了 76 年,太阳、月亮又在正月份进入营室五度的位置,没有剩余的小分,称作一纪。共行 20 纪,1520 岁叫一终。到三终时日、月、星、辰又开始回到甲寅年正月朔旦的时刻。斗柄每日行进一度,而每年有零数 $\frac{1}{4}$ 度,因此四年便是整数 1461 天,可以回到原来的宿位,80 岁后又可以回到原来的日子。

　　子午、卯酉为二绳[①],丑寅、辰巳、未申、戌亥为四钩[②]。东北为报德之维也[③],西南为背阳之维[④],东南为常羊之维[⑤],西北为蹄通之维[⑥]。日冬至则斗北中绳[⑦],阴气极,阳气萌,故曰冬至为德[⑧]。日夏至则斗南中绳,阳气极,阴气萌,故曰夏至为刑[⑨]。阴气极,则下至黄泉,北至北极,故不可以凿地穿井[⑩]。万物闭藏,蛰虫首穴[⑪],故曰德在室。阳气极,则南至南极,上至朱天,故不可以夷丘上屋[⑫]。万物蕃息,五谷兆长[⑬],故曰德在野[⑭]。日冬至则水从之[⑮],日夏至则火从之。故五月火正[⑯],火正而水漏[⑰],十一月水正而阴胜[⑱]。阳气为火,阴气为水。水胜,故夏至湿;火胜,故冬至燥。燥故炭轻,湿故炭重[⑲]。日冬至,井水盛,盆水溢,羊脱毛,麋角解,鹊始巢。八尺之脩[⑳],日中而景丈三尺。日夏至而流黄泽㉑,石精出㉒,蝉始鸣,半夏生㉓,蚊虻不食驹犊㉔,鸷鸟不搏黄口㉕。八尺之景,脩径尺五寸㉖。景脩则阴气胜,景短则阳气胜。阴气胜则为水,阳气胜则为旱。

【注释】

①绳:指四辰所代表的冬至与夏至、春分与秋分,把一年用互相垂直的两条线即经、纬来区分四季。

②四钩:钩,连接。指把丑与寅、辰与巳、未与申、戌与亥八个辰勾连起来,每钩之间夹一维。

③报德之维:处于正月节之位。高诱注:报,复也。阴气极于北方,阳气发于东方,自阴复阳,故曰报德之维。

④背阳之维:处于七月节之位。高诱注:西南已过,阳将复阴,故曰背阳之维。

⑤常羊之维:处于四月节之位。高诱注:常羊,不进不退之貌也。东南纯阳用事,不盛不衰,常如此,故曰常羊之维。

⑥蹄通之维:处于十月节之位。高诱注:西北纯阴,阳气闭结,阳气将萌,蹄始通之,故曰蹄通之维。按,蹄,刘绩《补注》本作"号",唐本《玉篇》同。

⑦斗北:斗柄朝北。《鹖冠子·环流》:斗柄东指,天下皆春;斗柄南指,天下皆夏;斗柄西指,天下皆秋;斗柄北指,天下皆冬。

⑧德:即始生的旺气。

⑨刑:指肃杀之气。

⑩地:《广博物志》四引作"池"。穿:打。

⑪蛰虫:指冬眠动物。首穴:头朝向穴中。

⑫夷丘:平整山丘。

⑬兆:开始。

⑭野:郊外。

⑮水：俞樾《诸子平议》认为，当为"火"。下文"火"，当为"水"。

⑯火正：火旺。

⑰漏：渗漏。

⑱水正：水旺。阴胜：俞樾《诸子平议》认为，"阴"乃"火"字之误，"胜"当读为"升"。

⑲"燥故"二句：即用木炭来测量湿度。炭轻，湿度小；炭重，湿度大。《史记·天官书》集解孟康说：先冬至二日，县土炭于衡两端，轻重适均，冬至日阳气至则炭重，夏至日阴气至则土重。

⑳八尺：指测日影的表，用来定节气。即冬至之时，立八尺高的表，日中时影子长一丈三尺。

㉑流黄：今作"硫黄"。泽：通"释"，释出。

㉒石精：五石之精。五石，指五色之石。

㉓半夏：植物名。五月始生，居夏之半，故曰半夏。

㉔驹犊：小马和小牛。

㉕黄口：指雏鸟。

㉖"八尺"二句：《艺文类聚》三引作"八尺之表，景脩尺五寸"。

【译文】

子午、卯酉四辰像两条直绳，划出二至、二分，丑与寅、辰与巳、未与申、戌与亥成为四钩。四钩的中间是四维，东北是报德之维，西南是背阳之维，东南是常羊之维，西北是蹄通之维，处于立春、立夏、立秋、立冬之时。冬至的时候斗柄向北正当"绳"处，阴气处于极盛之时，阳气开始萌发，因此说冬至是旺气产生之时。夏至的时候斗柄向南正当"绳"处，阳气达到顶点，阴气开始萌发，因此说夏至是肃杀之气产生之时。阴气极盛，那么向下可以达到黄泉，向北可以达到北极，因此不能够掘地和打井。万物隐蔽躲藏起来，冬眠的动物埋进地穴，所以说旺气在室中。阳气到达顶点，那么向南达到南极，向上达到西南方天空，所以不能够平整山丘、登屋作业。万物繁茂，五谷开始生长，因此说旺气在野外。

冬至时火跟随它,夏至时水跟随它。所以五月份时火气旺,火气旺水气容易渗漏,十一月份水气旺而火气升起。阳气化为火,阴气化为水。水气胜,所以夏至时潮湿;火气胜,所以冬至时干燥。可以用悬挂木炭测量湿度,干燥时所以炭轻,潮湿时所以炭重。冬至的时候,井水旺盛,盆水溢出,羊儿脱毛,麋鹿落角,喜鹊开始筑巢。冬至时立八尺高的表,日中时影长一丈三尺。夏至时土中硫黄释出,五色之玉出现,蝉开始鸣叫,半夏正在生长,蚊虻不吮吸马驹牛犊的血液,凶鸟不搏击雏鸟。夏至时立八尺高的表,日中时影长一尺半。影子长时阴气处于优势,影子短时阳气处于优势。阴气胜时就会发水灾,阳气胜那么就会出现旱情。

　　阴阳刑德有七舍①。何谓七舍?室、堂、庭、门、巷、术、野②。十二月德居室三十日③,先日至十五日、后日至十五日而徙,所居各三十日。德在室则刑在野,德在堂则刑在术,德在庭则刑在巷。阴阳相德④,则刑德合门。八月二月,阴阳气均,日夜分平⑤,故曰刑德合门。德南则生,刑南则杀,故曰二月会而万物生,八月会而草木死。

【注释】

①阴阳刑德:古代五行家研究天象和人类活动关系的学说。传世和出土文献多有记载。《管子·四时》记载:日掌阳,月掌阴。阳为德,阴为刑。刑德者,四时之合也。刑德合于时,则生福;诡则生祸。七舍:指七处居留之地。比附阴阳二气在天区的方位。钱塘《天文训补注》:室为子,堂为丑、亥,庭为寅、戌,门为卯、酉,巷为辰、申,术为巳、未,野为午。此七舍以门为中,在门内者庭、堂、室也,在门外者巷、术、野也。

②术:城邑中的道路。

③十二月:王念孙《读书杂志》云:"十二月"当为"十一月"。日至:冬至。

④德:马宗霍《淮南旧注参正》云:"德"通作"得"。言阴阳二气相得。

⑤分平:汪文台《淮南子校勘记》曰:钱注作"平分"。

阴阳刑德七舍图

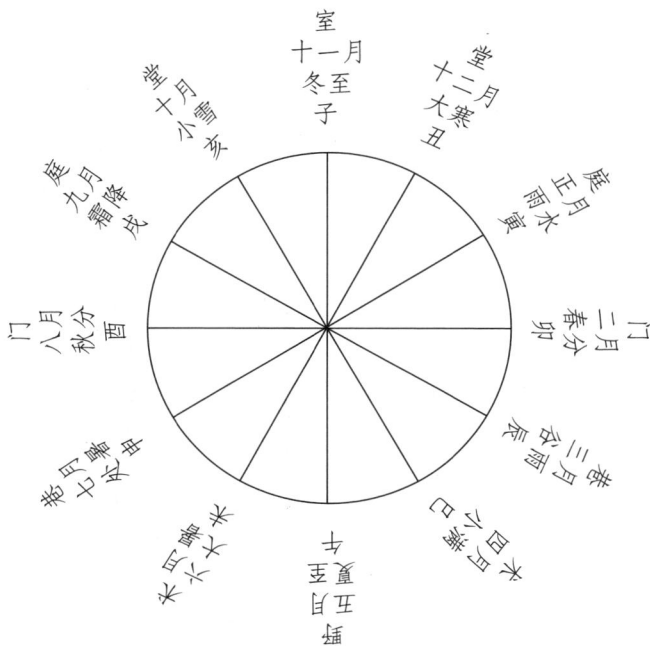

【译文】

　　气象中的阴阳二气和刑德居留变化有七处。什么叫七舍?由近及远是内室、厅堂、庭院、门间、巷道、大路和郊野。十一月阳气停留在室内三十日,即在冬至之前十五日、在冬至之后十五日,并互相变换位置,而后刑、德各居留三十天。十一月阳气在室内那么阴气在野外,十二月阳气在堂内那么阴气在大路,正月阳气在庭院那么阴气在巷道。二月阴、阳二气互相平衡之时，阳气与阴气同在门间之内。每年八月、二月秋分、春分，阴、阳二气均等，日夜时间平分，所以说阳气、阴气同在一个门内。阳气向南那么万物生长，阴气往南那么万物凋落，所以说二月两气相会那么万物生长，八月两气相会那么草木枯死。

　　两维之间九十一度（也）十六分度之五①，而升日行一度②，十五日为一节，以生二十四时之变③。斗指子④，则冬至⑤，音比黄钟⑥。加十五日指癸，则小寒⑦，音比应钟⑧。加十五日指丑，则大寒⑨，音比无射⑩。加十五日指报德之维，则越阴在地⑪，故曰距日冬至四十六日而立春⑫，阳气冻解，音比南吕⑬。加十五日指寅，则雨水⑭，音比夷则⑮。十五日指甲⑯，则雷惊蛰⑰，音比林钟⑱。加十五日指卯，中绳，故曰春分⑲，则雷行，音比蕤宾⑳。加十五日指乙，则清明风至㉑，音比仲吕㉒。加十五日指辰，则谷雨㉓，音比姑洗㉔。加十五日指常羊之维，则春分尽，故曰有四十六日而立夏㉕。大风济㉖，音比夹钟㉗。加十五日指巳，则小满㉘，音比太蔟㉙。加十五日指丙，则芒种㉚，音比大吕㉛。加十五日指午，则阳气极，故曰有四十六日而夏至㉜，音比黄钟。加十五日指丁，则小暑㉝，音比大吕。加十五日指未，则大暑㉞，音比太蔟。加十五日指背阳之维，则夏分尽，故曰有四十六日而立秋㉟，凉风至，音比夹钟。加十五日指申，则处暑㊱，音比姑洗。加十五日指庚，则白露降㊲，音比仲吕。加十五日指酉，中绳，故曰秋分㊳。雷戒㊴，蛰虫北乡㊵，音比蕤宾。加十五日指辛，则寒露㊶，音比林钟。加十五日指戌，则霜降㊷，音比夷则。加十五日指蹄通之维，则秋分尽，故曰有四十六日而立冬㊸，草木毕死,音比南吕。加十五日指亥,则小雪㊹,音比无射。加十五日指壬,则大雪㊺,音比应钟。加十五日指子㊻,故曰阳生于子,阴生于午㊼。阳生于子,故十一月日冬至,鹊始加巢㊽,人气钟首㊾。阴生于午,故五月为小刑㊿,荠、麦、亭历枯㉑,冬生草木必死。

【注释】

①"两维"句:刘绩《补注》本、《四库全书》本无"也"字,当衍。一周天为四维,共 $365\frac{1}{4}$ 度,两维之间是 $91\frac{5}{16}$ 度。

②升:王念孙《读书杂志》云:"升"当为"斗",字之误也。言斗柄左旋,日行一度,而以十五日为一节也。

③二十四时:二十四节气。

④子:十二地支之一。

⑤冬至:每年 12 月 21 或 22 日,太阳到达黄经 270°(冬至点)开始。

⑥黄钟:十二律之首。高诱注:十一月也。钟者,聚也。阳气聚于黄泉之下也。

⑦小寒:每年 1 月 5 日或 6 日,太阳到达黄经 285°时开始。

⑧应钟:高诱注:十月也。言阴应于阳,转成其功,万物应时聚藏,故曰应钟。

⑨大寒:每年 1 月 20 日或 21 日,太阳到达黄经 300°时开始。

⑩无射(yì):高诱注:九月也。阴气上升,阳气下降,万物随阴而藏,无有射出见也,故曰无射。

⑪越:泄散。

⑫立春:每年 2 月 4 日或 5 日,太阳到达黄经 315°时开始。

⑬南吕:高诱注:八月也。南,任也。言阴气内藏,阴侣于阳,任其成功,故曰南吕也。

⑭雨水:每年2月19日或20日,太阳到达黄经330°时开始。

⑮夷则:高诱注:七月也。夷,伤;则,法也。阳衰阴发,万物凋伤,应法成性,故曰夷则也。

⑯十五日:《道藏》本为"加十五日",当脱"加"字。

⑰惊蛰:每年3月5日或6日,太阳到达黄经345°时开始。

⑱林钟:高诱注:六月也。林,众;钟,聚也。阳极阴生,万物众聚而盛,故曰林钟。

⑲春分:每年3月20日或21日,太阳到达黄经0°时开始。

⑳蕤(ruí)宾:高诱注:五月也。阴气蕤蕤在下,似主人;阳在上,似宾客,故曰蕤宾也。

㉑清明:每年4月4日或5日,太阳到达黄经15°时开始。

㉒仲吕:高诱注:四月也。阳在外,阴在中,所以吕中于阳,助成功也,故曰仲吕。

㉓谷雨:每年4月20日或21日,太阳到达黄经30°时开始。

㉔姑洗:高诱注:三月也。姑,故也;洗,新也。阳气养生,去故就新,故曰姑洗也。

㉕四十六日:刘文典《淮南鸿烈集解》引黄桢曰,凡言四十六日,举成数言之,其实四十五日又三十二分之二十一。立夏:每年5月5日或6日,太阳到达黄经45°时开始。

㉖大风:即今东南季风或西南季风。济:停止。

㉗夹钟:高诱注:二月也。夹,夹也。万物去阴夹阳地而生,故曰夹钟也。

㉘小满:每年5月21日或22日,太阳到达黄经60°时开始。

㉙太蔟(còu):高诱注:正月律也。蔟,蔟也。言阴衰阳发,万物蔟地而生,故曰太蔟。

㉚芒种:每年6月5日或6日,太阳到达黄经75°时开始。

㉛大吕:高诱注:十二月律也。吕,侣也。万物萌动于下,未能达

见,故曰大吕。所以配黄钟,助阳宣功也。

㉜夏至:每年6月21日或22日,太阳到达黄经90°时开始。

㉝小暑:每年7月7日或8日,太阳到达黄经105°时开始。

㉞大暑:每年7月22日或23日,太阳到达黄经120°时开始。

㉟立秋:每年8月7日或8日,太阳到达黄经135°时开始。

㊱处暑:每年8月23日或24日,太阳到达黄经150°时开始。

㊲白露:每年9月7日或8日,太阳到达黄经165°时开始。

㊳秋分:每年9月23日或24日,太阳到达黄经180°时开始。

㊴戒:王念孙《读书杂志》云:"戒"当为"臧",字之误也。臧,古"藏"字。

㊵北乡:蛰虫向北,以迎冬至后阳气。

㊶寒露:每年10月8日或9日,太阳到达黄经195°时开始。

㊷霜降:每年10月23日或24日,太阳到达黄经210°时开始。

㊸立冬:每年11月7日或8日,太阳到达黄经225°时开始。

㊹小雪:每年11月22日或23日,太阳到达黄经240°时开始。

㊺大雪:每年12月7日或8日,太阳到达黄经355°时开始。按,二十四节气的第一次完整记载,当见于《淮南子》。《左传·昭公十七年》中只有"分、至、启、闭"四气,《吕览》中有十个节气。

㊻子:指冬至之时。

㊼午:指夏至之时。

㊽加:通"架",搭筑。

㊾人气钟首:即人所受阴气,聚集在头部。钟,聚集。

㊿小刑:轻微的肃杀之气。指五月之气象。

(51)荠(jì):荠菜。《地形训》:荠冬生中夏死。亭历:一年生草本植物,立夏后采实。《西京杂记》:亭历,死于盛夏。

《淮南子》二十四节气图

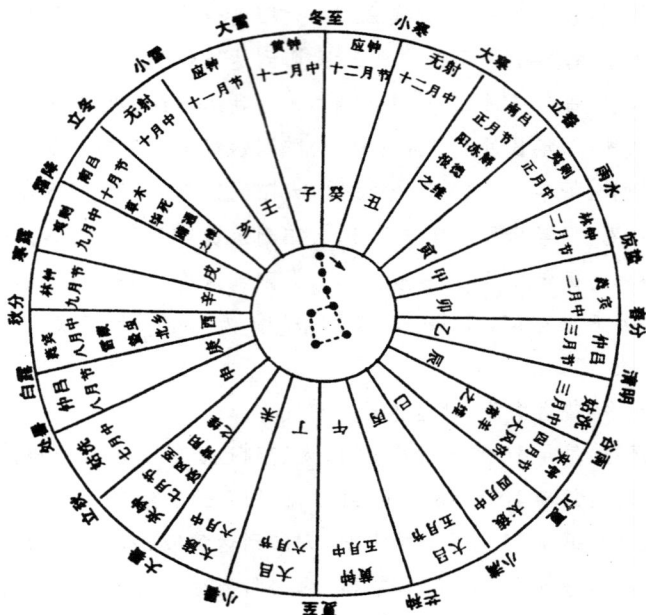

说明：

1.二十四节气全年为 $365\frac{1}{4}$ 日，两维之间为 $91\frac{5}{16}$ 度，具体分配如下：冬至—大寒46日，立春—惊蛰45日，春分—谷雨46日，立夏—芒种46日，夏至—大暑46日，立秋—白露46日，秋分—霜降46日，立冬—大雪45日。

2.中间为北斗运行方向，以斗柄所指定四季。"四立"为四季的开始。

【译文】

两维之间 $91\frac{5}{16}$ 度，北斗斗柄日行一度，十五天为一个节气，运行一周而产生二十四节气。斗柄指向子位，那么正是冬至，其音相应的是十二律中的黄钟。增加十五日斗柄指向癸，那么便是小寒，其音相应的是十二律中的应钟。增加十五日指向丑位，那么则是大寒，其音相应的是十二律中的无射。增加十五日指向报德之维，那么阴气在大地上泄散，所以说距冬至四十六天便是立春，阳气升起、冰冻消释，其音相应的是十二律的南吕。增加十五天斗柄指向寅，便是雨水，其音相应的是十二律中的夷则。增加十五天斗柄指向甲，那么雷发声惊蛰到，其音相应的是十二律中的林钟。增加十五日斗柄指向卯位，正当"绳"处，所以称为春分，那么雷声大起，其音相应的是十二律中的蕤宾。增加十五日斗柄指向乙位，清明之风吹来，其音相应的是十二律中的仲吕。增加十五日斗柄指向辰，那么则是谷雨，其音相应的是十二律中的姑洗。增加十五日指向常羊之维，那么便春分终止，因此说有四十六日而立夏。大风停止，其音相应的是十二律中夹钟。增加十五日指向巳位，那么便是小满，其音相应的是十二律中的太蔟。增加十五日斗柄指向丙位，那么便是芒种，其音相应的是十二律中的大吕。增加十五日斗柄指向午，那么阳气达到极点，因此说有四十六天而夏至，其音相应的是十二律中的黄钟。增加十五日斗柄指向丁位，那么便是小暑，其音相应的是十二律中的大吕。增加十五日指向未，那么便是大暑，其音相应的是十二律中的太蔟。增加十五日指向背阳之维，那么夏节终了，所以夏至后有四十六日而立秋，凉风吹来，其音相应的是十二律的夹钟。增加十五日指向申位，那么便是处暑，其音相应的是二律中的姑洗。增加十五日斗柄指向庚位，那么白露便要降落，其音相应的是十二律中的仲吕。增加十五日北斗斗柄指向酉位，正当"绳"处，所以叫秋分。雷声躲藏，蛰虫北向冬眠，其音相应的是十二律中的蕤宾。增加十五日斗柄指向辛位，那么便是寒露，其音相应的是十二律中的林钟。增加十五日斗柄指向戌位，那么便是霜降，其音相应的是十二律中的夷则。增加十五日斗柄指向蹄通之维，那么便秋节终了，所以说有四十六日而立冬，草木全部枯死，其音相应的是十二律中的南吕。增加十五日斗柄指向亥位，那么便是小雪，其音相应的是十二律的无射。增加十五日斗柄指向壬位，那么便是大雪,其音相应的是十二律中的应钟。增加十五日指向子位,因此说阳气生于冬至,阴气生于夏至。阳气生于冬至,所以十一月冬至之时,鹊儿开始架巢越冬,人所受阴气也聚集在头部。阴气生于夏至,所以五月含有轻微的肃杀之气,荠菜、麦类、亭历等植物枯黄,越冬生长的草木一定死去。

斗杓为小岁①,正月建寅②,月从左行十二辰③。咸池为太岁④,二月建卯,月从右行四仲⑤,终而复始。太岁⑥,迎者辱,背者强;左者衰,右者昌。小岁,东南则生,西北则杀。不可迎也,而可背也;不可左也,而可右也。其此之谓也。大时者⑦,咸池也;小时者⑧,月建也⑨。

【注释】

①斗杓(biāo):即北斗斗柄二颗星,也指招摇。小岁:指用"斗杓"纪月。

②建寅:夏历正月为建寅之月。

③月:每月。左行:从东、南、西、北方向运行。十二辰:二十地支运用到天空区域,就叫十二辰。即沿地平线的大圈,以正北为子,正东为卯,正南为午,正西为酉。

④太岁:王念孙《读书杂志》引钱大昕说:"太岁"当作"大岁"。用"咸池"运行来标示四季。

⑤右行:从西、南、东、北方向运行 。

⑥太岁:即指"咸池"。不是与木星相对应的假设星名。古代数术认为"咸池"为凶神,才有"辱"、"强"、"衰"、"昌"等占验的内容。

⑦大时:指"咸池"的运行。区分四季。

⑧小时:指"斗杓"的运行。标明月份的位置。

⑨月建:农历每月所置之辰为月建。如正月建寅、二月建卯、三月建辰等。

【译文】

北斗斗柄五至七颗星称为小岁,夏历正月为建寅之月,每月从左行十二辰。咸池是大岁,二月建卯,每月从右行十二辰中的卯、酉、子、午,终而复始。太岁,迎着它的方向将要受辱,背离它的方向将要强大;在它的左边将要衰弱,在它的右边将要昌盛。小岁,斗柄朝东南万物得以生长,朝西北方向将要出现杀伐。不能够迎着它,而可以背着它;不可以在它的左边,而能够在它的右边。这种现象说的就是小岁和大岁。用以指明四季的大时,是咸池;用以纪月的小时,是月建。

天维建元①,常以寅始,起右徙②。一岁而移③,十二岁而大周天,终而复始。淮南元年冬④,太一在丙子⑤,冬至甲午,立春丙子。

【注释】

①天维:指太岁。建元:每年纪元的开始。夏正建寅,即以农历正月为岁首。

②右徙:"右"疑为"左"。《周礼·春官·保章氏》郑玄注:"岁星为阳,右行于天,太岁为阴,左行于地。十二岁而小周。""天维"指太岁,应"左行"。王念孙《读书杂志》王引之认为"右徙"、"周天"皆为岁星,太岁"左行于地"不得谓之"右徙"。

③一岁而移:指一岁运行十二辰中的一辰。

④"淮南"句:指淮南王即位之元年。即汉文帝十六年(前164)。

⑤太一:王念孙《读书杂志》王引之曰:"太一"当作"天一"。《广雅》曰:"天一,太岁也。"古者天一、太岁、太阴,名异而实同。

【译文】

太岁纪年的开始,常常用农历正月为岁首,开始向右移动。每年运行十二辰中的一次,十二年运行一周天,终而复始。淮南王元年的冬天,太岁在丙子之年,冬至在甲午之日,立春在丙子之日。

二阴一阳成气二,二阳一阴成气三①。合气而为音②,合阴而为阳③,合阳而为律④,故曰五音六律⑤。音自倍而为日⑥,律自倍而为辰⑦。故日十而辰十二。

【注释】

①"二阴"二句:俞樾《诸子平议》云:"二阴一阳",则二二如四,一三如三,其数七。除五生数,则得成数二。所谓"二阴一阳成气二"也。"二阳一阴",则二三如六,一二如二,其数八。除五生数,则得成数三。所谓"二阳一阴成气三"也。此阴阳之数,即《易》少阳、少阴之数。王念孙《读书杂志》王引之云:"二阴"当作"一阴"。

②合气:聚合之气。

③合阴:指二阴加一阴,成为阳气。

③合阳:指阳气加阳气,为"律"。

⑤五音:宫、商、角、徵、羽。六律:阳六为"律"。即黄钟、太蔟、姑洗、蕤宾、夷则、无射。

⑥日:日干为十。用以纪日。即甲、乙、丙……。

⑦辰:纪月的地支为十二。即子、丑、寅……。

【译文】

二份阴气加一份阳气形成二份阴气,二份阳气加一份阴气形成三份阳气。五份聚合之气形成五音,二份阴气加一份阳气形成三份阳气,三份阳气二合而成为六律,所以说阴、阳之气产生了五音和六律。五音的倍数而成为十个日干,六律的倍数而成为十二辰。所以有十个日干而十二个地支。

　　月日行十三度七十六分度之二十六①,二十九日九百四十分日之四百九十九而为月②,而以十二月为岁③。岁有余十日九百四十分日之八百二十七④,故十九岁而七闰⑤。

【注释】

①二十六:高诱注:六,或作八。按,"六"当作"八"。日行度数:

$$1076（月周）÷76（日周）=13\frac{28}{76}（度）$$

②"二十九日"句:月行度数:27759（日数）÷940（月数）$=29\frac{499}{940}$（度）

③"而以"句:一岁度数（十二月）:$29\frac{499}{940}×12=354\frac{348}{940}$（日）

④"岁有余"句:$365\frac{1}{4}$日$-354\frac{348}{940}$日$=10\frac{827}{940}$日

⑤"十九岁"句:$10\frac{827}{940}$日$×19=206\frac{673}{940}$日（约合七个月）

【译文】

　　月亮每天行进$13\frac{28}{76}$度,$29\frac{499}{940}$日而为一月,而把十二个月作为一岁。每年尚差$10\frac{827}{940}$日（不够$365\frac{1}{4}$日）,因而十九年有七次闰年。

　　日冬至子、午,夏至卯、酉①。冬至加三日②,则夏至之日也。岁迁六日,终而复始③。壬午冬至,甲子受制④,木用事⑤,火烟青。七十二日⑥,丙子受制,火用事,火烟赤。七十二日,戊子受制,土用事,火烟黄。七十二日,庚子受制,金用事,火烟白。七十二日,壬子受制,水用事,火烟黑。七十二日而岁终,庚子受制。岁迁六日⑦,以数推之,七十岁而复至甲子⑧。

甲子受制,则行柔惠⑨,挺群禁⑩,开阖扇⑪,通障塞,毋伐木。丙子受制,则举贤良,赏有功,立封侯⑫,出货财。戊子受制,则养老鳏寡⑬,行粰鬻⑭,施恩泽。庚子受制,则缮墙垣,修城郭,审群禁,饰兵甲⑮,儆百官⑯,诛不法。壬子受制,则闭门闾,大搜客⑰,断罚刑,杀当罪,息关梁⑱,禁外徙。

【注释】

①"日冬至"句:子、午、卯、酉,干支纪日,用地支代替。

②冬至加三日:冬至后三天,为明年夏至之日。如:2010年11月17日冬至,2011年5月21日夏至。钱塘《天文训补注》云:"冬至距夏至有百八十二日十六分日之十,去百八十日,余二日过半,举整数言三日。"知三日是约数。

③"岁迁"二句:今年以子日冬至,后年以午日冬至。迁,移动。如:2007年5月8日夏至,2007年11月13日冬至。2008年5月18日夏至,2008年11月24日冬至。每年变动约六日。钱塘《天文训补注》云:"亦举整数言之,实五日四分日之一。"

④受制:即受命。

⑤用事:行事。

⑥七十二日:即把一年分为五个时段,每段为七十二日。

⑦岁迁六日:指每年尚余六日(实 $5\frac{1}{4}$ 日)。

⑧"七十岁"句:王、钱解释不同。王念孙《读书杂志》王引之曰:由

"甲子受制"每岁以迁六日推之，至十岁而六十甲子终而复始，则当作"十岁而复至甲子"。今本"十"上有"七"字，涉上文"七十二日"而衍也。但钱塘《天文训补注》与此不同："七十岁积二千五百二十日，适盈四十二旬周，故复至甲子，至是五子已五十四周矣。"

⑨柔惠：即爱抚。

⑩挺：宽缓。群禁：众多禁令。

⑪阖(hé)扇：门扇。用木叫阖，用竹苇叫扇。

⑫封侯：古代帝王把爵位、土地赐人，在特定区域内封邦建国。

⑬鳏(guān)寡：老而无妻为鳏，老而无夫为寡。

⑭籽鬻(fú zhōu)：饭食。籽，饐，即粥。鬻，粥。

⑮饰：通"饬(chì)"，整治。

⑯儆(jǐng)：警戒。

⑰客：指诸侯国的新客、旧客。

⑱息：关闭。

【译文】

冬至在子日、午日，夏至时在卯日、酉日。冬至日加三天，就是第二年夏至的日期。从夏至到后年冬至，日子变动六天，终而复始。在壬午时冬至，甲子受命，东方木气行事，火的烟色是青的。隔七十二天，丙子受命，南方火气行事，火的烟色是红的。隔七十二天，戊子受命，中央土气行事，火的烟气是黄色的。隔七十二日，庚子受命，西方金气用事，火的烟气是白色的。隔七十二天，壬子受命，北方水气用事，火的烟色是黑的。再隔七十二天，转完一年，是庚子受命。每年变动六天，按照这样的数字来推算，经过十年可以恢复到甲子之日。

甲子受命，那么应该实行爱抚百姓的政策，宽缓众多的禁令，打开城门的关卡，沟通障碍和关塞，不要砍伐树木。丙子受命，那么应该推举有贤德之人，奖赏有功的人员，把爵位土地授予诸侯，拿出仓库里的货财以供民用。戊子受命,那么应赡养无妻、无夫的老人,向穷苦人施舍饭食,广施恩泽于民。庚子受命,那么应该修缮墙垣,修治内城和外城,审查各项禁令,整治军队武器装备,警戒百官,诛杀违法之人。壬子受命,那么就要紧闭大门和巷道,全面清查居留新老客人,施行刑罚,杀死犯罪之人,封闭关口和桥梁,禁止人员向外流动。

甲子气燥浊①,丙子气燥阳②,戊子气湿浊,庚子气燥寒,壬子气清寒。丙子干甲子③,蛰虫早出,故雷早行。戊子干甲子,胎夭卵鷇④,鸟虫多伤。庚子干甲子,有兵。壬子干甲子,春有霜。戊子干丙子,霆。庚子干丙子,夷⑤。壬子干丙子,雹。甲子干丙子,地动⑥。庚子干戊子,五谷有殃。壬子干戊子,夏寒雨霜。甲子干戊子,介虫不为⑦。丙子干戊子,大旱,苽封熯⑧。壬子干庚子,大刚鱼不为⑨。甲子干庚子,草木再死再生。丙子干庚子,草木复荣。戊子干庚子,岁或存或亡⑩。甲子干壬子,冬乃不藏。丙子干壬子,星坠。戊子干壬子,蛰虫冬出其乡。庚子干壬子,冬雷其乡⑪。

【注释】

①燥浊:干燥,混浊。

②燥阳:干燥,暖和。

③干(gān):冲犯。

④鷇:卵败坏孵不出禽鸟。北宋本原作"鷇"。形误。当正。

⑤夷:通"痍",伤。一作"电"。

⑥地动:地震。

⑦介虫:龟之类。为:成。

⑧苽(gū)封:苽,茭白。封,通"葑(fēng)",菰根。熯(hàn):干涸。

⑨大刚：王念孙《读书杂志》王引之曰："大刚"二字，义不可通。"大"，衍。"刚"当为"则"，字之误也。

⑩岁或存或亡：指年岁有丰有歉。

⑪其乡：郑良树《淮南子斠理》：疑涉上文而衍。

【译文】

甲子受命空气干燥混浊，丙子受命空气干燥暖和，戊子受命空气潮湿混浊，庚子受命空气干燥寒凉，壬子受命空气清新寒冷。丙子受命冲犯甲子，冬眠的动物会提前出土，雷声也会提前来到。戊子冲犯甲子，胎儿夭折，鸟卵坏死，鸟虫之类多受伤害。庚子冲犯甲子，有战争发生。壬子冲犯甲子，春天会下起霜来。戊子冲犯丙子，惊雷滚滚。庚子冲犯丙子，电光闪闪。壬子干犯丙子，冰雹来袭。甲子冲犯丙子，将有地震发生。庚子干犯戊子，五谷就会发生祸殃。壬子干犯戊子，夏季寒冷下起霜来。甲子干犯戊子，甲壳之虫不能长成甲壳。丙子干犯戊子，发生大的旱灾，水生的茭白要干死。壬子干犯庚子，那么鱼儿就会长不成。甲子冲犯庚子，草木死而复生。丙子干犯庚子，草木会结实两次。戊子冲犯庚子，年成有丰有歉。甲子干犯壬子，地气上升，冬天不能储藏。丙子冲犯壬子，星辰坠落。戊子干犯壬子，蛰伏之虫冬天从地下爬出来。庚子冲犯壬子，冬天打雷。

季春三月①，丰隆乃出②，以将其雨。至秋三月③，地气不藏④，乃收其杀⑤。百虫蛰伏，静居闭户；青女乃出⑥，以降霜雪。行十二时之气⑦，以至于仲春二月之夕，乃收其藏，而闭其寒。女夷鼓歌⑧，以司天和⑨，以长百谷禽鸟草木⑩。孟夏之月，以熟谷禾，雄鸠长鸣⑪，为帝候岁⑫。是故天不发其阴，则万物不生；地不发其阳，则万物不成。天员地方⑬，道在中央⑭。日为德，月为刑。月归而万物死⑮，日至而万物生⑯。远山则山气藏，远水则水虫蛰，远木则木叶槁。日五日不见，失其位也，圣人不与也⑰。

【注释】

①季春：春三月。

②丰隆：雨师。又说为雷师。

③至秋：秋三月。

④地气不藏：刘绩《补注》本"不"作"下"。郑良树《淮南子斠理》云：当作"地气下藏"。谓季秋之时，地气下降闭藏而冬乃成矣。

⑤杀：肃杀之气。

⑥青女：天神，青霄玉女，主霜雪。

⑦十二时：指十二个节气。

⑧女夷：主管春夏长养之神。鼓歌：击鼓唱歌。

⑨司：管理。天和：自然祥和之气。

⑩禽鸟：《太平御览》卷十九《岁时部》四引"鸟"作"兽"。

⑪雄鸠：布谷鸟。

⑫帝：天帝。候岁：守望年岁。候，伺望。

⑬天员地方："盖天说"认为，天员形如伞盖，地方形如棋盘。

⑭道：指自然规律。《周易·说卦》：立天之道曰阴曰阳。

⑮月归：阴气归来。指从夏至到冬至。

⑯日至：阳气来到。指从冬至到夏至。

⑰与：通"豫"，快乐。

【译文】

春三月的时候，雨师便出现了，它将布施雨水。秋三月的时候，地气向下隐藏起来，并收缩起肃杀之气。各种各样的昆虫蛰伏起来，关闭洞穴静静地躲起来；主管霜雪的青女之神出现了，她使霜雪降落大地。并且运行十二时之气，而到仲春二月下旬，才收敛起所藏地气，并且闭塞寒气。女夷击鼓唱歌，以便管理自然祥和之气，使百谷禽兽草木都能苗壮生长。孟夏之月到来，谷禾全部成熟，布谷鸟长时间鸣叫，为天帝候望年岁。所以上天不产生阴气，那么万物将不会生长；大地不产生阳气，那么万物将不会成熟。上天是圆形的，大地是方形的，而道便居于中心。太阳是旺气之所在，月亮是杀气之所在。阴气来到而万物枯死，阳气到来时万物复苏。阳气远离山峦那么山上云气便躲藏起来，远离水源那么水中昆虫便蛰伏起来，远离树木那么树木枝叶枯死。太阳五日隐藏不出现，便失去它的职守，圣人便感到不快。

日出于旸谷①，浴于咸池②，拂于扶桑③，是谓晨明④。登于扶桑，爰始将行，是谓朏明⑤。至于曲阿⑥，是谓旦明⑦。至于曾泉⑧，是谓蚤食⑨。至于桑野⑩，是谓晏食⑪。至于衡阳⑫，是谓隅中⑬。至于昆吾⑭，是谓正中⑮。至于鸟次⑯，是谓小还⑰。至于悲谷⑱，是谓铺时⑲。至于女纪⑳，是谓大还㉑。至于渊虞㉒，是谓高舂㉓。至于连石㉔，是谓下舂㉕。至于悲泉㉖，爰止其女㉗，爰息其马㉘，是谓县车㉙。至于虞渊㉚，是谓黄昏㉛。至于蒙谷㉜，是谓定昏㉝。日入于虞渊之汜㉞，曙于蒙谷之浦㉟，行九州七舍㊱，有五亿万七千三百九里，禹以为朝、昼、昏、夜㊲。

【注释】

①旸（yáng）谷：日所出之处。

②咸池：东方大泽，日浴之处。

③拂：经过。扶桑：也作扶木、榑木。东方神木名。日所出之处。

④晨明：指晨昏朦胧之时。

⑤朏（fěi）明：天将亮时，即黎明。

⑥曲阿（ē）：山名。

⑦旦明：天明之时。指太阳出地平线的时刻。

⑧曾（zēng）泉：东方多水之地，故曰曾泉。

⑨蚤（zǎo）食：又叫旦食。蚤，通"早"，早晨。

⑩桑野：东方之地。

⑪晏食：约在上午九点钟左右。

⑫衡阳：山名。

⑬隅中：日近中午。

⑭昆吾：日正午所经之处。在南方。

⑮正中：指正当午时。即今十二点。

⑯鸟次：西极之山名。

⑰小还：太阳运行通过鸟次山之时，叫小还。《初学记》卷一作"小迁"。

⑱悲谷：西南方之大壑名。

⑲铺（bū）时：日行至申时为铺时。即午后三至五时。

⑳女纪：太阳运行的第十一个处所，位在西，时在申。

㉑大还：《初学记》卷一作"大迁"。太阳行至女纪的时刻。

㉒渊虞：太阳申时所经之处。

㉓高春：指傍晚时分。

㉔连石：西北山名。

㉕下春：天将黑，春米结束之时。春，北宋本原作"春"。《道藏》本作"春"。据正。

㉖悲泉：古代传说中的水名。

㉗其女：《初学记》卷一作"羲和"。

㉘其马：《初学记》卷一作"六螭"。

㉙县车：指日落之时。

㉚虞渊：传说日落之处。

㉛黄昏：天将近黑时。

㉜蒙谷：北方之山名。

㉝定昏：天已黑之时。

㉞汜（sì）：水边。

㉟曙：明。浦：水涯。

㊱九州：指连同中国在内的大九州。七舍：即七个停宿之处。高诱注：自阳谷至虞渊凡十六所，九州七舍也。

㊲禹：王念孙《读书杂志》云："禹"字义不可通，"禹"当为"离"。"离"者"分"也，言分为朝、昼、昏、夜也。

十六时表

太阳所在	朝	旸谷	咸池	扶桑	曲阿	昼	曾泉	桑野	衡阳	昆吾
时间			晨明	朏明	旦明		蚤食	晏食	隅中	正中
太阳所在	昏	乌次	悲谷	女纪	渊虞	夜	连石	悲泉	虞渊	蒙谷
时间		小还	铺时	大还	高舂		下舂	县车	黄昏	定昏

【译文】

太阳从东方旸谷升起，在咸池里洗澡，在扶桑枝下拂过，这时称作晨明。升上扶桑枝头，将开始一天的旅程，这时称作朏明。到了曲阿山，这时称作旦明。到达多水的曾泉之处，这时称作早食。到达东方的桑野，这时称作晏食。到达衡阳山，这时称作隅中。到达昆吾，这时称作正中。到达乌次山，这时称作小还。到达西南悲谷，这时称作铺时。到了西北女纪，这时称作叫大还。到达渊虞，这时称作高舂。到达西北连石山，这时称作下舂。到了悲泉，羲和为太阳驾车停止了，拉车的六条龙也休息了，这时称作悬车。到达虞渊，这时称作黄昏。到达北方蒙谷山，这时称作定昏。太阳进入到虞渊的水边，在蒙谷水边放射着光芒，所行的地方是天下九州七舍，共有五亿万七千三百九里，十六时分别为早晨、白天、黄昏、黑夜。

　　夏日至则阴乘阳①，是以万物就而死②；冬日至则阳乘阴，是以万物仰而生③。昼者阳之分，夜者阴之分。是以阳气胜则日脩而夜短，阴气胜则日短而夜脩。

　　帝张四维④，运之以斗⑤，月徙一辰⑥，复反其所。正月指寅⑦，十二月指丑⑧，一岁而匝⑨，终而复始。指寅，则万物螾⑩，律受太蔟⑪；太蔟者，蔟而未出也⑫。指卯，卯则茂茂然⑬，律受夹钟⑭；夹钟者，种始莢也。指辰⑮，辰则振之也⑯，律受姑洗⑰；姑洗者，陈去而新来也。指巳⑱，巳者生已定也，律受仲吕⑲；仲吕者，中充大也⑳。指午，午者忤也㉑，律受蕤宾㉒；蕤宾者，安而服之。指未㉓，未昧也，律受林钟㉔；林钟者，引而止也㉕。指申㉖，申者呻之也，律受夷则㉗；夷则者，易其则也，德以去矣。指酉㉘，酉者饱也，律受南吕㉙；南吕者，任包大也㉚。指戌㉛，戌者灭也，律受无射㉜；无射，入无厌也。指亥㉝，亥者阂也，律受应钟㉞；应钟者，应其钟也。指子㉟，子者兹也，律受黄钟㊱；黄钟者，钟已黄也。指丑㊲，丑者纽也，律受大吕㊳；大吕者，旅旅而去也。其加卯、酉，则阴阳分、日夜平矣㊴。故曰：规生矩杀，衡长权藏，绳居中央，为四时根。

【注释】

①乘：依附。

②就：靠近。

③仰：向。

④帝：天帝。

⑤运：旋转。斗柄左旋。斗：北斗。

⑥辰：沿天赤道从东向西将周天划为十二等分，用十二地支命名。称为十二辰。

⑦寅：地支第三位。《史记·律书》寅言万物始生螾然也。

⑧十二月：《太平御览》卷十六《时序部》一引作"十一月"。丑：北宋本原作"子"。《道藏》本作"丑"。据正。

⑨匝（zā）：周。

⑩则万物螾：《史记·律书》作："寅，言万物始生螾然也。"知有脱文。

⑪律：古代用竹管或金属管制成的用来定音或候气的仪器。十二律中，单数称"律"，双数称"吕"。受：对应，接受。太簇（còu）：十二律之一，正月律。《史记·律书》：泰簇者，言万物簇生也，故曰太簇。

⑫簇：聚集。《白虎通义·五行》：簇者凑也，言万物始大，凑地而出也。

⑬卯：地支第四位。《史记·律书》：卯之为言茂也。茂茂然：草木冒地而出的样子。

⑭夹钟：十二律之一，二月律。《史记·律书》：夹钟者，言阴阳相夹厕也。

⑮辰：地支第五位。《史记·律书》：辰者，言万物之蜄也。

⑯振：振动，振作。

⑰姑洗（xiǎn）：十二律之一，三月律。《史记·律书》：姑洗者，言万物洗生。

⑱巳：地支第六位。《史记·律书》：巳者，言阳气之已尽也。

⑲仲吕：十二律之一，四月律。《史记·律书》：中吕者，言万物尽旅而西行也。

⑳中充大：即充斥大地义。

㉑午：地支第七位。《史记·律书》：午者，阴阳交。忤（wǔ）：违反，

抵触。

㉒蕤宾:十二律之一,五月律。《史记·律书》:言阴气幼少,故曰蕤;矮阳不用事,故曰宾。

㉓未:地支第八位。《史记·律书》:未者,味也。言万物皆成,有滋味也。

㉔林钟:十二律之一,六月律。《史记·律书》:林钟者,言万物就死气林林然。按,林,通"綝(chēn)",止。

㉕引:引退。

㉖申:地支第九位。

㉗夷则:十二律之一,七月律。《史记·律书》:夷则者,言阴气之贼万物也。

㉘酉:地支第十位。《史记·律书》:酉者,万物之老也。

㉙南吕:十二律之一,八月律。《史记·律书》:南吕者,言阳气之旅入藏也。

㉚任包大:阳气包裹阴气。任,通"妊"。

㉛戌:地支第十一位。《史记·律书》:戌者,言万物尽灭,故曰戌。

㉜无射:十二律之一,九月律。《史记·律书》:无射者,阴气盛用事,阳气无余也。故曰无射。

㉝亥:地支第十二位。《史记·律书》:亥者,该也。言阳气藏于下,故该也。

㉞应钟:十二律之一,十月律。《史记·律书》:应钟者,阳气之应,不用事也。

㉟子:地支第一位。《史记·律书》:子者,滋也。滋者,言万物滋于下也。

㊱黄钟:十二律之一,十一月律。《史记·律书》:黄钟者,阳气踵黄泉而出也。

㊲丑:地支第二位。《史记·律书》正义:丑者,纽也。言阳气在上

未降,万物厄纽未敢出也。

㊳大吕:十二律之一,十二月律。《白虎通义·五行》:十二月律之
　　谓大吕者何? 大者,大也。吕者,拒也。言阳气欲出,阴不许也。
　　吕之为言拒也,旅抑拒难之也。

㊴"其加卯、酉"二句:王念孙《读书杂志》王引之曰:当在前"日短而
　　夜脩"下。卯,指春分点。酉,指秋分点。

十二律与二十四节气关系图

寅	卯	辰	巳	午	未	申	酉	戌	亥	子	丑
1	2	3	4	5	6	7	8	9	10	11	12

立春	雨水	惊蛰	春分	清明	谷雨	立夏	小满	芒种	夏至				冬至	小寒	大寒
(南吕)	(亮则)	(林钟)	(蕤宾)	(仲吕)	(姑洗)	(夹钟)	(太蔟)	(大吕)	(黄种)				(黄钟)	(应钟)	(无射)
48	51	54	57	60	64	68	72	76	81				81	42	45

说明:

1. 横线表示十二个月,二十四节气。

2. 虚线表示十二律与二十四节气之变化。

3. 下行数字表示十二律之管长。

【译文】

　　夏至的时候阴气依附阳气,因此万物靠近它而逐渐死亡;冬至的时候阳气依附阴气,所以万物向着它而逐渐复苏。白昼是阳的分界;夜晚是阴的分界。所以阳气胜就会昼长而夜短,阴气胜就会昼短而夜长。

　　天帝布张四维,用北斗围绕它们旋转,每月北斗旋转一辰,十二月后又回到它开始的地方。正月斗柄指向寅位,十二月斗柄指向丑位,一年运行一周,这样终而复始地运行下去。斗柄指向寅位,寅就是万物复苏活动的样子,十二律中由太蔟来配合;太蔟,就是聚集而没有出现的意思。指向卯位,卯就是草木冒地而出的样子,十二律中由夹钟来配合;夹钟,就是种子开始结荚的意思。指向辰位,辰就是使万物振作的

意思,十二律中由姑洗与之相配;姑洗,就是陈去新来的意思。指向巳位,巳就是生长已经定型的意思,十二律中由仲吕来配合;仲吕,就是万物充斥大地的意思。指向午位,午就是阴、阳二气相背的意思,十二律中由蕤宾来配合;蕤宾,就是阴气安定而阳气宾服的意思。指向未位,未就是阴气将走向暗昧的意思,十二律中由林钟来配合;林钟,是阳气极盛就此停止并引退的意思。指向申位,申是万物受约束而呻吟的意思,十二律中由夷则与之配合;夷则,就是改变阳气极盛的规则的意思,旺气将要离开了。指向酉位,酉就是秋熟作物子粒饱满、可以收割的意思,十二律中由南吕来配合;南吕,就是阳气包裹阴气的意思。指向戌位,戌是万物尽灭的意思,十二律中由无射来与之配合;无射,就是万物衰落、阳气消失的意思。指向亥位,亥就是阳气闭藏之义,十二律中由应钟来配合;应钟,就是应时聚藏的意思。指向子位,子就是万物在地下滋生的意思,十二律中由黄钟来配合;黄钟,就是阳气聚集黄泉之下的意思。指向丑位,丑就是寒气纽结待解的意思,十二律中由大吕来相配合;大吕,就是阳气从地下缓慢离去的意思。在它们中间增加卯、酉(春分、秋分),那么就会阴阳平分、日夜相等了。因此说:"规"使万物生存,"矩"使万物凋零,"衡"使万物生长,"权"使万物隐藏,"绳"处在天地中央,成为确定四季的依据。

　　道(曰规)始于一①,一而不生,故分而为阴阳,阴阳合和而万物生。故曰:一生二,二生三,三生万物②。天地三月而为一时③,故祭祀三饭以为礼④,丧纪三踊以为节⑤,兵重三罕以为制⑥。

　　以三参物⑦,三三如九⑧,故黄钟之律九寸而宫音调⑨。因而九之⑩,九九八十一,故黄钟之数立焉。黄者土德之色⑪,钟者气之所种也⑫。日冬至,德气为土⑬。土色黄,故曰黄钟。律之数六，分为雌雄⑭，故曰十二钟，以副十二月⑮。
十二各以三成，故置一而十一三之，为积分七十万七千一百
四十七⑯，黄钟大数立焉⑰。

【注释】

①"道（曰规）"句：王念孙《读书杂志》："曰规"二字，与上下文义不
　相属。此因上文"故曰规生矩杀"而误衍也。《宋书·律志》作
　"道始于一"，无"曰规"二字。马宗霍《淮南旧注参正》云：《五行
　大义》论律吕引《淮南子》云："数始于一。"作"数"不作"道"，无
　"曰规"二字。道：指宇宙本原。一：指混沌未分的原始状态。
　《列子·天瑞》：一者，形变之始也。

②"一生二"三句：见于《老子》四十二章。

③时：季节。

④三饭：古代礼制，祭祀用尸代表被祭祀的鬼神。尸含一口饭叫一
　饭，士礼用三饭。

⑤三踊：古代初死、小敛、大敛皆哭踊，以示哀痛。

⑥兵重三罕：王念孙《读书杂志》云："重"、"罕"二字，义不可通。
　"重"当为"革"，"罕"当为"军"。言兵革之事以三军为制也。郑
　良树《淮南子斠理》云：《喻林》九七引"罕"正作"军"。又《五行大
　义》引《淮南子》云"兵有三令"。

⑦参：三倍。

⑧如：为。

⑨调：和。

⑩因而九之：每寸九分，共八十一分。黄钟之长八十一分之说，历
　代律家宗之。南宋蔡元定《律吕新书》：黄钟之律九寸，一寸九
　分，凡八十一分。

⑪土德：金木水火土五德之一。土色黄，为五色之首。

⑫种(zhòng):施种。

⑬德气:指自然界所表现的旺气。

⑭分为雌雄:十二律中分为阳六律、阴六吕。

⑮副:与……相配。

⑯七十万:刘绩《补注》本作"十七万",当是。

⑰黄钟大数:即177147。其计算方法是:

子	置	$1＝1$	十一月律
丑		$3^1＝3$	十二月律
寅		$3^2＝9$	一月律
卯		$3^3＝27$	二月律
辰		$3^4＝81$	三月律
巳		$3^5＝243$	四月律
午		$3^6＝729$	五月律
未		$3^7＝2187$	六月律
申		$3^8＝6561$	七月律
酉		$3^9＝19683$	八月律
戌		$3^{10}＝59094$	九月律
亥		$3^{11}＝177147$	十月律

以上计算,《史记·律书》"生钟分"、《汉书·律历志上》,与《淮南子》不同。《后汉书·律历志》、郑玄《礼记·月令》注等,与《淮南子》相同。

【译文】

道从一开始,到了一便不再产生,但是可以分为阴气、阳气,阴气、阳气结合可以生出万物。因此《老子》中说:一产生二,二产生三,三产生万物。天地运行时间三月称为一季,因此祭祀时尸享用三饭作为祭礼,行丧礼时要用三踊作为礼节,行军作战时要申明三次命令作为军纪。

　　用三乘以所用的律管，三三而为九，所以黄钟的管长定为九寸，而宫音便能够和谐。每寸九分，因此用九乘九，九九八十一，所以黄钟管长八十一分便确立了。黄色是土德所表现出来的颜色，钟是大气所施种的意思。冬至的时候，它体现的旺气是土。土的颜色是黄色的，所以称之为黄钟。律的数目是六，分为雌雄两类，所以称十二律，用来配合十二个月。十二个月各自又以三倍生成，所以先置一而从一到十一月都用三来相乘，第十二个月便得到分母是十七万七千一百四十七的数字，这样黄钟律的大数便可以确立了。

　　凡十二律，黄钟为宫，太蔟为商，姑洗为角，林钟为徵，南吕为羽。物以三成①，音以五立②，三与五如八③，故卵生者八窍④。律之初生也，写凤之音⑤，故音以八生⑥。黄钟为宫，宫者音之君也⑦。故黄钟位子，其数八十一，主十一月，下生林钟。林钟之数五十四，主六月，上生太蔟。太蔟之数七十二，主正月，下生南吕。南吕之数四十八，主八月，上生姑洗。姑洗之数六十四，主三月，下生应钟。应钟之数四十二，主十月，上生蕤宾。蕤宾之数五十七，主五月，上生大吕。大吕之数七十六，主十二月，下生夷则。夷则之数五十一，主七月，上生夹钟。夹钟之数六十八，主二月，下生无射。无射之数四十五，主九月，上生仲吕。仲吕之数六十，主四月，极不生⑧。

【注释】

①成：组成。

②立：成立。

③如：为。

④八窍:指两眼、两耳、两鼻、一口、一排泄及生殖孔。

⑤写凤之音:据《吕览·古乐》载:黄帝乐官伶伦模仿凤凰鸣叫之音,而定十二律。写,摹仿。

⑥八生:隔八相生法。《吕览·音律》、《汉书·律历志》与《淮南子》相同。其管长计算是:

黄钟九寸

上生:太蔟 $6 \times \left(1 + \dfrac{1}{3}\right) = 8$　　　下生:林钟 $9 \times \left(1 - \dfrac{1}{3}\right) = 6$

姑洗 $5.33 \times \dfrac{4}{3} = 7.11$　　　南吕 $8 \times \dfrac{2}{3} = 5.33$

蕤宾 $4.74 \times \dfrac{4}{3} = 6.32$　　　应钟 $7.11 \times \dfrac{2}{3} = 4.74$

大吕 $6.32 \times \dfrac{4}{3} = 8.43$　　　夷则 $8.43 \times \dfrac{2}{3} = 5.62$

夹钟 $5.62 \times \dfrac{4}{3} = 7.50$　　　无射 $7.50 \times \dfrac{2}{3} = 5$

仲吕 $5 \times \dfrac{4}{3} = 6.67$

隔八相生图

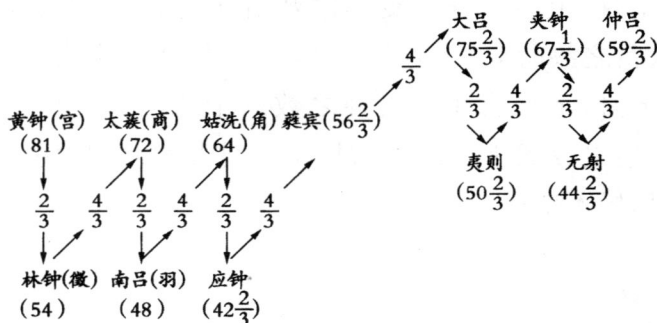

⑦君:主宰。

⑧极:终极。

【译文】

在十二律与五音搭配上,如果黄钟是宫调,那么太蔟是商,姑洗是角,林钟是徵,南吕是羽。万物是由三生成的,音调是分为五阶的,三和五相加得八,所以卵生的动物有八个孔窍。音律开始建立的时候,是模仿凤凰鸣叫的声音,所以音律的规定是隔八相生。黄钟为宫调,那么宫调便是五音的主宰。所以黄钟处在十二地支子位,它的管长数是八十一分,主管十一月之气,下生林钟。林钟的管长是五十四分,主管六月之气,上生太蔟。太蔟的管长是七十二,主管正月之气,下生南吕。南吕的管长是四十八,主管八月之气,上生姑洗。姑洗的管长是六十四,主管三月,下生应钟。应钟的管长是四十二,主管十月之气,上生蕤宾。蕤宾的管长五十七,主管五月,上生大吕。大吕的管长是七十六,主管十二月之气,下生夷则。夷则的管长是五十一,主管七月之气,上生夹钟。夹钟的管长是六十八,主管二月之气,下生无射。无射的管长四十五,主管九月之气,上生仲吕。仲吕的管长六十,主管四月之气,这样十二律的相生便结束了。

徵生宫,宫生商[①],商生羽,羽生角,角生姑洗,姑洗生应钟,比于正音[②],故为和[③]。应钟生蕤宾,不比正音,故为缪[④]。日冬至,音比林钟,浸以浊[⑤];日夏至,音比黄钟,浸以清[⑥]。以十二律应二十四时之变[⑦]:甲子[⑧],仲吕之徵也;丙子,夹钟之羽也;戊子,黄钟之宫也;庚子,无射之商也;壬子,夷则之角也。

【注释】

①"徵生宫"二句:刘绩《补注》本曰:"当作宫生徵,徵生商。"

②比:相近。正音:古代对宫、商、角、徵、羽五音及黄钟、太蔟、姑

洗、林钟、南吕,都叫正音。因其律数为整数。

③和:从姑洗隔八至应钟,生出一个"变宫",称为"和"。蔡宾牟、袁运开《中国物理学史》认为:"变宫"与"羽"的拍音近70,尚且可以说"比于正音"。

④缪(jiū):应钟隔八至蕤宾,生出一个"变徵",称为"缪"。"变徵"与"角"的拍音近于33,自然不能"比于正音"。刘绩《礼注》解作"缪,音相干也"。王引之解作"缪之言穆,穆亦和也"。以刘说为是。

⑤浸:逐渐。浊:低音。

⑥清:高音。

⑦二十四时:即二十四节气。

五音十二律旋宫以当六十甲子表

应钟 亥	无射 戌	南吕 酉	夷则 申	林钟 未	蕤宾 午	仲吕 巳	姑洗 辰	夹钟 卯	太蔟 寅	大吕 丑	黄钟 子	十二律吕　五音
姑洗之徵 乙亥	夹钟之徵 甲戌	太蔟之徵 癸酉	大吕之徵 壬申	黄钟之徵 辛未	应钟之徵 庚午	无射之徵 己巳	南吕之徵 戊辰	夷则之徵 丁卯	林钟之徵 丙寅	蕤宾之徵 乙丑	仲吕之徵 甲子	徵
太蔟之羽 丁亥	大吕之羽 丙戌	黄钟之羽 乙酉	应钟之羽 甲申	无射之羽 癸未	南吕之羽 壬午	夷则之羽 辛巳	林钟之羽 庚辰	蕤宾之羽 己卯	仲吕之羽 戊寅	姑洗之羽 丁丑	夹钟之羽 丙子	羽
应钟之宫 己亥	无射之宫 戊戌	南吕之宫 丁酉	夷则之宫 丙申	林钟之宫 乙未	蕤宾之宫 甲午	仲吕之宫 癸巳	姑洗之宫 壬辰	夹钟之宫 辛卯	太蔟之宫 庚寅	大吕之宫 己丑	黄钟之宫 戊子	宫
南吕之商 辛亥	夷则之商 庚戌	林钟之商 己酉	蕤宾之商 戊申	仲吕之商 丁未	姑洗之商 丙午	夹钟之商 乙巳	太蔟之商 甲辰	大吕之商 癸卯	黄钟之商 壬寅	应钟之商 辛丑	无射之商 庚子	商
林钟之角 癸亥	蕤宾之角 壬戌	仲吕之角 辛酉	姑洗之角 庚申	夹钟之角 己未	太蔟之角 戊午	大吕之角 丁巳	黄钟之角 丙辰	应钟之角 乙卯	无射之角 甲寅	南吕之角 癸丑	夷则之角 壬子	角

⑧甲子：与下文的丙子、戊子、庚子、壬子等，皆干支纪日。黄钟配
　　五子，则各居其室，各应其声，始于戊子，卒于丁亥，而合六十律。

【译文】

　　宫音生出徵音，徵音生出商音，商音生出羽音，羽音生出角音，角音
生出姑洗，姑洗隔八为应钟，生出一个变宫，同上述正音相并列，因此称
为和。应钟隔八相生为蕤宾，生出一个变徵，不能同正音相比并，因此
称为缪。冬至的时候，与十二律相配的为林钟，逐渐降为最低音；夏至
的时候，与十二律相配的为黄钟，逐渐上升为最高音。用十二律可以表
示二十四节气的时间变化：甲子，处于仲吕之徵时，是冬至的开始；丙
子，处于夹钟之羽时，是冬至后十三日；戊子，处于黄钟之宫时，是冬至
后二十五日；庚子，处于无射之商时，是冬至后三十七日；壬子，处于夷
则之角时，是冬至后第四十九日。

　　古之为度量轻重，生乎天道①。黄钟之律脩九寸。物以
三生，三九二十七，故幅广二尺七寸②。音以八相生，故人脩
八尺，寻自倍③，故八尺而为寻。有形则有声。音之数五，以
五乘八，五八四十，故四丈而为匹。匹者，中人之度也，一匹
而为制④。

【注释】

　　①天道：指自然的规律。

　　②幅：布帛的宽度。

　　③寻：古代长度单位，即八尺。《一切经音义》卷十七引《淮南》云："人
　　　臂四尺，寻自倍，故八尺曰寻。"正文"人脩八尺"，"八"当作"四"。

　　④制：定制。

【译文】

　　古代制定的长度、容量、轻重的标准，是从自然界的客观实物中产生的。黄钟的律管长九寸。万物是按照三倍的规律产生，三九二十七，所以布帛的宽度定为二尺七寸。音律是隔八相生的，因此人的臂长是四尺，一寻是人自身臂长的一倍，因此八尺作为"寻"的标准。有形体之物就会有声音产生。音律的数目是五个，用五来乘八，五八四十，因此四丈而作为一匹。一匹，是中等身材裁衣的长度，一匹而成为长度的规定。

　　秋分薉定^①，薉定而禾熟^②。律之数十二，故十二薉而当一粟，十二粟而当一寸。律以当辰^③，音以当日。日之数十^④，故十寸而为尺，十尺而为丈。其以为量^⑤，十二粟而当一分，十二分而当一铢^⑥，十二铢而当半两。衡有左右^⑦，因倍之，故二十四铢为一两。天有四时以成一岁，因而四之，四四十六，故十六两而为一斤。三月而为一时，三十日为一月，故三十斤为一钧。四时而为一岁，故四钧为一石^⑧。其以为音也，一律而生五音，十二律而为六十音。因而六之，六六三十六，故三百六十音以当一岁之日。故律历之数，天地之道也。下生者倍，以三除之^⑨；上生者四，以三除之^⑩。

【注释】

①薉：通"秒"，禾穗的芒尖。
②定：形成。
③律：指十二律。辰：十二辰。
④日之数十：指甲、乙、丙……，共十位。

⑤量(liàng)：重量。

⑥铢(zhū)：古代重量单位。诸说不同。

⑦衡：称。

⑧石(dàn)：重量单位。一百二十斤。本作"秙"。《说文》：秙，百二十斤也。"石"为"秙"之省。

⑨"下生"二句：即 $\frac{2}{3}$ 。

⑩"上生"二句：即 $\frac{4}{3}$ 。《史记·律书》：生黄钟术曰：以下生者，倍其实，三其法；以上生者，四其实，三其法。按，与《淮南子》相同。如上四句，就是对上文"隔八相生"的总结。

【译文】

秋分后谷物果实的芒已经形成，芒成形后谷物便成熟了。乐律的数目是十二个，所以十二个薰累积在一起便成为一粟，十二粟的累积便定为一寸。乐律的数目与十二辰相当，五音的倍数与十干相同。日干的数目是十，因此十寸而为一尺，十尺而为一丈。它作为重量单位，十二个粟重量为一分，十二分重为一铢，十二铢而定为半两。秤有左右两边，因此在此基础上增加一倍，所以二十四铢为一两。天有四季才能成为一岁，因而用四倍乘它，四四十六，所以十六两定为一斤。三个月而成为一季，三十天而成为一月，所以三十斤定为一钧。四季而成为一岁，所以四钧便为一石。它作为音律的规定是这样的，一律中可以生出五音，十二律便可以产生六十音。因而在此基础上扩大六倍，六六三十六，因此三百六十音便相当于一岁的时间。因此律历的规定，是出于自然的规律。十二律相生时，下生的增加一倍，用三来除它，便是 $\frac{2}{3}$ ；上生的增加四倍，用三来除它，便是 $\frac{4}{3}$ 。

太阴元始^①，建于甲寅^②。一终而建甲戌^③，二终而建甲午^④，三终而复得甲寅之元^⑤。岁徙一辰^⑥，立春之后，得其辰而迁其所顺^⑦，前三后五^⑧，百事可举^⑨。

【注释】

①太阴：即与"木星"相对应的"太岁"。又称"太阴"。元始：开始。

②甲寅：与下文的甲戌、甲午，指的是太阴纪年。

③一终：即 1520 年。

④二终：即 3040 年。

⑤"三终"句：即回到甲寅年纪年的起点。三终，4560 年。

⑥徙：迁徙。

⑦得：合乎。辰：指十二辰。迁：改变。顺：顺序。

⑧三、五：即三天、五天。

⑨举：施行。

【译文】

太阴纪年开始，定在甲寅之年。一终即 1520 年定在甲戌之年，二终即 3040 年定在甲午之年，三终即 4560 年又回到甲寅年元月一日零时开始之时。太阴每年行进十二辰中的一辰，在立春之后，合于十二辰的度数，而改变其运行顺序。太阴到达各辰前三天或后五天，各项事业都可以施行。

太阴所建^①，蛰虫首穴而处^②，鹊巢乡而为户^③。太阴在寅^④，朱鸟在卯，句陈在子^⑤，玄武在戌，白虎在酉，苍龙在辰。寅为建，卯为除^⑥，辰为满，巳为平，主生；午为定；未为执，主陷^⑦；申为破，主衡^⑧；酉为危，主杓^⑨；戌为成，主少德；亥为收^⑩，主大德；子为开，主太岁^⑪；丑为闭，主^⑫。

【注释】

①建：即建元。纪年开始。

②首穴：头部隐于穴中。

③乡：通"向"。

④"太阴"六句：以"太阴"之位置，确定二十八宿及句陈之位置，以便于占验。

⑤句陈：即钩陈星。在紫微垣内，靠近北极，又谓之极星。共有六星。

⑥寅为建，卯为除：建、除，又称作建除十二神、建除十二辰。古代占卜用十二地支定方位、岁月，以占人事吉凶，每辰皆有专名。长沙子弹库出土战国楚帛书《式盘》，《汉书·艺文志》"五行"有《转位十二神》，疑与此相似。

⑦陷：攻陷。

⑧衡：平衡。

⑨杓（biāo）：斗杓，指小岁。

⑩收：北宋本原作"牧"。《道藏》本作"收"。据正。

⑪太岁：王念孙《读书杂志》王引之曰：此"太岁"亦当为"大岁"，写者误加点耳。斗杓为小岁，咸池为大岁。

⑫主：刘绩《补注》本"主"下有"太阴"二字。王念孙《读书杂志》王引之曰："主"下当别有所主之事，而今脱去，上文云"太阴在寅"，何得又言"主太阴"乎？

【译文】

太阴建元之时，冬眠的动物正隐藏在穴中，鹊类筑巢对着这个方向作为门户。太阴运行在寅位的时候，朱雀七宿在卯位，句陈六宿在子位，玄武七宿在戌位，白虎七宿在酉位，苍龙七宿在辰位。太阴运行到寅月时为建，行于卯月时为除，行于辰月时为满，行于巳月时为平，主管万物生长；行于午月时为定；行于未月时为执，主管攻陷敌阵；行于申月时为破，主管平衡万物；行于酉月时为危，主管小岁；行于戌月时为成，主管人的最美的品德;行于亥月时为收,主管人的最高尚的品德;行于子月时为开,主管咸池大岁;行于丑月时为"闭",主□□。

　　太阴在寅,岁名曰摄提格①,其雄为岁星②,舍斗、牵牛,以十一月与之晨出东方③,东井、舆鬼为对④。

　　太阴在卯,岁名曰单阏⑤,岁星舍须女、虚、危,以十二月与之晨出东方,柳、七星、张为对。

　　太阴在辰,岁名曰执徐⑥,岁星舍营室、东壁,以正月与之晨出东方,翼、轸为对。

　　太阴在巳,岁名曰大荒落⑦,岁星舍奎、娄,以二月与之晨出东方,角、亢为对。

　　太阴在午,岁名曰敦牂⑧,岁星舍胃、昴、毕,以三月与之晨出东方,氐、房、心为对。

　　太阴在未,岁名曰协洽⑨,岁星舍觜巂、参,以四月与之晨出东方,尾、箕为对。

　　太阴在申,岁名曰涒滩⑩,岁星舍东井、舆鬼,以五月与之晨出东方,斗、牵牛为对。

　　太阴在酉,岁名曰作鄂⑪,岁星舍柳、七星、张,以六月与之晨出东方,须女、虚、危为对。

　　太阴在戌,岁名曰阉茂⑫,岁星舍翼、轸,以七月与之晨出东方,营室、东壁为对。

　　太阴在亥,岁名曰大渊献⑬,岁星舍角、亢,以八月与之晨出东方,奎、娄为对。

　　太阴在子,岁名困敦⑭,岁星舍氐、房、心,以九月与之晨出东方,胃、昴、毕为对。

太阴在丑，岁名赤奋若⑮，岁星舍尾、箕，以十月与之晨出东方，觜嶲、参为对。

【注释】

①摄提格：古代以太岁在天官运转方向来纪年。太岁指向寅宫（斗、牛之间），称为摄提格。为十二岁名之一。《史记·历书》正义引孔文祥云：以岁在寅正月出东方，为众星之纪，以摄提宿，故曰摄提；以其为岁月之首，起于孟陬，故云格。[格]，正也。

②其雄为岁星：雄，指木星，即岁星。雌，指太阴。《周礼·春官·保章氏》郑玄注：岁星为阳，右行于天；太岁为阴，左行于地。

③十一月：钱塘《天文训补注》："《天官书》云'正月'，《天文志》作'十一月'。《史记》用周正，《淮南》、《汉志》用夏正。"

④对：相对。

⑤单阏（chán è）：也作亶安、蝉焉。十二岁名之二。《史记·天官书》索隐引李巡说：阳气推万物而起，故曰单阏。单，尽也。阏，止也。

⑥执徐：十二岁名之三。《史记·天官书》正义引李巡说：伏蛰之物皆敦舒而出，故曰执徐。执，蛰。徐，舒也。

⑦大荒落：十二岁名之四。《史记·天官书》索隐引姚氏说：言万物皆炽盛而大出，霍然落弟，故曰荒落。

⑧敦牂（dūn zāng）：十二岁名之五。《史记·天官书》索隐引孙炎说：敦，盛；牂，壮也。言万物盛壮。

⑨协洽：又作汁洽、协给。十二岁名之六。《史记·天官书》索隐引李巡说：阳气欲化万物，故曰[协洽]。协，和；洽，合也。

⑩涒（tūn）滩：十二岁名之七。《史记·天官书》索隐引李巡说：涒滩，物吐秀倾垂之貌也。

⑪作鄂：十二岁名之八。《史记·天官书》索隐引李巡说：作号，皆

物芒枝起之貌。

⑫阉(yān)茂：十二岁名之九。《史记·天官书》索隐引孙炎说：万物皆蔽冒，故曰[阉茂]。

⑬大渊献：十二岁名之十。《史记·天官书》索隐引孙炎说：渊，深也。大献万物于深，谓盖藏之于外矣。

⑭困敦(dùn)：十二岁名之十一。《史记·天官书》索隐引孙炎说：困敦，混沌也。言万物初萌，混沌于黄泉之下也。

⑮赤奋若：十二岁名之十二。《史记·天官书》索隐引李巡说：言阳气奋迅。若，顺也。

岁星纪年法表

岁名	太阴所在	岁 星 所 在			月份	岁阳	十干
		十二辰	十二次	二十八宿			
摄提格	寅	丑	星纪	斗、牛	十一月	阏逢	甲
单阏	卯	子	玄枵	女、虚、危	十二月	旃蒙	乙
执徐	辰	亥	娵訾	室、壁	正月	柔兆	丙
大荒落	巳	戌	降娄	奎、娄	二月	强圉	丁
敦牂	午	酉	大梁	胃、昴、毕	三月	著雍	戊
协洽	未	申	实沈	觜、参	四月	屠维	己
涒滩	申	未	鹑首	井、鬼	五月	上章	庚
作鄂	酉	午	鹑火	柳、星、张	六月	重光	辛
阉茂	戌	巳	鹑尾	翼、轸	七月	玄黓	壬
大渊献	亥	辰	寿星	角、亢	八月		
困敦	子	卯	大火	氐、房、心	九月	昭阳	癸
赤奋若	丑	寅	析木	尾、箕	十月		

【译文】

太阴在寅之时，它的岁名叫摄提格，它的对应雄星是岁星，岁星的位置在斗、牵牛二宿，在十一月早晨一起出现在东方，和它相对应的是东井、舆鬼二宿。

太阴在卯之时，它的岁名叫单阏，岁星运行的位置在须女、须、危三宿，在十二月早晨一起出现在东方，和它相对应的是柳、七星、张。

太阴在辰之时，它的岁名叫执徐，木星运行的位置在营室、东壁，在正月一起出现在东方，和它相对应的是翼、轸二宿。

太阴在巳之时，它的岁名叫大荒落，木星运行的位置在奎、娄，在二月一起出现在东方，角、亢二宿和它相对应。

太阴在午之时，它的岁名叫敦牂，岁星运行的位置在胃、昴、毕三宿，在二月一起出现在东方，氐、房、心三宿和它相对应。

太阴在未之时，它的岁名叫协洽，岁星运行的位置在觜嶲、参二宿，在四月一起出现在东方，尾、箕和它相对应。

太阴在申之时，它的岁名叫涒滩，岁星运行的位置在东井、舆鬼二宿，在五月一起出现在东方，斗、牵牛和它相对应。

太阴在酉之时，它的岁名叫作鄂，木星运行的位置在柳、七星、张三宿，在六月一起出现在东方，须女、虚、危和它相对。

太阴在戌之时，它的岁名叫阉茂，木星运行的位置在翼、轸，在七月一起出现在东方，营室、东壁和它相对。

太阴在亥之时，它的岁名叫大渊献，岁星的位置在角、亢，在八月一起出现在东方，奎、娄和它相对。

太阴在子之时，它的岁名叫困敦，岁星的位置在氐、房、心三宿，在九月一起出现在东方，胃、昴、毕和它相对。

太阴在丑之时，它的岁名叫赤奋若，岁星的位置在尾、箕，在十一月一起出现在南方，觜嶲、参和它相对应。

太阴在甲子，刑德合东方宫[①]，常徙所不胜[②]。合四岁而离[③]，离十六岁而复合[④]。所以离者，刑不得入中宫[⑤]，而徙于木。太阴所居曰德[⑥]，辰为刑。德，纲日自倍因[⑦]，柔日徙所不胜。刑，水辰之木，木辰之水[⑧]，金火立其处。凡徙诸神，朱鸟在太阴前一，钩陈在后三，玄武在前五，白虎在后六，虚星乘钩陈⑨，而天地袭矣⑩。

【注释】

①刑：杀气。德：旺气。合：聚合。宫：古代天空区域划分为五宫：即东宫、南宫、中宫、西宫、北宫。此亦载于《史记·天官书》。

②常：按照规律。不胜：不能制服。

③合四岁而离：即从东往西、从西往南、从南往北、从北往东，四岁而刑、德相合。

④"离十六岁"句：刑、德离合二十年一周期。

⑤入中宫："德"入东、西、南、北、中五宫，"刑"入东、南、西、北四宫。"刑"不入"土"（中宫），而可入"木"（东宫）。

⑥曰：钱塘《天文训补注》："日德"二字当作"日为德"。"曰"字误。

⑦纲日：古代阴阳家有阴阳相生相克的说法，择日行事。认为十日中有五刚、五柔，即五阴五阳。以天干中甲、丙、戊、庚、壬为刚日，也叫奇日；以乙、丁、己、辛、癸五日为柔日，也叫偶日。纲即刚，古通。自倍因：倍，疑通"培"。《广韵》灰韵："培，随也。"因，《吕览·君守》高诱注："因，顺也。"倍因，随顺。钱塘《天文训补注》：（申）[甲]在东，丙在南，戊在中，庚在西，壬在北，为自倍因。按，以钱氏所注，"德"于"纲日"可自行东、南、中、西、北宫，皆吉。

⑧"刑"三句：钱塘《天文训补注》子辰申，水也。卯未亥，木也。丑巳酉，金也。寅午戌，火也。按，分别代表水、北方、冬季；木、东方、春季；金、西方、秋季；火、南方、夏季。水辰之木，意为：刑杀之气进入北方、东方，会使冬季变为春季。木辰之水，意为：刑杀之气进入北方、西方，会使春天变为冬天。

⑨虚星：北方玄武七宿的第四宿，有星2颗。乘：凌驾。

⑩袭：和。

【译文】

太阴在甲子之岁，刑杀之气与旺气聚合在东方之宫，按照规律运行到它不能制服的各宫。从东方宫到北方宫，从西向南，从南向北，从北向东，刑、德聚合四年后便开始分离，分离十六年后又回到了原位。所以分离的原因，是刑杀之气不能进入中宫（土），而可以运行到东宫（木）。太阴所居留的地方太阳为德，月亮为刑。德，在刚日（即奇日）可自然运行各宫，在柔日（偶日）运行到不能制服的各宫。刑，刑杀之气运行到北方（水）、东方（木），会使冬季（水）变成春季（木），刑杀之气进入到北方（水）、西方（金），会使春天（木）变成冬天（水），而金（西方、秋天）、火（南方、夏天）则处于原位。太阴处在寅位，大凡各神的运行情况是，朱鸟在太阴前第一位，钩陈在太阴后第三位，玄武在太阴前第五位，白虎在太阴后第六位，虚星处在钩陈之上，这样天地就会出现平和的景象。

　　凡日，甲刚乙柔，丙刚丁柔，以至于癸。木生于亥，壮于卯，死于未，三辰皆木也。火生于寅，壮于午，死于戌，三辰皆火也。土生于午，壮于戌，死于寅，三辰皆土也。金生于巳，壮于酉，死于丑，三辰皆金也。水生于申，壮于子，死于辰，三辰皆水也[1]。故五胜生一[2]，壮五[3]，终九[4]，五九四十五，故神四十五日而一徙[5]。以三应五[6]，故八徙而岁终[7]。

【注释】

①"木生于亥"至"三辰皆水也"：五行、十二辰、十二月相配是这样的：

	木	火	土	金	水
生	亥 10	寅 1	午 5	巳 4	申 7
壮	卯 2	午 5	戌 9	酉 8	子 11
死	未 6	戌 9	寅 1	丑 12	辰 3

②五胜:五行相胜。即水胜火,火胜金,金胜木,木胜土,土胜水。

　生一:生于一个月。

③壮:壮健。

④终:终结。

⑤神:指北斗之神。

⑥三:指五行中每一行从生到死经过三辰。

⑦八徙:即 45×8＝360(日)。

【译文】

十个日干中,甲刚乙柔,丙刚丁柔,一直到癸柔。五行中的木生于十二辰中的亥,强壮在卯,死亡在未,亥、卯、未三辰都属于木。火生在寅,强壮在午,死亡在戌,寅、午、戌三辰都属于火。土从午产生,强壮在戌,死亡在寅,午、戌、寅三辰都属于土。金从巳产生,强壮在酉,死亡在丑,巳、酉、丑三辰都属于金。水从申产生,强壮在子,死亡在辰,三辰都属于水。所以五行相胜,每行产生在第一个月,强壮在第五个月,终结在第九个月,五行乘以九便是四十五,所以北斗之神斗柄移动分为四十五日一段(即三个节气)。五行中每行从生到死占据三个时节,因此斗柄运行八段(即 360 日)而一岁终结。

凡用太阴,左前刑,右背德,击钩陈之冲辰①,以战必胜,以攻必克。欲知天道,以日为主,六月当心②,左周而行③,分而为十二月,与日相当,天地重袭④,后必无殃。

【注释】

①击：攻击。冲辰：冲击之星。

②心：二十八宿之一，东方苍龙七宿的第五宿，有星三颗。主星叫商星，又叫鹑火、大火、大辰。

③左周而行：古人认为太阳绕地而行，黄道就是想象中太阳绕地的轨道。黄道和赤道相交的两点分别是春分和秋分，两"分"的中间，便是夏至、冬至。四季分出后，便可以分出十二个月来。

④重袭：和谐。袭，和。

【译文】

大凡用太阴来观察阴、阳变化，它的左面、前方是刑，它的右面、背面是德，在钩陈星冲击其他星辰之时，兴兵征伐必定取胜，用来攻取所战必克。要想知道天道的变化，要依据太阳为主，六月份时正对着心宿，向左绕地球而行（按，实际地球绕太阳而行），而分为十二个月，太阴同太阳运行相称，天地运行和谐时，以后必定没有祸殃。

星①，正月建营室，二月建奎、娄，三月建胃，四月建毕，五月建东井，六月建张，七月建翼，八月建亢，九月建房，十月建尾，十一月建牵牛，十二月建虚。

【注释】

①星：高诱注："星"宜言"日"。《明堂月令》孟春之月日在营室，仲春之月在奎、娄，季春之月在胃。此言"星正月建营室"，字之误也。

【译文】

太阳运行，正月处于二十八宿中营室的位置，二月处在奎、娄的位置，三月处在胃宿的位置，四月处在毕星的位置，五月处在东井的位置，六月处在张星的位置，七月处在翼星的位置，八月处在亢星的位置，九月份处在房星的位置,十月份处在尾星的位置,十一月份处在牵牛的位置,十二月处在虚星的位置。

星分度^①:角十二,亢九,氐十五,房五,心五,尾十八,箕十一四分一,斗二十六,牵牛八,须女十二,虚十,危十七,营室十六,东壁九,奎十六,娄十二,胃十四,卯十一,毕十六,觜巂二,参九,东井三十三,舆鬼四,柳十五,七星、张、翼各十八,轸十七。凡二十八宿也。

【注释】

①分度:即二十八宿与天球赤道的度数。东方苍龙七宿为 $75\frac{1}{4}$ 度,北方玄武七宿 98 度,西方白虎七宿 80 度,南方朱雀七宿 112 度,共 $365\frac{1}{4}$ 度。

【译文】

二十八宿与天球赤道的夹角可以分为不同的度数:角宿十二度,亢宿九度,氐十五度,房五度,心宿五度,尾宿十八度,箕星十一度四分之一,斗宿二十六度,牵牛八度,须女十二度,虚十度,危十七度,营室十六度,东壁九,奎十六度,娄十二度,胃宿十四度,昂宿十一度,毕宿十六度,觜巂二度,参宿九度,东井三十三度,舆鬼四度,柳宿十五度,七星、张宿、翼宿各十八度,轸星十七度。总共二十八宿 $365\frac{1}{4}$ 度。

星部地名^①:角、亢,郑;氐、房、心,宋;尾、箕,燕;斗、牵牛,越;须女,吴;虚、危,齐;营室、东壁,卫;奎、娄,鲁;胃、昂、毕,魏;觜巂、参,赵;东井、舆鬼,秦;柳、七星、张,周;翼、轸,楚。

【注释】

①星部地名：这是古代分野观。即把天空二十八宿与各国联系起来。这里沿袭的是先秦诸侯国之划分。

【译文】

二十八宿与中国境内各国对应关系是这样的：角、亢二宿对应郑国；氐、房、心三宿对应宋国；尾、箕二宿对应燕国；斗、牵牛二宿对应越国；须女对应吴国；虚、危二宿对应齐国；营室、东壁对应卫国；奎、娄二宿对应鲁国；胃、昴、毕三宿对应魏国；觜嶲、参对应赵国；东井、舆鬼对应秦国；柳、七星、张对应周国；翼、轸二宿对应楚国。

岁星之所居，五谷丰昌，其对为冲①，岁乃有殃。当居而不居②，越而之他处，主死国亡。

太阴治春，则欲行柔惠温凉③。太阴治夏，则欲布施宣明④。太阴治秋，则欲脩备缮兵。太阴治冬，则欲猛毅刚强。三岁而改节，六岁而易常，故三岁而一饥，六岁而一衰⑤，十二岁一康⑥。

【注释】

①冲：冲撞的星。

②当居而不居：指木星有盈缩的情况。居，停留。

③温凉：俞樾《诸子平议》云：当作"温良"。马宗霍《淮南旧注参正》谓作"谅"，有诚信义。

④宣明：宣布，明白。

⑤衰：《太平御览》卷十七《时序部》二引注作："衰，疫疾也。"指疾病。

⑥康：通"荒"，灾荒。

【译文】

岁星居留的时候，五谷丰收，和它相对的有星冲犯，这样的年岁便有祸殃。应当居留而没有居留，却行到了其他的地方，国君死去、国家灭亡。

太阴治理春天的时候，那么应该实行宽缓温和的政策。太阴治理夏天的时候，那么应施舍众人、宣明意旨。太阴治理秋天的时候，那么就要修缮完备兵器。太阴治理冬天的时候，那么就要实行刚强而严厉的措施。三年而改换一次节序，六年而改变一次常规，所以三年出现一次小的饥荒，六年出现一次疫病，十二年出现一次灾荒。

甲齐①，乙东夷②，丙楚，丁南夷③，戊魏，己韩，庚秦，辛西夷④，壬卫，癸越。子周，丑翟⑤，寅楚，卯郑，辰晋，巳卫，午秦，未宋，申齐，酉鲁，戌赵，亥燕。

【注释】

①甲齐：与下文的"乙东夷"等，都是用十天干和十二地支代表各诸侯国，古人用来占卜吉凶。亦载于《开元占经》《汉书·天文志》等。

②东夷：古代指东方少数民族。分布在今江苏、山东、安徽一带。

③南夷：古代指南方的少数民族。见于《诗·鲁颂·閟宫》《楚辞·涉江》。

④西夷：古代指西部地区的部族。

⑤翟(dí)：通"狄"，周代指西方、北方少数民族。

【译文】

甲代表齐国，乙代表东夷诸国，丙代表楚国，丁代表南夷各国，戊代表魏国，己代表韩国，庚代表秦国，辛代表西夷各国，壬代表卫国，癸代表越国。子代表周朝，丑代表翟国，寅代表楚国，卯代表郑国，辰代表晋国，巳代表卫国，午代表秦国，未代表宋国，申代表齐国，酉代表鲁国，戌代表赵国,亥代表燕国。

甲乙寅卯,木也;丙丁巳午,火也;戊己四季,土也;庚辛申酉,金也;壬癸亥子,水也①。水生木,木生火,火生土,土生金,金生水。子生母曰义②,母生子曰保,子母相得曰专,母胜子曰制,子胜母曰困。以胜击杀③,胜而无报;以专从事④,而有功⑤;以义行理,名立而不堕;以保畜养,万物蕃昌;以困举事,破灭死亡。

【注释】

①"甲乙"十句:用天干、地支表示五行。戊己,居于中央。四季,指季春、季夏、季秋、季冬。分别用辰、未、戌、丑代表。木(东,春)、火(南,夏)、土(中央,四季)、金(西,秋)、水(北,冬)。

②义:与下文的保、专、制、困灯,都是古代占卜之语。《抱朴子·登涉》云:《灵宝经》:所谓宝日者,谓支干上生下之日也;所谓义日者,支干下生上之日也;所谓制日也,支干上克下之日也;所谓伐日者,支干下克上之日也。可与此相参。

③以胜击杀:王念孙《读书杂志》王引之曰:当作"以制击杀"。击杀,攻击,杀伐。

④从事:处理事务。

⑤而有功:刘绩《补注》本"而"上有"专"字。当脱。

【译文】

干支中的甲乙寅卯,代表木;丙丁巳午,代表火;戊己、四季,代表土;庚辛申酉,代表金;壬癸亥子,代表水。水可以生木,木可以生火,火尽可以为土,土中可以生金,金中可以生水。干支中下生上叫义,上生下叫保,上下相称叫专,上克下叫制,下克上叫困。用制日攻取杀伐,可以取胜而不会得到报复；用专日来处理事务，用心专一而会成功；用义日来进行治理，名声建立而不会坠毁；用保日来畜养万物，就会繁衍昌盛；用困日来起事，就会失败而死亡。

北斗之神有雌雄①，十一月始建于子，月从一辰②，雄左行，雌右行③。五月合午谋刑④，十一月合子谋德⑤。太阴所居辰为厌日⑥，厌日不可以举百事。堪舆徐行⑦，雄以音知雌⑧，故为奇辰⑨。数从甲子始，子母相求⑩，所合之处为合。十日十二辰，周六十日，凡八合⑪。合于岁前则死亡，合于岁后则无殃。

【注释】

①雌雄："雌"指阴建，即厌日。与"阳建"反向而行。下文亦称"太阴"。"雄"指阳建，即北斗斗柄。自东向西向南左旋。

②从：王念孙《读书杂志》："从"当为"徙"，字之误也。

③"雄左行"二句：即"雄"神斗柄左旋，"雌"神斗柄右旋。

④午：指夏至。夏至阴生，故曰"谋刑"。

⑤子：指冬至。冬至阳生，故曰"谋德"。

⑥厌(yā)日："雌"神所居之日叫"厌"。《周礼·春官·占梦》贾公彦疏：建，谓斗柄所建，谓之阳建，故左还于天。厌，谓日前一次，谓之阴建，故右还于天。王念孙《读书杂志》认为："厌日"本无"日"字，因下句"厌日"而衍也。

⑦堪舆：指天道和地道。

⑧雄以音知雌：《文选·扬雄〈甘泉赋〉》李善注引《淮南子》云："堪舆行，雄以知雌。"知正文无"音"字。

⑨奇辰：指十二辰中的单数。

⑩子母:母为天干,子为地支。

⑪八合:钱塘《天文训补注》:"十一月,丙午为一合。二月,乙酉为二合。三月,甲戌为三合。四月,癸亥为四合。五月,壬子为五合。八月,辛卯为六合。九月,庚辰为七合。十月,丁巳为八合。"

八合之图

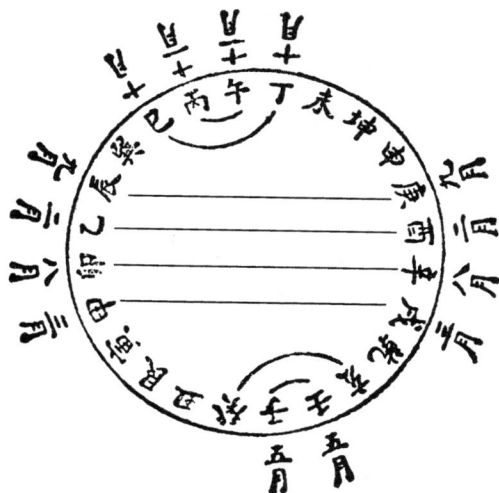

[清]钱塘《天文训补注》

【译文】

北斗之神有雌雄阴建(太阴)和斗柄,十一月斗柄指向子位,每月移动一辰,斗柄向左运转,阴建向右运行。五月份雌雄合于夏至"午"辰谋划施行刑杀,十一月雌雄合于冬至子位谋划施行恩德。太阴所居的日前那一辰叫厌日,厌日不能够做各样事情。雌雄和天地都在缓慢地运行,雄的斗柄凭借音声可以知道雌的太阴,所以叫奇辰。计数从甲子开始,天干(子)、地支(母)相配,所配合之处称为合。十干、十二辰,相配得到六十个周期,一年共有八合。干、支相配在太岁之前便预示死亡,相配在太岁之后便不会出现祸殃。

甲戌,燕也;乙酉,齐也;丙午,越也;丁巳,楚也;庚辰,秦也;辛卯,戎也;壬子,代也;癸亥,胡也。戊戌、己亥,韩也;己酉、己卯,魏也;戊午、戊子;八合天下也①。

【注释】

①“甲戌,燕也”各句:即八合所代表的诸侯国和地区,用于占卜。庚辰,北宋本原为“庚申”。钱塘《天文训补注》云:“申”当为“辰”,字之误也。按,此据钱注改正。戊午、戊子:钱塘《天文训补注》云:“脱二合。”

【译文】

干支相配,甲戌,代表燕;乙酉,代表齐;丙午,代表越;丁巳,代表楚;庚辰,代表秦;辛卯,代表戎;壬子,代表代;癸亥,代表胡;这是八次大会。戊戌、己亥,代表韩;己酉、己卯,代表魏;戊午、戊子;这是八次小会。这样大、小八次会合于天下。

太阴、小岁、星、日、辰①,五神皆合,其日有云气风雨,国君当之。天神之贵者,莫贵于青龙②,或曰天一,或曰太阴。太阴所居,不可背而可乡。北斗所击,不可与敌。

【注释】

①小岁:指北斗第五至第七颗星。即“斗杓为小岁”。辰:也叫“北辰”。指北极星。

②青龙:即太岁。

【译文】

太阴、斗杓、岁星、太阳、北极星,五神如果都能聚合,那一天将会出现云气和风雨,国君要能承当它。天神中最尊贵的,没有超过青龙的,有的叫天一，有的叫太阴。太阴所居留的时候，不可以背离而可以向着它。北斗所要打击的，不可以和它相敌对。

天地以设①，分而为阴阳。阳生于阴，阴生于阳，阴阳相错②，四维乃通，或死或[生]③，万物乃成。蚑行喙息，莫贵于人，孔窍肢体④，皆通于天。天有九重⑤，人亦有九窍⑥；天有四时以制十二月，人亦有四肢以使十二节⑦；天有十二月以制三百六十日，人亦有十二肢以使三百六十节。故举事而不顺天者，逆其生者也⑧。以日冬至，数来岁正月朔日⑨，五十日者民食足⑩；不满五十日，日减一升⑪；有余日，日益一升。有其岁司也⑫。

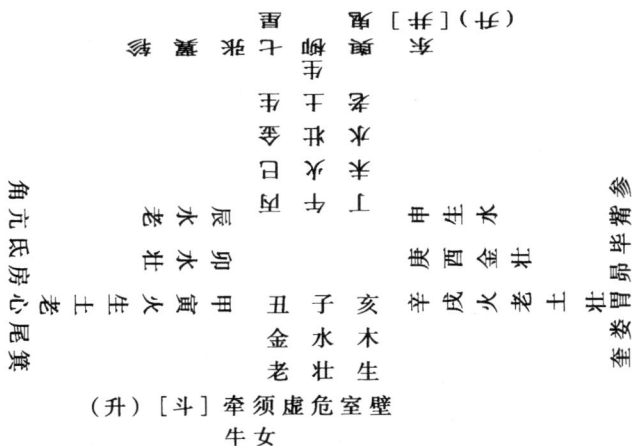

说明：

此图为《淮南子》中原图。钱塘《天文训补注》云："此明太阴在四仲四钩、岁星行三宿二宿并太岁所在图也。"岁星即木星，太阴为假想的与木星运行方向相反的星辰,无超辰现象。古人用以纪年。图中包括四方、四季、五行(生壮老转化)、十二地支(代表十二月)、二十八宿等内容。北宋本"水壮",《道藏本》作"水老";"生水"作"水生"。

【注释】

①设:设置。

②错:交错。

③或死或[生]:北宋本原无"生"字。《道藏》本、《四库全书》本下"或"字下有"生"字。据补。

④孔窍:指眼、耳、鼻、口等器官。

⑤有:北宋本原作"地"。刘绩《补注》本作"有"。据正。九重:即九野。扬雄《太玄》:九天:一为中天,二为羡天,三为从天,四为更天,五为晬天,六为廓天,七为咸天,八为沈天,九为成天。一说九层天。

⑥九窍:包括阳窍七:眼、耳、鼻、口。阴窍二:大、小便处。

⑦十二节:当指十二经脉。《春秋繁露·人副天数》中载:故小节三百六十六,副日数也。大节十二,分副月数也。

⑧逆:违背。

⑨朔(shuò)日:即阴历每月初一。

⑩"五十日"句:指冬至至正月初一的日数,是中数。多则为五十九日,少则有三十日。

⑪升:北宋本原作"十"。《道藏本》作"斗"。王念孙《读书杂志》云:《太平御览·时序部》十三、十四引作"升"。于大成《天文校释》:《北堂书钞》百五十三、《天中记》五引亦作"升"。据正。

⑫司:通"伺",伺望。

【译文】

天地设置以后,分离而成为阴阳。阳从阴中产生,阴从阳中产生,阴阳互相交错，四维才能通达，有的死、有的生，万物才能形成。用脚行走、用嘴呼吸的，没有比人更高贵的了，人的眼耳口鼻等器官和四肢，都和自然气息相通。天有九重，人也有九个孔洞；天有春、夏、秋、冬四季，以用来分制十二个月份，人也有四肢，用来贯通十二经脉；天有十二个月来分制三百六十日，人也有十二经脉，来掌握三百六十个经络。所以不按照自然规律行事，是违背生存法则的。从冬至日开始，计算到来年正月初一，如果正好是五十天，那么这一年中人民衣食便会充足；不满五十天的，每天的食粮可减少一升；超过五十天的，每天的食粮可增加一升。这些是由岁星运行来候望的。

摄提格之岁，岁早水，晚旱，稻疾，蚕不登，菽、麦昌，民食四升。寅。在甲曰阏蓬[①]。

单阏之岁，岁和，稻、菽、麦蚕昌，民食五升。卯。在乙曰旃蒙[②]。

执徐之岁，岁早旱，晚水，小饥，蚕闭，麦熟，民食三升。辰。在丙曰柔兆[③]。

大荒落之岁，岁有小兵，蚕小登，麦昌，菽疾，民食二升。巳。在丁曰强圉[④]。

敦牂之岁，岁大旱，蚕登，稻疾，菽、麦昌，禾不为，民食二升。午。在戊曰著雍[⑤]。

协洽之岁，岁有小兵，蚕登，稻昌，菽、麦不为，民食三升。未。在巳曰屠维[⑥]。

涒滩之岁，岁和，小雨行，蚕登，菽、麦昌，民食三升。申。在庚曰上章[⑦]。

作鄂之岁，岁有大兵，民疾，蚕不登，菽、麦不为，禾虫，民食五升。酉。在辛曰重光⑧。

掩茂之岁,岁小饥,有兵,蚕不登,麦不为,菽昌,民食七升。戌。在壬曰玄黓⑨。

大渊献之岁,岁有大兵,大饥,蚕开,菽、麦不为,禾虫,民食三升。

困敦之岁,岁大雾起,大水出,蚕、稻、麦昌,民食三升⑩。子。在癸曰昭阳⑪。

赤奋若之岁,岁有小兵,旱水,蚕不出,稻疾,菽不为,麦昌,民食一升。

【注释】

①阏(yān)蓬:十岁阳之一,主十一月。也作焉逢、阏逢。高诱注:言万物锋芒欲出,拥遏未通,故曰阏蓬也。

②旃(zhān)蒙:十岁阳之二,主十二月。也作端蒙。高诱注:言万物遏蒙甲而出也,故曰旃蒙。

③柔兆:十岁阳之三,主正月。也作游兆。高诱注:言万物皆生枝布叶,故曰柔兆也。

④强圉(yǔ):十岁阳之四,主二月。也作强梧。高诱注:言万物刚盛,故曰强圉也。

⑤著(chú)雍:十岁阳之五,主三月。也作祝犁、著雝。高诱注:言位在中央,万物繁养四方,故曰著雍也。

⑥屠维:十岁阳之六,主四月。也作徒维。高诱注:言万物各成其性,故曰屠维。屠,别;维,离也。

⑦上章:十岁阳之七,主五月。也作商横。高诱注:言阴气上升,万物毕生,故曰上章也。

⑧重(chóng)光:十岁阳之八,主六月。高诱注:言万物就成熟,(成)

其煌煌,故曰重光也。

⑨玄黓(yì):十岁阳之九,主七月。也作横艾。高诱注:言岁终,包任万物,故曰玄黓也。

⑩升:北宋本原作"斗"。刘绩《补注》本:"斗,本或作升。"王念孙《读书杂志》云:"斗"当为"升"。《开元占经》引此,正作"民食三升"。据正。

⑪昭阳:十岁阳之十,主九月。高诱注:阳气始萌,万物合生,故曰昭阳。

【译文】

岁阴摄提随斗柄指寅之岁,这一年中雨季来得早,秋季出现旱灾,稻子生病,蚕不能生成,豆类、麦类繁茂,人民可食四升。处于十二辰寅位。在十干甲之时叫作阏蓬。

指向卯辰叫单阏之岁,这一年天气平和,稻谷、豆类、蚕业兴盛,人民可食五升。处于十二辰的卯位。在十干乙位时叫旃蒙。

指向辰叫执徐之岁,这一年旱情来得早,秋季出现大水,有小的饥荒,蚕早封茧,麦子能够成熟,人民可食三升。处于十二辰之辰位。在丙位之时叫做柔兆。

指向巳叫大荒落之岁,这一年有小的战争发生,蚕业小收成,麦子收成好,豆类病害严重,人民可食二升。处于十二辰巳位。在丁位之时叫强圉。

指向午叫敦牂之岁,这一年有大旱灾,蚕业丰收,稻子收成差,菽、麦类丰收,禾苗不能长穗,人民可食二升。处于十二辰的午位。在戊位叫著雍。

指向未叫协洽之岁,这一年中有小规模的战争,蚕业收成好,水稻旺盛,豆类、麦子不能成熟,人民可食三升。处于十二辰之未位。在己位叫屠维。

指向申位叫涒滩之岁,这一年中天气平和,小雨降落,蚕业收成好,豆类、麦类昌盛,民可食三升。处于十二辰之申位。在亥位叫上章。

指向酉位叫作鄂之岁,这一年里有大的战争,百姓疾病流行,蚕不能结茧,豆类、麦类不能成熟,谷类虫害严害,人民可食五升。处于十二辰之酉位。在辛位叫重光。

指向戌位叫掩茂之岁,这一年中有小饥荒,有战争发生,蚕不能结茧,麦子不能成熟,豆类旺盛。人民可食七升。处于十二辰之戌位。在壬位叫玄默。

指向亥位叫大渊献之岁,这一年中有大的战争,出现大饥荒,蚕茧张开,豆类、麦类不能成熟,禾苗虫灾严重,人民可食三升。

指向子位叫困敦之岁,这一年中有大雾出现,发大水,蚕业、稻子、麦类昌盛,人民可食三升。处在十二辰之子位。在癸位叫昭阳。

指向丑位叫赤奋若之岁,这一年中有小的战争,早发大水,蚕不能孵出,稻子病害严重,豆类不能成熟,麦类兴旺,人民可食一升。

正朝夕①:先树一表东方②,操一表却去前表十步③,以参望④,日始出北廉,日直入⑤。又树一表于东方⑥,因西方之表以参望⑦。日方入北廉,则定东方⑧。两表之中⑨,与西方之表,则东西之正也。日冬至,日出东南维,入西南维;至春、秋分,日出东中,入西中;夏至,出东北维,入西北维。至则正南⑩。

【注释】

①正:校定。此用日出、日入之影来确定东西之方向。

②表:古代天文仪器。汉代一般为八尺。

③操:执掌。

④参:参照、配合。

⑤"日始出"二句:钱塘《天文训补注》:日东表北廉,则景入西表南廉。廉,侧边。

⑥"又树"句:此表在东方表东南,用来正朝。

⑦因:用。

⑧"日方入"二句:钱塘《天文训补注》:日入西表北廉,则景入东南表南廉,定东方。

⑨两表:即东方表与南方表。中:中点。

⑩至则正南:疑有脱文。不可解。

正朝夕图

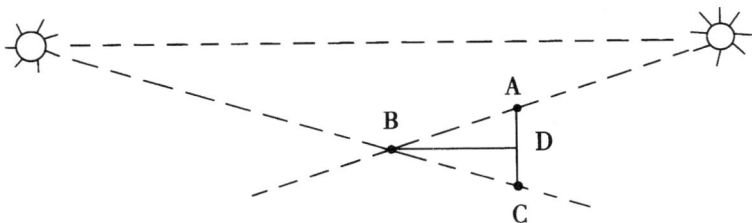

说明:

A是第一表,即东表;B是西表,C是第三表。立C表要在A表的正南或正北的方位上,才能使AC连线的中点D与B的连线BD,成为△ABC的角平分线。根据三角形外角平分线平行于对边的原理,BD线与朝夕太阳的连线平。朝夕太阳的连线基本是正东正西的。

但是,文中只说"又树一表于东方"(即C表),没有说明与第一表A的方位关系。而AC的中点D与B的连线,只有△ABC的中线,未必平分∠ABC。那么BD就不能保证平行于朝夕的太阳连线。也就是说,这个BD线段并非准确的东西方标准线。

(以下六表及说明,参照北京师范大学周桂钿先生《淮南子·天文篇初探》一文之打印稿。《淮南子译注》,吉林文史出版社,1990年版引。）

【译文】

校定东西即朝夕的方位：可以先立一个圭表在东方，并在离开前表十步的地方再立一个圭表，用来互相参照观察太阳的影子，太阳开始从圭表北侧出现，太阳的影子直接照射到西南表边。又树立一表在前表的东南方，用西方所立之表与它相参照。这时太阳从西表北边直接射到东南表的南边，那么便可以确定东方的准确方位。取东方表与南方表的中点，和西方之表连接，那么便是东西的准确方位。冬至的时候，太阳出自东南维，落到西南维；到春分、秋分的时候，太阳出自东方的中点，落到西方的中点；夏至的时候，太阳出现在东北维，落到西北维。

欲知东西、南北广袤之数者①，立四表，以为方一里岠②。先春分、若秋分十余日③，从岠北表参望日始出及旦，以候相应④。相应，则此与日直也。辄以南表参望之⑤，以入前表数为法，除举广⑥，除立表袤⑦，以知从此东西之数也。

假使视日出，入前表中一寸，是寸得一里也。一里积万八千寸，得从此东万八千里。视日方入，入前表半寸，则半寸得一里。半寸而除一里，积寸得三万六千里。除⑧，则从此西里数也。并之东西里数也，则极径也⑨。

【注释】

①广袤（mào）：东西为广，南北为袤。

②方：正方。岠（jù）：通"矩"，正方形。

③若：或者。

④候：等待。

⑤辄:就。

⑥除举广:钱塘《天文训补注》:以小勾除小股,知有几倍也。按,CE
　为小勾,CD为小股。

⑦除立表袤(mào):钱塘注:以小勾除大勾,知有几倍也。按,AD
　为大勾,DF为大股。

⑧除:疑衍。

⑨极:指东、西两极。

东西距离测量图

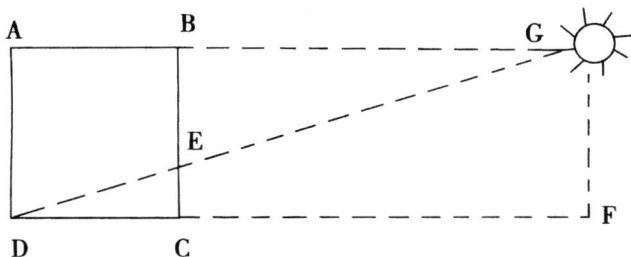

说明:

立四表形成边长一里的正方形,北两表在正东西方向上。从春分
或秋分期间,离二分十多天的日子里,从北两表参望初升之日,当两表
与日共处于一条直线上时,从南两表参望它,看这时日与西南表的连线
离东南表多远,再以此法去除立表的长宽乘积,就可以知道东西的距
离了。

设四个表为 A、B、C、D,太阳为 G。AB＝BC＝CD＝AD＝1 里。从
西南 D 表参望时,DG 经过 BC 线上的 E 点,那么就可以进入计算了。
具体算法是:

$$\frac{CE}{FG}=\frac{CD}{DF}$$

AG＝DF

CD＝AB＝FG＝1 里

$$\frac{CE}{CD}=\frac{AB}{AG}$$

$$AG=\frac{AB\times CD}{CE}=\frac{1\times 1}{CE}$$

假设,CE=1 寸 $=\dfrac{1}{18\ 000}$ 里

那么,AG=18 000 里

如果,CE=0.5 寸 $=\dfrac{1}{36\ 000}$ 里

那么,AG=36 000 里。

古人认为太阳是从大地的东极出来,所以早晨测算出的太阳的远近,就是从观测地到地的东极的距离。用同样的方法,观测日落时的远近,便是观测地到西极的距离。从观测地到东极、西极的距离之和,就是东极和西极的距离,也就是大地东西的长度。

【译文】

要想知道东西、南北广袤的长度,可以树立四个圭表,把它们排列为正方各一里的矩形。在春分或者秋分之前的十多天,从矩形北表的边缘参照观察太阳开始出来到旦明时分,用来等待相应的时候。如果相对应,那么这便和太阳在同一直线上。并用南表来观察太阳,把进入前表的数字作为准则,用小勾除小股,以小勾除大勾,从而得出东西长度的数字。

假如看到日出,进入前表中是一寸的距离,这样一寸便是一里。一里的长度是一万八千寸,能够从此知道东方的长度是一万八千里。观测太阳的落下,如果射入前表中半寸,那么半寸便是一里。用半寸除一里,积得万八千寸就是三万六千里。那么这便是从此往西的里数。把东西的里数合并起来,就是东西两极的直径距离。

未春分而直[①],已秋分而不直,此处南也。未秋分而直,

已春分而不直,此处北也。分、至而直,此处南北中也。从中处欲知中南也,未秋分而不直,此处南北中也。从中处欲知南北极远近,从西南表参望日,日夏至始出,与北表参,则是东与东北表等也。正东万八千里,则从中北亦万八千里也。倍之,南北之里数也。其不从中之数也,以出入前表之数益损之。表入一寸,寸减日近一里②。表出一寸,寸益远一里。

【注释】

①"未春分"段:本则为测量南北极的内容。

②日:疑衍。

南北极测量图

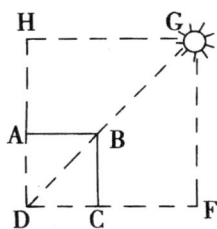 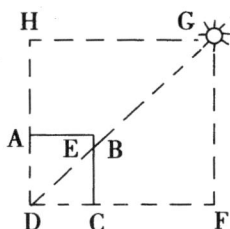 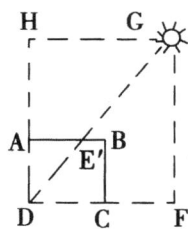

图1　　　　　　　图2　　　　　　　图3

说明:

要知道大地南北的距离,也是要树立 A、B、C、D 四表,组成正方形。AD 和 BC 是南北方向,AB 和 CD 是东西方向。在夏至那一天,从西南标杆 D 向东北方向眺望日出,如果日出正好在东北表 B 处,也就是说,D 和 B,与太阳处于一条直线上,如图1中所示,那么,这就说明,从观测地到北极和东极的距离是相等的,即 DH＝GF。如果离东极一万八千里,那么离北极也是一万八千里。加倍便是南北极的距离,而观测地就是大地的中心了。这是特殊的情况。

　　一般情况是，从 D 观测夏至日出时，太阳不刚好在 B 点上，或者往南一点，或者往北一点。假设观测到 B 点往南一寸的 E 点，那么 BE＝1 寸（图 2）。按照一里一寸的比例，那么北极就比东极离观测地近一里。

　　同样道理，如果从 D 点观测太阳时，视线经过 B 点北边一寸远的 E′处（图 3），即 BE′＝1 寸，那么北极离观测地就要比东极远一里。

【译文】

　　没有到春分而日影直，已经到了秋分而日影不直，这时太阳正处在南面。未到秋分而日影直，已经到春分而日影不直，这时太阳正处在北面。到了春分、秋分而影子正直，这时太阳正处于南北方向的正中点。从中点处要知道南面的位置，未到秋分而影子不直，这时太阳正处于南北方向的正中点。从中点要想知道南北极的远近，可以从西南表参照观察太阳，夏至时日出东北维，和北表参互，那么东方和东北方的表距离相等。正东方是一万八千里，那么从中点至北也是一万八千里。增加一倍，就是南北极三万六千里的距离。如果不用中间的数字测定，可以用太阳出入前表的数字增加或减少。日影在表中减少一寸，一寸就应减去一里。表中超出一寸，一寸就应该增加一里。

　　欲知天之高，树表高一丈，正南北相去千里，同日度其阴，北表二尺，南表尺九寸，是南千里阴短寸，南二万里则无景，是直日下也。阴二尺而得高一丈者，南一而高五也，则置从此南至日下里数，因而五之，为十万里，则天高也。若使景与表等，则高与远等也[①]。

【注释】

　　①“欲知天之高”段：这是测量天高的方法。

测量天高图

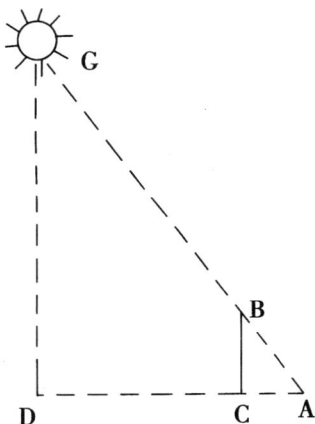

说明：

文中说立一丈高的表，来观测日影。南北相距千里，同一天观测日影，如果北边的表影为二尺，南边的表影为一尺九寸，那就是说往南地隔千里，影长短一寸。往南两万里，二尺的影子就完全消失了，就到了日的正下方。

如图 BC 是一丈高的表，AC 是表北的影子二尺长。D 是日的正下方地。AD 是观测地到日下的距离二万里。在△ADG 和△ABC 两个相似三角形中，

$$\because \frac{GD}{AD}=\frac{BC}{AC}=\frac{10}{2}=5(尺)$$

AD＝2 万里

$$\therefore GD＝2 万里×5＝10 万里$$

这就是天的高度。

【译文】

要想知道天的高度，可以立一丈高的表测量表影，在正南北相距千里的地方，在同一个时刻测量它们的影长，北面表影长二尺，南面表影

长一尺九寸,这样往南千里的影长便减少一寸,向南二万里就没有日影了,那么此地正处于太阳直射之下。影长二尺而要一丈高的圭表,所以南表的影长与表高的比例是 1∶5,那么从放置南表到日下无影的里数计二万里,于是乘以五,得到十万里,这就是天的高度。如果使日影和圭表比例相等,那么天高和北表至日下的距离相等。

第四卷　地形训

【题解】

　　本篇是继《尚书·禹贡》和《山海经》之后，研究古代地理学的重要文献，也是黄老道家自然天道观的有机组成部分。

　　文中首先研究了自然地理。大地可以分八殥、八纮、八极，组成"大九州"。认为地球东西短，南北长，并规定了东西为纬、南北为经的测量方法。文中记载了我国境内的九山、九塞、九薮以及四十余条水道，组成了一幅比较完整的中国古代地形图。经济地理方面，研究了矿产、农作物、稀有物产等。同时对土、气、矿物的形成与转化进行了探讨。人文地理中，记载四方不同的人种、种族及海外三十六国。神话地理中，对崇高而壮美的昆仑山系进行了描绘。特别重要的是，根据五类动物即人类、鸟类、毛类、鱼类、龟类及三类植物的生成、演化规律，提出了生物进化模式。动物和人类都来源于共同祖先"湿玄"。这种生物进化论，具有重要的科学价值。

　　陶方琦《淮南许注异同诂》：(此)"乃高注本也。"

　　地形之所载[①]，六合之间[②]，四极之内[③]，昭之以日月[④]，经之以星辰[⑤]，纪之以四时[⑥]，要之以太岁[⑦]。天地之间，九州八极[⑧]。土有九山，山有九塞，泽有九薮[⑨]，风有八等[⑩]，水有六品[⑪]。

【注释】

①地形:《山海经·海外南经》云:"地之所载,六合之间,四海之
　　内。"疑衍"形"字。

②六合:即天地四方。

③四极:四方极远之处。

④昭:照耀。刘绩《补注》本作"照"。古昭、照通。

⑤经:治理。

⑥纪:管理。

⑦要:正。

⑧九州:《尔雅·释地》作"冀、豫、雍、荆、扬、兖、徐、幽、营"。《地形
　　训》中指"大九州"。八极:指八方极远之处。

⑨薮(sǒu):湖泽。

⑩等:等级。

⑪品:品类。按,"天地"至"六品"七句,出自《吕览·有始》。此
　　"品"彼作"川"。

【译文】

　　大地所负载的,包括有天地四方之间;东南西北极远范围之内,用
日月照耀它,用星辰协调它,用春、夏、秋、冬来管理它,用太岁来正天
时。天地之间,有九州、八极。土地上有九座大山,大山中有九个要塞,
大泽也有九个,风向有八个方位,水有六个品类。

　　何谓九州①? 东南神州曰农土②,正南次州曰沃土③,西
南戎州曰滔土④,正西弇州曰并土⑤,正中冀州曰中土⑥,西
北台州曰肥土⑦,正北济州曰成土⑧,东北薄州曰隐土⑨,正
东阳州曰申土⑩。

【注释】

①九州：指"大九州"，其学说为战国邹衍所创。《史记·孟子荀卿列传》：以为儒者所谓中国者，于天下乃八十一分居其一分耳。中国外如赤县神州者九，乃所谓九州也。

②神州：指东南方地域。农土：后稷所管理，方位为辰，时值三月，农事开始，称为农土。

③次州：指正南方地域。沃土：方位为午，时值五月，稼穑生长，故称沃土。沃，繁盛。

④戎州：指西南方地域。滔土：方位为申，时值七月，五谷长大，故称滔土。滔，大。

⑤弇（yǎn）州：指正西方区域。并土：方位为酉，时值八月，百谷成熟，故称并土。并，成。

⑥冀州：指中央区域。古以中国为冀州。中土：四方之中，故称中土。

⑦台州：指西北方区域。肥土：方位为亥，时值十月。谷物丰收，故曰肥土。

⑧济州：指北方区域。成土：方位为子，时值十一月。大地敛藏已成，故称成土。

⑨薄州：指东北方区域。隐土：方位为寅，时值正月。阳气隐藏，故曰隐土。

⑩阳州：指正东方区域。申土：方位为卯，时值二月。阳气复起，故曰申土。

【译文】

什么是九州？东南神州叫做农土，正南次州叫做沃土，西南戎州叫做滔土，正西弇州叫做并土，正中冀州叫做中土，西北台州叫做肥土，北正济州叫做成土，东北薄州叫做隐土，正东阳州叫申土。

何谓九山？会稽、泰山、王屋、首山、太华、岐山、太行、羊肠、孟门①。

【注释】

①会(kuài)稽：会稽山，在今浙江绍兴东南。泰山：在今山东泰安境内，为五岳之首。王屋：在今山西阳城、垣曲、河南济源三县之间，其山三重，状如屋。首山：指今山西永济南的首阳山。伯夷、叔齐所隐居的地方。太华：西岳华山，远望如华，故名，因其西有少华山，故又称太华山。在今陕西华阴南。岐(qí)山：在今陕西岐山东北。周朝发祥地。太行：绵延山西、河北、河南三省的山脉。又称五行之山。羊肠：高诱注指太原晋阳西北九十里，通河西、上郡，关曰羊肠坂。一指今山西交城东的羊肠山。孟门：在今陕西宜川东北、山西吉县西，绵延黄河两岸。以上九山，并见《吕览·有始》。

【译文】

什么是九山？指的是会稽、泰山、王屋、首山、太华、岐山、太行、羊肠、孟门等大山。

何谓九塞？曰：大汾、渑阨、荆阮、方城、崤阪、井陉、令疵、句注、居庸①。

【注释】

①大(tài)汾：指山西太岳山与汾河结合处的险要地区。渑阨(miǎn è)：在今河南渑池西，为古代扼守崤山、函谷关的门户。荆阮：在今湖北武当山东南、汉水西岸。方城：战国时楚长城，北从河南方城北，向西循伏牛山，折向循白河、湍河间分水岭，

至今邓州东北。崤阪（xiáo bǎn）：指今陕西潼关以东至河南新安一带。崤，崤山。井陉（xíng）：太行支脉。因其四面高，中央低，形似井，故名。在今河北井陉境内。令疵（cī）：在今河北滦城、迁安之间，同辽西相接。句（gōu）注：按，在今山西代县北。因山势勾转，水势流注而得名。居庸：在今北京昌平西北军都山上。以上九塞并见于《吕览·有始》。

【译文】

什么是九塞？指的是太汾、渑阨、荆阮、方城、崤阪、井陉、令疵、句注、居庸。

何谓九薮①？曰：越之具区②，楚之云梦③，秦之阳纡④，晋之大陆⑤，郑之圃田⑥，宋之孟诸⑦，齐之海隅⑧，赵之巨鹿⑨，燕之昭余⑩。

【注释】

①薮（sǒu）：湖泽。

②具区：即今江苏太湖。

③云梦：西汉时云梦在湖北潜江西南、监利以北，处在长江以北。

④阳纡（yū）：在今陕西泾阳。一说在今陕西凤翔附近。

⑤大陆：分歧颇多。一说在今河南获嘉西北。

⑥圃田：故址在今河南中牟西，已淤为平地。

⑦孟诸：又名孟猪、望诸、明都、盟猪、盟诸。故址在今商丘东北、虞城西北。已堙。

⑧海隅：指今山东蓬莱、莱州以西，历寿光、广饶至沾化、无棣以北，延袤千余里的沿海地区。

⑨巨鹿：即指今河北隆尧、巨鹿、任县之间一带地区。现淤为平地。

⑩昭余：在今山西祁县西南、介休东北。以上九薮亦见于《吕览·

有始》。

【译文】

什么叫九薮？指的是越国的具区，楚国的云梦，秦国的阳纡，晋国的大陆，郑国的圃田，宋国的孟诸，齐国的海隅，赵国的巨鹿，燕国的昭余。

何谓八风①？东北曰炎风②，东方曰条风③，东南曰景风④，南方曰巨风⑤，西南曰凉风⑥，西方曰飂风⑦，西北曰丽风⑧，北方曰寒风⑨。

【注释】

①八风：八方之风。"八风"是古代研究八方、四季风向、气候等的重要资料。

②炎风：又叫融风。即立春时从东北方向吹来的风。

③方：北宋本原作"玄"。于大成《地形校释》：《广博物志》引作"方"，《吕览·有始》同。据正。条风：又叫明庶风。指春分时从东方吹来的暖风。

④景风：又叫清明风。立夏时从东南方吹来的热风。

⑤巨风：又叫凯风。夏至时从南方吹来的炎热之风。

⑥凉风：立秋时从西南方吹来的凉爽之风。

⑦飂(liú)风：秋分时从西方吹来的凉风。

⑧丽风：又叫阊阖风。立冬时从西北方吹来的寒风。

⑨寒风：又叫广莫风。冬至时从北方吹来的寒风。

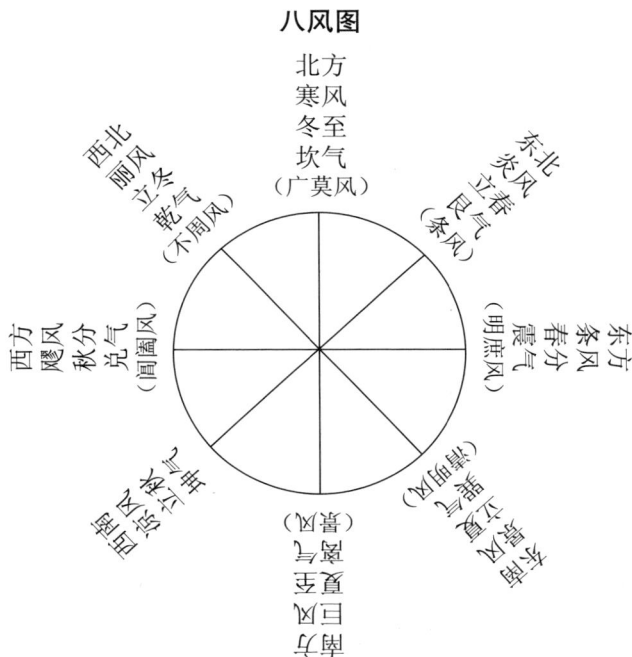

八风图

北方
寒风
冬至
坎气
（广莫风）

东北
炎风
立春
艮气
（条风）

西北
丽风
立冬
乾气
（不周风）

东方
条风
春分
震气
（明庶风）

西方
飚风
秋分
兑气
（阊阖风）

立夏
巽气
（清明风）

立秋
坤气
（凉风）

南方
巨风
夏至
离气
（景风）

（括号中为《天文训》之记载）

【译文】

什么叫八风？东北方吹来的叫炎风，东方吹来的叫条风，东南方吹来的叫景风，南方吹来的叫巨风，西南方吹来的叫凉风，西方吹来的叫飚风，西北方吹来的叫丽风，北方吹来的叫寒风。

何谓六水？曰：河水、赤水、辽水、黑水、江水、淮水[①]。

【注释】

①河水：高诱注：河水出昆仑东北陬。按，黄河发源于青海巴颜喀拉山，与高注相合。赤水：高诱认为发源于昆仑山东南。大约在

今青海湖一带。此地有赤水县古城。一说即今雅砻江。分歧颇多。辽水：指流经吉林、辽宁的辽河，源出塞外。黑水：高诱注：在邕州。按，"黑水"之方位说法颇多。当指甘肃、青海及内蒙古黑河流域。江水：高诱注：江水出岷山，在蜀西徼（jiào）外。高氏认为岷山为江水源头。其说不确。长江源于青海境内沱沱河，下游称通天河、金沙江，入长江。淮水：淮水源于河南桐柏山。以上六水亦见于《吕览·有始》。

【译文】

什么是六水？指的是黄河、赤水、辽水、黑水、江水、淮水。

阖四海之内①，东西二万八千里，南北二万六千里②；水道八千里，通谷六③，名川六百；陆径三千里④。禹乃使太章步自东极⑤，至于西极⑥，二亿三万三千五百里七十五步；使竖亥步自北极，至于南极⑦，二亿三万三千五百里七十五步。凡鸿水渊薮，自三百仞以上，二亿三万三千五百五十里有九渊⑧。禹乃以息土填洪水以为名山⑨。掘昆仑虚以下地⑩。中有增城九重⑪，其高万一千里百一十四步二尺六寸。上有木禾⑫，其脩五寻⑬。珠树、玉树、琁树、不死树在其西⑭，沙棠、琅玕在其东⑮，绛树在其南⑯，碧树、瑶树在其北⑰。旁有四百四十门⑱，门间四里，里间九纯⑲，纯丈五尺。旁有九井⑳，玉横维其西北之隅㉑。北门开以内不周之风。倾宫、旋室、县圃、凉风、樊桐㉒，在昆仑阊阖之中㉓，是其疏圃㉔。疏圃之池，浸之黄水，黄水三周复其原㉕，是谓丹水㉖，饮之不死。

【注释】

①阖(hé)：全，合。

②"东西"二句：高诱注：子午为经，卯酉为纬，言经短纬长也。指大地东西长、南北短，略呈椭圆形。

③通谷：指大的山谷。六：北宋本原作"其"。《吕览·有始》作"六"。据正。

④陆径：《吕览·有始》作"陆注"，指内陆河。三千里：《吕览·有始》无"里"字。

⑤太章：与下文的"竖亥"，同为禹臣，为推算天象之人。步：推算。本文指推算天地四极之距离。此为盖天说之观点。

⑥西极：刘昭《后汉书·郡国志》注引《山海经》作"西垂"。

⑦南极：刘昭《后汉书·郡国志》注引《山海经》作"南垂"。

⑧"自三百"二句：王念孙《读书杂志》云：三百衍之"百"，五十里之"里"，九渊之"渊"，皆衍文。此言鸿水渊薮，自三衍以上者，共有二亿三万三千五百五十九也。

⑨息土：能变化增多的土。名山：大山。

⑩掘：平。虚：大山。

⑪中：指虚中。增城：高诱注说有五城十二楼。增，通"层"，重叠。

⑫木禾：山上生长的谷类植物。

⑬五寻：高诱注：长三十五尺。许慎《说文》："寻，八尺也。"两说异。

⑭琁(xuán)树：美玉之树。

⑮沙棠、琅玕(láng gān)：玉名。一说：沙棠，木名。

⑯绛树：赤色玉树。

⑰碧树：青色玉树。

⑱门：指山口。

⑲纯：长度名称。一丈五尺。

⑳九井：即九大泉水。井，泉。一说即九大瀑布。

㉑玉横：高诱注指承受不死之药的玉器。依《山海经·海内西经》，"横"为"槛"字之讹。玉槛即玉制井栏。

㉒倾宫：满一顷之宫。倾，通"顷"。旋室：以璇玉所饰之室。一说可旋转之室。县圃、凉风、樊桐：皆为昆仑之山名。

㉓阊阖（chāng hé）：昆仑山之虚门。《说文》："楚人名门曰阊阖。"

㉔疏圃：疑即传说中的瑶池。

㉕原：本。

㉖丹水：赤色的水。源出昆仑，饮之不死。王念孙《读书杂志》云当作"白水"。《楚辞·离骚》王逸注、《太平御览》卷五十八《地部》二十三引作"白水"。

【译文】

　　合计四海之内，东西纬长二万八千里，南北经长二万六千里；水道的流长八千里，大的山谷有六个，大的河流有六百条；内陆河有三千条。禹派太章测量东极，一直到西极，是二亿三万三千五百里七十五步。派竖亥测量北极，一直到南极，是二亿三万三千五百里七十五步。总计大的深潭、湖泽，从三仞往上的，是二亿三万三千五百五十九个。禹使用神奇的息土填平深潭而成为大山。掘去昆仑山峰来填平洼地。昆仑山中有层叠的城池九重，城的高度是一万一千里一百一十四步二尺六寸。山上生有木禾，它的长度是三十五尺。珠树、玉树、琁树、不死树在木禾的西面，沙棠、琅玕在它的东面，绛树在它的南面，碧树、瑶树在它的北面。昆仑四旁有四百四十座入山门户，每门相距为四里，每门九纯长，一纯是一丈五尺。四旁有九大泉水，承受不死药之器挂在西北角。昆仑山北门张开以接纳西北方的不周之风。倾宫、旋室、县圃、凉风、樊桐，在昆仑山虚门之中，这里有天池。天池之水，源源渗进的是黄泉之水，黄泉之水绕行三周又回到它的源头，这就是所说的丹水，饮用它可以长生不老。

　　河水出昆仑东北陬①，贯渤海②，入禹所导积石山③。赤水出其东南陬，西南注南海④。丹泽之东⑤，赤水之东⑥，弱水出自穷石⑦，至于合黎⑧，余波入于流沙。绝流沙⑨，南至南海。洋水出其西北陬⑩，入于南海羽民之南⑪。凡四水者，帝之神泉，以和百药，以润万物。

【注释】

①陬（zōu）：角落、山脚。

②渤（bó）海：大海。疑指青海之鄂陵湖及扎陵湖。依《山海经·海外北经》郭璞注：河水注入盐泽，即今新疆罗布泊。与方位不合。

③积石山：位于今青海东南部的大山，延伸至甘肃南部边境。今称阿尼玛卿山。黄河绕流东南侧。

④南海：具体方位不明。

⑤丹泽：因近丹水，故称丹泽。

⑥赤水之东：王念孙《读书杂志》王引之认为四字为妄加。

⑦弱水：依许慎《说文》，溺水自张掖删丹西至酒泉合黎，余波入于流沙。按，当在今甘肃西北部，今名额纳济河。穷石：山名。在张掖北部塞外。

⑧合黎：山名，在甘肃张掖黑河北。

⑨绝：横穿。

⑩洋水：依高诱注，洋水经陇西氐道，东至武都为汉阳。洋，或作"养"。按，陇西氐道，即今甘肃临洮以南。武都，今甘肃西和以南。洋水，即今西汉水。它与今汉水不相通，有人认为是地震使河改道所致。

⑪羽民：传说中的南方国名。三十六国中有其名。以上昆仑四水，本于《山海经·海内西经》。

【译文】

黄河源出昆仑山的东北角，流进大海，进入禹所开通的积石山。赤水出自昆仑山东南角，向西南方向进入南海。丹泽的东面，弱水出自穷石山,到了合黎,弱水余波流进沙漠。横穿流沙,向南到达南海。洋水出自昆仑西北角,流进南海羽民国的南部。这四条大水,是天帝的神泉,用来调和各种药物,滋润万物。

　　昆仑之丘,或上倍之①,是谓凉风之山,登之而不死;或上倍之,是谓悬圃,登之乃灵,能使风雨;或上倍之,乃维上天,登之乃神,是谓太帝之居②。

【注释】

①或:假令。倍:高诱注:假令高万里,倍之二万里。按,倍,疑通"凭",登临义。

②太帝:天帝。

【译文】

　　昆仑山上的大丘,假令比它再高一倍,它叫做凉风之山,登上它可以长生不老;再往上比它高一倍,它叫做悬圃之山,登上它便有了神灵,能够呼风唤雨;再往上比它高一倍,便同上天相联系,登上它便可以成为神人,这就是所说的天帝的居室。

　　扶木在阳州①,日之所聘②。建木在都广③,众帝所自上下,日中无景,呼而无向④,盖天地之中也。若木在建木西⑤,末有十日⑥,其华照下地⑦。

【注释】

①扶木:东方神木名,即扶桑。日所出之地。

②聘:形误。当为"暐(fēi)",照耀义。

③建木:南方神木名。都广:南方山名。《文选·张衡〈思玄赋〉》注

引《淮南子》作"广都"。

④向：通"响"，回声。

⑤若木：西方神木名。

⑥十日：十个太阳。其记载并见于《庄子·齐物论》、《楚辞·天问》、《山海经·海外东经》、《淮南子·本经训》、马王堆汉墓帛画等。

⑦华：光辉。

【译文】

扶木在东方的阳州，是太阳升起的地方。建木在南方的都广之山，是许多天神上下的地方，日中时没有影子，呼唤时没有回音，大概是天地的正中央。若木在建木的西边，它的末端挂有十个太阳，它的光辉照耀着大地。

九州之大，纯方千里①。九州之外，乃有八殥②，亦方千里。自东北方曰大泽③，曰无通④；东方曰大渚⑤，曰少海⑥；东南方曰具区，曰元泽⑦；南方曰大梦⑧，曰浩泽⑨；西南方曰渚资，曰丹泽⑩；西方曰九区，曰泉泽；西北方曰大夏，曰海泽；北方曰大冥，曰寒泽⑪。凡八殥。八泽之云，是雨九州。

【注释】

①纯：指边缘。

②殥：通"埏（yán）"，远。

③大泽：湖泽名。

④无通：湖泽名。

⑤大渚：东方海岛。

⑥少海：东方多水，故曰少海。

⑦元泽：王念孙《读书杂志》云："元泽"当为"亢泽"。

⑧大梦：云梦。

⑨浩泽：大泽。浩，大。

⑩丹泽：其近丹水，故曰丹泽。

⑪寒泽：北方多寒，故曰寒泽。

【译文】

九州的大的范围是，四个边各是千里。九州之外，还有八殡，也是边缘千里。东北方叫大泽，也叫无通；东方叫大渚，也叫少海；东南方叫具区，也叫元泽；南方叫大梦，也叫浩泽；西南方叫渚资，也叫丹泽；西方叫九区，也叫泉泽；西北方叫大夏，也叫海泽；北方叫大冥，也叫寒泽。共是八殡。八泽的云气，凝为雨水洒落在九州大地。

八殡之外，而有八纮①，亦方千里。自东北方曰和丘②，曰荒土；东方曰棘林，曰桑野；东南方曰大穷，曰众女；南方曰都广③，曰反户④；西南方曰焦侥⑤，曰炎土；西方曰金丘⑥，曰沃野⑦；西北方曰一目⑧，曰沙所⑨；北方曰积冰⑩，曰委羽⑪。凡八纮之气，是出寒暑，以合八正⑫，必以风雨。

【注释】

①纮（hóng）：维系。

②和（hé）丘：凤所自歌、鸾所自舞之地，名叫和丘，叫荒土。出自《山海经·海外西经》等。

③都广：国名。因都广山而得名。

④反户：南方国名。其国在太阳之南，窗户向北开，故称。

⑤焦侥（yáo）：矮人之国，长不满三尺。亦见于《山海经·海外南经》、《国语·鲁语》、《列子·汤问》等。

⑥金丘：西方属金，故为金丘。

⑦沃野：西方白，故曰沃野。沃，白。

⑧一目：国人一目，在面中央。

⑨沙所：流沙所出之地。一曰泽名。

⑩积冰：北方寒冰所积，故称积冰。

⑪委羽：山名，在北极之阴，不见日。

⑫八正：八风之正。

【译文】

八殥的外面，还有八纮，四个边也各是千里。从东北方开始叫和丘，也叫荒土；东方叫棘林，也叫桑野；东南方叫大穷，也叫众女；南方叫都广，也叫反户；西南方叫焦侥，也叫炎土；西方叫金丘，也叫沃野；西北方叫一目，也叫沙所；北方叫积冰，也叫委羽。八纮范围的云气，可以产生寒暑不同的气候，并且合乎八风的方位，而必定用风雨来伴随。

八纮之外，乃有八极。自东北方曰方土之山，曰苍门①；东方曰东极之山，曰开明之门②；东南方曰波母之山，曰阳门③；南方曰南极之山，曰暑门④；西南方曰编驹之山，曰白门⑤；西方曰西极之山，曰阊阖之门⑥；西北方曰不周之山，曰幽都之门⑦；北方曰北极之山，曰寒门⑧。凡八极之云，是雨天下。八门之风，是节寒暑；八纮八殥八泽之云，以雨九州而和中土⑨。

【注释】

①苍门：东北方属木，为青色之始，故叫苍门。

②开明之门：太阳所出之门。

③阳门：东南方纯阳用事，故曰阳门。

208 淮南子

④暑门：南方盛阳所在，故曰暑门。

⑤白门：西南方金气用事，金色白，故曰白门。

⑥阊阖（chāng hé）之门：聚积万物而闭藏，故曰阊阖之门。阊，大。阖，闭藏。

⑦幽都之门：阴气玄冥将始用事，顺应阴气而聚积，故曰幽都之门。幽，闭合。都，聚集。

⑧寒门：寒气积聚之门。

⑨中土：冀州。

【译文】

八纮之外，还有八极。从东北方开始是方土之山，也叫苍门；东方叫东极之山，也叫开明之门；东南方叫波母之山，也叫阳门；南方叫南极之山，也叫暑门；西南方叫编驹之山，也叫白门；西方叫西极之山，也叫阊阖之门；西北方叫不周之山，也叫幽都之门；北方叫北极之山，也叫寒门。八极的云气，可以洒遍天下。八门所吹来的八方之风，它可以节制四季；八纮八殥八泽的云气，可以洒遍九州而滋润中原大地。

东方之美者，有医毋闾之珣玗琪焉①；东南方之美者，有会稽之竹箭焉②；南方之美者，有梁山之犀象焉③；西南方之美者，有华山之金石焉④；西方之美者，有霍山之珠玉焉⑤；西北方之美者，有昆仑之球琳、琅玕焉⑥；北方之美者，有幽都之筋角焉⑦；东北方之美者⑧，有斥山之文皮焉⑨；中央之美者，有岱岳以生五谷桑麻⑩，鱼盐出焉。

【注释】

①医毋闾：在今辽宁北镇北，或称广宁山，主峰名望海山。亦见于《周礼·夏官·职方氏》、《尔雅·释地》等。珣玗琪：美玉名。

玕，《道藏》本、《尔雅·释地》作"玗"。

②竹箭：又叫箭竹。一种坚硬的竹子，可为箭。

③梁山：在今湖南南部。犀象：犀角、象牙。

④华山：即西岳华山。金石：金，美金。石，含玉之石。

⑤霍山：今山西霍州东南。珠玉：指夜光之珠，五色之玉。

⑥球琳、琅玕：皆美玉。

⑦"有幽都"句：古之幽都，在雁门以北，多牛羊马，出好筋角，可以为弓弩。

⑧东北方：《尔雅·释地》作"东方"。"北"字衍。

⑨斥山：在今山东荣城石岛，因海滨广斥而得名。文皮：指虎豹之皮。

⑩岱岳：即泰山。

【译文】

东方出产的珍贵物产，有辽东医毋间的美玉珣玗琪；东南方出产的珍贵的物产，有会稽山的竹箭；南方出产的贵重的物产，有湘南出产的犀角和象牙；西南方出产的宝贵的东西，有华山出产的黄金、美石；西方出产的宝贵的物产，有霍山的珍珠、宝玉；西北方出产的美好物产，有昆仑山的球琳、琅玕；北方出产的美好的物产，有雁门关以北的筋角做成的硬弓；东方出产的珍贵的物产，有斥山的虎豹五彩之皮；中央出产的美好的物产，有泰山一带出产的五谷、桑麻，鱼类和食盐也出产在这里。

凡地形，东西为纬，南北为经①。山为积德，川为积刑②。高者为生，下者为死③。丘陵为牡，溪谷为牝④。水员折者有珠，方折者有玉⑤。清水有黄金，龙渊有玉英⑥。

土地各以其类生。是故山气多男⑦，泽气多女⑧；障气多暗⑨，风气多聋⑩；林气多癃⑪，木气多伛⑫；岸下气多肿⑬，石气多力⑭；险阻气多瘿⑮；暑气多夭⑯，寒气多寿；谷气多痹⑰，丘气多狂⑱;衍气多仁⑲,陵气多贪⑳。轻土多利㉑,重土多迟㉒;清水音小,浊水音大;湍水人轻㉓,迟水人重㉔;中土多圣人。皆象其气,皆应其类。故南方有不死之草,北方有不释之冰㉕;东方有君子之国,西方有形残之尸㉖。寝居直梦㉗,人死为鬼;磁石上飞㉘,云母来水㉙;土龙致雨㉚,燕雁代飞㉛;蛤蟹珠龟,与月盛衰㉜。

【注释】

①"东西"二句:纬,横线。经,纵线。

②"山为"二句:山仁惠,生出万物,故为"积德"。川水智慧,智主制断,故为"积刑"。

③"高者"二句:高者阳,主生。下者阴,主死。

④"丘陵"二句:丘陵高敞,属阳,故为牡;溪谷污下,属阴,故为牝。按,牡,本指雄性。牝,指雌性。

⑤"水员"二句:高诱注:员折,属阳。珠,阴中之阳。方折,属阴。玉,阳中之阴。皆按其类产生。按,员折,圆形而有波折。方折,方形而有波折。

⑥"清水"二句:清水澄,故生黄金。龙渊,龙所出游之渊。按,玉英,即玉的精华。

⑦山气:指山中云气。

⑧泽气:水泽雾气。

⑨障气:我国南方丛林中的湿热之气。障,同"瘴"。喑(yīn):哑。

⑩风气:风邪之气。

⑪林气:森林中散发出来的湿润而寒凉的气体。癃(lóng):一种类似瘫痪的疾病。

⑫木气:不详。《史记·天官书》正义引作"水气多伛"。伛(yǔ):

驼背。

⑬岸下气：指岸边潮湿之气。尰：王念孙《读书杂志》云：《太平御览·天部》十五引作“𤺄”。又引高注云：“岸下下湿，肿足曰𤺄。”按，𤺄(zhǒng)，即脚肿之类的疾病。

⑭石气：大山区的一种气体。

⑮瘿(yǐng)：类似粗脖子病。

⑯暑气：暑热之气。夭：夭折。

⑰谷气：深山峡谷中阴冷的气体。痹(bì)：一种类似风湿麻木的病。

⑱丘气：丘陵地带的气体。狂：王念孙《读书杂志》：“狂”当作“尫”。《吕览·尽数》：“苦水所多尫与伛人。”按，尫(wāng)，类似今鸡胸。

⑲衍气：指平原洼地一种气体。

⑳陵气：山陵之气。

㉑轻土：质地疏松的土壤。利：敏捷。

㉒重土：质地板结的土壤。

㉓湍水：急流。

㉔迟水：水流平缓。

㉕“故南方”二句：南方湿热，故草有不死者。北方寒，故冰有不融化的。

㉖“东方”二句：东方木德仁，故有君子之国。西方属金，金主断割、攻战之事，故有形残之尸。形残之尸，一说即《山海经·海外西经》中的神话人物刑天。

㉗寝居：睡觉。直梦：所梦得到验证。

㉘磁石：俗名吸铁石。

㉙云母：矿石名。古人以此石为云之根，故称云母。《太平御览》卷八百八《珍宝部》七引注：“云母石可致水。”

㉚土龙：古代天旱时扎制的求雨的工具。

㉛代：更替。

㉜"蛤蟹"二句：古人认为，这些水生动物的肥瘦与月相盈亏变化有
关。月望（十五日）则蚌蛤实；月晦（月末）则蚌蛤虚。本节记载，
尚见于《大戴礼记·易本命》等。

【译文】

大凡地形位置，东西方向叫纬线，南北方向叫经线。高山生万物是
积德的，大河冲刷万物是积刑的。高者为阳主管万物生长，低者为阴主
管万物死亡。丘陵高属于阳性，溪谷低属于阴性。水纹圆形有波折者
出珍珠，方形而有波折者藏美玉。清澈的水中有黄金，龙所栖息的深渊
中有玉英。

土地按照各自的类别产生特性不同的人。所以山中云雾之气大多
使人生男子，水泽之气多使人生女子；南方瘴疬之气使人变哑，风邪之
气使人变聋；森林中寒湿之气使人软瘫，朽木之气使人驼背；岸边湿气
使人脚肿大，石气使人多勇力；深山峡谷之气使人得粗脖子类病，酷热
之气使人早死，寒冷之气使人长寿；空谷阴冷之气使人手脚麻木，丘陵
地带的气体使人得鸡胸；平原之气使人仁慈，山陵之气使人贪婪。生活
在质地疏松土地上的人行动迅速，生活在板结土地上的人行动迟缓；生
活在清水边的人声音小，生活在混水边的人声音大；生活在湍急水边的
人身体轻，生活在流速缓慢水边的人身体重，在中央土地上生活的多出
圣贤之人。以上这些人大多和他们所处的地气相像，都和各自的类别
相应。所以南方有四季常青的草木，北方有常年不化的冰雪；东方有君
子之国，西方有刑天的尸体。睡觉时所梦与真实一样，人死后灵魂成为
鬼；磁石可以向上飞，云母石可以生水；土龙可以使雨水降落，燕子、大
雁相互交换往来时间；蛤蚌、螃蟹、珍珠、龟类，随着月亮盈亏而变化。

是故坚土人刚①，弱土人肥②；垆土人大③，沙土人细；息
土人美④，耗土人丑⑤。食水者善游能寒⑥，食土者无心而

慧⑦,食木者多力而奰⑧,食草者善走而愚⑨,食叶者有丝而蛾⑩,食肉者勇敢而悍⑪,食气者神明而寿⑫,食谷者知慧而夭⑬,不食者不死而神⑭。凡人民禽兽万物贞虫⑮,各有以生,或奇或偶,或飞或走,莫知其情,唯知通道者能原本之⑯。

【注释】

①坚土:土质坚硬。

②弱土:地力弱的土壤。肥:俞樾《诸子平议》:"肥"当作"脆"。《广雅·释诂》:"脆,弱也。""脆"即"脬"之俗体。

③垆(lú)土:即黑土。

④息土:指沃土。

⑤耗(hào)土:贫瘠的土地。

⑥食水者:指鱼及水鸟之类。能:通"耐",忍受。

⑦食土者:蚯蚓之类。慧:《孔子家语·执辔》、《大戴礼记·易本命》作"不息"。

⑧食木者:指熊罴之类。奰(bì):怒。又有壮大义。

⑨食草者:指麋鹿之类。

⑩食叶者:指蚕类。

⑪食肉者:指虎豹鹰雕之类。

⑫食气者:指赤松子等练气的神仙家。一说是龟类。

⑬食谷者:指人类。

⑭不食者:古代指蓍草,用于占卜。

⑮贞虫:细腰蜂之类。按,"食水者"至"原本之",亦见于《孔子家语·执辔》、《大戴礼记·易本命》等。

⑯知:《大戴礼记·易本命》、《孔子家语·执辔》无此字。

【译文】

因此土质坚硬的地区的人性格刚毅,地力差的地区的人柔弱;黑土地上生活的人高大，沙土地上生活的人瘦小；肥沃土地上的人漂亮，土地贫瘠地区的人丑陋。食水的鱼类、鸟类善于游泳并能耐寒，食土的蚯蚓类无心而不息，食木的熊罴之类多力而易怒，食草的麋鹿之类善奔跑而愚蠢，吃叶子的蚕类吐丝并能成蛾，食肉的虎豹类勇敢而强悍，食气的龟类神明而长寿，食五谷的人类聪明而短命，不需要食物的菁草不死而有神灵。大凡人类、飞禽走兽及昆虫，各自都有用来生存的本领，有奇蹄、有偶蹄、有的飞行、有的奔走，没有办法知道它们形成的原因，只有通晓大道的人才能探求到它们的本原。

　　天一地二人三①，三三而九②，九九八十一，一主日，日数十③，日主人，人故十月而生。八九七十二，二主偶④，偶以承奇，奇主辰，辰主月⑤，月主马，马故十二月而生。七九六十三，三主斗⑥，斗主犬，犬故三月而生。六九五十四，四主时⑦，时主豕⑧，豕故四月而生。五九四十五，五主音⑨，音主猿，猿故五月而生。四九三十六，六主律⑩，律主麋鹿，麋鹿故六月而生。三九二十七，七主星⑪，星主虎，虎故七月而生。二九十八，八主风⑫，风主虫，虫故八月而化⑬。

　　鸟、鱼皆生于阴，阴属于阳⑭，故鸟、鱼皆卵生。鱼游于水，鸟飞于云，故立冬燕雀入海化为蛤⑮。万物之生而各异类。蚕食而不饮，蝉饮而不食，蜉蝣不饮不食⑯，介鳞者夏食而冬蛰⑰，龁吞者八窍而卵生⑱，嚼咽者九窍而胎生⑲。四足者无羽翼⑳，戴角者无上齿㉑，无角者膏而无前㉒，有角者指而无后㉓。昼生者类父，夜生者似母。至阴生牝，至阳生牡。夫熊罴蛰藏，飞鸟时移。

【注释】

① 一：指阳。二：指阴。三：指天地生人。

② 九：极阳数。下文八、七、六、五、四、三、二，皆以九乘之。

③ 日数十：指记日用十个天干表示。

④ 偶：双数。

⑤ 辰主月：即十二个月用十二辰表示。

⑥ 七：北宋本作"十"。《道藏》本作"七"。据正。斗：北斗。

⑦ 时：四时，即春、夏、秋、冬。

⑧ 彘（zhì）：猪。

⑨ 音：五音。

⑩ 律：律吕，共十二律，六阳六阴。

⑪ 星：星辰。二十八宿分配四方，每方七宿，故曰七主星。

⑫ 风：即八风。

⑬ 月：《说文》"风"字解作："风动虫生，故虫八日而化。"许说是。《论衡·商虫》亦作"日"。

⑭ 阴属于阳：《大戴礼记·易本命》《孔子家语·执辔》无"阴"字。卢辩注：生于阴者，谓卵生也。属于阳者，谓飞游于虚也。

⑮ "故立冬"句：这是古人误解。亦见于《大戴礼记·夏小正》："雀入于海为蛤。"蛤（gé），蚌类。

⑯ 蜉蝣：一种昆虫，生存时间极短。

⑰ 介鳞者：指鱼鳖之类。介，甲。

⑱ 龁（hé）吞者：鸟鱼之类。

⑲ 嚼咽者：指哺乳动物。包括人类和兽类。

⑳ 四足者：指一部分兽类和两栖类。

㉑ 戴角者：指牛、羊、鹿等。

㉒ 无角者：指猪类、熊类、猿类等。无前：高诱注指"肥从前起"。《大戴礼记·易本命》作"无前齿"。

㉓指:《道藏》本作"脂"。《孔子家语·执辔》注亦引作"脂"。无后:
　　高诱注指"肥从后起"。《大戴礼记·易本命》作"无后齿"。

【译文】

　　天为阳是一、地为阴是二、人生于天地是三,三乘三得九,九乘
九得八十一,一主宰太阳,日干的数目是十,太阳主宰人类,人因此
怀胎十月而出生。八乘九得七十二,二主管偶数,偶数又承接奇数,
奇数主宰十二辰,十二辰主宰十二月,月主管马,马因此十二月怀胎
而生。七乘九得六十三,三主管北斗,北斗主管犬,犬因此三个月怀
胎而生。六乘九得五十四,四主管四季,四季主管猪,猪所以四月怀
胎而生。五乘九得四十五,五主管五音,五音主管猿,猿因此五月怀
胎而出生。四乘九得三十六,六主管十二律,十二律主管麋鹿,麋鹿
因此六个月怀胎而生。三乘九得二十七,七主管星辰,星辰主管老
虎,虎所以七个月怀胎而生。二乘九得十八,八主管八风,八风主管
虫类,虫类因此八日变化一次。

　　鸟、鱼都是从阴中产生的,从属于阳,所以鸟、鱼之类都是卵生的。
鱼在水中游弋,鸟在天空飞翔,所以立冬燕子、麻雀进入大海变成蚌蛤。
万物的特性各自具有不同的类别。蚕吃桑叶而不饮水,蝉饮水而不食
树叶,蜉蝣不吃也不喝,龟类、鱼类夏季觅食而冬季休眠,吞咽食物的
鸟、鱼之类有八个孔洞而卵生,用牙齿嚼咽食物的人类和兽类有九个孔
洞而胎生。四足的兽类和两栖类的动物没有翅膀,头上长角的牛、羊、
鹿等动物没有上齿,没有角的猪、熊、猿等动物脂肪从前面起,有角的动
物脂肪从后面长起。白天生下来的孩子类似父亲,夜里生下来的孩子
像母亲。阴气达到极点就产生雌性,阳气达到极点就产生雄性。熊、黑
冬季躲藏起来,飞鸟按照季节迁徙。

　　是故白水宜玉,黑水宜砥①,青水宜碧,赤水宜丹②,黄水
宜金,清水宜龟。汾水濛浊而宜麻③,济水通和而宜麦④,河

水中浊而宜菽⑤，雒水轻利而宜禾⑥，渭水多力而宜黍⑦，汉水重安而宜竹，江水肥仁而宜稻。平土之人慧而宜五谷⑧。

【注释】

①砥(dǐ)：质地细的磨刀石。

②丹：丹砂。

③汾水：源于山西管涔山，入黄河。

④济(jǐ)：古济水源于王屋山，经大野泽，入渤海。今堙。

⑤中浊：王念孙《读书杂志》云：《太平御览·百谷部》五引此作"中调"。

⑥雒(luò)：即洛水。

⑦渭水：源出甘肃鸟鼠山，进入陕西，入黄河。

⑧平土：平原。指中原。土，北宋本原作"大"。《道藏》本作"土"。据正。

【译文】

因此白水适宜产美玉，黑水适宜产细石，青水适宜产青绿色美玉，赤水适宜产丹砂，黄水适宜产黄金，清水适宜产龟类。汾河水混浊而适宜麻类生长，济水平和而适宜麦类生长，黄河水适中平和而适合豆类生长，洛河水轻流畅而适宜谷类生长，渭水汹涌多力而适宜黍子生长，汉水质重安流而适合竹子生长，江水肥厚仁慈而适宜稻子生长。平原之人聪慧而适宜五谷生长。

东方川谷之所注，日月之所出。其人兑形小头①，隆鼻大口②，鸢肩企行③，窍通于目④，筋气属焉。苍色主肝，长大早知而不寿⑤。其地宜麦，多虎豹。

【注释】

①兑：通"锐"，上小下大。

②隆：高起。

③鸢(yuān)肩：像鸢一样的肩膀。即两肩上耸,象鸢栖息之状。企
　　行：踮起脚后跟走路。

④窍：九窍。

⑤知：同"智",智慧。

【译文】

　　东方是大川深谷水流所注入之处,也是太阳、月亮所升起的地方。
东方之人体形尖、小脑袋,高鼻子、大嘴巴,肩膀像鸢一样、走路踮起脚
跟,孔窍同眼睛相通,筋脉之气归属于它。东方青色主管肝,人个子高、
成熟早而不长寿。那些地方适宜种麦子,多有虎豹栖息。

　　南方阳气之所积,暑湿居之。其人修形兑上,大口决
眦①,窍通于耳,血脉属焉。赤色主心,早壮而夭。其地宜
稻,多兕象②。

【注释】

①决眦(zì)：眼角皱裂。一说眼球突出。眦,眼眶。

②兕(sì)：雌性犀牛。

【译文】

　　南方是阳气所聚积之处,酷热潮湿占据这个地方。那里生活的人
高个子、上部尖,大嘴巴、眼角有皱折,孔窍同耳朵相通,血液经脉归属
于它。南方红色主管心,人早成熟而死得也快。那个地区适宜种稻子,
多独角兕牛和大象。

　　西方高土川谷出焉,日、月入焉。其人面末偻①,脩颈卬
行②,窍通于鼻,皮革属焉。白色主肺,勇敢不仁。其地宜

黍,多旄犀③。

【注释】

①末偻(lǚ):指脊背句偻。此句疑有脱文。《庄子·外物》作:"末偻
而后耳。"向宗鲁《淮南校文》云:《五行大义》五引《春秋文耀钩》
曰:"西方高土,日月所入,其人面多毛。"

②卬:通"昂"。北宋本原作"印"。《道藏》本作"卬"。据正。

③旄(máo)犀:旄牛、犀牛。

【译文】

西方是高山大川产生之处,也是日、月落下的地方。那里的人脊背
弯曲,长脖子、昂头走路,孔窍同鼻子相通,皮肤归属于它。西方白色主管
肺,那里的人勇敢强悍、不讲仁慈。那个地方宜种黍,多出产旄牛和犀牛。

北方幽晦不明,天之所闭也,寒冰之所积也,蛰虫之所
伏也。其人翕形短颈①,大肩下尻②,窍通于阴,骨干属焉。
黑色主肾,其人惷愚禽兽而寿③。其地宜菽,多犬马。

【注释】

①翕(xī)形:身体萎缩。翕,收敛。

②尻(kāo):脊骨的末端。

③"其人"句:王念孙《读书杂志》云:"惷愚"上不当有"其人"二字。"禽
兽"二字,妄人所加也。《太平御览》引无此二字。惷(chōng),愚蠢。

【译文】

北方是昏暗不见阳光之处,是被上天所封闭的地方,也是冰雪常年
不化,蛰伏动物长期隐藏的地方。那里的人身体萎缩、短脖子,大肩膀、
尻尾向下突出,孔窍同阴部相通,骨骼归属于它。北方黑色主管肾,那

里的人愚笨但是能长寿。那个地方适宜种植豆类植物,多出产狗、马。

中央四达,风气之所通,雨露之所会也。其人大面短颈①,美须恶肥②,窍通于口,肤肉属焉。黄色主胃,慧圣而好治。其地宜禾,多牛羊及六畜。

【注释】

①颈:《道藏》本作"颐"。指下巴、面颊。

②恶肥:指体内脂肪过多。恶,过分。

【译文】

中央是四面通达,八风、云气相通,雨露会合之处。那里的人大脸盘、短面颊,胡须很美、身体肥胖,孔窍同口相通,肌肉归属于它。中央黄色主管胃,那里的人聪明仁慧而善于治理国家。那个地方适宜种植谷物,多产牛羊及六畜。

木胜土,土胜水,水胜火,火胜金,金胜木。故禾春生秋死①,菽夏生冬死②,麦秋生夏死③,荠冬生中夏死④。木壮,水老,火生,金囚⑤,土死;火壮,木老,土生,水囚,金死;土壮,火老,金生,木囚,水死;金壮,土老,水生,火囚,木死;水壮,金老,木生,土囚,火死。

【注释】

①"故禾"句:高诱认为,禾属木,春木王(wàng)而生,秋金王而死。

②"菽夏生"句:高诱认为,豆,属火。夏火王而生,冬水王而死。

③"麦秋生"句:高诱认为,麦,属金。金王而生,火王而死。

④"荠冬生"句:高诱认为,荠,属水。水王而生,土王而死。按,《说

文系传》十三引此作"荠冬生夏死"。无"中"字。

⑤囚：被制服。此为五行休王理论。《天文训》有"生、壮、死"，五行
相生，与此异。

五行生克图

（冬至）北（水）

（秋分）西（金）

（春分）东（木）

（夏至）南（火）

【译文】

五行中木胜过土，土胜过水，水胜过火，火胜过金，金胜过木。因此
禾苗春天生长秋天死亡，豆类夏天生长冬天枯死，麦类秋天生长夏天死
亡，荠菜冬天生长夏天死去。木强盛，水干涸，火产生，金被制服，土死
亡；火强盛，木枯死，土产生，水被制服，金死亡；土强盛，火衰弱，金产

生，木被制服，水死亡；金强盛，土衰老，水产生，火被制服，木死亡；水强盛，金衰老，木产生，土被制服，火死亡。

　　音有五声①，宫其主也。色有五章，黄其主也。味有五变，甘其主也。位有五材②，土其主也。是故炼土生木，炼木生火，炼火生云，炼云生水，炼水反土③；炼甘生酸，炼酸生辛，炼辛生苦，炼苦生咸，炼咸反甘。变宫生徵，变徵生商④，变商生羽，变羽生角，变角生宫。是故以水和土，以土和火，以火化金，以金治木，木复反土，五行相治，所以成器用⑤。

【注释】

①五声：宫、商、角、徵、羽。相当于简谱1、2、3、5、6。

②位：方位，东、西、南、北、中。五材：即金、木、水、火、土。

③"是故"五句：《淮南子》"五行相生"的记载有两种："水生木"，见《天文训》。此为主流。本文"土生木"，为第二种。

④"变宫"二句：五音为正音，正音之外为变音。

⑤"是故"七句：《地形训》"五行相克"的记载有两种："木胜土"，此为主流。"以水和土"，为第二种。

【译文】

　　乐音中有五声，宫是它的主音。色彩中有五章，黄是它的主色。味道中有五变，甘是它的主味。方位中有五材，土是它的主位。因此整治土可以生出木，冶炼木可以生出火，冶炼火可以生金，冶炼金可以生水，整治水可以返回到土；提炼甘可以生出酸，提炼酸可以生出辛，提炼辛可以生出苦，提炼苦可以生出咸，提炼咸又可以返回到甘。变宫隔八可以生出徵音，变徵隔八可以生出商音，变商可以生出羽音，变羽可以生出角音，变角可以生出宫音。所以用水可以调和土，用土可以调和火，用火可以熔化金,用金可以制服木,木又返回到土。金、木、水、火、土五行相克相生,这就是成为器用的原因。

　　凡海外三十六国:自西北至西南方,有修股民、天民、肃慎民、白民、沃民、女子民、丈夫民、奇股民、一臂民、三身民。自西南至东南方,结胸民、羽民、讙头国民、裸国民、三苗民、交股民、不死民、穿胸民、反舌民、豕喙民、凿齿民、三头民、脩臂民。自东南至东北方,有大人国、君子国、黑齿民、玄股民、毛民、劳民。自东北至西北方,有跂踵民、句婴民、深目民、无肠民、柔利民、一目民、无继民①。

【注释】

①修股民:《说文》"股"指大腿。高诱注说"股"指脚"。天民:《山海经·大荒西经》:西北海之外,赤水之西,有先民之国,食谷,使四鸟。肃慎民:《山海经·海外西经》认为:肃慎之国,在白民北。而诸书言肃慎在东北。白民:高诱注:白身民。被发,发亦白。按,疑为今白种人。沃民:《山海经·大荒西经》:其国土地肥沃。女子民:《山海经·海外西经》:女子国在巫咸北,两女子居,水周之。丈夫民:《山海经·海外西经》:丈夫国,其为人衣冠带剑。奇股民:《山海经·海外西经》"股"作"肱"。一臂民:高诱注:其人一臂一手一鼻孔。三身民:高诱注:盖一头有三身。结胸民:指其国人胸部突起。羽民:《山海经·海外南经》:其为人长头,身生羽。讙(huān)头国民:《山海经·海外南经》:其为人,人面有翼,鸟喙,方捕鱼。裸国民:《吕览·求人》高诱注:裸民,不衣衣裳。三苗民:高诱注:三苗,国名。在豫章之彭蠡(lí)。按,即在今江西鄱阳湖一带。交股民:《山海经·海外南经》"股"作

“胫”。不死民:《山海经·海外南经》:其为人黑色,长寿,不死。穿胸民:高诱注:胸前穿孔,达背。反舌民:《吕览·功名》高诱注一说:南方有反舌国,舌本在前,末倒向喉,故曰反舌。豕喙(huì)民:高诱注:其喙如豕。凿齿民:高诱注:吐一齿出口下,长三尺。三头民:高诱注:身有三头。脩臂民:高诱注:一国民皆长臂,臂长于身。大人国:高诱注:东南垆土,故大人。君子国:《山海经·大荒东经》:有君子之国,其人衣冠带剑。黑齿民:高诱注:其人黑齿,食稻,吃蛇,在汤谷上。玄股民:《山海经·海外东经》:玄股之国,其为人衣鱼,食鸥,使两鸟夹之。毛民:高诱注:其人体半生毛,若矢镞也。劳民:《山海经·海外东经》:劳民国在其北,其为人黑。或曰教民。跂踵(qí zhǒng)民:高诱注:民踵不至地,用五指行走。句(jiǔ)婴民:《山海经·海外北经》:拘缨之国在其东,一手把缨。深目民:《山海经·大荒北经》:有人方食鱼,名曰深目民之国。无肠民:《山海经·海外北经》郭璞注:为人长大,腹内无肠,所食之物直通过。柔利民:《山海经·海外北经》:柔利国,为人一手一足,反膝,曲足居上。一目民:《山海经·海外北经》:一目民,一目中其面而居。无继民:《山海经·海外北经》:无继之国在长股东,甚民人无后代。

【译文】

海外共有三十六国:从西北至西南方,有修股民、天民、肃慎民、白民、沃民、女子民、丈夫民、奇股民、一臂民、三身民。从西南至东南方,有结胸民、羽民、谨头国民、裸国民、三苗民、交股民、不死民、穿胸民、反舌民、豕喙民、凿齿民、三头民、修臂民。从东南至东北方,有大人国、君子国、黑齿民、玄股民、毛民、劳民。从东北到西北方,有跂踵民、句婴民、深目民、无肠民、柔利民、一目民、无继民。

雒棠、武人在西北陬^①,硖鱼在其南^②。有神二人,连臂为帝候夜③，在其西南方。三珠树在其东北方④。有玉树在赤水之上。昆仑、华丘在其东南方⑤，爰有遗玉、青马、视肉、杨桃、甘楂、甘华⑥，百果所生。和丘在其东北陬⑦，三桑无枝在其西⑧，夸父、耽耳在其北方⑨。夸父弃其策，是为邓林⑩。昆吾丘在南方⑪，轩辕丘在西方⑫，巫咸在其北方⑬。立登保之山⑭，旸谷榑桑在东方⑮。有娀在不周之北⑯，长女简翟⑰，少女建疵。西王母在流沙之濒⑱。乐民、挈间在昆仑弱水之洲⑲。三危在乐民西⑳，宵明、烛光在河洲㉑，所照方千里。龙门在河渊㉒，湍池在昆仑㉓，玄耀不周㉔，申池在海隅㉕，孟诸在沛㉖，少室、太室在冀州㉗。烛龙在雁门北㉘，蔽于委羽之山㉙，不见日。其神人面龙身而无足。后稷垄在建木西㉚，其人死复苏，其半鱼，在其间㉛。流黄、沃民㉜，在其北方三百里。狗国在其东㉝。雷泽有神㉞，龙身人头，鼓其腹而熙㉟。

【注释】

①雒棠、武人：高诱注：皆日所入之山名。按，雒棠，疑即《山海经·海外西经》中的"雄棠"，为树名。

②硻（bàng）鱼：高诱注：硻鱼如鲤鱼。有神圣者，乘行九野，在无继民之南。按，疑即《山海经·海外西经》之"龙鱼"。

③候夜：在夜间放哨。本于《山海经·海外南经》：有神人二八，连臂为帝司夜于此野。在羽民东，尽十六人。

④三珠树：神木名。本于《山海经·海外南经》：三株树在厌火北，生赤水上，其为树如柏，叶皆为珠。一曰其为树若彗。

⑤华丘：山名。又称"鹾（jiē）丘"。见于《山海经·海外东经》：鹾丘，爰有遗玉、青马、视肉、杨柳、甘柤、甘华，百果所生。

⑥爰：那里。遗玉：宝玉名。青马：神马名。视肉：异物名。《山海

经·海外南经》郭璞注云：聚肉，形如牛肝，有两目也，食之无尽，寻复更生如故。杨桃：果名。甘樝（zhā）：果似梨而有酸味。疑即甘楂。甘华：神木。

⑦和丘：高诱注：四方而高曰丘。鸾所自歌，凤所自舞，故曰和丘。

⑧三桑：木名。其木长百仞，无枝。

⑨夸父：炎帝后裔，曾逐日。一说为神兽。耽（dān）耳：高诱注：耳垂在肩上。或作摄。以两手摄耳，居海中。按，《山海经·海外北经》及《大荒北经》中有"聂耳之国"、"儋耳之国"。

⑩邓林：即桃林。《山海经·中山经》：夸父之山，其北有林焉，名曰桃林。

⑪昆吾：颛顼之后，夏朝人，楚之祖先。陶器发明者。

⑫轩辕：黄帝据有天下之号。

⑬巫咸：古代神巫。知天道，明吉凶。又《山海经·海外西经》：巫咸国，在女丑北，右手操青蛇，左手操赤蛇，在登葆山，群巫所从上下也。

⑭登保之山：为登天的阶梯之一。《山海经·海外西经》：在登葆山，群巫所从上下也。

⑮榑（fú）桑：也作扶桑。太阳所出之地。

⑯有娀（sōng）：古代国名，在西北。

⑰简翟（dí）：与下文的"建疵"，同为帝喾之妃。简翟为殷契之母。

⑱西王母：古代西方女神。《山海经·大荒西经》：有人戴胜，虎齿，豹尾，穴处，名曰西王母。

⑲乐民、挐（ná）闾：西方国名。

⑳三危：《括地志》载：三危山有三峰，故曰三危，俗亦名卑羽山，在沙州敦煌东南三十里。

㉑宵明、烛光：舜次妃所生之女。《山海经·海内北经》：舜妻登比氏生宵明、烛光，处河大泽，二女之灵能照此所方百里。

㉒龙门：山名，在今陕西韩城与山西河津间。

㉓湍池:池名。水流湍急。

㉔玄耀:水名,一说山名。正文"玄耀"下疑脱"在"字。

㉕申池:池名。海隅:即海边。

㉖孟诸:大泽名。在河南商丘东北。已堙。沛:汉初郡名。治所在相(今安徽濉溪北)。

㉗少室、太室:河南嵩高山之两峰名。

㉘烛龙:高诱注:龙衔烛以照太阴,盖长千里。按,《楚辞·离骚》、《山海经·大荒北经》等亦有"烛龙"之记载。

㉙委羽之山:在北极之阴,不见日之地。

㉚后稷:名弃,周人始祖。垄:冢。建木:神木名。

㉛"其人"三句:高诱注:南方人死复生,或化为鱼,在都广建木间。

㉜流黄、沢民:疑为国名。《山海经·海内西经》有"流黄酆氏之国",《海内经》有"流黄辛氏"。沢,《道藏》本作"沃"。

㉝狗国:即狗封国。《山海经·海内北经》中有"犬封国"。郭璞注:生男为狗,女为美人。

㉞雷泽:即今太湖。《山海经·海内东经》:雷泽中有雷神,龙身而人头,鼓其腹。在吴西。按,高诱注指今山东菏泽一带。

㉟鼓:拍打。熙:通"嬉",嬉戏。

【译文】

雒棠、武人在西北角,硫鱼在无继民南边。有两个神人,手臂相连给天帝放哨,在无继民西南方。三珠树在它的东北方。有玉树在赤水之上。昆仑、华丘在它的东南方,还有宝玉、神马、视肉、杨桃、甘楂、神木,是各种水果所出产的地方。神奇的和丘在无继民的东北角,百仞三桑在它的西边,夸父、耽耳国在它的北方。夸父丢弃了他的马鞭,便成为桃林。楚祖昆吾丘在南方,黄帝轩辕丘在西方,神巫在它的北面。站在上天的登保之山,旸谷、扶桑在东方。有城国在不周山的北面,大女儿简翟、小女儿建疵居住在这里。西王母居于流沙边的昆仑山。乐民、挈间居于昆仑弱水的小岛之中。三危山在乐民西边，舜女宵明、烛光在大河的小岛之上，光焰照射千里。龙门山在黄河的深渊之处，湍池在昆仑墟之中，玄耀在不周山，申池在东海边。孟诸泽在沛郡，少室、太室在中土冀州。烛龙在雁门山北边，被委羽之山遮蔽，终年不见太阳。它的神是人面龙身，而没有脚。后稷的坟冢在建木的西边，那里的人死后，能够复苏过来，有一半化为鱼，在建木之间。流黄、沃民，在它的北边三百里。狗国在它的东边。东方雷泽有神物，龙的身子人的头，拍打着肚子做游戏。

江出岷山①，东流绝汉入海②。左还北流，至于开母之北③。右还东流，至于东极④。河出积石，睢出荆山⑤，淮出桐柏山⑥，睢出羽山⑦，清漳出揭戾⑧，浊漳出发包⑨，济出王屋⑩，时、泗、沂出臺、台、术⑪，洛出猎山⑫，汶出弗其⑬，流合于济。汉出嶓冢⑭，泾出薄落之山⑮，渭出鸟鼠同穴⑯，伊出上魏⑰，雒出熊耳⑱，浚出华窍⑲，维出覆舟⑳，汾出燕京㉑，衽出溃熊㉒，淄出目饴㉓，丹水出高褚㉔，股出嶕山㉕，镐出鲜于㉖，凉出茅卢、石梁㉗，汝出猛山㉘，淇出大号㉙，晋出龙山结绌㉚，合出封羊㉛，辽出砥石㉜，釜出景㉝，歧出石桥㉞，呼池出鲁平㉟，泥涂渊出㮧山㊱，维湿北流出于燕㊲。

【注释】

①岷山：为昆仑山南支巴颜喀拉山的分支，黄河、长江的分水岭。

②绝：经过。汉：汉水。

③开母：高诱注：开母山，在东海中。

④东极：东方极远之处。

⑤睢：北宋本原作"睢"。刘绩《补注》本作"睢（jū）"。于大成《地形

校释》云:"睢"当为"雎",即《水经》之沮水也。据正。按,为今石川河的一部分,源出陕西宜君。荆山:即北条荆山,在今陕西富平境内。

⑥桐柏山:在今河南、湖北交界处。

⑦睢(suī):古睢水受浚仪(今河南开封)浪荡水,今已堙没。羽山:地望不清。今江苏连云港、山东临沂等皆有"羽山",与"睢水"不合。

⑧清漳:有两源。东源出自今山西昔阳西南,西源出自山西和顺八赋岭,在左权汇合。楬(jié)戾:山名。在今山西长治一带。

⑨浊漳:有三源。西源出自山西沁县西北千峰岭;南源出自长子西南发鸠山;北源出榆社北。发包:又名发鸠山,为太行山分支。

⑩济:济水。分黄河南、北两部分。黄河之北部分源出河南济源西王屋山。王屋:位于今山西阳城、垣曲、河南济源三县间。

⑪时:时水。源出山东临沂西南的乌河。泗:源出山东泗水东蒙山。沂:源出山东沂源鲁山。臺、台、术:高诱注:皆山名。处则未闻也。

⑫洛:指陕西北部大河北洛河。北洛河入渭河。猎山:即今山西北部白于山一带。

⑬汶:即大汶河。源出山东莱芜北七十里马耳山。弗其:俞樾《诸子平议》疑"弗其"二字为"马耳"之误。高诱原注中指的是东汶河,误。

⑭汉:即西汉水。嶓冢(bō zhǒng):在今甘肃天水、礼县一带。

⑮泾:泾水有两源。北源出甘肃平凉,南源出甘肃华亭,至泾川合入渭水。薄落之山:又称笄头山。在甘肃平凉西,属崆峒山。

⑯渭:源出今甘肃渭源西北鸟鼠山。鸟鼠同穴:山名。《山海经·海内东经》载:渭水出鸟鼠同穴山,东注河,入华阴北。

⑰伊:伊水源于河南熊耳山。上魏:高诱注:山名也。处则未闻。

按,当是熊耳山之一峰。

⑱雒:今称洛河。源出山西洛南,沿熊耳山东南方向入黄河。伊、洛二水分别源于熊耳山两侧。

⑲浚:古浚水在今河南开封(古称浚仪)、浚县、濮阳一带,因黄河多次泛滥而堙没。华窍:位置未详。

⑳维:即潍河。源出今山东五莲西南的箕屋山。覆舟:地望未明。一说即箕屋山。

㉑汾:汾水源出山西宁武管涔山。燕京:即管涔山。

㉒袄(rèn):未明。渍(fén)熊:未明。

㉓淄(zī):淄水源出山东莱芜鲁山。目饴(yī):地望未明。

㉔丹水:即丹江。源于今陕西商洛冢领山。高褚(zhǔ):一名冢领山。

㉕股:未明。王念孙《读书杂志》王引之曰:"股"疑当为"般"。按,般水出自山东淄博淄川一带。噍(jiāo)山:未明。

㉖镐(hào):未明。鲜于:未明。

㉗凉:未明。茅卢、石梁:地望未明。

㉘汝:汝水上游即今河南北汝河。猛山:在今河南舞阳、汝南一带。

㉙淇:淇水出自今河南辉县淇山。大号:即今淇山。

㉚晋:晋水源出山西太原西南悬瓮山,分北、中、南三源,东流入汾河。龙山:一名悬瓮山,又名结绌山。结绌:北宋本、《道藏》本"绌"作"给"。王念孙《读书杂志》王引之曰:"结给"当作"结绌"。《水经·晋水注》《晋书·地道纪》及《十三州志》并言晋水出龙山,一云出结绌山,在晋阳西北。按,"给"字误。当正。

㉛合:合水源出陕西合阳北,东南流入黄河。封羊:未明。

㉜辽:辽河有两源。东辽河源出吉林东辽县萨哈岭,西辽河上游西拉木伦河源出内蒙古克什克腾。砥石:地望未明。

㉝釜:即今滏阳河。源于河北磁县西北釜山。景:景山即釜山。

㉞歧:通"岐",岐水,源出今陕西凤翔一带。石桥:未明。

㉟呼池：池、沱上古音声纽、韵部相同，即滹沱河。源出山西繁峙东
　　之泰戏山。鲁平：地望未明。

㊱泥涂渊：水名。地望未明。構（mán）山：未明。

㊲维湿：水名。燕：即燕山。

【译文】

　　长江之源出岷山，向东流经过汉水入海。左拐返回向北流，到达东方的开母山之北。向右拐返回向东流，到达东方极远之处。黄河出自积石山，雎水出自荆山，淮水出自桐柏出，睢水出于羽山，清漳出自褐戾山，浊漳河出于发包山，济水出自王屋山，时水出乌河，泗水源于东蒙山，沂水出于鲁山，北洛河出于猎山，大汶河出于弗其山，向西汇流入到济水。西汉水出自嶓冢山，泾水北源出自薄落之山，渭水源于鸟鼠同穴山，伊水源于上魏山，雒河出自熊耳山，浚水出自华窍，潍河出自覆舟山，汾水出自燕京山，祉水出自溃熊，淄水出自鲁山，丹水出自高褚山，股水出自礁山，镐水源于鲜于，凉水出自茅卢石梁，汝水出于猛山，淇水出自大号山，晋水出自结绌山，合水出自封羊山，辽水出自砥石山，釜水出自景山，岐水出自石桥，呼池河出自鲁平山，泥涂渊出自構山，维湿向北流出于燕山。

　　诸稽、摄提①，条风之所生也；通视②，明庶风之所生也；赤奋若③，清明风之所生也；共工④，景风之所生也；诸比⑤，凉风之所生也⑥；皋稽⑦，阊阖风之所生也；隅强⑧，不周风之所生也；穷奇⑨，广莫风之所生也。

【注释】

①诸稽、摄提：天神之名。分管东北方。

②通视：天神，分管东方。

③赤奋若：天神，分管东南。

④共工：天神，人面蛇身，分管南方。

⑤诸比：天神，分管西南方。

⑥风：北宋本原作"也"。《道藏》本作"风"。据正。

⑦皋稽：天神，分管西方。

⑧隅强：天神，分管西北方。

⑨穷奇：天神，分管北方。

【译文】

　　东北方天神诸稽、摄提，是主管条风所发生的神；东方天神通视，是主管明庶风所发生的神；东南方天神赤奋若，是主管清明风所发生的神；南方天神共工，是主管景风所发生的神；西南方天神诸比，是主管凉风所发生的神；西方天神皋稽，是主管阊阖风所发生的神；西北方天神隅强，是主管不周风所发生的神；北方天神穷奇，是主管广莫风所发生的神。

　　窫生海人①，海人生若菌，若菌生圣人，圣人生庶人，凡窫者生于庶人②。羽嘉生飞龙③，飞龙生凤皇，凤皇生鸾鸟，鸾鸟生庶鸟，凡羽者生于庶鸟。毛犊生应龙④，应龙生建马，建马生麒麟，麒麟生庶兽，凡毛者生于庶兽。介鳞生蛟龙⑤，蛟龙生鲲鲠，鲲鲠生建邪，建邪生庶鱼，凡鳞者生于庶鱼。介潭生先龙⑥，先龙生玄鼋，玄鼋生灵龟，灵龟生庶龟，凡介者生庶于龟⑦。煖湿生窫⑧，煖湿生于毛风，毛风生于湿玄⑨，湿玄生羽风，羽风生煖介，煖介生鳞薄，鳞薄生煖介⑩。

　　五类杂种兴乎外⑪，宵形而蕃⑫。

【注释】

　　①窫（bá）：北宋本原作"突"。《道藏》本作"窫"。据正。俞樾《诸子

平议》认为"窫"字为"胈"字之误。胈（bá），指人身细毛。这里指
人类之祖。

②窫：北宋本原作"容"。刘绩《补注》本作"窫"。据正。

③羽嘉：鸟类的祖先。飞龙：龙有翼者。

④毛犊：兽类祖先。

⑤介鳞：以下文推之，当作"鳞薄"。鱼类祖先。

⑥介潭：龟类祖先。

⑦生庶于龟：刘绩《补注》本作"生于庶龟"。当正。

⑧窫：北宋本原作"容"。刘绩《补注》本作"窫"。据正。

⑨湿玄：动物类的共同祖先。湿，指潮湿的气体。玄，指极细微的
物质。

⑩煖（nuǎn）介：以文义推之，当作"介潭"。煖，《说文》："温也。"煗，
《说文》："温也。"《集韵》缓韵："煗，或作煖、暖、煥。"知煖、煗同。
煖介即煗介。"煖介生鳞薄"，"鳞薄"岂能再生"煖介"？

⑪五类：指上述的人类、兽类、鸟类、鱼类、龟类。

⑫宵：《道藏》本作"肖"。肖，像。蕃：繁殖。

【译文】

胈生出海人，海人生出若菌，若菌生圣人，圣人生出庶人，凡是胈者
一直发展到庶人。羽嘉生出飞龙，飞龙生出凤凰，凤凰生出鸾鸟，鸾鸟
生出庶鸟，凡是有羽毛类一直发展到庶鸟。毛犊生出应龙，应龙生出建
马，建马生出麒麟，麒麟生出庶兽，凡是兽类一直发展到庶兽。鳞薄生
出蛟龙，蛟龙生出鲲鲠，鲲鲠生出建邪，建邪生出庶鱼，凡是有鳞类一直
发展到庶鱼。介潭生出先龙，先龙生出玄鼋，玄鼋生出灵龟，灵龟生出
庶龟，凡是有甲壳类一直发展到庶龟。煖湿生出胈，煖湿又从毛风中产
生，毛风从湿玄中产生，湿玄又产生了羽风，羽风生出煖介，煖介生出鳞
薄，鳞薄生出介潭。

五类不同种类的动物在自然界兴盛起来，它们的形体来源相似，而

各自朝不同方向发展。

日冯生阳阏[①]，阳阏生乔如，乔如生干木，干木生庶木，凡根拔木者生于庶木[②]。根拔生程若，程若生玄玉，玄玉生醴泉，醴泉生皇辜，皇辜生庶草，凡根茇草者生于庶草。海间生屈龙[③]，屈龙生容华[④]，容华生蔈[⑤]，蔈生萍藻，萍藻生浮草，凡浮生不根茇者生于萍藻。

【注释】

①日冯：木类祖先。

②根拔：根生之草的祖先。王念孙《读书杂志》认为"根拔"二字为衍文。拔，通"茇"，草根。

③海间：藻类祖先。

④容华：即芙蓉草花。

⑤蔈(biāo)：水中无根的草。根据以上两则记载，可以制成如下图示。

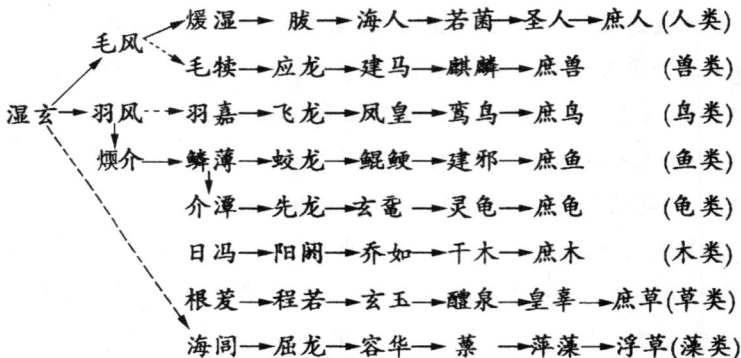

毛风　╱→煖湿→腹→海人→若菌→圣人→庶人(人类)
　　　→毛犊→应龙→建马→麒麟→庶兽　　(兽类)
湿玄→羽风┄→羽嘉→飞龙→凤皇→鸢鸟→庶鸟　(鸟类)
　　　→烦介→鳞薄→蛟龙→鲲鲠→建邪→庶鱼　(鱼类)
　　　　介潭→先龙→玄鼋→灵龟→庶龟　　(龟类)
　　　　日冯→阳阏→乔如→干木→庶木　　(木类)
　　　　根茇→程若→玄玉→醴泉→皇辜→庶草(草类)
　　　　海间→屈龙→容华→蔈→萍藻→浮草(藻类)

(注：虚线部分未见记载，属推断。)

【译文】

日冯生出阳阏,阳阏生出乔如,乔如生出干木,干木生出庶木,凡是木类一直发展到庶木。根芨生出程若,程若生出玄玉,玄玉生出醴泉,醴泉生出皇辜,皇辜生出庶草,凡是草类一直发展到庶草。海闾生出屈龙,屈龙生出容华,容华生出蔓,蔓生出萍藻,萍藻生出浮草,凡是浮游植物无根的一直发展到浮草。

　　正土之气也①,御乎埃天②。埃天五百岁生缺,缺五百岁生黄埃,黄埃五百岁生黄浻③,黄浻五百岁生黄金④,黄金千岁生黄龙,黄龙入藏生黄泉。黄泉之埃,上为黄云,阴阳相薄为雷,激扬为电,上者就下,流水就通,而合于黄海。

【注释】

①正土:及下文偏土、牡土、弱土、牝土,分别代表五方之土,即中央之土、东方之土、南方之土、西方之土、北方之土。也:下文皆无此字。疑衍。

②御:进,上升。埃天:中央之土所产生的气。"埃天"及下文清天、赤天、白天、玄天,是指五方之土所产生的气。

③"埃天"三句:王念孙《读书杂志》云:"生黄埃,黄埃五百岁"八字为衍文。缺,及下文青曾、赤丹、白礜、玄砥,是秦汉炼丹家常用的五种矿物。缺,通"砆"。疑指雄黄。黄浻(hòng),及下文青浻、赤浻、白浻、玄浻,指的是不同颜色的"汞"。《说文》:"浻,丹沙所化为水银也。"

④黄金:"黄金"及下文青金、赤金、白金、玄金,指汞与金矿石化学反应,产生不同的颜色。

【译文】

中央正土之气,形成了埃天。埃天五百年后产生硃,硃五百年后转化成黄埃,黄埃五百年生成黄澒,黄澒五百年生成黄金,黄金千年生出黄龙,黄龙潜藏生出黄泉。黄泉的雾气,上升成为黄云,阴气、阳气相互迫近便成为雷,剧烈碰撞便成为电,上面的云气靠近下面的,流水就形成了,并汇合到黄海之中。

　　偏土之气,御乎清天①。清天八百岁生青曾②,青曾八百岁生青澒,青澒八百岁生青金,青金八百岁生青龙,青龙入藏生青泉。青泉之埃,上为青云,阴阳相薄为(云)雷③,激扬为电,上者就下,流水就通,而合于青海。

【注释】

①清天:王念孙《读书杂志》:"清天"当为"青天"。指东方之天。《太平御览》卷七十《地部》三十五引此正作"青天"。

②青曾:又叫曾青、空青、白青、石胆、胆矾,即天然硫酸铜。

③云:刘绩《补注》本无。当衍。

【译文】

东方偏土之气,形成了青天。青天八百年生出青曾,青曾八百年生出青澒,青澒八百年生出青金,青金八百年生出青龙,青龙潜藏便生出青泉。青泉的雾气,上升成为青云,阴气、阳气相互迫近便成为雷,激烈碰撞便成为电,上面的云气靠近下面的,流水就形成了,并汇合到青海之中。

　　牡土之气,御于赤天。赤天七百岁生赤丹,赤丹七百岁生赤丹①,赤丹七百岁生赤金,赤金千岁生赤龙,赤龙入藏生赤泉。赤泉之埃,上为赤云,阴阳相薄为雷,激扬为电,上者就下,流水就通,而合于赤海。

【注释】

①赤丹:即丹砂。

【译文】

南方牡土之气,形成了赤天。赤天七百年生出赤丹,赤丹七百年生出赤颂,赤颂七百年生赤金,赤金千年生赤龙,赤龙潜藏生出赤泉。赤泉的雾气,上升成为赤云,阴气、阳气相互迫近便成雷,剧烈碰撞便成为电,上面的云气靠近下面的,流水就形成了,并汇合到赤海之中。

弱土之气,御于白天。白天九百岁生白礜①,白礜九百岁生白颂,白颂九百岁生白金,白金千岁生白龙,白龙入藏生白泉。白泉之埃,上为白云,阴阳相薄为雷,激扬为电,上者就下,流水就通,而合于白海。

【注释】

①白礜(yù):一种有毒的矿物,也称毒砂,即硫砒铁矿。

【译文】

西方弱土之气,形成了白天。白天九百年生出白礜,白礜九百年生出白颂,白颂九百年生出白金,白金千年生出白龙,白龙潜藏生出白泉。白泉的雾气,向上成为白云,阴气、阳气相互迫近便成为雷,剧烈碰撞便成为电,上面的云气靠近下面的,流水就形成了,并汇合到白海之中。

牝土之气,御于玄天。玄天六百岁生玄砥,玄砥六百岁生玄砥①,玄砥六百岁生玄金,玄金千岁生玄龙,玄龙入藏生

玄泉。玄泉之埃,上为玄云,阴阳相薄为雷,激扬为电,上者
就下,流水就通,而合于玄海。

【注释】

①玄砥(dǐ):一种黑色矿物。

【译文】

北方牝土之气,形成了玄天。玄天六百年生出玄砥,玄砥六百年生玄颓,玄颓六百年生玄金,玄金千年生玄龙,玄龙潜藏生出玄泉。玄泉的雾气,向上成为玄云,阴气、阳气相互迫近成为雷,剧烈碰撞便成为电,上面的云气靠近下面的,流水就形成了,并汇合到玄海之中。

第五卷　时则训

【题解】

　　人类是大自然的骄子,在自然规律的支配和制约下,生存、繁衍和发展。高诱题解中说:"则,法也。四时、寒暑、十二月之常法也。"

　　本训记载了十二个月中节气、农事、政事、物候、星宿、音律、祭祀、官制等的不同变化,它是古代人民适应自然变化,利用自然规律为人类服务的基本准则,也是长期以来同大自然进行斗争的智慧结晶。它是天子治理天下的主要依据。文末提出"五位"、"六合"、"六度"之说,对天道规律作了进一步的概括。强调只有顺应自然规律,"听政施教"才能成功。其部分内容尚见于《吕氏春秋》之十二纪、《礼记·月令》、《逸周书·时训解》,其雏形当源于《大戴礼记·夏小正》及《管子·五行》。可见它的法规为历代统治者和劳动人民所重视。

　　陶方琦《淮南许注异同诂》:(此)"高注本也。"

　　孟春之月,招摇指寅①,昏参中②,旦尾中③。其位东方④,其日甲乙,盛德在木。其虫鳞⑤,其音角⑥,律中太蔟⑦,其数八⑧,其味酸⑨,其臭膻⑩,其祀户⑪,祭先脾⑫。东风解冻,蛰虫始振苏⑬。鱼上负冰,獭祭鱼⑭,候雁北⑮。

　　天子衣青衣,乘苍龙⑯,服苍玉⑰,建青旗,食麦与羊,服八风水⑱，爨其燧火⑲。东宫御女青色衣⑳，青采，鼓琴瑟。其兵矛，其畜羊。朝于青阳左个㉑，以出春令㉒。布德施惠㉓，行庆赏㉔，省徭赋。

立春之日，天子亲率三公九卿大夫以迎岁于东郊㉕。修除祠位㉖，币祷鬼神㉗，牺牲用牡㉘。禁伐木，母覆巢杀胎夭㉙，母麛母卵㉚，母聚众置城郭㉛，掩骼薶骴㉜。

【注释】

①招摇：星名，北斗杓端第七星。寅：十二地支第三位。

②昏：黄昏。参：西方白虎七宿之一。中：正中南天。

③尾：东方苍龙七宿之一。

④其位东方：指主宰东方之神太皞之位。

⑤鳞：指鳞虫。鱼龙之属。

⑥角：五音之一，属木。

⑦律：律管。中：应。太蔟（còu）：十二律之一。其管长八寸。配正月。

⑧其数八：高诱注：五行数五，木第三，故曰八也。

⑨酸：木味酸。

⑩臭（xiù）：气味。膻（shān）：五臭之一，羊的气味。

⑪其祀户：高诱注：蛰伏之类始动生，出由户，故祀户。按，户，五祀之一。

⑫祭先脾：高诱注：脾属土，陈设俎豆，脾在前。按，一说脾属木。

⑬蛰虫：冬眠的动物。振：振动。苏：苏醒。

⑭獭（tǎ）：水獭。祭鱼：高诱注：是月之时，獭祭鲤鱼于水边，四面陈之，谓之祭鱼。《汉书·郊祀志上》颜师古注：祭有杀死义。

⑮候雁：大雁。北：向北。

⑯苍龙：指八尺以上青色的马。

⑰服：佩带。

⑱服八风水：高诱注：取铜木（盘）中露水服之，八方风所吹。

⑲爨（cuàn）：烧火做饭。萁：豆秸。燧：古代取火的工具。即阳燧。

⑳东宫：指东向的宫室。御女：宫中侍女。

㉑青阳：即明堂。它是一种中方外圆，通达四出的建筑。向东出的叫青阳。左个：东向堂的北头室。个，隔。

㉒春令：宽和的命令。

㉓布：布施。

㉔庆：赏赐。

㉕率：使。三公：周代以太师、太傅、太保为三公。西汉以丞相、太尉、御史大夫为三公。九卿：秦汉时以奉常、郎中令、卫尉、太仆、廷尉、典客、宗正、治粟内史、少府为九卿。迎岁：指迎春。东郊：郭外八里之地。

㉖祠位：神位。

㉗币：圭璧。祷：向鬼神求福。

㉘牺牲：古代用于祭祀的牲畜。牡：雄性。

㉙母：《道藏》本作“毋”。母，同“毋”。夭：通“麇”，麋的幼子叫麇。

㉚麑（mí）：幼鹿叫麑。

㉛聚众：聚合大众。

㉜骼（gé）：骨枯曰骼。薶（mái）：同“埋”，埋藏。骴（cī）：残骨。

【译文】

孟春正月，斗柄招摇指向寅位，黄昏时参星位于南天正中，黎明时尾星位于南天正中。木神太皞的神位在东方，它的天干是甲乙，美盛的德泽属于木。它的代表虫是鱼类，代表音是角，律管由太蔟与之相应。它的序数排列是八，它的主味是酸，气味是膻气，它祭祀的是“户”神，祭祀时把脾放在前面。这个月里东风吹来冰冻解开，冬眠的动物开始苏醒活动。鱼儿向上靠着冰游弋,水獭开始捕杀鱼类,大雁随着季节向北飞去。

天子身穿青色衣裳,驾着青色骏马,佩带青色宝玉,树起绣有龙虎的青色旗帜,吃麦类和羊肉,饮用八方之风吹来的露水,用燧取火燃烧豆萁。东宫的侍女们身穿青色衣服,佩戴青色彩饰,弹奏起琴和瑟。这个月里使用的兵器是矛,畜养的动物是羊。天子月初在明堂东向堂北头室召见群臣,并发出春天宽和的政令。广布德泽、遍施恩惠,施行庆善赏赐,减省徭役和赋税。

立春的时候,天子亲自率领文武百官到东郊八里迎接春天的来临。修整清扫祭坛祭神牌位,用圭璧祈祷鬼神赐福,祭祀用的牺牲都用雄性。禁止砍伐正在生长的树木,不能捣毁鸟巢、不能捕杀怀胎的麑子,不要捕捉幼鹿和产卵的动物,不要聚集大众修筑城郭,要掩埋裸露在外的尸骨。

孟春行夏令,则风雨不时①,草木早落,国乃有恐;行秋令,则其民大疫②,飘风暴雨总至③,黎莠蓬蒿并兴④;行冬令,则水潦为败⑤,雨霜大雹⑥,首稼不入⑦。

【注释】

①时:按时。

②大疫:指大规模的流行病。

③飘风:疾风。总:多次。

④黎:通"藜",一种野草。莠(yǒu):狗尾草。蓬:蓬草。蒿:野蒿。

⑤潦(lǎo):雨水大。

⑥"雨霜"句:《礼记·月令》、《吕览·孟春》并作"雪霜大挚"。挚(zhì),来到。

⑦首稼:即越冬作物。如麦类。《礼记·月令》、《吕览·孟春》作

"首种"。

【译文】

孟春时施行夏季的政令,那么风雨就不能按时到来,草木提早枯落,国家便出现恐慌;孟春时施行秋季的政令,那么百姓中会发生大的瘟疫,狂风暴雨会一起来临,藜莠蓬蒿等杂草繁茂生长;孟春时施行冬季的政令,那么雨水会造成灾害,寒霜、冰雹降落,越冬作物就会没有收成。

正月,官司空①,其树杨。

【注释】

①司空:掌管土木工程的官。

【译文】

正月,官府要管好土地,它的代表树是杨树。

仲春之月,招摇指卯,昏弧中①,旦建星中②。其位东方,其日甲乙,其虫鳞,其音角,律中夹钟③,其数八,其味酸,其臭膻,其祀户,祭先脾。始雨水④,桃李始华,苍庚鸣⑤,鹰化为鸠⑥。

天子衣青衣,乘苍龙,服苍玉,建青旗,食麦与羊,服八风水,爨其燧火⑦。东宫御女青色衣,青采,鼓琴瑟。其兵矛,其畜羊,朝于青阳太庙⑧。命有司⑨,省囹圄⑩,去桎梏⑪,毋笞掠⑫,止狱讼⑬,养幼小,存孤独⑭,以通句萌⑮。择元日⑯,令民社⑰。

是月也,日夜分⑱,雷始发声,蛰虫咸动苏。先雷三日,振铎以令于兆民曰⑲："雷且发声⑳，有不戒其容止者㉑，生子不备，必有凶灾㉒。"令官市㉓，同度量㉔，钧衡石㉕，角斗桶㉖，端权概㉗。毋竭川泽㉘，毋漉陂池㉙，毋焚山林，毋作大事㉚，以妨农功。祭不用牺牲，用圭璧，更皮币㉛。

【注释】

①弧（hú）：又叫弧矢，共九星，位于天狼星东南。因形似弓，故名。

②建星：在斗宿之上，今称人马座，建星属之。

③夹钟：十一律之一。配二月。

④雨水：降雨。又为二十四节气之一，在每年 2 月 19 日或 20 日。

⑤苍庚：即黄莺。

⑥鸠（jiū）：即布谷乌。"鹰"、"鸠"互化，较早见于《大戴礼记·夏小正》。这是古人的误解。

⑦其：《道藏》本作"萁"。

⑧太庙：东向堂中央室。

⑨有司：主狱之官。

⑩省：赦免，减免。囹圄（líng yǔ）：监狱。

⑪桎梏（zhì gù）：拘束犯人手脚的刑具。

⑫笞（chī）掠：鞭打。

⑬止：禁止。狱讼：诉讼之事。即打官司。

⑭存：抚养。孤独：无父曰孤，无子曰独。

⑮句萌：草木出土时，弯的叫句，直的叫萌。

⑯元日：最好的日子。即吉日。

⑰社：祭祀的土地神为社。

⑱日夜分：即春分。白天、黑夜时间大致平分。分，等。

⑲铎：古代铜制打击乐器。金口木舌为木铎，金舌为金铎。兆：极多。

⑳且：将要。

㉑容止：动静。指房事。

㉒"生子"二句：高诱注：以雷电合房至者，生子必有喑聋、通精（疑为眼疾）、痴狂之疾。所以说不加防备，"必有凶灾"。

㉓官市：官府掌管的市场。

㉔度：长度。量：重量。

㉕钧：通"均"，平均。衡：指秤。

㉖角：平。斗桶：北宋本原作"斗称"。《吕览·孟春》高诱注作"斗桶"。《礼记·月令》作"斗甬"。桶，古量器名。王念孙《读书杂志》云："称"皆当为"桶"。据正。

㉗端：校正。权：秤锤。概：刮平斗斛的器具。

㉘竭：使枯竭。

㉙漉（lù）：使干涸。陂（bēi）：池塘。

㉚大事：指征伐、修建、戍边等事。

㉛更：代替。皮：指鹿皮。币：指红黑色的丝帛。

【译文】

仲春二月，斗柄招摇指向卯位，黄昏时弧星位于南天正中，黎明时建星位于南天正中。太皞的神位在东方，它的天干是甲乙，它的代表虫是鳞虫，代表音是角，律管与夹钟相对应，它的序数是八，主味是酸，气味是膻，它祭祀的是户神，祭祀中把脾放在前面。这时开始降雨，桃树、李树开花，黄莺鸣叫，鹰化为布谷鸟。

天子身穿青色衣裳，乘坐青色骏马，佩带青色美玉，树起绣有龙虎的青色旗帜，吃麦类和羊肉，饮用八方之风吹来的露水，用燧取火燃烧豆萁。东宫的御女们身穿青色衣服，佩戴青色彩饰，弹奏起琴瑟。这个月使用的兵器是矛，畜养的动物是羊，天子在东向堂中央室朝见大臣。命令刑狱之官，赦免罪行较轻的罪犯，脱去束缚犯人的刑具，不准鞭打犯人，停止官司之争，抚育幼小，存恤孤独，并进而使仲春的阳气，通达草木。选择最好的日子，让百姓祭祀土地之神。

在这个月里，白天、黑夜平分，雷开始发出轰鸣之声，冬眠的动物全部苏醒活动。在预计打雷之前三天，敲起大铃来告诫老百姓说："雷将要震鸣，如果有不戒备房事举止的人，生子必定要发生疾病等凶灾。"命令管理市场的官员，统一长度、容量单位，使秤和重量标准平正，均等容器斗、桶的标准，校正秤锤和刮平斗斛的器具。不要使川泽之水枯竭，不要用完池塘的水，不能毁坏山林，不要干征伐、戍边等大事，以致妨碍农业生产。祭祀时不要用处于生殖期的牲畜，换用圭璧，改用鹿皮、彩色丝帛来代替。

　　仲春行秋令，则其国大水，寒气总至，寇戎来征①。行冬令，则阳气不胜，麦乃不熟，民多相残②。行夏令，则其国大旱，暖气早来，虫螟为害③。

【注释】

①征：征讨。

②残：残杀。

③螟：食心虫叫螟虫。

【译文】

仲春时节施行秋季的政令，那么国家会发生大的水灾，寒气经常来临，盗贼敌寇便来侵扰。仲春时节施行冬季的政令，那么阳气抵挡不住阴气，麦子便不能成熟，百姓无食而互相残杀。仲春时节施行夏季的政令，那么国家便会发生大的旱灾，暖气提早来到，虫螟为害农作物。

　　二月，官仓，其树杏。

【译文】

二月，官府要管好粮仓，它的代表树是杏树。

季春之月，招摇指辰，昏七星中①，旦牵牛中②。其位东方，其日甲乙，其虫鳞，其音角，律中姑洗③，其数八，其味酸，其臭膻，其祀户，祭先脾。桐始华④，田鼠化为鴽⑤，虹始见，萍始生⑥。

天子衣青衣，乘苍龙，服苍玉，建青旗，食麦与羊，服八风水，爨其燧火。东宫御女青色衣，青采，鼓琴瑟。其兵矛，其畜羊，朝于青阳右个⑦。舟牧覆舟⑧，五覆五反⑨，乃言具于天子⑩。天子乌始乘舟⑪，荐鲔于寝庙⑫，乃为麦祈实。

是月也，生气方盛，阳气发泄⑬，句者毕出，萌者尽达，不可以内⑭。天子命有司，发囷仓⑮，助贫穷⑯，振乏绝⑰，开府库，出币帛，使诸侯，聘名士，礼贤者。命司空，时雨将降，下水上腾，循行国邑，周视原野⑱，修利堤防，导通沟渎⑲，达路除道，从国始⑳，至境止。田猎毕弋㉑，罝罘罗网㉒。馈毒之药㉓，毋出九门㉔。乃禁野虞㉕，毋伐桑柘㉖。鸣鸠奋其羽㉗，戴鵀降于桑㉘。具朴曲筥筐㉙，后妃斋戒㉚，东乡亲桑㉛，省妇使㉜，劝蚕事。命五库㉝，令百工，审金铁、皮革、筋角、箭干、脂胶、丹漆，无有不良。择下旬吉日，大合乐㉞，致欢欣㉟。乃合累牛腾马游牝于牧㊱。令国傩㊲，九门磔攘㊳，以毕春气。行是月令，甘雨至三旬。

【注释】

①七星：南方朱雀七宿之一。

②牵牛：北方玄武七宿之一。

③姑洗：十二律之一。配三月。

④桐：梧桐。

⑤田鼠：《吕览·季春》高诱注作"鼹（xiàn）鼠"。也叫香鼠，灰色短尾，能颊中藏食。鴽（rú）：鹌鹑之类的小鸟。夏出秋藏，昼伏夜出。古人因两种动物颜色、特性相近，误以为是互变而来。

⑥萍：水藻类。

⑦青阳右个：东向堂南头室。

⑧舟牧：管理舟船的官员。

⑨覆：反复。

⑩具：完备。

⑪乌：高诱注：安也。按，《吕览·季春》作"焉"。《礼记·月令》无"乌"、"焉"字。

⑫荐：进献。鲔（wěi）：一种鱼。今称鲟（xún）鱼。寝庙：古代宗庙中寝和庙的合称。庙是接神之处，其处尊，故在前。寝是衣冠所藏之处，对庙而卑，故在后。

⑬发泄：布散。

⑭内：通"纳"，收纳。

⑮囷（qūn）：圆形的谷仓。

⑯贫：无财叫贫。穷：鳏寡孤独叫穷。

⑰振：救济。

⑱周：周遍。

⑲渎：河流。

⑳国：国都。

㉑毕：收藏网罗。弋：带绳的箭。

㉒罝（jū）：捕兽的网。罦（fú）：捕兔的网。

㉓馁（něi）毒：即喂兽的毒药。馁，喂。《吕览·季春》、《礼记·月

令》作"偻（wèi）"。

㉔九门：高诱注：天子城门十二，东方三门，王气所在，偻兽之毒药所不得出，尚生育。兼余九门得出，故特戒之。

㉕野虞（yú）：官名。主管田野及山林。

㉖柘（zhè）：柘树，一种常绿灌木。

㉗鸣鸠：即斑鸠。奋：鸟展翅。

㉘戴鵀（rén）：即戴胜鸟。

㉙具：准备。朴：王念孙《读书杂志》认为当是"栚"字之误。"栚（zhèn）"为关中方言。指架蚕箔的木头。曲：蚕箔。用苇或竹编成的饲蚕用具。筥（jǔ）：圆形的竹筐。

㉚后妃：王后和妃子。斋戒：古代在祭祀前整洁身心。

㉛乡：通"向"。亲桑：亲自采桑。

㉜妇使：妇人的职事。

㉝五库：指贮藏诸物之库。

㉞大合乐：大合六乐。

㉟致：得到。

㊱合：交合。即交配。㹓（léi）牛：公牛。腾马：公马。牝：母畜。

㊲傩（nuó）：古代腊月驱逐疫鬼、祓除不祥的一种仪式。

㊳磔（zhé）：古代分裂牲畜的肢体，以祭祀鬼神。攘（rǎng）：攘除。

【译文】

季春三月，斗柄招摇指向辰位，黄昏时七星位于南天正中，黎明时牵牛星位于南天正中。太皞的神位在东方，它的天干是甲乙，它的代表虫是鳞虫，代表音是角，律管中姑洗与之相对应，它的序数是八，主味是酸，气味是膻的，它祭祀的是户神，祭祀时把脾放在前面。这时梧桐开始开花，田鼠转化为鴽之类，彩虹开始出现，水中萍藻开始生长。

天子身穿青色衣服，乘坐青色骏马，佩带青色美玉，树起绣有龙虎的青旗，吃麦制品和羊，饮八方之风吹来的露水，用燧取火燃烧豆萁。

东宫的御女们身穿青色衣服,佩戴青色彩饰,弹奏的是琴瑟。这个月使用的兵器是矛,代表畜是羊,天子在东向堂南头室朝见大臣。管理舟船的官员多次检查舟船质量,经过五次反复之后,才向天子说准备停当。天子在这时开始安全地乘船,向祖宗的寝庙进献鲟鱼,并为麦子祈求丰收。

这个月里,生命的气象旺盛,阳气布散开来,草木弯曲的全部长出,直立的全都向上生长,不能够把它们控制住。天子命令主管官员,打开粮仓,资助贫穷,赈救困乏之人,打开府库,拿出丝帛等财物,出使诸侯国,招聘有名德之人,礼遇贤德之士。命令主管水土之官,应时之雨即将来临,低处的水将向上泛滥,要顺次巡行国家都邑,普遍察看郊外平原,修筑堤坝,疏通沟渎,清除路障,使道路畅通,从国都开始,一直到达边境。捕猎完全停止,收藏起罗网和弓箭。毒杀野兽的食物,不准带出国都之门。禁止主管山林之官,去砍伐养蚕用的桑树、柘树。斑鸠展翅高飞,戴胜鸟降落到桑枝上。这时要准备养蚕用的蚕架、蚕箔和竹筐,王后、妃子斋戒之后,在向着东方的地方亲自采摘桑叶,并减少妇人的其他职事,勉励妇人勤劳蚕事。命令掌管五库的官员,指使各种工匠,审查金铁、皮革、筋角、箭干、脂胶、丹漆的质量,有没有不好的。选择三月下旬的一个好日子,大合众乐,使君臣人民得到欢乐。在牧场上使公牛、母牛与公马、母马进行交配。命令在国都举行驱逐疫鬼的仪式,在国都九门之内杀死牲畜,用来攘除未尽的春气。实行这个月的节令,喜雨每旬就会来临一次。

季春行冬令,则寒气时发,草木皆肃①,国有大恐;行夏令,则民多疾疫,时雨不降,山陵不登②;行秋令,则天多沉阴③,淫雨早降,兵革并起。

【注释】

①肃：萧疏。

②登：收成。

③沉阴：云层厚密。

【译文】

　　季春施行冬季的政令，那么寒气会时时发生，草木就会凋落，国家就会发生大的恐慌；季春施行夏季的节令，那么百姓就会产生众多的疾病，雨水不能按时降临，山陵的物产没有收成；季春施行秋季的政令，那么就会阴云密布，过量的雨水提前来到，战争就会兴起。

　　三月，官乡①，其树李。

【注释】

①"三月"二句：高诱注：三月管理民众户口，故官乡。按，乡，即乡官。

【译文】

　　三月，官府管好户籍人口，它的代表树是李树。

　　孟夏之月，招摇指巳，昏翼中①，旦婺女中②。其位南方③，其日丙丁，盛德在火。其虫羽④，其音徵⑤，律中仲吕⑥，其数七，其味苦，其臭焦，其祀灶⑦，祭先肺。蝼蝈鸣⑧，丘蚓出⑨，王瓜生⑩，苦菜秀⑪。

　　天子衣赤衣，乘赤骝⑫，服赤玉，建赤旗，食菽与鸡⑬，服八风水，爨柘燧火。南宫御女赤色衣，赤采，吹竽笙⑭。其兵戟⑮，其畜鸡，朝于明堂左个⑯，以出夏令。

　　立夏之日，天子亲率三公九卿大夫以迎岁于南郊⑰。还乃赏赐,封诸侯,修礼乐⑱,飨左右⑲。命太尉⑳,赞杰俊㉑,选贤良,举孝悌,行爵出禄㉒。佐天长养,继修增高,无有隳坏㉓。毋兴土功,毋伐大树。令野虞,行田原,劝农事,驱兽畜,勿令害谷。天子以彘尝麦,先荐寝庙。聚畜百药,靡草死㉔,麦秋至㉕,决小罪,断薄刑。

【注释】

①翼:南方朱雀七宿之一。

②婺(wù)女:也叫须女。北方玄武七宿之一。

③"其位"句:指炎帝之神治南方。

④羽:鸟类动物,凤凰为首。

⑤徵(zhǐ):五音之一。

⑥仲吕:十二律之一,配四月。

⑦灶:高诱注:祝融、吴回为高氏辛火正,死为火神,托祀于灶。是月火王,故祀灶。

⑧蝼蝈(lóu guō):高诱注:蝼,蝼蛄。蝈,蝦蟆。《礼记·月令》郑玄注作"蝼蝈,蛙也"。《吕览·孟夏》高诱注:蝼蝈,蝦蟆也。

⑨蚓:北宋本原作"蝈"。《道藏》本、《礼记·月令》并作"蚓"。据正。

⑩王瓜:即土瓜。

⑪苦菜:菊科苦苣菜属和莴苣属的植物。

⑫赤骝(liú):赤黑色骏马。

⑬菽:豆类。

⑭竽:一种似笙的乐器。笙:管乐器名。大者九簧,小者十三簧。

⑮戟:古代一种兵器。

⑯明堂:古代宣明政教的地方。凡朝会、祭祀、庆赏、选士、养老、教

学,均在此举行。左个:南向堂东头室。

⑰迎岁:迎夏。南郊:七里之郊。

⑱修:修治,演奏。

⑲飨(xiǎng):用酒食招待。

⑳太尉:秦、西汉时军队首脑。

㉑赞:选拔。

㉒爵:爵位。

㉓隳(huī):毁坏。

㉔靡(mí)草:亭历之类。其枝叶细靡,故称靡草。

㉕麦秋至:蔡邕《月令章句》:百谷各以其初生为春,熟为秋,故麦以 孟夏为秋。

【译文】

孟夏四月,北斗斗柄招摇指向巳位,黄昏时翼星位于南天正中,黎明时婺女星位于南天正中。火神炎帝的神位在南方,它的天干是丙丁,盛德属火。它的代表虫是鸟类,代表音是徵,十二律中与之相应的是仲吕,它的序数排列是七,主味是苦,气味是焦气,它祭祀的是灶神,祭祀时把肺放在前面。这时青蛙开始鸣叫,蚯蚓从地下钻出来,土瓜生长,苦菜结实。

天子身穿红色衣服,乘坐红黑色骏马,佩带红色宝玉,树起红色旗帜,吃豆类和鸡,饮用八方之风吹来的露水,用燧取火燃烧柘木。南宫的御女们身穿红色衣服,佩戴红色彩饰,吹奏竽和笙。这个月使用的兵器是戟,畜养的家禽是鸡,天子在明堂南向堂东头室朝见群臣,并且颁布夏天的政令。

立夏那一天,天子亲自率领文武百官到南郊七里迎接夏天的来临。回朝以后,赏赐有功者,割土分封诸侯,行大礼,奏雅乐,宴飨群臣。命令太尉,选拔有才能的杰出人才,推举品行优良贤德之人,举用孝悌之士,授给爵位、赐予俸禄。帮助物类生长繁衍,继续使之增长,不要有所损害。不要兴建土木工程,不要砍伐大的树木。命令管理山野之官,巡行田野,劝勉农民努力耕作,驱逐田里的野兽家畜,不让践踏庄稼。天子让猪先尝将成熟的麦子,然后首先进献给祖宗寝庙。采集各种成熟的药物,亭历开始枯死,春麦成熟,判决轻罪之人,施行轻的刑法。

　　孟夏行秋令,则苦雨数来^①,五谷不滋,四邻入保^②;行冬令,则草木早枯,后乃大水,败坏城郭;行春令,则螽蝗为败^③,暴风来格^④,秀草不实。

【注释】

①苦雨:久下成灾的雨。

②邻:《礼记·月令》、《吕览·孟夏》皆作"鄙",边邑义。保:保守生命。

③螽(zhōng)蝗:《吕览·孟夏》作"虫蝗",《礼记·月令》作"蝗虫"。

④格:来临。

【译文】

　　孟夏施行秋季的政令,那么就会频繁降雨,五谷不能生长,四方边鄙之人涌入城堡以求生;孟夏施行冬季的政令,那么草木就会提早枯死,而后便会发大水,城郭都会遭到破坏;孟夏施行春天的政令,那么就会蝗虫为害,暴风来临,草木不结果实。

　　四月,官田^①,其树桃。

【注释】

①田:《礼记·月令》郑玄注:田谓田畯(jùn),主农之官。

【译文】

四月，官府劝勉农事，它的代表树是桃树。

仲夏之月，招摇指午，昏亢中①，旦危中②。其位南方，其日丙丁，其虫羽，其音徵，律中蕤宾③，其数七，其味苦，其臭焦，其祀灶，祭先肺。小暑至④，螳蜋生⑤，䴗始鸣⑥，反舌无声⑦。

天子衣赤衣，乘赤骝，服赤玉，载赤旗，食菽与鸡，服八风水，爨柘燧火。南宫御女赤色衣，赤采，吹竽笙。其兵戟，其畜鸡，朝于明堂太庙⑧。命乐师⑨，修鞀鞞、琴瑟、管箫，调竽篪⑩，饰钟磬⑪，执干戚戈羽⑫。命有司，为民祈祀山川百原，大雩帝⑬，用盛乐⑭。天子以雏尝黍⑮，羞以含桃⑯，先荐寝庙。禁民无刈蓝以染⑰，毋烧灰，毋暴布⑱，门闾无闭⑲，关市无索⑳。挺重囚㉑，益其食。存鳏寡，振死事㉒。游牝别其群，执腾驹㉓，班马政㉔。日长至㉕，阴阳争㉖，死生分㉗。君子斋戒，慎身无躁，节声色，薄滋味，百官静㉘，事无径㉙，以定晏阴之所成㉚。鹿角解，蝉始鸣，半夏生㉛，木堇荣㉜。禁民无发火，可以居高明，远眺望，登丘陵，处台榭㉝。

【注释】

①亢：东方苍龙七宿之一。

②危：北方玄武七宿之一。

③蕤宾：十二律之一，配五月。

④小暑：小的暑热。亦为二十四节气之一，每年 7 月 7 日或 8 日。

⑤螳蜋：又名天马。

⑥鴂(jué)：鸟名，又叫伯劳。

⑦反舌：高诱注：反舌，百舌鸟。能辨变其舌，反易其声，以效百鸟之鸣，故谓百舌无声。

⑧明堂太庙：南向堂中央室。

⑨乐师：乐官之长。

⑩鞀：有柄的小鼓。鼙(pí)：军鼓。一说骑鼓。篪(chí)：古管乐器。

⑪磬：古代石制的敲击乐器。

⑫干：盾牌。戚：斧子。羽：舞蹈者指挥乐舞的道具。

⑬大雩(yú)：大旱求雨的祭祀。帝：上帝。

⑭盛乐：指六代之乐。

⑮雏：北宋本原作"雄"。刘绩《补注》本正文改作"雏"。《礼记·月令》、《吕览·仲夏》亦作"雏"。据正。

⑯羞：进献。含桃：即樱桃。

⑰刈(yì)：割。蓝：蓼蓝。可用来染制衣服。

⑱暴(pù)：后作"曝"，晒。

⑲门闾：城门、巷道。

⑳关：关塞。市：市场。索：指征税。

㉑挺：缓刑。

㉒振：救济。死事：为国死难之事。

㉓执：通"絷"，羁系。驹：马五尺以下为驹。

㉔班：告诉。马政：掌马之官。

㉕日长至：即夏至。长，北宋本原作"短"，刘绩《补注》本改作"长"。《吕览·仲夏》、《礼记·月令》并作"长"。据正。

㉖阴阳争：阴气始升，阳气压之，所以叫"争"。

㉗死生分：指有的草木生长，而荠、麦、亭历等枯死。分，分别。

㉘百官：指百事。

㉙径：急速。

㉚晏：平安。阴：微阴。一说晏阴即微阴。阴气将始，故曰微阴。

㉛半夏：药草名。生夏之半，故名。

㉜木堇（jǐn）：木名。落叶灌木，夏、秋开红、白或紫红花，朝开暮敛。堇，通"槿"。

㉝台榭：积土四方而高为台，台加屋为榭。

【译文】

仲夏五月，北斗斗柄指向午位，黄昏时亢星位于南天正中，黎明时危星位于南天正中。火神炎帝的神位在南方，它的天干是丙丁，它的代表虫是鸟类，代表音是徵，律管中与之相对应的是蕤宾，它的代表数是七，主味是苦的，气味是焦气，它祭祀的是灶神，祭祀中把肺放在前面。这时小的暑热到了，螳螂生出来了，伯劳鸟开始鸣叫，百舌鸟却哑然无声。

天子身穿红色衣服，驾赤黑色骏马，佩带红色美玉，树起红色的旗帜，吃豆类和鸡肉，饮八方之风吹来的露水，用燧取火燃烧柘木。南宫侍女们身穿红色衣服，佩戴红色彩饰，吹奏竽和笙。这个月使用的兵器是戟，畜养的动物是鸡，天子在明堂太庙朝见群臣。命令乐师修治好小鼓、军鼓、琴、瑟、管、箫，调整好竽、篪，装饰起大钟、石磬，手执盾牌、大斧、戈和用来指挥的羽饰。命令主管官员，为老百姓祈祷祭祀高山、大川和各个水源，旱天到来举行盛大雩祭向天求雨，使用极隆重的六代之乐。天子让小鸡品尝成熟的谷物，把新熟的樱桃，首先进献给祖先的寝庙。禁止老百姓采割蓝草来染制衣服，不要砍伐树木烧灰肥田，不能暴晒葛麻织成的布，不要关闭城门、巷道，不去关塞、市场征索税收。缓解重囚的刑罚，增加他们的饮食。抚恤鳏寡之人，救济死于国事之人的亲属。把怀孕的母马从马群中分开，将雄健的小马套上马络头，并且告诫管马的官员。这个月夏至白天长、夜里短，阴、阳二气交争，有的草木死去、有的生长。暑热到来君子要整洁身心，谨慎行止，不要急躁，节制音乐和美色，食用清淡食物，百事安静，行事不要急切，以便平安地促成微阴之时事情的成功。鹿角开始脱落,蝉振翼鸣叫,半夏生长,木槿开花。禁止百姓燃火,可以居留在高爽而明亮之处,眺望远方,登上丘陵,处在高高的台榭之中。

仲夏行冬令,则雹、霰伤谷①,道路不通,暴兵来至;行春令,则五谷不熟,百螣时起②,其国乃饥;行秋令,则草木零落,果实蚤成③,民殃于疫。

【注释】

①霰(xiàn):雨雪混杂。

②百螣(tè):蝗类昆虫。

③蚤:通"早",提早。

【译文】

仲夏季节施行冬季的政令,那么冰雹、雪粒会打坏谷物,道路不能够畅通,残暴的士兵来危害百姓;仲夏施行春天的政令,那么五谷就不能成熟,蝗类等各种昆虫便趁机兴起,国家将会发生大的饥荒;仲夏施行秋天的政令,那么草木就会凋落,果实提早成熟,百姓会面临疾病的威胁。

五月,官相①,[其]树榆②。

【注释】

①相(xiàng):辅佐君王的大臣。

②[其]树榆:北宋本原作"树榆"。刘绩《补注》本作"其树榆"。据补。

【译文】

五月,官府重视辅佐之人,它的代表树是榆树。

季夏之月,招摇指未,昏心中①,旦奎中②。其位中央,其日戊己③,盛德在土。其虫蠃④,其音宫⑤,律中百钟⑥,其数五,其味甘,其臭香,其祀中雷⑦,祭先心。凉风始至,蟋蟀居奥⑧,鹰乃学习⑨,腐草化为蚈⑩。

天子衣苑黄⑪,乘黄骝,服黄玉,建黄旗,食稷与牛,服八风水,爨柘燧火。中宫御女黄色衣⑫,黄采。其兵剑,其畜牛,朝于中宫。乃命渔人伐蛟取鼍⑬,登龟取鼋⑭。令潦人⑮,入材苇。命四监大夫,合百县之秩刍⑯,以养牺牲,以共皇天上帝、名山大川、四方之神、宗庙社稷⑰,为民祈福。行惠令,吊死问疾⑱,存视长老⑲,行秠鬻⑳,厚席蓐㉑,以送万物归也。命妇官染采㉒,蟰黻文章㉓,青黄白黑,莫不质良,以给宗庙之服㉔,必宣以明㉕。是月也,树木方盛,勿敢斩伐。不可以合诸侯,起土功,动众兴兵,必有天殃。土润溽暑㉖,大雨时行,利以杀草,粪田畴㉗,以肥土疆㉘。

【注释】

①心:东方苍龙七宿之一。

②奎:西方白虎七宿之一。

③"其位"二句:黄帝之神治理中央。戊己,代表土日。

④蠃:通"倮",蠃虫,麟为之长。《礼记·月令》正作"其虫倮"。

⑤宫:五音之首。

⑥百钟:即林钟。十二律之一,配六月。

⑦中霤(liù)：古代五祀之一。指室的中央，祭祀后土之神。又叫宅神。

⑧奥：指屋子西南角。这里指墙壁。《礼记·月令》作"壁"。

⑨习：鸟举翅试飞。

⑩腐草：即烂草。蚒(qiān)：一说为萤火虫。《礼记·月令》作"萤"。高诱注作"马蚿"。即百足虫。这两种虫的成虫都是在腐草中生活的。

⑪苑黄：吴承仕《淮南旧注校理》云：《说文》："䵼，黑有文也。"此"苑黄"之"苑"，以同音假为"䵼"。按，䵼(yuè)黄，指黄黑色。

⑫中宫：即明堂中央之宫。

⑬渔人：渔官。《礼记·月令》作"渔师"。蛟：有鳞甲能发水的一种龙。鼍(tuó)：鳄鱼的一种。俗称"猪婆龙"，皮可制鼓。

⑭登：升，送到。鼋(yuán)：鳖。

⑮滂人：掌管池泽的官。《礼记·月令》作"泽人"。

⑯"命四监"二句：高诱注：周制，天子地方千里，分为百县，县有四郡，郡有四鄙。四监，监四郡大夫。按，合，北宋本原作"令"。《吕览·季夏》作"合"。据正。《礼记·月令》作"大合"。秩刍(chú)：即按规定交纳牲口吃的草料。

⑰皇天：上天。

⑱吊：悼念死者。

⑲存：问候。

⑳秄(fū)：指谷皮。字当作"稃(fú)"，指粥类食物。鬻(zhōu)，即粥。

㉑席蓐(rù)：席子，草垫子。供埋葬死人用。

㉒妇官：管理宫中作坊的女官。

㉓黼黻(fǔ fú)：白与黑谓之黼，黑与青谓之黻。文章：青与赤谓之文，赤与白谓之章。

㉔给(jǐ)：供给。

㉕宣：遍。明：鲜明。

㉖溽（rù）：湿热。

㉗粪：肥田。田畴（chóu）：田地。

㉘土疆：土地。疆，界畔。

【译文】

季夏六月，北斗斗柄指向未位，黄昏时心宿正当南天，黎明时奎星正当南天。黄帝之神统治中央，它的天干是戊己，美盛的德泽属土。它的代表虫是臝虫，代表音是宫音，律管中和它相应的是百钟，它的代表数是五，主味是甘，气味是香气，它祭祀的是中霤神，祭祀时把心脏放在前面。这时凉风开始吹来，蟋蟀居留在墙壁下，雏鹰开始练习飞行，腐草化为马蚿。

天子身穿黄黑色衣，乘坐黄黑色骏马，佩带黄色宝玉，树起黄色旗帜，吃谷类和牛肉，饮用八方之风吹来的露水，用燧取火燃烧柘木。中宫侍女身穿黄色衣，佩戴黄色彩饰。这个月使用的兵器是剑，畜养的动物是牛，天子在中宫朝见大臣。于是命令掌管渔业之官杀死蛟龙、猎取鳄鱼，把龟壳送入宗庙、取鼋来食用。命令掌管池泽之官，送上芦苇等柴草。命令四监大夫，收集百县上交的蒿草，用来养活供祭祀用的牲畜，以便用它们祭祀皇天上帝、名山大川、四方神灵、宗庙社稷，来为百姓祈祷幸福。施行宽缓的政令，悼念死者、慰问病者，探视长老，施舍饭食，礼葬死者，以便送万物回归。命令女官染制衣服，白黑、青赤等文饰两两搭配，青黄白黑色彩鲜明，没有不是质地优良的，用来供给祭祀宗庙的礼服，必须全备而鲜明。在这个月里，树木生长茂盛，不要去砍伐它。不能够会盟诸侯，如果兴办土木工程，劳动大众、兴起兵戈，必然遭到上天的惩罚。这个月土地潮湿温度高，常有雷震暴雨，有利于砍草沤肥，将粪施于田间，以增加土地肥力。

季夏行春令，则谷实解落，多风咳①，民乃迁徙；行秋令，则丘隰水潦^②,稼穑不熟,乃多女灾^③;行冬令,则风寒不时,鹰隼蚤挚^④,四鄙入保^⑤。

【注释】

①多风咳:《吕览·季夏》、《礼记·月令》"多"前有"国"字。风咳,受风咳嗽。

②隰(xí):低洼之地。

③女灾:即生子不育。

④隼(sǔn):一种凶猛的鸟,也叫鹘(chú)。挚:通"鸷(zhì)",击杀小鸟。

⑤四鄙:四方边邑之地。

【译文】

季夏之时施行春季节令,那么五谷果实就会脱落,人民多会受风咳嗽,百姓便会迁移;季夏之时施行秋季的政令,那么高丘洼地都会发生水灾,庄稼不能成熟,还会出现女人生子不育的情况;季夏之时施行冬季的政令,那么风雨寒凉就不会按时到来,鹰隼等凶禽提早捕杀飞鸟,四方边邑发生灾荒,并逃入城邑以求保命。

六月,官少内^①,其树梓^②。

【注释】

①少(shào)内:汉代主管官中府藏的官员。

②梓:木名,木质轻,常用来制琴瑟。

【译文】

六月,官府要重在收藏粮食,它的代表树是梓。

孟秋之月,招摇指申,昏斗中①,旦毕中②。其位西方③,其日庚辛,盛德在金。其虫毛④,其音商,律中夷则⑤,其数九,其味辛,其臭腥,其祀门,祭先肝。凉风至,白露降⑥,寒蝉鸣⑦,鹰乃祭鸟⑧,用始行戮⑨。

天子衣白衣,乘白骆⑩,服白玉,建白旗,食麻与犬⑪,服八风水,爨柘燧火。西宫御女白色衣,白采,撞白钟。其兵戈,其畜狗。朝于总章左个⑫,以出秋令。求不孝不悌、戮暴傲悍而罚之⑬,以助损气⑭。

立秋之日,天子亲率三公九卿大夫以迎秋于西郊⑮。还,乃赏军率武人于朝⑯。命将率选卒厉兵⑰,简练桀俊⑱,专任有功,以征不义,诘诛暴慢⑲,顺彼四方⑳。命有司,修法制,缮囹圄㉑,禁奸塞邪,审决狱㉒,平词讼㉓。天地始肃㉔,不可以赢㉕。是月农始升谷㉖,天子尝新,先荐寝庙。命百官,始收敛,完堤防,谨障塞,以备水潦,修城郭,缮宫室。毋以封侯、立大官、行重币、出大使。行是月令,凉风至三旬。

【注释】

①斗:北方玄武七宿之一。

②毕:西方白虎七宿之一。

③其位西方:高诱注:少皞之神治西方。

④毛:指兽类。虎为之长。

⑤夷则:十二律之一,配七月。

⑥白露:秋天的露水。也为二十四节气之一。每年9月7日或8日。

⑦寒蝉鸣:寒蝉(青蝉)得寒气鼓翼而鸣,以应节气。

⑧鹰乃祭鸟:高诱注:是月鹰搏鸷,杀鸟于大泽之中,四面陈之,世

谓之祭鸟。

⑨用始:《吕览·孟夏》作"始用"。戮:杀戮。

⑩骆(luò):白马黑毛曰骆。

⑪麻:陈奇猷《吕氏春秋校释》之《孟秋》按:麻为穈(méi)之省文。
　　按,《说文》段玉裁注:"穈,黍之不粘者。"即穈(méi)子。

⑫总章:西向堂。左个:南头室。

⑬孝:孝敬父母。悌:弟顺兄长。戮(lù)暴:即残暴。傲悍:骄傲,
　　凶悍。

⑭损气:阴气。

⑮西郊:郊外九里之地。

⑯军率:军将。率,通"帅"。武人:勇武立功名之人。

⑰厉:磨砺。

⑱简练:精心训练。简,选练。桀:通"杰"。

⑲诘(jié):查办。暴慢:残暴傲慢。

⑳顺:循。

㉑缮:修治。

㉒决:断。狱:案件。

㉓平:处理。

㉔肃:杀气。

㉕赢(yíng):昌盛,兴盛。

㉖升:进献。

【译文】

孟秋七月,斗柄招摇指向申位,黄昏时斗宿正中南天,黎明时毕星
正中南天。少昊的神位在西方,它的天干是庚辛,美盛的德泽属金。它
的代表虫是兽类,代表音是商,律管中与之相应是夷则,它的代表数是
九,主味是辛,气味是腥气,它祭祀的是门神,祭祀时把肝放在前面。这
时凉风吹来,白露降落,青蝉鼓翼而鸣,苍鹰开始捕杀飞禽,这时官府开

始杀戮罪人。

　　天子身穿白色衣服,乘坐白色骏马,佩带白色宝玉,树起白色旗帜,吃糜子和狗肉,饮用八方之风吹来的露水,用燧取火燃烧柘木。西宫侍女身穿白色衣服,佩戴白色彩饰,撞击白钟。这个月代表兵器是戈,畜养动物是狗。天子在西向堂南头室朝见群臣,而发布秋季的政令。查处不孝不悌残暴骄慢凶悍之徒,来助成阴气的到来。

　　立秋的那一天,天子亲自率领三公九卿文武百官到西郊九里迎接秋天的到来。归来后,在朝廷上赏赐军将以及武勇立功之人。命令军将挑选士卒,磨砺兵器,精心训练具有杰出才能的人,专门任用作战有功人员,来征讨不义的国家,查办诛杀那些暴虐傲慢的人,从而顺应天下人的愿望。命令法律主管部门,修订法规,整治监狱,禁止奸人、堵塞邪路,判决案件,决裁官司。天地间开始充满肃杀之气,万物不再兴盛。这个月里农民开始进献谷物,天子要先加以品尝,首先奉献给祖先的宗庙。命令百官,开始收敛赋税,修筑堤坝,谨防障碍阻塞,防备水患到来,修葺城郭,整治宫室。在这个月里不要封侯、不立高官、不赐予黄金丝帛、不派出大使。实行这个月的节令,凉风三旬之中各来一次。

　　孟秋行冬令,则阴气大胜,介虫败谷^①,戎兵乃来^②;行春令,则其国乃旱,阳气复还,五谷充实;行夏令,则冬多火灾,寒暑不节,民多疟疾。

【注释】

　　①介虫:有介壳之类的动物。《吕览·孟秋》高诱注指"龟属"。

　　②戎兵:军队。指敌军。

【译文】

　　孟秋季节施行冬季的政令,那么阴气会特别强盛,龟类等动物会败坏谷类,敌军便来侵扰;孟秋施行春季政令,那么国家便会发生大的旱灾,阳气重新来临,五谷不会结实;孟秋施行夏季的政令,那么冬季就会经常发生火灾,寒气、暑气相扰,人民就会多发生疟疾之类疾病。

七月,官库^①,其树楝。

【注释】
①库:指兵库。
【译文】
七月,官府重在整治兵库,它的代表树是楝树。

仲秋之月,招摇指酉,昏牵牛中^①,旦觜巂中^②。其位西方,其日庚辛,其虫毛,其音商,律中南吕^③。其数九,其味辛^④,其臭腥。其祀门,祭先肝。凉风至,候雁来,玄鸟归^⑤,群鸟翔。

天子衣白衣,乘白骆,服白玉,建白旗。食麻与犬,服八风水,爨柘燧火。西宫御女白色衣,白采,撞白钟。其兵戈,其畜犬,朝于总章大庙^⑥。命有司,申严百刑,斩杀必当,无或枉挠^⑦。决狱不当,反受其殃。是月也,养长老,授几杖^⑧,行糜鬻饮食^⑨。乃命宰祝^⑩,行牺牲,案刍豢^⑪,视肥臞全粹^⑫,察物色^⑬,课比类^⑭,量小大,视少长,莫不中度。天子乃傩^⑮,以御秋气^⑯。以犬尝麻,先荐寝庙。是月可以筑城郭,建都邑,穿窦窖^⑰,修囷仓。乃命有司,趣民收敛畜采^⑱,多积聚,劝种宿麦^⑲,若或失时,行罪无疑。是月也,雷乃始收,蛰虫陪户^⑳,杀气浸盛^㉑,阳气日衰,水始涸^㉒,日夜分^㉓。壹度量,平权衡,正钧石,角斗称^㉔,理关市^㉕,来商旅^㉖,入货财,以便民事。四方来集,远乡皆至,财物不匮㉗,上无乏用,百事乃遂㉘。

【注释】

①牵牛:北方玄武七宿之一。

②觜巂(zī xī):西方白虎七宿之一。

③南吕:十二律之一,配八月。

④味:北宋本原作"朱"。《道藏》本作"味"。据正。

⑤玄鸟:即燕子。此时飞往南方。

⑥总章太庙:西向堂中央室。

⑦枉挠:枉谓违法曲断,挠谓有理不申。挠,通"桡",曲木。

⑧几:矮小桌子。北宋本原作"凡"。《道藏》本作"几"。据正。杖:手杖。

⑨行:赐予。

⑩宰:《周礼·地官·充人》叫充人,掌养祭祀之牺牲。祝:太祝,官名。掌祭祀祈祷。

⑪案:察看。刍豢(chú huàn):草养曰刍,谷养曰豢。

⑫臞(yào):瘦,少肉。全:无亏缺。粹:毛色纯正。

⑬物色:毛色。

⑭课:考核。比类:比照旧例。

⑮傩(nuó):驱除疫鬼。

⑯御:停止。

⑰穿:凿通。窦:藏物之地穴。

⑱趣:通"促",督促。

⑲宿麦:越冬小麦。

⑳陪:通"附",依附。《吕览·仲秋》作"俯户"。

㉑浸盛:逐渐强盛。

㉒涸:凝竭。

㉓日夜分:指秋分。《吕览·仲秋》高诱注:昼漏五十刻,夜漏五十刻,故曰"日夜分"。

㉔称:《吕览·仲秋》、《礼记·月令》作"甬"。已见"仲春之月"。

㉕理:开通。关市:关卡和市场。

㉖商旅:行商。

㉗匮:缺乏。

㉘遂:成功。

【译文】

仲秋八月,北斗斗柄招摇指向酉位,黄昏时牵牛星正中南天,黎明时觜巂星正中南天。少昊的神位在西方,它的天干是庚辛,它的代表虫是毛虫,代表音是商,律管中与之相应的是南吕。它的序数排列是九,味道是辛,气味是腥气。它祭祀的是门神,祭祀时把肝放到前面。这时凉风吹来,大雁来临,燕子飞往南方,群鸟振翼飞翔。

天子身穿白色衣服,乘坐白色骏马,佩带白色美玉,树起白色旗帜。吃麻子与狗肉,饮用八方之风吹来的露水,用燧取火燃烧柘木。西宫侍女身穿白色衣,佩戴白色彩饰,撞击白钟。这个月使用的兵器是戈,畜养的家畜是犬,天子在西向堂中央室朝见群臣。命令主管司法部门,申述严明各种法纪,斩杀的人必须依法定罪,没有违法曲断或有理不伸的情况。处理案件不适当,相反却要受到追究。在这个月里,抚养年长的老人,授给他们扶几和手杖,赐予饭食。命令掌管牺牲祭祀的宰祝,巡视牺牲,按照饲养情况,察看肥瘦、有无亏缺,检查毛色,比照旧例,估量大小,察看口齿少长情况,没有什么不符合规定的。于是天子便举行驱逐疫鬼的仪式,以便使秋气停止。让狗品尝麻子,首先奉献给祖先宗庙。在这个月里,可以修筑城郭,建造都邑,凿成地窖贮藏食物,修建仓库。并且命令主管部门,督促百姓收集采摘,多多积聚,劝勉百姓种植越冬小麦,假如有人耽误时机,实行处罚,不容置疑。在这个月里,雷声开始平息,蛰伏冬眠动物躲进户内,肃杀之气逐渐旺盛,阳气日渐衰退,水流开始干涸,秋分之时日夜平分。要统一长度和容量单位,平均秤和秤锤的标准,端正重量单位,均等容量规定,开通关卡和市场,使商旅自由往来,互通货物,以方便人民生活需要。四方之人云集而来,远方之人纷纷来到,财物便不会缺乏,天子不缺少用物,各种事情才能办成功。

仲秋行春令,则秋雨不降,草木生荣①,国有大恐;行夏令,则其国乃旱,蛰虫不藏,五谷皆复生;行冬令,则风灾数起,收雷先行,草木早死。

【注释】

①荣:草木的花。

【译文】

仲秋施行春天的政令,那么秋雨就不会降临,草木重新生长开花,国家便会出现大的恐慌;仲秋施行夏季的节令,那么国家便会发生旱灾,冬眠的动物不再躲藏,五谷又会死而复生;仲秋施行冬季的政令,那么风灾就会经常发生,雷声先行收起,草木提早死亡。

八月,官尉①,其树柘。

【注释】

①尉:掌管军事之官。

【译文】

八月,官府重在军事之官,它的代表树是柘树。

季秋之月,招摇指戌,昏虚中①,旦柳中②。其位西方,其日庚辛,其虫毛,其音商,律中无射③。其数九,其味辛,其臭腥,其祀门,祭先肝。候雁来,宾雀入大水为蛤④,菊有黄华,豺乃祭兽戮禽⑤。

天子衣白衣,乘白骆,服白玉,建白旗,食麻与犬,服八风水,爨柘燧火。西宫御女白色衣,白采,撞白钟,其兵戈,其畜犬,朝于总章右个⑥。命有司,申严号令,百官贵贱,无不务入⑦,以会天地之藏⑧,无有宣出⑨。乃命冢宰⑩,农事备收,举五谷之要⑪,藏帝籍之收于神仓⑫。是月也,霜始降,百工休。乃命有司曰:"寒气总至⑬,民力不堪⑭,其皆入室。"上丁⑮,入学习吹⑯。大飨帝⑰,尝牺牲⑱,合诸侯,制百县⑲,为来岁受朔日⑳,与诸侯所税于民㉑,轻重之法,贡岁之数㉒,以远近土地所宜为度㉓。乃教于田猎,以习五戎㉔。命太仆及七驺㉕,咸驾戴茬㉖,授车以级㉗,皆正设于屏外㉘。司徒搢朴㉙,北向以赞之㉚。天子乃厉服广饰㉛,执弓操矢以猎,命主祠祭禽四方㉜。是月草木黄落,乃伐薪为炭,蛰虫咸俯。乃趋狱刑㉝,无留有罪。收禄秩之不当㉞,供养之不宜者㉟。通路除道,从境始,至国而后已。是月天子乃以犬尝麻㊱,先荐寝庙。

【注释】

①虚:北方玄武七宿之一。

②柳:南方朱雀七宿之一。

③无射:十二律之一,配九月。

④宾雀:即麻雀。栖息在屋宇檐下,如宾客一样,故名。《吕览·季秋》作"宾爵"。《礼记·月令》郑玄注:"鸿雁来宾","宾"字断于

上。知东汉已有分歧。蛤（gé）：水中蚌类，叫蛤蜊。按，雀化为蛤，亦见于《大戴礼记·夏小正》《逸周书·时训解》《国语·晋语》等，这是古人的误解。

⑤豺：似狗而长尾，黄色。祭兽：高诱注：是月时，豺杀兽，四面陈之，世谓之祭兽。戮：杀。

⑥右个：北头室。

⑦入：收敛。

⑧会：合。

⑨宣：散失。

⑩冢（zhǒng）宰：周代官名。主治万事，辅佐太子。见于《周礼·天官·冢宰》。类似后代宰相。

⑪举：建立。要：簿书，账目。

⑫帝籍之收：高诱注：天子籍田千亩，故曰帝籍之收。按，籍，户籍。神仓：所藏财物以供上帝神祇祭祀之用，故谓之神仓。

⑬总：聚合。

⑭不堪：忍受不了。

⑮上丁：指上旬丁日。

⑯学：学宫。习：指习礼乐。吹：指学吹笙竽。

⑰飨（xiǎng）：用酒食招待。指飨祭。

⑱尝：秋祭。

⑲制：规定。

⑳来岁：指明年。朔日：农历每月初一。秦以十月为岁首，故于秋季便要考虑明年之事。汉初因之。

㉑税：收税。

㉒贡岁：《吕览·季秋》《礼记·月令》作"贡职"。即四方贡奉赋税。

㉓度：标准。

㉔五戎:指五种兵器,即刀、剑、矛、戟、矢。

㉕太仆:即田仆,掌管君主猎车的官。《礼记·月令》作"仆"。七驺 (zōu):《周礼·夏官·序官》为趣马,掌养马之官。天子之马六 种,加总主之人,故为七。

㉖咸:一同。戴茷:《礼记·月令》作"载旌旐(zhào)"。《吕览·季 秋》作"载旍(jīng)旐"。王念孙《读书杂志》认为"旍"、"茷"相似 而误。按,旌,彩色旗帜。旐,画有龟蛇的旗帜。戴,通"载",插。

㉗授车:给予猎车。级:等级。

㉘正:整齐。屏:本指帝王的门屏。这里指猎场。

㉙司徒:主管教导众人之官。擂:插。朴:通"扑",马鞭。《礼记· 月令》正作"扑"。

㉚赞:告诫。

㉛厉服:猛厉的服装。广饰:增佩饰物。

㉜主祠:掌祭祀的官员。

㉝趋:通"促",催促。

㉞禄秩:俸禄官爵。不当:指无德受禄。

㉟不宜:指不孝之人。

㊱麻:《礼记·月令》、《吕览·季秋》作"稻"。当是。

【译文】

季秋九月,斗柄招摇指向戌位,黄昏时虚宿正中南天,黎明时柳 宿正中南天。少昊的神位在西方,它的天干是庚辛,它的代表虫是 兽类,代表音是商,律管中与之相应的是无射。它的代表数是九,主 味是辛,气味是焦气。它祭祀的是门神,祭祀时把肝放在前。这时 大雁从北方飞来,麻雀投入到水中变成蛤蜊,秋菊开出黄花,豺开始 捕杀禽兽。

天子身穿白色衣服,乘坐白色骏马,佩带白玉,树起白色旗帜,吃糜 子和狗肉,饮用八方之风吹来的露水,用燧取火燃烧柘木。西宫侍女们身穿白色衣服,佩戴白色彩饰,撞击白钟。这个月使用的兵器是戈,畜养的动物是犬,天子在西向堂北头室朝见群臣。命令主管法律部门,申述严明法令,文武百官和不分贵贱之人,没有不是忙着秋收的,来集中天地所出产的财物,不能有所散失。于是便命令主持政务的冢宰,在农事全部完毕之时,把五谷收成全部记在账簿中,并把天子畿内田赋收入藏入神仓。在这个月里,寒霜开始下降,各种工匠可以休息。便命令主管部门说:"寒冷之气一起就要来到,百姓忍受不了寒气侵袭,他们应该进入室内。"这个月的上旬丁日,开始进入学宫学习礼仪和音乐。隆重地祭祀五帝,用牺牲祭祀诸神,会盟诸侯,规定百县,准备明年诸事,以及诸侯向百姓取税,轻重多少之别,职贡大小之数,按照距离远近、土地质量收成情况作为标准。开始教民田猎习武,训练使用五种兵器。命令掌管君主猎车的田仆及趣马之官,一起驾车、插着旌旗,按照等级分配猎车,全部整齐地排列在猎场之内。官员司徒腰插马鞭,面向北来训告他们。天子穿着威厉的军服、佩带刀剑,手执弓矢前去打猎,命令主祭官员按四面方位排列禽兽祭神。在这个月里,草木枯黄败落,可以伐薪烧炭,冬眠动物已全部躲藏。督促主管刑狱的官员,不要留下有罪之人。没收那些无功无德而受禄,以及供养老人不讲孝道的人的俸禄。清除道路,从边境开始,一直到国都才结束。在这个月里天子让狗品尝新稻,而后首先奉献给祖先宗庙。

季秋行夏令,则其国大水,冬藏殃败,民多鼽窒①;行冬令,则国多盗贼,边竟不宁,土地分裂;行春令,则暖风来至,民气解隋②,师旅并兴。

【注释】

①鼽窒(qiú zhì):鼻塞不通。

②隋:通"堕"、"惰",怠惰。《吕览·季秋》作"堕",《礼记·月令》

作"惰"。

【译文】

季秋之月施行夏天的政令,那么他的国家便会发大水,冬季贮藏的食物会毁坏,百姓多会发生鼻窒不通的毛病;季秋施行冬季的政令,那么国家就会盗贼横行,边境不得安宁,国土会发生分裂;季冬施行春季政令,那么暖风就会吹来,百姓精神松懈怠惰,战争就会兴起。

九月,官候①,其树槐。

【注释】

①候:望。指负责守望、侦察的官员。高诱注:是月缮修守备,故曰官候。

【译文】

九月,官府重在侦察瞭望敌情,它的代表树是槐树。

孟冬之月,招摇指亥,昏危中①,旦七星中②。其位北方③,其日壬癸,盛德在水。其虫介④,其音羽⑤,律中应钟⑥。其数六,其味咸,其臭腐⑦,其祀井⑧,祭先肾。水始冰,地始冻,雉入大水为蜃⑨,虹藏不见。

天子衣黑衣,乘玄骊⑩,服玄玉,建玄旗,食黍与彘,服八风水,爨松燧火。北宫御女黑色衣,黑采,击磬石。其兵铩⑪,其畜彘,朝于玄堂左个⑫,以出冬令。命有司,修群禁⑬,禁外徙,闭门闾⑭,大搜客⑮,断罚刑,杀当罪,阿上乱法者诛⑯。

立冬之日⑰,天子亲率三公、九卿、大夫以迎岁于北郊。

还,乃赏死事⑱,存孤寡。是月命太祝祷祀神位⑲,占龟策⑳,审卦兆㉑,以察吉凶。于是天子始裘㉒。命百官,谨盖藏㉓;命司徒,行积聚,修城郭,警门闾,修楗闭㉔,慎管籥㉕,固封玺㉖,修边境,完要塞,绝蹊径㉗;饬丧纪㉘,审棺椁衣衾之薄厚㉙,营丘垄之小大高庳㉚,使贵贱卑尊,各有等级。是月也,工师效功㉛,陈祭器,案度呈㉜,坚致为上㉝。工事苦慢㉞,作为淫巧㉟,必行其罪。是月也,大饮蒸㊱,天子祈来年于天宗㊲,大祷祭于公社㊳,毕,飨先祖。劳农夫㊴,以休息之㊵。命将率讲武㊶,肄射御㊷,角力劲㊸。乃命水虞渔师㊹,收水泉池泽之赋,毋或侵牟㊺。

【注释】

①危:北方玄武七宿之一。

②七星:南方朱雀七宿之一。

③其位北方:高诱注:颛顼之神治北方也。

④介:甲壳类。龟为之长。

⑤羽:五音之一。

⑥应钟:十二律之一,配十月。

⑦腐:腐朽之气味。

⑧井:高诱注:井,或作"行"。行,门内地。按,《礼记·月令》、《吕览·孟冬》并作"行"。

⑨"雉(zhì)入大水"句:并见于《大戴礼记·夏小正》、《礼记·月令》、《国语·晋语》等。此说乃古代误解。雉,野鸡。大水,指淮水。蜃(shèn),大蛤蜊。

⑩玄骊(lí):黑色的马。

⑪铩(shā):一种长刃矛。

⑫玄堂左个：北向堂西头室。

⑬群禁：多种禁忌。

⑭闾：里门。

⑮大搜客：指搜索各国往来之人，为保密和安全。《左传·昭公十八年》有"旧客"、"新客"之记载。

⑯阿上乱法：高诱注：阿意曲从，取容于上，以乱法度。

⑰立冬：二十四节气之一。在每年10月6日或7日。

⑱死事：为国而牺牲的人。

⑲太祝：掌管祭祀之事。《礼记·月令》作"太史"，《吕览·孟冬》作"太卜"。

⑳龟策：龟甲、蓍草，皆用以占卜吉凶。

㉑卦：占卜用的符号，即卦象。兆：烧灼龟甲而形成的裂纹。

㉒裘：皮衣。此指穿上皮衣。

㉓盖藏：指掩盖好贮藏的菜蔬果品粮食等冬用之物。

㉔楗：门上的木栓。《礼记·月令》作"键"。闭：穿门栓之孔。

㉕管：钥匙。籥（yuè）：同"钥"。锁钥。

㉖封玺：印封。

㉗绝：断绝。《礼记·月令》、《吕览·孟冬》作"塞"。蹊径：小路。

㉘饬（chì）：治理，修整。丧纪：指二十五月所服丧的规定礼数。

㉙椁（guǒ）：棺材外面的套棺。衾（qīn）：被子。

㉚营：度量。丘：坟墓。垄：即"垄"，冢。高庳（bēi）：按照规定，尊贵的人坟墓高大，卑贱的人坟墓低小。庳，低小。

㉛工师：掌管百工和官营手工业之官。效：献出。

㉜案：察看。呈：通"程"，法式。黄锡禧本作"程"。

㉝坚致：坚固细密。

㉞苦（gǔ）：粗陋。慢：不牢固。

㉟淫巧：过分奇巧。

㊱蒸:冬祭。

㊲天宗:高诱注:凡属天上之神,日月星辰皆为天宗。

㊳祷:祈祷,祈求。公社:高诱注:公社,国社也,后土之祭。

㊴劳:慰劳。

㊵休息:使农夫休养生息。

㊶讲:训练。

㊷肄(yì):北宋本原作"律"。刘绩《补注》本改作"肄"。《吕览·孟
　　冬》亦作"肄",高诱注:习也。据正。

㊸角力:比武。角,试。

㊹水虞:管理水泽之官。渔师:管理渔业之官。

㊺牟(móu):夺取。与"侵"义同。

【译文】

　　孟冬十月,北斗斗柄招摇指向亥位,黄昏时危星正中南天,黎明时
七星正中南天。颛顼的神位处在北方,它的天干是壬癸,美好的德泽属
水。它的代表虫是甲壳类,代表音是羽,律管中和应钟相对应。它的代
表数是六,主味是咸,气味是腐木之气,它祭祀的是井神,祭祀时把肾放
在前面。这时水开始结冰,地已经上冻,野鸡进入淮水中变成大蛤蜊,
彩虹隐藏不再出现。

　　天子身穿黑色衣服,乘黑色骏马,佩带黑色美玉,树起黑色旗帜,吃
黍与猪肉,饮用八方之风吹来的露水,用燧取火燃烧松木。北宫侍女身
穿黑色衣服,佩戴黑色彩饰,打击磬石。这个月的代表兵器是铩,代表
畜是彘,天子在北向堂西头室朝见群臣,并且发出冬季的政令。命令主
管法律部门,修治各种禁令,禁止居民向外地迁徙,关闭城门和巷道,大
力搜捕外来人员,决断该处罚之人,处决判死罪之人,拍马逢迎扰乱法
度的也要被制裁。

　　立冬这一天,天子亲自率领文武百官在北郊六里迎接冬季的到
来。返回后,赏赐为国捐躯的人的后代,抚恤孤寡之人。在这个月里

命令太祝向神灵祈祷祭祀，用龟甲、蓍草占卜，审查八卦和龟兆的迹象，以便考察吉凶之事。在这个月里天子开始穿上皮衣。命令百官，贮藏好过冬的食物；命令司徒，巡视积聚人力财力的情况，修筑城郭，警戒城门和闾巷，修理好开关城门的门栓，谨慎地管好钥匙，牢固地加好印封，整治边境，修缮险要关隘，堵塞蹊径小路；制订服丧的礼数规定，审核内、外棺及随葬衣物的厚薄等级，度量坟墓的大小高下尺寸，使贵贱、尊卑的人，各自符合等级规定。在这个月里，工师献出自己的产品，排列起各种祭器，察看式样规格，以坚固精细作为上等。如果工匠制出的产品粗劣易破，或者制作过分奇巧，必定追究他们的罪过。在这个月里，天子举行盛大的宴飨冬祭，向上天日月星辰祈求来年赐福，在后土的公社里举行大祭，结束以后，把牺牲奉献给先祖。使辛勤劳作的农夫，能够得以休息。命令将领习武，演习射术和抵御，并进行比武。命令管理水泽和渔业的官员，收纳河流湖泽的赋税，不准侵害民众的利益。

　　孟冬行春令，则冻闭不密①，地气发泄，民多流亡；行夏令，则多暴风，方冬不寒，蛰虫复出；行秋令，则雪霜不时，小兵时起，土地侵削。

【注释】

①密：坚密。

【译文】

　　孟冬时节施行春季的节令，那么便冰冻不坚，地下之气向上散发，人民多流亡他乡；孟冬时节施行夏季政令，那么就会多有暴风产生，正值冬天也不觉寒冷，冬眠动物又会钻出来活动；孟冬时节施行秋季政令，那么霜雪不会按时降临，小的战争不时出现，土地会被邻国侵夺。

十月，官司马①，其树檀。

【注释】

①司马：掌管军政和军赋之官。

【译文】

十月，官府重在军事训练和军赋，它的代表树是檀树。

仲冬之月，招摇指子，昏壁中①，旦轸中②。其位北方，其日壬癸，其虫介，其音羽，律中黄钟③。其数六，其味咸，其臭腐，其祀井，祭先肾。冰益壮，地始坼④，鹖鴠不鸣⑤，虎始交⑥。

天子衣黑衣，乘铁骊⑦，服玄玉，建玄旗，食黍与彘，服八风水，爨松燧火。北宫御女黑色衣，黑采，击磬石。其兵铩，其畜彘，朝于玄堂太庙⑧。命有司曰：土事无作⑨，无发室居⑩。及起大众⑪，是谓发天地之藏⑫，诸蛰则死，民必疾疫，有随以丧⑬。急捕盗贼，诛淫泆诈伪之人⑭，命曰畅月⑮。命奄尹⑯，申宫令⑰，审门闾，谨房室，必重闭，省妇事。乃命大酋⑱，秫稻必齐⑲，麹糵必时⑳，湛炽必洁㉑，水泉必香，陶器必良，火齐必得㉒，无有差忒㉓。天子乃命有司，祀四海大川名泽。

是月也，农有不收藏积聚、牛马畜兽有放失者㉔，取之不诘㉕。山林薮泽㉖，有能取疏食、田猎禽兽者㉗，野虞教导之㉘。其有相侵夺，罪之不赦。是月也，日短至㉙，阴阳争。君子斋戒，处必掩身欲静。去声色，禁嗜欲，宁身体，安形性。是月也，荔挺出㉚，芸始生㉛，丘蚓结㉜，麋角解。水泉动,则伐树木,取竹箭,罢官之无事、器之无用者。涂阙庭门间㉝,筑囹圄,所以助天地之闭。

【注释】

①壁:又叫东壁。北方玄武七宿之一。《吕览·仲秋》作"东壁"。《礼记·月令》作"东辟"。

②轸(zhěn):南方朱雀七宿之一。

③黄钟:十二律之一,配十一月。

④坼(chè):分裂,裂开。

⑤鹖鴠(hàn dàn):似鸡,冬无毛,昼夜常鸣,名叫倒悬。即寒号鸟。

⑥交:交配。

⑦铁骊:即黑马。

⑧玄堂太庙:北向堂中央室。

⑨土事:指建筑工程。

⑩发:开掘。室居:即室中所藏越冬之物。《吕览·仲冬》作"盖藏",指贮藏的食物。

⑪起:兴起。大众:指众多的人从事的军旅、工程之事。

⑫藏:闭藏。

⑬有:通"又"。

⑭淫泆(yì):邪恶,放纵。

⑮畅(chàng)月:即不生之月。《吕览·仲冬》、《礼记·月令》作"畅"。

⑯奄尹:主管宫中内务之官。

⑰宫令:宫中各项禁令。

⑱大酋:主管酒的官员。

⑲秫(shú):粘高粱。齐:齐备。

⑳麹糵(niè):即酒母。酿酒中的发酵物。《吕览·仲冬》、《礼记·

月令》作"蘖"。蘖,通"蘖"。

㉑湛:通"渐",浸渍。燨(xī):通"馂",蒸煮。《吕览·仲冬》作"馂",《礼记·月令》作"炽"。

㉒火齐:即火候。齐,通"剂"。

㉓忒(tè):变更。

㉔失:《礼记·月令》、《吕览·仲冬》作"佚",散失。

㉕诘:责问。

㉖薮泽:无水叫薮,有水叫泽。

㉗疏食:草木类的果实。

㉘野虞:掌管山林薮泽之官。

㉙日短至:即冬至。《吕览·仲冬》高诱注:冬至之日,昼漏水上刻四十五,夜水上刻五十五,故曰日短至。

㉚荔(lì):马荔草,又叫马蔺(lìn)。挺:生出。

㉛芸:芸香,草本植物。

㉜结:屈结。

㉝阙:门阙。

【译文】

仲冬十一月,北斗斗柄招摇指向子位,黄昏时东壁处于南天正中,黎明时轸星处于南天正中。颛顼的神位在北方,它的天干是壬癸,它的代表虫是介虫,代表音是羽,律管中和它相应的是黄钟。它的代表数是六,主味是咸味,气味是朽木之气,它祭祀的是井神,祭祀时把肾放到前面。这时冰冻增厚,土地开始冻裂,山鸟不再鸣叫,老虎开始交配。

天子身穿黑色衣服,乘坐黑色骏马,佩带黑色美玉,树起黑色旗帜,吃黍和猪肉,饮八方之风吹来的露水,用燧取火燃烧松木。北宫侍女身穿黑色衣服,佩戴黑色彩饰,打击磬石。这个月的主要兵器是铩,代表畜是猪,天子在北向堂中央室使群臣朝见。命令主管部门说:不要兴建土木工程,不要发掘居室所藏越冬之物。如果发起众多的人参加军旅、工程之事,这就是说开启了天地的闭藏,许多蛰伏的动物便要死去,百姓必定产生疾病,又随着会发生丧亡。命官府抓紧捕捉盗贼,杀死淫乱、放纵、招摇撞骗之人,所以称呼这个月叫作畅月。命令主管宫中事务之官,申严宫中禁令,审查城门巷道,小心守护天子居室,一定要重重关闭,免去与后妃交接之事。命令主管酿酒的官员,酿酒的原料秫稻必须齐备,酒母必须掌握好时间,浸渍蒸煮用具必须清洁,水质必须清冽,陶器必须精良,火候必须适当,不能有一点差错和变更。天子便命令主管官员,祭祀四海之内的大川、名泽。

在这个月里,农民有不去收藏采集的、让牛马等家畜有乱跑的,取来不加责难。山林湖泽,有能够采摘果实、捕猎禽兽的,主管山林之官可以指教他们。他们中间有相互侵夺的,处罚他们不加赦免。在这个月里,白天短、夜里长,阴气、阳气互相交锋,君子整洁身心,居处必须掩藏身形,以求得安静。抛开音乐、美色,禁止贪欲奢求,宁静自己的身体,安定自己的心性。在这个月里,马荔草生长,芸香发芽,蚯蚓屈结,麋开始脱角。水泉开始流动,那么就可以砍伐树木,制取竹箭,裁减无事可做的官员、弃置没有用处的器具。修饰宫阙、庭院、城门、巷道,修筑监狱,用来助成天地的闭藏。

仲冬行夏令,则其国乃旱,氛雾冥冥①,雷乃发声;行秋令,则其时雨水②,瓜瓠不成③,国有大兵;行春令,则虫螟为败,水泉咸竭,民多疾疠④。

【注释】

①氛雾:即雾气。

②雨水:《礼记·月令》《吕览·仲冬》作"雨汁"。即雨雪交杂而下。

③瓠(hù):蔬菜类。与葫芦相似。

④疠（lì）：恶疾。

【译文】

仲冬时节施行夏季的政令，那么国家就会发生大旱，雾气沉沉，雷声便会出现；仲冬时节施行秋季的政令，那么就会雨雪俱下，瓜果不能成熟，国家发生大的战争；仲冬时节施行春季政令，那么虫螟会危害谷物，水源枯竭，百姓多有恶疾发生。

十一月，官都尉①，其树枣。

【注释】

①都尉：掌管军事之官。

【译文】

十一月，官府重在军事作战，它的代表树是枣树。

季冬之月，招摇指丑，昏娄中①，旦氐中②。其位北方，其日壬癸，其虫介，其音羽，律中大吕③。其数六，其味咸，其臭腐，其祀井，祭先肾。雁北乡④，鹊加巢⑤，雉雊⑥，鸡呼卵。

天子衣黑衣，乘铁骊，服玄玉，建玄旗，食麦与彘，服八风水，爨松燧火。北宫御女黑色衣，黑采，击磬石。其兵铩，其畜彘，朝于玄堂右个⑦。命有司大傩⑧，旁磔⑨，出土牛⑩。命渔师始渔，天子亲往射渔⑪，先荐寝庙。令民出五种⑫，令农计耦耕事⑬，修耒耜⑭，具田器。命乐师，大合吹而罢。乃命四监，收秩薪⑮，以供寝庙及百祀之薪燎⑯。是月也，日穷于次⑰，月穷于纪⑱，星周于天⑲，岁将更始。令静农民，无有所使。天子乃与公卿大夫饰国典⑳，论时令，以待嗣岁之宜㉑。乃命太史㉒,次诸侯之列㉓,赋之牺牲㉔,以供皇天上帝社稷之刍享㉕。乃命同姓之国㉖,供寝庙之刍豢㉗;卿士大夫至于庶民,供山林名川之祀。

【注释】

①娄:西方白虎七宿之一。

②氐:东方苍龙七宿之一。

③大吕:十二律之一,配十二月。

④乡(xiàng):通"向"。

⑤加:王念孙《读书杂志》:"加"读为"架",谓构架之也。

⑥雊(gòu):雄野鸡叫。

⑦右个:东头室。

⑧大傩(nuó):古代驱逐疫病的一种禳祭。在腊月前一天。

⑨旁磔(zhé):把杀死的犬羊陈列四方,以驱除疾疫。磔,分解肢体。

⑩土牛:土制的牛。古人于农历十二月出土牛,以送寒气。又于立春后造土牛,劝民耕种。

⑪射:射杀。

⑫五种:五种谷物,即黍、稷、菽、麦、稻。

⑬耦(ǒu):二人并肩耕种。

⑭耒耜(lěi sì):古代像犁的农具。木把叫"耒",犁头叫"耜"。

⑮秩薪:规定的柴草。

⑯燎(liào):指燎祭。焚柴祭神。

⑰次:宿。十二次到牵牛星停止。

⑱纪:日、月相会。高诱注:纪,道,穷于故宿。

⑲星:指二十八宿。周:一周。

⑳饰:通"饬",修治。国典:国家法令制度。古代有六典。治典、教典、礼典、政典、刑典、事典。

㉑嗣(sì)岁：即第二年。

㉒太史：周代太史掌起草文书，策命诸侯卿大夫等。

㉓次：排列，次序。

㉔赋：贡赋。国有大小，位有高低，故按等次贡赋。

㉕皇天上帝：指五帝。刍：《礼记·月令》、《吕览·季冬》无"刍"字。疑衍。

㉖之：北宋本原作"女"。刘绩《补注》本作"之"。《吕览·季冬》、《礼记·月令》同。据正。

㉗刍豢：牛羊叫刍，犬豕叫豢。

【译文】

季冬十二月，北斗斗柄指向丑位，黄昏时娄星正中南天，黎明时氐星正中南天。颛顼的帝位在北方，它的天干是壬癸，它的代表虫是介甲类，代表音是羽，律管中与之相对应的是大吕。它的代表数是六，主味是咸，气味是朽木之气，它祭祀的是井神，祭祀时把肾放到前面。这时大雁向北方飞去，喜鹊加厚巢窝，野鸡鸣叫求偶，家鸡鸣叫下蛋。

天子身穿黑色衣服，乘坐黑色骏马，佩带黑色美玉，树起黑色旗帜，吃麦类和猪肉，饮八方之风吹来的露水，用燧取火燃烧松木。北宫侍女身穿黑色衣服，佩戴黑色彩饰，打击磬石。这个月的主要兵器是铩，代表畜是彘，天子在北向堂东头室朝见群臣。命令主管官员举行腊月驱逐疫鬼的仪式，四旁之门陈列杀死的犬羊以驱除疫疾，请出土牛劝民耕作。命令渔官开始捕鱼，天子亲自去进行射鱼活动，捕获之鱼首先进献给祖先宗庙。命令百姓取出五种谷物，指导农民从事耕作，修理好耒耜等农具，准备好种田器具。命令乐官，举行盛大的音乐活动并就此停止。并命令四监官员，收集柴薪，用来供给祖先宗庙以及各种祭祀的照明和燃料。在这个月里，太阳在十二次运行结束，月亮也在故道运行终结，经行二十八宿一个周期，第二年将要重新开始。命令农民安静下来，不让从事劳作之事。天子和公卿大夫一起修治国家法令制度，研讨时令变化,以便制定来年适应的政令。并命令太史,排定诸侯国大小、尊卑的次序,把祭祀用的牺牲,按秩序加以贡奉,用来供给五帝和社稷之神享用。于是命令与天子同姓的诸侯国,供给祖先寝庙所需的牛羊、犬豕;卿、士、大夫和百姓,供给山林、名川祭祀用的祭品。

季冬行秋令,则白露早降,介虫为祅①,四鄙入保;行春令,则胎夭伤,国多固疾②,命之曰逆③;行夏令,则水潦败国,时雪不降④,冰冻消释。

【注释】

①祅(yāo):指地面上的反常变异现象。《礼记·月令》、《吕览·季冬》作"妖"。刘绩《补注》本作"祅"。

②固:《道藏》本作"痼"。指经久难治的病。

③逆:季冬大寒,却如春天温暖,气候大变,故称为"逆"。

④时雪:按时下降之雪。

【译文】

季冬时节施行秋季的政令,那么白露就会提早降落,甲介之虫出现反常现象,四方边鄙之民逃入城邑寻求保命;季冬时节施行春季政令,那么鸟兽胎儿将会死亡,国家多出现难以治愈的疾病,所以称这种气候叫作逆;季冬施行夏季的政令,那么水灾会危害国家,大雪不能按时降落,冰冻也会消融。

十二月,官狱①,其树栎②。

【注释】

①狱:主管刑狱之官。

②栎(lì)：也叫柞(zuò)栎、麻栎，木质坚硬。

【译文】

十二月，官府重在审理刑狱，它的代表树是栎树。

五位^①：东方之极^②，自碣石山过朝鲜^③，贯大人之国^④，东至日出之次^⑤，榑木之地^⑥，青土树木之野^⑦，太皞、句芒之所司者，万二千里。其令曰："挺群禁^⑧，开闭阖^⑨，通穷窒^⑩，达障塞，行优游^⑪，弃怨恶，解役罪，免忧患，休罚刑，开关梁，宣出财^⑫，和外怨，抚四方，行柔惠，止刚强^⑬。"

【注释】

①五位：东、南、中、西、北五方之定位。

②极：尽头。

③碣(jiē)石山：在今河北昌黎北。山南去渤海约四、五十里。朝鲜：汉武帝设乐浪郡，以古朝鲜为中心，相当于朝鲜平安南道、平安北道及黄海北道各一部分。

④贯：通。大人之国：《山海经·大荒东经》：东海之外，大荒之中，有山名曰大言，日月所出。有波谷山者，有大人之国。

⑤次：临时驻扎和住宿。

⑥榑(fú)木：亦称扶桑。东方日出之地。

⑦青土：为东方国名、山名、泽名。王念孙《读书杂志》王引之曰："青土"当作"青丘"。

⑧挺：宽缓。

⑨阖(hé)：门扇。

⑩穷：阻塞不通。窒(zhì)：窒碍。

⑪优游：悠闲自得。

⑫出：杨树达《淮南子证闻》：《尚书大传》"出"作"库"。

⑬刚强：欺凌别人，不遵法度的人。

【译文】

　　五位是东、南、中、西、北五方定位：东方最远的地方，自碣石山经过朝鲜，通过大人之国，向东到达太阳驻扎的地方，太阳升起的榑桑之地，以及青丘树木之野，那是东方木德之帝太皞和木神句芒所管理的地方，有一万二千里。它发布的命令说："放宽各项禁令，打开关闭的门扇，沟通堵塞之处，畅通关塞障碍，行动悠闲自得，抛弃怨恨和憎恶，解脱役夫和罪人，免除忧愁和祸患，停止处罚和刑法，开放关卡和桥梁，从仓库里拿出财物，缓和怨恨，安抚四方之民，实行宽缓的政策，制止欺凌他人的行为。"

　　南方之极，自北户［孙］之外①，贯颛顼之国②，南至委火、炎风之野③，赤帝、祝融之所司者，万二千里。其令曰："爵有德，赏有功，惠贤良，救饥渴，举力农，振贫穷，惠孤寡，忧罢疾④，出大禄，行大赏，起毁宗⑤，立无后，封建侯，立贤辅。"

【注释】

　　①北户：南方国名。北宋本原作"北户孙"。《尔雅·释地》、《吕览·为欲》作"北户"，《地形训》作"反户"，无"孙"字。当衍。

　　②颛顼之国：南方国名。

　　③委火、炎风之野：指南方极热之地。

　　④罢：通"疲"。

　　⑤毁：被毁灭。

【译文】

　　南方最远的地方，从北户国之外，通过颛顼之国，再向南到达委火炎风之野，是南方火德之帝炎帝和火神祝融所管理的地方，有一万二千里。它发布的命令说："封爵有道德之人，赏赐有功劳之臣，对贤良之士施予恩惠，对饥渴之人给予救济，举荐致力于农事之人，赈救贫穷之人，对孤寡无依之人给予关怀，忧虑那些疲乏患病之人，实行高的俸禄，推行大的赏赐，使被毁灭的宗族得以兴起，确立没有后代的家族，封地立诸侯，选定贤德辅佐之人。"

中央之极，自昆仑东绝两恒山^①，日月之所道，江、汉之所出，众民之野，五谷之所宜，龙门、河、济相贯^②，以息壤堙洪水之州^③，东至于碣石，黄帝、后土之所司者，万二千里。其令曰："平而不阿^④，明而不苛^⑤，包裹覆露^⑥，无不囊怀^⑦，溥氾无私^⑧，正静以和，行稃鬻，养老衰，吊死问疾，以送万物之归。"

【注释】

①绝：经过。两恒山：在今河北曲阳西北与山西接壤处。梁履绳《庄本淮南子校语》云："此两恒山，盖指山南、山北而言。"

②龙门：在山西河津西北，黄河至此，两岸峭壁对峙，形似阙门，故名。

③堙（yīn）：填塞。

④阿：偏袒。

⑤苛：苛察。

⑥覆露：沾润，荫庇。

⑦囊：包裹。

⑧溥（pǔ）氾：广大，普遍。

【译文】

中央最远的地方，从昆仑向东经过恒山，这是太阳、月亮照射所经过之路,它是长江、汉水流出的地方,是众多百姓栖息之地,是五谷最适宜生长的地方,是龙门山、黄河、济水相贯通之地,是大禹用息壤平息洪水而形成的九州,向东到达碣石山,是中央土德之帝和土神后土所管理的地方,有一万二千里。它发布的命令说:"公正而不迎合,明察而不苛刻,包容、沾润万物,没有不含怀在自己心中,博大无私,平静温和,施舍饮食,抚养衰老之人,哀悼死者,慰问病患之人,而送万物回归本宅。"

西方之极,自昆仑绝流沙、沉羽^①,西至三危之国,石城金室,饮气之民^②,不死之野,少皓、蓐收之所司者,万二千里。其令曰:"审用法,诛必辜,备盗贼,禁奸邪,饰群牧^③,谨著聚^④,修城郭,补决窦,塞蹊径,遏沟渎^⑤,止流水,雍溪谷^⑥,守门闾,陈兵甲,选百官,诛不法。"

【注释】

①流沙:指西部沙漠地区。沉羽:即弱水。

②饮气:食气,不食五谷。

③牧:牧民之官。

④著:通"贮",贮藏。

⑤遏(è):阻拦。

⑥雍:通"壅",堵塞。

【译文】

西方极远之处,从昆仑山经过流沙、弱水,向西到达三危之国,那里有石城金室,吸食气体的百姓,是长生不老之地,是西方金帝少皞和金神蓐收所管理的地方,有一万二千里。它发布的命令说:"审慎地使用法律,诛杀犯罪之人,防备盗贼发生,禁止奸邪之人,整治诸多管理民政的官员,谨慎贮藏积聚财物,修筑城郭,填补缺口漏洞,堵塞蹊径小道,遏止沟渎水患，止息泛滥之水，控制住溪谷水流，守护城门里巷，陈列兵器装备，挑选官员，诛死不法之人。"

北方之极，自九泽穷夏晦之极①，北至令正之谷②，有冻寒积冰，雪雹霜霰、漂润群水之野，颛顼玄冥之所司者，万二千里。其令曰："申群禁，固闭藏，修障塞，缮关梁，禁外徙，断罚刑，杀当罪；闭关闾③，大搜客，止交游，禁夜乐，蚤闭晏开，以索奸人，已德④，执之必固；天节已几⑤，刑杀无赦，虽有盛尊之亲，断以法度；毋行水，毋发藏，毋释罪。"

【注释】

①九泽：北方之泽名。夏晦(huì)：即大暝之地。《吕览·求人》作"夏海"。

②令正之谷：按，疑作"令止"。《地形训》作"令疵"。《国语·齐语》作"令支"。在今河北滦县、迁安间。

③关：王念孙《读书杂志》："关"当为"门"。

④德：通"得"。

⑤天节：一年的节令。几：终。

【译文】

北方极远的地方，从九泽到大暝之地，向北到达令正之国，是严寒冰封，雪霜冰雹聚集，流淌滋润诸水之地，是北方水德之帝颛顼和水神玄冥所管理的地方，有一万二千里。它发布的命令说："申严各项禁令，加固闭藏财物，修筑障阻险塞，整治关卡桥梁，禁止向外迁徙，判决受刑罚之人，处决判死罪之人；封闭城门里巷，大肆搜捕奸人，停止交游往来，禁止夜间行乐，早闭晚开城门，用来搜索坏人，坏人一经抓获，必须牢牢拘管；一年的节令已尽，判刑杀戮不加赦免，即使有极为尊宠的亲缘关系,也必须按照法律来判决;不要使水流动,不要发掘贮藏之物,不要释放有罪之人。"

六合①:孟春与孟秋为合,仲春与仲秋为合,季春与季秋为合,孟夏与孟冬为合,仲夏与仲冬为合,季夏与季冬为合。

【注释】

①六合:指一年十二个月中,季节相对应的变化。合,相对应。

【译文】

六合是十二个月季节相应变化:孟春和孟秋是相对应的,仲春和仲秋是相合的,季春和季秋是相对应的,孟夏和孟冬是相对应的,仲夏和仲冬是相对应的,季夏与季冬是相对应的。

孟春始赢①,孟秋始缩②;仲春始出③,仲秋始内④;季春大出,季秋大内;孟夏始缓⑤,孟冬始急⑥;仲夏至修⑦,仲冬至短⑧;季夏德毕⑨,季冬刑毕⑩。

故正月失政,七月凉风不至;二月失政,八月雷不藏;三月失政,九月不下霜;四月失政,十月不冻;五月失政,十一月蛰虫冬出其乡;六月失政,十二月草木不脱⑪;七月失政,正月大寒不解⑫;八月失政,二月雷不发⑬;九月失政,三月春风不济⑭;十月失政,四月草木不实;十一月失政,五月下雹霜;十二月失政,六月五谷疾狂⑮。

春行夏令,泄⑯;行秋令,水;行冬令,肃。夏行春令,风;行秋令,芜⑰;行冬令,格⑱。秋行夏令,华;行春令,荣;行冬令,耗⑲。冬行春令,泄;行夏令,旱;行秋令,雾。

【注释】

①赢(yíng):增长。

②缩:减缩。

③出:指二月播种。

④内:指八月收敛。

⑤缓:指四月阳气舒缓。

⑥急:指十月寒气肃杀。

⑦至修:指夏至时白天最长,夜里最短。

⑧至短:指冬至时白天最短,夜里最长。

⑨德毕:指阳气施予德泽结束。

⑩刑毕:指季冬的肃杀之气结束。

⑪不脱:指不凋落。

⑫不解:指不能解冻。

⑬不发:指不能发声。

⑭济:止。

⑮疾狂:指"不华而实"。

⑯泄:发泄,泄散。

⑰芜:荒芜。

⑱格:王念孙《读书杂志》王引之曰:"格",读为"落",谓夏行冬令,则草木零落。

⑲耗(hào):零落。

【译文】

孟春时万物开始蓬勃生长,孟秋时万物开始凋落枯亡;仲春是播种季节,仲秋是收获季节;季春是春耕大忙季节,季秋是全面收获之时;孟夏太阳热照开始减弱,孟冬时节充满肃杀之气;仲夏时节白天日照逐渐增多,仲冬时节日照逐渐减少;季夏之时阳气施予万物已经结束,季冬时肃杀之气也将要收敛。

　　所以正月政令失当，七月凉风不会来到；二月政令失当，八月雷声仍然轰鸣；三月政令失当，九月份天不下霜；四月份政令失当，十月份水泉不冻；五月份政令失当，十一月份冬眠动物在所伏之地出现；六月份政令失当，十二月份草木不凋落；七月份政令失当，正月大寒时节东风不能解冻；八月份政令失当，二月份雷不能发声；九月份政令失当，三月里春风不能停止；十月份政令失当，四月份草木不结实；十月份政令失当，五月份下起冰雹、寒霜；十二月份政令失当，六月份五谷不开花而结实。

　　春季施行夏季节令，春气布散发泄；施行秋季节令，会发生水患；施行冬季节令，天地之间充满肃杀之气。夏季施行春季节令，会刮大风；施行秋季节令，田野荒芜；施行冬季节令，草木零落。秋季施行夏季节令，万物茂盛；施行春季节令，万物重新开花；施行冬季节令，万物凋落。冬季施行春季节令，冬气泄散；施行夏季节令，发生旱灾；施行秋季节令，发生大雾。

　　制度①：阴阳大制有六度②。天为绳，地为准，春为规，夏为衡，秋为矩，冬为权。

【注释】

①制度：法令礼俗等的总称。

②阴阳：古人把阴阳变化作为解释万物变化的根据。大制：大的法规。六度：即规、矩、权、衡、准、绳。

【译文】

　　法规制度：根据阴阳变化大的常规有六个方面：天道的变化作为直线，地道的变化作为平线，春天作为圆规，夏天作为秤，秋天作为矩，冬天作为秤锤。

绳者，所以绳万物也；准者，所以准万物也；规者，所以员万物也；衡者，所以平万物也；矩者，所以方万物也；权者，所以权万物也。

【译文】

绳墨，是用来使万物正直的；水准，是用来使万物平正的；圆规，是用来使万物圆备的；秤杆，是用来使万物平衡的；矩尺，是用来使万物方正的；秤锤，是用来衡量万物的。

绳之为度也，直而不争①，修而不穷；久而不弊②，远而不忘；与天合德，与神合明；所欲则得，所恶则亡；自古及今，不可移匡③；厥德孔密④，广大以容，是故上帝以为物宗⑤。

【注释】

①争：通"绖（zhēng）"，弯曲。

②弊：破败。

③移匡：移动枉曲。匡，枉。

④厥：其，它的。孔：很，甚。密：平静。

⑤宗：根本。

【译文】

绳墨作为法度，平直而不弯曲，修长而无尽头；长久而不破败，遥远而不被遗忘；和大自然的德泽相融合，和神灵的明察相一致；它所想的就能够达到，它所厌恶的就会灭亡；从古到今，不能够转移枉曲；它的德泽是很平静的，包容广大而能容纳万物，因此天帝把它们作为使万物正直的根本。

准之为度也，平而不险，均而不阿；广大以容，宽裕以和；柔而不刚，锐而不挫①；流而不滞②，易而不秽③；发通而有纪④，周密而不泄⑤；准平而不失，万物皆平；民无险谋，怨恶不生，是故上帝以为物平。

【注释】

①锐：尖利。

②流：流行。滞：停止。

③秒：通"刿（guì）"，伤。

④发通：散发，贯通。纪：法度，准则。

⑤泄：布散。

【译文】

水准作为法则，平正而不起伏，均等而无偏袒；包括广大而含怀万物，宽宏而平和；柔顺而不刚强，尖利而不会折断；畅流而不会停滞，简易而不会损伤；发散贯通而有条理，周详细密而不泄散；准器平正而不失误，万物都处于平和状态；百姓没有险恶的阴谋，怨恨、憎恶也不会发生，因此上帝把它作为平正万物的准则。

规之为度也，转而不复①，员而不垸②；优而不纵③，广大以宽；感动有理，发通有纪；优优简简④，百怨不起；规度不失，生气乃理⑤。

【注释】

①复：遏止。

②垸：通"旋"，转动。

③优：优游。

④优优简简：宽舒的样子。

⑤生气：生长发育之气，也指活力、生命力。理：通达。

【译文】

圆规作为法度，旋转而不能阻止，浑圆却不可以转动；优游而不放纵，包容广大而宽容；感奋而有条理，发散贯通而有准则；宽松舒缓，各种怨恨不会产生；规的法度不失去，万物生气才能通达。

衡之为度也，缓而不后，平而不怨；施而不德，吊而不责①；常平民禄②，以继不足；敦敦阳阳③，唯德是行；养长化育，万物蕃昌；以成五谷，以实封疆④；其政不失，天地乃明。

【注释】

①吊：恤问。责：责难。

②禄：指收入。

③敦（bó）敦阳阳：万物旺盛的样子。

④实：充满。封疆：聚土为界。这里指国家。

【译文】

秤杆作为准则，缓慢而不落后，平静而不怨恨；施予而不求恩德，恤问而不加责难；恰当平衡百姓收入，用来接济不足之人；万物旺盛丰茂，而只施行德泽；生长养育万物，使之繁衍昌盛；使五谷成熟，使国家粮食丰足；它的政令不失去，天地之理才能显明。

矩之为度也，肃而不悖①，刚而不愦②；取而无怨，内而无害；威厉而不慑，令行而不废；杀伐既得，仇敌乃克；矩正不失，百诛乃服③。

【注释】

①悖（bèi）：背离。

②慣：通"刿(guì)"，割伤。

③百诛：指许多应该讨伐的国家。

【译文】

矩尺作为法度，庄重而不会有谬误，刚强而不致割伤；向它索取而没有怨言，接纳它而没有危害；威严而不使人害怕，政令推行而不会被废止；杀戮征伐能获得成功，仇敌能被消灭；矩尺方正而不失去，许多应该诛杀的国家才能归附。

权之为度也①，急而不赢，杀而不割；充满以实，周密而不泄；败物而弗取，罪杀而不赦；诚信以必，坚悫以固②；粪除苛慝③，不可以曲。故冬正将行，必弱以强，必柔以刚。权正而不失，万物乃藏。

【注释】

①权：北宋本作"催"。《道藏》本作"权"。据正。

②坚悫(què)：坚定，诚实。悫，谨敬。

③粪除：扫除。苛慝(tè)：暴虐，邪恶。慝，恶。

【译文】

秤锤作为法度，急切而不增多，杀死而不割取；充满而丰实，周密而不泄散；使万物失败而不索取，判罪杀戮而不赦免；诚实信用而一致，坚定实在而稳固；扫除暴虐邪恶，不能被外物所屈服。所以冬季政令得以施行，必然由弱小变成强大，由柔弱而成为刚强。权公正而不失去，万物才能够保藏。

明堂之制①，静而法准，动而法绳。春治以规，秋治以矩，冬治以权，夏治以衡。是故燥湿寒暑以节至，甘雨膏露以时降②。

【注释】

①明堂之制：古代天子听政施教皆在明堂，随四时而别，故曰明堂
　　之制。

②膏露：即甘露。

【译文】

明堂的制度，平静时以准为法度，行动时以绳为准则。春天用规来治理，秋季用矩来治理，冬季以权来治理，夏季以衡来治理。因此干燥、湿润、严寒、酷暑按照节令而到来，及时雨和肥美的露水按照时节而降落。

十二月令简表

类目	孟春	仲春	季春	孟夏	仲夏	季夏
政事	省囹圄	同度量	开府库	选贤良	关市无索	毋兴兵
农事	禁伐木	蓄水	修堤防	劝农事	执腾驹	杀草粪田
主要节气	立春	春分		立夏	夏至	
十二树	杨	杏	李	桃	榆	梓
十二官	司空	仓	乡	田	相	少内
五兵	矛	矛	矛	戟	戟	剑
五朝	青阳左个	太庙	右个	明堂左个	太庙	中宫
四迎	东郊			南郊		
五畜	羊	羊	羊	鸡	鸡	牛
五谷	麦	麦	麦	菽	菽	稷
五乐	琴瑟	琴瑟	琴瑟	竽笙	竽笙	
五色	青	青	青	赤	赤	黄
五物候	候雁北	桃李华	虹始见	蝼蝈鸣	螳螂生	蟋蟀居奥
五脏	脾	脾	脾	肺	肺	心
五祀	户	户	户	灶	灶	中霤
五臭	膻	膻	膻	焦	焦	香
五味	酸	酸	酸	苦	苦	甘
五数	八	八	八	七	七	五
十二律	大蔟	夹钟	姑洗	仲吕	蕤宾	林钟
五章	角	角	角	徵	徵	宫
五虫	鳞	鳞	鳞	羽	羽	蠃
天干	甲乙	甲乙	甲乙	丙丁	丙丁	戊己
五方	东	东	东	南	南	中
五行	木	木	木	火	火	土
五神	太皞	太皞	太皞	炎帝	炎帝	黄帝
二十八宿	参、尾	弧、建星	七星、牵牛	翼、婺女	亢、危	心、奎
十二支	寅	卯	辰	巳	午	未
斗柄		招	摇			
十二月	孟春	仲春	季春	孟夏	仲夏	季夏

孟秋	仲秋	季秋	孟冬	仲冬	季冬
练兵	同度量	习武戎	杀当罪	造酒	饰国典
农升谷	种宿麦	伐薪	农夫休息	取蔬食	始通
立秋	秋分		立冬	冬至	
楝	柘	槐	檀	寒	栋
库	尉	候	司马	都尉	秋
戈	戈	戈	缘	缘	缘
总章左个	大庙	右个	玄堂左个	大庙	右个
西郊			北郊		
狗	狗	狗	彘	彘	彘
麻	麻	麻	黍	黍	黍
钟	钟	钟	磬	磬	磬
白	白	白	黑	黑	黑
寒蝉鸣	候雁来	菊有黄华	水始冰	冰益壮	雁北向
肝	肝	肝	肾	肾	肾
门	门	门	井	井	井
腥	腥	腥	腐	腐	腐
辛	辛	辛	咸	咸	咸
九	九	九	六	六	六
夷则	南吕	无射	应钟	黄钟	大吕
商	商	商	羽	羽	羽
毛	毛	毛	介	介	介
庚辛	庚辛	庚辛	壬癸	壬癸	壬癸
西	西	西	北	北	北
金	金	金	水	水	水
少昊	少昊	少昊	颛顼	颛顼	颛顼
斗、毕	牛、觜、嶲	虚、柳	危、七星	壁、轸	娄、氐
申	酉	戌	亥	子	丑
招摇					
孟秋	仲秋	季秋	孟冬	仲冬	季冬

第六卷　览冥训

【题解】

"览冥"的含义，就是"览观幽冥变化之端"。它所探究的是自然界和人类以及万事万物之间的关系。

"物类之相应"，"同气之应，阴阳之合"，揭示了万物之间互相影响而又相互制约的一些关系。如阳燧取火、磁石引铁、葵之向日等，有的至今也不得其解。

自然规律对人类的影响是巨大的。"夫道者，无私就也，无私去也"。"顺之则利，逆之则凶"。黄帝、女娲功烈被后世，而不居功。"以从天地之固然"。夏桀暴政和七国纷争，背离天道，而导致失败。

自然界和人类的关系确实是千丝万缕的。对许多无法解释的现象，便用"至精感天，通达无极"来诠释，如"庶女叫天"，"抏戈反日"等，当然是不科学的。

只有"行自然无为之道"，即按自然规律办事，"使万物各复归其根"，"全性保真"，"至虚无纯一"，才能促进人类社会的安定和发展。

陶方琦《淮南许注异同诂》：（此）"高注本也"。

昔者师旷奏《白雪》之音①，而神物为之下降②，风雨暴至，平公癃病③，晋国赤地④；庶女叫天，雷电下击，景公台陨⑤，支体伤折，海水大出。夫瞽师、庶女⑥，位贱尚蒵⑦，权轻飞羽，然而专精厉意⑧，委务积神⑨，上通九天，激厉至精⑩。由此观之，上天之诛也⑪，虽在圹虚幽间⑫，辽远隐匿⑬，重袭石室⑭，界障险阻⑮，其无所逃之亦明矣。

【注释】

①师旷：春秋后期晋国著名宫廷乐师。《白雪》：古代琴曲名。高诱注：太乙五十弦，琴瑟乐名。

②神物：神化之物。如玄鹤之类。

③平公：名彪，春秋晋君，在位26年。癃（lóng）病：一种手脚麻痹的病。癃，刘绩《补注》本作"癃"。

④赤地：指严重的虫、旱灾害，寸草不生。以上记载本于《韩非子·十过》，亦见于《史记·乐书》《论衡·纪妖》等。

⑤"庶女"三句：高诱注：齐之寡妇，无子，不嫁，事姑谨敬。姑无男有女，女利母财，令母嫁妇，妇终不肯。女杀母以诬寡妇。妇不能自明冤结，叫天，天为作雷电，下击景公之台。景公：指齐景公。春秋齐君，在位58年。陨：损坏。

⑥瞽（gǔ）师：古代以瞽者为乐师。瞽，瞎眼。

⑦位贱尚蒵（xǐ）：高诱注：尚，主也。蒵者，蒵耳，菜名也。幽冀谓之檀菜，雒下谓之胡蒵。主是官者，至微贱也。王念孙《读书杂志》王引之认为：尚枲，盖即《周官》"典枲下士二人"者。言典枲本贱官，瞽师、庶女则又贱于典枲。枲谓麻枲，非谓枲耳也。按，依王说，即主管麻枲的小官。

⑧专精：集中精力，专心一致。厉意：磨砺意念。

⑨委务：舍弃外求。积神：积聚精神。

⑩激厉：激发勉励。厉，通"励"。至精：最高的精诚。

⑪诛：惩罚。

⑫圹(kuàng)虚：指墓穴。

⑬辽远：遥远。

⑭袭：重叠。

⑮界：障塞。

【译文】

　　从前晋国乐师师旷奏起了《白雪》之音，天上的玄鹤因此而降落，狂风暴雨突然来临，晋平公得了全身麻痹症，晋国三年间寸草不生；齐国寡妇含冤向天帝呼告，雷电击毁齐景公的楼台，景公身体伤残骨折，海水冲上大陆。瞎眼的乐师、卑贱的民女，地位比低贱的尚藁还贱，权力比飞动的羽毛还轻，但是却能集中精力、坚定信念，抛弃外物、全神贯注，向上可以通达九天，激励最高的精灵。从这里可以看出，上帝实行的惩罚，即使在深深的墓穴幽冥之处，遥远的隐蔽之地，层层的石室之内，重重的障塞险阻之外，无法逃脱惩罚也是很明显的。

　　武王伐纣①，渡于孟津②。阳侯之波③，逆流而击④，疾风晦冥⑤，人马不相见。于是武王左操黄钺⑥，右秉白旄⑦，瞋目而扬之曰⑧："余任天下，谁敢害吾意者⑨！"于是风济而波罢⑩。

　　鲁阳公与韩构难⑪，战酣日暮⑫，援戈而扬之⑬，日为之反三舍⑭。

　　夫全性保真⑮，不亏其身⑯，遭急迫难，精通于天⑰。若乃未始出其宗者⑱，何为而不成？夫死生同域⑲，不可胁凌⑳，勇武一人㉑，为三军雄。彼直求名耳㉒，而能自要者尚犹若此㉓，又况夫宫天地、怀万物而友造化㉔，含至和㉕，直偶于人形㉖，观九钻一㉗，知之所不知，而心未尝死者乎㉘？

【注释】

①武王:周武王,姬姓,名发,周朝建立者。纣:商朝末代帝王,以残暴著称。

②孟津:古黄河津渡名,在今河南孟州西南、孟津东北。

③阳侯之波:波浪之神。高诱注:阳侯,阳陵国侯也。其国近水,溺死于水,其神能为大波,有所伤害,因谓之阳侯之波。

④逆:迎。击:冲击。

⑤疾风:狂风、暴风。晦冥:昏暗。

⑥黄钺(yuè):以黄金为饰的斧。古代为帝王专用,或特赐给主征战的重臣。

⑦秉:执掌。白旄:古代军旗的一种。以旄牛尾置竿首,用以指挥全军。

⑧瞋(chēn)目:瞪大眼睛。㧑(huī):挥。

⑨"余任"二句:任,担当。王念孙《读书杂志》:"任"当为"在"。《论衡·感虚》作"在"。按,彼文应作:"余在,天下谁敢害吾意者!"害,妨碍。

⑩济:停止。按,以上记载,亦见于《论衡·感虚》等。

⑪鲁阳公:楚平王之孙,司马子期之子。鲁阳,战国楚地。治所在今河南鲁山县。公,县的最高长官。韩:战国时期的韩国。构难:指交战。

⑫战酣:指双方交战激烈之时。

⑬援:举。

⑭反:返回。舍:即宿。太阳在二十八宿中经过休息的地方。

⑮全性:保存本性。保真:保全天真。《氾论训》:全性保真,杨子之所立也。

⑯亏:使亏缺。

⑰精通于天:精诚与上天相通。

⑱若乃：如果说到。宗：根本。

⑲同域：同一个境地。

⑳胁凌：胁迫欺凌。

㉑武：勇士。古江淮方言谓士为武。

㉒直：只。

㉓要：通"徼"，求取。

㉔宫：以天地为宫室。《文子·精诚》、《庄子·德充符》作"官"。怀：囊括。造化：指天地阴阳变化。

㉕至和：最高的和气。

㉖直：特。偶：通"寓"，寓寄。

㉗观九钻一：此为《洛书》"戴九履一"语之用。九，离卦。一，坎卦。观、钻，观察、探究。

㉘而心未尝：指心生与道同。按，"勇武"至"死者乎"，化自《庄子·德充符》。

【译文】

　　周武王讨伐商纣王，在孟津渡黄河。这时波浪之神，迎着水流而发起冲击，狂风肆起，人、马之间都不能看清。这时候周武王左手举着黄钺，右手挥着白旄，瞪大眼睛向水怪挥道："我担当起天下的重任，哪个胆敢阻挡我的意志！"这时候狂风停止而波涛平息了。

　　楚国鲁阳公和韩国交战，双方战斗正激烈之时，太阳快要落山了，鲁阳公举起戈挥向太阳，太阳为他返回了三舍。

　　保全天性和本真，不使身体受到亏损的人，遇到急切危难的事情，精诚尚还可以和上天相通。至于说到性情没有离开道的根本的人，做什么事情不能够成功呢？那种把死生放在同一个境地，是不能够被胁迫欺凌的，就像勇士一样，一个人可以称雄于千军万马之中。这些人只是为了求取名声罢了，而这些为功名来求取的人尚能这样，又何况那些以天地为宫室、囊怀万物而和阴阳变化做朋友，含怀最高的和气，只是把人形当作暂时的寄寓,观察、探究《洛书》的奥妙变化,知道那些所不知道的事情,而心性与道同在的人呢?

　　昔雍门子以哭见于孟尝君①,已而陈辞通意②,抚心发声③,孟尝君为之增欷歍唈④,流涕狼戾不可止⑤。精神形于内⑥,而外谕哀于人心⑦,此不传之道⑧。使俗人不得其君形者而效其容⑨,必为人笑。故蒲且子之连鸟于百仞之上⑩,而詹何之鹜鱼于大渊之中⑪,此皆得清尽之道⑫,太浩之和也⑬。

【注释】

①雍门子:战国琴师,名周,居于齐国的雍门,因以为号。此条亦载于刘向《说苑·善说》、桓谭《新论·琴道》等。哭:即悲歌。见:指感动。孟尝君:齐相田文,战国四君子之一。袭父爵,封于薛(今山东滕州)。称薛公,号孟尝君,《史记》有传。

②已而:过后。陈辞:陈述言词。指陈说利害。通意:表达心意。

③抚:按,摸。

④增:添加。欷(xī):抽泣声。歍唈(wū yì):失声痛哭。

⑤狼戾:散乱。

⑥精神:《文子·精诚》作“精诚”。

⑦谕:表明。

⑧不传之道:即不可言传的道理。高诱注:言能以精诚哀悲感伤人心,不可学而得之,故曰不传之道。

⑨君形者:即至精主宰形体。

⑩蒲且子:楚人,善于弋射。《汉书·艺文志·兵书略》“兵技巧”有《蒲苴子弋法》四篇。连:获得。仞:高诱注“七尺曰仞”。《说文》

"八尺曰仞"。

⑪詹何：战国楚人，对杨朱学说有所发挥。鹜(wù)鱼：使鱼奔向鱼
　　饵。鹜，奔驰。

⑫清尽：《道藏》本作"清净"。指心地洁净，不受外物干扰。尽，《说
　　文》：器中空也。按，有空虚义。亦通。

⑬太浩之和：指精深微妙的道理。按，"蒲且子"至"之和也"，见于
　　《列子·汤问》。

【译文】

　　从前齐国歌手雍门子用歌声来感动孟尝君，过后又陈说哀怨的言
词、表达凄切的心意，抚按胸部发出悲怆之声，孟尝君对他不禁呜咽抽
泣，泪流满面而不能停止。精诚在内心形成，而通过歌声、言词表明他
的哀怨，以此来感化别人，这不只是通过口耳相传就能得到的。假使平
庸的艺伎不懂得内心感情的主宰作用而专门模仿他的表演形式，必定
会被别人取笑。因此蒲且子可以在百仞高空捕得飞鸟，而詹何可以在
大渊之中使鱼游向鱼饵，这些人都是得到了清净之道，掌握了精深微妙
的道理。

　　夫物类之相应①，玄妙深微，知不能论②，辩不能解。故
东风至而酒湛溢③，蚕咡丝而商弦绝④，或感之也。画随灰而
月运阙⑤，鲸鱼死而彗星出⑥，或动之也。故圣人在位，怀道
而不言⑦，泽及万民。君臣乖心⑧，则背谲见于天⑨，神气相
应征矣⑩。故山云草莽，水云鱼鳞，旱云烟火，涔云波水，各
像其形类，所以感之⑪。

【注释】

①"夫物类"句：指万物种类之间可以互相感应。

②知:同"智",此指聪明的人。

③"东风至"句:即春暖气温升高而酒膨胀。湛:通"淫",溢出。

④呭(ěr):吐。或作"珥"。见于《文天训》。商弦绝:高诱注:新丝出,故丝(弦)[脆],商于五音最细而急,故绝也。

⑤"画随灰"句:高诱注:运者,军也。将有军事相围守,则月运出也。以芦草灰随牖下月光中令圜画,缺其一面,则月运亦阙于上也。按,月运,即月晕。环绕月亮周围的光环。

⑥鲸鱼、彗星:亦见于《天文训》。

⑦怀道:指圣人行自然无为之道。

⑧乖:背离。

⑨背谲(jué):高诱注:日旁五色气,在两边,外出为背,外向为谲。按,大约与日珥相似,日珥即日晕。

⑩征:预兆,迹象。

⑪"故山云"六句:见于《吕览·应同》。山云,山中气升起为云。草莽,丛生的杂草。泛指荒野。水云,水中升起的云气。旱云,旱天酷热的云气。涔(cén)云,连阴雨天的云气。

【译文】

　　万物不同类别之间可以互相感应,非常玄妙而精微,聪明的人不能够说清楚,雄辩家不能解开奥秘。因此东风吹来而美酒就能够涨出,蚕吐丝时商弦就容易断绝,有其互相感应的原因。用芦灰画圆缺的一面对着月光,而月晕也有所缺失,鲸鱼死于岸边而彗星就会出现,或许有其互相感动的原因。因此圣人在位执政,实行无为之道而不必讲话,恩泽就可以施及万民。君臣之间互相背离,那么在太阳两旁就会出现背谲等灾变现象,神灵之气的征兆就会应验。所以山中生出的云气像草莽,水中升起的云气像鱼鳞,旱天酷热的云气像烟火,连阴雨天的云气像水波,各自都和它们的形类相像,这是互相感应形成的。

夫阳燧取火于日,方诸取露于月,天地之间,巧历不能举其数①。手征忽恍②,不能览其光③。然以掌握之中④,引类于太极之上⑤,而水火可立致者⑥,阴阳同气相动也。此傅说之所以骑辰、尾也⑦。

【注释】

①巧:灵巧。历:历术。

②征:求取。忽恍:微小的样子。

③览:通"揽",持取。

④掌握:在手掌之中。

⑤引类:招引同类。太极之上:指九天之上。

⑥"而水火"句:指"取露于月","取火于日"。为汽化、聚焦原理的运用。

⑦傅说(yuè):商王武丁时期的贤相,原是傅岩从事筑版的奴隶,死托为辰、尾星。事见《庄子·大宗师》、《尚书·说命》,亦载于《史记·殷本纪》等。辰、尾:指房星和尾星。

【译文】

阳燧可以对着太阳取火,方诸可以向着月亮取水,天地之间,巧妙的历术也不能全部举出它们的数目。用手能够求取微小的事物,但是不能够得到日、月的光辉。然而用放于手掌之中的阳燧、方诸,在九天之上招引太阳、月亮的光辉,水、火便可以立即得到,这是阴阳物类之间同"气"互相感应造成的。这就是傅说死后骑着辰星、尾星的原因。

故至阴飕飕,至阳赫赫,两者交接成和而万物生焉①。众雄而无雌,又何化之所能造乎?所谓不言之辩,不道之道也。故召远者使无为焉,亲近者使无事焉,惟夜行者为能有之②。故却走马以粪③,而车轨不接于远方之外,是谓坐驰陆沉④,昼冥宵明,以冬铄胶⑤,以夏造冰。

【注释】

①"故至阴"三句:亦见于《庄子·田子方》。至阴,极阴。指冬至。飂飂(liù),寒气逼人的样子。至阳,极阳。指夏至。赫赫,火热的样子。和,和谐。

②"故召"三句:见于《管子·形势解》。远者,指四夷之人。无为,指顺应自然和社会规律。近者,指诸夏之人。夜行者,指阴行其德,人莫与之争。高诱注:夜行,喻阴行也。阴行神化,故能有天下也。

③却:使退下。走马:善跑的马。指战马。粪:田粪。此句见于《老子》四十六章。

④坐驰:身子不动而心驰骛于外。语见于《庄子·人间世》。陆沉:沉于陆,比喻隐遁。语见于《庄子·则阳》。郭象注:陆沉,人中隐者,譬无水而沉也。

⑤铄(shuò):熔化金属。

【译文】

所以冬至时寒气逼人,夏至时炎热难当,阴阳二气互相交接融合,便产生了天地万物。都是雄性而没有雌性,又能形成什么样的变化呢?这就是所说的不用说话的辩论,不用称说的道理。所以招抚远方的四夷之人应采取无为的原则,亲附中原的诸夏之人应当采取无事的办法,只有阴行自然之德天下才能归附。就像老子所说,天下有道没有战争,卸下战马来送田粪,而兵车的轮子就不会达到远方之地,这就如同所说的坐着而奔驰、无水而沉没,从白天到黑夜、黑暗到光明,就是在冬天熬胶,夏天造冰,也会成功。

天道者①，无私就也②，无私去也③；能者有余，拙者不足；顺之者利，逆之者凶。譬如隋侯之珠、和氏之璧④，得之者富，失之者贫。得失之度⑤，深微窈冥⑥，难以知论，不可以辩说也。何以知其然？今夫地黄主属骨⑦，而甘草主生肉之药也⑧。以其属骨，责其生肉；以其生肉，论其属骨，是犹王孙绰之欲倍偏枯之药⑨，而欲以生殊死之人，亦可谓失论矣。若夫以火能焦木也，因使销金，则道行矣。若以磁石之能连铁也⑩，而求其引瓦，则难矣。物固不可以轻重论也。

【注释】

①天：北宋本原作"夫"。刘绩《补注》本作"天"。高诱注、《文子·精诚》亦作"天"。据正。

②就：靠近。

③去：离开。

④隋侯之珠：春秋时隋国国君曾救活一条受伤的大蛇，后来大蛇从江中衔来一颗明珠报答他。隋，在今湖北随州。和氏之璧：春秋楚人卞和在山中得一玉璞，献给楚厉王、武王，被认为是石头，而被砍断左、右腿。楚文王时，卞和抱玉璞哭于荆山之下，文王派人治理，果得美玉。见于《韩非子·和氏》。

⑤度：尺度。

⑥窈冥：深远，奥妙。

⑦地黄：药用植物，分鲜生地、生地、熟地多种。《政和本草》：地黄主折跌筋伤中，填骨髓，长肌肉。属（zhǔ）：连；生长。

⑧甘草：药草名。性平和，味甘，能和百药。

⑨王孙绰：鲁人，通医术。一说为周、卫人。偏枯：即半身不遂。此条化自《吕览·别类》。

⑩磁石：矿物名，俗名吸铁石。

【译文】

　　天道，不会私自靠近谁，也不会私自离开谁；能行天道的人功德有余，不能行天道的人功德不足；顺应天道就能得到便利，违背它就会遇到凶灾。比如就像隋侯珠、和氏璧，得到它便可以富裕，失去它便会贫穷。得失的尺度，深微奥妙，难于用智慧论说，不能够辨析清楚。怎么知道它是这样的呢？现在用的地黄是主治健骨的药物，而甘草是主治生肌的药物。用它健骨的功效，却要求它生肌；用它生肌的功用，却要让它健骨，这就像王孙绰把治疗半身不遂的药加倍，而想让死人复苏一样，也可以说是失去常理了。至于像因为用火能够烧焦木头，因而用它熔化金属，那么这样的道理是行得通的。假若因为磁石能够吸引铁器，而要求它吸引瓦块，那么就十分困难了。万物本来不能够用轻重来衡量的。

　　夫燧之取火于日，磁石之引铁，解之败漆①，葵之乡日②，虽有明智，弗能然也③。故耳目之察，不足以分物理④；心意之论，不足以定是非。故以智为治者，难以持国；唯通于太和⑤，而持自然之应者，为能有之。故峣山崩而薄落之水涸⑥，区冶生而淳钧之剑成⑦；纣为无道，左强在侧⑧；太公并世⑨，故武王之功立。由是观之，利害之路，祸福之门，不可求而得也。

【注释】

①解：《道藏》本作"蟹"。孙诒让《札迻·说苑·复恩》："蟹，即解之借字。"

②葵：葵菜，又名冬葵。其叶向日。

③然：明辨。

④物理：事物的常理。

⑤太和：指阴阳变化的和谐。

⑥崤(yáo)山：在今陕西蓝田境内。薄落之水：高诱注有两说：其
　一，薄落水在冯翊临晋，山穷相通也。即今陕西大荔境，当指洛
　水。一说薄落，泾水。泾水源于甘肃平凉薄落山。

⑦区(ōu)冶：古代越国人，善铸剑。淳钧之剑：古代名剑。

⑧左强：纣之佞臣。

⑨太公：姜姓，名尚。为周文王师，佐武王灭商，封于齐。

【译文】

　　阳燧向日取火，磁石吸引铁器，螃蟹败坏生漆，冬葵向着太阳，即使
有高明的智慧，也不能够明辨清楚。所以光凭耳目的考察，不能够分辨
事物的常理；凭着心中的看法，不能够确定是非标准。因此凭着智巧治
国的人，难以维持国家；只有通达阴阳变化，而掌握自然万物感应规律
的人，才能够掌握持国的方法。所以崤山崩塌而造成薄落之水干涸，区
冶出现淳钧宝剑才能够铸成；商纣王暴虐无道，就有佞人左强在旁边诱
惑；姜太公和周武王一起出世，因而武王的大业才能够成功。从这里来
看，利害的路子，祸福的门径，不是预求而能得到的。

　　夫道之与德①，若韦之与革②，远之则迩③，近之则远。
不得其道，若观鯈鱼④。故圣若镜，不将不迎，应而不藏⑤，故
万化而无伤。其得之乃失之，其失之非乃得之也⑥。

【注释】

①道：指的是万物的本源或普遍规律。德：指事物从道所得的特殊
　规律或特性。

②韦：加工过的熟皮，喻德。革：去毛的兽皮，喻道。

③迩(ěr)：近。

④鯈(tiáo)鱼：小鱼。喻可见而不可得。

⑤"故圣"三句：见于《庄子·应帝王》。圣,《文子·精诚》作"圣人"。将,送。应,随着。藏,藏物。

⑥"其得之"二句：高诱注：自谓得,是乃失道者也。自谓失道,未必不得道也。按,得,认为得到。

【译文】

道和德,就像去毛的革和加工过的韦一样,想远远分开它们,就像在旁边；想使它们接近,就又觉得很远。不能得到其中的要道,就像观看池中的小鱼,可见而不可得。因此圣人就像一面镜子,对人不送不迎,反映着人形的变化而不会隐藏,所以有各种变化而没有任何伤害。那些自以为得道的却是失掉了道,那些自认为失掉了道的却未必没有得到道。

今夫调弦者①,叩宫宫应,弹角角动,此同声相和者也②。夫有改调一弦③,其于五音无所比④,鼓之,而二十五弦皆应,此未始异于声,而音之君已形也⑤。故通于太和者⑥,惛若纯醉而甘卧⑦,以游其中⑧,而不知其所由至也。纯温以沦⑨,钝闷以终⑩,若未始出其宗,是谓大通⑪。

【注释】

①调弦：《庄子·徐无鬼》作"调瑟"。

②"叩宫"三句：高诱注：叩大宫则少宫应,弹大角则少角动,故曰同音相和。

③改调：指的是变调。一弦：指的是改变宫音,即"音之君"。

④比：并列。

⑤音之君：指主音。按,"今夫"至"已形也",化自《庄子·徐无鬼》。

　　《齐俗训》、《泰族训》略同。《春秋繁露》亦有类似记载。

　　⑥太和：高诱注指达到等生死之和、齐穷达之端的境界。

　　⑦惛：同"惛（hūn）"，糊涂。

　　⑧其中：高诱注指处于大道之中。

　　⑨纯温：纯一，温顺。沦：沉没，喻潜伏。

　　⑩钝闷：无情欲。终：指终于道。

　　⑪大通：最高的通达。

【译文】

　　现在弹奏瑟的人，拨动大宫那么少宫也会应和，弹奏大角那么少角也会发声，这就是同一声类相互应和的情况。如果弹起变调的变宫，它同五音就没有办法并列了，拨动改调的瑟，而二十五弦仍然都跟着相应，这样发出的声音并没有什么差别，只是改调的主音已经形成了。所以通达阴阳自然变化的人，昏沉地像喝了纯正的美酒而甜蜜地熟睡着，而却在大道之中遨游，却不知道如何进入大道的。纯正温顺地隐伏起来，无情无欲地和道相始终，而从来就没有离开过道的根本，这就叫大通。

　　今夫赤螭、青虬之游冀州也①，天清地定，毒兽不作，飞鸟不骇②，入榛薄③，食荐梅④，嚼味含甘⑤，步不出顷亩之区，而蛇鳝轻之⑥，以为不能与之争于江海之中。若乃至于玄云之素朝⑦，阴阳交争，降扶风⑧，杂冻雨⑨，扶摇而登之⑩，威动天地，声震海内。蛇鳝著泥百仞之中⑪，熊罴匍匐丘山磻岩⑫，虎豹袭穴而不敢咆⑬，猿狖颠蹶而失木枝⑭，又况直蛇鳝之类乎⑮？

【注释】

　　①赤螭（chī）、青虬（qiú）：龙类动物。冀州：指今中原一带。

②骇(hài)：吃惊。

③榛(zhēn)薄：草木丛中。

④荐梅：高诱注：草实。状如桑葚，其色赤，生江滨。

⑤噆(zǎn)：衔，咬。含：北宋本原作"合"。《道藏》本作"含"。据正。

⑥鳝(shàn)：鳝鱼。

⑦玄云：黑云。素朝：清晨。

⑧扶风：疾风。

⑨冻雨：暴雨。

⑩扶摇：自下盘旋而上，亦即旋风。

⑪蛇鳝：王念孙《读书杂志》："蛇"当作"虵"，"虵"与"鼋"同。"鳝"与"鼍"同。按，鼋(yuán)，即鳖。鼍(tuó)，即扬子鳄。鳝、鼍上古同音相通。著：附着。

⑫罴(pí)：熊的一种。又称"人熊"、"马熊"。匍匐：伏在地上爬行。嶄(chán)岩：险峻的山势。

⑬袭：躲入。

⑭狖(yòu)：一种黑色长尾猿。颠蹶(jué)：倒下，跌落。

⑮直：只。

【译文】

　　现在赤螭、青虬漫游中原，天气清明大地安宁，毒蛇猛兽不再发作，飞禽也不惊恐，它们投入草木丛中，觅食荐梅的果实，咀嚼甘甜的美味，它们的漫行没有超出百亩的范围之内，因而蛇和鳝鱼却轻视它们，认为它们不能够和自己在大江大海中争个高下。至于说到黑云在清晨升起，阴气、阳气互相交锋，疾风劲吹，暴雨夹杂，赤螭、青虬乘着旋风而升腾，威力震动天地，声音响彻四海。大鳖、鳄鱼之类躲进百仞深的泥淖之中，熊罴伏地躲到山岩层峦之下，虎豹躲进穴中而不敢咆哮，猿狖之类惊吓得从树枝上跌落下来，又何况只是那些蛇和鳝鱼之类呢？

凤皇之翔至德也^①，雷霆不作，风雨不兴，川谷不澹^②，草木不摇，而燕雀佼之^③，以为不能与之争于宇宙之间^④；还至其曾逝万仞之上^⑤，翱翔四海之外，过昆仑之疏圃，饮砥柱之湍濑^⑥，邅回蒙汜之渚^⑦，尚佯冀州之际^⑧，径蹑都广^⑨，入日抑节^⑩，羽翼弱水^⑪，暮宿风穴^⑫。当此之时，鸿鹄鸧鹤^⑬，莫不惮惊伏窜^⑭，注喙江裔^⑮，又况直燕雀之类乎^⑯！此明于小动之迹，而不知大节之所由者也^⑰。

【注释】

①至德：最好的道德。

②澹（dàn）：泛滥。

③佼：通"姣"，轻侮。

④宇宙：宇，屋檐。宙，栋梁。

⑤还：郑良树《淮南子斠理》：汉文大成本"还"作"逮"。曾：通"层"，高。逝：飞。

⑥砥柱：山名，原在河南三门峡东北黄河中。

⑦邅（zhān）回：徘徊往返。蒙汜（sì）：日所出之地。渚（zhǔ）：小洲。

⑧尚佯：安闲徘徊的样子。

⑨径：经过。蹑（niè）：到达。都广：东南之山名。

⑩抑节：指持节徐行。

⑪羽翼：濯羽翼。

⑫风穴：北方寒风所出之处。

⑬鸿鹄（hú）：天鹅。鸧（cāng）鹤：鹤类。

⑭惮（dàn）：害怕。伏窜：潜伏逃窜。

⑮注喙（huì）：把嘴插入地里不敢活动。裔：边沿。

⑯直：仅仅。

⑰大节：关键性的大事。

【译文】

凤凰翱翔在最好的清平之世，以致雷霆不再发作，风雨不会兴起，深谷大川之水不会泛滥，草木不再摇动，但是燕子、麻雀却轻视它，认为它不能和自己在屋檐、栋梁之间争高低；等到凤凰高飞万仞之上，翱翔在四海之外，经过昆仑山的疏圃，饮用黄河三峡砥柱山的急流，徘徊在日出之地的小洲之上，漫行于中原大地，东南到达都广之野，持节徐行送日西落，在弱水洗濯羽翼，晚上在北方风穴过夜。在这个时候，天鹅、仙鹤之类，都没有不惊恐害怕潜伏逃窜的，长嘴插入江边不敢乱动，又何况那些麻雀、燕子之类呢！这些蛇鳝、燕雀之类只会做小的举动，而不知道大事是怎样产生的。

昔者王良、造父之御也①，上车摄辔②，马为整齐而欲谐③，投足调均，劳逸若一④；心怡气和⑤，体便轻毕⑥；安劳乐进，驰骛若灭⑦；左右若鞭⑧，周旋若环，世皆以为巧，然未见其贵者也。若夫钳且、大丙之御⑨，除辔衔，去鞭弃策，车莫动而自举，马莫使而自走也，日行月动，星耀而玄运⑩，电奔而鬼腾，进退屈伸，不见朕垠⑪；故不招指、不咄叱⑫，过归雁于碣石⑬，轶鹔鸡于姑馀⑭；骋若飞，骛若绝⑮；纵矢蹑风⑯，追猋归忽⑰；朝发榑桑，日入落棠⑱，此假弗用而能以成其用者也⑲。非虑思之察，手爪之巧也。嗜欲形于胸中，而精神逾于六马⑳，此以弗御御之者也㉑。

【注释】

①王良：战国时赵简子御者，死而托精于天驷星，天文上有星名王良。造父：周穆王的御者，天文有星名造父。

②摄：拉。辔：驾驭牲口的缰绳。

③欽谐：指身体和谐。欽，聚合。

④一：同一。

⑤怡：和悦，愉快。

⑥毕：迅速。

⑦驰骛（wù）：奔跑。灭：消失。

⑧左右：或左或右。鞭：受鞭。

⑨钳且、大丙：古代传说中的得道之人，以神气驾驭阴阳。

⑩玄运：在玄天运行。

⑪朕垠：形迹。朕，兆朕。垠，界限。

⑫呎叱（duō chì）：呵斥。

⑬过：超过。碣（jié）石：北方山名。在河北昌黎北。

⑭轶（yì）：超越。鹍（kūn）鸡：凤凰之别名。姑徐：山名，在苏州西南。

⑮骛：奔驰。绝：指达到极点。

⑯纵：通"趿"，踩，踏。蹑：踏，踩。

⑰猋（biāo）忽：疾风。归：随。

⑱落棠：山名。日所入之地。

⑲弗用：指"无为"。

⑳逾：协调。高诱注：谕，和也。吴承仕《淮南旧注校理》：疑高注本自作"调"，故训为"和"。则"逾"为"调"之误。六马：古代帝王车驾用六马。

㉑"此以弗御"句：指以道术进行驾御。

【译文】

从前王良、造父驾驭车马，上车拉着缰绳，马儿步伐整齐而全身和谐，举足自然，劳逸一致；心平气和，身体轻松行动迅疾；安于辛劳乐于前进，奔驰起来瞬息即逝；或左或右就像受鞭驱使，拐弯后退就像圆环旋转，世人都认为他们技艺超群，但是他们却没有看到真正值得尊崇的御术。至于像钳且、大丙的驾驭车马，除掉缰绳和马衔，抛开马鞭，车子没有拉动而自己前进，马匹没有人使唤而自动奔跑，随着日、月而运行，伴着繁星在蓝天奔驰，像雷电神奔走、鬼神升腾，前进后退、缩小伸长，都见不到一点形迹；因此不需要招引指挥、不加以呵斥，就能超过在碣石上空飞行的北归之雁，赛过在姑馀上空飞行的鹒鸡；奔驰如飞，疾驰如断弦；像发出去的箭，似踩着的风，如追赶焱忽；早晨从东方榑桑出发，晚上到达日落的落棠山，这是凭借"不用"而成就了它的"用"。而不是凭着思虑的明察，手爪的巧妙。把嗜欲之形藏在胸中，因而精神就可以协调六马，这是用不需驾驭的道术而来驾驭车马。

　　昔者黄帝治天下①，而力牧、太山稽辅之②，以治日、月之行律，治阴、阳之气③；节四时之度，正律历之数；别男女④，异雌雄；明上下，等贵贱；使强不掩弱，众不暴寡；人民保命而不夭，岁时熟而不凶⑤；百官正而无私，上下调而无尤⑥；法令明而不暗，辅佐公而不阿⑦；田者不侵畔⑧，渔者不争隈⑨；道不拾遗，市不豫贾⑩；城郭不关，邑无盗贼；鄙旅之人⑪，相让以财；狗彘吐菽粟于路，而无忿争之心。于是日月精明，星辰不失其行；风雨时节，五谷登熟；虎狼不妄噬⑫，鸷鸟不妄搏⑬；凤皇翔于庭⑭，麒麟游于郊；青龙进驾⑮，飞黄伏皂⑯；诸北、儋耳之国⑰，莫不献其贡职，然犹未及虑戏氏之道也。

【注释】

①黄帝：传说中中原各族人民的共同祖先。事载《史记·五帝本纪》等。

②力牧：黄帝的臣子。黄帝梦人执千钧之弩，驱牛万群，寤而求之，

得力牧于大泽。敦煌汉简作"力墨",马王堆汉墓帛书《十六经》作"力黑"。太山稽:黄帝的臣子。

③"以治"二句:于大成《淮南杂志补正》:许作"律日月之行,治阴阳之气",高作"理日月之行,治阴阳之气"。其"律,度也"之注,校者以许本"律"字并注写于高本"治日月之行"旁(以成今本之误)。按,律,法度。《文子·精诚》作"调日月之行,治阴阳之气"。无"律"字。

④别男女:废除男女杂居。原始社会有过群婚制,男女杂处。

⑤凶:年成坏。

⑥尤:责怪,怨恨。

⑦阿(ē):曲从。

⑧畔:田界。

⑨隈(wēi):河道弯曲之处。

⑩豫:欺骗。

⑪鄙旅:边鄙的行旅之人。

⑫噬(shì):咬。

⑬鸷(zhì)鸟:凶猛的鸟。如鹰、鹯之类。

⑭翔:止。

⑮青龙:一作苍龙,东方之神。驾:古代帝王车乘。

⑯飞黄:传说中神马名。高诱注:飞黄,乘黄。出西方,状如狐,背上有角,寿千岁。皂(zào):马槽。

⑰诸北:北极国名。儋(dān)耳:《山海经·大荒北经》中有儋耳之国,任姓,禹号子,食谷。《地形训》有"耽耳",疑即此国。

【译文】

　　从前黄帝治理天下的时候,有力牧、太山稽两个大臣辅助他,按照日、月运行规律来进行治理,依照阴、阳变化制定法则;调整四季变化的节气,确立律历的标准;废除男女杂居,分别男女不同职责;明确上下权限，分出贵贱等级；使强健有力的人不欺负弱小之人，人多势众的人不压迫势单力薄的人；人民善于养生而能够长寿，庄稼按时成熟而没有凶年；百官公正而无私，上下协调而没有怨恨；法令制度严明而不昏暗，辅佐大臣公正而不逢迎；种田的人不去侵占别人的土地，打渔的人不去争夺多鱼的港湾；路上丢失东西无人据为己有，市场上没有骗人的物价；城郭之门无须关闭，偏僻村镇也无盗贼；边鄙的行旅之人，也把财物相让；猪狗之类把食物吐在路上，而没有愤怒争斗之心。在这种情况下日月光辉清明，星辰不偏离运行轨道；风雨按照时节到来，五谷年年丰收；虎狼不胡乱咬人，凶鸟不随意捕杀；凤凰落在庭院之中，麒麟在郊外游戏；神龙为黄帝进献车驾，神马飞黄供他驱使；直到遥远的北方诸北、儋耳之国，没有不献上它的贡物，虽然如此还不能赶得上伏羲氏治国的主张。

　　往古之时，四极废①，九州裂，天不兼覆②，地不周载③；火爁炎而不灭④，水浩洋而不息⑤；猛兽食颛民⑥，鸷鸟攫老弱⑦。于是女娲炼五色石以补苍天⑧，断鳌足以立四极⑨，杀黑龙以济冀州⑩，积芦灰以止淫水⑪。苍天补，四极正；淫水涸，冀州平；狡虫死⑫，颛民生；背方州，抱员天⑬；和春阳夏⑭，杀秋约冬，枕方寝绳⑮。阴阳之所壅沉不通者⑯，窍理之⑰；逆气戾物、伤民厚积者⑱，绝止之。当此之时，卧倨倨⑲，兴眄眄⑳，一自以为马㉑，一自以为牛；其行蹎蹎㉒，其视瞑瞑㉓；侗然皆得其和㉔，莫知所由生；浮游不知所求㉕，魍魉不知所往㉖。当此之时，禽兽蝮蛇㉗，无不匿其爪牙，藏其螫毒，无有攫噬之心㉘。考其功烈㉙，上际九天，下契黄垆㉚；名声被后世，光晖重万物㉛。乘雷车，服驾应龙㉜，骖青虬㉝，援绝瑞㉞，席萝图㉟，黄云络㊱，前白螭㊲，后奔蛇㊳，浮游消摇㊴，道鬼神⑩,登九天,朝帝于灵门,宓穆休于太祖之下㊶。然而不彰其功,不杨其声㊷,隐真人之道㊸,以从天地之固然㊹。何则? 道德上通,而智故消灭也㊺。

【注释】

①四极:四方撑天的柱子。

②兼:尽。

③周:遍。

④爁(làn)炎:大火延烧的样子。

⑤浩洋:浩瀚无涯。

⑥颛(zhuān)民:善良的人民。

⑦攫(jué):抓取。

⑧女娲:传说中的人类始祖。

⑨鳌(áo):大龟。

⑩黑龙:水怪。能兴水危害人。

⑪芦灰:芦草烧成的灰。淫水:平地生水。

⑫狡虫:指毒虫猛兽。

⑬"背方州"二句:此为"天圆地方"说。方州,指大地。

⑭阳:通"炀",火炽热。

⑮枕:北宋本原作"枕",刘绩《补注》本作"枕"。据正。方:指矩。绳:绳墨。

⑯壅沉:壅滞。

⑰窍理:贯通。

⑱逆气:逆乱之气。戾:违背。

⑲倨倨(jù):无思无虑的样子。

⑳眄眄(miǎn):眼睛斜视的样子。《庄子·应帝王》作"于于"。

㉑一:有时。按,"卧倨倨"至"以为半",化自《庄子·应帝王》。

㉒蹎蹎（diān）：安详缓慢的样子。

㉓瞑瞑：似明未明的样子。

㉔侗（tóng）然：无知的样子。

㉕浮游：任意游玩。

㉖魍魉（wǎng liǎng）：《庄子·在宥》作"猖狂"，恣意妄行的样子。

㉗蝮蛇：毒蛇。

㉘噬（shì）：咬。

㉙考：考察。功烈：功业。

㉚契：刻。黄垆：黄泉下的垆土。

㉛重：王念孙《读书杂志》："重"字义不可通。《尔雅·释鱼》疏引此
　　作"光辉熏万物"，是也。熏犹熏炙也。

㉜服驾：王念孙《读书杂志》："服"下不当有"驾"字。应龙：有翼
　　之龙。

㉝骖（cān）：在两旁驾车。

㉞援：持、执。绝瑞：最吉祥的瑞应。

㉟萝图：高诱注有两说：罗列图籍，以为席蓐。一说：萝图，车上席。

㊱黄云：黄色云气。络：缠绕。

㊲白螭（chī）：白色的龙。

㊳奔蛇：能腾云驾雾的蛇。

㊴消摇：又作"逍遥"，自由自在义。

㊵道：通"导"，引导。

㊶宓（mì）穆：安定，平和。太祖：道之大宗。

㊷杨：《道藏》本作"扬"，彰显义。

㊸真人：修真得道之人。

㊹固然：自然。

㊺智故：巧诈。

【译文】

很古的时候，四方撑天的柱子倒塌了，九州大地裂开了，上天不能全部覆盖大地，大地也不能遍载万物；大火蔓延而不能熄灭，洪水漫流而无法控制；猛兽吞食善良的人民，凶鸟捕食老弱之人。在这种情况下女娲熔炼五彩神石来补缀天穹，斩断鳌足作为撑天的柱子，杀死黑龙以解救中原人民，积聚芦灰来堵塞平地涌出的大水。苍天补好了，四极立定了；淫水平息了，冀州安定了；毒虫猛兽杀死了，善良的人民得以生存；背朝大地，拥抱上天；春天温暖，夏天炎热，秋天肃杀，冬天严寒，人们以方正的矩为枕，卧于正直的绳墨之上。阴阳变化壅塞失调不能通达的地方，使它贯通；逆乱之气危害万物、妨害百姓积聚财物的气候，能够制止它。在这个时候，睡卧无忧无虑，起来心神平静，有时自认为是马，有时自认为是牛；人们的行动是安详缓慢的，看东西似明未明的；无知无识但是都能得到天和，没有人知道所产生的地方；任意遨游不知需要什么，随意行走不知到什么地方去。在这个时候，猛兽毒虫，没有不缩藏起它们的爪牙，隐匿起螫毒，没有捕杀吞食人的动机。考察女娲的功烈，向上可以通达九天，向下可以镂刻在黄垆之上；美名传遍后代，光辉照射万物。她乘着雷车，中间驾着应龙，两边配着青虬，持着殊绝之瑞玉，铺着萝图，缠绕着黄云，前有白螭开道，后有奔蛇护卫，逍遥自在，由鬼神引导，登上了九天，在灵门朝拜天帝，在大道的祖先旁边平静地休息。但是不彰显她的功德，不宣扬她的名声，隐藏起真人的道术，来随从天地的自然规律而行动。为什么这样呢？道德已经与上天相通，而智巧已经消灭了。

逮至夏桀之时，主暗晦而不明[①]，道澜漫而不修[②]；弃捐五帝之恩刑[③]，推蹶三王之法籍[④]；是以至德灭而不扬，帝道掩而不兴[⑤]；举事戾苍天[⑥]，发号逆四时；春秋缩其和[⑦]，天地除其德[⑧]；仁君处位而不安[⑨]，大夫隐道而不言；群臣准上意

而怀当⑩,疏骨肉而自容⑪;邪人参耦比周而阴谋⑫,居君臣
父子之间而竞载⑬;骄主而像其意⑭,乱人以成其事。是故君
臣乖而不亲⑮,骨肉疏而不附;植社槁而墄裂⑯,容台振而掩
覆⑰;犬群嗥而入渊⑱,豕衔蓐而席澳⑲;美人挐首墨面而不
容⑳,曼声吞炭内闭而不歌㉑;丧不尽其哀,猎不听其乐;西老
折胜㉒,黄神啸吟㉓;飞鸟铩翼㉔,走兽废脚㉕;山无峻干㉖,泽
无洼水㉗;狐狸首穴㉘,马牛放失㉙;田无立禾,路无莎薠㉚;金
积折廉㉛,璧袭无理㉜;磬龟无腹㉝,蓍策日施㉞。

【注释】

①暗晦:昏暗。

②澜漫:杂乱,混乱。

③弃捐:丢弃。捐,弃。五帝:诸说不一。《史记·五帝本纪》以黄
　帝、颛顼、帝喾、尧、舜为五帝。恩刑:恩化及刑罚。

④推蹶(jué):推倒、践踏。三王:指夏禹、商汤、周文王。

⑤帝道:指五帝之道。掩:掩盖、遮蔽。兴:举兴。

⑥戾:违反。

⑦缩:藏匿。和:平和之气。

⑧除:解除。德:恩德。

⑨仁君:《文子·上礼》作"人君"。

⑩准:望;揣度。怀:思念。当:适当。

⑪自容:自求逢迎献媚。

⑫参(cān):三人为参。耦(ǒu):二人。比周:结党营私。

⑬竞载:争逐。

⑭骄主:使君主放纵。像:随。

⑮乖:背戾,不合。

⑯植社：大夫以下按居住地立社，叫置社。植，与"置"通。槁（gǎo）：枯坏。堣（yú）：王念孙《读书杂志》："堣"当为"塅（xià）"，隶书之误也。《说文》："塅，坼也。"按，即裂缝义。

⑰容台：行礼容之台。

⑱嗥（háo）：野兽吼叫。

⑲蓐（rù）：草垫子。澳：水边。

⑳挐（rú）首：头发与乱草糅合在一起。挐，乱。墨面：用墨色涂面。不容：不修饰面容。

㉑曼声：善唱歌。吞炭：食炭可以使声音变哑。

㉒西老：指西方女神西王母。胜：女人头上的首饰。

㉓黄神：指黄帝之神。啸吟：长啸而哀叹。

㉔铩（shā）翼：指羽毛伤残。

㉕废脚：指脚残。

㉖峻干：即高材。

㉗洼水：水坑。

㉘首穴：传说狐狸死时，头朝着巢穴。

㉙放失：逃逸。

㉚莎（suō）：野草名，俗名"香附子"。藬（fán）：草名。似莎而大。

㉛廉：侧边，棱角。

㉜袭：积聚。理：《文子·上礼》作"赢"，通"蠃（luǒ）"，指蠃形文理。

㉝磬：通"罄（qìng）"，空。

㉞著（shī）策：古人用来占卜的著草茎。

【译文】

等到暴君夏桀统治之时，帝王昏庸不明国情，道德混乱而不加整肃；抛弃五帝有效的治政措施，推倒三王有利的法规；因此最好的德性泯灭而无人宣扬，五帝之道藏匿而不能举兴；行事背戾上天意志，命令违背四时的规律；春光秋色隐藏起了平和之气，天地解除了赐给人类的恩德；贤明君主在位而心中不安，大夫深藏隐忧而不愿说话；群臣看着帝王的脸色行事，挑拨亲属关系而自求逢迎；奸佞小人结党营私而施展阴谋，竞相奔走于君臣父子之间；使君主骄奢淫逸而随己意，而奸人则从中谋取私利。因此君臣上下背离而不亲近，骨肉离散而不亲附；于是祭祀用的神社破败而裂开，行礼的容台震动而彻底倒塌；成群野狗吼叫着跳进了深渊，头头蠢猪衔草移居水边；美女蓬头垢面而不加修饰，歌女吞炭哑声而不再放歌；丧葬不能抒尽悲哀之情，田猎不能得到应有的快乐；西王母折断了头上的玉簪，黄帝之神咆哮哀鸣；天上的飞鸟折断了双翼，山中的野兽伤残了双腿；青山变成秃岭，沼泽干涸见底；狐狸头朝洞穴而死去，马牛狂奔乱跑；田野里没有禾苗，道路边没有野草；金银堆积磨破了棱角，璧玉积久玷污了纹理；占卜的龟板钻空了，求神的蓍草用个不停。

晚世之时①，七国异族②；诸侯制法，各殊习俗；纵横间之③，举兵而相角④；攻城檻杀⑤，覆高危安⑥；掘坟墓，杨人骸⑦；大冲车⑧，高重京⑨；除战道⑩，便死路；犯严敌，残不义；百往一反，名声苟盛也⑪。是故质壮轻足者，为甲卒千里之外，家老羸弱凄怆于内⑫；厮徒马圉⑬，轵车奉饷⑭，道路辽远，霜雪亟集，短褐不完⑮，人羸车弊⑯，泥涂至膝；相携于道，奋首于路⑰，身枕格而死⑱。所谓兼国有地者，伏尸数十万，破车以千百数，伤弓弩矛戟矢石之创者，扶举于路。故世至于枕人头，食人肉，菹人肝⑲，饮人血，甘之于刍豢。故自三代以后者，天下未尝得安其情性，而乐其习俗，保其脩命，天而不夭于人虐也⑳。所以然者何也？诸侯力征，天下[不]合而为一家㉑。

【注释】

①晚世：指战国之末。

②七国：即战国七雄齐、楚、燕、赵、韩、魏、秦。异族：指"氏"不同。

③纵横：苏秦合纵，张仪连横。间：离间。

④角：较量。

⑤槛：通"滥"，无节制。刘绩《补注》本作"滥"。

⑥危：危险。

⑦杨：《道藏》本作"扬"，抛弃义。

⑧冲车：古代攻城用的战车。

⑨重京：有两说：其一，《文子·上礼》作"高重垒"。垒，指城垒。其二，《吕览·禁塞》"为京丘若山陵"。高诱注：战斗杀人，合土筑之，以为京观，故谓之京丘，若山陵高大也。尸体封土成冢，称作"京观"、"京丘"。

⑩除：修整。

⑪苟：姑且。

⑫羸（léi）：瘦弱。凄怆（chuàng）：悲戚。

⑬厮徒：即厮役。干粗活的奴隶。马圉（yǔ）：养马的人。

⑭轵（rǒng）：推。饷：粮饷。

⑮短褐（hè）：粗陋之衣。短，通"裋（shù）"，粗衣。

⑯弊：破败。

⑰奋首：仰头。

⑱枕：北宋本原作"枕"。《道藏》本、刘绩《补注》本作"枕"。据正。格：通"辂（lù）"，绑在车辕上用来牵引车子的横木。

⑲菹（zū）：肉酱。

⑳天：王念孙《读书杂志》谓衍文。

㉑"天下〔不〕合"句：王念孙《读书杂志》："合"上脱"不"字。《太平御览·兵部》七十引此有"不"字。《文子·上礼》同。

【译文】

战国之时，七个异姓国家割据天下；各个诸侯制订的法令，都是按照不同的习俗制定的；连横、合纵两派的人从中离间，各国举兵而互相争斗；攻占城邑、滥杀无辜，高城变成平地、安定变成危险；挖开死人坟墓，扬弃死人的尸骨；制造大的冲车，修筑高的城垒；修整战道，使阻塞的道路便于行军；进犯强大的敌人，残杀不义之人；百人征战一人得返，名声姑且算是最大的了。因此身体强健行动敏捷之人，便成为士兵转战千里之外，家中老弱病残痛苦悲惨；奴仆、马夫，推着车子运送粮饷，路途遥远，霜雪聚集，破衣烂衫，人瘦车破，烂泥至膝；人们在道路上互相搀扶，仰头挣扎前行，身子往往枕着车辂而死去。所谓的兼并国家占有土地的诸侯，杀人数十万，击毁战车成百上千，受弓弩、矛戟、矢石伤害的人，相互扶持着在路上哀号。因此世间竟到了枕人头、吃人肉，酱人肝，喝人血，却比吃家畜还要甜美的地步。所以从三代往后的年代里，天下的人不曾得到安定他们的性情，喜爱他们的习俗，保养他们的生命，而没有不遭到人祸残害而短命的。造成这样的原因是什么呢？是因为诸侯国之间以武力相争，而天下没有统一的缘故。

逮至当今之时①，天子在上位，持以道德，辅以仁义，近者献其智，远者怀其德；拱揖指麾②，而四海宾服；春秋冬夏，皆献其贡职；天下混而为一③，子孙相代，此五帝之所以迎天德也④。

【注释】

①当今：指汉武帝即位之初。《汉书·淮南衡山济北王传》："初，安入朝，献所作《内篇》，新出，上爱秘之。"即建元二年（前138）。

②拱揖（yī）指麾（huī）：指从容安舒，指挥若定。

③混：同。

④天德：指上天的旨意。

【译文】

等到了当今的时代，天子在高位，用道德执掌国家，用仁义作为辅佐，臣属奉献自己的智慧，远方的百姓感怀他的德泽；从容安舒指挥若定，而海内归附；一年四季，都能按时献上贡赋；天下大一统，子孙世代相传，这就是五帝要接受上天意旨的缘故。

夫圣人者不能生时①，时至而弗失也。辅佐有能，黜谗佞之端②，息巧辩之说；除削刻之法，去烦苛之事；屏流言之迹③，塞朋党之门④；消知能⑤，脩太常⑥；隳枝体⑦，绌聪明⑧；大通混冥⑨，解意释神，漠然若无魂魄，使万物各复归其根，则是所脩伏牺氏之迹，而反五帝之道也。

【注释】

①时：时运。

②黜（chù）：贬退。

③屏（bǐng）：排除。

④朋党：指宗派集团。

⑤知能：智巧之能。

⑥脩：《文子·上礼》作"循"。太常：大的常则，即自然法则。

⑦隳（huī）：毁坏。枝：《义府·折枝》："枝、肢古字通用。"

⑧绌聪明：高诱注：去其小聪明，并大利欲者。绌，通"黜（chù）"，贬退。

⑨大通：全部通达。混冥：混沌初分的状态。

【译文】

圣人是不能产生出时运的，只能是时运到来而不失去机会罢了。辅佐选用贤能，就能贬退谄佞的歪道，熄灭巧辩的邪说；废除刻削的法律，抛开烦琐苛细的事务；排除流言的痕迹，堵塞私党的门路；消除智巧之能，依循自然法则；毁坏肢体的贪欲，罢除小的聪明；与混沌初分状态相通达，解除意念放开精神，使心神淡漠得像没有魂魄一样，使万物各自回复到它的本性中去，那么这就是修治伏羲氏的业绩，而返回到五帝治政的大道上去。

夫钳且、大丙，不施辔衔，而以善御闻于天下；伏戏、女娲，不设法度，而以至德遗于后世，何则？至虚无纯一①，而不嚛喋苛事也②。《周书》曰③："掩雉不得，更顺其风④。"今若夫申、韩、商鞅之为治也⑤，捝拔其根⑥，芜弃其本，而不穷究其所由生，何以至此也，凿五刑⑦，为刻削，乃背道德之本，而争于锥刀之末，斩艾百姓⑧，殚尽太半⑨，而忻忻然常自以为治⑩，是犹抱薪而救火，凿窦而出水⑪。夫井植生梓而不容瓮⑫，沟植生条而不容舟，不过三月必死。所以然者何也？皆狂生而无其本者也⑬。河九折注于海而流不绝者⑭，昆仑之输也。潦水不泄，瀇滉极望⑮，旬月不雨则涸而枯泽，受瀷而无源者⑯。譬若羿请不死之药于西王母⑰，恒娥窃以奔月⑱，怅然有丧⑲，无以续之。何则？不知不死之药所由生也。是故乞火不若取燧⑳，寄汲不若凿井㉑。

【注释】

①纯一：纯粹，一致。

②嗻喋(zá dié)：深算；亦有多言义。

③《周书》：《尚书》的组成部分，记载周代史实。

④"掩雉(zhì)"二句：高诱注：言掩雉虽不得，当更从其上风，顺其道
　理也。按，此二句不见今本《尚书》。掩，袭取，捕取。雉，鸟名，
　俗称野鸡。

⑤申：战国中期法家申不害(前385—前337)。《汉书·艺文志》有
　《申子》六篇。韩：战国法家韩非子(前280—前233)。《汉书·艺
　文志》有《韩子》五十五篇。商鞅：(前390？—前338)。战国法
　家，曾在秦国主持变法。《汉书·艺文志》有《商君》二十九篇。

⑥捋(bó)：拔。凿：制造。

⑦五刑：先秦以墨、劓(yì)、刖(fèi)、宫、大辟为五刑。

⑧斩艾百姓：高诱注：以草木喻也，不养之也。按，艾，通"刈(yì)"，
　斩杀。

⑨殚(dān)：极尽。

⑩忻(xīn)忻然：自鸣得意的样子。

⑪出：王念孙《读书杂志》："出"当为"止"，字之误也。

⑫梓：王念孙《读书杂志》："梓"当为"栓(niè)"。"栓"为伐木更生
　之名。

⑬狂生：妄生。

⑭九折：多次曲折。

⑮汒潒(wǎng yàng)：即"汪洋"，水势广阔无涯的样子。

⑯瀷(yì)：北宋本原作"翼"。《道藏》本作"瀷"，水潦积聚义。据正。

⑰羿(yì)：即后羿。古代善射者。

⑱恒娥：即嫦娥。《初学记》引许慎注作"常娥"。奔月而为月精。

⑲怅(chàng)然：失意的样子。

⑳乞火：求取火种。

㉑汲(jí)：打水，取水。

【译文】

钳且、大丙,不用缰绳、马衔,而凭着善于驾驭闻名于天下;伏戏、女娲,不设置法令制度,而凭着最高的德行流传后世,为什么这样呢? 它们已经到了虚静纯粹的状态,而不做算计苛烦之事。《周书》中说:"没有捕到野鸡,当转从上风去寻求。"现在至于像申不害、韩非子、商鞅的治理国家的办法,就像拔掉树根,抛弃根本,而不去深究社会弊病产生的原因,以及为什么会造成这样的现状,却制定残酷的五刑,实行苛刻的法令,违背了道德的根本,而却在锥尖刀刃去争夺利益,宰割百姓,耗尽百姓大半资财,而却自鸣得意地认为得到了大治,这就像抱着干柴去救火,凿开孔洞而去止水一样。在井边植树而长出的枝条,容不得汲水的瓮子来碰撞,沟边植树而长的枝叶,也容不得小船去挤压,不超过三个月必定死去。为什么会这样呢? 这都是盲目生长而没有考虑到地势的缘故。黄河经过多次曲折到达大海,而水流不会断绝的原因,是昆仑山为它输送水源。洼地积水没有排泄开去,极目一望广阔无边,十天一月断雨干涸就会池泽枯竭,因为它所接受的只是积水而没有源泉。就像后羿向西王母求得长生不老之药,恒娥偷吃而奔上了月宫,后羿怅然失意若有所丧,没有办法再得到不死之药了。为什么这样呢? 因为他不知道不死之药是从什么地方产生的。因此说向别人求火不如取燧打火,依靠别人取水不如自家掘井。

第七卷　精神训

【题解】

何谓"精"、"神"? 高诱题解中说:"精者,人之气;神者,人之守也。""精气",是构成人体的基本物质,是人的生命活动的原始动力。《黄帝内经·素问·金匮真言论》说:"夫精者身之本也。"而"神"是人体生命活动总的外在表现,也指精神意识活动;"神"是以精气、气血为物质基础的,对人体起到守护的作用。本训的主旨,"所以使人爱养其精神,抚静其魂魄,不以物易己,而坚守虚无之宅者也"。本篇为《淮南子》养生论的核心。

本训研究了精神和形体的关系。指出"夫精神者,所受于天也;而形体者,所禀于地也"。就是说,人的精神和形体各有其自己的来源,而精神对形体的生命活动有主宰作用。"心者形之主也,而神者心之宝也"。心与神是人的精神,形与气是人的肉体。人的形体、精神、血气是互相依赖、密不可分的。

在精神与外物关系上,《精神训》继承了老庄豁达和豪放的气魄,强调要以无为处世,不以外物累身,要养生以和,理性命之情,返太素而入于大通。指出要"轻天下,细万物,齐生死,同变化"。只有这样,才是"无累之人",才是懂得了人生的真谛。

陶方琦《淮南许注异同诂》:"序目有'因以题篇'字,乃高注本也。"

古未有天地之时,惟像无形①。窈窈冥冥②,芒芠漠闵③;澒濛鸿洞④,莫知其门。有二神混生⑤,经天营地⑥,孔乎莫知其所终极⑦,滔乎莫知其所止息⑧。于是乃别为阴、阳,离为八极⑨;刚柔相成⑩,万物乃形;烦气为虫⑪,精气为人⑫。是故精神天之有也,而骨骸者地之有也。精神入其门,而骨骸反其根⑬,我尚何存? 是故圣人法天顺情⑭,不拘于俗,不诱于人。以天为父,以地为母;阴阳为纲,四时为纪;天静以清,地定以宁,万物失之者死,法之者生。

【注释】

①惟:只有。像:形象。当化自《楚辞·天问》:"上下未形,何由考之? 冯翼惟象,何以识之?"无形:万物未成形之时。

②窈窈冥冥:深远的样子。

③芒芠(wén)漠闵(mǐn):广大无边的样子。

④澒(hòng)濛鸿洞(tóng):混沌不分的样子。

⑤二神:指阴、阳之神。混生:一起产生。混,同。

⑥经、营:指营造。

⑦孔乎:深远的样子。

⑧滔乎:广大的样子。

⑨离:分离。八极:八方之极。

⑩刚柔:指阴阳。

⑪烦气:混杂之气。

⑫精气:指元气中精微细致的部分,是生命的根源。

⑬根:指归根、归土。

⑭法天顺情:《文子·九守》作"法天顺地"。

【译文】

　　古时没有出现天地的时候，只有无形的形象。深远幽深，广大无边，混沌不分，没有人知道它的大门。有阴、阳二神一起产生，开辟天地，深远啊没有办法知道它终极的地方，广大啊没有办法知道它所止息的处所。这时便分为阴、阳二气，离散为八极；阴柔、阳刚二气相互作用，万物便形成了；杂乱之气成为虫类，精微之气变成人类。因此说精神是上天所有的，而骨骸是大地所有的。精神无形进入天门，骨骸有形归根大地，我还有什么存留的呢？所以圣人取法上天而依顺大地，不被世俗所拘束，不被他人所诱惑。把上天作为父亲，把大地作为母亲；把阴阳变化作为纲领，把四季的规律作为准则；上天安静而洁净，大地安定而宁静，万物失掉它就会死去，效法它就能生存。

　　夫静漠者①，神明之宅也②；虚无者③，道之所居也。是故或求之于外者，失之于内；有守之于内者，失之于外。譬犹本与末也，从本引之，千枝万叶，莫得不随也。

【注释】

　　①静漠：安静，淡漠。

　　②神明：指人的精神清明。

　　③虚无：指无情欲的虚寂状态。

【译文】

　　安静淡漠，是使精神清明的住所；虚无寂静，是道的安居之处。因此有人在外部索求的，会在内部失掉；有人在内部坚守的，会在外部失去。就像树根和树梢的关系一样，从根本上拉动它，千枝万叶，没有不跟随而来的。

　　夫精神者,所受于天也;而形体者,所禀于地也①。故曰:"一生二,二生三,三生万物②。万物背阴而抱阳,冲气以为和③。"故曰:一月而膏④,二月而胅⑤,三月而胎⑥,四月而肌,五月而筋,六月而骨,七月而成,八月而动,九月而躁,十月而生⑦。形体以成,五藏乃形。是故肺主目,肾主鼻,胆主口,肝主耳⑧。外为表而内为里,开闭张歙⑨,各有经纪⑩。故头之圆也象天,足之方也象地。[天]有四时、五行、九解、三百六十六日⑪,人亦有四支、五藏、九窍、三百六十六节⑫。天有风雨寒暑,人亦有取与喜怒。故胆为云,肺为气,肝为风,肾为雨,脾为雷,以与天地相参也⑬,而心之为主。是故耳目者,日月也;血气者,风雨也。日中有蹲乌⑭,而月中有蟾蜍⑮。日月失其行,薄蚀无光⑯;风雨非其时,毁折生灾;五星失其行,州国受殃⑰。

【注释】

①禀:施予。

②"一生二"三句:高诱注:一谓道也,二曰神明也,三曰和气也。或说一者元气也;生二者,乾坤也;二生三,三生万物。天地设位,阴阳通流,万物乃生。按,引文见《老子》四十二章。本文无"道生一"句。

③"万物"二句:高诱注:万物以背为阴,以腹为阳,身中空虚,和气所行。冲气,此指冲虚之气。按,冲,通"盅",空虚。和,指阴阳结合而产生的和气。

④膏:黏稠状的物质。

⑤胅(dié):肿大。

⑥胎:指妇女怀孕三月。

⑦生：北宋本原作"坐"。《道藏》本作"生"。《文子·九守》同。据正。

⑧肝主耳：刘绩《补注》本有"脾主舌"，与"脾为雷"相应。

⑨歙（xī）：和合。

⑩经纪：指纲常、法度。

⑪［天］有四时"句：北宋本"有"上无"天"字。刘绩《补注》本、《四库全书》本有"天"字。据补。《文子·九守》同。四时，四季。五行，指金、木、水、火、土。九解：高诱注列三说：九十为一解。一说：九解，六一之所解合也。一说：八方中央，故曰九解。按，以天文论之，当以"八方中央"为胜。三百六十六日，《文子·九守》作"三百六十日"。

⑫三百六十六节：《文子·九守》作"三百六十节"。

⑬参：配合。按，"天有"至"三百六十六节"，本自《韩非子·解老》、《吕览·达郁》，亦见于《春秋繁露·人副天数》。

⑭蹲乌：三足乌。《道藏》本亦作"蹲"。刘绩《补注》本作"踆（zún）"。三足乌，疑即日中黑子之形象。

⑮蟾蜍（chán chú）：虾蟆。据《灵宪》、《论衡·说日》等记载，传说为嫦娥所化。

⑯薄（bó）蚀：日月相掩映，失其光泽。薄，迫，指日月无光。蚀，通"食"，即今日食。

⑰"五星"二句：高诱注：五星，荧惑、太白、岁星、辰星、镇星。今荧犯角、亢，则州国受其殃。

【译文】

精神，是由上天授予的；而形体，是由大地给予的。正如《老子》中所说："一产生了二（即天地）；二产生了三（即阴气、阳气、和气）；三产生了万物。万物的背面是阴气而前面是阳气，阴气、阳气交流便成为和气。"因此说人受孕一个月受精卵像黏稠状物质，两个月开始膨胀，三个月成胎，四个月长肌肉，五个月长筋，六个月长骨骼，七个月开始成形，八个月开始活动,九个月剧烈躁动,十个月便可以生下来。形体全部长成,五脏便能成形。因此肺主管目,肾主管鼻子,胆主管嘴巴,肝主管耳朵。外面五官是表象而内部是脏腑,张开闭合,各自有一定的准则。所以头是圆形像上天,脚是方形像大地。上天有四季春夏秋冬、五行金木水火土、九解八方中央、一年三百六十六日,人也有四肢、五脏、九窍、三百六十六个关节。天有风雨寒暑,人也有取与喜怒。因此,五脏中胆是云,肺是气,肝是风,肾是雨,脾是雷,以此来和天地相配合,而心是五脏之主。所以人的耳目,就像天上的日月;人的血气,就像上天的风雨。太阳中有三足乌,而月亮中有蛤蟆。日月失去运行轨道,就会发生相食而失去光辉;风雨不能按时到来,就会毁折万物发生灾荒;五星乱了行驶轨道,大地上的州国就要遭殃。

　　夫天地之道,至纮以大①,尚犹节其章光②,爱其神明③,人之耳目曷能久熏劳而不息乎④?精神何能久驰骋而不既乎⑤?是故血气者⑥,人之华也⑦;而五藏者,人之精也。夫血气能专于五藏而不外越⑧,则胸腹充而嗜欲省矣。胸腹充而嗜欲省,则耳目清、听视达矣⑨。耳目清、听视达,谓之明。五藏能属于心而无乖,则敂志胜而行不僻矣⑩。敂志胜而行之不僻,则精神盛而气不散矣。精神盛而气不散则理,理则均,均则通,通则神,神则以视无不见,以听无不闻也,以为无不成也。是故忧患不能入也,而邪气不能袭⑪。故事有求之于四海之外而不能遇⑫,或守之于形骸之内而不见也。故所求多者所得少,所见大者所知小。

【注释】

　　①纮:通"宏",宏大。

②章光：光明。

③爱：北宋本原作"变"。《道藏》本作"爱"。据正。

④曷(hé)：何。熏劳：过度忧劳。孙诒让《札迻》："熏"当作"勤"。
俞樾《诸子平议》："熏"当作"勋"。按，《广韵》文韵："熏，火气盛
皃。"引申有过甚、过度义。息：止。

⑤驰骋：奔走，奔竞。既：尽。

⑥血：北宋本此文与下文原作"面"。刘绩《补注》本、《四库全书》本
作"血"。《文子·九守》同。据正。

⑦华：精华。

⑧专：专一。越：离散。

⑨达：通达。

⑩敦(bó)志：即旺盛之志。僻(pì)：邪僻。

⑪"是故"二句：化自《庄子·刻意》。袭，侵入。

⑫遇：得到。

【译文】

　　天地施予万物的道理，极其深远而广大，尚且还要节制它的光明，
爱惜它的精神的清明，人的耳目怎么能够长期忧劳而不停息呢？精神
怎么能够长久奔竞而不耗尽呢？因此说血气，是人的精华；而五脏，则
是人的精粹所在。血气能够专一运行于五脏之间而不向外泄散，那么
胸腹中就会充实而嗜欲就会减少了。胸腹中充实而嗜欲减少，那么耳
目就会清新、听觉视觉就会通达了。耳目清新、听力视觉通达，它就叫
做"明"。五脏能够隶属于心而不乖离，那么旺盛之志自能战胜，而不会
有邪僻之行了。旺盛之志能够战胜而不会有邪僻之行，那么精神就会
旺盛而精气就不会泄散了。精神旺盛而精气不泄散就能掌握规律，掌
握规律就能够平均，能够平均那么就能够通达，能够通达就能达到神明
的境界，达到神明的境界去观察事物没有不能见到的，用它来倾听声音
没有不能听到的，用它来做事情没有不能成功的。所以忧患不能够侵

入,而邪气也不能够侵袭它。由于精神蔽塞,所以有的事情向四海之外寻求也得不到它,有的事情守持在身体之内也不能被发现。因此贪求多的人反而得到的少,所见到大的人反而知道的就小。

　　夫孔窍者,精神之户牖也;而气志者,五藏之使候也①。耳目淫于声色之乐,则五藏摇动而不定矣。五藏摇动而不定,则血气滔荡而不休矣②。血气滔荡而不休,则精神驰骋于外而不守矣。精神驰骋于外而不守,则祸福之至,虽如丘山,无由识之矣。使耳目精明玄达而无诱慕③,气志虚静恬愉而省嗜欲,五藏定宁充盈而不泄,精神内守形骸而不外越,则望于往世之前,而视于来事之后④,犹未足为也,岂直祸福之间哉!故曰:“其出弥远者,其知弥少⑤。”以言夫精神之不可使外淫也⑥。是故五色乱目,使目不明;五声哗耳,使耳不聪;五味乱口,使口爽伤⑦;趣舍滑心⑧,使行飞扬⑨。此四者,天下之所养性也,然皆人累也⑩。故曰:嗜欲者,使人之气越;而好憎者,使人之心劳⑪。弗疾去,则志气日耗⑫。夫人之所以不能终其寿命,而中道夭于刑戮者,何也?以其生生之厚⑬。夫惟能无以生为者⑭,则所以脩得生也⑮。

【注释】

①“夫孔窍”四句:本自《韩非子·喻老》。气志,王念孙《读书杂志》云当作“血气”。《文子·九守》正作“血气”。使候,此指出使瞭望。

②滔荡:激荡。

③精明：精细明察。玄达：精微通达。

④来事：杨树达《淮南子证闻》："事"疑当作"世"。而《道藏》本亦作"事"。《文子·九守》作"来事之内"。

⑤"其出"二句：语见《老子》四十七章。

⑥外淫：过分向外散发。

⑦爽：爽伤。王念孙《读书杂志》云：本作"厉爽"。《庄子·天地》"使口厉爽"，即《淮南》所本也。伤，病。

⑧趣舍：取舍，进退。偏义复词，指"趣"。滑：乱。滑心，扰乱心境。

⑨行：《文子·九守》作"性"。飞扬：放荡，不从轨道。按，"是故"八句，见于《庄子·天地》。

⑩累：牵累。

⑪劳：病。

⑫志气：张双棣《淮南子校释》云：似当承上文作"心气"。按，《文子·九守》亦作"志气"。耗（hào）：乱。

⑬生生：即养生。

⑭无以生为：不把生活享受作为追求目标。

⑮脩得生：长久得到养生。《文子·九守》作"得长生"。

【译文】

人与外界相沟通的孔窍，是精神的门户；而内部流通的血气，是五脏的使者。耳目过分沉溺于声色之中，那么五脏就要受到震动而不得安宁。五脏摇动而不得安宁，那么血气就会激荡而不能够停止。血气激荡而不能够停止，那么精神就会竞驰在外而不能内守。精神竞驰在外面不能内守，那么祸福到来时，即使像山丘一样大，也没有办法来识别它。如果能使耳目清明通达而没有诱慕，气志恬愉安静而减少嗜欲，五脏安定充实而不泄散，精神在内守护形体骨骸而不致离散，那么就可以看到往世之前，也可以看到来世之后，这些还尚且不值得去从事，何况仅仅是祸福之事呢！所以说："精神外离越远，它懂得的道越少。"以此来说明精神不能够过分向外散发去追求无穷的贪欲。因此说各种色彩可以扰乱视线,使眼睛看不清楚;各种声音搅乱了听觉,使耳朵听不明白;各种气味扰乱了味觉,使嘴巴受到伤害;追逐外物的念头搅乱了思想,使行为脱离轨道。这四个方面,天下的人都是用来养生的,然而却成了人的牵累。所以说,过分贪欲,使人精气失散;而喜好憎恶,使人的精神疲劳。如不赶快抛弃它们,那么志气就会一天天消耗掉。人们不能善终他的寿命,而中途死于刑杀之下,这是什么原因呢?是因为他们用来养生的东西太丰厚了。只有那些不去贪求生活享受的人,那么才能长久地得到养生。

夫天地运而相通,万物总而为一①。能知一②,则无一之不知也③。不能知一,则无一之能知也。譬吾处于天下也,亦为一物矣④。不识天下之以我备其物与?且惟无我而物无不备者乎⑤?然则我亦物也,物亦物也,物之与物也,有何以相物也⑥?虽然,其生我也,将以何益⑦?其杀我也,将以何损⑧?夫造化者既以我为坏矣⑨,将无所违之矣。吾安知夫刺灸而欲生者之非或也⑩?又安知夫绞经而求死者之非福也⑪?或者生乃徭役也⑫,而死乃休息也。天下茫茫,孰知?其生我也,不强求已;其杀我也,不强求止。欲生而不事,憎死而不辞。贱之而弗憎,贵之而弗喜,随其天资而安之不极⑬。吾生也有七尺之形,吾死也有一棺之土⑭。吾[生]之于比有形之类⑮,犹吾死之沦于无形之中也⑯。然则吾生也物不以益众,吾死也土不以加厚,吾又安知所喜憎利害其间者乎⑰?

【注释】

①总：总合。一：同。即万物合同，统于一道。

②一：指道。

③一：指外物。

④物：物类。

⑤物：万物。

⑥"然则"四句：化自《庄子·人间世》。相物，相互品评"物"。

⑦"其生"二句：高诱注：言生我，自然之道，亦当以何益？

⑧损：减损。

⑨造化者：即造物主。也指道。坯：砖、瓦未烧之形。

⑩灸：北宋本原作"炙"。刘绩《补注》本改作"灸"。据正。或：通"惑"，迷误。

⑪绞经：即缢死。经，绞。

⑫徭役：劳役。

⑬天资：天所赋予。极：急。

⑭土：北宋本原作"上"。《道藏》本作"土"。据正。

⑮吾[生]之：北宋本原无"生"字。刘绩《补注》本增"生"字。据补。于比：刘绩《补注》本改作"比于"。

⑯沦：进入。

⑰"吾又"句：高诱注：不知喜生之利，不知憎死之害，守其正性也。

【译文】

天地运行而互相有通连，万物总合而统一于道。能通晓道的规律，那么万物中没有不能通晓的。不能懂得道的规律，那么万物中没有一样是能够懂得的。譬如我本身处在天地之间，也是万物中的一物。不知道天下是因为我才准备万物呢？还是正因为没有我而万物不能齐备呢？虽然如此那么我也是一个"物"，万物也是"物"，"物"和"物"之间，又根据什么互相品评"物"呢？既然这样，那么自然界生下我，将能增加什么？它们的处死我，又将能减少什么？造物主既然已经把我作为一个土坯，那么我将也没有什么要背离它的。我哪里知道使用针灸治病而想使他生存下来的人，不是一种迷误呢？又怎么知道悬梁自寻死路的人，又不是他的福气呢？也许生存乃是劳役，而死亡才是休息。天下之道旷远幽深，谁能知道它呢？大自然生下我，我也不强求死去；它们的处死我，也不强求苟活。自然造化力想使我生存而我不必侍奉它，它厌恶而使我死去也不需要向它告辞。人们认为我卑贱也不憎恨，认为我尊贵也不欢喜，随着上天的赐予安享它而不急迫。我生下来有七尺之形体，我死了占有一棺材大小的土地。我活着同有形体之类相并列，就像我死后沦没到没有形体之类中去一样。虽然如此那么我生存时万物不因此而增多，我死去土地也不因此而加厚，我又怎么知道其中存在着喜憎、利害的事情呢？

夫造化者之攫援物也①，譬犹陶人之埏埴也②，其取之地而已为盆盎也③，与其未离于地也无以异，其已成器而破碎漫澜④，而复归其故也，与其为盆盎，亦无以异矣。夫临江之乡，居人汲水以浸其园，江水弗憎也；苦洿之家⑤，决洿而注之江，洿水弗乐也。是故其在江也，无以异其浸园也；其在洿也，亦无以异其在江也。是故圣人因时以安其位，当世而乐其业。

【注释】

①攫(jué)援：化育、创造。攫，撮合。援，拉取。

②陶人：主管瓦器之官。埏埴(shān zhí)：和泥制作陶器。埏，揉和。埴，黏土。

③盎(àng)：一种大腹小口的容器。

④漫澜：离散。

⑤洿（wū）：不流动的浊水。

【译文】

造化者的化育创造万物，就像陶人制作陶器一样，把黏土从土地中取出来而做成盆罐，和黏土未离开土地没有什么差异，黏土已经制成器物而又使它们破碎四散，便又回到原来的样子，和做成的盆、罐，也没有什么差别。临近长江的人家，居民们打水浇灌菜园，江水不会厌恶；被污水所困的人家，决通污水而注入长江，污水也不会感到快乐。因此它在长江里，与其浇菜园没有什么差别；它在污水池里，也和在长江里没有什么差别。所以圣人按照时势的变化不同来安定自己的位置，符合当世的需要而喜欢他的事业。

　　夫悲乐者，德之邪也；而喜怒者，道之过也；好憎者，心之暴也①。故曰："其生也天行，其死也物化。静则与阴俱闭，动则与阳俱开②。"精神澹然无极③，不与物散而天下自服④。故心者形之主也，而神者心之宝也。形劳而不休则蹶⑤，精用而不已则竭，是故圣人贵而尊之，不敢越也。

【注释】

①"夫悲"六句：源于《庄子·刻意》。暴，损害。刘绩《补注》本云：《文子》作"累"。

②"其生"四句：化自《庄子·天道》、《刻意》。"俱闭"，《庄子·天道》作"同德"。"俱开"，《庄子·天道》作"同波"。天行，自然的运行。物化，外物的变化。

③极：穷尽。

④散：杂乱的样子。自服：服于德。

⑤蹶（jué）：跌倒。

【译文】

悲哀和快乐，是德的邪妄；欢喜和愤怒，是道的过错；爱好和厌恶，是心的损害。所以说："圣人生下来是自然的运行，圣人的死亡是外物的变化。静止的时候就和阴气一起关闭，行动的时候就和阳气一起开放。"精神安静而没有穷尽，不和外物相混杂，而天下自然服从于德。所以心是形体的主宰，而神是心的珍宝。形体劳碌而不停息就会倒下，精神经常使用而不停止就会枯竭，因此圣人珍视而尊重它，不敢使它离散。

夫有夏后氏之璜者①，匣匮而藏之②，宝之至也。夫精神之可宝也，非直夏后氏之璜也③。是故圣人以无应有，必究其理；以虚受实，必穷其节；恬愉虚静，以终其命。是故无所甚疏，而无所甚亲；抱德炀和④，以顺于天；与道为际⑤，与德为邻；不为福始，不为祸先；魂魄处其宅，而精神守其根；死生无变于己，故曰至神⑥。

【注释】

①夏后氏：夏朝国君。璜：半璧曰璜。

②匮（guì）：匣子。

③直：只。按，"夫有"至"之璜也"，化自《庄子·刻意》。

④炀（yàng）和：指和谐万物的思想境界。按，"是故"至"炀和"，出自《庄子·徐无鬼》。

⑤际：会合。

⑥至神：最高的境界。

【译文】

　　拥有夏后氏的宝玉,要用匣子来珍藏,因为它是宝中之宝。精神值得宝贵的,不只是像夏后氏的宝玉那样。因此圣人用无形去应对有形,但必定搞清楚其中的道理;用虚无去接受充实,必定穷尽它的节度;以淡漠安静,来终结自己的生命。所以没有什么特别疏远的,也没有什么特别亲近的;含怀着德泽、使万物和谐,来顺应自然;和道来会合,与德来作邻居;既不成为幸福的先导,也不作为祸患的开始;魂魄安守它的宅居,而精神守护它的根本;或死或生都不能改变自己,所以叫做至神。

　　所谓真人者①,性合于道也。故有而若无,实而若虚;处其一,不知其二;治其内,不识其外②。明白太素③,无为复朴④,体本抱神,以游于天地之樊⑤,芒然仿佯于尘垢之外⑥,而消摇于无事之业。浩浩荡荡乎⑦,机械知巧⑧,弗载于心。是故死生亦大矣,而不为变⑨。虽天地覆育⑩,亦不与之掺抱矣⑪。审乎无瑕⑫,而不与物糅⑬;见事之乱,而能守其宗。若然者,正肝胆⑭,遗耳目;心志专于内,通达耦于一⑮。居不知所为,行不知所之,浑然而往⑯,逯然而来⑰。形若槁木,心若死灰⑱。忘其五藏,损其形骸⑲。不学而知,不视而见,不为而成,不治而辩。感而应,迫而动,不得已而往,如光之耀,如景之放⑳。以道为绅㉑,有待而然。抱其太清之本而无所容与㉒,而物无能营㉓。廓惝而虚㉔,清靖而无思虑㉕。大泽焚而不能热,河、汉涸而不能寒也㉖,大雷毁山而不能惊也,大风晦日而不能伤也。是故视珍宝珠玉犹石砾也㉗,视至尊穷宠犹行客也㉘,视毛墙西施犹颡丑也㉙。以死生为一化,以万物为一方㉚。同精于太清之本,而游于忽区之旁㉛。

有精而不使者,有神而不行㉜,契大浑之朴㉝,而立至清之中。是故其寝不梦,其智不萌㉞;其魄不抑㉟,其魂不腾㊱。反覆终始,不知其端绪。甘暝大宵之宅㊲,而觉视于昭昭之宇㊳,休息于无委曲之隅㊴,而游敖于无形埒之野㊵。居而无容㊶,处而无所。其动无形,其静无体。存而若亡,生而若死。出入无间,役使鬼神。沦于不测,入于无间,以不同形相嬗也㊷。终始若环,莫得其伦㊸。此精神之所以能登假于道也㊹,是故真人之所游。

【注释】

①真人:指存养本性得道的人。如伏羲、黄帝、老子等。

②"治其内"二句:高诱注:治其内,守精神也。[不]识其外,不好憎也。

③太素:朴素。

④朴:淳朴。

⑤樊(fán):藩篱,界域。

⑥芒然:无知无识的样子。仿佯:徘徊。尘垢:尘世。按"处其一"至"之外",化自《庄子·大宗师》、《庄子·达生》。

⑦浩浩荡荡:广大无边的样子。

⑧机械:巧诈。

⑨而不为变:高诱注:不为变者,同死生也。

⑩覆育:杨树达《淮南子证闻》云:"育"当作"坠"。《庄子·德充符》:"虽天地覆坠,亦将不与之遗。"按,覆坠,指天塌地陷。

⑪抮(zhěn)抱:依《原道训》考证,当作"抮挒(sè)",转移义。

⑫瑕(xiá):瑕疵。《庄子·德充符》作"审乎无假"。

⑬糅(róu):杂糅。

⑭正：王念孙《读书杂志》云："正"当为"亡"。《庄子·大宗师》："忘其肝胆，遗其耳目。"即《淮南》所本。

⑮耦(ǒu)：耦合。一：指道。

⑯浑然：转行的样子。

⑰逯(lù)然：忽然往来的样子。逯，行。

⑱"形若"二句：化自《庄子·齐物论》、《知北游》。槁(gǎo)，枯死。

⑲损：郑良树《淮南子斠理》云："损"疑当作"捐"。损者，弃也。

⑳放：仿效。

㉑纼(xún)：法则，规范。《文子·九守》作"循"。

㉒太清：指天道、自然。容与：放纵。

㉓营：惑乱。

㉔廓惝(kuò chǎng)：广阔的样子。

㉕清靖：清静、安定。

㉖涸：干涸。《庄子·齐物论》作"沍(hù)"，冻。

㉗砾(lì)：小石块。

㉘至尊：指帝王。行客：过客。

㉙墙：《道藏》本作"嫱"。毛嫱、西施，古代美女名。颊(qī)丑：极丑陋之人。王念孙《读书杂志》王引之云："颊丑"当作"俱魄"。《列子·仲尼》有"若欺魄焉"。张湛注：欺魄，土人也。

㉚方：类。

㉛忽区之旁：恍惚无形之区旁。忽区，无形的样子。

㉜"有精"二句：高诱注：言不浊其精，不劳其神，此之谓也。

㉝契(qì)：融合。大浑：纯质未分的样子。

㉞"是故"二句：高诱注：其寝不梦，神内守也。其智不萌，无思念也。

㉟魄：阴神。

㊱魂：阳神。

㊲大宵：长夜之中。

㊳昭昭：明亮的样子。

㊴无委曲之隅：冥冥无形象之处。

㊵游敖：同游遨。游玩。无形埒（liè）之野：没有界域的地方。

㊶居：北宋本原作"君"。《道藏》本作"居"。据正。容：形容。

㊷嬗（shàn）：更替，变化。

㊸伦：指规律。

㊹登假（xiá）：升至，达到。假，升。

【译文】

所说的真人，是指本性与道相合的人。因此有形时像无形，充实时像空虚；他居于一，不知其二；只知锻炼内心品德，而不知外在好憎。明洁纯粹一尘不染，淡泊无为回到原始的古朴，体察真性坚守精神，来优游于天地的界域之内，茫然地徘徊在污浊的尘世之外，而自由自在地生活在无事的境地。心胸广大无边呵，巧诈虚伪之心，不存在于自己的胸中。因此说死生也是大事了，却能同死生，而不会使它变化。即使像天塌地陷，也不和它们共同转移。他审慎持守自己纯洁的本性，而不和外物相混杂；看到外事的混乱，而自己能够独守根本。像这样的人，忘掉自己的肝胆，遗忘了自己的耳目；心志专注内在精神，通达万物耦合到道之中。居处时不知干什么，行动时不知到何处去，转着圈子去，忽然又能归来。形体像干枯的木头，心灵像烧尽的死灰。忘掉他的五脏，抛弃他的形骸。不学就能知道，不察就能看见，不做就能成功，不研治而能辩说清楚。受感触而响应，受迫近而行动，不得已去活动，像光耀一样迅速，像影子效法形体一样准确。用道作为规范，像道对待万物那样。怀抱自然的规律，情欲不能使他放纵，而万物也不能够惑乱他。广阔而空虚，清静安定而无思虑。大泽燃烧也不能使它感到热，黄河、汉水封冻也不能使它寒冷，惊雷劈开山峦也不能使他吃惊，狂风遮蔽太阳也不能使它受到损伤。所以看待珍宝珠玉就像石块一样，对待帝王、荣辱就像来去的过客一样,看待美女毛嫱、西施就像用来求雨的泥偶一样。只把死、生看作同一的变化,把万物作为同一类的事物罢了。心志和自然规律同行,而漫游在无形的境界之中。有精气而不需使用,有神明而不劳施行,同质朴未分的大道相融合,而立于最清静的环境之中。因此他睡觉不做梦没有什么思虑,他的智慧不萌生精神内守;他的阴魂不沉抑,他的灵魂不飞腾。周而复始,不知什么地方是开端。甜蜜沉睡在长夜之中,而醒来看到的是光明的境界,休息在无边无际的太空,游玩在虚无广阔的境地。居留时没有形体,常处时没有处所。他的行动不见形迹,他平静时不见踪影。存在着像已消亡,生活着像已死去。进来出去没有间隙,却能够役使鬼神。沦没在无法测度之地,进入到没有间隙之处,以不同的形象不断变化着。开始和结束就像圆环一样,没有人能够掌握他的规律。这是真人的精神能达到道的原因,这就是真人的行止。

　　若吹呴呼吸①,吐故内新②,熊经鸟伸③,凫浴猿躩④,鸱视虎顾⑤,是养形之人也,不以滑心。使神滔荡而不失其充⑥,日夜无伤而与物为春⑦,则是合而生时于心也⑧。且人有戒形而无损于心⑨,有缀宅而无耗精⑩。夫癫者趋不变⑪,狂者形不亏,神将有所远徙,孰暇知其所为? 故形有摩而神未尝化者⑫,以不化应化,千变万抮而未始有极⑬。化者复归于无形也⑭,不化者与天地俱生也⑮。夫木之死也,青青去之也⑯。夫使木生者岂木也? 犹充形者之非形也⑰。故生生者未尝死也⑱,其所生则死矣⑲;化物者未尝化也⑳,其所化则化矣㉑。轻天下㉒,则神无累矣㉓;细万物㉔,则心不惑矣;齐死生㉕,则志不慑矣㉖;同变化,则明不眩矣㉗。众人以为虚言,吾将举类而实之㉘。

【注释】

①吹呴(xǔ)：张口出气。出自《庄子·刻意》："吹呴呼吸，吐故纳新，熊经鸟申，为寿而已矣。"

②吐故：吐出体内混浊的空气。内(nà)新：吸进新鲜的气体。内，同"纳"。

③熊经：像熊一样悬吊在树上。鸟伸：像鸟一样伸展身体。

④凫(fú)浴：像野鸭浴水一样。猿躩(jué)：像猿猴一样跳跃。

⑤鸱(chī)视：像鸱鸟一样环视。虎顾：像虎一样回头看。

⑥滔荡：激荡。充：充实。

⑦日夜：高诱注：谕贼害也。无伤：高诱注：无所贼害也。与物为春：高诱注：言养物也。

⑧合：合于道。按，"使神"至"于心也"，化自《庄子·德充符》。

⑨戒：通"革"，改变。

⑩缀(chuò)宅：指精神离其宅，即生命活动停止。缀，停止。无耗(hào)精：指精神不耗灭。言人虽死，精神终不耗灭，故曰："无耗精。"

⑪癞(lài)：恶疾。趋：通"趣"，志趣。

⑫摩：灭，死。神未尝化：高诱注：神变归于无形也，故曰"未尝化"也。

⑬抮(zhěn)：转变。

⑭化者：指形骸。

⑮不化者：指精神。

⑯青青：指绿色。

⑰充形者：指气。

⑱"故生"句：高诱注：生生者道，谕道之人若天气，未尝"死"也。

⑲所生：指万物。

⑳化物者：指道。

㉑所化：指万物。

㉒轻：轻薄。

㉓累：牵累。

㉔细：细小。

㉕齐：等同。

㉖慑：惧怕。

㉗眩：惑乱。

㉘实：证实，明确。

【译文】

　　至于像张口呼吸，排出污浊的气体、吸进新鲜的空气，像熊一样攀援，像鸟一样展翅，如鸭子浴水，似猿猴跳跃，若鸱鸟一样观察，像老虎一样回顾，这是养形之人的举动，不能够扰乱真人之心。真人使精神激荡而不会失去充实，精神昼夜变化不会受到伤害，而与万物一起滋生，那么这是合于道而产生的与时推移之心。而且真人有形体的变化而没有心神的损伤，有躯体的转化而没有精神的死亡。人身上生癞疮，而志向不会改变，疯癫病人身体完好，但是精神已经离开远徙了，谁有闲空去了解疯子的行止呢？所以有时形体消灭而精神却未曾变化，以不变化的精神去应对变为灰土的形骸，千万次转化而不曾有终点。死去的形体又回到无形中去，不变化的精神和天地一起生存。树木死去的时候，青色便离开了它。使树木生长的难道是树木本身吗？就像气体是看不见它的形体一样。所以使万物生存的道不曾死去，它所产生的万物却已经死了；使万物变化的道不曾发生变化，它所化生的万物却已经发生变化了。如能看轻天下的权势，那么精神便不会受到外物的牵累；把世间万物看作小事，那么心灵便不会受到诱惑了；把生、死等同起来，那么心志就不会惧怕了；把万物的变化同一起来，那么智慧就不会发生惑乱了。众人都认为这是不切实际的话，我将举出同类的事例来证实这个问题。

人之所以乐为人主者①，以其穷耳目之欲②，而适躬体之便也③。今高台层榭④，人之所丽也，而尧朴桷不斫⑤，素题不枅⑥；珍怪奇味，人之所美也，而尧粝粢之饭⑦，藜藿之羹⑧；文绣狐白⑨，人之所好也，而尧布衣掩形⑩，鹿裘御寒⑪。养性之具不加厚⑫，而增之以任重之忧⑬，故举天下而传之于舜⑭，若解重负然，非直辞让⑮，诚无以为也。此轻天下之具也。

【注释】

①人主：指国君。

②穷：穷尽。

③适：适合。躬体：自己身体。

④台、榭（xiè）：四方而高为台，台上亭阁为榭。

⑤朴：未加工的木材。桷（jué）：方椽子。斫（zhuó）：砍削。

⑥素题：不加彩饰。题，端。枅（jī）：柱上横木。

⑦粝（lì）：粗米。粢（zī）：谷物。

⑧藜（lí）：一种草本植物。藿（huò）：豆叶。

⑨文绣：绣画的锦帛。狐白：狐腋下之皮，其毛纯白色。

⑩布衣：指藤、麻、葛纤维织成的布。

⑪鹿裘：鹿皮制的皮衣。

⑫养性：保养其生命。具：指衣食之物。

⑬任重：指国家大事。

⑭传：禅让。

⑮直：只。辞让：谦让。

【译文】

人们之所以向往当国君的原因，是因为它能使人满足耳目的欲望，而可以得到适合自己的任何便利。当今之人对于楼台亭阁，都是认为美丽的，但是尧的住房的椽子不做加工，梁柱也不加修饰；珍奇的美味佳肴，人人都是向往的，但是尧吃的是糙米饭，喝的是野菜汤；鲜艳的彩帛、昂贵的狐白，是人人都喜爱的，但是尧用布衣遮蔽身体，用低劣的鹿皮御寒。用来养生的东西一点也不增多，而日益增加的是对于国家大事的忧虑，因此把天子之位禅让给舜，就像解除了沉重的负担，不是尧仅仅具有谦让的美德，君主之位实在是没有什么值得贪恋的。这就是看轻天子权势的事例。

　　禹南省①，方济于江②，黄龙负舟，舟中之人五色无主③。禹乃熙笑而称曰："我受命于天，竭力而劳万民④，生寄也⑤，死归也，何足以滑和？"视龙犹蝘蜓⑥，颜色不变，龙乃弭耳掉尾而逃⑦。禹之视物亦细矣。

　　郑之神巫相壶子林⑧，见其征⑨，告列子⑩。列子行泣报壶子⑪，壶子持以天壤⑫，名实不入⑬，机发于踵⑭，壶子之视死生亦齐⑮。

【注释】

①省：巡视。

②济：渡。

③五色：指面部的五种气色。无主：指面无定色。

④竭：尽。劳：忧。

⑤寄：寄托。

⑥蝘蜓（yǎn tíng）：蜥蜴。

⑦弭（mǐ）：低。

⑧神巫：占卜有灵验的巫者。相（xiàng）：看相。壶子林：人名。列子之师。

⑨征：兆征。指吉凶祸福之气。

⑩列子：即列御寇。战国郑人。《汉书·艺文志》"道家"有《列子》
　　八篇。

⑪"列子行泣"句：指壶子将要死之事。语出《庄子·应帝王》："列
　　子入，泣涕沾襟以告壶子。"报，告诉。

⑫天壤：高诱注：言精神天之有也，形骸地之有也，死自归其本，故
　　曰持天壤也。按，指天地赋予人类生命。

⑬名：指名誉。实：指实利。不入：指不入于胸中。

⑭"机发"句：高诱注：机，喻疾也。谓命危殆，不旋踵而至，犹不恐
　　惧。按，机，指危急。踵（zhǒng），脚后跟。

⑮齐：刘绩《补注》本补"矣"字。按，"郑之神巫"条，化自《庄子·应
　　帝王》。

【译文】

　　禹到南方巡察，正从长江渡过，江中黄龙背负小舟，一舟之人大惊
失色。这时禹却笑嘻嘻地说："我从天帝那里接受命令，竭尽全力忧劳
万民，活着只是暂时寄托人间，死了是回归到本宅，你岂能因此扰乱天
和？"他把黄龙看作蜥蜴，神色一点也没有变化，黄龙于是低下耳朵、摇
着尾巴逃走了。禹看待庞然大物不过是很细小的东西。

　　郑国有个神巫给壶子林看相，见到他有死亡的征兆，便告诉了他的
学生列御寇。列子边走边哭告诉了壶子，壶子持有生命是天地赋予的
主张，名誉、财物都不能入于胸中，生命危急不旋踵而死，也不值得恐
惧，壶子把死生看作是等同的。

　　子求行年五十有四①，而病伛偻②，脊管高于顶③，�“
迫颐④，两髀在上⑤，烛营指天⑥，匍匐自窥于井曰⑦："伟哉⑧！
造化者其以我为此拘拘邪⑨！"此其视变化亦同矣。

【注释】

①子求：《庄子·大宗师》作"子来"。楚人。

②伛偻(yǔ lǚ)：驼背。

③脊管：脊背。

④膉(yì)：胸前骨。颐(yí)：面颊。

⑤髀(bì)：股骨。高诱注：两髀下在上。髀，通"髀"。

⑥烛营：男子下体。指天：向上指天。

⑦匍匐：爬行。窥：看。

⑧伟：美。

⑨拘拘：壮美的样子。

【译文】

子求年龄过了四十五岁时，而患了驼背，脊骨高过头顶，胸前骨抵到下巴，两条大腿长到上部，下体上翘，他爬到井边照见自己的面容说："多漂亮啊！大自然为我造就了这么壮美的形象！"这是他看待形体的变化是同一的。

　　故睹尧之道，乃知天下之轻也①；观禹之志，乃知天下之细也；原壶子之论②，乃知死生之齐也；见子求之行，乃知变化之同也。

【注释】

①天下：王念孙《读书杂志》："天下"当为"万物"，此涉上"天下之轻"而误也。

②原：探求。

【译文】

因此看尧实行的禅位之举，才知道他把天子权势看得轻微不足道；观察禹的志向，才知道他把天下万物看得那样微小；探究壶子的观点，才知道他认为生死是等同的;看到子求的行止,才知道他把变化看作是同一的。

夫至人倚不拔之柱①,行不关之涂②;禀不竭之府③,学不死之师;无往而不遂④,无至而不通;生不足以挂志⑤,死不足以幽神⑥;屈伸俯仰⑦,抱命而婉转⑧;祸福利害,千变万纷⑨,孰足以患心?若此人者,抱素守精⑩,蝉蜕蛇解⑪,游于太清;轻举独往⑫,忽然入冥;凤皇不能与之俪⑬,而况斥鷃乎⑭?势位爵禄,何足以概志也⑮?

【注释】

①至人:指道德修养达到最高境界的人。不拔之柱:不可拔摇之柱。

②不关之涂:不可关闭之途。涂,同"途"。

③禀:承受。

④遂:通,达。

⑤挂志:牵绊心志。

⑥幽神:泯灭精神。

⑦伸:北宋本原作"神"。《道藏》本作"伸"。据正。

⑧抱命:怀抱天命。婉转:辗转,委蜿曲折。

⑨纷(zhěn):转。

⑩抱素:守其本真,不为利欲所动。守精:保守精神。

⑪蝉蜕(tuì)蛇解:像蝉、蛇一样蜕衣。喻解脱。

⑫轻举:轻身升起。

⑬俪(lì):并列。

⑭斥鷃(yàn):一种小鸟。

⑮概：平。

【译文】

　　至人倚靠在不可拔摇的柱子上，行走在无所不通的道路上；从永不枯竭的府库中承受精神财富，在长生不老的师长那儿学得知识；去的地方没有不通，到达的地方没有阻碍；活着不值得牵挂心志，死去不能够泯灭精神；升降起伏，怀抱天命而不违离轨道；祸福利害，千变万化，有什么值得忧虑在心的呢？像这样的人，守其本真保持精神，解脱尘世的羁绊，遨游在自然之中；独自轻身升起，忽而又进入深远的境地；凤凰不能和他相并列，更何况是斥鷃这样的小鸟呢？权势、高位、爵号、俸禄，又怎么能够平息他的志向呢？

　　晏子与崔杼盟①，临死地而不易其义②；殖、华将战而死③，莒君厚赂而止之④，不改其行。故晏子可迫以仁，不可劫以兵；殖、华可止以义，而不可县以利⑤；君子义死而不可以富贵留也，义为而不可以死亡恐也。彼则直为义耳，而尚犹不拘于物，又况无为者矣。

【注释】

①晏子（？—前500）：春秋时齐国著名政治家，仕灵公、庄公、景公三世。《汉书·艺文志》"儒家"有《晏子》八篇。崔杼（？—前546）：春秋齐大夫，弑庄公，而立景公。其弑君事，见于《左传·襄公二十五年》，《吕览·知分》，《晏子春秋·内篇杂上》等。

②"临死地"句：崔杼弑君，筑坛与大夫盟誓，已杀死七人。晏子只忠于社稷，不受权臣威逼。

③殖、华：杞（qǐ）殖和华周二人。齐国勇士。齐庄公四年，为君袭莒（jǔ），殖、华二人进抵莒郊，被俘，不屈而死。见于《左传·襄公二

十三年》。

④"莒君"句：高诱注：莒人围之，壮其勇力，厚赂而止之，不可，遂战而死。

⑤县：吴承仕《淮南旧注校理》：疑当作"县，眩也"。按，即眩惑义。

【译文】

崔杼弑君胁迫晏子与之合盟，刀剑逼胸而晏子不改忠于国家的大义；杞殖、华周英勇作战兵败被围，莒君用丰厚的待遇劝其投降而二人严词拒绝，不因利益改变自己的操行。所以晏子可以用仁义来感迫他，而不能用兵器相逼迫；杞殖、华周可以用大义让他们停止战斗，而不能用厚利来惑乱他们；君子可以为正义而牺牲不能因贪图富贵而苟活，君子可以为大义而献身而不能够用死亡相恐吓。他们这些人仅仅只是为了道义罢了，而尚且不被外物所拘束，又何况掌握天道规律的人呢？

　　尧不以有天下为贵，故授舜；公子扎不以有国为尊①，故让位；子罕不以玉为富②，故不受宝③；务光不以生害义④，故自投于渊。

【注释】

①扎：刘绩《补注》本作"札"。《玉篇》："扎，俗札字。"公子扎，即季札（前576—前484）。春秋时吴王诸樊之弟，多次辞让君位。其事见于《左传·襄公十四年》。

②子罕：春秋宋人。叫司城乐喜。宋之司空。

③故不受宝：有人把玉献给子罕，子罕不受，说："我以不贪为宝。"事见《左传·襄公十五年》、《韩非子·喻老》、《吕览·异宝》等。

④务光：汤伐桀，夺取了帝位，恐天下议论，便让位于务光。务光负石投渊而死。事见《庄子·让王》、《韩非子·说林上》等。

【译文】

尧不把据有天子的权位看作尊贵,所以才把权力传给了舜;公子季扎不把国君之位看作尊宠,所以一再辞让君位;司城子罕不把占有美玉视为富贵,所以不接受宝物;务光因自己活着会危害大义,所以不惜自投深渊而死。

由此观之,至贵不待爵①,至富不待财。天下至大矣,而以与佗人也②;身至亲矣,而弃之渊;外此其余无足利矣③。此之谓无累之人④。无累之人,不以天下为贵矣。

【注释】

①爵:爵位。君主国家所分封的等级。

②佗:古"他"字。

③外:除去、舍此。利:指贪恋。

④无累之人:没有任何牵累之人。

【译文】

从这里可以看出,最高的权贵不依赖爵禄,最大的富有不依恃财产。天子的权势是最大的了,而尧却把它传给他人;自己生命是最重要的了,而务光却把它抛入深渊;除此之外天下的利益再也没有值得贪恋的了。这样的人叫做无累之人。无累之人,不把天下的权位看作是尊贵的。

上观至人之论,深原道德之意,以下考世俗之行①,乃足羞也。故通许由之意②,《金縢》、《豹韬》废矣③;延陵季子不受吴国,而讼间田者惭矣④;子罕不利宝玉,而争券契者愧矣;务光不污于世,而贪利偷生者闷矣⑤。故不观大义者⑥,不知生之不足贪也;不闻大言者⑦,不知天下之不足利也。

【注释】

①考:观察。

②许由:相传尧要把天下传给他,他逃往箕山。又请他做九州长,他认为玷污了自己,到颍水边洗耳朵。

③《金縢》:《尚书》篇名。武王疾,周公祷于三王,愿以身代。史官纳其祝策于金縢匮中。《豹韬》:古代兵书。传吕尚著《六韬》,其中有《豹韬》八篇。

④讼间田者:据《诗·大雅·緜》毛亨传:虞、芮二国君争田,往周请文王判断。见周人礼让之风,受到感染,而自动相让。间田,古代封建以土地封国,封余之地为闲田。见《礼记·王制》。也指无人耕种的田地。间,通"闲"。

⑤闷:烦扰。

⑥大义:指为国君去死。

⑦大言:指体道无欲之言。

【译文】

向上来看至人的观点,深入探索道德的意旨,往下对照观察世俗之人的行为,才感觉他们的行为太值得羞愧了。因此如果能够通晓许由的意旨,那么《金縢》、《豹韬》之类的书便可以废弃了;延陵季札不愿意接受吴国国君之位,就足以使因为田界打官司的人感到惭愧了;子罕不把美玉当作宝贝,就使那些因为券契争吵的人感到有愧了;务光不让天子的权势玷污自己,就足以使贪图小利苟且偷生的人感到烦扰了。因此不了解大义的人,不知道人活着是不值得贪财的;没有听到大言的人,不知道天子的权势是不值得图谋的。

今夫穷鄙之社也①，叩盆拊瓴②，相和而歌③，自以为乐矣。尝试为之击建鼓④，撞巨钟，乃性仍仍然知其盆瓴之足羞也⑤。藏《诗》、《书》⑥，脩文学⑦，而不知至论之旨⑧，则拊盆叩瓴之徒也。夫以天下为者⑨，学之建鼓也。

【注释】

①穷鄙：穷巷。社：即土地之神的神主。

②拊（fǔ）：拍，敲。瓴（líng）：一种盛水的罐子。

③和：应和。

④建鼓：古代大型乐器。流行于战国初期。

⑤乃性：王念孙《读书杂志》云："性"字义不可通，"性"当为"始"。"乃始"犹言然后也。仍仍然：不得志的样子。

⑥《诗》：《汉书·艺文志》有《诗经》二十八卷，三○五篇，孔子整理。《书》：《汉书·艺文志》有《尚书古文经》四十六卷。为孔子所纂。

⑦文学：指典籍文章。

⑧至论：最精深的道理。

⑨"夫以"句：《文子·九守》作"夫无以天下为者"。疑脱"无"字。

【译文】

现在穷乡僻巷社祭时，敲打瓦盆瓦罐，跟着应和唱起歌来，自己认为是十分快乐的了。试着为他们擂起建鼓，撞响巨钟，然后他们才不好意思地知道敲打盆罐作乐是多么的羞愧。珍藏《诗》、《书》，修治文学，而不知道最深刻真实的道理，那么也不过是敲盆击罐之类的人物而已。只有不把天下权势当作一回事的人，才是学问中的建鼓。

　　尊势厚利，人之所贪也。使之左据天下图，右手刎其喉,愚夫不为^①。由此观之,生尊于天下也^②。圣人食足以接气^③,衣足以盖形,适情不求余,无天下不亏其性,有天下不羡其和^④,有天下、无天下,一实也^⑤。今赣人敖仓^⑥,予人河水,饥而飧之,渴而饮之,其入腹者,不过箪食瓢浆^⑦,则身饱而敖仓不为之减也,腹满而河水不为之竭也。有之不加饱,无之不为之饥,与守其篅笔^⑧,有其井,一实^⑨。

【注释】

①"使之"三句:《吕览·不侵》、《知分》高诱注:《淮南记》曰:"左"下有"手"字,"不为"后有"也"字。知今本脱。

②尊:王念孙《读书杂志》云:"尊"本作"贵"。《吕览·知分》注引此作"贵"。按,《文子·上义》亦作"贵"。

③气:指水谷之气。

④羡:通"衍",超过。和:适合。

⑤实:等同。

⑥赣(gàn):赐给。敖仓:古仓名,在今河南荥阳北。

⑦箪(dān):古代盛饭的圆形竹器。

⑧篅(chuán):盛谷物的圆囤。笔(dùn):席箔围成的盛放米谷的器具。

⑨一实:刘绩《补注》本"实"下有"也"字。疑北宋本脱。

【译文】

显赫的权势、丰厚的财富,是俗人所贪恋的。那么让他左手执掌天下的图籍,而右手拿刀抹脖子自杀,就是再蠢的人也不会干。从这里可以看出,生命比天子的权势更尊贵。圣人吃的食物足够接续体内的水谷之气,穿的衣服足够遮住形体,适合自己的情性不贪求其余的东西,没有天下的权力对自己性情没有损害,有了天子之位不超过自己合适的要求,据有天下、没有天下,是相同的。这就像现在送给别人一个敖仓,并把黄河之水也送给他,饿了来吃它,渴了来饮它,它们进入肚子里的,不过一竹篮食物和一瓢水而已,那么肚子饱了而敖仓不因此而减少,装满了肚子而黄河水不因之而枯竭。有它们不能够增饱,没有它们不致受饥,和守着竹席编成的谷囷,有一口井,意义是一样的。

　　人大怒破阴,大喜坠阳;大忧内崩①,大怖生狂;除秽去累②,漠若未始出其宗,乃为大通。清目而不以视③,静耳而不以听;钳口而不以言④,委心而不以虑⑤;弃聪明而反太素,休精神而弃知故;觉而若昧⑥,以生而若死⑦;终则反本未生之时⑧,而与化为一体⑨,死之舆生⑩,一体也⑪。

【注释】

①内崩:指内脏崩摧。

②秽:邪恶。累:拖累。

③清:明亮。

④钳口:闭口。

⑤委心:听任本心的自然。

⑥昧:暗昧。王念孙《读书杂志》王引之曰:字当作"眯"。按,此处有梦魇义。

⑦以:王念孙《读书杂志》认为是衍文。

⑧未:北宋本原作"末"。《道藏》本作"未"。据正。

⑨化:造化。

⑩舆:《道藏》本作"舆"。俞樾《群经平议·周易一》:"舆,当读为舆。是舆、舆古通用。"

⑪一体也:于鬯《香草续校书》:"体"当作"实",上文可例。作"体"

者涉上一句"一体"而误。

【译文】

人大怒就会破坏体内阴气,大喜就会挫伤体内阳气;大的忧虑内脏便会崩发,特别恐怖就会使人变成疯癫;除去邪恶抛开拖累,不如从来未曾离开根本,才能算是最高的通达。有明亮的眼睛而不用来看东西,有安静的耳朵而不用来听声音;闭上嘴巴而不用来说话,听任本心而不去思虑;抛开聪明而反归自然,止息精神而除去巧诈;觉醒了而像在梦境中,活着而就像死去;最终则要返回到本来未生之时,而和自然造化在一起,死去和活着,存在于一个整体之中。

今夫繇者揭钁臿^①,负笼土^②,盐汗交流,喘息薄喉^③。当此之时,得庥越下^④,则脱然而喜矣^⑤。岩穴之间,非直越下之休也。病疵瘕者^⑥,捧心抑腹,膝上叩头,蜷跼而谛^⑦,通夕不寐,当此之时,哙然得卧^⑧,则亲戚兄弟欢然而喜。夫脩夜之宁,非直一哙之乐也^⑨。

【注释】

①繇:通"徭",劳役。揭:举起。钁(jué):大锄。臿(chā):铁锹。

②负:北宋本原作"鱼"。刘绩《补注》本作"负"。据正。笼:盛土器具。

③薄:迫近。

④庥:通"庥(xiū)",庇荫。越:通"樾",树荫。楚语。

⑤脱然:舒服的样子。

⑥疵:孙诒让《札迻》:疑作"疝",腹痛。瘕(jiǎ):指腹中病。

⑦蜷跼(quán jú):屈曲。谛:哭泣。

⑧哙(kuài)然:快乐的样子。哙,通"快"。

⑨一唫:一咽。即一瞬。喻时间短。

【译文】

现在服劳役的人举着锄头、铁锹,背扛土篓,汗流浃背,累得气也喘不过来。在这个时候,能够在树荫下休息,那么便是舒心欢喜了。而那岩穴之间的阴凉清爽,又不仅仅是树荫之下所能比拟的。患腹痛病的人,有时捧着心窝按着肚子,有时把头撞到膝盖上,蜷曲成一团而哭泣,整夜不能够入睡,在这个时候,能够快乐地入睡,那么父母兄弟必然欢欣喜悦。那长夜的安宁,不只是短暂的快乐所能相比的。

故知宇宙之大,则不可劫以死生①;知养生之和②,则不可县以天下③;知未生之乐,则不可畏以死;知许由之贵于舜,则不贪物。墙之立,不若其偃也④,又况不为墙乎?冰之凝,不若其释也,又况不为冰乎?自无蹠有⑤,自有蹠无;终始无端,莫知其所萌⑥;非通于外内,孰能无好憎?无外之外⑦,至大也;无内之内⑧,至贵也。能知大贵⑨,何往而不遂⑩?

【注释】

①劫:迫。

②养生之和:指养生之要道。

③县:同"悬",系。一说"县"之言"眩",惑乱。

④偃(yàn):倒下。

⑤蹠(zhí):到。

⑥萌:开始发生。

⑦无外:没有垠外。喻极大。

⑧无内:道极其微妙,故曰"无内"。言其小。

⑨大贵：指微妙之"大道"。

⑩遂：畅达。

【译文】

　　因此知道宇宙是如此广大，那么便不能够用死生相胁迫；懂得了养生的要道，就不必用天下的权势来惑乱；了解了未生时候的快乐，便不能用死亡来相威吓；懂得了许由比舜尊贵，那么就不会贪得外物。土墙的树立，不如它的倒下，更何况没有筑墙的时候呢？冰的凝结，不如它的融化，又何况它不成为冰的时候呢？从无形到有形，从有形到无形；它的终始变化没有端倪，没有人知道它萌动的时候；不是通达了自然界和道的变化，谁能没有喜好和憎恶呢？没有边界的外面，是最为广大的了；没有内部的里面，是最为尊贵的了。如果能够懂得最为微妙的道，什么地方不能通达呢？

　　衰世凑学①，不知原心反本，直雕琢其性②，矫拂其情③，以与世交。故目虽欲之，禁之以度；心虽乐之，节之以礼；趋翔周旋④，诎节卑拜⑤；肉凝而不食，酒澄而不饮；外束其形，内愁其德⑥；错阴阳之和⑦，而迫性命之情，故终身为悲人⑧。达至道者则不然⑨，理情性，治心术⑩；养以和，持以适；乐道而忘贱，安德而忘贫；性有不欲，无欲而不得；心有不乐，无乐而弗为；无益情者，不以累德⑪；而便于性者⑫，不以滑⑬。故纵体肆意⑭，而度制可以为天下仪⑮。

【注释】

①凑：趋附。

②直：只。

③矫：矫饰。拂：通"弗"，矫饰。与"矫"同义。

④趋翔:即趋动。翔,通"跄(qiāng)",行动。

⑤诎(qū)节:卑屈的礼节。畀(bì):通"俾",卑躬。

⑥㧐(sǒng):《道藏》本作"总",束缚义。《文子·上礼》作"愁"。

⑦错:乱。《道藏》本作"钳",《文子·上礼》同。钳,钳禁。和:和气。

⑧悲人:悲哀之人。

⑨至道:最深刻的道理。

⑩心术:指思虑和心计。

⑪累德:有损于道德。

⑫而:刘绩《补注》本作"不"。

⑬滑:刘绩《补注》本"滑"下有"和"字。《文子·九守》有"不"、"和"字。

⑭纵体:行为放纵,不加检束。肆意:任意。

⑮仪:法度。

【译文】

衰败世道的趋时之学,不知推究初意返回根本,只知道粉饰他们的天性,矫饰他们的本情,以便和流俗世人相交接。因此眼睛即使想看,却被法规所禁止;心里纵然再欢喜,却受到礼仪的节制;行止有礼周旋应酬,卑躬屈节;肉冻结了而不敢吃,酒澄清了而不敢饮;外部束缚自己的形体,内部禁锢自己的德性;扰乱了阴阳间的和气,而使生命的本性受到禁迫,因而终身成为悲哀之人。通达最精深道理的人则不是这样,他们治理人的本性,修治自己的心术;用和气来养性,用适宜来控制自己;喜爱道术而忘掉卑贱,安于德性而忘记贫穷;本性持虚而不求外欲,那么就没有所欲不能得到;心正不求邪淫之乐,那么没有快乐不能获得;对于本性没有好处的东西,不因此损伤道德;对于性情便利的东西,不让它扰乱天和。因此得道之人虽然放纵行为任意行事,然而他们所树立的法规制度可以成为天下人的仪表。

今夫儒者不本其所以欲①,而禁其所欲②;不原其所以乐,而闭其所乐;是犹决江、河之源,而障之以手也③。夫牧民者④,犹畜禽兽也,不塞其圃垣⑤,使有野心;系绊其足,以禁其动,而欲脩生寿终,岂可得乎?

【注释】

①所以欲:产生欲望的原因。

②所欲:指贪念的情欲、骄奢、权势。

③障:遮蔽。

④牧:畜养。北宋本原作"收"。《道藏》本作"牧"。据正。

⑤圃(yòu):畜养禽畜的园地。

【译文】

现在儒生不探求造成欲望的根本原因,而只禁止所想得到的权欲奢侈;不探究造成快乐的原因,而只禁止人们所想得到的快乐;这就像掘开长江、黄河的源头,而想用手来阻挡它。管理老百姓,就像畜养禽兽一样,不去堵塞门栏,而让它们产生野心;而后去束缚它们的双腿,来禁止它们的行动,这样却想让它们长命老死,怎么能做得到呢?

夫颜回、季路、子夏、冉伯牛①,孔子之通学也②。然颜渊夭死,季路菹于卫,子夏失明,冉伯牛为厉③,此皆迫性拂情,而不得其和也。故子夏见曾子④,一臞一肥⑤。曾子问其故,曰:"出见富贵之乐而欲之,入见先王之道又说之,两者心战⑥,故臞;先王之道胜,故肥。"推此志非能贪富贵之位⑦,不便侈靡之乐⑧,直宜迫性闭欲⑨,以义自防也。虽情心郁殪⑩,形性屈竭,犹不得已自强也,故莫能终其天年⑪。

【注释】

①颜回：春秋末鲁人，好学，年十八而卒。季路：春秋末卞人，尚勇，长于政事。被卫人杀死。子夏：春秋末晋人，长于文学。冉伯牛：即冉耕。

②通学：精通师传学业的人。

③厉：通"疠"，恶疾。

④曾子：春秋末鲁人，名参，字子舆，孔子晚年的学生。

⑤臞(qú)：瘦。按，"故子夏"条，见于《韩非子·喻老》,《原道训》已载之。

⑥战：交战。

⑦非能贪：王念孙《读书杂志》云："贪"上当有"不"字。言子夏非能不贪富贵，不乐侈靡，特以义自强耳。

⑧便：安利。侈(chǐ)靡：奢侈糜烂。

⑨直宜：王念孙《读书杂志》："直"下不当有"宜"字，"宜"即"直"字之误而衍者也。

⑩郁殪(yì)：忧伤的样子。

⑪天年：自然的寿数。

【译文】

颜回、子路、子夏、冉耕，都是孔子的高足弟子。然而颜渊早死，子路在卫国被剁成肉酱，子夏双目失明，冉耕患有恶疾，这些人都是强迫性情背离本性，而没有得到天和所造成的。因此子夏见到曾子，一次瘦、一次胖。曾子问他是什么缘故，子夏说："出去见到富贵的快乐而想得到它，回来学习先王的学说又喜欢它，两者发生冲突，所以瘦了；先王之道战胜了，所以又胖了。"推究这个人的志向不是不想得到富贵的地位，不是不安享奢侈的快乐，只不过强迫性情禁闭情欲，用道义来自我防卫。即使性情忧伤，形体委屈，还不得已努力自强，所以不能享受他的自然寿数。

若夫至人^①，量腹而食，度形而衣；容身而游，适情而行；余天下而不贪^②，委万物而不利^③；处大廓之宇^④，游无极之野；登太皇^⑤，冯太一^⑥，玩天地于掌握之中，夫岂为贫富肥臞哉？故儒者非能使人弗欲也，欲而能止之；非能使人勿乐也，乐而能禁之。夫使天下畏刑而不敢盗，岂若能使无有盗心哉？

【注释】

①至人：道德修养达到最高境界的人。

②余：富有、占有。

③委：抛弃。

④廓：虚。

⑤太皇：指天。

⑥冯（píng）：依凭。太一：高诱注：天之形神也。按，指天帝。

【译文】

至于像至人，按照食量大小而吃饭，测定身体高矮而穿衣；到可以安身的地方去出游，适合自己的情趣而行动；据有天下之权而不贪求，抛弃万物而不谋利；处于虚无的天宇，遨游在没有边际的区域；登临上天，依靠在天帝身边，玩弄天地于手掌之中，难道会因为贫富而出现胖瘦的情况吗？因此儒家不能使人抛开情欲之事，而情欲可以用道义来制止；不能使人抛弃享乐之情，而享乐可以用礼仪来加以限制。假若只能使天下的人害怕刑罚而不敢为盗，哪如使他们没有盗窃之心呢？

越人得髯蛇^①，以为上肴，中国得而弃之无用。故知其无所用，贪者能辞之；不知其无所用，廉者不能让也。夫人主之所以残亡其国家，损弃其社稷^②，身死于人手，为天下笑，未尝非为非欲也。夫仇由贪大钟之赂③，而亡其国；虞君利垂棘之璧④，而擒其身；献公艳骊姬之美⑤，而乱四世；桓公甘易牙之和⑥，而不以时葬；胡王淫女乐之娱⑦，而亡上地。使此五君者，适情辞余⑧，以己为度，不随物而动，岂有此大患哉？

故射者非矢不中也，学射者不治矢也⑨；御者非辔不行，学御者不为辔也。知冬日之箑、夏日之裘⑩，无用于己，则万物之变为尘埃矣。故以汤止沸，沸乃不止，诚知其本，则去火而已矣。

【注释】

①髯（rán）蛇：大蛇，长数丈，可食。

②损：王念孙《读书杂志》：社稷可言弃，不可言损，"损"当为"捐"字之误。按，捐弃，抛弃。

③仇（qiú）由：春秋时狄国国君。高诱注：仇由，近晋之狄国也。晋智襄子伐之，先赂以大钟，仇由之君贪，开道来受钟，为和亲。智伯因是以兵灭取其国也。按，事见《战国策·西周策》、《韩非子·说林下》等。

④虞君：春秋时虞国之君。高诱注：晋大夫荀息谋于献公，以屈产之马、垂棘之璧假道于虞以伐虢。虞公贪璧、马，假晋道。既灭虢，还馆于虞，遂袭虞，灭之。按，见于《左传·僖公五年》、《韩非子·十过》等。

⑤献公（？—前651）：春秋晋君。骊（lì）姬：春秋骊戎氏之女，献公夺而立为夫人。高诱注：晋献公伐骊戎，得骊姬及其娣。献公嬖之而生奚齐，其娣生卓子。遂为杀太子申生而立奚齐。杀适立庶，故曰乱。四世者，奚齐、卓子、惠公夷吾、怀公圉也。按，事见《左传》庄公二十八年、宣公二年等。

⑥桓公(？—前643)：春秋齐君，为五霸之一。易牙：桓公宠幸近
　臣，善调味，以其子为肉羹献桓公。高诱注：齐桓好味，易牙蒸其
　首子而进之，遂见信用，专任国政，乱嫡庶。桓公卒，五公子争
　立，六十日而殡，虫流出户，五月不葬。按，载《韩非子·十过》、
　《吕览·贵公》等。源于《左传》僖公十七、十八年。

⑦胡王：春秋时西戎之君。高诱注：胡，盖西戎之君也。秦穆公欲
　伐之，先遗女乐以淫其志。其臣由余谏，不从。去戎来适秦。秦
　伐，得其上地。按，事见《韩非子·十过》、《吕览·不苟》等。

⑧适情：节制情欲。余：指多余的奢欲。

⑨矢：北宋本原作"天"。《道藏》本作"矢"。据正。

⑩箑(shà)：扇子。楚语。

【译文】

　　南方的越人捕得大蛇，把它作为上等的美食，中原地区的人捉到抛掉没有用场。因此知道它没有用处，贪婪的人也能够辞掉它；不知道它没有用处，廉洁的人也不会辞让。一些国君所以使国家残破，抛弃社稷，身体死在别人之手，而被天下之人取笑的原因，未尝不是因为有不正常的贪欲。狄君仇由贪爱大钟的贿赂，国家被智襄子灭掉；虞君贪图晋国的垂棘之玉，而自己被晋献公活捉；晋献公贪恋骊姬的美色，而使国家乱了四代；齐桓公酷爱易牙烹制的美味，自己死去不能按时下葬；西戎胡王沉迷于秦穆公赠送的美女，而失去了大片沃土。假使这五个国君，控制情欲、抛弃外物，以适宜为节度，不随奢欲而受惑，难道会有这样的大难吗？

　　因此说射箭的人，不是箭头不能射中，而是学习射箭的人不去练习射击；驾驭车马的人不是辔头不好，而是学习驾车的人不去练习驾驭。知道冬天的扇子、夏天的皮衣，对自己是没有用的，那么对待万物的变化就可以看成尘土了。所以用热水来熄灭滚水，滚水不会停止，果真知道它的本源，那么去掉火种就行了。

第八卷　本经训

【题解】

高诱解题云："本,始也。经,常也。天经造化出于道,治乱之由,得失有常,故曰本经。"本经,即根本常法的意思。治理国家要解决根本常法的问题。

全篇用太清之治、至人以及容成氏、尧舜治世与衰世、晚世、桀纣治世作对比研究,说明只有掌握根本大道,按照自然和社会规律行事,天下才能得到治理。而仁义、礼乐、孝悌是不能解决根本问题的。文中指出造成天下混乱、民怨沸腾的根本原因,是统治者追求无穷的嗜欲即"五遁"所产生的。强调统治者要爱惜民力,清静无为。充分说明了刘安作为学者和诸侯王的远见卓识。

陶方琦《淮南许注异同诂》:(此)"乃高注本也。"

太清之治也①,和顺以寂漠②,质真而素朴③,闲静而不躁④,推移而无故⑤,在内而合乎道,出外而调于义。发动而成于文⑥,行快而便于物⑦。其言略而循理⑧,其行悦而顺情⑨。其心愉而不伪⑩,其事素而不饰。是以不择时日,不占卦兆⑪,不谋所始,不议所终。安则止,激则行。通体于天地,同精于阴阳。一和于四时,明照于日月,与造化者相雌雄⑫。是以天覆以德,地载以乐⑬。四时不失其叙,风雨不降其虐⑭。日月淑清而扬光⑮,五星循轨而不失其行。当此之时,玄元至砀而运照⑯,凤麟至,蓍龟兆,甘露下⑰,竹实满⑱,流黄出而朱草生⑲,机械诈伪,莫藏于心。

【注释】

①太清:高诱注:无为之始者,谓三皇之时。

②和顺:指不逆天暴物。寂漠:指不侵扰百姓。漠,北宋本原作"汉"。《道藏》本作"漠"。据正。

③质真:指本性不变。素朴:指精气不泄散。

④闲静:指无欲。躁:烦扰。

⑤故:常法。

⑥发动:行动举止。文:文采。

⑦行快:行动疾速。便:便利。

⑧略:简要。

⑨侻(tuō):简易。

⑩愉:和悦。

⑪卦:八卦。兆:契龟之兆,以断吉凶。

⑫造化:指天地。雌雄:指和适。

⑬乐:生。

⑭虐:灾害。

⑮淑:美好。

⑯玄:天。元:气。至砀(dàng):最大。砀,大。运:遍。

⑰甘露:甘美的雨露。

⑱竹实:竹子所结的果实,状如小麦,又名竹米。满:刘典爵《淮南

子韵谱》:"满"原作"盈","盈"与下文"生"为韵。今作"满"者,盖避讳改。

⑲流黄:即硫黄。炼丹原料。朱草:一种红色的草。可作染料,被称为瑞草。

【译文】

三皇统治的无为之世,帝王顺应天道、澹漠无为,本性纯真而质朴,没有欲望而不烦扰他人,与时变化而没有常则,在内部心志符合道的要求,在外部言行用义来协调。行动举止可以构成文章,迅速行事而可以便利外物。他的言辞简要而遵循条理,他的行为简易而顺乎性情。他的心情平和而不虚伪,他的行事朴实而不加掩饰。因此举行大事不必选择合时的日子,不必要用龟策进行占卦,开始的时候不必要商量,终结的时候也不必要议论。安定的时候就停止活动,奋激的时候则开始行动。形体同天地相通,精神与阴阳共存。和气同四时相一致,光辉同日月一起照耀,和大自然配合协调。因此上天用德泽覆盖万物,大地运载万物而使之生存。春夏秋冬四季不会失去秩序,风雨不会降下灾害。日月美好清明而放光明,五星依循轨道运行而不会错乱。在这个时候,上天元气广大而遍照海内,凤凰麒麟来到庭中,蓍草、龟甲露出吉兆,甘美的雨露降下,竹子结满果实,硫黄流出,而朱草产生,机巧诈伪之念,没有人隐藏在心中。

逮至衰世,镌山石①,锲金玉②,擿蚌蜃③,消铜铁,而万物不滋。刳胎杀夭④,麒麟不游;覆巢毁卵⑤,凤凰不翔;钻燧取火,构木为台;焚林而田⑥,竭泽而渔;人械不足⑦,畜藏有余;而万物不繁兆萌牙⑧,卵胎而不成者,处于大半矣。积壤而丘处,粪田而种谷;掘地而井饮,疏川而为利;筑城而为固,拘兽以为畜;则阴阳缪戾⑨,四时失叙;雷霆毁折,电霰降虐⑩;气雾雪霜不霁⑪,而万物燋夭⑫。菌榛秽⑬,聚埒亩⑭;芟野荑⑮,长苗秀;草木之句萌、衔华、戴实而死者⑯,不可胜数。

乃至夏屋宫驾⑰,县联房植⑱;橑檐榱题⑲,雕琢刻镂;乔枝菱阿⑳,夫容芰荷㉑;五采争胜,流漫陆离㉒,脩掞曲校㉓,夭矫曾桡㉔;芒繁纷挐㉕,以相交持。公输、王尔无所错其剞劂削锯㉖,然犹未能赡人主之欲也㉗。是以松柏菌露夏槁㉘,江河三川㉙,绝而不流㉚;夷羊在牧㉛,飞蛩满野㉜;天旱地坼㉝,凤皇不下;句爪、居牙、戴角、出距之兽㉞,于是鸷矣㉟。民之专室蓬庐㊱,无所归宿,冻饿饥寒死者相枕席也。及至分山川溪谷,使有壤界,计人多少众寡,使有分数;筑城掘池,设机械险阻以为备,饰职事,制服等,异贵贱,差贤不肖,经诽誉㊲,行赏罚,则兵革兴而分争生㊳;民之灭抑夭隐㊴,虐杀不辜,而刑诛无罪,于是生矣。

【注释】

① 镌(juān):雕琢。

② 锲(qiè):同"锲",雕刻金玉。

③ 樋:《道藏》本作"摘"。《正字通》:"樋,旧注又与摘通。"摘(tī),打开。蜃(shēn):蛤蜊。

④ 刳(kū):破。夭:未生者曰胎,方生者曰夭。

⑤ 卵:北宋本原作"卯"。《道藏》本作"卵"。据正。下文"卵"字同。

⑥ 田:田猎。

⑦ 械:器用。

⑧ 兆:数目众多。

⑨ 则:北宋本原作"列"。《道藏》本作"则"。据正。缪戾(miù lì):背离,错乱。缪,乱。

⑩电：王念孙《读书杂志》："电"当为"雹"，草书之误也。《文子·上礼》作"雹霜为害"，是其证。

⑪气：刘绩《补注》本作"氛"。霁（jì）：停止。

⑫燋（jiāo）：通"焦"，焦灼，火伤。夭：夭折。

⑬菑（zī）：茂草。榛（zhēn）：聚木叫榛。秽（huì）：荒芜。

⑭埒（liè）亩：田亩。

⑮芟（shān）：割草，除草。菼（tǎn）：草名，即初生之荻。

⑯句（gōu）萌：草木始生时，屈者为句，直者为萌。

⑰夏屋：大屋。驾：通"架"，构架。

⑱县联：王念孙《读书杂志》：县，当作"縣"。《释名》："楣，縣也。"按，"樏（mián）"即屋䉽板。一说为门内隔扇。植：户植。门外关闭，中立直木用以加锁。

⑲橑（lǎo）：屋椽。檐：《道藏》本作"檐"。《广雅·释诂一》王念孙疏证："儋、檐、檐并通。"榱（cuī）题：屋檐的椽子头。通称"出檐"。

⑳乔枝：高扬的树枝。阿：曲屋。一说屋角翘起的檐。

㉑夫容：即芙蓉，荷花。芰（jì）荷：菱角、荷花。

㉒流漫：彩色相互掺和。陆离：美好的样子。

㉓掞（shàn）：舒展，弯曲。校（jiǎo）：交错。

㉔夭矫（jiǎo）：伸屈自如。曾（céng）：通"层"，重叠。桡（náo）：弯曲。

㉕芒繁：细密，繁多。纷挐（rú）：牵持，杂乱。挐，牵引。

㉖公输：春秋战国时的巧匠，鲁国人。王尔：古代巧匠。错：通"措"，施行。刉（jī）：曲刀。刟（jué）：曲凿。削：砍削。指斧子。锯：锯子。

㉗赡：满足。

㉘菌：通"箘（jùn）"，一种竹子。露：通"簬（lù）"，一种竹子。槁：枯死。

㉙三川：泾、渭、汧。

㉚绝：枯竭。

㉛夷羊：传说中的神兽。一说土神。牧：指殷郊牧野。

㉜飞蛬(qióng)：飞蝗。

㉝坼(chè)：干裂。

㉞句(gōu)爪：指鹰雕等猛禽。居牙：指熊虎之类。如锯之兽齿。
　　距：即鸡爪。

㉟鸷(zhì)：捕杀。

㊱专室：特别小的房屋。一说以瓦为屋。蓬庐：用蓬草盖的房屋。

㊲经：明示。诽誉：诽恶誉善。

㊳分：通"忿"。

㊴灭抑：灭没。夭隐：夭折之痛。

【译文】

等到了衰败之世，开凿山石，雕琢金玉之器，开蚌取珠，销熔铜铁，万物遭受破坏不再滋长。剖肚取胎杀死珍贵的麛子，麒麟也不来遨游；捣翻鸟巢、毁坏鸟卵，凤凰便不再来飞翔；钻燧取火，架木为高台；烧焚山林来打猎，使湖泽枯干而捕鱼；百姓食物器用不够，但是仓库里却堆满了财物；而万物不能繁衍、发芽，禽卵兽胎不能长成的，居其大半。挖掘土石而垒成高丘，施肥田间而种五谷；掘地打井，疏通大川而为水利；修筑城郭而用来固守，拘禁野兽来畜养；这样一来，就会使阴阳变化互相背离，四季失去了正常的秩序；疾雷摧毁树木，冰雹雪珠降下灾祸；雾气霜雪连绵不断，而万物被摧残而夭折。蔓草杂木丛生，聚集在荒芜的田地上；除去野生杂草，禾苗不能旺盛结实；草木生长、挂花、结实而死去的，没有办法来计算。

进而又造起了高大的宫室，门户相连；屋椽、椽子，雕刻了精美的图案；高扬的枝叶翘过飞檐，绘有荷花、菱叶；五色争艳异彩生辉漂亮至极；有的笔力舒缓弯曲，伸展自如；层叠纷繁，互相交错。就是公输班、王尔也没有办法安放他们的刀凿斧锯，然而这样还不能满足国君的贪欲。松柏、菌蕗夏天枯死了，长江、黄河及泾、渭、汧三川，水流干涸而断流；神兽夷羊出现在商郊牧野，飞蝗满山遍野；天气大旱大地裂开，凤凰不再降落；长着句爪、锐牙、尖角、利距的飞禽走兽，在这时出来大肆捕食。老百姓住在蜗居和茅草棚里，流浪者无家可归，受冻挨饿、饥寒交迫死去的互相迭压在一起。等到国君们分割山川溪谷，划定界限，计算人口多少，使各有份额数量；修筑城墙挖掘深池，设置机关器械险阻障碍来作为守备，设立官吏职掌，制定服色等级，分别尊卑上下，区别贤德不肖，明确是非功过，实行赏赐刑罚，然而却使战争兴起忿争产生了；百姓因之死亡夭折，无辜之人被残杀，而无罪之人遭刑罚，在这时便出现了。

天地之合和①，阴、阳之陶化万物②，皆乘人气者也③。是故上下离心，气乃上蒸④；君臣不和，五谷不为⑤。距日冬至四十六日⑥，天含和而未降，地怀气而未杨⑦，阴阳储与⑧，呼吸浸潭⑨，包裹风俗，斟酌万殊⑩，旁薄众宜⑪，以相呕咐酝酿⑫，而成育群生。是故春肃秋荣，冬雷夏霜，皆贼气之所生⑬。由此观之，天地宇宙，一人之身也；六合之内，一人之制也⑭。是故明于性者，天地不能胁也⑮；审于符者⑯，怪物不能惑也⑰。故圣人者由近知远，而万殊为〔一〕⑱。古之人同气于天地，与一世而优游⑲。当此之时，无庆贺之利、刑罚之威⑳，礼义廉耻不设，诽誉仁鄙不立，而万民莫相侵欺暴虐，犹在于混冥之中㉑。

【注释】

①合和：融合，交会。

②陶化：陶冶融化。

③人气：刘绩《补注》本、《文子·下德》作"一气"。一气，指构成天
　　地的基本素质。

④蒸：升腾。

⑤为：成熟。

⑥"距日"句：指从立冬经小雪、大雪到冬至，共四十六天。

⑦地：北宋本原作"也"。刘绩《补注》本作"地"。据正。杨：通
　　"扬"，上扬。

⑧储与：徘徊不定的样子。又可释为"积聚"。

⑨浸潭：滋润漫衍。

⑩斟酌：反复衡量、选择。

⑪旁薄：充满、混同。众宜：众物宜适。

⑫呕咐（ǒu fù）：抚育，培养。酝酿：和调。

⑬贼气：反常的气候。

⑭制：王念孙《读书杂志》："制"字义不可通，当为"刑"，字之误也。
　　"刑"与"形"同。《文子·下德》正作"一人之形"。

⑮费（xié）：财。《道藏》本作"胁"。疑"费"通"胁（xié）"，胁迫。

⑯符：符验。

⑰怪物：指奇异之物。

⑱殊：不同。为[一]：北宋本原无"一"字。《道藏》本有"一"字。据
　　补。一，同。

⑲一世：一世之间。优游：悠闲宽和。

⑳贺：陈昌齐《淮南子正误》云"当作庆赏"。

㉑混冥：即大冥。指道。

【译文】

　　天地之间的气体互相融合，阴气、阳气结合生成万物，都是依赖的
一气。因此如果上下离心离德，一气便上升；君臣之间互相背离，五谷
便不能成熟。从立冬到冬至共四十六天，上天含怀的和气还没有下降，

大地饱含的阴气没有上升,阴、阳二气处于游移不定的状态,呼出吸收互相滋润,包容了所有的风气,吸收了万般不同的内容,混同万物、吸收适宜的部分,以互相抚育和调,而化育生成了天下万物。因此春季肃杀、秋季繁荣,冬天雷鸣、夏季下霜,这些都是不正常的妖气所造成的。从这里可以看出,天地宇宙,就像一个人的身子一样;六合之内,如同人的形体一样。因此对人的本性明了的人,天地也不能胁迫他;对于符验审查清楚的人,奇异的事物不能够迷乱他。因此圣人能够由眼前的推知遥远的,而对于形式多样的事物便都可以得到同一。古代的圣人与天地同气,故能在一世间悠闲遨游。在这个时候,没有庆赏的利益、没有刑罚的威胁,礼义廉耻的规定没有确立,诽谤赞誉、仁慈卑鄙的观念没有产生,但是天下万民没有人互相侵凌欺侮残害他人,如同生活在大冥之中一样。

　　逮至衰世,人众而财寡,事力劳而养不足,于是忿争生,是以贵仁①。仁鄙不齐②,比周朋党③,设诈谞④,怀机械巧故之心,而性失矣⑤,是以贵义⑥。阴阳之情,莫不有血气之感,男女群居杂处而无别,是以贵礼⑦。性命之情,淫而相胁,以不得已⑧,则不和,是以贵乐⑨。是故仁、义、礼、乐者,可以救败,而非通治之至也。

【注释】

①仁:指仁爱。

②仁鄙:善与不善。

③比周:结伙营私。朋党:宗派,指为私利而勾结的同类。

④谞(xū):阴谋。

⑤性失:指失去纯朴之性。

⑥义:合宜的行为或道理。

⑦礼:礼节,礼治。

⑧以:如,若。

⑨乐:乐教。

【译文】

　　等到了衰败之世,人口增多财源减少,从事繁重的劳动而养活不了众多的人口,在这种情况下愤怒争斗便产生了,因此便提倡仁爱。仁人、鄙人是不可能一致的,一些人结党营私互相勾结,设置阴谋欺诈手段,包藏了奇巧、诈伪之心,因而人的纯真本性便丧失了,所以要讲究道义。人有阴阳二气交会便产生了感情,其中无不充满了血气的冲动,男女群居混杂而没有区别,因此便尊重礼节。人的性命中存在着情欲,淫乱过度就会威胁生命,若不能得到制止,就会血气失调,因此便提倡乐教。所以仁、义、礼、乐这些规定,能够补救暂时的失败,而不能解决治理天下的根本问题。

　　夫仁者,所以救争也①;义者,所以救失也;礼者,所以救淫也;乐者,所以救忧也。神明定于天下②,而心反其初③;心反其初,而民性善;民性善而天地阴阳从而包之,则财足;财足而人赡矣④,贪鄙忿争不得生焉。由此观之,则仁义不用矣。道德定于天下而民纯朴,则目不营于色,耳不淫于声,坐俳而歌谣⑤,被发而浮游,虽有毛嫱、西施之色,不知悦也;《掉羽》、《武象》⑥,不知乐也;淫泆无别⑦,不得生焉。由此观之,礼乐不用也。是故德衰然后仁生,行沮然后义立⑧,和失然后声调,礼淫然后容饰。是故知神明,然后知道德之不足为也;知道德,然后知仁义之不足行也;知仁义,然后知礼乐之不足脩也。今背其本而求于末,释其要而索之于详,未可与言至也^⑨。

【注释】

①救：制止。

②神明：精神清明。

③心：指精神、意识。

④瞻：通"澹"，安静。

⑤俳：杂戏。1957年四川成都天回山东汉墓出土俳优坐俑，造型极为生动，表情幽默风趣。

⑥《掉羽》：即翟羽，以雉羽舞蹈。周武王乐舞。《武象》：周武王克殷之后所作乐名。

⑦淫泆(yì)：纵欲放荡。

⑧沮(jǔ)：败。

⑨至：至德之道。

【译文】

仁爱，是用来制止互相争斗的；大义，是用来解救本性丧失的；礼节，是用来制服相互淫乱的；乐教，是用来解救忧愁的。精神清明在天下安定了，而意识就会返回到当初未有情欲之时；意识返回到当初，那么百姓便出现没有情欲的善良之性；返回到善良之性而天地阴阳的变化便可以包容进去了，那么就财物充足了；财物充足而人民便可以安静了，贪婪庸俗争斗的情况就不会出现了。从这里可以看出，那么仁义便可以不用了。道德在天下确立而百姓就会纯真质朴，那么眼睛可以不被美色所迷惑，耳朵不会被五音所惑乱，观看坐俳表演而唱着歌谣，披着长发而自由漫游，即使有西施、毛嫱这样的美色，也不知道喜欢；观看《掉羽》《武象》这样的舞乐，也不知道快乐；那种纵欲放荡、男女无别的情况，就不会发生了。从这里可以看出，礼乐就可以不用了。因此德性沦丧而后仁产生，行为败坏而后义建立，和谐丧失后才用乐来调节，礼节混乱后才有仪容修饰。因此知道精神清明,然后才懂得道德是不足取的;懂得道德,而后才知道仁义是不值得推行的;知道仁义,然后才知道礼乐是不值得修治的。现在背离它的根本而探求末节,放弃要害而在细节上去探求,是不可以跟他谈论最精深的道理的。

天地之大,可以矩、表识也①;星月之行,可以历推得也②;雷震之声③,可以鼓、钟写也④;风雨之变,可以音律知也。是故大可睹者,可得而量也;明可见者,可得而蔽也;声可闻者,可得而调也;色可察者,可得而别也。夫至大,天地弗能含也;至微,神明弗能领也。及至建律历,别五色,异清浊,味甘苦,则朴散而为器矣⑤。立仁义,脩礼乐,则德迁而为伪矣⑥。及伪之生也,饰智以惊愚,设诈以巧上⑦。天下有能持之者,有能治之者也⑧。

【注释】

①矩、表:指画方形的仪器、测日影的圭表。识:认知。

②历:即历术、历法。

③雷震:王念孙《读书杂志》:当为"雷霆"。《文子·下德》同。

④写:模仿。

⑤朴:素材。按,此句见《老子》二十八章。

⑥迁:转移。

⑦巧:欺骗。

⑧"天下"二句:高诱注:有能持之者,桀、纣之民。有能治之者,汤、武之君也。按,《文子·下德》作"天下有能持之,而未有能治之者也"。下句疑脱"未"字。

【译文】

天地的巨大,能够用矩尺、圭表来测量它们;日月星辰的运行规律,可以用历术来求得;惊雷震撼的声音,可以用鼓、钟的声音仿效出来;风雨气候的变色,可以通过律管的变化来知道。因此凡是巨大的能够看得见的,就能够测量出来;明亮的能够见到的,都能够把它遮蔽起来;声音能够被听到的,都能够用来调节它们;颜色可以考察清楚的,都能够辨别出它们。最大的东西,天地也不能够包容它们;最小的事物,精神清明也不能够理清楚。等到建立了律历的规定,辨别了五色,分清了声音清浊,调出甘苦味道,那么质朴便被破坏而成为具体的器物了。建立了仁义的规定,设置了礼乐准则,那么德性转移而争相干起了虚伪之事。等到虚伪的产生,便粉饰智巧来惊吓愚民,巧计欺诈来蒙骗国君。天下虽有能以此来保持君位的,却没有能以此来治理国家的。

昔者苍颉作书,而天雨粟,鬼夜哭[①];伯益作井,而龙登玄云,神栖昆仑[②]。能愈多而德愈薄矣。故周鼎著倕[③],使衔其指,以明大巧之不可为也。

【注释】

①"昔者"三句:高诱注:苍颉始视鸟迹之文,造书契,则诈伪萌生。诈伪萌生则去本趋末,弃耕作之业而务锥刀之利。天知其将饿,故为雨粟。鬼恐为书文所劾,故夜哭也。苍颉,传说中黄帝史官,见鸟兽之迹而创造文字。《汉书·艺文志》有李斯作《苍颉》一篇。

②"伯益作井"三句:高诱注:伯益佐舜,初作井,凿地而求水,龙知将决川谷,漉陂池,恐见害,故登云而去,楼其神于昆仑之山也。伯益,舜时人,曾发明凿井。

③周鼎:周人铸的鼎。上有倕像,衔着自己的手指,说明奇巧之事

不可做。倕(chuí)：尧时巧匠。

【译文】

从前苍颉见鸟兽之迹而创造了文字，而天上落下谷子，鬼魂在夜间哭泣；伯益掘地打井，而龙飞升玄云，神灵栖息到昆仑之丘。智巧愈多而德性越少。因此在周朝的大鼎上雕上了倕的像，自己咬着手指，以此说明奇巧之事是不能干的。

故至人之治也，心与神处①，形与性调，静而体德②，动而理通，随自然之性，而缘不得已之化③。洞然无为④，而天下自和；憺然无欲⑤，而民自朴。无礼祥而民不夭⑥，不忿争而养足，兼苞海内，泽及后世，不知为之者谁何。是故生无号，死无谥⑦，实不聚而名不立⑧。施者不德⑨，受者不让，德交归焉⑩，而莫之充忍也⑪。故德之所总⑫，道弗能害也；智之所不知，辩弗能解也⑬。不言之辩，不道之道，若或通焉，谓之天府⑭。取焉而不损，酌焉而不竭⑮，莫知其所由出，是谓瑶光⑯。瑶光者，资粮万物者也⑰。振困穷，补不足，则名生⑱；兴利除害，伐乱禁暴，则功成⑲。世无灾害，虽神无所施其德⑳；上下和辑，虽贤无所立其功。

【注释】

①神：指精神。

②体：履行。

③缘：顺着。

④洞然：空虚的样子。

⑤憺(dàn)然：安静的样子。

⑥礼(jī)祥：祈求鬼神赐福。礼，福祥。

⑦谥(shì)：谥号。

⑧实：财物。

⑨德：感戴恩德。

⑩交：贯通。归：归于一处。

⑪充忍：充满。忍，通"牣(rèn)"，满。

⑫总：归根。

⑬"智之"二句：高诱注：有智谋者尚不能知，但口辩者何能解也。按，"兼苞"至"名不立"，化自《庄子·徐无鬼》。

⑭"不言"四句：高诱注：有能通不言之辩，不道之道者，入天之府藏。按，天府，即天道。

⑮酌：给予。

⑯瑶光：高诱注：瑶光，谓北斗斗杓第七星也。居中而运，历指十二辰，摛(zhǐ)起阴阳，以杀生万物也。按，"智之"至"瑶光"，化自《庄子·齐物论》。"瑶光"作"葆光"。

⑰资：供给。

⑱名：仁名。

⑲功：武功。

⑳神：《文子·精诚》作"圣"。

【译文】

因此至人治理天下的时候，心灵和精神相共处，形体和性情相协调，静居时体现德性，行动时通达情理，随着自然的本性，而顺着不依人的意志而变化。虚静得像没有做什么事情，而天下自然平和；恬淡得像没有任何情欲，而百姓自然朴实。没有向鬼神求福却不会夭亡，没有争斗却给养充足，包容四海之内，德泽延及后世，而不知道是谁这样做的。因此生前没有任何爵名，死后也没有留下任何谥号，没有积累财物，没有留下美名。施予他人不需要别人感恩戴德，接受的人也没有一点谦让，德泽贯通归向于他，而又好像没有一点充满的样子。因此德所归根之处,道不能够妨害它;有智谋的人不能知道的事,善辩的人也不能解释它。不用说话而可以辩说清楚,不用陈述而能够说得明白,如果通达了这样的道理,可以称呼他进入了天府。从中取出来而不会减少,给予他人而不会枯竭,没有人知道它从何处出现,它就是北斗七星中的瑶光。瑶光旋转,指明四季,它是供给万物食粮的星辰。赈救穷困,补充不足,那么仁慈之名便产生了;兴办有利的事业、除去有害的弊端,讨伐叛逆、禁止暴力,那么武功之名便形成了。世上没有灾害发生,即使是圣人也没有办法施行它的恩德;君臣上下和洽,即使贤德之人也没有办法建立他的功业。

昔容成氏之时①,道路雁行列处②,托婴儿于巢上,置余粮于亩首③,虎豹可尾④,虺蛇可蹍⑤,而不知其所由然。逮至尧之时,十日并出⑥,焦禾稼,杀草木,而民无所食;猰貐、凿齿、九婴、大风、封豨、修蛇⑦,皆为民害。尧乃使羿诛凿齿于畴华之野⑧,杀九婴于凶水之上⑨,缴大风于青丘之泽⑩,上射十日而下杀猰貐,断修蛇于洞庭⑪,禽封豨于桑林⑫,万民皆喜,置尧以为天子。于是天下广陕、险易、远近⑬,始有道里。

【注释】

①容成氏:古帝名。一说黄帝的臣子。《汉书·艺文志》"阴阳家"有《容成子》十四篇。上海博物馆战国楚竹书(二)有《容成氏》。

②雁行:谓相次而行,如群雁飞行之有行列。列处:并列而处。

③亩首:田头。

④尾:牵尾巴。

⑤虺(huǐ)蛇:毒蛇。蹍:压平。

⑥十日：传说中十个太阳轮流出现。其记载见于《山海经·大荒南经》、《楚辞·天问》、《庄子·齐物论》及马王堆汉墓帛画等。

⑦猰貐(yà yǔ)：传说中一种食人凶兽。凿齿：半人半兽的怪物，齿长三尺，其状如凿。九婴：一种有九个脑袋的水火之怪。大风：一种凶猛的大鸟，飞后能兴起大风，又叫风伯。封豨(xī)：大野猪。楚语称猪为"豨"。修蛇：大而长的蟒蛇，能把象吞掉，三年才吐骨头。

⑧畴华：南方大泽名。

⑨凶水：北狄之地有凶水。

⑩缴(zhuó)：一种带绳的箭。青丘：东方之泽名。

⑪洞庭：南方泽名，即今洞庭湖。

⑫禽：通"擒"。桑林：高诱注：汤所祷旱桑山之林。

⑬陕：同"狭"，狭窄。

【译文】

从前容成氏统治天下的时候，道路上行走的人长幼有序，把婴儿寄托在鸟巢之上，把余粮放置在田头，老虎、豹子可以牵着尾巴，毒蛇可以把它压平，而不知道造成这种局面的原因。等到尧的时候，十个太阳一起出来，庄稼都烧焦了，草木全部干死，而百姓连吃的食物都没有；猰貐、凿齿、九婴、大风、封豨、修蛇，都一起出来危害人民。尧便派后羿在畴华之野杀死凿齿，在凶水之上杀掉九婴，在东方青丘之泽射死巨鸟大风，上面射落了十个太阳，下面杀死猰貐，在洞庭湖斩断修蛇，在桑林活捉了大野猪，老百姓都非常欢喜，一致拥戴尧为天子。在这个时候，天下各地不论广阔狭窄、险阻平坦、远处近郊，都开始修建了道路。

舜之时，共工振滔洪水①，以薄空桑②。龙门未开③，吕梁未发④，江、淮通流⑤，四海溟涬⑥，民皆上丘陵，赴树木。舜乃使禹疏三江五湖⑦，辟伊阙⑧，导瀍、涧⑨，平通沟陆⑩，流注东海。鸿水漏①，九州干，万民皆宁其性，是以称尧、舜以为圣。

【注释】

①滔：激荡。

②薄：迫近。空桑：古山名，在鲁国。传为孔子出生地。今名空窦，在山东曲阜南。

③龙门：山名，在今山西、陕西境内，跨黄河两岸，形如门阙。

④吕梁：高诱注：在彭城吕县，石生水中，禹决而通之，民所由得度也。故曰吕梁也。按，在今江苏铜山境，已湮。

⑤通流：贯通混流。

⑥四海：指天下各地。溟涬（míng xìng）：水势盛大，没有边界。

⑦三江：三江所指，分歧颇多。这里指长江流域众多的水道。五湖：指江淮流域五大湖泊。

⑧辟：开通。伊阙：古山名，在洛阳西南九十里。

⑨瀍（chán）、涧：瀍水出河南孟津。涧水出河南渑池。

⑩沟陆：水沟、道路。

⑪鸿水：即洪水。鸿，通"洪"。漏：排泄。按，本则化自《吕览·爱类》。

【译文】

舜的时候，水神共工兴起了洪水，大水逼近了东方的空桑。这时候龙门山没有开通，吕梁也没有开掘，长江、淮河水道互相沟通，四海混混茫茫，百姓纷纷爬上高丘，攀援树枝逃命。舜便命禹疏通了三江五湖，劈开伊阙山，疏导了瀍、涧二条水道，沟通水流、平整道路，洪水流注到东海。洪水泄退了，九州水干了，百姓都能安居乐业，因此称颂尧、舜为神圣之人。

　　晚世之时，帝有桀、纣。[桀]为琁室、瑶台、象廊、玉床①。纣为肉圃、酒池②，燎焚天下之财，罢苦万民之力③。刳谏者，剔孕妇④，攘天下⑤，虐百姓。于是汤乃以革车三百乘⑥，伐桀于南巢⑦，放之夏台⑧。武王甲卒三千，破纣牧野⑨，杀之于宣室⑩。天下宁定，百姓和集⑪，是以称汤、武之贤。由此观之，有贤圣之名者，必遭乱世之患也。

【注释】

①"为琁（xuán）室"句：王念孙《读书杂志》："为琁室"上脱"桀"字。《太平御览·皇王部》七引此，"为"上皆有"桀"字。按，琁室，即用玄玉饰其室。瑶，美玉名。床，北宋本原作"脒"。《道藏》本作"床"。据正。

②肉圃、酒池：积酒肉为园圃、渊池。今河南淇县西有糟丘，即酒池之处。此事亦见《韩非子·喻老》、《韩诗外传》卷二、《史记·殷本纪》等。

③罢：同"疲"，疲苦。

④"刳（kū）谏者"二句：高诱注：王子比干，纣之诸父也。数谏纣之不道，纣剖其心而观之，故曰刳谏者。孕妇，妊身将就草之妇也。纣解剔观其胞裹，故曰剔孕妇也。按，刳，剖开。剔（tī），分解骨肉。

⑤攘（rǎng）：侵夺。

⑥革车：兵车。

⑦南巢：今安徽巢湖西北。

⑧夏台：大台，监狱名。在今河南禹州西。

⑨牧野：在今河南淇县西南。

⑩宣室：朝歌城外宫殿名。一说监狱名。

⑪和集:和谐安定。《太平御览》卷八十二《皇王部》七引作"和辑"。集、辑音义并同,集亦和义。

【译文】

晚世的时候,暴君有夏桀、商纣。夏桀造了琁室、瑶台、象廊、玉床。纣王兴建了肉林、酒池,耗尽了天下的财富,使万民疲于劳苦。剖开直谏者王子比干的心脏,解剖临产孕妇的肚子,侵夺天下人民的资财,残害万民百姓。在这种情况下商汤用兵车三百辆,讨伐夏桀于南巢,并把他拘禁在夏台。周武王率领甲卒三千人,在牧野大破纣军,纣王被杀死在宣室。天下安宁平静了,百姓和谐安定,因此称颂商汤、周武的贤德。从这里可以看出,具有圣贤名声的人,必定遭到乱世的祸患。

今至人生乱世之中①,含德怀道,拘无穷之智②,钳口寝说③,遂不言而死者众矣,然天下莫知贵其不言也。故"道可道,非常道;名可名,非常名④"。著于竹帛,镂于金石,可传于人者,其粗也。五帝三王⑤,殊事而同指⑥,异路而同归。晚世学者,不知道之所一体⑦,德之所总要⑧,取成之迹⑨,相与危坐而说之⑩,鼓歌而舞之,故博学多闻,而不免于惑。《诗》云:"不敢暴虎,不敢冯河。人知其一,莫知其他⑪。"此之谓也。

【注释】

①至人:至德之人。

②拘:执持。《道藏》本作"拘",刘绩《补注》本作"抱"。

③寝说:止息言论。

④"道可道"四句:见于《老子》一章。

⑤五帝:高诱注指黄帝、颛顼、帝喾、帝尧、帝舜。三王:夏禹、商汤、

　　周文王。

⑥指:意图。

⑦一体:一个整体。

⑧总要:概括要点。

⑨成:《文子·精诚》作"成事"。

⑩危:高,正。

⑪"不敢"四句:见于《诗·小雅·小旻》。暴(bào)虎,高诱注:无兵
　　搏虎曰暴虎。冯(píng)河,高诱注:无舟楫而渡曰冯河。

【译文】

　　现在至德之人生活在乱世之中,饮含着德、怀藏着道,身怀着无穷
的智慧,却闭起嘴巴停止说话,这样不说话而死亡的人是很多的,然而
天下没有人知道不说话是最可贵的。因此,道能够说得出来的,不是永
恒的道;名能够叫出名称的,不是永恒的名。记载在竹帛上,雕刻在金
石上,能够传给后人的,都是其中比较粗疏的内容。五帝三王,从事的
事业不同而意图都是一致的,各自走的路不一样,而归途都是一致的。
晚世的一些学者,不懂得道是一个整体,德的主旨概要,只采取别人成
功的一些做法,相互正襟危坐而谈论它,鼓乐唱歌手舞足蹈称颂它,虽
然学问大见识广,而免不了迷惑。《诗》中说:"不敢徒手打虎,不敢徒步
渡河。人们只知道这类事情危险,没有人知道其他的危险还很多。"说
的就是这样的事。

　　帝者体太一①,王者法阴阳,霸者则四时②,君者用六律③。
秉太一者④,牢笼天地⑤,弹压山川⑥;含吐阴阳,伸曳四
时⑦;纪纲八极⑧,经纬六合⑨;覆露照导⑩,普氾无私⑪;蠉飞
蠕动,莫不仰德而生。

　　阴阳者,承天地之和,形万殊之体;含气化物,以成埒

类⑫；嬴缩卷舒⑬，沦于不测；终始虚满，转于无原⑭。

四时者，春生夏长，秋收冬藏；取予有节，出入有时；开阖张歙⑮，不失其叙；喜怒刚柔，不离其理。

六律者，生之与杀也，赏之与罚也⑯，予之与夺也⑰，非此无道也。故谨于权衡准绳，审乎轻重，足以治其境内矣。

【注释】

①体：效法。太一：北极神之别名。整个天体似围绕北极而转动。

②霸：诸侯中的霸主。则：法则。

③六律：生杀、赏罚、予夺。

④秉：执持、执掌。《太平御览》卷七十七《皇王部》二"秉"作"体"，"阴阳者"上有"法"字，"四时者"上有"则"字，"六律者"上有"用"字。

⑤牢笼：包罗。

⑥弹压：高诱注：弹山川，令出云雨，复能压止之。按，有制服、镇压义。

⑦伸曳(yè)：牵引和调。

⑧纪纲：管理。

⑨经纬：规划治理。

⑩覆露：荫庇，沾润。照导：照耀，引导。

⑪普泛：普遍。

⑫埒(liè)：形。

⑬嬴(yíng)缩：伸缩，进退。嬴，通"赢"，长。卷舒：卷曲，舒展。

⑭转：转化。原：本源。

⑮开阖(hé)：开闭。歙(xī)：敛藏。

⑯赏：北宋本原作"实"。《道藏》本作"赏"。据正。

⑰予:布施,给予。夺:收取。

【译文】

称帝的人是取法太一之神的,称王的人是效法阴阳变化的,诸侯中称霸的人以四时为准则,诸侯国君则使用六律。

掌握太一运行规律,能够包罗天地,制服山川;吐纳阴阳之气,调和四时节令;管理八极,规划六合;滋润万物照耀抚育,普及大众无所爱憎;小到飞翔和爬行的动物,没有什么不仰仗它的德泽而生长。

执掌阴阳二气的变化,承受天地的和气,生成了不同种类的形体;含怀元气化育万物,而形成了生物的类别;增长减少卷曲舒展,而进入到无法测量的境地;从结束到开始、由空虚到充满,转化到无法探究的本源之中。

掌握春、夏、秋、冬四时变化,春天种植、夏天生长,秋季收获、冬季贮藏;取予有一定的节令,出入有规定的时期;开闭张合,不会失去它的次序;喜怒、刚柔,不会离开它的道理。

执掌六律的规定,生存与杀戮,赏赐和刑罚,施予与夺取,不用这六种治国的方法,就没有其他的办法了。因此谨慎地掌握权衡准绳所规定的法则,慎重审查刑法的轻重,这样就足以治理它的国家了。

　　是故体太一者,明于天地之情,通于道德之伦;聪明耀于日月,精神通于万物;动静调于阴阳,喜怒和于四时;德泽施于方外①,名声传于后世。

【注释】

①施(yì):伸延。

【译文】

所以效法太一的帝王,能明察天地的变化,通晓道德的条理;聪明比日月还要显耀,精神与万物相融通;动静与阴阳相协调,喜怒同四季相和谐；德泽延伸到方外，名声传遍了后代。

法阴阳者，德与天地参，明与日月并，精与鬼神总^①；戴员履方，抱表怀绳^②；内能治身，外能得人；发号施令，天下莫不从风。

【注释】

①总：合。

②表、绳：指正、直。

【译文】

依据阴阳作为准则的国王，德泽和天地相配合，光辉与日月并重，精灵和鬼神相合；戴着圆天、踏着大地，抱着圭表、怀着准绳；对内能够治理己身，对外能够得到人心；发号施令，天下没有人不闻风而动的。

则四时者，柔而不脆，刚而不鞼^①；宽而不肆^②，肃而不悖^③；优柔委从^④，以养群类；其德含愚而容不肖^⑤，无所私爱^⑥。

【注释】

①鞼：通"刿（guì）"，割伤。

②肆：缓慢。

③肃：急切。悖（bèi）：悖谬。

④优柔：宽容。委从（zòng）：委顺。

⑤含：北宋本原作"舍"。《道藏》本作"含"。据正。

⑥爱：北宋本原作"受"。《道藏》本作"爱"。据正。

【译文】

拿四时作为法则的霸主,柔顺而不脆弱,刚强而不会折断;宽松而不缓慢,急切而不促迫;宽容随和,而生养万物;它的德泽可以容纳愚昧而接受不肖之人,对任何人没有什么偏爱。

用六律者,伐乱禁暴,进贤而废不肖;扶拨以为正①,坏险以为平②,矫枉以为直③,明于禁舍开闭之道,乘时因势,以服役人心也④。

【注释】

①扶:治理。拨:不正。

②坏:马宗霍《淮南旧注参正》:"坏"字疑当作"攘"。《楚辞·离骚》王逸注:攘,除也。《文子·下德》作"攘"。

③矫:纠正。枉:弯曲。

④服役:操纵,役使。

【译文】

用六律作为法规的诸侯国君,讨伐逆乱、禁止暴力,进荐贤才而斥退不肖;治理偏邪而成为正直,排除险阻而为平坦,矫正歪曲而为平直,明白禁舍开合的道理,趁着时机利用形势,来驾驭和掌握人心的变化。

帝者体阴阳则侵,王者法四时则削,霸者节六律则辱,君者失准绳则废。故小而行大,则滔窕而不亲①;大而行小,则狭隘而不容;贵贱不失其体,而天下治矣。

【注释】

①滔窕(tiǎo):高诱注指不满密。窕,空隙。

【译文】

　　称帝的人效法阴阳就会被诸侯侵扰，称王的人取法四时就会使国家削弱，称霸的人用六律来节制就会被邻国所欺辱，担任诸侯国君失去准绳就要被废除。因此小国统治者实行大国的法规，就会疏阔而不为人民所亲附；大国的统治者推行小国的法规，就会政令偏狭而不能包容天下；使尊贵的、低贱的不失掉他们立身的准则，那么天下就会得到治理了。

　　天爱其精①，地爱其平，人爱其情。天之精，日、月、星、辰、雷、电、风、雨也；地之平，水火金木土也；人之情，思虑聪明喜怒也。故闭四关②，止五遁③，则与道沦。是故神明藏于无形，精神反于至真④，则目明而不以视，耳聪而不以听，[口当而不以言]⑤，心条达而不以思虑⑥，委而弗为⑦，和而弗矜⑧，真性命之情⑨，而智故不得杂焉。精泄于目⑩，则其视明；在于耳，则其听聪；留于口，则其言当；集于心，则其虑通。故闭四关则身无患⑪，百节莫苑⑫，莫死莫生，莫虚莫盈，是谓真人⑬。

【注释】

　　①精：光明。

　　②四关：耳、目、心、口。

　　③五遁：指追求金、木、水、火、土五种淫逸之事。遁，淫逸。

　　④精神：《文子·下德》作“精气”。

　　⑤[口当而不以言]：刘绩《补注》本有此句。《文子·下德》亦有此句。北宋本疑脱。

　　⑥条达：条顺通达。

　　⑦委：聚积。

⑧和：平和。《文子·下德》作"知"。矜(jīn)：自大。

⑨真：精诚。

⑩泄：通。

⑪身：《文子·下德》作"终身"。

⑫苑(yuàn)：病。《俶真训》高诱注作枯病。

⑬真人：指存养本性得道的人。

【译文】

上天珍爱它的光明，大地爱惜它的平正，人类爱惜它的情性。上天的光明，就是日、月、星、辰、雷、电、风、雨；大地的平正，就是金木水火土；人的情性，就是思虑、聪明、喜怒。所以封闭四关，制止五种淫逸，那么便和道一起浮沉。因此把神明藏到无形之中，精气返回到自身，那么眼睛明察而不用来看外物，耳朵灵敏而不用来听声音，（言谈适当而不用来说话，）心理通达而不用于思考问题，聚积财物而不据为己有，温和而不自傲，使性命之情真诚，那么智巧便不会混杂在其中了。精气和眼睛相通，那么他的视力就清楚；精气存在于耳中，那么他的听觉就灵敏；精气存留在口中，那么他的言词就会适当；精气集中在心里，那么他的思虑就会通达。因此封闭耳眼心口四关，那么身体便没有祸患，人体百节不会生病，不会死也不会生，不会空虚也不会充满，这就是所说的真人。

凡乱之所由生者，皆在流遁①。流遁之所生者五：大构驾②，兴宫室，延楼栈道③，鸡栖井干④；标林檔枅⑤，以相支持；木巧之饰，盘纡刻俨⑥，嬴镂雕琢⑦，诡文回波⑧；淌游瀷淢⑨，菱杼绉抱⑩；芒繁乱泽⑪，巧伪纷挐⑫，以相摧错⑬，此遁于木也。

凿污池之深⑭，肆畛崖之远⑮，来溪谷之流，饰曲岸之际；

积牒旋石⑯，以纯脩碕⑰；抑减怒濑⑱，以扬激波⑲；曲拂邅迴⑳，以像湡浯㉑；益树莲菱㉒，以食鳖鱼；鸿鹄鹔鷞㉓，稻粱饶余㉔；龙舟鹢首㉕，浮吹以娱㉖，此遁于水也。

高筑城郭，设树险阻㉗；崇台榭之隆，侈苑囿之大㉘，以穷要妙之望㉙；魏阙之高，上际青云㉚；大厦曾加㉛，拟于昆仑；脩为墙垣，甬道相连㉜；残高增下㉝，积土为山；接径历远㉞，直道夷险㉟；终日驰骛㊱，而无蹟蹈之患㊲，此遁于土也。

大钟鼎，美重器，华虫疏镂㊳，以相缪紾㊴；寝兕伏虎㊵，蟠龙连组㊶；焜昱错眩㊷，照耀辉煌；偃蹇蓼纠㊸，曲成文章；雕琢之饰，锻锡文镜㊹，乍晦乍明；抑微灭瑕㊺，霜文沉居㊻，若簟籧篨㊼；缠锦经冗㊽，似数而疏㊾，此遁于金也。

煎熬焚炙，调齐和之适(50)，以穷荆、吴甘酸之变(51)；焚林而猎，烧燎大木；鼓橐吹埵(52)，以销铜铁；靡流坚锻(53)，无厌足日(54)；山无峻干(55)，林无柘梓(56)；燎木以为炭，燔草而为灰；野莽白素(57)，不得其时；上掩天光(58)，下殄地财(59)，此遁于火也。此五者，一足以亡天下矣。

【注释】

①流遁：放荡，淫逸。

②构驾：木材连接支撑。指建造楼房。《文选·鲍照〈芜城赋〉》注引"驾"作"架"。驾，通"架"，架屋。

③延楼：高楼。栈(zhàn)道：飞阁复道相通。

④鸡栖：鸡所栖止之处。又为楼名。井干：楼名。

⑤标株(mò)：柱子之类。株，北宋本原作"抹"。《道藏》本作"株"。据正。欂栌(bó lú)：柱上承梁的方形短木，即斗拱。栌，北宋本

原作"护"。《道藏》本作"枦"。据正。

⑥盘：盘龙。纡(yū)：屈曲。刻偠(yǎn)：高诱注：浮首虎头之属。皆屋饰也。

⑦蠃(luó)镂：精巧的雕饰。蠃，通"蠃"，指蠃形文饰。

⑧诡文：奇异之文。回波：回旋的水波。

⑨淌(chǎng)游：水流动的样子。瀷淢(yì yù)：水面波纹。高诱注：皆文画拟像水势之貌也。

⑩杼(shù)：采实。王念孙《读书杂志》王引之曰：读为"芧(zhù)"。《汉书·司马相如传》张揖曰："芧，三棱也。"按，即三棱水草。纼(zhěn)抱：联结。抱，当作"挼(sè)"。考见《原道训》。

⑪芒：光芒。繁：繁乱。

⑫巧伪：精巧虚构。纷挐(rú)：牵持，杂乱。挐，乱。

⑬摧错：色彩交错。按，"木巧"至"摧错"，高诱注：皆彩色、形象、文章貌。

⑭污池：蓄水池。

⑮肆：极尽。畛(zhěn)崖：边界。畛，田界。

⑯牒：通"迭"，重叠。旋：通"璇"，玉石。

⑰纯(zhún)：边缘。碕(qí)：曲岸。

⑱抑：制止。淢(yù)：湍流。濑(lài)：急流。

⑲扬：上扬。

⑳曲：弯曲。拂：背离。邅(zhān)廻：徘徊不进。

㉑禺(yú)：番禺。即今广东广州。浯(wú)：苍梧，在今湖南宁远南。又名九嶷山。

㉒树：种植。

㉓鹔鹴(sù shuāng)：水鸟，雁的一种，羽毛可制裘。

㉔梁：通"梁"。

㉕龙舟：龙形大舟。鹢(yì)首：鹢，水鸟。刻大鸟于船首，故曰鹢首。

㉖浮吹：浮行水中吹奏乐器。

㉗设：建造。

㉘侈(chǐ)：放纵。苑囿：有墙叫苑，无墙叫囿。古时帝王用来畜养
　　禽兽之处。

㉙要(yāo)妙：美好的样子。

㉚际：接。

㉛大厦：大屋。曾(céng)：重。加：高诱注：架，材木相乘架也。按，
　　疑正文作"架"。

㉜甬道：飞阁复道。

㉝残：堕。增：益。

㉞接：通"捷"，疾。径：行。

㉟直道：使厄道平直。

㊱驰骛(wù)：奔走。

㊲踬(jī)蹈：绊倒。王念孙《读书杂志》："踬蹈"当为"踬陷"，字之误
　　也。《原道篇》曰："先者踬陷。"

㊳华虫：古指金铜器及服饰上的花草鸟虫。疏镂(lòu)：刻划，雕饰。

㊴缪纱(jiū zhěn)：纠缠。缪，交错。

㊵兕(sì)：雄性犀牛。

㊶蟠(pán)龙：盘旋的龙形。组：编织。

㊷焜昱(kūn yù)：鲜明，光彩焕发。焜，煌。昱，明。错：相互交错。
　　眩：迷乱。

㊸偃蹇(yǎn jiǎn)：回环的样子。蓼纠：缠绕。

㊹锻：锻炼。镜：《道藏》本作"铙(náo)"，铁器的文理。

㊺抑：压制。瑕(xiá)：玉斑。

㊻霜文：纹饰如白霜。沉居：深陷。

㊼簟(diàn)：竹席。籧篨(qú chú)：粗竹席。一说苇席。

㊽缠：缠绵。经：织布的横线叫"经"。冗(rǒng)：长。

㊾数（shuò）：细密。

㊿齐（jì）和：调剂。

51荆、吴：指楚国和吴国。

52鼓：鼓风。橐（tuó）：风箱。埵（duǒ）：冶炉风箱的铁管。

53靡流：即铜铁水涌流。

54无厌（yàn）：不满足。厌，满。足日：一整天。

55峻干：高大的树木。

56林：北宋本作"水"。《道藏》本作"林"。据正。柘：桑类树木，叶可喂蚕。梓：王念孙《读书杂志》："梓"当为"榟"。是"榟"为伐木更生之名。故《本经篇》高注曰："榟，滋生也。"

57莽：草。

58天光：日光。

59殄（tiǎn）：尽。

【译文】

　　大凡祸乱所产生的原因，都在于国君的放荡淫逸。放纵淫逸的产生表现在五个方面：大兴土木，兴建楼台亭阁，群楼并起栈道相通，层层如鸡栖、方正如井栏；梁上短柱斗拱，相互支撑；木头上雕有奇巧的装饰，有弯曲的盘龙、仰首的虎头；雕刻精细色彩鲜明，文饰奇特曲回如波；有像水纹波涛荡漾起伏，菱花水草互相缠绕；着色细密巧妙扰乱真正的色泽，构思奇巧互相牵持，而交错成一个整体，这就是在木的方面的淫逸。

　　挖掘深深的沟池，水面宽阔无边，接通溪谷的水源，装饰曲曲弯弯的堤岸；层层堆砌璇玉之石，沿着蜿蜒曲岸铺成；控制急流激起怒涛，扬起高高的波澜；水流曲折徘徊，就像水网环绕的番禺、苍梧一样；水中种植莲藕和菱角，用来供给鱼鳖食粮；鸿鹄、鹔鹴栖息水滨，水稻、高粱，年年有余；龙形大舟扬起鹢首，浮行奏乐求得欢娱，这就是淫逸在水的方面。

筑起高高的城郭,设立重重险阻;建起雄伟的台榭,圈起巨大的苑囿,用来满足自己观赏的奢望;宫殿高耸,向上和青云相接;高楼层层,可以和昆仑比高;修起墙垣,飞阁复道把高楼相连;掘平高丘填高洼地,累积土石成为山峦;奔驰大道通达地方,使厄道变平直险阻化坦途;终日急驰,而没有跌倒的担心,这就是淫逸在土的方面。

铸起大的钟鼎,制造精美的重器,在铜器上雕饰花草鸟虫,互相交织在一起;犀牛酣睡、老虎俯伏,苍龙盘旋组合相连;光彩交错,使人迷乱,金光四射灿烂夺目;回环往复缠绕交织,弯曲成华美的文饰;经过雕琢修饰,锻炼后的锡铁光华细腻,有忽明忽暗的感觉;宝剑斑纹似如寒霜浸进剑体,斜纹如同席纹;排列有致像织锦的经线,使人看起来既细密又疏松,这就是淫逸在金的方面。

煎熬烧烤美味佳肴,调剂合适的口味,吃尽楚国、吴国的各种不同的风味;焚烧树林而去打猎,烧毁巨大的木头;拉起风箱,送进空气,用来冶炼钢铁;铁水涌流锻造器用,没有满足的日子;山上没有了高大的树木,树林没有柘树、梓木;烧掉树木来作炭,焚烧野草来作灰;原野草木被烧得光秃秃的,草木不能按时生长;火光上面掩蔽了太阳的光辉,下面耗尽了大地的资财,这就是淫逸在火的方面。这五个方面,在其中一个方面大肆淫逸,就完全可以使天下灭亡。

是故古者明堂之制①,下之润湿弗能及,上之雾露弗能入,四方之风弗能袭。土事不文②,木工不斫③,金器不镂④。衣无隅差之削⑤,冠无觚羸之理⑥。堂大足以周旋理文⑦,静洁足以飨上帝,礼鬼神,以示民知俭节⑧。

【注释】

①明堂:高诱注:明堂,王者布政之堂。上圆下方,堂四出,各有左

　　右房,谓之"个",凡十二门。王者月居其房,告朔朝历,颁宣其令,谓之明堂。按,明堂之制,详见《礼记·明堂位》、《大戴礼记·明堂位》、《逸周书·明堂》及《淮南子·时则训》。

②土事:建筑工程。文:文饰。

③斫:雕画。

④镂(lòu):雕刻。

⑤隅(yú)差:斜角。

⑥觚(gū):古代酒器,上多有饰物。方纹曰觚。蠃(luǒ):指蜗牛,也指蚌类。圆纹曰蠃。

⑦"堂大"句:高诱注:明堂,所以升降、揖让、修礼容,故曰周旋。理文,处理政事文书。

⑧本则文字化自《晏子春秋》卷二《内篇·谏下第二》。

【译文】

　　因此古代有建立明堂的制度,明堂下部潮湿之气不能够达到,上面浓雾寒露不能够进入,四方之风也不能够侵袭。土建墙壁不加粉饰,木梁也不作雕琢,使用的铜器也不刻镂。穿衣用全幅边角不剪裁,冠用平直没有折皱纹饰。明堂广大能够集会行礼发表文告,安静洁净能够用来祭祀天帝,礼敬鬼神,用明堂的制度就是告诉人们要知道节俭。

　　夫声色五味,远国珍怪,瑰异奇物①,足以变易心志,摇荡精神②,感动血气者,不可胜计也。夫天地之生财也,本不过五②。圣人节五行,则治不荒③。凡人之性,心和欲得则乐④,乐斯动⑤,动斯蹈,蹈斯荡⑥,荡斯歌,歌斯舞,歌舞节则禽兽跳矣。人之性,心有忧丧则悲,悲则哀,哀斯愤,愤斯怒,怒斯动,动则手足不静。人之性,有浸犯则怒⑦,怒则血充,血充则气激,气激则发怒,发怒则有所释憾矣⑧。故钟鼓管箫，干戚羽旄⑨，所以饰喜也；衰绖苴杖⑩，哭踊有节⑪，所以饰哀也；兵革羽旄，金鼓斧钺⑫，所以饰怒也。必有其质，乃为之文⑬。

【注释】

①瑰(guī)异：奇异，珍奇。

②摇荡：动荡。

②五：指五行之数。

③荒：荒废。

④心和：心中平和。

⑤斯：则，就。

⑥荡：摇动。《礼记·乐记》、《史记·乐书》可与此相参。

⑦浸：侵凌、冒犯。《道藏》本作"侵"。《汉书·薛宣传》颜师古注：浸，字或作"侵"。

⑧释：解除、消释。憾：恨。

⑨干戚：斧钺。

⑩衰：通"缞(cuī)"，丧衣。古代丧服，用麻布制成，披在胸前。绖(dié)：用麻做的丧带，系在腰或头上。苴(jū)杖：古代居父母丧时所用的竹杖。

⑪哭踊：丧礼的仪式。踊，跳。

⑫钺(yuè)：古代兵器，状如斧。

⑬文：文饰。指礼仪形式。

【译文】

　　那些音乐、美色、五味，远方国家的珍宝特产，奇异稀有之物，完全能够改变人的心志，动荡人的精神，感动人的血气的东西，是不能够计算出来。其实天地间生出的财物，根本的东西不过五种。圣人能够善于调节五行，那么治理国家就不致荒乱。大凡人的天性，心境平和欲望得到满足,就能感到快乐,快乐就要激动,激动就要顿足动手,顿足就要全身动荡,动荡就要唱歌,唱歌就要舞蹈,有歌有舞符合节拍就会像禽兽一样跳跃起来。大凡人的性情,心中有忧愁、亡失就要悲痛,悲痛就要伤心,伤心就要悲愤,悲愤就要发怒,发怒就要行动,行动就使手、脚不得安静了。大凡人的天性,被人侵凌冒犯就会动怒,动怒就会血气上充,血气上充则脾气冲动,脾气冲动就要发出怒火,怒火爆发愤恨就释放了。钟鼓、管箫、干戚、羽旄,是用来文饰喜悦之情的;缞绖、菅杖丧礼的仪节,是用来文饰悲哀之情的;兵革、羽旄,金鼓、斧钺,是用来文饰愤怒之情的。只有它的朴实之性存在,才有可能对它进行文饰。

　　古者圣王在上,政教平,仁爱洽①;上下同心,君臣辑睦;衣食有余,家给人足;父慈子孝,兄良弟顺;生者不怨,死者不恨②;天下和洽③,人得其愿。夫人相乐无所发贶④,故圣人为之作乐以和节之。

　　末世之政,田渔重税,关市急征⑤,泽梁毕禁,网罟无所布,耒耨无所设⑥,民力竭于徭役,财殚于会赋⑦;居者无食,行者无粮;老者不养,死者不葬;赘妻鬻子⑧,以给上求,犹弗能赡;愚夫憃妇,皆有流连之心、凄怆之志⑨。乃使始为之撞大钟、击鸣鼓、吹竽笙、弹琴瑟,失乐之本矣⑩。

【注释】

①洽:广博,普遍。

②恨:遗憾。

③洽:北宋本原作"治"。《道藏》本作"洽"。据正。

④贶(kuàng):赐予,加惠。

⑤关市:关卡、市场。

⑥耨（nòu）：《道藏》本作"耜（sì）"。

⑦"财殚"句："财"下无"用"字。刘绩《补注》本、《群书治要》有"用"字。殚（dān）：尽。会赋：计算人口数量收取赋税。会，计算。

⑧赘（zhuì）：抵押。鬻（yù）：卖。

⑨流连：离散，流离。凄怆（chuàng）：悲怆。

⑩"乃使始"句：《群书治要》无"使"字。

【译文】

　　古时候圣人在上位，政治教化清平，对天下人民广施仁爱；上下同心协力，君臣之间和睦共事；衣食丰足，家有饶余；父亲慈爱儿子孝敬，兄长善良弟弟和顺；生活着的人没有怨恨，死去的人也没有遗憾；天下和谐，人们能够实现自己的愿望。众人心中快乐不会产生有人恩赐之情，因此圣人替他们制订乐律来加以协调节制。

　　末世的政治，种田打鱼的人被取以重税，关卡集市紧急征收赋税，水泽、山梁全部禁止捕捉采摘，渔网没有办法撒下，农具没有用来放置的地方，百姓的力量消耗在繁重的徭役上，财富被赋税征收干净；居家的人没有粮食，奔走在外的人饿着肚子；年老的人无力奉养，死去的人无法安葬；抵押妻子卖掉儿子，用来供给国君的需求，还不能够满足；即使是愚蠢至极的男女，都有离散的痛苦、悲怆的心情。却竟然给他们击起大钟、敲起响鼓、吹奏竽笙、弹起琴瑟，已经失去了作乐的根本了。

　　古者上求薄而民用给①，君施其德，臣尽其忠；父行其慈，子竭其孝；各致其爱②，而无憾恨其间。夫三年之丧，非强而致之。听乐不乐，食旨不甘③，思慕之心，未能绝也。

　　晚世风流俗败，嗜欲多，礼义废，君臣相欺，父子〔相〕疑④，怨尤充胸⑤，思心尽亡。被衰戴绖，戏笑其中，虽致之三年，失丧之本也。

【注释】

①给：丰足。

②致：表达。

③甘：甜美。

④父子[相]疑：北宋本原无"相"字。刘绩《补注》本增"相"字。
据补。

⑤尤：责难。北宋本原作"左"。《道藏》本作"尤"。据正。

【译文】

古时候国君需求少而百姓给用充足，国君施行他的德泽，而臣下尽献他的忠心；父亲施予他的仁慈之爱，儿子竭尽他的孝道；各人表达自己的爱抚之情，而没有怨恨遗憾在其中了。那种三年丧礼的规定，不是强迫而使别人做到。三年服丧之时，听音乐不感到快乐，吃美味不觉得甘甜，是因为思慕悲哀之心，不能够断绝。

晚世风气习俗败坏，贪欲无有止禁，礼义遭到废除，君臣之间相互欺骗，父子之间互相怀疑，怨恨责难充满胸中，思慕之心全部丧失。披着缞戴着绖，却在其中玩耍嬉笑，即使让他们服丧三年，也失去了服丧的根本目的了。

古者天子一畿①，诸侯一同②，各守其分，不得相侵。有不行王道者，暴虐万民，争地侵壤，乱政犯禁，召之不至，令之不行③，禁之不止，诲之不变，乃举兵而伐之，戮其君，易其党，封其墓，类其社④，卜其子孙以代之。

晚世务广地侵壤⑤，并兼无已；举不义之兵，伐无罪之国，杀不辜之民，绝先圣之后；大国出攻，小国城守；驱人之牛马，僇人之子女⑥；毁人之宗庙，迁人之重宝；血流千里，暴骸满野，以赡贪主之欲，非兵之所为生也。

【注释】

①畿(jī)：方圆千里为畿。

②同：方圆百里为同。按，"古者"二句，化自《左传·襄公二十五年》。

③令：北宋本原作"今"。《道藏》本作"令"。据正。

④类：通"禷(lèi)"，祭名。有祭天和祭地两种。

⑤务：务求。

⑥傒：通"系"，拘捕。

【译文】

　　古时候天子封地方圆千里，诸侯封地方圆百里，各自守护自己的界限，不能相互侵扰。有不推行天子之令，残害万民，争夺土地，扰乱政治触犯禁令的，召见他不来到，命令他不实行，禁止他不停止，教诲他不改过的人，便举兵来讨伐他，杀掉他的国君，更换他们的党羽，修筑他的墓地，祭祀他的社神，经过占卜选择他们子孙中有贤德者来取代他。

　　晚世务求侵占他国扩张土地，兼并不能停止；发动不正义的战争，讨伐没有罪过的国家，杀死无辜的人民，绝灭先圣的后代；大的国家出兵对抗，小的国家保守城池；驱赶别人的牛马，拘系他人的子女；毁坏别国的宗庙，搬走他国的重宝；以致流血千里，横尸遍野，以此来满足贪婪国君的欲望，这不是发动战争的本来目的。

　　故兵者所以讨暴，非所以为暴也；乐者所以致和，非所以为淫也；丧者所以尽哀，非所以为伪也。故事亲有道矣，而爱为务；朝廷有容矣①，而敬为上；处丧有礼矣，而哀为主；用兵有术矣，而义为本。本立而道行，本伤而道废。

【注释】

①容：礼节，法度。

【译文】

因此军队是用来讨平暴乱的，不是用来进行暴力活动的；音乐是用来陶冶情性的，不是用来进行淫乱活动的；服丧是用来表达悲哀之情的，不是用来作假的。所以事奉亲人是有规定的，而要把爱作为致力的目的；君臣朝见是有固定礼容的，而要以恭敬作为最高要求；处理丧事是有礼节的，而要把悲哀放在首位；用兵是有战略规定的，而要把实行道义作为根本。根本确立而大道就能推行，根本受到伤害而大道就会废弃。

第九卷　主术训

【题解】

高诱解题云:"主,君也。术,道也。君之宰国,统御臣下,五帝三王以来,无不用道而兴,故曰主术也。"主术,就是国君统治天下之道。

淮南王认为,治国要实行"无为而治",就是要按照自然和社会规律办事。治国之本在于安民,"民者,国之本也"。要减轻赋税,爱惜民力,富裕民生。治国要依靠大众,人尽其才,物尽其用。即"乘众人之智,用众人之力"。治国要任人唯贤。"所任者得其人,则国家治,百姓附;所任者非其人,则国家危,百姓乱"。治国要用法制,"法者,天下之度量"。法律面前人人平等,同时要"立法禁君"。对国君自身,要"诚正"、"无私"、"先自为检式仪表"。国君治国要正确运用"权"、"势"的力量,"循名责实",就能达到"天下尽力"的要求。

《史记·太史公自序》中说:"道家使人精神专一,动合无形,赡足万物。其为术也,因阴阳之大顺,采儒、墨之善,撮名、法之要,与时迁移,应物变化,立俗施事,无所不宜,指约而易操,事少而功多。"本训与司马谈所言相合。此训是研究汉初黄老道家治国理念和方略的重要文献。

陶方琦《淮南许注异同诂》:(此)"高注本也。"

人主之术①,处无为之事,而行不言之教②;清静而不动,一度而不摇②;因循而任下③,责成而不劳④。是故心知规而师傅谕导⑤,口能言而行人称辞⑥,足能行而相者先导⑦,耳能听而执正进谏⑧。是故虑无失策,谋无过事⑨;言为文章⑩,行为仪表于天下⑪;进退应时,动静循理;不为丑美好憎,不为赏罚喜怒⑫;名各自名,类各自类,事犹自然,莫出于己。故古之王者,冕而前旒⑬,所以蔽明也;黈纩塞耳⑭,所以掩聪;天子外屏⑮,所以自障。故所理者远,则所在者迩⑯;所治者大,则所守者少⑰。夫目妄视则淫⑱,耳妄听则惑,口妄言则乱。夫三关者,不可不慎守也。若欲规之,乃是离之;若欲饰之,乃是贼之⑲。

【注释】

①术:君主统治的手段和策略。其内容包括任免、考核、赏罚各级
　官吏的手段。

②"处无为"二句:见于《老子》二章。

②一度:统一法度。摇:动摇。

③因循:沿袭旧法而不加改变。

④责成:督责完成任务。

⑤规:法度。师:指太师。周代三公之一。傅:指太傅,周代三公之
　一。谕导:劝谕,引导。《群书治要》引"导"作"道"。

⑥行人:《周礼·秋官》有行人之官,掌朝觐聘问。称辞:陈说。

⑦相者:指赞礼之人。有司仪、引导等职责。

⑧执正:主持政务之人。正,通"政"。谏:高诱注:或作谋也。按,
　谋,计谋。《淮南子》此节出自《慎子》。《春秋繁露·离合根》亦
　与之相似。

⑨谋:王念孙《读书杂志》:"谋"本作"举","举"犹"动"也。《群书治

要》引此正作"举无过事"。过：失误。

⑩文章：指礼乐法度。

⑪行为仪表于天下：《文子·自然》作"行为仪表"。于大成《主术校释》：《大戴礼·曾子制言中》："言为文章，行为表缀于天下。"《淮南》文所本也。

⑫"不为丑美"二句：《文子·自然》作："美丑不好憎，赏罚不喜怒。"

⑬冕（miǎn）：王者之冠。高诱注：天子玉县十二，公侯挂珠九，卿点珠六，伯子各应随其命数也。按，前旒（liú）：王冠前面的玉串。天子前后十二，公侯九。下垂自目，故曰"蔽明"。旒，北宋本原作"旐"。《道藏》本作"旒"。据正。

⑭黈纩（tǒu kuàng）：即黄绵。古之冕制，用大如丸的黄绵，悬于冕之两旁，以示不听无益之言。黈，黄色。纩，絮。纩，北宋本原作"续"。《道藏》本作"纩"。据正。

⑮外屏：皇帝的门屏。屏是对着门的小墙，后称照壁。

⑯在：察。迩（ěr）：近。

⑰少：《群书治要》引此作"小"。

⑱妄：北宋本原作"安"。《道藏》本作"妄"。据正。下二"妄"字同。

⑲贼：败坏。按，"故古"至"贼之"，参见《晏子春秋》卷七《外篇》上、《荀子·大略》、《大戴礼记·保傅》等。

【译文】

国君统治天下的手段，用无为去处理事务，用不言去教化大众；清虚安静而不妄动，统一法度而不动摇；沿袭规则而任用臣下，督责臣下而自己不辛劳。因此国君知道谋划而要太师太傅劝谕教导，口中能够表达而要行人来陈说，腿脚能行动而却要赞礼之人引导，耳朵能够听清却要执政之人来进谏。所以天子思虑中没有失策的地方，谋划没有错误的地方；用言语表达就成为礼乐法度，行动表现就可以作为天下的表率；进退适应时代变化，动静依循一定的道理；不因为美丑而有好憎,也不因为赏罚而喜怒;事物名称各自符合自己的名分,分类各自符合自己的类别,各种事情就像来自天然一样,没有什么是从自己一方发出的。因此古代的帝王,头上戴冕前面有疏,它是用来掩蔽自己视觉的,表示不视邪行;用黄绵塞耳,是用来掩蔽自己听觉的,表示不听邪说;天子居处前有外屏,是用来阻隔自己的,表示不亲近奸佞。因此天子所治理的地方远,那么他所考察的就近;所治理的地方大,那么他所持守的地方就小。眼睛乱看就会淫乱,耳朵乱听就会迷惑,嘴巴乱说就会造成混乱。目、耳、口这三关,是不能够不谨慎把守的。如果要去规范三关,那么便是使它们离散;如果把三关装饰起来,那么则是伤害了它。

　　天气为魂①,地气为魄②;反之玄房③,各处其宅;守而勿失,上通太一④。太一之精,通于天道⑤。天道玄默⑥,无容无则;大不可极⑦,深不可测⑧;尚与人化⑨,知不能得。

【注释】

①魂:阳气为魂。依附人的精神。

②魄:阴气为魄。依附人的形体。

③玄房:喻人体。又说指天地。《文子·自然》作"反之玄妙"。

④太一:指天。

⑤通于天道:《文子·自然》作"通合于天"。

⑥玄默:清静无为。

⑦大:北宋本原作"天"。刘绩《补注》本作"大"。《文子·自然》同。据正。

⑧测:尽。

⑨尚:通"常"。《文子·自然》作"常"。

【译文】

上天的精气为魂,大地的精气为魄;使它们返回到人体,各自处于它们的处所;把守住它们而不失去,向上可以通达太一。太一的精华,与天道相通。天道是沉静无为的,没有容貌没有法则;大到没有边际,深到无法测量;天道常和人一起变化,但是人的智慧又不能得到它。

昔者神农之治天下也①,神不驰于胸中②,智不出于四域,怀其仁成之心③;甘雨时降④,五谷蕃植⑤;春生夏长,秋收冬藏;月省时考⑥,岁终献功⑦;以时尝谷,祀于明堂。明堂之制,有盖而无四方;风雨不能袭,寒暑不能伤;迁延而入之⑧,养民以公。其民朴重端悫⑨,不忿争而财足,不劳形而功成⑩,因天地之资⑪,而与之和同⑫。是故威厉而不杀⑬,刑错而不用⑭,法省而不烦⑮,故其化如神⑯。其地南至交阯⑰,北至幽都⑱,东至汤谷⑲,西至三危⑳,莫不听从。当此之时,法宽刑缓,囹圄空虚,而天下一俗㉑,莫怀奸心。

【注释】

①神农:上古部落领袖,主南方,又称炎帝。

②“神不”句:高诱注:言释神安静,不躁动也。

③成:通“诚”。刘绩《补注》本作“诚”。

④甘雨时降:《文子·精诚》作“甘雨以时”。甘雨,适宜农事的雨水。

⑤植:生长。

⑥月省时考:每月按时查看考察。省,视。

⑦献功:奉献收成。功,成。

⑧迁延:逍遥自在。

⑨朴重：敦厚，庄重。端悫(què)：端正，诚笃。悫，诚。

⑩功成：杨树达《淮南子证闻》："功成"当作"成功"。"功"字与上文"公"，下文"同"字为韵，作"功成"则失其韵矣。

⑪资：资助，供给。

⑫和同：把光荣和尘浊同等看待。见于《老子》五十六章。

⑬不杀：王念孙《读书杂志》："杀"本作"试"。不试犹不用也。《太平御览·皇王部》三引此，正作"不试"。《文子·精诚》同。

⑭刑错：指无人犯法，刑法搁置不用。错，通"措"，放置。

⑮烦：繁多。

⑯其化如神：《文子·精诚》作"教化如神"。

⑰交阯(zhǐ)：指两广以南和越南北部一带。《脩务训》作"交趾"。古人认为其民足趾相交，与中原不同，故名。

⑱幽都：指北方山名。

⑲汤谷：日出之处。

⑳三危：山名。在甘肃敦煌南。

㉑一俗：习俗一同。

【译文】

从前神农氏统治天下的时候，精神安静不在胸中躁动，智慧施行不离开四方疆界，怀抱着他的仁诚之心；于是甘雨按照时节降落，五谷旺盛生长；春天播种夏季生长，秋天收获冬天贮藏；每月按时考察下情，年终奉献收成；按时品尝新谷，在明堂上举行祭祀。明堂的建筑形制，有顶盖而没有四面墙壁；风雨不能侵袭，冷热不能伤害；逍遥自在地进入，以公心教育万民。他的百姓端正朴实，不去忿争而财物充足，不辛劳形体而大功告成，凭借着天地的资助，而与天地融为一体。因此虽然威严但是不去杀戮，刑法搁置而不去使用，法令条文简约而不烦琐，所以他的化育万民就像有神灵驱使一样。他的地域南边到达交阯，北方到达幽都，东方到达汤谷，西方到达三危，没有人不听从的。当这个时候，刑法宽松，牢狱空空，而天下习俗统一，没有人怀有奸诈之心。

末世之政则不然。上好取而无量，下贪狼而无让[1]；民贫苦而忿争，事力劳而无功；智诈萌兴，盗贼滋彰；上下相怨，号令不行；执政有司不务反道，矫拂其本而事修其末[2]；削薄其德[3]，曾累其刑[4]，而欲以为治，无以异于执弹而来鸟，掉棁而狎犬也[5]，乱乃逾甚。夫水浊则鱼唅[6]，政苛则民乱。故夫养虎豹犀象者，为之圈槛，供其嗜欲，适其饥饱，违其怒恚[7]，然而不能终其天年者[8]，刑有所劫也[9]。是以上多故则下多诈，上多事则下多能[10]，上烦扰则下不定，上多求则下交争。不直之于本，而事之于末，譬犹扬堁而弭尘、抱薪以救火也[11]。故圣人事省而易治，求寡而易赡；不施而仁，不言而信；不求而得，不为而成；块然保真[12]，抱德推诚[13]；天下从之，如响之应声[14]，景之像形，其所修者本也。刑罚不足以移风，杀戮不足以禁奸，唯神化为贵[15]，至精为神[16]。

【注释】

①贪狼：贪婪，凶暴。

②矫拂：纠正，违背。拂，违。

③削薄：削减，减薄。

④曾（céng）累：即层累，层层累加。曾，通"层"。

⑤掉（bǎi）：掷。棁（zhuō）：木杖。狎（xiá）：玩耍。

⑥唅（yǎn）：鱼在水面张口呼吸。

⑦违：《列子·黄帝》《庄子·人间世》作"达"。恚（huì）：恨，怒。

⑧天年：自然的寿命。

⑨刑：通"形"。刘绩《补注》本作"形"。 劫：威逼。

⑩能：通"态"。《道藏》本作"态"。

⑪堁（kè）：尘土。北宋本原作"猓"。《道藏》本作"堁"。据正。 弭
　（mǐ）：消除。

⑫块然：安然自得的样子。

⑬推诚：以诚意相待。

⑭响：回声。

⑮神化：指精神的变化。

⑯至精：最高的精神境界。

【译文】

　　末世的政治则不是这样。国君爱好贪取而没有限度，臣下贪婪残暴而没有谦让；百姓贫苦不堪而互相争斗，从事辛勤劳作而没有一点收获；巧智诈伪盛行，盗贼滋生蔓延；君臣之间互相怨恨，号令没有办法通行；执政官员和主管部门不务求返回正道，反而背离根本而去从事末节；不断减少他们的德性，而层层累加他们的刑法，却想以此得到治理，这同举着弹丸而使鸟飞来、挥舞棍子而耍狗一样，混乱只会加倍增加。水混浊了鱼就会呼吸困难，政令苛烦了就会给百姓造成混乱。所以那些豢养虎、豹、犀、象的人，为这些动物围起了圈墙和栅栏，供给他们嗜欲所需求的东西，适应它们的饥饱变化，避开它们发怒的时候，虽然这样这些动物还不能过完它们的自然寿命，主要是形体受到威逼的原因。因此国君多诈那么臣下多欺骗，国君多嗜欲那么臣下就会多巧饰，国君多烦扰那么臣下便不得安定，国君多贪欲那么臣下则争斗。不在根本上使它们正直，而却在末节上去用力，就像扬起尘土而想要消除灰尘、抱着干柴而去救火一样。因此圣人事情少而容易治理，需求少而容易满足；不需要施予而能成为仁爱，不需要言语而可以成信用；不去寻求而能够得到，不去从事而能够成功；安然自得地保存本性，怀抱着德泽而能以诚待人；天下的人便跟从他，就像声响应和回声、形体决定影子

一样,他们所修治的是解决自身这个根本问题。刑罚是不能够完全用来改变风气的,杀戮也是不能全部禁止奸恶的,只有精神的改变才是可贵的,具有最高精神境界便能达到神奇的效果。

夫疾呼不过闻百步,志之所在,逾于千里①。冬日之阳,夏日之阴,万物归之,而莫使之然。故至精之像②,弗招而自来,不麾而自往③;窈窈冥冥,不知为之者谁,而功自成。智者弗能诵④,辩者弗能形。

【注释】

①逾:越过。

②至精之像:《文子·精诚》作"至精之感"。

③麾(huī):指挥。

④诵:通"颂",仪容。

【译文】

高声疾呼不过使百步之远的人听到,意志所要到达的地方,可以越过千里之遥。冬天的太阳,夏天的阴影,万物归向它,而没有人使万物这样做。因此最高的精神境界具有感化的巨大力量,不去招呼而万物自然归来,不去指挥而万物自行前往;幽深广大啊,不知道指挥它这样做的是谁,而大功自然告成。智慧的人不能够描绘它的仪容,善辩的人不能够描绘它的形体。

昔孙叔敖恬卧,而郢人无所害其锋①;市南宜辽弄丸,而两家之难无所关其辞②。鞅鞈铁铠③,瞋目扼掔④,其于以御兵刃⑤,县矣⑥。券契束帛⑦,刑罚斧钺,其于以解难,薄矣⑧。待目而照见⑨,待言而使令,其于为治,难矣。

【注释】

① "昔孙叔敖" 二句：高诱注：但恬卧养德，折冲千里之外，敌国不敢犯害，故郢人不举兵出伐，无所害其锋于四方也。按，孙叔敖，春秋楚国期思（今河南淮滨东南）人，由平民而被楚庄王擢为令尹，帮助楚庄王成就霸业。恬卧，安寝。郢，楚都。在今湖北江陵北。害，损害。

② "市南" 二句：高诱注：宜辽，姓也，名熊，勇士，居楚市南。楚平王太子建为费无极所逐，奔郑，郑人杀之，其子胜在吴，令尹子西召之，以为白公。请伐郑以报雠，子西许之，而未出师。晋人伐郑，以报雠，子西救之。胜怒曰："郑人在此，雠不远矣。" 欲杀子西，其臣石乞曰："市南熊宜辽，得之可以当五百人。" 乃生视之，告其故。不从，举之以剑，不动，而弄丸不辍，心志不惧，曰："不能从子为乱，亦不泄子之事。" 白公遂杀子西。两（家）虽有难，不怨宜辽，故曰 "无所关其辞" 也。按，弄丸，古代民间技艺，又叫 "跳丸"。难（nàn），指争执、敌对。关，牵连。按，本则两事，化自《庄子·徐无鬼》。

③ 鞅（yàng）：套在马颈用以负轭的皮带。鞈（gé）：古代用以护胸的革车。

④ 瞋（chēn）：发怒时睁大眼睛。扼掔（wàn）：手握其腕，表示激怒的感情。

⑤ 御：制止。

⑥ 县（xuán）：远。

⑦ 束帛：帛五匹为一束。古代用作聘问的礼物。

⑧ 薄：微小。

⑨ 待目：等待示意。照：察看。

【译文】

从前孙叔敖安寝无为，而楚国刀兵没有损害；市南宜辽拨弄弹丸，白公胜、令尹子西两家之难没有关涉自己的言辞。披挂战马穿上铠甲，瞪大眼睛握住拳头，用这种办法来制止刀兵之灾，就离得很远了。带着契据拿着束帛，使用刑罚举起斧钺，用这种办法来解决争难，可能性就很小了。等待别人指使才去察看，等待别人说话才去行动，用这样的办法治理国家，就困难了。

蘧伯玉为相①，子贡往观之②，曰："何以治国？"曰："以弗治治之③。"简子欲伐卫④，使史黯往觇焉⑤。还反报曰："蘧伯玉为相，未可以加兵。"固塞险阻，何足以致之⑥？故皋陶喑而为大理⑦，天下无虐刑，有贵于言者也⑧；师旷瞽而为大宰，晋无乱政，有贵于见者⑨。故不言之令，不视之见，此伏牺、神农之所以为师也⑩。

【注释】

①蘧（qú）伯玉：名瑗，春秋卫国人，有贤相之名。

②子贡（前520—前456）：孔子弟子，春秋末卫人，以外交和经商著称。

③以弗治治之：即无为而治。指顺应自然和社会规律而治理。

④简子：春秋末晋卿，亦称赵孟，战胜范氏、中行氏，为其子建立赵国奠定基础。事见于《吕览·召类》，并载于《说苑·奉使》。卫：周初封国，都朝歌（今河南淇县）。后迁楚丘（今河南滑县）、帝丘（今河南濮阳）。

⑤史黯（àn）：春秋末晋太史，姓蔡，名墨。觇（dí）：观看。

⑥致：达到。

⑦皋陶（gāo yáo）：传说中东夷族首领，曾为舜掌刑法，禹选为接班人，早死。喑（yīn）：哑。大理：掌管刑狱之官。

⑧"有贵"句：高诱注：虽喑，平狱理讼能得人之情，故贵于多言者也。

⑨"师旷"三句：高诱注：虽盲，而大治晋国，使无有乱政，故贵于有所见。按，大宰，西周置官，掌王家内外事务。于大成《主术校释》："太宰"当作"大师"。今本《文子》亦作"太宰"，而《太平御览》七百四十引作"太师"。

⑩师：指师法。

【译文】

蘧伯玉担任卫相，孔子弟子子贡前往观察，问道："先生用什么办法来治理国家？"回答说："用弗治来治理。"赵简子准备讨伐卫国，派史黯先去察看情势。归来报告说："蘧伯玉担任相国，不能够派兵伐卫。"牢固的关塞、险要的地形，怎么能达到这样的效果呢？因此皋陶是哑巴而担任司法之官，天下没有出现暴虐的刑法，所以哑巴比多言有可贵之处；乐师师旷双目失明而担任太师之职，晋国没有出现乱政，所以盲人比那些视力好的人有可贵之处。因此皋陶不用说话的命令，师旷不用眼看的见解，这就是伏栖、神农氏成为后世师法的原因。

故民之化也，不从其所言而从其所行。故齐庄公好勇①，不使斗争②，而国家多难，其渐至于崔杼之乱③。倾襄好色④，不使风议，而民多昏乱，其积至昭奇之难⑤。故至精之所动，若春气之生，秋气之杀也，虽驰传骛置⑥，不若此其亟⑦。故君人者，其犹射者乎？于此豪末⑧，于彼寻常矣⑨，故慎所以感之也。

【注释】

①齐庄公（？—前731）：春秋齐君，在位6年，因淫乱被杀。

②斗争：刘家立《淮南内篇集证》：谭氏复堂曰："斗争"应作"间争"。间争，谏诤也。与下文"风议"同义。《文子》亦作"斗"，盖其讹已久也。

③"其渐"句：高诱注：崔杼，齐大夫也。乱，杀庄公也。按，崔杼（zhù）（？—前546）弑君事，见于《左传·襄公二十五年》。

④倾襄：即楚顷襄王，名横，怀王之子，战国晚期楚君，在位36年。

⑤昭奇：楚大夫。《文子·精诚》作"淫泆"。

⑥传（zhuàn）：传车。骛（wù）：奔跑。置：驿站。

⑦亟（jí）：疾。

⑧豪：通"毫"，细毛。

⑨寻常：《说文》八尺为寻，倍寻为常。

【译文】

　　因此百姓听从教化，不是听从施政者的言论而是追随他们的行动。因此齐庄公爱好勇力，不听从臣下劝谏，从而造成国家多灾多难，最终酿成了崔杼弑君。楚倾襄王爱好美色，不让人劝告，而人民混乱不堪，逐渐造成了昭奇之难。所以最高的精神具有感化的重要力量，就像春风化育万物，秋气使万物凋零，即使像传车飞奔到达驿站一样，也不如它这样急速。所以国君统治人民，大约就像射箭吧！在射出的时候相差毫末，在到达目标时就会有极大的误差，因此对能造成感化的事情要特别慎重。

　　夫荣启期一弹①，而孔子三日乐，感于和②；邹忌一徽③，而威王终夕悲④，感于忧。动诸琴瑟，形诸音声，而能使人为之哀乐。县法设赏，而不能移风易俗者，其诚心弗施也。宁戚商歌车下⑤，桓公喟然而寤矣⑥，至精入人深矣。故曰：乐，听其音，则知其俗；见其俗，则知其化。孔子学鼓琴于师襄⑦,而谕文王之志⑧,见微以知明矣。延陵季子听鲁乐⑨,而知殷、夏之风,论近以识远也。作之上古,施及千岁⑩,而文不灭,况于并世化民乎?

【注释】

①荣启期:春秋时隐者。《列子·天瑞》中记载"孔子三日乐",即孔子在太山见"鹿裘带索,鼓琴而歌"的荣启期,听其谈三"乐"之事。

②和:和平。

③邹忌:战国时人,以鼓琴游说齐威王,被任为相国。徽:琴徽,琴弦音位的标志,根据弦长整数比,镶嵌十三个圆形标志。

④威王(?—前320):战国齐君,名田齐,在位36年。曾任用邹忌、孙膑、田忌等人,并开设稷下学宫,广延人才。《史记·田敬仲完世家》亦载有邹忌以琴说齐王之事。

⑤宁戚:春秋卫人,穷困潦倒,以歌感齐桓公,被任为大田,与管仲等共同辅政。商歌:商调的歌曲。

⑥桓公:即齐桓公(?—前643),春秋齐君,"春秋五霸"之首,在位43年。桓,北宋本原作"植"。《道藏》本作"桓"。据正。喟(kuì)然:叹气的样子。寤:通"悟",省悟,感悟。按,其事亦载于《吕览·举难》。

⑦孔子(前551—前479):春秋末期鲁国人,曾整理《诗》、《书》、《春秋》、定《易》、《礼》,序《周易》。《汉书·艺文志》有《论语》古二十一篇。师襄:鲁国太师,著名音乐家。

⑧谕:教导。文王:周文王(前1152—前1056),姓姬,名昌,在位50年。曾讨伐商纣王,并演《周易》。按,孔子学鼓琴事,亦载于《韩诗外传》卷五、《史记·孔子世家》等。

⑨延陵季子:即春秋吴公子季札,初封于延陵(今江苏常州),故称。

鲁乐：季札曾于前544年出使鲁国，欣赏周代传统音乐。事出《左传·襄公二十九年》。

⑩施(yì)：延续。

【译文】

　　荣启期一次弹琴唱歌，而孔子听了快乐了三天，这是因为被平和之气所感动；邹忌演奏一曲，而齐威王整天悲哀，这是因为被忧虑之情所感染。在琴瑟上拨动，能够形成声音，使人产生悲伤和欢乐的感情。悬挂法律条文、施行赏赐，但是却不能够改变习俗的原因，就在于他们的真诚之心没有表现出来。宁戚在车下唱起商调歌曲，齐桓公听了不住地叹息而省悟，这时最高的精神已经深入人心了。因此说，作为音乐，聆听发出的声音，从中就可以知道国家的风俗；看到他的国家的习俗，那么便可以了解他的国家的教化。孔子在鲁国向著名乐师师襄学习鼓琴，而教导他领会文王琴曲中的志趣，能够从微小的地方见到大的光明。延陵季子欣赏了鲁国的音乐，从而知道了殷、夏的风俗，可知谈论近的而可以认识长远的道理。这些音乐都是上古时代创作的，却影响到了千年之后，而它的文采并未泯灭，又何况在同时代对人民的感化作用呢？

　　汤之时①，七年旱，以身祷于桑林之际②，而四海之云凑③，千里之雨至。抱质效诚④，感动天地，神谕方外⑤。令行禁止，岂足为哉？古圣王至精形于内⑥，而好憎忘于外；出言以副情⑦，发号以明旨；陈之以礼乐，风之以歌谣；业贯万世而不壅⑧，横局四方而不穷⑨；禽兽昆虫，与之陶化⑩，又况于执法施令乎？

【注释】

①汤：商朝的建立者。在位30年。

②桑林:地名,在东方。

③凑:会集。此事见于《吕览·顺民》等。

④效:北宋本原作"放"。《道藏》本、《文子·精诚》作"效"。据正。

⑤方外:世外。

⑥古:通"故"。《文子·精诚》作"故"。

⑦副:北宋本原作"嗣"。刘绩《补注》本、《文子·精诚》作"副"。据正。

⑧业:通"牒",累积。

⑨扃:从外面关门的门闩。有横贯义。北宋本原作"局"。庄逵吉本作"扃"。据正。

⑩陶化:陶冶变化。

【译文】

商汤的时候,发生了七年的旱灾,他亲自到东方桑林之地去祈祷求雨,而这时四海的云层聚合起来,千里之外的雨水降落下来。可见怀抱真情、献出诚挚,感动了天地,精神影响到偏远地区。那种仅仅是有令即行、有禁即止的天子,难道能做到这一点吗?因此圣王在内心形成了最高的精神,而在外面便忘记好憎了;说出的话与真情相符,发出号令来明确自己的意旨;用礼乐来陈述自己的志向,用歌谣来讽喻自己;积累万世而不会阻塞,横贯四方而没有穷尽;飞禽走兽及昆虫之类,都和它一起陶冶变化,又何况在执掌法律施行命令方面呢?

故太上神化,其次使不得为非,其次赏贤而罚暴。衡之于左右,无私轻重,故可以为平。绳之于内外,无私曲直,故可以为正。人主之于用法,无私好憎,故可以为命。夫权轻重,不差蚊首①;扶拨挢枉②,不失箴锋③;直施矫邪④,不私辟险⑤;奸不能枉,谗不能乱;德无所立,怨无所藏,是任术而释人心者也⑥。故为治者不与焉⑦。

【注释】

①蚊首:喻微细。

②扶拨:治理。扶,治。拨,治。抂(wǎng):《道藏》本作"枉"。抂,曲。枉,邪曲。抂、枉音义同。枉,指违法曲断。桡(náo),有理不申。

③箴:同"针"。

④直:正直。施(yǐ):通"迤",衺行。矫:矫正。邪:邪气。

⑤辟:通"避"。

⑥释:排除。

⑦不与:高诱注:治在道,不在智故,故曰"不与"。按,《文子·下德》正作"知不与焉"。

【译文】

因此治政最高的要求是精神的感化,其次是使自己不至于干出错误的事情,再次是赏赐贤才和处罚暴虐。秤杆对于左右的物品,没有偏私和轻重的区别,所以用来作为公平的标准。绳墨对于内外的事物,没有私好与曲直,所以可以作为公正的准则。国君对于使用法律,没有偏向和爱憎的区别,因此可以作为命令。秤锤的轻重,不差分毫;处理违法曲断和有理不伸之事,不会失去针锋那样微小的差错;纠正歪曲、矫正邪行,不徇私情和回避艰险;奸邪不能造成弯曲,谗佞不能使它混乱;恩德没有什么地方能建树,怨恨没有什么地方能隐藏,这是遵循规律而排除了人为的干扰。因此治理国家巧智是不能够参与其中的。

夫舟浮于水,车转于陆,此势之自然也。木击折辖①,水戾破舟②,不怨木石③,而罪巧拙者,知故不载焉。是故道有智则惑,德有心则险,心有目则眩④。兵莫憯于志⑤,而莫邪为下⑥;寇莫大于阴阳,而枹鼓为小⑦。今夫权衡规矩,一定而不易⑧,不为秦、楚变节,不为胡、越改容,常一而不邪,方行而不流⑨,一日刑之⑩,万世传之,而以无为为之。

【注释】

①辖(wèi):车轴的末端。《文子·下德》作"轴"。

②戾:猛烈。

③"不怨"句:高诱注:言木石无巧诈,故不怨也。

④目:成见。眩:惑乱。按,"木击"至"则眩",化自《邓析子·无厚》。

⑤憯(cǎn):高诱注释为"利",锋利义。《庄子·庚桑楚》郭庆藩集释:憯,与"惨"同。按,有惨、毒义。

⑥莫邪(yé):宝剑名。

⑦枹(fú)鼓:鼓槌和鼓。按,"兵莫"四句,化自《庄子·庚桑楚》。

⑧一定:指固定而不可改变。

⑨流:变动。

⑩刑:通"型",典范。

【译文】

舟浮行在水上,车转行在陆地,这是自然的规律。被木头撞击而折断车轴,被水流碰撞而损伤船身,没有人去埋怨木石,而责怪行舟、推车的人技巧笨拙,为什么呢?因为木石没有巧诈存在。因此道中带有智巧就会陷入迷惑,德中带有意念就会出现危险,心灵中存有成见就使人惑乱。在战争中没有比违背意愿伤害更大的了,而受到利剑莫邪的伤害反而是小的;在军事行动中没有比阴阳变化对人危害更大的了,而敌人击鼓进军带来的骚乱反而是小的。现在的权衡和规矩,标准统一而不能乱动,不因为秦、楚之大而改变节操,也不因为胡、越之强改变容色，永恒不变而不会偏邪，方正直行而不随流俗，一旦用它作为典范，万代不变传下去，而用无为来使用它。

　　故国有亡主，而世无废道①；人有困穷，而理无不通。由此观之，无为者道之宗。故得道之宗，应物无穷。任人之才，难以至治。

【注释】

①"故国有"二句：高诱注：亡主，桀、纣是也。汤、武以其民主，故曰：无废道也。

【译文】

　　因此国家有桀、纣这样的亡国之君，而世上没有废弃不用的道；人有贫困不得志之时，而理没有不通的时候。从这里可以看出，无为是道的根本。所以得到道的根本，可以应对万物无穷无尽的变化。光靠任用人的才智，很难达到大治的目的。

　　汤、武圣主也，而不能与越人乘幹舟而浮于江湖①。伊尹贤相也②，而不能与胡人骑騵而服騊駼③。孔、墨博通，而不能与山居者入榛薄险阻也④。由此观之，则人知之于物也，浅矣；而欲以偏照海内⑤，存万方，不因道之数⑥，而专己之能，则其穷不达矣⑦。故智不足以治天下也。桀之力⑧，别觡伸钩⑨，索铁歙金⑩，椎移大牺⑪，水杀鼋鼍⑫，陆捕熊罴⑬。然汤革车三百乘，困之鸣条⑭，擒之焦门⑮。由此观之，勇力不足以持天下矣⑯。智不足以为治，勇不足以为强，则人材不足任，明也。而君人者，不下庙堂之上⑰，而知四海之外者,因物以识物,因人以知人也。故积力之所举,则无不胜也;众智之所为,则无不成也。培井之无鼋鼍⑱,隘也;园中之无修木,小也。夫举重鼎者,少力而不能胜也⑲。及至其移徙之,不待其多力者。故千人之群无绝梁⑳,万人之聚无废功。

【注释】

①"汤、武"二句:高诱注:幹(gàn)舟,小船也,危险,越人习水,自能乘之,故汤、武不能也。一曰:大舟也。按,《群书治要》引作"艩(qióng)"。艩,小船。汤,商汤。商朝开国之君。武,周武王。周朝开国之君。姬姓,名发。谥号武王。在位19年。

②伊尹:商汤相。佐汤灭夏桀。《汉书・艺文志》"道家"有《伊尹》五十一篇。

③骒(yuán):《道藏》本有"马"字,当脱。黄马白腹曰骒。《群书治要》作"原马"。駼騟(táo tú):北方之野马。

④榛(zhēn)薄:聚木曰榛,深草为薄。险阻:王念孙《读书杂志》:"险阻"上脱"出"字。《群书治要》引此有"出"字。

⑤偏:通"徧",即"遍"字。《道藏》本作"徧"。

⑥道之数:《群书治要》引此作"道理之数",《文子・下德》同。

⑦达:王念孙《读书杂志》:"达"当为"远",字之误也。其穷不远,谓其穷可立而待也。《文子・下德》正作"远"。

⑧桀:名癸、履癸,夏朝末代之君。商汤谥其为"桀"。在位52年。

⑨别:分解。《四库全书》本作"制"。觡(gé):角。伸钩:使钩伸直。伸,北宋本原作"仲"。《道藏》本作"伸"。据正。

⑩索:绞。歙(xī):合。

⑪椎移、大牺:《墨子・明鬼》:"禽推哆、大戏。"《吕览・简选》:"遂

禽推移、大牺。"当是人名,不合本文之意。椎(chuí):推。大牺:
大的牺尊。古代类似牺牛的大型酒器。

⑫鼋鼍(yuán tuó):大鳖、鳄鱼。

⑬熊:哺乳类动物。罴(pí):熊类中形体最大的动物。

⑭困:北宋本原作"因"。《道藏》本作"困"。据正。鸣条:在今山西
运城夏县西。

⑮焦门:即巢门、南巢。今安徽巢湖西南。

⑯勇力:王念孙《读书杂志》:"力"字因"勇"字而衍。"勇不足以持
天下",与上文"智不足以治天下"相对为文。《太平御览》卷四百
三十七《人事部》七十六引此皆无"力"字。

⑰庙堂:宗庙和明堂。代指朝廷。

⑱埳:北宋本原作"培"。《道藏》本作"埳(kǎn)"。据正。《庄子·
秋水》陆德明释文引司马云:"埳井,坏井也。"成玄英疏:"犹浅
井也。"

⑲少力:《道藏》本作"力少"。

⑳绝梁:《吕览·用众》高诱注:《淮南记》曰:"万人之众无废功,千
人之众无绝良。"而《文子·下德》作"千人之众无绝粮"。梁、良
同音,古通用。

【译文】

商汤、周武王是英明的君主,但是却不能和越人一样乘着小船在长
江湖泽中遨游。伊尹是商汤时著名的贤相,但是却不能和北方胡人比
赛骑马及驯服野马。孔子、墨翟是一代博学通达之人,但不能够和山里
人一样穿越草木树丛和高山险阻。从这里可以看出,人们对于万物的
了解,是肤浅的;却想凭着这点肤浅的东西遍照海内,存恤万国,不按照
道的规律,而专靠自己的才能,那么将会步入穷途而不能通达了。因此
光凭着智慧是不能够治理天下的。夏桀的勇力,可以分解牛角、拉直铁
钩,把生铁扭成绞索、歙合金属,推移大的牺尊,在水中能杀死鼋鼍,在

陆上可以捕捉熊罴。然而商汤用兵车三百辆,把夏桀围困在鸣条,在南巢被活捉。从这里可以看出,凭借匹夫之勇是不能够完全用来掌握天下的。光凭个人的智慧不能够来治理国家,单靠个人的勇力不能够成为强人,那么依靠个人的才力不能完成重任,也是很明显的。而作为统治人民的国君,身不下庙堂之上,而能够知道天下的事情,是凭借外物而认识外物,依靠人而知道人。所以积聚众人的力量,那么没有什么不能战胜;集中大众的智慧,那么没有什么事情不能成功。在浅井里生长不出鼋鼍来,是因为狭小的缘故;庭园中长不出参天大树,是因为环境狭隘的缘故。要举起重鼎,力气小了是不能够胜任的。等到把它平行移动位置,不需要大力之人就能办到。因此上千人聚集不会缺少优秀人才,上万人的力量汇聚就没有什么功劳不能建立。

　　夫华骝、绿耳①,一日而至千里;然其使之搏兔,不如豺狼②,伎能殊也③。鸱夜撮蚤蚊④,察分秋豪,昼日颠越⑤,不能见丘山,形性诡也⑥。夫螣蛇游雾而动⑦,应龙乘云而举⑧,猿得木而捷,鱼得水而骛⑨。故古之为车也,漆者不画,凿者不斫,工无二伎,士不兼官,各守其职,不得相奸⑩。人得其宜,物得其安。是以器械不苦⑪,而职事不嫚⑫。夫责少者易偿⑬,职寡者易守,任轻者易权⑭,上操约省之分,下效易为之功,是以君臣弥久而不相厌⑮。

【注释】

①华骝(liú)、绿耳:千里马名。

②豺狼:王念孙《读书杂志》王引之曰:《太平御览·兽部》八引此"豺狼"作"狼㹇"。狼、㹇皆犬名也。"豺狼"可使搏兔,所未闻也。

③殊:不同。

④鸱(chī):猫头鹰一类的鸟。又名鸱鸺(xiū)。撮(cuō):抓取。

⑤颠越:陨落、坠落。《庄子·秋水》无"颠越"二字。

⑥诡(guǐ):奇异。

⑦螣(téng)蛇:一种能飞行的蛇。动:王念孙《读书杂志》云:《太平御览·鳞介部》一引此作"腾"。《说苑·说丛》同。

⑧应龙:古代传说中有翼的龙。

⑨骛(wù):迅疾。

⑩姦:杨树达《淮南子证闻》:"姦"当读为"干",犯也。按,"古者"至"相姦",化自《慎子》、《韩非子·难一》。

⑪苦(gǔ):粗劣。

⑫嫚:通"慢",怠慢。

⑬责:通"债",债务。

⑭权:谋划。按,《文子·下德》作"劝"。

⑮弥(mí):长久。厌:厌倦。

【译文】

华骝、绿耳,一日能行千里;然而让它捉兔子,就不如狼契了,这是因为它们的技能有所不同。猫头鹰夜里能看到跳蚤、蚊虫,可以明察秋毫,白天瞪大眼睛,连山头也看不到,这是因为生理特性不同而造成的。螣蛇乘着大雾而升腾,应龙驾着云雨而飞行,猿猴依赖树木而行动敏捷,鱼得水而自由游弋。因此古代造车子,涂漆的人不去描画,砍削的人不去雕刻,工匠没有两种技能,士也不兼任官职,各自尽守他的职责,不能够相互干扰。人们得到各自的适宜处境,万物得到平安生长的地方。因此制造器械不粗劣,而担任职事的人也不怠慢。债务少的就容易偿还,职责少的人就容易守持,任职轻的就容易谋划,国君掌握着简要的职分,臣下奉献容易成就的事业,君臣之间长久共处而不厌倦。

　　君人之道，其犹零星之尸也①，俨然玄默②，而吉祥受福。是故得道者不为丑饰，不为伪善；一人被之而不褒③，万人蒙之而不褊④；是故重为惠若重为暴⑤，则治道通矣⑥。为惠者，尚布施也。无功而厚赏，无劳而高爵，则守职者懈于官，而游居者亟于进矣⑦。为暴者，妄诛也。无罪者而死亡，行直而被刑，则修身者不劝善，而为邪者轻犯上矣⑧。故为惠者生奸，而为暴者生乱，奸乱之俗，亡国之风⑨。

【注释】

①零星之尸：又名灵星，星名。又称天田星，主稼穑，古以壬辰日祀以东南，取祈年报功之义。灵星之尸，指祭灵星时以人为尸。

②俨（yǎn）然：庄重的样子。玄默：即清静无为之义。高诱注：尸不言语，故曰玄默。

③褒（bāo）：宽大。

④褊（biǎn）：小。

⑤重：不轻易。

⑥通：顺畅。

⑦游居：指投机钻营的人。

⑧犯上：冒犯尊长或上级。

⑨风：风俗教化。

【译文】

　　国君统治百姓的方法，就像祭祀灵星时以人为尸一样，庄重而不言语，而却能使吉祥到来赐予幸福。因此得道的人不为丑陋来粉饰，不对虚伪进行美化；覆盖一人而不觉宽大，蒙盖万人而不感到狭窄；所以慎重施加恩惠如同慎重施行暴力一样，那么可以说通达治世之道了。施加恩惠，就是重视把财物施舍给别人。没有功劳而大受赏赐，没有辛劳而得到很高的爵位，那么尽忠守职的人对于官职就会懈怠，而那些投机的人便急忙钻营升官的途径。施行暴力，就是随便诛杀臣下。没有罪的人遭死罪，行为正直的人反而遭到刑杀，那么勤于修身的人不再鼓励别人干好事，而搞邪门歪道的人便轻易犯上了。因此妄施恩惠的做法便产生奸邪，而妄施暴力便产生混乱，奸邪、混乱的习俗，便是使国家灭亡的歪风。

　　是故明主之治，国有诛者而主无怒焉，朝有赏者而君无与焉。诛者不怨君，罪之所当也。赏者不德上，功之所致也。民知诛赏之来，皆在于身也。故务功修业，不受赣于君①。是故朝廷无而无迹②，田野辟而无草。故太上，下知有之③。今夫桥直植立而不动④，俯仰取制焉。人主静漠而不躁⑤，百官得修焉。譬而军之持麾者⑥，妄指则乱矣。慧不足以大宁⑦，智不足以安危，与其誉尧而毁桀也，不如掩聪明而反修其道也⑧。清静无为，则天与之时；廉俭守节，则地生之财⑨；处愚称德⑩，则圣人之为谋⑪。是故下者万物归之，虚者天下遗之⑫。

【注释】

①赣：赏赐。

②廷：北宋本原作"延"。《道藏》本作"廷"。据正。无：《道藏》本、刘绩《补注》本作"芜"。

③"故太上"二句：见于《老子》十七章。高诱注：言太上之世，下知之人皆能有此术。

④桥：桔槔（jié gāo），井上提水工具，横杆为"桥"，一端悬汲水桶。植：与"桥"相垂直的支撑的工具。

⑤躁:动。

⑥而:如。麾(huī):军中指挥作战用的大旗。

⑦慧:通"惠"。

⑧"与其"二句:见于《庄子·大宗师》。

⑨"清静"四句:高诱注:人君德行如此,故天与之时,地生之财。天与之时,汤、武是也。地生之财,神农、后稷也。

⑩处愚称德:马宗霍《淮南旧注参正》:"处愚"者,犹言以愚自居也。"称德"者,犹言惟有德者是举也。

⑪之为谋:《四库全书》本作"为之谋"。

⑫遗(wèi):给予。

【译文】

因此明主治理国家,国中有被诛杀的人而国君不因此而发怒,朝廷中施行赏赐而国君是不会赐予的。被诛杀的人不埋怨国君,判罪是理所应当的。受到赏赐的人不感戴国君的恩德,赏赐是立功的人应得到的。这样就使百姓懂得诛杀赏赐的发生,都在于自己本身。因此务求建立功业,不妄求向国君领受赏赐。因此朝廷中空旷而没有人迹,田野都得到开辟而没有杂草。因此太上之世,智慧低下的人都能懂得这种统治艺术。现在桥平直、植竖立不动,便可以升降取水了。国君宁静恬漠而不急躁,百官便可以得到修治了。比如就像军队中执掌大旗的人,随便乱指那么就会造成大乱。小恩惠不能够使天下得到大的安宁,小智谋不能够决定国家的安危,与其赞誉尧而诋毁夏桀,不如掩蔽聪明而返回修治起根本的大道。清虚安静顺应天道,那么上天就会给它适宜的时机;廉洁勤俭坚守节制,那么土地就会生长丰足的财物;国君行处若愚举用有德之人,那么圣贤之人就会替他谋划。因此处于下面的位置万物便归向它,处于空虚的境地天下就会给予它。

夫人主之听治也,清明而不暗,虚心而弱志,是故群臣辐凑并进，无愚智贤不肖，莫不尽其能①。于是乃始陈其礼，建以为基②，是乘众势以为车，御众智以为马，虽幽野险涂则无由惑矣③。人主深居隐处，以避燥湿；闺门重袭④，以避奸贼⑤。内不知闾里之情，外不知山泽之形、帷幕之外⑥，目不能见十里之前，耳不能闻百步之外⑦，天下之物无不通者，其灌输之者大，而斟酌之者众也。是故不出户而知天下，不窥牖而知天道⑧。乘众人之智，则天下之不足有也。专用其心，则独身不能保也。

【注释】

①"夫人主"六句：下文重见，疑衍。听，治理，处理。辐（fú）凑，像车轮辐条一样聚集。

②建：建立。基：基业。

③幽：幽深。

④闺门：指内室。闺，北宋本原作"闻"。《道藏》本作"闺"。据正。重袭：重叠掩袭。

⑤避：王念孙《读书杂志》：当作"备"。重门所以防贼，故言备。《文选·西京赋》注引此，正作"备"。

⑥惟：通"帷"。《道藏》本作"帷"。

⑦百步之外：于大成《主术校释》断作："帷幕之外，目不能见。十里之前，耳不能闻。百步之外。""百步之外"四字，衍文也。《吕览·任数》："十里之间，而耳不能闻；帷墙之外，而目不能见。"正《淮南》所本。

⑧"是故"二句：见于《老子》四十七章。牖：窗户。

【译文】

国君治理国家，清静明朗而不昏暗，虚怀若谷而减少志趣，因此群臣像辐条聚集齐头并进,无论愚蠢智慧、贤德不肖,没有人不奉献出自己的才能。在这时便开始陈列它的礼制,立下它们作为建立基业的准则,这是凭借着众人的力量作为车子,驾驭大众的智慧作为马匹,即使是在幽暗的荒野、险恶的路途也不会迷惑。国君身居幽深隐蔽之处,以便用来避开干燥和潮湿;居室层层掩蔽,用来避开奸邪之人。对内不知道巷道、门闾之情,对外不知道山河之形、帷幕之外,眼睛不能见到十里之前的情景,耳朵不能听到百步之外的事情,但是天下的万物没有不能知道的,主要是他的灌输的渠道众多,而从事谋划的人多的缘故。因此不出房门而可以知道天下之事,不看窗子便知道天道的变化。依靠众人的智慧,那么天下也不够被占有。专门使用个人的心志,那么自己独身也不能够保全。

是故人主覆之以德,不行其智,而因万人之所利。夫举踵天下而得所利①,故百姓之上②,弗重也;错之前,而弗害也;举之,而弗高也;推之③,而弗厌④。主道员者,运转而无端,化育如神,虚无因循,常后而不先也。臣道员者,运转而无方者⑤,论是而处当,为事先倡,守职分明,以立成功也。是故君臣异道则治,同道则乱⑥,各得其宜⑦,处其当⑧,则上下有以相使也。

【注释】

①踵(zhǒng):脚后跟。

②百姓之上:刘绩《补注》本"百姓"下有"载"字。

③推之:出于《老子》六十六章。推,捧。

④而弗厌:刘绩《补注》本"厌"下有"也"字。厌,厌恶,憎恶。

⑤"臣道"二句:王念孙《读书杂志》:"臣道员者运转而无方者",本

作"臣道方者"，其"员者运转而无"六字，则因上文而误衍也。
《群书治要》引无此六字。《文子·上义》亦无。

⑥同道则乱：高诱注：君所谓可，臣亦曰可。君所谓否，臣亦曰否，
　　是"同"也。莫相匡异，故曰"乱"也。

⑦各得其宜：高诱注：君得君道，臣得臣道，故曰得其宜也。按，"是
　　故"至"其宜"，化自《管子·明法解》、《庄子·天道》、《吕览·圜
　　道》。

⑧处其当：《文子·上义》作"处有其当"，《群书治要》作"处得其
　　当"。

【译文】

　　因此国君用德泽覆盖天下，不是运用他的智巧，而是依照万民的利
益来行事。抬起脚天下的人民便能够得到好处，因此百姓把他放在头
上，不感到沉重；放置在前面，也不会造成危害；把他举起来，也不觉得
高；把他捧起来，也不感到厌烦。国君的治国之道是圆的，运行起来没
有开头，化育万民如同神灵驱使一样，虚无广大依循法规，常常落在后
面而不跑到前面。臣下的为国之道是方的，选择正确而处理妥当，做起
事来首先带头，坚守职责而功过分明，以便建立功业。因此君臣圆道、
方道的不同便能天下大治，君臣道术相同，则天下大乱，君臣各自奉行
适宜的道理，各自处于妥当的位置，那么上下之间便有了互相补充的
办法。

　　夫人主之听治也，虚心而弱意，清明而不暗。是故群臣
辐凑并进，无愚智贤不肖，莫不尽其能者，则君得所以制臣，
臣得所以事君，治国之道明矣。文王智而好问①，故圣；武王
勇而好问②，故胜。夫乘众人之智，则无不任矣③；用众人之
力，则无不胜也。千钧之重，乌获不能举也④；众人相一，则

百人有余力矣。是故任一人之力者,则乌获不足恃;乘众人之制者⑤,则天下不足有也。

【注释】

①"文王"句:高诱注:好问,欲与人同其功。

②"武王"句:高诱注:胜殷。

③任:胜。北宋本原作"仕"。《道藏》本作"任"。据正。

④乌获:秦武王时大力士。

⑤制:《文子·自然》作"势",刘绩《补注》本改从之。

【译文】

人主治理国家,虚怀若谷而减少自己的志趣,清静明朗而不昏暗。因此群臣像车辐条聚集一起前进,无论愚蠢智慧、贤良不肖,没有人不奉献出自己的全部才能,那么国君得以制服臣下,臣下也能够得以事奉国君,这样治国的道理便明确了。周文王富有智慧而勤学好问,所以无所不通;周武王勇敢而勤于学问,所以战无不胜。依靠众人的智慧,那么没有什么不能胜任的;利用大众的力量,那么没有什么不能战胜的。三万斤的重量,大力士乌获不能够举起来;众人帮助一个人,那么一百个人的力量都有剩余。因此任用一个人的力量,那么乌获也不能够依靠;凭借着大众的力量,那么天下也不能够被拥有。

禹决江疏河,以为天下兴利,而不能使水西流;稷辟土垦草①,以为百姓力农②,然不能使禾冬生。岂其人事不至哉?其势不可也③。夫推而不可为之势④,而不修道理之数⑤,虽神圣人不能以成其功,而况当世之主乎?夫载重而马羸⑥,虽造父不能以致远⑦;车轻马良,虽中工可使追速。是故圣人举事也,岂能拂道理之数,诡自然之性⑧,以曲为直,以屈为伸哉? 未尝不因其资而用之也。是以积力之所举,无不胜也;而众智之所为,无不成也。聋者可令嗺筋⑨,而不可使有闻也;喑者可使守圉⑩,而不可使言也。形有所不周,而能有所不容也。是故有一形者处一位,有一能者服一事。力胜其任,则举之者不重也;能称其事⑪,则为之者不难也。毋小大脩短,各得其宜,则天下一齐,无以相过也。圣人兼而用之,故无弃才。

【注释】

①稷(jì):周朝先祖,教民播种五谷。

②力农:致力农事。

③势:形势;规律。

④推:推行。《文子·自然》作"权"。

⑤修:《文子·自然》作"循"。

⑥赢:《道藏》本作"羸"。二字上古同音,可通。羸,疲弱。

⑦造父:周穆王之善御者。

⑧诡:违背。

⑨嗺(zuī)筋:《易林》作"聋跛摧筋"。摧,疑通"椎",击。即加以椎打,使之柔熟,以缠弓弩。

⑩守圉(yǔ):守卫防御。圉,通"御",防御。

⑪能称:向宗鲁《淮南校文》:《意林》引"能称"作"智能"。

【译文】

大禹疏通长江、黄河,而为天下人谋取利益,但是却不能使水向西流动;后稷开垦荒地,而为百姓致力农事,然而不能使禾苗冬季生长。难道只是人事的力量达不到这样吗? 是因为它们的自然规律不能得到改变。只是推行那些不可能做到的事情,而不去依循道德的法则,即使是神圣之人也不能成就功业,而何况是当今的人主呢? 疲弱的老马拉着重车,即使是造父也不能使它到达远方;轻车快马,即使是普通驭手也可以使它快速奔走。因此圣人的行事,怎么能违背道理的准则,改变自然的特性,把弯曲变成径直,使倦屈伸展开去呢? 圣人未尝不是按照自然的特性来使用它们的。因此积聚众力来举事,没有不能取胜的;而会合大众的智慧去干事,没有不能成功的。聋子可以使他们缠绕弓箭,而不能够使他们听见;哑巴可以让他们守城防御,而不能够使他们与人讲话。身体生理有不全备的地方,而才能也有不被容纳的时候。所以有特殊形体的人处于专门的位置,有特殊才能的人从事特别的事情。才能胜任他的工作,就是把重物举起来也不感到沉重;才能适合做与己相称的事情,那么把事情干好也不会感到困难。不管大小、长短,各自得到他们适宜发挥才能的地方,那么天下便可以整齐划一,没有用来相互责备的地方了。圣人兼用各自的才智,所以不会发生遗弃才能的现象。

人主贵正而尚忠,忠正在上位,执正营事①,则谗佞奸邪无由进矣。譬犹方员之不相盖,而曲直之不相入。夫鸟兽之不可同群者②,其类异也;虎鹿之不同游者,力不敌也。是故圣人得志而在上位,谗佞奸邪而欲犯主者,譬犹雀之见鹯而鼠之遇狸也③,亦必无余命矣。是故人主之一举也,不可不慎也。所任者得其人,则国家治,上下和,群臣亲,百姓附;所任非其人,则国家危,上下乖,群臣怨,百姓乱。故一举而不当,终身伤④。得失之道,权要在主。是故绳正于上,木直于下,非有事焉,所缘以修者然也⑤。

【注释】

①营:主管。高诱注:营,典也。

②群：北宋本原作"详"。《道藏》本作"群"。据正。

③鹯（zhān）：一种似鹞鹰的猛禽。

④伤：创伤，失败。

⑤修：刘绩《补注》本作"脩"。向宗鲁《淮南校文》："修"疑"循"。

【译文】

国君珍视正直而崇尚忠诚，忠正之士在高位，执掌大政主管事务，那么谗佞奸邪之人便没有办法向上爬了。比如就像方、圆不能互相覆盖，而曲、直不能互相嵌入一样。飞鸟、走兽不能够合群的原因，是因为它们的种类是不同的；老虎、麋鹿不能够在一起游玩的原因，是因为麋鹿的力量抵挡不过。因此圣人得其心愿而执掌高位，谗佞奸邪之人要想冒犯主上，比如就像麻雀见到鹯、老鼠遇到狸子，也必定没有小命了。所以国君的每一个举动，不能够不慎重。所任用的人是合适的，那么国家便得到治理，上下和洽，群臣亲近，百姓归附；所任用的不是合适的人，那么国家发生危险，上下相互背离，群臣互相怨恨，百姓造成混乱。所以国君一个举动不适当，将终身受到损害。得到和失去的途径，关键在于国君。因此在上面绳墨拉得正直，那么下面的木料也就能取直，不是有心去修整，只是依照绳墨整治造成了这个样子。

故人主诚正，则直士任事，而奸人伏匿矣；人主不正，则邪人得志，忠者隐蔽矣。夫人之所以莫抓玉石而抓瓜瓠者①，何也？无得于玉石弗犯也。使人主执正持平，如从绳准高下，则群臣以邪来者，犹以卵投石，以火投水。故灵王好细腰②，而民有杀食自饥也③；越王好勇④，而民皆处危争死。由此观之，权势之柄，其以移风易俗矣⑤。尧为匹夫⑥，不能仁化一里；桀在上位，令行禁止。由此观之，贤不足以为治，而势可以易俗明矣。《书》曰："一人有庆，万民赖之⑦。"此之谓也。

【注释】

①抓(guā)：击。

②灵王：春秋楚君,在位12年。

③杀食：省食。见于《管子·七臣七主》、《墨子·兼爱中》等。

④越王：指春秋末越君勾践。在位32年。

⑤"其以"句：顾广圻《校淮南子》：衍"俗"字,"易"去声。按,"故灵王"至"易俗矣",化自《管子·七臣七主》、《墨子·兼爱中》等。

⑥匹夫：平民。按,"尧为"至"明矣",亦见于《慎子》、《韩非子·难势》。

⑦"一人"二句：见于《尚书·吕刑》。赖,利。

【译文】

因此国君诚实公正,那么正直的人担任要职,而奸邪之人便要躲藏起来了；国君不正派,那么奸邪小人便能得志,忠直之士就要隐藏起来了。人们没有去剖开坚硬的玉石而能打开瓜瓠,这是什么原因呢？对于玉石是不能够轻易冒犯的。假使人主执掌权力平正无邪,就像依循准绳高下一致,那么群臣中有用邪道来干扰的,就像用鸡蛋碰石头,把火投到水中。所以楚灵王钟爱细腰的美女,而宫廷中就有许多人省食饿饭；越王勾践喜爱勇武之人,人民面临水火之难便不怕死。从这里可以看出,掌握了权势的把柄,用它来改变风气是很容易的。尧是一个普通的平民,不能够用仁爱感化一里；而夏桀当了天子,就能有令必行有禁必止。从这里可以看出,光凭贤德是不能治理国家,而权势可以改变社会习俗是很明显的。《尚书》中说："一个人干了好事,万民便会得到利益。"说的就是这样的情况。

天下多眩于名声①,而寡察其实②。是故处人以誉尊③,

而游者以辩显④。察其所尊显,无他故焉,人主不明分数利害之地⑤,而贤众口之辩也。治国则不然,言事者必究于法,而为行者必治于官,上操其名⑥,以责其实;臣守其业,以效其功⑦。言不得过其实,行不得逾其法。群臣辐凑,莫敢专君⑧。事不在法律中,而可以便国佐治⑨,必参五行之⑩,阴考以观其归,并用周听,以察其化。不偏一曲,不党一事,是以中立而偏⑪,运照海内。群臣公正,莫敢为邪。百官述职⑫,务致其公迹也⑬。主精明于上,官劝力于下,奸邪灭迹,庶功日进⑭。是以勇者尽于军。

【注释】

①眩:迷惑。

②寡:少。实:实际。

③处(chǔ)人:隐居之人。以誉尊:高诱注:以名誉见尊也。

④游者:游说之人。以辩显:高诱注:以辩辞自显达。

⑤分(fēn)数:职分的范围。

⑥名:名称,名分。

⑦效:献出。

⑧专:专断。

⑨佐:帮助。

⑩参五:反复比较检验。

⑪而偏:《道藏》本作"而徧",刘家立《淮南内篇集证》作"不偏",郑良树《淮南子斠理》作"不徧"。疑《集证》本是。

⑫述职:陈述职守。

⑬公迹:刘绩《补注》本"公"作"功"。杨树达《淮南子证闻》:"公迹"疑当作"功绩"。"公"涉上文"公正","迹"涉下文"灭迹"而误耳。

⑭庶：众多。

【译文】

　　天下的人多被名声所迷惑，而很少能考察它的实际情况。因此隐居之人以名誉被尊宠，而游说之人以辩辞被重用。考察他们被尊宠、显达的原因，没有其他的理由，不过是国君搞不清职分的范围及利害所在，而把众口一声的辩说认为是贤德。但大治之国则不是这样，谈论政事的人必须对法律有研究，处理政务的要由官府所管理，国君执掌他们的名分，来督查他们的实际工作；臣下谨守自己的本职，以便奉献自己的功绩。言事不能超过实际，行事不能越过法规。群臣像车辐围绕中心，没有人敢对国君独断专行。所做的事情不在法律规定之中，但是可以便利国家帮助治理的，一定反复比较而实行它，暗中考察来观察人心的归向，各种意见一起采用全面听取，用来观察它们的变化。不偏向一个局部，不褊袒一件事情，因此国君处于正中而不偏移，光辉遍照海内。群臣公正，没有人敢于干出邪事。百官陈述自己的职事，务求取得好的政绩。国君在上面精细明察，百官在下面勤劳政事，奸邪之人就绝迹了，许多功绩便都出现了。因此勇武之人就在战争中大显身手了。

　　乱国则不然，有众咸誉者，无功而赏；守职者，无罪而诛。主上暗而不明，群臣党而不忠，说谈者游于辩，脩行者竞于往①。主上出令，则非之以与②；法令所禁，则犯之邪③。为智者务为巧诈，为勇者务于斗争。大臣专权，下吏持势，朋党周比，以弄其上。国虽若存，古之人曰亡矣。且夫不治官职，而被甲兵④，不随南亩⑤，而有贤圣之声者，非所以都于国也⑥。骐骥騄駬⑦，天下之疾马也，驱之不前，引之不止，虽愚者不加体焉⑧。今治乱之机，辙迹可见也，而世主莫之能察，此治道之所以塞⑨。

【注释】

①脩行者：即修身之人。竞：争逐，比赛。往：去、行。"乱国"之中，
　修行者洁身自好，故往去也。

②"主上"二句：高诱注：以党与非谤上令也。与，党与。

③邪：奸邪。刘绩《补注》本"邪"上增"以"字。

④而被甲兵：王念孙《读书杂志》："而"当为"不"，作"而"者，字之
　误耳。

⑤南亩：田地。

⑥都：王念孙《读书杂志》："都"字义不可通，当是"教"字之误。《韩
　子·外储说右》："不服兵革而显，不亲耕耨而名，非所以教于国
　也。"即《淮南》所本。

⑦骐骥(qí jì)：骏马。骒骊(lù ěr)：良马名。

⑧加：高诱注：止也。按，吴承仕《淮南旧注校理》："止"当为"上"，
　形近之误也。"加"之言驾也，乘也，登也，并与"上"同义。《吕
　览·离俗》注云："加，上也。"是其证。

⑨塞：堵塞，闭塞。

【译文】

　　混乱的国家则不是这样，有大伙一起称誉的人，没有功劳而加以赏
赐；尽忠职守的人，没有罪过而被杀死。国君昏聩而分辨不清，群臣结
党营私不忠于君主，游说之人到处争辩鼓动，修身的人争着离开朝廷。
国君发布命令，就以党与来诽谤；法令所禁止的东西，就用邪道来违背
它。从事政治活动的人务求巧诈，从事武力之人争着斗胜。大臣专权，
下级官吏依仗权势，互相勾结结成死党，而捉弄国君。国家虽然存在，
但是按照古人的说法已经灭亡了。况且那些不担任官职，不披甲作战，
不耕种田地，而却有圣贤之名的人，对于国家来说不是能够用来施教的
人。就像骐骥、骒骊，是天下有名的千里马，但驱赶它不向前，牵引它不
停止，即使是愚蠢的人也不会骑在它的身上。现在治国中造成混乱的

要害,形迹已经显现出来了,而世上的国君没有能够觉察到,这是治世之道被堵塞而造成的。

　　权势者①,人主之车舆;爵禄者②,人臣之辔衔也③。是故人主处权势之要,而持爵禄之柄,审缓急之度,而适取予之节,是以天下尽力而不倦。夫臣主之相与也,非有父子之厚、骨肉之亲也,而竭力殊死④,不辞其躯者,何也? 势有使之然也。

【注释】

①权势:权柄势位。

②爵禄:爵号,俸禄。

③辔(pèi)衔:驾驭牲口的缰绳和嚼子。

④殊:死。

【译文】

　　权柄势位,是国君的车舆;爵位俸禄,是臣下的马辔头和马衔。因此国君处于执掌权势的要害之位,掌握了爵禄赏赐的权柄,审查缓急的法度,而采取适当取予的规定,因此天下之人奉献才力而不感到疲倦。国君与臣下之间共同相处,没有父子之间深情厚意、骨肉之亲,但是竭尽忠心以死相报,不惜献出他们的生命,这是为什么呢? 势位使他们成为这个样子。

　　昔者豫让①,中行文子之臣②。智伯伐中行氏③,并吞其地,豫让背其主而臣智伯。智伯与赵襄子战于晋阳之下④,身死为戮⑤,国分为三⑥。豫让欲报赵襄子⑦,漆身为厉⑧,吞炭变音,擿齿易貌⑨。夫以一人之心,而事两主,或背而去,或欲身徇之⑩，岂其趋舍厚薄之势异哉？人之恩泽使之然也。

纣兼天下，朝诸侯，人迹所及，舟楫所通，莫不宾服。然而武王甲卒三千人，擒之于牧野，岂周民死节而殷民背叛哉⑪？其主之德义厚而号令行也。夫疾风而波兴，木茂而鸟集，相生之气也。是故臣不得其所欲于君者，君亦不能得其所求于臣也。君臣之施者，相报之势也。是故臣尽力死节以与君计，君垂爵以与臣市⑫。故君不能赏无功之臣，臣亦不能死无德之君。君德不下流于民，而欲用之，如鞭蹄马矣⑬。是犹不待雨而求熟稼，必不可之数也。

【注释】

①豫让：战国晋人，初事范氏、中行氏，后事智伯。

②中行（háng）文子：晋卿，荀氏，被智氏打败。

③智伯：晋卿，当时在晋六卿中势力最大。

④赵襄子（？—前425）：名毋恤（无恤），晋卿，战国时期赵国建立者。在位33年。晋阳：故址在今山西太原南。

⑤戮（lù）：杀。

⑥国分为三：指韩、赵、魏三家瓜分智伯的土地。

⑦报：报仇。

⑧厉：通"疠"，恶疮。

⑨擿：通"摘"，摘除。

⑩徇：通"殉"，殉节，殉葬。按，"昔者"条，并见于《战国策·赵一》，亦载于《史记·刺客列传》。

⑪民：北宋本原作"氏"。《道藏》本作"民"。据正。

⑫"是故"二句：见于《韩非子·难一》。垂，赐予。市，利益。

⑬蹄：北宋本原作"踶"。《道藏》本作"蹏"，即"蹄"字。据正。

【译文】

从前春秋末期有个豫让，是晋卿中行文子的家臣。智伯讨伐中行氏，并吞了他的土地，豫让背叛了他的主子而投靠了智伯。智伯率韩、魏与赵襄子战于太原城下，身败而被杀，他的领地被韩、赵、魏三家瓜分。豫让想向赵襄子报仇，于是全身涂上生漆长满恶疮，吞食木炭变成哑巴，打掉牙齿改变容貌准备行刺。用一个人的心意，而去侍奉两个主人，有的背离他而去，有的却要为他殉节，难道是他选择势力大小的不同而造成这样的吗？是主人的恩德不同而使他这样的。

商纣王兼并了天下，使天下诸侯朝拜自己，人迹所达到的地方，舟楫所通航的水域，没有不归服的。但是周武王率领甲卒三千人，在商郊牧野擒住了纣王，难道是周民能为气节而死，殷民背叛主人吗？这是周武王的道义和德行而达到了令行禁止的目的。疾风吹来波浪兴起，树木繁茂而飞鸟云集，这是由于相互关联的气而形成的。因此在国君那里臣下得不到自己的要求，那么在臣下那里国君也不能实现自己的目的。君臣之间的互相施予，有相互报答的情势。因此臣下会考虑对国君尽献力量为大节而死，国君也要给予臣下赐赏和爵禄等利益。所以国君不能赏赐没有功劳的臣子，臣下也不能为无德之君而死。国君的恩德不洒向人民，而想使用他们，就像用鞭子打踢人的马，这就像不等待雨水而求得庄稼的成熟，这一定是行不通的办法。

君人之道，处静以修身，俭约以率下，静则下不扰矣，俭则民不怨矣。下扰则政乱，民怨则德薄。政乱则贤者不为谋，德薄则勇者不为死。是故人主好鸷鸟猛兽，珍怪奇物，狡躁康荒①，不爱民力，驰骋田猎，出入不时，如此，则百官务乱②，事勤财匮③，万民愁苦，生业不修矣。人主好高台深池，雕琢刻镂,黼黻文章,绨纻绮绣④,宝玩珠玉,则赋敛无度,而万民力竭矣。

尧之有天下也,非贪万民之富而安人主之位也,以为百姓力征⑤,强凌弱,众暴寡。于是尧乃身服节俭之行,而明相爱之仁,以和辑之⑥。是故茅茨不剪⑦,采椽不斫⑧,大路不画⑨,越席不缘⑩,大羹不和⑪,粢食不毇⑫,巡狩行教,勤劳天下,周流五岳⑬,岂其奉养不足乐哉? 举天下而以为社稷,非有利焉⑭。年衰志悯⑮,举天下而传之舜,犹却行而脱蹝也⑯。

【注释】

①狡躁:凶暴。康荒:淫乐,荒乱。康、荒古字通。

②务:通"骛",乱驰。

③勤:劳。匮:缺乏。

④绨纻(chī xì):指葛织品。精细的叫绨,粗疏的叫纻。

⑤力征:用武力征服。

⑥和辑:谐和。

⑦茅茨:用茅草盖的房子。

⑧采:木名,即今之栎(lì)木。椽:房梁上承屋顶的木头。

⑨大路:高诱注:上路,四马车也。天子驾六马。路,通"辂"。画:文饰。

⑩越席:结蒲草为席。越,通"括",编织。

⑪大羹(gēng):不和五味的汁。

⑫粢(zī)食:用以祭神的黍稷。毇(huǐ):舂细。

⑬五岳:指古代五大名山。《尚书·禹贡》孔颖达疏指嵩、岱、衡、华、恒五山。

⑭ "举天下" 二句：何宁《淮南子集释》：此 "社稷" 二字乃尊礼之义，犹言举天下而尊事之，尧不以为利也。俞樾《诸子平议》认为 "举天下而" 四字为衍文。

⑮ 悯（mǐn）：忧虑。

⑯ 却行：退却而行。蹤（xǐ）：草鞋。北宋本原作 "蹤（zōng）"。刘绩《补注》本作 "蹤"。据正。

【译文】

国君统治人民的方法，自己处于静虚状态来修养身心，勤俭节约来率领百官，静虚则臣下不受扰乱，节俭则百姓没有怨恨。臣下扰乱那么政治就会混乱，人民怨恨那么恩德就变得淡薄。政治混乱那么贤人就不为你出谋划策，恩德淡薄那么勇敢的人就不为国君去死。因此国君喜好凶鸟猛兽，珍宝怪异奇特之物，就会凶暴急躁政事混乱，不爱惜民力，奔驰打猎，出入不按照季节，像这样下去，那么百官务必混乱，事力辛劳而财力匮乏，万民愁苦不堪，产业得不到修治了。国君爱好高耸的亭台、深深的沟池，雕琢金玉刻镂柱石，白黑青赤色彩灿烂，衣饰华美五彩缤纷，搜罗珍宝珠玉玩好，那么就会赋敛无度，而百姓的财力就会枯竭了。

尧在执掌天下的时候，不是贪图天下的财富而安享国君之位，认为百姓常以武力相争，强大的欺凌弱小的，人多的伤害人少的。这时尧便亲自提倡节俭的办法，来表明爱民的仁慈之心，而使天下人民和睦相处。因此所住的茅草房不加修剪，栎树椽子不加砍削，大车不用文饰，蒲草席连边也不剪掉，汤汁不调五味，主食中的谷米也不舂，巡察天下推行教化，为天下辛勤劳作，踏遍了五岳，难道是奉养不能够供他享乐吗？让整个天下来敬奉他，那种做法是不利的。尧年老体衰心中忧虑，把整个天下禅让给了舜，就像退却行走、脱去鞋子一样轻松。

衰世则不然。一日而有天下之富①，处人主之势，则竭百姓之力，以奉耳目之欲，志专在于宫室台榭、陂池苑囿、猛兽熊罴、玩好珍怪②。是故贫民糟糠不接于口，而虎狼熊罴厌刍豢③；百姓短褐不完④，而宫室衣锦绣。人主急兹无用之功，百姓黎民憔悴于天下⑤。是故使天下不安其性。

【注释】

①富：北宋本原作"当"。刘绩《补注》本作"富"。《文子·上仁》同。据正。

②陂：池诏。

③刍豢（chú huàn）：牛羊曰刍，犬豕曰豢。

④短褐（hè）：粗毛衣。褐，粗衣。

⑤黎民：大众。黎，众。憔悴（qiáo cuì）：形容枯槁的样子。

【译文】

衰世就不是这样。一旦拥有了天下的财富，处于国君的地位，便竭尽百姓的力量，来供养自己耳目的贪欲，心思专门集中在宫室台榭、池塘苑囿、虎豹熊罴、珍奇玩好上面。因此贫苦百姓糟糠之食都吃不饱，而虎狼熊罴却吃厌了家畜之肉；老百姓粗衣烂衫，而宫室贵族穿的是锦衣华服。国君急于建立这些无益于国计民生的功劳，而导致天下的平民百姓面容憔悴不堪。因此让天下人民不能安享天性。

人主之居也①，如日月之明也，天下之所同侧目而视，侧耳而听②，延颈举踵而望也。是故非澹漠无以明德③，非宁静无以致远，非宽大无以兼覆，非慈厚无以怀众，非平正无以制断④。是故贤主之用人也，犹巧工之制木也，大者以为舟航柱梁⑤，小者以为楫楔⑥，脩者以为櫩榱⑦，短者以为朱儒枅栌⑧。无大小脩短，各得其所宜。规矩方员，各有所施⑨。

天下之物,莫凶于鸡毒⑩,然而良医橐而臧之⑪,有所用也。是故林莽之材,犹无可弃者,而况人乎？今夫朝廷之所不举⑫,乡曲之所不誉,非其人不肖也,其所以官之者非其职也。鹿之上山,獐不能跂也⑬。及其下,牧竖能追之⑭,才有所脩短也。是故有大略者,不可责以捷巧;有小智者,不可任以大功。人有其才,物有其形,有任一而太重,或任百而尚轻。是故审毫厘之计者,必遗天下之大数;不失小物之选者⑮,或于大事之举。譬犹狸之不可使搏牛⑯,虎之不可使搏鼠也⑰。今人之才,或欲平九州,并方外⑱,存危国,继绝世,志在直道正邪⑲,决烦理挐⑳,而乃责之以闺阁之礼、隩笑之间㉑;或佞巧小具㉒,谄近愉说㉓,随乡曲之俗㉔,卑下众人之耳目,而乃任之以天下之权,治乱之机㉕,是犹以斧剺毛㉖,以刀抵木也㉗,皆失其宜矣。

【注释】

①居:指处在天子之位。居,据。

②侧耳:《太平御览》卷七十七《皇王部》二引作"倾耳"。

③澹(dàn)漠:恬淡寡欲。《文子·上仁》作"淡漠"。诸葛亮《戒子书》作"澹泊"。明德:使德性完美。

④制断:裁断。

⑤航:船。

⑥楫:船桨。北宋本原作"揖"。《道藏》本作"楫"。据正。楔(xiē):木楔。《庄子·在宥》释文引:《淮南》曰:"大者为柱梁,小者为榱榍。"榱榍(jiē xí),梁之小者。

⑦檐(yán):今同"檐",屋檐。榱(cuī):椽子。

⑧朱儒:梁上短柱。枅(jī):柱上的方木。栌(lú):大柱柱头承抚栋

梁的方木。即斗拱。

⑨各有所施：《群书治要》引此，下有"殊形异材，莫不可得而用也"二句。

⑩鸡毒：即乌头。一种有毒的药物。

⑪橐（tuó）：口袋。

⑫廷：北宋本原作"延"。《道藏》本作"廷"。据正。

⑬獐（zhāng）：獐子，比鹿小的动物。跂（qì）：踮起脚后跟远望。

⑭牧竖：牧童。

⑮选：杨树达《淮南子证闻》："选"字义不可通，字假为"算"。算亦计也。

⑯狸：狸子。俗称"山猫"，哺乳动物。

⑰搏鼠：《群书治要》引作"捕鼠"。

⑱并：王念孙《读书杂志》王引之曰：《群书治要》引此作"从方外"。"从"犹"服"也。言使方外之国服从也。

⑲直道：蒋礼鸿《淮南子校文》："直道"当作"直施"。施者，邪曲也。

⑳理挐（rú）：整理纷乱。挐，乱。

㉑闺：宫中门小者曰闺。阁（gé）：指内室。隩窔（yù yào）：指内室。室之东南隅曰窔，西南隅曰隩。

㉒佞巧：逢迎讨好，奸诈机巧。小具：小的才能。

㉓谄（chǎn）：献媚。愉说（yuè）：欢喜。说，同"悦"。

㉔乡曲：乡里。

㉕机：指枢机。

㉖劗（zuān）：翦断。

㉗刀：刘绩《补注》本作"刃"。抵：侧击。《群书治要》引此作"以刀伐木"。

【译文】

国君处在高位，就像日月的光辉一样，天下的人一起侧着眼睛注视,斜着耳朵而倾听,伸长脖子、抬起脚后跟而仰望。因此国君不恬淡寡欲就不能具有完美的德性,不安宁静寂就不能到达远方,不宽宏大量就不能够包容天下,不慈爱厚道就不能安抚大众,不公平正直就不能裁决判断。因此贤明君主的用人,就像灵巧的工匠裁制木头一样,大的作为舟船、柱子、房梁,小的用作船桨、木楔,长的作为屋檐、椽子,短的作为梁上短柱和斗拱。不论大小长短,各自都得到合适的用场。规矩方圆,各自都有施予的地方。天下的万物中,没有什么比鸡毒毒性更大了,然而良医放在袋子里珍藏起来,有用得着的地方。因此草木之材,还不能够抛弃它,更何况是人呢? 现在朝廷里没有举荐,乡间不去赞誉的人,不是那些人不好,而是他们所担任的官位不合。鹿儿上山,獐子跷起四腿也赶不上它。等到它下山,牧童便能追上它,这是因为特性有长、短的不同。因此有雄才大略的人,不能够要求他干轻便、小巧的事情;有小聪明的人,也不能够把大事委任给他。每个人有自己的特殊才能,万物有不同的形体,有人负担一事而觉得太重,有的负担百事而反觉太轻。因此只注重审查毫厘之数的人,必定失去天下的大数;对于小事的计算不差分毫,对于干大事就会糊涂了。比如山猫不能让它同牛搏斗,老虎不能让它捕老鼠。现在有才能的人,有的能够平定九州,招徕方外,保存危险的国家,继续灭绝了的世族,志向在于推行直道改正邪气,解决繁难整理纷乱,而却要求他掌握皇帝内室的礼节、隩窔神位摆放之事;有的佞人善于逢迎和具有小的才能,献媚取悦于上,追随乡间的卑俗,惯于低三下四哗众取宠,而却任命他执掌天下的权力,掌握治乱的机枢,这就像拿斧头来砍毛发,用小刀来砍伐大树,都失去了适宜的特性。

　　人主者以天下之目视,以天下之耳听,以天下之智虑,以天下之力争。是故号令能下究,而臣情得上闻。百官修通[1],群臣辐凑[2]。喜不以赏赐,怒不以罪诛。是故威立而不废③,聪明先而不弊④,法令察而不苛⑤,耳目达而不暗。善否之情⑥,日陈于前而无所逆。是故贤者尽其智,而不肖者竭其力。德泽兼覆而不偏,群臣劝务而不怠。近者安其性⑦,远者怀其德,所以然者何也？得用人之道,而不任己之才者也。故假舆马者,足不劳而致千里；乘舟楫,不能游而绝江海⑧。

【注释】

①修通：条顺通达。蒋礼鸿《淮南子校文》："脩"当作"條",字之误也。

②辐凑(còu)：高诱注：臣归君,若辐之凑毂,故曰辐凑。

③威立：刘绩《补注》本作"威厉立"。

④先：王念孙《读书杂志》："先"当为"光",字之误也。光,明也。《太平御览·皇王部》二引此,正作"光"。弊：通"蔽",隐蔽、暗昧。

⑤察：明晰。苛：烦琐。

⑥否(pǐ)：恶,坏。

⑦性：指人生。

⑧"故假"四句：见于《荀子·劝学》。假,借助。绝,渡过。

【译文】

国君用全天下大众的眼力看待万物,用天下人民的耳朵倾听一切,用天下人民的智慧考虑问题,用天下人民的力量去争取成功。因此发布号令能够下达到底,而臣下的情况能够上达国君。百官供职条顺通达,群臣像车辐一样归向国君。君主高兴时不随便赏赐,发怒时也不去妄杀。所以威望建立而不会被废除,聪明光华而不会被掩蔽,法令明确而不苛刻,耳目通达而不晦暗。好的坏的各种情况,一天天陈列在面前而没有什么背离。因此贤德的人奉献出自己的全部智慧,而不肖的人也竭尽自己的力量。德泽覆盖大众而没有偏私,群臣劝勉政务而不敢懈怠。境内的人安享他们的人生,远方的人也含怀着他的德泽,造成这样的原因是什么呢? 是因为掌握了正确用人的道理,而不是专靠自己的才能。因此凭借车马的人,腿脚不辛劳而可以达到千里之外;乘坐舟船的人,不能游泳而能渡过江海。

　　夫人主之情,莫不欲总海内之智,尽众人之力。然而群臣志达效忠者,希不困其身①。使言之而是,虽在褐夫刍荛②,犹不可弃也;使言之而非也,虽在卿相人君,榆策于庙堂之上③,未必可用。是非之所在,不可以贵贱尊卑论也。是明主之听于群臣,其计乃可用,不羞其位;其主言可行④,不责其辩。

　　暗主则不然。所爱习亲近者⑤,虽邪枉不正,不能见也;疏远则卑贱者⑥,竭力尽忠,不能知也。有言者穷之以辞,有谏者诛之以罪。如此而欲照海内,存万方,是犹塞耳而听清浊⑦,掩目而视青黄也,其离聪明则亦远矣。

【注释】

①希:少。困:危困、困窘。

②褐(hè)夫:古者卑者衣褐,因称卑贱者为褐夫。刍荛(chú ráo):砍草、打柴的人。

③榆:通"揄",拿出。《道藏》本作"揄"。策:谋划。

④主:刘绩《补注》本无"主"字。王念孙《读书杂志》:"主"字因上下文而衍。《文子·上仁》作"其言可行,不责其辩"。

⑤习:近习。指帝王的亲信。

⑥则：刘绩《补注》本无"则"字。疑"则"字在"竭"字之上。

⑦清浊：高诱注：商音清，宫音浊。按，《吕览·贵直》高诱注：《淮南记》曰："塞其耳而欲闻五音，掩其目而欲察青黄，不可得也。"可与此相参。

【译文】

国君的情性，没有不是想要总合海内人士的智慧，竭尽众人的力量。然而群臣中直抒胸臆奉献忠贞的，很少自身不受到危险的。假如他所说的是正确的，即使是割草打柴的山野之人，也不能抛弃他；假使他所说的不正确，即使是公卿、宰相、国君，在庙堂之上提出自己的妙策，也不一定被采用。决定是非的关键所在，不能够凭贵贱、尊卑来决定。这样英明的国君对于朝臣的意见，只要臣下的计策可以被使用，不因为他的地位卑贱而感到羞耻；他的言论可以施行，而不要求他能言善辩。

昏聩的国君则不是这样。所喜爱熟悉的亲近之人，即使是枉邪不正的人，也不能够被发现；疏远地位卑贱的人，即使是竭尽忠心，也不能够被了解。有进善言的人被驳得理屈辞穷，有劝谏的人则被以罪诛死。像这样而想遍照海内，存恤万方，就像塞起耳朵而倾听清浊之声，掩上眼睛而看青黄之色，他们距离耳聪目明也太遥远了。

法者天下之度量，而人主之准绳也。县法者，法不法也；设赏者，赏当赏也。法定之后，中程者赏①，铁绳者诛②。尊贵者，不轻其罚；而卑贱者，不重其刑。犯法者，虽贤必诛；中度者，虽不肖者必无罪。是故公道通而私道塞矣。

古之置有司也③，所以禁民，使不得自恣也④；其立君也，所以剒有司⑤，使无专行⑥。法籍礼义者，所以禁君，使无擅断也。人莫得自恣⑦，则道胜；道胜而理达矣，故反于无为。

无为者⑧,非谓其凝滞而不动也⑨,以其言莫从己出也⑩。

【注释】

①中(zhòng):符合。程:法规。

②铁(jué):《道藏》本、刘绩《补注》本作"缺"。《玉篇》:"铁,与缺通。"按,"法定"三句,出自《韩非子·难一》。

③有司:古代设官分职,各有专司,故称有司。此指理官,主狱。

④恣:放纵。

⑤劕(duān):义同"制",制约,节制。

⑥专:擅自。

⑦人:陶鸿庆《读淮南子札记》:"人"下当有"主"字。

⑧无为:指顺应自然和社会规律。

⑨凝滞:凝结、停滞。

⑩其言:《文子·上义》作"言其"。

【译文】

法律是天下的度量标准,也是国君执政的准则。悬挂法律条文,是为了惩罚不守法的人;设置赏赐,是为了奖赏应该赏赐的人。法律确定之后,符合法规的给予赏赐,破坏法规的人要被杀死。尊贵的人,不使他们的处罚减轻;而地位卑贱的人,也不能加重他的刑罚。触犯法律的人,即使是贤德之人也必须加以惩处;符合法度的,即使是不肖之人也必定没有罪过。这样正道通达而邪道便被堵塞了。

古代设立有司之官,是用来制止老百姓的,使他们不能放任自流;拥立国君,是用来控制有司,使他们不能专断行事。法典和礼义,是用来禁止国君,使他们不能擅自决断。人君不能够放肆,那么正道便能胜利了;正道胜利那么公理便通达了,因此可以返回到无为的境界中去。无为,不是指凝固停滞而不动,而说的是那些法规不是从自己随意发出的。

夫寸生于秒，秒生于日，日生于形，形生于景①，此度之本也。乐生于音，音生于律，律生于风，此声之宗也。法生于义，义生于众适，众适合于人心，此治之要也②。故通于本者，不乱于末；睹于要者，不惑于详。法者非天堕，非地生，发于人间，而反以自正。是故有诸己，不非诸人③；无诸己，不求诸人④。所立于下者，不废于上；所禁于民者，不行于身。所谓亡国，非无君也，无法也。变法者，非无法也，有法者而不与用⑤，无法等。是故人主之立法，先自为检式仪表⑥，故令行于天下。孔子曰："其身正，不令而行；其身不正，虽令不从⑦。"故禁胜于身，则令行于民矣⑧。

【注释】

①"夫寸"四句：俞樾《诸子平议》：秒生于日，义不可通。疑本作"寸生于秒，秒生于形，形生于景，景生于日"，与下文"乐生于音，音生于律，律生于风"文义一律。秒（sù），高诱注：禾穗秒孚榆头芒也。十秒为一分，十分为一寸，十寸为一尺，十尺为一丈。故谓之本也。按，王念孙《读书杂志》王引之曰："秒"当为"秒"，字之误也。"秒"与"秒"同。《说文》："秒，禾芒也。"字或作"蔈（biāo）"。《天文》："秋分而禾蔈定。"

②要：关键。

③"是故"二句：高诱注：有诸己，己有聪明也。不非诸人，恕人行也。

④"无诸己"二句：高诱注：言己虽无独见之明，不求加罪于人也。按，"是故"至"诸人"，亦见于《墨子·小取》。

⑤有法者：陈昌齐《淮南子正误》："者"字疑衍。与用：《四库全书》本作"用与"。当正。

⑥检式:法度、标准。检,法。

⑦"其身正"四句:见于《论语·子路》。

⑧"故禁"二句:化自《管子·法法》。

【译文】

寸产生于禾穗的芒,有穗的芒从有形体的植物中产生,有形植物从日光中产生,这是长度单位产生的根本。音乐产生于五音,五音从十二律中产生,十二律从八风中产生,这是声音产生的根本。法律从道义中产生,道义从大众适宜的事理中产生,大众适宜的事理同人心相合,这是治政的关键。所以通达根本的人,不会在末节上混乱;对于要领考察清楚的人,不会在细节上受迷惑。法律不是从天下掉下来的,也不是从土地里产生的,它是从人世间产生,而反过来要求人民自我端正行为。因此,对于自己所据有的,不把别人没有的作为不是;对于自己所没有的,也不强求别人没有。国君针对臣民所建立的法律,不应该对上面废除;国君要求人民禁止的东西,对于自身首先要禁止。所说的国家的灭亡,不是指没有国君,是指没有法律。改变法律,不是因为没有法律,而是有法却不执行,它与没有法律是相同的。所以国君的立法,首先要以自己作为标准规范,因此法令才能在天下通行。孔子说:"他的身子端正了,不下命令就能行得通;他的身子不端正,即使有命令人民也不听从。"所以禁令在自己身上能实行,那么法令便可以在人民中实行了。

圣主之治也,其犹造父之御:齐辑之于辔衔之际①,而急缓之于唇吻之和;正度于胸臆之中,而执节于掌握之间②;内得于心中③,外合于马志;是故能进退履绳④,而旋曲中规,取道致远,而气力有余,诚得其术也。是故权势者,人主之车舆也;大臣者,人主之驷马也。体离车舆之安,而手失驷马之心,而能不危者,古今未有也。是故舆马不调,王良不能以取道⑤；君臣不和，唐、虞不能以为治⑥。执术而御之，则管、晏之智尽矣⑦；明分以示之，则跖、荞之奸止矣⑧。

【注释】

①齐辑：整齐，和谐。辑，和。

②节：策。即马鞭。

③心中：《太平御览《卷六百二十四《治道部》五引此作"中心"。《列子·汤问》、《文子·上义》同。

④履：踩。按，"齐辑"至"其术也"，见于《列子·汤问》。

⑤王良：春秋晋国善御马者。《史记·天官书》并作为星宿名。王，北宋本原作"土"。《道藏》本作"王"。据正。

⑥唐、虞：唐尧、虞舜。

⑦管、晏：即管仲（？—前645）、晏婴（？—前500）。春秋齐国名相。其事见《史记·管晏列传》。《汉书·艺文志》有《管子》八十六篇和《晏子》八篇。

⑧跖（zhí）、荞：高诱注：盗跖，孔子时人。荞，庄荞。楚威王之将军，能大为盗也。按，《荀子·议兵》："庄跻起，楚分而为三四。"疑指此事。庄荞，又作庄跻。

【译文】

圣明的君主治理国家，就像造父驾驭车马一样：在马辔头、马衔之间加以协调，在驭者的口中发布适合快慢的指令；在驭者的胸臆中端正尺度，在手掌中握住鞭子；在内心得到平和之气，在外部合乎马的心意；因此前进后退就像踏着笔直的绳墨一样，旋转曲折就像合乎圆规一样，选择道路达到远方，而气力还有剩余，确实是得到了驾驭的奥妙。因此权力势位，是国君的车子；公卿大臣，是人主的骖马。身子离开了车子的平稳，而双手不合骖马的心意，而能够不出现危险的，从古到今都是没有的。所以说车马不协调，王良也不能够到达千里之外；君臣不和谐,唐尧、虞舜也不能治理国家。掌握规律来驾驭它,那么管子、晏婴的才智用尽也赶不上;明确职分来指示它,那么盗跖、庄蹻的奸行便可以停止了。

夫据榦而窥井底^①,虽达视犹不能见其睛^②;借明于鉴以照之^③,则寸之分可得而察也^④。是故明主之耳目不劳,精神不竭,物至而观其象^⑤,事来而应其化,近者不乱,远者治也。是故不用适然之数^⑥,而行必然之道,故万举而无遗策矣。

【注释】

①榦:通"韩",井栏。《说文》:韩,井垣也。

②达视:竭尽目力而视。睛:目中瞳子。

③鉴:镜子。

④分:高诱注:毛也。一曰疵。按,刘绩《补注》本注"毛"作"毫"。

⑤象:指形象、现象、表象等。《文子·上义》作"物至而观其变"。

⑥适然:指偶然。按,"是故"二句,化自《韩非子·显学》。

【译文】

靠着井栏来看井底,即使是竭尽目力也不能见瞳子;借助光明在镜子上来照耀,那么寸分长的毫毛都能看得很清楚了。因此英明的君主耳目不劳作,精神不用尽,万物到来而观察它的形象,事情到来而适应它的变化,近的地方不会混乱,远的地方也会得到治理。因此不必采用偶然的技巧,而推行必然的道理,那么各种措施都可以成功而没有被遗漏的良策了。

今夫御者,马体调于车,御心和于马,则历险致远,进退周游,莫不如志^①。虽有骐骥、騄駬之良,而臧获御之^②,则马反自恣，而人弗能制矣。故治者不贵其自是，而贵其不得为非也。故曰："勿使可欲，毋曰弗求；勿使可夺，毋曰不争。"如此，则人材释而公道行矣③。美者正于度，而不足者逮于用，故海内可一也④。

【注释】

①"进退"二句：《太平御览》卷七百四十六《工艺部》三引作"进退周旋，无不如意"。

②臧（zāng）获：古代鲁钝不会驾车之人。刘绩《补注》本作"臧获，奴婢"。

③人材：《文子·上义》作"人欲"。释：消。

④"美者"三句：《文子·上义》作"有余者止于度，不足者逮于用，故天下可一也"。

【译文】

当今驾驭车马的人，马的身体与车子相协调，驾驭的心思与马相和谐，那么便可以经过危险而到达远方，前进后退四处周游，没有不能按照心愿行事的。即使有骐骥、骤骓那样的千里马，然而让臧获那样的人来驾驭它，那么马儿反会任性妄为，而人就不能够制服它了。所以治国的人不是重视他的自以为是，而珍视的是他的不会做错事。因此说："不使产生可能的贪欲，不说没有需求；不使出现可能争夺的现象，不说没有相争。"像这样，那么人的欲望才能得到释放而公道可以通行了。才能有余的人限制在法度之中，而才能不足的人也可以发挥作用，这样海内便可以同一了。

夫释职事而听非誉，弃公劳而用朋党①，则奇材佻长而干次②，守官者雍遏而不进③，如此，则民俗乱于国，而功臣争于朝。故法律度量者，人主之所以执下^④，释之而不用，是犹无辔衔而驰也，群臣百姓反弄其上。是故有术则制人，无术则制于人。吞舟之鱼，荡而失水，则制于蝼蚁，离其居也^⑤；猿狖失木^⑥，而擒于狐狸，非其处也。君人者释所守而与臣下争，则有司以无为持位，守职者以从君取容^⑦。是以人臣藏智而弗用，反以事转任其上矣。

【注释】

①公：《文子·上义》作"功"。

②奇材：奇巧之人。佻（tiāo）长：轻疾速进。佻，疾。干（gān）次：干犯次序。干，犯。北宋本原作"于"。《道藏》本作"干"。据正。

③雍遏（è）：拥塞，遏止。

④执：操纵。

⑤"吞舟"四句：化自《庄子·庚桑楚》、《吕览·慎势》，《说苑·说丛》亦载其事。

⑥狖（yòu）：猴类动物。昂鼻而长尾。

⑦"君人者"三句：《文子·上仁》："人君舍其所守，而与臣争事，则制于有司。以无为持位，守职者以听从取容。"可与此相参。

【译文】

懈怠本身职责而听从诽谤或赞誉，抛弃正事的劳作而使用帮派私党，那么投机之人轻疾速进而超越正常次序，尽职的官吏被堵塞仕途而不能升迁，像这样，那么国家就会民风大乱，而有功之臣则在朝廷上争夺功劳。所以法律度量，是国君用来制服臣下的工具，放弃它而不用，就像没有辔衔而使马奔跑，群臣百姓反而会捉弄他的国君。因此有手段的就能制服别人，没有手段就会被人制服。能够吞掉舟船的大鱼，一旦被激荡到岸边，那么就会被蝼蛄、蚂蚁所制服，因为离开了它的居处的地方;猿狖失去了攀援的树枝,就要被狐狸擒住,因为不是它们所居处的地方。国君放弃了所守持的权柄而和臣下争事,那么主管官员便没有办法持守官位,尽忠职守的人便媚上取容。因此臣下隐藏智慧而不被国君所取用,反而把自己的职责推给国君了。

　　夫贵富者之于劳也,达事者之于察也①,骄恣者之于恭也,势不及君。君人者不任能,而好自为之②,则智日困而自负其责也。数穷于下,则不能伸理;行堕于国,则不能专制③;智不足以为治,威不足以行诛,则无以与天下交也④。喜怒形于心,者欲见于外⑤,则守职者离正而阿上⑥,有司枉法而从风⑦;赏不当功,诛不应罪,上下离心,而君臣相怨也。是以执政阿主而有过,则无以责之⑧。有罪而不诛,而百官烦乱,智弗能解也;毁誉萌生,而明不能照也。不正本而反自脩,则人主逾劳,人臣逾逸,是犹代庖宰剥牲⑨,而为大匠斫也。与马竞走,筋绝而弗能及;上车执辔,则马死于衡下⑩;故伯乐相之⑪,王良御之⑫,明主乘之,无御相之劳而致千里者,乘于人资以为羽翼也⑬。

【注释】

①达事者:通达事理的人。

②而好(hào)自为之:高诱注:不任用臣智能也。按,好,喜好。

③专制:专心治理。

④与天下交:王念孙《读书杂志》:"与天下交",当作"与下交"。"下"谓群臣也。《文子·上仁》有"天"字,《群书治要》引《文子》无"天"字。

⑤者:王念孙《读书杂志》:"者"当为"耆","耆欲"与"喜怒"相对为

文。《文子·上仁》作"嗜欲"。见(xiàn):显现,表现。

⑥阿:曲从,迎合。

⑦枉法:曲解法律。

⑧责:北宋本原作"贵"。《道藏》本作"责"。据正。

⑨庖(páo):厨师。宰:主膳食之人。亦有"庖"义。

⑩马死于衡下:《文子·上仁》作"马服于衡下"。衡:车辕头上的
横木。

⑪伯乐:春秋时代人,曾为秦穆公相马。《隋书·经籍志》有伯乐
《相马经》一卷。

⑫王良:春秋时赵简子御者。《隋书·经籍志》有王良《相牛经》。

⑬资:才质。按,"故伯乐"至"羽翼也",化自《吕览·分职》。

【译文】

富贵的人对于勤劳政事,通达事理的人对于考察政务,骄傲放任的
人对于恭敬职守,按照情势是不如国君的。国君如果不能任用臣下的
才智,而好自以为是,那么智术就会日益困窘而要自己负担起臣下的责
任。对于臣下自己道术穷尽,那么就不能伸张正理;在国内德行堕落,
那么便不能专心治理;智谋不能够用来治国,威严不能够实行杀戮,那
么自己就没法同臣下交往。喜怒在心里形成,嗜欲就会在外面表现出
来,那么忠于职守的人便离开正道而取媚于国君,主管官员便曲解法律
而随从上令;赏赐与功劳不相符,诛罚与罪过不相应,上下之心互相背
离,而君臣之间互相埋怨。因此执政的官员迎合国君而有了过失,国君
便没有办法责备他。有了罪过而不加惩处,那么百官就会烦扰混乱,智
术便不能解决它了;诋毁赞誉滋生萌发,而国君的光明便不能够照射。
不能端正根本反而自我修饰,那么国君更加辛劳,而人臣更加安逸,国
君就像代替庖厨宰剥牲畜,代替工匠砍削木头一样。和马一起赛跑,人
的筋骨折断也追赶不上;上了车子执掌马缰头,那么马可以死在车辕横
木之下。因此用伯乐来相马,让王良来驾驭,英明的君主来乘坐它,没

有驾驭、审察的辛劳，而可以到达千里，这是由于凭借人力的资助作为自己翅膀的原因。

　　是故君人者，无为而有守也，有为而无好也①。有为则谗生②，有好则谀起③。昔者齐桓公好味，而易牙烹其首子而饵之④；虞君好宝，而晋献以璧、马钓之⑤；胡王好音，而秦穆公以女乐诱之⑥。是皆以利见制于人也⑦。故善建者不拔⑧。

　　夫火热而水灭之，金刚而火销之，木强而斧伐之，水流而土遏之，唯造化者，物莫能胜也。故中欲不出谓之扃⑨，外邪不入谓之塞⑩。中扃外闭，何事之不节？外闭中扃，何事之不成？弗用而后能用之，弗为而后能为之。精神劳则越⑪，耳目淫则竭⑫。故有道之主，灭想去意，清虚以待，不伐之言⑬，不夺之事，循名责实，使自司任而弗诏⑭，责而弗教；以不知为道⑮，以奈何为宝⑯，如此，则百官之事，各有所守矣。

　　摄权势之柄，其于化民易矣。卫君役子路⑰，权重也；景、桓公臣管、晏，位尊也⑱。怯服勇而愚制智，其所托势者胜也。故枝不得大于榦，末不得强于本，则轻重小大，有以相制也。若五指之属于臂也，搏援攫捷⑲，莫不如志，言以小属于大也。是故得势之利者，所持甚小，其存甚大⑳；所守甚约，所制甚广。是故十围之木，持千钧之屋㉑；五寸之键㉒，制开阖㉓。岂其材之巨小足哉？所居要也。

【注释】

①"无为"二句:《文子·上仁》作:"无为而有就也,有立而无好也。"

②谗(chán):诬陷。

③"有好"句:高诱注:谄谀之人乘志而起。

④"昔者"二句:齐桓公事,见《管子》之《小匡》、《小称》,《韩非子》中《二柄》、《十过》、《难一》,并载于《史记·齐太公世家》等。首子,指长子。

⑤"虞君"二句:事载《左传·僖公二年》,并见于《公羊传》、《穀梁传》。钓:取。

⑥"胡王"二句:载于《韩非子·十过》等。

⑦制:控制。

⑧"故善建"句:见于《老子》五十四章。

⑨扃(jiōng):从外面关闭的门闩。

⑩外邪:指可以伤害人心健康的外界事物。塞:《文子·上仁》作"闭"。

⑪越:泄散。

⑫竭:穷尽。

⑬伐:自夸,夸耀。

⑭使自司:《四库全书》本作"使有司"。《文子·上仁》作"使自有司",《吕览·知度》作"官复自司"。

⑮以不知为道:高诱注:道常未知。

⑯以奈何为宝:高诱注:道贵无形,无形不可奈何,道之所以为贵也。按,奈何,怎么处理。《文子·上仁》作"以禁苛为主",《吕览·知度》作"以奈何为实"。

⑰卫君:春秋卫出公,名辄,在位12年。曾被其父赶走,奔鲁。事载《左传·哀公十五年》,并见《史记·卫康叔世家》。子路(前542—前480),春秋末卞人,孔子弟子,尚勇,长于政事。仕卫,

被杀。

⑱"景、桓公"二句：俞樾《诸子平议》：此本作"桓景臣管晏"，言桓臣管，景臣晏也。

⑲攫（jué）：抓取，夺取。捷：敏捷。

⑳其存甚大：《群书治要》引《文子》作"所任甚大"。

㉑"是故"二句：《说苑·谈丛》作："一围之木，持千钧之屋。"以力学杠杆原理考之，当作"一围"，刘向《说苑》正确。千钧，指三万斤。

㉒键：门闩。

㉓制开阖（hé）：《说苑·谈丛》作"而制开阖"，《文子》作"能制开阖"。按，《四库全书》本作"制开阖之门"。知有脱文。阖，关闭。

【译文】

因此作为统治人民的国君，不违反规律而要有持守，有作为而没有私好。有作为那么就有谄媚之人出现，有私好那么奉承之人就会涌现。从前齐桓公爱好美味，而易牙把自己的长子烹了作肉羹来引诱他；虞国国君爱好珍宝，而晋献公用垂棘之璧、屈产之乘引他上钩；胡王爱好音乐，而秦穆公用歌女去引诱他。这些人都是因为贪图小利而被别人制服。因此说，善于建树在无形之处的人是拔取不掉的。

烈火炽热而水能浇灭它，金属坚硬而烈火能够熔化它，木质强硬而斧头能砍伐它，水流不止而土壤能够阻止它，只有生成万物的大自然，万物中没有什么东西能战胜它。因此内心的欲望不显现出来叫做扃，外部的邪气不能进入叫作塞。内心欲望关闭、外部邪气堵塞，什么事情不能够节制呢？外闭内塞，什么事情不能够办成呢？不用然后才能使用它，不做而后才能做成它。精神辛劳那么就要泄散，耳目淫乱那么就会枯竭。因此有道德的国君，消灭欲望、清除杂念，清静虚无来对待臣下，而不用言语自我夸耀，不去争夺臣下之事，国君按照名分来督责他们的实际工作，使臣下自我管理而不需诏旨，督责而不加教诲；国君常常把处于不知状态作为准则，把处于无形状态下的道作为珍宝，像这样,那么百官的事情,就各自有所持守了。

把握了权势的要柄,它对于教化万民就容易了。卫出公能够役使勇猛的子路,是因为他的权高势重;齐桓公使管仲为相、齐景公任用晏婴,是因为他们地位尊宠。怯弱的人制服勇敢的人,愚蠢的人制服聪明的人,是他们所凭借的权势的胜利。因此树枝不能比树干大,树梢不能强过树根,那么轻重、大小,就能够用来相互制约了。就像五个手指对于胳膊,搏击、攀援、抓取十分敏捷,没有不称心如意的,说的就是小的属于大的。因此得到"势"的便利,所持掌的虽然很小,所担负的职责却很大;所守持的很简约,所控制的地方很广大。所以一围粗的木头,可以支持三万斤的屋子重量;五寸长的门闩,可以控制开关的大门。难道是它们的材料大小就足够这样了吗? 是因为它们控制了要害的部门。

孔丘、墨翟,脩先圣之术,通六艺之论①,口道其言,身行其志,慕义从风,而为之服役者不过数十人。使居天子之位,则天下徧为儒、墨矣②。楚庄王伤文无畏之死于宋也③,奋袂而起④,衣冠相连于道,遂成军宋城之下,权柄重也。楚文王好服解冠⑤,楚国效之。赵武灵王贝带鵕𧋒而朝⑥,赵国化之。使在匹夫布衣,虽冠解冠,带贝带鵕𧋒而朝,则不免为人笑也。

【注释】

①六艺:《周礼·地官·保氏》:乃教之六艺:一曰五礼,二曰六乐,三曰五射,四曰五驭,五曰六书,六曰九数。

②徧:同"遍"。

③楚庄王(? —前591):春秋五霸之一,名旅,在位22年。文无畏:楚国大夫,又叫申无畏。死于宋:其事在前595年,楚庄王派申

舟使齐,过宋,不借道,被杀死。楚庄王借机讨伐宋国。

④袂(mèi):衣袖。起:北宋本原作"越"。刘绩《补注》本作"起"。据正。此事载于《左传·宣公十四年》、《吕览·行论》。

⑤楚文王(? —前675):春秋楚君,名熊赀,建都郢。在位13年。解(xiè):解廌(zhì),兽名。似山牛,一角。古者决讼,令触不直。解冠,古代称仿"解"形状的冠,又叫法冠、御史冠。

⑥赵武灵王(前340? —前295):战国赵君,在位27年。曾进行军事改革,改穿胡服,习骑射,而使国家富强。贝带:以大贝饰带。鵕鶒(jùn chóu):一种有文采的野鸡,古人用它的羽毛饰冠。《道藏》本亦作"鶒"。《说文》作"鵔鸃(yí)"。并说"秦汉之初,侍中冠鵔鸃冠"。疑许、高本有别。

【译文】

孔丘、墨翟,修治先圣的治国之术,通晓六艺的学说,口中称道先圣的言论,亲身实践他们的理想,仰慕道义随从教化,但是替他们服役的不过数十人。假使让他们处在天子的位置上,那么天下就普遍成为儒、墨了。楚庄王为文无畏死在宋国而悲伤,挥起衣袖,国内人人响应,衣冠相连于道路之上,于是便挥军打到了宋国城下,这是权势重要的原因。楚文王爱好佩戴解廌形状的帽子,整个楚国都仿效他。赵武灵王腰系贝带、头戴鵔鸃羽毛使大臣朝见,赵国服饰为之而变化。假使是一个平民百姓,即使头戴解冠,腰扎贝带、头插鵔鸃羽饰而朝见国君,那么也不免被人耻笑。

夫民之好善乐正,不待禁诛,而自中法度者,万无一也。下必行之令,从之者利,逆之者凶,日阴未移,而海内莫不被绳矣。故握剑锋,以离北宫子、司马蒯蒉不使应敌①;操其觚②,招其末③,则庸人能以制胜。今使乌获、藉蕃从后牵牛尾^④,尾绝而不从者,逆也。若指之桑条,以贯其鼻,则五尺童子,牵而周四海者,顺也。夫七尺之桡^⑤,而制船之左右者,以水为资^⑥。天子发号,令行禁止,以众为势也。

【注释】

①"以离"句:王绍兰《淮南子杂记》:"离"为"虽"误。"以"字当在"虽"字下。北宫子:战国齐勇士。司马蒯聩(kuǎi kuì),战国赵国的剑客。不使,王念孙《读书杂志》:"使"上当有"可"字。

②觚(gū):剑把。

③招(qiáo):举。

④"今使"句:出自《吕览·重己》。藉蕃,古代大力士。

⑤桡(ráo):船桨。

⑥资:利用。

【译文】

　　老百姓中喜欢善行、乐意正直,不需要禁令诛伐,而能够使自己的行为符合法度的,一万个人中没有一个人。国君下达必须实行的命令,听从的人便得到利益,违背的人就遇到灾难,太阳的影子还没有移动,而海内的人没有不受到命令的约束了。所以如果握住剑锋,而即使是北宫子、司马蒯聩也不能去应敌;拿着剑把,举起剑锋,那么庸人也能够取得胜利。现在使大力士乌获、藉蕃从后面去牵牛尾巴,尾巴断了也不会跟从你,这是由于背逆天性的缘故。如果用指头粗的桑条,来贯穿牛的鼻子,那么即使是五尺高的孩童,也可以牵着它去周游四海,这是顺应牛的天性的缘故。用七尺长的船桨,可以控制住船的左右方向,它是用水作为凭借。天子发布命令,令能行禁能止,依靠大众的拥戴而形成大势。

夫防民之所害，开民之所利，威行也，若发城决塘①。故循流而下，易以至；背风而驰，易以远。桓公立政，去食肉之兽、食粟之鸟、系罝之网，三举百姓说②。纣杀王子比干而骨肉怨③，斮朝涉者之胫而万民叛④，再举而天下失矣。故义者，非能徧利天下之民，利一人而天下从风；暴者，非尽害海内之众也⑤，害一人而天下离叛。故桓公三举而九合诸侯⑥，纣再举而不得为匹夫。故举错不可不审。

人主租敛于民也，必先计岁收，量民积聚，知饶馑有余不足之数⑦，然后取车舆衣食供养其欲。高台层榭，接屋连阁，非不丽也，然民无掘穴狭庐所以托身者⑧，明主弗乐。肥酏甘脆⑨，非不美也，然民有糟糠菽粟不接于口者，则明主弗甘也。匡床蒻席⑩，非不宁⑪，然民有处边城、犯危难、泽死暴骸者，明主弗安也。故古之君人者，其惨怛于民也⑫，国有饥者食不重味，民有寒者而冬不被裘。岁登民丰，乃始县钟鼓，陈干戚，君臣上下，同心而乐之，国无哀人。

故古之为金石管弦者，所以宣乐也⑬；兵革斧钺者，所以饰怒也；觞酌俎豆酬酢之礼⑭，所以效善也⑮；衰绖菅屦⑯，辟踊哭泣⑰，所以谕哀也⑱。此皆有充于内⑲，而成像于外⑳。及至乱主，取民则不裁其力㉑，求于下则不量其积，男女不得事耕织之业，以供上之求，力勤财匮㉒，君臣相疾也㉓。故民至于焦唇沸肝，有今无储，而乃始撞大钟，击鸣鼓，吹竽笙，弹琴瑟，是犹贯甲胄而入宗庙㉔，被罗纨而从军旅㉕，失乐之所由生矣。

【注释】

①堿(kǎn)：蓄水堤坝。

②"桓公"三句：化自《吕览·慎小》。立，通"莅"，临。罝(jū)，捕
　　兽网。

③王子比干：纣王叔父，因屡谏而被剖心。其事亦载于《史记·殷
　　本纪》。

④"斮(zhuó)朝"句：其事载于《尚书·泰誓》、《吕览·过理》。斮，
　　斩断。

⑤非尽：《文子·上义》作"非能尽"。

⑥九合：九次会盟。

⑦饶(ráo)：剩余。僅(jǐn)：饥僅。

⑧掘穴：土室。《群书治要》作"窟室"。《墨子·节用》有"堀穴"。
　　掘，借为"堀"。

⑨酼：浓烈的酒。

⑩匡：安。蒻(ruò)：蒲草。引申有细软义。

⑪非不宁：刘绩《补注》本"宁"下有"也"字。

⑫惨怛(cǎn dá)：忧伤，悲痛。

⑬宣：显示。

⑭觞酌(shāng zhuó)：饮酒具，也指饮酒。觞，酒器。俎(zǔ)豆：祭
　　祀时盛牛羊等祭品的礼器。酬酢(chóu zuò)：主客互相敬酒。

⑮效善：王念孙《读书杂志》："效善"当作"效喜"，字之误也。《群书
　　治要》引此正作"效喜"。效，致。

⑯菅屦(jù)：草鞋。菅，《左传·宣公十二年》陆德明释文："菅，或本
　　作营。"

⑰辟(pì)踊：捶胸顿足，极言哀痛之意。辟，通"擗"，椎胸。

⑱谕：表明。

⑲充：充实，充满。

⑳外：《群书治要》"外"下有"者也"二字。

㉑裁：度量。

㉒匮：缺乏。

㉓疾：憎恨。

㉔胄：北宋本原作"胃"。《道藏》本作"胄"。据正。

㉕罗：稀而轻软的丝织品。纨（wán）：白色细绢。

【译文】

防止百姓受到祸害，开发对百姓有利的事情，这是威力得以通行的表现，就像开通堤防、冲决水塘一样。所以顺着水流方向而下，容易而且可以达到；顺着风的方向奔驰，容易到达远方。齐桓公执政立下规定，赶跑食肉的野兽、驱吓吃粮食的鸟儿、悬挂起捕兽的网儿，实行这三个措施而百姓欢悦。纣王杀死王子比干而骨肉怨恨，斩断早晨涉水的人的小腿而使万民背叛，干了两次坏事便失去了天下。所以说施行大义，虽不能普遍使天下人民有利，但是有利一人而天下人便听从国君的教化；施行暴虐，虽不能全部危害海内大众，但是伤害一人而天下的人就会背叛。因此齐桓公三次举动便能够九次会合天下诸侯；商纣王两次举动干了坏事，就连平民也当不成了。所以举止措施是不能不认识清楚的。

国君从百姓那里收取赋税，必须首先考虑一年的收成，计量人民积蓄的多少，知道富裕饥饿、有余不足的数量，然后才收取车马、衣食的租税来供给他们的生活需求。高台亭榭，宫室相连，不是不壮丽，然而百姓连土室草棚这样遮蔽身体的地方都没有，英明的君主是不能快乐的。美酒佳肴香甜脆酥，不是不美好，然而人民中有连糟糠豆谷也吃不饱的，那么英明的君主吃饭是不甜的。平稳的床细软的席子，不是不安宁，然而百姓中有处在边鄙城邑、冒着危险死难、死于大泽暴尸原野的，英明的君主是不能安享平静生活的。因此古代的国君，他们对百姓十分忧虑，国家有饥饿的人他们的食物便不再增加花样，百姓中有人寒冷而他们冬天就不穿皮裘。年岁收成好而百姓丰足，于是才开始悬挂钟鼓，排列干戚，君臣上下，一国同庆丰收的喜悦，国中没有悲哀之人。

所以古代陈列金钟、石磬、管弦这些乐器，是用来表示快乐的；兵革斧钺这些兵器，是用来掩饰怒气的；酒器、俎豆这些主客敬酒的礼器，是用来表达欢喜之情的；身穿丧服、脚穿麻鞋，捶胸顿足哭泣，是用来表明悲哀之情的。这些情绪都是充满了内心，而成为形象表现在外部。等到了乱主统治时期，向百姓索取财物则不度量他们的财力，向臣下索求不考虑他们的积累，男女不能从事耕作纺织的事业，来供给国君的需求，辛勤劳作、财力匮乏，君臣之间互相憎恨。因此老百姓到了嘴唇干裂、肝火中烧，有今日之粮而无明日之储，却开始敲起大钟，擂起鸣鼓，吹起竽笙，弹起琴瑟，这就像穿着甲胄而祭祀宗庙，披着罗纨而从军作战，就失去了音乐所产生的根本了。

夫民之为生也，一人跖耒而耕①，不过十亩；中田之获，卒岁之收，不过亩四石②。妻子老弱，仰而食之。时有涔旱灾害之患③，有以给上之征赋车马兵革之费④。由此观之，则人之生闵矣⑤。夫天地之大计，三年耕而余一年之食，率九年而有三年之畜⑥，十八年而有六年之积，二十七年而有九年之储。虽涔旱灾害之殃，民莫困穷流亡也。故国无九年之畜⑦，谓之不足；无六年之积，谓之闵急；无三年之畜，谓之穷乏。故有仁君明主，其取下有节，自养有度，则得承受于天地，而不离饥寒之患矣⑧。若贪主暴君，桡于其下⑨，侵渔其民⑩，以适无穷之欲，则百姓无以被天和而履地德矣⑪。

【注释】

①跖（zhí）：踩，踏。耒（lěi）：古代耕田的农具。

②石(shí)：百二十斤。

③涔(cén)：涝灾。

④有：通"又"。

⑤闵(mǐn)：忧愁。

⑥率：一般。按，"夫天地"至"之畜"，见于《礼记·王制》、贾谊《新书》。

⑦畜：通"蓄"，积累。于大成《主术校释》："畜"字当依"九年之储"作"储"。

⑧离：通"罹"，遭受。

⑨桡(ráo)：《道藏》本作"挠"，扰乱义。

⑩侵渔：侵吞夺没，像渔人捕鱼一样。

⑪天和：自然祥和之气。本书五见。

【译文】

　　老百姓所用来维持生活的，一个人踩着耒耕田，不超过十亩；中等田地一年的收获，不过一亩四石。妻子老弱，都要依赖它而生活。此外时常有水旱自然灾害，又要用来供给国君征收的车马兵革的费用。从这里可以看出，人民的生活真是值得怜悯的。从国家的土地收成来考虑，三年耕种必须剩下一年的粮食，大约九年耕种要有三年的积蓄，十八年要有六年的积蓄，二十七年要九年的储备。即使遇到水旱等自然灾害，百姓也没有人因困窘到外地流亡的。所以国家没有九年的积蓄，叫做不足；没有六年的积蓄，叫做闵急；没有三年的积蓄，叫做穷乏。因此有的爱民之君和英明的君王，他们向下征收赋税，有一定的节制，用来养活自己的，有一定的标准，那么这就能合理接受天地给予的财富，就不会遭受饥饿寒冷的祸患了。至于像贪婪的君主和残暴的国君，对人民大肆骚扰，侵吞人民的财富，用来适应无穷的贪欲，那么百姓便没有办法享受自然祥和之气并得到大地的恩赐了。

食者民之本也,民者国之本也,国者君之本也。是故人君者①,上因天时,下尽地财,中用人力,是以群生遂长,五谷蕃植;教民养育六畜②,以时种树;务脩田畴③,滋植桑麻,肥烧高下④,各因其宜;丘陵阪险不生五谷者⑤,以树竹木。春伐枯槁,夏取果蓏⑥,秋畜疏食⑦,冬伐薪蒸⑧,以为民资⑨。是故生无乏用,死无转尸⑩。故先王之法,畋不掩群⑪,不取麛夭⑫;不涸泽而渔,不焚林而猎;豺未祭兽,罝罦不得布于野⑬;獭未祭鱼,网罟不得入于水⑭;鹰隼未挚⑮,罗网不得张于溪谷;草木未落,斤斧不得入山林;昆虫未蛰,不得以火烧田⑯;孕育不得杀,鷇卵不得探⑰;鱼不长尺不得取⑱,彘不期年不得食⑲。是故草木之发若蒸气⑳,禽兽归之若流原,飞鸟归之若烟云,有所以致之也。

【注释】

①人君者:《群书治要》作"君人者"。

②畜:《说文》曰:"田畜也。《淮南子》曰:玄田为畜。"今本无,疑为佚文。按,六畜,指马、牛、羊、鸡、犬、豕。

③田畴(chóu):田地。

④烧(qiāo):土地贫瘠。

⑤阪(bǎn):山坡。

⑥果蓏(luǒ):有核曰果,无核曰蓏。

⑦疏食:菜蔬曰疏,谷食曰食。

⑧薪蒸:大木叫薪,小枝叫蒸。

⑨资:用度。

⑩转尸:尸体弃置转徙。即死无葬身之地。

⑪畋(tián):打猎。掩:尽,遍及。

⑫麛(mí)夭：鹿子曰麛，麋子曰夭。

⑬"豺未"二句：高诱注：十月之时，豺杀兽，四面陈之，世谓之"祭兽"也。"未祭兽"，罝(jū)罦不得施也。按，罝，捕兽网。罦，一种装有机关的鸟网。

⑭"獭(tǎ)未"二句：高诱注：獭，猵也。《明堂月令》："孟春之月，獭祭鱼。"獭取鲤，四面陈之水边，世谓之"祭鱼"。未祭不得捕也。按，"豺未"至"于水"，并见《淮南子·时则训》、《礼记·月令》、《吕览·孟春》。獭，水獭。罟(gǔ)，捕鱼网。

⑮隼(sǔn)：凶鸟。又名"鹘(hú)"。鸷：通"鸷"，搏杀鸟。

⑯烧田：《文子·上仁》作"不得以火田"。无"烧"字。

⑰彀(kòu)：初生之雏鸟。

⑱长：疑作"脩"，字当避淮南王父讳。《文子·上仁》亦作"长"。

⑲彘(zhì)：猪。

⑳烝：通"蒸"，火气上行。《道藏》本作"蒸"，《文子·上仁》同。按，本则化自《礼记·王制》、贾谊《新书》。

【译文】

　　食粮是百姓的根本，百姓是国家的根本，国家是国君的根本。因此作为一个统治天下的国君，上要按照天时的情况，下要发挥土地的财力，中间要合理使用人力，因此各种生物才顺利生长，五谷繁殖；教导百姓养育六畜，按季节种植树木；务求整治好田地，种植好桑树、麻类，按照土地肥瘠、高下，各自种植适宜的植物；丘陵山陂不能生长五谷杂粮的地方，用来种植竹类树木。春季砍伐枯木，夏季收获瓜果，秋季积聚菜蔬谷物，冬季砍伐大木和小枝，用来作为民生的资用。因此人民活着的时候不缺乏用物，死了的时候也不会无葬身之地。所以先王的法规，打猎的时候不捕尽群兽，不捕杀小鹿、幼麋；不放干水泽来捕鱼，不允许烧毁山林去打猎；豺没有祭兽时，捕鸟兽之网不能安置在田野上；水獭没有杀鱼时，渔网不能放入水中；鹰隼没有捕杀鸟类的，鸟网不能张在溪谷之处；草木没有落叶之时，斧斤不能够进入山林；昆虫没有蛰伏之时，不能够用火来田猎；孕期的动物不能够杀死，幼鸟、鸟卵不能够掏取；鱼不满一尺不能捕食，猪不过一年不能够宰杀。这样草木就像蒸气一样蓬勃生长，禽兽就像涌泉一样来归往，飞鸟就像烟云一样来临，这是因为有用来招致它们的办法。

　　故先王之政，四海之云至而脩封疆①，虾蟆鸣、燕降而达路除道②，阴降百泉则脩桥梁③；昏张中则务种谷④，大火中则种黍菽⑤，虚中则种宿麦⑥，昴中则收敛畜积、伐薪木⑦。上告于天，下布之民。先王之所以应时脩备，富国利民，实旷来远者⑧，其道备矣，非能目见而足行之也，欲利之也。欲利之也，不忘于心，则官自备矣⑨。

【注释】

①封疆：疆界。

②虾蟆：青蛙和蟾蜍的统称。

③阴：阴气。时值十月。

④张：二十八宿之一，属南方朱雀。今由长蛇座的六颗星组成。

⑤大火：东方苍龙七宿之一。又叫心宿二。由天蝎座的三颗星组成。菽：豆类之总名。

⑥虚：北方玄武七宿之一。宿麦：越冬的小麦。

⑦昴：西方白虎七宿之一。收：北宋本原作"牧"。《道藏》本作"收"。据正。

⑧旷：空旷、空缺。来（lài）：招徕。

⑨官：《文子·上仁》作"民"。备：具备。指具备利民之心。

【译文】

因此先王的治政,四海的云气来到时,就要修整田界,青蛙鸣叫、燕子来到时要通达道路清除路障,阴气降临到各个水泉时那么便可以修建桥梁;张星正中南天时那么就要种植谷子,大火正中南天时那么就要种植黍类和豆类植物,虚星正中南天时那么就要种植越冬小麦,昴星正中南天时那么就要收采蓄积粮食瓜果、砍伐大木。上面向天帝禀告,下面布达给万民。先王之所以能够按照季节整治完备,使国家富强、人民得利,使府库充满、远方的人归附,他的治世之道是十分完备的,并非先王都能亲自察看、亲身实行,而是有想为天下谋利的愿望。有了利于天下人民的愿望,就时刻记在心上,那么百官自然就会完备自己的职守了。

心之于九窍四肢也,不能一事焉①,然而动静听视,皆以为主者,不忘于欲利之也。故尧为善而众善至矣,桀为非而众非来也。善积即功成②,非积则祸极③。

【注释】

①事:侍奉。

②即:则。

③极:到来。按,本条化自《吕览·应同》。

【译文】

心脏对于九窍四肢来说,不能一一事奉它们,但是人的动静、听视,都把心脏作为中心,它也没有忘记要使九窍、四肢都得到利益。所以尧推行善事而许多善事都来到了,夏桀干了坏事而许多坏事便一起涌来。好事积累那么功业就能建立,坏事积累那么祸事就要来到。

凡人之论①,心欲小而志欲大,智欲员而行欲方,能欲多而事欲鲜②。所谓心欲小者,虑患未生,备祸未发,戒过慎微③,不敢纵其欲也。志欲大者,兼包万国,壹齐殊俗④,并覆百姓,若合一族,是非辐凑而为之毂⑤。智欲员者,环复转运,终始无端,旁流四达⑥,渊泉而不竭,万物并兴,莫不响应也⑦。行欲方者,直立而不桡⑧,素白而不污,穷不易操⑨,通不肆志⑩。能欲多者,文武备具,动静中仪⑪,举动废置⑫,曲得其宜,无所击戾⑬,莫不毕宜也。事欲鲜者,执柄持术,得要以应众,执约以治广,处静持中⑭,运于琁枢⑮,以一合万,若合符者也⑯。故心小者,禁于微也;志大者,无不怀也;知员者,无不知也;行方者,有不为也;能多者,无不治也;事鲜者,约所持也。

【注释】

①凡:总括。

②鲜:少。

③戒过慎微:谨慎地防备微小的过失发生。

④壹齐:相同,整齐划一。

⑤毂:车轮中心的圆木。高诱注:以喻王。

⑥旁:广泛。

⑦应:应和。

⑧桡(ráo):弯曲。

⑨穷:不得志。

⑩肆:放纵。

⑪仪:准则,法度。

⑫举动:王叔岷《淮南子斠证》:"举动"当作"举措"。《文子·微明》

作"举错"。

⑬击戾(lì)：马宗霍《淮南旧注参正》："击戾"盖当取义于"乖隔"。"无所击戾"者，犹言无所乖隔也。按，戾，背逆。

⑭持中：持守中正。《文子·微明》作"持躁"。

⑮琁(xuán)枢：北斗七星中的勺形四颗星。

⑯符：符节。

【译文】

总括圣人的议论，认为心中想的要细密而志向要宏大，智虑要周圆而行事要方正，才能要全面而做事要简约。所说的心中想的要细密，就是祸患没有产生的时候就加以考虑，灾祸没有发现的时候就加以防备，警惕地防备任何微小的过失发生，不敢放纵自己的欲望。所说的志向要宏大，就是能够包容万国，统一不同的习俗，恩泽覆盖百姓，就像汇合在一起的同一部族，不管是非都要像车辐围绕中心集中在国君周围。所说的智虑要周圆，就像圆环一样循环往复，转移运行，开始、终结没有起点，流行广泛四通八达，就像深渊泉水一样永不枯竭，万物一起兴盛，没有不像回声一样应答的。所说的行事要方正，就是正直而不弯曲，洁白而不受污染，困穷而不改变节操，显达而不放肆自己的行为。所说的才能要全面，就是文武都要具备，动静符合法度，举动措施废止任用，曲折周到得到适宜的处理，没有什么相乖隔的，没有不适宜的。所说的做事要简约，就是执掌权柄持守道术，得到要领应对大众，持守简约而治理广大，处于安静之中来约束躁动之气，像围绕璇枢运行，用一人之身聚合万民，就像合乎符节一样。因此心中考虑的要细密，可以禁止微小的弊端发生；志向要宏大，那么天下无不含怀在其中；智虑要周圆，那么没有什么不能知道的；行事要方正，对于邪事不能去干；才能要全面，没有什么不能治理成功的；做事要简约，紧要地持守事物的关键。

古者天子听朝，公卿正谏①，博士诵诗②，瞽箴师诵③，庶人传语④,史书其过⑤,宰彻其膳⑥,犹以为未足也。故尧置敢谏之鼓也⑦,舜立诽谤之木⑧,汤有司直之人⑨,武王立戒慎之鞀⑩,过若豪厘,而既已备之也。夫圣人之于善也,无小而不举⑪;其于过也,无微而不改。尧、舜、禹、汤、武王,皆坦然天下而南面焉⑫。当此之时,馨鼓而食⑬,奏《雍》而彻⑭,已饭而祭灶⑮,行不用巫祝,鬼神弗敢崇⑯,山川弗敢祸,可谓至贵矣。然而战战慄慄⑰,日慎一日。由此观之,则圣人之心小矣。《诗》云:"惟此文王,小心翼翼,昭事上帝,聿怀多福⑱。"其斯之谓欤!

武王伐纣⑲,发钜桥之粟⑳,散鹿台之钱㉑;封比干之墓㉒,表商容之闾㉓;朝成汤之庙,解箕子之囚㉔;使各处其宅,田其田,无故无新,惟贤是亲,用非其有,使非其人,晏然若故有之㉕。由此观之,则圣人之志大也。

文王周观得失㉖,偏览是非,尧、舜所以昌,桀、纣所以亡者,皆著于明堂㉗。于是略智博闻㉘,以应无方。由此观之,则圣人之智员矣。

成、康继文、武之业㉙,守明堂之制,观存亡之迹,见成败之变,非道不言,非义不行,言不苟出㉚,行不苟为,择善而后从事焉。由此观之,则圣人之行方矣。

孔子之通㉛,智过于苌弘㉜,勇服于孟贲㉝,足蹑郊菟㉞,力招城关㉟,能亦多矣。然而勇力不闻,伎巧不知,专行孝道㊱,以成素王㊲,事亦鲜矣。春秋二百四十二年,亡国五十二,弒君三十六,采善锄丑㊳,以成王道㊴,论亦博矣。然而围于匡㊵,颜色不变,弦歌不辍㊶,临死亡之地,犯患难之危,据义行理而志不慑，分亦明矣。然为鲁司寇㊷，听狱必为断㊸，作为《春秋》㊹，不道鬼神，不敢专己。夫圣人之智，固已多矣，其所守者有约，故举而必荣；愚人之智，固已少矣，其所事者多㊺，故动而必穷矣。吴起、张仪，智不若孔、墨，而争万乘之君，此其所以车裂支解也㊻。

【注释】

①公卿：指天子三公和其他重臣。正：《吕览·达郁》陈奇猷按，"正"为"证"之省。"证"亦"谏"也。

②博士：师长之称。指多闻之士。《国语·周语》作"列士"。

③瞽(gǔ)：无目曰瞽。指乐官。箴(zhēn)：一种有劝诫意义的文辞。师：乐师。

④庶人：平民。传语：传达意见。

⑤史：史官。

⑥宰：宰人，掌管膳食的官。彻：通"撤"。按，"古者"至"未足也"，化自《国语·周语》、《吕览·达郁》。

⑦"故尧"句：高诱注：欲谏者，击其鼓。

⑧"舜立"句：高诱注：书其善否于表木也。按，诽谤，从旁指责过失。

⑨"汤有"句：高诱注：司直，官名，不曲也。按，汉时"司直"掌佐丞相举不法。《吕览·自知》作"司过"，《邓析子·转辞》作"司直"。

⑩"武王"句：高诱注：欲戒君令慎疑者，摇鞀鼓。按，鞀(táo)，有柄小鼓。按，"故尧"至"之鞀"，亦见于《邓析子·转辞》、《吕览·司过》。

⑪举：举荐任用。

⑫"皆坦然"句：王念孙《读书杂志》：当作"皆坦然南面而王天下

焉"。坦然,安然。无顾忌的样子。南面,背屏而朝诸侯。

⑬鼛(gāo)鼓而食:《玉海·音乐部》、《乐器部》引作"伐鼛而食"。鼛,《说文》中指大鼓。帝王吃饭时所奏的乐器。

⑭《雍》:帝王吃饭时所奏的音乐。

⑮灶:灶神。

⑯"行不用"二句:《文子·微明》作:"行不用巫觋,而鬼神不敢先。"巫祝,古代替人祈祷求福的人。祟,北宋本原作"崇"。《道藏》本作"崇",鬼神作怪义。

⑰战战慄慄:恐惧、发抖的样子。

⑱"惟此"四句:见于《诗·大雅·大明》。翼翼,小心谨慎的样子。昭,通"劭",勤勉。怀,招徕。

⑲武王伐纣:《群书治要》引作"武王克殷"。按,"武王"至"之囚",亦见于《周书·克殷》、《吕览·慎大》,并见《尚书大传》、《韩诗外传》卷三。

⑳钜桥:纣粮仓名。在河北曲周东北。

㉑鹿台:纣王藏财物之台。在淇县朝歌之南。

㉒"封比干"句:高诱注:比干,纣诸父也。谏纣之非,纣杀之。故武王封崇其墓,以旌仁也。

㉓"表商容"句:高诱注:商容,殷之贤人,老子师,故表显其里。按,梁玉绳《校庄本淮南子》:此与《吕氏春秋·慎大》、《离谓篇》注同,高氏之谬也。商容,殷末也,而孔子并老子时,安得师之?

㉔"解箕子"句:高诱注:箕子,纣之庶兄。武王伐纣,敕其囚执,问以《洪范》,封之于朝鲜也。

㉕晏然:平和的样子。

㉖失:北宋本原作"夫"。《道藏》本作"失"。据正。

㉗著:图画。

㉘略智:广求其知。略,求。

㉙成、康：周成王姬诵，周代第二任国君。在位约 22 年。周康王姬
　钊，在位 25 年。

㉚苟：随便。

㉛通：博通。

㉜苌弘：周朝大臣刘文公的大夫，通晓天文。

㉝孟贲(bēn)：战国时勇士，相传能拔牛角。

㉞郊菟：狡猾的兔子。《太平御览》卷三百八十六《人事部》二十七
　引作"足踥狡兔"。踥，即蹑字。蹑，追。郊，通"狡"。

㉟力招城关：高诱注：招，举也。以一手招城门关端能举之。按，
　关，闩门横木。

㊱孝道：王叔岷《淮南子斠证》："孝"当为"孝"。《说文》："孝，放
　也。""放"与"仿"通，引申有教化义。此文"孝道"与"教道"同。

㊲素王：有帝王之德而未居帝王之位的人。指孔子。"素王"见于
　《庄子·天道》。

㊳钼(chú)：《玉篇》解作"田器"。俗作"锄"。

㊴王道：指儒家以"仁政"为主要内容的统治术。

㊵匡：在今河南长垣西南。

㊶辍(chuò)：停止。按，"然而"至"不辍"，见于《庄子·秋水》。

㊷司寇：官名，西周时置，掌管刑狱、纠察等。

㊸听：处理。为断：刘台拱《淮南子校补校》："为断"当作"师断"。
　《说苑·至公》"听狱必师断"。师，众也。与众共之，不独断也。

㊹《春秋》：儒家经典之一，中国第一部编年史。记事起于鲁隐公元
　年(前 722)，终于鲁哀公十四年(前 481)，共十二公，242 年。《史
　记·太史公自序》：孔子厄陈、蔡，作《春秋》。

㊺其所事者多：《群书治要》引作"其所事者又多"。按，"其所"二
　句，本自《荀子·王霸》。《文子·微明》亦作"又"。

㊻"吴起、张仪"四句：王叔岷《淮南子斠证》：案张仪被谗去秦，相魏

一岁而卒。"支解"之说,他书无征。张仪疑本作商鞅。《缪称篇》:"商鞅立法而支解,吴起刻削而车裂。"《人间篇》亦云:"商鞅支解。"

【译文】

古时候天子处理朝政之事,公卿大臣正面劝谏,博士官诵读诗歌,乐官进箴言、乐师讽谏,平民意见向上传达,史官记载他们的过失,宰人撤去他们的饭食,还认为不能够足以警戒自己。所以尧设置供进谏的大鼓,舜设立指责批评过失的表木,汤设有检举不法的官吏,武王设立警戒自己要谨慎治政的小鼓,即使过失出现如同毫厘一样,就已经足够戒备的了。圣人对于好的人事,不因为它微小而不兴办;对于自己的过失,不因为细微而不更改。尧、舜、禹、汤、周武王,都是内心坦然地南面称王。在这个时候,吃饭的时候奏起鼙鼓,演奏《雍》时撤去饭食,吃完饭后去祭祀灶神,言行举事不用巫祝求福,鬼怪神灵不敢作怪,高山大川也不敢为祸,可以说已经是十分可贵的了。虽然如此他们仍然战战兢兢地处理国事,一天比一天谨慎。从这里可以看出,那么圣人的用心是十分谨慎的。《诗》中说:"这个周文王,为人小心翼翼,勤勉事奉上帝,招来许多福气。"恐怕说的就是这样的事吧!

周武王讨伐商纣王,散发钜桥粮仓的粮食,发散鹿台库藏的钱财;扩大王子比干的墓地,旌表贤人商容的闾里;朝拜商汤的宗庙,释放被囚禁的箕子;让天下人安居家园,耕田种地,不分故人和新人,只亲近贤德之人,使用的东西不是属于他原有的旧臣,使唤的人也不是他的近人,他们平静得像原来就有的一样。从这里可以看出,那么圣人的志向是非常宏大的。

周文王广泛考察得失变化,普遍观览利弊关系,把尧、舜所以能够昌盛,桀、纣所以灭亡的道理,都记载在明堂之上。在这个时候广泛寻求知识、普遍地去询问,以便来应对千变万化的问题。从这个地方可以看出,那么圣人的智慧是非常周全的。

周成王、康王继承周文王、武王的大业,恪守明堂的制度,观察存在、灭亡的迹象,考察成功、失败的变化,不是圣人之道不去说,不是仁义之路不敢行,言论不随便说出,行事不随便去做,选择好的而后才去从事。从这里可以看出,那么圣人的行为是非常方正的。

孔子的博学,智慧超过苌弘,勇力能够制服孟贲,脚步可以追上狡猾的兔子,一只手可以举起闩城门的横木,才能确实是很多的。虽然这样孔子的勇力不被人知道,伎巧不被人了解,而专心推行教化之事,从而成为素王,他的行事也是很简约的了。春秋二百四十二年,亡国五十二,弑君三十六,孔子采摘为善之事、锄除丑恶之迹,从而实现他的仁义之道的理想,他的论说也是很广博的了。虽然如此他曾被围困在匡地,然而神色一点也不改变,弹琴唱歌不停止,面临死亡的处境,遭受患难的危险,根据大义实行正理而心志一点也不害怕,态度不同的分别也是很明白的了。然而担任鲁国司寇之时,处理案件必定秉公决断,编成《春秋》一书,不去称道鬼神,不凭自己擅断。圣人的才智,确实是多方面的,但是他所守持的又很简要,所以举事一定兴盛;愚人的才智,本来是很少的,但他所从事的又很多,因此行事一定要困穷。吴起、张仪,智慧不如孔子、墨翟,而却在万乘之君中去争夺权力,这就是二人遭到车裂肢解的原因。

夫以正教化者①,易而必成;以邪巧世者②,难而必败。凡将设行立趣于天下③,舍其易成者④,而从事难而必败者,愚惑之所致也。凡此六反者⑤,不可不察也。

偏知万物而不知人道⑥,不可谓智;偏爱群生而不爱人类,不可谓仁。仁者爱其类也,智者不可或也。仁者虽在断割之中⑦,其所不忍之色可见也⑧;智者虽烦难之事,其不暗之效可见也⑨。内恕反情⑩,心之所欲⑪,其不加诸人;由近知远,由己知人,此仁智之所合而行也。小有教而大有存也,小有诛而大有宁也⑫,唯恻隐推而行之⑬,此智者之所独断也⑭。故仁智错⑮,有时合,合则为正,错者为权⑯,其义一也。

【注释】

①教化:教育感化。

②巧世:欺骗世人。

③设行:建立德行。立趣:树立意向。

④"舍其"句:《文子·微明》作"舍其易而必成"。

⑤六反:高诱注:六反,谓孔、墨、苌弘、孟贲、吴起、张仪也。其行相反,故曰六反也。按,俞樾《诸子平议》:高注大谬。小与大反、员与方反、多与鲜反,是谓六反。

⑥偏:独。人道:人类社会的道德规范。亦指人事。

⑦断割:判决,决断。

⑧"其所"句:高诱注:不忍智断割之色见于颜色也。按,何宁《淮南子集释》:"所"字衍。

⑨暗:愚昧。效:验。

⑩内恕:存心宽厚。

⑪心之所欲:顾广圻《校淮南子》:"欲"上疑脱"不"字。

⑫诛:责备。

⑬恻(cè)隐:同情,哀痛。

⑭独断:独自决断。

⑮"故仁"句:王念孙《读书杂志》:当作"故仁智有时错,有时合"。

⑯权:权变。

【译文】

　　用正直来教育感化别人,容易做到而必定能成功;用邪术欺骗世人,困难而且一定失败。凡是将要在天下树立德行和意旨,舍弃那些容易而一定能成功的,而从事那些困难却一定要失败的,这是愚昧迷惑所造成的。大凡这六种相反的行为,是不能不考察清楚的。

只了解万物而不了解人类的道德规范,不能说是聪明;只热爱万物而不热爱人类本身,不能说是仁。具有仁德的人爱护他的同类,具有智慧的人也不能够被迷惑。仁德之人即使在判决案件之时,他的不忍之心还是可以表现出来的;智慧的人即使遇到繁难之事,他的不愚昧的兆征也可以显现出来。存心宽厚返回真情,内心所想到的,不施加给别人;从近处知道远处,从自己知道别人,这是仁、智之人共同的行事标准。在小的方面有所教诲在大的方面就会有所保存,在小的方面有所责备大的方面就会安宁了,只有把同情之心推衍到其他事物中去,这才是智慧的人所独自决断的事。因此仁、智的措施有时不合,有时相合,相合的地方就是正理,不合的地方是权变的行为,它的道理是一致的。

府吏守法^①,君子制义,法而无义,亦府吏也,不足以为政。耕之为事也劳,织之为事也扰。扰劳之事而民不舍者,知其可以衣食也。人之情不能无衣食,衣食之道,必始于耕织,万民之所容见也^②。物之若耕织者,始初甚劳,终必利也众^③,愚人之所见者寡;事可权者多,愚之所权者少^④,此愚者之所多患也。物之可备者,智者尽备之;可权者,尽权之,此智者所以寡患也。故智者先忤而后合^⑤,愚者始于乐而终于哀。

【注释】

①府吏:指官府的低级官吏。

②容:刘绩《补注》本作"公",共同。王念孙《读书杂志》:"容"与"公",古字通。刘本改作"公",庄从刘本非。

③"终必"句:俞樾《诸子平议》:"众"上脱"物之可备也"五字。

④"事可权"二句：王念孙《读书杂志》：当作"事之可权者多，愚人之
　　所权者少"。权，权变。
⑤忤：背逆。

【译文】

　　府吏恪守法令条文，君子受道义制约，恪守法律但是没有道义，也
可以做府吏，但是不能够处理好政事。从事耕作的事很辛苦，从事纺织
之事很烦扰。烦扰、辛劳的事情而老百姓不愿舍弃它，是知道它可以解
决衣食问题。人之常情不能没有衣、食，生产衣、食的过程，必定由耕织
开始，这是普通民众都能共同看得见的。凡事就像耕田、织布一样，开
始的时候很辛苦，最终必定得到很多的利益，而愚蠢的人所见到的很
少；能够权衡灵活处理的事情多，愚蠢的人能够权衡灵活处理的少，这
就是愚蠢的人祸患多的原因。万物中对人有用的，聪明的人全都用上
了；可以用来权变的地方，聪明的人全部掌握了它的权变，这就是聪明
的人祸患少的原因。所以聪明的人行事先有抵触而后能够得到完满的
结果，愚蠢的人首先享受快乐而后在悲伤中终结。

　　今日何为而荣乎①？旦日何为而义乎②？此易言也。今
日何为而义，旦日何为而荣？此知难也③。

【注释】

①荣：兴盛。
②旦：北宋本原作"且"。《道藏》本作"旦"。据正。下"旦"同。
③知难：刘绩《补注》本作"难知"。

【译文】

　　今天怎么能实现兴盛呢？明日又怎样来行义呢？这是容易给人说
清楚的。今天怎么来行义，明日又怎么能兴盛呢？这是难以知道的。

　　问瞽师曰：“白素何如①？”曰：“缟然②。”曰：“黑何若？”曰：“黬然③。”援白黑而示之④，则不处焉⑤。人之视白黑以目，言白黑以口。瞽师有以言白黑，无以知白黑，故言白黑与人同，其别白黑与人异。

　　入孝于亲，出忠于君，无愚智贤不肖，皆知其为义也。使陈忠孝行，而知所出者⑥，鲜矣！凡人思虑，莫不先以为可而后行之；其是或非，此愚知之所以异。

　　凡人之性，莫贵于仁，莫急于智。仁以为质⑦，知以行之；两者为本，而加之以勇力、辩慧、捷疾、劬录、巧敏、迟利、聪明、审察⑧，尽众益也。身材未脩，伎艺曲备⑨，而无仁智以为表干，而加之以众美，则益其损。故不仁而有勇力果敢，则狂而操利剑⑩；不智而辩慧怀给⑪，则弃骥而不式。虽有材能，其施之不当，其处之不宜，适足以辅伪饰非，伎艺之众，不如其寡也。故有野心者⑫，不可借便势⑬；有愚质者，不可与利器⑭。

　　鱼得水而游焉则乐，塘决水涸，则为蝼蚁所食；有掌脩其堤防⑮，补其缺漏，则鱼得而利之。国有以存，人有以生。国之所以存者，仁义是也；人之所以生者，行善是也。国无义，虽大必亡；人无善志，虽勇必伤。治国，上使不得与焉⑯；孝于父母，弟于兄嫂，信于朋友，不得上令而可得为也⑰。释己之所得为⑱，而责于其所不得制⑲，悖矣。

　　士处卑隐⑳，欲上达，必先反诸己。上达有道，名誉不起，而不能上达矣。取誉有道，不信于友，不能得誉。于友有道，事亲不说，不信于友。说亲有道，脩身不诚，不能事亲矣。诚身有道,心不专一,不能专诚㉑。道在易而求之难㉒,验在近而求之远㉓,故弗得也。

【注释】

①素:没有染色的丝绸。

②缟(gǎo)然:白色的样子。

③黫(dǎn)然:黑色的样子。

④援:拿,取。

⑤处:决断。按,此段见于《墨子·贵义》。

⑥出:陶鸿庆《读淮南子札记》:"出"当为"由"字之误。

⑦质:根本,本体。

⑧辩慧:有口才。捷疾:迅速,敏捷。劬(qú)录:勤劳。劬,劳。迟利:犀利,坚利。

⑨伎艺:技术,才艺。曲备:周曲全备。

⑩狂:狂乱之人。

⑪怀给(jǐ):巧佞,巧诈。怀,佞。

⑫野心:外心。

⑬便势:便利的形势。

⑭利器:喻国家权力。

⑮掌:主管。

⑯"治国"二句:于省吾《淮南子新证》:"使"、"事"金文同字。治国上事,言治国乃主上之事,故曰"不得与"焉。俞樾《诸子平议》:疑"治国"下脱"非"字。

⑰不得上令:顾广圻《校淮南子》:"得"当作"待"。

⑱释:放弃。

⑲责:要求。制:决断、裁决。

⑳卑隐:卑陋,隐蔽。

㉑专诚：专一，至诚。王念孙《读书杂志》：以上文例之，则"不能专诚"当作"不能诚身"。

㉒易：容易。高诱注：易谓反己，先修其本也。

㉓验：效验。

【译文】

有人问双目失明的乐师说："白色的丝绸是怎样的？"回答说："白色的样子。"问："黑色是怎样的？"回答说："黑色的样子。"拿来白色和黑色的东西指给他看，那么他就不知决断了。人们看白、黑用眼睛，说出白、黑用嘴巴。失明的乐师能够用嘴巴说出白、黑，却没有办法用眼睛来断定白、黑，因此说白、黑时和平常人相同，辨别白、黑时和平常人有差异。

回到家庭对双亲讲孝道，出了家门对国君讲忠诚，不管愚蠢、聪明，贤良、不肖，都知道这叫做义。虽然能让他们陈说忠君孝亲的行为，而知道要实行忠孝的缘由，这样的人就少了。大凡人的思虑，没有不是先认为可行而后才去实行它；它的结果有正确或者错误，这是愚笨的和聪明人的不同之处。

大凡人的情性中，没有什么比仁更值得珍视的了，没有什么比智更使人急切的了。把仁作为根本，用智来推行它；把这两方面作为基本，再加上勇力、口才、敏捷、勤劳、灵巧、坚利、聪明、明察，这样许多长处都包括进去了。自身才智未加修治，才艺却周曲全备了，而又没有仁、智作为统率，又加上外部许多美妙东西的干扰，那么性情便受到更多的损害。因此不仁之人而具有勇力果敢的特性，那么就像狂乱的人拿着利剑一样；不智的人而具有伶俐的口辩，那么就像乘车马而迷失方向一样。即使有才能，它所施用的地方不妥当，所处的位置不适宜，恰好只能用来辅佐虚伪掩饰错误，才艺即使很多，却不如少一点为好。因此有野心的人，不能够借助便利的形势；有愚蠢特质的人，不能够给它掌握国家权力。

鱼得到水自由遨游便非常快乐，水塘决堤滴水全无，鱼儿便成为蝼

蛄、蚂蚁口中的美食；有主管修筑堤防，填补缺口的人，那么鱼儿便重新
得到水而自由游弋了。国家有了贤人就能存在，人民便得以生存。国
家之所以存在的原因，是因为有了仁义；人民之所以得到生存，是因为
国君推行了善政。国家没有义，即使再大也会灭亡；人没有美好的理
想，即使很勇敢，也一定受到伤害。治理国家，不是主上命令他人不得
随便参与；对父母要讲孝道，对兄嫂要顺从，对朋友要讲信用，没有得到
主上的命令都能够做到。放弃自己所能够做到的，却要求他不能决断
的东西，这就违背事理了。

　　士人隐居在卑陋的地方，要想上进的话，必须首先反省自己。上进
是有一定的途径，名声、信誉没有建立起来，这是不能够上进的。得到
信誉有一定的途径，不被朋友相信，不能够得到信誉。取信朋友有一定
的途径，事奉亲长而得不到高兴，不能被朋友相信。取悦父母有一定的
途径，修治自身不是真心，就不能够事奉亲长。使自身真诚有一定的途
径，精神不专一，不能达到至诚的要求。道在于治本就容易得到，而不
治本就困难了，效验本来就在近处，而却要到远处去寻求，所以就不能
得到。

第十卷　缪称训

【题解】

本训解题中说："缪异之论，称物假类，同之神明，以知所贵。"缪，通"谬"。《广雅·释诂三》："谬，误也。"即称引物证，借助同类事物，来摈除谬误异说，而合同到神明的道德之中。

文中首先论述了道、儒两家的道、德、仁、义之关系："道者，物之所导也；德者，性之所扶也；仁者，积恩之见证也；义者，比于人心，而合于众适者也。"指出儒家思想核心的"仁义"只是"道德"衰落的产物。认为世界可知，天、地、人都有规律可循。"欲知天道察其数，欲知地道物其树，欲知人道从其欲"。文中特别强调把握事物之间如祸福、轻重、德怨等的相互转化关系，"福之萌也绵绵，祸之生也分分"。圣人治政，要"制其剟材，无所不用"。君子治国，要"举贤"，要抛弃偏见、私好，广选人才。本训亦为弘扬道旨的重要文献。

陶方琦《淮南许注异同诂》："序目无'因以题篇'字，乃许氏注本也。取旧辑许注与今注较之，说多同，其为许注无疑也。"

道至高无上，至深无下，平乎准，直乎绳，员乎规，方乎矩，包裹宇宙而无表里[①]，洞同覆载而无所碍[②]。是故体道者，不哀不乐，不怒不喜，其坐无虑，其寝无梦，物来而名，事来而应。

①包：北宋本原作"句"。《道藏》本作"包"。据正。

②洞同：贯通。碍：限制。

【译文】

道至高无上，至深无下，同水准一样平，和绳墨一样直，与规一样圆，同矩一样方，包裹了整个宇宙而没有内外，贯通覆盖运载万物而没有什么阻碍。因此体察到道的人，不悲哀也不快乐，不欢喜也不发怒，他们坐着的时候没有思虑，他们睡觉的时候不做梦，万物到来时给它命名，事情到来时而去应对。

主者国之心，心治则百节皆安，心扰则百节皆乱。故其心治者，支体相遗也；其国治者，君臣相忘也。黄帝曰："芒芒昧昧①，从天之道②，与元同气③。"故至德者，言同略④，事同指⑤。上下壹心，无歧道旁见者⑥，遏障之于邪⑦，开道之于善⑧，而民乡方矣⑨。故《易》曰⑩："同人于野，利涉大川⑪。"

【注释】

①芒芒昧昧：广大的样子。

②道：王念孙《读书杂志》云："道"本作"威"，威者，德也。言从天之德也。按，《吕览·应同》、《文子·上仁》、《符言》作"威"。疑北宋本误。

③元：指天。《文子·符言》作"天"。

④略：略要。

⑤指：指归、意图。

⑥歧道：岔路。旁见：不同的见解。

⑦遏(è)障：阻止。

⑧开道：引导，启发。开，北宋本原作"关"。刘绩《补注》本作"开"。据正。

⑨乡：通"向"，趋向。

⑩《易》：《汉书·艺文志》载：宓戏氏始作八卦，周文王作上下篇，孔子作十翼。占筮之书，儒家经典之一。

⑪"同人"二句：许慎注：言能同人道至于野，则可以济大川。大川，大难也。按，见于《周易·同人卦》。

【译文】

　　国君是国家的心脏，心脏得到治理那么百节就会安定，心脏紊乱那么百节就会发生混乱。因此他的心脏得到调理，四肢和身体就会互相遗忘；他的国家得到治理，君臣之间就会互相忘记。黄帝说："广大无边啊，依照天的威德，和上天元气相通。"因此具有最高德性的人，言语都能抓住要点，行事都能掌握意图。君臣一心，没有出现分歧和不同的见解，对于邪气能阻止它，对于好事能引导它，那么百姓便趋向正直了。因此《周易》中说："能够同人到达郊外，对于度过大难是有利的。"

　　道者物之所导也①，德者性之所扶也②，仁者积恩之见证也③，义者比于人心，而合于众适者也④。故道灭而德用，德衰而仁义生。故尚世体道而不德，中世守德而弗怀也⑤，末世绳绳乎唯恐失仁义⑥。君子非仁义无以生，失仁义，则失其所以生。小人非嗜欲无以活，失嗜欲，则失其所以活。故君子惧失义，小人惧失利。观其所惧，知各殊矣。《易》曰："即鹿无虞，惟入于林中。君子几，不如舍，往吝⑦。"

【注释】

①导：引导，向导。

②扶：扶持。

③见证：明显的效验。

④合：北宋本原作"含"。刘绩《补注》本作"合"。《文子·微明》亦作"合"。据正。适：适宜，适合。

⑤怀：北宋本原作"坏"。俞樾《诸子平议》：《文子·微明篇》"中世守德而不怀"。"坏"字亦"怀"字之误。"怀"即怀来之"怀"。据正。

⑥末：北宋本原作"未"。《道藏》本作"末"。据正。绳绳：戒慎的样子。唯：北宋本原作"准"。《道藏》本作"唯"。据正。

⑦"即鹿"五句：见于《周易·屯卦》。即，就。鹿，喻百姓。虞（yú），虞人。主管禽兽之官。几，期望。吝（lìn），恨惜。

【译文】

道是万物的主导，德是天性的扶持，仁是积累恩德的见证，义是同人心相比并，而与众人适宜相配合。所以道消亡而后德被使用，德衰落而后仁义产生。所以上古之世体察道而不需要德，中古之世持守德而不需要安抚，末世之时国君谨慎小心只担心失去仁义。君子不用仁义就没有办法生存，失去仁义，那么就失去了他生存的基础。小人没有嗜欲就没有办法生活，失去嗜欲，那么就失去了他赖以生活的基础。所以君子担心失去仁义，小人害怕失掉利益。考察他们所害怕的，知道各自是不同的。《周易》中说："逐鹿没有虞人帮助，鹿入于林中。君子求鹿，不如舍弃它，往求会有恨惜。"

　　其施厚者其报美①，其怨大者其祸深。薄施而厚望，畜怨而无患者②，古今未之有也。是故圣人察其所以往，则知其所以来者。圣人之道，犹中衢而致尊邪③？过者斟酌，多少不同,各得其所宜。是故得一人,所以得百人也。人以其所愿于上④,以与其下交,谁弗载⑤? 以其所欲于下,以事其上,谁弗喜?《诗》云:"媚兹一人,应侯慎德⑥。"慎德大矣,一人小矣。能善小,斯能善大矣。

【注释】

①美:美好。

②畜(xù):积聚。

③衢(qú):道路四达叫衢。致:通"置",设置。尊:酒器。

④愿:仰慕。

⑤载:通"戴",爱戴,拥戴。刘绩《补注》本作"戴"。

⑥"媚兹"二句:见于《诗·大雅·下武》。媚,爱。一人,指周成王。应,国名。故城在今河南宝丰西南。应侯是周武王之子,受封于应。慎德,遵循美德。《毛诗正义》本作"顺德"。

【译文】

他们的施舍多得到的报答就美好,他们的怨仇多得到的灾祸就深重。施予的少而想得到过分的报偿,积怨很深而想没有祸患,从古到今没有这样的事。因此圣人认真考察他过去如何做的,那么就知道他未来如何到达。圣人推行的大道,恐怕就像在四通八达的道路中间放置酒樽吧? 过路的人经过考虑,根据各人酒量的多少不同,各自取饮适量的酒。因此得到一人之心,就能得到百人之心。人们若用希望在上位者所具有的品质,来对待在下位的人,哪个不爱戴呢? 人们若用要求在下位者所具有的品质,来事奉在上位者,哪个不欢喜呢?《诗》中说:"可爱的这个天子,应侯遵循他的美德。"遵循美德是重大的事,一个天子是小的事。能够做好小的事情,那就能做好大事情。

　　君子见过忘罚，故能谏；见贤忘贱，故能让；见不足忘贫，故能施。情系于中，行形于外。凡行戴情①，虽过无怨；不戴其情，虽忠来恶②。后稷广利天下，犹不自矜③；禹无废功，无蔽财，自视犹觖如也④。满如陷⑤，实如虚，尽之者也。

【注释】

①戴：通"载"，充满。情：诚。

②恶：于大成《缪称校释》："恶"当作"患"。怨、患以古韵寒部字相协。

③自矜(jīn)：自我夸耀。

④觖(jué)如：不满的样子。

⑤陷：少。

【译文】

　　君子看到自己的过失能够忘掉处罚进谏者，所以才能有人进谏；看到贤德的人能够忘掉他的贫贱，因此能够谦让；看到生活不足的人能够忘掉他的贫困，所以能够施舍。感情联系着内心，行动表现在外面。大凡行为充满了真情，即使有过失也没有怨恨；不充满真情，即使是忠心也会招来恶意。后稷普遍地为天下人民谋利益，还不自我夸耀；大禹没有停止的工作，没有隐藏财物，然而自己还不满足。充满了好像缺少，充实了好像空虚，尽量使它完满。

　　凡人各贤其所说，而说其所快。世莫不举贤，或以治，或以乱，非自遁①，求同乎己者也。己未必得贤②，而求与己同者，而欲得贤，亦不几矣③。使尧度舜则可，使桀度尧，是犹以升量石也。今谓狐狸④，则必不知狐，又不知狸。非未尝见狐者，必未尝见狸也。狐、狸非异，同类也。而谓狐狸，则不知狐、狸。是故谓不肖者贤,则必不知贤;谓贤者不肖,则必不知不肖者矣。

【注释】

①遹:欺骗。

②已未必得贤:《群书治要》引此无"得"字。

③几:近。

④狐:哺乳动物,犬科,肉食类。性狡猾多疑。狸:俗称野猫。又称"豹猫"。哺乳类猫科动物。

【译文】

大凡人们都把他们所喜欢的人认为是贤人,而喜欢他们所认为快乐的事。世上没有国君不举用贤人的,有的能使国家得到治理,有的却使国家混乱,这样不是自我欺骗造成的,而是各自寻求同自己志趣相同的人造成的。自己不一定是个贤人,却寻求与自己相同的人,而这样想得到贤人,不也是和自己相近了吗?让尧度量舜是可以的,使桀度量尧,这就像用升来度量石一样。现在人说的狐狸,那么必定是不知道狐,又不知道狸。不是不曾见到狐,就一定不曾见到狸。狐、狸不是异类,而是同类。而合称狐狸,那么就是不知道狐和狸的区别而形成的。因此把不肖的人说成是贤人,那么就一定不知道贤人;说贤人是不肖的人,那么必定不知道不肖的人。

圣人在上,则民乐其治;在下,则民慕其意。小人在上位,如寝关曝纩①,不得须臾宁。故《易》曰:"乘马班如,泣血连如②。"言小人处非其位,不可长也。

【注释】

①寝:病卧。关:门关。曝纩(pù kuàng):曝晒蚕茧。许慎注:纩,茧
也。曝茧,踊动摇不休,死乃止也。

②"乘马"二句:见于《周易·屯卦》。班如,回旋的样子。班,旋。
连如,悲凄的样子。连,《四库全书》本作"涟"。

【译文】

圣人处于统治地位时,那么百姓就喜欢他的统治;不在位的时候,
那么百姓就仰慕他的志向。小人处于统治地位时,就像病人躺在门关
上曝晒蚕茧一样,不会得到一刻的安宁。因此《周易》中说:"乘马遇险
盘旋不定,就会有泣血悲凄的忧虑。"说的是小人处在不属于他的位子
上,是不能够长久的。

物莫无所不用①。天雄乌喙②,药之凶毒也,良医以活
人。侏儒瞽师,人之困慰者也③,人主以备乐。是故圣人制
其剟材④,无所不用矣。

【注释】

①"物莫"句:郑良树《淮南子斠理》云:当作"物无所不用"。

②天雄:中药名。《本草经》:天雄,主大风,……强筋骨,轻身健行。
乌喙(huì):即乌头。喙,北宋本原作"啄"。《道藏》本"喙"。
据正。

③困慰:困窘,怨恨。

④制:处理。剟(duō):砍削,割取。

【译文】

万物中是没有什么不能被利用的。天雄、乌喙,是药物中毒性最大
的,但是高明的医生却用它来治病救人。矮子、盲人,是人类中困窘到
极点的人,但是国君用他们来演奏音乐。因此圣人用人就像处理那些

砍割剩下来的木材,没有什么用不上的。

　　勇士一呼,三军皆辟①,其出之也诚。故倡而不和②,意而不戴③,中心必有不合者也。故舜不降席而王天下者④,求诸己也。故上多故,则民多诈矣。身曲而景直者,未之闻也。说之所不至者,容貌至焉。容貌之所不至者,感忽至焉⑤。感乎心,明乎智,发而成形,精之至者⑥。可以形势接⑦,而不可以照讠己⑧。

【注释】

①辟:通"避",避让。按,此文亦见于《韩诗外传》卷六、《新序·杂事》四。

②倡:倡导。意:通"噫"。许慎注:恚声也。

③戴:通"载",行动。许慎注:嗟也。按,即招呼或应答声。《文子·精诚》作"意而不载"。

④王:王念孙《读书杂志》:"王"当为"匡"。匡,正也。《文子·精诚》作"匡"。

⑤感忽:精诚感动人心的样子。

⑥者:《道藏》本作"也"。

⑦形势:指精诚形成的力量。

⑧照讠己(jì):教导、告诫。北宋本原作"照誌"。刘绩《补注》本作"照讠己"。据正。讠己,戒。《文子·精诚》作"照期"。

【译文】

　　勇士在战场上振臂一呼,三军都要避让,他的呼喊是真诚的。因此有人带头倡导而没有人应和,自己愤怒而别人不行动,是因为众人心里面必定有不愿意配合的事情。因此舜不离开坐席而统治天下,首先要求自己要正直。所以国君多变故，那么百姓就会多欺诈。自身不端正而想求得身影正直，是从来没有听说过的。简单说教不能达到的目的，靠表情动作就能达到目的了。靠表情动作不能达到目的，精诚感动人心就可以达到了。内心受了感动，智慧得以显明，做出来的事情就能成功，这是精诚所达到的要求。能够用精诚同他人进行交接，而不能单靠言语来教导告诫他人。

　　戎、翟之马①，皆可以驰驱，或近或远，唯造父能尽其力；三苗之民，皆可使忠信。或贤或不肖，唯唐、虞能齐其美，必有不传者②。中行缪伯手搏虎③，而不能生也，盖力优而克不能及也④。用百人之所能，则得百人之力；举千人之所爱，则得千人之心。辟若伐树而引其本，千枝万叶，则莫得弗从也。

【注释】

①戎：古代对西北少数民族的通称。翟（dí）：通"狄"，古代北方少数民族。

②不传：许慎注：心教之微眇，不可传。

③中行缪（mù）伯：春秋时晋国大臣。力能搏虎。

④克：能。

【译文】

　　戎、翟的骏马，都可以奔驰，有的跑得近、有的跑得远，只有造父能够全部发挥马的气力；三苗的百姓，都能够使他们成为忠信之人。有的成为贤人、有的成为不肖之人，只有唐尧、虞舜才能够使他们的美德齐全，其中必定有不可言传的教化妙法。中行缪伯能够生擒猛虎，但是不能使老虎活下来，大概是力气无比而伏虎的能力达不到。采用一百个人的才能，那么就能得到一百个人的力量；举荐千人所爱戴的人，那么就能得到千人的心愿。比如说砍伐大树而牵引树根，千枝万叶，那么没有不来随从的。

慈父之爱子，非为报也，不可内解于心；圣人之养民，非求用也，性不能已。若火之自热，冰之自寒，夫有何脩焉？及恃其力，赖其功者，若失火舟中①。故君子见始，斯知终矣。媒妁誉人②，而莫之德也。取庸而强饭之③，莫之爱也。虽亲父慈母，不加于此④，有以为则恩不接矣。故送往者，非所以迎来也；施死者，非专为生也。诚出于己，则所动者远矣。

【注释】

①"若失火"句：许慎注：言舟中之人同心救火，不相为赐。

②媒妁(shuò)：介绍婚姻的人。许慎《说文》：媒，谋也。谋合二姓。妁，酌也。斟酌二姓也。

③庸：被雇用的人。

④加：超过。

【译文】

慈父爱护自己的儿子，不是为了他的报恩，是因为不能够在内心里解除爱子之情；圣人爱戴老百姓，不是要求他们为自己所用，爱民的天性使他们不能停止。像火可以自己变热，冰能够自己变寒，本身又修炼什么呢？等到依靠其他的力量，依赖其他的功用，就像在舟中失火一样。所以君子看到开始，就知道终结。说媒的人称赞别人，不是对别人有什么恩德。招来的雇工强迫他吃饭，不是爱护他，而是想让他多出力。即使是亲生的慈爱的父母，也不能在自然本性上增加什么要求，如果爱子是用来达到某种好处，那么养育之恩就不能接续下去了。因此送行归去的人,不是为了他再来;施予已死的人,不是专门为了生存的人。真诚出于自己的内心,那么被自己所感动的就很深远了。

　　锦绣登庙①,贵文也②;圭璋在前③,尚质也④。文不胜质之谓君子⑤。故终年为车,无三寸之辖⑥,不可以驱驰;匠人斫户,无一尺之楗⑦,不可以闭藏。故君子行斯乎其所结⑧。

【注释】

①登:进入。

②文:指华美的形式。

③圭璋:祭祀之玉器。

④质:指质朴的内容。

⑤“文不胜质”句:《论语·雍也》:“子曰:质胜文则野,文胜质则史。文质彬彬,然后君子。”可与此相参。胜,超过。

⑥辖(xiá):装在车轴末端的挡铁,用以挡住车轮,不致脱落。

⑦一尺:《意林》作“五寸”。楗:门闩。

⑧斯:《道藏辑要》本作“期”,《四库全书》本作“思”。《论语·公冶长》:“再,斯可矣。”刘宝楠正义:“顾氏炎武金石文字记:唐石经斯作思。”斯、思皆是。结:要领、终结。

【译文】

　　锦绣丝织品送进庙中,是珍视它的文采;圭璋等玉器放在前面,是崇尚它的质朴。文采不超过朴实这样的人才叫君子。所以终年造车子,如果没有三寸长的车辖,就不能奔跑;木匠制造门扇,没有五寸长的门闩,就不能够闭藏。因此君子行事考虑的是它的结局。

　　心之精者①,可以神化②,而不可以导人③。目之精者,可以消泽④,而不可以昭谄⑤。在混冥之中⑥,不可谕于人⑦。故舜不降席而天下治,桀不下陛而天下乱,盖情甚乎叫呼也⑧。无诸己,求诸人,古今未之闻也。同言而民信,信在言前也。同令而民化,诚在令外也。圣人在上,民迁而化,情以先之也。动于上不应于下者,情与令殊也。故《易》曰:"亢龙有悔⑨。"三月婴儿,未知利害也,而慈母之爱谕焉者⑩,情也。故言之用者,昭昭乎小哉! 不言之用者,旷旷乎大哉⑪! 身君子之言⑫,信也;中君子之意,忠也。忠信形于内,感动应于外,故禹执干戚⑬,舞于两阶之间⑭,而三苗服。鹰翔川,鱼鳖沉,飞鸟扬,必远害也。

　　子之死父也,臣之死君也,世有行之者矣,非出死以要名也⑮。恩心之藏于中,而不能违其难矣。故人之甘甘⑯,非正为蹠也⑰,而蹠焉往。君子之惨怛⑱,非正为伪形也⑲,谕乎人心,非从外入,自中出者也。

　　义尊乎君,仁亲乎父。故君之于臣也,能死生之,不能使为苟简易⑳;父之于子也,能发起之㉑,不能使无忧寻㉒。故义胜君,仁胜父,则君尊而臣忠,父慈而子孝。

【注释】

①精:明洁。

②神化:像神灵一样奇妙变化。

③导:教导。

④消泽:马宗霍《淮南旧注参正》:"泽"之为言"释"也。消释犹消亡也。消亡者无形之意。

⑤昭谄:教戒。许慎注:照,道。谄,诫也。不可以教导戒人。按,

　　吴承仕《淮南旧注校理》：作"昭"作"照"者，皆当为诏。《尔雅·释诂》："诏，道也。"

⑥混冥：指人心中。

⑦谕：知道，了解。

⑧情：指真实的感情。

⑨亢龙有悔：见于《周易·乾卦》。意为：池中之龙，水浅泥多，龙处其中，为困境所迫。亢，通"沆"，池。

⑩谕焉：《道藏》本作"谕笃"。《文子·精诚》作"而慈母之爱愈笃者，情也"。《吕览·具备》作"谕焉"。谕，领略，晓悟。

⑪旷旷：广大的样子。

⑫身：体行。

⑬干：北宋本原作"于"。《道藏》本作"干"。据正。

⑭阶：台阶。

⑮出死：舍身死寇难。要名：求取名声。要，通"徼"，求。

⑯甘甘：即甘其所甘，也就是乐其所乐之义。

⑰正：定。蹠(zhí)：愿望。

⑱惨怛(cǎn dá)：悲伤，痛苦。

⑲伪：刘绩《补注》本无此字。

⑳苟：苟合。简：王念孙《读书杂志》："简"字后人所加。高注云"君不能使臣为苟合易行之义"，则无"简"字明矣。易：变易。

㉑发起：生长。发，刘绩《补注》本作"废"。

㉒忧寻：即深忧。

【译文】

　　心灵的明洁，可以像神灵一样感化，却不能够教导人。眼睛的明洁，可以看到无形，但是不能够告诫人。在人心里头的东西，是不能够被人知道的。因此舜没有下坐席而天下治，桀没有下台阶而天下大乱，可见真挚感情是远远胜过大呼大叫的。自己没有正直之行，而去强求别人实行，从古至今还没有听说过。百姓赞同你的言论而被大众相信，信用在言语之前。百姓赞同你的命令而大众受到教化，真诚在命令之外。圣人居于统治地位，人民受到影响而变化，首先是圣人的真情在起作用。国君在上面行动而臣下不响应，是真情和命令不同的缘故。所以《周易》中说："处在水池中的龙有懊悔之心。"出生三个月的婴儿，不知道什么是利害，却能领略慈母之爱，是因为慈母动之以情。所以言语中能够被采用的，是非常少的一点！不需要说的话而被人采用的，确实是非常广泛啊！身行君子的教导，是讲究信用；符合君子的意图，是忠诚的表现。忠诚、信用在内心形成，受到它的感染行动就在外面表现出来，所以禹手执干戚，在两边台阶上舞蹈，而三苗便归服了。就像苍鹰飞翔在大川之上，鱼鳖就要潜伏到深潭之中，飞鸟就要高翔远离一样，必定要远远地离开祸害。

儿子为父亲而死，臣下为国君而死，世间有人是这样实行的，不是为了牺牲自己取得忠孝的名声。恩爱之心深藏于胸中，而不能够避开他们的灾难。因此人们乐其所乐，不一定是为了自己的愿望，但是愿望会随着到来。君子的悲伤，不是要矫正虚伪行止的缘故，而是要让人们心目中明白，真情不能从外面进入，而是从自己内心产生的。

大义比国君更重要，仁爱比父亲更亲。因此国君对臣下，能够使他或死或活，但是不能使臣下做出苟合改变品行的举动。父亲对于儿子，能够使他成长，却不能够使儿子没有深忧。所以大义能胜过国君，仁爱能胜过父亲，那么就会做到国君被尊重而臣下尽忠，父亲慈爱而儿子尽孝。

圣人在上，化育如神。太上曰："我其性与①？"其次曰："微彼，其如此乎②？"故《诗》曰："执辔如组③。"《易》曰："含章可贞④。"动于近，成文于远。夫察所夜行，周公惭乎景⑤，故君子慎其独也⑥。释近斯远⑦，塞矣。

【注释】

①"太上"二句：许慎注：太上，皇德之君也。我性自然也。按，太上，最上。指远古之时。

②"其次"二句：许慎注：其次，五帝时也。其民如此，故我治之如彼。按，其次，指五帝之世。

③执辔如组：见于《诗·邶风·简兮》、《郑风·大叔于田》。组，用丝织的柔软宽带。舞者手拿缰绳，象征驾车。

④"含章"句：意为：武王克商，自以为可以成功。（采用高亨《周易大传今注》之说）。含，勘。章，通"商"，指商纣王。引文见《周易·坤卦》。

⑤"周公"句：《文子·精诚》作"圣人不惭于景"。

⑥慎独：在独居时谨慎不苟。其说亦见《礼记·中庸》。

⑦斯：《文子·精诚》作"期"。

【译文】

圣人处于统治地位，化育万物就像神灵驱使一样。最远古时代的圣人说："我治民大概是依照他们的天然之性吧？"其次是上古五帝时圣人说："不是这样的百姓，天下能像这样得到治理吗？"所以《诗》中说："执着缰绳赶马合拍就像织组。"《周易》中说："武王克商，自以为可以成功。"君子在近处的行动，可以在远处形成美好的影响。考察夜间行走的人，周公对自己的影子也不会感到惭愧，所以君子对他的独居是很慎重的。放弃自身的修养而期待有长远的影响，这是行不通的。

闻善易，以正身难。夫子见禾之三变也①，滔滔然曰②："狐乡丘而死③，我其首禾乎④？"故君子见善，则痛其身焉。身苟正⑤，怀远易矣⑥。故《诗》曰："弗躬弗亲，庶民弗信⑦。"

【注释】

①夫子:指孔子。三变:许慎注:始于粟,粟生于苗,苗成于穗也。

②滔滔然:深沉的样子。

③"狐乡丘"句:据说狐死时头向窟穴。乡,通"向"。

④"我其"句:许慎注:禾穗垂而向根,君子不忘本也。

⑤苟:假如。

⑥怀:归附。

⑦"弗躬"二句:见于《诗·小雅·节南山》。躬,自身。庶民,众民。

【译文】

听到好的言行容易,但用来端正自身很困难。孔夫子看到粟、苗、穗的变化,深沉地说:"狐死的时候头向着窟穴的山丘,我大概也像垂着的禾穗一样,头向着根吧?"所以君子看到好的言行,就会痛悔自己还存在不好的东西。自身假如端正了,使远方的人归附就很容易了。所以《诗》中说:"不是亲自去做,百姓不会相信。"

小人之从事也,曰苟得①,君子曰苟义。所求者同,所期者异乎? 击舟水中,鱼沉而鸟扬,同闻而殊事②,其情一也。僖负羁以壶飧表其闾③,赵宣孟以束脯免其躯④。礼不隆而德有余⑤。仁心之感,恩接而憯怛生⑥,故其入人深。俱之叫呼也,在家老则为恩厚,在其债人⑦,则生争斗。故曰:"兵莫憯于意志⑧,莫邪为下;寇莫大于阴阳,抱鼓为小⑨。"

【注释】

①苟:通"亟(jí)",急切。

②闻:北宋本原作"间"。《道藏》本作"闻"。据正。

③僖负羁:春秋时曹大夫。晋文公流亡过曹时,曹君无礼,僖负羁

送饭食慰问文公。后文公灭曹，令不入僖氏之闾。事见《左传·
僖公二十三年》等。飧(sūn)：同"飱"，熟食。

④赵宣孟：即赵盾。春秋晋执政者。束脯(fǔ)：一束干肉。赵盾在
首山打猎，遇饿汉灵辄，送给饭食。晋灵公准备杀赵盾时，灵辄
以死护卫。事见《左传·宣公二年》。

⑤隆：多。

⑥憯怛(cǎn dá)：忧伤痛苦。

⑦债人：要债人。债，刘绩《补注》本改作"责"。责、债，古今字。

⑧憯：通"惨"，残酷。

⑨抱：刘绩《补注》本作"枹"，鼓槌。按，以上数句，化自《庄子·庚
桑楚》。

【译文】

　　小人的行事，是急切求得；君子的行事，是急切求义。所求的想法
是一样的，所期望的目的不是不同的吗？在水中击舟，游鱼沉底而水鸟
高飞，它们听到的信号一样但表现不同，而它们害怕的心情是一样的。
僖负羁因赠送重耳一壶饭食晋文公旌表僖氏之闾，赵盾赠束脯给饿人
灵辄而自己免于被杀。虽然施礼不多但恩德却是有余的。仁爱之心感
化他人，恩德能够接受而使人产生忧伤之情，这种深情刻骨铭心。同是
大声喝叫，处在家中长老之位那么则是对子孙有厚恩了，如果这样对待
债人那么就要产生争斗之事。因此说："在军事作战中没有比违背意志
伤害更大的了，而受到莫邪的伤害反而是小的；在受到的侵扰中没有比
阴阳变化对人危害更大的了，而敌人击鼓进军带来的骚乱反而是
小的。"

　　圣人为善，非以求名，而名从之。名不与利期，而利归
之。故人之忧喜，非为蹀躞焉往生也①。故至至不容②。故
若眯而抚③，若跌而据④。圣人之为治，漠然不见贤焉⑤，终

而后知其可大也。若日之行，骐骥不能与之争远。今夫夜有求，与瞽师并，东方开，斯照矣。动而有益，则损随之。故《易》曰："剥之不可遂尽也，故受之以复⑥。"

【注释】

①"故人"二句：许慎注：言非为冀幸往生利意也。蹗蹗（lù），冀幸。陶鸿庆《读淮南子札记》云：此文语不可晓。"蹗"疑"蹠"（zhí）字之误。当云："故圣人之忧喜，非为蹠生也，蹠焉往。"谓圣人之忧喜，非为愿欲而生，而其愿欲自至也。

②"故至"句：许慎注：至道之人，不饰容也。至至之人，即至道之人也。至至，刘绩《补注》本作"至人"。王念孙《读书杂志》："至至"即至道也。容，容饰。

③眯：芥子进入目中。抚：抚摸。

④据：依靠。

⑤漠然：冷漠的样子。

⑥"剥之"二句：参见《周易·序卦》："剥者，剥也。物不可以终尽，剥穷上反下，故受之以《复》。"（《十三经注疏》本）剥，剥落。复，复生。

【译文】

圣人推行善事，不是为了求得名声，但是名声会跟着来到。名声不和利益相期遇，但是利益却归附它。因此说人的忧愁欢喜，不是冀幸去感染他人而感化作用往往自然产生。所以说至德之人不需要加以容饰。就像眼睛吹入芥子自然用手去抚摸，又像跌倒在地要靠着起来一样。圣人治理国家，好像很淡漠地没有见到贤人一样，最后才知道圣人是能够包容广大的。就像太阳在运行，千里马是不能和它争夺远近一样。现在人们在夜里寻找东西，和盲人是相同的，等到东方放明，万物都被照见，情形就大不相同了。人的举动会带来利益，那么损害也会随之而来。因此《周易》中说："剥落是不可能全部干净的,因此又用复生来承续它。"

　　积薄为厚,积卑为高,故君子日孳孳以成辉①,小人日快快以至辱②。其消息也③,离珠弗能见也④。文王闻善如不及,宿不善如不祥⑤。非为日不足也,其忧寻推之也。故《诗》曰:"周虽旧邦,其命惟新⑥。"怀情抱质,天弗能杀,地弗能薶也⑦。声扬天地之间,配日月之光,甘乐之者也。苟乡善,虽过无怨;苟不乡善,虽忠来患。故怨人不如自怨,求诸人不如求诸己,得也。声自召也,貌自示也,名自命也,文自官也⑧,无非己者。操锐以刺,操刃以击,自召也貌⑨,何自怨乎人? 故筅子文锦也,虽丑登庙⑩;子产练染也,美而不尊⑪。虚而能满,淡而有味,被褐怀玉者⑫。故两心不可以得一人,一心可以得百人。

【注释】

①孳孳(zī):通"孜孜",努力不懈的样子。

②快快:肆意。刘绩《补注》本作"怏怏(yàng)"。当为误改。

③消息:消长。

④离珠:古代明目之人。刘绩《补注》本作"朱"。

⑤宿:止留。

⑥"周虽"二句:见于《诗·大雅·文王》。旧邦,悠久的国家。命,天命。

⑦薶(mái):同"埋",埋葬。

⑧文自官也:《中论·贵验》作"人自官也"。《文子·上德》同。

⑨自召也貌:《四库全书》本、《文子·上德》无此四字,疑衍。

⑩"故筦(guǎn)子"二句：许慎注：筦仲相齐，明法度，审国刑，不能及圣，犹文锦，虽恶，宜以升庙也。按，筦子，即管仲。春秋齐相。文锦，有彩色花纹的丝织品。丑，丑陋。

⑪"子产"二句：许慎注：子产相郑，先恩而后法，犹练染为衣，温厚而非宗庙服也。按，子产，春秋郑大夫，曾为相。练染，指把生丝煮熟，使之柔软洁白，叫"练"。染，即染色。

⑫王：同"玉"。玉，《说文》本作王，隶加点以别王字。

【译文】

积累薄的多了就会变厚，积累低的多了就会变高，因此君子一天天勤勉努力而成就辉煌的业绩，小人一天天肆意放纵而逐步酿成耻辱。这些消长变化，就是离珠也不能够辨明。周文王听到好的行事自己就像赶不上一样着急，看到身上存有不善的行为就像遇到不祥一样。不是因为每天都做得不够，而是用自己的深忧来推断它的发展。因此《诗》中说："周朝虽然是历史悠久的国家，但它接受天命却是新的。"怀着真诚抱着质朴，老天爷不能够残杀他，大地不能够埋葬他。名声传扬在天地之间，可以同太阳、月亮的光辉相匹配，这是非常甜美、快乐的事儿。假如心里想着善事，即使有过错也没人埋怨；假如不是向着善事，即使是忠诚也会招来祸患。因此埋怨别人不如埋怨自己，要求别人去做不如要求自己去做，这样就得到了根本。声响要由自己发出，容貌要由自己显示，名字要由自己命名，官位要由自己取得，没有不是靠自己的。就是拿着利剑来行刺，操着快刀来出击，怎么能埋怨他人呢？因此管仲相齐像彩色花纹的丝帛，即使有丑行也可以升入宗庙；子产相郑像练丝染色，即使温厚华美也得不到尊荣富贵。空虚的时候能够充满，平淡之中却有滋味，就像穿着粗衣而怀揣美玉一样。因此身怀二心不能得到一个贤人，专心一意可以得到百个贤人。

男子树兰，美而不芳①；继子得食，肥而不泽②，情不相与往来也。生所假也③，死所归也④。故弘演直仁而立死⑤，王子闾张掖而受刃⑥，不以所托害所归也。故世治则以义卫身，世乱则以身卫义。死之日，行之终也，故君子慎一用之。

【注释】

①美：北宋本原作"芙"。《道藏》本作"美"。据正。

②泽：光泽。

③假：借。《精神训》"生寄也，死归也"，与此义同。

④死：北宋本作"无"。《道藏》本作"死"。据正。

⑤"故弘演"句：许慎注：弘演，卫懿公臣。狄人攻卫，食懿公，其肝在，弘演剖腹以盛之也。按，事见《吕览·忠廉》，亦载《韩诗外传》卷七。直，当，面对。

⑥"王子闾"句：许慎注：楚白公欲立王子闾为王，不可。一刺之以兵，子闾不受。按，王子闾，楚平王之子。白公胜得楚国，立王子闾，五次推辞。事见《左传·哀公十六年》。掖，指臂下。俗作"腋"。

【译文】

男子汉种植兰草，虽然很美丽但是没有芳香；有后母的孩子得到饭食，即使很胖但是脸上没有光泽，感情的鸿沟是不能相互沟通的。生存是借寓在世间，死了便是回归本宅。所以弘演面对正义而站着死去，王子闾张开胳膊而自愿挨刀，不因为寄托在人间而妨碍回归。因此社会得到治理之时就会用义护卫自身，世道混乱时那么就会用自身捍卫义。死了的时候，也是行事的终结，因此君子谨慎地使用它。

无勇者，非先慑也①，难至而失其守也。贪婪者，非先欲也，见利而忘其害也。虞公见垂棘之璧，而不知虢祸之及己也^②。故至至之人，不可遏夺也^③。

【注释】

①慑（shè）：恐惧。

②"虞公"二句：虞公，虞国国君。姬姓。虞国在今山西平陆。事见《左传·僖公三年》。虢（guó），周初封国，即东虢。在今河南荥阳一带。虢公丑，前655年被晋国所灭。垂棘之璧：晋国垂棘出产的宝玉。

③遏：阻止。

【译文】

没有勇力的人，不是首先害怕了，是祸患到来而失去它的持守。贪婪的人，不是首先产生嗜欲，而是见到利益忘掉了他面临的祸害。虞国国君贪求垂棘的美玉，而不知道虢国的灾祸已经来到了自己的面前。因此持守最高的道德的人，不能用利益来阻挡而改变他的志趣。

人之欲荣也^①，以为己也，于彼何益？圣人之行义也，其忧寻出乎中也，于己何以利？故帝王者多矣，而三王独称^②；贫贱者多矣，而伯夷独举^③。以贵为圣乎^④？则圣者众矣^⑤。以贱为仁乎？则贱者多矣。何圣、仁之寡也？独专之意^⑥。乐哉忽乎！日滔滔以自新^⑦，忘老之及己也。始乎叔季，归乎伯孟，必此积也。不身遁^⑧，斯亦不遁人。故若行独梁^⑨，不为无人，不兢其容^⑩。故使人信己者易，而蒙衣自信者难^⑪。情先动，动无不得，无不得则无君^⑫，发君而后快。故唐、虞之举错也^⑬，非以偕情也^⑭，快己而天下治。桀、纣非正贼之也^⑮，快己而百事废。喜憎议而治乱分矣。

【注释】

①荣：荣耀。

②三王：《楚辞·大招》王逸注指夏禹、商汤、周文王。

③伯夷：商末孤竹君长子，与弟叔齐互相让位。最后二人投周，反对武王伐纣。并见《史记·伯夷列传》。

④贵：北宋本原作"责"。《道藏》本作"贵"。据正。

⑤圣者众：杨树达《淮南子证闻》："圣者众"，当作"贵者众"，此涉上"圣"字而误也。今误作"圣者众"，则与下句文例不一矣。

⑥独专：独特、专有。

⑦滔滔：水流的样子。自新：自我更新。

⑧身遁（dùn）：自欺。身，我。遁，欺。

⑨独梁：独木桥。

⑩兢：恐慌。

⑪蒙衣：覆盖，包裹。

⑫菌（jūn）：通"菌"，凝结不舒。

⑬举错：擢用和废置。

⑭偕：顾广圻《校淮南子》："偕"疑当作"偝"。偝、背同字。

⑮正：定。贼：贼害、危害。北宋本原作"赋"。《道藏》本作"贼"。据正。

【译文】

　　人们想得到荣耀，认为是为了自己，那么对于他到底增加了什么？圣人推行大义，他们的忧思从自己的内心发出，那么对他到底有什么利益？因此古代帝王虽然很多，而只有三王被人们称颂；贫贱的人是很多的，而只有伯夷被人称举。凭借富贵就能成为圣人吗？那么富贵的人是很多的。认为卑贱就是仁吗？那么卑贱的人也是很多的。为什么圣人、仁人这么少呢？是因为圣人、仁人具有独特的意志。快乐啊、迅速啊！每天不停地改过更新，甚至忘记年老已经来到了自己的面前。开始的时候很少,最后积累却很多,必定是这样积聚的。不欺骗自己,这样也不会欺骗别人。因此就像行走在独木桥上,不因为没有人看见,就不让自己恐慌的面容有所改变。所以使别人相信自己是容易的,想蒙蔽自己的信任是困难的。国君用情感引动万民,感动没有是不得人心的,没有不得人心那么上下便没有闭结,拨开心中的闭结而后人心大快。所以唐尧、虞舜的举止措施,不是用来背离情感的,它是使自己快乐而天下也得到治理。夏桀、商纣不是一定要来危害百姓,为了使自己快乐而百事废弃。国君对谏议的喜好与厌恶而导致天下治理与混乱的分别。

圣人之行,无所合,无所离,譬若鼓无所与调,无所不比①。丝筦金石,小大脩短有叙,异声而和。君臣上下,官职有差,殊事而调。夫织者日以进,耕者日以却②,事相反,成功一也。申喜闻乞人之歌而悲,出而视之,其母也③。艾陵之战也④,夫差曰⑤:"夷声阳⑥,句吴其庶乎⑦?"同是声而取信焉异,有诸情也。故心哀而歌不乐,心乐而哭不哀。夫子曰:"弦则是也,其声非也⑧。"文者,所以接物也,情系于中⑨,而欲发外者也。以文灭情,则失情;以情灭文,则失文。文情理通,则凤麟极矣,言至德之怀远也。输子阳谓其子曰⑩:"良工渐乎矩凿之中⑪。"矩凿之中,固无物而不周。圣王以治民,造父以治马,医骆以治病,同材自取焉⑫。

【注释】

①比:并列。

②却:指耕者却行。

③"申喜"三句:许慎注:申喜亡其母,母乞食于道。按,申喜,周人,

一说楚人。其事见于《吕览·精通》。

④艾陵：春秋齐地，在今山东莱芜东北。吴王夫差十二年（前484），
吴师败齐师于此。事载《国语·吴语》，亦见于《史记·春申君列
传》。

⑤夫差：春秋吴君，前496—前473年在位。曾破越败齐，与晋合
盟，后被越人打败而自杀。

⑥夷：指吴国。《说文》：夷，东方之人也。阳：吉祥。

⑦句吴：《史记·吴太伯世家》吴人自称"句吴"。《汉书·地理志》
"号曰句吴"。颜师古注：句，夷俗语之发声也。庶：差不多。

⑧"弦则"二句：《北堂书钞》百六引《子思子》云："其弦则是，其声则
非也。"许慎注：闵子骞三年之丧毕，援琴而弹，其弦是也，其声切
切而哀。王念孙《读书杂志》王引之曰："疑闵子骞三年之丧毕，
援琴而弹"十二字，本是正文，在"夫子曰"上，而写者误入正文
也。按，夫子，指孔子。一说指子思。

⑨情：情思、感情。北宋本原作"惟"。《道藏》本作"情"。据正。

⑩输子阳：人名。

⑪渐：习染。矩：画直角或方形工具。凿：木工挖槽或打孔的工具。

⑫"矩凿"六句：许慎注：矩凿之中，各取法度，或以治民，或以治马，
或以治病，同材而各往从取治法之也。按，医骆，越医。自，从。

【译文】

圣人的行止，没有什么趋合，也没有什么偏离，就像鼓声没有什么
乐器能和它合调，也没有什么乐器不能和它并列。管弦、金钟、石磬，大
小、长短排列有次，发出不同的声音而又十分和谐。君臣上下之间，官
职有差别等级，从事不同的工作而相当协调。从事织帛的人要一天天
向前，踩着耒耕田的人要一天天退却，各自行进的方向相反，获得成功
是一致的。申喜听到乞讨的人唱歌心中悲伤，出去看她，原来竟是失散
的母亲。艾陵吴、齐之战的时候，吴王夫差说："吴国歌声吉祥，恐怕会

得胜吧?"同样是听到歌声而取得的音讯是不同的,各人有他自己的情感成分。所以心里悲哀而听到歌声也不欢乐,心里高兴而听到哭声也不悲哀。(闵子骞三年之丧结束,拿起琴来弹奏。)孔子说:"他的弹奏方法是相同的,他的声调却不一样。"音声是用来交接外物的,情感维系在其中,而要在外部显露出来。用音声来湮灭情感,那么就会失去真情;用情感湮灭音声,那么就会失去音声。音声、情感条达通畅,那么就是凤凰、麒麟也会来临,说的是最高的德行可以使远方的人归附。输子阳对他的儿子说:"高明工匠技艺的逐渐提高是在矩尺和凿子之中。"在矩尺和凿子之下,确实是没有物体不能够周合的。圣明的君主用这个道理治理百姓,造父用它来驾驭车马,医骆用它来治病,在同一个矩凿之中,各自取用自己所需要的法度。

上意而民载,诚中者也。未言而信,弗召而至,或先之也。忣于不己知者①,不自知也。矜怛生于不足②,华诬生于矜③。诚中之人④,乐而不忣⑤,如鸮好声⑥,熊之好经⑦,夫有谁为矜?

【注释】

①忣(jí):急切。

②矜(qín):不自大。怛(dá):王念孙《读书杂志》:《说文》:"怛,骄也。"字从且,不从旦。按,矜怛(jù),自傲。

③华诬:华美不实。矜(jīn):贪功。

④诚中:指志诚发于中。

⑤忣:通"伋(jí)"。《集韵》缉部:"伋伋,虚诈皃。"

⑥鸮(xiāo):一种类似猫头鹰的鸟。

⑦经:悬挂。

【译文】

　　国君有志向没有说话而百姓却能掌握实行它,这种志诚是从心中发出的。没有说话而得到信任,没有召见而能自己来到,或许事先就已经感动了他。对于别人不了解自己而非常急切的人,不知道这正是缺乏自知之明。骄傲的行为产生于知识不足,华美不实的言词产生于贪功。志诚从内心发出的人,自寻快乐而不虚伪做作,就像鸮鸟自己爱好鸣叫,熊爱好攀援,有谁是自傲的呢?

　　春女思,秋士悲,而知物化矣①。号而哭,叽而哀②,知声动矣。容貌颜色,理讪俄倨佝③,知情伪矣④。故圣人栗栗乎其内⑤,而至乎至极矣⑥。功名遂成⑦,天也;循理受顺,人也。太公望、周公旦,天非为武王造之也;崇侯、恶来⑧,天非为纣生之也。有其世,有其人也。

【注释】

　　①“春女”三句:许慎注:春女感阳则思,秋士见阴而悲。按,春女,怀春之女。

　　②叽(jī):悲哀。

　　③理讪俄倨佝(jù kòu):《道藏》本作“理讪俍倨佝”。刘绩《补注》本作“理讪俍倨佝(xùn)”,有注云:“后有‘倨句讪伸’。疑此作‘讪伸倨句’,衍‘理’字。”按,《别雅》卷一:讪信,屈伸也。倨(jué)佝,曲直。则“俄”、“俍”皆为“伸”字之误。

　　④伪:通“为”,指变化。

　　⑤栗栗(lì)乎:恐惧的样子。栗,通“慄”。

　　⑥至极:最高的境界。

　　⑦遂:成就。

⑧崇侯：纣时诸侯。恶来：纣臣。

【译文】

怀春少女思念情人，秋节至士子心中悲伤，从而感知万物的自然变化。大声哭号，伤感而悲哀，从声调中可以知道感情的变化。容貌喜怒的神色，形体屈伸曲直的动作，可以知道情感的不同变化。因此圣人内心经常恐惧担心，从而达到他治政的最高境界。功业名声得到成功，这是天时的作用；遵循天理顺应人情，这是人为的作用。太公望、周公旦，不是上天替周武王创造的；崇侯、恶来，也不是上天替商纣王产生的。有那样的社会，就会出现那样的人。

教本乎君子，小人被其泽；利本乎小人，君子享其功。昔东户季子之世①，道路不拾遗，耒耜余粮，宿诸晦首②，使君子小人各得其宜也。故一人有庆，兆民赖之③。

【注释】

①东户季子：古代国君。

②晦：古"亩"字。《说文》：六尺为步，步百为晦。

③"故一人"二句：见于《尚书·吕刑》。

【译文】

施行教化的根本在于君子，小人蒙受他的恩泽；追求财货的根本在于小人，君子也能享受他的利益。从前东户季子之世，道路上没有人拾取遗失的东西，农具和余粮，放置在田头，让君子和小人各自得到相宜的利益。因此说一个人干了好事，万民都会得到幸福。

凡高者贵其左①，故下之于上曰"左之"②，臣辞也；下者贵其右，故上之于下曰"右之"③，君让也④。故上左迁⑤，则失其所尊矣；臣右还⑥，则失其所贵矣。

【注释】

①"凡高者"句：许慎注：天道左旋。按，古者南面而立，以东为左，
　席位以左为尊。

②左之：即辅佐君。左，通"佐"。

③右之：即佑助臣。右，助。

④君让：许慎注：君谦让，佑助臣。

⑤左迁：由左变动。即离开君位。

⑥右还：许慎注：右，臣词也。而臣以再还，故失其贵矣。按，即从
　右位离开。

【译文】

　　大凡居高位的天子以左边为贵，因此臣下对国君称"佐君"，这是臣
下的用词；地位低的臣下以右边为贵，因此国君对臣下称"佑臣"，这是
国君的谦让之词。因此国君离开左位，那么就会失去他的尊贵了；臣下
离开右位，那么也就失掉他的尊贵了。

　　小快害道①，斯须害仪②。子产腾辞③，狱系而无邪④。
失诸情者，则塞于辞矣。

【注释】

①小快：小的痛快。

②斯须：须臾，片刻。北宋本原作"斯颜"。《道藏》本作"斯颓（xū）"。
　《四库全书》本作"斯须"。《说文》："颓，待也。"段玉裁注："今字多
　作需、须，而颓废矣。"据正。仪：礼仪。

③子产腾辞：许慎注：腾，传也。子产作刑书，人有传词诘之。按，

子产,春秋郑国著名政治家,曾为相。《左传·昭公六年》:"三月,郑人铸刑书。叔向使诒(yí)子产书",诘难此事。腾辞,指传递文辞。

④狱:案件。系:许慎注:"烦,多也。"刘绩《补注》本作"繁",注"繁,多也"。烦、繁皆是。而《说文》无"繁"字。"系"当为"繁"字之讹。

【译文】

小的痛快会损害大道,片刻的小利会伤害大义。子产造刑书有人传辞责问,案件增多但是禁止了奸邪。治政如果失去了情理,那么就会被世人的怨辞所堵塞。

成国之道,工无伪事,农无遗力,士无隐行①,官无失法。譬若设网者,引其纲而万目开矣②。舜、禹不再受命③,尧、舜传大焉④,先形乎小也。刑于寡妻⑤,至于兄弟,禅于家国⑥,而天下从风。故戎兵以大知小⑦,人以小知大。

【注释】

①士:北宋本原作"土"。《道藏》本作"士"。据正。隐行:隐蔽的行为。

②纲:北宋本原作"网"。《道藏》本作"纲"。据正。

③不再受命:说尧传位于舜,舜传于禹,不再受"天命"。

④传:禅让。

⑤刑:通"型",指铸器之模型。引申有仪法、示范义。寡妻:国君对正妻的谦称。

⑥禅(shàn):传。按,引文出自《诗·大雅·思齐》。

⑦戎:北宋本原作"戒"。《道藏》本作"戎"。据正。

【译文】

　　实现治国的措施,使工匠没有巧诈的事情,农民没有废弃的力量,士人没有隐蔽的行为,官吏没有犯法的过错。比如就像撒网的人,牵引纲绳而上万个网眼一起都张开了。舜、禹受命于人而不再受命于天,尧、舜禅让帝位是重大的举动,首先表现在微小方面。先对自己的嫡妻做出示范,而后推行到自己的兄弟,再传给诸侯和大夫,而天下人民就像随风一样跟随。因此战争凭借大的可以知道小的,人可以从小的知道大的方面。

　　君子之道,近而不可以至,卑而不可以登,无载焉而不胜①,大而章②,远而隆③。知此之道,不可求于人,斯得诸己也。释己而求诸人,去之远矣。君子者乐有余而名不足,小人乐不足而名有余。观于有余不足之相去,昭然远矣。含而弗吐,在情而不萌者④,未之闻也。君子思义而不虑利,小人贪利而不顾义。子曰⑤:"钧之哭也⑥。"曰:"子予奈何兮乘我何⑦?"其哀则同,其所以哀则异。故哀乐之袭人情也深矣⑧。凿地漂池⑨,非止以劳苦民也⑩,各从其蹊而乱生焉⑪,其载情一也,施人则异矣。故唐、虞日孳孳以致于王⑫,桀、纣日快快以致于死,不知后世之讥己也⑬。

【注释】

　　①载:主宰。

　　②大而章:《文选·〈答宾戏〉》李善注引此文作:"久而章。"章,显明。

　　③隆:高起。

　　④在:郑良树《淮南子斠理》云:疑当作"有"。谓中心有其情而不萌

见者,未之闻也。若作"在情",则不可通矣。萌:萌发,萌动。

⑤子:许慎注中指孔子。按,杨树达《淮南子证闻》:《淮南书》称"子
曰"者,他篇绝未见。盖此篇多本自《子思子》。《子思子》书多称
"子曰"。

⑥钧:通"均",同等。

⑦子予:疑为人名。《史记·仲尼弟子列传》载:"宰予字子我。利
口辩辞。""子曰:'予之不仁也!'"疑指宰予。乘:欺凌。

⑧袭:符合,反映。情:北宋本原作"清"。《道藏》本作"情"。据正。

⑨凿地漂池:许慎注:人或有凿穿,或有填池。言用心异也。王念
孙《读书杂志》:如高注,则"漂池"当作"湮池"。湮训为塞,故注
言填池。

⑩止:王念孙《读书杂志》:"止"疑当作"正"。按,刘淇《助字辨略》
卷三:"止,与只同,语已辞也。"亦通。

⑪蹠(zhí):愿。

⑫孳孳(zī):勤勉的样子。

⑬讥:讥讽。

【译文】

　　君子的治国之道,看似靠近却不能够达到,看似低下却不能够登
临,像无人主宰而又无所不胜,广大而显明,久远而崇高。懂得了这样
的治世之道,不能够向别人寻求,还得从自己身上得到。放弃自己而向
别人寻求,离开治道就很远了。君子的快乐有余而名声是不足的,小人
的快乐不足而名声是有余的。对于有余、不足之间相互距离的观察,可
以清楚地看出是很遥远的。含怀内心而不向外吐露,心中有情而不萌
发出来,还没有听说过。君子思考的是大义而不考虑小利,小人贪图的
是小利而不顾大义。孔子说:"他们的哭声是相同的。"其中一个说:"子
予怎么欺压我们呀?"他们的悲哀是相同的,但他们悲哀的原因是不同
的。因此悲哀、快乐反映人的思想感情是很深刻的。有的要掘地、有的

要填池，不是正好用来使万民劳苦的，各自都是从他们的愿望出发而混乱就产生了，他们表达自己的感情是一致的，但是施予他人就会有善恶的不同。因此唐尧、虞舜一天天勤勉努力而成就了帝王之业，夏桀、商纣每天放纵情欲而招致灭亡，不知道后代人讥讽自己。

凡人情说其所苦即乐①，失其所乐则哀；故知生之乐，必知死之哀。

【注释】

①说：通"挩（tuō）"，解脱。

【译文】

大凡人的性情脱离了他的痛苦的事就快乐，失去他的快乐的事那么就悲哀；因此知道人生的快乐，必定知道死去的悲哀。

有义者不可欺以利，有勇者不可劫以惧，如饥渴者不可欺以虚器也。人多欲亏义①，多忧害智②，多惧害勇。

【注释】

①人多欲亏义：许慎注：欲则贪，贪损义。

②多忧害智：许慎注：贪忧闭塞，故害智也。

【译文】

有义行的人不能够用利欲来欺骗他，有勇力的人不能够用使他恐惧的办法来胁迫他，就如同饥渴的人不能够用空壶来欺哄他。人多贪欲就会有亏大义，多忧虑就会妨碍智力，多恐惧就会妨害勇力。

嫚生乎小人①，蛮夷皆能之；善生乎君子，诱然与日月争光②,天下弗能遏夺③。故治国乐其所以存,亡国亦乐其所以亡也。

【注释】

①嫚(màn):轻慢、侮辱。

②诱然:称颂赞美的样子。

③遏(è):阻止。

【译文】

轻慢从小人之身产生,蛮夷之民都能具有这种品行;美好的言行从君子身上产生,光彩可以和日月争光,天下的任何人都不能遏止和强夺。因此治国的人以维系国家所以存在的公义为快乐,亡国的人也把促使国家灭亡的私利作为快乐。

金锡不消释则不流刑①,上忧寻不诚则不法民。忧寻不在民,则是绝民之系也②。君反本而民系固矣。

【注释】

①消释:融化。消,通"销",熔化金属。流刑:流入模型。刑,通"型",模型。

②系:维系。

【译文】

金锡不熔化那么就不会流入模型,国君不是真心忧虑百姓那么百姓就不会守法。如果忧虑不在于百姓,那么这样就是断绝了与百姓的联系。国君如果返回根本那么与百姓的联系就牢固了。

至德,小节备,大节举。齐桓举而不密①,晋文密而不举②。晋文得之乎闺内,失之乎境外③;齐桓失之乎闺内,而得之本朝④。

【注释】

①齐桓:春秋齐君,前 685—前 643 年在位。春秋第一个诸侯霸主。举:全备。

②晋文:春秋晋君,前 636—前 628 年在位。流亡十九年,回国执政。春秋五霸之一。

③"晋文"二句:许慎注:闺内脩而境外乱也。按,闺内,指宫廷内部。晋文公刚死,便与秦国发生崤之战,大败秦师。此后,秦伐晋,晋败。晋国从此衰落。

④"齐桓"二句:许慎注:闺内乱而朝廷治也。按,《史记·齐太公世家》:桓公"九合诸侯,一匡天下"。"桓公好内","桓公十有余子","五公子皆求立"。"桓公尸在床上六十七日,尸虫出于户"。皆与《淮南子》说同。

【译文】

具有最高德行的人,小的节行是完备的,大的节行也会全备。齐桓公大节完备而小节疏漏,晋文公大节疏漏而小节全备。晋文公在宫内获得成功,在境外失败;齐桓公在宫内失败,而在朝廷上却得到了成功。

水下流而广大,君下臣而聪明。君不与臣争功,而治道通矣。筦夷吾、百里奚①,经而成之②;齐桓、秦穆③,受而听之。

【注释】

①筦夷吾:即管仲,字夷吾。春秋齐相,曾助齐桓公建立霸业。百里奚:春秋秦大夫,曾助秦穆公建立霸业。

②经：治理。

③秦穆：春秋秦君，前659年—前621年在位。任用"五羖大夫"百里奚等，使秦国成为春秋五霸之一。

【译文】

水向下流才能汇成广阔的大海，国君向臣下听取意见才能耳聪目明。国君不和臣下争功，而治乱之道就畅通了。齐相管仲、秦相百里奚，治理国家获得了成功；齐桓公、秦穆公，接受并听取了二位臣子的意见。

照惑者①，以东为西，惑也，见日而寤矣②。

【注释】

①照：通"诏"，告。

②寤：通"悟"，省悟。

【译文】

告诉方向错误的人，把东作为西，是糊涂了，看到太阳就省悟了。

卫武侯谓其臣曰①："小子无谓我老而羸我②，有过必谒之③。"是武侯如弗羸之④，必得羸，故老而弗舍，通乎存亡之论者也。

【注释】

①卫武侯：春秋卫君，前812—前757年在位。时年95岁。

②小子：长辈、老师对后辈或学生的称呼。羸（léi）：疲弱、衰老。

③谒（yè）：陈述，告诉。

④如：陶鸿庆《读淮南子札记》："如"当为"知"，字之误也。

【译文】

春秋晚期卫武公对他的臣下说:"你们不要认为我年高而以为我衰老不堪了,有过错一定给我指出来。"这说明卫武公知道即使不说自己衰老,别人也一定认为他衰老了,因此虽然年老而不停止修身,可以说是通达存亡的变化道理了。

人无能作也①,有能为也;有能为也,而无能成也。人之为,天成之。终身为善,非天不行;终身为不善,非天不亡。故善否②,我也;祸福,非我也。故君子顺其在己者而已矣③。

【注释】

①作:创造。

②善否(pǐ):善恶。

③顺:通"慎",谨慎。

【译文】

人不能够创造出什么,要有能力去做事;有能力去做事,而不能必然成功。人的作为,是由上天促成它的成功。终身推行善事,没有天助不能实行;一生不干好事,不是天时不能使它灭亡。因此推行善恶,在于自己;而得到祸福,不取决于我。因此君子在对待自己方面要谨慎罢了。

性者①,所受于天也;命者②,所遭于时也③。有其材不遇其世,天也。太公何力④?比干何罪⑤?循性而行指⑥,或害或利,求之有道,得之在命。故君子能为善,而不能必其得福⑦。不忍为非,而未能必免其祸。

【注释】

①性:指人性,亦有天性、本性等义。

②命:指命运、天命。

③时:时机,时运。

④太公:周初吕尚的称号。姜姓,吕氏,名望,字尚父,一说字子牙。佐武王灭商,齐国始祖。

⑤比干:商纣王叔父,官少师。因劝谏纣王,被剖心而死。

⑥指:志向。刘绩《补注》本作"止"。王念孙《读书杂志》:循性而行指,谓率其性而行其志也。

⑦必其得福:《文子·符言》作"必得其福"。

【译文】

　　人的本性,是上天授予的;人的命运,是由遭到的天时决定的。有那样的才能而不遇到相应的时代,这是天时决定的。姜太公有什么能力?比干有什么罪过?都是顺着天性而表达志向罢了,有的招致患害、有的得到利益,寻求实现理想有一定的规律,得到它们就在于命运了。因此君子虽能推行善事,而不一定能得到福气。不忍心去干坏事,而未必一定能免除灾祸。

　　君,根本也;臣,枝叶也。根本不美,枝叶茂者,未之闻也。①

【注释】

①"君"七句:于大成《缪称校释》:《意林》引《子思子》云:"君,本也。臣,枝叶也。本美而叶茂,木枯则叶凋。"

【译文】

　　国君,是国家的根本;臣下,则是国家的枝叶。根本不壮美,而枝叶却茂盛的,还没有听说过。

有道之世，以人与国①；无道之世，以国与人②。尧王天下而忧不解，授舜而忧释。忧而守之，而乐与贤，终不私其利矣。

【注释】

①以人与国：许慎注：若尧以天下与舜也。

②以国与人：《太平御览》卷六百二十《治道部一》"君"下有注云："以贤人而与之国，尧、舜是也。以国与人，桀、纣与汤、武是也。"

【译文】

有道的社会，把人献给国家；无道的社会，把国家给予个人。尧统治天下的时候忧愁没有摆脱，把天子之位传给舜而忧虑彻底解脱了。有忧愁而能守持国家，而又能乐意地将国家给予贤人，终究不把天下作为自己的私有财产。

凡万物有所施之，无小不可为；无所用之，碧瑜粪土也①。人之情，于害之中争取小焉，于利之中争取大焉。故同味而嗜厚脯者②，必其甘之者也。同师而超群者，必其乐之者也。弗甘弗乐，而能为表者③，未之闻也。

【注释】

①碧：青色玉石。瑜：美玉。

②厚脯（pò）：许慎注：厚切肉也。按，王念孙《读书杂志》："脯"当为"膞（zhuǎn）"，字之误也。《说文》："膞，切肉也。"

③表：即圭表。许慎注：表，立见也。按，即立表见影义。

【译文】

大凡万物有所施用的地方，就是细小之处也能使用它；没有什么施用的地方,即使是碧瑜也像粪土一样。在人的情感中,在祸害之中要争取少一些,在利益之中要争取大一些。因此在味道相同的食物中贪吃肥厚大肉,必定是它的味道特别鲜美的缘故。同样的师传而超群的学生,必然是乐行其道的人。不是特别甘美、不是特别喜欢,而能够立表见影的,从来就没有听说过。

君子时则进,得之以义,何幸之有!不时则退,让之以义,何不幸之有!故伯夷饿死首山之下①,犹不自悔,弃其所贱,得其所贵也。

【注释】

①"故伯夷"句:许慎注:伯夷,孤竹君之子,让国与弟,不食周粟,故饿也。按,首山,即首阳山。在今山西永济南。参见《左传·宣公二年》。"饿死"事亦载《史记·伯夷列传》。

【译文】

君子靠着时机就能取得进步,依靠大义就能取得成功,又有什么幸运的呢!君子没有合适的机遇就隐退,用大义来进行辞让,又有什么不幸的呢!因此伯夷饿死在首阳山,自己还是不后悔,抛弃了他所认为卑贱的东西,而得到了他认为高贵的大义。

福之萌也绵绵①,祸之生也分分②。福祸之始萌微,故民嫚之③,唯圣人见其始而知其终。故《传》曰④:"鲁酒薄而邯郸围⑤,羊羹不斟而宋国危⑥。"

【注释】

①绵绵:细微的样子。

②分分：通"纷纷"，杂乱。

③嫚（màn）：轻慢。

④《传》：即《庄子·胠箧》。

⑤"鲁酒薄"句：许慎注：鲁与赵俱朝楚，献酒于楚，鲁酒薄而赵酒
　厚，楚之主酒吏求酒于赵，不与，楚吏怒，以赵所献酒于楚王，易
　鲁薄酒，楚王以为赵酒薄而围邯郸。一曰：赵、鲁献酒于周也。
　按，事见《庄子·胠箧》。

⑥"羊羹"句：许慎注：宋将华元与郑战，杀羊食士，不及其御。及
　战，御驰马入郑军，华元以获也。按，并见《左传·宣公二年》、
　《吕览·察微》。斟，斟，倒。《左传》中为春秋宋人名羊斟。

【译文】

　　福气产生的时候是极其微小的，祸害产生的时候是很杂乱的。福
气、灾祸开始的时候是那么细微，因此老百姓轻视它，只有圣人能够见
到它的开始而知道它的终结。所以《传》中记载说："鲁国的酒味淡而引
起楚宣王包围赵都邯郸，因宋将华元所食羊肉汤不给御者品尝而使宋
国危险。"

　　明主之赏罚，非以为己也，以为国也。通于己而无功于
国者①，不施赏焉。逆于己便于国者，不加罚焉。故楚庄谓
共雍曰②："有德者受吾爵禄，有功者受吾田宅，是二者女无
一焉，吾无以与女。可谓不逾于理乎？"其谢之也③，犹未之
莫与④。

　　周政至⑤，殷政善⑥，夏政行⑦。行政善，善未必至也⑧。
至至之人⑨，不慕乎行，不惭乎善。含德履道，而上下相乐
也，不知其所由然。

【注释】

①通：刘绩《补注》本作"适"。当是。

②楚庄：春秋楚君，前613—前591年在位。在布衣孙叔敖辅佐下，成就春秋霸业。共雍：楚臣。

③谢：遣回。

④莫：通"慔"，勉励。

⑤周政至：许慎注：至于道也。

⑥殷政善：许慎注：善施教，未至于道也。

⑦夏政行：许慎注：行尚粗也。

⑧"行政善"二句：王念孙《读书杂志》曰：当作"行政未必善，善政未必至也"。上脱"未必"二字，下脱"政"字，则文义不明。

⑨至至之人：至德之人。

【译文】

　　英明的国君施行赏罚，不是用来为了自己，而是为了国家利益。迎合于自己但是对国家没有功劳的人，也不施加赏赐。背离自己但是对于治国有利的人，也不施加惩罚。所以楚庄王对共雍说："有德行的人我赏赐给他爵禄，有功劳的人。我给予他田宅，这两方面你一样也不具备，我没有什么赏赐给你。可以说没有超过常理吧？"楚庄王婉辞了共雍，还未尝不是勉励他。

　　周朝的政治达到了至道的标准，殷朝的政治善于施教，夏朝的政治比较粗疏。粗疏的政治未必达到施教的目的，善施教化未必达到至德之道。达到至德之道的人，对于粗疏的政治不羡慕，对于善施教化也不惭愧。含怀德行、履行道义，而上下便可以得到欢悦了，而且还不知道欢悦的原因。

　　有国者多矣，而齐桓、晋文独名；泰山之上有七十坛焉①，而三王独道②。君不求诸臣，臣不假之君，脩近弥远，而后世称其大；不越邻而成章③，而莫能至焉。故孝己之礼可为也④，而莫能夺之名也，必不得其所怀也。义载乎宜之谓君子，宜遗乎义之谓小人。通智得[劳]而不劳⑤，其次劳而不病，其下病而不劳⑥。古人味而弗贪也，今人贪而弗味。歌之脩其音也⑦，音之不足于其美者也，金石丝竹，助而奏之，犹未足以至于极也。人能尊道行义，喜怒取予，欲如草之从风。

【注释】

①七十：依注文当为“七十二”。坛：在山上用土筑高台，用以祭祀和盟誓等。

②三王：一说指夏禹、商汤、周文王。

③邻：五家为邻，五邻为里。章：显明。

④孝己：许慎注：殷王高宗之子也，盖放逐而不失礼。

⑤[劳]而不劳：刘绩《补注》本、《文子·微明》无上“劳”字。北宋本当衍。

⑥病而不劳：《文子·微明》作“病而益劳”。病：忧虑、忧愁。

⑦“歌之脩”句：许慎注：此言乐所以移风易俗，歌长其音。

【译文】

据有国的诸侯是很多的，而只有齐桓公、晋文公名闻天下；在泰山之上立坛祭祀的有七十二君，而只有三王为人称道。国君不向臣下索求，臣下也不假借国君之威，这样境内得到修治而德泽可以影响很远方，后世将会称颂他的广大；不需越过邻里之地而成就显著，没有谁能达到这样的境界。因此像孝己那样的礼节是能够做到的，而没有人能够同他争夺名誉，必定是不具备他那样的胸怀。把大义充满在适宜的事理之中的称为君子，做事只管适合自己而忘掉大义的称作小人。通达大道的人获得而不辛劳，下一等的人是辛劳而不忧虑，再下一等的人忧愁而更加辛劳。古代的人是知其滋味而不贪食，今天的人是贪食而不知它的味道。歌咏拉长声音，用歌声不能够足以达到美化的作用，加上金钟、石磬、弦管等乐器，配合起来演奏它们，还不能够达到很高的治化程度。人们如果能够做到尊重大道、推行大义，百姓的喜怒、取予，就像草之从风一样。

召公以桑蚕耕种之时①，弛狱出拘②，使百姓皆得反业脩职；文王辞千里之地，而请去炮烙之刑③。故圣人之举事也，进退不失时，若夏就绨绤④，上车授绥之谓也⑤。老子学商容，见舌而知守柔矣⑥。列子学壶子，观景柱而知持后矣⑦。故圣人不为物先，而常制之其类。若积薪樵，后者在上。

【注释】

①召（shào）公：姬姓，名奭。又作邵公、召康公。因采邑在召（今陕西岐山西南）而称召公。周代燕国始祖。《史记》有《燕召公世家》。

②弛（chí）：放松。

③"文王"二句：许慎注：纣拘文王，文王献宝于纣，纣赏以千里之地，文王不受，愿去炮烙之刑。按，事见《吕览·顺民》、《韩非子·难二》。炮烙之刑，王念孙《读书杂志·天文》云："炮格，谓为铜格，布火其下，置人于其上也。"

④绨（chī）：细葛布。绤（xì）：粗葛布。北宋本原作"绔"。刘绩《补注》本作"绤"。据正。

⑤绥（ruí）：《说文》：绥，系冠缨也。刘绩《补注》本作"绥"。绥（suí），登车时用以拉手的绳索。《尔雅·释诂上》郝懿行义疏："绥，又通作绥。"

⑥ "老子"二句：许慎注：商容，神人也。商容吐舌示老子，老子知舌柔齿刚。按，商容，老子之师。《说苑·敬慎》作"常枞"。

⑦ "列子"二句：许慎注：先有形而后有影，形可亡而影不可伤。按，见《列子·说符》。列子，战国初期道家学者，郑国人。《汉书·艺文志》"道家"有《列子》八篇。今《庄子》有《列御寇》篇。壶子：列子之师，即壶丘子林。

【译文】

召康公在蚕桑和春播的大忙季节，放出监狱关押的罪犯，使百姓都能够返回修治本业；周文王请求纣王收回给自己的千里封地，来请求废除炮烙之刑。因此圣人的行事，进退不失去时机，就像夏天穿上绨绤，上车抓住拉手绳索一样。老子向商容求学，见到商容吐舌而知道持守柔弱的道理。列子向壶子学习，见到影柱而懂得后而不先的道理。因此圣人不在万物到来之前行事，但是能常常制服它的同类。这就像堆聚柴草一样，后放的常常堆在上面。

人以义爱，以党群，以群强①。是故德之所施者博，则威之所行者远；义之所加者浅，则武之所制者小。（矣）铎以声自毁②，膏烛以明自铄，虎豹之文来射，猿狖之捷来措③。故子路以勇死④，苌弘以智困⑤，能以智智，而未能以智不智也⑥。故行险者不得履绳⑦，出林者不得直道，夜行瞑目而前其手⑧。事有所至，而明有不害⑨，人能贯冥冥入于昭昭⑩，可与言至矣。

【注释】

① "人以"三句：《文子·微明》作"人以义爱，党以群强"。党，五百家为党。

②〔矣〕铎（duó）：许慎注：铎，大铃，出于吴也。梁玉绳《校庄本淮南子》："矣"当为"吴"，字之误也。《太平御览》卷四百五十九《人事部》一百引此，正作"吴铎以声自毁"。一说"矣"字归上读。

③揩：刺杀。杨树达《淮南子证闻》："揩"假为"箈（cè）"。《说文》："箈，刺也。"

④"故子路"句：许慎注：死卫侯辄之难。按，子路死事，见《左传·哀公三年》。子路，孔子弟子。

⑤"苌弘"句：许慎注：欲以术辅周，周人杀之。按，事见《左传·哀公三年》。苌弘，春秋时周大夫，通晓天文历象之学。《汉书·艺文志》"兵阴阳"有《苌弘》十五篇，已佚。

⑥"能以"二句：刘绩《补注》本下二"智"字作"知"。

⑦履绳：像踩绳子那样直。

⑧瞑目：两眼漆黑。

⑨"事有"二句：俞樾《诸子平议》："至"当作"宜"，"害"当作"容"，皆字之误也。容，用也。说见《主术训》。

⑩冥冥：黑暗。昭昭：光明。

【译文】

人们用大义爱人，用乡党结成群体，凭借群体而强大。因此德行所施予的地方是广博的，那么威力所行使的地方就深远；大义所施加的影响是肤浅的，那么武力所制服的地方就很小。吴铎因为声音大而自我毁灭，膏烛因为光明而自己熔化，虎豹因为美丽的文采而遭来射击，猿狖因为身体敏捷而被刺杀。所以子路因为勇猛而死于危难之中，苌弘因为出色的才智而遭受杀戮，能够凭借智慧知道事要，而不能凭借智慧知道以后发生的事。因此行走在险要道路上不能够像绳子那样直，从林中出来的人也不可能走直道，夜间行走两眼漆黑要向前伸手探路。事物中各自有它适宜的地方，而明目也有所不用的时候，人能够通过昏暗进入光明，便能够和他讨论最高的道了。

鹊巢知风之所起,獭穴知水之高下,晖日知晏①,阴谐知雨②。为是谓人智不如鸟兽则不然。故通于一伎,察于一辞,可与曲说③,未可与广应也④。

【注释】

①晖(huī)日:许慎注:鸩鸟也。晏,无云。天将晏静,晖日先鸣。

②阴谐:许慎注:晖日雌也。天将阴雨则鸣。按,鸩鸟,其雄谓之运日,其雌谓之阴谐。鸩(zhèn)鸟,毒鸟。

③曲说:片面之说。

④广应:广泛地应对。

【译文】

喜鹊筑巢可以随风力大小而确定高低,水獭挖穴可以知道水位的高低情况,晖日知道天放晴而鸣叫,阴谐知道天将降雨而啼鸣。因为这些便说人的智慧不如鸟兽那就不对了。因此通晓于一种技艺,考察清了一个词语,能够和他谈论局部的问题,不能够用来广泛应对万物。

宁戚击牛角而歌①,桓公举以大政②。雍门子以哭见孟尝君③,涕流沾缨④。歌哭,众人之所能为也;一发声,入人耳,感人心,精之至者也⑤。故唐、虞之法可效也,其谕人心,不可及也。简公以濡杀⑥,子阳以猛劫⑦,皆不得其道者也。故歌而不比于律者,其清浊一也⑧。绳之外与绳之内,皆失直者也。

【注释】

①宁戚:春秋齐国大臣。曾因贫困而替人喂牛。

②大政:王念孙《读书杂志》:"大政",本作"大田"。高注《诠言篇》、

《晏子春秋·问篇》作"大田"。按,大田,农官之长。

③雍门子:注见《览冥训》。

④缨:系在脖子上的帽带。

⑤精:指沟通情感的精气。

⑥简公:齐简公,春秋齐君,被田成子杀死。在位4年。濡:通"懦",柔弱、软弱。刘绩《补注》本作"懦"。

⑦"子阳"句:许慎注:子阳,郑相也。尚刑而劫死。按,亦载于《吕览》之《首时》《观世》《适威》等篇。

⑧"故歌"二句:许慎注:虽清浊失和,故不中律全。按,比,合。清,即高音。浊,低音。许注"全",刘绩《补注》作"令"。

【译文】

宁戚敲起牛角而唱起商歌,齐桓公委以大田之职。雍门子用歌声求见孟尝君,孟尝君感动流泪沾湿帽带。歌唱悲哭,许多人都是能够做到的;一次发声,就能入人之耳,感动人心,这是精气达到最高的地步才能做到的。所以唐尧、虞舜的治国方法可以仿效,他的晓解人心,是不能够达到的。齐简公因为柔弱而被田成子杀死,子阳因为凶猛而被劫杀,这些都是不能得到大道的例子。因此唱歌的人虽不能和音律相合,但他们的清浊是一样的。绳墨画在内和画在外,都失去了直的特性。

纣为象箸而箕子叽①,鲁以偶人葬而孔子叹②,见所始则知所终。故水出于山,入于海;稼生乎野,而藏乎仓。圣人见其所生,则知其所归矣。

【注释】

①"纣为"句:并见《说山训》,当出于《韩非子》之《喻老》《说林上》。象箸(zhù),象牙制的筷子。箕子,纣王叔父,封于箕(今山西太谷东北)。谏纣不听,被囚禁。武王灭商,被释放。《尚书·洪

范》即为其所作。叽,通"唏",实为"欷",悲叹。《说山训》作
"唏"。

②"鲁以"句:许慎注:偶人,桐人也。叹其象人而用之也。按,事载
《孟子·梁惠王上》。桐人,即木偶人。

【译文】

　　纣王命人制造了象牙筷子而箕子悲哀,鲁国用土木偶人殉葬而孔
子哀叹,看见开始就知道它的终结。因此水从山涧流出,向东注入东
海;庄稼生在野外,而果实贮藏在粮仓。圣人看到它的发生的地方,就
知道它的最后归向了。

　　水浊者鱼唫①,令苛者民乱,城峭者必崩②,岸崝者必
陁③。故商鞅立法而支解④,吴起刻削而车裂⑤。

【注释】

①唫(yǎn):鱼张口向上呼吸。

②峭(qiào):高而陡。

③崝(zhēng):同"峥",峻峭。陁(zhì):崩落。

④"故商鞅"句:许慎注:商鞅为秦孝公立治法,百姓怨之,以罪支
解。按,事亦载于《史记·商君列传》等。商鞅,战国法家代表人
物,曾为秦孝公变法。《汉书·艺文志》"法家"有《商君》二十
九篇。

⑤"吴起"句:许慎注:吴起相楚,设贵臣相坐之法,卒车裂也。按,
吴起,战国中期法家、兵家。曾为楚悼王令尹,主持变法。《汉
书·艺文志》"兵家"有《吴起》四十八篇。

【译文】

　　水混浊鱼儿便会呼吸困难,法令苛烦便会引起百姓混乱,城墙高耸
必然要崩塌,河岸陡峭必然会坠落。因此商鞅建立严酷的法令而被肢

解,吴起推行残酷的法制而被车裂。

　　治国辟若张瑟,大弦纲则小弦绝矣①。故急辔数策者,非千里之御也。有声之声,不过百里;无声之声,施于四海。是故禄过其功者损,名过其实者蔽;情行合而名副之②,祸福不虚至矣。身有丑梦,不胜正行;国有妖祥,不胜善政。是故前有轩冕之赏③,不可以无功取也;后有斧钺之禁,不可以无罪蒙也。素脩正者④,弗离道也。

【注释】

①纲(gēng):北宋本原作"组"。《道藏》本作"组"。王念孙《读书杂志》:"组"当为"纲",字之误也。字本作"搄",又作"緪(gēng)"。《说文》:"搄,引急也。"又曰:"緪,急也。"据正。按,即紧、急义。《韩诗外传》卷一:"大弦急则小弦绝矣。"可与此相参。

②副:相称,符合。

③轩冕(xuān miǎn):卿大夫的车子和冕服。也指官位爵禄。

④素:平常。

【译文】

　　治理国家比如就像瑟上的弦一样,大弦紧了那么小弦就会断绝。因此拉紧马缰绳、频繁使用鞭子的,不是行驶千里的办法。有声的声音,不能传过百里;没有声的声音,可以延绵到四海。所以俸禄超过他的功劳的就会受到损害,爵名超过他的实际功德的就会受到蒙蔽,情理、行事符合而名称、实际相一致的,灾祸就不会平白地来到了。夜里即使做了噩梦,也不能抵得过正直的品行;国家有了不祥之兆,也抵不过美好的政治。因此前面有轩冕的丰厚赏赐,不能够没有功劳就能取得;后面有斧钺那样的严酷禁令,也不是没有罪过就能蒙受的。平常修治正道的人，就不会离开大道。

君子不谓小善不足为也而舍之，小善积而为大善；不为小不善为无伤也而为之①，小不善积而为大不善。是故积羽沉舟，群轻折轴，故君子禁于微。壹快不足以成善②，积快而为德；壹恨不足以成非，积恨而成怨。故三代之善，千岁之积誉也；桀、纣之谤③，千岁之积毁也。

【注释】

①不为：刘绩《补注》本作"不谓"。伤：危害，伤害。

②壹快：一次痛快。快，欢喜。

③谤：《文选·李萧远〈运命论〉》李善注引：《淮南子》曰："桀、纣之恶，千载之积毁也。"与此异。

【译文】

君子不能够认为小的好事不值得干而舍弃它，小的好事积累多了而可以成为大的好事；君子不认为小的不好的事情没有损害而去干，小的坏事积累多了而可以成为大的坏事。因此说羽毛积累多了可以使舟下沉，许多轻的东西堆聚在车上可以折断车轴，因此君子对微小的坏事也要禁止。干一件痛快的事情不能够成为善事，积累很多快事便可以成为大德；一次遗憾的事不能够成为大错，积累很多遗憾就成为终身怨恨。因此称颂三代的善政，是千年的称誉积累而成的；对桀、纣的指责，是千年的毁谤集中而成的。

天有四时，人有四用。何谓四用？视而形之①，莫明于目；听而精之②，莫聪于耳；重而闭之③，莫固于口；含而藏之，莫深于心。目见其形，耳听其声，口言其诚，而心致之精④，则万物之化，咸有极矣⑤。

【注释】

①形之：描绘它的形象特征。

②精之：指精通它。

③闭之：使它闭藏。

④精：精华。

⑤极：标准，准则。

【译文】

上天有春、夏、秋、冬四季变化，人有眼、耳、口心四种器官。什么叫四用？看到并描述形体特征，没有什么比眼睛更清楚的了；听到声音而且精通它，没有什么比耳朵更灵敏的了；持重而能够闭藏，没有什么比嘴巴更为牢固的了；含怀而包藏，没有什么比心灵更深厚的了。眼睛看到外物的形体，耳朵听到它的声音，口中表达它的诚信，而心中把精华都聚集到一起，那么万物的变化，就都有准则了。

地以德广①，君以德尊，上也；地以义广，君以义尊，次也；地以强广，君以强尊，之下也②。故粹者王，驳者霸，无一焉者亡③。

【注释】

①地以德广：许慎注：人君以德广益其土地也。

②之下：刘绩《补注》本删"之"字。

③"故粹"三句：亦见于《荀子·王霸》。粹，纯粹。驳，混杂。北宋本原作"骏"。《道藏》本作"驳"。据正。

【译文】

国君凭借德行增广土地，凭借德泽而得到尊重，这是属于上等的；国君用大义增广土地，凭借大义得到尊重，这是次一等的；国君靠武力强大增广土地，用武力强大得到尊重，这是下一等的。因此道德纯粹的国君称王，道德混杂的国君称霸，没有一样的国君灭亡。

昔二凤皇至于庭①，三代至乎门，[周]室至乎泽②。德弥粗③，所至弥远；德弥精，所至弥近。

【注释】

①二凤皇：王念孙《读书杂志》：此本作"昔二皇凤至于庭"。《文选》注、《艺文类聚》并引高注："二皇，宓羲、神农也。"

②[周]室至乎泽：刘绩《补注》本"室"上有"周"字。北宋本当脱"周"字。

③弥：愈。粗：粗疏。

【译文】

从前伏栖、神农氏统治之时凤凰飞到庭院之中，尧、舜、禹三代凤凰来到门庭内外，周朝统治的时候凤凰飞到了大泽。德政越粗疏，所到达的地方也愈远；德政愈精粹，所到达的地方也愈近。

君子诚仁①，于施亦仁②，不施亦仁③；小人诚不仁，施亦不仁，不施亦不仁。善之由我，与其由人，若仁德之盛者也。故情胜欲者昌④，欲胜情者亡。

【注释】

①仁：《论语·颜渊》中载：樊迟问仁，子曰"爱人"。

②于施亦仁:《道藏》本亦有"于"字。刘绩《补注》本删"于"字。疑衍"于"字。

③不施亦仁:许慎注:道无为而民蒙纯,此所谓不施而仁。

④情:真情。欲:贪欲。

【译文】

君子果真爱人,施行仁政会得到仁,不施行仁政也会得到仁;小人确实不仁,施行仁政不会得到仁,不施行仁政也不会得到仁。推行善政在于我,与其由小人,岂如君子施行仁德之兴盛。因此真情战胜私欲的可以使国家昌盛,私欲战胜真情的可以使国家灭亡。

欲知天道察其数①,欲知地道物其树②,欲知人道从其欲。勿惊勿骇,万物将自理;勿挠勿撄③,万物将自清。察一曲者④,不可与言化;审一时者,不可与言大。日不知夜,月不知昼,日月为明而弗能兼也,唯天地能函之⑤。能包天地,曰唯无形者也⑥。

【注释】

①数:指律历之类的技艺。

②物:相。

③撄:缠绕。北宋本原作"樱"。刘绩《补注》本作"撄"。据正。

④一曲:一隅、片面。

⑤函:包容、包含。

⑥曰:说的。

【译文】

要想知道天道的规律可以考察律历的规定,要知道大地的规律可以考察树木生长情况,要想知道人事的规律可以考察君子、小人的欲望。不要惊恐、不要害怕，万物将会自己生息；不要扰乱、不要束缚，万物将会自己清静。只考察一件事情的人，不能和他讨论万物的变化；仅审查一个时节的人，不能和他谈论天地之广大。就像太阳不知道黑夜，月亮不知道白天，日月同辉这两者是不能兼顾的，只有天地能包含它们。能够包容天地的，说来只有无形了。

骄溢之君无忠臣，口慧之人无必信①；交拱之木②，无把之枝③；寻常之沟④，无吞舟之鱼。根浅则末短，本伤则枝枯。福生于无为，患生于多欲，害生于弗备，秽生于弗耨⑤。圣人为善若恐不及，备祸若恐不免。蒙尘而欲毋眯，涉水而欲无濡，不可得也。是故知己者不怨人，知命者不怨天。福由己发，祸由己生。圣人不求誉，不辟诽，正身直行，众邪自息。今释正而追曲，倍是而从众⑥，是与俗俪走⑦，而内行无绳，故圣人反己而弗由也。

【注释】

①口慧：口辩。即能言善辩。

②交拱：交缠，环绕。拱，抱。

③把：握。

④寻常：八尺为寻，倍寻为常。

⑤秽（huì）：荒草。耨（nòu）：锄草。

⑥是：指正理。从众：指追随世俗。

⑦俪（lì）：并列。

【译文】

过分骄傲的国君没有忠臣，善辩之人没有可靠的信誉；交缠在一起的树木，没有超过一把粗的枝干；寻常深的水沟，没有能吞下大舟的巨鱼。根基浅那么树梢就短,树根受伤那么枝叶就要枯死。福气产生在不违背自然规律之中,祸患从多欲中产生,灾害产生在不加防备之中,秽草从不勤于耕耘中产生。圣人推行善事像担心来不及一样,预防祸患像担心不能避免一样。蒙上灰尘而想要不眯眼,渡河而想不沾湿衣服,是不能够办到的。因此知道自己的人不会埋怨别人,知道命运的人不埋怨老天。福气是由自己兴起,灾祸是由自己产生。圣人不求取赞誉,不回避指责,自身正派、行事正直,众多邪气自然就平息了。现在抛弃正路而追求邪道,违背正理而追随世俗的人,他们是和陋俗并行,而内心缺少一定的准绳,因此圣人返回自身不由他人来决定。

　　道之有篇章形埒者①,非至者也。尝之而无味,视之而无形,不可传于人。

【注释】

　　①形埒(liè):涯际、形迹。埒,界域。

【译文】

　　道如果有篇章内容和形迹,还没有达到一定境界。品尝它而没有味道,查看它而没有形体,不能够传达给他人。

　　大戟去水①,亭历愈胀②。用之不节,乃反为病。物多类之而非,唯圣人知其微。

【注释】

　　①大戟(jǐ):草本植物。有毒,可入药。《本草经》:叶苦寒,主蛊毒,十二水,腹满积痛。水:指腹水。

　　②亭历:又作"葶苈"。一年生草本植物。《本草经》:主积聚、结气、

　　饮食寒热,破坚逐邪,通利水道。

【译文】

　　大戟可以退去腹中积水,亭历可以消胀。如果使用它不加限制,就反而成为祸患。万物中多有类似而不是同类的,只有圣人能知道它们的细微差别。

　　善御者不忘其马,善射者不忘其弩①,善为人上者不忘其下。诚能爱而利之,天下可从也。弗爱弗利,亲子叛父。

【注释】

　　①弩(nǔ):用机械发射的弓。

【译文】

　　善于驾车的人不忘他的马匹,善于射箭的人不忘他的弓弩,善于处在常人之上的人不忘他的下属。果真能够爱护而使他们有利,便可以让天下之人依从了。不爱护不使他们得到利益,亲生的儿子也会背叛父亲。

　　天下有至贵而非势位也,有至富而非金玉也,有至寿而非千岁也。原心反性①,则贵矣;适情知足,则富矣;明死生之分,则寿矣。

【注释】

　　①原心:使心回到本原。反性:返回自己的天性。

【译文】

　　天下有最珍贵的东西而不是权势地位,有最宝贵的财富而不是黄金美玉,有最长的寿命而不是享有千岁。使心回到本原、返回自己的天性,那么这便是最尊贵的;适合自己的性情、知道已得到的满足,那么就是最大的富足;明确死生的区别,那么就会长寿了。

　　言无常是,行无常宜者,小人也;察于一事,通于一伎者①,中人也;兼覆盖而并有之,度伎能而裁使之者②,圣人也。

【注释】

①伎(jì):技艺。

②"兼覆"二句:王念孙《读书杂志》:正文本作"兼覆而并有之,伎能而裁使之"。《文子·符言》同。"度伎"句,许慎注:度其伎能而裁制使之。按,裁,制。

【译文】

　　言论没有固定的标准,行为没有一定准则的,是小人;考察清楚一件事情,通晓一种技艺的,是个中等人;兼覆天下而拥有一切美德,能度量才能而加以裁决使用的,是个圣人。

第十一卷　齐俗训

【题解】

本训题解中说："齐，一也。四宇之风，世之众理，皆混其俗，令为一道也。故曰《齐俗》。"

"俗"是不同时代、社会、制度遗留下来的礼俗制度。古今、南北、华夷各不相同，而成为"一世之迹"。本训首先对道、德给予了合理的解释，"率性而行谓之道，得其天性谓之德"。接着指出，万物各有长短，要承认事物的多样性，要"各便其性"、"各有所宜，而人性齐矣"。最终以道齐"俗"。

文中认为人性至善，要注重教化。"人之性无邪，久湛于俗则易"。对民族、民俗问题，要承认差别，以不齐为齐，统而包之。

作者主张适应社会发展变化，反对拘泥僵化。"是故世异即事变，时移则俗易。故圣人论世而立法，随时而举事"。

文中强调指出，真理是有客观性、具体性和针对性的，"至是之是无非，至非之非无是，此真是非也"。反对以"我"作为判断是非的标准。

本训发挥了《庄子·齐物论》的思想，用以处理人世间各种复杂的社会问题，充分显示了汉初黄老道家开放、发展、变化、包容而博大的精神境界。

陶方琦《淮南许注异同诂》：(此)"许注本也。"

率性而行谓之道①,得其天性谓之德②。性失然后贵仁,道失然后贵义。是故仁义立而道德迁矣③,礼乐饰则纯朴散矣,是非形则百姓眩矣④,珠玉尊则天下争矣⑤。凡此四者,衰世之造也,末世之用也。

【注释】

①率性:依据本性。《礼记·中庸》:"率性之谓道。"

②天性:天然的品质或属性。

③迁:离散。

④眩(xuàn):日光。《道藏》本、《文子·上礼》作"眩"。《楚辞·离骚》王逸章句:"眩,一作眩。"眩,迷乱。

⑤尊:《文子·上礼》作"贵"。

【译文】

依循本性而行事叫做道,得到它的天性叫做德。天性丧失而后珍视仁,道丧失然后重视义。因此仁义建立而道德离散了,修饰礼乐那么淳朴天真就消失了,是非形成那么百姓更加迷乱了,重视珠玉那么天下便开始争夺了。大凡仁义、礼乐、珠玉、是非这四种东西,都是衰败之世制造出来的,而用在末世。

夫礼者,所以别尊卑,异贵贱;义者,所以合君臣、父子、兄弟、夫妻、友朋之际也。今世之为礼者,恭敬而忮①;为义者,布施而德②。君臣以相非,骨肉以生怨,则失礼义之本也,故构而多责③。夫水积则生相食之鱼,土积则生自穴之兽④,礼义饰则生伪匿之本⑤。夫吹灰而欲无眯,涉水而欲无濡,不可得也。

【注释】

①忮（zhì）：嫉恨。

②德：求得恩德。

③构：《道藏》本作"搆（gòu）"，搆怨义。

④穴：王念孙《读书杂志》：穴，"宍"字之误。自肉，谓兽相食也。《文
　子·上礼》作"自肉"。

⑤匿：通"慝"，邪。本：王念孙《读书杂志》："本"当为"士"。《太平
　御览·礼仪部》二引此作"伪慝之儒"。

【译文】

礼，是用来区别尊卑，表明贵贱的；义，是用来和睦君臣、父子、兄
弟、夫妻、朋友之间关系的。现在世上推行礼的人，外表恭敬而内心嫉
妒；实行义的人，把财物施给别人而求得恩惠。君臣之间相互非难，骨
肉之间生出怨言，那么便失去了礼义的根本了，所以产生构怨而互相指
责。水聚集在一起便会产生互相吞食的鱼儿，土聚积成丘就会产生自
相残杀的野兽，修饰礼义便会产生虚伪奸诈之人。吹起灰尘而想不眯
眼睛，渡河而想不沾湿衣裳，是不能够办到的。

　　古者民童蒙不知东西①，貌不羡乎情②，而言不溢乎
行③；其衣致暖而无文，其兵戈铢而无刃④；其歌乐而无转，其
哭哀而无声。凿井而饮，耕田而食，无所施其美⑤，亦不求
得。亲戚不相毁誉，朋友不相怨德。及至礼义之生，货财之
贵，而诈伪萌兴，非誉相纷，怨德并行。于是乃有曾参、孝己
之美⑥，而生盗跖、庄蹻之邪⑦。故有大路龙旂⑧，羽盖垂
緌⑨，结驷连骑⑩，则必有穿窬拊楗、抽箕逾备之奸⑪。有诡
文繁绣、弱绤罗纨⑫，必有菅屩跐踦、短褐不完者⑬。故高下
之相倾也，短脩之相形也⑭，亦明矣。

【注释】

①童蒙：幼稚智能未开的儿童。东西：于大成《齐俗校释》：《文子·道原》、《道藏》朱弁注本作"西东"。

②羡：羡慕。

③溢：超过。

④"其衣"二句：《文子·道原》作"其衣暖而无采，其兵钝而无刃"。无"致"、"戈"二字。铢，通"铜（táo）"，钝。许慎注：楚人谓刃顿为铢。

⑤美：郑良树《淮南子斠理》：王蓥本"美"作"义"。

⑥曾参（前505—前436）：春秋末鲁国南武城人。名参，字子舆，孔子晚年学生。《汉书·艺文志》有《曾子》十八篇。孝己：殷高宗武丁之子，以孝著称。

⑦盗跖（zhí）：春秋末柳下屯人。名展雄。从卒九千人，横行天下。被诬为"盗跖"。《庄子·盗跖》、《孟子·滕文公下》、《荀子·不苟》记载其事。庄跻（jiǎo）：战国楚将。曾起义攻下郢都。后率兵取巴、蜀、黔中地，为滇王。

⑧大路：天子之车。路，通"辂"。龙旂（qí）：蟠龙交错的旗子。旂，交龙为旂。

⑨緌（ruí）：下垂的帽带。

⑩驷：四匹马驾的车。

⑪穿窬（yú）：穿壁翻墙。指偷盗行为。窬，凿穿。拊揵（fǔ jiàn）：摇动门户之楗，指盗窃。揵：《庄子·庚桑楚》郭象注："揵，关揵也。"《道藏》本作"楗"。抽：许慎注：掘也。按，抽箕，王念孙《读书杂志》王引之曰："抽箕"当为"扣墓"。《广雅》："扣（hú），掘也。""墓"与"基"字亦相似。"基"又以声误为"箕"耳。备：许慎注：后垣。王念孙《读书杂志》王引之曰："备"与"培"同。下文高注曰：培，屋后墙也。

⑫诡（guǐ）文：奇异的文采。弱绤（xī）：细布。绤，细布。罗：稀疏轻

软的丝织品。纨（wán）：细绢。

⑬菅屩：草鞋、麻鞋。菅，茅草。跐踦（cǐ qī）：李哲明《淮南义训疏补》："跐踦"有不齐之义。短：通"裋（shù）"，古时童仆穿的粗布衣。

⑭"故高下"二句：化自《老子》二章。

【译文】

　　古时候百姓幼稚纯真辨不清东西南北，外貌上表现不出美慕的情感，而言语上不超过自己的行事；他们的衣饰暖和而没有文采，他们的兵器不锋利而没有刀刃；他们的歌声快乐而不婉转，他们的哭声悲哀而不求声音。凿井而饮水，耕田而食用，没有什么地方施展他们的大义，也不贪求得到什么。亲戚之间不相互诋毁、赞誉，朋友之间也不互相埋怨、感恩。等到礼义产生，以财货为贵，这样欺骗虚伪便产生了，诽谤赞誉互相纷扰，怨恨恩德并行世间。在这个时候便有了曾参、孝己的美名，又产生了盗跖、庄蹻的邪行。因此说有了天子龙车龙旗，以翠鸟羽毛为盖饰、车绥下垂、车驾连接不断，那必定就有翻墙撬门、掘墓盗宝的奸邪发生。有穿着奇彩锦绣、细布轻绢的人，必定就有草鞋不整、粗衣烂衫的人。因此高下呈现倾斜，长短互相对照，也是很明白的。

　　夫虾蟆为鹑①，水蛊为蟌蟌②，皆生非其类，唯圣人知其化。夫胡人见黂③，不知其可以为布也；越人见毳④，不知其可以为旃也⑤。故不通于物者，难与言化。

　　昔太公望、周公旦受封而相见，太公问周公曰："何以治鲁？"周公曰："尊尊亲亲⑥。"太公曰："鲁从此弱矣。"周公问太公曰："何以治齐？"太公曰："举贤而上功⑦。"周公曰："后世必有劫杀之君。"其后齐日以大，至于霸，二十四世而田氏代之⑧。鲁日以削，至三十二世而亡⑨。故《易》曰："履霜，坚冰至^⑩。"圣人之见,终始微言^⑪。故糟丘生乎象楮,炮烙生乎热升^⑫。

子路撜溺,而受牛谢,孔子曰:"鲁国必好救人于患^⑬。"子赣赎人,而不受金于府,孔子曰:"鲁国不复赎人矣^⑭。"子路受而劝德,子赣让而止善。孔子之明,以小知大,以近知远,通于论者也。由此观之,廉有所在,而不可公行也。故行齐于俗,可随也;事周于能,易为也。矜伪以惑世^⑮,伉行以违众^⑯,圣人不以为民俗。

【注释】

①虾蟆:指青蛙和蟾蜍。鹑(chún):即鹌鹑。本文记载并见《大戴礼记·夏小正》、《礼记·月令》等,这是古人的误解。

②水蛋(chài):蜻蜓的幼虫,生活在水中。蟵蕽(máo wáng):许慎注:青蛉也。按,《说山训》:水蛋为蟵(cōng)。高诱注作"青蛉也"。王念孙《读书杂志》认为"蟵蕽"即"蟵"、"蕽(cōng)"之误。古人视青蛉、蜻蜓为一物。蟵,同"蟵(cōng)"。《广韵》东韵:蟵,蜻蜓。

③蕡(fén):许慎注指麻子。按,一种粗麻,可以织成布。《本草经》叫"麻蕡",养生功用是"久服通神明,轻身"。

④毳(cuì):鸟兽的细毛。

⑤旃:通"氈(zhān)",一种毛织物。

⑥尊尊:尊敬尊贵者。亲亲:亲其所当亲。指周朝以血缘关系为基础的宗法制度。

⑦"举贤"句:许慎注:举贤上功,则民竞,故劫杀。按,上功,崇尚功勋。

⑧二十四世:从齐太公姜尚到战国齐康公,共二十四代。田氏代

之：许慎注：齐臣田氏夺其君位而代之。按，田氏，指田成子。春
　　秋齐国贵族。齐简公四年（前481），杀简公，任相国，从此由陈氏
　　专政。

⑨三十二：鲁伯禽到鲁顷公，共三十二世，《氾论训》作"三十六"，应
　　作"三十四"。《吕览·长见》高诱注、《史记·鲁周公世家》、《韩
　　诗外传》卷十皆作"三十四"。

⑩"履霜"二句：见于《周易·坤卦》。

⑪言：孙诒让《札迻》："言"当作"矣"。按，"昔太公望"以下，见于
　　《吕览·长见》，并载于《韩诗外传》卷十、《史记·鲁周公世家》。

⑫"糟丘"二句：许慎注：纣为长夜之饮，积糟成丘者，起于象楮。
　　按，糟丘，酿酒所余的糟滓堆积如丘。楮，即"箸（zhù）"，筷子。
　　热升，《北堂书钞·服饰部》四引作"热斗"，即熨斗。

⑬"子路"四句：《吕览·察微》高诱注：《淮南记》曰："子路受而劝
　　德"，此之谓也。按，撜（zhěng），拯救。

⑭"子赣"四句：《吕览·察微》高诱注：《淮南记》曰："子贡让而止
　　善"，此之谓也。

⑮矜（jīn）伪：矜持，虚伪。

⑯亢（kàng）行：高尚的行为。

【译文】

　　虾蟆可以变成鹌鹑，水蛆可以长成蜻蜓，这些都不是同类的生物，
只有圣人能够知道它们的变化。北方胡人看到廱，不知道它可以织成
布；南方越人看见细毛，不知道它能够织成毡子。因此不通晓万物之情
的人，难以和它谈论万物变化的情况。

　　从前太公望、周公旦受封在宫廷相见，太公问周公说："用什么办法
治理鲁国？"周公说："尊敬尊者而亲敬亲者。"太公说："鲁国从此就要削
弱下去了。"周公问太公说："怎样治理齐国？"太公说："举用贤才而崇尚
功德。"周公说："后代必定有弑君夺权的人出现。"以后齐国一天天强

大，一直到称霸诸侯，但是二十四代后田常弑君而代之。鲁国一天天削弱，到了三十二代终于灭亡。因此《周易》中说："踏着寒霜，冰雪时节就要到来。"圣人的观察，由开始的微小变化而知道最后的终结。因此纣王饮酒积糟成丘产生于象牙筷子，酷刑炮烙产生于热斗。

　　子路救出溺水之人，而接受主人一条牛的谢礼，孔子说："鲁国人以后一定喜欢解救他人于患难之中。"子赣用钱赎回鲁国之人，子赣不愿到官府接受金钱，孔子说："鲁国以后不再赎人了。"子路接受牛谢而奖励行德之人，子赣谦让而制止了行善的行为。孔子的明智，在于凭借小事可以知道大事，凭借眼前的可以知道久远的事情，这是通晓大道的人。从这里可以看出，使用廉洁有一定的范围，而不可以到处推行它。因此行为如果合于习俗，人们就能够追随它；行事和能力相契合，就容易做得到。或用矜持虚伪来迷惑世人，或行为高尚而违背众愿，圣人是不能以此来齐同风俗的。

　　广厦阔屋，连闼通房①，人之所安也，鸟入之而忧；高山险阻，深林丛薄②，虎豹之所乐也，人入之而畏；川谷通原，积水重泉，鼋鼍之所便也，人入之而死；《咸池》、《承云》、《九韶》、《六英》③，人之所乐也，鸟兽闻之而惊；深溪峭岸，峻木寻枝，猿狖之所乐也，人上之而慄④。形殊性诡⑤，所以为乐者，乃所以为哀；所以为安者，乃所以为危也。乃至天地之所覆载，日月之照誋⑥，使各便其性，安其居，处其宜，为其能。

　　故愚者有所脩，智者有所不足。柱不可以摘齿⑦，筐不可以持屋⑧，马不可以服重，牛不可以追速，铅不可以为刀，铜不可以为弩，铁不可以为舟，木不可以为釜，各用之于其所适，施之于其所宜，即万物一齐，而无由相过。夫明镜便于照形,其于以函食不如箪⑨;牺牛粹毛⑩,宜于庙牺,其于以致雨,不若黑蜮⑪。由此观之,物无贵贱,因其所贵而贵之,物无不贵也;因其所贱而贱之,物无不贱也⑫。

　　夫玉璞不厌厚,角䚡不厌薄⑬,漆不厌黑,粉不厌白,此四者相反也。所急则均,其用一也。今之裘与蓑孰急?见雨则裘不用,升堂则蓑不御。此代为常者也⑭。譬若舟、车、楯、肆、穷庐⑮,故有所宜也。故《老子》曰"不上贤"者⑯,言不致鱼于木、沉鸟于渊⑰。

【注释】

①闼(tà):门。通房:房室连接相通。

②丛薄:草木丛深之处。薄,草木聚生。

③《咸池》:黄帝时乐名。《承云》:《吕览·古乐》认为是帝颛顼之乐。《九韶》:《山海经·大荒西经》认为是夏启之乐。《六英》:帝颛顼乐。

④慄(lì):战栗。

⑤诡(guǐ):异。

⑥照谒(jì):诏告。《文子·自然》作"所照"。刘家立《淮南内篇集证》作"照临"。即在上面照耀。按,"《咸池》"至"其能",可与《庄子·至乐》相参。

⑦楠(dí):剔。刘绩《补注》本作"摘"。王念孙《读书杂志》:"摘"读若"剔"。

⑧筳:许慎注:小簪(zān)也。按,王念孙《读书杂志》:"筳"皆"莛"字之误也。《玉篇》:莛(tíng),小簪也。持:支撑。

⑨函:包容,盛。箪(dān):古代盛饭食的圆形竹器。王念孙《读书杂志》:"函食不如箪",本作"承食不如竹箪"。今本"承"误为

"函","算"误为"箄",又脱去"竹"字耳。按,箅(bì),蒸锅中的竹屉。

⑩牺牛:用作祭祀的毛色纯一的牛。粹:纯粹。《文选·张景阳〈杂诗〉》注、《太平御览》卷九百三十三《鳞介部》五引,并作"駩毛"。而《时则训》高诱注:"粹,毛色纯也。""全粹"为仲秋选牺牲的重要标准,知"粹"字不误。

⑪黑蜧(lì):许慎注:神蛇也。潜于神渊,盖能兴云雨。

⑫"由此观之"六句:化自《庄子·秋水》。

⑬角觡(jiǎo):覆盖刀剑外表的角饰。杨树达《淮南子证闻》:疑"觡"当读为"鐕(xí)"。《说文》:"鐕,杖耑(duān)角也。"按,指装饰在杖头的角制品。厌:嫌。

⑭常:陈昌齐《淮南子正误》:"常"当为"帝",字之误也。代为帝,谓袭与襄迭为主也。按,疑北宋本误。

⑮楯:通"輴(chún)"。许慎注:泥地宜楯。《广韵》谆韵:輴,载枢车也。肆:沙中乘行的一种运输工具。刘绩《补注》本作"毳(niǎo)"。《文子·自然》同。"四载"之说,载于《吕览·慎势》、《尚书·益稷》,亦见于《说文》、《史记·夏本纪》等。穷庐:古代游牧民族居徙用的毡帐。穷,通"穹"。许慎注:草野宜穷庐。

⑯不上贤:见于《老子》三章。

⑰木:北宋本原作"水"。《道藏》本作"木"。据正。

【译文】

高大宽敞的房屋,门相连室相通,这是人们安居的地方,但是飞鸟进入后便产生忧虑;高山险阻,茂林草丛,这是虎豹所喜爱的地方,而人们进入就非常害怕;大川深谷,深潭瀑布,是鼋鼍所栖息的地方,人进入便要死去;《咸池》、《承云》、《九韶》、《六英》,是人人所喜爱的,但是鸟兽听到它却十分惊恐;千丈深溪、陡峭的河岸,高大的树木、修长的枝条,是猿狖所喜爱的,人攀登而上就会发抖。形体不同天性迥别,鸟兽所感到快乐的,人类得到的却是悲哀;人类所用来安身的地方,却是鸟兽认为最危险的地方。于是才有了上天覆盖、大地运载万物,太阳、月亮普照天地,使各种生物都能适应它们的天性,使它们居处安稳,使它们的生活环境适宜,发挥各自的才能。

因此愚笨的人有他擅长的地方,聪明的人有他所不足的地方。木柱不能够剔牙齿,小簪子不能够支撑大屋,马儿不能够负载重物,牛儿不能够奔驰,铅不可以制成刀,铜不可以制成弩,铁不可以做船,木头不能够制成锅,各自使用在适合自己特性的地方,施用在适合发挥作用的环境中,那么万物的功用便可以整齐划一,而不存在相互指责的地方。明镜是便于照形的,用它来蒸食物就不如竹箅;毛色纯一的牛,对于宗庙祭祀是适宜的,用它来求雨,就不如黑蜥了。从这里可以看出,万物中没有贵贱之分,按照它的长处而珍视它,万物中没有不是可贵的;依据它的短处而认为它下贱,万物中没有不是低贱的。

对于玉石人们是不嫌它厚的,对于角䱷不会嫌它薄,漆不嫌它黑,铅粉不嫌它白,这四种东西用处是相反的。但所急需都是相同的,它们的作用是一样的。现在使用的皮裘和蓑衣哪一个更急切? 看到天下雨那么皮裘就用不上了,登入殿堂那么蓑衣就不能侍奉国君了。这就是互相更替担任主宰者。比如舟、车、楯、肆、穷庐,因此各种环境都有适宜的交通工具。所以《老子》中说“不崇尚有贤才的人”,说的是不把鱼送到木头上去,不把飞鸟沉到深渊中去。

故尧之治天下也,舜为司徒①,契为司马②,禹为司空③,后稷为大田师④,奚仲为工⑤。其导万民也,水处者渔,山处者木,谷处者牧,陆处者农。地宜其事,事宜其械,械宜其用,用宜其人。泽皋织网⑥,陵阪耕田⑦,得以所有易所无⑧,以所工易所拙。是故离叛者寡,而听从者众。譬若播棋丸于地^⑨，员者走泽，方者处高，各从其所安，夫有何上下焉？若风之过箫也^⑩，忽然感之，各以清浊应矣^⑪。

【注释】

①司徒：官名，西周始置，掌管土地和人民。

②契（xiè）：传说中商的始祖，其母简狄，吞燕卵而生契。司马：掌军政、军赋的官员。

③司空：掌管工程的官员。

④后稷：周朝始祖，其母姜嫄，踏巨人迹而生后稷。大田师：王念孙《读书杂志》："师"字当在"工"字下。大田，田官之长也。

⑤奚仲：古代传说中车的发明者，黄帝之后，曾为夏代车正。工：《文子·自然》作"工师"。掌管百工和官营手工业。

⑥皋（gāo）：沼泽。网：北宋本原作"冈"。刘绩《补注》本作"网"。据正。

⑦阪（bǎn）：山坡。

⑧"得以所有"句：《文子·自然》作："如是则民得以所有易所无。"

⑨播：散。棋丸：即棋子。

⑩箫：排箫。湖北随州曾侯乙墓出土有排箫。

⑪清浊：指高音、低音。

【译文】

　　所以尧治理天下的时候，任命舜担任掌管土地之官，契担任军政主管之官，禹掌管工程建设，后稷为农业主管，奚仲为百工之长。他们引导万民的方法，让居住在水边的人以打渔为主，生活在山林中的人以采木为主，活动在山谷地区的人以牧业为主，生活在平原地区的人以农业为生。土地上要种植适宜的作物，不同的农作物要用适宜的器械，不同的器械要有合适的用途，使用器械要有适宜的人。河泽地区要织网捕捞，山陵坡地可以用来耕田，人民能够用他们所有的交换所没有的，用他们制作精巧的产品交换他们不善制作的产品。因此离叛的人少,而听从王命的人多。比如就像把棋子撒在地上,圆的滚向洼处,方者停留高处,各自随所处而安身,又有什么上下之别呢? 就像风声遇到排箫的孔窍,忽然受到感触,风声、箫声凭着清浊之声相应和。

　　夫猿狖得茂木,不舍而穴;狟狢得埵坊①,弗去而缘②。物莫避其所利,而就其所害。是故邻国相望,鸡狗之音相闻③,而足迹不接诸侯之境,车轨不结千里之外者,皆各得其所安。故乱国若盛,治国若虚,亡国若不足,存国若有余④。虚者,非无人也,皆守其职也。盛者,非多人也,皆徼于末也⑤。有余者,非多财也⑥,欲节事寡也。不足者,非无货也,民躁而费多也⑦。故先王之法籍,非所作也,其所因也⑧;其禁诛,非所为也,其所守也。凡以物治物者不以物⑨,以睦⑩;治睦者不以睦,以人;治人者不以人,以君;治君者不于君,以欲;治欲者不于欲,以性;治性者不于性,以德;治德者不以德,以道。原人之性,芜涉而不得清明者⑪,物或堁之也⑫。

【注释】

①狟(huán):指豪猪。狢(hé):似狐,善睡。昼伏夜出,皮毛珍贵。埵坊(duǒ fáng):水坝,堤坝。

②缘:依靠,凭借。

③"是故"二句:见于《老子》八十章。

④"亡国"二句:亡国、存国,陶鸿庆《读淮南子札记》:"亡"、"存"二字当互易。按,《道藏》本、《文子·自然》与本文相同。

⑤徼(jiào):趋向。

⑥"有余者"二句:陶鸿庆《读淮南子札记》:当与"不足者,非无货

也"二句互易。按,《文子·自然》与本文略同。陶校可备一说。

⑦躁:通"懆(sāo)",贪婪多欲。

⑧因:指依循一定的规律。《说文》:因,就也。

⑨以物:王念孙《读书杂志》:"以物"二字因下文而衍。《吕览·贵
　当》、《文子·下德》皆无此二字。

⑩睦:《说文》:一曰敬和也。按,《文子·下德》作"和"。马宗霍《淮
　南旧注参正》:"睦"当通作"陆"。以睦治物,犹言物统于地也。

⑪芜涉:污秽。涉,通"秽(huì)",不净。

⑫堁(kè):尘土。古楚方言。

【译文】

猿狨得到茂密的树林,不舍得离去而筑穴居住;豪猪和狟狢得到堤坝,不会离去而靠着休息。生物中没有避开对自己有利的,而靠近对自己有害的。因此国与国之间可以互相望得见,鸡鸣狗吠之声可以相互听得到,但脚步不踏进诸侯国家的边境,车马不连接到千里之外的地方,都是各自得到了他们的安居之处。因此混乱的国家好像很兴盛的样子,得到治理的国家好像很空虚的样子,存在的国家好像不足一样,灭亡的国家好像有余一样。空虚,不是无人的意思,而是人人都能尽忠职守。兴盛,不是指人多的意思,而是指人人都趋向末业。有余,不是指财物多,而是想节制事情使它减少的意思。不足,不是指没有货财,是指百姓贪婪多欲而用费极多的意思。因此先王制定的法籍制度,不是凭空产生的,而是按照社会规律产生的;他们制定的禁止诛罚的规定,不是没有根据的,而是遵循一定的准则制订的。大凡治理万物不是凭借万物本身,而是依靠大地;治理大地不是依靠大地,而是依靠人;治理人类社会不是靠人群自身,而是依靠国君;治理国君不是依靠国君,而是依靠欲望;治理欲望不是依靠欲望,而是依靠天性;治理天性不是依靠天性,而是依靠德;治理德不是依靠德,而是依靠道。探索人的本性,污秽混杂而不能得到清静之性的原因,是万物中的灰尘掩蔽了它。

羌、氐、僰、翟①，婴儿生皆同声，及其长也，虽重象、狄鞮②，不能通其言，教俗殊也。今令三月婴儿，生而徙国，则不能知其故俗。由此观之，衣服礼俗者，非人之性也，所受于外也。夫竹之性浮，残以为牒③，束而投之水则沉，失其体也④。金之性沉，托之于舟上则浮，势有所枝也⑤。夫素之质白，染之以涅则黑⑥；缣之性黄⑦，染之以丹则赤⑧。人之性无邪⑨，久湛于俗则易⑩。易而忘其本，合于若性⑪。故日月欲明，浮云盖之；河水欲清，沙石涗之⑫；人性欲平，嗜欲害之，唯圣人能遗物而反己⑬。夫乘舟而惑者，不知东西，见斗、极则寤矣⑭。夫性亦人之斗、极矣，以有自见也⑮，则不失物之情；无以自见，则动而惑营⑯，譬若陇西之游⑰，愈躁愈沉。孔子谓颜回曰："吾服汝也忘⑱，而汝服于我也亦忘。虽然，汝虽忘乎，吾犹有不忘者存。"孔子知其本也。

【注释】

①羌：古代西部的少数民族。《说文》：羌，西戎牧羊人也。氐（dī）：古代西部少数民族。僰（bó）：古族名，居西南，在长江三峡一带。翟（dí）：通"狄"，古代北方少数民族。

②象、狄鞮（tí）：古代的通译官。《礼记·王制》中载：东方曰寄，南方曰象，西方曰狄鞮（dī），北方曰译。

③残：剖开。牒（dié）：简札。

④体：指本身特性。

⑤势：情势。枝：通"支"，支撑。

⑥涅（niè）：《说文》：黑土在水中也。按，作为矿物，可作黑色染料。

⑦缣（jiān）：细绢。

⑧丹：即丹砂。

⑨无邪：即淳朴无邪。《荀子·性恶》主"性恶"，《孟子·告子上》主"性善"。《淮南子》主人性自然观。

⑩湛(jiān)：浸渍。

⑪若：此。

⑫涉(huì)：浊，污秽。《文子·上德》、《道原》作"秽"。

⑬遗物：抛弃外物。

⑭斗、极：北斗星、北极星。寤：通"悟"。

⑮以有：刘绩《补注》本作"有以"。《文子·下德》作"有以自鉴"。

⑯惑营：昏惑、迷乱。

⑰陇西：在今甘肃天水以西。

⑱服：思存。按，"孔子谓"至"不忘者存"，出于《庄子·田子方》。

【译文】

古代羌、氐、僰、狄等少数民族，婴儿生下来的时候都是同声的，等到他们长大，即使多次用象、狄鞮来翻译，也不能够沟通他们的语言，不同的教育使他们的习俗产生了差别。现在把出生三个月的婴儿，迁徙到其他国家，那么就不知道他原来的习俗了。从这里可以看出，人们的服饰、礼节、习俗，不是人本身具有的天性，是受到外面环境变化而决定的。竹子的特性可以浮在水面上，把它们剖开做成简札，捆束起来投到江里就会沉没，因为失去了它本身的特性。金属的特性是沉于水的，把它存放在身上就会浮起，这种情势是有浮物支撑的缘故。素丝的特性是白色的，用黑色的涅染制就会变黑；细绢的特性是黄色的，用红色的丹砂染制就会变红。人的天性是淳朴无邪的，长时间浸渍在流俗中就会变化。变化之后就会忘记根本，而趋合于其他的特性。因此日月要放光明，而浮云来掩盖它；黄河水要变清，而沙石来搅浑它；人的本性要平静，嗜欲便来危害它。只有圣人能够抛弃外物而回到自己本性上去。乘船航行迷失了方向，辨不清东西，看到北斗星、北极星就醒悟了。人的本性也是人的北斗星、北极星，用它来自我考察，那么就不会失去万物的情理；如果不用它来自我照察，那么行动起来就会迷惑，比如到陇西去游历，心情越烦躁负担就越沉重。孔子对颜回说："我对你的存念很快就会忘记，而你对我的存念也很快就会忘记。虽然这样，你即使忘记了，我还有不能被遗忘的根本存留着。"孔子是懂得它的根本的人。

　　夫纵欲而失性①，动未尝正物②。以治身则危，以治国则乱，以入军则破③。是故不闻道者，无以反性。故古之圣王，能得诸己，故令行禁止，名传后世，德施四海。是故凡将举事，必先平意神清④。意平物乃可正⑤，若玺之抑埴⑥，正与之正，倾与之倾。故尧之举舜也，决之于目；桓公之取宁戚也，断之于耳而已矣。为是释术数而任耳目⑦，其乱必甚矣。夫耳目之可以断也，反情性也。听失于诽誉，而目淫于采色，而欲得事正，则难矣。夫载哀者闻歌声而泣⑧，载乐者见哭者而笑。哀可乐者、笑可哀者，载使然也。是故贵虚⑨。

【注释】

①纵欲：放纵情欲，不加克制。

②动：指感动，影响。物：《文子·道原》作"也"。

③入军：指挥军队。

④神清：《文子·下德》作"清神"。

⑤意平：《文子·下德》作"神清意平"。

⑥玺（xǐ）：印。抑：按，压。埴（zhí）：本指制作陶器的黏土。这里指印泥。按，"若玺"至"与之倾"，见于《吕览·适威》。

⑦术数：指方术和历数。

⑧载：满。

⑨贵虚：许慎注：虚者，心无所载于哀乐也。

【译文】

放纵欲念就会失去本性，靠感动不能使外物端正。失去本性，用来治身就会有危险，用来治国就会发生混乱，用来治军就会使军队失败。因此不懂得道的人，就不能返归自己的本性。因此古代的圣王，能得到自己的本性，所以能够令必行禁必止，名声传遍后世，恩德施予四海。因此凡是将要行事的时候，必定首先平定意念精神清静。精神清静意念平定处理事物才能平正，就像玉玺按印封一样，按正得到的是正，按斜得到的是斜。因此尧推举舜，取决于自己的眼睛；齐桓公举用贫士宁戚，只决断在于自己的耳朵罢了。不过认为像这样便可以放弃方技术数而听任耳目，那么造成的混乱必定是很厉害的了。只凭耳朵、眼睛就能够决断，是违反情性的。听觉在诽谤、赞誉方面造成失误，视觉在彩色上被迷惑，而想能够行事正确，那就困难了。内心充满悲哀的人听到歌声也会哭泣，充满欢乐的人听见哭声就会发笑。悲哀可以使人欢乐、欢乐可以使人悲哀，内心承载的情感使人造成了这个样子。因此要珍视心里没有哀乐的虚空的情景。

故水击则波兴①，气乱则智智②；昏昏不可以为政③，波水不可以为平。故圣王执一而勿失④，万物之情既矣⑤，四夷九州服矣⑥。夫一者至贵，无适于天下⑦。圣人托于无适⑧，故民命系矣⑨。

为仁者必以哀乐论之⑩，为义者必以取予明之⑪。人目所见不过十里，而欲徧照海内之民，哀乐弗能给也⑫。无天下之委财⑬，而欲徧赡万民，利不能足也。且喜怒哀乐，有感而自然者也⑭。故哭之发于口，涕之出于目，此皆愤于中而形于外者也⑮。譬若水之下流，烟之上寻也⑯，夫有孰推之者⑰？故强哭者，虽病不哀；强亲者，虽笑不和。情发于中，而声应于外⑱。故鳖负羁之壶餐，愈于晋献公之垂棘；赵宣孟之束脯⑲，贤于智伯之大钟⑳。故礼丰不足以效爱㉑，而诚心可以怀远㉒。

故公西华之养亲也㉓，若与朋友处；曾参之养亲也，若事严主烈君㉔，其于养一也。故胡人弹骨㉕，越人契臂㉖，中国歃血也㉗，所由各异，其于信一也。三苗髽首㉘，羌人括领㉙，中国冠笄㉚，越人劗发㉛，其于服一也。帝颛顼之法㉜，妇人不辟男子于路者㉝，拂之于四达之衢㉞。今之国都，男女切踦㉟，肩摩于道，其于俗一也。故四夷之礼不同，皆尊其主而爱其亲、敬其兄；猃狁之俗相反㊱，皆慈其子而严其上。夫鸟飞成行，兽处成群，有孰教之？

【注释】

① 击：《文子·下德》作"激"。

② 智智：《道藏》本作"智昏"。

③ 昏昏：《道藏》本作"智昏"。《文子·下德》作"昏智"。

④ 一：指万物之本，也即道。本书《诠言训》：一也者，万物之本也。

⑤ 既：尽。

⑥ 四夷：《原道训》高诱注指"海外"。九州：《淮南子》指大九州。见于《地形训》。

⑦ 适：通"敌"。

⑧ 托：北宋本原作"记"。《道藏》本、《文子·下德》作"讬"。据正。按，"故圣王"至"无适"，化自《吕览·为欲》。

⑨ 系：维系。

⑩ 论：杨树达《淮南子证闻》疑"谕"字之误。按，《文子·道原》亦作"论"。《说山训》高诱注："论，知也。"知晓义。

⑪予：北宋本原作"子"。《道藏》本作"予"。据正。

⑫给(jǐ)：满足，给予。

⑬委财：积累财物。委，积。

⑭自然：天然，非人为的。

⑮愤：愤怒之情。

⑯寻：通"燂(xún)"，火热。

⑰熟：古作"孰"，谁。

⑱"故强哭"六句：化自《庄子·渔父》。病，《记纂渊海》五九、六十引"病"作"疾"。

⑲束脯(fǔ)：一束干肉。

⑳大钟：晋智伯欲灭仇由，赠送大钟。仇由君不听劝谏，迎大钟，而被智伯消灭。仇由，在今陕西阳泉市。事见《吕览·权勋》、《韩非子·说林下》、《战国策·西周策》。

㉑效：模仿。

㉒怀：来。

㉓公西华：孔子弟子，春秋末鲁人，比孔子小四十二岁。

㉔烈：残暴。

㉕胡人弹骨：许慎注：胡人之盟约，置酒人头中，饮以相诅(zǔ)。

㉖越人契臂：许慎注：刻臂出血。

㉗中国歃(shà)血：许慎注：杀牲歃血，相与为信。

㉘三苗髽(zhuā)首：许慎注：三苗之国，在彭蠡(lí)、洞庭之野。髽，以枲(xǐ)束发也。按，即用麻束起头发。

㉙括领：结扎领子。括，结扎。

㉚冠笄(jī)：帽子、簪子。

㉛劗(zuān)：翦断。

㉜颛顼(zhuān xū)：上古帝王。黄帝之孙。"五帝"之二。

㉝辟：通"避"。

㉞拂（fú）：击打。《太平御览》卷七十九《皇王部》四引作："拂音祓。
除其不祥。"祓（fú），除灾求福。衢（qú）：四通八达的路。

㉟切踦（yǐ）：耳鬓厮磨相为偎依，形容十分亲昵。踦，近。

㊱猃狁（xiǎn yǔn）：周代称北方少数民族，战国称匈奴。

【译文】

　　因此拍击水面就会产生波涛，精气混乱那么神智就会昏聩；昏聩神
智的人不能够执政，波澜起伏的水面不能够平定。所以圣王持守大道
而不会失去，那么万物的情理便可以探测清楚了，四夷九州人民便可以
归服了。大道是天下最尊贵的东西，对于天下是无敌的。圣人依靠无
敌的大道，因此百姓的命运就有所维系了。

　　实行仁政的人必须把悲欢之事让人知道，推行大义的人必须把取
予之事让人明白。眼睛所看到的不过十里，而想要全部观照海内的人
民，悲欢之情是不能完全给予他们的。没有天下积累的财物，而想普遍
瞻顾天下万民，利益是不能满足他们的。况且喜怒悲欢，是有所感动而
自然表现出来的。所以哭声从口中发出来，眼泪从眼睛中流出来，这些
都是心中有了愤慨之情，而在外面表现出来的。比如说水向下游流去，
浓烟升入空中，这些有谁推动呢？因此勉强哭泣的人，即使哭出病来也
不悲哀；勉强亲爱的人，即使是开口欢笑也不和谐。感情从内心发出，
而声音在外面应和。因此鳖负羁赠送给晋文公一壶饭食，超过晋献公
借以灭虞的垂棘之璧；赵宣孟的一束干肉，胜于智伯灭仇由所献的大
钟。因此礼节周全不能够用来验证真爱，而真诚之心可以使远方之人
归附。

　　因此公西华的奉养双亲，多和睦缺少敬爱，就像和朋友相处；曾参
的奉养双亲，恭敬多于和睦，就像事奉庄严威猛的君主一样，他们对于
奉养双亲是一致的。因此北方胡人把酒倒入人头骨中，东南越族人刀
刻双臂以使出血，中央地区国家会盟时口含畜血，他们所使用的方法是
各不相同，但是对于守信是一致的。三苗族用麻束发，西方羌人把领子

结扎起来，中国居民戴帽子、插簪子，东南越人剪断头发，他们对于服饰的要求是一致的。帝颛顼的法规，已婚女子在路上不避开男子的，要在四达之路上遭受击打。现在的都会，男女偎依亲昵，肩膀相碰，但他们对于礼俗的要求是一致的。因此四方部族的礼俗是不同的，但都尊重他们的国君而爱护他们的亲人、敬爱自己的兄长；北方猃狁的习俗同中原相反，都爱护自己的儿子而对他们的国君很严厉。鸟飞翔起来有的排成行列，野兽居处成群结队，有谁教导它们呢？

　　故鲁国服儒者之礼，行孔子之术，地削名卑，不能亲近来远①。越王句践，劗发文身②，无皮弁搢笏之服③，拘罢拒折之容④，然而胜夫差于五湖⑤，南面而霸天下，泗上十二诸侯皆率九夷以朝⑥。胡、貉、匈奴之国⑦，纵体施发⑧，箕倨反言⑨，而国不亡者，未必无礼也。楚庄王裾衣博袍⑩，令行乎天下，遂霸诸侯。晋文君大布之衣⑪，牂羊之裘⑫，韦以带剑⑬，威立于海内，岂必邹、鲁之礼之谓礼乎⑭？是故入其国者从其俗，入其家者避其讳，不犯禁而入，不连逆而进⑮，虽之夷狄徒倮之国⑯，结轨乎远方之外⑰，而无所困矣。

【注释】

①来：使归附。

②劗（zuān）：剪，剃。文身：古代民俗，在身上刺画有色的图案花纹。《庄子·逍遥游》中载：越人断发文身。

③皮弁（biàn）：古冠名。用白鹿皮制成，为视朝的常服。搢笏（jìn hù）：插笏板于腰带之上。搢，插。

④拘：通“钩”，曲形。罢：通“椑（pí）”，椭圆。拒：通“矩”，方形。

⑤夫差：春秋吴君，在位22年。曾败越，伐齐，与晋争霸。吴灭后

自杀。五湖:《国语·越语下》韦昭注指"太湖"。

⑥泗上:泗水之滨。十二诸侯:指春秋时鲁、齐、晋、秦、楚、宋、卫、陈、蔡、曹、郑、燕十二诸侯。《史记》有《十二诸侯年表》。九夷:泛指四方的少数民族。《后汉书·东夷传》中载"夷有九种"。

⑦貉:通"貊(mò)",古代东北部少数民族。

⑧纵体:松缓、不受约束。施:通"弛(chí)",解开。

⑨箕倨(jī jù):伸两足,两膝据地,若箕状,为傲慢之容。倨,通"踞",蹲。反言:《吕览·功名》高诱注:南方有反舌国,舌本在前,末倒向喉,故曰反舌。按,疑指用卷舌音说话。

⑩裾(jū)衣:衣服宽大。裾,宽大。博袍:宽大的袍子。按,"楚庄王"至"于海内",化自《墨子·公孟》。

⑪大布:粗布。

⑫牂(zāng)羊:母羊。

⑬韦:加工过的熟皮。

⑭邹、鲁:指山东邹县和曲阜,为孟子和孔子的诞生地。

⑮迕(wǔ)逆:背犯,违反。迕,字亦作"忤(wǔ)",逆。

⑯徒倮(luǒ):袒裸。徒,袒露。

⑰结轨:车辙相连。

【译文】

因此鲁国推行儒者的礼节,实行孔子的学说,土地被削弱、名声很低下,不能亲近毗邻和安抚远方的国家。越王勾践,剪掉头发,身上刺上花纹,没有鹿皮礼冠、腰带不插笏板,没有或圆或方的容饰,然而在太湖之上战胜吴王夫差,南面而坐称霸天下,泗上儒学之乡和天下十二诸侯率领九夷君长前来朝拜。胡、貉、匈奴等国家,衣不合体、披散头发,坐如箕状、多用卷舌音,然而国家并不灭亡,未必是没有礼节。楚庄王身着宽衣大袍,命令能在天下推行,于是便称霸诸侯。晋文公身穿粗布衣,外套母羊皮裘,用熟皮系着利剑,威望在海内树立,难道一定是孔、盂的礼节才叫礼节吗？因此进入他国便随从他国的习俗，进入他的家门便回避他家的忌讳，不违犯禁令而进入，不背犯忌讳而前进，即使到达东夷、北狄、赤裸之国，车子到达遥远的方外之地，也没有什么困惑的。

礼者实之文也①，仁者恩之效也②。故礼因人情而为之节文③，而仁发恲以见容④。礼不过实，仁不溢恩也，治世之道也。夫三年之丧⑤，是强人所不及也，而以伪辅情也。三月之服⑥，是绝哀而迫切之性也⑦。夫儒、墨不原人情之终始⑧，而务以行相反之制，五缞之服⑨，悲哀抱于情，葬埋称于养。不强人之所不能为，不绝人之所能已⑩。度量不失于适，诽誉无所由生。古者非不知繁升降槃还之礼也⑪，蹀《采齐》、《肆夏》之容也⑫，以为旷日烦民而无所用⑬，故制礼足以佐实喻意而已矣。古者非不能陈钟鼓、盛筦箫、杨干戚、奋羽旄⑭，以为费财乱政，制乐足以合欢宣意而已⑮，喜不羡于音⑯。非不能竭国麋民⑰，虚府殚财⑱，含珠鳞施⑲，纶组节束⑳，追送死也，以为穷民绝业而无益于槁骨腐肉也，故葬埋足以收敛盖藏而已。昔舜葬苍梧，市不变其肆㉑；禹葬会稽之山，农不易其亩㉒；明乎生死之分，通乎侈俭之适者也。

乱国则不然，言与行相悖㉓，情与貌相反，礼节以烦㉔，乐优以淫㉕，崇死以害生，久丧以招行㉖。是以风俗浊于世，而诽誉萌于朝，是故圣人废而弗用也。

【注释】

①实：实际，真实。

②效：效验。

③节文：节制修饰。

④怦（pēng）：容色。许慎注：色也。

⑤三年之丧：《论语·阳货》载孔子说："三年之丧，天下之通丧也。"
　知为儒家所提倡。

⑥三月之服：许慎注：夏后氏礼。

⑦迫切：强制切断。

⑧原：探究。

⑨五缞（cuī）：许慎注：谓三年、期、九月、五月、三月服也。按，缞，丧
　服衣。

⑩所能已：《文子·上仁》作"所不能已"。

⑪升降：即进退。槃（pán）还：环绕。杨树达《淮南子证闻》："槃还"
　乃"般旋"之假。

⑫蹀（dié）：踩、踏、顿。《采齐》、《肆夏》：许慎注：皆乐名也。按，《周
　礼·夏官·大驭》郑玄注：《肆夏》、《采荠》，乐章也。

⑬旷日：历时久远。

⑭筦（guǎn）：管乐器。箫：排箫。杨：高举。冯登府《三家诗异文疏
　证》："古杨、扬通。"干：盾牌。戚：斧子。皆舞具。奋：挥动。

⑮宣意：表达心意。

⑯羡：过分。

⑰"非不"句：依前文例，疑"非"前有"古者"二字。《晏子春秋·外
　篇》仅第一层有"古者"。糜：通"靡（mí）"，浪费。

⑱殚（dān）：耗尽。

⑲含（hàn）珠：古代丧葬塞在死者嘴里的珠玉。又作"琀"。《说
　文》：送死口中玉也。鳞施：许慎注：五［玉］田［甲］也。按，《吕

览·节丧》高诱注：鳞施，施玉于死者之体，如鱼鳞也。即金缕玉衣。

⑳纶（lún）：青丝绶。组：丝带。节束：扎束。

㉑"昔舜"二句：许慎注：舜南巡狩，死苍梧，葬泠道九疑山，不烦于市有所废。按，苍梧，在今湖南宁远。肆：店铺。

㉒"禹葬"二句：许慎注：禹会群臣于会稽，葬山阴之阳，不烦农人之田亩。按，会稽（kuài jī），山名，在今浙江中部绍兴一带。按，"昔舜"至"适者也"，化自《吕览·安死》。

㉓悖（bèi）：背离。

㉔节：《道藏》本、《文子·上仁》作"饰"。

㉕优：烦扰。《文子·上仁》作"扰"。

㉖招行：杨树达《淮南子证闻》："招"当读为"翘"，举止。招行，谓以孝行哗世。

【译文】

礼节是对朴实的文饰，仁惠是对恩德的效验。因此礼节应按照人的感情的不同而替它节制文饰，而仁惠之心显露表现在容色上。礼节不超过朴实，仁惠不超过恩德，这是治理社会的道理。儒家倡导的三年之丧，这是强迫人干做不到的事情，而用虚伪来辅饰他们的情感。夏后氏提倡的三月的丧礼，这是断绝人的哀思而强迫切断人的情感。儒家、墨家不去探究人的情感的来龙去脉，而务求推行与人情相违离的制度，实行五缕的服丧规定，在感情上长期怀抱着悲哀，把称颂埋葬看作比生养更重要。不强迫人们干不能做到的事，也不去阻绝人们所不能够停止的事。法度不在适宜的地方有所失去，这样诽谤赞誉便无法产生了。古时候不是不知道增加进退回旋的礼节，脚步踏着《采齐》、《肆夏》的音乐节奏而行容仪，只是认为这样历时久远烦扰百姓而没有什么用处，因此制订礼仪只是用来佐助真情表达心意罢了。古时候不是不能够陈设钟鼓、大摆管箫之乐、举起干戚、挥动彩羽旄旗来舞蹈演唱，只是认为这样耗费资财、扰乱政治,制定音乐能够用来合欢大众表达心意就够了,欢乐之情不过分表现在音乐上。古时候不是不能够竭尽国力民力,使府库空虚耗尽资财,口含宝珠身披玉衣,青丝绶带捆束,来追念送葬死人,只是认为这样使百姓穷困断绝生业而对枯骨腐肉没有什么用处,因此埋葬只能够用来收敛盖藏尸体就够了。从前舜死葬在苍梧山,市面店铺不改变营业时间;禹东巡死去葬于会稽之山,农人不耽误种田的时机;他们对死生的区别是很明确的,对奢侈节俭的适度是很通晓的。

混乱的国家就不是这样,言论和行动相互背离,内心感情和外部容貌表现相反,用繁琐的礼节来粉饰,用过度的淫乐来协调,用崇尚死亡来危害生存,用长久服丧博取孝行以哗世。因此社会风俗一天比一天混乱,而非议在朝廷中产生,所以圣人废弃而不使用它。

　　义者循理而行宜也①,礼者体情制文者也②。义者,宜也;礼者,体也。昔有扈氏为义而亡,知义而不知宜也③;鲁治礼而削,知礼而不知体也④。有虞氏之祀⑤,其社用土⑥,祀中霤⑦,葬成亩⑧;其乐《咸池》、《承云》、《九韶》⑨;其服尚黄。夏后氏其社用松⑩,祀户,葬墙置翣⑪;其乐《夏籥》九成⑫,《六佾》、《六列》、《六英》⑬;其服尚青。殷人之礼,其社用石,祀门,葬树松;其乐《大濩》、《晨露》⑭;其服尚白。周人之礼,其社用栗⑮,祀灶,葬树柏;其乐《大武》、《三象》、《棘下》⑯;其服尚赤。礼乐相诡,服制相反,然而皆不失亲疏之恩、上下之伦。今握一君之法籍,以非传代之俗,譬由胶柱而调琴也⑰。

【注释】

①义:《释名·释言语》:义者,宜也。循理:按照道理。

②体情：体察情理。制文：节制文饰。

③"昔有扈（hù）氏"二句：许慎注：有扈，夏启之庶兄也，以尧、舜举贤，禹独与子，故伐启，启亡之。

④体：事体，主体。

⑤祀：于鬯《校淮南子》："祀"盖"礼"字形近而误。以下为"五德转移"说。舜（土、黄）→夏（木、青）→殷（金、白）→周（火、赤）。

⑥社：即土地神。

⑦中霤（liù）：室中央。古代五祀之一，也叫宅神。

⑧葬成亩：许慎注：田亩而葬。

⑨《咸池》：黄帝乐名。一说尧乐。一说黄帝、颛顼乐。《承云》：黄帝乐，或云颛顼乐。《九韶》：舜乐。

⑩夏后氏：古部落名，禹为其领袖，并建立中国历史上第一个朝代。

⑪墙：古代柩车四周的帷幔。翣（shà）：许慎注：棺衣饰也。按，棺饰，形似扇，在路以障车，入椁以障柩。

⑫《夏籥》：又叫大夏。相传是歌颂大禹治水功绩的乐舞。乐曲共九段。九成：九变，即九段。《吕览·古乐》：命皋陶作为《夏籥》九成。

⑬《六佾》：古代乐舞行列，一行八人叫一佾，六佾为四十八人。《六列》：三十六人排列的一种乐舞。《六英》：颛顼之乐，禹用之。

⑭《大濩》：刘绩《补注》本作"大濩"。商代著名乐舞。《晨露》：汤时乐舞，伊尹所作。

⑮栗：北宋本原作"粟"。《道藏》本作"栗"。据正。

⑯《大武》：西周建国初年乐舞，歌颂武王伐纣。《三象》：周初乐舞。《棘下》：周代之乐。

⑰琴：刘绩《补注》本作"瑟"。胶柱调瑟，鼓瑟时转动弦柱，以调节音调高低。如胶其柱，则无法调音的高下。比喻拘泥不知变通。

【译文】

义是按照道理而实行合宜的事情，礼是体察情理节制文饰。义，就是合宜的意思;礼,就是得体的意思。从前有扈氏为了道义而灭亡,他知道义而不知道合时宜;鲁国修治礼义而土地被削弱,只懂得礼节而不知道得体。有虞氏的礼节,祭祀土神,采用封土(指"土")的办法,祭祀的地方在室中央,埋葬在田亩之中;他的音乐用《咸池》、《承云》、《九韶》;他的服饰崇尚黄色。夏后氏的礼节,祭祀土神采用种植松树(指"木")的办法,祭祀的地方在户内,安葬在墙角放置棺衣;他的音乐用《夏篇》九成,《六佾》、《六列》、《六英》;他的服饰崇尚青色。殷朝人的礼节,祭祀土神用石头(指"金"),祭祀的地方在门内,安葬时种植松树;他的音乐用《大护》、《晨露》;他的服饰崇尚白色。周朝人的礼节,祭祀土神用栗树(指"火"),祭祀的地方在灶间,安葬时种植柏树;他的音乐用《大武》、《三象》、《棘下》;他的服饰崇尚红色。历代的礼节音乐相背离,服饰制度相反,虽然如此但是仍不失去亲疏之间的恩惠、君臣之间的道德关系。现在仅仅掌握了一代国君的制度,而指责历代相传的习俗,就像胶住弦柱而调节音调高低一样。

故明主制礼义而为衣,分节行而为带,衣足覆形①。从《典》、《坟》②,虚循挠③;便身体,适行步。不务于奇丽之容,隅眥之削④;带足以结纽收衽⑤,束牢连固,不亟于为文句疏短之鞿⑥。故制礼义,行至德,而不拘于儒、墨。

【注释】

①衣足覆形:刘绩《补注》本"足"下有"以"字。

②《典》、《坟》:即《三坟》、《五典》。伏牺、神农、黄帝之书为《三坟》,少昊、颛顼、高辛、尧、舜之书为《五典》。《左传·昭公十二年》:是能读《三坟》、《五典》、《八索》、《九丘》。

③循挠:马宗霍《淮南旧注参正》:"循挠"者,遵而行之之意。"虚"

之为言"间"也。盖《典》、《坟》为先王之法籍,但可间取,不可尽从,故又曰"虚循挠"耳。

④隅眦(yú zì)之削:指削杀衣领以为斜形,下属于襟,像斜眼角一样。隅眦,犹隅差。眦,北宋本原作"眥"。《道藏》本作"眦"。据正。

⑤纽:北宋本原作"细"。《道藏》本作"纽"。据正。袵(rèn):衣襟。

⑥文句:圆文。疏短:方文。孙诒让《札迻》:"短"疑当为"矩"。鞢(xié)何宁《淮南子集释》:"鞢"字疑"鞼(guì)"字形误。按,鞼,指有文采的皮革。

【译文】

因此英明的国君制订礼义若制作衣饰,分别操守节行如制作带子,衣饰足以能够覆盖形体。遵从《三坟》、《五典》的规定,只可间取不可全行;只求方便身体,适宜自己的行止。不务求奇异秀丽的容饰,不要求削杀衣领以图美观;衣带能够用来连接纽扣收敛衣襟,约束牢固,不急于在皮革上绣制圆形方形的花纹。因此制订礼义法规,推行最高的道德,而不拘泥于儒家、墨家的规定。

所谓明者,非谓其见彼也,自见而已;所谓聪者,非谓闻彼也,自闻而已;所谓达者,非谓知彼也,自知而已①。是故身者道之所托,身德则道得矣。道之得也,以视则明,以听则聪,以言则公,以行则从。故圣人财制物也②,犹工匠之斫削凿枘也③,宰庖之切割分别也,曲得其宜而不折伤④。拙工则不然,大则塞而不入,小则窕而不周⑤,动于心,枝于手而愈丑⑥。夫圣人之斫削物也,剖之判之⑦,离之散之,已淫已失⑧,复揆以一⑨。既出其根,复归其门,已雕已琢,遂反于朴⑩。合而为道德,离而为仪表;其转入玄冥⑪,其散应无形。礼义节行,又何以穷至治之本哉?

 世之明事者,多离道德之本,曰"礼义足以治天下",此未可与言术也⑫。所谓礼义者,五帝三王之法籍风俗,一世之迹也。譬若刍狗土龙之始成⑬,文以青黄,绢以绮绣⑭,缠以朱丝;尸祝袀袨⑮,大夫端冕⑯,以送迎之。及其已用之后,则壤土草薊而已⑰,夫有孰贵之?

【注释】

①"所谓明者"至"自知而已":化自《庄子·骈拇》。

②财:通"裁",制。

③芮(ruì):纳入。刘绩《补注》本作"枘(ruì)",指榫(sǔn)眼、榫头。

④曲:曲折周到。

⑤窕:宽。

⑥枝:分散。

⑦剖:剖开。判:分析、辨别。

⑧淫、失:过度、放任。失,通"泆"。

⑨揆(kuí):管理规划。

⑩遂:王念孙《读书杂志》:"遂"当作"还",字之误也。《原道篇》及《说苑·谈丛篇》并云:"已雕已琢,还反于朴。"是其明证也。

⑪玄冥:暗昧。《庄子·秋水》作"始于玄冥"。冥,北宋本原作"冝"。《道藏》本作"冥"。据正。

⑫术:治世的道理。

⑬刍(chú)狗:结草为狗,供祭祀之用。土龙:土制的龙,用来求雨。

⑭绢:通"罥(juàn)",缠束。北宋本原作"绡"。《道藏》本作"绢"。据正。

⑮尸:古代祭祀时代表死者受祭的人。祝:祭祀时祝祷的人。袀袨(jūn xuàn):纯黑色的祭服。

⑯端冕：贵族所戴的礼帽。

⑰蒯(jiè)：即"芥"字，小草。按，"譬若"至"以送迎之"，化自《庄子·天运》。

【译文】

　　所说的视觉灵敏，不是说他的眼睛能看到别人的东西，而是说能见到自己罢了；所说的听觉灵敏，不是说能听到别人的什么东西，而是说能听到自己罢了；所说的心智通达，不是说能知道别人的东西，而是说能知道自己罢了。因此说人自身是道所寄托的地方，自身能够得到那么道也就能够得到。道能够得到，那么用来观察事物就能明察，用来听声音就能听得清，用来说话就能公正，用来行事就能有人听从。所以圣人裁制万物，就像工匠砍削榫眼榫头，厨师宰割分解牲畜一样，曲折周到方便适宜而不会折伤工具和手臂。笨拙的工匠就不是这样，大的榫头阻塞而无法进入，小的榫头就填不满而无法周圆，拙工在心里所想的，而作用到手上则更加丑陋不堪。圣人砍削万物，剖析它们，拆散它们，已经过度放任，又能够主宰统一。已经从根本离开，又能够回到大道之门，已经加以雕琢刻画，又能够返回质朴之中。聚合起来而能成为道德，分离开来而可以作为法规；它的旋转好像进入昏暗，它的离散可以应对无形。礼义节行，又怎么能够穷究大治的根本呢？

　　社会上的所谓明白事理的人，大多背离道德根本，说"礼义足以能够用来治理天下"，这些人不能够和他谈论治世的方法。所说的礼义，就是五帝三王的法令风俗，这是一个朝代留下来的陈迹。比如就像刍狗土龙开始做成的时候，用青黄色彩来文饰，绕着华美的丝织物，缠着红色的细丝；尸祝穿着纯黑色的祭服，大夫端正地戴着礼帽，来迎接送走它们。等到已经用过之后，那么就是土块和草芥罢了，又有谁尊贵它呢？

故当舜之时，有苗不服①，于是舜脩政偃兵②，执干戚而舞之。禹之时,天下大雨,禹令民聚土积薪,择丘陵而处之。武王伐纣,载尸而行③,海内未定,故不为三年之丧④。禹遭鸿水之患,陂塘之事⑤,故朝死而暮葬。此皆圣人之所以应时耦变⑥,见形而施宜者也⑦。今之脩干戚而笑镢插⑧,知三年,而非一日,是从牛非马、以徵笑羽也,以此应化,无以异于弹一弦而会《棘下》⑨。

　　夫以一世之变,欲以耦化应时,譬犹冬被葛而夏被裘。夫一仪不可以百发⑩,一衣不可以出岁;仪必应乎高下,衣必适乎寒暑。是故世异即事变,时移即俗易。故圣人论世而立法,随时而举事。尚古之王,封于泰山,禅于梁父⑪,七十余圣,法度不同,非务相反也,时世异也。是故不法其以成之法,而法其所以为法。所以为法者,与化推移者也⑫。夫能与化推移为人者⑬,至贵在焉尔⑭。故狐梁之歌可随也⑮,其所以歌者,不可为也;圣人之法可观也,其所以作法,不可原也;辩士言可听也⑯,其所以言,不可形也;淳均之剑⑰,不可爱也,而欧冶之巧⑱,可贵也。今夫王乔、赤诵子⑲,吹呴呼吸,吐故纳新⑳,遗形去智,抱素反真㉑,以游玄眇㉒,上通云天。今欲学其道,不得其养气处神㉓,而放其一吐一吸㉔,时诎时伸㉕,其不能乘云升假亦明矣㉖。

　　五帝三王,轻天下,细万物,齐死生,同变化,抱大圣之心㉗,以镇万物之情㉘,上与神明为友㉙,下与造化为人㉚。今欲学其道,不得其清明玄圣,而守其法籍宪令,不能为治亦明矣。故曰得十利剑,不若得欧冶之巧;得百走马㉛,不若得伯乐之数㉜。

【注释】

①有苗:即三苗。事见《吕览·尚德》。

②偃:停止,停息。

③"武王伐纣"二句:许慎注:武王伐纣,伯夷曰:父死未葬,爰及干戈,可谓孝乎?"载尸"句,指周文王死,未及葬,载文王之木主而行。

④"故不为"句:许慎注:三年之丧,始于武王。按,王念孙《读书杂志》:当作"故为三年之丧",衍"不"字。张双棣《淮南子校释》:贾公彦《仪礼·丧服》疏:"唐虞之日,淳朴渐亏,虽行心丧,更以三年为限。"若此则"三年之丧"不始于武王也。

⑤陂(bēi)塘:池塘,即蓄水库。陂,是古代江淮流域常见的水利工程。

⑥耦(ǒu)变:应对变化。耦,合,适应。

⑦形:形势。

⑧钁(jué):大锄。插:《战国策·齐六》鲍彪注:插,锸同。刺土器。按,即铁锹。

⑨会:配合。许慎注:一弦会之,不可成也。

⑩仪:即弩(nǔ)把头。

⑪禅(shàn):祭地叫禅。梁父(fǔ):山名,在今山东泰安东南。

⑫化:指自然和社会的变化。

⑬为人:王念孙《读书杂志》:"夫能与化推移者",乃复举上文之词,"推移"下不当有"为人"二字。

⑭至贵:最可贵的东西。

⑮狐梁之歌:古歌名。狐梁,也作"瓠梁",古代善歌之人。

⑯辩士言:刘家立《淮南内篇集证》本"士"下有"之"字。

⑰淳均之剑:古利剑名。《览冥训》作"淳钧之剑"。

⑱欧冶:春秋时人,善铸剑。相传为越王铸五剑,又为楚王铸三剑。

⑲王乔：许慎注：王乔，蜀武阳人也，为伯人令，得道而仙也。按，即王子乔。亦见于《楚辞·远游》、《列仙传》等。赤诵子：许慎注：上谷人也，病疠入山，导引轻举。按，见于《史记·留侯世家》、《楚辞·远游》、《列仙传》、《韩诗外传》卷五等。

⑳"吹呕(xū)"二句：见于《庄子·刻意》。呕，吹。

㉑抱素：守其本真，不为外物所惑。反真：反本归真。

㉒玄眇：幽深微妙。

㉓养气：保养元气。处神：止留精气。

㉔放：通"仿"，效法。

㉕诎：通"屈"，弯曲。

㉖升假(xiá)：升天。假，通"遐"，远。

㉗大圣：至圣，品德高尚的人。

㉘镇：《道藏》本作"镜"。《文子·道德》亦作"镜"，遍照义。

㉙神明：指神灵。

㉚造化：指大自然化育的人类。为人：相互依存。人，偶。

㉛走马：指千里马。

㉜数：指相马之术。按，"故曰"至"伯乐之数"，化自《吕览·赞能》。

【译文】

因此在舜当政的时候，有苗不服从，在这个时候舜修治德政停息战争，手执干戚而舞蹈。夏禹的时候，天下发大水，禹命令百姓聚集土石堆积柴草，选择丘陵高地而居住。周武王讨伐商纣王，运载着周文王的木主行军，天下没有平定，所以才有三年之丧的规定。禹遭受到洪水的祸患，蓄水池塘泛滥成灾，因此早晨死去而晚上就埋葬。这些都是圣人用来应付时事的变化，根据实际情况而采取的适宜的对策。现在用舜修饰干戚之舞来取笑禹挥舞锄头铁锹，知道三年之丧，而非难一日之丧，这是随从牛而非议马、用徵音来取笑羽音，用这种办法来应对变化，同弹一根弦而来配合《棘下》之乐没有什么不同。

　　用一个时代变化了的礼制，要想用来适应每个时代的变化，就像冬天身穿葛衣而夏天穿皮袄。一个弩把头不能够用来射百发箭，一件衣服不能够穿过一年；弩把头必须同高下相适应，衣服必须适应四季寒暑的变化。因此世道不同那么行事就要发生变化，时代改变了那么习俗就要加以改变。因此圣人研究世道不同而设立法规，随着时代不同而行事。上古时代的君王，在泰山上筑坛祭天，在梁父山祭地，有七十多个圣明的君王，法度不同，不是务求相反，是因为时代社会不同了。所以不能效法他们已经成文的法规，而效法先贤所用来制定法律的方法。所用来制定法律的方法，就是要和万物变化共同转移。能够和万物变化一起转移，最可贵的东西就存在其中了。因此说狐梁之歌是可以随着歌唱的，但他作歌的玄妙，是不能够学到的；圣人的法律是可以看到的，他制定法律的原因，是不能够探究清楚的；雄辩之士的话是可以听从的，他这样说的原因，是不能够表达出来的；淳均这样的利剑，是不值得珍爱的，而欧冶子的技巧，是值得珍视的。现在王乔、赤诵子，出气吸气，吐出体内废气吸进新的元气，抛弃形体去掉智巧，守其本真返回本性，而游于幽深微妙之境，向上可以通达云天。现在要学习他的道术，没有得到他颐养元气安息精神的真谛，而只是模仿他的一吐一吸，时曲时伸的招式，这样的人不能够乘云升天也是很明白的。

　　五帝三王，看轻天子的权势，把万物看得很微小，齐一生死，等同变化，怀抱着高尚的理想，有用来遍照万物的情意，在上面可以和神明做朋友，在下面可以和大自然化育的人类在一起。现在要想学习他们的治世之道，得不到他们清虚神明的高尚道德，而只持守他们的法规条文，不能够治理天下也是很明确的。所以说得到十把利剑，不如得到欧冶子的巧技；得到一百匹千里马，不如得到一个伯乐的技艺。

　　朴至大者无形状^①，道至眇者无度量^②。故天之员也不中规，地之方也不中矩^③。往古来今谓之宙，四方上下谓之宇④，道在其间，而莫知其所。故其见不远者，不可与语大；其智不闳者⑤，不可与论至⑥。

昔者冯夷得道⑦，以潜大川；钳且得道，以处昆仑⑧。扁鹊以治病⑨，造父以御马，羿以之射，倕以之斫⑩，所为者各异，而所道者一也⑪。夫禀道以通物者⑫，无以相非也，譬若同陂而溉田，其受水钧也⑬。今屠牛而烹其肉，或以为酸，或以为甘⑭，煎熬燎炙，齐味万方⑮，其本一牛之体。伐楩、柟、豫樟而剖梨之⑯，或为棺椁，或为柱梁，披断拨檖⑰，所用万方，然一木之朴也。故百家之言，指奏相反⑱，其合道一体也⑲。譬若丝竹金石之会乐同也⑳，其曲家异，而不失于体。伯乐、韩风、秦牙、管青，所相各异，其知马一也㉑。故三皇五帝法籍殊方，其得民心钧也。故汤入夏而用其法，武王入殷而行其礼；桀、纣之所以亡，而汤、武之所以为治。

故剞劂销锯陈㉒，非良工不能以制木；炉橐埵坊设㉓，非巧冶不能以治金。屠牛吐一朝解九牛㉔，而刀以剃毛㉕；庖丁用刀十九年㉖，而刀如新剖硎㉗。何则？游乎众虚之间。若夫规矩钩绳者，此巧之具也，而非所以巧也㉘。故瑟无弦，虽师文不能以成曲㉙，徒弦则不能悲㉚。故弦悲之具也，而非所以为悲也。若夫工匠之为连机运开㉛，阴闭眩错㉜，入于冥冥之眇㉝，神调之极，游乎心手众虚之间㉞，而莫与物为际者，父不能以教子；瞽师之放意相物㉟，写神愈舞㊱，而形乎弦者，兄不能以喻弟。今夫为平者准也，为直者绳也。若夫不在于绳准之中，可以平直者，此不共之术也㊲。

故叩宫而宫应，弹角而角动，此同音之相应者也。其于五音无所比⑧，而二十五弦皆应，此不传之道也。故萧条者㊴，形之君㊵；而寂漠者，音之主也。

【注释】

①朴：指原始自然的质朴状态。也指道。《老子》三十七章：吾将镇之以无名之朴。

②至眇：极其微妙。

③"故天"二句：此与"天圆地方"说及邹衍"大九州"说不同，这是"盖天说"的内容。

④"往古"二句：《尸子》卷下：天地四方曰宇，往古来今曰宙。按，宙，指时间的无限。宇，指空间的无穷。

⑤闳（hóng）：宏大，宽广。

⑥论至：指讨论最精深的道。

⑦冯夷得道：许慎注：冯夷，河伯也。华阴潼乡堤首里人，服八石，得水仙。

⑧"钳且"二句：许慎注：钳且得仙道，升居昆仑山。按，陆德明《经典释文》引《淮南子》作"钦负"。

⑨扁鹊：许慎注：卢人，姓秦名越人，赵简子时人也。按，卢，在今山东长清南。

⑩倕（chuí）：许慎注：尧巧工也。按，一说黄帝时巧工。

⑪所道者：即得到道的规律。按，"昔者"至"一也"，化自《庄子·大宗师》。

⑫禀：执掌。

⑬钧：通"均"，平均。

⑭"或以为"二句：王念孙《读书杂志》：两"为"字皆后人所加。《北堂书钞·酒食部》四、《太平御览·资产部》八、《饮食部》二十一引此，皆无两"为"字。

⑮齐味万方：王念孙《读书杂志》："齐"读若"剂"。"齐味"当作"齐咊"，字之误也。"咊"即今"和"字也。《本经篇》："调齐和之适。"

⑯楩（pián）：南方大木名。柟（nán）：即楠木。豫樟：即樟木。梨：通"劙（lí）"，剖分。

⑰披：分开、分解。拨：分开。檖（suì）：许慎注：遂，顺。按，王念孙《读书杂志》："檖"字本作"遂"，故训为"顺也"。

⑱指奏：旨趣。

⑲一体：于鬯《校淮南子》：姚广文云："一体"倒。上下文可例。

⑳会：配合。《急就篇》第三章颜师古注：会，谓金、石、丝、竹、匏、土、革、木总合之也。《说文》：合也。

㉑"伯乐"三句：许慎注：四子，皆古善相马者。按，《吕览·观表》：古之善相马者，寒风是相口齿，管青相脣肳（fěn wěn），秦牙相前。

㉒剞劂（jī jué）：雕刻用的曲刀。销：通"削"。

㉓橐（tuó）：冶铁用的风箱。埵（duǒ）：冶炉用的吹风铁管。坊：铸造器物的土模。

㉔屠牛吐：古代齐国的著名屠户。《韩诗外传》卷九作"屠牛吐"。《管子·制分》、《汉书·贾谊传》有"屠牛坦"。吐、坦上古音声纽相同，韵部鱼、元对转。音近，可通假。

㉕"而刀"句：王念孙《读书杂志》："刀"下当有"可"字。《白帖》十三、《太平御览·兵部》七十七、《资产部》八引此，皆有"可"字。

㉖庖丁：许慎注：齐屠伯也。

㉗新：始。剖：开。硎（xíng）：磨刀石。按，此记载出于《庄子·养生主》、《吕览·精通》等。

㉘所以巧也：王念孙《读书杂志》："巧也"上当有"为"字。《太平御览·工部》九引此，正作"非所以为巧"，《文子·自然》同。

㉙师文：乐师。

㉚徒：独。

㉛连钑(jī)：连发之机。也称连弩。钑，以金为之。亦作"机"。运开：指机关相通。

㉜阴闭：许慎注：独闭也。按，似指自动关闭。眩错：许慎注：因而相错。按，疑指两眼昏花而错乱。

㉝冥冥：高远，深远。

㉞众虚：王念孙《读书杂志》："众虚"二字，因上文"游乎众虚之间"而误衍也。《文子》无"众虚"二字。

㉟放意：放纵意志。相物：模仿万物。

㊱写神：描绘精神。愈舞：晓解舞形。愈，通"谕"，通晓。

㊲共：同。

㊳比：并列。按，"故叩宫"至"形之君"，以上化自《庄子·徐无鬼》。

㊴萧条：深静，寂寥。

㊵形之君：形体的主宰。

【译文】

　　自然中最大的朴是没有形状的，最微小的道是无法度量的。因此上天的圆形是不能够用规来测量的，大地的方形也是不能够用矩来测定的。往古来今叫作宙，四方上下叫作宇，道处在它的中间，而没有人知道它的处所。因此那些见识不远大的人，不能够和他谈论大道；智慧不宏大的人，不能和他议论最高的道。

　　从前冯夷得了道术，而潜入大川之中；钳且得到道要，而处于昆仑之中。扁鹊得到道要以用来治病，造父可以用来驾驭车马，后羿用来射箭，倕用来雕琢，所使用的地方各有不同，而得到道的规律则是一致的。执掌道的规律而通达万物，便没有什么能够相互非难的地方，比如说用同一个水塘来灌田，它承受的水是均匀的。现在屠杀牛而烧牛肉，有的把它做成酸的，有的把它做成甜的，加以煎熬烧烤，调剂配合成各种口味，但它的根本只是牛的身体。砍伐楩木、柟木、豫樟而把它们割裂开来，有的做成棺材，有的做成柱梁，砍断分割剖细，所用的地方各种各样,然而都是出自一个木头的本体。因此诸子百家的言论,旨意是相反的,但是它们符合道是一致的。比如弦乐管乐金钟石磬的合乐是相同的,它们的曲谱各自是不同的,但是都没有不合体制的。伯乐、韩风、秦牙、管青,各自的相马技术是不同的,但是他们熟悉马的特性是一致的。所以三皇五帝的法令条文是不同的,但是他们得到民心是一致的。所以商汤消灭夏桀而使用它的法律,周武王战胜商纣而实行它的礼节;但是夏桀、商纣使用它而导致灭亡,商汤、周武王使用它却能得到治理。

因此把刻刀削刀锯子摆在那里,不是高明的工匠不能够用它来制成木器;把火炉风箱模具安装齐备,不是巧妙的冶工不能铸成铁器。屠牛吐一个早上可以宰杀九条牛,而刀还可以用来截断毛发;庖丁的一把刀使用了十九年,而刀像刚从磨刀石上磨制的一样。为什么这样呢?是因为能游刃在众多的空隙之间。至于像规矩钩绳,这是非常巧妙的工具,但不是造成巧妙的原因。因此瑟要是没有弦,即使是古代乐师师文也不能用它弹成曲子,只是一根弦也不能表达出悲哀的感情。因此说瑟弦是表达悲哀感情的工具,而不是造成悲哀感情的原因。至于像工匠们制造弓弩机关可以连发,并可以自动关闭使人眼花缭乱,已经进入到高深微妙的境地,心智的运用已经达到了极点,而匠人的活动只在心、手之间,而不用器物来直接进行交合,这种奇技,父亲不能直接传给自己的儿子;瞎眼乐师尽情地模仿外物的声音,描绘神态晓解舞形,而在自己的琴弦上表现出来,这种奇技,兄长也不能使弟弟知道。现在作为平正的工具是水准,厘定正直的工具是绳墨。至于像不在水准绳墨之中,而可以成为平直的,这就是不与平常相同的道术。

因此叩击宫音而宫发声,弹奏角音而角发声,这是同音相应的例子。至于道术,它的应和对于五音来说没有办法同它并列,而二十五弦都能响应,这是不能够用口耳相传的道理。所以沉静是形体的主宰,而静漠是声音的主宰。

　　天下是非无所定，世各是其所是，而非其所非。所谓是与非各异，皆自是而非人。由此观之，事有合于己者，而未始有是也；有忤于心者①，而未始有非也。故求是者，非求道理也，求合于己者也；去非者，非批邪施②，去忤于心者也。忤于我，未必不合于人也；合于我，未必不非于俗也。至是之是无非，至非之非无是③，此真是非也。若夫是于此而非于彼，非于此而是于彼者，此之谓一是一非也。此一是非，隅曲也④；夫一是非，宇宙也。今吾欲择是而居之，择非而去之，不知世之所谓是非者⑤，不知孰是孰非？

【注释】

①忤（wǔ）：违反，抵触。

②批：排除。施：通"迤（yǐ）"，斜行。

③至非之非：北宋本原作"之非至非"。刘绩《补注》本"之"、"至"倒。据正。

④隅（yú）曲：角落，局部。此文可与《庄子·齐物论》、《秋水》、《至乐》、《天下》、《寓言》相参。

⑤不知：王念孙《读书杂志》：《群书治要》引此，无"不知"二字。

【译文】

　　天下的是非没有办法确定，世上的人各自认为他们的是才是正确的，而认为别人的非是不正确的。他们所说的是和非各不相同，都是自以为是而以别人为非。从这里可以看出，事情有合乎自己心意的，而不一定是正确的；有背离自己心意的，但不一定有错误。因此寻求是的人，不是寻求正确的道理，是寻求符合自己心意的东西；抛弃非的人，不是排除不正之术，而是抛弃背离自己心愿的东西。同自己相背离的，不一定不合乎别人的要求；符合我的心意，不一定不被世俗所非议。最高的是没有不正确的东西存在的；最高的非没有正确的东西存在的，这才是真正的是非观。至于认为这里是正确的而认为那里是不正确的，认为这里是不正确的而认为那里是正确的，这叫做一是一非。这里的一种是非观，只能适用于一个角落；而那里的一种是非观，可以适用于整个宇宙。现在我要选择正确的而处在其中，选择不正确的并抛弃它，不知道世上人所说的是与非，哪个正确、哪个不正确呢？

《老子》曰："治大国若烹小鲜①。"为宽裕者曰②："勿数桡③！"为刻削者曰："致其咸酸而已矣。"

晋平公出言而不当，师旷举琴而撞之，跌衽宫壁④。左右欲涂之，平公曰："舍之！以此为寡人失。"孔子闻之曰："平公非不痛其体也，欲来谏者也。"韩子闻之曰⑤："群臣失礼而弗诛，是纵过也。有以也夫⑥，平公之不霸也。"

故宾有见人于密子者⑦，宾出，密子曰："子之宾独有三过：望我而笑，是擅也⑧；谈语而不称师，是返也⑨；交浅而言深，是乱也。"宾曰："望君而笑，是公也⑩；谈语而不称师，是通也；交浅而言深，是忠也。"故宾之容一体也⑪，或以为君子，或以为小人，所自视之异也。故趣舍合⑫，即言忠而益亲；身疏，即谋当而见疑。亲母为其子治扢秃⑬，而血流至耳，见者以为其爱之至也；使在于继母，则过者以为嫉也。事之情一也，所从观者异也。从城上视牛如羊，视羊如豕，所居高也⑭。窥面于盆水则员，于杯则随，面形不变其故，有所员有所随者，所自窥之异也⑮。

今吾虽欲正身而待物，庸遽知世之所自窥我者乎⑯？若转化而与世竞走⑰，譬犹逃雨也，无之而不濡⑱。常欲在于虚,则有不能为虚矣。若夫不为虚而自虚者,此所慕而不能致也。故通于道者如车轴,不运于己,而与毂至千里,转无穷之原也;不通于道者若迷惑,告以东西南北,所居聆聆⑲;壹曲而辟⑳,然忽不得㉑,复迷惑也。故终身隶于人,辟若倪之见风也㉒,无须臾之间定矣。故圣人体道反性,不化以待化,则几于免矣㉓。

【注释】

① "治大国"句:见于《老子》六十章。河上公《老子章句》注:鲜,鱼也。烹小鱼不去肠,不去鳞,不敢挠,恐其糜也。治国烦则下乱,治身烦则精散。

② 宽裕:宽容。

③ 桡:《道藏》本作"挠",挠动。

④ "晋平公"三句:事载《韩非子·难一》:晋平公与群臣饮,饮酣,乃喟然叹曰:"莫乐为人君,惟其言而莫之违。"师旷侍坐于前,援琴撞之,公披衽而避,琴坏于壁。按,晋平公,春秋晋君,名彪,在位26年。跌,越过。衽(rèn),衣襟或袖口。

⑤ 韩子:即韩非子(前280?—前233)。战国韩国公子。使秦,李斯害而杀之。《汉书·艺文志》"法家"有《韩子》五十五篇。

⑥ 有以:有原因。以,因。

⑦ "故宾有"句:刘家立《淮南内篇集证》:《群书治要》引此"宾"作"客"。下文"宾曰",亦当作"客曰"。密子,即孔子弟子密子贱。比孔子小三十岁(一说四十五岁)。曾为单父宰。《说文》段玉裁注:密,为借字。宓(fú)为正字。

⑧ 攓(qiān):简慢。

⑨ 返:向宗鲁《淮南校文》云:此当从《御览》引作"叛"字为长。

⑩公：杨树达《淮南子证闻》："公"盖假为"颂"。"颂"犹今言有
　　礼貌。

⑪宾之容一体也：刘家立《淮南内篇集证》：当作"宾之容体一也"。
　　按，"故宾"条化自《战国策·赵四》。

⑫趣舍：取弃。

⑬扢秃：秃疮。扢，通"颓（kū）"，秃。

⑭"从城上"三句：化自《吕览·壅塞》。

⑮"窥面"五句：洪震寰《淮南子中的物理知识》：这条材料表明，西
　　汉时期人们已经知道了金属杯一类的反射面，也可以用来照出
　　影像，不过有较大的像差。这里指出一般器物上的球形反射面，
　　也具有专制球面镜的光学效果。随，通"椭（tuǒ）"。

⑯庸遽（jù）：怎么，何以。遽，何。

⑰转化：转变。

⑱濡（rú）：沾湿。

⑲聆聆（líng）：通晓的样子。

⑳辟：通"僻（pì）"，邪僻。

㉑然忽：王念孙《读书杂志》：当作"忽然不得"。

㉒伣（qiàn）：古代测量风力、风向的装置。许慎注：候风雨也，世所
　　谓五两者也。按，通"綄（huán）"。《广韵》桓韵：綄，船上候风羽，
　　楚谓之五两。

㉓"不化"二句：许慎注：无为以待有为，近于免世难也。几，差
　　不多。

【译文】

　　《老子》中说："治理大国就像烹小鱼一样。"作为宽容的人说："不要
多次挠动！"作为苛刻的人说："多次挠动，达到盐醋合味才能停下来。"

　　晋平公说话不适当，师旷举琴砸向平公，琴越过平公衣袖砸到墙壁
上。左右的人要把墙壁砸坏的地方补上，平公说："留下它！用它来记

载我的过失。"孔子听到这件事说:"平公不是不痛惜自己的身体,想要以此使天下直谏之士归附。"韩非子听到后说:"大臣丧失礼节而不杀他,这是放纵过失。平公不能称霸,是有原因的了。"

故客带人谒见密子贱,宾客走出后,密子说:"你的宾客有三个过失:望着我发笑,这是简慢的表现;谈话却不称赞老师,这是背反师道;交接浅而谈的深,这是扰乱政事。"故客说:"望着您而发笑,这是恭敬的表现;谈话之中不称颂老师,这是变通的做法;交接浅而谈的深,这是忠诚的行为。"故人宾客的容貌是一样的,有的人认为是君子,有的人认为是小人,各人看问题的角度是不同的。因此取舍相合的人,就会因忠直之言而更加亲近;与自己疏远的人,就是谋划得当也要被怀疑。亲生母亲为儿子治疗秃疮,鲜血流到耳朵边,看到的人认为她的爱心是那样的深;假使这样做的是后母,那么经过的人就认为是出于嫉恨的原因。事情的状况是一样的,各人所观察的立场是不同的。从城楼上看牛像只羊,看羊像头猪,是因为站在高处的原因。从盆水中看面容则是圆形的,从杯水中看则是椭圆形的,人的面部形貌没有发生变化,而看起来有时是圆形、有时是椭圆形,这是自己所看的用具的不同而形成的。

现在我即使想使自己身形端正来对待外物,又怎么知道世上的人是怎样看待我的呢?如果转变和世俗之人一起争逐奔跑,这样就像躲避大雨一样,没有什么地方不被沾湿的。不变的欲望就在于无情无欲,那么就不会有嗜欲的情况发生了。如果不杜绝情欲之事而自我就无法达到无情欲的境界,这样我所慕求的就不能达到了。因此通达道的人就像车轴一样,不向自己方向运行,而却和车毂一起到达千里之外,转行在无穷无尽的原野之上;不通达道的人就像受了迷惑一样,告诉他东西南北,所居处的方位就明白了;一个转弯而走上偏僻小路,忽然又不能通晓,陷于糊涂的境地。因此终身隶属于他人,比如就像倪见到风一样,没有一刻的时间是平静的。因此圣人依据道而返回到本性上去,用不变化的道去对待万物的变化,那么就差不多可以免除世难了。

治世之体易守也①，其事易为也，其礼易行也，其责易偿矣②。是以人不兼官，官不兼事，士农工商，乡别州异。是故农与农言力，士与士言行，工与工言巧，商与商言数。是以士无遗行，农无废功，工无苦事③，商无折货，各安其性，不得相干。故伊尹之兴土功也④，修胫者使之跖钁⑤，强脊者使之负土⑥，眇者使之准⑦，伛者使之涂⑧，各有所宜，而人性齐矣。胡人便于马，越人便于舟，异形殊类，易事而悖⑨，失处而贱，得势而贵。圣人总而用之，其数一也⑩。

【注释】

①体：王念孙《读书杂志》：《群书治要》引此"体"作"职"。《文子·下德》亦作"职"。

②责：通"债"。

③苦（gǔ）：粗劣。

④伊尹：商初重臣，名伊。尹是官名。为奴隶出身。土功：土木建筑工程。

⑤"修胫者"句：许慎注：长胫以蹋插者，使而入深。按，跖（zhí），踏，踩。钁（jué）：王念孙《读书杂志》：《太平御览·地部》二、《器物部》九引此，"钁"并作"铧"。铧即臿（chā）。按，"臿"即铁锹。

⑥"强脊者"句：许慎注：脊强者任负重。

⑦"眇（miǎo）者"句：许慎注：目不正，因令睎。按，眇，斜眼，或只有一只眼睛。

⑧"伛（yǔ）者"句：许慎注：伛人涂地，因其俯也。按，伛，驼背。

⑨易事而悖：《文子·下德》作"易事而不悖"。

⑩数（shù）：道术。

【译文】

天下得到治理官吏职位是容易持守的，他们的事情是容易办成的，他们的礼节是容易实行的，他们的债务是容易偿还的。因此人们不必兼任官职，官吏也不兼管它事，士农工商，在各乡各州都是区别开来的。因此农民与农民谈的是力农的事儿，士和士谈的是品行的问题，工匠和工匠谈的是技巧的问题，商贾和商贾谈的是计算问题。因此士没有失去检点的行为，农夫没有废止的工作，工匠没有粗劣的制品，商人没有亏损的货物，各自安守他们的性命，不能够互相干扰。因此伊尹在兴建土木工程的时候，腿劲大的人让他们挖土，脊骨强壮的人让他们背土，眼睛斜视的人让他们测量地平，驼背的人让他们涂抹粉刷，各人都有自己适宜的工作，而人的特性就能得到统一的运用了。北方胡人便于骑马奔驰，东南越人便利乘船，不同的形体、殊别的种类，改变他们从事的工作就会引起混乱，失去居处的优势长处就会变成短处，得到形势的便利短处就会成为长处。圣人总括起来而使用它们，他的道术就完整了。

夫先知远见，达视千里，人才之隆也①，而治世不以责于民；博闻强志②，口辩辞给③，人智之美也，而明主不以求于下；敖世轻物④，不污于俗，士之伉行也⑤，而治世不以为民化；神机阴闭⑥，剖剭无迹，人巧之妙也，而治世不以为民业。故苌弘、师旷，先知祸福，言无遗策，而不可与众同职也；公孙龙折辩抗辞，别同异，离坚白，不可以众同道也⑦；北人无择非舜而自投清泠之渊，不可以为世仪⑧；鲁般、墨子以木为鸢而飞之⑨，三日不集，而不可使为工也。故高不可及者，不可以为人量；行不可逮者，不可以为国俗。夫契轻重不失铢两⑩，圣人弗用，而县之乎铨衡⑪；视高下不差尺寸，明主弗任，而求之乎浣准⑫。何则？人才不可专用，而度量可世传也。

【注释】

①隆：指特别突出者。

②博闻强志：见闻广博，强于记忆。

③口辩辞给（jǐ）：能言善辩，口齿伶俐。给，《集韵》缉韵：敏言也。

④敖世：高傲自负，轻视世人。敖，通"傲"。

⑤伉（kàng）行：高行。

⑥神机：神妙的机关。阴闭：隐密闭藏。阴，密。

⑦"公孙龙"四句：许慎注：公孙龙，赵人，好分析诡异之言，以白、马不得合为一物，离而为二也。按，公孙龙，战国名家代表人物。《汉书·艺文志》"名家"有《公孙龙子》十四篇。今仅存《白马》、《坚白》、《名实》等六篇。认为"坚白石三"，是三个相分离的概念。折辩：雄辩使人折服。顾广圻《校淮南子》："折"当作"析"。抗辞：高深的言辞。按，以上化自《庄子·秋水》。

⑧"北人无择"二句：许慎注：北人无择，古隐士也。非舜，非其德之衰也。按，事载《庄子·让王》、《吕览·离俗》。清泠（líng）之渊：渊名。在今河南召县南。泠，北宋本原作"泠"。《四库全书》本作"泠"。据正。

⑨"鲁般"句：其事见于《墨子·鲁问》、《列子·汤问》、《韩非子·外储说左上》。鸢（yuān），即老鹰。

⑩契：通"挈（qiè）"，提着。铢（zhū）：二十四铢为一两。

⑪铨（quán）：称。

⑫浣准：用来测远、测平的仪器。浣，通"管"。

【译文】

　　具有先知远见，通晓千里之外的事物，是人才中的佼佼者，而治理国家则不能用这种标准来责求百姓；见闻广博强于记忆，能言善辩口齿伶俐，是人群才智中的俊美者，但是英明的君主不以此要求自己的臣下；高傲自负轻视外物，不被世俗所玷污，这是士人中品行高尚的人，但是治国不以此作为民风教化的标准；神妙的机关隐密闭藏，雕造起来没有痕迹，这是人的技巧中的奇妙者，但是治理国家不能以此作为百姓的生业。因此苌弘、师旷，可以事先知道祸福，言语中不会有失策的时候，却不可以和众人共同任职；公孙龙子高深的辩词折服众人，能够区别同类和异类，离析"坚、白、石"之间的关系，但是不能够让他和众人同道而行；北人无择认为舜的品行丑恶，于是自己投到清泠之渊自杀了，他的品行不能作为天下人的仪表；鲁般、墨子用木头制造飞鸢而使它飞行，三天没有落下来，但是不能够让他们和众人一起担任工匠。因此高不可攀的人，不能够作为常人的衡量标准；品行特异而常人不能够达到的，不能够作为国民习俗。提起轻重的东西能够不差铢两，圣人不会使用他，而必须悬挂在秤上加以称量；观察高下长度可以不差尺寸，英明的君主不任用他，而必须求助于测远测平的浣准。为什么这样呢？人的特殊才能不可能世代独自使用，而法度准绳能够世代相传。

故国治可与愚守也，而军制可与权用也。夫待骥褭、飞兔而驾之①，则世莫乘车；待西施、毛嫱而为配②，则终身不家矣。然非待古之英俊，而人自足者，因所有而并用之③。夫骐骥千里④，一日而通；驽马十舍⑤，旬亦至之。由是观之，人材不足专恃，而道术可公行也。乱世之法，高为量而罪不及，重为任而罚不胜，危为禁而诛不敢⑥。民困于三责⑦，则饰智而诈上，犯邪而干免⑧，故虽峭法严刑，不能禁其奸。何⑨？力不足也。故谚曰："鸟穷则噣，兽穷则觡，人穷则诈⑩。"此之谓也。

【注释】

①骥褭：千里马名。见于《原道训》"要褭"。飞兔：马名。其行若

飞,故名。

②西施:春秋时越国美女,由越王勾践献给吴王。吴亡后,传说与
　范蠡偕入五湖。毛嫱(qiáng):古美女名。《群书治要》作"络慕"。

③因所有:《文子·下德》作"因其所有"。

④骐骥(qí jì):良马名,一日千里。

⑤驽(nú)马十舍:于大成《齐俗校释》:"十舍"当为"不舍"。《荀
　子》、《大戴》并云"不舍",可证。按,以上化自《荀子》之《劝学》、
　《修身》篇。《大戴礼记·劝学》亦载之。

⑥"高为量"三句:化自《庄子·则阳》。《吕览·适威》所载与此相
　似。危为禁,王念孙《读书杂志》:本作"危为难"。危,犹高也。
　《文子·下德》作"危为难而诛不敢"。

⑦三责:三种责罚。

⑧干:求。

⑨何:《四库全书》本有"者"字。

⑩"鸟穷"三句:化自《荀子·哀公》。并见《孔子家语·颜回》、《韩
　诗外传》卷五等。啄(zhuó),鸟啄食。斸(chù),古"触"字。

【译文】

所以国家得到治理可以和愚人一起持守,而军队控制住了可以把
权力交给别人使用。要等待骐骥、飞兔这样的千里马才乘坐,那么世上
的人便没有车子可乘;必须等待西施、毛嫱这样的美女来作为配偶,那
么终身就不能成家了。然而不需要等待古代的英俊之士,而人们能够
自我满足的原因,就是按照各人所具有的才能,来各自发挥自己的作
用。骐骥奔驰千里,一天便可以到达;劣马日行十舍,十天也可以到达。
从这里可以看出,人的才能是不值得专门来依赖的,而道术则是可以公
开地推行的。乱世的法律,制定法规的标准很高而处罚那些达不到要
求的人,增加担负的工作而惩罚那些不能胜任的人,增大困难程度而诛
杀那些不敢从事困难工作的人。老百姓被三种责罚所困扰,那么便千

方百计加以粉饰而欺骗君上,运用邪术而求得豁免,因此即使有苛刻的法律严酷的刑法,也不能够禁止奸邪的发生。为什么这样呢？百姓的力量是不能够达到的。所以谚语中说:"鸟儿穷困了便要相互啄食,野兽穷困了便要互相抵撞,人穷困了就要相互欺诈。"说的就是这么一回事。

　　道德之论,譬犹日月也,江南、河北,不能易其指①;驰骛千里②,不能易其处③。趋舍礼俗④,犹室宅之居也,东家谓之西家,西家谓之东家,虽皋陶为之理,不能定其处。故趋舍同,诽誉在俗;意行钧⑤,穷达在时⑥。汤、武之累行积善,可及也;其遭桀、纣之世,天授也。今有汤、武之意,而无桀、纣之时,而欲成霸王之业,亦不几矣。昔武王执戈秉钺以伐纣胜殷⑦,搢笏杖殳以临朝⑧。武王既殁,殷民叛之。周公践东宫⑨,履乘石⑩,摄天子之位,负扆而朝诸侯⑪,放蔡叔⑫,诛管叔⑬,克殷残商⑭,祀文王于明堂,七年而致政成王。夫武王先武而后文,非意变也,以应时也;周公放兄诛弟,非不仁也,以匡乱也。故事周于世则功成,务合于时则名立。

　　昔齐桓公合诸侯以乘车,退诛于国以斧钺;晋文公合诸侯以革车,退行于国以礼义。桓公前柔而后刚,文公前刚而后柔。然而令行乎天下、权制诸侯钧者,审于势之变也⑮。颜阖⑯,鲁君欲相之而不肯,使人以币先焉⑰,凿培而遁之⑱,为天下显武⑲,使遇商鞅、申不害,刑及三族⑳,又况身乎?

【注释】

①指:通"旨",意旨。

②驰骛(wù):奔走。骛,驰。

③易:王念孙《读书杂志》:《意林》及《文选·〈月赋〉》注引此,并作"改"。

④趋舍:取舍。

⑤钧:通"均",平正。

⑥穷达:困穷与显达。按,"故趋舍"至"在时",化自《吕览·长攻》。

⑦钺(yuè):大斧。青铜制,盛行于商周。伐纣:王念孙《读书杂志》:《太平御览·兵部》八十四引此无"伐纣"二字。

⑧搢(jìn):插。笏(hù):古代君臣朝会时所佩记事板,用玉、象牙、竹等制成。杖:执持。殳(shū):大杖。

⑨践:踩。东宫:太子所居之宫。也用以指太子。

⑩乘石:人君登车所踏之石。

⑪扆(yǐ):指帝王宫殿上设在户牖之间的屏风。

⑫蔡叔:名度,武王之弟,封于蔡(今河南上蔡西南)。

⑬管叔:名鲜,武王弟,封于管(今河南郑州)。周公平叛后,他被杀死。

⑭残:摧毁。商:纣灭后,武王封纣子武庚于商(今河南商丘),奉祀祖先宗庙。

⑮势:时势。

⑯颜阖(hé):战国鲁人。辞币不仕。颜阖事见于《庄子·让王》、《吕览·贵生》。

⑰币:帛,礼物。

⑱培:通"坏",屋后墙。

⑲武:许慎注:楚人谓士曰武。按,《史记·淮南衡山列传》集解引徐广云:"淮南人名士曰武。"

⑳三族:《史记·秦本纪》集解指父母、兄弟、妻子。

【译文】

　　道德的学说，就像日月一样，不论在长江以南、还是黄河以北，都不能够改变它的意旨；就是奔走千里之地，也不能够改变它的居处。礼俗的取舍，就像选择住室一样，东面人家称他为西家，西面人家又称呼他为东家，即使皋陶给他们评理，也不能够确定他们的位置。因此取舍相同，非议赞誉在于习俗；意旨行事均正，困穷显达在于时运。商汤、周武王积累善行，是人们能够达到的；但他们遭到夏桀、商纣的时代，则是上天授予的。现在虽有商汤、周武王的志向，而没有遇到夏桀、商纣那样的时代，而想要成就霸王的业绩，也是不可能的。从前周武王握着戈执持黄钺，讨伐商纣王并灭亡了商朝，身为天子后，让大臣插着笏板手执木杖当朝处理政事。周武王已经去世，商朝遗民和管叔、蔡叔背叛了他。周公旦踏着东宫之位，踩着乘石，执掌天子之政，背靠扆屏而使天下诸侯国君朝拜，流放蔡叔度，杀死管叔鲜，击溃殷人武装消灭商的残余势力，天下平定，在明堂祭祀周文王，七年后周公把天子权力交还成王。周武王首先使用武力而后实行文德，不是自己心意的改变，而是要适应时势的需要；周公旦流放兄长杀掉弟弟，不是不讲仁德，而是匡正乱世的需要。所以行事能够按照世情需要就能成功，致力事业符合时代需要那么名声就能建立。

　　从前齐桓公乘着安车去会盟诸侯，返回国内用斧钺进行诛杀；晋文公会盟诸侯时用兵车，返回国内的时候施行礼义。齐桓公前面柔弱而后面刚强，晋文公前面刚强而后面柔弱。但是命令同样都能在天下实行、权力同样能够制服诸侯，主要对时势的变化有了清楚的认识。隐士颜阖，鲁哀公想让他为相而颜阖不愿意，哀公派人先送来礼物，颜阖掘开后墙逃离了自己的家，成为天下显赫的人物。假使遇到法家商鞅、申不害，就会刑及三族，又何况自身呢？

　　世多称古之人而高其行，并世有与同者，而弗知贵也。

非才下也，时弗宜也。故六骐骥、驷驶䮫①，以济江河，不若
窾木便者②，处势然也。是故立功之人，简于行而谨于时。
今世俗之人，以功成为贤，以胜患为智，以遭难为愚，以死节
为戆③，吾以为各致其所极而已。

　　王子比干非不智箕子被发佯狂以免其身也④，然而乐直
行尽忠以死节，故不为也；伯夷、叔齐非不能受禄任官以致
其功也⑤，然而乐离世伉行以绝众，故不务也⑥；许由、善卷非
不能抚天下、宁海内以德民也⑦，然而羞以物滑和⑧，故弗受
也；豫让、要离非不知乐家室、安妻子以偷生也⑨，然而乐推
诚行，必以死主，故不留也。今从箕子视比干，则愚矣；从比
干视箕子，则卑矣；从管、晏视伯夷，则戆矣；从伯夷视管、
晏，则贪矣。趋舍相非，嗜欲相反，而各乐其务，将谁使正
之？曾子曰⑩："击舟水中，鸟闻之而高翔，鱼闻之而渊藏。"
故所趋各异，而皆得所便。故惠子从车百乘⑪，以过孟诸⑫。
庄子见之⑬，弃其余鱼。鹈胡饮水数斗而不足⑭，鳣鲔入口若
露而死⑮。智伯有三晋而欲不赡⑯，林类、荣启期衣若县衰意
不慊⑰。由此观之，则趣行各异，何以相非也？

【注释】

　　①驷：假借为"四"。驶䮫(jué tí)：许慎注：北翟之良马也。

　　②窾(kuǎn)：空。

　　③死节：为大节而死。戆(zhuàng)：愚笨。

　　④佯：假装。按，"箕子"事亦载于《史记·殷本纪》。

　　⑤致：有成就。

　　⑥务：务求。按，"伯夷"事见于《论语·季氏》。《史记·伯夷列传》

详载之。

⑦许由：事载《庄子·外物》，本书《原道训》、《精神训》亦载之。善卷：事见《列子·杨朱》、《庄子·让王》。

⑧滑和：扰乱天和。

⑨豫让：事见《战国策·赵一》，《史记·刺客列传》亦载之。要离：许慎注：吴王阖闾臣。按，事见《吴越春秋·阖闾内传》、《吕览·忠廉》。

⑩曾子：孔子弟子，春秋末鲁人，小孔子46岁。以孝著称。《汉书·艺文志》"儒家"有《曾子》十八篇。

⑪惠子：即惠施，战国宋人，名家代表人物，庄子好友。《汉书·艺文志》"名家"有《惠子》一篇。

⑫孟诸：宋大泽名。在今河南。

⑬庄子：许慎注：名周，蒙人，隐而不仕。见惠施之不足，故弃余鱼也。按，《史记·老子韩非列传》："庄子者，蒙人也，尝为蒙漆园吏。"《汉书·艺文志》"道家"有《庄子》五十二篇。

⑭鹈（tí）胡：水鸟名。好群飞，沉水食鱼。

⑮鲔鲔（wěi）：许慎注：鱼名。按，《说文》：鲔，鱼名。皮可为鼓。鲔，《氾论训》高诱注说：大鱼，亦长丈余。孙诒让《札迻》认为，"鲔鲔"当作"蝉蜩"。"死"当为"饱"。按，蝉，即知了。蜩，同"蜩（tiáo）"，即蝉。

⑯三晋：许慎注中指"智伯有范、中行之地"。赡：满足。

⑰林类、荣启期：隐士。其事载《列子·天瑞》。衰：同"蓑（suō）"，草雨衣。慊（qiàn）：恨。

【译文】

世人多称颂古人而认为他们的品德高尚，而对同时代和古人相似的人，却不知道尊重。不是因为才能低下，而是时势不适宜罢了。因此用六匹骐骥、四匹驶骎，来渡过长江黄河，不如一个空木头方便，所处的形势决定了这样。所以立下功业的人,对于行事很简约而对于时势很慎重。现在世俗之人,把成就功业的作为贤人,把战胜患难作为智慧,把遭受困难作为愚笨,把为节义而死作为蠢事,我认为各自都实现了自己的终极目标罢了。

王子比干不是不知道箕子披头散发假装疯狂来使自身免遭灾难,但是他却乐意正直尽忠为大节而死,因此就不采取箕子的办法;伯夷、叔齐不是不能够接受俸禄担任官职而建立他们的功名,但是乐于离开世俗保持高节而辞别众人,因此不务求官爵;许由、善卷不是不能够安抚天下、平定四海用道德感化万民,但是耻于因外物而扰乱天和,因此不接受天子之位;豫让、要离不是不知道享受家庭快乐、安抚妻儿来苟且度过一生,但是乐意奉行真诚的行为,一定要用行动为主子献身,所以不留恋家庭妻小。现在从箕子的角度看比干,那么就是愚笨的行为;从比干的立场看待箕子,那么就是卑下的行动;从管子、晏婴的观点看伯夷,则是蠢笨至极;从伯夷立场看待管子、晏婴,那么就是贪恋富贵了。取舍不同,喜好相反,而各自喜欢自己的追求,将有谁来使他们端正呢? 曾子说:"在水中敲打船,鸟儿听到高飞空中,鱼儿听到躲藏深渊。"因此各自的趋向是不同的,都能够得到自己的方便。所以惠施带着百辆车子,路经宋国孟诸,垂钓的庄子见了,把剩下的鱼都给抛弃了。鹈胡饮水几斗还不觉得满足,进入蝉蛴口中像露珠那样多的水蝉蛴就会死去。智伯有范氏、中行氏的土地而欲望还不满足,林类、荣启期衣服像悬挂着的蓑衣一样而心中一点也不怨恨。从这里可以看出,那么他们的取舍行止是各不相同的,怎么能够相互非议呢?

夫重生者不以利害己①,立节者见难不苟免②,贪禄者见利不顾身,而好名者非义不苟得。此相为论③,譬犹冰炭、钩绳也,何时而合? 若以圣人为之中,则兼覆而并之④,未有可是非者也。夫飞鸟主巢,狐狸主穴;巢者巢成而得栖焉,穴者穴成而得宿焉。趋舍行义，亦人之所栖宿也。各乐其所安，致其所蹠⑤，谓之成人⑥。故以道论者，总而齐之。

①重生：重视生命的人。即贵生。

②立节：树立名节。

③相：指相互对立。

④兼：北宋本原作"箖"。《道藏》本作"兼"。据正。

⑤致：达到。蹠（zhí）：愿望。

⑥成人：指保全天性之人。

【译文】

重视生命的人不会因为利益而危害自己，树立名节的人即使有危难不苟且避免，贪图爵禄的人看到利益不顾念生命，爱好名誉的人不是义行就不苟且得到。这些相互对立的观点，就像冰块和炭火、钩曲和绳直一样，什么时候能够相合呢？如果圣人对他们进行中和，那么便可以兼有万方而覆盖万物，便没有是与非的区别了。飞鸟的根本在巢窝，狐狸的根本在洞穴；巢筑成了鸟儿能够得以栖息，洞穴成了可以得到安居之所。趋向舍弃品行道义，也是人们所栖息归宿的地方。各自喜欢所安居的地方，能够实现自己的愿望，这就是保全天性之人。因此用道来进行评论，就可以总括而齐同它们。

治国之道，上无苛令，官无烦治，士无伪行，工无淫巧①，其事经而不扰②，其器完而不饰③。乱世则不然，为行者相揭以高④，为礼者相矜以伪；车舆极于雕琢⑤，器用逮于刻镂⑥；求货者争难得以为宝，诋文者处烦扰以为慧⑦；争为佹辩⑧，久积而不决⑨，无益于治；工为奇器，历岁而后成，不周于用。

故神农之法曰："丈夫丁壮而不耕，天下有受其饥者；妇人当年而不织，天下有受其寒者。"故身自耕，妻亲织，以为天下先⑩。其导民也，不贵难得之货，不器无用之物。是故其耕不强者，无以养生；其织不力者，无以揜形⑪。有余不足，各归其身。衣食饶溢⑫，奸邪不生。安乐无事，而天下均平。故孔丘、曾参，无所施其善，孟贲、成荆⑬，无所行其威。

【注释】

①淫巧：过度奇巧。

②经：法规、条理。

③完：通"院"，坚固。

④揭：标榜。

⑤與：通"舆"。《道藏》本作"舆"。

⑥遽(jù)：急。《文子·上义》作"遂"。

⑦诋(dǐ)文：诽谤。吕传元《淮南子斠补》："诋文"当作"调文"。《群书治要》引正作"调"。

⑧佹(guǐ)：刘绩《补注》本作"诡"。

⑨决：《道藏》本作"诀"。

⑩"故神农"至"天下先"：见于《吕览·爱类》，《管子·揆度》、贾谊《新书》等也有类似记载。《吕览·爱类》高诱注：当其丁壮之年，故不耕植，则谷不丰，故有受其饥者也。

⑪揜(yǎn)：掩盖。《方言》卷六钱绎疏证：揜，与掩通。

⑫溢：《文子·上义》作"裕"。

⑬成荆：古代勇士。其事见于《吕览·论威》、《战国策·韩二》。

【译文】

治理国家的方法,国君没有苛刻的法令,官吏没有繁琐的管理,士人没有虚伪的行为,工匠没有过分的奇巧,他们的政事任责清楚而不纷扰,他们的器具坚固而不加修饰。混乱的国家就不是这样,重视品行的人相互标榜自己为高洁,推行礼节的人相互傲视而以对方为虚伪;车子极力进行雕琢,器物急于刻镂;寻求奇货的人争着得到难得的东西而作为宝物,制造诽谤之文的人处在烦扰之中反以为聪明;争着进行诡辩,长久积累而不加解决,对于治国没有任何帮助;工匠制造奇巧的器物,经历多年才能成功,对于使用没有什么合适的。

因此神农的治国法规中说:"成年的男子不耕作,天下之人有因他不耕而受到饥饿的;妇女当年不织布,天下的人有因她不织而受冻的。"因此自己亲自耕种,妻子亲手织布,以此作为天下人的表率。他的引导万民,不重视难得的奇物,不使用无用的器物。因此那时耕作不努力,就没有办法用来养生;纺织不尽力,就没有办法用来掩盖形体。那么有余的和不足的,各自都归于自身。衣食之资充足富裕,奸邪之人就不会产生了。平安快乐没有祸事,而天下就会公平无欺。因此孔子、曾参,就没有必要施行他们的善政,孟贲、成荆,也没有必要施行他们的威力。

哀世之俗,以其知巧诈伪,饰众无用。贵远方之货,珍难得之财,不积于养生之具;浇天下之淳①,析天下之朴,牿服马牛以为牢②,滑〔乱〕万民③。以清为浊,性命飞杨④,皆乱以营⑤;贞信漫澜⑥,人失其情性。于是乃有翡翠犀象、黼黻文章以乱其目⑦;刍豢黍粱、荆吴芬馨以嗛其口⑪;钟鼓筦箫、丝竹金石以淫其耳;趋舍行义、礼节谤议以营其心⑨。于是百姓糜沸豪乱⑩,暮行逐利,烦挐浇浅⑪,法与义相非,行与利相反,虽十管仲,弗能治也。且富人则车舆衣纂锦⑫,马饰傅旐象⑬,帷幕茵席⑭,绮绣絛组⑮,青黄相错,不可为象。贫人则夏被褐带索⑯,含菽饮水以充肠⑰,以支暑热;冬则羊裘解札⑱,短褐不揜形,而炀灶口⑲。故其为编户齐民无以异⑳,然贫富之相去也,犹人君与仆虏,不足以论之㉑。

【注释】

①浇:浅薄。淳:通"醇",纯厚。

②牿(gù):即养马牛的圈槛。牢:养牛马圈。

③滑[乱]:北宋本原无"乱"字。据刘绩《补注》本、《文子·上礼》本补。

④飞杨:放纵,任性。杨,通"扬"。

⑤眢:迷惑。

⑥贞信:操守,信誉。漫澜:离散的样子。

⑦翡(fěi)翠:翡,赤羽雀。翠,青羽雀。羽毛可作装饰品。黼黻(fǔ fú):指半黑半白、半青半黑的花纹。文章:文彩。

⑧刍豢(chú huàn):指家畜。芬馨(xīn):芳香。滥(làn):贪求。

⑨谤议:诽谤,非议。

⑩糜沸豪乱:形容极其混乱。糜,通"靡(mí)",散乱。豪,通"毫",毛。

⑪烦挐(rú):纷乱,杂乱。浇浅:浅薄。

⑫纂(zuǎn):绘。

⑬傅:通"缚",束缚。

⑭茵席:褥垫,褥子。

⑮絛(tāo)组:丝带。

⑯则夏:《初学记·人部》中、《太平御览》卷四百八十五《人事部》一

百二十六引并作"夏则"。疑北宋本误倒。褐（hè）：粗衣。索：

绳索。

⑰菽：豆类之总名。

⑱解札：许慎注：衰败解也。按，札，通"折"，断分。

⑲炀（yáng）：烘烤。

⑳编户：编入户籍的平民。

㉑论：《群书治要》作"伦"。引申有比较义。

【译文】

　　衰败之世的习俗，用他们的巧诈虚伪，粉饰许多无用的东西。把远方的奇货看得很珍贵，把难得的财物视为珍奇，颐养生命的资财不去积累；让天下之人的纯厚变得淡薄，使天下人民的质朴本性消失干净，像圈养制服牛马一样画地为牢，扰乱了万民的天性。把清净当作混浊，使人的性情放纵任为，天下之人都处于混乱而迷惑的境地；操守信誉都全部丧失了，人们失去了他的本来天性。在这种情况下便有了翡翠羽毛犀角象牙、五颜六色的衣服彩饰用来扰乱他们的眼睛；用肥肉美食、吴楚之国的芳香佳肴来使他们贪食美味；用钟鼓管箫、丝竹金石来使他们的耳朵混乱；用取向、舍弃，品行道义、礼节谤议来迷乱他们的心意。在这种条件下百姓就像粥沸毛乱，从早到晚追逐名利，人际混乱而又浅薄，法令和道义不相一致，品行和利益完全相反，即使有十个管仲，也不能治理。况且富贵人家就是连车子也要套上彩绘的锦绣，马儿身上栓缚着旄尾和象牙，挂起帷幕铺上褥子，配上彩绘的丝带，青黄色彩互相交错，不能够描绘它的形象。贫苦之人则夏天身披粗衣腰扎绳索，吃粗食喝生水来充塞饥肠，用来支撑夏天的酷热；冬天则身穿破烂不堪的皮羊裘，粗毛短衣无法掩盖形体，而只能偎依灶前取暖。人们作为编户平民没有什么差别，但是贫富之间的距离悬殊，就连国君和奴仆，也不能够来同他们相比。

　　夫乘奇技伪邪施者①，自足乎一世之间；守正脩理不苟得者，不免乎饥寒之患，而欲民之去末反本，是由发其原而壅其流也。夫雕琢刻镂，伤农事者也；锦绣纂组③，害女工者也。农事废，女工伤，则饥之本而寒之原也。夫饥寒并至，能不犯法干诛者④，古今未之闻也。

【注释】

①奇技：新奇的技艺。伪：通"为"，从事。邪施（yí）：邪行。施，邪。

②脩理：郑良树《淮南子斠理》：当作"循理"。"循理"与"守正"义正相对。循，犹顺也。

③组：北宋本原作"俎"。《道藏》本作"组"。据正。

④干：冒犯。

【译文】

　　那些凭借着奇特的技艺从事邪道的人，都能自我满足一生；坚持正道依循正理不愿苟且获得的人，免不了要受到饥饿寒冷祸患的威胁，而这样却要求老百姓离开末业返回根本，这就像要开通源头而去堵塞水流一样。雕琢金石刻镂器物，是危害农事的；丝带刺上花纹彩带描绘图案，这是妨碍女工的工作。农事荒废，女工受到损害，那么这是造成饥饿和寒冷的根源。饥寒一起来到，而能够不触犯法律冒着诛杀的威胁，从古到今没有听说过。

　　故仕鄙在时①，不在行；利害在命，不在智。夫败军之卒，勇武遁逃，将不能止也；胜军之陈，怯者死行②，惧不能走也。故江河决沉一乡③，父子兄弟相遗而走，争升陵阪、上高丘④，轻足先升⑤，不能相顾也。世乐志平⑥，见邻国之人溺，尚犹哀之，又况亲戚乎？故身安则恩及邻国，志为之灭⑦；身危则忘其亲戚⑧,而仁不能解也⑨。游者不能拯溺,手足有所急也;灼者不能救火,身体有所痛也。夫民有余即让,不足则争;让则礼义生,争则暴乱起。扣门求水⑩,莫弗与者,所饶足也;林中不卖薪,湖上不鬻鱼⑪,所有余也。故物丰则欲省,求瞻则争止⑫。秦王之时,或人菹子⑬,利不足也;刘氏持政,独夫收孤,财有余也。故世治则小人守正,而利不能诱也;世乱则君子为奸,而法弗能禁也⑭。

【注释】

①仕鄙:陈昌齐《淮南子正误》:当为"仁鄙",字之误也。"仁"与"鄙"相反,"利"与"害"相反。《本经篇》:"毁誉仁鄙不立。"

②行:行列,即战阵。

③沉:王念孙《读书杂志》:"沉"当为"流",字之误也。《群书治要》引此正作"流"。

④争:北宋本原作"事"。《道藏》本作"争"。据正。

⑤"轻足"句:王念孙《读书杂志》:《群书治要》引作"轻足者先",无"升"字。

⑥平:北宋本原作"乎"。《道藏》本作"平"。据正。

⑦灭:尽。

⑧忘:北宋本原作"忠"。《道藏》本作"忘"。据正。

⑨仁:《道藏》本作"人"。《释名·释形体》:人,仁也。

⑩扣:通"叩",敲。求水:王念孙《读书杂志》:《群书治要》、《意林》引此,皆作"求水火"。

⑪鬻(yù):卖。

⑫瞻:《道藏》本作"赡"。庄逵吉本作"澹",淡,少。

⑬菹(zū)子:许慎注:生子,杀菹之。按,菹,肉酱。

⑭法:《群书治要》作"刑"。

【译文】

因此仁慈卑鄙在于时势,而不在于品行;或利或害在于命运,不在于智慧。败军的士兵,就是勇士也要隐遁逃跑,将帅是不能够制止的;胜利的军队,胆小的人也能够战死在队列中,就是害怕的人也不能够逃走。因此长江黄河决堤淹没乡里,父子兄弟相互丢下而逃命,争着爬向山陵高坡、攀上山丘,步伐轻快的人先上去,不能够互相顾及。而社会安乐心意平定,见到邻国的人溺死,尚且还为他哀痛,又何况是自己的父母呢?所以人身安定那么恩惠可以施及邻近的国家,邻国有事,尽心意为它奔忙;自身危险就会忘掉他的父母,而别人也不能帮他解救。游水的人不能拯救落水之人,是因为手脚有困难的地方;被火烧伤的人不能救火,自身有疼痛之处。百姓生活有富余就会谦让,不够就要发生争夺;谦让那么礼义就会产生,争斗那么暴乱就要兴起。敲门求水喝,没有人不给予的,是因为所有的水充足;树林中没有卖柴的,湖边没有卖鱼的,是因为有富余。所以物质丰盛那么嗜欲就会减少,需求少那么争斗就会停止。秦始皇统治的时候,有人杀掉孩子作肉酱来充饥,乃是因为饥饿造成的;汉朝天子执掌天下,独身老人也可以收养孤儿,这是因为财物有剩余的缘故。所以世道得到治理小人也可以持守正理,而利益不能够诱惑他;社会混乱君子也要干起奸邪的勾当,而法律也不能够禁止。

全本全注全译丛书

中华经典名著

陈广忠◎译注

淮南子 下

中華書局

第十二卷　道应训

【题解】

　　"道"是万物的本原,又是自然界和人类社会发生、发展的总规律。这个规律,普遍存在于一切事物之中。《道应训》就是研究这个规律在各个方面的具体运用。文中通过五十余则生动而富有哲理性的小故事,清楚地说明了"道之所行,物动而应"的问题。在每则故事之后,引用《老子》、《庄子》和《慎子》著述中的观点,进行了理论阐述。可以说,这是对"道"进行解说的十分巧妙的形式。把道家思想中深邃而抽象的哲理,赋予了形象而又具体的内容。

　　本文除了采摘《老》、《庄》来进行解说外,尚采用《吕览》、《韩非子》、《荀子》、《列子》等内容来验证道家学说。其撰述形式,与《韩非子·喻老》相近。

　　陶方琦《淮南许注异同诂》:(此)"许注本也。"

　　太清问于无穷曰①:"子知道乎②?"无穷曰③:"吾弗知也。"又问于无为曰④:"子知道乎?"无为曰:"吾知道。""子之知道,亦有数乎⑤?"无为曰:"吾知道有数。"曰:"其数奈何?"无为曰:"吾知道之可以弱,可以强;可以柔,可以刚;可以阴,可以阳;可以窈,可以明;可以包裹天地,可以应待无方。

此吾所以知道之数也。"

太清又问于无始曰⑥："乡者吾问道于无穷,无穷曰:'吾弗知之。'又问于无为,无为曰:'吾知道。'曰:'子之知道,亦有数乎?'无为曰:'吾知道有数。'曰:'其数奈何?'无为曰:'吾知道之可以弱,可以强;可以柔,可以刚;可以阴,可以阳;可以窈⑦,可以明;可以包裹天地,可以应待无方,吾所以知道之数也。'若是,则无为知与无穷之弗知⑧,孰是孰非?"无始曰:"弗知之深,而知之浅;弗知内,而知之外;弗知精,而知之粗。"

太清仰而叹曰:"然则不知乃知邪? 知乃不知邪? 孰知知之为弗知,弗知之为知邪?"无始曰:"道不可闻,闻而非也;道不可见,见而非也;道不可言,言而非也。孰知形之不形者乎⑨?"故《老子》曰:"天下皆知善之为善,斯不善也⑩。"故"知者不言,言者不知"也⑪。

【注释】

①太清:许慎注:太清,元气之清者也。

②道:指自然规律。

③无穷:许慎注:无形也。

④无为:许慎注:有形而不为也。

⑤数(shù):道理,规律。《吕览·壅塞》高诱注:数,道数也。

⑥无始:许慎注:未始有之气也。

⑦窈:俞樾《诸子平议》:"窈"读为"幽",故与"明"相对。

⑧无为知:据《庄子·知北游》,"无为"下有"之"字。

⑨形之不形:《庄子·知北游》作"形形之不形"。

⑩"天下"二句：见于《老子》二章。

⑪"知者"二句：见于《老子》五十六章。

【译文】

太清问无穷："你了解道吗？"无穷说："我不了解道。"又向无为问道："你了解道吗？"无为说："我了解道。""你了解的道，它有道理吗？"无为说："我了解的道有道理。"太清说："它的道理是怎样的呢？"无为说："我了解的道，可以变得弱小，可以变得强大；可以变得柔软，可以变得刚强；可以成为阴，可以成为阳；可以幽暗，可以光明；可以包容整个天地，可以应对没有极限的变化。这就是我所了解的道。"

太清又向无始询问："从前我向无穷问道，无穷说：'我不了解道。'又向无为询问，无为说：'我了解道。'我说：'你了解的道，它也有道理吗？'无为说：'我了解的道有道理。'我问：'它的道理是怎样的？'无为说：'我所了解的道，它可以变得弱小，可以变得强大；可以变得柔软，可以变得刚强；可以成为阴，可以成为阳；可以变得幽暗，可以变得光明；可以包容整个天地，可以应对没有极限的变化，这就是我所了解的道。'像这样，那么无为的了解和无穷的不了解，哪个正确、哪个错误呢？"无始回答说："说不了解它的是深刻的，而认为了解的是肤浅的；说不了解的是处于道之内，而说了解的是处于道的外部；说不了解的是掌握了道的精华，而说了解它的只是掌握了道的皮毛。"

太清仰天叹息说："这样说不了解道的才是了解了道吗？说了解道的才是不了解道吗？谁知道自称了解道的是不了解，说不了解道的却是了解的呢？"无始回答说："道是不能够被听到的，听到的并不是道；道是不能被见到的，见到的并不是道；道是不能够被言传的，言传的并不是道。谁知道有形的形体是从无形的形体中产生的呢？"因此《老子》中说："天下的人都知道善是善的，那么不善就显露出来了。"所以"懂得道的人不说道，说道的人并不懂得道"。

白公问于孔子曰①："人可以微言②?"孔子不应。白公曰:"若以石投水中③,何如?"曰:"吴、越之善没者能取之矣④。"曰:"若以水投水,何如?"孔子曰:"菑、渑之水合⑤,易牙尝而知之⑥。"白公曰:"然则人固不可与微言乎?"孔子曰:"何谓不可? 谁知言之谓者乎⑦!"夫知言之谓者,不以言言也。争鱼者濡⑧,逐兽者趋⑨,非乐之也。故至言去言,至为无为。夫浅知之所争者⑩,末矣。白公不得也⑪,故死于洛室⑫。故《老子》曰:"言有宗,事有君。夫唯无知,是以不吾知也⑬。"白公之谓也。

【注释】

①白公:名胜,春秋楚平王之孙,其父太子建。太子建被费无极谗害,白公曾奔吴。后被召回,为巢大夫,号白公。曾举兵杀死令尹子西、司马子期,控制楚都。后被叶公打败,自缢而死。事见《左传·哀公十六年》。

②微言:密谋。王叔岷《淮南子斠证》:此文"微言"下当有"乎"字,文意较明。《吕览·精谕》、《列子·说符》、《文子·微明》皆有"乎"字。

③以石投水中:以石投水则不露痕迹,比喻密谋不为人知。俞樾《诸子平议》:"中"字衍文。《列子·说符》、《吕览·精谕》并作"以石投水"。

④善没者:游泳高手。能取之:喻密谋不能持久。

⑤菑(zī):今山东境内菑河。渑(shéng):一作绳水,源出山东淄博东北。

⑥"易牙尝"句:其味不同,善味者能别之。喻不可合谋。易牙,春秋齐桓公宠臣,善调味,曾烹其子为羹以献桓公。管仲死后,他

与竖刁、开方共同执政。其事载于《韩非子・二柄》、《十过》。

⑦谁：王念孙《读书杂志》："谁"当为"惟"，字之误也。《吕览・精谕》、《列子・说符》作"唯"。按，孙诒让《墨子间诂》："谁，与唯通。"

⑧濡(rú)：浸渍。

⑨趋：奔走。

⑩浅知：浅薄的人。按，事见《庄子・知北游》、《列子・黄帝》。

⑪白公不得：指不能理解孔子话的含意。

⑫洛室：许慎注：楚杀白公于洛室之地也。《吕览・精谕》作"法室"。高诱注：法室，司寇也。一曰浴室，澡浴之室也。

⑬"言有宗"四句：见于《老子》七十章。

【译文】

白公胜对孔子说："我们可以谈谈心里话吗？"孔子没答应。白公又说："如果把石头扔进水里，会怎么样呢？"孔子说："吴国、越国的游泳高手能够把它取上来。"白公说："如果把水倒进水里，怎么样呢？"孔子说："菑、渑二河的流水相合在一起，易牙品尝就能知道它们味道的不同。"白公说："那么这样说来人不能够谈谈心里话了吗？"孔子说："怎么不可以？恐怕只有知道说话旨趣的人才可以吧！"知道说话旨趣的人，不用说话而可以心里知道。在河边争鱼的人难免不沾湿衣裳，追逐野兽的人要拼命奔走，而不是喜欢这样做。所以最高妙的话就是不说，最有效的行动就是顺应事理。见识短浅的人所要争夺的，只是末节小利。白公胜不了解孔子话的真实含意，所以最后死在洛室之地。因此《老子》中说："我的言论是有宗旨的，我讲的事理是有纲领的。只是因为人们无知，因此不了解我。"说的就是白公这样的人。

　　惠子为惠王为国法①，已成而示诸先生，先生皆善之。奏之惠王，惠王甚说之，以示翟煎②。曰："善！"惠王曰："善，

可行乎?"翟煎曰:"不可!"惠王曰:"善而不可行,何也?"翟
煎对曰:"今夫举大木者,前呼邪许③,后亦应之。此举重劝
力之歌也,岂无郑、卫《激楚》之音哉④? 然而不用者,不若此
其宜也。治国有礼,不在文辩⑤。"故《老子》曰:"法令滋彰,
盗贼多有⑥。"此之谓也。

【注释】

①惠子:即惠施。战国宋人,曾为魏惠王相。庄子好友。名家代表
　人物。《汉书·艺文志》"名家"有《惠子》一篇。惠王:即魏惠王,
　名罃,在位 51 年。

②翟煎:魏臣。

③邪许:打号子的声音。

④郑、卫之音:春秋、战国时流行于郑、卫二国的俗乐。《激楚》:古
　代歌舞曲名。见《楚辞·招魂》。又指一种高亢凄清的音调。
　《吕览·淫辞》无《激楚》二字。《文子·微明》作"虽郑卫胡楚之
　音",知"激"字有误。

⑤文辩:美丽的辞藻。

⑥"法令"二句:见于《老子》五十七章。

【译文】

惠施为相给魏惠王制定国法,方案完成后交给先生们议论,诸位先
生都认为很好。把它报告给了魏惠王,魏惠王也很高兴,把它交给大臣
翟煎。翟煎也说:"好!"魏王说:"既然不错,在国中颁行怎样?"翟煎说:
"不行!"惠王说:"既然认为不错又不能实行,这是为什么?"翟煎回答
说:"现在工人搬运大木头,前面领头喊起邪许的号子,后面就会齐声响
应。这是举起重物勉励用力的歌子,难道就没有流行的郑、卫民歌和高
亢的《激楚》之乐吗? 但是他们却不去采用它,这是因为不如劳动号子

更适合表达情趣。治理国家有礼法，而不在于美丽的词句。"因此《老子》中说："法令越分明，盗贼反倒越多。"说的就是这个意思。

　　田骈以道术说齐王①，王应之曰："寡人所有齐国也。道术难以除患，愿闻国之政。"田骈对曰："臣之言无政，而可以为政。譬之若林木无材，而可以为材。愿王察其所谓，而自取齐国之政焉已。虽无除其患，天地之间，六合之内②，可陶冶而变化也③。齐国之政，何足问哉？"此老聃之所谓"无状之状，无物之象"者也④。若王之所问者，齐也；田骈所称者，材也。材不及林，林不及雨⑤，雨不及阴阳，阴阳不及和，和不及道。

【注释】

①田骈：即陈骈。战国齐国学者，学于彭蒙，游学稷下。《汉书·艺文志》"道家"有《田子》二十五篇。其书已亡，有辑本。道术：指黄老道德之术。齐王：即齐宣王。名辟彊，在位 19 年。

②六合：指天地四方。泛指天下。

③陶冶：化育铸成的意思。

④无状之状，无物之象：见《老子》十四章。

⑤林不及雨：许慎注：雨，然后材乃得生也。按，此节化自《吕览·执一》。

【译文】

　　田骈用黄老道德之术游说齐宣王，宣王回答说："我所据有的是齐国。用道术难以消除国内的患祸，希望听听你对齐国治政的意见。"田骈回答说："我说的不是政事，但是能够帮助治政。比如就像林木现时没有成材，而日后可以成材一样。希望君王能从我说的道理中，自己能够得到有助于治理齐国的启发。即使我的言论现在不能除去某些祸患，但是可以穷究天地之奥，探索六合之秘，可以陶冶化育万物应对万端变化。区区齐国之政，又有什么值得挂齿的呢？"这就是老聃所说的"没有形状的形状，没有物体的形象"了。像大王所询问的内容，是一个齐国；田骈所称说的，是材料。材料不如树林，树林不如雨水，雨水不如阴阳，阴阳比不上天和，天和不如大道。

　　白公胜得荆国①，不能以府库分人。七日，石乞入曰②："不义得之，又不能布施，患必至矣。不能予人，不若焚之，毋令人害我。"白公弗听也。九日，叶公入③，乃发太府之货以予众④，出高库之兵以赋民⑤，因而致之⑥。十有九日而擒白公⑦。夫国非其有也，而欲有之，可谓至贪也。不能为人，又无以自为，可谓至愚矣。譬白公之啬也⑧，何以异于枭之爱其子也⑨。故《老子》曰"持而盈之，不如其已；揣而锐之，不可长保⑩"也。

【注释】

①得荆国：指杀死令尹子西、司马子期。

②石乞：许慎注：白公之党也。按，《道藏》本作"乙"。

③叶公：楚叶县（今河南叶县南）大夫沈诸梁，字子高。灭白公后兼任楚国令尹、司马。

④太府：楚都粮库名。《道藏》本作"大"。

⑤高库：楚都兵库名。

⑥致：《道藏》本作"攻"。

⑦擒白公：《吕览·分职》作"十有九日而白公死"。《左传·哀公十六年》作"白公奔山而缢"，"乃烹石乞"。

⑧喑：杲喑。

⑨枭（xiāo）之爱其子：许慎注：枭子长，食其母。按，《说文》：枭，不孝鸟也。本节化自《吕览·分职》。

⑩"持而"四句：见于《老子》第九章。揣（zhuī），河上公《老子章句》注：治也。

【译文】

　　白公胜得到楚国政权以后，因贪财不肯把库府的财物分给众人。七天以后，石乞入见白公说："用不义的办法得到的财物，又不能够广泛施给大众，患祸必定会到来。不能够给予别人，不如烧掉它，不要使人用财物危害我们。"白公没有听从他。到第九天，叶公率兵攻入，于是散发大府的财货给予大众，取出高库的兵器交给人民，凭借它们而攻打白公。十九天以后白公被捉住。国家不是属于他所有，而想要占有它，可以说是最贪婪的了。不能把财物分给人民，又没有办法自己保有，可以说是最愚蠢的了。像白公这样喑喑的人，同枭鸟爱它的幼鸟又有什么区别？所以《老子》中说："要求圆满，不如不干；打制尖锐，难保久常。"

　　赵简子以襄子为后①，董阏于曰②："无恤贱，今以为后，何也？"简子曰："是为人也，能为社稷忍羞。"异日，知伯与襄子饮③，而批襄子之首④。大夫请杀之，襄子曰："先君之立我也，曰'能为社稷忍羞'，岂曰能刺人哉！"处十月，知伯围襄子于晋阳⑤，襄子疏队而击之⑥，大败知伯，破其首以为饮器⑦。故《老子》曰："知其雄，守其雌，其为天下溪⑧。"

【注释】

①赵简子：名鞅，春秋末晋卿，当时为晋主要执政者。襄子：简子庶子，名无恤，其母为翟婢。后简子废太子伯鲁，立无恤为太子。

　后：古者诸侯皆称后。

②董阏（yān）于：赵氏家臣，有谋略。曾主持修建晋阳城。在晋四
　　卿争斗中，为保全赵鞅而自杀。

③知伯：即荀瑶。当时在晋六卿中势力最大。

④批：手击。

⑤晋阳：周代唐国地，春秋为晋邑。在今山西太原。

⑥疏：分开。队：军二百人为一队。

⑦饮器：溺器。按，本节见于《吕览·赏义》，《说苑·建本》亦载之。

⑧"故《老子》曰"句：见于《老子》二十八章。

【译文】

　　赵简子立贱婢生的襄子为太子，家臣董阏于说："无恤出身卑贱，现在立他作为继承人，这是为什么呢？"简子说："他的为人，能够为国家忍受耻辱。"后来，知伯与赵襄子一起饮酒，知伯打了襄子一巴掌。无恤的随从要求杀掉知伯，赵襄子说："先君立我时，说我'能够替国家忍受耻辱'，难道我只能够杀人吗！"过了十个月，知伯率领韩、魏在晋阳包围了赵襄子，赵襄子分开队伍攻打知伯，把知伯打得大败，把他的头骨剖开来作溺器。所以《老子》中说："知道他自己是刚健的，却持守柔弱的地位，他成了天下的大溪谷。"

　　啮缺问道于被衣①，被衣曰："正女形，壹女视②，天和将至③；摄女知④，正女度⑤，神将来舍⑥，德将来附若美⑦，而道将为女居。惷乎若新生之犊⑧，而无求其故。"言未卒，啮缺继以雠夷⑨，被衣行歌而去，曰："形若槁骸⑩，心如死灰⑪，直实知⑫，不以故自持⑬。墨墨恢恢⑭，无心可与谋。彼何人哉？"故《老子》曰："明白四达，能无以知乎⑮？"

【注释】

①啮(niè)缺、被衣：尧时老人。啮缺，见于《庄子·齐物论》。被，《经典释文》：本亦作"披"。

②壹：集中。

③天和：天然的和气。

④摄：收敛。知：同"智"。

⑤度：形态。

⑥神：神明。舍：停留。

⑦德将来附若美：王念孙《读书杂志》：本作"德将为若美"。《庄子·知北游》作"德将为女美，而道将为女居"。《文子·道原》作"德将为女容，道将为女居"。

⑧惷(chǔn)乎：无知无识的样子。《庄子·知北游》作"瞳(tóng)焉"。成玄英疏：无知直视之貌。

⑨雔(chóu)夷：许慎注：熟视不言。

⑩槁骸(gǎo hái)：枯骨。

⑪心如死灰：心意极静，不为外物所动。

⑫直实知：王念孙《读书杂志》：三字文不成义，当从《庄子》、《文子》作"真其实知"。按，真实，确实、实在。

⑬自持：自我克制。

⑭墨墨恢恢：昏暗不明的样子。《庄子·知北游》作"媒媒晦晦"。

⑮"明白"二句：见于《老子》十章。

【译文】

啮缺向被衣问道，被衣说："端正你的形体，专一你的视线，自然的和气将要来到；收敛你的智巧，端正你的形态，神明就会来到这里，德将会显示你的完美，而道将成为你的安居之所。无知无识的样子就像刚生下来的牛犊，而不去追求事故。"被衣的话还没有说完，啮缺直着眼睛不说话，好像精神停滞的样子，被衣边走边唱着歌离开，说："形体正静得像枯木骸骨,心神沉静得像熄灭的灰烬,他确实悟出了道的真谛,不因此而有矜持之情。昏昏暗暗的样子,没有心机能和他一起商量谋划。他是什么人呢?"所以《老子》中说:"洞彻明白通达四方,能不用来知道吗?"

　　赵襄子攻翟而胜之①,尤人、终人②。使者来谒之③,襄子方将食④,而有忧色。左右曰:"一朝而两城下,此人之所喜也。今君有忧色,何也?"襄子曰:"江、河之大也,不过三日。飘风暴雨⑤,日中不须臾。今赵氏之德行无所积,今一朝两城下,亡其及我乎?"孔子闻之曰:"赵氏其昌乎?"夫忧所以为昌也,而喜所以为亡也。胜非其难者也⑥,贤主以此持胜,故其福及后世。齐、楚、吴、越皆尝胜矣,然而卒取亡焉,不通乎持胜也。唯有道之主能持胜。孔子劲杓国门之关,而不肯以力闻⑦;墨子为守攻,公输般服⑧,而不肯以兵知。善持胜者,以强为弱。故《老子》曰:"道冲而用之,又弗盈也⑨。"

【注释】

①翟(dí):通"狄",古族名。春秋前,长期活动于北方。前七世纪时,分为赤狄、白狄、长狄三部,通称北狄。这里指北狄的一支,叫鲜虞,分布在今河北正定一带。

②尤人、终人:鲜虞二邑名。《国语·晋语七》、《列子·说符》作"左人、中人"。《吕览·慎大》作"老人、终人"。以《列子》说为是。两邑在今河北唐县一带。黄锡禧本"尤"上有"取"字。《道藏》本无。

③谒(yè):报告。

④方：正在。

⑤飘风：狂风。《老子》二十三章：飘风不终朝，暴雨不终日。《列子·说符》作"日中不须臾"。

⑥"胜非"句：《道藏》本、刘绩《补注》本句下有"持之其难者也"句。《列子·说符》、《吕览·慎大》亦有此句。

⑦"孔子"二句：许慎注：杓，引也。古者县门下，从上杓引之者难也。按，杓，通"扚"，牵引。又郑良树《淮南子斠理》："孔子"下当有"之"字，《吕览》、《列子》皆作"孔子之劲"。关，城门之门闩。

⑧"墨子"二句：许慎注：墨子虽善为兵，而不肯以知兵闻也。按，墨子，春秋末墨家创立者，名翟。《汉书·艺文志》"墨家"著录《墨子》七十一篇，《道藏》本存五十三篇，《四库全书》本存六十三篇。此条出于《墨子·公输》。《吕览·慎大》高诱注：公输般九攻之，墨子九却之。公输般，春秋、战国时鲁国人，古代巧匠，被历代木工尊为"祖师"。

⑨"道冲"二句：见于《老子》四章。冲，通"盅"，器虚。引申为空虚。

【译文】

赵襄子派人攻打鲜虞而取得了胜利，夺得了左人、终人两个城邑。使者向赵襄子报告这件事，赵襄子正准备吃饭，而面露忧虑的神色。身边的大臣们说："只用一个早上就攻下了两座城池，这正是人们所高兴的事。现在国君反倒忧虑起来，这是为什么？"赵襄子说："长江、黄河洪水猛涨的时候，不超过三天势头便要减弱了。狂风暴雨，一天中不过一会儿时间。现在赵氏家族的恩德并没有多少积累，而一个早上两座城池被攻下，灭亡恐怕会临近我们了。"孔子听到这件事之后，说："赵氏大概要兴盛起来了吧！"经常深思忧虑这是事业昌盛的原因，而居功自傲这是事业失败的开始。夺取一城一地的胜利并非难事，保住它就是困难的事儿了。贤明的君主用深思多虑去持守胜利，因此他们的福泽可以影响到后代。齐、楚、吴、越都曾经有称霸中原的胜利，但是最终都走向了灭亡,主要是不能通晓保持胜利的道理。只有那些掌握了自然和社会规律的君主才能保持胜利。孔子的力气一只手可以把关城门的横木举起来,但是不愿以多力向人炫耀;墨子善于进攻防守,公输般很佩服,但是墨子不愿显示自己的军事才能。善于保持胜利的人,把强大的看成是弱小的。因此《老子》中说:道不可见,而用它又用不完。

　　惠孟见宋康王①,蹀足謦咳疾言曰②:"寡人所说者③,勇有功也④,不说为仁义者也。客将何以教寡人?"惠孟对曰:"臣有道于此,人虽勇⑤,刺之不入;虽巧有力⑥,击之不中。大王独无意邪⑦?"宋王曰:"善! 此寡人之所欲闻也。"惠孟曰:"夫刺之而不入,击之而不中,此犹辱也⑧。臣有道于此,使人虽有勇弗敢制,虽有力不敢击。夫不敢刺,不敢击,非无其意也。臣有道于此,使人本无其意也。夫无其意,未有爱利之心也。臣有道于此,使天下丈夫、女子,莫不欢然皆欲爱利之心⑨,此其贤于勇有力也,四累之上也⑩。大王独无意邪?"宋王曰:"此寡人所欲得也。"惠孟对曰:"孔、墨是已。孔丘、墨翟,无地而为君⑪,无官而为长⑫,天下丈夫、女子,莫不延颈举踵⑬,而愿安利之者⑭。今大王,万乘之主也,诚有其志,则四境之内皆得其利矣。此贤于孔、墨也远矣。"宋王无以应。惠孟出,宋王谓左右曰:"辩矣⑮,客之以说胜寡人也。"故《老子》曰:"勇于不敢则活⑯。"由此观之,大勇反为不勇耳。

【注释】

①惠孟:《吕览·顺说》高诱注:惠盎者,宋人,惠施族也。《列子·

黄帝》亦作"惠盎"。宋康王：战国宋君，名偃，被齐湣王伐灭。

②蹀（dié）：跺脚。王念孙《读书杂志》："喋足"上当更有"康王"二字，今本脱去，则文义不明。《列子·黄帝》有"康王"二字。謦（qǐng）：咳嗽。疾言：急遽而言。

③说：同"悦"，喜欢。

④功：《列子·黄帝》、《吕览·顺说》皆为"力"。当是。

⑤人虽勇：王念孙《读书杂志》："人虽勇"上当有"使"字。今本脱"使"字，则与上句义不相属。《列子》、《吕氏春秋》皆有"使"字。

⑥"虽巧"句：王念孙《读书杂志》："有力"上本无"巧"字。《列子》、《吕氏春秋》皆无"巧"字。按，《文子·道德》作"虽巧，击之不中"，无"有力"二字。

⑦无意：指无意了解此道。

⑧辱：受辱。

⑨爱利之心：王念孙《读书杂志》："爱利之"下，不当有"心"字。《文子》、《列子》、《吕氏春秋》皆无"心"字。

⑩四累之上：许慎注：此上凡四事，皆累于世，而男女莫不欢然为上也。按，陈奇猷《吕氏春秋校释》："刺不入、击不中，一层；弗敢刺、弗敢击，二层；无其志，三层；欢然爱利，四层，即所谓四累。而四层中，欢然爱利，最为可贵，故欢然爱利之贤于勇有力，而居于四层之最上者。"

⑪无地而为君：许慎注：以道富也。

⑫无官而为长：许慎注：以德尊也。

⑬延颈举踵（zhǒng）：伸长脖子，抬起脚跟。形容盼望心切。

⑭安利：安享而有利。

⑮辩：能言善辩。按，本节化自《列子·黄帝》、《吕览·顺说》。

⑯"勇于"句：见于《老子》七十三章。王念孙《读书杂志》："老子曰"下脱"勇于敢则杀"一句。两句相对为文，单引一句，则文不成

义。《文子·道德》亦有此句。

【译文】

惠孟谒见宋康王,康王踩脚咳嗽急躁地说:"我所喜欢的,是勇敢而有力气的人,不喜欢推行仁义学说的人。您将用什么来教导我?"惠孟回答说:"我这里有道术,使人即使很勇敢,刺杀他人却不能够进入;即使有力气,打击他人也不能够命中。难道大王无意了解此道吗?"宋王说:"好!这是我所愿意听的事情。"惠孟说:"那种刺杀他人而不能进入,打击他人而不能命中,但这样已经受辱了。我这里有道术,使人即使有勇力不敢刺杀,即使有力量不敢打击。不敢刺杀,不敢打击,不是没有击刺的意图。我这里有道术,使他们根本没有刺杀的志向。没有刺杀的意向,但是还没有互爱互利之心。我这里有道术,让天下的丈夫、女子,没有人不高兴地想具有互爱互利之心,这样比有勇力的人要超过许多,它要在前面四层之上。大王难道无意了解此道吗?"宋王说:"这是我所愿意得到的。"惠孟回答说:"孔丘、墨翟就是这样。孔子、墨子,没有土地而被称为素王,没有官职而被称为尊长,天下的丈夫、女子,没有人不伸长脖子翘起脚跟,而愿意得到他们的安乐与利益。现在大王,你是万乘之君,果真具有孔、墨的志向,那么四境范围之内都能得到他们的利益。这比孔丘、墨翟又超出很多了。"宋王没有什么办法来回答。惠孟告辞后,宋王对左右的人说:"真是个辩才,客人用他的观点说服了我。"因此《老子》中说:"勇于'不敢'就会活。"从这里可以看出,大的勇敢反而成为不勇敢了。

昔尧之佐九人^①,舜之佐七人^②,武王之佐五人^③。尧、舜、武王于九、七、五者,不能一事焉。然而垂拱受成功焉^④,善乘人之资也^⑤。故人与骥逐走^⑥,则不胜骥;托于车上,则骥不能胜人。北方有兽,其名曰蹶^⑦,鼠前而菟后^⑧,趋则顿,

走则颠,常为蛩蛩驱骗取甘草以与之⑨,蹶有患害,蛩蛩驱骗
必负而走。此以其能托其所不能。故《老子》曰:"夫代大匠
斫者,希不伤其手⑩。"

【注释】

①尧之佐九人:许慎注:谓禹、皋陶(gāo yáo)、稷(jì)、契(xiè)、伯
　夷、倕(chuí)、益、夔(kuí)、龙也。

②舜之佐七人:指禹、皋陶、稷、契、益、夔、龙。

③武王之佐五人:许慎注:谓周公、召公、太公、毕公、毛公也。

④垂拱:垂衣拱手。形容无所事事,不费力气。

⑤资:助。

⑥骥(jì):骏马。逐走:赛跑。

⑦蹶(jué):兽名。也叫蹶鼠。前足短,后腿长。按,"北方有兽"条,
　见于《吕览·不广》。《说苑·复恩》亦载之。

⑧菟(tù):《别雅》卷四:菟,兔也。

⑨蛩(qióng)蛩驱骗(jù xū):许慎注:前足长,后足短,故能乘虚而
　走,不能上也。按,亦称涿鹿。一说为两种动物。《说文》:蛩蛩,
　兽也。《玉篇》:驱骗,兽,似骡。又说为一物。《广韵》钟韵:蛩蛩
　巨虚,兽也。与本文同。

⑩"夫代"二句:见于《老子》七十四章。

【译文】

　　从前尧的辅佐有九个贤臣,舜的辅佐有七人,周武王的辅佐有五
人。尧、舜、周武王,同辅臣九、七、五相比,并不能具有他们一样的本
事。虽然这样却能垂衣拱手地得到成功,都是善于依靠他人的帮助。
因此人和骏马赛跑,那么不能胜过骏马;把人托付在车子上,那么千里
马也不能胜过人。北方有一种野兽,它的名字叫蹶鼠,前腿像老鼠前
腿,而后腿像兔子后腿,快走就会头触地,奔跑就要跌倒,常常给前腿长

后腿短的涿鹿送来甜美的青草，蹶鼠有了灾难危险，涿鹿便背起它逃命。这两种动物各自利用自己长处，而把自己的短处寄托在对方身上。所以《老子》中说："代替木匠砍木头，很少不砍伤自己的手的。"

　　薄疑说卫嗣君以王术①，嗣君应之曰："予所有者千乘也②，愿以受教③。"薄疑对曰："乌获举千钧④，又况一斤乎？"
　　杜赫以安天下说周昭文君⑤，文君谓杜赫曰⑥："愿学所以安周。"赫对曰："臣之所言不可，则不能安周，臣之所言可，则周自安矣。"此所谓弗安而安者也。故《老子》曰："大制无割⑦"，"故致数舆无舆"也⑧。

【注释】

①薄疑：战国时人，卫臣。卫嗣君：战国末卫平侯之子，秦贬其号为君。王术：即统一天下之术。

②千乘（shèng）：古诸侯国地方百里，出车千乘，故称千乘之国。

③受：北宋本原作"爱"。刘绩《补注》本作"受"，《吕览·务大》亦作"受"。据正。

④千钧：一钧三十斤，千钧三万斤。以千钧喻王术，以一斤喻治国。

⑤杜赫：东周时人。周昭文君：东周国君。

⑥"文君"句：王念孙《读书杂志》："文君谓杜赫曰"上脱"昭"字，当依上句及《吕览·务大篇》补。

⑦大制无割：见于《老子》二十八章。

⑧故致数舆无舆：见于《老子》三十九章。舆，通"誉"，荣誉，名誉。

【译文】

　　薄疑用统一天下之术游说卫嗣君，嗣君回答说："我所有的是千乘小国，希望你把统治千乘之国的方法教给我。"薄疑回答说："乌获可以举起千钧,又何况是一斤呢?"

　　杜赫用安定天下劝说周昭文君,昭文君对杜赫说:"希望学习用来安定周朝的办法。"杜赫回答说:"我所说的不能安定天下,那么就不能够安定周朝,我所说的可以安定天下,那么周朝自然就会安定了。"这就是杜赫不说安定周朝而周朝自然可以安定了。因此《老子》中说:"所以圣人用大道制御天下无所割伤",因此"追求过多的荣誉就没有荣誉"。

　　鲁国之法,鲁人为人妾于诸侯①,有能赎之者,取金于府。子赣赎鲁人于诸侯②,来而辞不受金。孔子曰:"赐失之矣。夫圣人之举事也③,可以移风易俗④,而受教顺可施后世⑤,非独以适身之行也。今国之富者寡而贫者众,赎而受金,则为不廉;不受金,则不复赎人。自今以来,鲁人不复赎人于诸侯矣。"孔子亦可谓知礼矣⑥。故《老子》曰:"见小曰明⑦。"

【注释】

①人妾:王念孙《读书杂志》:《吕览·察微》、《说苑·政理》、《家语·致思》"妾"上俱有"臣"字,于义为长。

②子赣:孔子弟子,姓端木,名赐,字子贡。善于经商,家累千金。

③举事:行事,办事。

④移风易俗:改变旧的习俗。

⑤受教顺:王念孙《读书杂志》:"教顺"上本无"受"字。《说苑》、《家语》并作"教导可施于百姓",是其证。按,教顺,教化,教训。本节出于《吕览·察微》。

⑥知礼:王念孙《读书杂志》:本作"知化",谓知事理之变化也。

⑦见小曰明：见《老子》五十二章。

【译文】

　　鲁国的法律，有鲁国人在诸侯国中为奴仆的，有人能够出钱赎回来，可以到官府里领取赎金。富商子赣从诸侯国中赎回了鲁国人，归来而推辞不接受赎金。孔子说："端木赐这事做错了。圣人的行事，可以转移民风改变习俗，而使人民接受教化可以影响到后代，不只是用来适应自己品行的需要。现在国家中富裕的人少而贫穷的人多，赎人而接受赎金，那么就是不廉洁；不接受赎金，那么就不会再去赎人。从今以后，鲁国不会有人从诸侯国中赎回奴仆了。"孔子也可以称得上是知道变化的人了。所以《老子》中说："能观察细微才是明。"

　　魏武侯问于李克曰①："吴之所以亡者②，何也？"李克对曰："数战而数胜③。"武侯曰："数战数胜，国之福，其独以亡，何故也？"对曰："数战则民罢④，数胜则主骄⑤，以骄主使罢民，而国不亡者，天下鲜矣。骄则恣，恣则极物⑥，上下俱极，吴之亡犹晚。此夫差之所以自到于干遂也⑦。"故《老子》曰："功成名遂身退，天之道也⑧。"

【注释】

①魏武侯：战国魏君，名击，文侯子，在位 26 年。《韩诗外传》卷十、《新序·杂事》五、《史记·魏世家》作"文侯"。《吕览·适威》作"武侯"，误。李克：又作里克，战国法家，曾为魏相十多年。

②吴：指吴王夫差统治之时。

③数战而数胜：指前 494 年，吴王夫差败越，越王求和。前 489 年，攻陈。前 487 年，攻鲁。前 484 年，败齐于艾陵。前 482 年，夫差会盟诸侯于黄池。前 473 年，越王勾践灭吴，夫差求和不成，

自杀。

④罢：同"疲"，疲惫。

⑤㤭(jiāo)：通作"骄"。

⑥恣则极虑：刘绩《补注》本有"极物，罢则怨，怨则"七字。

⑦干遂：春秋吴邑，在今江苏苏州市境内。按，本节出自《吕览·适威》。并见《韩诗外传》卷十、《新序·杂事》五。干，北宋本原作"千"。《道藏》本作"干"。据正。

⑧"功成"二句：见于《老子》九章。遂，成。

【译文】

魏武侯问李克说："强大的吴国遭到灭亡，是什么原因呢？"李克回答说："每次打仗都打了胜仗，所以要灭亡。"魏武侯说："每次打仗都打了胜仗，这是国家的福气，他们的国家却独独灭亡，这是什么缘故呢？"李克回答说："经常打仗百姓就疲惫不堪，经常取得胜利国君必然骄横，用骄横的国君驱使疲惫的百姓，而国家不灭亡的，天下是很少见的。骄傲就会放纵，放纵就会极尽外物之欲，百姓疲困就会怨恨，怨恨就会极尽巧诈的心机，国君和百姓都达到了极限，吴国的灭亡还算晚的。这就是吴王夫差在姑苏自杀的原因。"因此《老子》中说："功成名就自身退隐，这是天道的规律。"

宁戚欲干齐桓公①，困穷无以自达②。于是为商旅③，将任车④，以商于齐⑤，暮宿于郭门之外。桓公郊迎客，夜开门⑥，辟任车⑦，爝火甚盛⑧，从者甚众。宁越饭牛车下⑨，望见桓公而悲，击牛角而疾商歌⑩。桓公闻之，抚其仆之手曰："异哉！歌者非常人也！"命后车载之。桓公及至⑪，从者以请。桓公赣之衣冠而见⑫，说以为天下。桓公大说，将任之。群臣争之曰："客卫人也，卫之去齐不远，君不若使人问之。

问之而故贤者也，用之未晚。"桓公曰："不然。问之患其有小恶也⑬。以人之小恶而忘人之大美，此人主之所以失天下之士也。"凡听必有验，一听而弗复问，合其所以也。且人固难合也⑭，权而用其长者而已矣。当是举也，桓公得之矣。故《老子》曰："天大、地大、道大、王亦大，域中有四大，而王处其一焉⑮。"以言其能包裹之也。

【注释】

①宁戚：北宋本原作"宁越"。刘绩《补注》本作"宁戚"。据正。其为卫国贤人，家贫无资，饭牛至齐，干桓公，任大田、相国之职。《吕览·举难》及《氾论训》高诱注皆作"戚"，为春秋时代人。而宁越为战国时代人，曾为周威烈王之师。两人相距约二百六十年。

②达：接近，上达。

③商旅：商贩。

④将：依持。任：装戴。

⑤商：于大成《道应校释》："商"疑本作"适"。《新序》作"适"，《吕览》作"至"。

⑥开：北宋本原作"问"。刘绩《补注》本作"开"。据正。

⑦辟：通"避"，避开。

⑧爝（jué）：火把，火炬。

⑨饭：喂养。

⑩疾：急速。商歌：商调的歌，低沉而悲壮。

⑪及：王念孙《读书杂志》："及"当为"反"，字之误也。《吕览·举难》、《新序·杂事》并作"反"。按，疑北宋本误。

⑫赣（gàn）：赐给。

⑬小恶：小过失。

⑭合：王念孙《读书杂志》："合"当为"全"，言用人不可求全也。《吕览》、《新序》并作"全"。本则出自《吕览·举难》，并见《新序·杂事》五、《列女传·辩通》等。

⑮"天大"三句：见于《老子》二十五章。

【译文】

宁戚想要干求齐桓公，因为困穷没有办法得志。于是他依托商贩的载物之车，而到齐国做买卖，晚上借宿在郭门之外。齐桓公到郊外迎客，夜里开了郭门，让货车避开，路上火炬照得通红，随从的人很多。宁戚在车下喂牛，看到齐桓公而心中悲伤，敲打着牛角唱起悲凉凄楚的商歌。齐桓公听了，抚摸着他的仆人的手说："奇异啊！唱歌的是个不寻常的人！"于是命令让他坐上后车。齐桓公迎客回宫，随从的人请求安置宁戚。齐桓公赏赐他衣冠而宁戚拜见桓公，陈说治理天下的道理。桓公非常高兴，准备授他官职。众臣劝谏说："客人是卫国人，卫国离开齐国不远，君主不如派人查问他。查问之后如果是卫国贤者，任用他也不晚。"齐桓公说："不能这样。查问他是担心他有一些小的缺陷。因为别人的小缺陷而忘记别人的大美德，这就是人君失去天下贤人的原因。"大凡听到别人所说必定要验证，听到一次而不再仔细询问，便往往和他们所想的结果相合。况且人本来就不是十全十美的，衡量后而使用别人的长处罢了。这是举荐人才的得当做法，桓公做到了。所以《老子》中说："天大、地大、道大、王亦大，国中有四大，而国君处于其一。"用它来说明国君能够包容天下的贤德之人。

大王亶父居邠①，翟人攻之。事之以皮帛、珠玉而弗受②，曰翟人所求者地③，无以财物为也。大王亶父曰："与人之兄居而杀其弟，与人之父处而杀其子④，弗为⑤。皆勉处矣⑥，为吾臣与翟人奚以异⑦？且吾闻之也，不以其所养害其养⑧。"杖策而去⑨。民相连而从之,遂成国于歧山之下⑩。大王亶父可谓能保生矣⑪。虽富贵,不以养伤身;虽贫贱,不以利累形⑫。今受其先人之爵禄,则必重失之;[生之]所自来者久矣⑬,而轻失之,岂不惑哉?故《老子》曰:"贵以身为天下,焉可以托天下;爱以身为天下,焉可以寄天下矣⑭。"

【注释】

①大(tài)王亶(dǎn)父:即古公亶父。周朝第十三代先祖,也称周太王。文王的祖父。邠(bīn):同"豳",在今陕西彬县。

②事:侍奉。

③曰:《庄子·让王》、《吕览·审为》无此字。

④子:北宋本原作"予"。《道藏》本作"子"。据正。

⑤弗为:刘绩《补注》本有"吾"字。疑脱。

⑥勉处:好好地居住下去。

⑦翟人:刘绩《补注》本"人"下有"臣"字。

⑧"不以"句:杨树达《淮南子证闻》:"不以其所养害其养",文义不完。文当云:"不以其所以养害其所养。"所以养谓土地,所养谓人民也。《审为篇》:"不以所以养害所养。"

⑨杖策:执鞭。指驱马而行。

⑩歧(qí)山:在今陕西岐山东北六十里。为周族发祥地。《道藏》本作"歧"。古籍歧、岐通用。

⑪保生:保全生命。《庄子·让王》、《吕览·审为》作"尊生"。

⑫累形:拖累形体。

⑬所自来:王念孙《读书杂志》:"所自来"上当有"生之"二字。脱去二字,则文不成义。《庄子·让王》、《吕览·审为》、《文子·上仁》皆有"生之"二字。

⑭"贵以"四句：见于《老子》十三章。焉，乃。帛书《老子》甲本两"焉"字作"若"、"女"。

【译文】

　　大王亶父居住在邠地，狄人前来侵犯。他把皮料丝帛、珍珠美玉奉献给狄人而狄人不接受，狄人所要得到的是土地，不把掠夺财宝器物作为自己的目的。大王亶父说："和别人的兄长居住在一起而杀掉他的弟弟，和别人的父亲相处而杀掉他的儿子，我不干这样的事。你们都要好好地相处下去，给我当臣民与给狄人当臣民又有什么不同呢？况且我听说过，不要因为那些土地等用来养生的东西来危害所养的臣民。"驱马而离开了邠地。百姓绵延不绝地跟从他，便在岐山之下建立了国家。大王亶父可以说是能够保全自己生命的人。即使处于富贵之中，不因为用来养生的财富而伤害身体；即使处在贫贱之中，也不因为利益而拖累自己的形体。现在的人接受他的先人遗留下来的爵位俸禄，那么必定非常重视失去这些东西；而生命从先人那里继承下来已经很长久了，但是人们往往轻易失去它，这难道不是很糊涂吗？因此《老子》中说："只有把天下看轻把自己看重的人，才可以把天下的重任担负；只有把天下看轻爱自己胜过爱天下的人，才可以把天下之权的重任交付给他。"

　　中山公子牟谓詹子曰①："身处江海之上，心在魏阙之下②，为之奈何？"詹子曰："重生③。重生则轻利。"中山公子牟曰："虽知之，犹不能自胜。"［詹子曰："不能自胜］则从之④。从之⑤，神无怨乎？不能自胜而强弗从者，此之谓［重伤］⑥。重伤之人，无寿类矣⑦。"故《老子》曰："知和曰常，知常曰明，益生曰祥，心使气曰强⑧。"是故"用其光，复归其明"也⑨。

【注释】

①中山公子牟:即魏牟。战国时魏国的公子。因封于中山,故称。
  中山,战国时在今河北定州一带。詹子:即詹何。

②魏阙:古代官门外的阙门。为古代悬布法令的地方。代指朝廷。

③重生:重视保养生命。

④则从之:刘绩《补注》本上有:"詹子曰:不能自胜"七字。疑脱。

⑤从(zòng):即放纵。《吕览·审为》作"纵"。

⑥此之谓:刘绩《补注》本下有"重伤"二字。《文子·下德》同。重
  伤,即再伤。《庄子·让王》、《吕览·审为》也有"重伤"二字。知
  脱去。

⑦寿类:指长寿之类的人。按,本则出自《庄子·让王》及《吕览·
  审为》。

⑧"知和"四句:见于《老子》五十五章。常,指人类及自然规律。益
  生,指贪图享受。祥,妖祥。

⑨"用其光"二句:见于《老子》五十二章。

【译文】

中山公子牟对詹何说:"身子在江湖上隐居,心思却挂念着朝廷权
势,对此怎么办呢?"詹何说:"重视生命。重视生命那么就会轻视利
益。"中山公子牟说:"虽然知道这一点,还不能够自我克制欲念。"詹何
说:"不能够自我克制,就放纵自己的情感。放纵情感,精神还会有怨恨
吗? 不能够自我克制而又勉强不能放纵自己,这就叫做再次伤害。再
次伤害的人,不会成为长寿的一类人。"因此《老子》中说:"认识平和的
叫常,认识常的叫做明,贪求生活享受的叫做妖祥,欲念支使精气的叫
做逞强。"因此"使用它的光辉,又回归它的光明"。

楚庄王问詹何曰①:"治国奈何?"对曰:"何明于治身,而
不明于治国。"楚王曰:"寡人得立宗庙社稷②,愿学所以守

之。"詹何对曰:"臣未尝闻身治而国乱者也,未尝闻身乱而国治者也。故本任于身③,不敢对以末④。"楚王曰:"善!"故《老子》曰:"修之身,其德乃真"也⑤。

【注释】

①楚庄王:陈奇猷《吕氏春秋校释》:考《庄子·让王篇》及本书《审为篇》载詹何与中山公子牟答问,则詹何当是楚顷襄王时人,则此文"楚王"盖指顷襄王,而《列子·说符》"庄"乃"襄"音近之误。

②立:有"主"、"奉"、"涖"诸说。《列子·说符》作"奉"。《大戴礼记·诰志》王聘珍解诂:立,涖也。

③任:王念孙《读书杂志》:"任"当为"在",字之误也。《吕览·执一》、《列子·说符》作"在"。

④末:北宋本原作"未"。《道藏》本作"末"。据正。

⑤"修之身"二句:见于《老子》五十四章。

【译文】

楚顷襄王向詹何询问说:"怎么样才能把国家治理好呢?"詹何回答说:"我对于修身是懂得的,对于治理国家不大清楚。"楚王说:"寡人得以莅临宗庙和社稷之神,希望学习用来守护它的办法。"詹何回答说:"我还不曾听说过国君自身正直而国家混乱的,也不曾听说过自身堕落而国家得到治理的。因此根本在于自身,不敢用末节来回答。"楚王说:"好!"因此《老子》中说:"修治自身,他的德性才能真诚。"

桓公读书于堂,轮人斫轮于堂下①,释其椎凿②,而问桓公曰:"君之所读书者何书也③?"桓公曰:"圣人之书。"轮扁曰:"其人在焉?"桓公曰:"已死矣。"轮扁曰:"是直圣人之糟粕耳④。"桓公悖然作色而怒曰⑤:"寡人读书,工人焉得而讥之哉？有说则可⑥，无说则死。"轮扁曰："然！有说。臣试以臣之斫轮语之⑦。大疾则苦而不入⑧，大徐则甘而不固⑨，不甘不苦，应于手，厌于心⑩，而可以至妙者⑪，臣不能以教臣之子，而臣之子亦不能得之于臣。是以行年六十⑫，老而为轮。今圣人之所言者，亦以怀其实⑬，穷而死，独其糟粕在耳。"故《老子》曰："道可道，非常道；名可名，非常名⑭。"

【注释】

①轮人：《庄子·天道》、《韩诗外传》卷五作"轮扁"。斫（zhuó）：砍。

②椎（chuí）凿：槌子和凿子。

③所读书者：刘绩《补注》本无"书"字。

④直：只是。糟粕（zāo pò）：指粗劣之物。糟，酒滓。

⑤悖（bèi）然：盛怒变色的样子。

⑥说：理由。

⑦试：北宋本原作"诚"。刘绩《补注》本作"试"。据正。

⑧大疾：很快。疾，急。苦：许慎注：急意也。按，又有粗糙、滞涩义。

⑨大徐：缓慢。甘：许慎注：缓意也。按，又有光滑、松弛义。

⑩厌：饱。《庄子·天道》作"应"。

⑪至妙：最神妙的境界。

⑫六：《庄子·天道》、刘绩《补注》本作"七"。

⑬怀其实：指所掌握的规律、经验、精华，不能用言语表达出来。"实"，刘家立《淮南内篇集证》本作"宝"。本则出自《庄子·天道》，《韩诗外传》卷五亦有记载，彼文作"楚成王"。

⑭"道可道"四句：见于《老子》一章。

【译文】

齐桓公在殿堂上读书，轮人在堂下制作车轮，放下他的槌子和凿子,而向桓公询问说:"国君阅读的是什么书?"齐桓公说:"是圣人的书。"轮扁说:"他们人还在吗?"桓公说:"已经死了。"轮扁说:"这些书不过是圣人遗留下来的糟粕罢了。"桓公听了变了脸色而发怒说:"我在此读书,你一个工匠怎能妄加议论呢?说得出道理还可以,说不出道理就把你处死。"轮扁说:"是的!有话可说。我试着用我的斫轮来说说这个道理。太快了就急切而很难进入,太慢了就松弛而不牢固,不紧不慢,得心应手,而能够达到最奇妙的效果,这种技艺,我不能够教给我的儿子,而我的儿子也不能够从我这里得到它。因此我已经是六十岁的人了,到老了还要做车轮。现在圣人所说的话,也是怀藏着宝贵的技艺无法传授,困穷而死去,只有能够言传的糟粕存在罢了。"因此《老子》中说:"道,能够说出来的道,不是永恒的道;名,能够叫出来的名,不是永恒的名。"

　　昔者司城子罕相宋①,谓宋君曰:"夫国家之危安,百姓之治乱,在君行赏罚。夫爵赏赐予,民之所好也,君自行之;杀戮刑罚,民之所怨也②,臣请当之③。"宋君曰:"善!寡人当其美,子受其怨,寡人自知不为诸侯笑矣。"国人皆知杀戮之制,专在子罕也,大臣亲之,百姓畏之。居不至朞年④,子罕遂劫宋君而专其政⑤。故《老子》曰:"鱼不可脱于渊,国之利器,不可以示人⑥。"

【注释】

①司城:官名。春秋时宋国以避宋武公司空之名,改司空为司城。子罕:有二人。春秋时司城乐喜,字子罕,宋之贤臣。战国时司城皇喜,亦字子罕,宋之篡臣。杀君夺权者当为后者。本节内容见于《韩非子》之《二柄》《外储说右下》,并载于《韩诗外传》卷

七、《说苑·君道》等。

②怨:《韩非子·二柄》作"恶"。

③当:担当,承受。

④碁(jī)年:满一年。

⑤劫:北宋本原作"却"。王念孙《读书杂志》:"却"当为"劫",字之误也。《韩子·外储说右篇》作"劫",是其证。

⑥"鱼不可"三句:见于《老子》三十六章。国,帛书《老子》甲本作"邦",帛书乙本作"国"。利器,《老子》河上公注:权道也。

【译文】

从前司城子罕担任宋国之相,他对宋君说:"国家的危险和安定,百姓的治理和混乱,在于国君实行赏罚。封官晋爵赏赐给予,这是百姓喜欢的事儿,请国君自己来掌握它;杀头判刑逮捕处罚,这是百姓所怨恨的事儿,我请求担负这个职责。"宋君听了说:"好!我承受的都是美事,你担当的都是令人怨恨的事儿,我自己知道这样不会被天下诸侯取笑了。"宋国的臣子百姓都知道杀戮之权,掌握在子罕手里,大臣亲近他,百姓畏惧他。等了不到一年,子罕便派人杀死了宋君而夺取了权力。所以《老子》中说:"鱼儿不能从深渊中离开,国家的权柄,不能随便拿出来给人看。"

　　王寿负书而行①,见徐冯于周②,徐冯曰:"事者应变而动,变生于时。故知时者无常行。书者言之所出也,言出于知者,知者[不]藏书③。"于是王寿乃焚书而舞之④。故《老子》曰:"多言数穷,不如守中⑤。"

【注释】

①王寿:古代好书之人。

②徐冯：周代隐者。

③知者[不]藏书：北宋本原作"智者藏书"。王念孙《读书杂志》：当
作"知者不藏书"。《太平御览·学部》十三引此有"不"字，《韩
子·喻老篇》同。据补。

④"于是"句：许慎注：自喜焚其书，故舞之也。按，本则见于《韩非
子·喻老》。

⑤"多言"二句：见于《老子》五章。

【译文】

王寿背负着书册而行走，在周地见到隐者徐冯。徐冯说："做事的
人要顺应事物的变化而行动，事物的变化产生在相应的时期。因此知
道时代变化的人没有一成不变的行动。书籍是记载人的言论的，言论
产生于智慧的人，因此聪明的人是不珍藏书籍的。"王寿听了，便把自己
的书烧了，并且高兴地跳起舞来。因此《老子》中说："议论太多注定行
不通，还不如保持适中。"

令尹子佩请饮庄王①，庄王许诺②。子佩疏揖③，北面立
于殿下，曰："昔者君王许之，今不果往④。意者臣有罪乎⑤？"
庄王曰："吾闻子具于强台⑥。强台者，南望料山⑦，以临方
皇⑧，左江而右淮，其乐忘死。若吾德薄之人，不可以当此乐
也，恐留而不能反。"故《老子》曰："不见可欲，使心不乱⑨。"

【注释】

①令尹：官名。春秋战国时代楚国最高军政长官。子佩：人名。时
为楚令尹。庄王：一作昭王。《说苑·正谏》中说："楚昭王欲之
荆台游。"一作灵王。《后汉书·文苑传》作"楚灵王"。

②庄王许诺：王念孙《读书杂志》：《太平御览·人事部》一百九引，

"庄王许诺"下有"子佩具于京台，庄王不往，明日"共十二字。今本脱去，当补入。

③疏揖(yī)：古代请罪的礼节。疏，通"疋(shū)"，赤脚。揖，古代拱手之礼。

④果：诚心。

⑤意：想来。

⑥具：准备。强台：又作京台、荆台，楚台名。

⑦料山：山名。一作猎山。

⑧以临方皇：《文选·应休琏〈与满公琰书〉》注引作"北临方皇"。方皇：水名。一说山名。以地望推之，当在江淮之间。

⑨"不见"二句：见于《老子》三章。心，帛书《老子》甲、乙本"心"皆作"民"。

【译文】

令尹子佩置酒宴请楚庄王。庄王答应了。［子佩在豪华的京台准备停当，庄王却没有去。第二天］子佩光着脚在北面殿下拜见，说："昨天君王答应去赴宴，现在却不如约前去，想来大概是我有罪了吧！"楚庄王说："我听说你在京台准备了宴席。京台这个地方，向南可以望到料山，而脚下面临方皇之水，左面是长江而右面是淮河，处于此地的快乐可以使人忘掉死亡的威胁。像我这样德性浅薄的人，是不能够承受这样的欢乐的，我担心流连美景而不能够返回来。"因此《老子》中说："见不到能够引起贪欲之事，可以使心意不致混乱。"

晋公子重耳出亡①，过曹②，无礼焉。釐负羁之妻谓釐负羁曰③："君无礼于晋公子④。吾观其从者⑤，皆贤人也。若以相夫子反晋国，必伐曹，子何不先加德焉。"釐负羁遗之壶飧而加璧焉⑥。重耳受其飧而反其璧。及其反国，起师伐曹⑦,克之,令三军无入釐负羁之里。故《老子》曰:"曲则全,枉则正⑧。"

【注释】

①重耳:春秋晋君,五霸之一。晋献公之子,在位 9 年,曾流亡 19 年。

②曹:周初封国,在今山东西部,都陶丘(今山东定陶西南)。此时曹君,名襄,在位 35 年。

③釐负羁:曹大夫。

④"君无礼"句:指曹共公让重耳裸体捕鱼,而观其骈胁。事载《左传·僖公二十三年》《国语·晋语四》《韩非子·十过》等。

⑤其从者:有狐偃、赵衰、颠颉(jié)、魏武子、司空季子等。

⑥遗(wèi):赠与。餕(jùn):熟食。《左传·僖公二十三年》作"飧"。《韩非子·十过》作"餐"。

⑦起师伐曹:事在鲁僖公二十八年(晋文公五年),破曹,执曹共公。

⑧"曲则全"二句:见于《老子》二十二章。

【译文】

晋公子重耳在外流亡,经过曹国,曹共公对他很不礼貌。曹大夫釐负羁的妻子对丈夫说:"国君对晋公子重耳没有礼貌。我看晋公子的随从之人,都是贤人,如果他们来辅佐晋公子返回晋国,必定讨伐曹国,您为什么不首先对他们施加恩德呢?"于是釐负羁赠送重耳一壶熟食并且放了一块玉璧。重耳接受了他赠与的食物而把玉璧归还了他。等到重耳返国执政,起兵讨伐曹君,攻克了曹都,命令三军不要进入釐负羁的闾里。因此《老子》中说:"委曲就能保全,弯曲就能伸直。"

越王勾践与吴战而不胜①,国破身亡,困于会稽②。忿心张胆,气如涌泉,选练甲卒,赴火若灭。然而请身为臣,妻为妾,亲执戈为吴兵先马走③,果擒之于干遂④。故《老子》曰:"柔之胜刚也,弱之胜强也,天下莫不知,而莫之能行⑤。"越王亲之⑥,故霸中国⑦。

【注释】

①越:古国名。相传始祖是夏代少康之庶子无余,都会稽(今浙江绍兴)。勾践:春秋末年越君,曾被吴打败,后灭吴,成为霸主。吴:周太王之子太伯、仲雍建立的国家,都于吴(今江苏苏州)。

②困于会稽:事在鲁哀公元年(前494)。见《左传·哀公元年》、《国语·越语上》等。

③吴兵:王念孙《读书杂志》:今本"吴王"作"吴兵"。《韩非子·喻老篇》作"吴王"。

④干:北宋本原作"千"。刘绩《补注》本作"干"。据正。按,本则见于《韩非子·喻老》。

⑤"柔之"四句:见于《老子》七十八章。

⑥亲之:指亲自实行它。

⑦霸中国:指前473年,越灭吴。越与齐、晋会于徐州,周元王命越王为伯。

【译文】

越王勾践被吴王夫差打得大败,国破家亡,被围困在会稽山上。他心中愤怒肝胆张大,怒气像泉水涌流,选练士卒,不怕赴汤蹈火。虽然这样但是他请求吴王夫差允许让自己去当奴仆,妻子去当女奴,亲自执戈为吴王牵马开路,最后终于在干遂把吴王擒住。因此《老子》中说:"柔弱可以胜过刚强,弱小可以胜过强大,天下没有人不知道这个道理,而没有人能够实行它。"越王亲自实行它,所以能够称霸中原。

　　赵简子死①,未葬,中牟入齐②。已葬五日,襄子起兵攻围之③,未合而城自坏者十丈④。襄子击金而退之⑤。军吏谏曰:"君诛中牟之罪,而城自坏,是天助我,何故去之?"襄子曰:"吾闻之叔向曰⑥:'君子不乘人于利,不迫人于险。'使之治城,城治而后攻之。"中牟闻其义,乃请降。故《老子》曰:"夫唯不争,故天下莫能与之争⑦。"

【注释】

①赵简子死:时在前475年。

②中牟:战国时赵献侯元年自耿(今山西河津西)迁都于此。故址在今河南南乐、山东聊城之间,当时的黄河东岸。

③攻围之:王念孙《读书杂志》:当作"攻之,围"。今本"之围"二字误倒,则文不成义。《韩诗外传》作"攻之,围"。按,本则尚载于《新序·杂事》四、《韩诗外传》卷六。

④坏:北宋本原作"壤"。《道藏》本作"坏"。据正。

⑤金:金属制的乐器。如钲(zhēng)等。

⑥叔向:春秋晋国贤臣。姬姓,羊舌氏,名肸(xī),字叔向。

⑦"夫唯"二句:见于《老子》二十二章。

【译文】

　　赵简子刚死,还没有安葬,中牟的守将叛降齐国。赵襄子安葬父亲五天以后,率领军队包围了中牟,大部队还没有合围而城墙倒塌十来丈。襄子却鸣金退兵。军吏进谏说:"国君讨伐中牟的叛变之罪,而城墙自然倒塌,这是老天爷帮助我们,为什么要退兵呢?"赵襄子说:"我曾听叔向说过:'君子不在自己有利的时候欺凌他人,不在别人危险的时候胁迫他人。'让中牟守兵把城墙修好以后,再去攻打他们。"中牟将士听到赵襄子的义行,于是便请求投降。因此《老子》中说:"只有不争,因此天下才没有人能够和它相争。”

　　秦穆公请伯乐曰①：“子之年长矣，子姓有可使求马者乎②？”对曰：“良马者，可以形容筋骨相也③。相天下之马者④，若灭若失，若亡其一⑤。若此马者，绝尘弭徹⑥。臣之子皆下材也，可告以良马，而不可告以天下之马。臣有所与供儋缠采薪者九方堙⑦，此其于马，非臣之下也，请见之。”穆公见之，使之求马。三月而反，报曰：“已得马矣，在于沙丘⑧。”穆公问：“何马也？”对曰：“牡而黄。”使人往取之，牝而骊⑨。穆公不说，召伯乐而问之曰：“败矣！子之所使求者⑩，毛物牝牡弗能知⑪，又何马之能知！”伯乐喟然大息曰⑫：“一至此乎⑬！是乃其所以千万臣而无数者也。若堙之所观者，天机也⑭。得其精而忘其粗，在其内而忘其外⑮，见其所见而不见其所不见，视其所视而遗其所不视。若彼之所相者，乃有贵乎马者！”马至而果千里之马。故《老子》曰：“大直若屈，大巧若拙⑯。”

【注释】

①秦穆公：春秋秦君，名任好，在位 39 年，为春秋五霸之一。请：刘绩《补注》本作“谓”。伯乐：古代善相马者。

②子姓：同姓子孙。

③形容：形体容貌。

④天下之马：指天下的名马。

⑤“若灭”二句：许慎注：若灭，其相不可见也。若失，乍入乍出也。若亡，仿佛不及也。按，若灭若失，忽隐忽现、恍惚迷离的样子。

指外部气质很难把握。若亡其一,似有似无的样子。

⑥绝尘:像离开尘世一样。弭徹:不见痕迹。喻奔跑极为神速。徹,通"辙"。刘绩《补注》本作"辙"。弭(mǐ):消除。

⑦儋(dān):俗作"担"。缠:即绳索。采薪者:《列子·说符》作"薪菜者"。九方堙(yīn):春秋时善相马者。《列子·说符》作"九方皋",《庄子·徐无鬼》作"九方歅(yīn)"。

⑧沙丘:地名。在今河北邢台广宗境内。

⑨牝(pìn):母马。北宋本原作"牡"。《道藏》本作"牝"。据正。骊(lí):马深黑色。

⑩求者:王念孙《读书杂志》:"求"下脱"马"字。《邹正传》注及《白帖》引此,并有"马"字,《列子》同。

⑪毛物:即毛色。牝:北宋本原作"牡"。《道藏》本作"牝"。据正。

⑫喟(kuì)然:叹气的样子。大:北宋本原作"木"。《道藏》本作"大"。据正。

⑬一:乃,竟。

⑭天机:天然的特性。

⑮在:考察。按,本则出自《列子·说符》、《庄子·徐无鬼》。

⑯"大直"二句:见于《老子》四十五章。

【译文】

秦穆公对伯乐说:"您年纪已经很大了,你的家族中有能继承你的事业、善于相马的人吗?"伯乐回答说:"一般的好马,可以从形体外貌骨骼上看出来。但是天下绝伦的千里马,它的特点忽隐忽现,就像丧失形体一样。像这样的马,飞驰得像要离开尘世寻不到一点形迹。我的儿子都是平庸之辈,可以告诉他们选择一般的好马,而不能够告诉他们千里马的特征。我有一个和我同样担柴伐薪的人叫九方堙,他对于相马之术,并不在我之下,请求国君接见他。"秦穆公接见了九方堙,派他到外地寻求千里马。去了三个月后回来说:"已经寻到了一匹千里马,在沙丘那个地方。"秦穆公问道:"是什么样的马呢?"回答说:"是一匹黄色公马。"穆公派人取回来,是一匹黑色的母马。穆公很不高兴,便把伯乐招来并责问他说:"太差劲了! 您所引荐的那个求马的人,连马的毛色雌雄都分不清,又怎能知道什么好马呢!"伯乐听了长叹一声说:"九方堙的相马技术竟达到这样神妙程度呵! 这就是他超过我千万倍而无法估量的地方。像九方堙所看到的,是马的天然特性。得到它的精髓而忘掉它的粗疏,看到内在特质而丢掉了表象,看到他应该见到的东西而不去注视他所不需要的东西,考察了他应该考察的东西而放弃了他所不必要考察的东西。像他这样的相马经验,比起那千里马要超过千万倍呵!"马带回来后果然是一匹千里马。因此《老子》中说:"最正直好似枉曲,最灵巧好似笨拙。"

　　吴起为楚令尹^①,适魏^②,问屈宜若曰^③:"王不知起之不肖,而以为令尹。先生试观起之为人也^④。"屈子曰:"将奈何?"吴起曰:"将衰楚国之爵^⑤,而平其制禄^⑥;损其有余,而绥其不足^⑦;砥砺甲兵^⑧,时争利于天下^⑨。"屈子曰:"宜若闻之:昔善治国家者,不变其故,不易其常。今子将衰楚国之爵,而平其制禄;损其有余,而绥其不足,是变其故、易其常也,行之者不利。宜若闻之曰:'怒者逆德也,兵者凶器也,争者人之所本也^⑩。'今子阴谋逆德,好用凶器,始人之所本^⑪,逆之至也。且子用鲁兵,不宜得志于齐^⑫,而得志焉。子用魏兵,不宜得志于秦^⑬,而得志焉。宜若闻之,非祸人不能成祸。吾固惑吾王之数逆天道,戾人理^⑭,至今无祸。差须夫子也^⑮。"吴起恻然曰^⑯:"尚可更乎?"屈子曰:"成刑之徒^⑰,不可更也。子不若敦爱而笃行之^⑱。"《老子》曰:"挫其锐，解其纷，和其光，同其尘⑲。"

【注释】

①吴起：战国中期法家、兵家。曾被楚悼王任为令尹，主持变法。后遭楚贵族杀害。《汉书·艺文志》"兵书略"有《吴起》四十八篇。

②魏：战国七雄之一。魏惠王时都大梁（今河南开封）。

③屈宜若：楚大夫，流亡在魏国。《汉书·古今人表》作"屈宜咎"。《说苑·指武》作"屈宜白"。疑"若"字误。

④为人：王念孙《读书杂志》："为人"本作"为之"。"为之"，谓为楚国之政也。《说苑·指武》正作"为之"。

⑤衰：削弱。

⑥制禄：制定的俸禄。

⑦绥（suí）：安抚。

⑧砥砺（dǐ lì）：训练，磨炼。

⑨时：伺。按，"吴起"至"于天下"，化自《韩非子·和氏》。

⑩本：何宁《淮南子集释》：疑"本"字乃"末"字之误。俞樾《诸子平议》："本"字无义，乃"去"字之误。《说苑·指武》作"弃"。文异而义同。

⑪始：俞樾《诸子平议》："始"乃"治"字之误。《文子·下德篇》作"治人之乱，逆之至也"。本：许慎注：本者，谓兵争也。按，"怒者"至"逆之至也"，化自《国语·越语下》、《尉缭子·兵令上》。

⑫"且子"二句：许慎注：吴起为鲁将，伐齐，败之。按，《史记·吴起列传》：吴起娶齐女为妻。齐攻鲁。鲁欲任吴起为将，但怀疑他。于是吴起杀妻，率兵攻齐，大破齐军。

⑬"子用"二句：许慎注：吴起为魏西河守，秦兵不敢东下也。按，《史记·吴起列传》：魏文侯以吴起为将，攻秦，夺取五城，任为西

河守,抵御秦、韩。

⑭戾(lì):背离。

⑮差须:许慎注:意须也。按,黄锡禧本注作"差须,犹少待也"。
《说苑·指武》作"嘻! 且待夫子也"。朱骏声《说文通训定声》:
差,又发声之词。《诗·陈风·东门之枌》陆德明释文:"差,作
嗟。"嗟,上古音相当于[tsǐa]。须,《战国策·韩一》鲍彪注:言少
待。则正文应断作:"差! 须夫子也。"许注疑误。

⑯惕(tì)然:提心吊胆的样子。

⑰成刑之徒:许慎注:刑祸已成于众。按,即灾祸已在民众中形成。

⑱敦爱:宽厚待人。笃(dǔ)行:专心施行。按,本则亦载于《说苑·
指武》。

⑲"挫其锐"四句:见于《老子》五十六章。

【译文】

　　吴起担任楚国令尹,到魏国去,向屈宜若询问说:"楚王不知道我没
有才干,而任命我为令尹。先生请试着观察一下我治理楚国的情况
吧!"屈子问:"你将怎样治政呢?"吴起说:"将要削减楚国的爵位,并削
平他们法定的俸禄;减少贵族的财富,而救济衣食不足的人;训练军队,
伺机在天下争夺利益。"屈子说:"我听说过:从前善于治理国家的人,不
改变他们的原来法规,不变化他们固定的准则。现在你将削减楚国
的爵位,并削平他们法定的俸禄;减少贵族的财富,而救济衣食不足的
人,这样是改变了他们的原来法观、变化了他们固定的准则,推行这样
的办法是不利的。我听他人说:'愤怒是违背人的德性的,武器是凶残
的器械,兵争是人们所要抛弃的。'现在你善用兵谋背离道德,爱好使用
凶器,治理人们所要抛弃的兵争,已经达到了大逆的地步了。况且你使
用鲁国的军队,本不应该打败齐国,却得到了成功。你使用魏国的军
队,本不应该战胜秦国,却得到了成功。我听说这样的话,不危害他人
自己不会造成危险。我本来疑惑我们国君数次背离天道,违背人的伦

理,到今天没有灾祸。哦! 这将要轮到您了!"吴起提心吊胆地说:"还可以变更吗?"屈宜若说:"灾祸已经在民众中形成,不能够变更了。您不如宽厚待人而专心实行它。"因此《老子》中说:"不露锋芒,解脱它的纷争,含蓄着光辉,混同着垢尘。"

晋伐楚[①],三舍不止[②],大夫请击之。庄王曰:"先君之时,晋不伐楚,及孤之身,而晋伐楚,是孤之过也,若何其辱群大夫?"曰[③]:"先臣之时,晋不伐楚,今臣之身,而晋伐楚,此臣之罪也,请王击之。"王俯而泣涕沾襟,起而拜君大夫[④]。晋人闻之曰:"君臣争以过为在己,且轻下其臣[⑤],不可伐也。"夜还师而归。《老子》曰:"能受国之垢,是谓社稷主[⑥]。"

【注释】

①晋伐楚:楚庄王之时,晋、楚之间发生了三次战争,晋皆战败。

②三舍:古代行军,以三十里为一舍,三舍为九十里。

③"若何"二句:《新序·杂事》四作:"如何其辱诸大夫也? 大夫曰。""曰"上有"大夫"二字。

④君:刘绩《补注》本作"群"。《广雅·释言》:"君,群也。"以上并载于《新序·杂事》四。

⑤"且轻下"句:于大成《道应校释》:"轻"上当夺"君"字。《新序》作"且君下其臣"。

⑥"能受国"二句:见于《老子》七十八章。垢,屈辱。

【译文】

晋国讨伐楚国,攻入九十里而不停止,楚国大夫请求还击晋军。楚庄王说:"先君的时候,晋国人不讨伐楚国,等到我即位,而晋国讨伐楚国,这是我的过错,怎么能使众大夫受辱呢?"大夫们说:"先臣之时,晋国不侵犯楚国，到了我们这一代人执政，而晋国却侵伐楚国，这是臣下的罪过，请求君王出兵打击晋国人。"楚庄王伏地痛哭，眼泪沾湿了衣襟，他自责起来后又拜谢众大夫。晋国人听到后说："楚国君臣争着以为自己有过错，而且国君屈尊以待臣下，不能够侵伐这样的国家。"于是连夜班师回国。因此《老子》中说："能够承受国家的屈辱，这才能算是国家的君主。"

　　宋景公之时①，荧惑在心②。公惧，召子韦而问焉③。曰："荧惑在心，何也?"子韦曰："荧惑，天罚也④。心，宋分野⑤。祸且当君。虽然，可移于宰相。"公曰："宰相，所使治国家也，而移死焉，不祥。"子韦曰："可移于民。"公曰："臣死⑥，寡人谁为君乎? 宁独死耳。"子韦曰："可移于岁⑦。"公曰："岁，民之命。岁饥，民必死矣。为人君而欲杀其民以自活也，其谁以我为君者乎? 是寡人之命，固已尽矣! 子韦无复言矣⑧。"子韦还走，北面再拜曰："敢贺君⑨。天之处高而听卑，君有君人之言三，天必有三赏君⑩。今夕星必徙三舍⑪，君延年二十一岁。"公曰："子奚以知之?"对曰："君有君人之言三，故有三赏，星必三徙舍，舍行七星⑫，三七二十一，故君移年二十一岁⑬。臣请伏于陛下以司之⑭。星不徙，臣请死之。"公曰："可!"是夕也，星果三徙舍。故《老子》曰⑮："能受国之不祥，是谓天下之王⑯。"

【注释】

①宋景公：春秋末宋君，在位 65 年。

②荧惑（yíng huò）：即火星，为五星之一。心：心宿，属东方苍龙七

宿之一。宋国的分野。

③子韦：春秋末宋大夫，掌天文、星历等事。

④天罚：古代认为荧惑是灾星，运行到何处，下方国家就要遭殃。

⑤分野：古代天文学家把天空星宿划分若干区域，同世间国家或地区相配，称为分野。

⑥臣：刘绩《补注》本、《吕览·制乐》、《新序·杂事》四、《论衡·变虚》皆作"民"。

⑦岁：年成。

⑧子韦：王念孙《读书杂志》："韦"字因上下文而衍。《吕览·制乐》、《新序·杂事》、《论衡·变虚》无"韦"字。

⑨敢：表敬副词。有"冒昧"义。

⑩天必有三赏君：王念孙《读书杂志》：《吕览》、《新序》、《论衡》皆作"天必三赏君"，无"有"字。

⑪舍（shè）：古人认为二十八宿是日、月、五星运行停留的地方，每行一宿叫一舍。

⑫七星：北宋本原作"七里"。王念孙《读书杂志》："七里"当为"七星"，字之误也。七星，七宿也。《吕览》、《新序》、《论衡》皆作"舍行七星"。

⑬移：延长。

⑭陛（bì）下：台阶之下。按，本则载于《吕览·制乐》，《史记·宋世家》、《新序·杂事》四、《论衡·变虚》亦载之。司：通"伺（sì）"，伺候。

⑮故：北宋本原作"救"。《道藏》本作"故"。据正。

⑯"能受"二句：见于《老子》七十八章。

【译文】

　　宋景公的时候，火星的运行侵犯了心宿。景公十分害怕，召子韦来询问这件事。说："火星侵犯心宿，这是为什么？"子韦说："荧惑运行到什么地方,上天就要惩罚下方的国家。心宿,是宋国的分野。灾祸将要降临到国君身上。虽然这样,可以把灾祸转嫁到宰相身上。"宋景公说:"宰相,是我所任用来治理国家的,而灾祸转移到他身上使他死掉,不吉祥。"子韦说:"可以转移到百姓身上。"景公说:"百姓死了,我还将给谁当国君呢? 宁可让我自己死好了。"子韦说:"可以转移给年成。"景公说:"年成的好坏,关系到百姓的生命。年成不好,老百姓就要死去。当国君而要用杀害他的百姓来换取自己的活命,将有谁把我作为国君呢? 这是我的命运,本来已经到头了。你不要再说了。"子韦返回身,快步面向北再次跪拜说:"我冒昧祝贺国君。上天处在高处而能够听到下面的事情,国君说了三句应该说的话,上天必定三次赏赐你。今夜火星必定移动三舍,你可以延长年寿二十一岁。"宋景公说:"你怎么知道的?"子韦回答说:"国君说了三句应该说的话,因此上天有三次赏赐,火星必定移动三舍,每舍行进七星,三七二十一岁,所以国君增加二十一岁。请允许我伏在陛下等候它的变化。火星不移动,我请求为此事受死刑。"景公说:"可以!"这一天夜里,火星果然移动了三舍。所以《老子》中说:"能够承受国家的不祥,可以作为天下的君王。"

　　昔者公孙龙在赵之时①,谓弟子曰:"人而无能者,龙不能与游。"有客衣褐带索而见曰:"臣能呼。"公孙龙顾谓弟子曰:"门下故有能呼者乎?"对曰:"无有。"公孙龙曰:"与之弟子之籍。"后数日,往说燕王②。至于河上,而航在一汜③,使善呼之一呼而航来④。故曰圣人之处世⑤,不逆有伎能之士⑥。故《老子》曰:"人无弃人,物无弃物,是谓袭明⑦。"

【注释】

　　①公孙龙:战国名家代表人物。赵人。《汉书·艺文志》"名家"有

《公孙龙子》十四篇。

②燕(yān)：周召公奭(shì)封于燕,都蓟(jì)(今北京西南)。战国为
　七雄之一。《吕览·应言》中载:"公孙龙说燕昭王以偃兵。"昭王
　于前311—前279年在位。

③航:两船相并为航,亦指单舟。一:《太平御览》卷七百七十《舟
　部》三引作"北"。《艺文类聚》卷七十一作"水"。汜:通"涘(sì)",
　水涯。

④使善呼之:《艺文类聚》卷七十一《舟车部》作:"使善呼者呼之。"
　《太平御览》卷七百七十《舟部》三作:"使客呼之。"

⑤曰:王念孙《读书杂志》:"故"下"曰"字,因下文"故老子曰"而衍。

⑥伎能:技艺才能。

⑦"人无"三句:见于《老子》二十七章。袭明,帛甲作"㤎明",帛乙作
　"曳明"。袭,重。

【译文】

从前公孙龙在赵国的时候,对弟子说:"人如果没有技艺才能,我不
能够和他交游。"有一个穿着破衣烂衫的客人谒见公孙龙说:"我能够呼
叫。"公孙龙回头对他的弟子说:"弟子中以前有善于呼叫的吗?"弟子回
答说:"没有。"公孙龙说:"给他一个弟子的资格。"后来过了几天,公孙
龙带领弟子去游说燕王息兵。到了黄河边上,而渡船在河的对岸,公孙
龙让那个善于呼叫的弟子呼喊船夫。一声刚落渡船就开了过来。因此
圣人处在世间,不会背弃有一技之能的人。所以《老子》中说:"人中没
有弃置无用之人,万物中也没有无用的东西,这就叫做聪明。"

子发攻蔡①,逾之②。宣王郊迎③,列田百顷④,而封之执
圭⑤。子发辞不受,曰:"治国立政,诸侯入宾,此君之德也;
发号施令,师未合而敌遁,此将军之威也;兵陈战而胜敌者,
此庶民之力也。夫乘民之功劳,而取其爵禄⑥,非仁义之道

也。"故辞而弗受。故《老子》曰:"功成而不居,夫唯不居,是以不去。"⑦

【注释】

①子发:楚宣王、威王时将军。蔡:指下蔡。即今安徽凤台一带。

②逾:越过。即战胜之义。

③宣王:战国楚君,叫熊良夫,在位30年。这里的史实记载有误。蔡已于楚惠王四十二年被灭绝祀,不当再有七十余年后攻蔡之事。这里当指公子弃疾和楚灵王攻蔡之事。

④列:同"裂",封给。

⑤执圭:许慎注:楚爵功臣赐以圭,谓之执圭,比附庸之君也。按,战国楚国设立的最高爵位,也称上执圭。

⑥爵禄:《道藏》本"禄"后有"者"字。按,本则内容尚见于《荀子·强国》。

⑦"功成"几句:见于《老子》二章。

【译文】

楚将子发攻打蔡国,旗开得胜。楚宣王亲自到郊外迎接,并割给他土地百亩,而封他为楚国执圭。子发坚辞不受,说:"治理国家制定政策,诸侯朝拜,这是国君的大德所致;指挥部队号令三军,双方军队没有交锋而敌人逃跑,这是将军们的威力所致;出兵上阵而战胜敌军,这是成千上万士兵的功劳。凭借他人的力量建立一点功劳,便要取得爵号俸禄,这不符合仁义之道的要求。"因此坚决辞去而不接受。所以《老子》中说:"大功告成而不居功,正因为不居功,因此就不会丢掉功劳。"

晋文公伐原①,与大夫期三日。三日而原不降,文公令去之。军吏曰:"原不过一、二日将降矣。"君曰:"吾不知原三日而不可得下也，以与大夫期；尽而不罢，失信得原，吾弗为也。"原人闻之曰："有君若此，可弗降也^②?"遂降。温人闻^③，亦请降。故《老子》曰："窈兮冥兮，其中有精。其精甚真，其中有信^④。"故"美言可以市尊，美行可以加人^⑤"。

【注释】

①原：今河南济源北。晋文公因帮助周王室平定王子带叛乱，周襄王把原、温等四个城邑赐给他，温、原不服，故出兵讨伐。见于《左传·僖公二十五年》、《国语·晋语四》、《韩非子·外储说左上》、《吕览·为欲》等。

②可弗降也：《新序·杂事》作"不可不降也"。

③温：即今河南温县。

④"窈兮"四句：见于《老子》二十一章。窈（yǎo）冥，指大道窈冥无形。

⑤"美言"二句：见于《老子》六十二章。

【译文】

晋文公讨伐原，和大夫约定三天期限。三天后原邑守将不投降，晋文公下令解围撤兵。军吏劝谏说："原邑不超过一、二天就要投降了。"文公说："我不知道原邑三天不能攻下，而和大夫约定期限；限期已到而不止兵，失去信用得到原，我是不干的。"原人听说以后说："国君像这样明了信义，能够不投降吗?"于是举城投降。温地人听说后，也请求允许投降。因此《老子》中说："它是那样的深远暗昧呵，在其中却涵有细微的精气。这细微的精气是很真实的，在它的中间却包含着信誉。"因此"美好的言论能够换取别人的尊仰，有美好行为的人能够有益于人"。

公仪休相鲁而嗜鱼^①，一国献鱼，公仪子不受。其弟子谏曰："夫子嗜鱼，弗受何也?"答曰："夫唯嗜鱼，故弗受。夫受鱼而免于相，虽嗜鱼，不能自给鱼。毋受鱼而不免于相，则能长自给鱼。"此明于为人为己者也。故《老子》曰："后其身而身先，外其身而身存，非以无私? 故能成其私②。"一曰："知足不辱③。"

【注释】

①公仪休：鲁博士，为鲁相。《史记·循吏列传》有记载。此条见于《韩非子·外储说右下》，并载于《韩诗外传》卷三、《新序·节士》等。

②"后其身"四句：见于《老子》七章。"非以"句，《道藏》本作"非以其无私邪?"

③"知足"句：见于《老子》四十四章。

【译文】

公仪休担任鲁相而特别喜欢吃鱼，鲁国的人都争着把鲜鱼献给他，公仪休拒绝接受。他的弟子劝谏说："老先生特别爱吃鱼，但是送鱼你不接受这是为什么?"公仪休回答说："正因为我喜欢吃鱼，因此才不能够接受。接受了别人的鱼而被免去相位，即使再喜欢吃鱼，也不能够吃到自己供给的鱼了。不接受别人的鱼就不会免相，那么就能够长期靠俸禄买到鱼吃。"公仪休为官对人对己的标准是十分明确的。所以《老子》中说："把自己放在最后自己反而占先，把自己置之度外自身反而得到保存，不正是因为他的无私吗? 所以能够保全自己。"又说："知道满足不会遭到困辱。"

狐丘丈人谓孙叔敖曰①："人有三怨，子知之乎?"孙叔敖曰："何谓也?"对曰："爵高者士妒之，官大者主恶之，禄厚者怨处之。"孙叔敖曰:"吾爵益高,吾志益下;吾官益大,吾心益小;吾禄益厚,吾施益博,是以免三怨,可乎?"故《老子》曰:"故贵必以贱为本,高必以下为基②。"

【注释】

①狐丘:地名。《荀子·尧问》作"缯(zēng)丘"。在河南方城北。丈人:年长者之称。《荀子·尧问》作"封人"。孙叔敖(前630?—前593):春秋楚庄王令尹。芳(wěi)氏,名敖,字孙叔,一字艾猎。楚国期思(今河南淮滨)人。辅佐庄王称霸。按,本则见于《列子·说符》、《庄子·田子方》、《荀子·尧问》、《韩诗外传》卷七、《说苑·敬慎》等。

②"故贵"二句:见于《老子》三十九章。

【译文】

狐丘丈人对孙叔敖说:"你由布衣擢为令尹,别人有三件事埋怨你,你知道吗?"孙叔敖说:"说的是什么?"丈人回答说:"爵位高了大夫嫉妒你,权势大了国君厌恶你,俸禄高了百姓埋怨你。"孙叔敖说:"我的爵位越高,我的欲望更小;我的官位越大,我的心欲越小;我的俸禄多了,我广施于人,用这三条免除对我的怨气,可以吗?"因此《老子》中说:"尊贵必须以卑贱作为根本,高大必须以低下为根基。"

大司马捶钩者①,年八十矣,而不失钩芒②。大司马曰:"子巧邪!有道邪?"曰:"臣有守也。臣年二十好捶钩,于物无视也,非钩无察也。"是以用之者,必假于弗用也③,而以长得其用,而况持不用者乎④,物孰不济焉⑤?故《老子》曰:"从事于道者,同于道⑥。"

【注释】

①大司马：官名。《周礼·夏官》中有大司马，掌邦政。捶（chuí）：打，锻。钩：许慎注中指"钩钩"。按，又指一种兵器。

②芒：指锋芒。

③假：借助。

④而况持不用者乎：刘绩《补注》本"持"下有"无"字。当据《庄子》补。

⑤济：资助。按，本则见于《庄子·知北游》。

⑥"从事"二句：见于《老子》二十三章。

【译文】

　　大司马有个锻打兵器钩的工人，年纪已经八十多岁了，而打出的钩锋芒一点也没减弱。大司马问道："你的技艺真巧妙呀！有道术吗？"捶钩者说："我守持着理念。我在二十岁的时候就爱好打制兵器，对于其他的东西什么也不看，不是钩我是不关心的。"因此用心在捶钩方面，必定借助于不被使用的那部分精力，因而才能够长期得以用来捶钩，而何况持守的是无所不用的道呢，万物中哪个不受它资助呢？因此《老子》中说："从事于道的人，就与道相合。"

　　文王砥德脩政①，三年而天下二垂归之②。纣闻而患之曰："余夙兴夜寐③，与之竞行④，则苦心劳形⑤；纵而置之⑥，恐伐余一人⑦。"崇侯虎曰⑧："周伯昌行仁义而善谋⑨，太子发勇敢而不疑⑩，中子旦恭俭而知时；若与之从⑪，则不堪其殃⑫；纵而赦之，身必危亡。冠虽弊⑬，必加于头。及未成，请图之⑭。"屈商乃拘文王于羑里⑮。

　　于是散宜生乃以千金求天下之珍怪⑯，得骈虞、鸡斯之乘⑰，玄王百工⑱，大贝百朋⑲，玄豹、黄罴、青犴、白虎⑳，文皮千合㉑，以献于纣，因费仲而通㉒。纣见而说之，乃免其身，杀牛而赐之。文王归，乃为玉门㉓，筑灵台㉔，相女童㉕，击钟鼓，以待纣之失也。纣闻之曰："周伯昌改道易行，吾无忧矣。"乃为炮烙，剖比干，剔孕妇㉖，杀谏者。文王乃遂其谋㉗。故《老子》曰："知其荣，守其辱，为天下谷㉘。"

【注释】

①文王：姬姓，名昌。商纣王时为西伯，后在丰邑（今陕西西安沣河以西）建都。在位50年。砥：磨炼。

②垂：边疆，疆界。

③夙（sù）兴夜寐：起早睡晚，形容勤奋不懈。

④竞行：争逐。

⑤苦心劳形：煞费用心，疲劳形体。

⑥纵：放纵。

⑦余一人：古代帝王、天子自称。

⑧崇侯虎：崇国（今陕西西安鄠邑区）之侯，名虎。

⑨"周伯昌"句：《太平御览》卷六百九十七《服章部》十四引《六韬》："崇侯虎曰：'今周伯昌怀仁而善谋。'"即此文所本。

⑩太：北宋本原作"夫"。《道藏》本作"太"。据正。

⑪从：顺从。

⑫不堪：忍受不了。

⑬弊：破败。

⑭图：谋划，图取。

⑮屈商：纣臣。羑（yǒu）里：纣监狱名，在今河南汤阴北。

⑯散宜生：西周初年大臣之一。学于太公望。

⑰驺虞（zōu yú）：古代传说中瑞兽。日行千里。鸡斯：神马。

⑱玄王:黑色美玉。工:许慎注:二玉为一工也。

⑲朋:许慎注:五贝为一朋。

⑳犴(àn):古代胡地野犬,形如狐狸,黑嘴。

㉑文皮:彩色的兽皮。

㉒费仲:纣王佞臣。

㉓玉门:以玉饰门。

㉔灵台:周代台名,用以游观。一说用来观测天象。

㉕相:视,有挑选义。

㉖剔(tī):剖开。

㉗遂:成就。

㉘"知其荣"三句:见于《老子》二十八章。

【译文】

　　周文王砥砺德行修治政事,三年之后纣王天下的三分之二都归向了文王。商纣王听到后非常担忧地说:"我起早睡晚,和他互相竞争,那么就会煞费用心疲劳形体;如果放纵而置之不顾,恐怕讨伐到我的头上。"崇侯虎说:"周伯昌推行仁义而善于谋划,太子姬发勇猛果敢而坚定,中子姬旦恭敬节俭而懂得天时;如果对他们顺从,那么将忍受不了他们带来的祸殃;如果放纵而赦免他们,我们自身一定灭亡。帽子即使很破,也一定要戴到头上。在他们还没有成功之时,请考虑制裁他们。"屈商于是把周伯昌拘禁在姜里监狱。

　　在这时周文王大臣散宜生便用千金购求天下奇珍异宝,得到奇兽驺虞、神马鸡斯,黑色美玉百工,大贝百朋,还有玄豹、黄黑、青犴、白虎,彩色兽皮一千盒,来献给商纣王,通过商纣王佞臣费仲而转达。商纣王见了这么多的宝物,心中欢喜,便把文王从监狱中放出来,并且杀牛设宴招待文王。文王关押七年而归来,于是便建起豪华的宫殿,修筑了用以游观的灵台,挑选年轻女子,击鼓作乐,用来等待商纣王的失政。商纣王听到这个消息说:"周伯昌改变了道路和行止,我没有忧虑了。"于是纣王设置了残酷的炮烙之刑，挖出比干的心脏，剖开孕妇的肚子，杀死劝谏之人。文王在这种情况下便实现了自己的计谋。因此《老子》中说："知道什么是荣耀，却持守卑辱的地位，可以成为天下的川谷。"

　　成王问政于尹佚曰①："吾何德之行，而民亲其上？"对曰："使之时而敬顺之②。"王曰："其度安至③？"曰："如临深渊，如履薄冰④。"王曰："惧哉！王人乎！"尹佚曰："天地之间，四海之内，善之则吾畜也⑤，不善则吾雠也。昔夏、商之臣，反雠桀、纣而臣汤、武；宿沙之民⑥，皆自攻其君而归神农⑦；此世之所明知也，如何其无惧也？"故《老子》曰："人之所畏，不可不畏也⑧。"

【注释】

①成王：西周第二代君王，姬姓，名诵，武王之子。尹佚（yì）：周初史官。《汉书·艺文志》"墨家"有《尹佚》二篇。

②时：按照季节。王念孙《读书杂志》："时"上当有"以"字。《说苑·政理》、《文子·上仁》并作"使之以时"。敬顺：即敬慎，恭敬而谨慎。

③度：尺度，标准。至：达到。

④"如临"二句：见于《诗·小雅·小旻》。

⑤畜（xù）：马宗霍《淮南旧注参正》：畜，好也。与"雠"相对。吾畜吾雠，犹言好我雠我也。按，畜，通"慉"，好。

⑥宿沙：许慎注：伏羲、神农之间，有共工、宿沙，霸天下者也。按，宿沙，古代聚居东海之民族。又作夙沙、质沙。本条记载，亦见于《吕览·用民》、《说苑·政理》。

⑦神农：上古三皇之一，姜姓，华夏始祖，农业的发明者。又称

炎帝。

⑧"人之"二句：见于《老子》二十章。

【译文】

周成王向尹佚询问政事说："我具有什么样的德行，而老百姓能亲附我？"尹佚回答说："按时使用并且敬重而谨慎对待他们。"成王说："它的标准怎么达到？"尹佚说："好像面临了深渊，好像踏上了薄冰。"成王说："国君统治人民，真是担惊受怕呀！"尹佚说："天地之间，四海之内的人民，若善意对待他们那么他们就对我友好，若恶意对待他们那么他们就成为我的仇人。从前夏朝、商朝的大臣，反而把夏桀、商纣王作为仇人而臣服商汤、周武王；宿沙的老百姓，都自发起来攻击他们的君主而归顺神农氏；这些都是世上人民所明知的，怎么能够不惧怕呢？"因此《老子》中说："人们所畏惧的，不能够不畏惧。"

跖之徒问跖曰①："盗亦有道乎？"跖曰："奚适其无道也②！夫意而中藏者，圣也；入先者，勇也；出后者，义也；分均者，仁也；知可否者，智也。五者不备，而能成大盗者，天下无之。"由此观之，盗贼之心，必托圣人之道，而后可行。故《老子》曰："绝圣弃智，民利百倍③。"

【注释】

①跖（zhí）：春秋时人，曾在泰山一带聚众起义。《庄子》有《盗跖》篇。

②奚：怎么。适：往、到。无：王念孙《读书杂志》："奚适其无道也"，本作"奚适其有道也"。"适"与"啻（chì）"同。言岂特有道而已哉，乃圣勇义仁智五者皆备也。按，"无"字可通，无须改字。本则见于《庄子·胠箧》、《吕览·当务》。

③"绝圣"二句：见于《老子》十九章。

【译文】

跖的部下问跖说："做强盗也有道术吗？"跖说："什么地方没有道术呢？能够猜中屋里所藏的财物，这就叫圣智；能率先冲进去，这就叫勇敢；退却时走在后面，这就是义气；分配财物均匀，这就是仁爱；知道能不能动手，这就是智慧。五种品德不具备，而成为大强盗的人，天下是没有的。"从这里可以看出，盗贼的心中，也一定依托圣人的道德观点，而后才能够通行。因此《老子》中说："弃绝圣智抛弃聪明，对百姓有利百倍。"

楚将子发好求技道之士①。楚有善为偷者，往见曰："闻君求技道之士，臣偷也②，愿以技赍一卒③。"子发闻之，衣不给带，冠不暇正，出见而礼之。左右谏曰："偷者天下之盗也，何为之礼④？"君曰："此非左右之所得与。"后无几何，齐兴兵伐楚，子发将师以当之，兵三却。楚贤良大夫⑤，皆尽其计而悉其诚，齐师愈强。于是市偷进请曰："臣有薄技，愿为君行之。"子发曰："诺。"不问其辞而遣之。偷则夜解齐将军之帱帐而献之⑥。子发因使人归之，曰："卒有出薪者，得将军之帷，使归之于执事⑦。"明又复往，取其枕，子发又使人归之。明日又复往，取其簪，子发又使归之。齐师闻之，大骇。将军与军吏谋曰："今日不去，楚军恐取吾头。"则还师而去。故曰：无细而能薄⑧，在人君用之耳。故《老子》曰："不善人，善人之资也⑨。"

【注释】

①技道：技艺。

②臣偷也：王念孙《读书杂志》：《太平御览·人事部》一百十六、一百四十引此，并作"臣，楚市偷也"。

③赍(jī)：备。

④之礼：王念孙《读书杂志》："之礼"当为"礼之"。《蜀志·郤正传》注引此，正作"何为礼之"。

⑤贤良大夫：有德行、有才能的人。这里指谋士。

⑥帱(chóu)帐：帐子。

⑦执事：主管政事的人。这里是对将军的尊称。

⑧"无细"句：《太平御览》卷六百八十八《服章部》五引作"伎无细能无薄"。

⑨"不善"二句：见于《老子》二十七章。

【译文】

楚国将军子发喜欢寻求有技艺的人。楚国有一个偷窃高手，去求见子发说："听说你寻求有特殊技艺的人，我是个小偷，愿意凭着技艺在你部下做一个士兵。"子发一听说，衣服来不及系带子，帽子来不及扶端正，急忙出去接见他。左右的人劝谏说："小偷是天下的盗贼，为什么用礼节接待他？"子发说："这些事情不是你们所能参与的。"隔了没多久，齐国率兵侵犯楚国，将军子发带领部队前去抵挡，交战三次三次大败。楚国的众多谋臣，都用尽了计谋而献出全部诚心，齐国部队士气更加旺盛。在这时市场上的偷者对子发进谏说："我有微薄的技艺，愿意为你奉献出来。"子发说："好！"没有问他具体行动，便派他出发。偷者夜里把齐将军的帷帐解下来献给子发。子发趁机派人送还给齐军，并说："士兵中有个打柴的人，得到了将军的帷帐，现在原物送还给执事。"第二天偷者又前往齐营，把齐将军的枕头给偷了回来，子发又派人给送了回去。又过一天偷者又到齐营把齐将军头上的簪子给取了回来，子发再次派人给送了回去。齐国军队听说此事，十分恐慌。齐将军和军吏谋划说："现在不离开，楚国军队恐怕要取我的头了。"于是便班师而去。

因此说:技艺是没有细小的而才能是没有菲薄的,在于国君如何使用罢了。所以《老子》中说:"不好的人,有时是好人的借鉴。"

　　颜回谓仲尼曰^①:"回益矣^②。"仲尼曰:"何谓也?"曰:"回忘礼乐矣。"仲尼曰:"可矣,犹未也。"异日复见,曰:"回益矣。"仲尼曰:"何谓也?"曰:"回忘仁义矣。"仲尼曰:"可矣,犹未也。"异日复见,曰:"回坐忘矣^③。"仲尼造然曰^④:"何谓坐忘?"颜回曰:"隳支体^⑤,黜聪明^⑥,离形去知,洞于化通^⑦,是谓坐忘。"仲尼曰:"洞则无善也,化则无常矣,而夫子荐贤^⑧,丘请从之后。"故《老子》曰:"载营魄抱一,能毋离乎?专气至柔,能如婴儿乎^⑨?"

【注释】

①颜回:春秋末鲁国人,名回,字子渊,孔子弟子,小孔子三十岁。仲尼:孔子,名丘。排行老二,称仲;生于尼丘山,故字仲尼。

②益:增益,指进步。

③坐忘:许慎注:言坐自忘其身,以至道也。按,指道家气功所追求的静坐而忘掉物我的精神境界。

④造然:突然变化的样子。

⑤隳(huī):即废弃。

⑥黜(chù):废除。

⑦化通:《庄子·大宗师》作"大通",即大道义。

⑧荐:先。按,本则见于《庄子·大宗师》。

⑨"载营"四句:见于《老子》十章。营魄,魂魄。专,专守。

【译文】

颜回对他的老师孔子说:"我进步了。"孔子说:"你说的进步是什么?"颜回说:"我忘记礼乐了。"孔子说:"可以了,然而还不够。"过了几天又去见老师,说:"我进步了。"仲尼说:"又怎样进步了?"颜回说:"我忘掉仁义了。"孔子说:"可以了,但是还不够。"隔了几天又去见老师,说:"我坐忘了。"仲尼突然吃惊地问:"什么叫坐忘?"颜回说:"废弃肢体,丢掉聪明,离开躯体抛弃心智,和大道融合混同,这就叫坐忘。"仲尼说:"和大道混同就没有偏好了,和万物一起变化就不拘于常理了,而你的境界已经先于贤人,我请求允许跟随在你的后面。"所以《老子》中说:"精神和形体合一,能不相离失吗? 专精守气致力柔和,能够像无欲的婴儿吗?"

　　秦穆公兴师①,将以袭郑②。寋叔曰③:"不可! 臣闻袭国者,以车不过百里,以人不过三十里,为其谋未及发泄也,甲兵未及锐弊也④,粮食未及乏绝也,人民未及罢病也⑤,皆以其气之高与其力之盛,至,是以犯敌能威。今行数千里,又数绝诸侯之地以袭国⑥,臣不知其可也,君重图之⑦。"穆公不听,寋叔送师,衰绖而哭之⑧。师遂行,过周而东⑨。郑贾人弦高矫郑伯之命⑩,以十二牛劳秦师而宾之。三帅乃惧而谋曰⑪:"吾行数千里以袭人,未至而人已知之,其备必先成,不可袭也。"还师而去。

　　当此之时,晋文公适薨未葬⑫。先轸言于襄公曰⑬:"昔吾先君与穆公交,天下莫不闻,诸侯莫不知。今吾君薨未葬⑭,而不吊吾丧,而不假道,是死吾君而弱吾孤也⑮,请击之。"襄公许诺。先轸举兵而与秦师遇于殽⑯,大破之,擒其三军以归⑰。穆公闻之,素服庙临⑱,以说于众⑲。故《老子》曰:"知而不知,尚矣;不知而知,病也⑳。"

【注释】

①秦穆公：春秋秦君，嬴姓，名任好。在位 39 年。春秋五霸之一。

　郑：古国名，开国君主是周宣王弟桓公友，分封于郑（今陕西华县

　东），春秋时都新郑。

②袭郑：事见《左传·僖公三十二年》、《吕览·悔过》。

③蹇（jiǎn）叔：宋隐士，后仕秦为相。

④锐：尽。

⑤罢：通"疲"，疲惫。

⑥绝：通过。

⑦图：谋划，考虑。

⑧衰绖（dié）：丧服。缀于胸前的麻布叫衰，系在腰或头上的麻带叫

　绖。衰，通"缞（cuī）"，丧服。

⑨周：指周都洛阳北门。

⑩弦高：郑国商人。矫：假传。

⑪三帅：指秦军统帅孟明视、西乞术、白乙丙。

⑫薨（hōng）：古代称诸侯王之死叫薨。

⑬先轸（zhěn）：晋中军元帅。因食邑在原，又称原轸。襄公：晋襄

　公，文公之子，在位 7 年。

⑭未葬：事在鲁僖公三十二年（前 628）。

⑮死：以为君死，亦有"忘怀"之义。弱：认为新君弱小，亦有"欺侮"

　之义。

⑯殽：刘绩《补注》本作"崤（xiáo）"。在今河南洛宁西北，西接三门

　峡陕州区，东接渑池。

⑰军：黄锡禧本作"帅"。军，指军帅、诸将。

⑱素服：白色丧服。临（lìn）：哭。

⑲说：说解。按，本则见《吕览·悔过》。

⑳"知而"四句：见于《老子》七十一章。

【译文】

秦穆公起兵,准备偷袭郑国。蹇叔说:"不行!我听说偷袭别的国家,用兵车行程不能超过百里,用士兵行程不能超过三十里,因为他们的计谋还没有来得及泄露出去,甲兵的锋芒还没有被破坏,粮食还没有来得及断绝,人民还没有疲惫病困,全凭着将士高涨的士气和他们的旺盛斗志,到达敌阵后,才能够进犯严敌威服敌人。现在行军数千里,又多次穿过诸侯的地域来偷袭他国,我不知道这样会成功,希望君王再考虑这件事。"秦穆公没有听从。出发之日,蹇叔前来送行,他披缞戴绖为儿子哭泣。部队于是向东进发,经过周都洛邑而向东行进。郑国商人弦高假称奉郑伯之命,用十二头牛犒劳秦师并用宾客之礼招待他们。秦军三帅十分害怕并且商量说:"我们行军几千里来偷袭他国,没有到达而郑人已经知道了,他们的准备必定已经就绪,不能够袭击了。"于是回师西去。

在这个时候,晋文公刚死还没有下葬。先轸对晋襄公说:"从前我们先君和秦穆公有姻亲关系,天下没有人不知道的,诸侯国君没有人不了解的。现在我们国君死了还没有入葬,秦国却不来吊丧,经过我国境内却不向我们借道,这是认为我君死了,欺侮我新君弱小,请允许攻打秦军。"晋襄公同意了。先轸率兵与秦师在崤山相遇,大败秦师,活捉了秦军的三个主帅而回师。秦穆公听说,穿着白色丧服来到祖先宗庙痛哭,对大众陈说自己的罪过。因此《老子》中说:"知道自己不知道的事情,这是最好的;不知道而自以为知道,就要危险了。"

齐王后死^①,王欲置后而未定,使群臣议。薛公欲中王之意^②,因献十珥而美其一^③。旦日因问美珥之所在,因劝立以为王后。齐王大说,遂尊重薛公^④。故人主之意欲见于外,则为人臣之所制。故《老子》曰:"塞其兑,闭其门,终身不勤⑤。"

【注释】

①齐王：指战国齐君威王。在位 37 年。

②薛公：名田婴，号靖郭君，孟尝君之父，时为齐相。

③珥（ěr）：用珠玉作的耳饰。按，本则见于《战国策·齐三》、《韩非子·外储说右上》。

④尊重：王念孙《读书杂志》：《群书治要》引，无"尊"字。

⑤"塞其兑"三句：见于《老子》五十二章。兑，窍穴。俞樾《诸子平议·老子》："兑，当读为穴。"勤，劳。

【译文】

齐威王的王后死了，威王想立后但还没有确定，让群臣议论。薛公田婴想要迎合威王的心意，于是献给威王十个玉珥而让威王指出哪个最美。第二天让十个美姬说出美珥的是哪一个，猜中者，便劝说威王立为王后。齐威王非常高兴，威王所爱者立为王后，便特别器重薛公。因此国君的意向欲望显露在外面，那么就要被臣下所制服。因此《老子》中说："堵塞住他的穴窍，关闭他的门户，终身不会辛劳。"

卢敖游乎北海①，经乎太阴②，入乎玄阙③，至于蒙谷之上④，见一士焉，深目而玄鬓⑤，泪注而鸢肩⑥，丰上而杀下⑦，轩轩然方迎风而舞⑧。顾见卢敖，慢然下其臂⑨，遁逃乎碑⑩。卢敖就而视之⑪，方倦龟壳而食蛤梨⑫。卢敖与之语曰："唯敖为背群离党⑬，穷观于六合之外者⑭，非敖而已乎？敖幼而好游，至长不渝⑮，周行四极，唯北阴之未闚⑯。今卒睹夫子于是⑰，子殆可与敖为友乎？"若士者誊然而笑曰⑱："嘻！子中州之民⑲，宁肯而远至此⑳？此犹光乎日月而载列星,阴阳之所行,四时之所生,其比夫不名之地,犹突奥也㉑。若我南游乎冈㝍之野㉒,北息乎沉墨之乡㉓,西穷冥冥之党㉔,东开鸿濛之光㉕。此其下无地而上无天,听焉无闻,视焉无眴㉖,此其外犹有汰沃之氾㉗。其余一举而千万里㉘,吾犹未能之在㉙。今子游始于此,乃语穷观㉚,岂不亦远哉? 然子处矣,吾与汗漫期于九垓之外㉛,吾不可以久驻。"若士举臂而竦身㉜,遂入云中。卢敖仰而视之,弗见,乃止驾,止杯治㉝,悖若有丧也㉞。曰:"吾比夫子,犹黄鹄与壤虫也㉟,终日行不离咫尺㊱,而自以为远,岂不悲哉?"故《庄子》曰:"小人不及大人㊲,小知不及大知;朝菌不知晦朔㊳,蟪蛄不知春秋㊴。"此言明之有所不见也。

【注释】

①卢敖:燕国人,秦始皇召为博士,入海求神仙,奏《录图书》,曰:"亡秦者,胡也。"乃发兵三十万北击胡。《史记·秦始皇本纪》中称卢生。北海:北方边远地区。

②太阴:极北之地。

③玄阙(quē):北方大山。

④蒙谷:北方山名。又为日入之处。

⑤深目:眼珠深陷。玄鬓:黑色的鬓发。《论衡·道虚》引作"玄准"。刘绩《补注》本作"玄须"。

⑥泪注:许慎注:泪水。鸢肩:两肩耸起像鹰。

⑦丰:丰满。杀:消瘦。

⑧轩轩然:飘然起舞的样子。《论衡·道虚》作"仙仙然"。

⑨慢然:《论衡·道虚》作"樊然",忙乱的样子。

⑩遁:隐藏。

⑪就:靠近。

⑫倨:蹲坐。蛤(gé)梨:蚌类。

⑬党:乡里。周代五百家为一党。

⑭穷:尽,遍。

⑮渝:改变。

⑯闢(pì):开辟,打开。《道藏》本作"闚(kuī)",窥探义。

⑰卒(cù):通"猝",突然。夫:北宋本原作"天"。《道藏》本作"夫"。据正。

⑱蚕(quán)然:露齿而笑的样子。

⑲中州:中原地区。

⑳而远:刘家立《淮南内篇集证》作"远而"。

㉑突:屋的东南角。奥:屋的西南角。

㉒冈㙟(lāng)之野:无边无际的地方。王念孙《读书杂志》:"冈"当为"罔"。《论衡》、《蜀志》注、《太平御览》并作"罔"。

㉓沉墨之乡:无声无息的地方。

㉔冥冥之党:幽深渺茫。党,处所。

㉕开:王念孙《读书杂志》:"开"当为"关"。"关"与"贯"同。《论衡》作"东贯鸿濛之光"。鸿濛之光:日所出之地。

㉖眴(xuàn):目无所见之义。

㉗汏(tài)沃之汜(sì):指四海之地。汜,水涯。北宋本原作"汜"。《道藏》本作"汜"。据正。

㉘举:腾飞。

㉙未:北宋本原作"夫"。《道藏》本作"未"。据正。

㉚穷观:全部观察到。

㉛汗漫:虚无缥缈。指某个仙人。九垓(gāi):许慎注中指"九天之外"。按,即九重天。

㉜竦身:耸身。竦,通"耸(sǒng)"。

㉝"止杯(pēi)治"句:许慎注:楚人谓恨不得为杯治也。按,《论衡·道虚》作"心不怠"。《三国志·蜀书·邰正传》裴松之注作"止杯治"。"止"当为"心"之误。杯治、不怠、杯治,叠韵连绵词,不愉快。

㉞悖(bèi)若:郁郁不乐的样子。

㉟黄鹄(hú):形似鹤,色苍黄。蟓(shàng)虫:幼虫。

㊱咫(zhǐ)尺:许慎注:八寸为咫,十寸为尺。按,本则亦载于《论衡·道虚》。

㊲人:《庄子·逍遥游》作"年"。

㊳朝菌:许慎注:朝生暮死之虫也,生水上,状似蚕蛾,一名孳(zī)母,海南谓之虫邪。王念孙《读书杂志》:"朝菌"本作"朝秀"。后人据《庄子·逍遥游篇》改之也。《文选·辩命论》李善注引《淮南子》"朝秀不知晦朔"。晦朔:每月第一天和最后一天。

㊴蟪蛄(huì gū):虫名,生于夏初,死于夏末。一说即寒蝉,春生夏死,夏生秋死。

【译文】

卢敖到北海游观,经过北方极远之地,进入到北方的玄阙山,一直到达蒙谷山,在这里见到一个士人,眼珠深陷双鬓黑发,长长的颈子而耸起的双肩,上部丰满而下部削瘦,飘飘然正在迎风起舞。他回过头看到卢敖,慢慢地放下双臂,逃到石碑后面隐藏起来。卢敖靠近去看他,他正蹲坐着像乌龟壳而在吃蛤蜊。卢敖同他谈论说:"只有我卢敖是背离人群辞别乡里,看尽了天地四方的景象,除了我还有谁呢?我小时候爱好游观,到了年长始终不变,我游遍了四方极远之处,只有北阴还没有到达。今天忽然在这里看到你,你大概可以和我交个朋友吧?"那个人露出牙齿笑着说:"嘻!你是中原的人,怎么愿意跑到这么遥远的地方?但这里还是日月照耀,天上布满了繁星,阴气阳气在这里运行,春夏秋冬四季在这里产生,这同那些没有名字的地方相比,还不过是堂屋的一个角落罢了。像我向南游到无边无际的地方,往北边休息在无声无息之处,向西走到幽深渺茫的地方,向东到达太阳升起的地方。这些地方下面没有地而上面没有天,听起来没有声音,看起来没有形象,从这里向外还有四海水天交接之地。再向外一展翅就是千万里,我还没有到达过。现在你只开始游历到这个地方,却说已经看尽了天地四方的景致,难道不是相差得很远吗? 那么你就留在这儿吧,我和汗漫约定到九天之外见面,我不能够久留了。"那个人举臂耸身,便进入到云中。卢敖仰起头来观看,直到望不见了,才停止观看,心里很不痛快,茫然好像丢失了什么。卢敖说:"我同这个人相比,就像黄鹄同小虫一样,一整天奔走不离开咫尺之地,却自以为很远,难道不是可悲的吗?"所以《庄子》中说:"寿命短的赶不上寿命长的,才智小的比不上才智大的。只活一个早上的菌类,不知道一个月的开头和结束;生命只有一个夏季的蟪蛄,不知道春、秋两季。"这是说明察的人也有看不见的地方。

　　宓子治亶父三年①,而巫马期绖衣短褐②,易容貌,往观化焉。见夜鱼释之③。巫马期问焉,曰:"凡子所为鱼者欲得也,今得而释之,何也?"渔者对曰:"宓子不欲人取小鱼也。所得者小鱼,是以释之。"巫马期归,以报孔子曰:"宓子之德至矣④。使人暗行⑤,若有严刑在其侧者。宓子何以至于此?"孔子曰:"丘尝问之以治,言曰:'诚于此者刑于彼'⑥,宓子必行此术也。"故《老子》曰:"去彼取此⑦。"

【注释】

①宓子:北宋本原作"季子"。王念孙《读书杂志》:"季"当为"宓",字之误也。《群书治要》引此"季子"作"宓子",《吕览·具备》同。按,《史记·仲尼弟子列传》载:"宓不齐,字子贱。少孔子三十

岁。"为单父宰,有治政才能。"季"字误。当正。下四"季"字误同。亶(dǎn)父:又作单父,在今山东单县。

②巫马期:《史记·仲尼弟子列传》载:"字子期。少孔子三十岁。"绖(wèn)衣:古代的一种丧服。脱帽,用布包发髻。

③"见夜鱼"句:王念孙《读书杂志》、《太平御览·鳞介部》七引作"见夜鱼者释之",《群书治要》引作"见夜渔者得鱼则释之"。

④至:指达到很高的境界。

⑤暗行:黑暗中行事。指独自行事。

⑥诚:告诫。王念孙《读书杂志》:各本及庄本"诚"字皆误作"诚"。《群书治要》引此,正作"诚"。《吕氏春秋》、《家语》并同。按,疑北宋本误。刑:通"形",形成。按,本则化自《吕览·具备》,亦载于《孔子家语·屈节解》。

⑦去彼取此:见于《老子》十二、三十八、七十二章。

【译文】

宓子治理亶父三年之后,巫马期头戴绖巾身着粗衣,改变容貌,去观察他的治政变化。看到夜里打鱼的人把捕到的鱼扔到水里。巫马期便问:"你捕鱼为的是得到鱼,现在把捕到的鱼又放回水里,这是为什么?"打鱼的人回答说:"宓子不希望人捕取小鱼,所得到的是小鱼,因此又放回水中。"巫马期回去后,把此事报告孔子说:"宓子的道德教化已经达到很高的境界了。即使人在黑夜里行事,就好像有严刑在自己身边一样。宓子怎么能达到这种境界呢?"孔子说:"我曾经询问他如何治理国家,他说:'在这些地方真诚行事,在那些地方就形成了规范。'宓子必定实行的是这种方法。"因此《老子》中说:"抛弃浮华取其厚实。"

罔两问于景曰①:"照照者②,神明也③?"景曰:"非也。"罔两曰:"子何以知之?"景曰:"扶桑受谢④,日照宇宙⑤;照照之光,辉烛四海。阖户塞牖⑥,则无由入矣。若神明,四通并流,无所不极,上际于天,下蟠于地⑦,化育万物而不可为象,俯仰之间而抚四海之外,照照何足以明之⑧?"故《老子》曰:"天下之至柔,驰骋天下之至坚⑨。"

【注释】

①罔两:指影子外层的淡影。景:光。

②照照:光明的样子。《道藏》本作"昭昭"。

③神明:许慎注:罔两恍惚之物,见景光明,以为神也。按,当指变化莫测的"道"的变化。

④扶桑:日所出之木。谢:衰落、代谢。

⑤炤:《道藏》本作"照"。其义同。

⑥阖(hé):关闭。牖(yǒu):窗户。

⑦蟠(pán):曲伏。

⑧照照:刘绩《补注》本作"昭昭"。按,此则亦见于《庄子·寓言》,而内容不同。

⑨"天下"二句:见于《老子》四十三章。

【译文】

罔两问日光说:"光明的东西,是'道'的不测变化吗?"日光说:"不是的。"罔两说:"你怎么知道的呢?"日光说:"太阳黄昏落下早晨升起,光芒照射宇宙;灿烂的光辉,洒遍了四海。关闭门户堵塞窗户,那么便没有办法进入了。而像道的莫测变化,四通八达,流向四方,没有什么地方不能到达,上面可以到达太空,向下可以蟠伏在大地之上,化孕了万物而不能够成为形象,一俯一仰之间可以安抚四海之外,光明的东西又怎么能够把它搞明白呢?"因此《老子》中说:"天下最柔弱的东西,可以奔驰在天下最坚硬的东西中间。"

　　光耀问于无有①，曰："子果有乎？其果无有乎②？"无有弗应也。光耀不得问，而就视其状貌③，冥然忽然④，视之不见其形，听之不闻其声，搏之不可得⑤，望之不可极也。光耀曰："贵矣哉！孰能至于此乎？予能有无矣⑥，未能无无也。及其为无无⑦，又何从至于此哉？"故《老子》曰："无有入于无间，吾是以知无为之有益也⑧。"

【注释】

①光耀、无有：许慎注：光耀可见，而无有至虚者。

②"子果"二句：许慎注：有形生于无形，何以能生物，故问果有乎？其无有也？按，乎，北宋本原作"子"。《道藏》本作"乎"。据正。

③就：《庄子·知北游》作"孰"。

④冥然：深远的样子。忽然：空旷的样子。《庄子》作"空然"。

⑤"视之"三句：见于《老子》十四章。

⑥"予能"二句：许慎注：言我能使形不可得，未能殊无形也。

⑦无无：《庄子》作"无有"。按，以上见于《庄子·知北游》。

⑧"无有"二句：见于《老子》四十三章。

【译文】

　　光耀问无有说："你是真有呢？还是没有呢？"无有没有答应。光耀得不到回答，而就近仔细看它的形状外貌，深远而又空旷，看不见它的形体，听不到它的声音，摸不到它的形体，望不到它的边际。光耀说："真是可贵啊！谁能够达到这种境界呢？我能达到无的境界，不能够达到无无的境界。等到达无，又不免成为有了，又怎么能达到这种境界呢？"所以《老子》中说："看不见的力量能进入到没有空隙的地方，我因此知道无为的好处。"

白公胜虑乱①,罢朝而立,到杖策②,锬上贯颐③,血流至地而弗知也。郑人闻之曰:"颐之忘,将何不忘哉④?"此言精神之越于外⑤,智虑之荡于内,则不能漏理其形也⑥。是故神之所用者远,则所遗者近也。故《老子》曰:"不出户,以知天下;不窥牖,以见天道。其出弥远,其知弥少⑦。"此之谓也。

【注释】

①"白公"句:许慎注:白公将为父复雠,起兵乱,因思虑之也。按,虑,谋划。

②到:古"倒"字。杖:执持。策:马鞭。

③锬(zhuì):马鞭头上的刺针。颐(yí):面颊。

④"郑人"三句:事载《左传·哀公十六年》。白公胜父亲太子建流亡郑国时被杀。这时郑国因为被晋侵略而向楚求救。楚令尹子西准备发兵相救。白公报仇心切,十分愤怒。因思虑集中在报仇上,忘记一切。

⑤越:泄散。

⑥漏:补空。理:调整,调理。按,本则化自《列子·说符》、《韩非子·喻老》。

⑦"不出户"六句:见于《老子》四十七章。

【译文】

白公胜准备叛乱,退朝后站着,倒执马鞭,马鞭头上的刺针向上扎进了面颊,鲜血流到地上而他却不知道。郑国人听到此事,说:"面颊被扎都忘记了,将还有什么不能忘记呢?"这是说精神泄散在外部事物上,思虑在内部动荡,那么就不能修补理顺他的形体了。因此精神使用在遥远的地方,那么就会遗忘自己的身体。所以《老子》中说:"不出大门,而能知道天下事;不望窗户,能认识天道。走得越远,知道得越少。"说的就是这样的事。

　　秦皇帝得天下①，恐不能守，发边戍，筑长城②，脩关梁，设障塞，具传车③，置边吏，然刘氏夺之④，若转闭锤⑤。

　　昔武王伐纣⑥，破之牧野⑦，乃封比干之墓，表商容之闾⑧，柴箕子之门⑨，朝成汤之庙⑩；发钜桥之粟⑪，散鹿台之钱⑫；破鼓折枹⑬，弛弓绝弦，去舍露宿，以示平易；解剑带笏⑭，以示无仇。于此天下歌谣而乐之，诸侯执币相朝⑮，三十四世不夺⑯。故《老子》曰："善闭者，无关键而不可开也；善结者，无绳约而不可解也⑰。"

【注释】

①秦皇帝：即秦始皇嬴政。战国秦君。平定六国，建立秦朝。前246—前210年在位。

②长城：于鬯《校淮南子》：姚广文云："高诱序，淮南以父讳长，故其所著诸'长'字皆曰'脩'。《人间训》：'将筑脩城。'此'长'字盖讳之未尽者。"按，秦长城，《人间训》载："西属流沙，北击辽水，东结朝鲜。"

③传（zhuàn）车：传达命令的马车。

④刘氏：指刘邦。

⑤闭锤：古代编织衣物的架子，上有转轴，似纺锤形，转动灵活。

⑥武王：周武王，周朝建立者，姬姓。灭商，建立周王朝，都镐（hào）（今陕西长安沣河以东）。

⑦牧野：地名，在今河南淇县西南。

⑧商容：商代贤者，曾被纣王废黜。

⑨柴箕子之门：许慎注：纣死，箕子亡之朝鲜，旧居空，故柴护之也。

⑩成汤：商朝的建立者。任用伊尹为相，消灭夏朝。

⑪钜（jù）桥：商代粮仓名。因仓侧水上古有大桥而得名。在今河北曲周东北。

⑫鹿台：大台名，纣王所筑。在今河南汤阴朝歌镇南，亦为贮藏财物之所。

⑬抱：王鎏本作"枹"，击鼓杖。

⑭笏（hù）：记事的手板。用玉、象牙、竹、木制成。

⑮币：帛。

⑯三十四世：从周武王到周赧（nǎn）王，共三十四代。加上"共和"执政，为三十五代。

⑰"善闭者"四句：见于《老子》二十七章。

【译文】

秦始皇取得天下，担心不能守住它，于是发兵到边疆戍守，修筑万里长城，修建关卡桥梁，设置险阻障塞，准备了传车，派遣了关防官吏，然而刘氏夺取秦朝政权，就像转动闭锤一样容易。

从前周武王讨伐商纣王，在牧野把纣王打败，于是加高增大了比干的墓地，旌表商容的里间，用柴木保护箕子的家门，朝拜成汤的宗庙；发放钜桥仓里的粮食，散发鹿台的钱币；剖开战鼓折断鼓槌，松开弓弩断绝弓弦，离开房舍露宿在外，以此来表示平和简易；解下利剑带笏上朝，以此来表示没有仇敌。在这时天下唱起歌谣来庆贺，四方诸侯拿着丝帛来朝拜，这样统治了三十四代而没有人夺取。因此《老子》中说："善于关闭的人，没有门闩却不可以打开；善于打结的人，没有绳结但不能够解开。"

尹需学御①，三年而无得焉，私自苦痛，常寝想之②。中夜梦受秋驾于师③。明日往朝，师望之，谓之曰④："吾非爱道于子也⑤，恐子不可予也⑥。今日将教子以秋驾。"尹需反走，北面再拜曰："臣有天幸⑦，今夕固梦受之⑧。"故《老子》曰："致虚极，守静笃，万物并作，吾以观其复也⑨。"

【注释】

①尹需：古代善御之人。《吕览·博志》作"尹儒"。

②寝想：睡觉中也在考虑。

③秋驾：善御之术。亦指六马之御术。陈奇猷《吕氏春秋校释》："愚谓秋驾者，盖类似今人所谓飞车之术。"可备一说。

④师望之，谓之：《吕览·博志》作"望而谓之"。

⑤爱：吝啬。北宋本原作"受"。《吕览·博志》《四库全书》本作"爱"。据正。

⑥予：北宋本原作"子"。《道藏》本作"予"。据正。

⑦天幸：非人力所致的好运气。郑良树《淮南子斠理》：《类说》引此作"大幸"。

⑧固：本来。按，本则见于《吕览·博志》及《庄子》佚文。

⑨"致虚极"四句：见于《老子》十六章。虚，空虚无欲。笃（dǔ），坚守。复，回复。

【译文】

尹需学习驾驭马术，三年而没有得到要领，私下里自己感到很痛苦，常常睡觉时也在考虑。一次半夜中梦见老师教给他驾驭的绝技。第二天去拜见老师，老师望着他，对他说："我不是对你吝啬驾技，担心你不能够接受它。今日准备教你驾驭的妙技。"尹需听了退回几步，面向北又拜了一次老师说："我有好运气，昨晚本来已经在梦中接受了老师的技艺。"所以《老子》中说："尽量使心灵虚寂，要切实坚守清静，万物都在生长发展，我从而观察它的循环往复。"

昔孙叔敖三得令尹，无喜志；三去令尹，无忧色①。延陵季子,吴人愿一以为王而不肯②。许由,让天下而弗受。晏子与崔杼盟,临死地不变其仪③。此皆有所远通也④。精神通于死生,则物孰能惑之?

【注释】

①"昔孙叔敖"四句:见于《庄子·田子方》、《吕览·知分》。

②"延陵季子"二句:见于《吕览·知分》。延陵季子,即春秋吴君寿梦之子季札。一,杨树达《淮南子证闻》:"一"字义不可通。《吕览·知分》无"一"字。

③"晏子"二句:见于《吕览·知分》及本书《精神训》。

④远通:通达。

【译文】

从前孙叔敖三次担任令尹,没有高兴的意向;三次失去令尹,也没有忧虑的神色。延陵季子,吴国上下愿意立他为君而他却不答应。尧让天下给许由,而他坚辞不受。崔杼弑君胁迫晏子与他同谋,晏婴面临死地而不改变自己的信念。这些人都是能够通达事物变化的人。精神上对死生已经明达,那么外物中还有什么能迷惑他呢?

荆有佽非①,得宝剑于干队②。还反度江,至于中流,阳侯之波③,两蛟挟绕其船④。佽非谓枻船者曰⑤:"尝有如此而得活者乎⑥?"对曰:"未尝见也。"于是佽非瞑目敭然攘臂拔剑曰⑦:"武士可以仁义之礼说也⑧,不可劫而夺也⑨。此江中之腐肉朽骨,弃剑而已⑩,余有奚爱焉⑪?"赴江刺蛟⑫,遂断其头。船中人尽活,风波毕除。荆爵为执圭。孔子闻之,曰:"夫善哉⑬!腐肉朽骨弃剑者⑭,佽非之谓乎?"故《老子》曰:"夫唯无以生为者,是贤于贵生焉⑮。"

【注释】

①伙(cì)非：春秋楚勇士。

②干队：许慎注：干国在今临淮，出宝剑，盖为莫邪、洞鄂之形也。
　按，临淮，在今安徽凤阳境内。队，通"隧"，山间小道。

③阳侯之波：《楚辞·哀郢》王逸注：阳侯，大波之神。

④蛟：许慎注：龙属也。鱼满二千五百斤，蛟来为之主也。

⑤枻(yì)：短桨。古楚语。

⑥尝有：《吕览·知分》作"子尝见……"。

⑦瞋(chēn)目：即瞪大眼睛。《道藏》本作"瞑目"，似与文义不符。
　欻(bó)然：盛怒的样子。攘臂：捋起袖子，表示振奋。

⑧士：北宋本原作"王"。《道藏》本作"士"。据正。

⑨劫：劫迫。

⑩"此江中"二句：《吕览·知分》同。下文"腐肉朽骨"句，《知分》作
　"不以腐肉朽骨而弃剑者"。陈奇猷《吕氏春秋校释》谓"腐肉朽
　骨"为自指。孙锵鸣《吕氏春秋高注补正》"腐肉朽骨"指蛟。以
　孙说为长。弃剑而已，《吕览·知分》作"弃剑以全己"。

⑪爱：吝惜。

⑫赴：跳入。

⑬载：通"哉"。

⑭"腐肉"句：《吕览·知分》作"夫善哉，不以……"。知北宋本有
　脱文。

⑮"夫唯"二句：见于《老子》七十五章。

【译文】

　　楚国有一个叫伙非的人，在干国山间小道上得到一柄宝剑。他返回渡江时，到了江心，阳侯之波掀起巨浪，两条蛟龙夹绕在船的左右。伙非对划船的人说："曾经见到像这种情况而船上的人还能够活下去的吗？"船工回答说："不曾见到过。"这时伙非猛然怒目圆睁捋起袖子拔出

宝剑说:"武士可以用仁义道理去说服,不能够劫迫而强夺他的志向。这两蛟不过是江中腐朽的尸骨,最多不过抛弃宝剑罢了,我又有什么吝惜的呢?"于是跳入江中刺杀两蛟,割下了两蛟之头。船上之人都得到了保全,风波全部平息了。楚王赐给他最高的执圭之爵位。孔子听说此事后,说:"太好啦!不因为腐朽尸骨的威胁而抛弃宝剑的,大概说的就是伙非吧?"因此《老子》中说:"不看重生命的人,比过分看重生命的人高明。"

齐人淳于髡以从说魏王①,魏王辩之,约车十乘,将使荆。辞而行,人以为从未足也,复以衡说,其辞若然②。魏王乃止其行而疏其身。失从心志③,而有不能成衡之事,是其所以固也④。夫言有宗,事有本⑤。失其宗本,技能虽多,不若其寡也。故周鼎著倕,而使齕其指⑥,先王以见大巧之不可也⑦。故《慎子》曰⑧:"匠人知为门,能以门,所以不知门也。故必杜,然后能门⑨。"

【注释】

①齐:周初分封的诸侯国,开国君主是吕尚,都营丘。春秋晚期政权归陈氏,成为战国七雄之一。前221年为秦所灭。淳于髡(kūn):战国齐学者,以博学著称,齐威王时为大夫。从:通"纵",合纵。魏王:即魏惠王,名罃,在位50年。

②"人以为"三句:许慎注:从说,说诸侯之计,当相从也。衡说,从之非是,当横,更计也。按,衡,即连横。张仪连横,连六国以事秦。苏秦合纵,合六国以抗秦。

③心志:王念孙《读书杂志》:今本"之"作"心"者,因"志"字而误。《吕览·离谓》作"失从之意",是其证。

④固：鄙陋。

⑤"言有宗"二句：见于《老子》七十章。

⑥"故周鼎"二句：已见《本经训》。

⑦不可也：王念孙《读书杂志》："不可"下脱"为"字。《吕氏春秋》作"不可为也"。按，本则见于《吕览·离谓》。

⑧《慎子》：战国赵人慎到，学黄老之术，后为法家。《汉书·艺文志》"法家"收《慎子》四十二篇。"慎到"事见《史记·孟子荀卿列传》。

⑨"故必杜"二句：《文子·精诚》作"故必杜而后开"。杜，关闭。

【译文】

　　齐国学者淳于髡以合纵的理论说服魏王，魏王认为他很辩达，给他装束十乘车子，准备让他出使到楚国去。告辞准备出发的时候，人们认为他的合纵之说不够周密，于是他又以连横的观点说服魏王，他的言论还是原来的样子。魏王便停止了他的出使并逐渐疏远了他。失去了合纵的志向，而又不能够成就连横的事业，这是由于他的鄙陋造成的。言论要抓住主旨，事理要掌握根本。失掉根本宗旨，技艺即使很多，不如少一点更好。因此在周朝的鼎上铸上倕的形象，而使自己咬住手指，先王以此来表明大巧是不值得施行的。因此《慎子》中说："匠人知道造门，知道能用它来守护，不知道门所以能用来守护的原因。所以必须加上关、钥，才能用来守护。"

　　墨者有田鸠者①，欲见秦惠王②。约车申辕③，留于秦，周年不得见④。客有言之楚王者⑤，往见楚王。楚王甚悦之，予以节⑥，使于秦。至，因见（予之将军之节）惠王⑦，而说之。出舍，喟然而叹⑧，告从者曰："吾留秦三年不得见，不识道之可以从楚也⑨。"物固有近之而远，远之而近者⑩。故大人之行,不掩以绳⑪,至所极而已矣。此所谓《筦子》枭飞而维绳者⑫。

【注释】

①墨:指墨家学派。《汉书·艺文志》"墨家"云:"墨家者流,盖出于清庙之守。"田鸠:即田俅子。战国初齐人,墨子弟子。《汉书·艺文志》"墨家"有《田俅子》三篇。

②秦惠王:即秦惠文王,名驷,秦孝公之子,在位27年。

③申:捆扎。

④周年:《吕览·首时》作"三年"。本文亦作"三年"。当是。

⑤楚王:指楚威王。战国楚君,在位11年。

⑥节:符节。

⑦予之将军之节:陈昌齐《淮南子正误》:"予之将军之节"六字,乃是上文"予以节"的注语。今误入此句中,文义遂不可晓。《吕览·首时》:"楚王说之,与将军之节如秦。至,因见惠王。"

⑧喟(kuì)然:叹息声。

⑨识:知道。

⑩"物固有"二句:《吕览·首时》高诱注:留秦三年不得见惠王,近之而远也;从楚来,至而得见,远之而近也。

⑪掩:覆盖。

⑫《筦子》:《汉书·艺文志》"道家"有《筦子》八十六篇。《史记》有《管晏列传》。管子,春秋时颍上(今安徽颍上)人。名夷吾,字仲,谥敬,又称管敬仲。前651年相齐桓公,助桓公成就霸业。枭(xiāo)飞而维绳:许慎注:言为士者,上下无常,进退无恒,不可绳也。以喻飞枭,从下绳维之,而欲翱翔,则不可也。按,《管子·宙合》:"鸟飞准绳,此言大人之义也。"疑"维"当作"准"。

【译文】

　　墨家学派有个叫田鸠的人,想求见秦惠王。他停下车子捆扎起车辕,止留在秦国,整整三年没见到秦惠王。客人中有人向楚王推荐了田鸠,田鸠从秦到楚拜见楚王。楚王非常高兴,给予他一个符节,派他出使到秦国去。到了秦国,因此得见秦惠王,惠王很喜欢他。出了客舍,田鸠长长地叹了一口气,他告诉随行的人说:"我滞留在秦国三年没有见到国君,不知道通向秦君的道路可以从楚国来实现。"万物中本来就有想靠近它却离得很远,想远离它却能够接近的情况。因此德行高尚的人的行动,不是像踩着绳子行走一样,但是到达终点却是一致的。这就是《管子》所说枭鸟飞行进退上下但符合准绳是一致的。

　　丰水之深千仞①,而不受尘垢,於金铁针焉②,则形见于外,非不深且清也,鱼鳖龙蛇,莫肯之归也。是故石上不生五谷,秃山不游麋鹿③,无所阴蔽隐也④。

【注释】

　　①丰水:源出陕西长安西南秦岭山中,北流至西安入渭水。周代建有丰京。千:《太平御览》卷八百十三《珍宝部》十二引作"十仞"。《文子·上德篇》同。

　　②於:《道藏》本作"投"。疑"於"字误。金铁针:王念孙《读书杂志》:"金铁"下不当有"针"字。今作"金铁针"者,一本作"铁",一本作"针",而后人误合之耳。《太平御览·珍宝部》十二引无"针"字。何宁《淮南子集释》:《贞观政要》五引作"金铁在焉",亦无"针"字。《玉烛宝典》七引作"金针投之",为一本作"针"之证。

　　③麋(mí)鹿:珍贵动物,俗称"四不像"。

　　④无所阴蔽隐也:王念孙《读书杂志》:"隐"字盖"蔽"字之注,而误入正文者。《文子》无"隐"字,是其证。

【译文】

丰水的深度有千仞，而不被尘垢污染，把金针投入水中，它们的形体可以清晰显示出来，不能不说是既深又清，但是鱼鳖龙蛇，没有肯归入水中的。因此石头上生不出五谷来，荒山秃岭上没有麋鹿遨游，因为没有什么地方可以隐蔽它们。

昔赵文子问于叔向曰①："晋六将军②，其孰先亡乎？"对曰："中行、知氏③。"文子曰："何乎？"对曰："其为政也，以苛为察④，以切为明⑤，以刻下为忠⑥，以计多为功。譬之犹廓革者也⑦，廓之，大则大矣，裂之道也。"故《老子》曰："其政惛惛，其民纯纯；其政察察，其民缺缺⑧。"

【注释】

①赵文子：即赵武，又称赵孟。春秋晋大夫赵朔子。晋景公讨伐赵氏，他随母庄姬养于宫中，后被继立为赵氏后嗣。曾执晋政。叔向：春秋晋大夫，羊舌氏，名肸（xī）。在晋平王时曾任太傅。

②晋：周初分封的诸侯国。开国君主是周成王弟叔虞，都于唐。春秋晚期被韩、赵、魏所瓜分。六将军：指范氏、中行氏、知氏、韩氏、赵氏、魏氏六卿，统领军队。

③中行：即中行寅。也叫中行文子。姓荀氏。知氏：即知伯瑶，姓荀氏。

④以苛为察：以繁琐苛刻为明察。

⑤切：责备、责难。

⑥刻下：苛刻严峻对待下民。

⑦廓（kuò）：扩张。

⑧"其政"四句：见于《老子》五十八章。惛惛（hūn），质朴的样子。

纯纯,诚挚的样子。察察,苛求的样子。缺缺,破败的样子。

【译文】

从前赵文子向叔向请教说:"晋国六将军中,哪一家先灭亡呢?"叔向回答说:"中行氏、知氏。"赵文子问:"为什么呢?"叔向回答说:"他们处理政事,把苛刻作为明察,把责难作为明辨,把严待下民作为忠君,把计谋多作为功劳。比如就像扩张皮革,扩张开来,大是大了,但是却导致破裂。"因此《老子》中说:"政治宽厚,人民就淳朴;政治严苛,人民就不满。"

景公谓太卜曰①:"子之道何能?"对曰:"能动地②。"晏子往见公,公曰:"寡人问太卜曰:'子之道何能?'对曰:'能动地。'地可动乎?"晏子默然不对,出见太卜,曰:"昔吾见句星在房、心之间,地其动乎③?"太卜曰:"然!"晏子出,太卜走往见公曰:"臣非能动地,地固将动也。"田子阳闻之④,曰:"晏子默然不对者,不欲太卜之死;往见太卜者,恐公之欺也。晏子可谓忠于上而惠于下矣。"故《老子》曰:"方而不割,廉而不刿⑤。"

【注释】

①景公:春秋齐君,名杵臼。庄公异母弟。崔杼弑君后,被立为齐君,在位58年。太卜:占卜之官。周代叫卜正。

②动地:即地震。

③"昔吾"二句:许慎注:句星,客星也。驷,房。句星守房、心,则地动也。按,句星,又作钩星。客星的一种。房,房星,又叫天驷,东方苍龙七宿第四宿。心,东方苍龙七宿的第五宿。

④田子阳:齐臣,又作陈子阳。此则见于《晏子春秋·外篇》,并载

《论衡·变虚》。

⑤"方而"二句：见于《老子》五十八章。廉，棱角。刿（guì），割伤。帛甲、乙本作"刺"。

【译文】

齐景公问太卜说："你的本领能做什么？"太卜回答说："我能使大地震动。"晏子拜见景公，景公说："我问太卜说：'你的本领能做什么？'他回答说：'能使大地震动。'大地能够震动吗？"晏子沉默了一会，没有回答，出来后见了太卜，说："前些日子我观察钩星出现在房、心之间，大地将要发生地震吗？"太卜说："是的！"晏子出来，太卜跑着去拜见景公说："我不能使大地震动，大地本来将要自己震动。"田子阳听说这件事后，说："晏子沉默没有回答景公的问话，是不想让太卜因欺君之罪而被处死；又去见太卜，是担心景公被欺骗。晏子可以说是既忠于国君又爱护部下。"因此《老子》中说："行为方正却不伤害人，有棱角但不至于把人割伤。"

魏文侯觞诸大夫于曲阳①。饮酒酣②，文侯喟然叹曰："吾独无豫让以为臣子③！"蹇重举白而进之④，曰："请浮君⑤！"君曰："何也？"对曰："臣闻之，有命之父母⑥，不知孝子⑦；有道之君，不知忠臣。夫豫让之君，亦何如哉⑧？"文侯受觞而饮，釂而不献⑨，曰："无管仲、鲍叔以为臣⑩，故有豫让之功。"故《老子》曰："国家昏乱有忠臣⑪。"

【注释】

①觞（shāng）：进酒，劝酒。曲阳：在今河北曲阳大沙河之东，因在太行山曲之南而得名。

②酣：饮酒痛快。

③"吾独"句：许慎注：豫让事知伯，而死其难，故文侯思为臣。按，
　"豫让"事亦载《史记·刺客列传》。子，《四库全书》本作"乎"。

④蹇(jiǎn)重：文侯臣。白：古代罚酒的酒杯。

⑤浮：罚。

⑥有命：指掌握命运。

⑦子：北宋本原作"于"。《道藏》本作"子"。据正。

⑧"夫豫让"二句：许慎注：豫让相其君，而君见杀，亦何如？不足
　贵也。

⑨醮(jiào)：喝干杯中酒。献：主人进酒给宾客。

⑩鲍叔：亦名鲍叔牙。春秋齐贤大夫。少与管仲友善。以知人荐
　贤著称。因举桓公仇人管仲为相，使齐桓公成为春秋霸主。《史
　记·管晏列传》等有记载。

⑪"国家"句：见于《老子》十八章。

【译文】

　　魏文侯在曲阳设宴招待群大夫。饮酒正痛快，魏文侯叹了口气说："我只是没有像豫让那样的人给我做臣子！"大夫蹇重举起罚酒的杯子进前说："请允许罚国君一杯！"文侯说："为什么呢？"蹇重回答说："我听说过，掌握了自己寿夭祸福的父母，没有必要知道谁是孝子；掌握了大道的国君，没有必要知道谁是忠臣。豫让效忠的君主，他又算得了什么呢？"文侯接受罚酒的杯子，一饮而尽并不进酒给蹇重，说："就是因为国君没有选定像管仲、鲍叔牙那样德才超群的人，所以才成就了豫让的功劳。"因此《老子》中说："国家昏乱才有所谓忠臣。"

　　孔子观桓公之庙①，有器焉，谓之宥卮②。孔子曰："善哉！予得见此器③。"颇顾曰④："弟子取水。"水至，灌之。其中则正⑤，其盈则覆⑥。孔子造然革容曰⑦："善哉！持盈者乎⑧！"子贡在侧曰⑨："请问持盈？"曰："揖而损之⑩。"曰："何

谓揖而损之?"曰:"夫物盛而衰,乐极则悲,日中而移,月盈而亏。是故聪明睿知⑪,守之以愚;多闻博辩,守之以俭;武力毅勇,守之以畏;富贵广大,守之以陋;德施天下,守之以让。此五者,先王所以守天下而弗失也。反此五者,未尝不危也。"故《老子》曰:"服此道者不欲盈。夫唯不盈,是以能弊而不新成⑫。"

【注释】

①桓公:鲁桓公,春秋鲁君,名子允,在位 18 年。

②宥卮(yòu zhī):古代的一种盛水器。西安半坡出土盛水陶罐,尖底、口小、腹大,重心居中,即古老宥卮之原形。此物又叫宥坐、右坐,后代称敧器。取"持中"之意。宥,通"右"。杜预、刘徽、祖冲之等曾加以仿造。

③予:北宋本原作"乎"。刘绩《补注》本作"予"。据正。

④颇顾曰:《道藏》本作"顾曰"。《荀子·宥坐》作"顾谓弟子曰",《孔子家语·三恕》同。颇,头偏。顾,回头看。二字义近。疑"颇"为衍文。

⑤其中则正:许慎注:中,水半卮中也。按,指水装适中就会端正。

⑥其盈则覆:装满了就会倾覆。

⑦造然:突然。革:改变。

⑧持盈:持满。

⑨子贡:孔子弟子。春秋末卫国人。姓端木,名赐,字子贡,也作子赣。善于经商和游说。

⑩揖:通"抑",损。刘绩《补注》本作"益"。

⑪睿知:明智,智慧。按,此则出自《荀子·宥坐》,亦载于《韩诗外传》卷三、《孔子家语·三恕》《说苑·敬慎》等。

⑫"服此道"三句：见于《老子》十五章。服，保持。"是以"句，《文子·九守》作"是以弊不新成"。

【译文】

孔子参观鲁桓公的宗庙，那里有一种巧器，名叫宥卮。孔子说："好啊！我得以能够见到这个宝物。"回头对弟子说："你们取水来。"水送到后，灌至容器中。装得正适中就会端正，满了就会倾覆。孔子突然改变面容说："好啊！这才是持盈之道啊！"弟子子贡在旁边问道："请问如何保持满而不倾呢？"孔子说："抑制而减少它。"子贡问："什么叫抑制而减少它呢？"孔子说："万物极盛就要走向灭亡，快乐到极点就要走向悲哀，太阳过正午就要移动，月亮满了就要变亏缺。因此聪明智慧的人，要用无知来持守；见闻广博的人，要用浅陋来持守；勇武刚强的人，要用畏惧来持守；富足尊贵的人，要用节俭来持守；德泽施予天下的人，要用谦让来操守。这五个方面，是先王用来持守天下而不失去的原则。违反这五个原则，没有不曾遭到危险的。"因此《老子》中说："保持这种处世之道的人不肯自满。正因为不自满，所以在失败之后而又能得到更新成功。"

武王问太公曰："寡人伐纣，天下是臣杀其主而下伐其上也①。吾恐后世之用兵不休，斗争无已，为之奈何？"太公曰："甚善！王之问也。夫未得兽者，唯恐其创之小也②；已得之，惟恐伤肉之多也。王若欲久持之，则塞民于兑③，道全为无用之事、烦扰之教④，彼皆乐其业、供其情⑤，昭昭而道冥冥⑥。于是乃去其鹡而载之木⑦，解其剑而带之笏；为三年之丧，令类不蕃⑧；高辞卑让⑨，使民不争。酒肉以通之，竽瑟以娱之，鬼神以畏之。繁文滋礼以弇其质⑩，厚葬久丧以亶其家⑪。含珠鳞施纶组⑫，以贫其财；深凿高垄，以尽其力；家贫族少,虑患者寡。以此移风,可以持天下弗失。"故《老子》曰"化而欲作,吾将镇之以无名之朴"也⑬。

【注释】

①是:以为是。

②"夫未"二句:许慎注:猎禽恐不能杀,故恐其创小也。

③兑(duì):洞穴。指耳目鼻口。

④全:俞樾《诸子平议》:"全"乃"令"字之误。"令"犹"使"也,"道"与"导"同,谓导使为无用之事,烦扰之教也。

⑤供:王念孙《读书杂志》:"供"当为"佚","佚"与"逸"同,安也。

⑥"昭昭"句:向宗鲁《淮南校文》:"昭昭"上脱"释"字。"释"与"舍"同。

⑦瞀:通"鍪(móu)",头盔。戴:通"戴"。木:许慎注:鹜鸟冠也。知天文者冠鹜。按,依此注,"鹜鸟"为家鸭,恐误。王念孙《读书杂志》王引之曰:"木"当为"术",字之误也。"术"即"鹬(yù)"字也。《说文》:"鹬,知天将雨[鸟]也。"盖"鹬"字本有"述"音,故其字或作鹬(shù),又通作"术"耳。又按,《集韵》术韵:鹬,翠羽鸟也。或作鹬。按,鹬即翠鸟,古人以羽为饰。

⑧蕃:繁衍。

⑨高辞:华美的词藻。卑让:低下,谦让。

⑩弇(yǎn):掩蔽。

⑪亶(dǎn):杨树达《淮南子证闻》:"亶",当读为"殚",殛(jí)尽义。

⑫"含珠"句:向宗鲁《淮南校文》:"含珠鳞施"为句,"纶组"下脱二字,本书《齐俗篇》:"含珠鳞施,纶组节束。"此文"纶组"下脱"节束"二字。当依《齐俗篇》补。鳞施,即金镂玉衣。纶(lún)组,用青丝绳做成的阔带子。用作佩印或绶带。

⑬"化而"二句:见于《老子》三十七章。

【译文】

　　周武王问姜太公说:"我讨伐商纣王,天下人认为这是臣子弑君而下讨伐上,我担心后世用兵不止,争斗不休,对这样的事该怎么办呢?"太公听了说:"这个问题提得好! 这就像打猎一样,在没有得到野兽的时候,只担心它的伤口小了些;等到捕得了野兽,又担心伤口太大了。国君要想长久地统治国家,那么就要把老百姓的耳目口鼻堵塞起来,引导他们去干那些无用的事情,对他们进行繁琐的教化,使他们都能够喜欢自己的工作,使他们的性情得到安逸,由明白人变成糊涂虫。这时便去掉他们的盔甲而戴上华美的羽饰,解下他们的利剑而带上朝拜用的笏板;实行三年之丧,使他们同族繁衍不快;使用华丽的辞藻卑谦的礼节,使百姓不去争斗。用美味佳肴塞满肚子,用竽瑟来使他们娱乐,用鬼怪来使他们敬畏。用繁文琐礼来掩盖他们质朴的本质,厚葬久丧来使他们的家产消耗干净。口含珠宝,身穿玉衣,佩着印绶,来使他们的财产变成泥土;深挖战壕高筑城墙,用来耗尽他们的体力;家家贫困族族人少,考虑患祸的人就很少了。用这种办法改变风气,可以长久地持守天下而不会失去。"因此《老子》中说:"人们在生长变化中物质生活欲望可能发生,我将用'无名之朴'(道)来镇服它们。"

第十三卷　氾论训

【题解】

本篇的宗旨是"博说世间、古今得失,以道为化,大归于一"。涉猎广泛,内容丰富,而都归结到"道"这个核心之中。

本训首先用大量篇幅阐明了作者的历史观,指出物质文明和科学技术的发展,是战胜自然、随着时代发展而产生的。

对于法制和礼乐制度,"不宜则废之"。法与时变,礼与俗化,反对崇旧循古。"治国有常,而利民为本;政教有经,而令行为上。苟利于民,不必法古;苟周于事,不必循旧"。体现了作者进步的历史观。圣人治政,不能凝滞不化,"论事而为之治"。

对于任人,要看主流。认为"自古及今,五帝三王,未有能全其行者也"。不能以"人之小过揜其大美"。

对社会流行的鬼神崇拜,作者认为是社会需要,而不是真有效验。这种无神论思想是值得肯定的。

陶方琦《淮南许注异同诂》:序目有"因以题篇"字,高注本也。

古者有鍪而緣领以王天下者矣①,其德生而不辱②,予而不夺。天下不非其服③,同怀其德④。当此之时,阴阳和平⑤,风雨时节,万物蕃息⑥,乌鹊之巢,可俯而探也,禽兽可羁而从也,岂必褒衣博带句襟委章甫哉^⑦?

【注释】

①鍪(móu):古代武士的头盔。秦、汉前称"胄",后称"兜鍪"。绻(quǎn)领:翻领。《文子·上礼》作"卷领"。

②不辱:王念孙《读书杂志》:"不辱"本作"不杀"。《文子·上礼》作"不杀"。

③非:讥刺。

④怀:归附。

⑤和平:和洽平静。

⑥蕃息:繁衍生长。

⑦褒(bāo)衣博带:指宽衣大带。古代儒生的服饰。句(gōu)襟:指曲领衣。委:高诱注指"委貌冠"。按,指周代的一种礼帽。章甫:商代冠名。又称缁(zī)布冠。按,本文化自《晏子春秋·谏》、《荀子·哀公》、《庄子·马蹄》。

【译文】

古代三皇以前的君王有头戴兜鍪翻卷领部而统治天下的,他们实行德政使人民繁衍而不加杀害,给予百姓财物而不夺取。天下的人不讥议他们的服饰,而共同含怀他们的德泽。在这个时候,阴气阳气平静和洽,风雨按时来临,万物旺盛生长,乌鸦喜鹊的鸟巢,可以俯身取出卵来,禽兽可以牵着跟随主人,难道一定需要儒生的宽衣大带穿着曲领衣戴着帽子吗?

古者民泽处复穴^①,冬日则不胜霜雪雾露,夏日则不胜暑热蚊虻^②,圣人乃作^③,为之筑土构木^④,以为宫室^⑤,上栋下宇^⑥,以蔽风雨,以避寒暑,而百姓安之。伯余之初作衣也⑦，绩麻索缕⑧，手经指挂⑨，其成犹网罗；后世为之机杼胜複⑩，以便其用，而民得以掩形御寒。古者剡耜而耕⑪，摩蜃而耨⑫，木钩而樵⑬，抱甀而汲⑭，民劳而利薄。后世为之耒耜耰锄⑮，斧柯而樵⑯，桔皋而汲⑰，民逸而利多焉。古者大川名谷，冲绝道路⑱，不通往来也，乃为窬木方版⑲，以为舟航，故地势有无⑳，得相委输㉑。乃为靻𫐉而超千里㉒，肩负儋之勤也㉓，而作为之楺轮建舆㉔，驾马服牛，民以致远而不劳。为鸷禽猛兽之害伤人，而无以禁御也，而作为之铸金锻铁㉕，以为兵刃，猛兽不能为害。故民迫其难㉖，则求其便；困其患，则造其备。人各以其所知，去其所害，就其所利。常故不可循，器械不可因也㉗，则先王之法度，有移易者矣。

【注释】

①处：居处。复穴：垒土或挖土为窟穴。复，通"覆（fù）"，地室。

②蛋（zhàng）：《道藏》本作"蛋"。《广韵》送韵有"蚟"字，虫咬义。

③作：兴起。

④构：架构。

⑤官室：王念孙《读书杂志》：《御览·居处部》二引作"室屋"。

⑥栋：屋的正梁。宇：屋边。

⑦伯余：高诱注：黄帝臣。《世本》曰："伯余制衣裳。"一曰：伯余，黄帝。

⑧绩：通"剡（yǎn）"，揉搓变细。一说通"缃（yǎn）"，有接续义。索：使成绳状。缕：麻线。

⑨经：横线。挂：分别，区分。

⑩机杼（zhù）：织布机。机以转轴，杼以持纬。胜複：通"滕榎（shèng fù）"。《说文》：滕，机持经者。《汉语大字典》：织布机上的机件

之一,即"筘"。用来确定经纱的密度,保护经纱的位置。《说文》:榺,机持缯者。即织布机卷轴。

⑪刬(yǎn):锐利。耜(sì):古代一种类似锹的农具。

⑫摩蜃(shèn)而耨:高诱注:蜃,大蛤(gé)。摩令利,用之耨(nòu)。耨,除苗秽也。

⑬木钩:以木为镰。

⑭甀(zhuì):瓮、坛一类的容器。

⑮耒(lěi)耜:古代耕地用的农具。耰(yōu):农具名。用来捣碎土块,平整土地。

⑯柯:斧柄。

⑰桔皋(jié gāo):古代井中汲水的工具。

⑱冲绝:横绝。冲:通"衡"。

⑲窬(yú)木:中空的木头。方版:两船并行。

⑳地:北宋本原作"也"。《道藏》本作"地"。据正。

㉑委(wèi)输:运送。以物置于舟车中叫"委",转运到它处交卸叫"输"。

㉒靻(dá):柔革。北宋本原作"鞊(zǔ)"。王念孙《读书杂志》:"鞊"当为"靻"。据正。蹻(jué):草鞋。

㉓负儋(dān):背负肩担。儋,俗作"担"。勤:辛劳。

㉔楺(rǒu)轮:使木弯曲作车轮。

㉕锻:北宋本原作"锻"。《道藏辑要》本、《四库全书》本作"锻"。据正。

㉖民:北宋本原作"居"。《道藏》本作"民"。据正。

㉗因:因循。按,本节可与《周易·系辞下》相参。

【译文】

古时候人们居处在水泽和窟穴之中,冬天则经不住霜雪雾露的侵袭,夏天则挡不住暑热蚊虫,圣人便行动起来,给他们垒土架木,而筑成屋室，上面是梁下面是檐，用来遮蔽风雨，以便躲避严寒酷暑，而百姓得到安居。伯余开始教人制作衣裳，揉搓麻皮织成绳子麻线，用手指牵挂经线把条条分开，织成的就像罗网形状；后代根据它的原理制成织布机，方便了使用，而百姓因此能够掩蔽身体抵御风寒。古时候磨快耜来耕田，磨利蛤蜊来耨草，用木镰来伐木，抱着甀来打水，百姓辛劳而得利很少。后代给他们造出了耒耜、耰和锄，用斧头来伐木，用桔槔来取水，百姓安逸而得到很多利益。古时候大川深谷，道路阻绝，不能互通往来，于是便把中空的木头合并到一起，用来作为舟船，因此地势有利无利，都能够得到运输之便。于是造出柔软的皮鞋草鞋而能到达千里之外，又由于用肩膀负担沉重的担子特别辛苦，因此便楺木为轮制造了车子，驾驭马降服牛，使百姓可以到达远方而不辛劳。因为凶禽猛兽杀害人类，没有办法禁止抵御，便因此熔化金属打制了铁器，做成了兵刃，猛兽便不能够伤害人民。所以百姓在困难的逼迫下，就要求得到生存的方便；被患祸所困扰，就要制造相应的防卫工具。人们各自凭着他们所具有的智慧，去避免遇到的祸害，而靠近对他们有利的事情。因此常规不能一成不变去依循，器械也不能够因循不变，那么先王的法度，也有可以改变的地方。

　　古之制，婚礼不称主人①；舜不告而娶，非礼也②；立子以长，文王舍伯邑考而用武王，非制也③；礼三十而娶④，文王十五而生武王，非法也。夏后氏殡于阼阶之上⑤，殷人殡于两楹之间⑥，周人殡于西阶之上，此礼之不同者也。有虞氏用瓦棺⑦，夏后氏𡌨周⑧，殷人用椁⑨，周人墙置翣⑩，此葬之不同者也。夏后氏祭于暗⑪，殷人祭于阳⑫，周人祭于日出以朝⑬，此祭之不同者也。尧《大章》⑭，舜《九韶》⑮，禹《大夏》⑯，汤《大濩》⑰，周《武象》⑱，此乐之不同者也。故五帝异道，而德覆天下；三王殊事，而名施后世。此皆因时变而制礼乐者。譬犹师旷之施瑟柱也，所推移上下者，无寸尺之度，而靡不中音⑲。故通于礼乐之情者能作。音有本，主于中，而以知榘彟之所用者也⑳。

【注释】

①"古之制"二句：高诱注：当婚者之身，不称其名也，称诸父兄师长。按，出自《春秋公羊传》隐公二年、桓公八年。

②"舜不告"二句：高诱注：尧知舜贤，以二女妻舜。不告父，父顽，常欲杀舜，舜知告则不得娶也。不孝莫大于无后，故《孟子》曰："舜不告，犹告耳。"按，出自《孟子·离娄下》。

③"立子"三句：高诱注：伯邑考，武王兄。废长立圣，以庶代嫡，圣人之权耳。按，伯邑考，文王长子。据《帝王世纪》载：伯邑考后被纣王烹死。

④礼三十而娶：《周礼·地官·媒氏》中载，令男三十而娶，女二十而嫁。

⑤殡（bìn）：停放灵柩。阼（zuò）阶：大堂前东面的台阶。

⑥楹（yíng）：大堂的柱子。

⑦有虞氏用瓦棺：高诱注：有虞氏，舜世也。瓦棺，陶瓦也。

⑧夏后氏塈（jì）周：高诱注：夏后氏，禹世，无棺椁，以瓦广二尺，长四尺，侧身累之，以蔽土，曰塈周也。按，塈，烧制土块安葬。

⑨椁（guǒ）：棺材外面的套棺。

⑩墙：指装饰灵柩的布帐。翣（shà）：棺饰。形以扇，在路以障车，入椁以障柩。

⑪暗：指中夜。

⑫阳：指平旦之时。俞樾《诸子平议》：此文本《礼记·祭义篇》，其文曰："殷人祭其阳。"郑注：阳，读为"曰雨曰旸"之旸，谓日中

时也。

⑬朝：高诱注指"庭也"。按，又俞樾引郑玄注："朝，日出时也。"按，"夏后氏"至"不同者也"，化自《礼记·檀公》、《祭义》。

⑭《大章》：尧乐名。见于《吕览·古乐》。《白虎通·礼乐》亦有解说。

⑮《九韶》：舜乐。《尚书·益稷》有"箫韶九成"之语。《吕览·古乐》作"九招"。

⑯《大夏》：禹乐。《吕览·古乐》作"《夏篇》九成"。

⑰《大濩(hù)》：汤乐。《道藏》本作"濩(hù)"。《周礼·大司乐》郑玄注作《大濩》。

⑱《武象》：周武王乐。《吕览·古乐》作《大武》。

⑲中(zhòng)：符合。

⑳榘彟(jǔ huò)：规矩、法度。用：北宋本原作"周"。《文子·上礼》、刘绩《补注》本作"用"。据正。

【译文】

古代的制度，举行婚礼不能称呼主人，必称父兄师长；舜娶二妃没有告诉父亲，不符合古礼的规定；继承君位要立嫡长子，周文王没有立嫡长子伯邑考而立武王，不符合立嗣的要求；礼制规定三十娶妻，文王十五岁便生下武王，不符合娶妻的规定。夏后氏国君死去灵柩停放在大堂东面的台阶上，殷朝国君停柩在大堂两个柱子之间，周朝天子停柩在大堂西阶之上，这是殡礼规定的不同。有虞氏安葬尸体用陶瓦制的棺，夏后氏用土烧成瓦砌成垩周，殷朝君主用外棺，周朝君主设置墙和翣，这是葬礼的不同。夏后氏中夜时在室中祭祀，殷朝君主日中时在堂上祭祀，周朝君主日出时在庭院中祭祀，这是祭祀礼节的不同。尧时用《大章》之乐，舜时用《九韶》之乐，禹时用《大夏》之乐，汤时用《大濩》之乐，周朝用武王的《武象》之乐，这是音乐制度的不同。因此五帝虽采用不同的制度，但是德泽覆盖天下；三王从事的事业不同，而名声却延续到后代。这都是按照时代的不同而制订出的适宜的礼乐制度。比如就像乐师师旷的手施加在瑟的柱子上,上下移动的位置,没有用寸尺去度量,但是却没有不合音律的。因此通达礼乐道理的人才能进行适宜的弹奏。音声在外部扩散,而它的内部有一定的规律,在其中有规律主宰,因而要知道乐律法则的使用方法。

　　鲁昭公有慈母而爱之①,死,为之练冠②,故有慈母之服。阳侯杀蓼侯而窃其夫人,故大飨废夫人之礼③。先王之制,不宜则废之;末世之事,善则著之④。是故礼乐未始有常也。故圣人制礼乐,而不制于礼乐。治国有常,而利民为本;政教有经,而令行为上⑤。苟利于民,不必法古;苟周于事,不必循旧⑥。

【注释】

　①鲁昭公:春秋末鲁君,在位 32 年。慈母:指抚养自己成长的庶母、保姆。

　②练冠:古代丧服,服一年之丧。《仪礼·丧服》规定服丧三月。按以上化自《礼记·曾子问》。

　③"阳侯"二句:高诱注:阳侯,阳陵国侯也。蓼(liǎo)侯,皋陶之后,偃姓之国侯也,今在庐江。古者大飨饮酒,君执爵,夫人执豆。阳侯见蓼侯夫人美艳,因杀蓼侯而娶夫人。由是废致夫人之礼。记所由废也。按,古蓼国在今安徽寿县、霍邱及河南固始一带。

　④著:使之显著。

　⑤"治国"四句:见于《战国策·赵策二》。

　⑥"苟利于民"四句:见于《商君书·更法》。《说苑·善谋》亦载之。

【译文】

鲁昭公对抚养自己的慈母十分爱戴,她死了以后,替她服丧一年,所以就有了为慈母服丧的规定。阳侯看中了蓼侯夫人的美貌,在宴飨时杀了蓼侯而夺了他的夫人,因此就有了大飨时废除夫人执豆之礼。先王的制度,不适宜就要废除它;末世出色的政绩,也要让它显明。可见礼乐的规定是没有常规的。因此圣人制订礼乐,而不被礼乐所制约。治国有常则,而以有利于人民为根本;刑赏教化有法规,而政令通行才是最大的要求。只要有利于百姓,就不必遵循古制;只要符合大事,不必依循旧章。

　　夫夏、商之衰也,不变法而亡;三代之起也[1],不相袭而王[2]。故圣人法与时变,礼与俗化。衣服器械,各便其用;法度制令,各因其宜。故变古未可非,而循俗未足多也[3]。

【注释】

①三代:指夏禹、商汤、周武王。

②袭:因袭。

③"故变古"二句:化自《商君书·更法》。亦载于《新序·善谋》。

【译文】

夏、商的衰败,是因为不变法而灭亡的;禹、汤、武王三代的兴起,是不互相因袭而称王的。因此圣人执政法律和时代一起变动,礼制与习俗一起变化。衣服器械,各自方便他们的使用;法令制度,各自依照他们的适宜情况而制订。因此改变古制无可非议,而依循旧俗不值得赞美。

　　百川异源,而皆归于海;百家殊业[1],而皆务于治[2]。王道缺而《诗》作③；周室废，礼义坏，而《春秋》作。《诗》、《春秋》，学之美者也，皆衰世之造也。儒者循之，以教导于世，岂若三代之盛哉？以《诗》、《春秋》为古之道而贵之，又有未作《诗》、《春秋》之时。夫道之缺也④，不若道其全也。诵先王之《诗》、《书》，不若闻得其言；闻得其言，不若得其所以言；得其所以言者⑤，言弗能言也⑥。故道可道者，非常道也⑦。

【注释】

①百家：《汉书·艺文志》"诸子略"："凡诸子百八十九家。"

②于治：北宋本原作"治于"。《道藏》本作"于治"。据正。

③缺：衰败。

④夫：北宋本原作"失"。刘绩《补注》本作"夫"。据正。

⑤"诵先王"四句：《文子·上义》："诵先王之书，不若闻其言；闻其言，不若得其所以言。"

⑥"得其"二句，高诱注：圣人所言微妙，凡人虽得之，口不耐以言。

⑦"故道"二句：高诱注：常道，言深隐幽冥，不可道也。犹圣人之言，微妙不可求。按，引文见《老子》一章。

【译文】

　　百川的源流虽有不同，但是都归于大海；百家从事的事业不同，而都务求治世。王道衰微而《诗》得以创作；周室衰落，礼义败坏，而《春秋》得以产生。《诗》、《春秋》，都是学问中精美的东西，而是在衰败之世创作出来的。儒家遵循它，用来教导世人，难道还能像三代之时那样繁盛吗？如果认为《诗》、《春秋》是古代的道理而去尊重它，那么还有没有创作《诗》、《春秋》的时候。称道它的衰败，不如称道它的兴盛。诵读先王的《诗》、《书》，不如听到他们说的话；听到他们说的话，不如得到他们所以这样说的原因；得到他们这样说的原因，不如称说他们不能说出口的东西。因此对于道来说，能够言传的道，不是永恒的道。

周公事文王也，行无专制①，事无由己，身若不胜衣，言若不出口；有奉持于文王②，洞洞属属③，如将不能，恐失之，可谓能子矣。武王崩，成王幼少，周公继文王之业，履天子之籍④，听天下之政，平夷狄之乱⑤，诛管、蔡之罪⑥，负扆而朝诸侯⑦，诛赏制断，无所顾问⑧。威动天地，声慑海内⑨，可谓能武矣。成王既壮，周公属籍致政⑩，北面委质而臣事之⑪，请而后为，复而后行，无擅恣之志⑫，无伐矜之色⑬，可谓能臣矣。故一人之身而三变者，所以应时矣。何况乎君数易世，国数易君？人以其位，达其好憎；以其威势，供嗜欲⑭，而欲以一行之礼，一定之法，应时偶变，其不能中权，亦明矣⑮。

【注释】

①专制：独断。

②奉持：伺候尊长。

③洞洞属属：婉顺的样子。

④籍：通“阼（zuò）”，代指帝位。

⑤“平夷狄”句：高诱注：夷狄滑夏，平除之也。

⑥诛管、蔡之乱：管叔鲜，周公弟。蔡叔度，周公兄。他们同纣子武庚一起举行周初大叛乱。事载《帝王世纪》、《史记·周本纪》等。

⑦扆（yǐ）：指绣有斧纹的屏风，天子或诸侯坐于其下听政。

⑧顾问：顾视询问。问，北宋本原作“间”。《道藏》本作“问”。据正。

⑨慑：威慑。

⑩属(zhǔ)：委托，交付。致：归。

⑪委质：指人臣拜见人君时，屈膝而委体于地。质，形体。

⑫擅(shàn)恣：擅权放纵。

⑬伐矜(jīn)：骄傲自夸。矜，各本篆作"矜"，自大。

⑭供嗜欲：王念孙《读书杂志》：当作"供其嗜欲"。

⑮"而欲以"五句：高诱注：一行之礼，非随时礼也。一定之法，非随
时法也。故曰"不能中权"，权则因时制宜，不失中道也。按，
偶，合。

【译文】

周公事奉文王，行动自己不专断，事情不由自己决定，身体紧张得
像不能承受衣裳，嘴里紧张得像不能说话；对文王奉侍周到，柔顺婉转，
好像不能胜任大事，又担心出现过失，可以说能尽到为子之道了。武王
驾崩，周成王年纪很小，周公继承文王的事业，脚踏天子之主阶，处理天
下的政事，平定夷狄的叛乱，惩罚管叔、蔡叔的大罪，背靠着天子的宫殿
屏风，而使天下诸侯朝拜，诛杀赏罚专制决断，没有什么顾视询问的。
威风震动天地，名声慑服四海，可以说是勇武果断的。成王已经成年，
周公把权位归还给成王，自己面朝北屈膝以臣礼事奉成王，每事必请示
后才去行动，再次禀白才接着去干，没有擅自放恣的意向，没有骄傲居
功的神色，可以说是尽了臣子之道。这样一人之身经三次变化，是用来
适应时势的转变。何况国君经常面临世道变化，国家多次变更国君的
情况呢？人君凭着他的地位，行其所好，去其所憎；用他的威势，满足他
的嗜欲要求，如果想用片面的礼节，根据一时而确定的法律，想来应对
时势适应变化，这样不能符合权变的要求，也是很明显的。

　　故圣人所由曰道①，所为曰事②。道犹金石，一调不更；
事犹琴瑟，每终改调③。故法制礼义者，治人之具也④，而非
所以为治也。故仁以为经，义以为纪，此万事不更者也。若

乃人考其身才⑤,而时省其用,虽日变可也,天下岂有常法哉!当于世事,得于人理,顺于天地,祥于鬼神⑥,则可以正治矣⑦。

【注释】

①由:遵循。

②事:每一时代的各种活动及典章制度、风俗规范等,统称之为"事"。

③每:郑良树《淮南子斠理》:《记纂渊海》五二引"每"作"曲"。

④治人:《文子·上义》无"人"字。

⑤身:刘绩《补注》本无此字。

⑥祥:和顺。

⑦正治:整治。

【译文】

因此圣人所遵循的叫做道,所行的叫做事。道就像金钟石磬一样,其声调是不改变的;所行之事就像琴瑟一样,曲终都可以改变声调。因此法制礼义,是统治人民的工具,而不是作为治理的目的。因此用仁作为经,用义作为纪,这是万代也不会改变的。至于像用人考核他的才能,而按时察看他们的政绩,即使说每天有新的变化也是可以的,天下难道有什么固定不变的常规吗?同社会时事相合,符合人的常理,顺应天地的变化,对鬼神和顺,那么就能得到整治了。

古者民醇、工庬、商朴、女重①,是以政教易化、风俗易移也。今世德益衰,民俗益薄,欲以扑重之法②,治既弊之民,是犹无镝衔橜策锬而御驵马也③。昔者神农无制令而民从④,唐、虞有制令而无刑罚,夏后氏不负言,殷人誓,周人盟⑤。逮至当今之世，忍诟而轻辱⑥，贪得而寡羞，欲以神农之道治之，则其乱必矣。

【注释】

①醇（chún）：纯厚，不虚华。厖：通"庬"，厚实。《道藏》本作"庬"。扑：刘绩《补注》本作"朴"。《尚书·梓材》孙星衍今古文注疏：朴，亦同扑。商扑，高诱注：不为诈也。女重（zhòng）：高诱注：贞正无邪也。

②扑重：质朴，厚重。

③镝（dí）衔：马口中所含之铁。橜（jué）：马口中所衔横木，即马衔。王念孙《读书杂志》："衔"下本无"橜"字。棰（zhuì）：马策端刺针。骃（hàn）：同"骭"。《说文》段玉裁注：骭之言悍也。按，即凶悍之马。

④令：北宋本原作"今"。《道藏》本作"令"。据正。

⑤盟：古代杀牲畜歃（shà）血作为信誓。

⑥诟（gòu）：骂。

【译文】

古时候的人民淳厚、工匠厚实、商人淳朴、女子贞正，因此政令教化容易推行、风俗容易转变。现在世道德性一天天衰落，百姓习俗更加浅薄，要用质朴厚重的传统办法，治理已经道德败坏的百姓，就像没有镝衔和鞭棰而驾驭强悍的烈马一样。从前神农氏没有制度法令而百姓听从，唐尧、虞舜有制度命令而没有刑罚，夏后氏不违背诺言，商人喜欢发誓，周人则要歃血结盟。等到当今的社会，可以忍受辱骂而轻视侮辱，贪得无厌缺少羞耻，要用神农的方法治理百姓，那么造成混乱是一定的了。

伯成子高辞为诸侯而耕①，天下高而②。今时之人，辞官而隐处,为乡邑之下,岂可同哉?

古之兵,弓剑而已矣,槽柔无击③,脩戟无刺④。晚世之兵,隆冲以攻⑤,渠幨以守⑥,连弩以射⑦,销车以斗⑧。古之伐国,不杀黄口⑨,不获二毛⑩,于古为义,于今为笑。古之所以为荣者,今之所以为辱也。古之所以为治者,今之所以为乱矣。

【注释】

①伯成子高:尧时人。其事见于《吕览·长利》、《庄子·天地》。

②而:《道藏》本作"之"。

③"槽柔"句:高诱注:木矛也。无击,无铁刃也。按,又作"仇矛"。头有三叉的兵器。

④刺:北宋本原作"别"。刘绩《补注》本作"刺"。据正。

⑤隆冲:冲破敌阵的战车。

⑥渠幨(qú chān):高诱注有两义:其一指护城河。其二指盾牌和护甲。据《墨子·备城门》载"渠"、"渠苔"义,当为一种守城设备。

⑦连弩:装有机栝(kuò)、可以连发数矢的弓。

⑧销车:指一种装有机关、连弩发射、以牛牵引、载插利刃的战车。

⑨黄口:幼儿。

⑩二毛:有白发的老人。

【译文】

尧时伯成子高拒绝担任诸侯而去耕田,天下人认为他是高洁之士。现在的世人,辞去官职而去归隐,将会被乡间之人所鄙视,难道能与伯成子高相同吗?

古代的兵器,仅仅是弓和剑罢了,木矛没有锋刃,长戟没有刺刀。晚世的兵器,用战车来攻打城池,用渠幨来守城,用连弩来射击,用销车来冲锋。古代侵伐别的国家，不杀幼儿，不捕杀白发老人，在古代是符合道义的，在今天会成为笑料。古代被看成光荣的举动，今天则成为耻辱的事情。古代所用来治理国家的办法，今天变成造成混乱的原因。

　　夫神农、伏牺，不施赏罚而民不为非，然而立政者不能废法而治民①；舜执干戚而服有苗②，然而征伐者不能释甲兵而制疆暴③。由此观之，法度者，所以论民俗而节缓急也④；器械者，因时变而制宜适⑤。

【注释】

①立：《太平御览》卷二百七十一《兵部》二引作"莅"。

②"舜执"句：高诱注：舜之初，有苗叛，舜执干戚而舞于两阶之间，有苗服从之。以德化怀来也。按，干，盾，古代舞具。

③疆：通"强"。按，以上出于《韩非子·五蠹》。

④论：知晓。

⑤宜适：《群书治要》"适"下有"也"字。

【译文】

　　神农、伏牺，不施加赏罚而百姓不会为非，然而后代的执政者不能废除法律治理百姓；舜执干戚舞蹈而有苗归服，然而当今的征伐者不能放弃武器而制服强暴。从这里可以看出，法令制度，是用来明辨民间习俗节制缓急的；器械物用，也是要依照时势变化而制造适宜合适的产品。

　　夫圣人作法，而万物制焉①；贤者立礼，而不肖者拘焉②。制法之民③，不可与达辱④；拘礼之人，不可使应变。耳不知清浊之分者，不可令调音⑤；心不知治乱之源者，不可令制法。必有独闻之耳、独见之明⑥,然后能擅道而行矣⑦。

夫殷变夏,周变殷,春秋变周,三代之礼不同,何古之从? 大人作而弟子循⑧,知法治所由生,则应时而变;不知法治之源,虽循古终乱。今世之法藉与时变⑨,礼义与俗易,为学者循先袭业,据籍守旧教,以为非此不治,是犹持方枘而周员凿也⑩,欲得宜适致固焉⑪,则难矣。

【注释】

①物:《群书治要》引作"民"。

②拘:束缚、限制。按,以上四句化自《商君书·更法》。

③制法:被法制所制约。

④达辱:《道藏》本作"远举"。当是。

⑤令:北宋本原作"今"。《道藏》本作"令"。据正。

⑥耳:《文子·上义》作"聪"。

⑦擅(shàn):任意,随意。

⑧循:遵循。

⑨藉:通"籍"。《道藏》本作"籍"。

⑩枘(ruì):榫子,榫头。北宋本原作"枘"。《道藏》本作"枘"。据正。

⑪致:精致,细密。

【译文】

圣人制定法规,而百姓被制服;贤人建立礼制,而不肖的人被束缚。被法制制服的百姓,不能够和他远游高举;被礼俗拘泥之人,不能够使他适应变化。耳朵不能够分辨清浊之声的人,不能够让他来调整音律;心里不知道治乱根本的人,不能够使他制定法律。一定要有独特的听觉、特殊的视觉,这样就能够随意取道而行事。

殷朝取代夏朝,周朝改变商朝,春秋改变周朝,三代的礼节是不同的,遵从什么古代呢?不过是长辈制订法律弟子遵循罢了。知道法律所产生的原因,可以适应时势变化;不知道法律所产生的根源,即使遵循古代最终也要造成混乱。现实社会的法令条文与时代一起变化,礼仪和习俗一起转移,从事学问的人却遵循先人沿袭旧业,根据法籍守旧教,认为不是这样不能治理,这就像拿着方形的榫头而要和圆形的榫眼相合,要想达到适宜和牢固,那是很困难的。

今儒、墨者称三代、文、武而弗行,是言其所不行也;非今时之世而弗改,是行其所非也。称其所是,行其所非,是以尽日极虑而无益于治,劳形竭智而无补于主也。今夫图工好画鬼魅而憎图狗马者^①,何也?鬼魅不世出,而狗马可日见也。夫存危治乱,非智不能;道而先称古^②,虽愚有余。故不用之法,圣王弗行;不验之言,圣王不听^③。

【注释】

①鬼魅(mèi):鬼怪。按,此文化自《韩非子·外储说左上》。

②道而:《群书治要》、《文子·上义》"道"字在"而"字下。

③"故不用"四句:《文子·上义》作:"故不用之法,圣人不行也;不验之言,明主不听也。"皆不作"圣王"。

【译文】

现在儒、墨称颂三代、周文、周武而不实行,这就是称说他们不能够实行的东西;非议现在的社会而不加改变,这样就是实行他们所非议的东西。称颂他们所认为正确的,而实行的是他们所非议的,因此冥思苦想却对于治理没有帮助,辛劳形体竭尽智虑却对于国君没有补益。现在的画工爱好画鬼怪却厌恶画狗马之类,这是什么原因呢?鬼魅在世上没有出现,而狗马是每天可以见到的。保存危国治理乱世,没有贤智之人是不能实现的;而称道先人古代,即使愚蠢的人智术也是有余的。因此不能使用的法律,圣王也不能够推行它;没有验证的言论,即使是圣王也不能够听从。

　　天地之气,莫大于和①。和者阴阳调,日夜分而生物②。春分而生③,秋分而成,生之与成,必得和之精④。故圣人之道,宽而栗⑤,严而温,柔而直,猛而仁。太刚则折,太柔则卷,圣人正在刚柔之间,乃得道之本。积阴则沉,积阳则飞,阴阳相接,乃能成和⑥。

【注释】

①和:和谐之气。

②"和者"二句:《文子·上仁》:"和者,阴阳调,日夜分。"无"而生物"三字。

③"春分"句:《文子·上仁》:"故万物春分而生……",有"故万物"三字。

④精:指和气中的精微之气。

⑤栗:坚硬。按,以上数句化自《尚书·舜典》及《皋陶谟》。

⑥"积阴"四句:郑良树《淮南子斠理》:"积阴"四句疑当在"和之精"下。飞,飞扬,上扬。

【译文】

天地之间的气体,没有什么比和气更大的了。有了和气阴阳可以协调,日夜分明而万物滋长。万物春分时候开始生长,秋分开始成熟,生长和成熟,必然得到和气中的精微之气。因此圣人的治政方法,宽松而坚定,严厉而温和,柔软而正直,威猛而仁惠。过分刚强就会折断,过分柔软就会卷曲，圣人正好处在刚柔之间，才能得到道的根本。阴气积聚了就会沉溺，阳气积累了就会上扬，阴气阳气相互交接，才能成为和气。

夫绳之为度也，可卷而伸也①，引而伸之，可直而睎②，故圣人以身体之③。夫脩而不横，短而不穷，直而不刚，久而不忘者④，其唯绳乎？故恩推则懦⑤，懦则不威；严推则猛，猛则不和；爱推则纵⑥，纵则不令；刑推则虐⑦，虐则无亲。

【注释】

①伸：刘绩《补注》、《文子·上仁》本作"怀"，包容义。

②睎（xī）：望。北宋本原作"睎"。刘绩《补注》改作"睎"。据正。

③体：行。

④忘：北宋本原作"志"。《道藏》本作"忘"。据正。

⑤恩推：即推恩，亦即推爱。推，推移。

⑥纵：放纵。

⑦虐：害。

【译文】

绳作为度量的准则，可以卷曲可以包容，引申下去，可以直视远望，因此圣人用自身来实行它。修长而不会阻隔，短小而又无穷，平直而不刚强，永久而不会被遗忘，恐怕只有绳了吧？所以恩义推衍下去就会懦弱，懦弱则不成威仪；严厉推移下去就会刚猛，刚猛就会失去和谐；慈爱推衍下去就会放纵，放纵就无法禁止；刑法推衍下去就会暴虐，暴虐就没有人亲附。

昔者齐简公释其国家之柄①，而专任其大臣将相②，摄威擅势，私门成党，而公道不行。故使陈成田常、鸱夷子皮得成其难③，使吕氏绝祀而陈氏有国者④，此柔懦所生也。

【注释】

①齐简公：春秋末齐君，在位 4 年。

②大臣：指陈成子。

③陈成田常：当为陈成常。陈，姓。名恒。成，谥号。常，字。陈、田，上古音音近相通。鸱（chī）夷子皮：田氏之党。其事见《韩非子·说林上》《墨子·非儒》，并见于《说苑·指武》。难（nàn）：指前 481 年，齐简公用阚（kàn）止谋逐田氏，田常杀阚止及简公。

④绝祀：前 379 年，齐康公卒，吕氏绝祀。

【译文】

从前齐简公放弃他的国家权柄，而专门任用田成子等大臣将相，他们依仗权势专横跋扈，私自结成徒党，而公室的政令却得不到通行。因此才能使陈成常、鸱夷子皮弑君阴谋得以成功，使吕氏齐国灭绝而陈氏夺取国家政权，这是柔弱所造成的。

郑子阳刚毅而好罚①，其于罚也，执而无赦。舍人有折弓者②，畏罪而恐诛，则因猘狗之惊③，以杀子阳，此刚猛之所致也。今不知道者，见柔懦者侵，则矜于为刚毅④；见刚毅者亡，则矜于为柔懦。此本无主于中⑤，而闻见舛驰于外者也⑥，故终身而无所定趋⑦。譬犹不知音者之歌也，浊之则郁而无转⑧，清之则燋而不讴⑨。及至韩娥、秦青、薛谈之讴⑩，侯同、曼声之歌⑪，愤于志，积于内，盈而发音，则莫不比于律而和于人心。何则？中有本主，以定清浊，不受于外，而自为仪表也。

【注释】

①郑子阳：郑君。一说为郑相。其事见于《吕览·适威》《首时》。

②舍人：战国秦汉时，贵族的宾客、亲信左右，皆称舍人。

③猘（zhì）狗：疯狗。

④矜（jìn）：王念孙《读书杂志》："矜"皆当为"务"。

⑤本无：陈观楼《淮南子正误》作"无本"。

⑥舛（chuǎn）驰：即背道而驰。

⑦趋：归附。

⑧之：北宋本原作"一"。《道藏》本作"之"。据正。郁：沉郁。

⑨燋（qiáo）：通"憔"，憔悴。讴（ōu）：指歌声和调。

⑩韩娥：韩国女歌手。曾在齐国雍门演唱，"余音绕梁三日不绝"。事见《列子·汤问》。秦青：秦国歌手，以教唱为业。薛谈：秦青弟子。

⑪侯同、曼声：古代歌手。

【译文】

郑子阳刚毅而好施惩罚，他对于处罚别人，执持而不赦免。舍下有人折断了弓箭，害怕因罪而被杀，便利用疯狗惊吓众人之机，杀死子阳，这就是刚强猛烈而造成的后果。现在那些不懂得道的人，看到柔弱的人便要侵扰，则务求表现得刚毅；见到刚毅的人便要逃亡，则力求表现得懦弱。这些人都是没有根本之道主宰胸中，而表现在外部的所闻所见与根本之道相背离，因此终身没有安定和归宿。比如就像不知道音律的人唱歌，低音之处便沉郁而不婉转，高音之处则忧悲而不和调。至于像古代歌星秦青、韩娥、薛谈的演唱，侯同、曼声的歌喉，愤激之情出自内心，积聚在胸膛之中，充满之后而发出声音，那么没有不与音律相谐和而同人的感情相融通的。为什么这样呢？因为心中有根本在主宰，以此来确定清浊之声，并且不受外部干扰，那么自己就形成一定风格了。

今夫盲者行于道，人谓之左则左，谓之右则右，遇君子则易道①，遇小人则陷沟壑。何则？目无以接物也②。故魏两用楼翟、吴起而亡西河③，湣王专用淖齿而死于东庙④，无术以御之也。文王两用吕望、召公奭而王⑤，楚庄王专任孙叔敖而霸，有术以御之也。

【注释】

①"遇君子"句：《意林》作"遇君子则得其平易"。

②接：见。

③"故魏两用"句：高诱注：魏文侯任楼翟（dí）、吴起，不用他贤，秦伐，丧其两河之地。按，一说楼翟为魏文侯弟楼季；一说为楼廙（bí）、翟强二人。《吕览·长见》《观表》载吴起守西河事。西河，战国魏郡名，在今陕西东部黄河西岸地区。载于《韩非子·难一》。事见《战国策·魏三》。

④湣（mǐn）王：战国齐君，田氏，在位17年。曾与秦并称东西帝。在五国联合攻齐时，他逃到莒（今山东莒县）被杀。淖（nào）齿：楚将，奔齐为臣。湣王无道，淖齿杀之，擢其筋，悬于庙门，三日而死。载于《战国策·秦三》《齐六》《韩非子·奸劫弑臣》等。

⑤"文王"句：高诱注：吕望，太公吕尚也，善用兵谋。奭（shì），召康公，善理民财。

【译文】

现在盲人在道上行走，人们告诉他左就向左，告诉他右就向右，遇到君子就容易走平路，遇到小人那么就会陷入沟壑之中。为什么这样呢？因为眼睛没有办法同外物相接触。因此魏文侯两次任用楼翟、吴起而丢掉了西河之地；齐湣王独独信任淖齿而被吊死在东庙，这是因为没有权术来驾驭臣下而造成的。周文王两次任用吕望、召公奭而称王，楚庄王专门任用孙叔敖而称霸天下，这是因为有权术来驾驭他们才能取得成功。

　　夫弦歌鼓舞以为乐，盘旋揖让以脩礼①，厚葬久丧以送死，孔子之所立也，而墨子非之②。兼爱、上贤、右鬼、非命③，墨子之所立也，而杨子非之④。全性保真，不以物累形⑤，杨子之所立也，而孟子非之⑥。趋舍人异，各有晓心⑦。故是非有处，得其处则无非，失其处则无是。丹穴、太蒙、反踵、空同、大夏、北户、奇肱、脩股之民⑧，是非各异，习俗相反，君臣上下，夫妇父子，自以相使也⑨。此之是⑩，非彼之是也⑪；此之非，非彼之非也。譬若斤斧椎凿之各有所施也⑫。

【注释】

①盘旋：回旋周转。揖让：拱手谦让。

②而墨子非之：《墨子》中有《节用》、《节葬》、《非乐》等，反对贵族奢侈享乐、厚葬久丧的习俗。

③兼爱、上贤、右鬼、非命：俱为《墨子》篇名。

④杨子：战国初期道家，魏人。主张“贵生”、“重己”等，曾一度盛行。《列子》有《杨朱》篇。

⑤“全性保真”二句：《韩非子·显学》中记载：“不以天下大利，易其胫（jìng）之一毛。”这是对杨朱学术思想的准确阐释。

⑥而孟子非之：高诱注：孟子受业于子思之门，成唐、虞、三代之德，叙《诗》、《书》，孔子之意，塞杨、墨淫辞，故“非之”也。

⑦晓心：明了于心。

⑧“丹穴”句：高诱注：丹穴，南方当日下之地。太蒙，西方日所入处也。反踵（zhǒng），国名，其人南行，武迹北向。空同，戴胜极下之

地。大夏,在西方。北户,在南方。奇(jī)肱、脩股之民,在西南

方。凡此八者,皆九州之外,八寅之域者也。

⑨自:《道藏》本作"有"。

⑩此:指华夏。

⑪彼:指八寅之地。

⑫施:适宜。

【译文】

　　用琴瑟伴奏唱歌击鼓跳舞来作乐,回旋进退反复谦让来学习礼义,丰厚的葬品长时间服丧来送别死者,这是孔子所提倡的,而墨子对此有非议。兼爱、上贤、右鬼、非命,是墨子所创立的,但是杨朱对此有非议。保全天性,不因为外物而拖累形体,这是杨子创立的学说,而孟子却非议它。采纳和舍弃因人而异,各自对自己的学说都很明了。因此是与非各自都有一定的环境,得到它的环境则没有非,失去它的环境就没有是。丹穴、太蒙、反踵、空同、大夏、北户、奇肱、脩股这些九州之外的人民,他们是非观各不相同,风俗习惯相反,但是君臣上下,夫妇父子之间,有用来互相支使的规则。这里的是,不是那个地方的是;这里的非,也不是那个地方的非。比如就像斤斧椎凿各自都有适宜的用处。

　　禹之时①,以五音听治②,悬钟鼓磬铎③,置鞀④,以待四方之士。为号曰:"教寡人以道者击鼓,谕寡人以义者击钟,告寡人以事者振铎,语寡人以忧者击磬,有狱讼者摇鞀⑤。"当此之时,一馈而十起⑥,一沐而三捉发,以劳天下之民⑦。此而不能达善效忠者⑧,则才不足也。

【注释】

①禹:高诱注:颛顼(zhuān xū)后五世鲧(gǔn)之子也,名文命。受

禅(shàn)成功曰禹。

②五音：宫、商、角、徵(zhǐ)、羽。

③磬(qìng)：石制敲击乐器。铎(duó)：大铃。古代宣布政教法令或
　　战争时使用。

④鼗(táo)：有柄的小鼓。

⑤狱讼：指官司案件。

⑥馈(kuì)：吃饭。按，此则化自《鬻子·禹政》及《吕览·谨听》，并
　　载于《韩诗外传》卷三、《史记·鲁世家》、《说苑·敬慎》等。

⑦劳：忧。

⑧达善：指通达善道。效忠：指献出忠心。

【译文】

　　夏禹执政的时候，用五音来处理政事，悬挂钟鼓磬铎，设置鼗，用来接待四方来归的人士。并发出号令说："用道理来教诲我的就打鼓，用大义劝谕我的就敲钟，把发生的事情告诉我的就摇起铎，要把心事告诉我的就击磬，有官司诉讼要使我判决的摆动鼗。"在这个时候，吃一顿饭要起来十几次，洗一次头要多次挽住头发，就是这样来忧劳天下的民事。像这样而不能通达善道献出忠心的人，是才能不够罢了。

　　秦之时，高为台榭，大为苑囿，远为驰道①，铸金人②，发适戍③，入刍稾④，头会箕赋⑤，输于少府⑥。丁壮丈夫，西至临洮、狄道⑦，东至会稽、浮石⑧，南至豫章、桂林⑨，北至飞狐、阳原⑩，道路死人以沟量。当此之时，忠谏者谓之不祥，而道仁义者谓之狂。

　　逮至高皇帝⑪，存亡继绝，举天下之大义，身自奋袂执锐⑫，以为百姓请命于皇天⑬。当此之时，天下雄俊豪英，暴露于野泽，前蒙矢石，而后堕溪壑，出百死而给一生⑭，以争

天下之权;奋武厉诚⑮,以决一旦之命。当此之时,丰衣博带而道儒、墨者⑯,以为不肖。逮至暴乱已胜,海内大定,继文之业,立武之功⑰,履天子之图籍,造刘氏之貌冠⑱,总邹、鲁之儒、墨,通先圣之遗教,戴天子之旗,乘大路⑲,建九斿⑳,撞大钟,击鸣鼓,奏《咸池》㉑,扬干戚。当此之时,有立武者见疑㉒。一世之间,而文武代为雌雄,有时而用也。

　　今世之为武者,则非文也;为文者,则非武也。文武更相非,而不知时世之用也。此见隅曲之一指㉓,而不知八极之广大也。故东面而望,不见西墙;南面而视,不睹北方。唯无所向者,则无所不通㉔。

【注释】

①驰道:驰马所行之道。

②铸金人:高诱注:秦始皇二十六年,初兼天下,有长人见于临洮,其高五丈,足迹六尺。放写其形,铸金人以象之,翁仲、君何是也。

③适(zhé)戍:被贬谪去戍边。当时修长城四十万,戍五岭五十万,修骊山墓五十万。适,通"谪"。

④刍稾(chú gǎo):牲口吃的草。稾,禾黍茎。

⑤头会:按人口多少收赋税。箕赋:喻多取民财之义。

⑥少府:官名。掌山海池泽收入,为皇帝私府。位列九卿之一。

⑦临洮(táo):秦县名,在今甘肃岷山,以临洮水而得名。狄道:战国、秦代地名,又作"氐道"。在今甘肃武山东南,古为氐族所居。

⑧会(kuài)稽:即今浙江会稽山。浮石:东海岛屿名。

⑨豫章:西汉郡名。在今江西南昌。桂林:秦郡名,治所在今广西桂平西南。

⑩飞狐：古太行山要隘名。在今河北涞源北、蔚县南。阳原：在今河北宣化熊耳山一带，现为阳原市。

⑪高皇帝：即汉高祖刘邦。字季，即位易名邦。

⑫奋袂(mèi)：挥动衣袖。

⑬皇天：上天。皇，北宋本原作"室"。《道藏》本作"皇"。据正。

⑭给：通"代"，换取。

⑮厉：激励。诚：《太平御览》卷三百二十七《兵部》五十八引"诚"作"威"。

⑯丰衣：宽大之衣。儒者之服。

⑰"继文"二句：高诱注：继文王受命之业，武王诛无道之功。按，此二句见于《吕览·不广》。

⑱"履天子"二句：图籍、貌冠，王念孙《读书杂志》：本作"履天子之籍，造刘氏之冠"。"貌"为衍文，且"图"不可以言"履"也。按，高诱注作："高祖于新丰所作竹皮冠也。一曰委貌冠。"籍，通"阼(zuò)"，台阶。

⑲大路：大车，天子所乘，也作大辂(lù)。

⑳九斿(liú)：天子之旗名。斿，旌旗之末垂下的饰物。

㉑《咸池》：黄帝之乐。

㉒疑：怪异。亦有被猜疑、怀疑之义。

㉓隅曲：室中狭小之处。

㉔"故东面"六句：化自《吕览·去尤》。

【译文】

秦始皇统治的时候，筑起了高高的台榭，修起了大大的范围，开辟了远方的驰道，铸成十二个金人，遣发负罪的犯人，征收粮草，按照人口多少收缴赋税，搜刮的财物全部送入少府之中。青壮年男子征发戍边，西边到达临洮、狄道，东边到达会稽、浮石，南边到达豫章、桂林，北边到达飞狐、阳原，在道路上死去的人填满了沟壑。在这个时候，提出忠告劝谏的人被认为是不吉利,而称道仁义的人被认为是疯子。

等到高皇帝起兵,使灭亡之国复存、断绝之嗣得续,高举天下之义旗,亲自挥动衣袖手执兵器,为百姓向皇天请命。在这个时候,天下的英雄豪杰,风餐露宿在原野大泽之中,前面的人蒙受利箭,后面的人坠入溪壑,百人拼死而往往只有一人生还,来争夺天下之权;奋起武力激励威风,而来决定一时的命运。在这个时候,穿着宽衣系着大带而称道儒术的人,被认为是不肖之人。等到战胜暴乱,海内平定,继承文王受命之业,建立武王诛杀无道之功,踏着天子之阶,制造刘氏之冠,总括邹、鲁儒、墨之精华,变通先圣的遗训,擎着天子的龙旗,乘着大辂,树起九斿,撞起大钟,敲起鸣鼓,奏起《咸池》之乐,举起干戚起舞。在这个时候,有建立武备的人被怀疑。一世之间,而文武的重要地位互相更换,这是根据时代需要而决定的。

现在社会上从事武力活动的人,便非议文人;从事文化活动的人,便非议武力。文武互相非议,而不知道它们对时世的用处。这些人都只是见到角落中的一指之地,却不知道八极的广大无边。因此面向东而望,不能见到西边墙壁;面向南而看,也见不到北方。只有没有固定方向的人,才能任何地方都能通达。

国之所以存者,道德也①;家之所以亡者,理塞也。尧无百户之郭,舜无植锥之地,以有天下;禹无十人之众,汤无七里之分,以王诸侯。文王处歧周之间也②,地方不过百里,而立为天子者,有王道也。夏桀、殷纣之盛也,人迹所至,舟车所通,莫不为郡县,然而身死人手,为天下笑者,有亡形也。故圣人见化以观其征③。德有昌衰,风先萌焉④。故得王道者,虽小必大;有亡形者,虽成必败。夫夏之将亡,太史令终古先奔于商⑤,三年而桀乃亡;殷之将败也,太史令向艺先归文王，期年而纣乃亡⑥。故圣人之见存亡之迹、成败之际也，非乃鸣条之野、甲子之日也⑦。今谓疆者胜⑧，则度地计众；富者利，则量粟称金。若此，则千乘之君无不霸王者，而万乘之国无不破亡者矣⑨。存亡之迹，若此其易知也，愚夫惷妇⑩，皆能论之⑪。

【注释】

①"国之"二句：高诱注：道德施行，民悦其化，故国存也。按，《文子·上仁》作"得道也"。

②歧：《道藏》本作"岐"。岐周，在今陕西岐山东北，周族古公亶（dǎn）父从邠（bīn）迁来此地。

③征：形迹。

④"德有"二句：高诱注：风，气也。萌，见也。言有盛德者，谓文王也。伯夷、太公先见之。有衰德者，谓桀［纣也］。太史令终古及向艺先去之也。

⑤终古：传说为夏桀内史。桀凿池为夜宫，男女杂处，三旬不朝，终古泣谏，不听，遂奔商。

⑥"殷之"三句：见于《吕览·先识》。向艺，殷纣时史官。又作"向挚（zhì）"。期（jī）年，一年。

⑦"非乃"句：高诱注：汤伐桀，禽于鸣条。武王诛纣，以甲子克之。按，鸣条，在今山西运城夏县西。甲子，《史记·殷本纪》：甲子日，纣兵败。

⑧疆：本又作壃（jiāng），亦作强。

⑨"则千乘"二句：无不霸王、无不破亡，王念孙《读书杂志》：两"不"字皆后人所加。于大成《氾论校释》：《鹖冠子·武灵王》："今世之言兵也，皆强大者必胜，弱小者必灭，是则小国之君无霸王者，

　　而万乘之主无破亡也。"王说是也。

　⑩夫：北宋本原作"夬"。《道藏》本作"夫"。据正。

　⑪论：辨别。

【译文】

　　诸侯国之所以存在的原因，是施行道德的缘故；大夫之家之所以灭亡的原因，是因为道德堵塞的缘故。尧没有百户人家的范围，舜没有立锥之地，而却能拥有整个天下；禹没有十人之众，汤没有七里的封地，而却能成为诸侯之王。文王处在岐周之地，土地方圆不过百里，而能被立为天子，因为施行仁义之道。夏桀、商纣王强盛的时候，人迹所到达的地方，舟车所能通行之处，没有不建成郡县的，虽然如此但是自己却死在别人手中，而被天下人所耻笑，这是因为事先就有了灭亡的征兆。因此圣人看到变化而能观察它的迹象。德性有兴盛衰落的时候，而从民风中首先会反映出来。因此能够得到为王的正道的，即使处于极小范围之内，也一定能强大；有了灭亡的征兆，即使一时成功将终究要失败。夏朝将要灭亡的时候，太史令终古首先逃到了商，三年夏桀便正式灭亡；殷朝将要失败的时候，太史令向艺首先归向文王，一年后商纣王就灭亡了。因此圣人见到存亡的迹象、成败交替的时候，不一定始于在鸣条汤伐桀、甲子之日武王伐纣。现在说强大的必定胜利，那么就想到度量土地计算人口；说到富贵的必定有利益，那么就想到计量谷子称量金子。如果这样想，那么千乘的国君没有能够称王称霸的，而万乘之君没有破国亡家的。存亡的迹象，如果像这样容易知道，那么愚蠢的男女，也都能够辨说清楚了。

　　赵襄子以晋阳之城霸①，智伯以三晋之地擒②，湣王以大齐亡③，田单以即墨有功④。故国之亡也，虽大不足恃；道之行也，虽小不可轻。由此观之，有在得道⑤，而不在于大也；亡在失道，而不在于小也。《诗》云："乃眷西顾，此惟与宅⑥。"言去殷而迁于周也。

【注释】

①赵襄子：战国赵君，名无恤，在位 51 年。

②智伯(？—前 453)：智瑶。春秋末期晋国执政者。三晋：指智伯兼有范、中行氏土地。高诱注谓"智氏兼有韩魏"，恐误。

③湣(mǐn)王：战国齐君，在位 17 年，被楚将淖齿弑杀。

④"田单"句：高诱注：燕伐齐而灭之，得七十城，唯即墨未下，田单以市吏率即墨市民以击燕师，破之，故曰"有功"也。按，田单，齐将。以火牛阵破燕将乐毅师，收复十余城。被齐襄王任为相国。即墨，在今山东平度南。二句见于《吕览·行论》。

⑤有：《道藏》本作"存"。《文子·上仁》同。"有"亦有"存在"义。

⑥"乃眷"二句：见于《诗·大雅·皇矣》。高诱注：纣治朝歌，在东。文王国于岐周，在西。天乃眷然顾西土，此唯居周，言我宅也。按，眷，眷恋。宅，安居。

【译文】

赵襄子凭借着晋阳之城而成为战国霸主，智伯占有三晋广大土地而被擒住，齐湣王拥有广袤的齐国而灭亡，田单依靠孤城即墨建立奇功。因此国家的灭亡，即使很大也不值得依靠；推行大道的国家，即使很小也不能够轻视。从这里可以看出，存在取决于得道，而不在于国大；灭亡在于失道，而不在于国小。因此《诗》中说："于是眷恋西顾，这里的土地好给他安身。"说的是离开商朝而迁往周地。

故乱国之君，务广其地，而不务仁义；务高其位，而不务道德，是释其所以存，而造其所以亡也①。故桀囚于焦门②，而不能自非其所行，而悔不杀汤于夏台③。纣拘于宣室④，而不反其过⑤，而悔不诛文王于羑里⑥。二君处强大势位，脩仁义之道，汤、武救罪之不给，何谋之敢当⑦？若上乱三光之明⑧，下失万民之心，谁微汤、武⑨，孰弗能夺也？今不审其在己者，而反备之于人，天下非一汤、武也，杀一人，则必有继之者也。且汤、武之所以处小弱而能以王者，以其有道也。桀、纣之所以处强大而见夺者，以其无道也。今不行人之所以王者，而反益己之所以夺，是趋亡之道也。

　　武王克殷，欲筑宫于五行之山⑩。周公曰："不可。夫五行之山，固塞险阻之地也，使我德能覆之，则天下纳其贡职者迴也；使我有暴乱之行，则天下之伐我难矣。"此所以三十六世而不夺也⑪，周公可谓能持满矣⑫。

【注释】

①造：达到。

②焦门：监狱名。焦，通"巢"，即南巢。在今安徽巢湖西南。

③夏台：监狱名。汤被囚于此。在今河南禹州南。

④宣室：官殿名。一说是监狱。

⑤反：悔。

⑥羑（yǒu）里：监狱名。在河南汤阴。

⑦当：《群书治要》引作"虑"。

⑧三光：日、月、星。

⑨谁：《道藏》本、刘绩《补注》本作"虽"。

⑩五行之山：即太行山。

⑪三十六：本书《道应训》作"三十四世"。

⑫持满：即保持成业之义。本书《道应训》又作"持盈"。

【译文】

因此说乱国的君主只务求增加土地,却不务求增加仁义;务求增加权势而不务求增加道德,这样是放弃了他们生存的条件,而走向灭亡道路。所以夏桀被囚禁在焦门,而不能省悟自己的罪过,反而后悔不把商汤杀死在夏台。商纣王被拘禁在宣室,而不反省自己的过失,却后悔不把周文王杀死在羑里。夏桀商纣处于强大之势的时候,假令能修仁义之道,汤、武挽救自己的罪过尚且来不及,怎么敢产生叛乱之谋呢?如果上面扰乱了日、月、星的光辉,下面失去了万民的拥护,即使不是商汤、周武,谁又不能夺取他们的政权呢?现在不审查自己的无道之行,反而防备天下之人,其实天下不是只有一个汤、武,杀掉一个汤、武,那么必有继承之人。而且汤、武之所以由处在弱小的地位,而能够成为天下之王,是因为他们的有道造成的。桀、纣之所以处在强大的地位而权力被夺,是因为他们的无道造成的。今天不推行汤、武所以凭借称王的大道,反而增加桀、纣所以被夺取政权的失道,这是走向灭亡的道路。

周武王打败了商纣王,准备在太行山上修筑宫室。周公说:"不行!太行山,是地势险要关塞阻隔的地方,假使我的德泽能够覆盖天下之人,那么天下之人缴纳他们的贡职就会迂回难行;假使我有暴乱的行为,那么天下的人讨伐我就困难了。"这就是周朝延续三十四代而权力不会被夺的原因,周公可以说是能够保持成业的了。

昔者《周书》有言曰①:"上言者②,下用也;下言者③,上用也。上言者,常也;下言者,权也④。"此存亡之术也,唯圣人为能知权。言而必信,期而必当⑤,天下之高行也。直躬其父攘羊而子证之⑥;尾生与妇人期而死之⑦。直而证父,信而溺死,虽有直信,孰能贵之?夫三军矫命⑧,过之大者也。秦穆公兴兵袭郑⑨,过周而东⑩。郑贾人弦高将西贩牛⑪,道遇秦师于周、郑之间，乃矫郑伯之命，犒以十二牛^⑫，宾秦师而却之，以存郑国。故事有所至，信反为过，诞反为功^⑬。何谓失礼而有大功？昔楚恭王战于阴陵^⑭，潘尪、养由基、黄衰微、公孙丙相与篡之^⑮。恭王惧而失体^⑯，黄衰微举足蹴其体^⑰。恭王乃觉，怒其失礼，奋体而起，四大夫载而行。昔苍吾绕娶妻而美以让兄^⑱，此所谓忠爱而不可行者也。是故圣人论事之局曲直^⑲，与之屈伸偃仰，无常仪表。时屈时伸，卑弱柔如蒲韦^⑳，非摄夺也^㉑；刚强猛毅，志厉青云，非本矜也^㉒，以乘时应变也。

【注释】

① 《周书》：周史之书。

② 上言：指明智之言。

③ 下言：指不智之言。

④ 权：权变。按，以上疑为《周书》逸文。今本《尚书》之《周书》无此文。当化自《韩非子·说林》。

⑤ 当：相合。

⑥ 直躬：楚人名。以直道立身之义。其事见于《论语·子路》、《吕览·当务》、《韩非子·五蠹》等。攘（rǎng）：高诱注：凡六畜自来而取之曰攘也。按，有自行占有义。这里指偷窃。

⑦ "尾生"句：高诱注：尾生，鲁人，与妇人期于梁下，水至溺死也。按，《文子·道德》作"信而死女"。其事见于《战国策·燕一》、《庄子·盗跖》等。

⑧ 矫：假托。

⑨ 袭：偷袭。郑：指郑国都城（今河南新郑）。

⑩ 周：指东周都城雒邑（今河南洛阳）。

⑪贩：北宋本原作"败"。《道藏》本作"贩"。据正。

⑫犒（kào）：犒劳。按，事见《左传·僖公三十三年》、《吕览·悔过》等。

⑬诞：欺骗。

⑭"昔楚恭王"句：高诱注：恭王与晋厉战于阴陵，吕锜（qí）射于恭王，中厥（目），因而擒之。按，楚恭王，春秋楚君，名审，在位31年。阴陵，也叫鄢陵，在今河南鄢陵西北。

⑮"潘尫（wāng）"句：四人为楚大夫。其中养由基为神射手。篡（cuàn），夺取。

⑯失体：违背礼节，有失大体。指坐着不能起来。

⑰蹴（cù）：踢。

⑱"昔苍吾绕"句：高诱注：苍吾绕，孔子时人。以妻美好，推与其兄，于兄则爱矣，而违亲近曲顾之义，故曰"不可行"也。

⑲局：《文子·道德》无"局"字。顾广圻《校淮南子》："局"疑"居句"二字之误合。按，《大戴礼记·劝学》王聘珍解诂："倨，直也。句，曲也。"倨，通"居"。顾说可供参考。

⑳卑：王念孙《读书杂志》："弱柔"上不当有"卑"字。《荀子·不苟篇》"柔从若蒲苇"，亦无"卑"字。苇：刘家立《淮南内篇集证》"苇"作"苇"。

㉑摄：杨树达《淮南子证闻》：当读为"慑"。

㉒本：王念孙《读书杂志》："本"当为"夸"。夸矜与摄夺相对为文。《文选〈甘泉赋〉》注引此正作"夸"。按，夸矜，自夸、骄傲。

【译文】

从前《周书》上说过："明智之言，被臣下使用；不智之言，被君主使用。明智之言，是永久可行的；不智之言，是权变暂用而已。"这就是君主掌握存亡的权术，只有圣人能够知道权变事宜，不失其道。说话要讲究信用，约会应当如期赴约，这就是天下人公行的高尚的品德。楚国直躬的父亲偷了羊而儿子去作证；鲁国尾生与女子在桥下约会而被水淹死。正直而证明父亲偷窃，守信而自己被淹死，即使有正直守信的品德，谁能够认为他高贵呢？假传君命调动三军，这是最大的罪过。秦穆公发兵偷袭郑国，过了周都向东进发。郑国商人弦高准备到京都贩牛，在周、郑之间遇到了秦国的军队，于是假传郑伯的命令，用十二头牛犒劳秦军，而使秦军退走，从而保存了郑国。因此行事超过了限度，守信用反而成为过错，欺骗反而成为有功。什么叫失礼而有大功呢？从前楚恭王在阴陵与晋厉公大战，恭王被射中左眼，潘尪、养由基、黄衰微、公孙丙互相配合把恭王夺了回来。恭王恐惧得爬不起来，黄衰微抬起脚踢了他一下。恭王于是才清醒，对黄衰微失礼非常愤怒，振作身子爬了起来，四大夫载着他向后逃去。从前苍吾绕娶了美妻就把她让给了兄长，这虽然是钟爱其兄但是却不能这样做。因此圣人研究事情的曲直，而和它们一起屈伸俯仰，没有固定的法式。一时卷曲一时伸张，柔弱如蒲草芦苇，不是为了害怕而改变志向；刚强猛毅，志气激励上贯青云，不是为了自夸骄傲，而是用来趁着时势应对变化。

夫君臣之接，屈膝卑拜，以相尊礼矣；至其迫于患也，则举足蹴其体，天下莫能非也。是故忠之所在，礼不足以难之也。孝子之事亲，和颜卑体，奉带运履①。至其溺也，则捽其发而拯②，非敢骄侮，以救其死也。故溺则捽父，祝则名君③，势不得不然也，此权之所设也。故孔子曰："可以共学矣，而未可以适道也。可与适道，未可以立也。可以立，未可与权④。"权者圣人之所独见也⑤。故忤而后合者⑥，谓之知权。合而后舛者⑦，谓之不知权。不知权者，善反丑矣。故礼者实之华而伪之文也⑧，方于卒迫穷遽之中也⑨，则无所用矣。是故圣人以文交于世，而以实从事于宜，不结于一迹之涂⑩，

凝滞而不化。是故败事少,而成事多,号令行于天下,而莫
之能非矣。

【注释】

①奉:"捧"之本字。运履:李哲明《淮南义训疏补》:"运履"当作"进
　履"。"进"与"奉"词义相类。《汉书·张良传》有"进履"之文。

②捽(zuó):揪住。拯(zhěng):拯救。

③祝:祝祷。

④"可以共学"六句:见于《论语·子罕》。共学,指仁者、勇者共同
　学习。适,之,往。立,高诱注指"立德、立功、立言"。按,"三立"
　见于《左传·襄公二十六年》。

⑤独见:独立察见。

⑥"故忤(wǔ)"句:高诱注:忤,逆,不合也。权,因事制宜,权量轻
　重,无常形势。能令丑反善,合于宜适,故圣人独见之也。

⑦舛(chuǎn):背离。

⑧伪:为,即人为。

⑨卒:通"猝",急促。遽(jù):困窘。

⑩结:聚。涂:同"途"。

【译文】

　　君臣之间的相见,臣下屈膝低身下拜,以此来表示尊重礼节;等到
国君迫于危难,那么便抬脚踢他的身体,天下也没有人能非议他们。因
此忠贞所存在的地方,礼节是不能够责难他们的。孝子事奉双亲,颜色
温和躬身行礼,捧着衣带送上鞋子。等到父亲淹没水中,那么就会揪住
头发而解救他,不是敢于骄横地侮辱他,而是为了解救他于死难之中。
因此溺水时就揪住父亲,祭祀祝祷时则称呼为君,时势使人不能不这样
做,这是权变所要求的。因此孔子说:"可以和仁者、勇者共同学习,但
是未必可以和他们共同达到善道。可以和他们一起达到善道,但是未

必可以立功立德立言。可以立德立功立言,未必可以和他们达到权变的要求。"权变是圣人所独自明察的。因此先背离而后融合,叫做知道权变。先融合而后背离,叫做不知道权变。不知道权变的人,会由美好返回丑恶。所以礼节是实际的浮华和人为的文饰,当正处于急切困穷的时候,那么就没有什么用处了。因此圣人用礼节来与世人交接,而用实际对待适宜的事情,不拘泥于一条路途,凝固而不变化。因此失败的事情少,而成功的事情多,号令在天下通行,而没有人来非议他。

　　猩猩知往而不知来①,乾鹄知来而不知往②,此脩短之分也。昔者苌弘③,周室之执数者也④。天地之气,日月之行,风雨之变,律历之数,无所不通。然而不能自知,车裂而死⑤。苏秦匹夫徒步之人也,鞅跻赢盖,经营万乘之主,服诺诸侯,然不能自免车裂之患⑥。徐偃王被服慈惠⑦,身行仁义,陆地之朝者三十二国⑧,然而身死国亡,子孙无类。大夫种辅翼越王句践⑨,而为之报怨雪耻⑩,禽夫差之身,开地数千里,然而身伏属镂而死⑪。此皆达于治乱之机,而未知全性之具者。故苌弘知天道而不知人事,苏秦知权谋而不知祸福,徐偃王知仁义而不知时,大夫种知忠而不知谋。

　　圣人则不然,论世而为之事,权事而为之谋。是故舒之天下而不窕,内之寻常而不塞⑫。使天下荒乱⑬,礼义绝,纲纪废,姜弱相乘⑭,力征相攘⑮,臣主无差⑯,贵贱无序,甲胄生虮虱,燕雀处帷幄⑰,而兵不休息。而乃始服属臾之貌、恭俭之礼⑱,则必灭抑而不能兴矣⑲。天下安宁,政教和平,百姓肃睦,上下相亲,而乃始立气矜⑳,奋勇力,则必不免于有司之法矣。是故圣人者,能阴能阳,能弱能姜,随时而动静,因资而立功。物动而知其反，事萌而察其变，化则为之象，运则为之应，是以终身行而无所困。

【注释】

①"猩猩"句：高诱注：猩猩，北方兽名，人面兽身，黄色。《礼记》曰："猩猩能言，不离走兽。"见人往走，则知人姓字。此"知往"也。又嗜酒，人以酒博之，饮而不能息，不知当醉，以擒其身，故曰"不能知来"也。按，此记载亦见于《尔雅·释兽》。

②"乾鹄（gān hú）"句：高诱注：乾鹄，鹊也。人将有来事忧喜之征，则鸣。此"知来"也。知岁多风，多巢于木枝，人皆探其卵，故曰"不知往"也。按，《论衡·实知》作"䳙（gān）鹄"，《本草纲目·禽部》作"干鹊"。

③苌（cháng）弘（？—前492）：周灵王、景王、敬王时大夫，掌管历法方术。

④数（shù）：术数。《汉书·艺文志》分天文、历谱、五行、蓍龟、杂占形法等六类。

⑤"然而"二句：高诱注：晋范、中行氏之难，以畔其君也。周刘氏与晋范氏世为婚姻，苌弘事刘文公，故周人助范氏。至敬王二十八年，晋人让周，周为杀苌弘以释之，故曰"而不能自知，车裂而死"也。按，其事见《左传·哀公三年》、《庄子·外物》、《韩非子·难言》等。车裂，《经典释文》卷二十七《庄子音义》引《淮南子》作"苌弘铍（pī）裂而死"。铍，剑。

⑥"苏秦"五句：高诱注：苏秦相赵，赵封之为武安君。初，带箧囊，担步盖，历说万乘之君，合东山之众，利病之势，无所不下，使诸侯服从，无有不服诺者，故曰"服诺诸侯，不自免于车裂之患"。苏秦（前337—前284），战国东周洛阳人。曾联合五国攻秦。后在齐从事反间活动，暴露后被车裂而死。匹夫，平民。《汉书·

艺文志》"纵横家"有《苏子》三十一篇。可参见《史记·苏秦列传》、马王堆汉墓帛书《战国纵横家书》。靻，北宋本原作"鞇(zǔ)"。当作"靻(dá)"。《说文》："柔革也。"即柔软的皮革。跻(jué)：《脩务训》高诱注：履也。即鞋类。蠃(yíng)，通"籝(yíng)"，笼。

⑦徐偃王：相传为周穆王时徐国国君，穆王巡狩，诸侯共尊徐为王。后穆王令楚王派人灭其国。《韩非子·五蠹》、《史记·秦本纪》等亦有记载。被服：身怀。

⑧三十二：《韩非子·五蠹》作三十六，《论衡·非韩》作三十二。

⑨大夫种：即文种。春秋末年越国大夫，楚郢人。越被吴击败，困守会稽，他献计越王，得免亡国。又帮助越王复国，灭吴。后越王听信谗言，逼文种自杀。

⑩雪耻：洗刷耻辱。

⑪属镂(zhǔ lòu)：利剑名。

⑫寻常：八尺曰寻，倍寻曰常。

⑬荒乱：荒废紊乱。

⑭姜：通"强"。下"姜"字同。乘：加。

⑮攘(rǎng)：侵夺。

⑯差：差别；失当。

⑰帷幄(wò)：帐幕。

⑱属臾：从容、恭敬。

⑲灭抑：消灭，隐没。

⑳矜：自大。

【译文】

　　猩猩知道以往而不知道将来，乾鹄知道将来而不知道以往，这是各有长处短处的分别。从前大夫苌弘，是周王室执掌历数的专家。天地的阴阳之气，上天的日月运行，自然界的风雨变化，律历的计算方法，没有不精通的。虽然如此但是却不能预知自己的命运,被剖开肚子而死。苏秦是个平民出身的人,脚踏革鞋带着箱笼行李,周旋往来于诸侯国君之间,使诸侯服从应诺,然而最后免不了被车裂而死。徐偃王对人民含怀慈惠,亲身实行仁义之政,沿着陆路而来朝拜的有三十二个国家,虽然如此最后身死国灭,连子孙同族类的人都不存在了。大夫文种辅助越王句践,而替越王报了深仇洗刷耻辱,擒住了吴王夫差,开拓疆土数千里,但是最后自己倒在利剑之下。这些人都是通达治乱机变的人,但是不知道保全性命的办法。因此苌弘知道天道规律而不了解人事,苏秦知道权谋而不知道祸福变化,徐偃王知道仁义而不知道时势,大夫文种知道效忠而不知道保全自身。

圣人则不是这样,研究时势变化而根据它行事,权衡事情大小而依据它谋划。因此在天下舒展开来而没有间隙,纳入寻常之内而不会堵塞。假使现在天下荒废紊乱,礼义断绝,纲纪废止,强大欺压弱小,用武力相侵夺,国君臣下没有区别,高贵卑贱失去秩序,战士盔甲生了虮虱,燕子麻雀居留在帷帐之中,而战争还不停息。而在这时才开始表现出恭敬的样子,从事恭顺节俭的礼节,那么必然被消灭或抑制而不能兴起了。天下安定,刑赏教化平和,百姓恭顺和睦,国君臣下互相亲近,而在这时却开始显示傲气蛮横,振奋勇力,那么有司对他的处罚一定是不能避免的了。因此圣人能阴能阳,能弱能强,随着时势而行止,凭着天生的资质而建立功业。万物活动而能够知道它的反面,事物萌发而能明察它的变化,变化就能为它描绘形象,运动就能为它适应变动,因此一生行事而没有什么困惑的。

故事有可行而不可言者,有可言而不可行者,有易为而难成者,有难成而易败者。所谓可行而不可言者,趋舍也[①];可言而不可行者,伪诈也;易为而难成者,事也;难成而易败者,名也。此四策者[②],圣人之所独见而留意也。

【注释】

①趋舍：取得、舍弃。《文子·微明》作"取舍"。

②四策：《文子·微明》作"四者"。

【译文】

所以事情有的可以实行但是不能够用语言表达出来,有的可以用语言表达出来却不能够实行,有的容易实行却很难得到成功,有的很难成功而容易失败。所说的可以实行而不能用语言表达出来的,是取得与舍弃;能够用语言表达出来而不能够实行的,是虚伪和欺诈;容易做而难以成功的,是事业;难以成功而容易失败的,是名声。这四个方面,是圣人独自明察而注意的事。

诎寸而伸尺①,圣人为之;小枉而大直②,君子行之。周公有杀弟之累③,齐桓有争国之名④。然而周公以义补缺⑤,桓公以功灭丑⑥,而皆为贤。今以人之小过,掩其大美,则天下无圣王贤相矣。故目中有疵⑦,不害于视,不可灼也⑧;喉中有病,无害于息,不可凿也。河上之丘冢,不可胜数,犹之为易也⑨。水激兴波,高下相临,差以寻常,犹之为平⑩。

【注释】

①诎：同"诎(qū)",弯曲。

②枉：弯曲。

③"周公"句：高诱注：诛管、蔡也。

④"齐桓"句：高诱注：自莒先入,杀子纠也。按,桓,北宋本原作"植"。《道藏》本作"桓"。据正。

⑤"然而周公"句：高诱注：谓翼成王以致太平,七年归政,北面为臣。故曰"以义补缺"也。

⑥"桓公"句：高诱注：立九合一匡之功，以灭争国之恶。

⑦疵(cī)：指眼中斑、痣等小毛病。

⑧灼(zhuó)：炙烤。

⑨"河上"三句：高诱注：言河上本非丘垄之处，有易之地犹多，以大言之也。以谕万事多覆于少。按，丘冢，似指黄河中沙丘。

⑩"水激"四句：高诱注：虽有激波，犹以为平，平者多也。

【译文】

在寸上弯曲在尺上伸直，圣人做这样的事；在小处弯曲而在大处伸直，君子做这样的事。周公有杀掉弟弟的牵累，齐桓公有与公子纠争国的恶名。但是周公用大义来弥补自己的缺陷，桓公用立功来消除自己的丑事，而天下都认为他们是贤人。现在因为别人小的过失，掩盖别人大的美德，那么天下便没有圣王和贤相了。因此像眼中有疵点，不妨碍视力，就不能炙烤；喉咙中有毛病，对呼吸没有妨碍，就不能挖凿。黄河上的高丘，不可能全部数出来，从大处来说，它仍然是平易的。水流激荡波浪涌起，高低互相迫近，相差有一丈高低，总还算是平坦的。

　　昔者曹子为鲁将兵①，三战不胜，亡地千里。使曹子计不顾后，足不旋踵，刎颈于陈中②，则终身为破军擒将矣。然而曹子不羞其败，耻死而无功，柯之盟，揄三尺之刃③，造桓公之胸，三战所亡，一朝而反之④，勇闻于天下，功立于鲁国。

【注释】

①曹子：即曹沫，又叫曹刿(guì)。据载鲁君与齐君在柯(今山东阳谷东)相会，他持剑相从，挟持齐君订立盟约。见于《公羊传·庄公十三年》、《鹖冠子·世兵》、《战国策·齐六》、《吕览·贵信》等，并载于《史记·齐世家》。

②陈(zhèn):古"阵"字,阵列。

③榆:《道藏》本作"揄(yú)",执持义。俞樾《诸子平议·扬子太玄》:榆,当读为揄。

④"一朝"句:高诱注:复汶阳之田也。按,汶阳,在今山东泰安西南一带。

【译文】

　　从前曹沫为鲁君率兵与齐国打仗,三次交战都没有取得胜利,失去土地上千里。假使曹沫考虑问题不顾后果,脚步不需回转,便可以自杀在阵中,那么终身便是失败的军队被擒住的将领了。但是曹沫不把他的失败看作羞耻之事,值得羞耻的是到死还没有建立功勋,在鲁、齐两君会盟于柯地时,他抽出三尺利剑,逼近桓公的胸口,三次战争所失去的土地,一个早上便全部返回鲁国,勇武闻名于天下,功劳长存于鲁国。

　　管仲辅公子纠而不能遂①,不可谓智;遁逃奔走,不死其难②,不可谓勇;束缚桎梏③,不讳其耻,不可谓贞。当此三行者,布衣弗友,人君弗臣。然而管仲免于束缚之中,立齐国之政,九合诸侯,一匡天下。使管仲出死捐躯④,不顾后图⑤,岂有此霸功哉?

【注释】

①公子纠:齐襄公之弟。襄公死后,在争夺齐国政权过程中失败,被其弟公子小白(齐桓公)逼死。遂:成功。

②"遁逃"二句:高诱注:不死子纠之难也。

③桎梏(zhì gù):木制的脚镣、手铐之类的刑具。指鲍叔牙迎管仲,脱其桎梏,桓公任以相国之职。

④出死:殉义而死。捐躯:为国家、正义而死,称捐躯。

⑤后图：后来的计划。

【译文】

　　管仲辅佐公子纠回国夺权而不能成功，不能算是有智谋；逃跑奔走，没有死于公子纠之难中，不能算是勇敢；被捆绑囚禁，不忌讳自己的耻辱，不能说是贞节。面对着这三种品行，平民不会和他交朋友，国君不用他作臣下。但是管仲从囚禁中免于一死，管理齐国的政事，九合诸侯，一匡天下。假使管仲抛弃身体殉义而死，不考虑以后的打算，难道会成就这样的霸王之业吗？

　　今人君论其臣也，不计其大功，总其略行①，而求小善，则失贤之数也②。故人有厚德，无问其小节；而有大誉，无疵其小故。夫牛蹄之涔③，不能生鳣鲔④；而蜂房不容鹄卵⑤，小形不足以包大体也。

【注释】

①略行：重要的品行。略，要。

②数：指统治方法。

③涔（cén）：雨水。

④鳣（zhān）：高诱注：大鱼，长丈余，细鳞，黄首，白身，短头，口在腹下。按，即鳇鱼。鲔（wěi）：高诱注：大鱼，亦长丈余，仲春二月从河西上，得过龙门，便为龙。按，指鲟（xún）鱼。

⑤鹄（hú）：即天鹅。

【译文】

　　假如国君评论他的臣下，不去考虑他的大功，集中考量他的主要品德，而只求小的好处，就会失去求贤之道。所以人有大的美德，不去过问他的小节；人有大的荣誉，不要挑剔小的毛病。牛蹄大的小坑，不能生长出大鱼;而蜂房里不能容纳天鹅的蛋,小的形状不能够包容大的形体。

　　夫人之情,莫不有所短。诚其大略是也①,虽有小过,不足以为累。若其大略非也,虽有闾里之行,未足大举②。夫颜啄聚③,梁父之大盗也④,而为齐忠臣;段干木⑤,晋国之大驵也⑥,而为文侯师。孟卯妻其嫂⑦,有五子焉,然而相魏,宁其危,解其患。景阳淫酒⑧,被发而御于妇人⑨,威服诸侯。此四人者,皆有所短,然而功名不灭者,其略得也⑩。季襄、陈仲子⑪,立节抗行,不入洿君之朝⑫,不食乱世之食,遂饿而死,不能存亡接绝者何? 小节伸而大略屈。故小谨者无成功⑬,訾行者不容于众⑭。体大者节疏⑮,蹠距者举远⑯。自古及今,五帝三王,未有能全其行者也。故《易》曰:"小过,亨,利贞⑰。"言人莫不有过,而不欲其大也。

【注释】

①诚:如果。大略:大的德行和才略。

②举:举用。

③啄:北宋本原作"喙"。王念孙《读书杂志》:"喙"当作"啄",字之误也。郑良树《淮南子斠理》:《记纂渊海》五引此正作"啄"。按,又作"涿"、"烛"、"斫"、"濁"等,皆音近通假。

④梁父:今山东泰安东南。按,颜啄其事见《左传·哀公二十七年》、《晏子春秋·外篇》、《韩诗外传》卷九,并载于《史记·孔子世家》等。

⑤段干木:战国初魏人,姓段干,名木。原为市侩,曾求学于子夏。

⑥驵(zǎng):高诱注:一曰:驵,市侩(kuài)也。言魏国之大侩也。

按,即市场上牲口交易人。其事见于《吕览·尊师》、《举难》、《察贤》、《下贤》,并载于《史记·魏世家》。

⑦孟卯:战国辩士,齐人,曾为魏相。其事见《战国策·秦四》、《魏三》,皆作"芒卯"。《韩非子·显学》作"孟卯"。

⑧景阳:楚将。见于《战国策·燕三》,并载《史记·楚世家》。

⑨御:制。指调戏。

⑩略:刘绩《补注》:大略也。按,指大的品行。

⑪季襄:高诱注:鲁人,孔子弟子。王念孙《读书杂志》:"襄"当为"哀"。《史记·仲尼弟子列传》:"公晳哀,字季次。"此言"季哀",即"季次"也。阵仲子:高诱注:齐人,孟子弟子,居於(wū)陵也。按,其事见《孟子·滕文公下》、《荀子·非十二子》、《韩非子·外储说左上》等。阵,《道藏》本作"陈"。《资治通鉴·汉纪二》胡三省注:陈,读曰"阵"。

⑫洿(wū):污秽。

⑬小谨:小心谨慎。

⑭訾(zǐ)行:诋毁别人的品行。訾,毁。按,"故小谨"二句,化自《管子·形势》。

⑮疏:长大。

⑯蹠(zhí):足。距:通"巨",大。

⑰"小过"三句:见于《周易·小过卦》。

【译文】

在人的性情中,没有不存在欠缺的地方。如果他大的方面值得肯定,即使有小的差错,也不能够成为他的拖累。假若他大的品行不好,即使得到乡里的赞誉,也不能够授以大任。颜啄聚,是山东梁父的大盗,却成为齐国的忠臣;段干木,是晋国的牲口市场经纪人,却成为魏文侯的老师;孟卯娶了他的嫂子,生了五个孩子,但是做魏相,平息了魏国的危险,解除了魏国的祸患;景阳醉酒,披着头发调戏楚王宠妃,而声威使诸侯慑服。这四个人,品行中都有缺陷,但是功名不能磨灭,他们的大的品行是值得肯定的。季哀、陈仲子,树立名节行为高尚,不进入污浊国君的朝廷,不吃乱世的食物,于是便饿死了,他们不能保存灭亡了的国家接续断绝的家族这是为什么? 小的才略举用而大的才略废止了。因此小心谨慎的人干不成大事,诋毁他人品行的人不能被众人容纳。身材高大的人关节长,脚步大的人跨度远。从古到今,五帝三王,没有是品行全备的。因此《周易》中说:"小事错误,仍能亨通有利,其利在品行端正。"说的是人没有不存在过错,而不愿意酿成大的过错罢了。

夫尧、舜、汤、武,世主之隆也①;齐桓、晋文,五霸之豪英也②。然尧有不慈之名③,舜有卑父之谤④,汤、武有放弑之事⑤,伍伯有暴乱之谋⑥,是故君子不责备于一人。方正而不以割⑦,廉直而不以切⑧,博通而不以訾⑨,文武而不以责。求于一人⑩,则任以人力,自脩则以道德。责人以人力,易偿也;自脩以道德,难为也。难为则行高矣,易偿则求赡矣。夫夏后氏之璜⑪,不能无考⑫;明月之珠,不能无颣⑬。然而天下宝之者,何也? 其小恶不足妨大美也。今志人之所短,而忘人之所脩,而求得其贤乎天下⑭,则难矣。

【注释】

①隆:盛。

②五霸:一说指齐桓公、晋文公、宋襄公、楚庄公、秦穆公。

③"然尧有"句:高诱注:谓不以天下予子丹朱也。按,此事尚见于《吕览·当务》、《庄子·盗跖》、《竹书纪年》等。

④"舜有"句:高诱注:谓瞽(gǔ)叟降在庶人也。按,亦见于《吕览·当务》、《韩非子·忠孝》。

⑤"汤、武"句：高诱注：殷汤放桀南巢，周武杀纣宣室。

⑥"伍伯"句：出自《吕览·当务》。

⑦割：分割，切割。

⑧切：苛刻。

⑨博通：广博精通。訾(zǐ)：诋毁。

⑩求于一人：王念孙《读书杂志》：刘本无"一"字，是也。《文子·上义》作"于人以力，自脩以道"。

⑪璜(huáng)：半璧曰璜。

⑫考：璧有瑕疵。《文子·上义》作"瑕"。

⑬颣(lèi)：斑点，瑕疵。

⑭其：王念孙《读书杂志》：衍"其"字。《艺文类聚·宝部》上引此无"其"字。按，《文子·上义》亦无"其"字。

【译文】

尧、舜、商汤、周武，是君王中事业最为隆盛的；齐桓、晋文，是五霸中的英豪。然而尧有不爱儿子的坏名声，舜有使父卑贱的非议，商汤、周武有流放、杀死桀、纣的举动，五霸有刀兵侵伐的计谋，因此君子对任何一个人都不应求全责备。对端正公平的人不要专门摘取他的缺点，对廉洁正直的人不要过分苛刻，对广博精通的人不要加以诋毁，对文武具备的人而不要加以责备。寻求贤人，就要用他的才能，自我修养就要用道德。寻求贤人任以才能，是容易实现的；用道德自我修养，是难于办到的。难于办到的就必待高行之人，容易实现的是需求淡薄的人。夏禹时的玉璜，不能没有污点；明月之珠，不能没有瑕疵。然而天下的人都把它作为宝物，这是为什么？它的小毛病不能妨碍它大的美德。现在光记住别人的短处，而忘记别人的长处，想在天下寻求到贤人，那么就很难了。

夫百里奚之饭牛①，伊尹之负鼎②，太公之鼓刀③，宁戚之商歌④，其美有存焉者矣。众人见其位之卑贱，事之污辱⑤，而不知其大略，以为不肖。及其为天子三公，而立为诸侯贤相，乃始信于异众也。

【注释】

①"夫百里奚"句：春秋秦大夫。原为奴隶，曾为人喂牛。作为陪嫁送往秦，逃到楚，秦穆公以五张牡黑羊皮赎回，后帮助穆公成就霸业。见于《孟子·万章》《吕览·慎人》，并载于《韩诗外传》卷六等。

②"伊尹"句：伊尹曾为厨师，负鼎俎，调五味，以求汤，汤后为贤相。见于《吕览·本味》，并载于《韩诗外传》卷七、《史记·殷本纪》等。

③"太公"句：高诱注：河内汲人。有屠、钓之困，卒为文王佐，翼武王伐纣也。按，汲，即今河南卫辉。其地有太公庙、太公祠、姜太公墓等。其事见于《楚辞·离骚》《战国策·秦五》，并载于《韩诗外传》卷七等。

④"宁戚"句：高诱注：宁戚，卫人也，商旅于齐，宿郭门外，疾世商歌，以干桓公。桓公夜出迎客，闻之，举以为大田。其歌曲在《道应》说也。

⑤污（wū）辱：污浊，耻辱。

【译文】

百里奚饲养牲口，伊尹做厨师烹调，姜太公敲击屠刀，宁戚商歌车下，他们的美德存在于其中。平常的人看到他们地位卑贱，从事的行业污浊屈辱，而不知道他们的雄才大略，便认为他们不贤德。等到他们担任天子三公，成为诸侯贤相，才开始相信他们确实与常人不同。

　　夫发于鼎俎之间^①，出于屠酤之肆^②，解于累绁之中^③，兴于牛颔之下^④，洗之以汤沐，祓之以爟火^⑤，立之于本朝之上，倚之于三公之位，内不惭于国家，外不愧于诸侯，符势有以内合^⑥。故未有功而知其贤者，尧之知舜；功成事立而知其贤者，市人之知舜也^⑦。为是释度数而求之于朝肆草莽之中，其失人也必多矣。何则？ 能效其求，而不知其所以取人也。

【注释】

①俎（zǔ）：切肉用的砧板。

②酤（gū）：酒店。 肆：指作坊。

③累绁（lěi xiè）：绳索捆绑。 绁，系。

④兴：兴起。 颔（hàn）：下巴。指喂牛。

⑤祓（fú）：古代为消灾求福而举行的一种祭祀活动。 爟（guàn）火：古代掌火之官。《周礼·夏官》有"司爟"之职。这里指举火。

⑥符势：符验的情势。

⑦"故未有"四句：见于《吕览·审应》。

【译文】

从厨房鼎俎之中兴起的吕望，在屠场和酒店作坊中出现的伊尹，由囚禁中释放出来的管仲，在牛颔下兴起的宁戚，国君用热水给他们洗沐，举火为他们祓除不祥，使他们站立在朝廷之上，排列于三公之位，对内无惭于国家，对外无愧于诸侯，符应的形势与国君内心相合。因此没有功劳而知道他人贤德的，尧对舜就是这样；功绩建立事业成功而知道他人贤德的，市人对舜就是这样。但是因为这样放弃求贤的准则却在早晨的店铺和草莽之中寻找贤人，那么失去的贤人也就多了。为什么这样呢？ 能够仿效贤君求贤的方法，而不知道他们所用来求贤的标准。

　　夫物之相类者①,世主之所乱惑也;嫌疑肖象者②,众人之所眩耀③。故很者类知而非知④,愚者类仁而非仁⑤,戆者类勇而非勇也⑥。使人之相去也,若玉之与石,美之与恶⑦,则论人易矣。夫乱人者,芎䓖之与藁本也⑧,蛇床之与麋芜也⑨,此皆相似者。故剑工或剑之似莫邪者,唯欧冶能名其种⑩;玉工眩玉之似碧卢者⑪,唯猗顿不失其情⑫。暗主乱于奸臣,小人之疑君子者⑬,唯圣人能见微以知明。故蛇举首尺⑭,而脩短可知也;象见其牙,而大小可论也。薛烛庸子见若狐甲于剑⑮,而利钝识矣;臾儿、易牙⑯,淄、渑之水合者⑰,尝一哈水如甘苦知矣⑱。故圣人之论贤也,见其一行而贤不肖分矣。孔子辞廪丘,终不盗刀钩⑲;许由让天子,终不利封侯⑳。故未尝灼而不敢握火者㉑,见其有所烧也;未尝伤而不敢握刀者㉒,见其有所害也。由此观之,见者可以论未发也,而观小节足以知大体矣。故论人之道,贵则观其所举,富者观其所施,穷则观其所不受,贱则观其所不为,贫者观其所不取㉓。视其更难㉔,以知其勇;动以喜乐,以观其守;委以财货,以论其人㉕;振以恐惧,以知其节,则人情备矣。

【注释】

①类:类同,类似。

②嫌疑:疑惑难明的事理。肖(xiào)像:类似,近似。

③眩耀:迷惑。

④"故很者"句:高诱注:很者自用,像有知,非真知。按,很,违逆、自用。

⑤"愚者"句:高诱注:愚者不能断割,有似于仁,非真仁也。

⑥"戆(zhuàng)者"句：高诱注：戆者不知畏危难，有似于勇，非真勇。按，戆，愚。

⑦美之与恶：王念孙《读书杂志》：本作"葵之与苋"。《群书治要》及《尔雅》疏、《埤雅》、《续博物志》引此，并作"葵之与苋"，是其证。

⑧芎䓖(xiōng qióng)：香草名。生于川中者名川芎。藁(gǎo)本：香草名。根可入药。

⑨蛇床：植物名。根可入药。麋(mí)芜：芎䓖的幼苗。《本草经》：蘼芜，味辛温，去三虫，久服轻身。麋，通"蘼"。

⑩欧冶：古代著名铸剑工匠。

⑪碧庐：青黑色美玉。

⑫猗顿：高诱注：鲁之富人，能知玉理，不失其情也。按，事出《尸子·治天下》，并见于《孔丛子》及《史记·秦始皇本纪》、《货殖传》等。

⑬疑：通"拟"，模拟。

⑭首尺：指昂首的尺寸高低。

⑮薛烛庸子：人名。狐甲：俞樾《诸子平议》："狐"疑"爪"字之误。若爪甲者，言其小也。

⑯臾儿：齐人，善辨味。《庄子·骈拇》作"俞儿"。易牙：春秋齐人，善辨味，为齐桓公之宠臣。

⑰淄(zī)：淄水，即今山东新泰羊流河。渑(shéng)：《左传·昭公十三年》杜预注：渑水出齐国临淄县北，入时水。

⑱哈：口。

⑲"孔子"二句：高诱注：廪(lǐn)丘，齐邑，今属济阴。齐景公养孔子，以言未见从，道未得行，不欲虚禄，辞而不受，故不复利人刀钩也。按，廪丘，春秋齐邑，在今山东郓城境内。其事见《吕览·高义》，并载于《说苑·立节》。

⑳"许由"二句：高诱注：许由，隐者，阳成人，尧欲以天下与之，洗耳

而不就,故曰"不利于封侯"也。按,事见《吕览·求人》、《庄子·逍遥游》,亦见于《论衡·书虚》。

㉑灼(zhuó):烧。

㉒刀:《道藏》本作"刃"。

㉓"故论人"六句:亦见于《韩诗外传》卷三、《史记·魏世家》。

㉔更:经历。《文子·上义》作"处"。

㉕人:通"仁"。

【译文】

　　万物种类之间互相类似,这是造成国君迷惑的原因;疑惑近似,这是众人受迷惑的原因。因此刚愎自用的人类似有智慧而实际没有智慧,愚昧的人类似仁惠而却不是仁惠,刚直愚蠢的人类似勇敢却不是勇敢。假使人与人之间的差别,像宝玉和石头,美好与丑恶一样明确,那么评论的人就很容易了。能够扰乱人心的,就像芎藭和蒿本、蛇床和蘼芜一样,叶茎花的形状都很相似。因此剑工往往被表面上似莫邪的剑所迷惑,只有欧冶能说出它的类别;玉工往往被外表像碧庐那样的宝玉所迷惑,只有倚顿不会弄错它的特性。昏乱的国君被奸臣所迷惑,小人模仿君子,只有圣人能够看到微小变化而知晓清楚。因此从蛇昂起头的高低,就能够知道它的长短了;见到大象的牙齿,而象的大小便能够说清楚了。薛烛庸子看见像爪甲那样的东西放到剑锋上,那么剑的利钝便知道了;淄、渑之水混合到一起,史儿、易牙品尝一口水而甘苦味道便分辨出来了。因此圣人议论贤人,看到他的一个方面的品行,而贤不肖便可以分别开来了。孔子辞去廪丘的封地,百姓最后连刀钩也没有偷窃的;许由辞让天子之位,最后对贪图封侯的人是不利的。因此不曾被火灼伤而不敢掌火的人,是因为看到火在燃烧而害怕;不曾受到伤害而不敢拿刀的人,是因为看到刀会有伤害而担心。由此看来,从看到的现象可以议论未曾发生的事情,而看到小节便能够知道大体了。因此评论人的方法,尊贵的人就要看他的举动,富贵的人就要看他的施舍情况，困窘的人就要看他的不接受财物，地位低下的人就要看他所不做的事情，贫穷的人就要看他不求取的东西。看他经受的患难，就知道他的勇力；用喜乐来感动他，可以观察他的守持；把财货委托给他，可以评论他的仁德；用恐惧之事来震慑他，可以知道他的节操，这样对人的情性的考察便全备了。

古之善赏者，费少而劝众①；善罚者，刑省而奸禁②；善予者，用约而为德③；善取者，入多而无怨④。

【注释】

①"古之善赏者"二句：高诱注：赵襄子行之是。

②"善罚者"二句：高诱注：齐威王行之是也。

③"善予者"二句：高诱注：秦穆公行之是也。

④"善取者"二句：高诱注：齐桓公行之是也。

【译文】

古代善于赏赐的国君，费财少却可以勉励大众；善于处罚的国君，刑法简约而奸邪可以被禁止；善于给予的国君，施用很少却可以成为大德；善于取得的国君，收入多而别人没有怨言。

赵襄子围于晋阳，罢围而赏有功者五人，高赫为赏首①。左右曰②："晋阳之难，赫无大功，今为赏首，何也?"襄子曰："晋阳之围，寡人社稷危，国家殆，群臣无不有骄侮之心，唯赫不失君臣之礼。"故赏一人，而天下为忠之臣者，莫不终忠于其君③。此赏少而劝善者众也。

【注释】

①高赫：赵氏臣。此条见于《韩非子·难一》《十过》及《吕览·义赏》，并载于《说苑·复恩》《史记·赵世家》等。

②"左右曰"四句：高诱注：智伯求地于赵襄子，不与；智伯率韩、魏以围之。三月不克，赵氏之臣张孟谈潜与韩、魏通谋，反智伯，而杀之。张孟谈之力也，故曰"高赫无大功"也。

③终：尽。

【译文】

赵襄子被围困在晋阳，解围之后奖励有功之臣五人，高赫列为首功。左右的人说："晋阳被围之难中，高赫没有大功，现在却得了头赏，这是为什么？"赵襄子说："晋阳被围，我们社稷危急，国家危险，群臣中没有人不存在骄恣轻侮的心情，只有高赫没有失去君臣的礼节。"因此赏赐一人，而作为天下忠君的臣子，没有人不尽忠于他的国君。这就是赏赐虽少却可以勉励很多为善之人。

齐威王设大鼎于庭中①，而数无盐令曰②："子之誉日闻吾耳，察子之事，田野芜，仓廪虚，囹圄实，子以奸事我者也。"乃烹之。齐以此三十二岁道路不拾遗。此刑省奸禁者也。

【注释】

①齐威王（前378—前320）：战国齐君，田氏，名因齐。在位36年。

②数（shǔ）：责备。无盐：战国齐邑，在今山东东平东。令：北宋本原作"今"。《道藏》本作"令"。据正。按，此事亦载于《史记·田敬仲完世家》。其文作"阿大夫"。

【译文】

齐威王设置大鼎于厅堂之中，而责备无盐令说："赞誉你的话一天天传到我的耳朵里，考察你的政绩，田野荒芜，仓库空虚，监狱人满为患,你用奸谋来侍奉我。"于是便把他烹了。齐国从此三十二年间在道路上没有人拾取丢失的东西。这是刑罚少却可以禁止奸邪的例子。

秦穆公出游而车败,右服失马①,野人得之。穆公追而及之岐山之阳,野人方屠而食之。穆公曰:"夫食骏马之肉,而不还饮酒者②,伤人。吾恐其伤汝等。"遍饮而去之。处一年,与晋惠公为韩之战③。晋师围穆公之车,梁由靡扣穆公之骖④,获之。食马肉者三百余人,皆出死为穆公战于车下,遂克晋,虏惠公以归⑤。此用约而为得者也⑥。

【注释】

①"右服"句:四马车,两马在中间为"服",两马在边为"骖"。《吕览·爱士》作"右服失",无"马"字。

②还(huán):急速。

③"与晋惠公"句:高诱注:晋惠公夷吾倍秦纳己之赂,秦兴兵伐晋,战于晋地韩原也。按,晋惠公,名夷吾,春秋晋君,在位14年。韩:指晋地韩原。

④梁由靡:晋臣。扣:牵。

⑤虏惠公以归:见于《左传·僖公十五年》、《吕览·爱士》及《韩诗外传》卷十、《说苑·复恩》、《史记·秦本纪》等。

⑥得:刘绩《补注》本作"德"。得,通"德"。

【译文】

秦穆公到外地出游而车子坏了,中间驾车的一匹马跑丢了,被野人捉住了。秦穆公追着一直赶到岐山的南面,野人正在煮马肉吃。穆公说:"吃了马肉而不快点喝些酒的话,有伤身体。我担心伤了你们大家。"野人都喝了酒穆公才离开。隔了一年,秦穆公与晋惠公在韩原发生战斗。晋军包围了穆公的车子,晋大夫梁由靡牵住穆公车上的骖马,即将捉住穆公。这时吃马肉的三百多人,都出死力在车下为穆公拼杀,于是战胜了晋军,又俘虏了晋惠公而回师。这是施用很少而能成为大德的例子。

齐桓公将欲征伐,甲兵不足。令有重罪者,出犀甲一戟①;有轻罪者,赎以金分②;讼而不胜者,出一束箭③。百姓皆说,乃矫箭为矢④,铸金而为刃⑤,以伐不义而征无道,遂霸天下。此入多而无怨者也。

【注释】

①犀甲:坚固的甲。戟(jǐ):古代的一种兵器。长一丈六尺。

②金分:出金的分量。

③束:十二支为束。

④矫(jiǎo)箭:治箭。

⑤刃:五刃,指刀剑矛戟矢。按,本则见于《国语·齐语》,《管子·中匡》《小匡》。

【译文】

齐桓公将要举行征伐,武器不够用。下令有重罪的人,出一副硬甲和一个戟;有轻罪的,按照出金分量多少赎罪;打官司不胜的,出十二支箭。百姓都很高兴,于是修治箭矢,冶炼金属为兵器,来讨伐不义之国而征伐无道之君,于是齐桓公得以称霸天下。这是收入多而没有怨恨的例子。

故圣人因民之所喜而劝善,因民之所恶以禁奸。故赏一人而天下誉之,罚一人而天下畏之。故至赏不费,至刑不滥①。孔子诛少正卯,而鲁国之邪塞②;子产诛邓析,而郑国之奸禁③。以近论远,以小知大也。故圣人守约而治广者,此之谓④。

【注释】

①“故至赏”二句:高诱注:赏当赏,不虚费。刑当刑,不伤善。

②“孔子”二句:高诱注:少正,官;卯,其名也。鲁之诖人。孔子相鲁七日,诛之于东观之下。刑不滥也。按,事亦载《史记·孔子世家》、《论衡·讲瑞》、《说苑·指武》等。

③“子产”二句:高诱注:邓析,诡辩奸人之雄也。子产诛之,故奸止也。《传》曰:“郑驷颛(chuán)杀邓析,而用其竹刑。”邓析制刑,书之于竹,郑国用之,不以人废言也。按,见于《荀子·宥坐》、《吕览·离谓》及《说苑·指武》等。

④此之谓:刘绩《补注》本有“也”字。

【译文】

因此圣人按照百姓所喜欢的事情而勉励他们做善事,依照百姓所厌恶的而禁止奸邪之事。因此赏赐一人而得到天下人民的赞誉,惩罚一人而天下百姓畏惧。所以最高的奖赏是不虚费钱财,最高的刑罚是不伤害好人。孔子杀了少正卯,而鲁国的奸邪就被堵塞住了;子产诛杀了邓析,而郑国的奸诈便被禁止了。用近的来使人知道远的,用小的来使人知道大的。因此圣人持守简约而治理广大,说的就是这样的事。

天下莫易于为善,而莫难于为不善也①。所谓为善者,静而无为也;所谓为不善者,躁而多欲也。适情辞无所诱或②,循性保真,无变于已,故曰为善易。越城郭,逾险塞,奸符节③,盗管金④,篡弑矫诬⑤,非人之性也,故曰为不善难。

【注释】

①"天下"二句：高诱注：为善，静身无欲，信仁而已，慎其天性，故"易"。为不善，贪欲无厌，毁人自成，戾其天性，故"难"也。

②适情辞：刘绩《补注》本、《文子·上德》"辞"下有"余"字。疑脱。或：通"惑"。

③奸：高诱注：私，亦盗也。符节：古代朝廷用作凭证的信物，用竹、木、金属制成，上书文字，剖分为二，各执其一，以两片相合为验。

④管：即钥匙。金：金印。

⑤篡弑(shì)：弑君篡位。矫诬：假托君命，进行诬陷。

【译文】

天下没有比从事善事容易的了，而没有什么比从事不善之事要困难的了。所说的从事善事，清静而顺应自然；所说的从事不善之事，急躁而多嗜欲。适合情性抛开余物没有什么能被引诱迷惑的，依照性情保存天性，对自己没有什么要改变的，因此说从事善事是容易的。越过城郭，穿行险关要塞，盗窃符节，偷得管钥印玺，谋杀国君假冒诬陷，不符合人的天性，因此说从事不善的事是困难的。

今人所以犯囹圄之罪①，而陷于刑戮之患者，由嗜欲无厌②，不循度量之故也。何以知其然？天下县官法曰："发墓者诛③，窃盗者刑。"此执政之所司也。夫法令者网其奸邪，勒率随其踪迹④，无愚夫惷妇，皆知为奸之无脱也，犯禁之不得免也。然而不材子不胜其欲⑤，蒙死亡之罪，而被刑戮之羞；然而立秋之后，司寇之徒继踵于门⑥，而死市之人血流于路⑦，何则？惑于财利之得，而蔽于死亡之患也。夫今陈卒设兵，两军相当，将施令曰："斩首拜爵⑧，而屈挠者要斩⑨。"然而队阶之卒⑩，皆不能前遂斩首之功⑪，而后被要斩之罪，是去恐死而就必死也。故利害之反，祸福之接，不可不审也。

【注释】

①囹圄(líng yǔ)：古代监狱。

②厌：满足。

③发：发掘。

④勒：马络头。北宋本原作"勤"。刘绩《补注》本作"勒"。据正。

　率：捕鸟网。引申有法网义。

⑤不材子：不成器之子。

⑥司寇：官名，掌管刑狱、纠察等事。

⑦而：北宋本原作"不"。《道藏》本作"而"。据正。死市：即弃市。

⑧斩首：《群书治要》引有"者"字。拜：授给官职。

⑨要(yāo)斩：古代酷刑之一。将犯人身体斩为两段。要，同"腰"。

⑩队阶：队列。《群书治要》作"队伯"。

⑪遂：成。

【译文】

　　现在的人犯有监禁之罪，而陷于被杀戮的患祸之中，这是由于嗜欲无度、不遵守法规行事而造成的。怎么知道是这样的呢？天下悬挂官方的法令说："掘发坟墓的人要被处死，盗窃的要受刑罚。"这是执法机构所管理的事情。法律网罗那些奸邪之人，法网羁捕随着踪迹而至，不管愚蠢的男女，都知道从事奸邪活动是无法脱身的，触犯禁令是不能够避免刑法的。虽然这样那些不成器的人遏制不住自己的嗜欲，冒着死亡的大罪，而遭受刑戮的羞辱；然而立秋之后，司寇之类官员接连来到门上，而死于市曹之人的鲜血流到大路之上，这是为什么呢？因为被一点财利所迷惑，而被死亡的患祸所蒙蔽。现在陈列军队列置武器，两方军队互相敌对，将军发号施令说："杀敌的人能够授予爵位，而退缩的要受到腰斩。"即使这样队列中的士兵，都不能向前成就斩首之功，而却在后面受到腰斩之罪,这样是想离开可能的死亡而走向必定死亡之路。因此或利或害相反的结果,或祸或福的交替,是不能够不审查清楚的。

事或欲之,适足以失之;或避之,适足以就之。楚人有乘船而遇大风者,波至而自投于水①。非不贪生而畏死也,或于恐死而反忘生也②。故人之嗜欲,亦犹此也。齐人有盗金者,当市繁之时③,至掇而走④。勒问其故⑤,曰:"而盗金于市中,何也?"对曰:"吾不见人,徒见金耳。"志所欲则忘其为矣。是故圣人审动静之变,而适受与之度⑥,理好憎之情,和喜怒之节。夫动静得,则患弗过也⑦;受与适,则罪弗累也;好憎理,则忧弗近也;喜怒节,则怨弗犯也。故达道之人,不苟得,不让福⑧;其有弗弃,非其有弗索;常满而不溢,恒虚而易足⑨。

【注释】

①波至而:王念孙《读书杂志》:"波至而"下,当有"恐"字。《群书治要》、《意林》、《艺文类聚·舟车部》、《白帖》六十三、《御览·地部》三十六、《舟部》二引此,皆作"波至而恐"。

②或:通"惑",迷惑。

③繁:众多。

④掇(duō):偷取。按,此事化自《吕览·去宥》、《列子·说符》。

⑤勒:高诱注:主问吏。按,亦有"羁捕"义。

⑥受与:即取予。

⑦过:刘绩《补注》本作"遇"。

⑧让:辞让;拒绝。

⑨虚:无欲。

【译文】

有的事情想得到它,恰好能够失去它;有的事情想避免它,却能够成就它。楚国有人乘船而遇到大的风浪,波涛涌来而跳入水中。不是不想贪生而害怕死掉,因为被死亡的危险所迷惑而忘掉了生命。因此人的贪欲,也就像这样。齐国有人偷盗金子的,正当市场上人多之时,到那里偷了就跑。羁捕的人问他,说:"你敢在市场上偷盗金子,这是为什么?"回答说:"我没有见到人,只见到金子。"心中想的是欲望那么就会忘记其他的行为。因此圣人审查动静的变化,掌握适当取予的尺度,而理顺爱憎的情感,调和喜怒的节度。动静适当,那么祸害就不会遇到;取予合适,那么罪邪就不能牵累;爱憎的道理顺畅了,那么忧虑就不会接近了;喜怒调节好了,那么怨恨就不会侵犯了。因此通达大道的人,不苟且所得,不攘除福气;为他所有的不抛弃,不为他所有的不索求;常常充满而不外溢,经常无欲而容易得到满足。

今夫霤水足以溢壶榼①,而江、河不能实漏卮②。故人心犹是也。自当以道术度量,食充虚,衣御寒,则足以养七尺之形矣。若无道术度量而以自俭约,则万乘之势不足以为尊,天下之富不足以为乐矣。孙叔敖三去令尹而无忧色,爵禄不能累也;荆佽非两蛟夹绕其船而志不动,怪物不能惊也。圣人心平志易③,精神内守,物莫足以惑之。

【注释】

①霤(liù)水:屋檐下的积水。榼(kē):古代盛水或贮酒的器具。

②漏卮(zhī):四漏之酒器。

③易:平和。

【译文】

现在屋檐下的淋水能够把壶楂盛满,而长江、黄河也不能把漏厄装满。因此人的心理也就是这样。自己应当以道术来约束,吃的食物能够充满肚子,衣服能够抵御寒冷,那么便足以能够养活人的七尺之形了。如果没有用道术来进行衡量而对自己加以检束,那么据有万乘之势的国君也不会感到尊贵,拥有天下的财富也不值得快乐。孙叔敖三次离开令尹之位而没有忧虑的神色,爵位俸禄不能够拖累他;荆国佽非渡江两条蛟龙夹持着渡船而心志不动,奇异的事物不能使他惊恐。圣人的心志平和简易,精神在内部持守,万物就不能够惑乱它。

　　夫醉者俯入城门,以为七尺之闺也①;超江、淮②,以为寻常之沟也。酒浊其神也③。怯者夜见立表④,以为鬼也;见寝石,以为虎也。惧攝其气也⑤。又况无天地之怪物乎⑥?

　　夫雌、雄相接,阴、阳相薄,羽者为雏鷇⑦,毛者为驹犊⑧,柔者为皮肉,坚者为齿角,人弗怪也;水生蚨蝠⑨,山生金王,人弗怪也;老槐生火,久血为燐⑩,人弗怪也;山出枭阳⑪,水生罔象⑫,木生毕方⑬,井生坟羊⑭,人怪之,闻见鲜而识物浅也。天下之怪物,圣人之所独见。利害之反覆,知者之所独明达也;同异嫌疑者,世俗之所眩惑也。

【注释】

①闺:上圆下方的小门。

②超:跨过。

③浊:乱。

④怯:北宋本原作"法"。《道藏》本作"怯"。据正。表:古代测量日影以记时的标杆。

⑤捄(yǎn)：夺。

⑥无：《百子全书》本作"夫"。当是。

⑦彀(kòu)：幼鸟。

⑧驹(jū)犊：幼马、小牛。

⑨蜯(bàng)：大蚌。蚌，或作"蛖"。蜄(shèn)：蛤蜊。

⑩久血为燐：高诱注：血精在地，暴露百日，则为燐(lín)，遥望炯(jiong)炯若燃火也。按，出于《列子·天瑞》，《说文》所载与《淮南子》说同。燐火，即液态磷化氢(P_2H_4)，遇氧发光。

⑪枭(xiāo)阳：高诱注：山精也。人形，长大，面黑色，身有毛，若反踵，见人而笑。按，载于《尔雅·释兽》、《楚辞·哀时命》，并见于《博物志》二。

⑫罔(wǎng)象：高诱注：水之精也。按，出于《国语·鲁语》、《庄子·达生》，并载于《史记·孔子世家》、《说苑·辨物》等。《说文》：蝄，蝄蜽，山川之精物也。淮南王说，蝄蜽状如三岁小儿，赤黑色，赤目，长耳，美发。按，与高注异。

⑬毕方：高诱注：木之精也。状如鸟，青色，赤脚，一足，不食五谷也。按，见于《山海经·海外南经》、《西次三经》等。

⑭坟羊：高诱注：土之精也。鲁季子穿井，获土缶，其中有羊也。按，见于《鲁语·国语》，并见于《说苑·辨物》、《史记·孔子世家》等。

【译文】

喝醉酒的人俯身进入城门，认为是七尺的闺门；跨过长江、淮河，认为是平常的水沟。是因为酒醉而使他的神志混乱。胆怯的人夜里看到树立的圭表，以为是鬼；看到躺在地上的大石，认为是老虎。是由于恐惧而夺走了他的勇气。又何况是天地之间奇怪的事物呢？

雌性、雄性互相交配，阴气、阳气互相迫近，有羽毛类的生成幼鸟，有毛类的生成马驹牛犊，柔软的为皮肉，坚硬的为牙齿和硬角，人们是不奇怪的；水中生出蚌蛤，山里生出金玉，人们不觉得奇怪；枯死的槐树可以生出火，血液凝固久了有燐火出现，人是不觉得奇怪的；山里产生枭阳，水中生出罔象，木中生出毕方，井里生出坟羊，人们就奇怪了，是由于听的看的少而认识万物肤浅的原因。天下的奇异之物，是圣人能够独自明察的。利害的反复变化，这是智慧的人所独自明白通达的；同与不同疑惑难明，这是世俗之人所迷惑的地方。

夫见不可布于海内，闻不可明于百姓，是故因鬼神禨祥而为之立禁[①]，总形推类而为之变象[②]。何以知其然也？

世俗言曰："飨大高者[③]，而彘为上牲；葬死人者，裘不可以藏；相戏以刃者，太祖軵其肘[④]；枕户橉而卧者[⑤]，鬼神蹠其首[⑥]。"此皆不著于法令，而圣人之所不口传也。

夫飨大高而彘为上牲者，非彘能贤于野兽麋鹿也，而神明独飨之，何也？以为彘者，家人所当畜[⑦]，而易得之物也，故因其便以尊之。

裘不可以藏者[⑧]，非能具绨绵曼帛温暖于身也[⑨]，世以为裘者难得贵贾之物也，而可传于后世，无益于死者，而足以养生，故因其资以詟之[⑩]。

相戏以刃，太祖軵其肘者，夫以刃相戏，必为过失；过失相伤，其患必大；无涉血之仇争忿斗，而以小事自内于刑戮，愚者所不知忌也，故因太祖以累其心[⑪]。

枕户橉而卧，鬼神履其首者，使鬼神能玄化[⑫]，则不待户牖之行[⑬]；若循虚而出入[⑭]，则亦无能履也[⑮]。夫户牖者风气之所从往来；而风气者阴阳粗捔者也[⑯]，离者必病[⑰]，故托鬼神以申诫之也。

　　凡此之属,皆不可胜著于书策竹帛,而藏于官府者也⑱,故以机祥明之。为愚者之不知其害,乃借鬼神之威以声其教,所由来者远矣。而愚者以为机祥,而很者以为非⑲,唯有道者能通其志。

【注释】

①因:借助。机(jī)祥:吉凶。

②变:通"辨",辨明。

③大高:高诱注:祖也。一曰上帝。

④辆(rǒng):推。

⑤户橉(lìn):门槛。楚语。

⑥蹠(zhí):踩,踏。

⑦当:通"常"。《道藏》本作"常"。

⑧藏:《礼记·檀弓》:葬也者,藏也。

⑨非:依文义视之,似脱"不"字。绨(tí):平滑而有光泽的丝织品。绵:丝绵。曼帛:细帛。曼,轻细。

⑩资:利用。奢(zhé):禁忌。

⑪累:使之恐惧。

⑫玄化:神妙变化。

⑬之:王念孙《读书杂志》:《太平御览·居处部》十二引作"而"。

⑭虚:孔窍。

⑮无:以文义视之,疑衍。

⑯粗:黄锡禧本作"相"。捔(zhuó):竞逐,角力。

⑰离:通"罹",遭受。

⑱官:北宋本作"宫"。刘绩《补注》本作"官"。据正。

⑲很:狠戾。

【译文】

所看见的东西不可能在天下宣布，所听到的东西不可能向百姓说明，因此便按照鬼神所显示的凶吉而为百姓立下禁戒，汇合各种形象加以类推而为百姓辨明现象。怎么知道是这样的呢？

世俗之人说："用祭品供奉祖先，而猪是上等的供品；埋葬死人，皮裘不能够陪葬在坟墓里；用刀来互相嬉闹，长辈会推开他的胳膊；枕着门槛而睡觉的人，鬼神会踩在他的头上。"这些内容都是不记载在法令上的，而圣人也不会口传下来的。

用祭品供奉祖先而猪是上等的祭品，不是说猪比野兽麋鹿要胜一些，而神灵独自享用它，这是为什么？因为猪是农家的常畜，是容易得到的东西，所以借用它的方便而尊重它。

皮裘不能够埋葬，不是说不具有粗细丝帛使身体温暖的特点，世俗认为皮裘是难得的价格昂贵之物，能够传给后代，对死者也没有益处，而对活着的人可以用来保养身体，因此按照实际用处而禁止用它下葬。

用刀来互相嬉闹，长辈推开他的胳膊，因为用刀来互相嬉闹，必然造成过失；因为过失而伤害，造成的祸患一定很大；没有涉及流血的仇恨，就因为小事进行争斗，而使自己投入到刑罚之中，这是愚蠢的人所不知道忌讳的，因此借由长辈劝阻而使他们害怕。

枕着门槛睡觉，鬼神踩着他的头，而假使鬼神能够变化，那么不必要依靠门窗而行进；如果依照孔窍而进出，那么也能踩着人的头。门窗是风气所从此往来的地方；而风气是阴气阳气相冲突而形成的，遭受风邪的人一定生病，因此依托鬼神来说服告诫他。

凡此之类，都是不能够全部记载在书册竹帛之中，而珍藏在官府之内的，因此用吉凶兆征来说明它。因为愚蠢的人不知它的危害，于是借鬼神的威力来声明他的教旨，它的来历已经是很久远的了。而愚蠢的人认为是吉凶，狠戾的人认为不正确，只有掌握大道的人才能够通达旨意。

今世之祭井、灶、门、户、箕、帚、臼、杵者①，非以其神为能飨之也，恃赖其德②，烦苦之无已也③。是故以时见其德④，所以不忘其功也。触石而出⑤，肤寸而合⑥，不崇朝而雨天下者⑦，唯太山；赤地三年而不绝流⑧，泽及百里而润草木者，唯江、河也。是以天子袟而祭之⑨。故马免人于难者，其死也葬之；牛，其死也，葬以大车为荐⑩。牛马有功，犹不可忘，又况人乎？此圣人所以重仁袭恩⑪。故炎帝于火死而为灶⑫，禹劳天下死为社⑬，后稷作稼穑而死为稷⑭，羿除天下之害死而为宗布⑮。此鬼神之所以立。

【注释】

①臼：北宋本原作"曰"。《道藏》本作"臼"。据正。

②恃赖：依恃凭借。

③苦：北宋本原作"若"。《道藏》本作"苦"。据正。

④见(xiàn)：使显现。

⑤石：北宋本原作"右"。《道藏》本作"石"。据正。

⑥肤寸：喻范围小。

⑦崇：通"终"，终朝，指日旦至食时。按，"触石"至"草木者"，化自《公羊传·襄公三十一年》，并载于《说苑·辨物》、《风俗通·正失》等。

⑧赤地：指大旱。

⑨袟(zhì)：《道藏》本作"秩"。《集韵》质韵：袟，祭有次也。即祭祀有次序。《玉篇》：秩，品也。即品级。皆通。

⑩"故马"五句：王念孙《读书杂志》：《艺文类聚·兽部》上、《太平御览·礼仪部》三十四、《兽部》八引此，并作："故马免人于难者，其死也葬之，以帷为衾；牛有德于人者，其死也葬之，以大车之箱为

荐。"荐,铺垫。

⑪袭:积累。

⑫"故炎帝"句:高诱注:炎帝神农,以火德王天下,死托祀于灶神。于大成《氾论校释》:《事物纪原》八、《野客丛书》二十并引作:"炎帝王于火,死而为灶。"

⑬"禹劳天下"句:高诱注:劳力,谓天下治水之功也,托祀于后土之神。

⑭"后稷(jì)"句:高诱注:稷,周弃也。按,当见于《左传·昭公二十八年》、《国语·鲁语》等。

⑮"羿(yì)除天下"句:高诱注:羿,古之诸侯,河伯溺杀人,羿射其左目。风伯坏人屋室,羿射中其膝。又诛九婴、窫窳(yà yǔ)之属,有功于天下,故死托祀于宗布。此尧时羿,非有穷后羿。按,宗布,攘除灾祸之神。

【译文】

现在社会上祭祀井、灶、门、户、帚、臼、杵,不是认为它的神能够享用祭品,而是想依赖诸神的恩德,因此人们不断烦劳辛苦它们。因此能够按照时节使它们的德泽显现,以便不致忘记它们的功德。云气碰到石头而升起,在肤寸之地聚合起来,很短的时间内可以布满天下的,只有泰山的云雨;大旱三年而没有断流,润泽百里而滋养草木的,只有长江、黄河。这就是天子按照规定品级来祭祀它的原因。所以在祸患中能够使主人免于一死的马,死后也要给它安葬;对人有恩惠的牛,死了要用大车箱作为安葬的铺垫。牛马对人有功劳,还不能忘记,又何况人呢?这就是圣人增益仁惠积累恩德的原因。所以炎帝以火王天下死后被奉为灶神;禹为天下辛劳治水而死后托为土地神;后稷教人种植五谷而死后成为谷神;羿为天下除害而死后成为宗布之神。这就是鬼神所以树立的原因。

北楚有任侠者①,其子孙数谏而止之,不听也。县有贼,大搜其庐,事果发觉②,夜惊而走③。追,道及之。其所施德者皆为之战,得免而遂反。语其子曰:"汝数止吾为侠,今有难,果赖而免身④,而谏我,不可用也。"知所以免于难,而知所以无难⑤。论事如此,岂不或哉?

【注释】

①侠:古代指爱打抱不平、重义轻生的人。《史记》有《游侠列传》。

②发觉:被觉察。

③走:逃跑。

④而:《艺文类聚·人部》十七引作"汝"。

⑤而知:《道藏》本"而"下有"不"字,当脱。

【译文】

北楚有行侠仗义的人,他的子孙多次劝谏制止他,都不听从。县里发生杀人案,有司大肆搜查他的房舍,与案件有牵连的事果然被发觉,他夜里惊慌地出逃。有司追捕他,并在路上赶上了他。受他施舍恩德的朋友都出力为他死战,得以幸免并返回了家。任侠者告诉他的儿子说:"你们多次制止我干侠义之事,今天有了祸患,果然依仗他们而能免于一死,你们劝谏我的话,是不值得听从的。"他知道所以免除祸患的原因,而不知道用怎样的办法才能没有灾难。议论事情像这样,难道不是很糊涂吗?

宋人有嫁子者①,告其子曰:"嫁未必成也②。有如出③,不可不私藏。私藏而富,其于以复嫁易。"其子听父之计,窃而藏之。君公知其盗也④,逐而去之。其父不自非也,而反得其计;知为出藏财,而不知藏财所以出也。为论如此,岂不勃哉⑤？

【注释】

①宋人：《韩非子·说林上》作"卫人"。按，此则又见于《吕览·遇合》。

②成：终。

③出：指休弃。

④君公：《吕览·遇合》作"姑妐"。《尔雅·释亲》中载："妇称夫之父曰舅，称夫之母曰姑，姑舅在，则曰君舅、君姑。"君舅，即君公。

⑤勃：背逆。

【译文】

宋国有人出嫁女儿的，父亲告诉他的女儿说："出嫁不一定能终了一生。假如被休弃，不能不私自积蓄。私自攒钱而富有，对于再嫁就容易了。"他的女儿听从了父亲的主意，偷偷地把财物隐藏起来。她的公公知道了她的偷窃行为，把她驱逐出了家门。而她的父亲不认为自己有过失，反而认为是自己的计谋得到实现；知道为了怕被赶出门而藏匿财物，而不知道藏匿财物正是被抛弃的原因。提出的观点像这样，难道不是太背离事理了吗？

今夫儌载者①，救一车之任②，极一牛之力，为轴之折也，有加辕轴其上以为造③，不知轴辕之趣轴折也④。楚王之佩玦而逐菟⑤，为走而破其玦也，因佩两玦以为之豫⑥。两玦相触，破乃逾疾。乱国之治，有似于此。

【注释】

①儌(jiù)：雇车运送。

②救:通"逑(qiú)",敛聚。任:装载。

③有:通"又"。加:北宋本原作"如"。刘绩《补注》本作"加"。据

　　正。辕:车辕。车前驾牲口的直木。造:通"簉(zào)",辅贰。

④趣(cù):通"促",催促,急迫。

⑤玦(jué):环形有缺口的佩玉。

⑥豫:俗作"预",预备。

【译文】

　　现在雇车运送货物的人,堆满了一车子货物,牛的力气用尽了,造成了车轴的折断,原来是在车上又增加了一副车辕和车轴以便备用,却不知道增加备用的一套车轴车辕正是促成车轴折断的原因。楚王身上佩带玉玦而去追赶野兔,因为奔跑而使玉玦碰破了,他因此又佩带了两块玉玦来作预备。两块玉玦互相碰撞,破碎的更快了。混乱国家的治理,同这样有些相似。

　　夫鸥目大而睡不若鼠①,蚈足众而走不若蛇②。物固有大不若小,众不若少者。及至夫强之弱,弱之强;危之安,在之亡也③,非圣人孰能观之? 大小尊卑,未足以论也。唯道之在者为贵。何以明之? 天子处于郊亭④,则九卿趋⑤,大夫走,坐者伏,倚者齐。当此之时,明堂太庙,悬冠解剑,缓带而寝,非郊亭大而庙堂狭小也,至尊居之也。天道之贵也,非特天子之为尊也,所在而众仰之。夫蛰虫鹊巢,皆向天一者⑥,至和在焉尔。帝者诚能包禀道⑦,合至和,则禽兽草木莫不被其泽矣,而况兆民乎?

【注释】

①睐:黄锡禧本作"晲"。晲,古文"视"字。疑"睐"字误。

②蚈(qiān)：多足虫。即马蚿。

③在：《道藏》本作"存"。

④郊：《说文》：距国百里为郊。按，五十里为近郊，百里为远郊。

⑤趋：奔跑。

⑥天一：杨树达《淮南子证闻》："天一"当为"太一"。按，"太一"指天。《庄子·徐无鬼》成玄英疏："大一，天也。"亦指北极神。

⑦包裹道：疑有脱文。

【译文】

鸱鸟眼睛大视力却不如老鼠，马蚿足多跑起来却不如蛇。万物中本来就有大不如小的，多不如少的。至于那些强大走向衰弱，衰弱走向强大；危险走向平安，存在走向灭亡，不是圣人谁能够观察清楚？可见大小尊卑的事情，不值得论道。只有道存在的地方，才是尊贵的。怎样能说明这个问题？天子处于郊外亭舍的时候，那么九卿便要奔向他，大夫奔跑着来到面前，坐着的人趴在地上，靠着的人也整齐一致。在这个时候，在明堂太庙里，却可以悬挂起帽子解下佩剑，宽松衣带而睡去，并不是郊外亭舍宽大而庙堂狭小，而是最尊贵的天子居于其中。天道的尊贵，更不只是像天子那样的尊崇，所在的地方众人仰慕他。那些蛰伏的昆虫鸟鹊的巢儿，都向着北极神，是因为最高的和气存在于其中。天子果真能够禀受天道，融合最高的和气，那么飞禽走兽野草树木没有不覆盖着他的德泽，而何况万民呢？

第十四卷 诠言训

【题解】

诠言,就是阐明精微之言的意思。用"至理之文"(即道)去解释人事、治乱中的诸多具体问题。

本文认为,天地万物都产生于混沌不分、充满质朴元气的"太一",并且形成五光十色的物质世界。"同出于一,所为各异"。"方以类别,物以群分"。道生成天地万物之后,就不再独立存在,消融于万物之中。"物物者,亡乎万物之中"。

文中强调怡养天性的重要。"原天命,治心术,理好憎,适情性,则治道通矣";"节寝处,适饮食,和喜怒,便动静,使在己者得,而邪气因而不生"。

把道用在政治上,就是要"无为而治",这是治国、安民、成就霸业的根本。什么叫"无为"? "智者不以位为事,勇者不以位为暴,仁者不以位为惠,可谓无为矣"。

陶方琦《淮南许注异同诂》:序目无"因以题篇"字,许注本也。

洞同天地①,浑沌为朴②,未造而成物,谓之太一③。同出于一④,所为各异,有鸟、有鱼、有兽,谓之分物⑤。方以类别,物以群分⑥。性命不同,皆形于有;隔而不通,分而为万物,莫能及宗⑦。故动而为之生,死而为之穷,皆为物矣,非不物而物物者也^⑧。物物者^⑨，亡乎万物之中。

【注释】

①洞同：无形的样子。

②浑沌：指天地未分前的元气状态。《论衡·谈天》中也说："元气未分，浑沌为朴。"朴：指天地未分前的质朴状态。

③太一：许慎注：元神，总万物者。按，1993年湖北荆门郭店出土《太一生水》，是较早关于"太一"的记载。

④一：指太一。

⑤分物：刘家立《淮南内篇集证》：谓之"分物"，"分"乃"方"字之误。作"分"者，乃涉下文而误也。按，方物，即辨别名物之义。《国语·楚语下》"不可方物"，韦昭注：方，犹别也。物，名也。

⑥"方以类别"二句：化自《周易·系辞上》，并载于《礼记·乐记》等。

⑦及：王念孙《读书杂志》："及"皆当为"反"，字之误也。宗：本。

⑧不物：许慎注：不物之物，恍惚虚无。按，不物，即不成为物之物，以其无形而非物。

⑨"物物者"二句：许慎注：物物者，造万物者也。此不在万物之中也。按，物物，即创造万物而成为物。出于《庄子·山木》："物物而不物于物，则胡可得而累邪？"

【译文】

无形的天地，混沌不分充满质朴的元气，没有创造而形成万物，称呼这种状态叫"太一"。万物都共同产生于"太一"，所形成的物种却各不相同，有鸟、有鱼、有兽，称呼它们是要区别名分。同类事物聚集在一起以相分别，万物又进一步按群体加以分类。虽然性质命运是不同的，但都是从有形中产生的；由于互相阻隔而不沟通，便分别形成了不同的事物，万物一旦产生以后便无法返回到混沌状态。因此活动的时候叫做生存,死亡的时候叫做穷尽,都已经成为万物了,穷尽不是恍惚虚无而是又投入创造万物之中。道创造万物之后,便消散在万物之中了。

　　稽古太初①,人生于无②,形于有,有形而制于物。能反其所生,若未有形,谓之真人③。真人者未始分于太一者也。圣人不以名尸④,不为谋府⑤,不为事任⑥,不为智主⑦;藏无形,行无迹,游无朕⑧;不为福先,不为祸始。保于虚无,动于不得已。

【注释】

①稽(jī)古:稽考古代。稽,考。太初:天地未分前的混沌状态。《列子·天瑞》:太初者,气之始也。

②人生于无:《太平御览》卷一《天部》一注:当太初天地之始,人生于无形,无形生于有形也。

③真人:指修真得道的人。"真人"始见于《庄子·天下》,《淮南子》凡九见。

④名尸:名位的主人。《庄子·应帝王》成玄英疏:尸,主也。无为名誉之主也。

⑤谋府:计谋产生的地方。

⑥事任:负担、从事。

⑦智主:智巧的主人。按,"圣人"至"游无朕",化自《庄子·应帝王》。

⑧朕(zhèn):形迹。

【译文】

　　考察古代天地未分之时,人是从无形中产生的,无形生出有形,有了形体之后就要被万物制约了。能够返回到它所产生之时,像没有形体那样,他就叫真人。真人是从太一不曾分别的时候产生的。圣人不做名位的主人,不成为出谋划策的机关,不要负担任何事情,不充当智慧的主人;隐藏起来没有形体,行动起来没有痕迹,遨游起来没有征兆;不走在幸福的前面,也不成为灾祸的开始。心境保持在虚无状态,行动皆非出于己意。

欲福者或为祸,欲利者或离害①。故无为而宁者,失其所以宁,则危;无事而治者,失其所以治,则乱。星列于天而明,故人指之;义列于德而见,故人视之。人之所指,动则有章②;人之所视,行则有迹。动有章则词③,行有迹则议。故圣人掩明于不形,藏迹于无为。

【注释】

①离:通"罹",遭受。

②章:形象。

③词:言,说词。王念孙《读书杂志》王引之曰:"词"当为"诃(hē)"。诃,谓相讥诃也,动有章则人诃之,行有迹则人议之也。

【译文】

想要得到幸福的有时会成为灾祸,想要求得利益的有时会遭到灾难。因此静虚无为而安宁的,失去所用来造成安宁的根本,就会危险;顺应自然而治理的,失掉用来治理的根本,便会混乱。星辰排列在天上而放光明,因此人们才指向它;大义分列在道德中而被人察见,因而人们才看着它。人们所指出的地方,运动起来就会有形象;人们所看见的东西,行动起来便有痕迹。运动起来就有形象便有讥诃产生,行动起来有痕迹就有非议出现。因此圣人把聪明掩盖在不露形体之中,把痕迹隐藏在没有作为之中。

王子庆忌死于剑①,羿死于桃棓②,子路菹于卫,苏秦死于口③。

人莫不贵其所有,而贱其所短,然而皆溺其所贵④,而极其所贱。所贵者有形,所贱者无朕也⑤。故虎豹之强来射⑥,猿狖之捷来措⑦。人能贵其所贱,贱其所贵,可与言至论矣。

【注释】

①"王子庆忌"句:许慎注:王子庆忌者,吴王僚(liáo)之弟子。阖闾(hé lú)弑僚,庆忌勇健,亡在郑。阖闾畏之,使要离刺庆忌也。按,庆忌,吴王僚之子。其事载于《吕览·忠廉》《吴越春秋·阖闾内传》《战国策·魏策》等,并见《史记·吴世家》。

②"羿死于"句:许慎注:棓(bàng),大杖,以桃木为之,以击杀羿。犹是已来,鬼畏桃也。按,事载《孟子·离娄下》,《说山训》亦载之。

③"苏秦"句:许慎注:苏秦好说,为齐所杀。按,秦,北宋本原作"奉"。《道藏》本作"秦"。据正。口,北宋本原作"日"。《道藏》本作"口"。据正。

④溺:沉溺。

⑤朕:形迹。

⑥来:招来。

⑦措:通"簎(cè)",刺。

【译文】

王子庆忌勇捷而死于剑下,羿善射而死于桃棒,子路忠直在卫国被剁成肉酱,苏秦雄辩死在嘴上。

没有人不珍视他的长处,而轻视他的短处,但是又都沉溺在他的长处之中,而把他的短处看得极小。所珍视的长处是有形的,而所轻视的短处是无形的。因此虎豹的强暴却招来射击，猿狄的敏捷却遭到刺杀。人们能够珍重他所轻视的，轻视他所珍重的，便可以和他谈论最高的道理了。

　　自信者，不可以诽誉迁也①；知足者，不可以势利诱也。故通性之情者②，不务性之所无以为；通命之情者③，不忧命之所无奈何；通于道者，物莫不足滑其调④。

　　詹何曰："未尝闻身治而国乱者也，未尝闻身乱而国治者也。"矩不正，不可以为方；规不正，不可以为员。身者事之规矩也，未闻枉己而能正人者也。

【注释】

①迁：变更。

②性：指天性、本性。

③命：指天命、命运。按，"故通性"至"无奈何"，化自《庄子·达生》。

④"物莫"句：王念孙《读书杂志》：当作"物莫足滑其和"。今本"莫"下衍"不"字，"和"字又误作"调"。按，《说文》："调，和也。""调"字不误。

【译文】

　　自信的人，不能够用诽谤赞誉来改变他；知足的人，不能够用权势利益来诱惑他。所以通达天性情理的人，不从事本性所无法做到的事情；通达命运之情的人，不担忧命运所不能支配的遭遇；通晓大道的人，万物中没有什么能扰乱他的天和。

　　詹何说："不曾听说过自身修治而国家混乱的，不曾听说自身混乱而国家得到治理的。"矩不正，不能够做出方形；规不正，不能够画出圆形。自身就是万事的规和矩,没有听说过自身不正而能使别人端正的。

原天命,治心术①,理好憎,适情性,则治道通矣。原天命,则不惑祸福;治心术,则不忘喜怒②;理好憎,则不贪无用;适情性,则欲不过节。不惑祸福,则动静循理;不妄喜怒,则赏罚不阿;不贪无用,则不以欲用害性③;欲不过节,则养性知足。凡此四者,弗求于外,弗假于人,反己而得矣。

【注释】

①心术:指"心"认识事物的方法和途径,与"思想"相似。

②忘:《道藏》本作"妄"。朱骏声《说文通训定声》:忘者,妄也。

③欲用:刘绩《补注》本、《文子·符言》无"用"字。按,"原天命"至"欲不过节",亦载于《韩诗外传》卷二,《文子·符言》略同。

【译文】

理清天命的根源,治理好思想,理顺好憎关系,调整适宜的情性,那么治世之道就畅通了。搞清天性的根源,就不会受灾祸幸福的迷惑;治理好思想,就不会妄生欢喜愤怒之情;理顺好憎关系,就不会贪得无用之物;协调适宜的情性,那么欲望就不会超过限度。不受灾祸福祥的迷惑,那么行动静止都能依循道理;不妄生欢喜愤怒之情,那么实行赏罚便不会偏袒;不贪得无用之物,就不会因为欲望妨碍天性;欲望不超过限度,那么就能保养天性知道满足。这四个方面,不需要向外部寻求,不必要向他人求借,返身自求即可得到。

天下不可以智为也,不可以慧识也,不可以事治也,不可以仁附也,不可以强胜也。五者皆人才也,德不盛,不能成一焉。德立则五无殆,五见则德无位矣①。故得道则愚者

有余,失道则智者不足。度水而无游数②,虽强必沉;有游数,虽羸必遂③。又况托于舟航之上乎?

【注释】

①"五见"句:许慎注:五事皆见,而德无所立位。按,见,《庄子·则阳》成玄英疏:显也。

②数(shù):技艺。

③羸(léi):瘦弱。遂:成功。

【译文】

天下不能够用智术来统治,不能够凭聪明来认识,不能够用本事来治理,不能够用仁术来使人归附,不可以用强力来取得胜利。这五个方面都是人的才能的表现,如果德行不隆盛,那么就不能使一件事成功。德行树立那么五个方面都不会出现危险,五个方面都能实现那么德行便无法立位了。因此得道之人就是愚笨的也会有余力,失道的人就是聪明的也会感到不足。渡水而没有游泳技术,即使很强壮也必定要沉下去;有游泳技术,即使很瘦弱也一定能成功。又何况依托在舟船之上呢?

为治之本,务在于安民;安民之本,在于足用;足用之本,在于勿夺时;勿夺时之本,在于省事;省事之本,在于节欲;节欲之本,在于反性;反性之本,在于去载①。去载则虚,虚则平。平者道之素也②,虚者道之舍也③。

能有天下者,必不失其国;能有其国者,必不丧其家;能治其家者,必不遗其身;能脩其身者,必不忘其心;能原其心者,必不亏其性;能全其性者,必不惑于道。故广成子曰④:"慎守而内,周闭而外;多知为败,毋视毋听;抱神以静,形将自正⑤。"不得之己而能知彼者,未之有也。故《易》曰:"括囊,无咎无誉⑥。"

【注释】

①去载:抛弃外面的文饰。按,"为治"至"去载",亦载于《齐民要术·种谷第三》,其引文"务在安民",无"于"字。

②素:本色。

③"虚者"句:《韩非子·扬权》:虚心以为道舍。按,道舍,藏道之处所。

④广成子:黄帝时人。居空同之山。

⑤"慎守"六句:化自《庄子·在宥》。

⑥"括囊"二句:见于《周易·坤卦》。括,结。囊,袋子。括囊,扎住囊口。喻言行谨慎紧密。咎(jiù),过错。孔颖达《周易正义》:功不显物,故曰"无誉"。不与物忤(wǔ),故曰"无咎"。

【译文】

治理国家的根本,在于安定百姓;安定百姓的根本,在于满足他们的用度;满足用度的根本,在于不要耽误生产时节;不耽误生产时节的根本,在于节省官事;节省官事的根本,在于节制贪欲;节制贪欲的根本,在于返回天性;返回天性的根本,在于抛弃外表的粉饰。抛弃外表的粉饰就能达到虚静,虚静就能平定。平定是道的本色,虚静是道的归宿。

能够统治好天下的人,必定不会失去一国;能够统治好一国的,必定不会丧失一家;能够统治好一家的,必定不会丧失自身;能够修治好自身的,一定不会遗忘他的心灵;能够使心灵回到根本的,肯定不会亏损他的天性;能够保全他的天性的,必定不会对道产生迷惑。因此广成子说:"谨慎守持自己的内心,周密地堵塞外欲;多智巧就要失败,不要外视邪听;怀抱精神清虚安静,形体将自然平正。"自己不能够得到道旨而要能够知道别人的，没有这样的事。因此《周易》中说："束结囊口，那么就没有过错、没有赞誉。"

　　能成霸王者，必得胜者也；能胜敌者，必强者也；能强者，必用人力者也；能用人力者，必得人心也①；能得人心者，必自得者也；能自得者，必柔弱也②。强胜不若己者，至于与同则格③；柔胜出于己者，其力不可度。故能以众不胜成大胜者，唯圣人能之。

【注释】

①人心也：《文子·符言》"心"下有"者"字。

②也：《文子·符言》作"者"。

③"强胜"二句：许慎注：言人力能与己力同也，己以强加之，则战格也。按，格，格斗。

【译文】

　　能够成就霸王之业的，必然是得胜的人；能够战胜敌人的，必然是强大的人；能够强大的人，必定是运用人民力量的人；能够用人民力量的人，必然得到了人心；能够得到人心的人，必定是得到道旨的人；能够自己掌握道旨的人，必定是柔弱的人。强者能胜过不如自己的人，至于同自己力量相同的就要格斗；以柔弱战胜比自己力量强大的，他的力量是不可度量的。因此能够用众人不可战胜的力量而能成就大的胜利，只有圣人能够做到这一点。

　　善游者，不学刺舟而便用之①；劲筋者②，不学骑马而便居之；轻天下者，身不累于物，故能处之。泰王亶父处邠③，狄人攻之；事之以皮币珠玉而不听，乃谢耆老而徙岐周④，百姓携幼扶老而从之，遂成国焉。推此意⑤，四世而有天下⑥，不亦宜乎？

　　无以天下为者，必能治天下者。霜雪雨露，生杀万物，天无为焉⑦，犹之贵天也；厌文搔法⑧，治官理民者，有司也；君无事焉，犹尊君也。辟地垦草者，后稷也；决河浚江者⑨，禹也；听狱制中者⑩，皋陶也；有圣名者，尧也。故得道以御者，身虽无能，必使能者为己用；不得其道，伎艺虽多，未有益也。

【注释】

①刺：撑船。

②劲筋：指肌腱或韧带强劲。

③泰王：即太王。"泰"与"太"通。

④谢：辞别。耆（qí）老：六十曰耆，七十曰老。徙：北宋本原作"徒"。《道藏》本作"徙"。据正。

⑤推：推衍，推行。

⑥四世：太王、王季、文王、武王。

⑦无为：没有什么行动。《韩诗外传》卷二作"无事"。

⑧厌文：指劳于案牍，所以治官。厌，厌倦。搔（sāo）法：挈（qiè）执法度，所以理民。《韩诗外传》卷二作"执法"。搔，总括。

⑨浚（jùn）：疏通。

⑩听狱：判决案件。听，治，有判断义。制中：适中，处理恰当。《韩诗外传》卷二作"执中"。按，此节本于《尸子·仁意》，并载于《韩诗外传》卷二。

【译文】

善于游泳的人，不学习撑船却习惯使用船只；筋骨强健的人，不学习骑马却习惯跨在马身上;看轻天下的人,不被外物拖累,所以能够安然相处。太王亶父居住在邠地,狄人来侵犯他们;用兽皮丝帛珠玉来事奉他们,还不停止进攻,于是太王告别长老而迁到岐周居住,百姓扶老携幼追随他,便又形成了一个国家。推行他的这种意旨,周人四代夺取了天下,不也是应该的吗?

不把天下据为己有的人,必定能够统治天下。下霜雪降雨露,万物生长和死亡,虽然上天没有什么作为,却还是要尊重天道;劳形案牍挈持法度,管理官府统治万民,是有司的职责,国君不做什么事情,但还是要尊重国君。开辟土地垦辟草莱,是后稷的职责;疏通长江黄河,是禹的功劳;处理案件公正严明,是皋陶的所为;而有圣贤之名的,是尧。因此掌握道术来驾驭臣下,即使自身无能,也必定能使有才智的人为己所用;不能掌握道术,技艺即使很多,也没有益处。

方船济乎江①,有虚船从一方来,触而覆之。虽有恔心②,必无怨色。有一人在其中,一谓张之,一谓歙之③,再三呼而不应,必以丑声随其后。向不怒而今怒,向虚而今实也。人能虚己以游于世,孰能訾之④?

【注释】

①方船:并船。

②恔(zhì)心:猜忌之心。

③"一谓"二句:许慎注:持舟楫者,谓近岸为歙(xī),远岸为张也。
   按,本则化自《庄子·山木》。

④訾(zǐ):毁谤,诋毁。

【译文】

两船相并从长江渡过,有条空船从一方驶来,撞到上面而方舟翻了身。即使有猜忌之心，也必定没有埋怨的神色。如果有一个人在船上，一会儿呼唤他离得远一点，一会儿要近一点，再三呼唤而对方毫无反应，必定用骂声跟在后头。刚才不发怒而现在发怒，刚才是空船而现在是有了人的原因。人如果能够使自己意念空虚而在世上遨游，谁能够诽谤他呢？

释道而任智者①，必危；弃数而用才者，必困。有以欲多而亡者，未有以无欲而危者也；有以欲治而乱者，未有以守常而失者也。故智不足免患②，愚不足以至于失宁。守其分，循其理，失之不忧，得之不喜。故成者非所为也，得者非所求也。入者有受而无取，出者有授而无予。因春而生，因秋而杀；所生者弗德，所杀者非怨，则几于道也。

【注释】

①释：放弃。

②"故智"句：《群书治要》作"故智不足以免患"。

【译文】

放弃道术而任用智巧的，必然危险；抛弃术数而任用才智的，必然困惑。有因为贪欲多而灭亡的，没有因为无欲而危险的；有用欲望来治理而混乱的，没有因为遵守常法而失败的。因此智巧不能够免除祸患，愚笨不至于就会失去安宁。持守他的职分，依循他的道理，失去它不忧虑，得到它不欢喜。因此成功的不是自己所作为的，得到的也不是自己所寻求的。收入的是有所接受而没有索取，付出的是有所给予而没有施舍。随着春季而生长，跟着秋季而枯死；得到生长的不去感恩，遭受肃杀的也没有怨恨，那么便接近于道了。

　　圣人不为可非之行，不憎人之非己也；脩足誉之德，不求人之誉己也。不能使祸不至，信己之不迎也；不能使福必来，信己之不攘也①。祸之至也，非其求所生，故穷而不忧；福之至②，非其求所成，故通而弗矜③。知祸福之制④，不在于己也，故闲居而乐⑤，无为而治⑥。圣人守其所以有，不求其所未得；求其所无⑦，则所有者亡矣；脩其所有⑧，则所欲者至⑨。故用兵者，先为不可胜，以待敌之可胜也；治国者，先为不可夺，以待敌之可夺也。舜脩之历山，而海内从化；文王脩之歧周，而天下移风。使舜趋天下之利⑩，而忘脩己之道，身犹弗能保，何尺地之有？故治未固于不乱⑪，而事为治者必危；行未固于无非，而急求名者必剉也⑫。福莫大无祸，利莫美不丧。动之为物⑬，不损则益⑭，不成则毁，不利则病，皆险也⑮，道之者危⑯。故秦胜乎戎，而败乎殽⑰；楚胜乎诸夏，而败乎柏莒⑱。故道不可以劝而就利者⑲，而可以宁避害者。故常无祸⑳，不常有福；常无罪，不常有功。

【注释】

①攘（rǎng）：排除、排斥。

②福之至：刘绩《补注》本有"也"字。

③矜（jīn）：许慎注：自伐其功也。按，即自我夸耀义。

④制：主宰。《道藏辑要》本作"至"。

⑤闲居：指避人独居。

⑥无为而治：指顺应自然规律而治理。

⑦求其所无：王念孙《读书杂志》：本作"求其所未得"。《群书治要》《文子·符言》同。

⑧脩其所有：王念孙《读书杂志》：本作"修其所已有"。《群书治要》、《文子·符言》同。

⑨至：《群书治要》引，"至"下有"矣"字。

⑩趋：追逐。

⑪"故治"句：许慎注：治不乱之道，尚未牢固也。

⑫剉（cuò）：挫败，折伤。

⑬动：有为。

⑭不损则益：陶鸿庆《读淮南子杂记》：当作"不益则损"。

⑮险：危难。

⑯道：蹈，踏。

⑰"故秦"二句：许慎注：秦穆公胜西戎，为晋所败于殽。殽：《道藏》本作"觳"。殽（xiáo），殽山。在河南灵宝、三门峡陕州区南部。殽之战在洛宁北。

⑱"楚胜"二句：许慎注：楚昭王服诸夏，而吴败之柏莒。按，柏莒（jǔ）在今湖北麻城东北。"故秦"至"相莒"四句，见于《吕览·义赏》。

⑲劝：鼓励。

⑳常：通"尚"，崇尚。

【译文】

圣人不做让人非议的举动，不憎恨别人非议自己；修身足以使人能够称颂自己的德行，不求别人赞誉自己。不能够使灾祸不到来，但能确信自己不会迎取它；不能够使幸福一定来到，但能确信自己不会排斥它。灾祸的到来，不是圣人要求而产生的，因此身处穷困却不忧虑；福祥的到来，不是圣人要求成功的，因此处境畅达却不骄傲。知道祸福的主宰，不在于自己，因此避人独居而快乐，顺应自然规律而处理事务。圣人持守已经具有的东西，不寻求他所没有得到的东西；寻求他所没有的东西，那么就会失去他已经具有的；修治他所具有的，他所想得到的就会到来。因此善于用兵的人,首先做好自己不可胜的准备,以便等待战胜敌人的时机;善于治理国家的人,先要做好不可被夺的准备,然后等待夺取敌国的时机。舜在历山耕田,而四海之民都跟从他的教化;文王在岐周治政,而天下随着转移风俗。假使舜追逐天下的利益,而忘记修治自己的道德,自身还不能够保住,又哪会有一尺的土地呢? 因此治理国家没有比不动乱更牢靠的,而人为地去治理的必定有危险;行事没有比无非议更稳固的,而急于求名必定受到挫败。最大的幸福是没有灾祸,最美好的利益是没有丧亡。有为活动造成的万物,不是增益就是损害,不是成功就是毁坏,不是利益就是危害,这些都是险恶不可行的,踏上这条路的人就会有危险。因此秦穆公对西戎作战胜利,但是在殽山被晋军击败;楚王对诸夏取得了胜利,而在柏莒被吴国打垮。因此对于道来说不能够用劝勉的办法使人接近利益,而可以用宁静的办法使人避开祸害。因此崇尚没有灾祸,不崇尚幸福;崇尚没有罪过,不崇尚有功劳。

　　圣人无思虑,无设储①;来者弗迎,去者弗将②;人虽东西南北,独立中央。故处众枉之中,不失其直;天下皆流③,独不离其坛域④。故不为善,不避丑,遵天之道;不为始,不专己⑤,循天之理;不豫谋⑥,不弃时⑦,与天为期⑧;不求得,不辞福,从天之则。不求所无,不失所得;内无旁祸⑨,外无旁福⑩;祸福不生,安有人贼⑪? 为善则观⑫,为不善则议。观则生责⑬,议则生患。故道术不可以进而求名,而可以退而脩身;不可以得利,而可以离害⑭。故圣人不以行求名,不以智见誉。法脩自然⑮,己无所与。

【注释】

　　①设储:设置储备。

②将：送行。

③天下：《文子·符言》"天下"前有"与"字。

④坛域：界限，范围。域，北宋本原作"城"。《文子·符言》、刘绩
　《补注》本作"域"。据正。

⑤专己：个人独断。按，"不为始"至"从天之则"，亦与1973年湖南
　长沙马王堆三号汉墓出土帛书《称》内容相似。

⑥预谋：事先谋划。

⑦时：北宋本原作"特"。《道藏》本作"时"。据正。

⑧期：相合。

⑨旁祸：《文子·符言》作"奇祸"。

⑩旁福：《文子·符言》作"奇福"。

⑪贼：害。

⑫"为善"句：许慎注：众人之所观也。按，观，细看。

⑬责：北宋本原作"贵"。王念孙《读书杂志》王引之曰："贵"当为
　"责"，字之误也。《文子·符言》作"劝即生责"。据正。

⑭离：避开。

⑮法脩自然：《文子·符言》作"治随自然"。

【译文】

　　圣人没有思索考虑，没有设置储备；来到的不去迎接，离开的不去
欢送；人们虽然处在东西南北四方，圣人却独自处在中央。因此圣人处
于众多枉曲之中，不会失去他的平直；天下的人都随波逐流，圣人独自
处于自己的界域之中。因此圣人不从事善事，不避开丑事，遵循天道的
规律；不作为开始，不个人独断，依循自然的法则；不事先谋划，不抛弃
天时，和自然变化相合；不追求得利，不推辞幸福，按照天的法则行事。
不去寻求所没有的东西，不会失去所得到的东西；内部没有意外的灾
祸，外部没有意外的幸福；灾祸幸福不会产生，哪会有人受害呢？从事
善事的就会被人看到，从事不善的事情就会有人非议。被人看到就要

产生责备,产生非议就要出现患祸。因此道术不能够进而求取名位,却能够退而修治自身;不能够得到利益,却可以避开祸害。因此圣人不用行止求取名利,不用智术得到赞誉。法规依照自然而产生,自己没有什么参与的。

虑不胜数,行不胜德,事不胜道。为者有不成,求者有不得。人有穷,而道无不通,与道争则凶。故《诗》曰:"弗识弗知,顺帝之则①。"有智而无为,与无智者同道;有能而无事,与无能者同德。其智也,告之者至,然后觉其动也;使之者至②,然后觉其为也。有智若无智,有能若无能,道理为正也。故功盖天下,不施其美;泽及后世,不有其名。道理通而人为灭也③。名与道不两明,人爱名则道不用④,道胜人则名息矣。道与人竞长。章人者,则道者也⑤。人章道息⑥,则危不远矣。故世有盛名,则道如日至矣⑦。

【注释】

①"弗识"二句:见于《诗·大雅·皇矣》。则,法则。

②使之者至:俞樾《诸子平议》:"使之者至"上,当有"其能也"三字。

③为:《道藏》本作"伪"。

④爱:北宋本原作"受"。《文子·符言》作"爱"。据正。

⑤则:《道藏》本作"息"。

⑥人章道息:《文子·符言》作"道息而名章,则危"。"人",彼作"名"。按,"名与道"至"不远矣",与《韩诗外传》卷一相似。

⑦道如:《道藏》本作"衰之"。

【译文】

思虑不能胜过天数,行止不能胜过德性,行事不能超过道术。行事有不能成功的地方,寻求有不能得到的地方。人有穷困的时候,而道没有不能通达的地方,和道相争就要发生凶祸。因此《诗》中说:"好像不识不知,顺着天帝的自然法则。"有智术而无所行事,与没有智术的人道术相同;有才能而无所事事,和无能的人德性相同。他的智术,告诉他才可以来到,然后能够感觉到他的活动;他的才能,使唤他才可以来到,然后才能够感觉到他的存在。有智慧像没有智慧,有才能像没有才能,这样的道理就是正确的了。因此功劳覆盖天下,也不施舍他的美德;恩泽延及后代,却不享有他的名声。道理通达而人的虚伪就消失了。名位与道术两者是不能同时显明的,人爱好名位那么道术便不能被使用,道术胜利名声便熄灭了。道术和人为比赛竞争。彰明人为的,道术便要熄灭。人为彰明道术熄灭,那么就离危险不远了。所以世上有盛名的人,那么衰败之日便要来到了。

　　欲尸名者①,必为善;欲为善者,必生事。事生则释公而就私,背数而任己②。欲见誉于为善,而立名于为质③,则治不脩故,而事不须时。治不脩故④,则多责;事不须时,则无功。责多功鲜,无以塞之,则妄发而邀当⑤,妄为而要中⑥。功之成也,不足更责⑦;事之败也,不足以弊身⑧。故重为善若重为非,而几于道矣。

【注释】

①尸名:做名位的主人。

②背:北宋本原作"货"。《道藏》本作"背"。据正。

③质:《文子·符言》作"贤"。

④治不脩故:《文子·符言》作"治不顺理"。

⑤邀当:求取当得之物。

⑥要中：取得适中。要，通"徼（yāo）"，求。

⑦更：抵偿。

⑧不足以弊（bì）身：《文子·符言》作"事败足以灭身"，无"不"字。弊，有跌倒义。

【译文】

　　想要成为名声主人的人，必然先推行善事；想要推行善事的人，必然要生出事端。生出事端就要放弃公道而趋向私道，背离自然规律而任用自己的智术。如果想要被人称誉而做善事，就要在任用贤才上立下名声，那么治理国家就不会遵循原有的规定，而行事也不会等待时机了。治理国家不遵循已有的规定，就会有很多责难；行事不会等待时机，就不会有功劳。责备多而功劳少，又没有办法敷衍过去，那么就会任意行事而想求取事情妥当，胡乱行动而想求取事情成功。功业的成功，不能够偿还对他的责难；事情的失败，足以使他自身倒台。因此把做好事看得像做坏事那样严重，不轻易去做，那么就同道接近了。

　　天下非无信士矣，临货分财，必探筹而定分①，以为有心者之于平，不若无心者②；天下非无廉士也，然而守重宝者，必关户而全封③，以为有欲者之于廉，不若无欲者也。

【注释】

①探筹：许慎注：捉筹也。按，犹今抽签。筹，筹码。

②无心者：黄锡禧本"者"下有"也"字。

③全封：全部封闭。《文子·符言》同。

【译文】

　　天下并不是没有讲究信誉之人，但面对财物进行分配时，必定由抽签才能决定份额，因为人们认为有心的人对于公平，不如没有心的竹签更为公平；天下不是没有清廉之士，但是在守护贵重宝物的时候，必须关紧门户并全部封闭,因为人们认为有欲望的人对于廉洁,不如没有欲望的门窗之类更为可靠。

人举其疵则怨人①,鉴见其丑则善鉴②。人能接物而不与己焉,则免于累矣③。

公孙龙粲于辞而贸名④,邓析巧辩而乱法⑤,苏秦善说而亡⑥。国由其道⑦,则善无章;脩其理⑧,则功无名⑨。故以巧斗力者,始于阳,常卒于阴⑩;以慧治国者,始于治,常卒于乱。使水流下,孰弗能治?激而上之⑪,非巧不能。故文胜则质掩,邪巧则正塞之也。

【注释】

①疵(cī):指毛病、错误。

②鉴:镜子。

③"人能"二句:许慎注:"而不与己",若镜人形,而不有好憎也。

④"公孙龙"句:许慎注:公孙龙以白马非马、冰不寒、炭不热为论,故曰"贸"也。按,粲(càn),鲜明。贸名,指变换概念。

⑤"邓析"句:许慎注:邓析教郑人以讼,讼不俱回,子产诛之也。按,事载《吕览·离谓》。

⑥"苏秦"句:许慎注:苏秦死于齐也。

⑦国:《道藏》本断句亦归下句。刘绩《补注》本以"亡国"断句。

⑧脩:推行、施行。

⑨功:《道藏》本作"巧"。

⑩"故以巧"三句:许慎注:言知巧之所施,始之于阳善,终之于阴恶也。按,"故以巧"至"卒于乱",化自《庄子·人间世》。

⑪激:水势受阻后腾涌或飞溅为激。常用作潜水坝,以抬高水位。

《孟子·告子上》：激而行之，可使上山。

【译文】

别人指出自己的缺点那么就会抱怨别人，镜子能够看见自己的美丑那么才是好镜子。如果人们同外物交接而不掺杂自己的私欲，那么就会免于拖累了。

公孙龙明于词辩而扰乱概念，邓析能言善辩而扰乱法律，苏秦善于游说而自己被杀。治国如果依照他们的学说，虽然很好但却没有规章；推行他们的理论，虽然很巧但却没有名类之分。因此用巧妙来斗力的人，从善开始，常常得到恶的结果；用智慧治国的人，从治开始，常常到乱终结。使水流往低处，哪个不能做到？使水受阻上激，没有巧妙的办法做不到。因此文采突出那么朴实就被掩盖了，邪恶巧施那么正直就被堵塞了。

德可以自脩，而不可以使人暴；道可以自治，而不可以使人乱。虽有贤圣之宝①，不遇暴乱之世，可以全身，而未可以霸王也。汤、武之王也，遇桀、纣之暴也；桀、纣非以汤、武之贤暴也，汤、武遭桀、纣之暴而王也②。故虽贤王必待遇，遇者能遭于时而得之也，非知能所求而成也。

【注释】

①宝：宝物。喻道德。

②“汤、武”四句：见于《吕览·长攻》，《管子·首时》亦有类似记载。

【译文】

推行德行可以使自我得到修养，而不能够使人暴虐；实行道术能够修治自身，而不能够使人混乱。即使有圣贤的道德，不遇上残暴混乱的社会，能够保全自身，却不可以称霸天下。汤、武称王，是因为遇到夏桀、商纣的残暴；桀、纣不是因为汤、武的贤德而残暴，但汤、武却是遇到桀、纣的残暴而称王。因此即使是贤君也必定等待机遇，掌握机遇的人能碰到良机而得到成功，而不是靠智术才能寻求成功的。

君子脩行而使善无名，布施而使仁无章。故士行善而不知善之所由来，民赡利而不知利之所由出①，故无为而自治。善有章则士争名，利有本则民争功，二争者生，虽有贤者弗能治。故圣人揜迹于为善，而息名于为仁也。

【注释】

①赡（shàn）：满足。

【译文】

君子修身实践而使善事没有声名，布施恩惠使仁义没有光彩。所以士推行善事却不知善事的来由，百姓满足利益却不知利益从何处出现，因此顺应自然而自身便得到修治。善事能够昭明那么士人便要争夺名声，利益有了来源那么百姓便要争功，两个方面争斗产生，即使有贤才的人也不能治理。因此圣人在推行善事之中掩盖形迹，在施行仁惠之时熄灭名声。

外交而为援①，事大而为安，不若内治而待时。凡事人者，非以宝币，必以卑辞。事以玉帛，则货殚而欲不餍②；卑体婉辞③，则谕说而交不结④；约束誓盟，则约定而反无日⑤。虽割国之锱锤以事人⑥，而无自恃之道⑦，不足以为全。若诚外释交之策⑧，而慎脩其境内之事；尽其地力，以多其积；厉其民死⑨，以牢其城；上下一心，君臣同志，与之守社稷，欨死而民弗离⑩，则为名者不伐无罪⑪，而为利者不攻难胜，此必全之道也。

【注释】

①外交：古代指人臣私见诸侯。

②殚（dān）：竭尽。餍（yàn）：满足。按，本节化自《荀子·富国》。

③婉辞：委婉谦逊的言辞。婉，顺。

④谕说：告晓、陈说。

⑤反：背叛。

⑥锱锤（zī chuí）：许慎注：六两曰锱，倍锱曰锤。按，《说文》：锱，六铢也。锤，八铢也。与本注异。知非许注，疑为高注羼入。

⑦自恃（shì）：自我依赖，自我节制。

⑧外释交：陈观楼《淮南子正误》：当为"释外交"。

⑨厉：通"励"，勉励。

⑩钦：《道藏》本作"敩（xiào）"。敩，通"效"。"钦"当为"效"字之讹。

⑪为名者：指贪求仁义名声的国家。

【译文】

用交往他国来作为援助，以侍奉大国而求得安定，不如治理内部而等待时机。凡是侍奉别人，不是用珍宝丝帛，则必定用卑下的言语。用玉帛侍奉他人，那么货财耗尽而贪欲却不能满足；卑躬屈节委婉诡谀，告晓陈说而交往不成；订立条约结盟立誓，就会盟约立定而很快背叛。即使只割取少量钱财来侍奉他国，若无自我保护的办法，也不能够用来保全国家。假若果真能够抛弃同外国交接的办法，而谨慎地修治他的境内之事；尽量发挥土地的效力，来多积累储备；勉励百姓不怕牺牲，来牢固守卫城池；上下同心，国君臣下志向一致，和他们一起守护社稷，就是教民去死而民众也不会离散，那么贪求名声的国家就不会讨伐这样的无罪的国家，而贪图利益的国家也不会进攻这样难以战胜的国家，这是保全国家的最好办法。

民有道所同道，有法所同守①，为义之不能相固，威之不能相必也②，故立君以壹民。君执一则治，无常则乱。君道者，非所以为也，所以无为也。何谓无为？智者不以位为事，勇者不以位为暴，仁者不以位为惠③，可谓无为矣。夫无为则得于一也④。一也者，万物之本也，无敌之道也。

【注释】

①"民有道"二句：许慎注：民凡所道行者同道，而法度有所共守也。

②必：效果。

③惠：北宋本原作"患"。刘绩《补注》本、《文子·道德》作"惠"。据正。

④一：指万物的普遍本质。

【译文】

百姓所行之道与国君同道，那么百姓与国君同守法度，因为大义不能使上下坚持同道，威力不能一定达到惩戒的效果，所以要设立国君来统一人民。国君掌握了道就能得到治理，没有法规就会引起混乱。国君治国之道，不是要使其有所作为，而要使他无为。什么叫无为？聪明的人不凭借自己的职位行事，勇敢的人不利用职务施行暴虐，仁爱之人不拿官位推行恩惠，可以说做到无为了。实行无为就能得到一。一，就是万物的本质，它是无敌的根本道路。

凡人之性，少则昌狂①，壮则暴强，老则好利。一身之身既数既变矣②，又况君数易法，国数易君？人以其位通其好憎，下之径衢③，不可胜理。故君失一则乱，甚于无君之时。

故《诗》曰："不愆不忘，率由旧章[4]。"此之谓也。

【注释】

①昌狂：恣意妄行。

②一身之身既数既变矣：刘绩《补注》本无下"既"字。中立本改上"身"作"人"。

③径衢（qú）：指小路和大道。

④"不愆"二句：见于《诗·大雅·假乐》。愆（qiān），过失。率，依循。

【译文】

大凡人的性情，年少的时候非常狂妄，进入到壮年就很粗暴强硬，到了老年就好贪图利益。一人之身就已经多次发生变化，又何况是国君多次改变法律，国家多次更换国君呢？人们凭借官位表达他的爱憎之情，向下可以影响到大街小巷，这是不能全部理清楚的。因此国君失去了道的根本就会混乱，比没有国君之时还要厉害。因此《诗》中说："不要犯错不要遗忘，遵从先王的制度典章。"说的就是这样的情况。

君好智则倍时而任己[1]，弃数而用虑。天下之物博而智浅，以浅赡博，未有能者也。独任其智，失必多矣。故好智，穷术也。好勇，则轻敌而简备，自偩而辞助[2]。一人之力，以围强敌[3]，不杖众多而专用身才[4]，必不堪也。故好勇，危术也。好与则无定分[5]，上之分不定，则下之望无止。若多赋敛，实府库，则与民为雠。少取多与，数未之有也。故好与，来怨之道也。仁智勇力，人之美才也，而莫足以治天下。由此观之，贤能之不足任也，而道术之可脩明矣。

【注释】

①智：智术、智巧。任：北宋本原作"住"。《道藏》本作"任"。据正。

②自偾(fù)：自恃。偾，同"负"。辞助：许慎注：不受傍人之助。

③围：刘绩《补注》本作"御"。王念孙《读书杂志》："围"当为"圉
　　(yǔ)"，字之误也。"围"与"御"同。

④杖：依凭。身：己。

⑤好(hào)与：爱好给予。

【译文】

国君爱好智术那么就会违背时势任凭己意行事，抛弃自然规律，而专用个人的思虑。天下的万物是广博的而智术是肤浅的，用肤浅的智术去求得广博的知识，是不能够得到成功的。专门任用他的智术，失去的东西必然很多。因此国君爱好智术，是一种穷困不达的方法。国君爱好勇力，就会轻视敌人而疏于防备，自负勇力而就会拒绝他人的帮助。用一个人的力量，去抵御强大的敌人，不依靠大众的人力而却只凭自身的才能，必定是不堪一击的。因此说国君爱好勇力，这是一种危险的方法。国君爱好给予就没有固定的份额限制，上面的份额限制不能确定，那么下面的欲望就不能停止。如果多征赋敛，充实府库，就会与百姓为仇。如果取得少而给予多，差数就没有办法获得了。因此国君爱好施与，也是招致怨恨的一种办法。仁惠智术勇敢强力，都是人的美好的才能，但却不能够用来治理天下。从这里可以看出，贤德才能是不能够任用的，而道术才能修治国家这是很明白的。

　　圣人胜心①，众人胜欲②；君子行正气③，小人行邪气。内便于性，外合于义，循理而动，不系于物者，正气也。推于滋味④，淫于声色，发于喜怒，不顾后患者，邪气也。邪与正相伤，欲与性相害，不可两立，一植一废⑤，故圣人损欲而从

事于性⑥。目好色,耳好声,口好味,接而说之⑦,不知利害,嗜欲也。食之不宁于体,听之不合于道,视之不便于性,三宫交争⑧,以义为制者,心也。割痤疽⑨,非不痛也;饮毒药,非不苦也;然而为之者,便于身也。渴而饮水,非不快也;饥而大飡⑩,非不赡也,然而弗为者,害于性也。此四者,耳目鼻口不知所取去,心为之制,各得其所。由是观之,欲之不可胜,明矣。

【注释】

①圣人胜心:许慎注:心者,欲之所生也。圣人止欲,故胜其心,而以百姓为心也。

②众人胜欲:许慎注:心欲之,而能胜之也。按,胜,任。

③正气:刚正之气。

④推:推重。刘绩《补注》本作"重"。

⑤植:立。

⑥损:于大成《诠言校释》:"损"当作"捐"。谓弃其欲而从其性也。

⑦接:交合、接受。

⑧三宫:许注作"三关",《吕览·贵生》作"四官"。三宫,即三关,指食、视、听。按,"目好色"至"心也",化自《吕览·贵生》。

⑨痤(cuó):痈。疽(jū):恶疮。

⑩飡(cān):食。

【译文】

圣人任凭心灵处事,众人任凭欲望处事;君子所行的是正气,小人所行的是邪气。内部适宜于性情,外部合于道义,依循道理而行动,不同外物相牵连,这是正气。推重滋味,沉溺于音乐美色,喜怒时常发作,而不顾后果的,则是邪气。邪气和正气互相伤害,欲望与天性相互危害,两者不能并立,一个要树立一个要废止,因此圣人抛弃贪欲而随从天性。眼睛爱好美色,耳朵爱听音乐,嘴巴贪吃美味,接受物欲并且喜爱它,不知道利害关系,这就是欲望。吃了美味对身体不安宁,听了佳音对于大道不适合,看了美色对于天性不适宜,三个感官交相争斗,用大义来控制它们,起主宰作用的就是心灵。割去痤疽,不是不痛;喝下治病的毒药,不是不苦;但是要这样做,是为了有利于身体。渴了喝生水,不是不痛快;饿了大吃,不是不需要,但是不能这样做,这有害于自己的生命。这四个方面,耳目鼻口不知道取舍,而由心灵对他们加以控制,使它们各得其所。从这里可以看出,欲望是不能够任意行事的,这是很明白的。

　　凡治身养性,节寝处,适饮食,和喜怒,便动静,使在己者得,而邪气因而不生①。岂若忧瘕疵之与痤疽之发②,而豫备之哉③?夫函牛之鼎沸④,而蝇蚋弗敢入⑤。昆山之玉瑱⑥,而尘垢弗能污也。

【注释】

①"凡治身"七句:亦见于《黄帝内经·素问·上古天真论》。使,《道藏》本作"内"。《文子·符言》同。

②瘕(jiǎ):妇女腹中鼓胀病。疵(cī):《说文》:病也。按,疑作"疝(shàn)",男子疝气。

③豫:通"预",预备。

④函牛之鼎:许慎:受一牛之鼎也。按,函,包容。之,北宋本原作"也"。《道藏》本作"之"。据正。

⑤蚋(ruì):蚊子。秦谓之蚋,楚谓之蚊。

⑥瑱(zhèn):杨树达《淮南子证闻》:"瑱"当读为"缜(zhěn)"。《礼

记·聘义》郑注:"缜,致也。"缜,细密。

【译文】

凡是修治身心保养天性,节制寝居,饮食适当,喜怒平和,动静适宜,在自我方面掌握养生之道,那么邪气因此而不会产生。难道还要像忧虑瘢疝痤疽的发生,而事先预备吗?能够容纳一条牛的大鼎,水在里面沸腾,而苍蝇蚊子之类是不敢进入的。昆仑山的美玉纹理细密,而尘土污垢是不能够玷污它的。

圣人无去之心,而心无丑;无取之美,而美不失。故祭祀思亲,不求福;飨宾修敬,不思德。唯弗求者能有之①。处尊位者,以有公道而无私说②,故称尊焉,不称贤也;有大地者,以有常术而无钤谋③,故称平焉,不称[智]也④。内无暴事以离怨于百姓⑤,外无贤行以见忌于诸侯,上下之礼⑥,袭而不离⑦,而为论者莫然不见所观焉⑧,此所谓藏无形者。非藏无形,孰能形?

【注释】

①"唯弗求"句:许慎注:言不求而所求至也。

②私说:偏私的见解。

③钤(qián)谋:权谋。

④不称[智]:北宋本原无"智"字。《道藏》本"称"下有"智"字。当脱。

⑤离:通"罹",遭受。

⑥礼:杨树达《淮南子证闻》:"礼"疑"体"字之误。

⑦袭:合。

⑧莫(mù)然:寂静无所见的样子。莫,静。

【译文】

圣人在心里没有丑的东西要抛弃的,因而心中不存在丑;对于美好的东西没有什么要得到的,因而自身的美也不会失去。因此祭祀祖先的时候只思念亲人,不需要求福;宴飨宾客表达敬意,不想得到恩惠。只有不去寻求幸福恩德的人才能得到它们。处在尊宠的地位的人,因为持有公道而没有偏见,所以才称为尊宠,不称作贤德;据有大地的人,因为依循常规而没有权谋,所以称为公平,不称为智慧。对内没有残暴的举动来遭到百姓怨恨,对外没有贤行被诸侯嫉妒,上下礼敬,相合而不分离,而进行评议的人处于虚静状态看不到什么,这就是所说的藏于无形。不是藏于无形,谁能够看不见形体呢?

三代之所道者,因也①。故禹决江河,因水也;后稷播种树谷,因地也;汤、武平暴乱,因时也。故天下可得而不可取也,霸王可受而不可求也。在智②,则人与之讼③;在力,则人与之争。未有使人无智者④,有使人不能用其智于己者也⑤;未有使人无力者,有使人不能施其力于己者也⑥。此两者,常在久见⑦。故君贤不见,诸侯不备;不肖不见,则百姓不怨;百姓不怨,则民用可得。诸侯弗备,则天下之时可承⑧。事所与众同也,功所与时成也,圣人无焉。故《老子》曰:"虎无所措其爪,兕无所措其角⑨。"盖谓此也。

【注释】

①因:按照规律。《吕览》有《贵因》。按,"三代"至"因时也",即本《贵因》。

②在:王念孙《读书杂志》:"在"皆当为"任",字之误也。按,疑北宋本误。

③讼：争讼。

④"未有"句：许慎注：言己不能使敌国遇而无智也。按，《道藏》本注"遇"作"愚"。

⑤"有使人"句：许慎注：使人之智不能于己。

⑥"未有"二句：许慎注：言己不能使人无智力，但能使人不以智力加于己。

⑦常：长久。

⑧承：通"乘"，趁着。许慎注：若汤、武承桀、纣而起。

⑨"虎无"二句：见于《老子》五十章。兕（sì），似野牛的动物，青色，有角。

【译文】

三代之所以成功的办法，是按照规律行事。因此禹疏通长江黄河，是按水的流向规律行事的；后稷播种五谷，是按土地规律行事的；汤、武平暴除乱，是按时势的要求行事的。因此天下能够得到而不可强取，霸王可以接受而不可以强求。任用智术，就将会有人和他争讼；使用强力，就会有人和他争高低。自己不能使别人没有智力，但是能使人不能用他的智力强加于己；自己不能使别人没有力量，但是能使人不能施展他的力量强加于己。这两个方面，是长久存在而被人看到的道理。因此国君贤德不显现出来，诸侯便不加防备；国君的不肖不显现出来，那么百姓便不去埋怨；百姓不埋怨，那么民众的力量便可以得到了。诸侯不加防备，那么天下贤人可以乘机而起。事业与众人的期待相同，功劳是随时势而成就的，圣人没有参与其事。因此《老子》中说："猛虎用不上它的爪，兕牛用不上它的角。"大概说的就是这样的事。

鼓不灭于声，故能有声；镜不没于形，故能有形①。金石有声，弗叩弗鸣；管箫有音，弗吹无声②。圣人内藏，不为物先倡③；事来而制，物至而应。饰其外者伤其内，扶其情者害其神④,见其文者蔽其质⑤。无须臾忘为质者,必困于性⑥;百步之中,不忘其容者,必累其形。故羽翼美者伤骨骸⑦,枝叶美者害根茎⑧,能两美者,天下无之也。

【注释】

①"鼓不灭"四句:《文子·上德》作:"鼓不藏声,故能有声;镜不没形,故能有形。"

②无声:于大成《诠言校释》:《意林》引《文子·上德》作"不声",《喻林》六十六引《淮南》,正作"弗声"。

③先倡:《文子·上德》作"不为物倡"。无"先"字。

④扶:扶佐、呵护。

⑤质:《文子·符言》作"真"。

⑥"无须臾"二句:许慎注:常思为质,不修自然,则性困也。按,《文子·符言》"无"作"夫","质"作"贤"。

⑦"故羽翼"句:许慎注:鹄(hú)鹰一举千里,则形如尘芳,以其翮(hé)美也。

⑧茎:《文子·符言》作"荄"。荄,根。

【译文】

鼓不会藏起声音,所以才能有声音;镜子不隐没人形,所以才能照见形体。金钟石磬可以发出声音,不敲是不响的;管籥可以吹出音调,不吹是没有声响的。圣人内心深藏道术,不因外物而首先倡导;事情来到而加以控制,外物来临而加以应对。粉饰外部的会损伤他的内部,呵护他的情感的会伤害他的精神,显现他的文采的就会掩盖他的质朴。经常思考不忘质朴的,必然使自然天性受到困扰;百步之中,不忘自己面容的,必然拖累他的形体。因此羽毛翅膀漂亮的会损伤它的骨骸,树木枝叶茂盛的必然妨害它的根茎,能够两全其美的,天下是没有的。

天有明,不忧民之晦也,百姓穿户凿牖,自取照焉;地有财,不忧民之贫也,百姓伐木芟草①,自取富焉。至德道者若丘山②,嵬然不动③,行者以为期也④。直己而足物⑤,不为人赣⑥,用之者亦不受其德,故宁而能久。天地无予也,故无夺也;日月无德也⑦,故无怨也。喜得者必多怨,喜予者必善夺,唯灭迹于无为,而随天地自然者,唯能胜理⑧,而为受名⑨。名兴则道行⑩,道行则人无位矣。故誉生则毁随之,善见则怨从之⑪。

【注释】

①芟(shān):割草。按,"天有明"至"取富焉",化自《慎子·威德》,《黄帝四经·称》亦略同。

②德:通"得"。

③嵬(wéi)然:高大的样子。

④"行者"句:许慎注:行道之人,指以为期。

⑤"直己"句:许慎注:己,己山也。言山特自生万物,以足百姓,不为百姓故生之也。按,直,只。

⑥赣(gòng):赐予。

⑦德:施予恩德。

⑧胜理:许慎注:理,事理情欲也。胜理去之。

⑨为受:王念孙《读书杂志》:当作"无爱"。《韩诗外传》作"无爱名"。

⑩道行:王念孙《读书杂志》:"道行"脱"不"字。按,"喜得者"至"无位矣",亦载于《韩诗外传》卷一。

⑪怨:《文子·符言》作"恶"。

【译文】

上天有光明,不必忧虑人民的昏暗,百姓可以开通门户打开窗子,自己得到光明；大地有财物，不必忧虑人民的贫困，百姓砍伐木头割取野草，自己得到富裕。因此得道者像山丘一样，高大雄伟挺立不动，行道之人指着它作为自己的期望。大山只是依其本性生出万物而使百姓富足，不是特意要赐给百姓，而使用它的财富也不需承受它的恩赐，因此安宁而能持久。天地没有给予，因此也没有夺取；日月没有施予恩德，所以也没有怨恨。喜欢得到的人必然怨气多，喜欢给予的人必然善于夺取，只有消灭形迹在无为之中，而随着天地自然变化的人，才能够战胜欲望而不贪慕名声。名声兴起那么道术就行不通了，道术通行那么人便没有名位了。因此赞誉产生那么毁谤便伴随而来，善事出现怨恨便随之跟从。

利则为害始，福则为祸先。唯不求利者为无害，唯不求福者为无祸。侯而求霸者，必失其侯；霸而求王者，必丧其霸。故国以全为常，霸王其寄也①；身以生为常，富贵其寄也。能不以天下伤其国，而不以国害其身者，为可以托天下也②。

【注释】

①寄：寄托。

②"为可以"句：许慎注：言不贪天下之利，故可以天下托也。为，《道藏》本作"焉"。

【译文】

利益就是祸患的开始，幸福是灾祸的先导。只有不求利益的人才没有祸害，只有不求幸福的人才没有灾祸。称侯的人追求当霸主，必然失去侯位；称霸的人追求当天子，必然丧失霸主之位。因此国家以完整为常法，霸业寄托在它的上面；身体以生存为常道，富贵寄托在它上面。

能够不因为天下之利伤害他的国家,而又不因为国家之利伤害他的身体的人,便可以寄托天下了。

　　不知道者,释其所已有,而求其所未得也。苦心愁虑^①,以行曲故^②。福至则喜,祸至则怖;神劳于谋,智遽于事^③。祸福萌生,终身不悔。己之所生,乃反愁人^④。不喜则忧,中未尝平。持无所监,谓之狂生^⑤。

【注释】

①愁:通"揫(jiū)",聚集。

②曲故:曲巧。

③遽(jù):通"剧",劳剧。

④"己之"二句:许慎注:祸福皆生于己,非旁人也。按,《太平御览》卷七百三十九《疾病部》二引作"乃反怨人"。

⑤"持无"二句:许慎注:(时)[持]无所监,所监者非元德,故为狂生。按,监,通"鉴",借鉴。

【译文】

　　不了解道的人,放弃他所已经具有的,而寻求他所没有得到的。劳苦心志集中心思,而实行曲巧的办法。好事来到了就欢喜,祸事来到了就恐惧;精神疲劳在计谋上,智术劳累在事务上。这样一来,灾祸自然产生,终身不知悔恨。对于从自己身上发生的,不去忧虑,反而埋怨别人。生活中不是欢喜就是忧愤,心中不曾平静过。自己所持守的标准没有办法借鉴,叫做狂生。

　　人主好仁,则无功者赏,有罪者释;好刑,则有功者废,无罪者诛。及无好者,诛而无怨,施而不德。放准循绳^①,身无与事,若天若地,何不覆载? 故合而舍之者②,君也;制而诛之者,法也。民已受诛,怨无所灭③,谓之道。道胜则人无事矣。

【注释】

①放:通"仿",依照。

②舍:《文子·道德》作"和"。

③怨无所灭:《文子·道德》作"无所怨憾"。

【译文】

人主爱好仁惠,那么没有功劳的人就会受到奖赏,有罪的人会得到释放;人主爱好刑杀,那么有功的人便会被废黜,无罪的人被诛死。没有私好的圣主,诛罚罪人而不招来怨言,施舍众人而不求报恩。依照水准遵循绳墨,自身没有参与任何事情,就像天地一样,怎么不能够覆盖运载? 因此融合万物而使它们平和,是国君的职责;制裁并诛罚罪人,是法律的要求。百姓已经被诛罚,而自己没有什么遗憾的,这就是符合道的要求。大道取胜那么百姓就没有事可做了。

圣人无屈奇之服①,无瑰异之行②。服不视③,行不观,言不议,通而不华,穷而不慑,荣而不显,隐而不穷④,异而不见怪,容而与众同,无以名之,此之谓大通⑤。

【注释】

①屈奇之服:许慎注:屈,短。奇,长也。服之不中,身之灾也。按,即奇装异服。

②瑰(guī)异:特异。《文子·符言》作"诡异"。

③服不视:许慎注:其所服,众不观视也。

④隐而不穷:《文子·符言》作"隐而不辱"。

⑤大通:最高的通达。其义取自《庄子·大宗师》、《秋水》。

【译文】

圣人没有长短不合身的服饰,没有奇异的行止。他的服饰别人不去看,他的行动别人不注意,他的言论别人不议论,显达而不奢华,失意而不担心,荣华而不显贵,隐居而不困窘,特异而不被人觉得奇怪,仪容与众人相同,没有什么办法来称谓他,这就叫"大通"。

升降揖让①,趋翔周游②,不得已而为也,非性所有于身。情无符检③,行所不得已之事,而不解构耳④,岂加故为哉⑤?故不得已而歌者,不事为悲;不得已而舞者,不矜为丽⑥。歌舞而不事为悲丽者⑦,皆无有根心者。

【注释】

①升降:升,通"登",指登阶下堂等礼节。揖让:拱手礼让。为宾主相见之礼。

②趋翔:疾步走。游:疑当作"旋"。《精神训》:"趋翔周旋。"《本经训》高诱注:堂,明堂,所以升降揖让脩礼容,故曰周旋。

③符检:符合应验。

④解(xiè)构:偶合、偶然。

⑤岂加故为哉:《道藏》本作"岂加故焉哉"。许慎注:岂故者,遭时宜而制礼,非故为。于鬯《香草续校书》:姚广文云:"加"衍字。

⑥矜(jīn):蒋礼鸿《淮南子校记》:"矜"当作"务",字之误也。

⑦不:杨树达《淮南子证闻》:衍"不"字。

【译文】

上殿下堂拱手辞让,疾步周旋,是不得已而做出的,不是人的天性所具有的。感情与实际不相一致,做出那些不得已的事情,而不是偶然的,难道要故意这样做吗?因此不得已而唱歌的,不会做出悲哀的表情;不得已而跳舞的,不务求展现美丽的舞姿。唱歌跳舞勉强做出的悲哀的感情和美丽的舞姿,都不是植根于心中的。

　　善博者不欲牟^①,不恐不胜。平心定意,捉得其齐^②。行由其理,虽不必胜,得筹必多^③。何则?胜在于数,不在于欲^④。驺者不贪最先^⑤,不恐独后。缓急调乎手,御心调乎马,虽不能必先哉,马力必尽矣。何则?先在于数,而不在于欲也。是故灭欲则数胜,弃智则道立矣。

【注释】

①博:古代类似下棋的游戏。《论语·阳货》邢昺疏:博,局戏也,六箸(zhù)十二棋也。牟(móu):取胜。

②捉:王念孙《读书杂志》:"捉"当为"投"。投得其齐,谓投箸也。齐:许慎注:得其适。按,即适宜、适中义。

③得筹:博弈中获得的筹箸。泛指有所获得。筹,即筹码。

④欲:贪欲。

⑤驺(zhòu):许慎注:竞驱也。按,即赛马。

【译文】

　　善于下棋的人不想先夺取胜利,不担心不能战胜对方。平静心绪安定神情,投箸适度。行棋按照这样的道理,即使不一定会赢,得到的筹码必然很多。为什么这样呢?取胜在于掌握技艺,不在于欲望。善于赛马的人不会跑到最前面,也不担心单独落到后头。快慢在手里调节,驾驭的心思协调在马身上,虽然不能跑在最前面,马的力量必定是用尽了。为什么这样呢?跑在前面在于掌握技艺,而不在于欲望。因此消灭怨望那么技艺就会得到胜利,抛弃智术那么道术就能够确立了。

贾多端则贫①,工多技则穷,心不一也。故木之大者害其条②,水之大者害其深。有智而无术,虽钻之不通③;有百技而无一道,虽得之弗能守。故《诗》曰:"淑人君子,其仪一也;其仪一也,心如结也④。"君子其结于一乎?

舜弹五弦之琴,而歌《南风》之诗,以治天下①;周公般膊不收于前②,钟鼓不解于县,以辅成王,而海内平;匹夫百晦一守③,不遑启处④,无所移之也。以一人兼听天下,日有余而治不足,使人为之也。

处尊位者如尸⑤,守官者如祝宰⑥。尸虽能剥狗烧彘,弗

为也,弗能无亏⑦。俎豆之列次⑧,黍稷之先后,虽知,弗教
也;弗能,无害也。不能祝者,不可以为祝,无害于为尸。不
能御者,不以为仆,无害于为佐⑨。故位愈尊而身愈佚⑩,官
愈大而事愈少⑪。譬如张琴⑫,小弦虽急,大弦必缓。

【注释】

①"舜弹"三句:许慎注:古琴五弦,至周有七律,增为七弦也。《南
　风》,恺(kǎi)乐之风。按,此条载于《越绝书》、《新语·无为》,并
　见《韩诗外传》卷四、《史记·乐书》等。《南风》,古诗名,《孔子家
　语·辨乐》亦载其内容。

②殽(yáo):北宋本原作"散"。刘绩《补注》本作"殽"。据正。殽,
　《礼记·曲礼上》陆德明释文:"熟肉有骨曰殽。"臑(nào):即牲畜
　的前肢。事见《尸子·分》、《荀子·王霸》。

③"匹夫"句:许慎注:百晦之田,一夫一妇守也。晦:《汉书·古今
　人表》颜师古注:古亩字。

④遑(huáng):闲暇。启处:"启"指伸直腰股坐,也叫"跪"。处,指
　坐。此句见《诗·小雅·四牡》。

⑤尸:古指代表死者接受祭祀的人。

⑥祝宰:祝指男巫,祠庙中司祭礼之人。宰,指祭祀时负责宰杀牲
　畜的人。

⑦"尸虽能"三句:许慎注:尸不能治狗彘(zhì),事不亏也。

⑧俎(zǔ)豆:古代宴客、祭祀的礼器。俎,放肉的几案。豆,盛干肉
　的器皿。

⑨佐:通"左",指君位。

⑩佚:通"逸",安乐。

⑪官:北宋本原作"宫"。当作"官"。

⑫琴:顾广圻《校淮南子》:"琴"疑作"瑟"。

【译文】

舜弹奏五弦之琴，而唱起了《南风》之诗，用来治理天下；周公饭食放在面前没有空闲去吃，钟鼓悬挂着不解下来，忙着辅佐成王，而使海内平定；普通农民夫妇耕作百亩之田，没有闲空休息，没有什么地方能够移动。贤君用一个人的力量而能兼治天下，时间有余但政事还不够处理，这是安排百官去处理它们。

天子处在尊位就好像尸主，百官持守官位就好像祝宰。尸主虽然能剥狗烧猪，但不去干，即使不会干对他也没有什么损失。祭祀陈列祭品的排列次序，食物的摆放先后，尸主虽然知道，也不需要教导祝人；即使不知道，对他也没有什么妨害。不能够主持祝告的人，不可以担任祝，但对于尸主是没有妨害的。不能驾驭车马的，不能够当车仆，但是对于君王没有妨碍。因此地位越尊贵的人身子越安逸；官职越大的人而事情越少。比如弹瑟，小弦即使很急切，大弦必定很和缓。

无为者，道之体也；执后者，道之容也①。无为制有为，术也；执后之制先②，数也。放于术则强③，审于数则宁。今与人卞氏之璧④，未受者⑤，先也；求而致之，虽怨不逆者，后也。三人同舍，二人相争。争者各自以为直，不能相听。一人虽愚，必从旁而决之。非以智，不争也⑥。两人相斗，一羸在侧⑦，助一人则胜，救一人则免⑧。斗者虽强，必制一羸。非以勇也，以不斗也。由是观之⑨，后之制先，静之胜躁，数也。倍道弃数，以求苟遇；变常易故，以知要庶⑩；遇则自非⑪，中则以为候⑫；暗行缪改⑬，终身不寤，此之谓狂。有滑则诎⑭，有福则嬴⑮；有过则悔，有功则矜，遂不知反，此谓狂人。

【注释】

①容:陶鸿庆《读淮南子札记》:"容"读为"庸",庸,用也。

②之:陶鸿庆《读淮南子札记》:当作"以"。

③放:通"仿",依循。

④卞氏之璧:指楚人卞和发现的宝玉。本于《韩非子·和氏》。北宋本原作"弁民之譬"。刘绩《补注》本作"卞氏之璧"。据正。

⑤未受者:指楚厉王、武王;下文"求而致之",指楚文王。

⑥非以智,不争也:刘绩《补注》本作"非以智也,以不争也"。

⑦羸(léi):瘦弱。

⑧救:制止。

⑨由:北宋本原作"内"。《道藏》本作"由"。据正。

⑩要庶:拦截,阻挡。庶:通"遮",遏制。

⑪遇:刘绩《补注》本作"过"。

⑫中(zhòng):符合。候:时机。

⑬缪(miù)改:假装改正。

⑭滑:乱。刘绩《补注》本作"祸"。

⑮赢:通"盈"。《说文》:盈,器满也。

【译文】

顺应自然,是道的主体;行事持后,是道的功用。无为控制有为,是术;持掌后面制服先头,是数。依循一定的术就会强大;审慎地运用数就会安宁。现在给人和氏之璧,而没有接受,是因为先前未得识宝之人;通过自己寻求得到它,即使招致怨恨也不拒绝,是因为后来遇到识宝之人。三个人同住一舍,有两个人互相争吵。争吵的人各自都认为自己是正确的,不能相互听取对方意见。剩下的这个人即使很愚笨,必定能从旁边裁决这件事。不是因为有智慧,而是因为没有参与争吵。两个人互相搏斗,一个瘦弱的人在旁边,帮助一个人那么就能取胜;制止一个人就能免于灾祸。搏斗的人即使力量很强,必定被瘦弱的人所制服。不是因为有勇力，而是因为没有加入搏斗之中。从这里可以看出，后面的制服前面的，安静的战胜急躁的，这是掌握了"数"。背离道术抛弃规律，来寻求苟且的机遇；改变常规变易法度，而用智术来捕拦时机；对于过失就自己加以非难；符合目标又认为时机来到；暗地行事假装改正，终身不觉悟，这样的人就叫作癫狂。有混乱就屈服，有好事就满足；有过错就后悔，有功劳就骄傲，终身不知道返回，这就是狂人。

员之中规，方之中矩，行成兽①，止成文②，可以将少，而不可以将众。蓼菜成行③，瓶瓯有堤④，量粟而舂⑤，数米而炊⑥，可以治家，而不可以治国。涤杯而食，洗爵而饮，浣而后馈⑦，可以养家老，而不可以飨三军⑧。

【注释】

①行成兽：许慎注：有谓古礼执羔麇鹿，取其跪乳，群而不党。按，亦见于《泰族训》："员中规，方中矩，动成兽，止成文，可以愉舞，而不可以陈军。"指模拟兽类舞蹈。

②止成文：许慎注：文谓威仪文采。

③蓼（liǎo）菜：蓼为草本植物，有数种，皆水生。

④瓶：古代汲水瓦器。瓯（ōu）：盛物的小盆。堤：许慎注：瓶瓯下安也。按，"下安"指底座。杨树达《淮南子证闻》："堤"当读为"提"。《说文》："提，挈（qiè）也。""提"谓用手提挈之处，旧说未安。

⑤舂：北宋本原作"春"。当作"舂"。

⑥数米而炊：见于《庄子·庚桑楚》。

⑦浣（huàn）：洗涤。馈（kuì）：进食于长者。

⑧飨（xiǎng）：用酒食招待。

【译文】

　　圆阵符合规的要求,方阵符合矩的要求,行动时排成兽形,停止时整齐划一,这样只能够带领很少的人,却不能够带领大众。像蓼菜一样排列成行,像瓶瓯一样有提手,计量谷物把它舂碎,计算米的多少来烧饭,这样的人可以治理大夫之家,而不可以治理诸侯之国。像洗碗吃饭,洗爵饮水,洗净后才进食于长者,这样可以奉养家中老人,却不能够招待三军。

　　非易不可以治大,非简不可以合众^①;大乐必易,大礼必简;易故能天,简故能地;大乐无怨,大礼不责;四海之内,莫不系统^②,故能帝也。

【注释】

　　①简:简约。
　　②系统:联属而统率。系,联。统,总。

【译文】

　　不是平易的不能治理大众,不是简约的不可以集合众人;大的音乐必定简易,大的礼节一定简单;因为简易才能像天一样广博,因为简单才能像地一样辽阔;大的音乐没有哀怨,大的礼节没有责备;四海之内,没有不能统率在一起的,所以才能够成为帝王。

　　心有忧者,筐床衽席弗能安也^①,菰饭牦牛弗能甘也^②,琴瑟鸣竽弗能乐也。患解忧除,然后食甘寝宁,居安游乐。由是观之,性有以乐也^③,死有以哀也^④。今务益性之所不能乐,而以害性之所以乐,故虽富有天下,贵为天子,而不免为哀之人。

【注释】

①筐床:方正安适的卧床。筐,方底的竹器。衽(rèn)席:柔软的卧席。《说山训》作"荏席"。衽,北宋本原作"在"。《道藏》本作"衽"。据正。

②菰(gū):水生植物,果实叫菰米、雕胡。犊(chú)牛:小牛。

③性:通"生"。刘绩《补注》本作"生"。

④死:蒋礼鸿《淮南子校记》:"死"字衍。"性有以乐也,有以哀也"作一句读。

【译文】

心中有忧愁,舒适的床席不能使他安乐,美味佳肴不能使他觉得甜美,弹起琴瑟吹起竽来也不能使他快乐。患祸解除忧虑消释,然后才能吃得香睡得安,居处平静游观快乐。从这里可以看出,生存能带来欢乐,也能带来悲哀。现在务求增加性情中所不能欢乐的事情,而来妨害性命中所能快乐的事情,因此即使据有天下的财富,尊贵如同天子,却不免成为悲哀之人。

凡人之性,乐恬而憎悯①,乐佚而憎劳。心常无欲,可谓恬矣;形常无事,可谓佚矣。游心于恬,舍形放佚②,以俟天命。自乐于内,无急于外。虽天下之大,不足以易其一概③;日月廋而无溉于志④。故虽贱如贵,虽贫如富。

【注释】

①悯(mǐn):忧愁。

②舍:休息。放:刘绩《补注》本作"於"。佚:通"逸",安逸。

③一概:喻极少。概,古代刮平斗斛用的木板。

④"日月"句:许慎注:己自隐藏,不以他欲灌其志也。廋(sōu),隐

藏、藏匿。溉，灌。

【译文】

大凡人的天性，喜欢恬静而憎恶忧虑，喜欢安逸而憎恶劳苦。心里常常没有欲望，可以说是恬静的了；自身常常没有事情，可以说是安逸的了。心思游动在恬静之间，形体休息在安逸之中，以用来等待天命。自己在内心得到快乐，不要在外部急切寻求。即使用天地这样大的地方，也不能换取他的一概之量；即使日月隐藏起来，也不能够平息自己的志向。因此虽然地位低贱却很尊贵，虽然贫困却很富裕。

大道无形，大仁无亲，大辩无声，大廉不嗛①，大勇不矜。五者无弃，而几乡方矣②。

军多令则乱，酒多约则辩。乱则降北③，辩则相贼。故始于都者，常大于鄙；始于乐者，常大于悲；其作始简者，其终本必调④。今有美酒嘉肴以相飨，卑体婉辞以接之，欲以合欢。争盈爵之间，反生斗⑤。斗而相伤，三族结怨⑥，反其所憎。此酒之败也。

【注释】

①嗛（xián）：贪食。按，此节化自《庄子·齐物论》。

②方：指道。

③降北：打败仗投降。

④"故始于都者"六句：都，有"美"义。鄙，鄙陋。调，通"銩（diāo）"，多，大。调，《庄子》作"巨"。王念孙《读书杂志》：两"大"字，一"本"字，皆义不可通。《庄子·人间世》："且以巧斗力者，始乎阳，常卒于阴；以礼饮酒者，始乎治，常卒乎乱。凡事亦然。始乎谅，常卒乎鄙。其作始也简，其将毕也必巨。"即《淮南》所本也。

⑤"争盈爵"二句：许慎注：爵，所以饮，争满不满之间。按，爵，古代
　　酒器。

⑥三族：《周礼·春官·小宗伯》郑玄注中指"父、子、孙"。

【译文】

大道没有形体，大的仁惠没有偏爱，大的辩说没有声音，大的廉洁
不贪食物，大的勇敢不骄傲。五个方面都不抛弃，可以接近于道了。

军队中命令多了就会引起混乱，宴席上酒规多了就会产生辩论。
军队混乱就会投降败逃，辩论多了就要互相侵害。因此有时开始是美
好的，而结局常是可鄙的；开始时享受快乐，常常由悲哀作结束；开始起
于简单的，它的结果一定是复杂的。现在用美酒佳肴来招待宾客，屈下
身体言辞和婉来接待他人，想来求得欢娱。在斟酒的浅满之间，反而发
生争斗。争斗而相伤，双方三族结下怨仇，反而成为所憎恨的人。这是
饮酒取乐的失败。

《诗》之失僻①，《乐》之失剌②，《礼》之失责③。徵音非无
羽声也，羽音非无徵声也。五音莫不有声④，而以徵羽定名
者，以胜者也。故仁义智勇，圣人之所备有也，然而皆立一
名者⑤，言其大者也。

【注释】

①"《诗》之"句：许慎注：《诗》者，衰世之风也，故邪而以之正。小人
　　失其正，则入于邪。按，僻，邪僻、僻陋。

②"《乐》之"句：许慎注：乡饮酒之乐歌《鹿鸣》，《鹿鸣》之作，君有酒
　　肴，不召其臣，臣怨而刺上者，非也。按，剌，怨剌。

③"《礼》之"句：许慎注：《礼》无往不复，有施于人则责之。按，责，
　　责难。

④"五音"三句：许慎注：徵音之中有羽声，而以徵音名之者，羽音徵，以著言者也。按，顾广圻《校淮南子》：注文"羽音徵"，"徵"当作"微"。

⑤"然而"句：许慎注：立一名，谓仁义智勇兼以圣人之言。按，"一名"，指确定一个名类。

【译文】

《诗》的失误在于小人走上邪僻之路，《乐》的失误在于怨刺的产生，《礼》的失误在于苛责。徵音中不是没有羽声，是羽声微弱；羽音中也不是没有徵声，是徵声微弱。五音之中没有不具备其他的音调的，而用徵羽来确定名称，是因为它们能胜过其他的音调。因此仁义智勇，是圣人所具备的，但是都只需确定一个名类，说的是圣人的突出一点罢了。

阳气起于东北，尽于西南；阴气起于西南，尽于东北。阴阳之始，皆调适相似，日长其类，以侵相远①。或热焦沙，或寒凝水。故圣人谨慎其所积。

水出于山，而入于海；稼生于野，而藏于廪，见所始则知终矣②。

【注释】

①以侵相远：许慎注：言阳气自大寒日月[日]长温，以致大热，与大寒相远也。按，侵，逐渐。

②"水出"五句：亦见于《泰族训》。廪(lǐn)，粮仓。

【译文】

阳气从东北兴起，消失在西南；阴气从西南兴起，终结在东北。阴气阳气从开始产生，其协调适应的情况都是相似的，阴阳二气一天天增长，而逐渐成为大寒大热这样差别很大的气候。有时热起来能把沙子烤焦,有时冷起来使水结冰。因此圣人谨慎地对待他所要积累的东西。

水从山间流出,却汇于大海;庄稼从田野上生出,却藏实于仓库,看见开始就知道它的终结了。

席之先蓷蕈①,樽之上玄樽②,俎之先生鱼③,豆之先泰羹④。此皆不快于耳目,不适于口腹,而先王贵之⑤:先本而后末。

【注释】

①"席之先"句:许慎注:席之先所从生,出于蓷与蕈苇也。按,蓷,字应作"萑(huán)",荻类植物。蕈(tán),草名。于大成《诠言校释》:"蕈"当为"簟(diàn)"。

②"樽(zūn)之上"句:许慎注:樽,酒器。所尊者玄水。按,玄樽,《史记·礼书》作"玄尊",亦称玄酒,古代祭祀用水。也指薄酒。

③"俎之先"句:许慎注:祭俎上肴以生鱼也。按,俎(zǔ),指陈放祭品的案板。

④"豆之先"句:许慎注:木豆谓之豆。所盛大羹,不调五味。按,泰羹,古代祭祀用不调五味的汁。"樽之"至"泰羹"三句,载于《荀子·礼论》、《大戴礼记·三本》等。

⑤"而先王"句:许慎注:贵之,以祭宗庙。

【译文】

席子是从植物萑蕈而来,樽是从祭祀的玄酒而来,俎是从祭祀的生鱼而来,豆是从祭祀用的肉汁而来。这些用具粗陋不能娱人耳目,不能适合人体的需用,但是先王很珍视它们:是因为先王重视祭祀的本原而轻视末节的享受。

　　圣人之接物，千变万轸①，必有不化而应化者。夫寒之与暖相反，大寒地坼水凝②，火弗为衰其暑；大热烁石流金，火弗为益其烈。寒暑之变，无损益于己，质有之也③。

　　圣常后而不先④，常应而不唱；不进而求，不退而让；随时三年，时去我走⑤；去时三年，时在我后；无去无就，中立其所。

【注释】

①轸(zhěn)：转动。

②坼(chè)：分裂，裂开。

③质有之也：许慎注：言人质不可变于火。按，质，特质。

④圣：黄锡禧本"圣"下有"人"字。

⑤走：《道藏》本作"先"。其前后四句，疑有讹误，其义不明。

【译文】

　　圣人同外物相交接，千变万化，必有应付变化的不变之道。寒冷与温暖相反，大寒之时土地冻裂水流凝固，火不会减少它的炽热；大热之时熔化石块烧化金属，火也不因此增加它的猛烈。寒暑的变化，对水火都没有损失增加，因为它的特质是不会改变的。

　　圣人常常在后面而不跑到前面，常常响应而不首先倡导；不前进却去寻求，不退步而能辞让；随着时间三年，时间离去我在前面；离开时间三年，时间又在我的后面；没有离开也没有靠近的，处于中间状态立在固有处所。

　　天道无亲，唯德是与。有道者不失时与人①，无道者失于时而取人。直己而待命②，[时]之去不可迎而反也③；要遮而求合④，时之去不可追而援也⑤。故不曰我无以为而天下远,不曰我不欲而天下不至。

【注释】

①"有道"句:许慎注:失时,失其时。非失其时以与人。

②直己:使自己正直。

③之去:刘绩《补注》本作"时之至"。《文子·符言》作"时之至不可
　迎而返也"。当依《文子》补"时"字。

④要(yāo)遮:拦截、阻挡。要,拦截。遮,遏止。

⑤援:拉。

【译文】

天道没有和谁亲近,只和德相亲近。有道的人不失去机会而给予
他人,无道的人失去时机而向他人索取。有道的人使自己正直而等待
命运,时机的到来不能够迎接而让它返回;无道的人想拦截时机而求得
全合,时机的离去不能够追回而把它拉住。所以不要说我没有什么办
法做到因为天下的事情很遥远,也不要说我不想达到目标因为天下之
事不能到来。

　古之存己者①,乐德而忘贱,故名不动志②;乐道而忘贫,
故利不动心。名利充天下,足以概志③。故兼而能乐④,静而
能澹⑤。故其身治者,可与言道矣。自身以上,至于荒芒尔
远矣⑥;自死而天地无穷尔滔矣⑦。以数杂之寿⑧,忧天下之
乱,犹忧河水之少,泣而益之也。龟三千岁⑨,浮游不过三
日⑩。以浮游而为龟忧养生之具,人必笑之矣。故不忧天下
之乱,而乐其身之治也,可与言道矣。

【注释】

①存己:保全自己。

②"故名"句:许慎注:不以名移志也。

③足以概志:刘绩《补注》本作"不足以概志"。概,通"慨",感动。

④兼:于大成《诠言校释》:"兼"读为"歉"。《说文》:歉,歉食不满也。

⑤澹:通"赡",充实、富足。

⑥"自身"二句:许慎注:身以上,从已生以前至于荒芒。荒芒,上古时也。故远矣。按,尔,刘绩《补注》本作"亦"。下文"尔"同上。

⑦"自死"句:许慎注:从己身死之后,至天地无穷。滔,曼长也。

⑧杂:许慎注:杂,匝(zā)也。人生子,从子至亥为一匝。按,通"匝",周。

⑨"龟三千"句:许慎注:龟吐故内新,故寿三千岁。

⑩"浮游"句:许慎注:浮游,渠略也。生三日死也。按,亦作"蜉蝣",寿命极短的昆虫。"渠略"为秦晋间方言。

【译文】

古代善于保存自己的人,喜欢修德而忘记下贱,因此功名不能使他动心;喜欢大道而忘记贫困,所以利益不能够转移他的心志。名位利益充满天下,却不能够动摇他的意志。因此贫苦而能得到安乐,宁静而能得到充实。因此自身得到治理的人,就可以和他谈论道了。从自身往上算,直到上古之时也是很遥远的了;从自身死后,直到天地无穷尽之时也是很漫长的了。用有限的一轮寿命,去忧虑天下的祸乱,就像忧虑黄河之水减少,用流泪来使水增加一样。龟可以活到三千岁,浮游寿命不过三天。拿浮游来忧虑龟的养生的条件,人们必定要取笑它。因此不忧虑天下的祸乱,而喜欢修治自身的人,便能够和他谈论道了。

君子为善,不能使富必来①;不为非,而不能使祸无至。

福之至也,非其所求,故不伐其功;祸之来也,非其所生,故不悔其行。内脩极而横祸至者^②,皆天也,非人也。故中心常恬漠,累积其德^③。狗吠而不惊,自信其情。故知道者不惑,知命者不忧。

【注释】

①富:通"福"。刘绩《补注》本作"福"。

②极:许慎注作"中"。按,《原道训》高诱注:极,亦至也。即达到很高境界。

③累积其德:《文子·符言》作"不累其德"。今依《文子》。

【译文】

君子从事善事,不能期望幸福一定到来;不做坏事,也不能使灾祸不来。幸福的到来,不是自己寻求而来到的,所以不要夸耀自己的功劳;灾祸的到来,也不是自己想要产生的,所以不必要后悔自己的行止。内心修炼达到很高的程度而却大祸来临,都是天命,不是人力所造成的。因此心中经常处于恬淡无欲的状态,不拖累自己的德性。即使狗狂叫也不吃惊,自己相信心中的真诚。因此了解道的人不迷惑,知道命运的人不忧虑。

万乘之主卒,葬其骸于旷野之中,祀其鬼神于明堂之上^①,神贵于形也^②。故神制则形从,形胜则神穷^③。聪明虽用,必反诸神^④,谓之太冲^⑤。

【注释】

①明堂:许慎注:庙之中谓之明堂也。按,古代天子治政、祭祀之殿堂。

②"神贵"句：许慎注：以人神在堂，而形骸在野。

③"故神制"二句：《文子·符言》作："故神制形则从，形胜神则穷。"
　　按，制，宰制。

④"聪明"二句：许慎注：聪明虽用于内以守，明[则]神安而身全。

⑤太冲：指一种极其和谐的精神状态。冲，调和。

【译文】

　　万乘的天子死去，在旷漠荒野之中埋葬他的尸体，在明堂之上祭祀他的神灵，可见精神比形体要尊贵。因此精神宰制那么形体便要跟从，形体强盛那么精神就要困穷。聪明即使被使用，使自身得到安全，最后必然还要返回到精神，这就叫做"太冲"。

第十五卷　兵略训

【题解】

这是一篇研究军事问题的重要文献。本训认为,战争的产生是由于人类的生存斗争,战争胜败的根本在于政治,取决于民心的向背。"兵之胜败,本在于政"。

用兵要掌握三策、三势和二权。用兵要依道而行,就是要掌握天、地、人这些军事活动的规律。指挥作战要懂得三隧、四义、五行、十守的原则,根据客观条件指挥战争。

此训是研究汉代战争思想和理论的完整的传世文献,是对《孙子兵法》、《孙膑兵法》、《六韬》等先秦军事思想的继承和发展。其中的军事辩证法,具有一定的借鉴作用。

陶方琦《淮南许注异同诂》:(此)"许注本也。"

古之用兵,非利土壤之广①,而贪金玉之略②,将以存亡继绝③,平天下之乱,而除万民之害也。凡有血气之虫,含牙带角④,前爪后距⑤;有角者触,有齿者噬,有毒者螫⑥,有蹄者趹⑦。喜而相戏,怒而相害,天之性也。人有衣食之情,而物弗能足也,故群居杂处,分不均,求不赡,则争;争则强胁弱而勇侵怯。人无筋骨之强，爪牙之利，故割革而为甲，铄铁而为刃。贪昧饕餮之人⑧，残贼天下，万人愮动⑨，莫宁其所。有圣人勃然而起⑩，乃讨强暴，平乱世，夷险除秽，以浊为清，以危为宁，故不得不中绝⑪。

　　兵之所由来者远矣。黄帝尝与炎帝战矣⑫，颛顼尝与共工争矣⑬。故黄帝战于涿鹿之野⑭，尧战于丹水之浦⑮，舜伐有苗⑯，启攻有扈⑰，自五帝而弗能偃也⑱，又况衰世乎？

【注释】

①土壤：王叔岷《淮南子斠证》：日本古钞卷子本作"壤土"。

②之略：日本古钞卷子本"略"下有"也"字。略，许慎注：获得也。按，即掠夺义。《文子·上义》作"赂"，指财物。

③存亡继绝：使灭亡之国复存、断绝之嗣得续。

④带角：王叔岷《淮南子斠证》：古钞卷子本"带角"作"戴角"。

⑤距：指后爪。

⑥螫(shì)：《太平御览》卷九百四十四《虫豸部》一引作"蠚(hē)"。王叔岷《淮南子斠证》：古钞卷子本作"蜡(hē)"。"蠚"与"螫"同，"蜡"即"蠚"之省。

⑦趹(jué)：用后蹄踢。

⑧贪昧：贪财昧利。饕餮(tāo tiè)：贪财曰饕，贪食曰餮。

⑨愮(sāo)：《道藏》本作"搔"。《文子·上义》作"骚"，骚扰。

⑩勃：北宋本原作"敕"。《道藏》本作"勃"。据正。

⑪中绝：许慎注：谓若殷王中相绝灭。按，中绝，指中途灭绝。

⑫"黄帝"句：许慎注：炎帝，神农之末世也。与黄帝战于阪泉，黄帝灭之。按，事亦载于《吕览·荡兵》、《列子·黄帝》、《大戴礼记·五帝德》等。

⑬"颛顼(zhuān xū)"句:许慎注:共工与颛顼争为帝,触不周山。

⑭"故黄帝"句:许慎注:黄帝与蚩尤战于涿鹿。涿(zhuō)鹿,在上谷。按,即今河北涿鹿。亦即上文阪泉。事见《庄子·盗跖》,亦载于《史记·五帝本纪》。

⑮"尧战"句:许慎注:尧以楚伯受命,灭不义于丹水。丹水,在今河南南阳。按,载于《吕览·召类》。丹水源于陕西商洛西北部。

⑯"舜伐"句:许慎注:有苗,三苗。按,载于《荀子·议兵》,亦见《原道训》、《齐俗训》。

⑰"启攻"句:许慎注:禹之子启伐有扈(hù)于甘,甘在右扶风郡。按,载于《尚书·甘誓》、《庄子·人间世》,《史记·夏本纪》亦载之。甘,在今陕西西安鄠邑区一带。

⑱偃:停息。

【译文】

古代用兵的人,不是谋图土地的广阔,贪图掠夺别人的金玉珍宝,而是想用来保存灭亡的国家继续绝灭的世族,平定天下的叛乱,而消除万民的危害。大凡有生命的动物,嘴里含牙头上长角,前面有爪后面有距;有角的会抵触,有牙齿的来噬咬,有毒的动物刺人,有蹄子的动物踢人。喜欢时互相嬉闹,发怒时互相伤害,这是天然的本性。人类有衣食的需要,而物质常常不能够来满足他们,因此成群居住杂乱相处在一起,分财不均,需求不能满足,那么就要争斗;争斗时强者威胁弱者而勇敢者侵犯怯懦者。人类没有强健的筋骨,尖利的爪牙,因此就切割皮革而制成铠甲,冶炼金属而做成兵刃。贪财昧利凶狠残暴之人,残害天下,使万人骚动,没有办法使他们安居。于是圣人愤怒地挺身而起,讨伐强暴,安定乱世,平息危险除去污秽,把浑浊变得清澈,把危险变成安宁,因此强暴之人不得不中途灭绝。

战争的由来已经是很遥远的了。黄帝曾经和炎帝发生战争,颛顼曾经和共工发生争夺。因此黄帝在涿鹿原野上战胜炎帝,尧与南蛮战于丹水岸边,舜讨伐有苗,启攻打有扈氏,从五帝以来就不曾停止,又何况衰败之世呢?

　　夫兵者所以禁暴讨乱也。炎帝为火灾,故黄帝擒之;共工为水害,故颛顼诛之。教之以道,导之以德而不听,则临之以威武;临之威武而不从,则制之以兵革。故圣人之用兵也,若栉发耨苗①,所去者少,而所利者多。杀无罪之民,而养无义之君,害莫大焉;殚天下之财,而赡一人之欲,祸莫深焉。使夏桀、殷纣,有害于民而立被其患,不至于为炮烙;晋厉、宋康②,行一不义而身死国亡,不至于侵夺为暴。此四君者,皆有小过而莫之讨也,故至于攘天下③,害百姓。肆一人之邪④,而长海内之祸,此大论之所不取也⑤。所为立君者,以禁暴讨乱也。今乘万民之力,而反为残贼,是为虎傅翼,曷为弗除?

　　夫畜池鱼者必去猵獭⑥,养禽兽者也必去豺狼⑦,又况治人乎?

【注释】

①栉(zhì):梳头。耨(nòu):锄草。

②晋厉:春秋晋君,名寿曼,在位8年。以残暴著称。宋康:战国宋君,名偃,在位47年。曾以革囊盛血,悬而仰射,名曰射天。

③攘(rǎng):乱。

④肆:放纵。

⑤大论:即伦常大道。《文子·上义》作"天伦"。

⑥猵(biān):獭类动物。獭(tǎ):水獭。

⑦也：刘绩《补注》本无"也"字，《文子·上义》同。

【译文】

军队是用来禁止暴力和讨伐叛乱的。炎帝兴起火灾，因此黄帝擒住了他；共工造成水害，所以颛顼杀了他。用道来教导他，用德来引导他而都不听从，便用武力威胁使他害怕；用武力威胁而不听从，便用兵革来制服他。因此圣人的用兵，就像梳头和锄草一样，所去掉的少，而得到的多。杀戮无罪的百姓，而奉养没有道义的君主，危害没有比这样再大的了；耗尽天下的资财，而来满足一个人的贪欲，灾祸没有比这样更深的了。假使夏桀、殷纣，对于百姓有危害能够立即得到祸患，也不至于制造炮烙之刑；晋厉公、宋康王，推行一次不义之事而能身死国灭，也不至于侵夺暴虐他国。这四个国君，都是有小的过失而没有人能讨伐他们，因此才能够侵伐天下，残害百姓。放纵一个人的邪恶，而增加海内的灾祸，这是伦常大道所不能容许的。古来设立国君的目的，是用来禁止暴力讨伐叛乱的。现在依靠着万民的力量，而反过来残害百姓，这是给老虎添上翅膀，为什么不除掉呢？

在池塘中放养鱼类必然先除掉吃鱼的猵獭，畜养飞禽走兽必然先除去豺狼，又何况是治理人世呢？

故霸王之兵，以论虑之①，以策图之②，以义扶之，非以亡存也，将以存亡也。故闻敌国之君，有加虐于民者，则举兵而临其境，责之以不义，刺之以过行③。兵至其郊，乃令军师曰④："无伐树木，毋扣坟墓⑤，毋爇五谷⑥，毋焚积聚，毋捕民虏，毋收六畜⑦。"乃发号施令⑧："其国之君，傲天侮鬼⑨，决狱不辜⑩，杀戮无罪，此天之所以诛也，民之所以仇也。兵之来也，以废不义而复有德也⑪。有逆天之道、帅民之贼者⑫，身死族灭。以家听者禄以家，以里听者赏以里，以乡听者封以乡,以县听者侯以县。"克国不及其民,废其君而易其政,尊其秀士⑬,而显其贤良⑭;振其孤寡⑮,恤其贫穷⑯;出其囹圄,赏其有功。百姓开门而待之,淅米而储之⑰,唯恐其不来也。此汤、武之所以致王,而齐桓、晋文之所以成霸也。故君为无道,民之思兵也,若旱而望雨,渴而求饮,夫有谁与交兵接刃乎?故义兵之至也,至于不战而止⑱。

【注释】

①论:《文子·上义》作"谋"。

②策:计谋。

③刺:列举。过行:过失的行为。

④师:《文子·上礼》作"帅"。

⑤扣:《四库全书》本作"抉"。王念孙《读书杂志》王引之曰:"扣"乃"扣"字之误。按,王叔岷《淮南子斠证》:古钞卷子本作"无掘坟墓"。《吕览·怀宠》、《文子·上义》并同。

⑥爇(ruò):燃烧。

⑦六畜:马、牛、羊、猪、鸡、犬。

⑧施令:刘绩《补注》本"令"下有"曰"字。

⑨傲天侮鬼:傲视天命,侮辱鬼神。侮,北宋本原作"海"。《道藏》本作"侮"。据正。

⑩不辜:无罪。

⑪复:王叔岷《淮南子斠证》:古钞卷子本"复"作"授"。《文子》同。

⑫帅:率领。

⑬秀士:德才优秀之士。

⑭贤良:汉代选拔官吏,叫贤良方正。汉武帝时称贤良文学。

⑮振:通"赈",救济。

⑯恤：抚恤。 穷：北宋本原作"窍"。《道藏》本作"穷"。据正。

⑰淅（xī）：淘米。

⑱至于：《文子·上义》作"至于境"。不战而止："兵至其郊"至此，
化自《吕览·怀宠》。

【译文】

　　因此诸侯霸主和君王的用兵，按照伦理来考虑它，用计策来谋划它，用大义来扶助它，不是用来消灭存在的国家，而是将用来保存灭亡的国家。因此听到敌国的君主，如有在百姓头上施加暴虐的，就举兵来到他的边境，用不合道义来责备他，用行为的过失来责难他。军队来到他国家的郊外，于是国君命令军帅说："不要砍伐他们的树木，不要挖掘坟墓，不要焚烧五谷，不要烧毁积聚的财物，不要逮捕民众作为俘虏，不要掠夺六畜。"军帅便发布命令说："他们国家的君主，傲视天命侮辱鬼神，判决案件处理不公，杀戮无罪之人，这是上天诛灭他的原因，百姓所以仇恨的理由。我们军队的来临，是为了废除不义之君而恢复有德之人的君位。有背逆上天的意志、率领民众为害的，本人要被处死家族要被诛灭。率领全家听从的全家享受俸禄；带领全里听从的把全里赏给他；率领全乡听从的把全乡封给他；带着全县听从的拿一县封他为侯。"战胜敌国不涉及他的老百姓，废黜他的国君而改换他的政治，尊重有才德的秀士，尊显贤良之人；赡养孤寡之人，抚恤贫困之家；释放监狱囚犯，奖励有功人员。百姓开门来等待义军，淘米并储存起来，只担心军队不来到。这就是商汤、周武王所以能够称王，而齐桓、晋文所以称霸的原因。因此国君干出不合道义之事，人民就思念义兵的到来，就像大旱而盼望雨水，口渴而求得饮水一样，还有谁会和义兵交战呢？所以义兵的到来，可以达到不发生战斗而能制止暴乱的目的。

　　晚世之兵，君虽无道，莫不设渠堑傅堞而守①。攻者非以禁暴除害也，欲以侵地广壤也。是故至于伏尸流血，相支

以日②。而霸王之功不世出者，自为之故也。夫为地战者，不能成其王；为身战者，不能立其功。举事以为人者，众助之；举事以自为者，众去之。众之所助，虽弱必强；众之所去，虽大必亡。

【注释】

①渠堑(qiān)：指护城河。王叔岷《淮南子斠证》：古钞卷子本："渠堑"作"深堑"。《御览》引"堑"亦作"堑"。傅堞(dié)：许慎注：傅，守也。堞，城上女墙。按，指城上如齿状的矮墙。

②相支：即相持。

【译文】

晚世的用兵，国君即使很无道，但是没有不开渠堑引水而依靠城堞来把守的。攻打他国的人不是用来禁止暴力消除祸害的，而是用来侵略土地扩张领土。因此就成为伏尸流血、旷日持久的战争。而称霸称王者的功绩不能在世上出现，是因为只为自己的缘故。为了争夺土地而战的人，不能够成为王；为自身而战的，不能立下功劳。行事而为了他人的，众人帮助你；行事而为了自己的，众人离开你。众人所帮助的，即使柔弱也必定会坚强；众人所离开的，即使强大也必定要灭亡。

兵失道而弱，得道而强；将失道而拙，得道而工；国得道而存，失道而亡。所谓道者，体员而法方①，背阴而抱阳；左柔而右刚，履幽而戴明，变化无常；得一之原，以应无方，是谓神明②。夫员者，天也；方者，地也。天员而无端，故不可得而观③；地方而无垠，故莫能窥其门。天化育而无形象，地出长而无计量④，浑浑沉沉⑤，孰知其藏？凡物有朕，唯道无朕⑥。所以无朕者，以其无常形势也。轮转而无穷，象日月之行;若春秋有代谢⑦,若日月有昼夜。终而复始,明而复晦,莫能得其纪⑧。制刑而无刑⑨,故功可成;物物而不物⑩,故胜而不屈⑪。

【注释】

①体:依据。法:效法。

②神明:指道的莫测变化。《经法》:"道者,神明之原也。"

③"故不可"句:《文子·自然》作"故不得观其形"。

④出:刘绩《补注》本作"生",古钞卷子本同。《吕览·大乐》高诱注:出,生也。

⑤浑浑沉沉:浑厚深沉的样子。王念孙《读书杂志》:"沉"当作"沆"。沆与象、量、藏为韵,若作"沉沉",则义既不合,而韵又不谐矣。

⑥"凡物"二句:《文子·自然》作"夫物有胜,唯道无胜"。朕、胜古通。朕,形象。

⑦代谢:指更替变化。

⑧纪:头绪。

⑨制刑:规定形体。刑,《文子·自然》作"形"。

⑩物物:即创造万物。

⑪屈:《吕览·安死》高诱注:尽也。

【译文】

　　用兵失去道就会变弱,得到道就会变强;将领失掉道而变得拙劣,得到道而变得精巧;国家得到道而存在,失去道而灭亡。所说的道,是根据天圆而效法地方,背着阴而抱着阳;左边柔弱而右边刚强,踩着幽暗而顶着光明,变化没有一定的常规;掌握了道的根本,可以应对无穷的形势变化,这就叫神明。圆形的,指的是天;方形的,指的是地。上天是圆形的而没有端倪,所以不能够看到它的形体;大地是方形的而没有边际,因此没有办法观察到它的门窗。上天化育万物而没有形象,大地生长万物而无法计量,浑厚深沉,谁知道它蕴藏着什么?凡是物体都有形象,只有道是无形的。之所以没有形象的原因,是因为它没有固定的形体架势。像轮子转动而没有穷尽,像日月周而复始的运行;似春秋那样更替变化,如日月的运行形成昼、夜一样。结束了又开始,明亮了又阴暗,没有人能够得到它的头绪。规定形体而又没有形体,因此大功可以告成;创造了万物而又不成物,所以能够取胜而不会穷尽。

刑,兵之极也;至于无刑,可谓极之矣。

是故大兵无创,与鬼神通①;五兵不厉②,天下莫之敢当;建鼓不出库③,诸侯莫不慑悷沮胆其处④。故庙战者帝⑤,神化者王⑥。所谓庙战者,法天道也;神化者,法四时也⑦。脩政于境内,而远方慕其德;制胜于未战,而诸侯服其威,内政治也。

【注释】

①"是故"二句:与《六韬·武韬·发启》相同。大兵,大的战争。

②五兵:五种兵器。《庄子·天道》成玄英疏:五兵者,一弓,二殳(shū),三矛,四戈,五戟也。厉:磨砺。

③建鼓:古代召集军队或发号施令用的鼓。

④慑悷(shè líng):恐怖。慑,恐惧。悷,恐怖。沮(jǔ):丧。

⑤庙战:指谋于庙堂而胜敌。也称庙算、庙胜。

⑥神化:神妙的变化。

⑦法:古钞卷子本作"则",效法。

【译文】

刑杀是战争达到的顶点;由此而达到没有刑杀,可谓是战争达到的最高境界了。

因此大的战争却没有创伤，因为它与鬼神相通；各种兵器不加磨砺，天下却没有人敢于阻挡；建鼓没有从府库里拿出来，诸侯在其所居之处没有不恐惧而丧胆的。因此庙战胜利的则可以称帝，具有神妙变化的可以称王。所说的庙战，就是效法天道的规律；所说的神化，是取法四季的变化。在境内修明政治，而远方人民仰慕他的德行；在没有进行战争之前能制服对方取得胜利，而诸侯信服他的威力，这是因为内政得到了治理。

古得道者，静而法天地，动而顺日月；喜怒而合四时，叫呼而比雷霆①；音气不戾八风②，诎伸不获五度③。下至介鳞，上及毛羽，条脩叶贯④，万物百族。由本至末，莫不有序。是故入小而不逼⑤，处大而不窕⑥；浸乎金石，润乎草木；宇中六合⑦，振豪之末，莫不顺比⑧。道之浸洽⑨，淖溺纤微⑩，无所不在，是以胜权多也。

【注释】

①叫呼：《文子·自然》作"号令"。

②戾（lì）：背戾。

③诎（qū）伸：即屈伸。诎，屈。获：许慎注：误也。按，获，《文子·自然》作"变"。五度：即金木水火土五行。

④脩：有"理"义。王念孙《读书杂志》："脩"当作"循"。循，谓循其序也。按，条脩，条理次序。叶：积聚。

⑤逼：逼迫。

⑥窕：空隙。

⑦宇中：四宇。

⑧顺比：顺从比应。

⑨浸洽(qià)：浸渍，沾润。

⑩渭淖(gē nào)：泥汙柔和的样子。权：权变。

【译文】

　　古时候得道的人，静止时效法天地，行动时顺应日月变化；喜怒而合乎四时之变，叫呼和雷霆相比并；音声不背庚八风，屈伸行止不乱五行。下到介虫鳞虫，上到毛虫羽虫，依照条理次序积聚贯通，系联万物百族。从根本到末梢，没有不是秩序分明的。因此进入小的地方而不觉得逼迫，处于大的地方而不觉得有空隙；浸渍到金石之中，滋润到草木之内；大到四宇六合，小到毫毛末端，没有不顺从比应的。大道的浸润，柔和而微小，没有什么地方不存在的，因此得道者胜利的权变就多了。

　　夫射仪度不得①，则格的不中②；骥一节不用，而千里不至。夫战而不胜者，非鼓之日也③，素行无刑久矣④。故得道之兵，车不发轫⑤，骑不被鞍，鼓不振尘，旗不解卷，甲不离矢，刃不尝血，朝不易位，贾不去肆，农不离野，招义而责之⑥，大国必朝，小城必下，因民之欲，乘民之力，而为之去残除贼也。

　　故同利相死，同情相成，同欲相助⑦。顺道而动，天下为向；因民而虑，天下为斗。猎者逐禽，车驰人趋⑧，各尽其力。无刑罚之威，而相为斥阆要遮者⑨，同所利也。同舟而济于江，卒而遇风波，百族之子⑩，捷捽招杼船⑪，若左右手，不以相得⑫，其忧同也。故明王之用兵也，为天下除害，而与万民共享其利。民之为用，犹子之为父，弟之为兄，威之所加，若崩山决塘，敌孰敢当？故善用兵者，用其自为用也；不能用兵者，用其为己用也。用其自为用，则天下莫不可用也；用其为己用，所得者鲜矣。

【注释】

①仪度：法则，标准。仪，度。

②格的：格，箭靶。的（dì），箭靶的中心。

③鼓之日：许慎注：谓陈兵击鼓，斗之日。

④素：平素。

⑤轫（rèn）：阻止车轮的木头。

⑥招：举示。

⑦“故同利”三句：于大成《兵略校释》：《六韬·武韬·发启》：“同病相救，同情相成，同恶相助，同好相趋。”《史记·吴王濞列传》文略同。《文子·自然》作“同行者相助”。

⑧趋：奔跑、疾行。

⑨斥（chì）：侦察、瞭望。闉（yīn）：堙塞。要遮：拦截。

⑩百族之子：指各个乘船者。

⑪捷：迅疾。捽（zuó）：取。招：疑通“棹”，船桨。招、棹上古音相近，可通。杼（zhù）：引申有“持”义。

⑫得：刘绩《补注》本作“德”。按，“同舟”至“忧同也”，与《孙子·九地》略同。

【译文】

射箭的规则不能掌握，那么就不能射中靶心；骏马一点节制都没有，就没有办法到达千里之地。战争没有打胜，不是在于陈兵击鼓之日，而是平素行事长久没有法规造成的。所以得道的军队，兵车不用发轫，骑兵不用披鞍，战鼓不震动尘土，军旗不解开卷束，盔甲不遭到箭矢，刀刃不尝到血味，朝廷不移动位置，商人不离开店铺，农夫不离开田野，只要举示大义而责让敌人，那么大的国家必定来朝拜，小的城池必定被攻下,这是按照人民的愿望,借助百姓的力量,而替他们消除残暴罢了。

因此利益相同的可以互相去死,感情相同的双方便能成全,欲望相同的可以互相帮助。顺应大道而行动,天下人民会因此而响应;按照人民的意愿而考虑行事,天下之人会为之而战斗。就像打猎的人追逐飞禽,车子急驰人群奔跑,各自尽到自己的力量。没有刑罚的威胁,而相互去等候拦遮的原因,是由于利益相同而造成的。乘船的人从长江渡过,突然遇到风波,同船的乘客急忙抓住楫共同操持行船,就像左右手一样,不是因为互相有恩德,而是因为他们的忧虑是相同的。所以英明的君主的用兵,是为天下人解除患害,而和万民共同享受他们的利益。百姓被使用,就像儿子为父亲,弟弟为哥哥一般,威力所施加的地方,就像山崖崩摧水塘决堤,敌人谁敢来阻挡? 因此善于用兵的人,要使他们为自己而战;不善于用兵的人,要使他们为主帅而战。要使他们为自己而战,那么天下没有人不可以被使用的;要使他们为主帅而战,所得到的效果是很少的。

兵有三诋①。治国家,理境内;行仁义,布德惠;立正法,塞邪隧②;群臣亲附,百姓和辑③;上下一心,君臣同力;诸侯服其威,而四方怀其德;脩政庙堂之上④,而折冲千里之外⑤;拱揖指拔⑥,而天下响应,此用兵之上也。地广民众,主贤将忠,国富兵强,约束信,号令明,两军相当,鼓锌相望⑦,未至兵交接刃⑧,而敌人奔亡,此用兵之次也。知土地之宜,习险隘之利,明奇政之变⑨,察行陈解赎之数⑩,维抱绾而鼓之⑪,白刃合,流矢接,涉血属肠⑫,舆死扶伤,流血千里,暴骸盈场,乃以决胜,此用兵之下也。今夫天下皆知事治其末,而莫知务脩其本,释其根而树其枝也。

【注释】

①诋：根本、策略。

②隧（suì）：指地道、墓道。引申指邪道。

③和辑：和睦融洽。

④庙堂：宗庙和明堂。这里指朝廷。

⑤折冲：使敌人战车后撤。冲，古代战车的一种。按，"脩政"至"之外"，化自《吕览·召类》。

⑥拱揖指㧑（huī）：从容安舒，指挥若定。指㧑，又作"指麾"、"指挥"。

⑦錞（chún）：许慎注：錞，大钟也。按，古代军用乐器。

⑧兵交：《文子·上义》作"交兵"。

⑨奇政：指一般、特殊的变化。《孙子兵法·势篇》："奇正是也。"

⑩解渎：往来通达。刘绩《补注》本作"解续"。

⑪"维抱绾（wǎn）"句：许慎注：绾，贯。枹系于臂，以击鼓也。王叔岷《淮南子斠证》：古钞卷子本作"绾枹而鼓之"。抱：刘绩《补注》本作"炮"。《说文》："枹，击鼓杖也。"即鼓槌。

⑫属：王叔岷《淮南子斠证续补》："属"字无义，古钞卷子本作"屦（jù）"，是也。"屦"谓践履也。《吕览·期贤》、《新序·杂事》五并有"履肠涉血"之文。

【译文】

用兵有三个策略。治理国家，整治境内；推行仁义，布施德惠；建立正确的法规，堵塞奸邪之道；使群臣亲近归附，百姓和洽；上下一心，君臣同心协力；诸侯信服他的威力，而四方之民感怀他的德泽；在庙堂修治政事，而御敌于千里之外；从容安舒指挥若定，而天下响应，这是用兵的上策。土地宽广人民众多，国君贤明将帅忠诚，国家富饶军队强大，守约诚信，号令分明，两军力量相当，军鼓大钟之声相闻，还没有等到双方士兵开始交手，而敌人奔走逃亡，这是用兵的中策。知道土地的适宜用途，熟悉险阻关隘的便利，明了一般特殊的变化，明察布阵往来通行的情况，绾起枹而鼓之，白刃相交，流矢相接，蹚着鲜血踩着肚肠，车子装着死的人们扶着伤的，流血千里，尸骨遍野，才能够决胜，这是用兵的下策。现在天下的人都知道治理末节，而不知道修治根本，就像抛弃树根而树立起它的枝叶一样。

夫兵之所以佐胜者众①，而所以必胜者寡。甲坚兵利，车固马良，畜积给足，士卒殷轸②，此军之大资也，而胜亡焉；明于星辰日月之运，刑德奇赅之数③，背乡左右之便，此战之助也，而全亡焉。良将之所以必胜者，恒有不原之智④，不道之道，难以众同也⑤。

夫论除谨⑥，动静时，吏卒辨⑦，兵甲治⑧，正行五⑨，连什伯⑩，明鼓旗，此尉之官⑪。前后知险易，见敌知难易，发斥不亡遗⑫，此候之官也⑬。隧路亟⑭，行辎治⑮，赋丈均⑯，处军辑⑰，井灶通，此司空之官也⑱。收藏于后，迁舍不离，无淫舆，无遗辎，此舆之官也⑲。凡此五官之于将也，犹身之有股肱手足也，必择其人，技能其才⑳，使官胜其任，人能其事。告之以政，申之以令，使之若虎豹之有爪牙，飞鸟之有六翮㉑，莫不为用，然皆佐胜之具也㉒，非所以必胜也。

兵之胜败，本在于政。政胜其民，下附其上，则兵强矣；民胜其政，下畔其上㉓，则兵弱矣。故德义足以怀天下之民，事业足以当天下之急，选举足以得贤士之心㉔，谋虑足以知强弱之势，此必胜之本也。

【注释】

①佐：佐助。

②殷轸(zhěn)：联绵词，众多。殷，众多。

③刑德：《天文训》中指杀气和旺气。《汉书·艺文志》"数术略"有《刑德》七卷，《五音奇胲刑德》二十一卷。奇胲(qí gāi)：许慎注：阴阳奇秘之要，非常之术。按，《汉书·艺文志》"数术略"有《五音奇胲用兵》二十三卷。

④不原之智：即无法测度的智慧。

⑤以：古钞卷子本作"与"。

⑥夫论除谨：许慎注：论除，为贤除吏。谨，慎也。按，论，通"抡"，即除官，授官。

⑦辨：治理。

⑧兵甲治：王念孙《读书杂志》引王引之曰："兵甲治"下，当有"此司马之官也"一句。

⑨行五：二十五人为行，五人为伍。

⑩什：北宋本原作"行"。《道藏》本作"什"。据正。伯：通"佰"。十人为什，百人为佰。

⑪此尉之官：王叔岷《淮南子斠证》：此下更有"营军辨，赋地极，错军处，此司马之官也"。并有注："军司马，司主兵马者也。"尉，许慎注：军尉，所以尉镇众也。

⑫发：派遣。斥：斥候(hòu)。侦察敌情的士兵。

⑬候：许慎注：军候，候望者也。按，候，指负责侦察、送迎、守望的官员。

⑭隧：地道。亟：通"棘(jí)"，急速。

⑮行辎(zī)：许慎注：道路辎重。辎，指器械、粮草等军需物资。

⑯赋丈均：许慎注：赋，治。军垒尺丈均平。按，赋，量。

⑰辑：和谐。

⑱司空：负责修缮工程的官员。

⑲舆(yú)：许慎注：众也。候领舆众，在军之后者。

⑳能：王念孙《读书杂志》："能"字衍。"技其才"亦谓度其才也。

㉑六翮(hé)：指健羽。翮，羽茎。

㉒具：必备条件。

㉓畔：通"叛"，叛离。

㉔选举：选择举荐贤才。

【译文】

对于用兵用来帮助胜利的条件很多，但是能够用来取得必胜的条件很少。铠甲坚固兵器锋利，兵车牢固战马优良，蓄积丰富给养充足，士卒众多，这些都是军队取得胜利的大的凭借，但是胜利却不存在；明察日月星辰的运行，掌握刑德奇秘变化的规律，熟悉背反左右的便利，这是对战胜的佐助，然而往往不起作用。高明的将领之所以能取得必胜的原因，常常有无法测度的智慧，不可以说出来的道理，很少和众人的想法相同。

谨慎选择官吏授给官职，行止符合时机变化，官兵得到整治，武器装备停当，这是司马的官职所管辖的。整肃队伍，配合什佰，明察旗鼓的变化，这是尉官的职责。知道前后危险平夷，看见敌人便知道强弱程度，派遣斥候不要忘记遗留的标志，这是负责侦察守望官员的职责。急速修整道路，行装辎重的运输，修筑大小合适的堡垒，驻军安定，水井锅灶能够相通，这是司空的官职所管理的。在后面收藏战利品，转移住宿不会离散，没有过量的装载，没有遗失的辎重，这是舆官的职责。这五个官职对于作战的将领，就像自身的股臂手足一样，所以一定要选择合适的人选，度量他们的才能，使官吏能够胜任他们的工作，各人能够尽力于他们的事业。把政事告诉他们，把命令向他们申明，使他们像虎豹具有爪牙，飞鸟长有健羽一样，没有不被自己所用的。然而这些都是帮助胜利的工具，不是用来取得必胜的条件。

战争的胜败，根本在于政治。政治能够胜过他的百姓，臣下能够归附他的国君，那么军队就会强大；百姓胜过他们的政治，臣下背叛他们的国君,那么兵力就会减弱。因此施行德泽奉行大义完全能够感化天下的百姓,事业成就完全可以应对天下的危急之事,举荐贤才完全能够得到贤人的心愿,计谋思虑完全能够知道强弱的形势,这是取得胜利的根本。

地广人众,不足以为强;坚甲利兵,不足以为胜;高城深池,不足以为固;严令繁刑,不足以为威①。为存政者②,虽小必存;为亡政者,虽大必亡。

昔者楚人地③,南卷沅、湘④,北绕颍、泗⑤,西包巴、蜀⑥,东裹郯、淮⑦。颍、汝以为洫⑧,江、汉以为池⑨。垣之以邓林⑩,绵之以方城⑪。山高寻云,溪肆无景⑫。地利形便,卒民勇敢。蛟革犀兕,以为甲胄⑬;脩铩短鈶⑭,齐为前行⑮;积弩陪后⑯,错车卫旁⑰;疾如锥矢⑱,合如雷电,解如风雨。然而兵殆于垂沙⑲,众破于柏举⑳。楚国之强,大地计众㉑,中分天下,然怀王北畏孟尝君㉒,背社稷之守,而委身强秦,兵挫地削,身死不还㉓。

【注释】

①"坚甲"六句:载于《荀子·议兵》,并见于《韩诗外传》卷四、《史记·礼书》。池,北宋本原作"地"。《道藏》本作"池"。据正。

②存政:使人民生存的政治。

③楚人地:古钞卷子本作"昔楚之地",无"人"字。

④卷:席卷,环绕。沅:水名。源于贵州云雾山,经湖南,入洞庭湖。湘:水名。源出广西兴安海阳山西麓,经湖南,入洞庭湖。

⑤颍:水名。源于河南登封嵩山西南,经安徽正阳关入淮河。泗:水名。古泗水源于山东泗水东蒙山南麓,经山东、江苏徐州入

淮河。

⑥巴、蜀：古诸侯国名，在今重庆和四川成都一带。

⑦郯（tán）：在今山东郯城。淮：古钞卷子本作"邳（pī）"。邳，即江苏邳州。

⑧汝：水名。源于河南鲁山县大盂山，经安徽入淮河。洫（xù）：壕沟。

⑨池：护城河。

⑩垣：城墙。邓林：许慎注：沔（miǎn）水上险。按，依许注，当在今陕西勉县境内。

⑪绵：络绕。方城：许慎注：楚北塞也。在南阳叶。按，春秋楚长城，在今河南方城北至邓县一带。"昔者"至"方城"，载于《荀子·议兵》，亦见于《韩诗外传》卷四、《史记·礼书》。

⑫肆：极。

⑬胄（zhòu）：头盔。

⑭铩（shā）：长刃矛。钖（cōng）：小矛。

⑮前行：前列。

⑯积弩：许慎注：连弩。按，装有机栝（kuò），可以连发之弩。

⑰错车：铜铁装饰的车。

⑱锥（zhuī）矢：指箭头小而速度极快之矢。古钞卷子本"锥"作"镞（hóu）"。

⑲殆（dài）：失败。垂沙：今河南唐河西南。

⑳柏举：在今湖北麻城一带。此事发生在楚怀王二十八年（前301）。按，以上载于《荀子·议兵》、《战国策·楚三》，并载于《韩诗外传》卷四、《史记·礼书》、《史记·楚世家》等。

㉑大：王念孙《读书杂志》："大"当为"丈"，字之误也。《大戴礼·保傅篇》卢辩注："丈，犹计也。"而陈昌齐《淮南子正误》："大地"，据文当为"丈地"之讹，"丈"与"大"形近也。

㉒怀王：战国楚君，被秦扣留，死于秦。在位 30 年。孟尝君：战国
　　齐国贵族，名田文。曾任齐相。为战国四君子之一。

㉓"身死"句：楚怀王死于前 297 年。其事亦见于《史记·楚世
　　家》等。

【译文】

　　土地广阔人口众多，不能够认为强大；坚固的铠甲锐利的兵器，不
能够认为胜利；高耸的城墙深深的护城河，不能认为坚固；严酷的法令
繁琐的刑罚，不能认为有威严。实行使人民生存的政治，即使弱小也一
定能存在；实行严酷的政治，即使强大也一定会灭亡。

　　从前楚人的土地，南面席卷沅水、湘江，北面环绕颍水、泗水，西部
包含巴、蜀，东部包括郯城、邳县。以颍水、汝水作为壕沟，把长江、汉水
当作护城河。以邓林为墙垣，拿方城用来缠绕。高山升向云端，溪深不
见影子。地形便利，士卒勇猛果敢。用蛟龙犀牛兕牛的皮，做成甲胄；
锻制长矛短矛，整齐地在队前排列；连弩靠在后，错金战车护卫在旁；快
速如短箭，聚合如雷电，分散如风雨。但是楚军在垂沙被秦军打败，在
柏举被吴师攻破。楚国的强大，土地辽阔人口众多，几乎平分天下，但
是楚怀王在北面畏惧齐国孟尝君，背离自己的社稷，而屈身侍奉强秦，
军队被挫败土地被削去，自身困死秦国而未能返回。

　　二世皇帝①，势为天子，富有天下。人迹所至，舟楫所
通②，莫不为郡县。然纵耳目之欲，穷侈靡之变③，不顾百姓
之饥寒穷匮也④。兴万乘之驾⑤，而作阿房之宫⑥，发闾左之
戍⑦，收太半之赋⑧，百姓之随逮肆刑⑨，挽辂首路死者⑩，一
旦不知千万之数。天下敖然若焦热⑪，倾然若苦烈⑫，上下不
相宁，吏民不相慀⑬。戍卒陈胜，兴于大泽，攘臂袒右，称为
大楚，而天下响应⑭。当此之时，非有牢甲利兵，劲弩强冲

也,伐棘枣而为矜⑮,周锥凿而为刃⑯,剡摭棨⑰,奋儋镬⑱,以当脩戟强弩⑲,攻城略地,莫不降下。天下为之糜沸蚁动⑳,云彻席卷,方数千里。势位至贱,而器械甚不利。然一人唱而天下应之者㉑,积怨在于民也。

【注释】

①二世皇帝:二世,秦始皇第十八子胡亥(前230—前207)。在位4年。被赵高杀死。

②楫(jí):船桨。

③侈靡(chǐ mí):奢侈糜烂。

④穷匮(kuì):穷尽。匮,空。

⑤兴:兴起。

⑥宫:北宋本原作"官"。《道藏》本作"宫"。据正。阿房宫,在今陕西西安阿房村。

⑦"发闾(lú)左"句:许慎注:秦皆发闾左民,未及发而秦亡也。闾左,里门之左。秦时居于此者为贫民。

⑧太半之赋:指三分之二的赋税。

⑨随逮:许慎注:应召也。按,有相从被捕义。肆刑:许慎注:极刑。

⑩挽:古钞卷子本作"枕"。辂(lù):车辕上供人牵挽的横木。首路:头朝路。首,向。

⑪敖然:忧虑的样子。敖,通"熬"。

⑫倾然:悲伤的样子。倾,伤。

⑬憀:通"赖",依赖。

⑭"陈胜"五句:许慎注:陈胜,字涉。汝阴人也。大泽,沛蕲县。袒右,脱右臂衣也。按,汝阴,即今安徽阜阳境。古钞卷子本"汝阴"作"汝南"。大泽,大泽乡,在今安徽宿州西南刘村集。攘,卷起。北宋本原作"壤"。《道藏》本作"攘"。据正。袒右,脱去右

边衣袖。大楚，亦称"张楚"。陈胜建立的政权。

⑮ 棘(jí)枣：许慎注：酸枣也。王叔岷《淮南子斠证》：古钞卷子本作"樲(rǎn)枣"。王念孙《读书杂志》："棘枣"本作"樲枣"。《史记·司马相如传》索隐：《淮南子》云："伐樲枣以为矜。"《说文》："樲，酸小枣也。"矜(qín)：许慎注：矛柄。按，《说文》段玉裁注同。今作"矜(qín)"。

⑯ "周锥凿"句：许慎注：周，内也。然矜以内钻凿也。按，锥凿，即矛头。

⑰ 刬(yǎn)：锐利。掞(chàn)：削尖。筡(tú)：李哲明《淮南义训疏补》："筡"借为"楂(chá)"。《玉篇》："楂，刺木也。"《文选·长杨赋》注："掞，举手拟也。"依文义当作"掞刬筡"，举锐利之刺木也。于义至明。按，朱骏声《说文通训定声》："掞筡，犹揭竿也。"

⑱ 儋：古"担"字。钁(jué)：即大锄之类。

⑲ 强弩：劲矢。

⑳ 麋沸：混乱的样子。

㉑ 唱：倡导。

【译文】

秦二世皇帝，据有天子的权势，占有天下的财富。凡是人迹到达的地方，舟船通航之处，没有不建立郡县的。然而放纵耳目的奢欲，穷尽奢侈糜烂生活的变化，完全不顾百姓的饥寒和财物的匮乏。发起万乘车辆，而修建阿房之宫，征发闾左的贫民，收取天下大半的赋税，百姓随从被捕遭到极刑，挽着车辀头朝大路死去的，一个早晨就有成千上万。天下人民像焦烤灼热一样饱受煎熬，悲痛就像服用苦药一样猛烈，上下不得安宁，官吏百姓相互失去依靠。前往戍守渔阳的士卒陈胜，从大泽乡兴起，挽起胳膊露出右臂，号称大楚，而天下像回声一样响应。在这个时候，没有坚固的铠甲尖利的兵器，坚硬的弓弩和强大的冲车，他们砍伐酸枣作为矛柄，纳入矛头作为锋刃，举起锐利的木棍，拿起扁担锄头,用来作为长戟强弩,攻打城池占领土地,没有敌人不投降土地不被攻下的。天下因此像蚂蚁出洞一样混乱,风起云涌席卷天下,方圆达数千里。义兵势力地位都是最低贱的,而兵器也是最为不利的。然而一人倡导而天下响应,是因为在人民中积聚了怨恨。

　　武王伐纣,东面而迎岁①,至汜而水②,至共头而坠③,彗星出而授殷人其柄④。当战之时,十日乱于上⑤,风雨击于中⑥,然而前无蹈难之赏,而后无遁北之刑⑦,白刃不毕拔,而天下得矣⑧。是故善守者无与御,而善战者无与斗,明于禁舍开塞之道,乘时势、因民欲,而取天下。

【注释】

①岁:许慎注:太岁在寅。按,太岁,即岁星。古人认为岁星在寅是吉兆。

②汜:疑作"氾"。古地名。在今河南中牟南。

③共头:山名。在今河南济源境内。坠:即崩落。

④"彗星出"句:许慎注:时有彗星,柄在东方,可以扫西人也。按,中国天文学家张钰哲(1902—1986)认为,根据哈雷彗星回归理论,"武王伐纣"时"彗星出",应在前1057年。夏商周断代工程定在前1046年1月20日。

⑤十日:已见《本经训》。疑指气象学上的"假日"现象。

⑥中:古钞卷子本作"下"。

⑦遁(dùn)北:败逃。遁,逃走。

⑧得:北宋本原作"传"。刘绩《补注》本作"得"。据正。

【译文】

周武王讨伐商纣王的时候,正对着东方出现的岁星,到达汜地的时候发生大水，来到了共头山大山崩坠，这时彗星出现在东方而把彗柄交给殷人。当战斗开始之时，十个太阳在天空出现，狂风暴雨夹杂而下，但是周武王的军队对首先冲向危险的没有赏赐，而对后面败逃的没去处罚，利刃没有全部拔出来，而天下就获得了。因此善于防守的没有人和他相抵御，而善于战斗的没有人和他相交战，明了进退开塞的道理，乘着有利的时势、按照百姓的欲望，而去夺取天下。

　　故善为政者积其德，善用兵者畜其怒。德积而民可用，怒畜而威可立也。故文之所以加者浅，则势之所胜者小①；德之所施者博，则威之所制者广；威之所制者广，则我强而敌弱矣。故善用兵者，先弱敌而后战者也，故费不半而功自倍也。汤之地方七十里而王者，脩德也；智伯有千里之地而亡者，穷武也。故千乘之国，行文德者王；万乘之国，好用兵者亡。故全兵先胜而后战，败兵先战而后求胜②。德均，则众者［胜］寡③；力敌，则智者胜愚④；者侔⑤，则有数者禽无数。

　　凡用兵者，必先自庙战。主孰贤，将孰能，民孰附，国孰治，蓄积孰多，士卒孰精，甲兵孰利，器备孰便⑥，故运筹于庙堂之上⑦，而决胜乎千里之外矣。

【注释】

①"故文之"二句：《文子·下德》作："故文之所加者深，则权之所服者大。""胜"作"服"。《汉书·刑法志》、古钞卷子本亦同。文，指礼乐制度及文德教化。

②"故全兵"二句：许慎注：德先胜之，而后乃战，汤、武是也。后战，《孙子·形篇》"后"下有"求"字。

③众者：刘绩《补注》本"者"下有"胜"字。古钞卷子本同。《四库全
书》本作"则众者胜"，无"寡"字，补"胜"字。

④胜愚：古钞卷子本作"制遇"。

⑤者侔：刘绩《补注》本作"势侔"。古钞卷子本作"智侔"。侔
（móu）：齐等。《文子·上德》作"智同"。

⑥"主孰贤"八句：化自《孙子·计篇》。

⑦运筹：策划。

【译文】

因此善于执政的必先积累他的恩德，善于用兵的必先积聚他的怒
气。积累恩德那么百姓能够被他使用，怒气积聚那么威风能够树立。
因此礼乐制度所施加的地方是肤浅的，那么势力所胜过的地方就会很
小；德泽所施加的地方是广博的，那么威力所制服的地方就会很大；威
力所制服的地方是广大的，那么就会我方强胜而敌方变弱了。因此善
于用兵的人，首先削弱敌人而后才去交战，所以花费不过一半的力量而
起到加倍的效果。商汤土地方圆七十里而称王，是修治德政的结果；智
伯有千里之地却最终灭亡，是穷兵黩武的结局。因此千乘之国的君主，
推行文德的可以称王；万乘之国的天子，爱好用兵的就会灭亡。因此称
为全兵的战争先有道德的胜利而后才去战争，而称为败兵的战争则是
先战争而后求得胜利。在双方恩德平均的情况下，那么人多的胜过人
少的；在彼此力量相匹敌的情况下，那么聪明的战胜愚笨的；在双方智
术相当的情况下，那么有作战方法的擒住没有方法的。

大凡用兵，必定首先在天子庙堂制订作战计划。诸侯国君哪些贤
明，将军哪个有才能，百姓哪些人归附，国家哪个治理得好，积蓄哪个国
家多，士兵哪个精悍，武器哪些锋利，器械哪些轻便，因此虽然谋划在天
子的宫室之内，而却能够决胜于千里之外。

夫有形埒者①，天下讼见之②；有篇籍者，世人传学之，世

此皆以形相胜者也③,善形者弗法也④。所贵道者,贵其无形
也。无形则不可制迫,不可度量也⑤,不可巧计也⑥,不可规
虑也⑦。智见者,人为之谋;形见者,人为之功⑧;众见者,人
为之伏;器见者,人为之备。动作周还⑨,倨句诎伸⑩,可巧诈
者,皆非善者也。善者之动也,神出而鬼行⑪,星耀而玄遂⑫;
进退诎伸,不见朕垠⑬;鸾举麟振,凤飞龙腾;发如秋风⑭,疾
如骇龙⑮;当以生系死⑯,以盛乘衰;以疾掩迟,以饱制饥;若
以水灭火,若以汤沃雪,何往而不遂? 何之而不(用)达⑰?
在中虚神⑱,在外漠志⑲,运于无形,出于不意,与飘飘往,与
忽忽来⑳,莫知其所之。与条出,与间入,莫知其所集㉑。卒
如雷霆,疾如风雨,若从地出,若从天下,独出独入,莫能应
圉㉒。疾如镞矢㉓,何可胜偶㉔? 一晦一明,孰知其端绪? 未
见其发,固已至矣。

【注释】

①形埒(liè):指形体,形迹。埒,界畔。

②讼:公。

③世:《道藏》本无此字。

④善形者:古钞卷子本无"形"字。

⑤度量:古钞卷子本作"量度"。

⑥计:《道藏》本作"诈"。

⑦规虑:指按常规来思考。

⑧功:何宁《淮南子集释》:"功",古残卷作"巧"。下言"可巧诈者"
是也。

⑨周还:同"周旋"。

⑩倨句(jù gōu):直曲。直者为倨,曲者为句。

⑪神出而鬼行：喻用兵神奇迅速，不可捉摸。

⑫遂：王念孙《读书杂志》："逐"当为"运"。玄运，天运也。《览冥篇》："星耀而玄运。"

⑬朕整（yīn）：形体。整：同"圻"。北宋本原作"整"。刘绩《补注》本作"整"，并注云："古圻字。"黄锡禧本作"整"。义同"垠"。

⑭秋风：王念孙《读书杂志》：此本作"猋（biāo）风"。今本"猋风"作"秋风"，字之误也。按，猋风，疾风。

⑮骇龙：许慎注：龙鱼也，飞之疾者也。

⑯系：通"击"。刘绩《补注》本作"击"。

⑰用：刘绩《补注》本：疑衍"用"字。按，古钞卷子本亦无"用"字。

⑱虚：使空虚。

⑲漠：使淡漠。

⑳"与飘飘"二句：飘飘、忽忽，轻疾的样子。王叔岷《淮南子斠证》：古钞卷子本"飘"、"忽"二字并不迭，是也。"与飘往、与忽来"，与下文"与条出，与间入"文正相对。

㉑"与条出"三句：于大成《兵略校释》：《六韬·龙韬·王翼》："闇（àn）忽往来，出入若神。"又《军势》："倏（shù）而往，忽而来。"顾广圻《校淮南子》："条"疑当作"倏"，"间"疑当作"闇"。按，倏闇，幽暗。此三句可参考《荀子·议兵》。

㉒应围（yǔ）：应，受。围，边界。古钞卷子本作"壅（yōng）围"。

㉓镞（zǔ）：箭头。古钞卷子本作"镞（hóu）"。

㉔偶：指影像。古钞卷子本作"耦（ǒu）"。

【译文】

凡是具有形体的，天下人都能看得到；记载在书籍中的，世人都能学习到，这些都是凭着形体而取胜的，所以最好的形体是无法效法的。所值得珍视的是道，以它的无形为贵。无形的东西是不能够制服逼迫的，是不能度量的，是不能以机巧诈伪对待它的，是不能够按照常规来思考的。智慧显现出来的，人们会谋划对付；形象显现出来的，人们会采取行动对待；人多势众而显现出来的，人们就会因此而潜伏；器械被人看到的，人们便为此早做防备。举动周旋，直曲不定，能够成为机巧诈伪的，都不是好的战争行动。好的战争行动，像神灵一样出现像鬼魂一样行动，像星星一样闪耀，像天体一样运行；前进后退，不见形迹；像鸢鸟举翼像麒麟奋起，像凤凰翱翔像蛟龙升腾；发动如疾风，迅速像闪电；应当用活着来打击死亡，用强盛追逐衰败；用快速袭击迟缓，用饱食来制服饥饿；像用大水扑灭烈火，如用热水浇灌大雪，这样军队通往何方不能成功？到哪里不能通达呢？用兵之道，在内心使精神空虚，在外部使心志淡漠，在无形的领域运行，在意想不到中出击，和迅疾一起往来，和轻疾一起出入，没有人知道它所往何处。与倏风一起出现，和幽暗一起进入，没有人知道它停留在何处。突然暴发如雷霆，迅疾如风雨，像从地下突出，如同天上降临，在天地间独往独来，没有边界的限制。快如镝矢，怎么能胜过影子的形象？明暗不定，怎么能知道它的头绪？没有见到军队的出发，就已经达到要求了。

　　故善用兵者，见敌之虚，乘而勿假也[①]，追而勿舍也，迫而勿去也；击其犹犹[②]，陵其与与[③]；疾雷不及塞耳[④]，疾霆不暇掩目[⑤]。善用兵[⑥]，若声之与响，若镗之与鞈[⑦]；眒不给抚，呼不给吸。当此之时，仰不见天，俯不见地，手不麾戈，兵不尽拔，击之若雷，薄之若风[⑧]，炎之若火，陵之若波。敌之静不知其所守，动不知其所为。故鼓鸣旗麾，当者莫不废滞崩阤[⑨]，天下孰敢厉威抗节而当其前者[⑩]？故凌人者胜，待人者败，为人杓者死[⑪]。

【注释】

①假:宽纵。

②犹犹:迟疑。

③与与:犹豫。与"犹与"义同。

④"疾雷"句:许慎注:用[闻]疾雷之声,不暇复塞耳。

⑤疾霆:王叔岷《淮南子斠证》:"疾霆"不得言"掩目","霆"当为"电"。

⑥善用兵:古钞卷子本"兵"下有"者"字。

⑦镋(tāng):钟鼓之声。鞳:通"鞈(tà)",鼓声。

⑧薄:借为"迫",逼近。

⑨阤:通"弛(chí)",溃陷。

⑩厉威:振奋威风。

⑪杓(biāo):许慎注:所击也。杨树达《淮南子证闻》:"杓"当读为"的(dì)"。"的"为射质,故注云"所击"。按,古钞卷子本作"的"。

【译文】

因此善于用兵的人,看见敌人的空虚,乘着时机而不要宽容他们,追击而不要放弃,迫近而不要离开;在敌人迟疑之时打击他们,乘着他们犹豫之时进攻;像迅雷到达来不及塞上耳朵,像闪电划过来不及闭上眼睛。善于用兵的人,就如声响和回声,像擂鼓与响声;像灰尘迷眼来不及抚摸,像呼气来不及吸气一样神速。在这个时候,向上看不到天,俯身看不到地,手中不挥动戈,军队没有全部开拔,而打击敌人如迅雷,迫近敌人像疾风,像烈火一样烧向敌人,像波涛一样凌驾敌人之上。敌人停顿不知道怎样把守,敌人活动不知道怎么抵抗。因此军鼓齐鸣、军旗所向,阻挡的人没有不停止而崩溃的,天下的人谁敢扬威抗衡而在前面阻挡他们呢? 因此驾驭敌人的人能够取胜,等待敌人进攻的人要失败,给敌人当靶子的人要死亡。

兵静则固，专一则威，分决则勇，心疑则北①，力分则弱。故能分人之兵，疑人之心，则锱铢有余；不能分人之兵，疑人之心，则数倍不足。故纣之卒，百万之心；武王之卒，三千人皆专而一②。故千人同心，则得千人力；万人异心，则无一人之用。将卒吏民，动静如身，乃可以应敌合战。故计定而发，分决而动，将无疑谋，卒无二心，动无堕容③，口无虚言④，事无尝试，应敌必敏⑤，发动必亟⑥。故将以民为体，而民以将为心，心诚则支体亲刃⑦，心疑则支体挠北⑧。心不专一，则体不节动；将不诚必⑨，则卒不勇敢。故良将之卒，若虎之牙，若兕之角，若鸟之羽，若蚈之足⑩。可以行，可以举⑪；可以噬，可以触；强而不相败，众而不相害，一心以使之也。故民诚从其令⑫，虽少无畏；民不从令，虽众为寡⑬。故下不亲上，其心不用；卒不畏将，其刑不战⑭。守有必固，而攻有必胜；不待交兵接刃，而存亡之机固已形矣⑮。

【注释】

①北：失败。

②"故纣"四句：古钞卷子本作"故纣之卒百万，而有百万之心。武王卒三千，皆专而为一"。按，此四句本自《尚书·泰誓》、《管子·法禁》。

③堕：通"惰"。古钞卷子本作"惰"。

④口：北宋本原作"已"。《道藏》本作"口"。据正。

⑤敏：北宋本原作"敌"。《道藏》本作"敏"。据正。

⑥亟（jí）：急切。

⑦亲刃：刘绩《补注》本作"亲力"。

⑧挠北:屈服,投降。

⑨诚必:诚信。必,诚信。

⑩蚈(qiān)许慎注:马蠸(qián)也。按,即百足虫。

⑪举:谋划。

⑫其:古钞卷子本无"其"字。《太平御览》卷二百七十一《兵部》二引同。

⑬寡:古钞卷子本作"累"。

⑭刑:通"形"。古残卷作"形"。

⑮机:指关键。

【译文】

军队静止就会稳固,专一就会有威力,职分确定就会勇猛,心中疑惑就要失败,力量分散就会变弱。所以能够分散对方的兵力,惑乱对方的军心,那么就是很少的力量都是有余的;不能够分散敌人的兵力,惑乱对方的军心,就是数倍于敌的力量也是不够的。因此商纣王的军队百万人,却有百万条杂心;周武王的军队,只有三千人,但都能意志专一。所以千人同心,那么就能发挥千人的力量;万人异心,那么就连一人的力量也无法使用。将帅士兵官吏百姓,行止就如同人身一样,才可以应对敌人会同作战。因此计谋确定而发兵,职分明确而行动,将军没有疑惑的计策,士卒没有二心,行动没有懒散的神色,口中没有假话,事情没有试着干的打算,应对敌人必定敏捷,发起进攻必定急速。所以将帅以人民为主体,而人民以将帅为中心,心中坚实那么肢体可以亲自受刃,心中疑惑那么可以屈膝投降。意志不能专一,那么身体不能节制行动;将帅不能诚信作战,那么士卒就不会勇敢。因此良将的士卒,像老虎的爪牙,如兕牛的利角,似鸟的羽毛,像马蚈的众足。可以行动,可以占领;可以啮咬,可以顶撞;强壮而不会相互损伤,众多而不会互相妨害,这是因为由同一个心意加以支配而造成的。因此百姓果真听从号令,即使人少也没有畏惧;百姓不听从号令,即使众多也同少数一样。所以臣下不亲近君主,他们的心意就不能被使用;士卒不畏惧将帅,他们的身体就不会用来作战。守卫必定有坚固的阵地,而攻取一定要取得胜利;不需要等待双方交兵开火,而存亡的关键就已经形成了。

　　兵有三势①,有二权②。有气势,有地势,有因势。将充勇而轻敌,卒果敢而乐战,三军之众,百万之师,志厉青云,气如飘风,声如雷霆,诚积逾而威加敌人③,此谓气势;硖路津关④,大山名塞,龙蛇蟠⑤,却笠居⑥,羊肠道⑦,发笱门⑧,一人守隘,而千人弗敢过也,此谓地势;因其劳倦、怠乱、饥渴、冻暍⑨,推其揞揞⑩,挤其揭揭⑪,此谓因势。善用间谍⑫,审错规虑,设蔚施伏⑬,隐匿其形,出于不意,敌人之兵,无所适备,此谓知权;陈卒正,前行选⑭,进退俱,什伍抟⑮,前后不相撩⑯,左右不相干,受刃者少,伤敌者众,此谓事权。权势必形,吏卒专精,选良用才,官得其人,计定谋决,明于死生,举错得失⑰,莫不振惊。故攻不待冲隆云梯而城拔⑱,战不至交兵接刃而敌破,明于必胜之攻也⑲。

【注释】

①三势:气势,指军队的斗志。地势,指选取有利的地形。因势,指善于抓住战机。

②二权:知权,指懂得灵活掌握战机。事权,指行事的权宜或权能。

③逾:古钞卷子本“逾”上有“精”字。逾,胜。

④硖:通“狭(xiá)”。津:渡口。

⑤蟠(pán):弯曲。

⑥却笠居:许慎注:却,僵覆也。笠,登。按,《后汉书·文苑列传》李贤等注引《淮南子》作“簦(dēng)笠居”。簦笠,指山形高低起

伏如竹笠。

⑦羊肠道：许慎注：羊肠，一屈一伸。

⑧发笱(gǒu)门：许慎注：发笱，竹笱，所以捕鱼。其门可入而不可出。
　　按，笱，竹制捕鱼器，可进不可出。《后汉书·文苑列传》李贤等注
　　引《淮南子》作"鱼笱门"。古钞卷子本作"蕺(zōu)笱"。

⑨暍(yē)：中暑。

⑩撺撺(yáo)：许慎注：欲卧也。按，字当作"撎(yáo)"。撎，古"摇"
　　字。古钞卷子本作"摇摇"。

⑪挤：排挤使坠下之义。揭揭：动摇不定的样子。

⑫间谍：许慎注：人，军之反间也。按，古钞卷子本"人"作"谍"。

⑬蔚：草木茂盛。

⑭选(xuàn)：整齐。

⑮抟(tuán)：聚集。

⑯撚(niǎn)：践踏。

⑰失：古钞卷子本作"时"。

⑱云梯：许慎注：可依云而立，所以瞰(kàn)敌之城中。

⑲攻：古钞卷子本作"数"。

【译文】

　　用兵有三势，有二权。三势有气势，有地势，有因势。将帅充满勇气而轻蔑敌人，士卒果决勇敢而乐于战斗，三军的士卒，百万的军队，斗志激昂气冲青云，怒气若狂风，吼声如雷霆，精诚积聚斗志旺盛可以征服威慑敌人，这就叫气势；狭窄山路大河险关，名山大塞，像龙蛇一样盘曲，像竹笠一样起伏，像羊肠一样屈伸，像鱼笱一样险峻，一个人把守要隘而千人不能通过，这就是所说的地势；根据对方士卒的疲劳困倦、松懈混乱、饥饿干渴、寒冷暑热的情况，推动敌军中动摇不定的情绪，乘着他们人心动荡的时机，这就是所说的因势。善于使用间谍刺探情报，审慎地安排作战计划，设置埋伏，隐藏起他们的形迹，出于敌人的意料之

外，敌人的军队，没有办法适应准备，这就是懂得灵活掌握战机的知权；队列整齐，前进一致，进退划一，士兵团结一致，前后不要相互践踏，左右不能互相干涉，这样受伤的人少，而杀伤敌人众多，这就是掌握行事权变的事权。权变形势一经形成，官吏士卒要专一精诚，选拔有才能的人，任官要有适当的人选，计策谋划确定，明确了生死之别，举止措施得利于时势，这样敌人没有不震动心惊的。因此攻打敌人不需要凭借冲隆云梯而可以攻破城池，战斗不达到兵刃相接而敌人被击溃，这是明确了取得胜利的方法。

　　故兵不必胜，不苟接刃①；攻不必取，不为苟发。故胜定而后战，钤县而后动②。故众聚而不虚散，兵出而不徒归。唯无一动，动则凌天振地，扤泰山③，荡四海，鬼神移徙，鸟兽惊骇。如此，则野无校兵④，国无守城矣。

【注释】

①苟：苟且，随便。

②钤县（xuán）：权其轻重。县，称。钤，通"权"。古钞卷子本作"权"。

③扤（wù）：摇动。

④校（jiào）兵：许慎注：敌家之兵，不来相交复也。按，当指进行操练比武之兵。古钞卷子本注文"交"作"校"。

【译文】

　　因此用兵不一定能取胜，不要苟且交兵；攻打不一定能夺取，不为此苟且发兵。所以能确定胜利之后才去战斗，权衡轻重后才去行动。因此人马聚集而不要平白解散，军队出发而不要空手而归。不动则已，行动就要凌驾上天、震动大地，摇动泰山，振荡四海，鬼神为之迁徙，鸟兽惊恐逃走。像这样，那么野外没有操练的士兵，国都无需守城了。

　　静以合躁，治以持乱①，无形而制有形，无为而应变，虽未能得胜于敌，敌不可得②，胜之道也。敌先我动，则是见其形也；彼躁我静，则是罢其力也③。形见则胜可制也，力罢则威可立也。视其所为，因与之化；观其邪正，以制其命。饵之以所欲，以罢其足；彼若有间，急填其隙。极其变而束之，尽其节而朴之④。敌若反静，为之出奇；彼不吾应，独尽其调⑤；若动而应，有见所为；彼持后节⑥，与之推移。彼有所积，必有所亏，精若转左，陷其右陂⑦。敌溃而走，后必可移；敌迫而不动，名之曰奄迟⑧。击之如雷霆，斩之若草木，耀之若火电，欲疾以遫⑨，人不及步销⑩，车不及转毂，兵如植木，弩如羊角，人虽众多，势莫敢格⑪。诸有象者，莫不可胜也；诸有形者，莫不可应也。是以圣人藏形于无，而游心于虚，风雨可障蔽，而寒暑不可开闭⑫，以其无形故也。夫能滑淖精微⑬，贯金石，穷至远，放乎九天之上⑭，蟠乎黄卢之下⑮，唯无形者也。

【注释】

①持：王念孙《读书杂志》："持"当为"待"，字之误也。待，犹御也，言以治御乱也。《孙子·军争》"以治待乱"，即《淮南子》所本。《文选·〈五等论〉》李善注引此文"治以待乱"，尤其明证矣。

②敌不可得：刘典爵《兵略韵读》云："敌"前疑脱"使"字。

③罢：通"疲"，疲敝。

④朴：《四库全书》本作"仆"，使倒下。

⑤独尽其调：许慎注：言我尽之调以待敌也。调：刘典爵《兵略韵读》：为避孙权之孙"和"讳，改"和"为"调"。全书共五处。

⑥彼持后节：许慎注：彼谓敌。持后节，敌在后，使先己。

⑦右陂（bēi）：唐本《玉篇》引许叔重曰："陂，面也。"许训"陂"为"面"，"面"犹"旁"也。右陂，右边。

⑧奄迟：淹留迟缓。

⑨遫（chì）：当作"遫（sù）"，同"速"。

⑩铒（xuān）：王引之、于鬯、马宗霍、于省吾、陈直等皆有说。章太炎《淮南子札记》：按"铒"借为"蜎（xuān）"。《尔雅·释鱼》云："蜎，蠉（xuān）。"《说文》："蠉，虫行也。"由虫行引申为凡行之谊。

⑪格：阻止，阻挡。

⑫开：王念孙《读书杂志》："开"当为"关"。寒暑无所不入，故不可关闭。作"开"则义不可通矣。

⑬滑淖（nào）：柔和。淖，泥淖。

⑭放：通"旁"，依存、寄托。

⑮蟠（pán）：曲伏。黄垆：指黄泉。垆，通"垆"，刚土。

【译文】

用安静来对付急躁，用治理来对付混乱，用无形来控制有形，用无为而来应对变化，即使不能对敌人取得胜利，敌人也不能得到什么，这是能取胜的主要办法。敌人在我面前活动，那么这样就能见到他们形迹了；他们躁动而我方安静，那么这样就使他们的力量疲敝了。敌人形迹出现那么胜利便有把握了，敌人力量疲敝那么威风便可以树立了。观察敌人的行动，就趁势和他们一起变化；观察他们的邪道与正路，而用来控制敌人的命运。用敌人所想干的事情来引诱他们，用来疲乏他们的足力；敌人如果有了间隙，便及时打进他们的空隙。尽量根据敌人的变化而来控制他们，用尽各种办法对他们进行节制。敌人如果返回宁静，我方则对他们出奇制胜；敌人如果不加理睬，我方尽量用各种方法调动他;敌人如果活动而响应,就要使他们的所为显现出来;敌人如果从后面节制,要设法把他们转移到前面来。敌人有所聚积必定有所亏缺,敌人的精锐转往左边,就在右边设下陷阱。敌人如果崩溃逃走,从后追击而能随时转移;敌人迫近而不活动,战术上叫淹留。要用雷霆之力来打击,像割草木一样来斩杀,要像火电的光芒那样,极为神速地迫近敌人,使敌人来不及逃避,车子来不及转轮,士兵就像挺立的树木,弓弩发射就像旋风,敌人即使众多,对待这样的情势也没有敢阻击的。众多有形象出现的事物,没有什么不可以战胜的;很多现出形体的东西,没有什么不能够对付的。因此圣人把形体隐藏在无形之中,而心灵游弋在空虚之处,风雨不能够堵塞隐蔽它,而寒暑也不能够阻挡它,因为它是无形的原因。能够柔和细微,贯通金石,穷尽最远的地方,上达九天之上,下伏九泉之下,只有无形才能达到这个要求。

　　善用兵者,当击其乱,不攻其治;不袭堂堂之寇①,不击填填之旗②;容未可见,以数相持;彼有死形,因而制之。敌人执数③,动则就阴,以虚应实,必为之禽。虎豹之动④,不入陷阱;麋鹿不动,不离置罘⑤;飞鸟不动,不绁网罗⑥;鱼鳖不动,不摆唇喙⑦。物未有不以动而制者也。是故圣人贵静。静则能应躁,后则能应先,数则能胜疏⑧,博则能禽缺⑨。

【注释】

①堂堂:阵容盛大的样子。

②不:北宋本原作"下"。刘绩《补注》本作"不"。据正。填填:许慎注:旗立牢端。按,军威整肃的样子。按,"善用"至"填填之旗",以上几句化自《孙子·军争》。

③执数:指掌握作战规律。

④之：刘绩《补注》本作"不"。

⑤离：通"罹"，遭受。罝罦(jū fú)：网类。

⑥绁(guà)：悬挂。

⑦摋(huàn)：贯穿。喙：北宋本原作"啄"。《道藏》本作"喙"。据正。

⑧数：谋划周密。

⑨博：众。引申有"完整"义。俞樾《诸子平议》："博"当作"抟"，字之误也。《说文》："抟，圜(yuán)也。"故与"缺"相对为文。

【译文】

善于用兵的人，应当在混乱之时打击敌人，不能在治平之时攻击敌人；不要偷袭阵容严整的敌人，不要攻打旗帜整齐的军队；看不见敌人阵容时，必须用数目相当的队伍来准备对抗；敌人有死亡的征兆出现时，便趁机来制服敌人。敌人如果掌握了作战规律，我方活动敌人隐蔽在暗处，用空虚对付我方实力，那么必定被敌人擒住。虎豹不出来活动，不会落入陷阱之中；麋鹿不出来活动，不会投入兽网之内；飞鸟不出来活动，不会被网罗捕获；鱼鳖不出来活动，不会被钓钩钩住。万物没有不是因为出来活动而被制服的。因此圣人珍视清静。清静就能够应付敌人的躁动，处于后位则能够对付前头，计划周密那么能胜过计划粗疏的，军队完整则能擒住队列残缺的兵士。

故良将之用卒也，同其心，一其力，勇者不得独进，怯者不得独退①。止如丘山，发如风雨，所凌必破，靡不毁沮②；动如一体，莫之应圉③。是故伤敌者众，而手战者寡矣④。夫五指之更弹，不若卷手之一挃⑤；万人之更进⑥，不如百人之俱至也。今夫虎豹便捷⑦，熊罴多力，然而人食其肉而席其革者，不能通其知而壹其力也。

【注释】

①"勇者"二句：载于《孙子·军争》。

②沮(jǔ)：毁坏。

③圉(yǔ)：阻塞。

④手战：徒手搏斗。

⑤挃(zhì)：捣，搏。

⑥更：交互。

⑦便捷：行动迅速。

【译文】

因此高明的将领使用士兵，和他们同心，与他们合力，勇猛的人不能够单独前进，胆怯的人也不能独自后退。静止像山丘，出发如风雨，所攻击的敌人必定被打败，没有不被粉碎的；全军行动如整体，没有人能够应对抵御的。因此杀伤敌人众多，而徒手搏斗的情形就少了。用五指更换弹奏，不如拢起手指一拨；万人交替前进，不如百人的一起到达。现在虎豹行动迅速，熊罴雄壮多力，虽然如此但是人们却能吃它们的肉用它们的皮作席垫，是因为它们不能彼此沟通自己的智能而聚合各自的力量。

夫水势胜火，章华之台烧①，以升勺沃而救之②，虽涸井而竭池，无奈之何也。举壶榼盆盎而以灌之③，其灭可立而待也。今人之与人，非有水火之胜也，而欲以少圉众④，不能成其功，亦明矣。兵家或言曰："少可以圉众。"此言之所将，非言所战也。或将众而用寡者，势不齐也⑤；将寡而用众者，用力谐也⑥。若乃人尽其才，悉用其力，以少胜众者，自古及今，未尝闻也。

【注释】

①章华：楚国高台名。

②升勺（sháo）：古代容量单位。勺，一升。王念孙《读书杂志》："升"当为"斗"。

③榼：刘绩《补注》本作"樜（kē）"，此指盛水器。盎（àng）：一种腹大口小的盛水器。

④耦（ǒu）：匹敌。

⑤势不齐也：许慎注：势不齐，士不同力也。

⑥谐：和。

【译文】

水的功用可以胜过火，但如果是豪华的章华之台燃烧，用升勺浇灌来救火，即使让水井干涸池塘枯竭，也没有办法扑灭。如果举起壶樜盆盎来灭火，只须站着等待一会儿大火就被扑灭。现在人与人之间，没有水火相克的关系，而想用少数来对付众人，不能成就他的功劳，也是很明显的了。兵家有人这样说："少数人可以对付众人。"这里说的是所带领的军队数量，不是说实际战斗的军队数量。有的带领的人虽多而可以使用的人却很少，是士卒不能同心协力的原因；有的带领的人少而可以使用的人多，是大家同心合力的原因。至于像战斗双方每个人都发挥了他们的才智，彼此都使出了他们的力量，而还能以少胜多的，从古到今，还没有听到过。

神莫贵于天，势莫便于地，动莫急于时，用莫利于人。凡此四者，兵之干植也①，然必待道而后行，可一用也。夫地利胜天时，巧举胜地利，势胜人。故任天者可迷也，任地者可束也，任时者可迫也，任人者可惑也。夫仁勇信廉，人之美才也，然勇者可诱也，仁者可夺也，信者易欺也，廉者易谋也。将众者有一见焉,则为人禽矣。由此观之,则兵以道理制胜,而不以人才之贤,亦自明矣。

是故为麋鹿者,则可以罝罘设也[2];为鱼鳖者,则可以网罟取也[3];为鸿鹄者,则可以矰缴加也[4];唯无形者,无可奈也[5]。是故圣人藏于无原,故其情不可得而观;运于无形,故其陈不可得而经[6]。无法无仪,来而为之宜;无名无状,变而为之象;深哉瞒瞒[7],远哉悠悠[8];且冬且夏,且春且秋,上穷至高之末,下测至深之底,变化消息,无所凝滞。建心乎窈冥之野,而藏志乎九旋之渊[9],虽有明目,孰能窥其情?

【注释】

①干(gàn)植:疑为"干桢"。植于两边者叫榦(gàn),植于两端者叫桢(zhēn)。榦桢为古代筑墙板。引申有主干义。

②"是故"二句:许慎注:麋鹿有兵,而不能以间[斗],无术之军也。按,"麋鹿"喻没有战斗力。

③"为鱼鳖"二句:许慎注:鱼鳖之兵,散而不集。按,指散漫松懈。

④"为鸿鹄"二句:许慎注:鸿鹄之兵,高而无被。按,指高傲轻敌。矰(zēng),古代射鸟用的箭。缴(zhuó),系在箭上的绳。

⑤奈:北宋本原作"佘"。《道藏》本作"奈"。据正。

⑥经:测度。

⑦瞒瞒(zhōu):深远的样子。

⑧悠悠:长远的样子。

⑨九旋:许慎注:九回之渊,至深者也。

【译文】

神妙的事物中没有比天道更尊贵的了,形势没有比地利更方便的了,行动没有比时机更急切的了,功用没有比人和更为有利的了。这四个方面,都是战争的主要因素,然而必须有待道的规律才能行得通,可以使其中的一种发挥作用。地利能够胜过天时,巧妙举动能够胜过地利,时势胜过人和。所以听凭天道的人可能受迷惑,任凭地利的人可能受束缚,听凭时机的人可能被逼迫,听凭人和的人可能受惑乱。仁惠勇敢信义廉洁,虽然是人的美德,然而勇敢的人能够被引诱,仁惠的人能够被强夺,信义之人容易被欺骗,廉洁的人容易被图谋。率领大众的将军有一点弊端出现,那么就要被人擒捉。从这里可以看出,战争是以道理取胜,而不是凭人的贤能取胜,也是十分明白的。

因此像麋鹿那样不能战斗之兵,可以被兽网捉住;像鱼鳖那样的分散之兵,可以被鱼网捕得;像鸿鹄那样的高举之兵,可以被箭矢射中;只有无形的军队,才对他没有办法。所以圣人在没有源头的地方藏起形体,因此不能够看见他的情状;活动在无形之中,因此他的阵势不能够被人掌握。没有法规没有仪度,战事到来而为它做出适宜的行动;没有名称没有形象,随着战事发展而为它变幻景象;幽深啊玄妙,遥远啊渺茫;不论是冬是夏,不论是春是秋,都能向上达到最高的境地,向下达到最深的底层,时时处于变化的消长之中,没有凝滞的时候。心灵立于幽深广漠之地,心志隐藏在九旋深渊之中,即使有明亮的眼睛,谁又能够看到他的情志?

兵之所隐议者①,天道也;所图画者,地形也;所明言者,人事也②;所以决胜者,钤势也③。故上将之用兵也,上得天道,下得地利,中得人心,乃行之以机,发之以势,是以无破军败兵。及至中将,上不知天道,下不知地利,专用人与势,虽未必能万全,胜钤必多矣④。下将之用兵也,博闻而自乱,多知而自疑,居则恐惧,发则犹豫,是以动为人禽矣。

【注释】

①隐议:《泰族训》作"隐义",《俶真训》作"隐仪"。其义同。隐,度。议,通"仪",揆度。

②人事:人世上各种事情。

③钤势:指权变形势。钤,通"权"。

④胜钤:即胜利的权柄。

【译文】

　　战争所要进行考察的,是天道的变化;所要进行绘制的,是地形的位置;所要明白议论的,是人事的安排;所用来决定胜负的,是权变和气势。因此上等将领的用兵,上得天道的规律,下得地形之便,中得人心之用,于是用机变来推行它,根据趋势来发动它,因此没有失败的军队和失败的战争。至于中等将领的用兵,上不知天道的变化,下不了解地形便利,专靠使用人力与气势,虽然不能全部取胜,但是胜利的权柄的掌握必定很多。下等将领的用兵,见闻广博而自相混乱,知识很多而自我怀疑,平居则恐惧害怕,出发则犹豫不决,因此动辄被敌人所擒。

　　今使两人接刃,巧拙不异,而勇士必胜者①,何也?其行之诚也。夫以巨斧击桐薪②,不待利时良日而后破之。加巨斧于桐薪之上,而无人力之奉③,虽顺招摇④,挟刑德⑤,而弗能破者,以其无势也。故水激则悍,矢激则远⑥。夫梧淇卫箘簵⑦,载以银锡⑧,虽有薄缟之幨⑨,腐荷之矰,然犹不能独射也⑩。假之筋角之力,弓弩之势,则贯兕甲而径于革盾矣⑪。夫风之疾,至于飞屋折木;虚举之下大达,自上高丘,人之有所推也⑫。是故善用兵者⑬,势如决积水于千仞之堤,若转员石于万丈之溪,天下见吾兵之必用也,则孰敢与我战者?故百人之必死也,贤于万人之必北也,况以三军之众,赴水火而不还踵乎？虽诳合刃于天下，谁敢在于上者⑭？

【注释】

①勇士：《道藏》本作"勇澄"。何宁《淮南子集释》：疑"澄"字是也。《说文》作"澂"，"清也"。《说山篇》高注："澄，止水也。"引申之，有静而清澈之意。此谓勇而静且明者必胜也。按，桂馥《说文义证》：澂，俗作澄。

②桐薪：指小木。

③力：北宋本原作"刃"。刘绩《补注》本作"力"。据正。

④招摇：即北斗斗杓第七星。已见《天文训》。摇，北宋本原作"滛"。《道藏》本作"摇"。据正。

⑤刑德：许慎注：刑，十二辰也。德，十日也。

⑥"故水"二句：载于《吕览·去宥》，并见《鹖冠子·世兵》、《说苑·说丛》及贾谊《鵩鸟赋》。悍，北宋本原作"淔"。《道藏》本作"悍"。据正。

⑦"夫栝"句：栝(kuò)，箭末扣弦处。淇，春秋卫地，即淇水。箘(jùn)，《说文》："箘簵也。"簵(lù)，亦作"簬"。即竹名，可作箭杆。

⑧"载以"句：许慎注：载，饰也。饰箭以银锡。

⑨缟(gǎo)：白绢。幨(chān)：车帷。可以御兵。

⑩"腐荷"二句：《北堂书钞·武功部》十三"箭四十八"引作："淇卫箘簵，饰以银锡，虽有薄缟之幨，腐荷之橹，然犹不能穿也。"按，橹，指盾牌。

⑪径：达。

⑫"虚举"三句：许慎注：虚举，不驾也。风疾飞之，下大迟，复上高丘也。按，孙诒让《札迻》："举"拟当作"攑(yù)"，即"舁"之俗。"大迟"宋本作"大达"，疑当作"大逵"。注同。此似言疾风能飞屋折木，而虚攑不能自下大逵而上高丘，必藉人力推之，以喻兵

　　势之得失。按,虚举,指不驾的空车。逵,四通八达之路。

⑬"是故"三句:化自《孙子·形篇》《执篇》,亦载于《吕览·适威》。

⑭"虽诜(tiǎo)"二句:许慎注:诜,卒也。虽卒然合,与天下争,人谁
　　敢在其上者。按,诜,疑通"眺(tiǎo)",疾,猝然。

【译文】

　　现在使双方交兵,灵巧笨拙不差多少,而勇敢沉静的人必定胜利,
这是为什么呢? 因为他们的行动是真诚的。用巨斧去劈开小木,不需
要等待有利的时机和好的日子就能剖开。如果把大斧放在小木之上,
而没有惯性的力量来冲击,即使顺应北斗的运行规律,挟藏着刑德的威
力,也不能劈开,因为它没有气势起作用。因此水力激起便凶猛有力,
箭头急速便能射得远。把箭桲淇卫箘簬制成的箭杆,涂上银锡,即使是
用薄薄的白绢制成的车帷,用腐朽荷叶制成的盾牌,也还不能射穿。但
借助筋角的力量,弓弩的势力,那么便可以贯通兕甲而穿过皮制之盾。
疾风劲吹,可以使房屋倒塌树木拔起;即使是空车从大路上滑下,又上
高丘,必须要靠人力推动才能行进。因此善于用兵的人,掌握有利的形
势就像在千仞的大堤上决堤放水,就如在万丈深渊中转动圆石,天下之
人看到我方的士卒必被所用,那么谁敢和我军交战呢? 所以敢于牺牲
的一百人,胜过一定会投降的一万人,何况有三军那样众多的兵力,奔
赴水火之中而不回头的士卒呢? 即使突然在天下交兵,又有谁敢于凌
驾在他们之上呢?

　　所谓天数者,左青龙,右白虎,前朱鸟,后玄武①。所谓
地利者,后生而前死,左牡而右牝②。所谓人事者,庆赏信而
刑罚必③,动静时,举措疾。此世传之所以为仪表者,因也④,
然而非所以生。仪表者,因时而变化者也。是故处于堂上
之阴,而知日月之次序;见瓶中之冰,而知天下之寒暑⑤。夫

物之所以相形者微，唯圣人达其至。

【注释】

①"左青龙"四句：许慎注：角、亢为青龙，参、(伐)［井］为白虎，星、张为朱鸟，斗、牛为玄武。用兵者，右参、(伐)［井］，左角、亢，背斗、牛，乡星、张，此顺北斗之铨（quán）衡也。按，指以北斗为中心，二十八宿按右、左、背、向排列。语亦见《吴子·治兵》、《礼记·曲礼》。

②"后生"二句：许慎注：高者为生，下者为死；丘陵为牡，溪谷为牝。

③必：肯定，坚决。

④因：《四库全书》本作"固"。

⑤"是故"四句：化自《吕览·察今》。而其文无"暑"字。于，俞樾《诸子平议》："于"字，衍文也。

【译文】

所说的天道规律，指的是左边是青龙，右边是白虎，前面是朱雀，后边是玄武。所说的地利，就是处高而生、处下而死，左面是丘陵而右面是深谷。所说的人事，对赏赐讲究信用、对处罚坚决实行，行动停止合于时势，举止措施行动迅速。这些就是社会上流传下来的用作法则的东西，本来就是这样的，然而它不是产生法则的根本之道。法规的产生，是根据时代发展变化的。所以察看堂上的阴影，就知道日月运行的次序；看到瓶子中水的情况，就知道天下寒暑的变化。能使事物显现出形象来的原因是微妙的，只有圣人能通达它的微小的变化。

故鼓不与于五音，而为五音主；水不与于五味，而为五味调；将军不与于五官之事，而为五官督。故能调五音者，不与五音者也；能调五味者，不与五味者也；能治五官之事者,不可揆度者也①。是故将军之心,滔滔如春,旷旷如夏②,湫漻如秋③,典凝如冬④,因形而与之化,随时而与之移。

【注释】

①揆度(kuí duó):揣度,估量。

②旷旷:明朗的样子。

③湫漻(jiū liáo):清寂。

④"典凝"句:许慎注:典,常。凝,正也。常正如冬也。吴承仕《淮南旧注校理》:注文"正"字并当作"止",形近而讹也。俞樾《诸子平议》:"典凝"犹坚凝也。

【译文】

因此鼓虽不参与五音,却为五音的主导;水不参与五味,但能调和五味;将军不参与五官之事,但能成为五官的督导。因此能够协调五音的,必是不参与五音的;能够调和五味的,必是不参与五味的;能够治理五官之事的,必是不能够测度的。因此将军的心灵,和暖就像春天,明朗就像夏天,清寂就像秋天,经常凝思就像冬天,按照形象而和外物一起变化,随着时势而和外物一起转移。

夫景不为曲物直,响不为清音浊,观彼之所以来,各以其胜应之①。是故扶义而动②,推理而行,掩节而断割③,因资而成功。使彼知吾所出,而不知吾所入;知吾所举,而不知吾所集。始如狐狸,彼故轻来;合如兕虎,敌故奔走。夫飞鸟之挚也④,俯其首;猛兽之攫也⑤,匿其爪。虎豹不外其爪,而噬不见齿⑥。故用兵之道,示之以柔,而迎之以刚;示之以弱,而乘之以强;为之以歙⑦,而应之以张;将欲西,而示之以东;先忤而后合,前冥而后明;若鬼之无迹,若水之无创。故所乡非所之也，所见非所谋也。举措动静，莫能识也。若雷之击，不可为备；所用不复，故胜可百全。与玄明通⑧，莫知其门，是谓至神。

【注释】

①各：北宋本原作"名"。《道藏》本作"各"。据正。胜：指相应的取胜方法。

②扶义：仗义。

③"掩节"句：许慎注：掩，覆也。复其节制断割也。按，掩，敛。引申为按照义。断割，即决断义。

④挚：搏击，击杀。

⑤攫（jué）：抓取。

⑥"虎豹"二句：《北堂书钞·武功部》四、《谋策》五："虎豹不外其牙，而噬犬不见其齿。"外，北宋本原作"水"。《道藏》本作"外"。据正。噬（shì），咬。

⑦歙（xī）：收敛。

⑧玄明：深远而光明的境界。《北堂书钞·武功部》五、《兵势》十："明与玄通，莫知其门。"

【译文】

　　影子不因为弯曲的东西而伸直，回声不因为清音而变浊，考察敌人所从来的方向，各自按照相应取胜的方法对待它。因此仗义而行动，推崇道理而行事，申明节制而加以决断，凭借各种条件才能取得成功。使敌人知道我所出发的地方，而不知道我所进入之地；知道我方的行动，而不知道我方的集结。开始行动的时候就像狐狸一样，敌人因此轻易进攻；合击就像凶虎那样凶猛，敌人因此而奔逃。飞鸟抓取食物，俯下脑袋；猛兽夺取食物，藏起利爪。虎豹不把它的利牙暴露在外，而狗噬咬食物也不见门齿。因此用兵的方法，把柔和显示给敌人，而用刚强来迎击他们；把弱小出示给对方，而用强大作为凭借；用收敛来对付它，而用扩张来接应；将要往西，而先表示向东；先要背离而后才会合，前面昏暗，而后面光明；像鬼神没有形迹，像水一样没有创痕。因此所指向的地方不是所要前往的地方，所见到的事物也不是所要图谋的。举止措施前进停止，没有人知道它的动向。像迅雷出击，不能够提前做好准备；所采用的方法不重复，所以百战百胜。上与光明相通，没有人知道它的门径，这就是最高的神明。

　　兵之所以强者，民也[1]；民之所以必死者，义也；义之所以能行者，威也。是故合之以文，齐之以武，是谓必取[2]；威仪并行[3]，是谓至强。夫人之所乐者，生也；而所憎者，死也。然而高城深池，矢石若雨，平原广泽，白刃交接，而卒争先合者，彼非轻死而乐伤也，为其赏信而罚明也[4]。

【注释】

①民也：《文子·上义》作"必死也"。

②合之以文，齐之以武，是谓必取：化自《孙子·行军》。

③仪：《文子·上义》作"义"。

④"然而"数句：化自《六韬·龙韬·励军》。卒，《意林》"卒"上有"士"字。《文子·上义》有"士"字，无"卒"字。

【译文】

　　军队之所以强大的原因，是因为有了百姓的支持；百姓之所以不怕牺牲，就是为了大义；而大义所以能够推行的原因，是威力所致。因此要用文德来聚合他们，要用军法来统一他们，这就是所说的必定能取得胜利；威严和道义一起得到推行，这就是所说的达到了最强大的要求。人们所喜欢的，是生存；而所憎恨的，是死亡。然而修筑起高高的城墙，挖起深深的护城河,利箭礌石像雨点,在广阔的原野上,手执利刃相拼搏,而士兵争着抢先交锋,他们不是轻视死亡而喜欢负伤,而是因为对他们赏罚有信而处罚严明的结果。

　　是故上视下如子,则下视上如父;上视下如弟,则下视上如兄。上视下如子,则必王四海[1];下视上如父,则必正天下;上亲下如弟[2],则不难为之死;下事上如兄[3],则不难为之亡。是故父子兄弟之寇,不可与斗者,积恩先施也。故四马不调,造父不能以致远;弓矢不调,羿不能以必中;君臣乖心,则孙子不能以应敌[4]。是故内脩其政,以积其德;外塞其丑,以服其威;察其劳佚,以知其饱饥[5]。故战日有期,视死若归。故将必与卒同甘苦,俟饥寒[6],故其死可得而尽也。

【注释】

①“是故上视下”六句:化自《孙子·地形》。

②亲:《文子·上义》作“视”。《太平御览》卷二百八十一《兵部》十二引此,亦作“视”。

③事:刘绩《补注》本作“视”。

④孙子:许慎注:名武,吴王阖闾之将军也。按,孙武,春秋齐国安乐(今山东广饶)人。著名军事家。《汉书·艺文志》“兵书略”有《吴孙子兵法》八十二篇。《史记》有《孙子列传》。

⑤其:《文子·上义》无“其”字。

⑥俟(sì):王叔岷《淮南子斠证续补》:“俟”当为“供”,字之误也。“供”与“共”同。影宋本《御览》二八一引此正作“共饥寒”。

【译文】

因此国君看待臣下像儿子,那么臣下就会把国君看作父亲;国君把臣下看成弟弟，那么臣下就会把国君看成兄长。国君把臣下看成儿子，那么必定可以统治天下；臣下把国君看作父亲，那么必定可以使天下端正；国君亲近臣下如弟弟，那么臣下不会把死亡看成难事；臣下把国君看作兄长，那么臣下不难为国君而献身。因此凡是父子兄弟关系的强盗，不能够和他格斗，他们之间事先积累并施行了恩德。因此驷马不协调，造父也不能凭借它们到达远方；弓矢搭配不好，后羿也不一定能射中；君臣之间离心离德，那么兵家孙武也不能来迎敌。所以在内部修治政治，来积累他的恩德；外部堵塞丑恶的行为，以施行他的声威；考察人民的劳逸情况，来了解他们的温饱饥饿。因此交战的时候，百姓就会把死亡看作回归一样。因此将领必须和士卒同甘共苦，共同忍受饥寒的威胁，那么士卒就会尽力去为战斗而死了。

　　故古之善将者，必以其身先之。暑不张盖，寒不被裘，所以程寒暑也①；险隘不乘，士陵必下②，所以齐劳佚也；军食熟然后敢食，军井通然后敢饮，所以同饥渴也；合战必立矢射之所及③，〔所〕以共安危也④。故良将之用兵也，常以积德击积怨，以积爱击积憎，何故而不胜？

【注释】

　　①程：估量、衡量。《刘子》卷八《兵术》第四十作"均"。"暑不"至"同饥渴也"，亦载于《尉缭子·战威》、《六韬·龙韬·励军》等。

　　②士：《道藏》本作"上"。王叔岷《淮南子斠证》："上"当为"丘"。"丘陵"与"险隘"相对为文。刘子《新论·兵术篇》正作"丘陵必下"。

　　③矢射：《意林》引作"矢石"。《吕览·贵直》同。

　　④以共：王念孙《读书杂志》："以共安危"上，当有"所"字。《意林》

引作"所以同安危也"，"以"上尚未脱"所"字。

【译文】

因此古代善于担任将领的人，必定亲自走在士卒的前面。暑天不张起车盖，冬天不披上皮裘，以便用来估量寒暑的变化；险要狭隘之处不乘车，丘陵地带必定下车，以便用来和士卒等同劳逸；全军的饭食熟了然后自己才敢吃饭，军队的水井畅通了然后才敢取水喝，以便同士卒同受饥渴；双方军队交锋时必定站在弓箭的射程之内，以便和士卒同安危。因此良将的用兵，常常用积累恩德的军队，打击聚积怨恨的敌国，用积累仁爱的队伍，打击积聚憎恨的敌军，还有什么原因不能取胜呢？

主之所求于民者二：求民为之劳也，欲民为之死也。民之所望于主者三：饥者能食之，劳者能息之，有功者能德之。民以偿其二积①，而上失其三望，国虽大，人虽众，兵犹且弱也。若苦者必得其乐，劳者必得其利，斩首之功必全②，死事之后必赏③，四者既信于民矣，主虽射云中之鸟，而钓深渊之鱼；弹琴瑟，声钟竽；敦六博④，投高壶⑤，兵犹且强，令犹且行也。是故上足仰，则下可用也⑥；德足慕，则威可立也。

【注释】

①二积：王念孙《读书杂志》："二积"当作"二责"。二责，谓为主劳，为主死，故曰"主之所求于民者二"，"求"犹"责"也。《御览·兵部》十二引此，正作"责"。

②全：全备。

③"死事"句：许慎注：死事，以军事死，赏其后子孙。

④敦：投掷(zhì)。六博：古代的一种博戏，共十二棋，六黑六白，两人相搏，每人六棋，故名。

⑤投高壶：古人宴会时的游戏。设特制之壶，宾主以次投矢壶中，多者为胜，负者饮。见《礼记·投壶》。

⑥"是故"二句：出自《荀子·议兵》。

【译文】

国君对百姓有两个要求：要求百姓为他服劳役，要求百姓为他战斗牺牲。百姓对国君也有三种期盼：饥饿的时候能供给食物，疲劳的时候能得到休息，有功劳能授予赏赐。百姓已经报偿国君的二责，而国君失去他的三望，国家即使很大，人口即使很多，军队也要走上衰弱之路。如果能使辛苦的人一定能得到快乐，劳作的人一定能得到利益，有斩首杀敌立功的人必定赏赐，为国捐躯的人亲属必须受到奖赏，如果这四个方面已经取信于民了，国君即使高射云中的飞鸟，垂钓深渊之鱼；弹起琴瑟，欣赏钟竽之声；掷六博，投高壶，尽兴而乐，那么军队仍然强盛，号令仍然能行得通。因此国君足以使人景仰，那么臣下便可以被使用；德行足以使人敬慕，那么威望便可以树立了。

将者必有三隧、四义、五行、十守①。所谓三隧者，上知天道，下习地形，中察人情。所谓四义者，便国不负兵②，为主不顾身，见难不畏死，决疑不辟罪③。所谓五行者，柔而不可卷也，刚而不可折也，仁而不可犯也，信而不可欺也，勇而不可陵也。所谓十守者，神清而不可浊也，谋远而不可慕也④，操固而不可迁也，知明而不可蔽也，不贪于货⑤，不淫于物，不嚂于辩⑥，不推于方⑦，不可喜也，不可怒也。是谓至于窈窈冥冥，孰知其情？发必中诠⑧，言必合数，动必顺时，解必中揍⑨；通动静之机，明开塞之节，审举措之利害，若合符节，疾如彍弩，势如发矢⑩。一龙一蛇，动无常体⑪；莫见其所中，莫知其所穷。攻则不可守，守则不可攻。

【注释】

①隧：通"遂"，通达。

②负：依恃。

③决疑：指决断疑难。

④慕：取。

⑤贪：北宋本原作"食"。《道藏》本作"贪"。据正。

⑥嘫(làn)：贪求。

⑦不推于方：《太平御览》卷二百七十三《兵部》四引作"不矜于明"。

⑧诠(quán)：《慧琳音义》卷八十一注引《淮南子》云："所以陈治乱之体曰诠。"

⑨揍：通"腠(còu)"，腠理。

⑩"疾如"二句：化自《孙子·执篇》。矿(guō)弩，即张弩，把弓拉满。

⑪"一龙"二句：并载于《庄子·山木》、《吕览·必己》。蛇，北宋本原作"地"。《道藏》本作"蛇"。

【译文】

担任将领的人必须掌握三隧、四义、五行、十守。所说的三隧，指的是：上通晓天道，下熟习地形，中体察民情。所说的四义，指的是：便利国家不擅用兵权，为国君不顾自身危难，遇到困难不惧怕牺牲，处理疑难问题而不逃避招来的罪责。所说的五行，指的是：柔和而不能卷曲，刚强而不能够折断，仁惠而不可侵犯，守信而不能够被欺骗，勇敢而不可侵凌。所说的十守，指的是：神志清明而不能够使它混浊，智谋深远而不能被夺取，操行坚定而不能改变，智虑明察而不能蒙蔽，不贪得财货，不迷恋外物，不要弄巧言，不抬高自己的名声，不能随便欢喜，也不能随意发怒。这就是说修养达到了深远玄渺的境地，谁能知道他的内情？行事必须符合治国的要求，言语必须符合规律，行动必须顺应天时，解说必须符合条理；通达动静的机变，明察开塞的节制，审辨举措的利害关系，就像合乎符节那样紧密，迅速如发射弓弩，气势如利箭离弦。忽如龙飞忽如蛇行,行动没有固定的常规;没有人见到他所投中的地方,没有人知道他的穷尽。进攻那么故人便不能守住,防卫那么敌人不能攻下。

盖闻善用兵者①,必先脩诸己,而后求诸人;先为不可胜,而后求胜②。脩己于人,求胜于敌。己未能治也,而攻人之乱,是犹以火救火,以水应水也,何所能制? 今使陶人化而为埴,则不能成盆盎③;工女化而为丝,则不能织文锦。同莫足以相治也,故以异为奇。两爵相与斗④,未有死者也,鹯鹰至则为之解⑤,以其异类也。故静为躁奇,治为乱奇,饱为饥奇,佚为劳奇,奇正之相应⑥,若水火金木之代为雌雄也。善用兵者,持五杀以应⑦,故能全其胜;拙者处五死以贪⑧,故动而为人擒。

【注释】

①闻:北宋本原作"间"。《道藏》本作"闻"。据正。

②"先为"二句:载于《孙子·形篇》。

③"今使"二句:许慎注:陶人化为埴(zhí),陶人复变为埴土,不能化埴土也。按,埴,黏土。按,"今使"至"织文锦",化自《吕览·不屈》。盎(àng),盆类器物。

④爵:通"雀",依人小鸟。

⑤鹯(zhān):鹞属猛禽。

⑥奇正:指作战的常法和变法。

⑦五杀:许慎注指为"五行"。

⑧五死:指五行相克。

【译文】

听说善于用兵的人,必定首先修治自身,然后才能要求他人;首先使自己立于不败之地,而后才去求得胜利。对于他人要修治自身;对于敌人要务求胜利。自身不能够修治,而想攻破他国动乱,就像用火来救火,用水来对付水一样,怎么能够制服呢?现在使陶人把陶器毁化为黏土,那么它不能再制成盆盎了;让工女把缣帛还原成丝,那么也不能再织成文锦了。因为相同的东西是不能互相再制作的,所以应该把相异视为奇变。两个雀儿相互争斗,不会有死亡发生,但是鹰鹯来到便自动解开,因为它们是不同的种类。因此清静是躁乱的奇变,治理是混乱的奇变,温饱是饥饿的奇变,安逸是劳苦的奇变,对于用兵奇正的相互对应变化,就像水火金木互相转化为主次一样。善于用兵的人,持守五杀来应付变化,因此能够保全他的胜利;笨拙的人处于五死而贪得,因此行动便被人擒住。

兵贵谋之不测也,形之隐匿也,出于不意,不可以设备也①。谋见则穷,形见则制。故善用兵者,上隐之天,下隐之地,中隐之人。隐之天者,无不制也②。何谓隐之天?大寒甚暑③,疾风暴雨,大雾冥晦,因此而为变者也。何谓隐之地?山陵丘阜,林丛险阻④,可以伏匿而不见形者也。何谓隐之人?蔽之于前,望之于后,出奇行陈之间,发如雷霆,疾如风雨,擪巨旗⑤,止鸣鼓,而出入无形,莫知其端绪者也。

【注释】

①"出于"二句:化自《孙子·计篇》。《六韬·虎韬·临境》文义同。

②"隐之"二句:刘家立《淮南内篇集证》:此以天、地、人并举,下文方解释其义。羼入"隐之天者,无不制也"二句,殊为不伦。

③甚暑:指酷暑。

④阻:北宋本原作"怛"。《道藏》本作"阻"。据正。

⑤攦（jiǎn）：卷取。

【译文】

　　战争可贵的是计谋不为人预料，形迹的隐匿，出于敌人的意料之外，使之不能够加以防备。计谋被人识破那么就会走上穷途，形迹出现那么就会被制服。因此善于用兵的人，向上把形迹隐藏在天上，向下隐藏在地上，中间隐藏在人群之中。隐藏在天上，没有什么不能制服的。什么叫隐藏在天上？大寒酷暑，疾风暴雨，大雾昏暗，按照这种气候而对应变化。什么叫隐藏在地下？山陵高丘，林深险阻，可以潜伏而不见形迹。什么叫隐藏在人中间？在前面隐藏了它，望它又像在后头，在行阵之中奇异地出现，发动如雷霆，迅疾如风雨，卷起巨旗，停止鸣鼓，而出入不见形迹，没有人知道它的端倪。

　　故前后正齐，四方如绳，出入解渎①，不相越凌②，翼轻边利③，或前或后，离合聚散，不失行伍，此善修行陈者也。明于奇正赅、阴阳、刑德、五行、望气、候星、龟策、机祥④，此善为天道者也。设规虑，施蔚伏⑤，见用水火⑥，出珍怪，鼓噪军⑦，所以营其耳也⑧。曳梢肆柴⑨，扬尘起堨⑩，所以营其目者，此善为诈祥者也⑪。镎钺牢重⑫，固植而难恐⑬，势利不能诱，死亡不能动，此善为充干者也⑭。剽疾轻悍⑮，勇敢轻敌，疾若灭没⑯，此善用轻出奇者也。相地形，处次舍，治壁垒，审烟斥⑰，居高陵，舍出处，此善为地形者也。因其饥渴、冻喝、劳倦、怠乱、恐惧、窘步⑱，乘之以选卒，击之以宵夜，此善因时应变者也。易则用车⑲，险则用骑，涉水多弓⑳，隘则用弩㉑，昼则多旌，夜则多火㉒，晦冥多鼓，此善为设施者也。凡此八者，不可一无也，然而非兵之贵者也。

【注释】

①解渎：刘绩《补注》本作"续"。即往来通达之义。

②越凌：越过。

③翼（yì）轻边利：许慎注：翼，军之翼，在边而利。按，翼、边指行军中的左右翼。军轻则行动便利。

④奇：北宋本原作"音"。《道藏》本作"奇"。据正。正：陈观楼《淮南子正误》："正"字后人所加。"奇赅（gāi）"以下皆二字连读。上文"明于阴阳奇赅之数"，高注："奇赅，阴阳奇秘之要。"是其证。望气：古代占卜，望云气附会人事，预言吉凶。候星：占验星象，以定吉凶。机祥：吉凶。机，通"几"。

⑤蔚（wèi）伏：埋伏。

⑥见：疑衍。

⑦鼓噪（zào）：击鼓呼叫。

⑧营：惑乱。

⑨梢：木梢。肆：放肆。

⑩堨（ài）：尘埃。

⑪祥：通"佯"。

⑫镦（duì）：装在矛戟柄端的铜套。钺（yuè）：古代用作砍杀的兵器，用青铜制成，形状似斧。

⑬固植：坚定的意志。植，通"志"。

⑭充：充满。干：坚强。

⑮剽（piāo）疾：勇敢敏捷。轻悍：轻生强悍。

⑯灭没：谓无影无声。

⑰烟：通"堙（yīn）"，堵塞。斥（chì）：充塞，充斥。

⑱窘（jiǒng）步：因惶急而不得前行。

⑲易：平地。

⑳"涉水"句：许慎注：水中不可引弩，故以弓便。

㉑"隘则"句:许慎注:隘可以手弩以为距。按,弩,即用机械发射的弓。

㉒"昼则"二句:见于《孙子·军争》。

【译文】

　　因此阵列前后整齐,四方像绳墨一样平直,出入往来,不得互相超越,兵分左右两翼行动轻便,时前时后,分离聚合,不乱队形,这是善于安排布阵的做法。明了奇秘、阴阳、刑德、五行变化、望云气、验星象、占卜龟策、显示吉祥,这是善于利用天道的做法。制订计策,设置埋伏,用水火二法,做出奇异的举动,军中击鼓喧哗,这是用来惑乱敌人听觉的办法。拖起树枝干柴,扬起尘土,用来迷惑敌人的视觉,这是善于使用伪装的办法。意志像镈铖那样牢固厚重,决心坚定而难以使之恐惧,权势利益不能够引诱他,用死亡的威胁不能慑动他,这是善于教导人具有坚强意志的方法。勇猛敏捷轻生强悍,勇敢而轻视敌人,迅疾像一闪即逝,这是善于使用轻骑而出奇制胜的方法。考察地形,安下营寨,修筑工事,审视险要阻塞,驻扎选择山陵,安排好宿营的退路,这是善于使用地形的办法。根据敌人饥渴、寒热、劳倦、怠乱、恐惧、困窘的情况,精选士卒乘机进攻,连夜不停地攻击敌人,这是根据时势变化采用相应的措施的方法。平易之地用车攻,险阻之地用骑兵,渡水之地多用弓箭,狭隘之地多用强弩,白天多设旌旗,夜里多用篝火,昏暗的时候多用战鼓,这是善于使用军事设施的方法。这八个方面,缺一不可,但是这并不是战争最值得珍视的办法。

　　夫将者必独见独知①。独见者,见人所不见也;独知者,知人所不知也。见人所不见,谓之明;知人所不知,谓之神。[神]明者②,先胜者也。先胜者,守不可攻,战不可胜者③,攻不可守,虚实是也④。上下有隙,将吏不相得;所持不直,卒心积不服⑤，所谓虚也。主明将良，上下同心，气意俱起，所谓实也。若以水投火，所当者陷，所薄者移⑥，牢柔不相通⑦，而胜相奇者，虚实之谓也。

【注释】

①独见：指高超的眼光，卓越的见解。

②明者：刘绩《补注》本"明"上有"神"字。当脱。

③战不可胜者：刘绩《补注》本"者"字涂去。

④虚实：指强弱、劳逸、众寡、真伪等。

⑤"卒心"句：许慎注：积怨不服之也。

⑥薄：迫近。

⑦牢柔：即坚固、柔弱。刘典爵《淮南子兵略韵读》认为，"牢"本作"坚"。盖许注本避吴讳改。

【译文】

担任将领的人必须有独见之明独知之慧。独见指的是，看见别人见不到的；独知指的是，知道别人所不知道的。看见别人所见不到的，叫做明；知道别人所不知道的，叫做神。神明，就是首先取胜的意思。首先取胜，是说把守时不能够被攻破，战斗时不可被取胜，攻打敌人，使对方无法防守，虚实的道理就是这样。君臣有矛盾，将吏不能相互支持；将帅所持守的不是正道，士卒内心积聚不满，这就是所说的虚。国君英明将帅精良，君臣同心，意气共同激励，这就是所说的实。就像把水投到火中，所阻挡的被攻陷，所迫近的被赶走，坚固柔弱本不相通连，而胜利却能不同地出现，说的是虚实的问题。

故善战者不在少，善守者不在小，胜在得威，败在失气。夫实则斗，虚则走；盛则强，衰则北。吴王夫差地方二千里，带甲七十万①，南与越战②，栖之会稽；北与齐战③，破之艾陵④；西遇晋公，擒之黄池⑤。此用民气之实也。其后骄溢纵欲，距谏喜谀⑥；憢悍遂过⑦，不可正喻；大臣怨怼⑧，百姓不附；越王选卒三千人，擒之干隧⑨，因制其虚也。夫气之有虚实也，若明之必晦也。故胜兵者非常实也，败兵者非常虚也。善者能实其民气，以待人之虚也；不能者虚其民气，以待人之实也。故虚实之气⑩，兵之贵者也。

【注释】

①七：北宋本原作"士"。《道藏》本作"七"。据正。

②南与越战：事在前494年。《史记·吴太伯世家》亦载此事。

③北与齐战：事在前489年。亦载于《史记》。

④艾陵：春秋齐地名，在今山东莱芜境内。

⑤"西遇"二句：许慎注：（智）［晋］公，谓平侯也。擒晋，服晋。按，平侯，当为定侯。事在前501年。载《左传·哀公十三年》。《史记》亦载其事。黄池，即黄亭，在今河南封丘西南。

⑥"距谏"句：指重用佞臣太宰嚭（pǐ），杀忠臣伍子胥。谀，北宋本原作"讦"。《道藏》本作"谀"。据正。

⑦憢（xiāo）：许慎注：勇急也。按，憢悍，骁勇凶悍。遂过：酿成过失。遂，成。

⑧怨怼（duì）：怨愤。

⑨干：北宋本原作"于"。当作"干"。《战国策·魏一》作"干遂"，《秦一》作"干隧"。干，通"邗"。干隧，在今江苏苏州。

⑩气：指军队的精神状态及斗志。

【译文】

所以善于打仗的人不在乎人少，善于把守的人不在乎地方小，胜利在于得到威力,失败在于失掉志气。

实则能进行战斗,虚就会逃跑;气盛就会强大,气衰就会败北。吴王夫差土地方圆两千里,披甲的士卒七十万,在南面与越人战斗,越王勾践被围困在会稽;在北面和齐国作战,在艾陵大败齐师;在西方和晋定侯会盟,在黄池擒住晋君。这是使用百姓的"实"。在这以后夫差骄傲滋长放纵情欲,拒绝劝谏喜欢奉承;骁勇凶悍不能改过,不听劝谕;大臣怨愤,百姓不能归附;于是越王勾践精选士卒三千人,在干隧擒住吴王,这是凭借情势制服了吴王的虚。气是有虚实的,就像光明必定有昏暗一样。因此胜利的战争不是经常处于实的情况,失败的战争也不是经常处于虚的情况。善于作战的将领能够使他的民气充实,而等待敌人的民气空虚;不善战的将领使他的民气空虚,而用来等待敌人的民气充实。因此虚实二气,是兵家所珍视的。

凡国有难①,君自宫召将,诏之曰:"社稷之命在将军耳,今国有难,愿请子将而应之。"将军受命,乃令祝史太卜,斋宿三日②,之太庙③,钻灵龟,卜吉日,以受鼓旗。君入庙门,西面而立。将入庙门,趋至堂下,北面而立。主亲操钺持头,授将军其柄,曰:"从此上至天者,将军制之。"复操斧持头,授将军其柄,曰:"从此下至渊者,将军制之。"将已受斧钺,答曰:"国不可从外治也,军不可从中御也,二心不可以事君,疑志不可以应敌。臣既以受制于前矣,鼓旗斧钺之威,臣无还请,愿君亦以垂一言之命于臣也④。君若不许,臣不敢将。君若许之,臣辞而行。"乃爪鬋⑤,设明衣也⑥,凿凶门而出⑦。乘将军车,载旌旗斧钺,累若不胜⑧。其临敌决战,不顾必死,无有二心。是故无天于上,无地于下,无敌于前,无主于后。进不求名,退不避罪,唯民是保。利合于主,国之实也⑨,上将之道也。如此,则智者为之虑,勇者为之斗,气厉青云,疾如驰骛⑩,是故兵未交接,而敌人恐惧。若战胜敌奔,毕受功赏,吏迁官,益爵禄,割地而为调;决于封外,卒论断于军中⑪。顾反于国,放旗以入斧铖,报毕于君,曰:"军无后治。"乃缟素辟舍⑫,请罪于君。君曰:"赦之!"退齐服⑬。大胜三年反舍⑭,中胜二年,下胜期年。

兵之所加者,必无道之国也,故能战胜而不报,取地而不反,民不疾疫,将不夭死,五谷丰昌,风雨时节,战胜于外,福生于内,是故名必成而后无余害矣。

【注释】

①"凡国有难"之后两段:化自《六韬·龙韬·立将》。

②宿:于大成《兵略校释》:《北堂书钞》百二十、《御览》三百四十、又六百八十引无"宿"字。

③太庙:天子的社庙。

④"愿君"句:于大成《兵略校释》:《六韬》作"愿君亦垂一言之命于臣"。垂,下。

⑤爪鬋(jiǎn):许慎注:鬋爪,送终大礼,去手足爪。按,鬋,断。

⑥明衣:丧衣。

⑦凶门:许慎注:凶门,北出门也。将军之出,以丧礼处之,以其必死也。

⑧累若:忧虑的样子。

⑨实:王念孙《读书杂志》:"实"当为"宝",字之误也。《孙子·地形篇》:"唯民是保,而利合于主,国之宝也。"此即《淮南》所本。

⑩驰骛(wù):奔走。骛,驰。

⑪"卒论断"句:许慎注:言有罪而诛。按,论断,定罪。

⑫缟(gǎo)素：白色丧服。辟舍：避开正房，寝于他处，以示不敢宁居。

⑬齐：通"斋"，斋戒。

⑭"大胜"句：许慎注：大胜敌者，还三年，乃反故舍也。

【译文】

大凡国家发生战祸，国君在宫中召见将军，命令他说："国家的命运在将军手上，现在国家有了危难，希望你带领军队去应敌。"将军接受了命令，于是下令祝史太卜，斋戒三天，来到太庙，钻刻灵龟，卜定吉日，并且接受国君授予的战鼓军旗。国君进入太庙之门，面向西站立。将军进入庙门，快步走到堂下，面向北站立。国君亲自拿着黄钺执掌钺首，把柄交给将军，说："从这以上一直到天上，将军控制它。"又拿起斧持着斧头，把斧柄交给将军，说："从这以下一直到深渊，将军控制它。"将军已经接受了斧钺，回答说："国家不能够从外部来治理，军队不可以由宫廷来统领，二心不能够侍奉国君，心里疑惑不能够应对敌人。我既然已经在前面接受了命令，旗鼓斧钺的威力，臣不请求归还，希望国君也要为此下一道命令。君王如果不允许，我不敢为将。君王如果允许，我便告辞而出征。"于是便依丧礼剪去手足指甲，安排好了丧衣，凿开北门而离开，以示必死之决心。乘着将军之车，载着旌旗斧钺，忧愁不堪。但他们面临敌人决战的时候，则奋不顾身，一心报效国君。因此作战起来上面没有天，下面没有地，前面就像没有敌人，后面也没有帝王。前进不是为了求名，后退不害怕获罪，一心一意只求保护百姓。利益符合国君的要求，这是国家最宝贵的，这是上等将领的治军之道。像这样，那么聪明的人便为他谋划，勇敢的人去为他战斗，豪气上达青云，迅疾如骏马奔驰，因此双方军队没有交接，而敌人便恐惧了。如果战斗胜利敌人溃逃，战事完毕论功行赏，军吏升官，增加爵禄，划分土地而封赏升官；在境外作出决定，在军中对有罪的人判处罪刑。返回国后，降下军旗而送还斧钺，对国君报告完毕，说："将军回师后没有治军之责。"于是便穿上白色的丧服辟舍居住，并向国君请罪。国君说："免罪！"退下后穿上斋戒的服装。获得大胜的主将三年后返回故舍，获得中等胜利的将领两年后返回故舍，获得下等胜利的将领一年后返回故舍。

战争所施加的地方，必定是无道的国家，所以能够战胜而不报告，夺取土地而不归还，百姓不发生大的疾病，将军也不会战死，五谷昌盛，风雨按时来临，在外战胜敌国，对内造福人民，因此功名必定成功而对后世没有任何危害。

第十六卷　说山训

【题解】

本训题解中说："山为道本，仁者所处。说道之旨，委积若山，故曰《说山》，因以题篇。"本篇以寓言、箴言等形式解说大道之旨以及自然和人世间诸多事理，其多如山，因以名篇。

《说山训》中强调要防患于未然："良医常治无病之病，故无病；圣人常治无患之患，故无患。"文中强调要掌握事物的特性："磁石能引铁，及其于铜则不行矣。"做事要讲究先后次序："染者先青而后黑则可，先黑而后青则不可。"文中指出看问题不要绝对化："嫫母有所美，西施有所丑。亡国之法，有可随者；治国之俗，有可非者。"万事万物都是相反相成的："砥石不利，而可以利金；撽不正，而可以正弓。"

陶方琦《淮南许注异同诂》：(此)"高注本也。"

魄问于魂曰[①]："道何以为体？"曰："以无有为体[②]。"魄曰："无有有形乎？"魂曰："无有。""何得而闻也[③]？"魂曰："吾直有所遇之耳[④]。视之无形，听之无声，谓之幽冥[⑤]。幽冥者，所以喻道[⑥]，而非道也。"魄曰："吾闻得之矣[⑦]。乃内视而自反也[⑧]。"魂曰："凡得道者，形不可得而见，名不可得而扬⑨。今汝已有形名矣,何道之所能乎?"魄曰:"言者⑩,独何为者?""吾将反吾宗矣⑪。"魄反顾魂,忽然不见,反而自存,亦以沦于无形矣⑫。

【注释】

①魄:高诱注:人阴神也。魂:高诱注:人阳神也。按,古指精神离开形体而存在者为魂,依形体而存在者为魄。

②以无有为体:高诱注:道无形,以无有为体也。

③何得而闻也:王叔岷《淮南子斠证》:《天中记》二三引"何得而闻也"上,亦有"魄曰:无有"四字。《法苑珠林》百十六引有"魄曰:有形也。若也无有"九字。

④直:但,只。

⑤幽冥:幽深、暗昧。

⑥"幽冥者"二句:高诱注:似道而非道也。

⑦闻:王念孙《读书杂志》:"闻"字涉上文而衍。得:知晓。

⑧内视:内心照察。自反:指返回原貌。

⑨扬:举扬、称扬。

⑩言者:高诱注:魄谓魂曰:"子尚无形,何故有言?"

⑪"吾将"句:高诱注:宗,本也。魂言将反于无有。

⑫"反而"二句:高诱注:魄反而自存,亦以入于无形之中矣。按,自存,自察。存,察。

【译文】

魄向魂询问说:"道用什么作为形体呢?"魂回答说:"道用无有作为自己的形体。"魄说:"无有它有形体吗?"魂回答说:"没有。"魄又问:"没有形体,你怎么知道它的呢?"魂回答说:"我只是凭遭遇而知道它。看它没有形体,听它没有声音,称呼它叫幽冥。幽冥,只是用来比喻道,而不是道。"魄说:"我知道了你说的内容。就是凭内心照察而让它恢复原貌的意思。"魂说："凡是得道的,形体不能够看见,名声不能够称扬。现在你已经有了形体和名声,怎么能得到道呢?"魄说："你正在说话,怎么是没有形体呢?"魂说："我打算返回到根本即无形之中去。"魄回头来看魂,忽然之间不存在了,自己反身自察,也已经消失在无形之中了。

　　人不小学,不大迷①;不小慧,不大愚。

　　人莫鉴于沫雨,而鉴于澄水者,以其休止不荡也②。

【注释】

①"人不"二句:高诱注:小学不博,不能通道,故大迷也。学,《广雅·释诂四》:"觉也。"小觉,即小的觉悟。《文子·上德》作"小觉"。

②"人莫"三句:高诱注:沫雨,雨潦上覆瓮也。澄,止水也。荡,动也。"沫雨",或作"流潦"。按,沫雨指骤雨成潦,泡沫浮泛于水面者。《文子·上德》作"流潦"。

【译文】

　　人拘于小觉而不广博,不能通达道旨,就会大迷;人卖弄聪明,不能通晓变化,就特别愚蠢。

　　没有人用雨水泡沫来照镜子的,而必须用静止的清水,因为它停止不再动荡。

　　詹公之钓,千岁之鲤不能避①;曾子攀柩车,引锐者为之止也②;老母行歌而动申喜,精之至也③。瓠巴鼓瑟,而淫鱼出听④;伯牙鼓琴,而驷马仰秣⑤;介子歌龙蛇,而文君垂泣⑥。故玉在山而草木润⑦,渊生珠而岸不枯⑧。蚓无筋骨之强,爪牙之利,上食晞堁⑨,下饮黄泉,用心一也。

【注释】

①"詹公"二句：高诱注：詹公，詹何也。古得道善钓者，有精之术，故得千岁之鲤也。王念孙《读书杂志》：《初学记·鳞介部》、《太平御览·资产部》十四、《鳞介部》八引此，并作"詹公之钓，千岁之鲤"。无"不能避"三字。按，"詹何"事，载《列子·汤问》。

②"曾子"二句：高诱注：曾子至孝，送亲丧悲哀，攀援枢车，而挽者感之，为之止。按，曾子，孔子弟子曾参，以孝出名。《汉书·艺文志》："《孝经》者，孔子为曾子陈孝道也。"枢车，载枢出殡之车。引辒（chūn）者，拉灵枢的人。

③"老母"二句：高诱注：申喜，楚人也。少亡其母，闻乞人行歌声，感而出视之，则其母，故曰："精之至。"按，事见《吕览·精通》。

④"瓠巴"二句：高诱注：瓠（hù）巴，楚人也，善鼓瑟。淫鱼喜音，出头于水而听之。按，载于《列子·汤问》、《荀子·劝学》、《大戴礼记·劝学》等。《说文》作"伯牙鼓琴，鳣（xún）鱼出听"。与此稍异。

⑤"百牙"二句：高诱注：仰秣（mò），仰头吹吐，谓马笑也。按，百牙，亦作伯牙。春秋时人，精琴艺。只有好友钟子期能识音。事见《荀子·劝学》、《大戴礼记·劝学》等。

⑥"介子"二句：高诱注：介子，介推也。从晋文公重耳出奔翟（dí），遭难绝粮，介子推割肌啖（dàn）之。公子复国，赏从亡者，子推独不位，故歌曰："有龙矫矫，而失其所。有蛇从之，而啖其口。龙既升云，蛇独泥处。"龙以喻文公，蛇以自喻也。于是文公觉悟，求介子推不得而号泣之。按，事载《左传·隐公二十四年》、《吕览·介立》。《史记·晋世家》、《新序·节士》、《说苑·复恩》、《韩诗外传》卷二等亦记其事。

⑦"故玉"句：高诱注：玉，阳中之阴也。故能润泽草木。

⑧"渊生"句：高诱注：珠，阴中之阳也，有光明，故岸不枯。按，事见

《荀子·劝学》、《大戴礼记·劝学》,并见《史记·龟策列传》。

⑨晞(xī):干。堁(kè):高诱注:土尘也。楚人谓之堁。按,载于《荀子·劝学》、《大戴礼记·劝学》,亦见于《说苑·杂言》。

【译文】

詹何的钓术,千年的鲤鱼也不能够避开;曾子攀扶柩车送丧,拉灵车的人也要停下为之哭泣;老母在路上行乞歌唱感动了申喜,乃是精诚达到极点所致。瓠巴鼓起瑟来,而淫鱼也要浮来倾听;伯牙鼓起琴来,驷马也会仰首吐沫而乐;介子推唱起"龙蛇"之歌,而晋文公泪流不止。因此美玉在山巅之中草木也因之而得到滋润,珍珠生于深渊而岸畔草木也不会枯死。蚯蚓没有强壮的筋骨,尖利的爪牙,向上可以吃到晒干的尘土,向下可以饮到黄泉之水,这是用心专一的原因。

　　清之为明,杯水见牟子①;浊之为暗,河水不见太山。视日者眩,听雷者聋②。

　　人无为则治,有为则伤③。无为而治者,载无也④。为者,不能有也⑤;不能无为者,不能有为也⑥。人无言而神,有言者则伤。无言而神者载无⑦,有言则伤其神⑧。之神者,鼻之所以息,耳之所以听,终以其无用者为用矣⑨。物莫不因其所有,而用其所无⑩。以为不信,视籁与竽⑪。

【注释】

①牟(móu)子:瞳人。牟,俗作"眸"。

②聋:《玉篇·耳部》:"�(náng),《淮南子》曰:'听雷声者�。'注云:'耳中�然。'《埤苍》:'耳中声也。'"按,101即耳鸣。当是异本。

③"人无为"二句:高诱注:道贵无为,故治也。有为则伤,道不贵有

为也。伤,犹病也。按,伤,损害。

④"无为"二句:高诱注:言无为而能致治者,常载行其无为。按,载,载行。

⑤"为者"二句:高诱注:为者,有为也。"有"谓好憎、情欲,不能恬澹静漠,故曰"不能无为"。按,王念孙《读书杂志》:"不能有也",本作"不能无为也"。《文子·精诚》作"为者,不能无为也"。

⑥"不能"二句:高诱注:不能行清静无为者,不能大有所致其治,立其功也,故曰"不能有为也"。

⑦"无言"句:高诱注:道贵无言,能致于神。载,行也。常行其无言也。

⑧"有言"句:高诱注:道贱有言,而多反有言,故自伤其神。

⑨无用者:高诱注:谓鼻耳中空处也。

⑩"物莫"二句:高诱注:以其所无用为用也。按,《老子》二章:"有无相生。"

⑪"视籁(lài)"句:高诱注:籁,三孔籥(yuè)也,以其管孔空处以成音也,故曰"视籁与竽"也。按,竽,一种管乐器,汉初有十二管。

【译文】

清水是透明的,一杯水中可以瞧见瞳子;混浊之水是昏暗的,用整个黄河水也不能照见太山。眼睛盯着太阳会觉得眩晕,倾听雷声会震聋耳朵。

人君顺应道的规律社会便能得到治理,违背规律就要受到损害。顺应规律治理国家,常推行无为。背离规律治理国家,就不能做到无为;不能做到无为,便不能够大有作为。人们顺应自然,不用言语便可达到神化的效果,背离自然法则,妄发议论就会受到损害。不用说话而能达到神化的效果是实行的无为而治,妄发议论那么就会伤害它的神化效果。达到神化的人,虽然也用鼻子呼吸,用耳朵听声音,最终却是凭借中空才获得大用的。万物没有不按照它具有的特点,而使用它们无用的地方。如果认为这种说法不可信,请看籁与竽。

念虑者不得卧,止念虑,则有为其所止矣①。两者俱亡,则至德纯矣②。

圣人终身言治,所用者非其言也③,用所以言也④。歌者有诗,然使人善之者,非其诗也⑤。鹦鹉能言⑥,而不可使长[言]⑦。是何则? 得其所言,而不得其所以言。故循迹者,非能生迹者也⑧。

神蛇能断而复续,而不能使人勿断也;神龟能见梦元王,而不能自出渔者之笼⑨。

【注释】

①“止念虑”二句:高诱注:止,犹去也。强自抑去念虑,非真无念虑,则与物所止矣。

②“两者”二句:高诱注:两者,念虑与强不念虑也。忘二者则神内守,故“至德纯一也”。按,纯,北宋本原作“约”。《道藏》本作“纯”。据正。

③非其言:高诱注:非其所常言也。

④用所以言也:高诱注:用所以言者,用当所治之言。

⑤“然使人”二句:高诱注:善之者,善其音清和也,不善其诗。故曰“非其诗”也。

⑥鹦鹉:热带、亚热带鸟类,能模仿人说话的声音。

⑦长:自主。王念孙《读书杂志》:“长”下当有“言”字,《艺文类聚·鸟部》中、《太平御览·羽族部》十一引此,皆有“言”字。据补。

⑧“故循迹”二句:高诱注:循,随也。随人故迹,不能创基造制,自为新迹,如鹦鹉知效人言,不能自为长主之言也。

⑨"神龟"二句：高诱注：宋元王夜梦见得神龟而未获也。渔者豫且
　捕鱼得龟，以献元王，元王剥以卜。故曰"能见梦元王，而不能自
　出渔者之笼"也。按，事载《庄子·外物》，亦见于《论衡·讲瑞》。
　元王：春秋宋君，名佐，在位15年。时尚未称王。

【译文】

　　思念考虑事情的人不得安睡，强行抑制念虑，那么种种行为便会止
息下来。念虑与不念虑全部忘掉，那么便可以达到精神内守至德纯一
的境界。

　　圣人终身都在讲治理，他们所用的不是说的那些话，而是用产生这
些话的基本精神。唱歌的歌词有诗句，然而使人喜欢的，不是其中的诗
歌。鹦鹉能够模仿人说话，而不能够让它自主说话。这是为什么呢？
它能够模仿人说话，而不知道模仿人说话的原因。因此只追随别人形
迹的人，不是能开创新的道路的人。

　　神蛇断了能够重新再长出，但是不能使人不把它剁断；神龟能够显
灵被宋元王梦见，但是不能够从捕鱼者的渔笼之中逃脱。

　　四方皆道之门户牖向也，在所从窥之①。故钓可以教
骑，骑可以教御，御可以教刺舟②。

　　越人学远射，参天而发③，适在五步之内④，不易仪⑤。
世已变矣，而守其故，譬犹越人之射也。

　　月望，日夺其光，阴不可以乘阳也⑥。日出，星不见，不
能与之争光也。故末不可以强于本，指不可以大于臂。下
轻上重，其覆必易。一渊不两鲛⑦。

　　水定则清正，动则失平，故惟不动，则所以无不动也。

【注释】

①窥(kuī)：窥视。

②"故钓"三句：高诱注：此四术者，皆谨敬，加顺其道，故可以相教。

③参天：向高空。

④适：恰好。

⑤不易：《说苑·杂言》"易"下有"其"字。仪：射箭之法。

⑥"月望"三句：高诱注：月十五日，与日相望，东西中绳，则月食，故夺月光也。差则亏，至晦则尽，故曰"阴不可以乘阳也"。按，月望，农历每月十五日。

⑦鲛(jiāo)：高诱注：鱼之长，其皮有珠，今世以为刀剑之口是也。一说：鱼二千斤为鲛。按，鲛，当指鲨鱼。《文子·上德》："一渊不两鲛，一雌不二雄，一即定，两即争。"疑"一渊不两鲛"下有脱文。

【译文】

四面八方都是道的门户窗口，看你从什么位置上去观察。因此钓鱼的人可以教骑马，骑马的人可以教驾驭，驾驭的人可以教行舟，这四种技艺谨慎的道理是相通的。

越国人学习远射技术，往往向高空发射，正好落在五步距离之内，这是不知道要改变射箭方向的缘故。社会已经变化了，却还墨守旧规矩，就像越人学习射术一样。

每月十五日，太阳与月亮东西正处一绳，月亮无光，这是阴不能凌驾在太阳之上的缘故。太阳出现，星辰就看不见了，因为它们不能和太阳争夺光辉。因此末技不能胜过根本，手指不能够大过胳膊。一件物体下面轻上面重，一定很容易倾覆。一个深渊中不会生活两条蛟龙。

水流平定那么就会清澈平稳，震动就会失去水的平定，因此只有不动，那么就没有什么不能在其中活动的。

江、河所以能长百谷者,能下之也。夫惟能下之,是以能上之。

天下莫相憎于胶漆[1],而莫相爱于冰炭[2],胶漆相贼,冰炭相息也。

墙之坏,愈其立也[3];冰之泮,愈其凝也,以其反宗[4]。

泰山之容,巍巍然高,去之千里,不见埵堁[5],远之故也。

秋毫之末,沦于不测。是故小不可以为内者,大不可为外矣[6]。

【注释】

①"天下"句:高诱注:胶漆相持不解,故曰"相憎"。一说:胶入漆中则败,漆入胶亦败,以多少推之,故曰"相憎"也。

②"而莫"句:高诱注:冰得炭则解归水,复其性,炭得冰则保其炭,故曰"相爱"。

③"墙之坏"二句:高诱注:坏,反本还为土。故曰愈其立也。按,愈,通"逾",超过、胜过。

④"冰之泮(pàn)"三句:高诱注:泮,释,反水也。宗,本也。按,泮,通"判",分散。

⑤埵堁(duǒ kè):土块。按,此条亦见于《论衡·说日》。

⑥"是故"二句:高诱注:小不可为内,复小于秋豪之末,谓无有也,无有无形者至大,不可为外也。

【译文】

长江、黄河之所以能够成为百谷之长,是因为比百谷低下。正是因为江、河比百谷低下,所以才能大于百川。

天下万物中没有什么比胶漆那样互相憎恨的了,也没有什么比冰炭更相爱的了。胶漆互相残害,冰炭互相消灭。

土墙的倒塌,回归本土,胜过它的直立;冰冻消释,复为流水,胜过它的凝结,因为它们都回到了根本。

泰山的雄姿,巍然高耸,距离它千里,看到它不会有一个土块大,这是因为距离远的原因。

秋毫那样细小的东西,可以沦没到无法测量之地。因此小的东西不能够作为内,大的东西也不可以成为外。

兰生幽宫,不为莫服而不芳①;舟在江海,不为莫乘而不浮;君子行义,不为莫知而止休。

夫玉润泽而有光,其声舒扬②,涣乎其有似也③;无内无外,不匿瑕秽④;近之而濡⑤,望之而隧⑥。

夫照镜见眸子,微察秋毫,明照晦冥。故和氏之璧、随侯之珠,出于山渊之精。君子服之⑦,顺祥以安宁;侯王宝之,为天下正。

【注释】

①"不为"句:《文子·上德》作"君子行道,不为莫知而止"。

②舒扬:和缓。

③涣乎:鲜明的样子。有似:指有似君子之风。

④匿:藏匿。瑕:玉斑。秽(huì):污秽。

⑤濡(rú):柔顺。

⑥隧(suì):深远,精深。

⑦服:佩带。

【译文】

兰草生长在幽深的宫殿中,不因为没有人佩带而没有芳香;大船航行在江海之上,不因为没有人乘坐而不漂浮;君子推行大义,不因为没有人了解而停止。

　　美玉润泽而有光彩,它的声音舒缓而上扬,色彩鲜明好像有君子的风度;不分内外表里如一,没有一点瑕疵污秽;接近它有柔顺之感,远望它又感到十分幽深。

　　照镜子可以见到眸子,秋毫之末都可以明察,光辉可以照耀昏暗。因此和氏之璧、随侯之珠,由高山深渊的精华所产生。君子佩带它,和顺吉祥而安静;侯王重视它,用来作为天下平正的标准。

　　陈成子恒之劫子渊捷也①;子罕之辞其所不欲②,而得其所欲③;孔子之见黏蝉者④;白公胜之倒杖策也⑤;卫姬之请罪于桓公⑥;子见子夏曰⑦:"何肥也?"魏文侯见之反披裘而负刍也⑧;兒说之为宋王解闭结也⑨,此皆微眇可以观论者。

【注释】

①"陈成子"句:高诱注:陈成子将杀齐简公,使勇士十六人胁其大夫子渊捷,欲与分国,捷不从,故曰"劫之"也。按,子渊捷,春秋末齐大夫。事载《左传·昭公二十六年》,亦见于《新序·义勇》。

②子罕:春秋宋国贤臣。不欲:指不以玉为宝。

③所欲:指不以贪为宝。事见《左传·襄公十六年》。亦载于《韩非子·喻老》。

④"孔子"句:载于《庄子·达生》、《列子·黄帝》。孔子对痀偻(gōu lóu)黏蜩绝技十分赞赏,对"用志不分"给以肯定。

⑤"白公胜"句:载于《列子·说符》、《韩非子·喻老》,亦见《道应训》。

⑥"卫姬"句:高诱注:卫姬,卫女,齐桓公夫人也。桓公有伐卫之志,卫姬望见桓公色而知之,故请公杀,赎卫之罪也。按,载于

《吕览·精谕》,亦见于《列女传》。

⑦子见子夏：事载《韩非子·喻老》,亦见《精神训》。子,指曾子。

⑧"魏文侯"句：高诱注：知其皮尽,则毛无所傅也。按,刍,喂牲口的草。其事载于《晏子春秋·内篇杂上》《吕览·观世》,亦见于《新序·杂事》。

⑨"兒说(ní yuè)"句：高诱注：结不可解者而能解之,解之以不解。按,兒说,战国宋大夫,善辩。宋王,指宋元王。事载《吕览·君守》,亦载《人间训》。

【译文】

陈成子恒胁迫子渊捷弑君,子渊捷誓不相从；子罕辞掉他不认为是宝物的美玉,而把不贪财作为宝贝；孔子看见病偻黏蝉,为其技艺之精深所动；白公胜思虑谋反,杖策误倒刺伤自己都不觉得；卫姬观色知道齐桓公欲伐卫,请杀己以赎卫之罪；曾子见子夏说："为什么这样胖呢？"魏文侯见到反穿着皮裘而背柴草的人,说皮子磨尽毛则无所依附；兒说为宋元王解闭结,以"不解"来解开它,这些事情都是见始知终的,可以通过观察得到的。

人有嫁其子而教之曰："尔行矣,慎无为善①。"曰："不为善,将为不善邪？"应之曰："善且由弗为,况不善乎？"此全其天器者②。

拘囹圄者,以日为脩；当死市者③,以日为短。日之脩短有度也,有所在而短,有所在而脩也,则中不平也④。故以不平为平者,其平不平也。

嫁女于病消者⑤,夫死则后难复处也。故沮舍之下⑥,不可以坐；倚墙之旁,不可以立。

【注释】

①慎：戒。

②天器：天性。

③死市：即弃市。

④中：心中。

⑤消：病名，也叫消渴。以渴饮多尿为主症的一种疾病，类似今糖尿病、尿崩症等。

⑥沮(jǔ)舍：坏屋子。沮，坏。

【译文】

有人要出嫁女儿而教她说："你出嫁后，切记不要做好事。"女儿回答说："不做好事，难道要做那些不好的事情吗？"父亲回答说："善事尚且不做，何况不善呢？"这是在说保全天性的道理。

拘禁在牢狱里的人，认为日子太长了；判处弃市之罪的人，又认为时光太短了。日子的长短是有一定规定的，有时所处的境地认为短，有时所处的境地认为长，这是心中不能平定的缘故。因此用不平定的思想来处理平正的事情，他的公平也就是不公平的了。

嫁女儿给患消渴病的人，丈夫死去就难以嫁人了，因为人们认为这个女子妨碍丈夫。因此要倒塌的屋子，不能够坐下；倾斜的墙边，不能够站立。

执狱牢者无病①，罪当死者肥泽②，刑者多寿③，心无累也。

良医者，常治无病之病，故无病；圣人者，常治无患之患，故无患也。

夫至巧不用剑④，善闭者不用关楗⑤；淳于髡之告失火者⑥，此其类。

以清入浊，必困辱；以浊入清，必覆倾。君子之于善也，犹采薪者，见一介掇之⑦，见青葱则拔之。

【注释】

①执：主管。

②"罪当死"句：高诱注：计决，心之无外思。一说：治当死者，罪已定，无忧，故肥泽也。按，泽，指光泽。

③刑者：指受宫刑的人。

④"夫至巧"句：高诱注：巧在心手，故不用剑。

⑤"善闭者"句：高诱注：善闭其心。闭其心，故不关楗也。按，关楗，即门闩。

⑥"淳（chún）于髡（kūn）"句：高诱注：淳于髡，齐人也。告其邻突将失火，使曲突徙薪。邻人不从，后竟失火。言者不为功，救火者焦头烂额为上客。刺不备豫。喻凡人不知豫闭其情欲，而思得人救其祸。按，亦见《说苑·权谋》。

⑦介：刘绩《补注》本作"芥"。掇（duō）：拾取。

【译文】

主管牢狱的人没有恐惧之病，判处死刑的人身子发胖面有光泽，处以宫刑的人反而长寿，因为这些人心里头没有拖累。

高明的医生，常常治疗没有疾病的人，因此才能不使病症发生；圣德之人，常常治理没有发生患祸的问题，因此不会发生祸患。

心手至巧的人不使用利剑，善于关闭内心的人不需要用门闩；淳于髡告诉即将失火的人家，将有灾祸发生，都是属于这一类的问题。

让心中清澈的人进入混浊的地方，必然受到困辱；使心中混浊的人进入清澈的地方，一定要遭到倾覆。君子对于好的事情，就像采伐薪柴一样，看见一棵小草也要拾取，见到青绿色的植物也要拔取。

天二气则成虹,地二气则泄藏①,人二气则成病②,阴阳不能且冬且夏③。月不知昼,日不知夜。

善射者发不失的,善于射矣,而不善所射④。善钓者无所失,善于钓矣,而不善所钓。故有所善,则有不善矣。

钟之与磬也,近之则钟音充⑤,远之则磬音章⑥。物固有近不若远,远不如近者⑦。

今曰稻生于水,而不能生于湍濑之流⑧;紫芝生于山,而不能生于盘石之上;慈石能引铁⑨,及其于铜,则不行也。

【注释】

①"地二气"句:高诱注:阴阳相干,二气也。

②"人二气"句:高诱注:邪气干正气,故成病。

③"阴阳"句:高诱注:阴不能阳,阳不能阴,冬自为冬,夏自为夏也。

④"而不善"句:高诱注:所射者死,故曰不善。

⑤充:大。

⑥磬:古代打击乐器,用玉或石制成。章:显明。

⑦远:北宋本原作"逮"。《道藏》本作"远"。据正。

⑧湍濑(tuān lài):急流。

⑨"慈石"句:载于《吕览·精通》等。

【译文】

天空中有阴阳二气结合便成为虹霓,大地上阴阳二气相干就会使所藏的财物泄散,人有二气相冲突就要产生疾病,阴气不能既主冬又主夏,阳气不能既主夏又主冬,各有专责。月亮不知道白天,太阳不知道黑夜,不能相互兼顾。

善于射箭的发箭不离准的,对于射术是很精通的了,而对于被射的人来说就是不善的了。善于垂钓的人不会失去所钓的鱼儿,可以说是精通钓术的了,而对于所钓的鱼来说就是不善的了。因此有所善,那么就有所不善了。

金钟和石磬,离近的时候钟音洪亮,离远了那么磬音清扬。万物中本来就有近的不如远的,远的不如近的。

现在说稻子要生长在水中,而不能生长在急流之中;紫芝生长在高山之上,但是不能生长在盘石之上;慈石能够吸引铁器,但是对于铜器,就不能吸引了。

水广者鱼大,山高者木脩;广其地而薄其德,譬犹陶人为器也,揲挻其土而不益厚①,破乃愈疾②。

圣人不先风吹,不先雷毁,不得已而动,故无累。

月盛衰于上,则蠃蜦应于下,同气相动,不可以为远③。

执弹而招鸟,挥挩而呼狗④,欲致之,顾反走。故鱼不可以无饵钓也,兽不可以虚器召也。

【注释】

①揲挻(shān):椎之使薄。揲,通"鍱(yè)"。《说文系传》:鍱,今之铁叶也。挻,揉。北宋本原作"挺"。《道藏》本作"挻"。据正。

②愈:更加。

③"月盛衰"四句:载于《吕览·精通》,亦见于《天文训》。

④挩:通"梲(zhuō)",指梁上的短柱。《道藏》本作"梲"。

【译文】

宽阔的水面鱼儿大,高峻的大山树木高;务求增广土地而削弱他的德行,比如就像陶人制造器物,槌打土坯而不增加厚度,那么它的破碎就更快了。

圣人不站到风的前面受到吹打,不站在雷电下受到击毁,不得已顺应外物而行动,因此没有拖累。

月亮在天上有圆缺的变化,那么在地上蚌蛤便同它相感应,阴气相同而相互对应变化,不能够使它们远远分离。

手拿弹子招引鸟儿,挥舞棍棒来呼唤狗儿,主观上想要得到它们,结果它们跑得更远了。所以鱼儿不能够没有鱼饵而钓取,野兽不能够用空器来招引。

剥牛皮鞹以为鼓①,正三军之众,然为牛计者,不若服于轭也②。

狐白之裘③,天子被之而坐庙堂,然为狐计者,不若走于泽。

亡羊而得牛,则莫不利也④;断指而免头,则莫不利为也。故人之情,于利之中则争取大焉,于害之中则争取小焉。

将军不敢骑白马⑤,亡者不敢夜揭炬,保者不敢畜噬狗⑥。

【注释】

①鞹(kuò):去毛的皮。

②轭(è):驾车时套在牲口脖子上的曲木。

③狐白:狐腋下的白毛。

④利:刘绩《补注》本"利"下有"失"字。

⑤"将军"句:高诱注:为见识者。一说:白,凶服,故不敢骑也。

⑥保者:城堡。噬(shì):咬。

【译文】

剥去牛皮而制成鼓,虽然可以纠正三军的行列,但是如果替牛考虑,不如套上轭拉车子。

用狐腋下白毛做成皮裘,天子穿上它坐在庙堂之上,但是为狐考虑,不如让它奔走在大泽之中。

失去一只羊而得到一头牛,就没有人不以失去是有益的;砍断手指而免除头部之害,没有人不认为这样做是得利的。因此在人的感情上,对于利益就要争着取得多一点,对于灾祸就要争取尽可能少一些。

将军不敢骑容易被人识别的白马,逃亡的人不敢夜里举火把,守护城堡的人不敢畜养咬人的狗。

鸡知将旦,鹤知夜半,而不免于鼎俎①。

山有猛兽,林木为之不斩;园有螫虫,藜藿为之不采②。

为儒而踞里闾③,为墨而朝吹竽④,欲灭迹而走雪中,拯溺者而欲无濡,是非所行,而行所非。

今夫暗饮者⑤,非尝不遗饮也⑥,使之自以平⑦,则虽愚无失矣。是故不同于和⑧,而可以成事者,天下无之矣。

【注释】

①"鹤知"二句:高诱注:鹤夜半而鸣也。以无知谋,不能免于鼎俎(zǔ)。以喻将军当兼五材,不可以无权诵(jué)。按,俎,砧板。

②藜藿(lí huò):藜,植物名,嫩叶可吃。藿,藿香。泛指野菜。

③"为儒"句:高诱注:儒尚礼仪,踞里闾,非也。按,踞,指蹲坐。

④"为墨"句:高诱注:墨道尚俭,不好乐,县名朝歌,墨子不入,吹竽,非也。按,朝(zhāo),朝歌,曾为纣都,在今河南淇县。

⑤暗饮:在暗室中饮酒。

⑥遗:散溢。

⑦使:举起。

⑧和：和调，和适。

【译文】

雄鸡知道天将破晓，鹤知道夜半之时，但是最终都免不了进入鼎俎之中。

山里有猛兽，树木因之而不被砍伐；园子里有螫毒之虫，藜藿因之而不会被采摘。

从事儒学讲究礼仪，却蹲坐在里间就不必要了；信奉墨学不好音乐，但进入朝歌吹竽；想要消灭足迹而只在雪中奔跑；拯救落水的人而想不沾湿身体；这些都不是他们所要实行的，而实行的这些又都是不必要的。

现在暗室中饮酒的人，酒未尝不散溢在外，如果自己能把酒杯举平，那么即使是愚蠢的人也不会洒掉酒。因此不能在平和上相协同，而能够成就大事的，天下是没有的。

求美则不得，不求美则美矣①。求丑则不得丑，求不丑则有丑矣。不求美又不求丑，则无美无丑矣，是谓玄同②。

申徒狄负石自沉于渊，而溺者不可以为抗③。弦高诞而存郑，诞者不可以为常④。事有一应，而不可循行。

人有多言者，犹百舌之声⑤；人有少言者，犹不脂之户也⑥。

六畜生多耳目者不详⑦，谶书著之⑧。

【注释】

①"求美"二句：高诱注：己自求美名，则不得美名也；而自损，则有美名矣。不得：刘绩《补注》本"得"下有"美"字。

②玄同：指与"道"混同为一。

③"申徒狄"二句：高诱注：申徒狄，殷末人也。不忍见纣乱，故自沉
　　于渊。抗，高也。按，载于《庄子·盗跖》、《荀子·不苟》。

④"弦高"二句：高诱注：弦高矫（jiǎo）郑伯之命，以十二牛犒（kào）
　　秦师而却之，故曰"诞而存郑"。诞，非正也。故曰"不可以为常"
　　也。按，"弦高"事，《淮南子》凡五见。诞，欺骗。

⑤百舌：鸟名，也叫反舌，鸣叫如百鸟之鸣，故名。立夏后鸣叫，夏
　　至后无声。

⑥"人有"二句：高诱注：言其不鸣，故不脂之，喻无声也。一说：不
　　脂之户难开闭，亦喻人少言语也。按，不脂之户，喻话少。脂，
　　脂肪。

⑦详：通"祥"，吉祥。

⑧谶（chèn）书：预言吉凶的书籍。

【译文】

　　心里自求美名那么就不会得到美名，自己不寻求美名就会得到美
名。心里自求丑名那么就不会得到丑名，寻求不丑就会得到丑名。不
寻求美又不寻求丑的，那么就会无美无丑了，这就和道相统一了。

　　申徒狄不忍见纣之乱，背负着石头自己沉没到深渊之中，但溺水的
人不能够成就这样的高节。弦高用欺骗秦军的手段保存了郑国，但是
不能够把欺骗作为常德。事情往往只有一点有应验，而不能够作为规
律来遵循。

　　人有喜欢多言的，就像百舌鸟一样喋喋不休；人有很少言谈的，就
像难于开闭的门枢一样。

　　六畜中有多生出耳朵眼睛的被认为不吉祥，谶书中就有这样的
记载。

　　百人抗浮①，不若一人挈而趋②，物固有众而不若少者。
引车者二六而后之③，事固有相待而成者。两人俱溺，不能

相拯，一人处陆则可矣。故同不可相治，必待异而后成④。

千年之松⑤，下有茯苓⑥，上有兔丝⑦；上有丛蓍⑧，下有伏龟。圣人从外知内，以见知隐也。

喜武，非侠也⑨；喜文，非儒也；好方，非医也；好马，非驵也⑩；知音，非瞽也⑪；知味，非庖也。此有一概而未得主名也⑫。

【注释】

①抗：举起。浮：通"匏（páo）"，匏瓜，俗称"瓢葫芦"。

②挈（qiè）：提。

③"引车者"句：高诱注：辕三人，两辕六人，故谓二六。一说：十二人。杨树达《淮南子证闻》："疑当作引车者二，而六后之"，"六而"二字误倒耳。

④"故同"二句：高诱注：同，谓君所谓可，臣亦曰可，君所谓否，臣亦曰否，犹以水济水，谁能食之，是谓"同"，故不可以相治。异，谓济君之可，替君之否，引之当道，是谓"异"也，故可以成事也。按，指治政应同、异互补。

⑤千年之松：王念孙《读书杂志》：《吕览·精通》注、《太平御览·药部》六、《嘉祐本草补注》、《埤雅》引此，皆无"千年之松"四字。

⑥茯苓：菌类植物。寄生于山林松根，状如块珠。《本草经》：久服安魂养神，不饥延年。

⑦兔丝：俗称菟丝子。蔓生，茎细长，常缠绕于其他植物上。《本草经》：久服明目，轻身延年。

⑧丛蓍（shī）：丛生的蓍草。蓍草，草本植物，一本多茎。《周易》中用于占卜。

⑨侠：指重义轻生的人。

⑩驺（zōu）：养马人。

⑪瞽（gǔ）：盲人。亦指乐师。

⑫一概：一端。主名：主要名称的内容。

【译文】

百人在水中举起一个瓢，不如一个人拿着它走，万物中本来就有众多而不如很少的。牵引车子要两人而后面要有六个人扶辕，事物中本来就有相互依存而成功的。两个人一起淹没在水中，不能互相拯救，而一个人处在岸上则可以救人了。因此与国君持有相同见解的不能治理国家，必须有待不同的意见才能成功。

千年的老松树，下面长有茯苓，上面缠绕着菟丝子；上有丛生的蓍草，下面就有俯伏的神龟。圣人从外部现象可知内部规律，从显现的现象而知道隐藏的问题。

喜欢武力的人，并不都是侠客；热爱文学的人，不见得是儒生；爱好方技的人，也不都是医生；喜爱马的人，不都是养马的；通晓音乐的人，不见得都是瞽师；善于品味的人，不一定是厨师。这些人都是只掌握部分知识而没有掌握主要内容。

被甲者，非为十步之内也，百步之外，则争深浅，深则达五藏，浅则至肤而止矣。死生相去，不可为道里。

楚王亡其猿①，而林木为之残；宋君亡其珠②，池中鱼为之殚③。故泽失火而林忧。上求材，臣残木；上求鱼，臣干谷；上求楫④，而下致船；上言若丝，下言若纶⑤；上有一善，下有二誉；上有三衰⑥，下有九杀⑦。

大夫种知所以强越，而不知所以存身；苌弘知周之所存，而不知身所以亡。知远而不知近⑧。

【注释】

①"楚王"句：高诱注：楚王，庄王旅也。猿捷躁，依木而处，故残林以求之。按，楚王，指楚庄王，春秋楚君，五霸之一，在位23年。

②宋君：春秋末宋国国君，名头曼。在位64年。

③殚（dān）：尽。

④揖：通"楫"，船桨。《道藏》本作"楫"。

⑤纶（lún）：大绳。

⑥衰（cuī）：衰减。

⑦杀：减削，降格。

⑧"知远"句：高诱注：远，谓强越、存周也。近，谓其身也。

【译文】

披挂盔甲的人，不是为了十步之内的徒手搏斗，而在百步之外，那么便可以争个深浅，深的可以到达五脏，浅的那么只能伤及皮肤罢了。死生的相互距离，不能用道路里程来计算。

楚庄王养的猿猴跑了，林木因此而被砍伐；宋君在池中丢失了它的宝珠，池中之鱼因此而被消灭干净。因此大泽失火而树木担忧被殃及。国君求美材，臣下便去砍木头；国君求鱼，臣下就会使溪谷干涸；国君需要桨，而臣下就要运来船；国君说的是细丝，臣下说成是大绳；国君有一个长处，臣下便有双倍赞誉；国君想要减少三分，臣下便有九等降格。

大夫文种知道使越国强大，但是不知道如何保存自己；苌弘只知道使周朝存在，而不知道自己是如何被杀的。他们都是知道大的国事，而不知道自身之事。

畏马之辟也①，不敢骑；惧车之覆也，不敢乘，是以虚祸距公利也。

不孝弟者，或訾父母②；生子者，所不能任其必孝也③，然犹养而长之。

范氏之败,有窃其钟负而走者,铿然有声,惧人闻之,遽掩其耳④。憎人闻之可也,自掩其耳悖矣⑤。

升之不能大于石也,升在石之中。夜之不能脩于岁也,夜在岁之中。仁义之不能大于道德也,仁义在道德之包⑥。

【注释】

①辟:通"躄(bì)",跛。

②詈(lì):骂。

③任:保证。

④"范氏"五句:高诱注:范氏,范吉射,范会之玄孙,范鞅献子之子昭子也。败者,赵简子伐之,故人窃其钟也。一曰:知伯灭范氏也。按,事见《吕览·自知》,亦见于《史记·晋世家》、《十二诸侯年表序》。铿(chēng)然,钟声响亮的样子。《吕览·自知》作"况然"。

⑤悖(bèi):糊涂。

⑥"仁义"二句:高诱注:仁义小,道德大也。在道德包裹,犹升在斛(hú)之中,夜在岁之内也。

【译文】

担心马狂奔容易摔倒,而不敢骑马;害怕车子倾覆,而不敢乘车,这是用空祸来阻挡共知的利益。

不讲究孝悌的人,有的会骂父母;生下儿子,不能保证他能必定守孝,但还是要抚养而使他长大。

范昭子失败的时候,有人偷了他家的钟而背着逃跑,叮当有声,小偷害怕别人听到,赶忙捂上自己的耳朵。害怕别人听到是可以的,但是捂上自己的耳朵就违背事理了。

升不能比石大,升的容量范围在石之中。黑夜不能比一年的岁月长,因为黑夜的时间在一年岁月之中。仁义不能比道德大,仁义包含在道德之中。

　　先针而后缕，可以成帷；先缕而后针，不可以成衣。针成幕，蔂成城①，事之成败，必由小生，言有渐也。

　　染者先青而后黑则可②，先黑而后青则不可。工人下漆而上丹则可，下丹而上漆则不可。万事犹此，所先后上下，不可不审。

　　水浊而鱼唅③，形劳则神乱。故国有贤君，折冲万里④。

【注释】

①蔂（léi）：盛土器。

②青：指靛（diàn）青。

③唅（yǎn）：呼吸困难。

④"故国有"二句：高诱注：冲，兵车。所以冲突敌城也。言贤君德不可伐，故能折远敌之冲车于千里之外，使敌人不敢至也。魏文侯礼下段干木，而秦兵不敢至，此之谓也。按，万里，《文子·上德》作"千里"。

【译文】

　　先拿针后穿线，可以连成帷帐；先用线后用针，那么不可以做成衣服。用针可以连成帷幕，用盛土器可以垒成城墙，事情的成功失败，必须从小的地方开始，说的是事物要有一个渐进发展的过程。

　　染制衣服先上靛青后上黑色则是可以的，先染上黑色而后再染上靛青就不行了。工人先涂漆而后上红色是可以的，先上红色后涂漆则是不行的。各种事物都是按照这种规律，具有先后上下的次序，不能够不审查清楚。

　　水混浊那么鱼就呼吸困难，形体疲劳精神就会混乱。因此国家有贤明的国君,便可以在千里之外击退敌人的军车。

　　因媒而嫁,而不因媒而成①。因人而交,不因人而亲。

　　行合趋同,千里相从;趣不合②,行不同,对门不通。

　　海水虽大,不受赀芥③。日月不应,非其气④。君子不容非其类也。

　　人不爱倕之手⑤,而爱己之指;不爱江、汉之珠,而爱己之钩。

【注释】

①而:《太平御览》卷五四一《礼仪部》二十引无"而"字。

②趣(qū):趋。

③赀(zì):腐肉。

④"日月"二句:高诱注:阴燧取火,方诸取水,气相应也。非此不得,故曰"不应,非其气"也。按,应,感应。

⑤倕(chuí):尧时巧工。

【译文】

　　可以依靠媒人而出嫁,但是不能靠媒人就能成功。可以通过他人引见而交往,但是不能因人的介绍而一定能亲近。

　　如果行动相合趋向相同,即使行千里也可以相从;行动不合,趋向不同,即使是对门也不能沟通。

　　海水虽然很多,也不能容纳芥籽大的臭肉。太阳月亮不能感应,与它们的气不相同有关。君子也不容许不同类的人混杂。

　　人们不喜爱倕的巧手,而爱自己的手指;不喜爱长江、汉水产的宝珠,而喜欢自己的带钩。

以束薪为鬼①,以火烟为气。以束薪为鬼,朅而走②;以火烟为气,杀豚烹狗③。先事如此,不如其后。

巧者善度,知者善豫④。

羿死桃部⑤,不给射;庆忌死剑锋⑥,不给搏。

灭非者户告之曰:"我实不与我谀乱⑦。"谤乃愈起。止言以言,止事以事,譬犹扬堁而弭尘⑧,抱薪而救火。流言雪污⑨,譬犹以涅拭素也⑩。

【注释】

①束薪:捆束的干柴。

②朅(qiè):离去。

③"以火烟"二句:高诱注:以火烟为吉凶之气,杀牲以禳(ráng)之,惑也。

④豫:预备。

⑤"羿死"句:高诱注:桃部,地名。羿,夏之诸侯,有穷君也。为弟子逢蒙所杀,不及摄(己)〔弓〕而射也。按,《诠言训》注:"桃棓(bàng),大杖,以桃木为之,以击杀羿。犹是已来,鬼畏桃也。"《诠言训》为许注,本训为高注,二注异。以许说为胜。给(jǐ),及。

⑥"庆忌"句:高诱注:庆忌,吴王僚之子也。要离为阖闾刺之,故死剑,不及设其捷疾之力。

⑦谀:刘典爵《淮南子韵读》谓当作"嫂"。当是。

⑧堁(kè):尘土。

⑨流言:带有诽谤性的话。雪:洗刷。

⑩涅:一种矿物,可作黑色染料。

【译文】

夜晚看见捆束的干柴以为是鬼,把火烟往往看成是吉祥之气。把束薪作为鬼魂,会惊恐地逃走;把火烟作为吉祥之气,就会杀猪烹狗去祭祀它。起先的人都是这么做的,不如后来的人会慢慢搞清它。

手巧的人善于掌握尺度,聪明的人善于预先准备。

后羿死于桃棒之下,来不及射箭;庆忌死在利剑之下,来不及搏斗。

想消除非议的人向家家户户告诉说:"我确实没有和嫂子乱伦。"自己这样到处乱说,非议就会愈来愈多。用多言制止流言,用多事来制止事端,比如就像扬起尘土来消除灰尘,抱着干柴去救火。用流言洗刷污秽,就像用黑色矿石去擦拭白色素丝一样。

矢之于十步贯兕甲,于三百步不能入鲁缟①。骐骥一日千里,其出致释驾而僵②。

大家攻小家则为暴,大国并小国则为贤③。

小马④,非大马之类也⑤;小知⑥,非大知之类也。

被羊裘而赁⑦,固其事也;貂裘而负笼⑧,甚可怪也。

【注释】

①鲁缟(gǎo):鲁国产的白绢。

②"骐骥"二句:高诱注:释,税。僵,仆也。犹矢于三百步不能穿鲁缟,言力竭势尽也。按,释,解除。僵,仆倒。出:罢。致:尽,极。

③"大家"二句:高诱注:(夏)[衰]世不能尚德,苟任劳力,而以辟土(折)[拓]境并兼人国为贤也。按,大家,指大夫之家。

④小马:高诱注:小马不可以进道致千里,故得与大马同类。顾广圻《校淮南子》:注"不"字疑当作"亦"。

⑤非:《吕览·别类》中载:小马,大马之类也。

⑥小知：高诱注：小知不可以治世长民，故不得与大知同类也。

⑦赁（lìn）：给人作雇工。

⑧笼：盛土器。

【译文】

　　箭在十步之内可以射穿兕牛之甲，在三百步之外则不能穿透鲁国的细绢。骐骥一日可行千里，等到它气力用尽移下车驾就会倒下。

　　强大的大夫之家攻打弱小的大夫之家那么这是强暴的行为，大的诸侯国推行恩德并吞小国则是贤德行为。

　　小马，也是和大马一类的，可以到达千里之遥；小聪明，却不是和大智慧同类的，治世结果大不相同。

　　穿着羊裘去当雇工干活，本来就是他自己的事情；穿着貂裘而背土笼，确实值得奇怪了。

　　以絜白为污辱①，譬犹沐浴而抒溷②，薰燧而负彘③。

　　治疽不择善恶丑肉而并割之④，农夫不察苗莠而并耘之⑤，岂不虚哉？

　　坏塘以取龟，发屋而求狸⑥，掘室而求鼠，割唇而治龋⑦，桀、跖之徒，君子不与。杀戎马而求狐狸⑧，援两鳖而失灵龟，断右臂而争一毛，折镆邪而争锥刀，用智如此，岂足高乎？

　　宁百刺以针，无一刺以刀。宁一引重，无久持轻。宁一月饥，无一旬饿。万人之蹪⑨，愈于一人之隧⑩。

【注释】

①絜（jié）：《道藏》本作"洁"。洁、絜古通用。

②抒（shū）：汲出、舀出。溷（hùn）：溷浊，脏物，厕所。

③薰燧(suì)：高诱注：烧薰自香也。楚人谓之薰燧。按，薰，香草。
　燧，火。

④疽(jū)：毒疮。丑肉：陶鸿庆《读淮南子札记》："丑肉"二字，当是
　高为"恶"字作注，而乱入正文者。

⑤莠(yǒu)：杂草。

⑥发：开掘。狸：也叫野猫、山猫。

⑦龋(qǔ)：龋齿，虫牙，蛀牙。

⑧狐狸：北宋本原作"弧理"。《道藏》本作"狐狸"。据正。

⑨踬(tuí)：跌倒。高诱注：楚人谓踬为踬。

⑩隧：通"坠"，坠落。

【译文】

用洁净的双手去干耻辱的事儿，就像沐浴之后去掏厕所，就像身上薰上香味以后去背小猪。

治疗毒疮不管好肉坏肉一起割掉它，农民锄地不管禾苗莠草也一起锄掉它，岂不是不合实际吗？

破坏塘坝以后去逮乌龟，毁掉屋子去捉山猫，挖掘内室去逮老鼠，割掉嘴唇去治疗龋齿，这是夏桀、盗跖一类人所干的事，君子是不会参与的。杀掉战马而去寻求狐狸，提着两只鳖而失掉灵龟，砍去右臂而去争夺一毛，折断镆邪而去抢夺一把小刀，像这样使用智慧，难道值得推崇吗？

宁愿用针刺一百次，不要用刀砍一次。宁愿一次拉重物，不要长久持轻物。宁愿一月吃不饱，不能一旬没饭吃。万人的跌倒，比一人从高空坠落要好。

有誉人之力俭者，春至旦①，不中员呈②，犹谪之③，察之，乃其母也。故小人之誉人，反为损。

东家母死，其子哭之不哀。西家子见之，归谓其母曰：

"社何爱速死④,吾必悲哭社。"夫欲其母之死者,虽死亦不能悲哭矣。谓学不暇者,虽暇亦不能学矣⑤。

　　见窾木浮而知为舟⑥,见飞蓬转而知为车,见鸟迹而知著书,以类取之。

【注释】

①舂(chōng):把谷物捣碎。北宋本原作"春"。《道藏》本作"舂"。据正。

②中(zhòng):符合。员呈:指完成工作的人数和时间的指标。员,物数。呈,通"程",计量。

③谪(zhé):责备。

④社:高诱注:江淮谓母为社。爱:吝惜。

⑤"谓学"二句:高诱注:言有事务,不暇学,如此曹人,虽闲暇无务,亦不能学也。按,暇(xiá),空闲。

⑥窾(kuǎn)木:空木。指舟船之属。

【译文】

　　有人赞誉别人尽力俭省的,但是舂谷时到天明,也没有完成指标,还要责备她,了解一下,却原来是自己的母亲。因此小人赞誉别人,反而成了诋毁。

　　东边有户人家的母亲死了,她的儿子哭得不怎么悲哀。西边一户人家的儿子见到这一情况,回去对他的母亲说:"妈妈你何必吝惜自己的生命不如快点死掉,你如果死掉,我一定十分悲痛地哭你。"一个想要自己母亲死掉的人,即使他的母亲当真死了也绝不会真正悲痛的。同样一个说自己没有闲暇学习的人,即使有了空闲也绝不会好好学习的。

　　看到空木头在水里能浮起来便知道可以作船,观察到飞蓬旋转而懂得可以造车子,看到鸟兽足迹而知道可以造成文字,这是按照各自类同的现象而得到启示。

以非义为义，以非礼为礼，譬犹倮走而追狂人①，盗财而予乞者，窃简而写法律②，蹲踞而诵《诗》、《书》③。

割而舍之，镆邪不断肉。执而不释，马氂截玉④。圣人无止，无以岁贤昔、日愈昨也⑤。

马之似鹿者千金，天下无千金之鹿⑥。玉待碫诸而成器⑦，有千金之璧，而无锱锤之碫诸⑧。

【注释】

①倮（luǒ）：同"裸"，赤体。

②法：北宋本原作"沄"。《道藏》本作"法"。据正。

③踞（jù）：踞坐。坐时两脚底和臀部着地，两膝上耸。

④氂（máo）：马尾。

⑤"圣人"二句：高诱注：贤、俞，犹胜，互文。言今岁胜于昔岁，今日胜于昨日，喻圣人自脩进也。无以，杨树达《淮南子证闻》："以"与"己"同。刘家立《淮南内篇集证》作"是以"。属下读。可相参。

⑥"马之"二句：载于《韩非子·外储说右上》。

⑦碫（jiān）诸：治玉之石。

⑧锱锤（zī chuí）：高诱注：六铢曰锱，八铢曰锤，言其贱也。按，喻微小。

【译文】

把不义当作义，拿无礼作为礼，比如就像赤裸狂奔而去追赶疯子，偷盗财物送给乞讨者，盗窃竹简去写法律，蹲坐而去诵读《诗》、《书》。

切割而又舍弃它，就是镆邪也不能割下肉来。抓住它而不停地磨下去，就是马尾也可以截下美玉。圣人不会停止进步，因此今年胜过去年，今日胜过昨日。

马的形体像鹿一样能价值千金,但是天下没有千金之鹿。美玉有待碈诸才能磨成玉器,有千金的璧玉,但是没有价值锱铢的碈诸。

受光于隙,照一隅;受光于牖,照北壁;受光于户,照室中无遗物,况受光于宇宙乎①? 天下莫不藉明于其前矣。由此观之,所受者小,则所见者浅;所受者大,则所照者博。

江出岷山,河出昆仑,济出王屋,颍出少室,汉出嶓冢,分流舛驰②,注于东海。所行则异,所归则一。

通于学者若车轴,转毂之中,不运于己,与之致千里,终而复始,转无穷之源。不通于学者若迷惑,告之以东西南北,所居聆聆③,背而不得,不知凡要④。

寒不能生寒,热不能生热;不寒不热,能生寒热。故有形出于无形,未有天地能生天地者也,至深微广大矣。

【注释】

①宇宙:高诱注:四方上下曰宇,往古来今曰宙。谓四极之内,天地之间。按,亦见于《齐俗训》。

②舛(chuǎn):相背。

③聆聆(líng):明了的样子。

④凡要:大要,纲要。

【译文】

从空隙处接受光照,可以照到一个角落;从南窗户里受光,可以照耀北面墙壁;从门户里接受光照,可以照见室中不会遗留任何物体,何况从宇宙中接受光照呢? 天下没有什么物体不在它面前借助它的光明。从这里可以看出,所受光的地方小,那么所见到的就肤浅;所受光的地方大,那么所照耀的地方就广阔。

长江出自岷山，黄河发源于昆仑，济水源于王屋，颍水出自少室山，汉水出自嶓冢，各个水流虽背道而驰，但最后都流注到东海之中。所行的路线各自不同，但是最后的归向是一致的。

对于通晓学问的人就像车轴，围绕车毂旋转，不朝自己方向运行，可以到达千里，终而复始，转行在无穷无尽的天地之中。不能通晓学问之道的人像迷惑不清似的，告诉他东南西北，好像明白了，但背离这个地方又弄不清方向，因为他没有得到要领。

寒冷不能生出寒冷，酷热也不能产生酷热，不寒冷也不酷热，才能生出寒热来。因此有形的物体产生于无形的本源之中，没有天地能够生出天地来，真是极其精微奥妙而又广博啊。

雨之集无能沾，待其止而能有濡①；矢之发无能贯，待其止而能有穿，唯止能止众止②。因高而为台，就下而为池，各就其势，不敢更为。

圣人用物，若用朱丝约刍狗，若为土龙以求雨。刍狗，待之而求福③；土龙，待之而得食④。

鲁人身善制冠，妻善织履，往徙于越而大困穷⑤。以其所脩而游不用之乡，譬若树荷山上，而畜火井中⑥。操钩上山⑦，揭斧入渊，欲得所求，难也。方车而蹠越⑧，乘桴而入胡⑨，欲无穷，不可得也。

【注释】

①"雨之集"二句：高诱注：集，下也。比其至，未能有所沾，止者所至，故能有濡时。按，濡（rú），浸湿。

②"唯止"句：高诱注：止，喻矢止乃能穿物。一曰：止己情欲，乃能止归从物，令不得已乎！按，前"止"，矢止。中"止"，有"穿"义。

后"止",止归。

③"刍（chú）狗"二句：高诱注：求，犹得。待刍狗之灵而得福也。
　　按，刍狗，草扎的狗。用于祭祀。

④"土龙"二句：高诱注：土龙致雨，雨而成谷，故得待土龙之神而得
　　谷食。按，土龙，用土堆砌的龙。用于求雨。

⑤"鲁人"三句：载于《韩非子·说林上》，亦见《说苑·反质》。履，
　　《说林上》作"屦"。

⑥畜火：储蓄火苗。古人钻燧取火，每季颁新火于国中，火种相传，
　　务使不尽。

⑦操：北宋本原作"橾"。《道藏》本作"操"。据正。钩：钓钩。

⑧方：并。蹠（zhí）：到达。

⑨桴（fú）：竹木筏子。

【译文】

　　下雨的时候不能立即浸透地面，等待它停止以后才能浸渍下去；箭发射的时候不能穿透靶子，等到它停下来才能射穿箭靶，只有像箭头停止那样，才能贯穿万物，而使万物归附。依托高地而筑台，靠近低处而掘池，各自利用它们的地势，不敢有所变更。

　　圣人使用外物，就像用红丝缠束刍狗，如同制造土龙来求雨一样。祭祀土狗，依靠它赐给幸福；祈求土龙，依靠它送来衣食。

　　鲁国某人善于做帽子，妻子善于织鞋子，如果迁徙到东南的越国就会陷入大的困境之中。凭他们所擅长的技艺而来到不需要的地方，就像把荷花栽到山上，而把火种收藏在水井之中。拿着钓钩上山，举着斧头来到深渊，想要得到所需要的东西，就非常困难了。驾着车子到越国去，乘着木筏到北方胡地，想要不穷困，是不可能的。

　　楚王有白猿，王自射之，则搏矢而熙①；使养由其射之②，始调弓矫矢③，未发而猿拥柱号矣，有先中中者也④。

　　呙氏之璧⑤,夏后之璜,揖让而进之,以合欢;夜以投人,则为怨,时与不时。

　　画西施之面,美而不可说;规孟贲之目,大而不可畏,君形者亡焉⑥。

　　人有昆弟相分者,无量⑦,而众称义焉。夫唯无量,故不可得而量也。

【注释】

①熙:通"嬉",嬉戏。按,此则载于《庄子·徐无鬼》、《吕览·博志》。

②养由其:春秋楚大夫,善射,能百步穿杨。

③矫:纠正。

④"有先中"句:高诱注:有先未中必中之征,精相动也。按,事载《吕览·博志》,亦见《说苑·尊贤》等。

⑤呙:通"和"。

⑥"君形"句:高诱注:生气者,人形之君,规画人形,无有生气,故曰"君形亡"。按,君形,主宰形体的东西,即"神"。

⑦无量:多不可计。

【译文】

　　楚王庭中有一个白猿,国王亲自射它,便抓着箭杆而嬉戏;命养由其去射它,开始调整弓箭,没有射出而白猿就已经抱着树干号哭,已经具有虽未射但是必定能射中的征兆。

　　呙氏之美玉,夏后氏之璜,拱手来进献,而俱各欢喜;夜里投向人,那么就会招来怨恨,有合时与不合时的区别。

　　打扮西施的面庞,美丽而不能使人喜欢;描画孟贲的眼睛,硕大而不能使人害怕,这是支配形体生命的生机已经不存在了。

有兄弟几人去分割财产,不计较数量,而众人称誉符合大义。只有无法计量,因此才不能够来计算。

登高使人欲望,临深使人欲窥,处使然也。射者使端,钓者使人恭,事使然也①。

曰:"杀罢牛可以赎良马之死②。"莫之为也。杀牛,必亡之数③。以必亡赎不必死,未能行之者矣。

季孙氏劫公家④,孔子说之,先顺其所为,而后与之入政。曰:"与枉与直⑤,如何而不得? 与直与枉,勿与遂往⑥。"此所谓同污而异涂者。

【注释】

①"登高"六句:亦见于《说苑·说丛》。

②罢:通"疲",疲弱。

③"杀牛"二句:高诱注:牛者,所以植谷者,民之命,是以王法禁杀牛,民犯禁杀之者诛。故曰"必亡之数"。

④"季孙氏"几句:高诱注:大夫季桓子斯,一曰康子肥。胁定公而专其政。按,季孙氏,鲁大夫,名斯,专鲁政。一说为季康子,名肥。公家,指鲁定公。春秋末鲁君,在位15年。

⑤与:通"举",选拔。枉:不直,邪恶。

⑥遂:顺。按,引文载于《论语·为政》。

【译文】

登临高丘使人想远望,面临深渊使人想往下看,这是所处的环境使他这样做。射箭的时候使人端正,钓鱼的时候使人恭敬,所从事的事情使他这样。

有人说:"杀掉疲弱的老牛能够换回骏马的死去。"却没有人这样做。杀牛，必定使它死亡。用必定死去的牛，换回不一定死去的马，是不可能行得通的。

鲁季孙氏胁持鲁定公，孔子对此事很高兴，首先顺着季氏，而后和他一起入朝参政。因此人们说："把不正直的人置于正直的人领导之下，不正直的人怎能不得到益处呢？把正直之人置于不正直之人领导之下，正直的人就不能和不正直的人一同前进。"这就是所说的同是存在不正之人影响，而最终的道路就不一样。

众曲不容直，众枉不容正。故人众则食狼，狼众则食人。

欲为邪者，必相明正；欲为曲者，必达直。公道不立，私欲得容者，自古及今，未尝闻也。此以善托其丑①。

众议成林，无翼而飞②；三人成市虎③，一里挠椎④。

夫游没者，不求沐浴，已自足其中矣。故食草之兽，不疾易薮；水居之虫，不疾易水，行小变而不失常⑤。

【注释】

①"此以善"句：高诱注：托，寄。若丽姬欲杀太子申生，先称之于献公，然后得行其害，此其类也。按，"丽姬"事，见《左传·僖公四年》及九年，《国语·晋语》等。

②"众议"二句：高诱注：众人皆议，平地生林，无翼之禽能飞，凡人信之，以为实然。按，载于《战国策·秦三》。

③"三人"句：高诱注：三人从市中来，皆言市中有虎。市非虎处，而人信以为有虎，故曰"三人成市虎"。按，载于《战国策·秦三》、《魏二》及《邓析子·转辞》等。

④"一里"句：高诱注：一（人）[里]之人皆言能屈椎者，人则信之也。

　　按,挠,通"桡(ráo)",弯曲。推,《道藏》本作"椎"。《释名·释用
　　器》:"椎,推也。"推,通"椎"。
　　⑤"故草食"五句:载于《庄子·田子方》。薮(sǒu),湖泽。

【译文】

　　歪曲多了不允许正直存在,偏邪多了而不允许公正容身。因此人
多可以吃掉狼,狼多了那么就会吃掉人。

　　想走邪路的人,必定相互表明自己是正派的;想干不正当事情的
人,必定相互表示自己的正直。公正之道没有树立起来,而私欲能得到
限制的,从古到今,没有听说过。这就是丽姬之类用自己的美好面孔却
寄托了害人的丑行。

　　众多的议论就像平地能生出树林,不用长翅膀也能散布到四方;三
个人说市场上有老虎,一里之人说椎子能弯曲,其他人便会信以为真。

　　游泳的人,不要求沐浴,自己在水中遨游已足够了。因此吃草的野
兽,不担心更换湖泽;水中的动物,不担心改换水域,实行小的变动不会
改变固有的习惯。

　　信有非礼而失礼①。尾生死其梁拄之下,此信之非者②;
孔氏不丧出母,此礼之失者③。

　　曾子立孝④,不过胜母之闾⑤。墨子非乐,不入朝歌之
邑⑥。曾子立廉⑦,不饮盗泉⑧。所谓养志者也⑨。

　　纣为象箸而箕子唏⑩,鲁以偶人葬而孔子叹⑪,故圣人见
霜而知冰。

【注释】

　　①"信有"句:王念孙《读书杂志》:当作"信有非而礼有失"。
　　②"尾生"二句:高诱注:尾生,鲁人,与妇人私期桥梁之下,故尊其

誓，水至不去，没溺而死，故曰"信之非"也。按，事载《庄子·盗
跖》。拄，通"柱"。《道藏》本作"柱"。

③"孔氏"二句：高诱注：孔氏，子上，名白，仲尼曾孙，孔伋(jí)之子。
后出子白之母，卒于外。按，事见《礼记·檀弓》。出母，指被父
休弃的生母。

④立孝：《文选·吴季重〈答东阿王书〉》李善注引《淮南子》："曾子
至孝，不过胜母里。"按，"曾子"条，亦载于《新序·杂事》三、《说
苑·说丛》等。

⑤胜母：古地名。

⑥"墨子"二句：亦载于《新序·杂事》三等。

⑦"曾子"句：《尸子》、《说苑·说丛》、《论衡·问孔》、《新序·节士》
等载为"孔子"事，知"曾子"误。

⑧盗泉：古泉名，在山东泗水。

⑨养志：涵养高尚的情操和志趣。

⑩唏(xī)：叹息。按，事载《韩非子·喻老》、《说林》上，已见《缪称
训》。

⑪偶人：土木制成的人像。按，载于《孟子·梁惠王上》，亦见《论
衡·薄葬》。

【译文】

信约有不可推行而礼节也有失败的地方。尾生淹死在桥柱之下，
这是信约不可推行的地方；孔子曾孙子上不为休弃的生母守孝，这是礼
节的失败。

曾子建立孝道，不经过名为胜母的里巷。墨子非难音乐，不进入朝
歌的大门。孔子提倡廉洁，不喝名为盗泉的水。这是所说的涵养高尚
的人。

商纣王造了象牙筷子而箕子叹息，鲁国用木偶人殉葬而孔子哀叹，
因为圣人看见寒霜而知道冰雪即将来临。

有鸟将来,张罗而待之。得鸟者,罗之一目也。今为一目之罗,则无时得鸟矣。今被甲者,以备矢之至,若使人必知所集,则悬一札而已矣^①。事或不可前规,物或不可虑^②,卒然不戒而至,故圣人畜道以待时^③。

𪮫屯犁牛^④,既犐以犐^⑤,决鼻而羁^⑥,生子而牺^⑦,尸祝斋戒^⑧,以沉诸河^⑨,河伯岂羞其所从出^⑩,辞而不享哉?

得万人之兵,不如闻一言之当^⑪。得隋侯之珠,不若得事之所由。得吕氏之璧,不若得事之所适。

【注释】

①札(zhá):指铠甲上的金属片。

②不可虑:《文子·上德》作"不可预虑"。

③"故圣人"句:高诱注:道能均化,无不禀受,故圣人畜养以待时,时至而应,若武王伐纣也。

④𪮫(kūn)屯:丑牛的样子。犁牛:不纯色的牛。

⑤犐(kē):无角牛。犐(duǒ):无尾牛。

⑥决鼻:即穿鼻。决,北宋本原作"决"。《道藏》本作"决"。据正。

⑦牺:用作宗庙祭祀的毛色纯一的牛。

⑧尸:指代表死者受祭祀的活人。祝:祭祀时司祭礼的男巫。

⑨沉:古代祭水神的仪式。因向水中投设祭品而得名。

⑩河伯:黄河之神。

⑪"得万"二句:高诱注:当,谓明天时地利,知人之言,可以不战屈人之兵。

【译文】

有鸟儿将要飞来,张开罗网来等待它。得到鸟儿的,仅仅是罗网中的一个网眼罢了。现在只制造一个网眼的网,那么便没有机会得到鸟儿了。现在士兵穿上铠甲，是用来防备利箭射中的，如果让人知道箭所射中的地方，那么悬挂一个甲片就可以了。有些事情事前不能够规划好，有的事情也不能够提前估计到，有时会突然在没有戒备的情况下到来，因此圣人蓄养道德以等待时机。

丑陋而又毛色不纯的牛，既秃角又无尾，但还要穿上鼻子牵着它，生下小牛作为牺牲，尸祝斋戒数日，然后把小牛沉入河中，求得吉祥，难道河神因为它的出身而感到耻辱，推辞而不享用吗？

得到万人之多的士卒，不如得到适当的一句话，因为可以不战而屈人之兵。得到隋侯的宝珠，不如得到事情所产生的缘由。获得和氏之璧，不如得到事情的适宜的结局。

撰良马者^①，非以逐狐狸^②，将以射麋鹿；砥利剑者，非以斩缟衣，将以断兕犀。故高山仰止，景行行止，乡者其人^③。

见弹而求鸮炙^④，见卵而求晨夜^⑤，见麷而求成布^⑥，虽其理哉，亦不病暮^⑦。

象解其牙，不憎人之利之也；死而弃其招篹^⑧，不怨人取之。人能以所不利利人^⑨，则可。

狂者东走^⑩，逐者亦东走，东走则同，所以东走则异。溺者入水，拯之者亦入水，入水则同，所以入水者则异。故圣人同死生，愚人亦同死生。圣人之同死生，通于分理；愚人之同死生，不知利害所在。

【注释】

①撰：通"选"，选择。

②逐：北宋本原作"遂"。《道藏》本作"逐"。据正。

③"故高山"三句：高诱注：言有高山，我仰而止之；人有大行，我则

而行之。故曰"乡者其人"也。按,高山,喻高尚的德行。止,之。
景行,大道。喻光明的品行。乡,通"向"。语出《诗·小雅·车
辖》。又载于《晏子春秋·问下》《史记·孔子世家赞》等。

④"见弹"句:高诱注:弹可以弹鸮(xiāo)鸟,而我因望其求炙也。
按,鸮,猫头鹰类动物。

⑤"见卵"句:高诱注:鸡知将旦,鹤知夜半,见其卵,因望其夜鸣,故
曰"求晨夜"。按,"见弹"二句化自《庄子·齐物论》。

⑥麢(fén):粗麻,可织布。

⑦病:患、嫌。暮:迟。

⑧招篨(zé):床上垫塞架柱的方形小木。又指床。招,通"柖
(shào)",指床。篨,床上的垫木。

⑨"人能以"句:高诱注:"所不利",若子罕不利玉人之宝。利,若玉
人自得玉以为宝。故曰"可"也。

⑩"狂者"几句:载于《韩非子·说林上》。亦载于《金楼子·杂记》。

【译文】

挑选良马的目的,不是用来追赶狐狸,而是用来射杀麋鹿;砥砺利
剑的目的,不是用来砍断细绢做成的衣服,而是用来斩杀兕犀。因此高
山是令人仰望的,大道是让人前行的,向着这方面努力是品德高尚
的人。

看见弹弓就想吃到烤鸮肉,看到鸡蛋就想让它打鸣,看到麢就要求
它织成布,即使它的道理是正确的,所说的也是太早了。

大象脱掉它的牙齿,不憎恨别人得到它;人死后抛弃的床铺,不埋
怨别人拿走它。子罕能够用自己不认为是宝的美玉而让玉人受利,则
是可取的。

神经错乱的人向东走,追赶的人也向东走,向东走的方向是相同
的,但是东走的原因是不同的。落水者沉入水中,拯救的人也扑向水
中,进入水中是相同的,但是入水的目的是不同的。因此圣人把死生看

成是相同的,愚蠢的人也把死生看成是相同的。圣人的同生死,是通达了命运的道理;愚蠢的人的同生死,是不知道利害所在的地方。

　　徐偃王以仁义亡国①,国亡者非必仁义。比干以忠靡其体②,被诛者非必忠也。故寒者"颤",惧者亦"颤",此同名而异实。

　　明月之珠,出于蜹蜄③;周之简圭,生于垢石④;大蔡神龟⑤,出于沟壑。

　　万乘之主⑥,冠锱锤之冠,履百金之车。牛皮为鼓,正三军之众。

　　欲学歌讴者,必先徵羽乐风⑦;欲美和者,必先始于《阳阿》、《采菱》⑧。此皆学其所不学,而欲至其所欲学者。

【注释】

①徐偃王:春秋时代徐国国君。行仁义。楚庄王灭之。《史记》载为周穆王时代人。

②比干:商纣王叔父,谏纣,被挖心而死。《淮南子》中凡11见。靡(mí):碎。

③"明月"二句:高诱注:珠有夜光、明月,生于蜹中。按,蜹蜄(bàng shèn),即蚌蛤(gé)。

④"周之"二句:高诱注:简圭,大圭,美玉,生于石中,故曰"生于垢石"。按,简,大。圭,上圆下方的玉器。

⑤大蔡:大龟名。亦是地名,周初封国,在今河南上蔡一带。

⑥"万乘"三句:高诱注:六铢(zhū)曰锱(zī),八铢为锤(chuí),言贾直少。物有贱而在上,有贵而在下。

⑦乐风:高诱注:乐风者,上以风化下,下以风刺上,故曰"风"也。

按,乐风,指音乐的教化作用。

⑧必先:王念孙《读书杂志》:《北堂书钞·乐部》一、《艺文类聚·乐部》一、《太平御览·乐部》三引此,无"必先"二字。《阳阿》:楚歌曲名。又古之名倡。《采菱》:楚声歌曲名。见于《楚辞·招魂》、《大招》。

【译文】

徐偃王因为仁义而使自己国家灭亡,但是国家灭亡的原因不一定在仁义。比干因为忠直而被诛,而被杀的人不一定都是忠直之士。因此受寒的人打颤,害怕的人也打颤,这是名称相同而内容不同。

明月之珠,出于蚌蛤之内;周代的大圭,产于粗石之中;大蔡神龟,出于沟壑之内。

万乘的天子,头上戴的虽然是价值很轻的帽子,但是脚可以踏上价值百金的车子。牛皮做成战鼓,可以整肃三军部队。

想要学习唱歌的,必定要先学习五音和音乐的教化意义;要想达到优美和谐的音调,首先学习《阳阿》、《采菱》。这些都是学习他们认为不需要学习的基础技能,从而才能达到想要学习高妙音乐的目的。

耀蝉者①,务在明其火;钓鱼者,务在芳其饵。明其火者,所以耀而至之也;芳其饵者,所以诱而利之也②。

欲致鱼者先通水,欲致鸟者先树木。水积而鱼聚,木茂而鸟集。好弋者先具缴与矰③,好鱼者先具罟与罜④,未有无其具而得其利。

遗人马而解其羁,遗人车而税其轭⑤。所爱者少,而所亡者多。故里人谚曰:"烹牛而不盐,败所为也⑥。"

【注释】

①耀(yào)蝉：古代南方夜间明火捕蝉之法。喻人主招致贤士必先自明其德。事载《吕览·期贤》、《荀子·致仕》等。

②"明其火"四句：高诱注：明火香饵，则蝉、鱼至。以言治国明其德，美其政，天下之人如蝉、鱼归明火香饵也。

③缴(zhuó)：拴在箭上的生丝绳。矰(zèng)：短箭。

④罟(gǔ)：捕鱼网。罘(fú)：高诱注：细网。庄逵吉本作"眔(gǔ)"。义同。

⑤遗(wèi)：赠与。税：通"脱"，解下。軏(yǐ)：即车衡上穿过缰绳的大环。

⑥"烹牛"二句：高诱注：烹羹(gēng)不与盐，不成羹，故曰"败所为"。

【译文】

捕蝉的人，务求使火明亮；钓鱼的人，力求使钓饵芳香。使火明亮的目的，以便照耀而使蝉飞来；使钓饵芳香的目的，是用来引诱鱼上钩。

想让鱼游来必须首先沟通水路，想让鸟来栖息应该首先多种树。水聚积了鱼才多，树木茂盛鸟儿就会聚集。喜欢射猎的人首先要准备好细绳和短箭，爱好捕鱼的人首先要预备好大网和小网，没有见到用具不足而能得到利益的。

赠送给别人马匹而解下它的马笼头，送给人车子而去掉穿缰绳的大环。所吝惜的东西尽管很少，但是所失去的东西必然很多。因此乡里俗谚说："烧牛肉而舍不得放盐，所做的食物是失败的。"

　　桀有得事①，尧有遗道②，嫫母有所美③，西施有所丑④。故亡国之法，有可随者；治国之俗，有可非者。

　　琬琰之玉⑤，在污泥之中⑥，虽廉者弗释⑦；弊箅甑瓾⑧，在祍茵之上⑨，虽贪者不搏⑩。美之所在，虽污辱，世不能贱；

恶之所在，虽高隆，世不能贵^⑪。

　　春贷秋赋，民皆欣；春赋秋贷，众皆怨。得失同，喜怒为别，其时异也。

　　为鱼德者，非挈而入渊；为猿赐者，非负而缘木，纵之其所而已^⑫。

【注释】

①"桀有"句：高诱注：谓知作瓦以盖屋，遗后世也。

②"尧有"句：高诱注：遗，失。谓不能放四凶，用十六相是也。一说：不传丹朱而禅舜天下，有不慈之名，故曰"有遗道"也。按，四凶，《书·舜典》指共工、驩兜、三苗、鲧。十六相，指十六个有才能的大臣。见《左传·文公十八年》。

③媒(mó)母：古代丑女，但品行端正，故曰"有所美"。一说为黄帝妻。

④西施：古越国美女。越王勾践献给吴王夫差。虽容仪光艳，未必贞正，故曰"有所丑"。

⑤琬琰(wǎn yǎn)：美玉。

⑥洿泥：污泥。

⑦释：舍弃。

⑧箅：当作"箅(bì)"，覆盖甑底的竹席。甑(zèng)：古代做饭用的陶器。甋(wā)：高诱注：甑带。按，王念孙《读书杂志》认为是"瓵(wā)"的讹字。

⑨袡：当作"旃(zhān)"，通"毡"，旃茵，毡褥。

⑩搏：取。

⑪"美之"六句：高诱注："世不能贱"者，喻贤者在下位卑污之处；"世不能贵"者，喻小人在上位高显之处。

⑫"纵之"句：高诱注：喻为政，官方定物，能文者居文官，能武者居武官，故曰"纵之其利而已"也。按，《文子·上德》作"纵之所利而已"。

【译文】

夏桀作瓦这是值得肯定的，尧有欠缺的地方，嫫母有美好的德行，西施也有丑陋的地方。因此亡国的法律中，有能够照着实行的；治理得好的国家的习俗，也有不能推行的。

琬琰这样的美玉，放在污泥之中，即使是清廉的人也不会放弃；破烂的盖席和陶甑甑带，放到毡褥之上，即使是贪财的人也不会拾取。贤者所处的地方，即使是在污秽屈辱之处，世人也不能认为他卑贱；小人所在的地方，即使是处于高显之处，世人也不能认为他高贵。

春天饥荒时借出粮食，秋天丰收时收取赋税，老百姓都非常高兴；如果在春天饥荒时收赋税，秋季丰收时借出粮食，众人都会怨恨。得失相同，喜怒却根本不同，这是由于它的时机不同而造成的。

对鱼施加恩德，不是携带它进入深渊；对猿猴赐恩，不是背着它攀援树枝，放开它们而让它回到所生活的地方就行了。

貂裘而杂，不若狐裘而粹①，故人莫恶于无常行。

有相马而失马者②，然良马犹在相之中③。

今人放烧④，或操火往益之⑤，或接水往救之⑥，两者皆未有功，而怨德相去亦远矣。

郢人有买屋栋者⑦，求大三围之木，而人予车毂⑧，跪而度之，巨虽可，而长不足⑨。

【注释】

①粹：纯粹。

②失：不知。

③“然良马”句：高诱注：良马有夭寿、骨法，非能相不知，故曰“在相之中”。然，北宋本原作“犹”。《道藏》本作“然”。据正。

④放：王叔岷《淮南子斠证》：方、放古通。“放烧”犹“方烧”。按，方，正在。

⑤操：北宋本原作“㮮”。《道藏》本作“操”。据正。

⑥接：杨树达《淮南子证闻》：“接”字无义，疑假作“唼（shà）”。字或作“啑（shà）”。《一切经音义》卷八引《字书》：“啑，喋（zhá）也，谓以口微吸之也。”按，唼，口含水。

⑦郢（yǐng）：在今湖北荆州纪南城。栋：屋中正梁。

⑧毂：车轮中心的圆木。

⑨长：高诱《淮南子注》叙：“以父讳长，故其所著，诸长字皆曰‘脩’。”《太平御览》卷一百八十七《居处部》十五、卷九百五十二《木部》一两引，皆作“长”。应作“脩”。

【译文】

毛色不纯的貂皮之裘，不如毛色纯粹的狐皮之裘，因此人们对没有固定行为的人是非常讨厌的。

有相马而不识良马的，但是千里马仍然在相马人的范围之内。

现在有人正在烧荒，有人拿着火把去增加火势，有人用嘴含水去救火，两者都没有效果，但是产生怨恨和恩德的区别是很大的。

楚国郢都有人买造房屋的大梁，需求大三围的木头，而有人给他一个车毂，跪下来去度量，粗细虽然可以，但是长度不够。

蘧伯玉以德化①，公孙鞅以刑罪②，所极一也③。病者寝席，医之用针石④，巫之用糈藉⑤，所救钧也。

狸头愈鼠⑥，鸡头已瘘⑦，虻散积血⑧，斫木愈龋⑨，此类之推者也⑩。膏之杀鳖⑪，鹊矢中蝟⑫，烂灰生蝇⑬，漆见蟹而不干,此类之不推者也。推与不推,若非而是,若是而非,孰能通其微?

天下无粹白狐⑭,而有粹白之裘,掇之众白也⑮。善学者,若齐王之食鸡,必食其蹠数十而后足⑯。

【注释】

①"蘧(qú)伯玉"句:高诱注:伯玉,卫大夫蘧瑗。赵简子将伐卫,使史默往视之,曰"蘧伯玉为政,未可以加兵"。故曰"德化"也。按,亦见《主术训》。

②"公孙鞅"句:高诱注:卫公子叔痤(cuó)之子,自魏奔秦,相孝公,制相坐法,故曰"以刑罪"。秦封为商君,因曰商鞅。

③极:达到。

④针石:针,指古代治病用的骨针、竹针、石针等。石,指砭(biān)石,以石刺病。

⑤糈(xǔ):祭神用的精米。藉(jiè):指菅、茅之类的野草。

⑥狸头:指狸猫之头。鼠:指鼠瘘(lòu),也叫瘰疬(luǒ lì)。

⑦鸡头:一年生水生植物的果实,又叫芡实、鸡头米。瘘:恶疮。

⑧虻:牛虻、木虻之类。积血:淤血。

⑨斫木:即啄木鸟。龋(qǔ):即蛀齿。

⑩类:物类。

⑪膏:液体状油脂。

⑫矢:粪便。中(zhòng):杀。

⑬蝇:北宋本原作"绳"。《道藏》本作"蝇"。据正。

⑭粹白狐:《吕览·用众》作"粹白之狐"。

⑮掇(duō):拾取。

⑯蹠(zhí):鸡足蹠。喻学取道众多。按,"天下"至"而后足",化自《吕览·用众》。"十",《用众》作"千"。

【译文】

　　蘧伯玉用大德感化了邻国，公孙鞅因滥施刑罚而获罪，他们达到极点都是一致的。病人躺在席子上，医生用针石去扎，女巫用糈藉去求神，用来救人的目的是一样的。

　　狸猫的头可以治疗鼠瘘，鸡头米能治愈恶疮，牛虻可以消散积血，啄木鸟可以治疗龋齿，这是物类之间互相推度的例子。油膏能杀死鳖，鹊粪能杀死刺猬，腐烂的木灰能生出苍蝇，清漆遇到蟹而不能干燥，这是物类之间不能推度的例子。能够推度与不能够推度，像不是而是，像是而不是，谁能通晓它们之间的微妙关系呢？

　　天下没有纯白之狐，但是却有纯白狐裘，它是取自众狐之身。善于学习的人，就像齐王吃鸡一样，必定吃下鸡足踵几十个才能满足。

　　刀便剃毛，至伐大木，非斧不克①。物固有以寇适成不逮者②。

　　视方寸于牛，不知其大于羊。总视其体，乃知其大，相去之远。

　　孕妇见兔而子缺唇，见麋而子四目③。

　　小马大目，不可谓大马；大马之目眇④，所谓之眇马⑤，物固有似然而似不然者。故决指而身死，或断臂而顾活⑥，类不可必推。

【注释】

①克：截断。

②寇：当作“尅”，克，制胜。

③子：北宋本原作“不”。刘绩《补注》本作“子”。据正。

④眇(miǎo)：目盲也。按，“小马”至“眇马”，可与《墨子·小取》

相参。

⑤所谓:刘绩《补注》本作"可谓"。

⑥顾:反而。

【译文】

刀便于剃毛,至于用来砍伐大木,没有斧头便不能截断。事物中本来就有以其能胜之力,而恰好在别的地方就变成力所不能及的缺陷。

只看到牛一寸见方的地方,自然不知道它比羊大。总起来看它的形体,才知道它的形体巨大,牛羊大小相距是很远的。

怀孕的女子看到兔子而生下的孩子成为兔唇,看见麋子而生下的孩子有四只眼。

小马大眼睛,不能称作大马;大马的眼睛瞎了,可以叫做瞎马,万物中本来就有像这样而不是这样的。因此有的断了手指而身体会死去,有的断了臂却能够活下来,物类变化不一定能推度出来。

厉利剑者必以柔砥①,击钟磬者必以濡木②,毂强必以弱辐,两坚不能相和,两强不能相服。故梧桐断角,马齄截玉③。

媒但者④,非学谩他⑤,但成而生不信;立懂者⑥,非学斗争,懂立而生不让。故君子不入狱,为其伤恩也;不入市,为其坐廉⑦。积不可不慎者也。

走不以手,缚手,走不能疾;飞不以尾,屈尾,飞不能远。物之用者,必待不用者。故使止见者⑧,乃不见者也;使鼓鸣者,不鸣也。

【注释】

①厉:磨砺。柔砥(dǐ):柔石。砥,石。

②濡（rú）木：即柔木。濡，柔。

③氂（máo）：尾巴。北宋本原作"釐"。《道藏辑要》本作"氂"。据正。

④但：通"诞"，欺骗。

⑤谩（mán）他：刘绩《补注》本作"谩也"。王念孙《读书杂志》："他"与"诧（tuó）"同。谩诧，诈欺也。按，谩，欺诳。诧，欺骗。

⑥立懃（qín）：立勇以示威。懃，勇。

⑦坐：通"剉（zuò）"，羞辱。

⑧止见者：于大成《说山校释》："止"当作"目"，萧江声、陶鸿庆已校正。

【译文】

磨利剑必须用沾湿的柔石，敲钟磬必须用软木，车毂强硬的必定要用弱辐，两样坚固的东西不能相互协调，两个强大的东西不能互相服帖。所以梧桐可以割断牛角，马尾巴可以截断玉石。

做媒妁行骗的人，不一定是要学骗人的，但欺骗成功就产生了不信任；树立勇武精神的人，不是要学争斗，但勇武树立就会产生不谦让。因此君子不入狱中，因为它会挫伤恩德；不入市场，因为它会有辱廉洁。积累恩德不能不谨慎啊。

跑步虽不用手，但若捆住手，就不能跑得快；鸟飞行不用尾巴，但屈起尾巴，就不能飞得很远。物品之所以具有一定功用，必定依赖没有功用的部分。因此能够使眼睛看见的东西，乃是不能看见的部分；能使鼓发出声响的地方，乃是自身不发声响的部分。

　　尝一脔肉①，知一镬之味②；悬羽与炭，而知燥湿之气③，以小明大④。见一叶落，而知岁之将暮；睹瓶中之冰，而知天下之寒，以近论远⑤。

　　三人比肩，不能外出户；一人相随，可以通天下。

足蹑地而为迹⑥，暴行而为影⑦，此易而难。

庄王诛里史，孙叔敖制冠浣衣⑧；文公弃荏席后霉黑，咎犯辞归⑨。故桑叶洛而长年悲也⑩。

【注释】

①脔(luán)：切成小块的肉。

②镬(huò)：古代无足的大锅。

③"悬羽"二句：高诱注：燥，故炭轻；湿，故炭重。按，此为古代测量湿度的方法。类似今天平的原理。

④明：北宋本原作"朋"。《道藏》本作"明"。据正。

⑤"睹瓶中"三句：亦载于《兵略训》。论，知。

⑥"足蹑(niǎn)地"三句：高诱注：蹑，履(lǚ)。履地迹自成，行日中影自生，是其易。使迹正影直，是其难也。按，蹑，踩。

⑦暴(pù)：日照。

⑧"庄王"二句：高诱注：里史，佞臣。恶人死，叔敖自知当见用，故制冠浣(huàn)衣。按，庄王，楚庄王。里史，楚佞臣。孙叔敖，楚令尹。浣，洗。

⑨"文公"二句：高诱注：晋文弃其卧席之下霉黑者，咎犯感其捐旧物，因曰："臣从君周旋，臣之罪多矣，臣犹自知之，况君乎？请从此亡。"故曰"辞归"。按，荏(rěn)席，荏草做的席子。咎(jiù)犯，晋文公重耳之舅。曾随文公流亡19年。后辅佐晋文公称霸。载于《韩非子·外储说左上》，亦见《说苑·复恩》、《论衡·感类》等。

⑩洛：《道藏》本作"落"。长(zhǎng)：年长。

【译文】

品尝一小块肉，可以知道一锅菜肴的味道；在平衡物两边悬挂羽毛和木炭，可以测定天气湿度变化情况，这是用小的事物来说明大的内容。看见一片落叶,就知道一年内的时间将要到头了;看见瓶子中的结冰情况,就知道天下的寒冷变化,这是用近处推知远处发生的变化。

三个人并着肩膀,不能从门户出去;一个个人鱼贯相随,可以通达天下。

想脚踩到地下使足迹平正,在日光下行走而使影子正直,这是看起来容易做到而实际很难的事。

楚庄王杀了佞臣里史,于是孙叔教裁制帽子洗好衣服,准备去任令尹;晋文公抛弃茬席,让面目霉黑的流亡者随后返国,于是咎犯要求辞归乡里。因此见到桑树落叶而年长的人心里悲伤。

鼎错日用而不足贵①,周鼎不爨而不可贱②,物固有以不用而为有用者。地平则水不流,重钧则衡不倾③,物之尤必有所感④。物固有以不用为大用者⑤。

先倮而浴则可,以浴而倮则不可。先祭而后飨则可⑥,先飨而后祭则不可。物之先后,各有所宜也。

祭之日而言狗生⑦,取妇夕而言衰麻,置酒之日而言上冢,渡江、河而言阳侯之波⑧。

【注释】

①"鼎错"句:高诱注:错,小鼎,虽日见用,不能和五味,故"不足贵"。按,疑"错"当为"锴(huì)"。

②"周鼎"句:高诱注:周家大鼎,不日炊火以休味,而能和味,故曰"不可贱"。按,爨(cuàn),烧火做饭。休,庄逵吉本注文作"供"。

③倾:倾斜。

④"物之尤"句:高诱注:尤,过。轻重则衡低卬,故曰"必有所感"。按,尤,过失。

⑤"物固"句：高诱注：衡行物，物所不用，然用之，乃知物之轻重。故曰"以不用为大用"也。

⑥飨（xiǎng）：食。

⑦狗生：杨树达《淮南子证闻》："狗生"乃晋（lì）人之辞。"狗生"犹言"畜产"也。

⑧"渡江、河"句：高诱注：阳陵国侯溺死，其神能为大波，为人作害，因号阳侯之波。舟人所不欲言。

【译文】

小鼎每天都在使用但是不值得珍贵，周朝大鼎不炊火但不能认为低贱，事物中本来就有把不用而作为有用的，周鼎便是这样。土地平旷那么水便不会流动，重量均等那么秤便不会倾斜，万物的轻重必然都可以用衡器反映出来。事物中常有把不用而作为大用的，衡器就是这样。

先裸体再沐浴则是可以的，已经沐浴再裸体则是不行的。先祭祀而后食用则是可以的，先食用然后再祭祀则是对神灵的不敬。事物的先后次序，各自都有适当的要求。

祭祀的时候说母狗生小狗，娶媳妇的日子说穿戴孝服，置酒宴飨的时候却说上坟，渡江、河时说阳侯的波涛，这些都是不适宜的。

或曰知其且赦也，而多杀人；或曰知其且赦也，而多活人。其望赦同，所利害异。故或吹火而灭①，所以吹者异也。烹牛以飨其里，而骂其东家母，德不报而见殆②。

文王污膺③，鲍申伛背④，以成楚国之治；裨谌出郭而知，以成子产之事⑤。

侏儒问径天高于修人⑥，修人曰："不知。"曰："子虽不知，犹近之于我。"故凡问字⑦，必于近者。

【注释】

①"故或"句:《道藏》本作:"故或吹火而然,或吹火而灭。"疑此有
脱文。

②而见殆:《道藏》本"而"下有"身"字。殆,危害。

③"文王"句:高诱注:文王,楚武王之子熊疵。污膺,陷胸。按,文
王,楚文王,春秋楚君,在位13年。污,虚下。膺(ying):胸。

④鲍申:楚相。伛(yǔ)背:驼背。

⑤"裨谌(pí chén)"二句:高诱注:裨谌,郑大夫。谋于野则获,谋于
国则否。郑国有难,子产载如野,与议四国之事。故曰"成子产
之事"。按,裨谌,春秋郑大夫。善于谋划。子产,春秋郑大夫,
郑国执政者。此记载见于《左传·襄公三十一年》。

⑥径:直。王念孙《读书杂志》:"天高"上不当有"径"字,盖衍文也。

⑦字:名、号。《道藏》本作"事"。

【译文】

有人说知道自己将要被赦免了,而要多杀人;有的说知道将要赦免
自己,要多使一些人存活。他们要求赦免自己的愿望是相同的,但是造
成的利害关系是根本不同的。因此有的人吹火而能使火燃烧,有的人
吹火而火灭,所用来吹火的方法是不相同的。烹杀牛来招待乡亲,但是
却骂起了东家之母,恩惠没有人报答而自身却危险了。

楚文王胸部内陷,鲍申有驼背,但是却成就了楚国的大治;裨谌一
出郭便知道治国之策,而助成子产的治政。

侏儒问高个子天有多高,高个子说:"不知道。"侏儒说:"你即使不
知道,还是比我要接近一些。"因此询问事情,一定要找同事情相接近
的人。

寇难至,躄者告盲者①,盲者负而走,两人得活,得其所
能也。故使盲者语,使躄者走,失其所也。

郢人有鬻其母②，为请于买者曰："此母老矣，幸善食之而勿苦。"此行大不义而欲为小义者。

介虫之动以固③，贞虫之动以毒螫④，熊罴之动以攫搏⑤，兕牛之动以觚触，物莫措其所脩⑥，而用其所短也。

治国者若耨田⑦，去害苗者而已。今沐者堕发，而犹为之不止，以所去者少，所利者多。

【注释】

①躄（bì）：两腿瘸。

②郢：北宋本原作"邢"。《道藏》本作"郢"。据正。鬻（yù）：卖。

③介虫：即有甲壳之动物，如龟鳖之属。

④"贞虫"句：高诱注：贞虫，细要蜂、蜾蠃（guǒ luǒ）之属。无牝牡之合曰贞，而有毒，故能螫（shì）。按，螫，用毒刺刺人。

⑤攫（jué）：抓取。

⑥措：放置。

⑦耨（nòu）：除草。

【译文】

强盗来了，瘸子告诉瞎子，瞎子背着他逃走了，两个人都活了下来，各自都发挥了自己的才能。如果使瞎子报信，让瘸子背人逃走，这就失去了各自的长处。

郢都有人卖他的母亲，对买的人请求说："我的妈妈年纪老了，请好好抚养不让她受苦。"这是干了大的缺德事而却想行一点小义。

龟鳖之类介虫的活动用甲壳，贞虫之类活动用毒刺，熊罴之类活动用搏取，兕牛之类的活动用角牴触，万物中没有弃置它们的长处，而使用它们短处的。

治理国家就像锄田一样，除去有害的莠草罢了。现在洗头的人虽然掉下头发，但还不停止洗头，因为所失掉的头发少，而所得到的好处多。

砥石不利，而可以利金①。檠不正②，而可以正弓。物固有不正而可以正，不利而可以利③。

力贵齐④，知贵捷。

得之同，遫为上⑤；胜之同，迟为下。所以贵镆邪者，以其应物而断割也。劃靡勿释⑥，牛车绝辚⑦。

为孔子之穷于陈、蔡而废六艺⑧，则惑⑨；为医之不能自治其病，病而不就药，则勃矣⑩。

【注释】

①金：指刀剑之类。

②檠：通“樀（qíng）”，矫正弓弩的器具。

③“物固”二句：高诱注：不正者檠，正者弓也。不利者砥，利者金也。

④齐：迅疾。

⑤遫（chì）：当作“遫（sù）”，迅疾。遫，古“速”字。

⑥劃（jī）：高诱注：切。杨树达《淮南子证闻》认为“劃”当读“剀（kǎi）”。《说文》：“剀，摩也。”

⑦辚（lín）：高诱注：楚人谓门切为辚，车行其上则断之。按，辚，即门槛。

⑧陈：周初诸侯国，治所在今河南淮阳。蔡：周初国名。在今河南上蔡。六艺：礼、乐、射、御、书、数。

⑨惑：北宋本原作“感”。《道藏》本作“惑”。据正。

⑩勃：通“悖”，违背事理。

【译文】

砥石不锋利,但是可以使金属锋利。檠是不正的,但是可以使弓端正。万物中本来就有不正的而可以帮助正的,不锋利的但可以使物锋利。

力量可贵在爆发力,智慧可贵在敏捷。

所得到的东西相同,快速为上策;所取得的胜利相同,迟缓为下策。所以人们珍视镆邪的原因,是因为物体接触它便能立即割断。摩擦不放松,就是牛车过门槛也能使它折断。

因为孔子被围困在陈、蔡而要求废除六艺,就糊涂了;因为当医生的不能自己治疗自己的疾病,因而生病不吃药,那么就是荒谬的了。

第十七卷　说林训

【题解】

本训题解中说："木丛生曰林，说万物承阜，若林之聚矣，故曰说林。"本训认为天下万物之理众多，若林木之聚。而其理论的核心，则是道家的思辨精神。其名当源于《韩非子·说林》。

文中强调法随时变，不能凝滞僵化，那种"以一世之度制治天下"，就像刻舟求剑一样可笑。文中指出事物之间是互相依存和转化的，"水火相憎，䰞在其间，五味以和"。要透过表面现象，分清事物的类别。"菡苗类絮，而不可为絮；纑不类布，而可以为布"。强调坚持不懈的重要："故跬步不休，跛鳖千里；积累不辍，可成丘阜。"

陶方琦《淮南许注异同诂》：（此）"高注本也。"

以一世之度制治天下①，譬犹客之乘舟，中流遗其剑，遽契其舟枱②，暮薄而求之。其不知物类亦甚矣。

夫随一隅之迹，而不知因天地以游，惑莫大焉。虽时有所合，然而不足贵也。譬若旱岁之土龙，疾疫之刍灵③，是为帝者也④。

曹氏之裂布⑤，蚨者贵之⑥，然非夏后氏之璜。

【注释】

①世：北宋本原作“出”。《道藏》本作“世”。据正。

②㩴（wěi）：高诱注指“船弦板”。王念孙《读书杂志》：“桅（wéi）”当为“梡（fán）”，本字作“舤（fán）”。《广雅》：“舤谓之舷。”按，此条载于《吕览·察今》。

③刍灵：《四库全书》本作“刍狗”。

④是：时。

⑤曹氏：俞樾《诸子平议》：“氏”为衍文。“曹”疑当读为“褿（cáo）”。《广雅·释器》：“褿，褯（jiè）也。”裂布，即余布。

⑥蛷（qiú）：指患蠼螋（jué sōu）疮。民间用曹布烧成灰，可治之。

【译文】

凭借着一个朝代的制度来治理天下，就像客人乘船，到达中流剑落入水中，于是急忙在船舷边刻上记号，天晚的时候再到船舷边求剑。这样的人不知道事物类别的变化，也太厉害了。

如果只知道去追随一个角落的痕迹，而不知道按照天地的变化去游观，没有比这还要糊涂的了。虽然有时能够与时相合，但是这样不值得珍视。比如就像干旱时用来求雨的土龙，得疾病时用来祈求消灾的刍狗，这些只是暂时得到尊崇的事物。

把孩童垫的尿布烧成灰，是患蠼螋病的人所珍视的，但是终究不是夏朝的玉璜。

无古无今，无始无终，未有天地而生天地，至深微广大矣。

足以蹍者浅矣[①]，然待所不蹍而后行；智所知者褊矣[②]，然待所不知而后明。

游者以足蹷[③]，以手𢶍[④]，不得其数，愈蹷愈败；及其能游者,非手足者矣。

　　鸟飞反乡,兔走归窟,狐死首丘⑤,寒将翔水⑥,各哀其所生⑦。

【注释】

①足以蹍(niǎn):《文子·上德》作"足所践"。蹍,踩,踏。

②褊(biǎn):狭小。按,"足以"至"后明",化自《庄子·徐无鬼》。

③蹷(jué):蹈,踏。

④㧑(pō):划、拨。

⑤首丘:狐狸死时,头向丘穴。亦载于《楚辞·哀郢》。

⑥寒将:水鸟。一说蝉的一种。

⑦哀:爱。

【译文】

　　大道没有古也没有今,没有开始也没有终结,没有天地而生出了天地,它是极其精深广大的啊!

　　用脚践踏的地方是很狭窄的,然而却要依靠脚踏不到的地方而后才能前行;用智力所了解的东西是很少的,然而却需要依靠智慧把握不住的对象而后才能明达。

　　游泳的人用脚踩水,用手划水,不掌握它的技术,越蹬沉的越快;等到能够运用自如的时候,不一定需要手足了。

　　鸟飞要返回故乡,兔子跑出去要回到窝里,狐死的时候头朝着洞穴,寒将在水面飞翔,各自都很爱它生长的地方。

　　毋贻盲者镜①,毋予躄者履②,毋赏越人章甫③,非其用也。

　　椎固有柄④,不能自椓⑤。目见百步之外,不能自见其眦⑥。

狗彘不择甂瓯而食⑦,偷肥其体⑧,而顾近其死。凤皇高翔千仞之上,故莫之能致⑨。

月照天下,蚀于詹诸⑩;腾蛇游雾⑪,而殆于蝍蛆⑫;乌力胜日⑬,而服于雏礼⑭,能有脩短也。

【注释】

①贻(yí):赠送。

②蹩(bì):足跛。

③章甫:殷朝冠名。按,此句载于《庄子·逍遥游》。

④有:北宋本原作"百"。刘绩《补注》本作"有"。据正。

⑤椓(zhuó):击。

⑥眦(zì):眼角。亦作"眥"。

⑦甂(biān):盆类的瓦器。瓯(ōu):小盆。

⑧偷:贪。

⑨故莫之能致:高诱注:非圣德君不致。故曰"莫之能致"也。

⑩蚀于詹诸(zhān zhū):高诱注:詹诸,月中蝦蟆,食月,故曰"食于詹诸"。按,蚀,食。詹诸,即蟾蜍(chán chú)。

⑪腾蛇:传说中能飞的蛇。

⑫殆:畏惧。蝍蛆(jié jū):蟋蟀。

⑬乌:三足乌。高诱注:乌在日中而见,故曰"胜日"。

⑭服:畏惧。雏(zhuī)礼:鸟名,又叫鹎鹩(bēi shuāng)。高诱注:间蚕时晨鸣人舍者,鸿鸟皆畏之,故曰"能有脩短也"。

【译文】

不要把镜子送给瞎子,不要给脚跛的人送鞋子,不要把礼帽赏给越地人,因为这不是他们所需要的。

椎子固然有柄,但是只凭自己却不能敲打安装。眼睛可以见到百步之外,但是却不能见到自己的眼角。

猪狗不选择食盆,贪吃而肥了躯体,反而会接近死亡。凤凰高翔在千仞之上,不是圣德之君不能使它归来。

月光照遍天下,但是被月中蟾蜍所食;飞蛇能在大雾中遨游,但是害怕蟋蟀;三足乌的力量胜过太阳,而被雏礼所制服,才能是有长有短的。

　　莫寿于殇子①,而彭祖为夭矣②。
　　短绠不可以汲深,器小不可以盛大,非其任也③。
　　怒出于不怒,为出于不为。
　　视于无形,得其所见矣;听于无声,则得其所闻矣④。

【注释】

①殇(shāng)子:未成年而死的人。

②"而彭祖"句:高诱注:彭祖,盖楚先,寿四百岁,不早归,故曰以为"夭"。一说:彭祖,盖黄帝时学仙者。按,载于《庄子·齐物论》、《列子·力命》,并见于《神仙传》等。

③"短绠(gěng)"三句:语本《庄子·至乐》。绠,汲井绳。任,职责。

④"怒出于"六句:载于《邓析子·转辞》。

【译文】

长寿的没有超过未成年而死的,短命的没有比得上八百岁的彭祖了。

短绳不能够到深井打水,小器皿不能够盛大物品,这都不在它的职责之内。

愤怒出自于无所愤怒,有为出自于无所为。

在无形的地方观察,那么就能看到他所看见的东西;在无声的地方倾听,那么就能得到他所听见的声音。

　　至味不慊①,至言不文,至乐不笑,至音不叫②,大匠不斫,大豆不具③,大勇不斗,得道而德从之矣。譬若黄钟之比宫④,大簇之比商,无更调焉⑤。

　　以瓦钰者全⑥,以金钰者跋⑦,以玉跓者发⑧,是故所重者在外,则内为之掘⑨。

　　逐兽者目不见太山,嗜欲在外,则明所蔽矣。

　　听有音之音者聋,听无音之音者聪⑩;不聋不聪,与神明通⑪。

【注释】

①慊(qiè):快意。

②叫:喧哗、呼叫。

③豆:古代食器,形似高脚盘。按,"大匠"三句,化自《吕览·贵公》,彼文作"大庖不豆"。

④比:并随。

⑤更:更改。

⑥钰(zhù):通"注",赌注。全:高诱注:全者,全步徐。按,即步伐徐缓义。

⑦跋(bá):急速奔跑。

⑧跓(zhù):《道藏》本作"钰"。发:高诱注:发者,疾迅。

⑨掘:通"拙",笨拙。按,"以瓦"至"为之掘",化自《庄子·达生》、《吕览·去尤》、《列子·黄帝》。

⑩聪:北宋本原作"听"。《道藏》本作"聪"。据正。下"聪"字同。

⑪神明：指自然之道。

【译文】

最好的味道人吃了没有快意，最好的言语是不加文饰，最好的乐曲人听了不会发笑，最动听的音乐人听了不会呼叫，最高明的工匠不用斧斫，最大的食器不盛食物，最大的勇敢不去争斗，得道之人德便跟从它。比如十二律中黄钟和五音中宫音相并随，太蔟和商音相并随，不需要更换其他的调式。

用瓦来做赌注的步伐徐缓，用黄金做赌注的人急速奔跑，用美玉做赌注的神色不安，因此所重视的东西在金玉这些外物，那么内心必然笨拙。

追逐野兽的人眼睛不会见到太山，嗜欲用在外物上，那么光明便被蒙蔽了。

听有声音的音乐的人耳朵会变聋，听没有声音的音乐的人耳朵会听得清楚；耳朵不聋也听不清楚的人，和神明相通达。

卜者操龟，筮者端策①，以问于数，安所问之哉？

舞者举节，坐者不期，而拚皆如一②，所极同也。

日出汤谷③，入于虞渊④，莫知其动，须臾之间，俯人之颈。

人莫欲学御龙，而皆欲学御马；莫欲学治鬼，而皆欲学治人，急所用也⑤。

解门以为薪，塞井以为臼，人之从事，或时相似。

【注释】

①筮（shì）：古代用蓍（shī）草占卜叫筮。策：即蓍草。

②拚（biān）：击拍，鼓掌。

③汤谷：日所出之地。

④虞渊：太阳落山之处。

⑤"人莫"五句：高诱注：御龙、治鬼，不益世用。故以御马、治人为急务矣。

【译文】

占卜的人拿的是龟甲，卜筮的人用的是蓍草，却来向方技求问，哪里是他们应该问的事情呢？

跳舞的人按照节拍起舞，坐着观看的人不加约定，而都一同拍手相和，他们所达到的意境是相同的。

太阳从汤谷出发，落到虞渊，没有人觉察到它的运动，在很短的时间内，就让人低着头去看它了。

没有人愿意学习驾龙的，而都想学习驾驭骏马；没有人要学治鬼的，而都想学治理百姓，是考虑为世急用的缘故。

劈下门户作为柴火，塞上水井作为杵臼，人们从事的某些事情，有时与它一样愚蠢。

水火相憎，鬵在其间①，五味以和；骨肉相爱，谗贼间之，而父子相危②。

夫所以养而害所养，譬犹削足而适履，杀头而便冠③。

昌羊去蚤虱而来蛉穷④，除小害而致大贼，故小快害大利。

墙之坏也，不若无也，然逾屋之覆⑤。

【注释】

①鬵(huī)：小鼎。高诱注：错(huī)，小鼎。一曰：鼎无耳为错。

②"骨肉"三句：高诱注：楚平王、晋献公是也。按，指楚平王听信谄

　　言杀太子建,晋献公杀太子申生,重耳、夷吾逃难。

③"夫所以养"三句:高诱注:"所以养",喻谗贼。"害所养",喻骨
　　肉。杀,亦削也。头大冠小,不相宜,削杀其头以便冠,愚之至。

④昌羊:即菖蒲。蛉(líng)穷:虫名,即蚰蜒(yóu yán)。多生在墙屋
　　烂草中,好闻脂香。

⑤"墙之坏"三句:高诱注:不若其无为墙。屋之覆为败屋,墙之坏,
　　更为土,归于本。故曰逾屋之覆。按,逾,超过。

【译文】

　　水、火互不相容,小鼎处在中间,五味就得到了调和;骨肉之间相亲
相爱,而谗贼之人处在中间,那么父子之间也会相互发生危害。

　　用所养的谗佞之人而来危害被养活的骨肉,比如就像削去脚来适
应鞋子大小,把脑袋削掉来适应帽子的方便一样愚蠢。

　　菖蒲可以除去跳蚤、虱子而反招来蛉穷,除去小害而招来大害,因
此只想到小的痛快那么就会妨害大的利益。

　　围墙毁坏成为土,不如没有墙,但比房屋的倾覆要好得多。

　　璧瑗成器①,礛诸之功②;镆邪断割,砥厉之力。

　　狡兔得而猎犬烹,高鸟尽而强弩藏③。

　　蚩与骥致千里而不飞④,无糗粮之资而不饥⑤。

　　失火而遇雨,失火则不幸,遇雨则幸也。故祸中有
福也。

【注释】

①瑗(yuàn):一种孔大边小的玉。

②礛(jiān)诸:治玉之石。

③"狡兔"二句:载于黄石公《三略》、《韩非子·内储说下》,亦见于

《史记·越王句践世家》《淮阴侯列传》等。

④蛬(zhòng)：虫咬，被虫咬残。"道藏"本作"宝"。

⑤糗(qiǔ)：干粮。

【译文】

璧瑗成为器物，是磈诸的功劳；镆邪能够断割，是砥砺的力量。

得到狡兔而烹杀猎犬，射尽高鸟而收起强弩。

蚿虫依附骐骥可以到达千里而不必飞翔，没有食粮也不会饥饿。

失火而遇到大雨，失火是不幸的，但是遇到雨水是幸运的。因此祸中有福。

　　鬻棺者^①，欲民之疾病也；畜粟者，欲岁之荒饥也^②。

　　水静则平，平则清，清则见物之形，弗能匿也^③，故可以为正。

　　川竭而谷虚，丘夷而渊塞^④，唇竭而齿寒^⑤。

　　河水之深，其壤在山。

【注释】

①鬻(yù)：卖。

②荒：大饥。

③匿：逃避。

④"川竭"二句：载于《庄子·胠箧》《邓析子·转辞》。

⑤"唇竭"句：何宁《淮南子集释》："竭"当"揭"。《战国策·韩策》高诱注：揭，犹反也。按，揭，翻裂。"唇竭"句载于《庄子·胠箧》、《吕览·权勋》《战国策·韩二》等。

【译文】

卖棺材的人，希望百姓生大病；积蓄粮食的，想的是年成有大饥荒。

水流安静就会平稳，平稳就会清澈，清澈则能见到物体的形体，不能够加以匿藏,因此能够平正。

　　大川枯竭那么山谷就会空虚,丘陵削平那么深渊便要堵塞,嘴唇翻裂那么牙齿就会寒冷。

　　河水的深度,是由它岸壁的高山决定的。

　　钧之缟也①,一端以为冠,一端以袜②;冠则戴致之③,袜则蹝履之。

　　知己者,不可诱以物;明于死生者,不可却以危④。故善游者不可惧以涉。

　　亲莫亲于骨肉,节族之属连也。心失其制,乃反自害⑤,况疏远乎⑥?

　　圣人之于道,犹葵之与日也⑦,虽不能与终始哉,其乡之诚也。

【注释】

①钧:通"均",平均。《文子·上德》作"豹(yuè)"。指白色的缟(gǎo)。缟:白色精细的丝织品。

②袜(wà):同"襪",袜子。

③致:王念孙《读书杂志》:"致"当为"馶",字之误也。按,馶(guǐ),戴。

④却:王念孙《读书杂志》:"却",当为"劫"。

⑤"心失其制"二句:高诱注:言心失制度,则自害身也。

⑥疏远:喻他人。

⑦葵:《广韵》脂韵:"菜也,尝倾叶向日,不令照其根。"即葵菜。

【译文】

把白绢分成两半,一方用来做帽子,一方用来做袜子;帽子戴在头上,袜子却穿在脚下。

知道自己命运的人,不能够用外物来诱惑他;对死生明辨的人,不能够用危险来使他退缩。因此善于游泳的人,不能够用涉水来使他害怕。

没有比对自己的骨肉更亲近的了,关节筋骨也连接在一起。但是如果心脏失去了对它的控制,那么反而会危害自己,何况是对疏远的他人呢?

圣人和道之间,就像葵菜和太阳一样,即使两者不能共终始,它的向日之心是真诚的。

宫池涔则溢①,旱则涸。江水之原,渊泉不能竭。

盖非橑②,不能蔽日;轮非辐,不能追疾。然而橑、辐未足恃也。

金胜木者,非以一刀残林也;土胜水者,非以一璞塞江也③。

躄者见虎而不走④,非勇,势不便也。

【注释】

①宫池:即辟雍或泮(pàn)宫之池水。宫,北宋本原作"官"。《道藏》本作"宫"。据正。涔(cén):多水。

②橑(lǎo):车盖弓。

③璞:《道藏》本作"墣(pú)",土块。

④躄(bì):足跛。

【译文】

辟雍的池水遇到积雨就要漫出来,稍微干旱就要干涸。长江的源头,来自深潭的泉水不会枯竭。

　　车盖没有车盖弓，不能遮蔽太阳；车轮没有车辐，不能加速行走。但是光有车盖弓和车辐，是不能够起作用的。

　　金属能够克木，不是说用一把刀就能伤害森林；土可以战胜水，不能说用一块土就能堵塞长江。

　　瘸腿的人看到老虎而不能跑开，不是勇敢，而是情势不方便这样做。

　　倾者易覆也，倚者易𫐌也①，几易助也②，湿易雨也。
　　设鼠者机动③，钓鱼者泛杭④，任动者车鸣也⑤。
　　刍狗能立而不能行，蛇床似麋芜而不能芳⑥。
　　谓许由无德，乌获无力，莫不丑于色⑦，人莫不奋于其所不足⑧。

【注释】

①𫐌（rǒng）：推。

②几（jī）：接近。

③设：设置。引申有捕获义。

④泛：钓浮。杭：按，《文选·王褒〈四子讲德论〉》张铣注："𣏐（wù），动也。"杭，疑为"𣏐"之误。

⑤任：辇，人拉的车。

⑥"蛇床"句：高诱注：蛇床臭，麋（mí）芜香。按，蛇床，植物名，可入药。麋芜，芎䓖苗，有香气，可入药。《本草经》皆列为草部之上品。

⑦丑：高诱注：丑，犹怒。一曰：愧也。

⑧奋：严厉。

【译文】

倾斜的东西容易颠覆,斜靠着的东西容易推走,接近的东西容易帮助,潮湿的地方容易接受雨水。

设置捕捉老鼠的机关一动则捕到老鼠,钓鱼的浮子活动便钓到了鱼,车子一拉起来便会发出吱扭之声。

邑狗能够站立而不能够行走,蛇床形状像靡芜但是没有芳香。

说许由没有德性,乌获没有力气,没有人不感到羞愧的,人们没有不对他人不足的地方十分严厉的。

以兔之走,使大如马,则逮日归风①;及其为马,则又不能走矣。

冬有雷电,夏有霜雪,然而寒暑之势不易,小变不足以妨大节。

黄帝生阴阳②,上骈生耳目③,桑林生臂手④,此女娲所以七十化也⑤。

终日言,必有圣之事;百发之中,必有羿、逢蒙之巧,然而世不与也,其守节非也。

【注释】

①归风:追风。

②"黄帝"句:高诱注:黄帝,古天神也。始造人之时,化生阴阳。

③上骈(pián):传说中古神名。

④桑林:传说中古神名。

⑤"此女娲"句:高诱注:女娲,王天下者也。七十变造化也。按,事载《楚辞·天问》。

【译文】

凭着兔子奔跑的速度，假使它能够像马一样大，那么可以赶上太阳追上巨风；等到它像马一样大，那么就又不能够奔跑如飞了。

冬天可以有雷电，夏季也可能有霜雪，但是寒冷暑热的趋势是不能够改变的，小的变化不能够妨害大的节气。

黄帝帮助她生出阴阳，上骈帮助她生出耳目，桑林帮助她生出胳膊手指，这就是女娲每天七十次变化产生人类的过程。

一整天说话，必定有通达圣明的事儿；百次发射之中，一定会出现羿、逢蒙那样的绝技，但是世人不赞许这样做，他们没有掌握真正的技巧。

牛蹄龟颅亦骨也，而世弗灼，必问吉凶于龟者，以其历岁久矣。

近敖仓者①，不为之多饭；临江、河者，不为之多饮，其满腹而已②。

兰芝以芳③，未尝见霜；鼓造辟兵，寿尽五月之望④。

舌之与齿，孰先陨也⑤？镡之与刃，孰先弊也⑥？绳之与矢，孰先直也⑦？

【注释】

①敖仓：秦代所置谷仓，故址在今河南荥阳北。

②其：通“期”，希望。

③芝：《文子·上德》作“芷（zhǐ）”。即白芷。香草名。

④“鼓造”二句：高诱注：鼓造，盖谓枭（xiāo）。一曰虾（há）蟆。今世人五月望作枭羹，亦作虾蟆羹，言物不当为用。按，鼓造，指枭鸟。世人五月初五日作枭汤以辟邪。望，指农历每月十五日。

⑤陇：刘绩《补注》本作"砻"。亦作"礲"，有磨尽义。

⑥"镦（duì）之"二句：高诱注：镦，矜（qín）下铜镈（zūn）也。镦不朽

　　而刃先弊。按，镦，矛戟柄下端的金属套。

⑦直：《文子·上德》作"折"。

【译文】

　　牛蹄和猪头也是骨头，但是世人不用来烧灼，必定向龟甲询求吉凶，因为它经历年岁很久的原因。

　　接近敖仓的人，并不因此而多吃饭；靠近黄河、长江的人，不因此而多喝水，只希望饱腹就行了。

　　兰草江芷散发芳香，但是不曾见过寒霜；鼓造可以避开武器，但是寿命在五月初就要结束。

　　舌头和牙齿，谁先磨尽呢？矛镦和刃口，谁先破缺呢？缴绳和箭头，谁先折断呢？

　　今鲜之与蛇，蚕之与蠋，状相类而爱憎异①。

　　晋以垂棘之璧得虞、虢，骊戎以美女亡晋国。

　　聋者不歌，无以自乐；盲者不观，无以接物②。

　　观射者遗其艺③，观书者忘其爱；意有所在，则忘其所守。

【注释】

①"今鲜"三句：高诱注：人爱鲜与蚕，畏蛇与蠋（zhú），故曰"异也"。

　　按，鲜，《说文》段玉裁注认为是黄鳝。蠋，蛾蝶类的幼虫。

②接：观看。

③艺：指射击的目标。

【译文】

　　现今的鳝和蛇，蚕和蠋，形状相似而人们对它们的爱憎不同。

　　晋国用垂棘的美玉得到了虞、虢两国，而骊戎用美女骊姬乱了晋国。

　　耳聋的人不唱歌，自己没有办法从中取乐；瞎子看不见东西，没有办法观看外物。

　　观看射箭比赛的人会忘记射箭的靶子，看书入迷的人会忘记他的所爱；精神有所凝思的地方，就会遗忘他的守持。

　　古之所为不可更，则推车至今无蝉匷①。

　　使但吹竽②，使氏厌窍③，虽中节而不可听，无其君形者也④。

　　与死者同病，难为良医；与亡国同道，难与为谋。

　　为客治饭而自藜藿⑤，名尊于实。

【注释】

　①推车：即椎车，用整块圆木做车轮的原始车子。蝉匷（jué）：古代车子的一种。较椎车结构复杂。

　②但：高诱注：古不知吹人。按，《文子·上德》作"倡"。

　③氏：《文子·上德》作"工"。厌：按压。

　④君形：精神的主宰。

　⑤"自藜藿（lí huò）"：《北堂书钞·饭篇二》作："自食藜藿。"疑脱"食"字。藜藿，两种野菜名。

【译文】

　　如果古代所做的事情不能够变更，那么推车至今也进化不到蝉匷这样的车子。

使倡吹竽，让乐工按孔洞，即使是符合节拍也不能入耳，失去了首要的精神主宰。

和死人得相同病的医生，很难成为高明的医生；和灭亡的国家的道术相同，难于一起同他计谋。

给客人做饭而自己吃野菜，重视仁义之名比吃饭要重要得多。

乳狗之噬虎也，伏鸡之搏狸也①，恩之所加，不量其力。

使景曲者形也，使响浊者声也②。情泄者中易测③，华不时者不可食也④。

蹠越者⑤，或以舟，或以车，虽异路，所极一也⑥。

佳人不同体，美人不同面，而皆说于目；梨、橘、枣、栗不同味，而皆调于口⑦。

【注释】

①伏鸡：孵卵的母鸡。搏：北宋本原作"挡"。《道藏》本作"搏"。据正。

②响：回声。

③"情泄者"句：高诱注：不闭其情欲，发泄于外，故其中心测度知也。按，《文子·上德》："精泄者，中易残。"与正文异。

④"华(huā)不时"句：高诱注：华，实。若今八、九月食晚瓜，令人病疟，此之类，故曰"不食"。喻人多言，不时适，不可听用也。

⑤蹠(zhí)：至。

⑥极：到达。

⑦口：北宋本原作"已"。《道藏》本、《庄子·天运》作"口"。据正。

【译文】

喂奶的母狗可以去咬老虎，孵卵的母鸡可以同狸子搏斗，受到母爱的驱使,可以不去衡量自己的力量。

使影子弯曲的原因是形体,使回声变混浊的是浊音。情欲外露的人心中的意向容易测知,果实不按时成熟的不能够食用。

到越国去的人,有的乘船,有的乘车,即使路途不同,所到的地方是一致的。

佳人的形体各不相同,美人的脸面各有特色,而都能使人欢悦;梨、橘、枣、粟各不同味,而都适合于食用。

人有盗而富者,富者未必盗;有廉而贫者,贫者未必廉。

莔苗类絮①,而不可为絮;黂不类布②,而可以为布。

出林者不得直道③,行险者不得履绳。

羿之所以射远中微者,非弓矢也。造父之所以追速致远者,非辔衔也。

【注释】

①莔(dí)苗:高诱注:获秀,楚人谓之莔苗也。按,莔,同"获",芦花絮。

②黂(fén):高诱注:麻之有实者。按,即大麻的果实。《齐民要术·种麻子》认为即"苴(jū)麻"。

③出林者:《文子·上德》作"步林者"。

【译文】

人们有偷盗而富裕的,但富有的人不一定都偷东西;有廉洁而贫穷的,但贫穷的人不一定都是廉洁的。

获花类似棉絮,但是不可以做棉衣;黂不类似布,而可以织成布。

走出森林的人不能有直道,行走在险隘之地的人走路不能像踩绳墨那样直。

　　后羿能够射远并能命中微小的地方，不是光凭弓箭。造父之所以能快速到达远方的原因，不是只靠鞍辔和马衔。

　　海内其所出，故能大①；轮复其所过，故能远。
　　羊肉不慕蚁，蚁慕于羊肉，羊肉膻也；醯酸不慕蚋，蚋慕于醯酸②。
　　尝一脔肉③，而知一镬之味④；悬羽与炭，知燥湿之气，以小见大，以近喻远。
　　十顷之陂⑤，可以灌四十顷；而一顷之陂，可以灌四顷⑥，大小之衰然⑦。

【注释】

①"海内（nà）"二句：高诱注：雷雨出于海，复随沟渎还入，故曰"内其所出"。按，内，同"纳"，容纳。

②"醯（xī）酸"二句：《太平御览》卷九百四十五《虫豸部》二作："醯酸不慕蚋，而蚋慕于醯，酸也。"可与此相参。醯酸，古代指醋。蚋（ruì），蚊子一类的昆虫。

③脔（luán）：肉块。

④镬（huò）：古代的大锅。

⑤陂（bēi）：池泽，陂塘。

⑥可以：王念孙《读书杂志》：当作"不可以"。

⑦衰（cuī）：差别。

【译文】

　　大海能够容纳它所付出的一切，所以才能成为大海；轮子能够周而复始地转动，所以才能到达远方。

　　羊肉不喜爱蚂蚁，但是蚂蚁却喜爱羊肉，因为羊肉有膻味；醋酸不喜爱蚋虫,蚋虫却喜爱醋酸,因为醋酸有酸味。

　　品尝一块肉,就可以知道一锅食物的滋味;在平衡物两边悬挂羽毛和木炭,就能测出湿度的变化,从小的差别而看到大的变化,从近处可以知道远方的事情。

　　十顷大的陂塘,可以灌溉四十顷的田地;而一顷的水塘,却不能灌溉四顷,这是大小差别的原因。

　　明月之光,可以远望,而不可以细书;甚雾之朝,可以细书,而不可以远望寻常之外①。

　　画者谨毛而失貌②,射者仪小而遗大③。

　　治鼠穴而坏里闾,溃小疱而发痤疽④,若珠之有颣⑤,玉之有瑕,置之而全,去之而亏。

【注释】

①远望:王念孙《读书杂志》:旧本《北堂书钞·天部》二引此无"远"字。

②"画者"句:高诱注:谨悉微毛,留意于小,则失其大貌。

③仪:看见。

④疱(pào):皮肤上长出的小疙瘩,即痱子。痤疽(cuó jū):指毒疮。

⑤颣(xǔ):《道藏》本作"颣(lèi)",指瑕疵。

【译文】

　　明月的光芒,可以远望,但是不能够在月光下写小字;大雾的早晨,能够写小字,但是不能够看一丈远的距离。

　　画家意在微小之处反而失去大貌,射手命中小目标反而丢掉了大局。

　　挖掘鼠穴而破坏了里闾,小疙瘩破溃而引发了痛疮,就像珍珠上有疵点,美玉上有微瑕,放置它可以保全,除去它会有残缺。

榛巢者处林茂^①,安也;窟穴者托埵防者^②,便也。

王子庆忌足蹑麋鹿^③,手搏兕虎;置之冥室之中,不能搏龟鳖,势不便也。

汤放其主而有荣名^④,崔杼弑其君而被大谤^⑤,所以为之则同,其所以为之则异。

吕望使老者奋^⑥,项托使婴儿矜^⑦,以类相慕。

【注释】

①榛(zhēn):草木聚集之处。

②埵(duǒ)防:高处堤防。

③蹑(niè):踩、踏。

④“汤放”句:高诱注:汤,契(xiè)后十二世主癸之子履。“放其主”,谓伐桀,为民除害,故有“荣名”也。

⑤“崔杼(zhù)”句:高诱注:崔杼,齐大夫崔野之子。弑君齐庄公也。谤,北宋本原作“谚”。《道藏》本作“谤”。据正。

⑥“吕望”句:高诱注:吕望鼓刀钓鱼,年七十始学读书,九十为文王作师,佐武王伐纣,成王封之于齐。故老者慕之而自奋厉。

⑦“项托”句:高诱注:项托年七岁,穷难孔子而为之作师,故使小儿之畴(chóu)自矜(jīn)大也。按,矜,骄傲。事载《列子·汤问》、《战国策·秦五》等。

【译文】

丛生草木中筑巢的鸟儿处于茂林之中,是很安宁的;挖掘窟穴的动物依托在高堤岸旁,是很方便的。

王子庆忌脚可以踩麋鹿,手能够同兕牛老虎搏斗;但把他放到暗室之中,却不能捉住龟和鳖,这是因为所处的环境不能给他造成方便。

商汤流放夏桀而有美名,崔杼杀掉他的国君而受到谴责,所做的事情是一样的,他们这样做的目的则是不同的。

吕望九十为军师出征纣王使老年人奋激不已,项托七岁难住孔子使婴儿感到骄傲,这是按照不同的年龄类型而互相敬慕。

　　使叶落者风摇之,使水浊者鱼挠之。

　　虎豹之文来射,猿狄之捷来乍①。

　　行一棋,不足以见智;弹一弦,不足以见悲。三寸之管而无当,天下弗能满②;十石而有塞,百斗而足矣。

　　以篙测江③,篙终而以水为测,惑矣。

【注释】

①"虎豹"二句:化自《庄子·应帝王》、《天地》。狄(yòn),猿类动物。长尾、仰鼻。乍,通"斮(zhuó)",斩杀。《缪称训》作"措"。

②"三寸"二句:载于《韩非子·饬命》、《晏子春秋·内篇·谏下》。当(dàng),底。

③篙:撑船的竿。

【译文】

使树叶掉落的是由于风的摇动,使水混浊的是鱼的挠动。

虎豹的色彩招来人的射击,猿狄的敏捷招致人的射杀。

走一个棋子,不足以现出智慧;弹一根琴弦,不能够使人产生悲哀之情。三寸的管子而没有底,天下的东西也不能装满;装十石的容器有堵塞,只有百斗就足够了。

用撑篙来测量江水,篙到头而作为水的深度,就糊涂了。

渔者走渊,木者走山,所急者存也。朝之市则走,过市则步①,所求者亡也。

豹裘而杂②,不若狐裘之粹;白璧有考③,不得为宝,言至纯之难也。

战兵死之鬼憎神巫,盗贼之丑吠狗④。

无乡之社,易为黍肉;无国之稷,易为求福。

【注释】

①过:北宋本原作"遇"。《道藏》本作"过"。据正。《四库全书》本"过"上有"夕"字。《道藏》本无此字。疑脱。

②豹:《说山训》作"貂(diāo)"。

③考:污点。

④丑:厌恶。按,刘绩《补注》本"丑"上有"辈"字,《道藏》本无。

【译文】

打渔的人奔跑在深潭旁,砍柴的人奔走在山巅,因为他们心中存在紧急的任务。早晨到市场需要跑快购物,晚上经过市场只需缓慢步行,所要购买的东西已经没有了。

用毛色混杂的豹子皮制的裘,不如毛色纯粹的狐皮裘;白璧上面有瑕点,不能算作宝物,这是说要达到很纯粹的要求是很难的。

战争中被杀死的人的鬼魂畏惧神巫,盗贼之辈厌恶狗叫。

没有乡属的社神,祭祀容易准备黍米肉食;没有国属的稷神,容易向它求福。

鳖无耳,而目不可以瞥①,精于明也;瞽无目,而耳不可以察②,精于聪也。

遗腹子不思其父,无貌于心也;不梦见像,无形于目也③。

　　蝮蛇不可为足④,虎豹不可使缘木。

　　马不食脂,桑扈不啄粟⑤,非云廉也⑥。秦通崤塞,而魏筑城也⑦。

【注释】

①瞥:《说文》:过目也。按,即眼光掠过。《文子·上德》作"蔽"。

②察:《文子·上德》作"蔽"。

③"不梦"二句:高诱注:目初不见像,故曰无形于目也。

④"蝮(fù)蛇"句:高诱注:蝮蛇皆有毒,螫人,不为足,为足益甚。按,蝮,毒蛇名。《集韵》屋韵:蛇名,广三寸,色如绶(shòu),鼻有针。

⑤桑扈(hù):鸟名,又叫青雀。

⑥云:《道藏》本无此字。

⑦"秦通"二句:高诱注:魏徙都于大梁,闻秦通治崤(xiáo)关,知欲来东兼之,故筑城设守备也。按,崤塞,即崤关。筑城,即魏徙都大梁(今河南开封)。

【译文】

　　鳖没有耳朵,而眼睛不能瞥看,是因为目光特别敏锐;瞽没有眼睛,而耳朵不能够堵塞,是因为耳朵特别灵敏。

　　遗腹子不想念他的父亲,因为在心里没有他父亲的形貌;梦中未见的形象,所以在眼中就没有他的形体。

　　蝮蛇不能够长足,虎豹不能够使他们攀援树枝。

　　马不食油脂,桑扈不啄粟米,不是廉洁的原因。秦国打通崤山,而魏国筑大梁来抵御它。

饥马在厩,寂然无声,投刍其傍①,争心乃生。

引弓而射②,非弦不能发矢。弦之为射,百分之一也。

道德可常,权不可常。故遁关不可复③,亡犴不可再④。

环可以喻员,不必以轮;绦可以为缡⑤,不必以纼⑥。

【注释】

①刍(chú):草料。

②引:张弓。

③遁:逃遁。

④犴(àn):监狱。

⑤绦(tāo):丝带,丝绳。缡(yì):饰屦(jù)的圆丝带。

⑥纼(xún):粗绳。

【译文】

饥饿的马在马厩里,平静得没有声音,把草料投到它们的身边,争食之心便产生了。

想拉弓射箭,没有弓弦不能够发箭。而弓弦对于射程,不过是百分之一。

道德是能够长期存在的,而权变是不能够长期存在的。因此从关卡逃遁的人不能再回来,犯人从监狱逃走不能有第二次。

环形可以用来比喻圆形,但是不能够做车轮;丝带可以装饰在鞋子上,但是不能够用来织绳子。

日月不并出,狐不二雄,神龙不匹,猛兽不群,鸷鸟不双。

循绳而斫则不过,悬衡而量则不差①,植表而望则不惑②。

损年则嫌于弟③，益年则疑于兄，不如循其理，若其当④。

人不见龙之飞举而能高者，风雨奉之⑤。

【注释】

①衡：即秤。

②表：圭表。

③损年：少报年岁。嫌：接近。

④若：顺。当：实际。

⑤奉：扶助。

【译文】

日、月不能同时并出，雌狐不能容许二雄，神龙没有匹配，猛兽不去合群，鸳鸟不会成双。

依照绳墨而砍削那么就不会有差失，悬挂衡器来称量那么就不会出差错，树立圭表来测定日影那么就不会迷惑。

少报年龄就会和弟弟相近，多报年龄就会和兄长相似，不如遵循着事理，而依据实际情况来决定。

人没有看见龙飞举而能够升高的，是借风雨帮助才能飞升。

蠹众则木折①，隙大则墙坏。

悬垂之类，有时而隧②；枝格之属③，有时而弛④。

当冻而不死者，不失其适；当暑而不暍者，不亡适。未尝适，亡适⑤。

汤沐具而虮虱相吊，大厦成而燕雀相贺，忧乐别也。

【注释】

①蠹（dù）：木中虫。

②隊（suì）：通"坠"，坠落。北宋本原作"憝"。《道藏》本作"隊"。
　　据正。

③枝格：树木突出的枝条。

④弛：脱落。

⑤"当冻"六句：化自《庄子·达生》。暍（yē），中暑。不亡适，刘绩
　　《补注》本作"不亡其适"。未尝适，亡适，王念孙《读书杂志》王引
　　之曰：当作"未尝不适，亡适"。此言"亡适"，乃遗忘之忘。

【译文】

蠹虫多了木头就会折断，裂缝大了墙壁就会倒塌。

悬挂着的东西，有时会坠落下来；伸出的枝条，有时会脱落。

当受冻而没有死去的人，不会失去他的快适；受暑热而没有中暑死去的人，不会失去他的快适。不曾受冻和中暑，还有什么不能快适的呢？

热水洗头的用具准备好了而虮虱就会互相吊丧，大厦建成而麻雀燕子就会互相庆贺，忧愁欢乐各自有区别。

柳下惠见饴①，曰："可以养老。"盗跖见饴，曰："可以黏牡②。"见物同，而用之异。

蚕食而不饮，二十二日而化③；蝉饮而不食，三十日而蜕；蜉蝣不食不饮，三日而死。

人食礜石而死④，蚕食之而不饥；鱼食巴菽而死⑤，鼠食之而肥。类不可必推。

瓦以火成，不可以得火；竹以水生，不可以得水⑥。

【注释】

①"柳下惠"句：高诱注：柳下惠，鲁大夫，展无骇之子，名获，字禽。

家有大柳树,惠德,因号柳下惠。一曰:柳下,邑。按,春秋鲁大夫,食邑柳下,谥惠。曾掌管刑狱。饴(yí),用米、麦制成的糖。

②牡:即锁钥。

③二十二日:《大戴礼记·易本命》卢辩注引《淮南子》作"三十二日"。

④礜(yù)石:矿物名。有毒,苍、白二色可入药。

⑤巴菽(shū):植物名,又叫巴豆,产于四川,果实可供药用。

⑥"竹以"二句:高诱注:竹得水浸则死矣。

【译文】

柳下惠看到饴糖,就说:"可以奉养老人。"盗跖看见饴糖,就会说:"可以粘门上的锁钥。"所见的食物相同,而用法大有差异。

蚕吃桑叶而不饮水,二十二日而化为茧;蝉饮树汁而不吃树叶,三十日而脱壳;蜉蝣不饮不食,三日就要死亡。

人吃了礜石就要死亡,蚕吃了它却不饥饿;鱼吃巴豆而死,老鼠吃了它却长肥。事物类属关系不一定能推知清楚。

瓦用火烧成,不能再遇到火;竹子依靠水生长,但是不能够再用水浸。

杨㙍而欲弭尘①,披裘而以暴翼②,岂若适衣而已哉?槁竹有火,弗钻不爇③;土中有水,弗掘无泉④。蚳象之病⑤,人之宝也;人之病,将有谁宝之者乎?为酒人之利而不酤,则竭⑥;为车人之利而不儌⑦,则不达。握火提人⑧,反先之热。

【注释】

①杨:刘绩《补注》本作"扬"。《广雅·释言》:"杨,扬也。"㙍(kè):

土尘。楚人称为堁。

②翣（shà）：扇子。翼：《广韵》职韵："羽翼也。"这里有煽风义。

③爇：同"熯（hàn）"，燃烧。

④无泉：《文子·上德》作"不出"。

⑤蜃（bàng）：高诱注：大蛤，中有珠。按，同"蚌"。象：郑良树《淮南子斠理》："蜃象"当作"蜃蜃（shèn）"。

⑥竭：杨树达《淮南子证闻》：字假为"瀱（kě）"。《说文》："瀱，欲饮歠（chuò）。"今字作"渴"。

⑦僦（jiù）：《说文·新附》："赁也。"有雇车义。

⑧提：掷。

【译文】

扬起尘土而想消除灰尘，穿上皮裘而用扇子扇风，哪如穿上合适的衣服呢？

枯竹能生火，然而不钻火不能燃烧；土地深处有水，然而不掘开不见泉源。

蚌蛤的病态就是长了珍珠，然而却是人类的宝贝；人的疾病，将有谁把它作为宝贝呢？

因为卖酒的人得到便宜而不去打酒，那么人们就会干渴难忍；因为车老板沾到好处而不去雇车，那么就不能到达远方。拿着火去投向别人，反而让自己先受到热灼。

邻之母死，往哭之；妻死而不泣，有所劫以然也①。

西方之倮国，鸟兽弗辟，与为一也。

一膊炭爇②，掇之则烂指③；万石俱爇，去之十步而死④，同气异积。大勇小勇，有似于此。

今有六尺之席⑤，卧而越之，下材弗难⑥；植而逾之，上材弗易,势施异也。

【注释】

①劫:胁迫。然:这样。

②脯(bó):干肉。爆(hàn):用火烘干。北宋本原作"爆"。《道藏》
　　本作"爆"。据正。下同。

③掇(duō):拾取。

④死:刘绩《补注》本"死"上有"不"字。疑脱。

⑤席:北宋本原作"广"。《道藏》本作"席"。据正。

⑥材:北宋本原作"林"。《道藏》本作"材"。据正。

【译文】

　　邻居的母亲死了,去哭吊她;自己的妻子死了却不哭泣,是由于怨恨妻子以情色胁迫自己而造成这样。

　　西方的裸体之国,鸟兽与人不相回避,是和它们成为一体的原因。

　　一块肉放在炭火上烘烤,用手拿它就会烫伤手指;用万石一起去烘烤,距离它十步而不会烫死,同样用热气熏烤积聚的热量不同罢了。大的勇敢与小的勇敢,与这样的情形有些相同。

　　现在有六尺长的席子,平放在地上并且越过它,一般人都能做到;如果树立起来而想跳过它,上等才能的人也不易办到,这是由于平放和直立的安放形式不同造成的。

　　百梅足以为百人酸,一梅不足以为一人和①。

　　有以饭死者②,而禁天下之食;有以车为败者,禁天下之乘,则悖矣。

　　钓者静之,罜者扣舟③,罩者抑之,罾者举之④,为之异,得鱼一也。

见象牙乃知其大于牛，见虎尾而知其大于貍，一节见而百节知也⑤。

【注释】

①"百梅"二句：高诱注：喻众能济少，少不能有所成也。

②"有以"句：化自《吕览・荡兵》。彼文作："夫有以饐(yē)死者。"

③"阽(shèn)者"句：高诱注：阽者，以柴积水中，以取鱼。扣，击。鱼闻击舟声，藏柴下，壅而取之。王念孙《读书杂志》："阽"当为"罧(shèn)"，字之误也。《说文》："罧，积柴水中以养鱼。"

④罾(zēng)：用竿支起渔网捕鱼。

⑤"一节"句：高诱注：吴伐越，随会稽，独获骨节专车，见一节大，余节不得小，故曰"百节知"。按，高注见《国语・越语》，亦载于《史记・孔子世家》。

【译文】

一百个梅子完全能够使百人口中发酸，一个梅子不能给一个人调和口味。

有因为吃饭而噎死的，而禁止天下人吃饭；有因为车子而造成灾祸的，而禁绝天下人乘车，就违背事理了。

钓鱼的人静静地等着，阽鱼的人敲打船帮，罩鱼的人要提罩往下按，罾鱼的人要用竹竿把网张起来，各种做法是不同的，但得鱼的目的是一致的。

看到象牙才知道它比牛大，看到老虎尾巴才知道它比狸猫大，发现一节骨头而百节就可以知道了。

小国不斗于大国之间，两鹿不斗于伏兕之旁。

佐祭者得尝，救斗者得伤。荫不祥之木①，为雷电所扑^②。

　　或谓冢^③,或为陇^④;或为笠^⑤,或谓簦^⑥。头"虱"与空木之"瑟"^⑦,名同实异也。

【注释】

　　①荫:隐蔽。

　　②扑:打击。

　　③冢:北宋本原作"家"。《道藏》本作"冢"。据正。

　　④陇(lǒng):《方言》卷十三:冢,秦晋之间或谓之垅。按,即坟墓。

　　⑤笠:斗笠。

　　⑥簦(dēng):古时有柄的笠,即伞。王念孙《读书杂志》:"或为簦"下,当有"名异实同也"五字。

　　⑦"头'虱'"二句:高诱注:头中"虱",空木"瑟",其音同,其实则异也。按,二字上古读音相同,为入声质部。

【译文】

　　小国不参与大国之间的争斗,两只鹿不在伏着的兕牛旁抵角。

　　辅助祭祀的人可以得到食物,解救争斗的人往往受到伤害。隐蔽在不吉祥的大木之下,容易被雷电击倒。

　　有的地方叫冢,有的叫陇;有的称为笠,有的叫簦,名称不同但实际是相同的。头上的虱与空木发声之瑟,读音相同但内容不同。

　　日月欲明,而浮云盖之;兰芝欲脩^①,而秋风败之。

　　虎有子不能搏攫者,辄杀之,为堕武也^②。

　　龟纽之玺^③,贤者以为佩;土壤布在田,能者以为富。予拯溺者金玉^④,不若寻常之缳索^⑤。

　　视书上有"酒"者,下必有"肉";上有"年"者,下必有

"月",以类而取之。

【注释】

①芝:王念孙《读书杂志》:当为"芷(zhǐ)"。

②堕(duò):废弃。武:威武。

③"龟纽"句:高诱注:龟纽之玺,衣印也。纽,系。佩,服也。

④"予拯"句:《文子·上德》作"故与弱者金玉",无"拯"字。王,"玉"之本字。

⑤繲(mò):绳索。

【译文】

日月想放光明,但是浮云遮盖了它;兰草江芷要长高,而秋风使它衰败。

老虎生子不能捕捉动物的,就把它杀死,是因为它失去了威武的雄风。

装饰龟纽的玉玺,贤德的人作为自己的佩饰;松软的土壤分布在田间,勤劳的人能够从中得到收获。给拯救溺水的人金玉,不如一根长的绳索。

看到书册上面写"酒"字的,下面必定有"肉";上面写有"年"字的,下面一定有"月",按照同类而得出这样的结论。

蒙尘而眯,固其理也;为其不出户而眯之也①。

屠者羹藿②,为车者步行,陶者用缺盆,匠人处狭庐,为者不得用,用者弗肯为③。

毂立三十辐④,各尽其力,不得相害。使一辐独入,众辐皆弃,岂能致千里哉?

夜行者掩目而前其手,涉水者解其马载之舟,事有所宜,而有所不施。

【注释】

①堁(kè):北宋本原作"理"。《道藏》本作"堁"。据正。王念孙《读
书杂志》王引之曰:正文"为其不出户而堁之"下,当有"非其道"
三字,而写者脱之也。

②藿(huò):豆叶。

③"为者"二句:高诱注:为者不得用,以利动。用者不肯为,以富宠
也。按,注文"以利动",指因为出卖而获利。"以富宠",指因为
富贵而尊宠。

④毂(gǔ)立三十辐(fú):毂,车轮中心的圆木。辐,连接车辋和车毂
的直条。《文子·上德》作"毂虚而中立三十辐"。

【译文】

　蒙受灰尘而眯眼,这是符合常理的;因为他不出家门而灰尘迷了
眼,这就不符合常理了。

　屠宰牲畜的人喝野菜汤,造车子的人要步行,制陶的人用破盆,木
匠住在狭小的房舍里,做工的人未必享用他的成果,享用的人又不肯去
做工。

　车毂四周树立三十个车辐,各自尽到自己的力量,相互不会危害。
假使只有一个车辐进入车毂,其他的则全部废弃,怎么能到达千里之
远呢?

　夜行的人闭起眼睛而用手在前面探路,蹚水的人解下马匹放到船
上,事情有所适宜的地方,也有所不能施行的地方。

　橘柚有乡,藿苇有丛①;兽同足者相从游,鸟同翼者相
从翔。

田中之潦，流入于海；附耳之言②，闻于千里。

苏秦步③，曰："何故？"趋，曰："何趋驰④？"有为则议，多事固苛⑤。

皮将弗睹，毛将何顾？畏首畏尾⑥，身凡有几？

【注释】

①萑：疑当作"萑（huán）"，即芦荻。

②附耳：近耳私语。

③苏秦（前334？—前284）：战国纵横家代表人物，东周洛阳人。《汉书·艺文志》有《苏子》三十一篇，马王堆汉墓帛书有苏秦书信和游辞十六章。步：徐行。

④何趋驰：俞樾《诸子平议》：此当作"苏秦步，曰何步；趋，曰何趋；驰，曰何驰"。

⑤"有为"二句：高诱注：苏秦为多事之人，故见议见苛也。按，苛，于大成《说林校释》："诃"字经传皆以"苛"为之。按，《广韵》歌韵："诃（hē），责也。"

⑥"畏首"二句：高诱注：畏始畏终，中身不畏，凡有几何，言常畏也。按，文载《左传·文公十七年》。

【译文】

橘柚有生长之地，萑苇有丛聚之处；野兽足形相同的在一起遨游，鸟儿翅膀相同的在一块飞翔。

田地中的雨水，流入到海里；附耳的话，可以传到千里之外。

苏秦慢步走，别人问："做什么？"快步走，有人问："奔向何方？"有作为就会遭到非议，多做事情就会有人责难。

皮都不看，毛还值得重视吗？畏首畏尾，剩下的身子不畏惧还有多少？

欲观九州之土①,足无千里之行;心无政教之原,而欲为万民之上也②,〔则难〕。

的的者获,提提者射③。故大白若辱,大德若不足④。

未尝稼穑,粟满仓;未尝桑蚕,丝满囊。得之不以道,用之必横⑤。

海不受流凘⑥,太山不上小人⑦,旁光不升俎⑧,骝驳不入牲⑨。

【注释】

①州:北宋本原作"用"。《道藏》本作"州"。据正。

②"而欲为"句:《道藏》本:"之上也"下有"则难"二字。《文子·上德》作"者难"。

③"的(dì)的"二句:高诱注:的,明。为众所见,故获。提提,安。言譬若鸟不飞,成放道,提提安时,故为人所射。按,《说文》:"旳(dī),明也。"《广韵》锡韵:"的,明也。"的、旳皆是。注文"成放道",《道藏》本作"兽不走"。

④"故大白"二句:见于《老子》四十一章。辱,通"黣(rǔ)",黑垢。

⑤横:放纵。

⑥"海不受"句:高诱注:骨有皮曰凘(zì),有不义之祥流入海,海神荡而出之,故曰"不受"。

⑦"太山"句:高诱注:太山,东岳也。王者所封禅处,不令殀(xiōng)乱小人得上其上也。

⑧旁光:即膀胱。俎(zǔ):盛祭品的礼器。

⑨骝:同"骝(liú)",指黑鬃黑尾赤色的马。驳(bó):毛色不纯的马。

【译文】

想看九州的土地,脚下没有千里之行;心中没有政治教化的根本方法,而想处在万民之上,这就困难了。

明显的猎物容易被人捕获,安舒的鸟兽常遭到射击。因此最好的洁白好似污垢,最高的德行好似不足。

不曾种植收获,粮食却堆满仓;不曾栽桑养蚕,却能丝满囊。不用正道得到的,使用起来必定放纵。

海神不让腐肉流进大海,太山不令小人去攀登,膀胱不能放入祭祀的礼器,毛色混杂的牲畜不能作为祭品。

中夏用箑快之^①,至冬而不知去;褰衣涉水^②,至陵而不知下^③,未可以应变。

有山无林,有谷无风,有石无金^④。

满堂之坐,视钩各异^⑤,于环带一也。

献公之贤,欺于骊姬^⑥;叔孙之知,欺于竖牛^⑦。故郑詹入鲁^⑧,《春秋》曰:"佞人来!佞人来!"

【注释】

①箑(shà):扇子。

②褰(qiān):撩起。

③陵:陆地。

④"有山"三句:高诱注:林生于山,山未必皆有林。风出于谷,谷未必皆有风。金生于石,石未必皆有金。喻圣人出众人,众人未必皆圣贤也。

⑤钩:带钩。

⑥"献公"二句:高诱注:杀申生也。按,晋献公(?—前651),春秋晋君,在位26年。曾并国十七,服国三十八。骊姬(?—前650),春秋骊戎国君之女。前672年,晋献公虏之为妃。设计杀

死太子申生。事载《左传·僖公四年》。

⑦"叔孙"二句：事见《左传·昭公四年》、《韩非子·内储说上》。叔孙，春秋鲁相。竖牛，叔孙私生子，甚为受宠。后叔孙有病，竖牛饿杀之，窃财物以奔齐。

⑧郑詹：春秋郑大夫。郑詹自齐入鲁事，见《春秋·庄公十七年》。

【译文】

炎夏用扇子使身体凉快，到冬天还不知收掉；撩起衣服过河，到了陆地还不知道放开，这样便不能适应变化。

有山未必有林，有谷未必有风，有石未必有金。

满堂的座席上，看到各人的带钩是不同的，但腰带对于扣环的位置来说则是一致的。

晋献公这样的贤君，却被姬姬所欺骗；以叔孙的智慧，却被竖牛欺瞒。因此郑詹进入鲁国，《春秋》记载说："谄媚的小人来了！谄媚的小人来了！"

　　君子有酒，鄙人鼓缶①，虽不可好，亦不见丑②。

　　人性便丝衣帛③，或射之，则被铠甲，为其所不便，以得所便。

　　辐之入毂，各值其凿，不得相通，犹人臣各守其职，不得相干④。

　　尝被甲而免射者，被而入水；尝抱壶而度水者⑤，抱而蒙火，可谓不知类矣⑥。

【注释】

①缶（fǒu）：大肚小口的瓦器。

②丑：丑恶。

③丝衣帛：于大成《说林校释》：朱弁本、宝历本（《文子·上德》）并
　作"衣丝帛"。

④干：乱。

⑤壶：通"瓠"，葫芦。

⑥知类：即懂得事物间的相似或相同关系，依此类推。

【译文】

君子得到美酒，鄙陋之人就击缶作歌，即使不见得美妙，也不会被
认作丑恶。

人的本性便于穿丝帛，若有人要射击他，则要披上铠甲，因为它的
不方便，而得到方便。

车辐安进车毂，各自进入它们被凿的位置，不能够互相通连，就像
人臣各自守住它们的职位一样，不能互相干犯。

曾经穿上铠甲而免于被射的人，而却穿着它进入水中；曾经抱着瓠
渡过水流的人，而却抱着它冲向烈火，可以说是不懂得物类之间的变
化了。

　　君子之居民上，若以腐索御奔马①；若碾薄冰，蛟在其
下②；若入林而遇乳虎。

　　善用人者，若蚈之足③，众而不相害；若唇之与齿，坚柔
相摩而不相败。

　　清酤之美④，始于耒耜；齫齘之美⑤，在于杼柚⑥。

　　布之新，不如纻⑦；纻之弊，不如布。或善为新⑧，或善
为故。

【注释】

①"君子"二句：高诱注：雍容恐失民之意。按，语出《邓析子·转

辞》《新序·杂事四》《说苑·政理》亦载相似之文。

②"蛟在"句：高诱注：蛟，鱼属，皮有珠，能害人，故曰"蛟在其下"。按，蛟，即今之鲨鱼。

③蚈(qiān)：马蚈，即百足虫。

④酿(àng)：高诱注指"清酒"。《说文》指"浊酒"。

⑤黼黻(fǔ fú)：指半黑半白、半青半黑的花纹。

⑥杼(zhù)：织布机上的梭子。柚(zhóu)：织布机上的用具，杼以持纬，柚以受经。本作"轴"。

⑦纻(zhù)：苎麻织成的布。

⑧善：适宜。

【译文】

君子处于百姓之上，就像用腐烂的绳子驾驭奔马；就像踩在薄冰之上，蛟龙在冰下一样；就像进入林中而遇到小老虎。

善于用人的国君，像马蚈的脚一样，虽然众多而不互相危害；像嘴唇和牙齿一样，坚硬柔和互相摩擦而不会毁坏。

清香的美酒，是从耒耜耕田开始的；色彩鲜艳的服饰，开始于织布机。

新的麻织物，不如苎麻织成的布；破旧的苎麻，却不如麻布。有的宜于做新的，有的适宜做旧的。

黡黮在颊则好①，在额则丑②。绣以为裳则宜，以为冠则讥③。

马齿非牛蹄，檀根非椅枝④，故见其一本而万物知⑤。

石生而坚，兰生而芳，少有其质⑥，长而愈明。

扶之与提⑦，谢之与让⑧，故之与先⑨，诺之与已也⑩，之与矣⑪，相去千里。

【注释】

①靥辅(yè fǔ)：女子嘴边的酒窝。

②颡(sǎng)：额头。

③讥：王念孙《读书杂志》：本作"议"。《太平御览·布帛部》二引此，作"以为冠则议"。

④檀：木名，其材强劲。椅(yī)：木名。又称山桐子、水冬瓜。材木亦可用。

⑤知：分别。

⑥有：北宋本原作"自"。刘绩《补注》本作"有"。《文子·上德》作"少而有之"。据正。

⑦扶：扶持。提：投掷。

⑧谢：辞谢。让：诮(qiào)让，责备。

⑨故：指当今。

⑩诺：许诺。已：不许，拒绝。

⑪也，之与矣：《文子·上德》无此四字。按，"扶之"六句，化自《邓析子·转辞》。

【译文】

　　女子酒窝长在面颊上就很美，长在额头上则丑陋。刺绣的织品裁制衣裳就很适宜，做成帽子就会让人讥笑。

　　马的牙齿不是牛的蹄子，檀树的根也不是椅树的枝条，因此只要看到事物的根本，而万物就可以分辨清楚了。

　　石头生出就是坚硬的，兰草生长出来就是芳香的，开始的时候就具有这样的特质，长大以后就更加鲜明了。

　　扶持与投掷，辞谢与责备，当今和先前，应诺与拒绝，相距有千里之远。

　　汙准而粉其颡①；腐鼠在坛②，烧薰于宫；入水而憎濡，怀臭而求芳,虽善者弗能为工。

再生者不获;华大旱者③,不胥时落④。毋曰不幸,甑终不堕井;抽簪招燐⑤,有何为惊?

使人无度河,可;中河使无度⑥,不可。

见虎一文,不知其武;见骥一毛,不知善走。

【注释】

①汙(wū):北宋本原作"汙"。刘绩《补注》本作"汙"。据正。准:鼻子。

②坛:高诱注:楚人谓中庭为坛。坛,指庭院。知为楚语。

③华(huā):花。大(tài):太。旱:《文子·上德》作"早"。

④不胥时落:高诱注:不待秋时而零落也。按,胥,通"须",等待。

⑤燐:燐火。

⑥"中河"句:《文子·上德》作"使河无波不可"。

【译文】

玷污鼻子而粉饰额头;把腐臭的老鼠放在庭院之中,却在宫殿上烧火薰香;下水而憎恶沾湿衣裳,怀着臭味而寻求芳香,即使是高妙的人也不能做得精巧。

过时再生的庄稼不能又有收成;花提早开放的,不到秋时就要凋落。不要说这是不幸之事,烧饭的甑子不会掉在井里;抽下簪子可以招引燐火,这有什么值得吃惊的呢?

使人不渡河,是可以的;行至河中让人不渡过,则是不行的。

看见老虎身上的文饰,不知道它的威武;看到骥骥的一根毫毛,不知道它善于奔跑。

水蛆为蟌①,孑孓为蚊②,兔啮为蟹③。

物之所出,处于不意,弗知者惊,知者不怪。

铜英青④,金英黄,玉英白;麢烛捅⑤,膏烛泽也。以微知明,以外知内。

象肉之味,不知于口;鬼神之貌,不著于目;捕景之说⑥,不形于心。

【注释】

①水蛋(chài):蜻蜓的幼虫。𧎸(cōng):即蜻蜓。

②孑孑(jié):蚊子的幼虫。北宋本原作"子子"。《道藏》本作"孑孑"。据正。

③兔啮(niè):兔子所食之草。一说为虫名。蠲(nài):虫名,能啮人。

④英:通"瑛",玉的光泽。

⑤麢(fén)烛:即用麢麻点燃的烛火。捅(jué):暗昧。

⑥景(yǐng):通"影",影子。说(yuè):喜悦。

【译文】

水蛋变成蜻蜓,孑孑化成蚊子,兔子所吃的草可以生成蠲虫。

万物的生成变化,出自人们的意料之外,不知道的人感到吃惊,知道的人不感到奇怪。

铜的光泽是青色的,黄金的光泽是黄色的,玉的光泽是白色的;麢烛光芒昏暗,膏烛光泽柔和。从微暗中知道光明,从外部可以知道内部。

大象肉的味道,不能从口中得知;鬼神的形象,不能从眼睛中显露出来;捕捉影子的高兴,不能够在心里形成。

冬冰可折,夏木可结①,时难得而易失。

木方茂盛，终日采而不知；秋风下霜，一夕而殚②。

病热而强之餐③，救暍而饮之寒④，救经而引其索，拯溺而授之石，欲救之，反为恶。

虽欲谨亡马，不发户辚⑤；虽欲豫就酒⑥，不怀蓐⑦。

【注释】

①"冬冰"二句：于大成《说林校释》：《意林》引《太公金匮》："夏条可结，冬冰可释。"按，折，疑通"析"。《说文》：析，破木也。一曰折也。按，即破裂、消释义。结，停止。

②"木方"四句：化自《吕览·首时》。殚(dān)，尽。

③"病热"句：《人间训》作"病湿而强之食"。

④暍：《道藏》本作"喝(yē)"，即中暑。

⑤辚(lín)：门槛。楚语。

⑥豫：预备。

⑦蓐(rù)：蓐垫。

【译文】

冬天的坚冰可以消释，夏天的茂木可以停止生长，时光难于得到而容易失去。

树木正在茂盛生长，终日采摘而好像不知减少；秋风到来寒霜下降，一个晚上便全部脱落。

患热病而强迫他吃饭，救中暑而让他饮冰水，解救上吊的人而拉绳索，拯救落水的人而交给他大石头，想要解救他，反而害了他。

即使担心马逃走，也不能拆下门槛来阻挡；即使想要预备醉酒，也不会怀着蓐垫子。

孟贲探鼠穴，鼠无时死，必噬其指，失其势①。

山云蒸，柱础润②；伏苓掘，兔丝死。

一家失熛③，百家皆烧；谗夫阴谋，百姓暴骸。

粟得水湿而热④，甑得火而液；水中有火，火中有水。

【注释】

①"孟贲（bēn）"四句：高诱注：孟贲，勇士，探鼠于穴，故曰"失其
　势"。按，孟贲，战国秦武王时大力士。噬（shì）：咬。

②础：柱石。

③熛（biāo）：火焰。

④湿：吕传元《淮南子斠补》："湿"字当衍。《太平御览》卷八百四十
　《百谷部》四引无"湿"字。

【译文】

孟贲去探老鼠洞，老鼠不一会儿就要死去，但是必定要咬伤他的手
指，因为失去了他的优势。

乌云在山巅升腾，梁柱的基石便要湿润了；茯苓被挖掘，菟丝便要
死去。

一家失火，百家都会殃及；谗人诡计乱国，百姓就会暴尸旷野。

谷物得水浸湿便会发热，用火燃烧甑子食物便能煮化；水中有火，
火中也有水。

疾雷破石，阴阳相薄。

汤沐之于河，有益不多；流潦注海①，虽不能益，犹愈
于已②。

一目之罗，不可以得鸟；无饵之钓，不可以得鱼③；遇士
无礼，不可以得贤。

兔丝无根而生，蛇无足而行，鱼无耳而听，蝉无口而鸣，

有然之者也④。

【注释】

①潦(lǎo)：积水。

②已：停止。

③"无饵"二句：刘台拱《淮南子补校》：《广韵》"钌(jǐ)"字引《淮南子》"无钌之钩，不可以得鱼"。按，钌，钩上的倒刺。

④然：这样。

【译文】

迅雷可以劈开山石，阴阳二气相互迫近而自然形成的。

把热水放到河里洗头，增加的热度不多；雨水注入大海，即使不能增长多少，还比静止要增加许多。

一个网眼的罗网，不能够捕到鸟儿；没有鱼饵的钓钩，不能够得到鱼儿；对士人没有礼貌，不能够得到贤人。

菟丝没有根而生长，蛇没有脚而行走，鱼没有耳朵而能听到声音，蝉没有嘴而鸣叫，有着形成这样的自然原因。

鹤寿千岁，以极其游；蜉蝣朝生而暮死①，尽其乐②。

纣醢梅伯，文王与诸侯构之③；桀辜谏者，汤使人哭之④。狂马不触木⑤，猘狗不自投于河⑥，虽聋虫而不自陷⑦，又况人乎？

爱熊而食之盐，爱獭而饮之酒，虽欲养之，非其道⑧。

心所说，毁舟为杌⑨；心所欲，毁钟为铎⑩。

【注释】

①蜉蝣(fú yóu)：也作蜉蝣。昆虫名。生存期极短。

②尽其乐：《道藏》本"尽"上有"而"字。

③构：谋划。北宋本原作"傋"。《道藏》本作"构"。据正。

④哭：吊丧。

⑤狂：北宋本原作"任"。《道藏》本作"狂"。据正。

⑥猘(zhì)狗：即狂犬。

⑦蠢虫：指无知的禽兽。

⑧"爱熊"四句：高诱注：熊食盐而死，獭饮酒而败，故曰"非其道"也。按，獭(tǎ)，水獭，食鱼，状如小狗。

⑨杕(duò)：高诱注指"舟尾"。按，即舟舵。杕，即"柁(duò)"。

⑩铎：大铃。

【译文】

仙鹤可以活到千岁，而尽情遨游；蜉蝣早晨出生而晚上死去，也享受完了它的快乐。

商纣王把梅伯剁成肉酱，文王与诸侯开始谋图灭纣；夏桀以罪杀害劝谏的人，商汤使人凭吊他们。狂马不会碰到木头上，疯狗不会自己投到河中，即使无知的禽兽，也不会使自己陷入灭亡之地，何况是人呢？

喜欢熊而让他吃盐，喜欢水獭而让它饮酒，虽然想要养好它，但不符合它们生理的规律。

心中高兴，可以毁舟为舵；心里愿意，可以毁钟为铎。

管子以小辱成大荣①，苏秦以百诞成一诚②。

质的张而弓矢集，林木茂而斧斤入③，非或召之，形势所致者也。

待利而后拯溺人，亦必以利溺人矣。

舟能沉能浮，愚者不加足。

【注释】

①"管子"句：高诱注：管仲相子纠，不能死，为鲁所囚，是其辱。卒相桓公，以至霸，是其大荣也。按，《史记·管晏列传》亦详载其事。

②诞（dàn）：欺诈。诚：指合纵六国抗秦。

③"质的"二句：亦见于《荀子·劝学》、《大戴礼记·劝学》。入，北宋本原作"大"。《道藏》本作"入"。据正。

【译文】

管子用小的屈辱成就了大的荣誉，苏秦用百次的欺骗成就了一次诚信。

因此箭靶张开而弓矢便射向中心，林木茂盛而斧斤就要进入，不是有人召唤它们，这是自然形成的趋势所造成的。

等得到好处之后再去拯救落水的人，他人也会用必须得到好处才去拯救落水的人。

船体能沉能浮，就是愚笨的人也不敢乘坐。

　　骐骥驱之不进，引之不止，人君不以取道里。

　　刺我行者①，欲与我交；訾我货者②，欲与我市③。

　　以水和水不可食，一弦之瑟不可听④。

　　骏马以抑死⑤，直士以正穷。贤者摈于朝⑥，美女摈于宫。

【注释】

①刺：责难、非难。

②訾（zǐ）：诋毁。

③市：交易。

④"一弦"句：高诱注：以其失和，故不可听。刺专用也。按，弦，丝
　　曰弦。

⑤抑：压制。

⑥摈（bìn）：摈弃。

【译文】

　　驱赶骐骥它不愿前进，牵引它却奔驰不停，国君也不会用它来
赶路。

　　非议我的行止的，想与我交往；毁谤我的财货的，想与我交易。

　　用水调和水不能够食用，用一弦的瑟弹奏不能中听。

　　骏马因为被抑制而死，耿介之士因为正直而穷困。贤明的人被摈
弃在朝廷，美女被摈弃在宫殿之中。

　　行者思于道，而居者梦于床；慈母吟于巷，适子怀于荆①。

　　赤肉县则乌鹊集②，鹰隼鸷则众鸟散③，物之散聚，交感
以然。

　　食其食者不毁其器，食其实者不折其枝。塞其源者竭，
背其本者枯④。

　　交画不畅⑤，连环不解⑥，其解之不以解。

【注释】

①"慈母"二句：《吕览·精通》高诱注：《淮南记》曰：慈母在于燕，适子
　　念于荆。言精相往来也。按，适子，亲生儿子。适，通"嫡（dí）"。

②赤：北宋本原作"亦"。《道藏》本作"赤"。据正。

③隼（sǔn）：猛禽，又叫鹘（hú）。北宋本原作"集"。《道藏》本作
　　"隼"。据正。

④本：北宋本原作"木"。《道藏》本作"本"。据正。

⑤交画：交相错画。

⑥连环：环环相贯之玉环。此为战国名辩家的论题，见《庄子·天
下》。亦载于《战国策·齐六》。

【译文】

　　出外的人在路途上思念亲人，而居家的人在床上便有梦应；慈母在
燕国叹息，亲生儿子便会在楚国思念。

　　悬挂赤肉那么乌鹊便来聚集，鹰隼搏杀那么众鸟便会飞散，万物的
聚集分散，交相感应自然形成这个样子。

　　吃他的食物的人不毁坏他的盛食物的器具，吃它的果实的人不会
折断果木的枝条。堵塞河的渊流河水就会枯干，离开它的根本的树木
就会枯竭。

　　交相错画不能畅通，像连环一样不能解开，解开的办法就是不去
解它。

　　临河而羡鱼①，不若归家织网。

　　明月之珠，蜯之病而我之利；虎爪象牙，禽兽之利而我
之害。

　　易道良马②，使人欲驰；饮酒而乐，使人欲歌。

　　是而行之，固谓之断③；非而行之，必谓之乱。

【注释】

①羡：贪欲。

②易道：平坦大道。

③固：通"故"。《道藏》本作"故"。断：决断。

【译文】

　　对着河流而想得到鱼儿，不如回家织网。

明月之珠,是蚌蛤的疾病却成为人类的宝贝;虎爪象牙,是兽类的利器却是人类的祸害。

坦道骏马,使人想去奔驰;饮酒而快乐,使人想放歌。

正确的去推行它,所以称呼它叫治理;不正确的却实行它,必定称它为混乱。

矢疾,不过二里也,步之迟,百舍不休,千里可致①。

圣人处于阴,众人处于阳;圣人行于水,众人行于霜②。

异音者不可听以一律,异形者不可合于一体。

农夫劳而君子养焉③,愚者言而知者择焉。

【注释】

①"矢疾"五句:载于《吕览·博志》。舍(shè),军行三十里为一舍。

②"圣人"二句:高诱注:水有形而不可毁,故圣人行之无迹;霜雪履有迹,故众人行之也。

③君子:指国君。按,其内容亦载于《战国策·赵二》,《汉书·严助传》载淮南王上书,亦有此语。

【译文】

箭速快,不能超过二里,步行迟缓,百舍不停,千里也可以到达。

圣人处在阴面,众人处在阳面;圣人像行于水中不见痕迹,众人像行于冰霜形迹可见。

不同地域的音乐,不能够用一个音调来处理它,万物有不同的形体,不能用一个形体来等同它。

农夫辛劳而养活了国君,愚人说话而聪明的人加以选择。

舍茂木而集于枯,不弋鹄而弋乌①,难与有图。

贲丘无壑[2]，泉源不溥[3]；寻常之溪，灌十顷之泽[4]。

见之明白，处之如玉石；见之暗晦，必留其谋[5]。

以天下之大，托于一人之才，譬若悬千钧之重于木之一枝。

负子而登墙，谓之不祥，为其一人陨而两人殇[6]。

【注释】

①鹄（hú）：天鹅。

②贲（yín）：大。

③溥（pǔ）：广大。

④十：《道藏》本作“千”。

⑤留：高诱注：犹思谋也。按，即思考谋划义。

⑥陨（yǔn）：坠落。殇（shāng）：伤。

【译文】

舍弃茂密的森林而停留在枯木之上，不去射鸿鹄而去射乌鸦，这样愚蠢的人，难以与他图谋。

大山丘没有沟壑，泉水源流不能广大；寻常的沟壑有源头，可以流灌十顷的大泽。

看见它很明白，处理它们就像玉石一样清楚；看见它很暗昧，必定思考对它的谋略。

把偌大的天下，寄托在一人的才智上，就像把千钧重的物品悬挂在一个树枝上。

背着孩子去攀登高墙，称之为不吉祥，因为这样会使一人跌倒而两人受伤。

善举事者，若乘舟而悲歌，一人唱而千人和。

不能耕而欲黍粱①，不能织而喜采裳，无事而求其功，难矣！

有荣华者，必有憔悴；有罗纨者②，必有麻蒯③。

鸟有沸波者，河伯为之不潮，畏其诚也④。故一夫出死，千乘不轻。

【注释】

①粱：通"粱"。刘绩《补注》本作"粱"。

②罗纨（wán）：指华美的丝织品。纨，细绢。

③蒯（kuǎi）：茅草，可以织席。

④"鸟有"三句：高诱注：鸟，大雕也。翱翔水上，扇鱼令出沸波，攫而食之，故河伯深藏于渊，畏其精诚，为不见。按，沸波，指掀起波澜。河伯，指黄河水神。

【译文】

善于举事的人，就像乘着船而唱起悲歌，一人唱而千人相和。

不去耕田而想得到黍米高粱，不能织布而喜欢彩色衣裳，没有干事业而求得功劳，那是非常困难的啊！

有富贵荣华的，必有憔悴不堪的人；有身穿漂亮罗纨的，必有身穿麻布粗衣的人。

大雕掀起巨浪，河伯因此而不敢兴起大潮，是害怕它的精诚。因此一个战士拼死作战，千乘之国不可轻视。

蝮蛇螫人①，傅以和堇则愈②，物固有重而害反为利者③。

圣人之处乱世，若夏暴而待暮④；桑榆之间，逾易忍也⑤。

水虽平，必有波；衡虽正，必有差；尺寸虽齐，必有诡⑥。

非规矩不能定方圆,非准绳不能正曲直。用规矩准绳者,亦有规矩准绳焉⑦。

【注释】

①螫(shì):刺人。

②傅(fū):敷。北宋本原作"传"。《道藏》本作"傅"。据正。和堇(jìn):高诱注:野葛,毒药。按,疑即断肠草。

③重而害:《道藏辑要》本作"重害而"。

④"圣人"二句:高诱注:夏,日中甚热。暮,凉时。言圣人居乱世,忍以待凉。按,暴(pù),日晒。北宋本作"恭"。《道藏》本作"暴"。据正。

⑤"桑榆"二句:高诱注:言乱世将尽,如日在西方桑榆间,将夕,故曰"易忍"。按,逾(yú),更加。

⑥诡(guǐ):差别。

⑦"用规矩"二句:高诱注:准平绳直之人,能平直耳。故曰"亦有规矩准绳"。

【译文】

蝮蛇螫人,用和堇敷上就会痊愈,万物中有为害很大而反成为大利的。

圣人处在乱世之中,就像遇到夏天的酷热而等待日落一样;等到太阳处在桑榆之间,就更容易忍受了。

水面即使很平,必定有波澜;秤杆即使平正,必定有差错;尺寸即使很一致,必有不同。

没有规矩不能成方圆,没有准绳不能正曲直。使用准绳规矩,也是有规矩准绳的。

舟覆乃见善游,马奔乃见良御①。嚼而无味者,弗能内于喉;视而无形者,不能思于心。

兕虎在于后,随侯之珠在于前,弗及掇者②,先避患而后就利。

逐鹿者不顾兔,决千金之货者,不争铢两之价。

弓先调而后求劲,马先驯而后求良,人先信而后求能③。

【注释】

①“舟覆”二句:高诱注:善游,故覆舟不溺;良御,马奔车不败。故见之。按,覆,倾覆。

②“随侯之珠”二句:高诱注:随国在汉东,姬姓之侯。出游于野,见大蛇断在地,随侯令医以续傅断蛇,蛇得愈。去后衔大珠报,盖明月之珠,因号随侯之珠,世以为宝也。按,随侯之珠,本书四见。掇(duō),拾取。

③“弓先调”三句:语载《荀子·哀公》,并见《韩诗外传》卷四、《说苑·尊贤》。

【译文】

船翻了才能见到善于游泳的人,马奔驰才能见到优秀的骑士。咀嚼而没有滋味的东西,不能进入喉中;观察没有形体的东西,不会在心里思考。

兕牛老虎在后面,即使随侯之珠放在前面,也没有人来拾取,首先避开祸害而后才接近利益。

追逐野鹿的不会顾及兔子,处理千金货物的,不在于铢两的价钱。

弓先调试然后才能求到强弓,马先训练然后才能求得良马,人先取信然后才能求得贤人。

陶人弃索,车人掇之;屠者弃销①,而锻者拾之②,所缓急异也。

百星之明，不如一月之光；十牖毕开，不若一户之明。

矢之于十步，贯兕甲；及其极，不能入鲁缟③。

太山之高，背而弗见；秋毫之末，视之可察④。

【注释】

①销：《文选·张协〈七命〉》李善注引《淮南子》许慎注：销，生铁也。

②锻：北宋本原作"锻"。刘家立《淮南内篇集证》本作"锻"。据正。

③缟（gǎo）：白色丝织品。

④察：辨别。

【译文】

陶工丢弃绳索，赶车人拾取它；屠夫丢掉生铁，而打铁的人捡起它，因为所使用的缓急有所区别。

百星的光明，不如一个月亮的光辉；打开十个窗子，不如开一扇门光亮。

箭在十步之内，可以贯通兕甲；等力量到了尽头，不能穿透鲁缟。

高耸的泰山，背朝着它看不见；秋毫的末梢，对着它可以考察清楚。

山生金，反自刻；木生蠹，反自食；人生事，反自贼①。

巧冶不能铸木②，工匠不能斫金者，形性然也。

白玉不雕，美珠不文，质有余也。

故跬步不休③，跛鳖千里；累积不辍④，可成丘阜。城成于土，木直于下，非有事焉，所缘使然⑤。

【注释】

①"山生金"六句：亦载于《说苑·辨物》。刻，《荀子·礼论》杨倞

注:"减损。"指开掘。贼,败,害。

②冶:北宋本原作"治"。《道藏》本作"冶"。据正。语载《公孙尼子》。

③跬(kuǐ):半步。

④辍(chuò):停止。按,语载《荀子·修身》。

⑤缘:依循。

【译文】

山里生出黄金,反而使自己受到开凿;木头生出蠹虫,反而让自己被吃掉;人生出事端,反而使自己受害。

巧妙的冶工不能铸造木头,高明的木匠不能砍斫金属,这是由于不同事物形体的特性决定的。

白玉不要雕琢,美珠不要文采,天然的质朴就已经足够了。

因此不停地小步走,跛腿鳖也可以到达千里;堆积不停,可以形成高丘。城墙耸立由于土,木头挺拔由于根,不是有人规定它,所依循的自然规律使它形成这个样子。

凡用人之道,若以燧取火,疏之则弗得①,数之则弗中②,正在疏数之间。

从朝视夕者移,从枉准直者亏③。圣人之偶物也④,若以镜视形,曲得其情⑤。

杨子见逵路而哭之⑥,为其可以南,可以北;墨子见练丝而泣之⑦,为其可以黄,可以黑。

趋舍之相合⑧,犹金石之一调,相去千岁,合一音也。

【注释】

①疏:远。

②数（shuò）：近。高诱注"疏，犹迟也。数，犹疾也"，有误。此言阳
　燧聚焦取火，与快、慢无关。

③枉：邪。

④偶：高诱注：犹周也。按，即周合、周遇义。

⑤曲：引申有全部义。

⑥杨子：战国魏人，哲学家。《列子》有《杨朱》，载其事。逵（kuí）路：
　九达之道。其事载《列子·说符》、《荀子·王霸》。

⑦练丝：即把丝织物煮得柔软而洁白。其事见《墨子·所染》。练，
　高诱注指"白"。

⑧趣（qū）舍：取舍。《精神训》作"趣舍"，《齐俗训》作"趋舍"。

【译文】

　　大凡用人的方法，就像用燧取火一样，距离它远了就得不到火，距
离它近了就不能得中，正好在远近适中（即焦点）的时候才能燃着。

　　从早晨看晚上太阳移动了，从斜的测量正的就觉得有了亏缺。圣
人周遇万物，就像用镜子看外物，全部得到万物的性情。

　　杨朱看到四通八达的道路而哭起来，因为它能够南行，也可以北
行，不知如何选择；墨子看到洁白的生丝而抽泣，因为它可以染成黄色，
也可以染成黑色，人性也会受到了环境影响而变化。

　　进退的互相取合，就像金钟石磬的调式固定一样，相距千年，音调
仍然不会发生变化。

　　鸟不干防者①，虽近弗射；其当道，虽远弗释。

　　酤酒而酸②，买肉而臭，然酤酒买肉，不离屠沽之家③，故
求物必于近之者。

　　以诈应诈，以谲应谲④，若被蓑而救火，毁渎而止水，乃
愈益多。

西施、毛嫱，状貌不可同⑤，世称其好，美钧也；尧、舜、禹、汤，法籍殊类，得民心一也。

【注释】

①乌：高诱注：燕之属是也。干(gān)防：触犯、冒犯。防，通"妨"，害。

②酤(gū)：买酒。

③沽：通"贾"，一曰坐卖。

④谲(jué)：诡诈。

⑤不可同：于大成《说林校释》："可"字疑衍。

【译文】

燕子之类不伤害人类，即使相距很近也没有人射伤；鸟类中挡道妨碍人类的，即使离人很远也不会放过它们。

买酒而发酸，买肉而变臭，但是打酒买肉仍然离不开屠坊酒店，因为寻求外物必定会去接近的地方。

用欺诈应对欺诈，用骗术对付骗术，就像披着蓑衣去救火，凿开沟渎而止水，会使混乱增加更多。

西施、毛嫱，形体外貌很不相同，世人称赞她们的美艳则是相同的；尧、舜、禹、汤，法令典章是根本不同的，但是得到百姓拥护则是一致的。

圣人者随时而举事，因资而立功，涝则具擢对①，旱则修土龙。

临葘之女②，织纴而思行者，为之悖戾③。室有美容，缯为之篡绎④。

徵羽之操，不入鄙人之耳⑤；抮和切适，举坐而善⑥。

过府而负手者⑦，希不有盗心。故侮人之鬼者⑧，过社而摇其枝。

【注释】

①涔(cén)：雨水多。擢(zhuó)对：高诱注指"贮水器"。

②临菑(zī)：周代齐国都城。在今山东淄博东北。

③悖戾(bèi lì)：粗劣。

④纂绎(zuǎn yì)：松紧不一。高诱注：不密致，志有感故。按，纂，聚集。绎，松弛。

⑤"徵羽"二句：高诱注：徵羽正音，小人不知，不入其耳。按，操，乐曲。

⑥"抮(zhěn)和"二句：高诱注：抮，转。转其和，更作急歌，激楚之音，非正乐，故"举坐而善之"。按，和，平和。切，急切的音调。俞樾《诸子平议》认为，"切适"当作"适切"。抮，北宋本原作"於"。《道藏》本作"抮"。据正。

⑦府：储藏财物、文书之所。负手：反手于背。

⑧悔：担心。

【译文】

圣人随着时势变化而行事，按照资用而建立功勋，水涝时要准备贮水器具，干旱时就要修治土龙致雨。

临淄的女工，织绢时思念远方之人，就会织出粗劣的丝帛。室中有美貌之人，心中不定，织缯就不会细密。

徵羽的高雅之声，不能进入小人的耳中；把抮转平和之音改用急促的俗调，全坐席的人都加以称赞。

经过府库而背着手的人，很少不存有盗窃之心的。因此害怕别人的鬼魂作祟而得病的，经过神社时就要摇动树枝。

晋阳处父伐楚以救江①，故解捽者不在于捌格②，在于批伉③。

木大者根擢④，山高者基扶⑤，蹈巨者志远⑥，体大者节疏。

狂者伤人，莫之怨也；婴儿詈老，莫之疾也，贼心亡止⑦。

尾生之信，不如随牛之诞⑧，而又况一不信者乎⑨？

忧父之疾者子，治之者医，进献者祝，治祭者庖。

【注释】

①阳处父（？—前621）：春秋晋大夫。江：古国名，在今河南正阳西南。

②解捽（zuó）：解决冲突。捽，打击。北宋本原作"椊（zuó）"。《四库全书》本作"捽"。据正。捌（bié）格：分别参与战斗。捌，分开。格，斗。

③批伉：打击要害。按，伉，《道藏辑要》本作"亢"，通"亢"。《说文》："亢，人颈也。"王念孙认为"伉"是"扰"字之误。扰（dǎn），击，刺。

④根欋（qú）：根系四布。欋，通"衢"。

⑤扶：扶佐。

⑥志：王念孙《读书杂志》："志"当为"走"。

⑦亡止：《道藏》本作"亡"。按，"止"为"也"字之误。

⑧"尾生"二句：高诱注：尾生效信于妇人，信之失。随牛、弦高矫君命为诞，虽然，以存国，故不如随牛之诞。

⑨一：常。

【译文】

晋阳处父讨伐楚国来解救江国，因此解决冲突不在于参加战斗，而在于击中要害，使争斗者被迫分开。

树木大的根系分布广，山陵高大的根基牢固，脚步大的人能走远路，身体高大的骨节稀疏。

神经错乱的人伤了人，没有人埋怨他；婴儿骂老人，没有人憎恨他，因为害人之心不存在。

尾生的守信用，不如随牛的欺骗，更何况经常不守信用的人呢？

担忧父亲疾病的是儿子，给他治病的是医生，进献祝愿的是祝，筹办祭祀的是庖厨。

第十八卷　人间训

【题解】

本训以无比丰富的内容，论述了如何处理人世间的各种相互关系，其中有祸福、得失、益损、利害、功罪、取予、远近、誉毁、徐疾、赏罚、成败等内容，"使人知祸之为福，亡之为得，成之为败，利之为害也"。既生动有趣而又充满了深邃的哲理。

诚如解题中所说："人间之事，吉凶之中，征得失之端，反存亡之几也。"黄老道家学派认为，具有整体和宏观思维的"心"，处理各种复杂问题的"术"，把握和运用体现自然及社会规律的"道"，三者全备，才是处理好人世间各种复杂矛盾的关键。

陶方琦《淮南许注异同诂》："序目下无'因以题篇'字，许注本也。取旧辑许注本与今本校之，说多同。"

清净恬愉，人之性也；仪表规矩，事之制也。知人之性，其自养不勃①；知事之制，其举措不或。

发一端，散无竟②；周八极，总一筦③，谓之心④。

见本而知末，观指而睹归⑤，执一而应万，握要而治详，谓之术⑥。

　　居智所为⑦，行智所之，事智所秉，动智所由，谓之道⑧。道者，置之前而不挚⑨，错之后而不轩⑩，内之寻常而不塞，布之天下而不窕⑪。是故使人高贤称誉己者⑫，心之力也；使人卑下诽谤己者，心之罪也。

【注释】

①勃：混乱。

②竟：终竟。

③总：聚束。筦（guǎn）：洞管。

④心：指人的思想意识。

⑤指：所往。

⑥术：指治政的谋略和权术。

⑦智：知。

⑧道：指事物的法则和自然规律。

⑨挚（zhì）：《玉篇》：前顿曰挚，后顿曰轩。按，即车前低。

⑩轩：前高后低。《六书故》：车前高也。

⑪窕（tiǎo）：空隙。

⑫高贤：大贤。

【译文】

　　清静恬淡，是人的天性；法则规章，是对事物的规定。知道了人的天性，他的自身修养不会混乱；知道了事物的规定，他的举动行止不会感到困惑。

　　从一个端点出发，而可以消散在没有止境之地；遍及八方极远之处，而可以总括在一个洞管之中，这就是意识主宰心的作用。

　　看到根本而知道终结，观察他的所往而知道他的回归，执掌一方而应对万端变化，把握要害而治政周详，这就是权术的要义。

　　居处知道所干的事情，行动知道所去的方向，处事知道所执掌的准则,举止知道所做的原因,这就是道。道,放到前面而不觉得低,放在后面而不觉得高,放到寻常之内而不会堵塞,布散天下而不觉得有空隙。因此让人以大贤称誉自己的,是心的力量;使人以卑劣低下诽谤自己的,是心的罪过。

夫言出于口者,不可止于人;行发于迩者①,不可禁于远。

事者难成而易败也,名者难立而易废也。千里之堤,以蝼蚁之穴漏;百寻之屋,以突隙之烟焚②。尧戒曰:"战战栗栗③,日慎一日。"人莫蹶于山④,而蹶于垤⑤。是故人者轻小害⑥,易微事,以多悔。患至而后忧之,是由病者已惓⑦,而索良医也,虽有扁鹊、俞跗之巧⑧,犹不能生也。

【注释】

①迩(ěr):近。

②"千里"四句:语出《韩非子·喻老》。突隙之烟焚,王念孙《读书杂志》王引之曰:《太平御览·虫豸部》四引此,作"突隙之熛(biāo)"。突,烟囱。

③战战:恐惧的样子。栗栗:畏惧的样子。

④蹶(tuí):跌倒。古楚语。

⑤垤(dié):小土堆。按,语出《韩非子·六反》等。

⑥者:刘绩《补注》本作"皆"。《群书治要》有"者、皆"二字。

⑦由:通"犹"。惓(juàn):同"倦"。《说文》:"倦,罢也。"引申为病重义。

⑧扁鹊:春秋战国时名医,名秦越人。《汉书·艺文志》"方技略"有《扁鹊内经》九卷、《泰始黄帝扁鹊俞拊方》二十三卷。《史记》有《扁鹊仓公列传》。俞跗(fū):黄帝时医家。亦载于《韩诗外传》卷十。

【译文】

言语从自己口中发出的,不能够被别人制止;行动从近处发生的,不能够在远处禁止它。

事业是难以成功而容易失败的,名誉是难以树立而容易毁弃的。千里长堤,常常因为蝼蛄蚂蚁的洞穴渗漏而崩塌;百寻高的大厦,常常因为烟囱缝隙的火苗而被焚毁。尧自我警告说:"恐惧戒慎,一天比一天小心。"人们没有被大山绊倒的,而却被蚁穴的小土堆绊倒。因此人们都是轻视小害,把小事看得容易,而多有后悔。祸患来到才去忧虑,就像生病的人已经病重,而再寻求高明的医生,即使有扁鹊、俞跗这样的名医高手,也不能使他存活。

夫祸之来也,人自生之;福之来也,人自成之。祸与福同门,利与害与邻,非神圣人,莫之能分。凡人之举事,莫不先以其知规虑揣度①,而后敢以定谋。其或利或害,此愚智之所以异也②。晓自然以为智③,知存亡之枢机,祸福之门户,举而用之,陷溺于难者,不可胜计也。使知所以为是者④,事必可行,则天下无不达之涂矣⑤。是故知虑者祸福之门户也,动静者利害之枢机也⑥。百事之变化,国家之治乱,待而后成。是故不溺于难者成⑦,是故不可不慎也。

【注释】

①揣(chuǎi):揣度,忖度。

②此:北宋本原作"北"。《道藏》本作"此"。据正。

③"晓自然"句:王念孙《读书杂志》:今本"然"字误在"自"下,则更不可读矣。

④所以:《道藏》本无"以"字。

⑤涂：通"途"，道路。

⑥枢机：喻指关键部位。

⑦"是故"句：杨树达《淮南子证闻》：八字与上文不贯，疑因下文"是故"句而衍。

【译文】

　　灾祸的到来，是人们自己使它产生的；幸福的到来，也是人们自己使它形成的。灾祸和幸福同出一个门户，利益和患害它俩是近邻，不是神明的圣人，是不能够分辨它们的。大凡人的行事，没有不是凭着自己的智慧加以规划考虑，然后才敢于确定自己的计划的。它们有的是利有的是害，这就是愚蠢人和聪明人的主要区别。那种明白无误的样子自以为很聪明，懂得了存在灭亡的关键，掌握了灾祸幸福的门户，如果举荐而使用他们，而沉溺于灾难之中的事，是不可胜数的。假使知道自己所干的是正确的，事情是一定能够可行的，那么天下就没有不能通达的大路了。因此说智虑是祸福的门户，动静是利害的关键。百事的变化，国家的治乱，必定有待它才会成功，因此不能不谨慎啊！

　　天下有三危①：少德而多宠，一危也；才下而位高，二危也；身无大功而有厚禄，三危也。故物或损之而益，或益之而损，何以知其然也？

　　昔者楚庄王既胜晋于河、雍之间②，归而封孙叔敖，而辞不受。病疽将死③，谓其子曰："吾则死矣，王必封女，女必让肥饶之地，而受沙石之间④。有寝丘者，其地确石之名丑⑤。荆人鬼⑥，越人礼⑦，人莫之利也。"孙叔敖死，王果封其子以肥饶之地，其子辞而不受，请有寝之丘⑧。楚国之俗，功臣二世而爵禄⑨，唯孙叔敖独存⑩。此所谓损之而益也。

　　何谓益之而损？昔晋厉公南伐楚⑪，东伐齐，西伐秦⑫，北伐燕,兵横行天下而无所绻^⑬,威服四方而无所诎,遂合诸侯于嘉陵^⑭。气充志骄,淫侈无度,暴虐万民。内无辅拂之臣^⑮,外无诸侯之助。戮杀大臣^⑯,亲近导谀^⑰。明年出游匠骊氏^⑱,栾书、中行偃劫而幽之^⑲。诸侯莫之救,百姓莫之哀,三月而死^⑳。夫战胜攻取,地广而名尊,此天下之所愿也,然而终于身死国亡,此所谓益之而损者也。

【注释】

①"天下"七句:语似出《国语·鲁语》。亦与《道应训》"狐丘丈人谓孙叔敖"语相近。

②"昔者"句:许慎注:庄王败晋荀林父之师于邲(bì)。邲,河雍地也。按,事在楚庄王十七年夏六月(前597)。载于《左传·宣公十二年》、《韩非子·喻老》、《列子·说符》、《吕览·异宝》,《史记·楚世家》亦载此事。河雍,黄河和雍州。雍,这里指邲,春秋属郑,在今河南荥阳北。

③疽(jū):痈。《吕览·异宝》、《列子·说符》作"孙叔敖疾,将死"。《史记·滑稽列传》作"孙叔敖病且死"。无"疽"字。

④沙石之间:《韩非子·喻老》作"沙石之处"。又《吕览·异宝》作"楚、越之间有寝之丘者",《列子·说符》作"楚、越之间有寝丘者"。知此处有脱误。

⑤"有寝丘"二句:许慎注:寝丘,今汝南固始也。前有垢谷,后有(庄)[萻](zhuāng)丘,名丑。按,《楚文化考古大事记》:"寝丘故城址在今固始县城郊北山口。楚庄王封孙叔敖之子侨"于此,建成寝丘邑。(文物出版社1984年版)确,石头坚硬。之,刘绩《补注》本作"而"。

⑥荆人鬼:许慎注:人事鬼也。

⑦礼:许慎注:祥也。按,即福祥。《说文》:"礼,鬼俗也。淮南传曰:吴人鬼,越人礼。"指迷信鬼神的活动。

⑧请:北宋本原作"谓"。《道藏》本作"请"。据正。

⑨"功臣"句:郑良树《淮南子斠理》:"爵禄"上疑夺"收"字。《韩非子·和氏》中载:"封君之子孙,三世而收爵禄。"

⑩"唯孙叔敖"句:《史记·滑稽列传》中载:"封之寝丘四百户。后十世不绝。"

⑪南伐楚:晋厉公六年(前575)春晋、楚鄢(yān)陵之战,伤楚共王之目。

⑫西伐秦:晋厉公元年(前580)败秦于廉隧。

⑬绻(quǎn):屈曲。

⑭合诸侯:前574年,晋、宋、曹、卫、邾等盟于嘉陵。《左传·成公十六年》作"柯陵"。嘉、柯上古音声、韵相同。可通。嘉陵在许昌南、临颍北三十里。

⑮拂(bì):通"弼",辅佐。

⑯"戮杀"句:指杀戮敢谏大臣伯宗。

⑰亲近:指重用嬖(bì)臣胥童、夷羊五、长鱼矫、匠骊氏等人。导谀(yú):导,引诱。谀,谄谀。

⑱明年:指晋厉公八年(前573)。匠骊(lí)氏:晋厉公嬖臣。居于绛城外二十里。

⑲栾(luán)书:即栾武子。晋大夫,中军元帅。后逮捕厉公,立悼公。中行偃:即荀偃。晋文公作三行(即三军),荀偃将中行。

⑳三月而死:晋厉公七年十二月被执,八年正月被杀,历时三月。事载于《左传·成公十七年》、《国语·晋语》、《吕览·骄恣》,亦见于《史记·晋世家》。

【译文】

天下有三件危险的事情:缺少德性而多宠爱,一危;才能低下而官位高,二危;身无大功而俸禄丰厚,三危。因此事物中有的损减了却反而使它增加,有的增加了却反而使它减少,怎么知道是这样的呢?

从前楚庄王已经在郊地战胜了晋国,回国以后准备封赏孙叔敖,他推辞而不愿接受。孙叔敖得了恶疮将要死去,对他的儿子说:"我就要死了,国君必然要封你,你必须让出肥美之地,而接受沙丘乱石那样的荒地。楚、越之间有个叫寝丘的,那里石硬地瘠而且名声不好。楚国人信鬼,越国人信吉祥,两国没有人认为这个地方对他们有利。"孙叔敖死后,国君果然把肥饶之地封给他的儿子,他的儿子坚辞不受,请求允许赐给他寝丘之地。楚国的习俗,功臣两代之后便要收回爵禄,只有孙叔敖的封地独存。这就是所说的减损了而反使它增加。

什么叫使它增加反而减少?从前晋厉公南面讨伐楚国,东面打败齐国,西边进攻秦国,北面侵犯燕国,军队横行天下也没有能够使他屈服的,威服四方没有不顺从的,于是便在柯陵会盟诸侯。傲气满胸骄横异常,荒淫奢侈无度,暴虐万民。国内没有辅佐重臣,外部没有诸侯帮助。杀戮大臣,亲近佞人。第二年到匠骊氏之地出游,栾书、中行偃乘机劫持并把他囚禁起来。诸侯没有人救援,百姓没有人悲哀,最终在三个月后死去。战胜强国攻城夺地,增广地盘名声尊宠,这是天下人所盼望的,但是最终自己被杀国家灭亡,这就是所说的使它增加却反而减损的例子。

夫孙叔敖之请有寝之丘、沙石之地,所以累世不夺也;晋厉公之合诸侯于嘉陵,所以身死于匠骊氏也。

众人皆知利利而病病也,唯圣人知病之为利,知利之为病也①。夫再实之木根必伤②,掘藏之家必有殃③,以言大利而反为害也。

【注释】

①"众人"三句：化自《老子》七十一章。

②再实之木：一年两次结果的树木。

③"掘藏(zàng)"句：许慎注：掘藏，谓发冢得伏藏，无功受财。按，藏，指墓葬。

【译文】

孙叔敖请求楚庄王允许封给他寝丘之地、沙丘乱石之处，这就是一代一代不被剥夺的原因；晋厉公在嘉陵会盟诸侯，这就是他身死匠骊氏的原因。

众人都知道利益是有利的而疾病是有害的，只有圣人知道有害有时是有利的，有利有时是有害的。一年结两次果实的树木根部必定受到伤害，挖掘坟墓获得财宝必定有大的灾祸，说的就是想得到大的利益而反成为大的祸害。

张武教智伯夺韩、魏之地而擒于晋阳①；申叔时教庄王封陈氏之后而霸天下②。孔子读《易》至《损》、《益》③，未尝不愤然而叹④，曰："益损者，其王者之事与？"

事或欲以利之⑤，适足以害之；或欲害之，乃反以利之。利害之反，祸福之门户⑥，不可不察也。

【注释】

①"张武"句：许慎注：张武，智伯臣也。擒于晋阳，为赵襄子所杀。

②"申叔时"句：许慎注：申叔时，楚大夫也。庄王灭陈，已乃复之也。按，"陈氏之后"，指立陈灵公之子妫(guī)午，是为陈成公，在位30年。事见《左传·宣公十一年》。

③《损》、《益》：《周易·系辞下》："《损》，德之修也。《益》，德之裕

也。"故曰"王者之事"。

④愦然:《说苑·敬慎》、《孔子家语·六本》作"喟(kuì)"。《太平御
　览》卷六百九《学部》三引此作"喟然而叹"。

⑤欲以:《文子·微明》无"以"字。

⑥门户:《文子·微明》无"户"字。

【译文】

　　张武教智伯侵夺韩、魏的土地,而被赵襄子在晋阳擒住;申叔时教
庄王封陈氏之后,而使楚庄王称雄天下。孔子读《易》到《损》、《益》时,
未尝不叹息地说:"增加与减少,这恐怕是国君治政的事情吧?"

　　事情中有的认为对他有利,恰好完全对他有害;有的认为对他有害,
却反而对他有利。利害之间的反复变化,祸福的门径,不能不考察清楚。

　　阳虎为乱于鲁①,鲁君令人闭城门而捕之,得者有重赏,
失者有重罪。围二市②,而阳虎将举剑而伯颐③。门者止之
曰:"天下探之不穷④,我将出子。"阳虎因赴围而逐,扬剑提
戈而走。门者出之,顾反取其出之者,以戈椎之⑤,攘袪薄
腋⑥。出之者怨之曰:"我非故与子反也⑦,为之蒙死被罪,而
乃反伤我,宜矣其有此难也!"鲁君闻阳虎失,大怒,问所出
之门,使有司拘之,以为伤者受重赏,而不伤者被重罪。此
所谓害之而反利者也。

【注释】

①"阳虎"几句:许慎注:阳虎,季氏之臣也。阳虎[叛]季氏,专鲁国
　也。按,阳虎,名虎,字货,鲁孟氏后裔,春秋后期季氏家臣。曾
　挟持季氏而掌国政。拟废三桓,失败,出奔阳关。事见《左
　传·定公八年》。鲁君,鲁定公。名宋,在位15年。

②二:《道藏》本作"三"。币:周。北宋本原作"市"。《道藏》本作
　"匝"。据正。

③伯:通"迫",迫近。颐(yí):下巴。

④探:探究;索取。穷:穷尽。

⑤椎:击。

⑥攘(rǎng):刺烂。祛(qū):指袖口。薄:通"迫",迫近。

⑦故:本来,平素。

【译文】

　　阳虎在鲁国作乱,鲁君命令闭上城门来逮捕他,捕到他的人有重赏,放走他的人有重罪。把阳虎整整围了三圈,阳虎准备举剑而迫近面颊。守门的人制止说:"天下如此之大,探求它是没有穷尽的,我将帮助你出逃。"阳虎乘势突出重围,举起剑提着戈而逃跑。看门人帮阳虎逃出后,他回过头来对着帮助自己出逃的人,用戈刺他们,刺烂袖口迫近腋下。帮助阳虎出逃的人埋怨说:"我原本不是和你谋反的,现在为了帮助你冒着死亡遭受大罪,而你反刺伤我,我有这样的灾难是应该的啊!"鲁君听说阳虎逃走,大怒,问清了所出的城门,使主管官吏拘捕把守不力之人,对受伤的人给予重赏,对不伤的人处以重罪。这就是所说的危害了他而反对他有利。

　　何谓欲利之而反害之? 楚恭王与晋人战于鄢陵①,战酣,恭王伤而休②。司马子反渴而求饮③,竖阳谷奉酒而进之④。子反之为人也,嗜酒而甘之,不能绝于口,遂醉而卧。恭王欲复战,使人召司马子反,子反辞以心痛。王驾而往视之,入幄中而闻酒臭⑤。恭王大怒,曰:"今日之战,不谷亲伤⑥,所恃者司马也。而司马又若此,是亡楚国之社稷⑦,而不率吾众也⑧,不谷无与复战矣。"于是罢师而去之,斩司马

子反为僇⑨。故竖阳谷之进酒也,非欲祸子反也,诚爱而欲快之也,而适足以杀之⑩。此所谓欲利之而反害之者也。

【注释】

①鄢(yān)陵:在今河南鄢陵西北。前575年,晋厉公大败楚于此。

②伤而休:许慎注:晋人射共王中目。按,事载《左传·成公十六年》,并见于《韩非子·十过》《饰邪》,亦载于《史记·晋世家》、《楚世家》及《说苑·敬慎》等。

③司马子反:即公子侧,楚中军元帅。

④竖阳谷:竖,僮仆。阳谷,其名。

⑤臭:气味。

⑥不谷:不善。人君自谦的说法。

⑦亡:《吕览·权勋》《韩非子·十过》作"忘"。

⑧率:《吕览·权勋》《韩非子·十过》作"恤(xù)",体恤。杨树达《淮南子证闻》:"率"、"恤"二字古通作。《史记·鲁世家》"恤"作"率"。

⑨僇(lù):耻辱。《吕览·权勋》《韩非子·十过》并作"戮"。

⑩适:恰好。

【译文】

什么叫想对他有利反而害了他?楚恭王和晋厉公在鄢陵大战,战斗正激烈之时,楚恭王被晋将魏锜射伤左眼而被迫休战。楚中军元帅司马子反口渴而寻求饮水,随身小侍竖阳谷捧着美酒进献给他。子反这个人,嗜酒而感到甘美异常,一发而不可收,于是便醉卧帐中。恭王准备再开战,派人召司马子反,子反推辞说心里疼痛。恭王亲自去察看他的病情,进入帷帐之中而闻到一阵酒气。恭王大怒说:"今日的战争,我亲自参战而负伤,所依仗的就是司马。而司马又像这个样子,这是忘记我们楚国的社稷,而不体恤我们大众了,我不能和晋军再战了。"于是结束了战争而回师楚国,斩司马子反以洗刷耻辱。因此竖阳谷之进献美酒,不是想给子反带来灾祸,实在是爱戴自己的主帅而想使他心情愉快,却恰好以此杀了他。这就是想对他有利而反害了他。

　　夫病温而强之食①,病暍而饮之寒②,此众人之所以为养也,而良医之所以为病也。悦于目③,悦于心,愚者之所利也,然而有论者之所辟也④。故圣人先忤而后合⑤,众人先合而后忤。

【注释】

①温:温病,是多种热病的总称。《黄帝内经·素问·生气通天论》张志聪集注:温病者,冬伤于寒,先夏至日发者,为病温也。

②暍(yē):中暑。

③悦于目:《文子·微明》作“快于目”。

④有论者:《文子·微明》作“有道者”。

⑤忤(wǔ):违反,抵触。

【译文】

　　得了温病而强迫他吃饭,中了暑热而让他喝冰水,这是众人所认为用来养病的方法,但是良医认为这是所以造成疾病的原因。能使眼睛愉悦,使心里高兴,这是愚蠢的人认为有利的,但这是有道的人所要避开的。因此圣人做事先背离而后相合,众人是先相合而后背离。

　　有功者,人臣之所务也①;有罪者,人臣之所辟也。或有功而见疑,或有罪而益信,何也?则有功者离恩义,有罪者不敢失仁心也。

　　魏将乐羊攻中山②,其子执在城中,城中县其子以示乐羊。乐羊曰："君臣之义,不得以子为私。"攻之愈急。中山因烹其子,而遗之鼎羹与其首。乐羊循而泣之曰[3]:"是吾子。"已为使者跪而啜三杯[4]。使者归报,中山曰:"是伏约死节者也,不可忍也。"遂降之。为魏文侯大开地有功[5],自此之后,日以不信。此所谓有功而见疑者也。

何谓有罪而益信?孟孙猎而得麑[6],使秦西巴持归烹之[7]。麑母随之而啼。秦西巴弗忍,纵而予之。孟孙归,求麑安在,秦西巴对曰:"其母随而啼,臣诚弗忍,窃纵而予之。"孟孙怒,逐秦西巴。居一年[8],取以为子傅。左右曰:"秦西巴有罪于君,今以为子傅,何也?"孟孙曰:"夫一麑而弗忍,又何况于人乎?"此谓有罪而益信者也。

【注释】

① 人:北宋本原作"又"。《道藏》本作"人"。据正。务:务求。

② 乐羊:魏将,曾为元帅,率魏兵灭中山国。据《史记·魏世家》,灭中山在魏文侯十六年(前430)。中山:国名。战国时其中心位于今河北正定一带。当时中山国君叫姬窟(kū)。

③ 循:通"揗(xún)",抚摸。

④ 啜(chuò):喝。三:杨树达《淮南子证闻》:"三杯"当作"一杯",字之误也。《国策·魏一》、《韩非子·说林篇》、《说苑·贵德篇》字并作"一"。

⑤ 大:北宋本原作"夫"。《道藏》本作"大"。据正。

⑥ 孟孙:鲁桓公的孙子。其父为庆父,曾派人杀死两个国君,后自杀。鲁僖公立公孙敖继承庆父的地位,称为孟孙氏。麑(ní):幼鹿。

⑦ 秦西巴:孟孙门客。

⑧居一年:《韩非子·说林上》作"居三月"。此事亦载于《说苑·贵
　德》。

【译文】

　　建立功劳,这是人臣所务求的;犯下罪过,这是人臣所要回避的。
有的立功反而被怀疑,有的犯罪反而更加得到信任,这是为什么? 这是
因为有功的人背离恩义,有罪的人不敢失去仁爱之心而造成的。

　　魏将乐羊攻打中山国,他的儿子乐舒被拘禁在城中,城中把他的儿
子绑起来挂在城头给乐羊看。乐羊说:"君臣之间的大义,不能够因为
儿子而徇私情。"攻打中山城更加急迫。中山国君于是下令烹了他的儿
子,并送给乐羊一鼎肉汤和儿子的头。乐羊抚摸着他儿子的头哭着说:
"这是我的儿子。"接着为使者跪着喝了三杯。使者回报,中山君说:"这
是一个信守誓约为大节而死的人,不能够抑制他。"于是便投降了乐羊。
他替魏文侯开拓疆土有功,从此以后,却一天天地不被信任。这就是所
说的有功而被怀疑的例子。

　　什么叫有罪而更加得到信任? 鲁国孟孙氏打猎得到一只幼鹿,派
秦西巴带回去烹了它。母鹿追随着秦西巴而哀啼。秦西巴不忍心,放
开它而让它回到母鹿身边。孟孙氏回来后,询问烧好的鹿肉在哪里,秦
西巴回答说:"小鹿的妈妈追在后面哀啼,我实在不忍心,私自放了它,
让它随母鹿去了。"孟孙氏十分气愤,把秦西巴赶走了。过了一年,召回
秦西巴并让他担任太子的师傅。左右的人说:"秦西巴对您有罪,现在
却让他担任您儿子的师傅,这是为什么?"孟孙说:"他对待一只小鹿尚
且那样不忍心,又何况对待我的儿子呢?"这就是所说的有罪过反而更
加得到信任的例子。

　　故趋舍不可不审也,此公孙鞅之所以抵罪于秦①,而不
得入魏也。功非不大也,然而累足无所践者②,不义之故也。
　　事或夺之而反与之,或与之而反取之。智伯求地于魏

宣子③,宣子弗欲与之。任登曰④:"智伯之强,威行于天下,求地而弗与,是为诸侯先受祸也。不若与之。"宣子曰:"求地不已,为之奈何?"任登曰:"与之使喜,必将复求地于诸侯,诸侯必植耳⑤。与天下同心而图之,一心所得者⑥,非直吾所亡也。"魏宣子裂地而授之。又求地于韩康子⑦,韩康子不敢不予,诸侯皆恐。又求地于赵襄子⑧,襄子弗与。于是智伯乃从韩、魏⑨,围襄子于晋阳。三国通谋擒智伯,而三分其国。此所谓夺人而反为人所夺者。

【注释】

①"此公孙鞅"二句:许慎注:公孙鞅,商君也。为秦伐魏,欺魏公子卬(áng)而杀之,后有罪走魏,魏人不入也。按,事亦见《史记·商君列传》等。

②累足:两足相迭,不敢正立。即无地容身之义。

③魏宣子:《战国策·魏一》、《史记·魏世家》作"魏桓子",《韩非子·十过》、《说苑·权谋》作"宣子"。按,魏无"宣子",当作"桓子"。魏桓子(? —前446),春秋晋国六卿之一。

④任登:魏氏谋臣。《韩非子·说林》、《战国策·魏一》作"任章",《说苑·权谋》作"任增"。

⑤植耳:耸耳细听。

⑥一心:杨树达《淮南子证闻》认为是衍文。

⑦韩康子:姬姓,韩氏,名虎。春秋晋六卿之一。

⑧赵襄子:名毋恤。春秋晋六卿之一,在位33年。

⑨从:使跟从。

【译文】

因此对取舍不能不慎重考虑,这就是公孙鞅之所以在秦国触犯权贵,而不能够进入魏国的原因。功劳不是不大,但是不敢正身站立,没有可以立足的地方,是他实行不义政策的原因所造成的。

事情中有的夺取了它而反给予了他,有的给予了他而反夺取了它。智伯向魏宣子求地,魏宣子不想给他。谋臣任登说:"智伯十分强大,威力横行天下,求地而不给予,这是替诸侯先承受灾祸啊!不如给予他。"宣子说:"如果索取土地不停止,怎么办呢?"任登说:"给他土地而使他欢喜,他必然再向其他诸侯国求地,诸侯必然耸耳细听。和天下诸侯同心协力而对付他,以后我们所得到的土地,不仅仅只是我们所失去的一点点啊!"魏宣子割地并给了智伯。智伯又向韩康子求地,韩康子不敢不给,诸侯都十分恐慌。智伯又向赵襄子索地,赵襄子不给。这时智伯率领韩、魏大军,在晋阳包围了赵襄子。韩、赵、魏三国共同谋划擒住了智伯,并把智伯土地分成三份归入三国。这就是所说的夺取了别人的而反被别人所夺取。

何谓与之而反取之?晋献公欲假道于虞以伐虢①,遗虞垂棘之璧与屈产之乘②。虞公或于璧与马,而欲与之道。宫之奇谏曰③:"不可!夫虞之与虢,若车之有轮④,轮依于车,车亦依轮。虞之与虢,相恃而势也⑤。若假之道,虢朝亡而虞夕从之矣。"虞公弗听,遂假之道。荀息伐虢⑥,遂克之。还反伐虞,又拔之。此所谓与之而反取者也。

【注释】

①假:借。虞(yú):今山西平陆东北。虢(guó):在今河南三门峡陕州区东南。灭于前655年。

②垂棘:在今山西潞城北。屈产:在今山西吉县北。一说屈地所产。璧:北宋本原作"壁"。《道藏》本作"璧"。据正。下"璧"

　字同。

③宫之奇：虞臣。

④轮：《韩非子·十过》、《吕览·权勋》作"辅"。辅，指车两旁之板。

⑤而：《韩非子·十过》、《吕览·权勋》作"之"。

⑥荀息：晋大夫。此则见于《左传》僖公二年、五年，《韩非子·十
　过》、《喻老》，《吕览·权勋》，《史记·晋世家》，《战国策·秦策》，
　《说苑·善谋》等。

【译文】

　什么叫给予他反而夺取它呢？晋献公想向虞借道来讨伐虢国，献
公把垂棘产的璧玉和屈地产出的良马赠送给虞君。虞公被美玉良马所
迷惑，而想借道给晋国。虞大夫宫之奇劝谏说："不行！虞国和虢国，像
车子有了轮子，轮子依托于车，车子也依靠轮子。虞国和虢国，相互依
靠而形成威势。如果借道给他们，虢国早晨灭亡而虞国晚上便要跟从
它灭亡了。"虞君不听，于是就借道给晋国。晋大夫荀息讨伐虢国，便攻
克了它。回师返回侵伐虞国，又夺得了虞地。这就是所说的给予他而
反夺取了它。

　　圣王布德施惠，非求其报于百姓也①；郊望禘尝②，非求
福于鬼神也。山致其高而云起焉③，水致其深而蛟龙生焉，
君子致其道，而福禄归焉。

　　夫有阴德者④，必有阳报；有阴行者⑤，必有昭名。古有
沟防不脩⑥，水为民害。禹凿龙门，辟伊阙，平治水土，使民
得陆处。百姓不亲，五品不慎⑦，契教以君臣之义⑧，父子之
亲，夫妻之辩，长幼之序。田野不脩，民食不足，后稷乃教之
辟地垦草⑨，粪土种谷⑩，令百姓家给人足。故三后之后⑪，
无不王者，有阴德也。周室衰，礼义废，孔子以三代之道，教

导于世，其后继嗣至今不绝者，有隐行也。秦王赵政兼吞天下而已⑫，智伯侵地而灭，商鞅支解，李斯车裂⑬。三代种德而王，齐桓继绝而霸。故树黍者不获稷，树怨者无报德。

【注释】

①其：《说苑·贵德》无"其"字。

②郊：王者岁祭天于近郊五十里，故曰"郊"。望：祭日月星辰山川。禘(dì)尝：《礼记·王制》：天子诸侯宗庙之祭，春曰礿(yuè)，夏曰禘，秋曰尝，冬曰烝(zhēng)。

③云起：王念孙《读书杂志》："云"下脱"雨"字。《太平御览·鳞介部》二引，正作"云雨起焉"。《说苑·贵德》、《文子·上德》并同。

④阴德：暗中施德于人。

⑤阴行：隐晦的德行。《文子·上德》、《说苑·贵德》并作"隐行"。

⑥有：刘绩《补注》本作"者"，《说苑·贵德》亦同。

⑦五品：即五伦。指君臣、父子、兄弟、夫妇、朋友之间的五种关系。

⑧契(xiè)：殷之始祖。

⑨后稷(jì)：周始祖，能播植者。

⑩粪土：给土地施肥。

⑪三后：指夏、商、周三代开国之君。

⑫赵政(前259—前210)：在位26年。《史记·秦始皇本纪》："庄襄王为秦质于赵，见吕不韦姬，悦而取之，生始皇。……及生，名为政，姓赵氏。"已：终，尽。

⑬李：北宋本原作"季"。《道藏》本作"李"。据正。李斯(? —前208)，今河南上蔡人。荀卿学生。曾为秦丞相。后被秦二世、赵高腰斩于咸阳。

【译文】

圣明的国君布散德泽施予恩惠，不是为了向老百姓求得报答；祭祀天地日月星辰山川宗庙，不是为了向鬼神求取幸福。大山极尽它的高耸于是云雨在这里兴起，水流极尽它的深沉，于是蛟龙在其中产生，君子极力推行他的大道，于是福禄便归向他。

　　积有阴德的，必定有公开的报答；具有隐行的，必定有显明的声誉。古时候沟渠堤防没有修治，洪水给人民造成灾害。大禹凿开龙门，劈开伊阙，治理好了水患，使人民得以在陆上安居。百姓不亲近，五伦不和顺，契用君臣之间的大义，父子之间的亲爱，夫妻之间的区别，长幼之间的秩序来教导百姓。田野得不到整治，百姓衣食不足，后稷于是教导百姓开辟土地垦除荒草，施肥种谷，使百姓家家衣食充足。因此三代明君的后代，没有不称王的，积有阴德而造成的。周室衰败，礼义废弃，孔子用三代的道理，来教导世人，他的后嗣至今没有断绝，就是有隐行而造成的。秦王赵政吞并天下而灭亡，智伯扩张领土而亡国，商鞅被肢解，李斯遭车裂。三代种下恩德而称王，齐桓公使灭绝的世族继续存在而称霸。因此种黍的不会收获稷子，种下怨恨的人也不会得到恩德。

　　昔者宋人好善者①，三世不解②。家无故而黑牛生白犊③，以问先生④。先生曰："此吉祥，以飨鬼神⑤。"居一年，其父无故而盲，牛又复生白犊，其父又复使其子以问先生。其子曰："前听先生言而失明，今又复问之，奈何？"其父曰："圣人之言，先忤而后合，其事未究，固试往复问之。"其子又复问先生。先生曰："此吉祥也，复以飨鬼神。"归致命其父。其父曰："行先生之言也。"居一年，其子又无故而盲。其后楚攻宋，围其城⑥。当此之时，易子而食，析骸而炊之，丁壮者死，老病童儿皆上城，牢守而不下。楚王大怒，城已破，诸城守者皆屠之。此独以父子盲之故，得无乘城⑦。军罢围解，则父子俱视。夫祸福之转而相生，其变难见也。

【注释】

①好善者:《列子·说符》、《论衡·福虚》"好"上有"有"字。

②解:通"懈"。

③犊:小牛。

④先生:《列子》、《论衡》作"孔子"。

⑤飨:祭祀。

⑥"其后"二句:许慎注:楚庄王时,围宋九月。按,事见《左传·宣公十四年》。又见《史记·楚世家》、《吕览·行论》。

⑦乘:登。

【译文】

　　从前宋国有一个爱好行善的人,三代不松懈。家中无缘无故黑牛生出了白色的牛犊子,因此而询问前辈先生。先生说:"这是吉利的事情,用它来祭祀鬼神。"过了一年,他的父亲无故眼睛瞎了,黑牛又生了一个白犊,父亲又让自己的儿子去问先生。他的儿子说:"以前听先生的话而你却失明了,现在又去询问,干什么?"他的父亲说:"圣人的话,先背离而后耦合,事情没有考察清楚,你姑且再试着问一次。"他的儿子又去问先生。先生说:"这是吉祥的事情,再用它祭祀鬼神。"儿子回来传达给自己的父亲。他的父亲说:"还按先生的话去做。"过了一年,他的儿子又无故眼睛瞎了。这事以后楚国攻打宋国,包围了宋的都城。在这个时候,互相交换孩子来杀死充饥,劈开骨头来烧火,青壮年战死,老弱病童上城守卫,牢牢地守城而未被攻下。楚王大怒,攻破城池,许多守卫城池的人都被屠杀。这父子俩独独因为眼瞎的缘故,没有上城把守。楚国罢兵围困解除,这父子俩的眼睛又重放光明了。灾祸幸福的转化相生,它的变化是难以预见的。

　　近塞上之人①,有善术者②,马无故亡而入胡,人皆吊之。其父曰③:"此何遽不为福乎?"居数月,其马将胡骏马而归,人皆贺之。其父曰："此何遽不能为祸乎?"家富良马,其子好骑,堕而折其髀④,人皆吊之。其父曰："此何遽不为福乎?"居一年,胡人大入塞,丁壮者引弦而战⑤。近塞之人,死者十九,此独以跛之故,父子相保。故福之为祸,祸之为福,化不可极,深不可测也。

【注释】

①塞上:指长城一带。

②术:术数。古代指星相、占卜、医药等技艺。

③其:此,是。父:指长者。《尚书·酒诰》孔颖达疏:父者,尊之辞。

④髀(bì):大腿。

⑤引:开弓。

【译文】

靠近长城一带的居民,有一个擅长术数的人,他家的马无故跑到了匈奴的一边,人们都去慰问他。这位长者却说:"这难道不是一件好事吗?"过了几个月,他的马带领了一匹胡地的骏马归来,人们都去祝贺他。这位长者说:"这难道不是一件坏事吗?"他家里很富有,又得了良马,他的儿子爱好骑马,一次从马背上摔下来而折断了大腿,人们都去安慰他。这位长者说:"这难道不是一件好事吗?"过了一年,匈奴人大举入侵边塞地区,青壮年都拉起弓箭和敌人作战。边塞上的人,十分之九都战死了,他的儿子独独因为腿跛的原因没有参战,父子俩保全了性命。因此好事可以变成坏事,坏事也可以变成好事,它们的变化是不能穷尽的,深奥的道理是难以测度的。

或直于辞而不害于事者①,或亏于耳以忤于心,而合于实者。高阳魋将为室②,问匠人。匠人对曰:"未可也。木尚生,加涂其上,必将桡③。以生材任重涂,今虽成,后必败。"高阳魋曰:"不然! 夫木枯则益劲,涂干则益轻。以劲材任轻涂,今虽恶④,后必善。"匠人穷于辞,无以对,受令而为室。其始成,竘然善也⑤,而后果败。此所谓直于辞而不可用者也。

【注释】

①"或直于"句:刘绩《补注》:一作"直于辞而不可用者。"

②高阳魋(tuí):宋国大夫。《吕览·别类》作"高阳应"。

③桡(náo):弯曲。

④恶:粗糙,不牢。

⑤竘(qǔ)然:高大壮美的样子。按,此则载于《韩非子·外储说左上》《吕览·别类》。

【译文】

有的言辞正直却不能够被采用,有的逆耳背心而合乎实际情况的。高阳魋准备建造一套漂亮的住宅,去询问工匠。工匠说:"还不行啊! 木头还没有干,把涂泥加在它的上面,必然将要弯曲。用未干的木料去承受重的涂泥,现在即使成功,以后也要倒掉的。"高阳魋说:"不是这样的! 木材干了更加坚韧,涂泥干了那么就更轻。用坚韧的木材去承受轻的涂泥,现在即使不好看,以后必定很好。"匠人理屈词穷,无言回答,接受命令而建造房子。开始造成的时候,美丽壮观,而后果然倒塌。这就是所说的言语正直而不能被别人采用的例子。

何谓亏于耳忤于心而合于实①? 靖郭君将城薛②,宾客多止之,弗听。靖郭君谓谒者曰③:"无为宾通言。"齐人有请见者,曰:"臣请道三言而已,过三言,请烹。"[靖]郭君闻而见之④,宾趋而进,再拜而兴⑤,因称曰:"海、大、鱼",则反走。靖郭君止之曰:"愿闻其说。"宾曰:"臣不敢以死为熙⑥。"靖郭君曰:"先生不远道而至此,为寡人称之。"宾曰:"海大鱼,网弗能止也,钓弗能牵也;荡而失水,则蝼蚁皆得志焉。今夫齐,君之渊也⑦。君失齐,则薛能自存乎?"靖郭君曰:"善!"乃止不城薛。此所谓亏于耳忤于心而得事实者也。

夫以"无城薛"止城薛,其于以行说,乃不若"海、大、鱼"。

【注释】

①亏于耳:指逆耳。

②靖郭君:齐威王之子、孟尝君之父田婴的封号。薛:今山东滕州。

③谒(yè)者:负责传话的人。

④[靖]郭君:北宋本原作无"靖"字。刘绩《补注》本有"靖"字。据补。

⑤兴:起。

⑥熙:通"戏"。此则载于《战国策·齐一》、《韩非子·说林下》。

⑦渊:《韩非子·说林下》作"海"。

【译文】

什么叫逆耳背心而合乎实际? 靖郭君打算在薛地筑城,宾客纷纷前来劝阻,他听不进去。靖郭君对担任传达的谒者说:"不准给宾客通报!"齐国有人请求接见,说:"我只要求讲三个字就行了,超过三个字,我宁愿被烹死。"靖郭君听说后,便接见了他,宾客快步走上前去,拜了两拜而起身说:"海、大、鱼",然后掉头就跑。靖郭君拦住他说:"我想听听你说的意思。"宾客说:"我不敢以生命来开玩笑。"靖郭君说:"先生不惜远道而来,还是为我说一说吧!"宾客说:"海中大鱼,渔网不能够捉住它，钓竿不能够牵动它；一旦游动离开了水，那么蝼蛄、蚂蚁便得意洋洋起来。现在的齐国，就是您的大海，您失去了齐国，那么小小的薛地还能保存吗？"靖郭君说："好！"于是停止了在薛地的筑城。这就是所说的逆耳背心而能够符合事实的例子。

那种用直言说明不要在薛筑城来制止在薛筑城的办法，对于劝谏来说，不如用含有深刻寓意的"海、大、鱼"起作用。

故物或远之而近，或近之而远；或说听计当而身疏，或言不用、计不行而益亲，何以明之？三国伐齐①，围平陆②。括子以报于牛子③，曰："三国之地，不接于我，逾邻国而围平陆，利不足贪也，然则求名于我也，请以齐侯往。"牛子以为善。括子出，无害子入④。牛子以括子言告无害子，无害子曰："异乎臣之所闻⑤。"牛子曰："国危而不安，患结而不解，何谓贵智？"无害子曰："臣闻之，有裂壤土以安社稷者，闻杀身破家以存其国者，不闻出其君以为封疆者。"牛子不听无害子之言，而用括子之计。三国之兵罢，而平陆之地存。自此之后，括子日以疏，无害子日以进。故谋患而患解，图国而国存，括子之智得矣。无害子之虑，无中于策，谋无益于国，然而心调于君⑥，有义行也⑦。

【注释】

①三国：韩、赵、魏。

②平陆：齐地，在今山东汶上。

③括子、牛子：齐臣。

④无害子：齐臣。

⑤臣：北宋本原作"臣"。《道藏》本作"臣"。据正。

⑥调：《文子·微明》作"周"。

⑦义行：对国家、国君有忠义行为。

【译文】

因此说事物中有的距离远反而觉得近，有的距离近反而觉得远；有的主张能够听从计谋得当却被疏远，有的主张不被采用、计策不能实行却更加亲近，怎么能够说明这个问题？韩、赵、魏三国讨伐齐国，包围了平陆。括子把这件事报告给了牛子，并且说："这三个国家的土地，同我国不接壤，长途跋涉越过邻国来围平陆，所得到的利益是不值得贪恋的，既然如此那么三国是想从我国这里得到威名，请允许由齐侯亲往劳军。"牛子认为这个办法很好。括子离开后，无害子来见牛子。牛子把括子的话告诉了无害子，无害子说："这和我听到的说法不同。"牛子说："国家面临危亡而不能安定，忧患聚结而不能解除，为什么还尊重智谋之士？"无害子说："我听说，有割让土地来安定社稷的，有不惜牺牲自己使家园残破来保存国土的，没有听说请出他的国君犒劳敌军求和而安定疆土的。"牛子没有听从无害子的意见，而采用了括子的计策。三国的军队停止了进攻，而平陆之地得以保存。从此以后，括子一天天被疏远，而无害子一天天被提升。因此考虑祸患而祸患得到解除，谋划国家而国家能够存在，括子的办法是成功的。无害子的办法，虽不符合计谋的要求，对国家没有益处，但是符合国君的心意，对国君个人是忠义行为。

今人待冠而饰首①，待履而行地。冠履之于人也，寒不能暖，风不能障，暴不能蔽也，然而戴冠履履者②，其所自托者然也③。

夫咎犯战胜城濮④，而雍季无尺寸之功⑤，然而雍季先赏而咎犯后存者，其言有贵者也。故义者，天下之所赏也⑥。

百言百当,不若择趋而审行也。

【注释】

①待:必须。

②戴冠:《道藏》本作"冠冠(guàn guān)"。

③自托:自我寄托。

④夫:北宋本原作"天"。《道藏》本作"夫"。据正。咎(jiù)犯:即狐偃,字子犯。晋文公之舅,因曰咎犯。咎与"舅"通。城濮:在今山东范县临濮。前632年,晋、齐、宋等国在此打败楚军。

⑤雍季:晋大夫。晋文公之子。城濮之战见于《左传·僖公二十八年》,并载于《韩非子·难一》《吕览·义赏》等。

⑥赏:褒奖。王念孙《读书杂志》谓"赏"当为"贵",疑误。

【译文】

现在人们必定戴上帽子来打扮头部,穿上鞋子来行走地下。帽子鞋子对于人来说,寒冷时不能取暖,大风不能阻挡,暴晒不能遮蔽,但是要戴帽子穿鞋子,它是用来自我寄托心意而形成这个样子。

咎犯在城濮战胜楚军,但雍季没有一点功劳,但是雍季首先受到奖赏而咎犯后来才受到存恤,是因为雍季的话有值得珍视的地方。因此大义是天下人所褒扬的。百次所说百次妥当,不如选定趋向而审慎行事。

或无功而先举,或有功而后赏,何以明之?昔晋文公将与楚战城濮,问于咎犯曰:"为奈何?"咎犯曰:"仁义之事,君子不厌忠信;战陈之事,不厌诈伪。君其诈之而已矣①。"辞咎犯,问雍季。雍季对曰:"焚林而猎,愈多得兽,后必无兽。以诈伪遇人,虽愈利,后亦无复。君其正之而已矣。"于是不听雍季之计,而用咎犯之谋。与楚人战,大破之。还归赏有功者,先雍季而后咎犯^②。左右曰:"城濮之战也^③,君行赏先雍季何也?"文公曰:"咎犯之言,一时之权也;雍季之言,万世之利也。吾岂可以先一时之权,而后万世之利也哉?"

【注释】

①诈:北宋本原作"许",刘绩《补注》本作"诈"。据正。

②雍:北宋本原作"维"。《道藏》本作"雍"。据正。

③城濮之战也:刘绩《补注》本下有"咎犯之谋也"。北宋本当脱。此文载于《韩非子·难一》、《吕览·义赏》,亦见于《说苑·权谋》等。

【译文】

有的没有功劳而首先被举用,有的立下功劳而赏赐在后,怎么能说明这个问题呢?从前晋文公将和楚国在城濮大战,向咎犯问计说:"怎么对付他呢?"咎犯说:"对于仁义的事情,君子是不厌恶忠信的;对待战争之事,君子是不厌恶诈伪的。国君使用欺骗敌人的办法就行了。"辞别咎犯,又向雍季问计。雍季回答说:"楚林打猎,想多得到一些野兽,但是以后就没有野兽了。用诈伪的手法对待别人,即使更加有利,以后就不能再干事了。国君还是使用正当的办法对待这件事。"在这种情况下晋文公没有听从雍季的话,而采纳了咎犯的计谋。和楚人交战,大败楚军。回师赏赐有功的人员,却首先是雍季而后才是咎犯。左右的人说:"城濮这场战争取胜,是采用了咎犯的计谋,国君实行赏赐,首先是雍季,这是为什么?"晋文公说:"咎犯的计谋,不过是一时的权宜之计;雍季的话,可以得到万代的利益。我怎么能把一时的权宜之计放在前面,而把万代的利益放在后面呢?"

　　智伯率韩、魏二国伐赵,围晋阳,决晋水而灌之①,城下缘木而处②,悬釜而炊。襄子谓于张孟谈曰③:"城中力已尽,粮食匮乏,大夫病,为之奈何?"张孟谈曰:"亡不能存,危弗能安,无为贵智,臣请试潜行,见韩、魏之君而约之。"乃见韩、[魏]之君④,说之曰:"臣闻之,唇亡而齿寒。今智伯率二君而伐赵,赵将亡矣。赵亡则君为之次矣。不及今而图之,祸将及二君。"二君曰:"智伯之为人也⑤,粗中而少亲⑥,我谋而泄,事必败,为之奈何?"张孟谈曰:"言出君之口,入臣之耳,人孰知之者乎?且同情相成⑦,同利相死,君其图之。"二君乃与张孟谈阴谋,与之期。张孟谈乃报襄子。至其日之夜,赵氏杀其守堤之吏,决水灌智伯。智伯军救水而乱,韩、魏翼而击之。襄子将卒犯其前,大败智伯军,(败)杀其身而三分其国⑧。襄子乃赏有功者,而高赫为赏首⑨。群臣请曰:"晋阳之存,张孟谈之功也,而赫为赏首,何也?"襄子曰:"晋阳之围也,寡人国家危,社稷殆,群臣无不有骄侮之心者,唯赫不失君臣之礼,吾是以先之。"由此观之,义者人之大本也,虽有战胜存亡之功,不如行义之隆⑩。故君子曰:"美言可以市尊,美行可以加人⑪。"

【注释】

①晋水:源出太原西南,入汾河。

②城下:王念孙《读书杂志》:《太平御览·兵部》五十二引此,"城下"作"城中",是也。《赵策》及《韩子·十过篇》、《史记·赵世家》并作"城中"。按,"围晋阳"事,在前455年。

③于:刘绩《补注》本无此字。张孟谈:赵氏臣。

④［魏］：北宋本原无此字。《道藏》本有"魏"字。据补。

⑤之：北宋本原作"人"。《道藏》本作"之"。据正。

⑥粗中：心内骄横。粗，通"怚（jù）"，骄。

⑦同情相成：指志趣、利益、目的相同，则可以把事情办好。

⑧（败）杀：刘绩《补注》本无"败"字。疑衍。

⑨高赫：赵氏臣。

⑩隆：北宋本原作"陆"。《道藏》本作"隆"。据正。

⑪"故君子"以下二句：见于《老子》六十二章。帛书《老子》甲、乙本作："美言可以市（持）奠（尊），行可以贺人。"依文例，"君"当为"老"。

【译文】

智伯率领韩、魏二国讨伐赵国，包围了晋阳，掘开晋水灌进城中，城中人民攀援树木而逃命，把釜悬挂起来而烧火。赵襄子对谋臣张孟谈说："城中财力已经用尽，粮食缺乏，大夫染病，对此怎么办呢？"张孟谈说："面临灭亡而不能保存国家，面对危急而不能够安定社稷，没有什么比使用智术之士能解决问题了，请允许我秘密出行，去见韩、魏二国之君并同他们订约。"于是见到了二国之君，劝谏说："我听说，唇亡而齿寒。现在智伯率领二国君主讨伐赵国，赵将要灭亡了。赵国首先灭亡那么下面将要轮到二国了。不趁现在图谋消灭智伯，灾祸将要赶上二君了。"二国国君说："智伯的为人，内心骄横而缺少仁爱之心，我们的谋划泄露出去，事情必然失败，对此怎么办呢？"张孟谈说："话从二君之口说出来，进入我的耳中，还有谁能知道它呢？而且感情相同的人就能实现共同的目标，利益相同的人就能互相去牺牲，希望二君很好地谋划这件事。"韩、魏二君便和张孟谈密订计谋，暗暗约定了行动的日期。张孟谈于是返回报告了赵襄子。等到联合行动的夜里，赵氏士卒杀掉智伯守卫大堤的官吏，把晋水反灌入智伯军中。智伯全军因为救水而陷入混乱。韩、魏二君率军从两翼攻击智伯军。赵襄子率领士卒冲在最前面，大败智伯军，杀死了智伯并且三分了他的国家。赵襄子便奖励有功的将士,高赫被定为首功。群臣向赵襄子请求说:"保存晋阳,是张孟谈的功劳,而高赫为头功,这是为什么?"赵襄子说:"晋阳被包围,我们国家窘迫,社稷危险,群臣中无人没有骄上轻侮之心的,只有高赫没有失去君臣的礼节,我因此把他列为首功。"从这里可以看出,道义是人的根本,即使有战胜强敌保存国家之功,不如推行大义受人尊重。因此《老子》中说:"美好的言词可以换取尊贵的官爵,美好的德行可以有益于人。"

或有罪而可赏也,或有功而可罪也。西[门]豹治邺①,廪无积粟②,府无储钱,库无甲兵,官无计会,人数言其过于文侯。文侯身行其县,果若人言。文侯曰:"翟璜任子治邺而大乱③,子能道④,则可;不能,将加诛于子。"西门豹曰:"臣闻王主富民,霸主富武,亡国富库。今君欲为霸王者也,臣故稸积于民。君以为不然,臣请升城鼓之⑤,一鼓,甲兵粟米,可立具也。"于是乃升城而鼓之。一鼓,民被甲括矢⑥,操兵弩而出;再鼓,负辇粟而至⑦。文侯曰:"罢之。"西门豹曰:"与民约信,非一日之积也。一举而欺之,后不可复用也。燕常侵魏八城⑧,臣请北击之,以复侵地。"遂举兵击燕,复地而后反⑨。此有罪而可赏者也。

【注释】

①西[门]豹:北宋本原无"门"字。《道藏》本有"门"字。据补。复姓西门,名豹。战国魏文侯时任邺令,治政极为成功。邺:今河北临漳西南邺镇。

②廪(lǐn):仓库。

③翟(zhái)璜:魏大夫。

④子能道：王念孙《读书杂志》：《太平御览·治道部》八引，作"子能
　变道"，是也。变道，谓易其道也。

⑤升：登。

⑥括：捆束。

⑦负：通"服"，驾牛车。辇（niǎn）：人拉车叫辇。

⑧常：通"尝"，曾经。

⑨反：北宋本原作"皮"。《道藏》本作"反"。据正。按，此则载于
　《韩非子·外储说左上》。

【译文】

　　有的有罪而能够受到赏赐，有的有功反而要加罪。西门豹担任邺
令时，仓库里没有积粮，府库里没有储钱，兵库里没有武器，官衙里没有
账目，人们多次向魏文侯告状。文侯亲自到这个县察看，果然像人们所
说的那样。文侯说："翟璜任用你治理邺县，而现在一片混乱，你能改变
这种局面，那么就算了；如果不能改变，我将对你施加刑罚。"西门豹说：
"我听说打算称王的君主使百姓富裕，称霸的君主使武备强盛，亡国的
君主使仓库堆满。现在君主要想成就霸业，我因此积蓄财力在百姓之
中。君主如果不相信，我请求允许登城击鼓，武器粮食，能够立即准备
好。"于是就登上城楼击起战鼓。一鼓声落，百姓身披铠甲捆束箭杆，手
握兵弩而奔来；第二次击鼓，百姓拉车背粮前来待命。文侯见状说："让
他们回去吧！"西门豹说："和老百姓立下的誓约，不是一天积累成的。
一次击鼓欺骗了他们，以后就不能再听从指挥了。燕国曾经侵略魏国
占领八城，我请求攻打他们，夺回被侵领土。"于是举兵讨伐燕国，夺回
侵地后才返回邺地。这是有罪而能够受赏的例子。

　　解扁为东封①，上计而入三倍②，有司请赏之。文侯曰：
"吾土地非益广也，人民非益众也，入何以三倍？"对曰："以
冬伐木而积之，于春浮之河而鬻之③。"文侯曰："民春以力

耕,暑以强耘④,秋以收敛,冬间无事⑤,以伐林而积之,负轭
而浮之河⑥,是用民不得休息也。民以弊矣,虽有三倍之入,
将焉用之?"此有功可罪者。

【注释】

①解扁:魏文侯臣。东封:管理东部边界的官。

②计:指账簿。

③鬻(yù):卖。

④暑以强耘:王念孙《读书杂志》:当从《齐民要术》所引,作"夏以强
　　耘"。

⑤间(xián):闲暇。

⑥轭(è):驾车时套在牲口脖子上的曲木。

【译文】

解扁为魏国管理东部疆界,向上交的赋税比往年增加三倍,主管官
吏请求给他赏赐。魏文侯说:"我国的土地没有扩大,人口也没有增加,
收入为何增加了三倍?"官吏回答说:"用冬季的时间伐木堆聚起来,在
春天顺河漂浮而下然后卖掉,因此增加了收入。"魏文侯说:"百姓春天
勤力耕种,暑天尽力除草耕耘,秋天收割贮藏,冬天闲暇无事,砍伐树木
积聚起来,装在车子上而运到河边,这样是使老百姓一年四季得不到休
息。百姓已经十分疲惫了,即使有三倍的收入,将来又有什么用处?"这
是有功而反被加罪的例子。

贤主不苟得,忠臣不苟利,何以明之?中行穆伯攻鼓①,
弗能下。馈闻论曰②:"鼓之啬夫③,闻伦知之,请无罢武大
夫④,而鼓可得也。"穆伯弗应。左右曰:"不折一戟,不伤一
卒,而鼓可得也,君奚为弗使?"穆伯曰:"闻伦为人,佞而不

仁,若使阘伦下之,吾可以勿赏乎? 若赏之,是赏佞人。佞人得志,是使晋国之武,舍仁而为佞。虽得鼓,将何所用之?"攻城者,欲以广地也。得地而不取者,见其本而知其末也。

【注释】

①中行(háng)穆伯:即荀吴,晋大夫。鼓:国名,姬姓,白狄之别种,时属鲜虞。在今河北晋州境内。

②馈(kuì)阘伦:《道藏》本作"伦"。

③啬(sè)夫:古代官名。疑此为"鼓"之邑官。

④罢:通"疲",劳累。武大夫:士大夫。指中行穆伯之将军。此则出于《左传·昭公十六年》,《说苑·贵德》亦载之。

【译文】

贤明的君主不苟且求得,忠臣不苟且求利,怎么能说明这个问题? 晋大夫中行穆伯攻打鼓地,没有能够攻下。这时晋臣馈阘伦进言说:"鼓地的啬夫,我知道他,只要由他做内应,不需要劳累将士,而鼓地可以得到。"穆伯没有表示意见。左右的人说:"这个办法,不折断一件兵器,不伤害一个士卒,而鼓地能够得到,你为什么不派他去呢?"穆伯说:"馈阘伦这个人,巧言谄媚而不讲仁义,假使让他得到了鼓地,我难道不赏赐他吗? 如果赏赐他,这是奖励佞人。佞人得志,这就将使晋国的将士们,舍弃仁义而追随奸佞。即使得到鼓地,又将有什么用呢?"攻城的目的,是想扩张土地。能够得到土地而不取得,是看到它的根本而就知道它的末叶了。

秦穆公使孟盟举兵袭郑①,过周以东。郑之贾人弦高、蹇他相与谋曰②:"日师行数千里③,数绝诸侯之地④,其势必袭郑。凡袭国者,以为无备也。今示以知其情,必不敢进。"乃矫郑伯之命⑤,以十二牛劳之。三率相与谋曰⑥:"凡袭人者,以为弗知,今已知之矣,守备必固,进必无功。"乃还师而反。晋先轸举兵击之⑦,大破之殽⑧。郑伯乃以存国之功赏弦高。弦高辞之曰:"诞而得赏⑨,则郑国之信废矣。为国而无信,是俗败也。赏一人败国俗者弗为也⑩;以不信得厚赏,义者弗为也。"遂以其属徙东夷⑪,终身不反。故仁者不以欲伤生,知者不以利害义。

【注释】

①孟盟:秦穆公左相百里奚之子,叫孟明视,为秦大将。

②蹇(jiǎn)他:许慎注:弦高之党。按,《吕览·悔过》作"奚施"。

③曰:《道藏》本无此字,疑衍。

④绝:经过。

⑤矫:假托。郑伯:春秋郑君,即郑穆公,前627—607年在位。

⑥三率:孟明视为主将,西乞术、白乙丙为副将。率,通"衛(shuài)",将帅。

⑦先轸(zhěn):春秋时晋国执政。城濮之战,大败楚军。晋襄公时,击败秦军。

⑧殽(xiáo):本又作崤(xiáo)。崤山,在今河南洛宁北。

⑨诞:欺骗。

⑩败国俗者:刘绩《补注》本作"败国俗,仁者"。

⑪东夷:三代时对东方各族的总称。按,此节化自《左传·僖公三十二年》及三十三年、《吕览·悔过》。

【译文】

　　秦穆公派孟明视举兵偷袭郑国,经过东周而向东进发。郑国的商人弦高、蹇他一起谋划说："秦军行进数千里之地，多次通过诸侯的地盘，它的势头必定偷袭郑国。大凡偷袭别的国家，都认为别国是没有防备的。现在如果表示已经知道了秦军的内情，秦军必然不敢前进。"于是他们假托奉郑君之命，用十二头牛犒劳秦军。三位主帅互相商量说："大凡偷袭其他的国家，以为人家不知道。现在已经知道了，防备必然坚固，再前进必然无功。"于是班师回秦。晋军主帅先轸举兵奇袭秦师，在崤山大败秦军。郑伯知道这件事，便以保存国家的功劳赏赐弦高。弦高推辞说："欺骗而能得到奖赏，那么郑国的信用便要废止了。立国而没有信用，这样是使风俗败坏。赏赐一人而败坏国俗，仁爱的人是不干的；不守信用而得到丰厚的奖励，讲大义的人是不做的。"于是便带领他的部属迁徙到遥远的东方，终身不再返回。因此仁惠的人不因为欲望伤害天性，聪明的人不因为利益危害大义。

　　圣人之思修，愚人之思叕①。忠臣者务崇君之德，谄臣者务广君之地。何以明之？陈夏徵舒弑其君②，楚庄王伐之，陈人听令。庄王已讨有罪，遣卒戍陈③，大夫毕贺。申叔时使于齐④，反还而不贺。庄王曰："陈为无道，寡人起九军以讨之⑤，征暴乱，诛罪人，群臣皆贺，而子独不贺，何也？"申叔时曰："牵牛蹊人之田⑥，田主杀其人而夺之牛。罪则有之，罚亦重矣。今君王以陈为无道，兴兵而攻，因以诛罪人，遣人戍陈。诸侯闻之，以王为非诛罪人也，贪陈国也。盖闻君子不弃义以取利。"王曰："善！"乃罢陈之戍，立陈之后。诸侯闻之，皆朝于楚。此务崇君之德者也。

【注释】

①叕：通"黜（zhuó）"。《广韵》术韵："吴人呼短。"即短浅义。古吴

方言。

②陈：周代妫姓国名，都宛丘（即今河南淮阳）。夏徵舒：陈大夫夏
　御叔之子，其母夏姬，与大夫孔宁、仪行父、国君陈灵公通奸，徵
　舒弑灵公，楚庄王举兵讨之。事载《左传·宣公十一年》。

③"戍陈"事：前598年，楚庄王灭陈为县，以公子婴齐为陈公。

④申叔时：楚臣。时齐惠公薨（hōng），世子无野即位，是为顷公，申
　叔时去吊丧和贺喜。

⑤九军：《太平御览》卷三百五《兵部》三十六作"六军"。周天子设
　六军。代指国家军队。

⑥蹊（xī）：邪道。

【译文】

　　圣人思考长远大计，愚蠢的人思考眼前小利；忠臣务求提高国君的
道德，谄臣务求增广国君的土地。怎么能说明这个问题？陈国夏徵舒
杀了他的国君灵公，楚庄王讨伐他，陈人服从庄王的命令。楚庄王以讨
伐有罪之国为由，派兵戍守陈国，大夫纷纷表示祝贺。申叔时从齐国出
使归来，并不来祝贺。庄王说："陈国是无道之国，我派九军去讨伐它，
征服暴乱，诛杀有罪之人，群臣都来庆贺，而独独你不来庆贺，这是为什
么？"申叔时说："一个人牵着牛而踩了人家的田地，田主杀了这个人并
夺取了他的牛。这个人是有过错，但是处罚也太重了。现在国君认为
陈是无道之国，起兵攻打，趁机来诛杀有罪之人，派兵占领陈国。诸侯
听说此事，认为君主不是诛杀罪人，而是贪图陈国的土地。我听说君子
不抛弃正义而取得暂时的胜利。"庄王听了说："好！"于是撤回了对陈的
戍守，立陈侯午为君。诸侯听说，都向楚国朝拜。这是务求使国君的德
泽尊崇的例子。

　　张武为智伯谋曰①："晋六将军②，中行文子最弱，而上下
离心，可伐以广地。"于是伐范、中行，灭之矣。又教智伯求

地于韩、魏、赵。韩、魏裂地而授之，赵氏不与。乃率韩、魏
而伐赵，围之晋阳二年③。三国阴谋同计，以击智氏，遂灭
之。此务为君广地者。

　　夫为君崇德者霸，为君广地者灭。故千乘之国，行文德
者王，汤、武是也；万乘之国，好广地者亡，智伯是也。

【注释】

　　①张武：智伯之臣。

　　②六将军：指晋国的范氏、中行氏、智氏、赵、韩、魏六人。

　　③二：《道藏》本作"三"。

【译文】

　　张武向智伯献计说："晋国的六将军中，范氏、中行氏力量最弱，而
且上下离心离德，可以消灭他们来扩充地盘。"于是便侵伐范氏、中行
氏，并且消灭了他们。又让智伯向韩、赵、魏三家索取土地，韩、魏割地
给了智伯，而赵襄子却不给。于是智伯率领韩、魏去讨伐赵襄子，包围
了晋阳城二年。三个国家秘密设谋，而合击智氏，于是消灭了他。这就
是务求为国君扩充土地而被消灭的例子。

　　使国君德泽尊崇的能够称霸，给国君增广土地的要被消灭。因此
千乘的诸侯国，推行文德的称王，商汤、周武王就是这样；万乘之国，爱
好扩张土地而灭亡，智伯就是这样。

　　非其事者勿仞也①，非其名者勿就也②，无故有显名者勿
处也，无功而富贵者勿居也。夫就人之名者废，仞人之事者
败，无功而大利者后将为害。譬犹缘高木而望四方也，虽偷
乐哉③，然而疾风至，未尝不恐也。患及身，然后忧之，六骥
追之，弗能及也。是故忠臣事君也，计功而受赏，不为苟得；

积力而受官,不贪爵禄。其所能者,受之勿辞也;其所不能者,与之勿喜也。辞而能则匿④,欲所不能则惑;辞所不能而受所能则得⑤。无损堕之势,而无不胜之任矣。

昔者智伯骄,伐范、中行而克之,又劫韩、魏之君而割其地,尚以为未足,遂兴兵伐赵,韩、魏反之,军败晋阳之下,身死高梁之东⑥,头为饮器⑦,国分为三,为天下笑,此不知足之祸也。《老子》曰:"知足不辱,知止不殆,可以修久⑧。"此之谓也。

【注释】

①仞:通"认",承担,承认。

②就:依靠。

③偷(yú)乐:即愉乐,欢悦快乐。偷,通"愉"。刘绩《补注》本作"愉"。

④而:刘绩《补注》本改作"所"。匿:匿情,隐匿真情。

⑤则得:于大成《人间校释》、刘典爵《淮南子韵读》断作"则得无损堕之势",误。此断法与文义不合。匿、惑、得,上古入声职部。

⑥高梁:春秋晋地,故城在今山西临汾东北。

⑦饮器:《韩非子·喻老》作"溲(sōu)器",《难三》作"饮杯"。溲器即便器。

⑧"知足"三句:见于《老子》四十四章。修,《老子》作"长",当避淮南王父讳而改。

【译文】

不是他的事情不要多去承担,不是他应得的名誉不要去靠近,没有缘故而取得显要的名誉,不要去接受,没有功劳而得到富贵的不要处于那样的地位。依靠他人名位的人要被废黜,承担他人之事的就要失败,没有功劳而得到大利的人将要受到危害。比如就像攀援高木而眺望远方，即使很快乐，但是疾风吹来，不会不感到恐惧。等到祸患来到身上，然后才去忧虑它，即使是六匹马追赶它，也来不及了。因此忠臣事奉国君，计算功劳多少而得到赏赐，不算苟且贪得；积累功绩而接受官爵，不算贪得官位俸禄。凡是他能够办到的事，接受它不要推辞；是他不能够办到的，即使给予他也不要欢喜。如果辞去所能办到的那么就是隐匿真情，如果想要从事不能办到的那么就会困惑；辞去所不能办到的而接受所能办到的那么才会有所得。没有减损堕落的趋势，那么便没有不能胜任的事情。

　　从前智伯十分骄横，侵伐范氏、中行氏并战胜他们。又挟持韩、魏二国之君并割取他们的土地，还不能感到满足，于是便起兵讨伐赵襄子，韩、魏二君反戈一击，智氏军败晋阳城下，身死在高梁的东边，头颅被作为便器，国家分成三份，被天下人取笑，这是不知足所带来的祸患。因此《老子》中说："知道满足不会遭到困辱，知道适可而止，不会遇到危险，可以长久安全。"说的就是这个意思。

　　或誉人而适足以败之，或毁人而乃反以成之，何以知其然也？费无忌从于荆平王曰①："晋之所以霸者，近诸夏也②。而荆之所以不能与之争者，以其僻远矣。楚王若欲从诸侯③，不若大城城父④，而令太子建守焉⑤，以来北方⑥，王自收其南，是得天下也。"楚王悦之，因命太子建守城父，命伍子奢傅之⑦。居一年，伍子奢游人于王侧⑧，言太子甚仁且勇，能得民心，王以告费无忌。无忌曰："臣固闻之，太子内抚百姓，外约诸侯，齐、晋又辅之，将以害楚，其事已构矣⑨。"王曰："为我太子，又尚何求？"曰："以秦女之事怨王⑩。"王因杀太子建而诛伍子奢⑪。此所谓见誉而为祸者也。

【注释】

①费无忌:楚臣。曾陷害太子建及伍奢(shē),导致楚国的内乱。《左传·昭公二十年》作"费无极"。从:《道藏》本作"复"。复,报告、禀告。荆平王:春秋楚君,名弃疾,在位 13 年。靠阴谋弑兄杀弟而上台。

②诸夏:指周王室所分封的中原各国。

③楚王:王念孙《读书杂志》:"王"上不当有"楚"字。从:使追随。

④城父:楚北方城邑,在今安徽亳州东南。《吕览·慎行》高诱注:城父,楚北境之邑,今属沛国。

⑤太子建:楚平王居蔡之时,由蔡女所生。

⑥来:安抚来者。北方:指宋、郑、鲁、卫各国。

⑦伍子奢:春秋楚大夫,楚平王时为太师。伍员(yún)之父。

⑧游人:游说之人。

⑨构:构成。

⑩秦女之事:指楚平王二年,派费无忌到秦为太子建娶妇,女子美艳,无忌让平王自娶之。

⑪杀太子建:据《左传·昭公二十年》:伍奢被执,太子建逃往宋国。此节并见《吕览·慎行》。《史记·伍子胥列传》载之甚详。

【译文】

有的赞誉人而恰好使人失败,有的毁谤人却反而能够使人成功,怎么知道是这样的呢?楚佞臣费无忌报告楚平王说:"晋国所以能够称霸,是因为靠近中原各诸侯国。而楚国之所以不能够同他们争夺,是因为楚国偏僻而距离诸夏遥远。君王如果想要使诸侯追随自己,不如把城父扩大,并命令太子建守护它,以便招徕北方俊杰,而君王自己收复南方,这样便可以得到天下了。"楚王非常高兴,于是命令太子建把守城父,任命伍子奢为太子的师傅。隔了一年,伍子奢派人到楚王跟前游说,说太子建十分仁惠而且勇敢,深得民心,楚王把这些话告诉了费无忌。无忌说:"我本来已经听说,太子建在内安抚百姓,在外结约诸侯,齐、晋两个强国又辅助他,将要危害楚国,他的事情已经谋划好了。"楚王说:"他是我的太子,还有什么要求呢?"无忌答道:"是因为秦女的事情怨恨君王。"楚王于是杀掉太子建和他的师傅伍子奢。这就是所说的被称誉而遭到祸害的例子。

何谓毁人而反利之?唐子短陈骈子于齐威王^①,威王欲杀之。陈骈子与其属出亡奔薛。孟尝君闻之^②,使人以车迎之,至而豢以刍豢黍粱^③,五味之膳日三至。冬日被裘罽^④,夏日服绨纻^⑤,出则乘牢车,驾良马。孟尝君问之曰:"夫子生于齐,长于齐,夫子亦何思于齐?"对曰:"臣思夫唐子者。"孟尝君曰:"唐子者非短子者耶?"曰:"是也。"孟尝君曰:"子何为思之?"对曰:"臣之处于齐也,粝粢之饭^⑥,藜藿之羹,冬日则寒冻,夏日则暑伤。自唐子之短臣也,以身归君,食刍豢,饭黍粱^⑦,服轻暖,乘牢良,臣故思之。"此谓毁人而反利之者也。是故毁誉之言,不可不审也。

【注释】

①唐子:齐大夫。陈骈(pián):即田骈,战国哲学家。《汉书·艺文志》"道家"有《田子》二十五篇,已亡。齐威王:战国齐君,田氏,名因齐,在位37年。本文疑作"湣王"。

②孟尝君:即田文,战国齐贵族,封于薛。曾为齐、秦、魏相。

③豢(huàn):指肉食品。豢,《四库全书》本作"养"。梁:《说文通训定声》:"叚借为粱。"

④罽(jì):刘绩《补注》本作"屩(jì)",一种毛织品。

⑤绨(chī):细葛布。纻(zhù):用苎麻织成的布。

　　⑥粝(lì)：糙米。粢(zī)：谷类。指粗劣食物。

　　⑦粢：王念孙《读书杂志》："粢"当为"粱"。

【译文】

　　什么叫诋毁人而反有利于他？唐子在齐威王面前说陈骈子的坏话，齐威王要杀掉他。陈骈子率领他的家族逃亡出奔到了薛地。孟尝君听说，派人用车子迎接他，到达以后用美味佳肴来奉养他，每天三次供给丰盛的饭食。冬天穿的是轻暖的毛衣皮裘，夏天穿的是凉爽的葛麻衣饰，出门便乘着坚固的车子，驾着奔驰的骏马。孟尝君问他说："先生生在齐国，长在齐国，您对齐国的土地和人民一定很思念吧？"陈骈子说："我思念那个唐子。"孟尝君说："唐子不是说你坏话的那个人吗？"骈子答："正是！"孟尝君说："先生为什么思念他？"骈子说："我在齐国的时候，吃的是粗米饭，喝的是野菜汤，冬天则受冻，夏则中暑伤。自从唐子诽谤我之后，我投靠君门，吃的是肉食，食物是细粮，穿的是轻暖衣服，乘坐的是坚车良马，我因此思念他。"这说的是诋毁人而反有利于人的例子。因此毁谤赞誉的话，不能不审慎地对待它。

　　或贪生而反死，或轻死而得生，或徐行而反疾，何以知其然也？鲁人有为父报仇于齐者，刲其腹而见其心。坐而正冠，起而更衣，徐行而出门，上车而步马①，颜色不变。其御欲驱，抚而止之曰："今日为父报雠以出死②，非为生也，今事已成矣，又何去之？"追者曰："此有节行之人，不可杀也。"解围而去之。使被衣不暇带③，冠不及正，蒲伏而走④，上车而驰，必不能自免于千步之中矣。今坐而正冠，起而更衣，徐徐而出门⑤，上车而步马，颜色不变，此众人所以为死也，而乃反以得活。此所谓徐而驰迟于步也⑥。夫走者人之所以为疾也，步者人之所以为迟也。今反乃以人之所为迟者反为疾,明于分也。有知徐之为疾,迟之为速者,则几于道矣。故黄帝亡其玄珠⑦,使离珠、剟索之,而弗能得之也⑧。于是使忽恍,而后能得之⑨。

【注释】

①步:徐行。

②出死:出生致死。

③被:刘家立《淮南内篇集证》作"彼"。

④蒲伏:伏地膝行。

⑤徐徐:刘绩《补注》本作"徐行"。

⑥"此所谓"句:蒋礼鸿《淮南子校记》云:"徐"下脱"速于疾"三字。

⑦玄珠:黑色明珠。

⑧"使离珠"二句:许慎注:离朱明目,剟(duō)捷疾利搏,善拾于物,二人皆黄帝臣也。按,刘绩《补注》本作"捷剟",《脩务训》作"攫掇(jué duō)"。离朱,古代明目者。捷剟,善于拾物者。

⑨"于是使"二句:许慎注:忽恍,黄帝臣也。忽恍,善亡之人。按,忽恍,善忘的人。按,"故黄帝"至"能得之",亦载于《庄子·天地》。

【译文】

有的贪生反而死去,有的轻生反而得生,有的慢行反而很快,怎么知道是这样的呢?鲁国有人到齐国为父报仇,剖开仇人的肚子而露出了心脏。他坐着整了整帽子,起来更换了衣服,慢慢步行出了仇家的门,上了车让马缓步而行,神色一点也没有变化。赶车人想要打马奔驰,他按住车夫的手加以制止说:"今天为父报仇,本来就打算死去,并不想活着回去,现在事情已经办成了,又何必匆忙离开呢?"追赶的人说:"这是品格高尚的人,不能杀他。"解除包围而让他离去。假使他穿衣服来不及系带子,帽子来不及扶端正,伏地爬着而逃走,上车而急驰,必定不能在千步之内脱身。现在坐着扶正帽子，站起来更换衣服，慢慢行走而出门，上车而让马缓步而行，神色一点也没有改变，这是众人所认为必定要死的，但是却反而得活。这就是所说的慢行比疾行要快，而奔驰比步行要慢。快跑是人们所认为快的，步行是人们所认为迟缓的。现在反而把人们认为是迟缓的作为迅疾的，这是明辨了快与慢的分别。能够知道缓慢的有时是急速的，迟缓的有时是迅疾的，那么就接近道了。因此黄帝失去了他的黑色明珠，派明目的离朱、身手敏捷的捷剟去寻找，而都没有找到。在这时派善忘的忽恍去寻找，而后终于得到了它。

圣人敬小慎微①，动不失时；百射重戒②，祸乃不滋；计福勿及，虑祸过之。

同日被霜，蔽者不伤；愚者有备，与知者同功。

夫爝火在缥烟之中也③，一指之所能息也；塘漏若鼷穴④，一撲之所能塞也⑤。及至火之燔孟诸而炎云台⑥，而水决九江而渐荆州⑦，虽起三军之众，弗能救也。

【注释】

①敬小慎微：对细小之事也持谨慎的态度。

②射：预备。

③爝（jué）火：即火炬、火把。缥（piāo）：微细。

④鼷（xī）：小鼠。

⑤撲：黄锡禧本作"墣"。

⑥燔（fán）：燃烧。孟诸：宋国大泽。在今河南商丘东北、虞城西北。云台：许慎注：高至云也。杨树达《淮南子证闻》："台"当为"梦"，字之误也。《地形》："楚之云梦，宋之孟诸。"

⑦九江：长江中游荆州境的九大支流。渐（jiān）：涌入。荆州：《尚书·禹贡》荆州位于今湖北、湖南境内。

【译文】

圣人警惕细小的事情发生，行动不会失去机会；百种预防重重戒备，灾祸才不会发生；考虑好事不必仔细，防备祸患宁可过分周到。

同在一天受到严霜侵蚀，有遮蔽的东西不会受到伤害；愚蠢的人有了准备，就和聪明的人功业相同。

小小的火星在冒着轻烟的时候，一个指头就能够熄灭它；水塘出现像鼷鼠穴那样的漏洞，一个土块就能把它堵住。等到烈火焚烧了孟诸而冲上云台，洪水冲决了九江而涌向荆州，即使动员千军万马，也不能解救它。

夫积爱成福，积怨成祸，若痈疽之必溃也①，所浼者多矣②。

诸御鞅复于简公曰③："陈成常、宰予二子者④，甚相憎也。臣恐其构难而危国也，君不如去一人。"简公不听，居无几何，陈成常果攻宰予于庭中，而弑简公于朝⑤。此不知敬小之所生也。

【注释】

①痈疽（yōng jū）：毒疮。

②浼（měi）：污染。

③诸御鞅：齐臣。《史记·齐太公世家》作"御鞅"，执御之官。简公：齐简公，名壬，春秋末齐君，在位4年，被陈成常杀死。

④宰予：孔子弟子，仕于齐。曾任临淄大夫。

⑤弑简公于朝：《史记·齐太公世家》中记载："田常弑简公于徐

州。"事载《左传·哀公四年》、《吕览·慎势》、《史记·田敬仲完世家》、《说苑·正谏》亦载之。

【译文】

爱抚积累就能成为幸福，怨恨积累就能成为灾祸，就像痈疽的溃烂，所污染的地方必定很多。

诸御鞅报告齐简公说："陈成常、宰予二人，相互之间仇恨很深。我担心他们造成灾难而危害国家，君主不如去掉其中的一个人。"齐简公没有听从，隔了没有多长时间，陈成常果然在庭院中杀死宰予，并在朝廷上杀死齐简公。这是不知道谨慎处理小事而产生的恶果。

　　鲁季氏与郈氏斗鸡①，郈氏介其鸡②，而季氏为之金距③。季氏之鸡不胜，季平子怒，因侵郈氏之宫而筑之。郈昭伯怒，伤之鲁昭公曰④："祷于襄公之庙⑤，舞者二人而已⑥，其余尽舞于季氏。季氏之无道无上久矣，弗诛必危社稷。"公以告子家驹。子家驹曰⑦："季氏之得众，三家为一⑧。其德厚，其威强，君胡得之？"昭公弗听，使郈昭伯将卒以攻之。仲孙氏、叔孙氏相与谋曰："无季氏，死亡无日矣。"遂兴兵以救之。郈昭伯不胜而死，鲁昭公出奔齐。故祸之所从生者，始于鸡足⑨。及其太也⑩，至于亡社稷⑪。

【注释】

①季氏：季平子，鲁国大夫，时为执政者。郈（hòu）氏：郈昭伯，鲁大夫。斗鸡：古代的一种游戏，类似斗蟋蟀。此则载于《左传·昭公二十五年》，《吕览·察微》、《说苑·正谏》等亦载其事。

②介其鸡：许慎注：以芥菜涂其鸡翅。按，《吕览·察微》高诱注：介，甲也，作小铠（kǎi）著鸡头也。许、高说不同。

③金距:许慎注:施金芒于距也。按,即在雄鸡距后面突出的部分
　裹上金饰。

④伤:诋毁、中伤。鲁昭公:春秋鲁君,名调,在位 32 年。其中在国
　外流亡七年。

⑤祷(dǎo):祭祀求福。《吕览·察微》、《左传·昭公二十五年》作
　"禘(dì)"。禘,一种大祭。襄公:鲁襄公,昭公之父,在位 31 年。

⑥舞者二人而已:许慎注:时鲁祷先君襄公,六佾(yì)之舞庭者凡二
　人也。按,古代祭祀祖先,天子用八佾(六十四人)、诸侯用六佾
　(四十八人)、大夫用四佾(三十二人)。而季平子仅用二人(疑为
　"二八",即十六人)祭鲁襄公。

⑦子家驹:鲁大夫。

⑧三家:许慎注:孟氏、叔孙、季氏。

⑨鸡定:鸡头。《广韵》径韵:"定,题额。"刘绩《补注》本作"鸡足"。

⑩太:《道藏》本作"大"。"太"、"大"通。

⑪亡社稷:《史记·鲁周公世家》中载:"三家共伐公,公遂奔。"

【译文】

　　鲁昭公二十五年,季平子和郈昭子两家近邻举行斗鸡比赛,郈氏在
鸡身上涂上拌有芥菜籽的混合物,而季氏斗鸡的脚跖上裹有锋利的金
套子。季氏的斗鸡被食物所引诱而不能取胜,季平子大怒,趁势侵占郈
氏的宫室并且修建了住房。郈昭伯十分气愤,向鲁昭公中伤季氏,说:
"在祭祀襄公宗庙的时候,仅用两个人舞蹈,其余的人全部都在季氏宫
廷里跳舞。季氏无道无君已经很久了,不杀掉他必定危害社稷。"鲁昭
公把此事告诉了子家驹,子家驹说:"季氏得到很多人的拥戴,三家结为
同伙。他们施予的恩德深厚,他的威力十分强大,君主怎么能打胜他?"
鲁昭公不听,派郈昭伯率兵攻打季氏。仲孙氏、叔孙氏互相商量说:"没
有季氏,我们灭亡不会很久了。"于是起兵赶来援救。郈昭伯战败而死,
鲁昭公出逃到齐国。因此灾祸产生的地方,开始于鸡头的芥子。等到

酿成大祸，就达到危害社稷的地步了。

故蔡女荡舟，齐师大侵楚^①；两人构怨^②，廷杀宰予，简公遇杀，身死无后，陈氏代之^③，齐乃无吕^④；两家斗鸡，季氏金距^⑤，郈氏作难，鲁昭公出走。故师之所处，生以荆楚^⑥；祸生而不蚤灭^⑦，若火之得燥，水之得湿，浸而益大。痈疽发于指，其痛遍于体。故蠹啄剖梁柱^⑧，蚊虻走牛羊，此之谓也。

【注释】

①"故蔡女"二句：许慎注：齐桓公与蔡姬乘舟，姬荡舟，公惧，止之，不可。公怒，归于蔡。蔡人嫁之。公伐楚，召陵而胜之也。按，蔡女，蔡穆侯之妹，齐桓公夫人。事见《左传·僖公三年》及四年。

②构怨：结怨。

③代：北宋本原作"伐"。刘绩《补注》本改作"代"。据正。

④齐乃无吕：《史记·齐太公世家》中载："二十六年（前379）康公卒，吕氏遂绝其祀。"田氏卒有齐国，为齐威王，称强于天下。

⑤氏：《道藏》本皆作"公"。

⑥"故师之"二句：化自《老子》三十章。帛甲作："师之所居，楚朳（棘）生之。"楚，为一种带刺的小灌木。

⑦蚤：通"早"。

⑧啄（zhuó）：《说苑·谈丛》作"蠹（dù）蝝（yuán）仆柱梁"。按，蝝，即白蚁。

【译文】

因此蔡国的公主荡舟戏耍齐桓公，导致桓公派兵灭蔡侵楚；陈成常宰予二人结怨，导致在庭院杀死宰予，齐简公被杀，自身惨死后代残灭，陈氏代齐,齐国便不存在吕氏;季氏郈氏两家斗鸡,季氏在鸡距上裹以利器,郈氏发难,鲁昭公出逃。因此军队驻扎过的地方,长满了荆棘;灾祸产生而不尽早扑灭,像烈火遇到干柴,大水得到湿润的土地,逐渐会蔓延开去。痈疽长在手指上,它引起的疼痛遍于全身。因此蠹虫白蚁可以毁坏柱梁,蚊虫牛虻可以叮跑牛羊,说的就是这样的情况。

　　人皆务于救患之备,而莫能知使患无生。夫使患无生①,易于救患,而莫能加务焉②,则未可与言术也。晋公子重耳过曹,曹君欲见其骈胁③,使之袒而捕鱼④。釐负羁止之曰⑤:"公子非常也⑥,从者三人⑦,皆霸王之佐也。遇之无礼,必为国忧。"君弗听。重耳反国,起师而伐曹,遂灭之。身死人手,社稷为墟。祸生于袒而捕鱼。齐、楚欲救曹,不能存也。听釐负羁之言,则无亡患矣。今不务使患无生,患生而救之,虽有圣知,弗能为谋。

【注释】

①使:北宋北原作"得"。刘绩《补注》本作"使"。据正。

②加务:努力务求。务,务求。

③骈(pián)胁:《说文》:"骈,并胁也。"当为一种生理缺陷,肋骨相合,类似鸡胸。此事载于《左传·僖公二十三年》及二十四年、《国语·晋语》、《韩非子·十过》,亦见于《史记·晋世家》。

④袒:北宋本原作"祖"。《道藏》本作"袒"。据正。捕:北宋本原作"補"。《道藏》本作"捕"。据正。

⑤釐负羁:曹臣。

⑥非常:《韩非子·十过》作"非常人"。

⑦三人:指狐偃、赵衰(cuī)、胥臣。

【译文】

现在的人都从事于解救祸患的准备工作,但却不懂得使祸患不要产生。使祸患不要产生,比解救祸患容易,如果不努力在这方面达到要求,那么便不能和他谈论策略的重要。晋公子重耳流亡经过曹国,曹君想看他的骈胁,让他光着身子到河里捕鱼。曹大夫釐负羁制止他说:"公子不是普通的人,随从的三个人,都有霸王辅佐之才。对他们没有礼貌,以后必定成为国家的忧患。"曹君没有听从。重耳流亡十九年后返回晋国,起兵讨伐曹国,于是便消灭了曹国。曹君身死他人之手,国家变为废墟。灾祸产生在让人赤身裸体到河里捕鱼这件事上。即使齐、楚想要援救曹国,也不能保住他。假如能听进釐负羁的话,那么就不会有祸患发生了。现在不务求使祸患不要发生,祸患发生之后才去解救它,即使有圣人的才智,也不能够替他谋划了。

且患祸之所由来者,万端无方。是故圣人深居以避辱,静安以待时。小人不知祸福之门户,妄动而丽罗网^①,虽曲为之备,何足以全其身?譬犹失火而凿池,被裘而用箑也^②。且塘有万穴^③,塞其一^④,鱼何遽无由出^⑤?室有百户,闭其一,盗何遽无从入?夫墙之坏也于隙^⑥,剑之折必有啮^⑦,圣人见之蚤,故万物莫能伤也。

大宰子朱侍饭于令尹子国^⑧,令尹子国啜羹而热^⑨,投卮浆而沃之^⑩。明日,太宰子朱辞官而归。其仆曰:"楚太宰未易得也,辞官去之,何也?"子朱曰:"令尹轻行而简礼,其辱人不难。"明年,伏郎尹而笞之三百^⑪。夫仕者先避之,见终始微矣^⑫。

【注释】

①绖（guà）：阻碍。

②箑（shà）：扇子。楚人谓扇为箑。

③且塘有万穴：许慎注：堤也，言堤之有万穴。

④其一：北宋本原作"有十"。刘绩《补注》本作"其一"。据正。

⑤何遽（jù）：怎么，如何。

⑥也于：郑良树《淮南子斠理》：当作"必于"。《记纂渊海》五二引"也"正作"必"。

⑦啮（niè）：缺口。

⑧大宰：官名，掌管王家内外事物。子：北宋本原作"予"。《道藏》本作"子"。据正。子朱：楚国大夫。

⑨子国：楚大夫。时为楚国最高行政长官。啜（chuò）：喝。

⑩投：旧本《北堂书钞·酒食部》三引"投"作"援"。援，引。卮（zhī）：酒器。

⑪伏：折服。郎尹：许慎注：主郎官之尹也。按，即帝王侍从官之长。笞（chī）：抽打。

⑫"夫仕者"二句：王念孙《读书杂志》：《文子·微明》作"故上士先避患而后就利，先远辱而后求名。太宰子朱"。

【译文】

　　患祸所发生的地方，头绪万端没有方向。因此圣人居住在深静的地方用来躲避耻辱，宁静安定而等待时机。小人不知道祸福产生的途径，盲目活动而陷入罗网之中，即使周密地为他防备，又怎么能够保全自身呢？比如就像失了火再去凿池蓄水，穿上皮裘而去用扇子。况且水塘有上万孔穴，堵塞其中一个，鱼怎么不能游出呢？房屋有上百个门户，关闭其中一个，强盗怎能没办法进入呢？墙壁的毁坏在于孔隙，利剑折断必定有缺口，圣人提早发现它们，所以万物不能够伤害它。

　　太宰子朱陪着令尹子国进食，令尹子国喝了一口汤而觉得烫嘴，拿起盛酒器舀起酒浇下去。第二天,太宰子朱辞掉官职而离去。他的仆人说:"在楚国太宰是一个不可多得的官职,辞官归去,这是为什么?"子朱说:"令尹子国的行为轻狂而礼节怠慢,他侮辱别人并不困难。"第二年,制服郎官尹而打他三百下。有见识的人能够首先避免患难,太宰子朱能够看到从开始到结束的微妙变化。

　　夫鸿鹄之未孚于卵也①,一指篾之②,则靡而无形矣③。及至其筋骨之已就,而羽翮之所成也④,则奋翼挥鱚⑤,凌乎浮云,背负青天⑥,膺摩赤霄⑦,翱翔乎忽荒之上,析惕乎虹霓之间⑧,虽有劲弩利矰微缴,蒲沮之子巧⑨,亦弗能加也。

　　江水之始出于岷山也,可攓衣而越也⑩,及至其下洞庭⑪,驾石城⑫,经丹徒⑬,起波涛,舟杭一日不能济也⑭。是故圣人者,常从事于无形之外⑮,而不留思尽虑于成事之内,是故患祸弗能伤也。

【注释】

①孚(fú):鸟孵卵。

②篾:通"伐",按、压。

③靡(mí):粉碎。

④羽翮(hé):羽毛和翅膀。

⑤鱚(huì):指鸟羽茎的末端。

⑥背:北宋本原作"皆"。《道藏》本作"背"。据正。

⑦赤霄:指飞云。

⑧析惕(tì):刘绩《补注》本作"彷徉"。于大成《人间校释》:"析惕"即"徙倚",刘绩本不解其义,改为"彷徉"。

⑨蒲沮(jǔ):古代楚国善射者。之子:刘绩《补注》本作"子之"。

⑩搴(qiān)：通"攓"，捋起衣物。

⑪洞庭：即今洞庭湖。

⑫骛(wù)：奔驰。石城：许慎注：在丹阳。按，即今南京。

⑬丹徒：许慎注：在会稽。按，即今江苏镇江。

⑭杭：舟船。与"航"同。

⑮无形之外：指事故还没有形成的时候。

【译文】

天鹅没有孵出卵的时候，一个指头按压它，便可以使它粉碎而失去原形。等到它的筋骨已经长成，而羽毛翅膀已经丰满，那么就要挥动羽翼，冲上云霄，背负青天，抚摩赤霄，翱翔在无穷的太空，徘徊在虹霓之间，即使有强弩利箭微缴，具有蒲沮子的奇技，也不能施加在它身上。

长江从岷山开始流出的时候，可以搴起裤子越过它，等到它奔向洞庭，驰过石城，经过丹徒，掀起万丈波涛，航行一天也不能够渡过它。因此圣德之人，常常在事故没有形成的时候行事，而不把思虑停留在已经成功的事情上，因此祸患不能够伤害他。

人或问孔子曰："颜回何如人也？"曰："仁人也，丘弗如也。""子贡何如人也？"曰："辨人也，丘弗如也。""子路何如人也？"曰："勇人也，丘弗如也。"宾曰："三人皆贤夫子，而为夫子役①，何也？"孔子曰："丘能仁且忍，辨且讷②，勇且怯③。以三子之能，易丘一道，丘弗为也。"孔子知所施之也④。

【注释】

①役：指弟子。

②讷(nè)：即语言迟钝。

③怯：退让。

④施:指施行教化。按,本则化自《列子·仲尼》,《说苑·杂言》、《论衡·定贤》、《孔子家语·六本》亦有记载。

【译文】

有人向孔子询问道:"颜回是怎样一个人?"孔子说:"是个品行高尚的人,我不如他。""子贡是怎样的人?"孔子说:"是个能言善辩的人,我不如他。""子路是个什么样的人?"孔子说:"是个勇敢刚强的人,我不如他。"宾客说:"三个人都超过了你,而却为你的弟子,这是为什么?"孔子说:"我情操高尚而能忍耐,能说会道而言语适度,勇敢坚定而能退让。用他们三个人的才能,交换我一个人的道术,我不能够做到。"孔子知道他所施教的地方。

秦牛缺径于山中而遇盗①,夺之车马,解其橐笥②,施其衣被③。盗还反顾之,无惧色忧志,欢然有以自得也④。盗遂问之曰:"吾夺子财货,劫子以刀,而志不动,何也?"秦牛缺曰:"车马所以载身也,衣被所以掩形也,圣人不以所养害其养⑤。"盗相视而笑曰:"夫不以欲伤生,不以利累形者,世之圣人也,以此而见王者,必且以我为事也。"还反杀之。此能以知知矣,而未能以知不知也;能勇于敢,而未能勇于不敢也。凡有道者,应卒而乏⑥,遭难而能免,故天下贵之。今知所以自行也,而未知所以为人行也,其所论未之究者也⑦。人能由昭昭于冥冥,则几于道矣⑧。《诗》曰:"人亦有言,无哲不愚⑨。"此之谓也。

【注释】

①秦牛缺:许慎注中作"隐士"。按,《吕览·必己》、《列子·说符》并作"上地之大儒"。径:经过。

②橐(tuó)：口袋。笥(sì)：盛饭及衣服的竹器。

③施：通"扡(tuō)"，夺取。

④欢然：高兴的样子。自得：自以为得意。

⑤所养：所用来养生的东西。指车马、衣物等。养：修养、德性。

⑥卒：通"猝"，急速、突然。而乏：刘绩《补注》本作"不乏"。

⑦究：尽。

⑧"人能"二句：亦见《道应训》、《要略》、《泰族训》。

⑨"人亦"二句：见于《诗·大雅·抑》。此则化自《列子·说符》、《吕览·必己》。

【译文】

秦牛缺从山道上经过而遇到了强盗，抢去了他的车马，解下了他的口袋箱子，夺去了他的衣被。强盗回过头来看看他，没有畏惧和忧虑的神色，还高高兴兴地自以为很得意。强盗于是就询问道："我们抢夺了你的财物，用刀子劫迫你，而你神色不动，这是为什么？"秦牛缺说："车马是用来装载身体的，衣被是用来掩蔽形体的，圣人不用这些养生的外物来妨害自己修养的德性。"强盗听了互相笑了笑说："不因为欲望伤害生命，不因为利益拖累形体的，是世上的圣人，他要用这个样子去见国君，必将认为我们有罪。"就回过头来又把他杀了。这个人能凭着聪明知道人物关系的道理，而不能凭聪明适应时势的变化；对果敢之事很有勇气，而对不果敢之事就没有勇气了。凡是掌握了大道的人，应对突然变化而不缺少应变能力，遭到患祸而能免除灾祸，因此天下人会尊重他。现在知道自己用来行事的方法，而不知道他人用来行事的方法，他所说的道理还未达到彻底的程度。人能够由光明进入到昏暗之中，那么就接近道了。《诗》中说："人家有过这样的话，没有聪明人不像愚蠢的。"说的就是这个意思。

事或为之，适足以败之；或备之，适足以致之①。何以知其然也？秦皇挟《录图》②，见其传曰③："亡秦者胡也。"因发卒五十万，使蒙公、杨翁子将④，筑脩城⑤。西属流沙⑥，北击辽水⑦，东结朝鲜⑧，中国内郡挽车而饷之⑨。又利越之犀角、象齿、翡翠、珠玑⑩，乃使尉屠睢发卒五十万⑪，为五军，一军塞镡城之岭⑫，一军守九嶷之塞⑬，一军处番禺之都⑭，一军守南野之界⑮，一军结馀干之水⑯，三年不解甲弛弩⑰。使监禄无以转饷⑱，又以卒凿渠而通粮道⑲，以与越人战，杀西呕君译吁宋⑳。而越人皆入丛薄中，与禽兽处，莫肯为秦虏。相置桀骏以为将，而夜攻秦人，大破之。杀尉屠睢，伏尸流血数十万，乃发适戍以备之㉑。当此之时，男子不得脩农亩，妇人不得剡麻考缕㉒，羸弱服格于道㉓，大夫箕会于衢㉔。病者不得养，死者不得葬。于是陈胜起于大泽㉕，奋臂大呼，天下席卷，而至于戏㉖。刘、项兴义兵，随而定，若折槁振落，遂失天下。祸在备胡而利越也。欲知筑脩城以备亡，而不知筑脩城之所以亡也。发适戍以备越，而不知难之从中发也。

夫鹊先识岁之多风也㉗，去高木而巢扶枝㉘，大人过之则探㲉㉙，婴儿过之则挑其卵，知备远难而忘近患。故秦之设备也，乌鹊之智也。

【注释】

①致：招致。

②秦皇：秦始皇（前259—前210），即嬴政，一称赵政。秦王朝建立者，前246—前210年在位。按，关于此事，许慎注：挟（xié），铺也。秦博士卢生使入海，还奏《录图书》于始皇帝。吴承仕《淮南旧注校理》："挟"当为"披"。按，披，张开。铺，铺陈。

③传（zhuàn）：解说的文字。

④蒙公：即蒙恬。秦初名将，被秦二世逼迫而自杀。杨翁子：秦将。

⑤脩城：即长城。

⑥西属流沙：许慎注：起陇西临洮县。按，即甘肃临洮，地近大
　　沙漠。

⑦击：通"系"，连结。辽水：指辽河，今辽宁凌河以东。

⑧朝鲜：许慎注：乐浪。按，指今朝鲜平安南道、平安北道等地。

⑨挽：拉，牵。

⑩越：指今中国南方岭南一带。翡翠：许慎注：翡，赤雀；翠，青雀。
　　珠玑：圆者为珠，不圆者为玑。

⑪尉屠睢：许慎注：秦将。按，《史记·平津侯主父列传》中载："又
　　使尉（佗）屠睢（suī）将楼船之士南攻百越，使监禄凿渠运粮。"《史
　　记》索隐："尉，官也。他，赵他也。屠睢，人姓名。"依《史记》所
　　载，当为赵他、屠睢两人。

⑫镡（xín）城：许慎注：在武陵西南，接郁林。按，古县名，治所在今
　　湖南靖州西南。

⑬九嶷：许慎注：在零陵。按，在湖南宁远南。

⑭番禺（pān yú）：许慎注：在南海。按，今广东广州南。

⑮南野：许慎注：在豫章。按，今江西南康西南章水南岸。

⑯馀干：许慎注：在豫章。按，在今江西东北部，信江下游，西滨鄱
　　阳湖。

⑰弛（chí）：放松。

⑱监禄：秦将。《史记·平津侯主父列传》："使监禄凿渠运粮。"《史
　　记》集解韦昭注："监御史名禄也。"无以：王念孙《读书杂志》："无
　　以"二字，后人所加。《困学纪闻》引此，无"无以"二字。

⑲凿渠：许慎注：凿通湘水、离水之渠也。按，即今广西兴安境内之
　　灵渠。沟通湘江和漓水，联系珠江和长江水系，长34公里。为

古代著名水利、航运工程。

⑳西呕（ōu）：古越人的一支，秦汉时分布在岭南广大地区。译吁宋：西呕君主。

㉑适（zhé）戍：被谪贬获罪戍边的人。

㉒剡麻：用麻编织。剡，通"缏（yǎn）"，接续。考：成。

㉓格：通"轳"，挽车之横木。

㉔算会：许慎注：以算于衢会敛。按，即苛敛民财义。衢（qú）：四通八达之路。

㉕陈胜：字涉。许慎《兵略训》注谓"汝阴"人。《史记·陈涉世家》："陈胜者，阳城人也。"明李贤等撰《明一统志》卷七：凤阳府。阳城，在宿州南，秦县，陈胜生于此。汉属汝南郡。大泽：今安徽宿州西南。

㉖戏：许慎注：地名，在新丰。按，在今陕西临潼西。

㉗鹊：王念孙《读书杂志》："鹊"上脱"乌"字。《初学记·天部上》、《太平御览·天部》九、《白帖》二引此，皆有"乌"字。

㉘扶：旁。

㉙縠（kòu）：幼鸟。

【译文】

事情有的想干成它，却恰好能够使它失败；有的想防备它，却能够招致它到来。怎么知道是这样的呢？秦始皇展现方士送来的《录图书》，看到上面记载说："灭亡秦朝的是'胡'。"因此征发士卒五十万，派蒙恬、杨翁子为将，率兵修筑长城。西部连接流沙，北面连缀辽水，东部连接朝鲜，中国各地拉着车子转运粮饷。又想得到越地的犀角、象齿、翡翠、珠玑之类，于是派尉屠睢率兵五十万，分为五路大军，一军占领镡城的峻岭，一军把守九嶷的险塞，一军镇守番禺的都城，一军守卫南野的边界，一军结集在馀干洞庭之畔，三年不解下兵甲放松弓弩。因派监禄无法转运粮饷，又发动士卒开凿渠道，沟通湘江、漓水，使粮道畅通，来和越人作战，杀死西呕君主译吁宋。而越人都潜入深山密林之中，和禽兽相处，没有人肯当秦人的俘虏。越人互相设置勇武之人作为首领，在夜间袭击秦兵，大败秦军。杀死尉屠睢，秦军伏尸流血数十万，于是又征发戍卒来防备越人。在这个时候，男子不能够整治农田，妇女不能够续麻纺线，老弱都在道上拉车，大夫在道路上公开苛敛民财。生病的人无法奉养，死亡的人不能得到安葬。在这种情况下陈胜在大泽乡起兵反秦，奋臂大呼，天下席卷响应，并且一直打到秦都附近。刘邦、项羽兴起义兵，天下随着而平定，就像折断槁木摇落枯叶一样，秦二世便失去了天下政权。祸患在于防备"胡"人而贪图越地的奇珍。想筑起长城来防备胡人，不知道修筑长城正是导致灭亡的原因。发动戍卒来防备越人，而不知道灾难正是从中产生的。

喜鹊预先知道年内风的大小，离开高的树枝而在近枝上筑巢，大人经过就会伸手抓取小鸟，婴儿经过也会拨动鸟卵，知道防备远方的灾难，而忘记近处的患祸。因此秦国的设置防备，不过是乌鹊的智慧罢了。

或争利而反强之，或听从而反止之，何以知其然也？鲁哀公欲西益宅①，史争之②，以为西益宅不祥③。哀公作色而怒，左右数谏，不听，乃以问其傅宰折睢④，曰："吾欲益宅，而史以为不祥，子以为何如？"宰折睢曰："天下有三不祥⑤，西益宅不与焉。"哀公大悦而喜。顷复问曰："何谓三不祥？"对曰："不行礼仪，一不祥也；嗜欲无止，二不祥也；不听强谏，三不祥也。"哀公默然深念⑥，愤然自反⑦，遂不西益宅。夫史以争为可以止之，而不知不争而反取之也。

知者离路而得道，愚者守道而失路⑧。夫兒说之巧⑨，于闭结无不解。非能闭结而尽解之也，不解不可解也。至乎以弗解之者^⑩,可与及言论矣^⑪。

【注释】

①鲁哀公:春秋鲁国最后一个国君,名将,在位 27 年。

②史:史官,掌管记事、祭祀等。争(zhèng):谏争。

③西益宅:许慎注:筑旧宅之西,更以为田宅,不止益。按,《风俗通义》认为,西益宅妨害家长。

④宰折睢(suī):许慎注:傅姓名。《论衡·四讳篇》作"宰质睢"。《太平御览》卷一百八十《居处部》八作"曼折曜"。

⑤三不祥:亦见于《说苑·君道》,晏子云"国有三不祥"。

⑥默然:沉思的样子。

⑦愤然:沉痛的样子。《论衡·四讳》作"慨然自反"。《太平御览》卷一百八十《居处部》八引,"愤"作"喟"。

⑧"愚者"句:依前文意,当作:愚者守路而失道。

⑨兒(ní)说:宋国大夫。

⑩弗解之:刘绩《补注》本作"弗解解之",当是。

⑪言论:议论,谈论。按,本则亦载于《论衡·四讳》、《新序》卷五、《孔子家语·正论》。

【译文】

有的以利谏争而反使之固执己见,有的听从反而能制止他,怎么知道是这样的呢?鲁哀公想向西扩大自己的房宅,史官据理阻止,认为向西扩大住宅不吉祥。鲁哀公变了脸色而大发脾气,左右的人多次劝谏都不听从,于是便向他的师傅宰折睢询问说:"我想增加房宅的面积,而史官认为这样做不吉祥,你认为怎样?"宰折睢说:"天下有三件事不吉祥,向西扩大房宅不在其中。"鲁哀公听了十分高兴。紧接着又问:"什么是三不祥?"回答说:"不实行礼义,一不吉祥;嗜欲无度,二不吉祥;不听强力劝说,三不吉祥。"哀公听了,沉默了一会反复思考自己的举动,很沉痛地自我反省，于是不再向西扩大房宅了。史官用谏争的办法认为可以制止他，而不知道不争辩反而可以达到这样的效果。

聪明的人离开小路而得到大道，愚蠢的人遵循小路而失去大道。兒说的巧技，对于闭结没有什么解不开的。但是并非他真的能将所有的闭结全部解开，而是不去解不能够解开的解，以不解为解。等到用不解来解开闭结，便能够和他谈论道了。

或明礼义、推道礼而不行①，或解构妄言而反当②，何以明之？孔子行游，马失③，食农夫之稼，野人怒，取马而系之。子贡往说之，卑辞而不能得也④。孔子曰："夫以人之所不能听说人，譬犹以大牢享野兽⑤，以《九韶》乐飞鸟也⑥，予之罪也，非彼人之过也。"乃使马圉往说之⑦，至见野人曰："子耕于东海，至于西海，吾马之失，安得不食子之苗？"野人大喜，解马而与之。

说若此其无方也，而反行；事有所至，而巧不若拙。故圣人量凿而正枘⑧。夫歌《采菱》⑨，发《阳阿》⑩，鄙人听之，不若此《延路》、《阳局》⑪。非歌者拙也，听者异也。故交画不畅⑫，连环不解，物之不通者，圣人不争也。

【注释】

①礼：履行、实行。

②解构：附会，诡曲。

③失（yì）：逃逸。

④"子贡往"二句：王念孙《读书杂志》："子贡"上脱"使"字。《太平御览》引此有"使"字。"卑"当为"毕"，字之误也。《吕氏春秋》作"毕辞"。

⑤大(tài)牢：古代祭祀以牛、羊、豕三牲齐备为大牢。

⑥《九韶》：传说的虞舜乐名。见于《列子·周穆王》。《尚书·益稷》有"《箫韶》九成"。即《九韶》。

⑦马围(yǔ)：养马的人。

⑧枘(ruì)：榫(sǔn)头。

⑨《采菱》：楚歌曲名。

⑩《阳阿》：楚歌曲名。

⑪《延路》、《阳局》：许慎注：鄙歌曲也。

⑫畅：畅通。

【译文】

有的阐明礼义、推行道术而行不通，有的附会胡说反而适当，怎么能说明这个问题？孔子到外面去游，马跑散了，并且吃了农夫的庄稼，农夫非常愤怒，拉住马而扣了起来。孔子派善于辞令的子贡去劝说，好话说尽了但是却不能牵回马。回报给孔子，孔子说："用别人听不进去的话去劝说，比如就像准备三牲大礼给野兽享用，用高雅的《九韶》去让飞鸟欣赏，这是我的罪过，不是那个人的过错啊。"于是派养马的人去劝说，到达后见到在田野里耕作的农夫说："您在东海边耕田，土地一直到达西海，我的马逃散，怎么能不吃你的禾苗呢？"农人听了非常欢喜，解下马交给了养马人。

像这样劝说别人是没有道理的，却反而能行得通；一切事情都有它所要达到的要求，奇巧反而不如笨拙。因此圣人衡量凿子大小才能放下榫头。唱起了《采菱》，又连缀了《阳阿》，卑俗人听了，不如那些低下的《延路》、《阳局》更合乎口味。不是唱歌的人笨拙，是因为听的人欣赏能力有所不同。因此交相错画不能畅通，像连环一样不能解开，这些万物之中不能通达的事情，圣人是不去争取的。

仁者，百姓之所慕也；义者，众庶之所高也。为人之所慕,行人之所高,此严父之所以教子,而忠臣之所以事君也。然世或用之而身死国亡者,不同于时也①。

　　昔徐偃王好行仁义,陆地之朝者三十二国②。王孙厉谓楚庄王曰③:"王不伐徐④,必反朝徐。"王曰:"偃王有道之君也,好行仁义,不可伐。"王孙厉曰:"臣闻之,大之与小,强之与弱也,犹石之投卵,虎之啗豚⑤,又何疑焉?且也为文而不能达其德⑥,为武而不能任其力,乱莫大焉。"楚王曰:"善!"乃举兵而伐徐,遂灭之。此知仁义而不知世变者也。

【注释】

①同:《文子·微明》作"周"。

②陆地:沿着陆路。三十二:《韩非子·五蠹》、《后汉书·东夷传》、《博物志》、《水经注》并作"三十六国"。

③王孙厉:楚臣。楚庄王:《韩非子·五蠹》作"荆文王"。《说苑·指武》作"楚文王"。楚文王(? —前675),芈姓,熊氏,名赀。春秋楚君,在位13年。始都郢。

④徐:春秋时大国,中心在今江苏泗洪一带。

⑤啗(dàn):食。

⑥且也:《四库全书》本作"且夫"。

【译文】

　　仁惠的人,是百姓所仰慕的;讲大义的人,是大众所崇敬的。做人民所仰慕的事情,实行人民所认为崇高的行为,这是严厉的父亲所用来教育儿子,忠臣所用来侍奉国君的准则。然而世间有的采用了它而身死国灭的,这是因为时代不同的缘故。

　　从前徐偃王爱好仁义,当时沿着陆路而来朝拜的有三十二个国家。王孙厉对楚王说:"君王不讨伐徐国,必定要反过来朝拜徐国。"庄王说:

"偃王是有道的君主，爱好仁义，不能够侵伐。"王孙厉说："我听说，楚国和徐国，在大对于小、强对于弱方面，差距很大，对付徐国就像用石头投向鸡蛋，老虎吃小猪一样，又有什么疑虑的呢？况且推行文德而不能遍施他的德泽，从事武力而不能用尽他的力量，惑乱没有比这更大的了。"楚王说："好！"于是举兵侵伐徐国，于是便很快把它消灭了。这是只知道推行仁义而不知道世道变化的例子。

申茮、杜茝，美人之所怀服也，及渐之于滫，则不能保其芳矣①。古者五帝贵德，三王用义②，五霸任力。今取帝王之道，而施之五霸之世，是由乘骥逐人于榛薄③，而蓑笠盘旋也④。

今霜降而树谷⑤，冰泮而求获⑥，欲其食则难矣。故《易》曰"潜龙勿用"者⑦，言时之不可以行也。故"君子终日乾乾⑧，夕惕若厉⑨，无咎⑩"。终日乾乾，以阳动也；夕惕若厉，以阴息也。因日以动，因夜以息，唯有道者能行之。

夫徐偃王为义而灭，燕子哙行仁而亡⑪，哀公好儒则削⑫，代君为墨而残⑬，灭亡削残，暴乱之所致也。而四君独以为仁义、儒墨而亡者⑭，遭时之务异也⑮，非仁义、儒墨不行。非其世而用之，则为之擒矣。

【注释】

①"申茮(jiāo)"四句：化自《荀子·劝学》。茮，同"茮(jiāo)"、"椒"。申茮，香草名。杜茝(zhǐ)：香草名。怀服，怀藏，佩戴。渐(jiān)，北宋本原作"惭"。《道藏》本作"渐"。据正。滫(xiǔ)，臭汁，污水。

②王：北宋本原作"五"。《道藏》本作"王"。据正。

③逐：北宋本原作"遂"。《道藏》本作"逐"。据正。

④蓑笠盘旋：像竹笠那样，绕之盘旋。

⑤树：种植。

⑥泮（pàn）：解冻。

⑦潜龙勿用：喻人隐居不出，静处不动。见《周易·乾卦》"初九" 爻辞。

⑧乾乾：勤勉努力。

⑨惕若：警惕的样子。厉：危险。

⑩咎：灾祸。见《周易·乾卦》"九三"爻辞。

⑪"燕子哙（kuài）"句：许慎注：子哙，燕王也。苏代说子哙让国，遂 专政，齐伐燕，大败之，哙死也。按，载《战国策·燕策》，亦载于 《史记·燕召公世家》。

⑫哀公：鲁哀公。与孔子同时，曾数次被齐侵犯而割地。则：刘绩 《补注》本作"而"。

⑬代：古国名，前475年为赵襄子所灭，在今河北蔚县一带。

⑭以为：《道藏》本无"为"字。据正。

⑮时之：北宋本原作"之时"。刘绩《补注》本作"时之"。据正。

【译文】

申苄、杜茝，是美人所怀藏佩戴的，等到把它浸渍到臭水之中，那么 便不能保持它的芳香了。古时候五帝以德性为贵，三王重视道义，五霸 任用武力。现在采用五帝三王之道，而在五霸之世施行，这样就像乘着 千里马在树木草丛中追逐人群，而只能像竹笠那样盘旋。

如今在霜降时去种谷子，冰雪解冻时而求得收获，想要收获果实就 难了。因此《周易》中说，人隐居不出静处不动，说的是时节不合不能够 施行。因此君子昼则勤勉，夜则警惕，虽处险境也没有灾殃。昼则勤 勉，是按照阳气行动；夜则警惕，是按照阴气休息。按照白天而活动，按 照夜间而休息，只有掌握了道术的人才能实行它。

　　徐偃王因为推行大义而被消灭,燕子哙实行仁德而灭亡,鲁哀公爱好儒术而使国家削弱,代君信奉墨子学说而遭残杀,灭亡削残,是暴乱所造成的。而这四个国君只是因为推行仁义、儒墨而灭亡,也是由于时代形势的变化不同而形成的,不是说仁义、儒墨不能实行。不是在适宜的时代而使用它,那么就要被人擒住了。

　　夫戟者所以攻城也,镜者所以照形也。宫人得戟①,则以刈葵②;盲者得镜,则以盖卮,不知所施之也。故善鄙不同,诽誉在俗;趋舍不同,逆顺在君③。

　　狂谲不受禄而诛④,段干木辞相而显⑤,所行同也,而利害异者,时使然也。故圣人虽有其志,不遇其世,仅足以容身,何功名之可致也?

【注释】

　　①宫人:指宦官和侍从。

　　②刈(yì):砍,割。

　　③"故善鄙"四句:《文子·微明》:"故善否同,非誉在俗;趋行等,逆顺在时。"

　　④"狂谲(jué)"句:许慎注:狂谲,东海之上人也。耕田而食,让不受禄。大公以为饰虚乱民而诛。按,《论衡·非韩》亦载其事。

　　⑤段干木:战国魏隐士,受魏文侯礼敬。

【译文】

　　长戟是用来攻城的,明镜是用来照形的。宦者得到戟,只能用来砍冬葵;瞎子得到镜子,就用来盖酒器,不知道它们所施用的地方。因此好坏不同,诽谤赞誉在于世俗;取舍不同,背逆顺从在于国君。

　　狂谲高洁不受姜太公俸禄而被杀,段干木清高辞去相位而名显天下，这二人所具有的品行是相同的，但是利害是这样的不同，是时代造成了这个样子。因此圣人即使有他的志向，没有遇到合适的时代，仅仅能够容得一身，功业名位怎么能够得到呢？

　　知天之所为，知人之所行，则有以任于世矣^①。知天而不知人，则无以与俗交；知人而不知天，则无以与道游。

　　单豹倍世离俗^②，岩居谷饮，不衣丝麻，不食五谷^③，行年七十，犹有童子之色。卒而遇饥虎，杀而食之。张毅好恭^④，过宫室廊庙必趋^⑤，见门间聚众必下，斯徒马围^⑥，皆与伉礼^⑦，不终其寿，内热而死^⑧。豹养其内而虎食其外，毅脩其外而疾攻其内。故直意适情^⑨，坚强贼之^⑩；以身役物^⑪，则阴阳食之^⑫，此皆载务而戏乎其调者也^⑬。

　　得道之士，外化而内不化。外化所以入人也^⑭，内不化所以全其身也。故内有一定之操，而外能诎伸，赢缩卷舒^⑮，与物推移，故万举而不陷。所以贵圣人者，以其能龙变也^⑯。今捲捲然守一节^⑰，推一行^⑱，虽以毁碎灭沉，犹且弗易者，此察于小好，而塞于大道也。

【注释】

①任：行事。《文子·微明》作"经"。

②单豹：鲁国隐士。事载《庄子·达生》、《吕览·必己》。

③不食五谷：指辟谷、导引行气。

④张毅：好礼之人。恭：恭敬有礼。

⑤廊庙：代指朝廷。

⑥斯徒：服劳役供使唤之人。斯，通"厮"。《道藏》本作"斯"，刘绩

《补注》本作"厮"。马圉(yǔ):养马的人。

⑦伉(kàng)礼:彼此以礼相待。

⑧内热:心火过盛之病。

⑨直意适情:任凭心意而适合自己行事。

⑩贼:残害。

⑪役物:役使外物,即外物归我所有。

⑫食:亏损、伤害。

⑬载务:全力追求。载,满。戏:顾广圻《校淮南子》:"戏"疑作"亏"。

⑭入人:《文子·微明》作"知人"。按,"得道"至"全其身也",化自《庄子·知北游》。

⑮赢(yíng)缩:进退。赢,通"赢",前行。

⑯龙变:像龙一样万端变化。

⑰捲(quán)捲然:勤苦用力的样子。

⑱一行:一种德行。也指特殊行为。

【译文】

知道天道所具有的规律,知道人们所行的方向,那么在世界上便有用来行事的目标了。如果只知道天道而不知道人事,那么便没有办法与世俗交往;知道人事而不知天道,那么便不能与道一起遨游。

鲁隐士单豹离开人群告别世俗,居住在山穴之中,喝的是山泉之水,不穿丝帛和麻布,不吃五谷粮食,到了七十岁的时候,还有儿童一样的容貌。最后碰到一只饥饿的老虎,遭到扑杀而被吃掉。张毅是一个特别讲究礼义的人,经过贵族的宫室、君王的朝廷,必定跑步离开,看到里间聚集众人的地方,必定恭敬地下车,就是遇到服役养马的人,都向他们行礼问安,但是最终不得长命,因引起内热而死。单豹善于修炼他的内心,而老虎却吃了他的形体,张毅善于修炼自己的外表,但是利火攻破他的内部。因此任凭心意适合性情而行事,那么坚韧刚强的东西就要残害他；拿自己本身去役使外物，那么阴阳变化就会伤害他，这些人都是全力追求一个方面的利益，而使自己的和气受到亏损。

　　得道的人，外部变化而内部不加变化。外部行为经常变化是为了与世人和谐相处，内部不变化是用来保全他的身心。因此内部有固定的操守，而外部就能够屈伸变化，或长或短或卷曲或舒展，与外物一起变迁，因此即使有万种举动也不会陷入失败。所以尊重圣人的原因，是因为他们能像龙一样的变化。现在辛勤地持守一种节操，推行一种德行，即使是达到粉身碎骨的程度，也还不能改变初衷，这只是见到了小的好处，而在大道上却被堵塞了。

　　赵宣孟活饥人于委桑之下①，而天下称仁焉；荆佽非犯河中之难②，不失其守，而天下称勇焉。是故见小行则可以论大体矣。

　　田子方见老马于通③，喟然有志焉④，以问其御曰："此何马也⑤？"其御曰："此故公家畜也，老罢而不为用⑥，出而鬻之⑦。"田子方曰："少而贪其力，老而弃其身，仁者弗为也。"束帛以赎之⑧。罢武闻之⑨，知所归心矣。

　　齐庄公出猎，有一虫举足将搏其轮，问其御曰："此何虫也？"对曰："此谓螳螂者也。其为虫也，知进而不知却，不量力而轻敌。"庄公曰："此为人，必为天下勇武矣。"回车而避之。勇武闻之，知所尽死也⑩。

　　故田子方隐一老马⑪，而魏国载之⑫；齐庄公避一螳螂，而勇武归之；汤教祝网者⑬，而四十国朝；文王葬死人之骸⑭，而九夷归之；武王荫暍人于樾下⑮，左拥而右扇之，而天下怀其德；越王句践一决狱不辜⑯，援龙渊而切其股⑰，血流至足，以自罚也,而战武士必其死⑱。故圣人行之于小,则可以覆大矣;审之于近,则可以怀远矣。

孙叔敖决期思之水⑲,而灌雩娄之野⑳,庄王知其可以为令尹也;子发辨击剧而劳佚齐,楚国知其可以为兵主也㉑。此皆形于小微,而通于大理者也。

圣人之举事,不加忧焉,察其所以而已矣。

【注释】

①赵宣孟(? —前601):即赵盾,谥号宣。春秋晋国大夫。曾治政三朝。委桑:阴翳(yì)下垂的桑树。此条载于《左传·宣公二年》、《吕览·报更》。

②河:《吕览·知分》作"江"。

③田子方:魏人,学于子夏,为魏文侯师。通:许慎注指"道"。按,《孙子兵法·地形》梅尧臣注:通,道路交达。《韩诗外传》卷八作"道"。

④喟(kuì)然:叹息的样子。

⑤此:北宋本原作"比"。刘绩《补注》本作"此"。据正。

⑥罢:通"疲",羸弱。

⑦鬻(yù):卖。

⑧束帛:帛五匹为束。古代用作聘问的礼物,也用作婚丧、朋友相赠的礼品。

⑨罢(pí)武:老病军人。本则亦载于《韩诗外传》卷八。

⑩"齐庄公"段:此则亦见《韩诗外传》卷八。《庄子·人间世》载其事,喻不自量力。齐庄公,春秋齐君,名光,在位6年。因淫乱被杀。"其为虫"三句,指赞其勇武轻视敌人。

⑪隐:哀痛。

⑫载:通"戴",爱戴。

⑬"汤教"句:许慎注:昔汤出,见四面张网者,汤教去其三面,祝曰:
"欲上者上,欲下者下,无入吾网。"按,此则载于《吕览·异用》,
《史记·殷本纪》、《新序》五亦载之。

⑭"文王"句:许慎注:文王治灵台,得死人之骨,夜梦死人呼而请
葬。于旦,文王反葬以五大夫之礼。按,此则载于《吕览·异
用》。贾谊《新书》亦载之。

⑮"武王"句:许慎注:武王哀暍(yē)者之热,故荫之于樾(yuè)下。
樾下,众树之虚也。按,樾,古楚语,指树荫。

⑯越王句践:春秋越君,前479—465年在位。曾被吴王夫差击败,
屈辱求和,入臣于吴。后回国,卧薪尝胆,转弱为强,灭亡吴国,
并成为诸侯霸主。不辜:即无罪。

⑰龙渊:宝剑名。为欧冶子、干将所造。见《越绝书·记宝剑》。

⑱必:通"毕",全部。

⑲期思之水:即渒(pì)水,又名沘(bǐ)水。利用源于沘山之水,汇于
芍陂(今寿县安丰塘为其一部分)。

⑳雩(yú)娄之野:许慎注:今庐江是。按,故址在今河南固始东。
庐江、金寨、固始、商城相毗邻。期思、雩娄灌区,是我国古代最
早大型水利工程,至今受益。(详见陈广忠《淮南子科技思想》,
安徽大学出版社,2001年)

㉑"子发"二句:许慎注:辨,次第也。击剧,次第罢劳之赏,各有等
齐也。或曰:子发辨击之劳佚齐。子发筑设劳逸之节,是以楚知
可为兵。齐,同。按,辨,有辨别次第等级之义。击,相当。
剧,难。

【译文】

　　赵宣孟救活了在桑树荫下饥饿的人,天下称颂他的仁惠;荆国佽
非触犯江中的大害,没有失去他的勇气,天下称颂他的勇敢。因此见到小

的行止那么便可以论及大的取向了。

田子方在路上看到一匹老马,深有感触地叹息了一声,问那牵马的人说:"这是一匹什么马?"牵马的人说:"这原是你家里喂养的一匹马,因为年老体衰而不中用了,所以拉出来卖掉它。"田子方说:"年轻的时候图它的力气,老了就抛弃它,这是有仁德的人所不愿做的。"于是用五匹丝绸把它赎了回来。年老疲弱的军人听到这件事,知道自己的心愿该归附何方了。

齐庄公外出打猎,有一个虫子举起它的脚将要跟庄公的车轮搏斗,庄公问他的御夫说:"这是什么虫子?"御夫回答说:"这是一种叫螳螂的虫子。这种虫子,知道前进而不知道后退,它不估计自己的力量而敢于轻视它的敌人。"庄公说:"它要是作为一个人的话,必定是天下很勇敢的人了。"于是庄公便倒转车子来回避它。那些勇敢的人听到这件事,都懂得自己应该怎样为国效力了。

因此田子方哀怜一匹老马,而魏国的人拥戴他;齐庄公回避一个螳螂,而天下勇武的人归向他;商汤让兽网撤去三面,而四十个国家朝拜他;周文王用礼节安葬死人骨骸,而九夷归附他;周武王把中暑的人安置在树荫之下,左面拥抱着右边给他扇扇子,而天下的人怀念他的恩德;越王句践一次断案错杀无罪之人,拿起龙渊之剑切开自己的大腿,血流至脚,用来自我惩罚,而战斗的武士就有了必死的决心。因此圣人在小处推行其政,那么便可以影响到大众;在近处行事审慎,那么就可以使远方的人归附了。

孙叔敖决开期思之水,来灌溉雩娄的田地,楚庄王知道他可以担任令尹;子发能够辨别难易优劣的名次,而使劳逸各自得到等同的待遇,楚君知道他可以成为领兵的主帅。这些都是在微小的地方体现出了他们的美德,而在大的道理上便可以通达了。

圣人的行事,不会增加自己的忧虑,观察他的行止和目的就清楚了。

今万人调钟，不能比之律，诚得知者，一人而足矣。说者之论，亦犹此也。诚得其数，则无所用多矣。夫车之所以能转千里者，以其要在三寸之辖①。夫劝人而弗能使也，禁人而弗能止也，其所由者非理也②。

昔者卫君朝于吴③，吴王囚之④，欲流之于海者⑤。说者冠盖相望而弗能止。鲁君闻之⑥，撤钟鼓之县，缟素而朝⑦。仲尼入见，曰：“君胡为有忧色？”鲁君曰：“诸侯无亲，以诸侯为亲；大夫无党，以大夫为党。今卫君朝于吴王，吴王囚之，而欲流之于海，孰卫君之仁义而遭此难也。吾欲免之而不能，为奈何？”仲尼曰：“若欲免之，则请子贡行。”鲁君召子贡，授之将军之印。子贡辞曰：“贵无益于解患，在所由之道。”敛躬而行⑧，至于吴，见太宰嚭⑨。太宰嚭甚悦之，欲荐之于王。子贡曰：“子不能行能行说于王⑩，奈何？吾因子也。”太宰嚭曰：“子焉知嚭之不能也？”子贡曰：“卫君之来也，卫国之半曰：‘不若朝于晋’；其半曰：‘不若朝于吴。’然卫君以为吴可以归骸骨也，故束身以受命⑪。今子受卫君而囚之，又欲流之于海，是赏言朝于晋者，而罚言朝于吴也。且卫君之来也，诸侯皆以为蓍龟⑫。兆今朝于吴而不利⑬，则皆移心于晋矣。子之欲成霸王之业，不亦难乎？”太宰嚭入，复之于王，王报出令于百官曰⑭：“比十日⑮，而卫君之礼不具者，死。”子贡可谓知所以说矣。

【注释】

①辖（xiá）：即安装在车轮末端的挡铁，用以挡住车轮，不使脱落。
②所由者：指所采用的方法。

③卫君：即卫出公，姬姓，名辄。春秋末卫君，在位12年。"朝于吴"事在卫出公十年（前483年）。载于《左传·哀公十二年》。

④吴王：即吴王夫差。

⑤者：刘绩《补注》本无"者"字。

⑥鲁君：即鲁哀公。

⑦缟（gǎo）素：指丧服。

⑧敛躬：收敛身形。指秘密出使。

⑨太宰嚭（pǐ）：伯氏，名嚭，春秋楚人，后奔吴，任为太宰，得吴王宠幸。

⑩能行：刘绩《补注》本无。疑衍。

⑪束身：比喻归顺，投案。

⑫"诸侯"句：许慎注：以为蓍龟，以卜朝吴之吉凶也。按，蓍（shī），蓍草，古代用以占卜。

⑬兆：刘绩《补注》本移"蓍龟"下，《四库全书》本同。

⑭令：北宋本原作"今"。《道藏》本作"令"。据正。

⑮比：等到。

【译文】

现在万人调试大钟，不能和六律相协调，如果明白其中的音理，一个人就足够了。游说者的论辩，也像这样。如果能掌握其中的方法，那么不必要说很多话便可以办到了。车子之所以能够运行千里的原因，是因为它的要害在于三寸长的车辖。劝说人但不能使他心服，禁止人但不能使他停止，是他所采用的方法没有道理而造成的。

从前卫出公到吴国会盟，吴王把他囚禁起来，要把他流放到海岛上。游说劝谏的人一路上络绎不绝而不能制止。鲁哀公听说这件事，撤掉悬挂着的钟鼓，穿着白色素服来上朝。仲尼上朝拜见哀公，说："国君为什么有忧虑的神色？"鲁哀公说："诸侯没有亲近的，把诸侯作为最亲近的；大夫没有亲族，把大夫作为亲族。现在卫君到吴国朝见，吴王把他囚禁起来,而要流放到海岛上去,没有想到卫君这样的仁义之人却遭到这样的灾难。我想使他免除灾难却办不到,对这件事怎么办呢?"孔子说:"如果想使卫君免除灾难,那么就请子贡出使一趟。"鲁哀公召见了子贡,授给他将军的印玺。子贡推辞说:"高贵的地位对解除祸患没有帮助,在于所实行的方法。"他便秘密出行,到了吴国,拜见太宰嚭。太宰嚭十分高兴,想把他推荐给吴王。子贡说:"您自己不能够劝说吴王听从,我怎么依靠您引见呢?"太宰嚭说:"您怎么知道我不能劝说吴王呢?"子贡说:"卫君到吴国来的时候,卫国中的一半人说:'不如去向晋国朝拜';另一半说:'不如去向吴国朝拜。'但是卫君认为吴国能够归还自己的骸骨,因此归顺吴国并接受了命令。现在您接受了卫君却把他囚禁起来,又要把他流放到海岛上去,这是奖励那些主张向晋国朝拜的人,而惩罚那些主张向吴国朝拜的人。况且卫君来的时候,诸侯都认为占卜出现吉兆。现在表明朝拜吴国大为不利,那么都会把心意转向晋国方面去。你们想要成就霸王之业,不也是很困难的吗?"太宰嚭入宫,把子贡的话报告给吴王,吴王对百官发出命令说:"等到十天,如果招待卫君的礼节不全备的话,处以死罪。"子贡可以说是知道用来游说的方法。

　　鲁哀公为室而太①,公宣子谏②:"室大,众与人处则哗,少与人处则悲,愿公之适。"公曰:"寡人闻命矣。"筑室不辍③。公宣子复见曰:"国小而室大,百姓闻之,必怨吾君;诸侯闻之,必轻吾国。"鲁君曰:"闻命矣。"筑室不辍。公宣子复见曰:"左昭而右穆④,为大室以临二先君之庙,得无害于子乎?"公乃令罢役除版而去之⑤。鲁君之欲为室,诚矣。公宣子止之,必矣。然三说而一听者,其二者非其道也。

　　夫临河而钓⑥,日入而不能得一儵鱼者⑦,非江河鱼不食也,所以饵之者非其欲也。及至良工执竿,投而摄唇吻者⑧,

能以其所欲而钓者也。夫物无不可奈何，有人无奈何⑨。铅之与丹，异类殊色，而可以为丹者，得其数也⑩。故繁称文辞⑪，无益于说，审其所由而已矣。

【注释】

①太：与"大"同。《道藏》本作"大"。

②公宣子：鲁大夫。

③辍（chuò）：停止。

④"左昭"句：许慎注：昭、穆，先君宗庙。按，古代宗庙祭祀，始祖居中，左为"昭"，右为"穆"。别父子、远近、长幼、亲疏之序。

⑤版：筑墙用的夹板。

⑥钓：北宋本原作"均"。《道藏》本作"钓"。据正。

⑦鲦（tiáo）鱼：鱼名，即小白鱼。

⑧擐（huàn）：穿透。

⑨"夫物无"二句：许慎注：言物皆可术而治也。事有人材所不及，无奈之何也。按，奈何，怎么处理。

⑩"铅之于丹"四句：道家用铅与丹进行化学反应，可以得到一种丹。古代道家用作养生之药物。

⑪繁称文辞：即繁琐的称说，美丽的文辞。

【译文】

鲁哀公想建造一个大的宫室，大夫公宣子劝谏说："宫室规模巨大，和众人相处则喧闹不堪，与少数人相处就会孤独冷清，希望国君考虑合适的方案。"鲁哀公说："我知道了。"继续施工不停止。公宣子第二次又劝谏说："国家小而修建的宫室大，百姓听说，必定埋怨君主；诸侯听说，一定轻视君主。"鲁哀公说："我知道了。"仍然筑室不停止。公宣子第三次又劝告鲁哀公说："左边是先祖的宗庙，右边是先君之庙，你建的宫室夹在二位先君中间，难道对你没有妨碍吗？"鲁哀公听了，于是便下令遣散劳工,拆除版筑而撤离工地。鲁君想修建宫室,是诚心诚意的。公宣子制止他,也是必要的。但是三次劝说却只有一次能听从,是因为两次劝说不符合大礼。

在黄河边钓鱼,一整天不能够得到一条小白鱼,不是长江、黄河的鱼不食饵,而是所用的钓饵不符合它们的食性。等到高明的钓者手执钓竿,投到水中就能够穿通鱼的唇吻,这是因为跟鱼的食欲相一致而钓上来的。其实万物中没有不能够用术数来治理的,有的人力达不到对它没有办法而已。就像铅粉和丹砂,不同的种类两种色彩,但是可以转化生成丹,只有得到它的变化规律才能办到。因此繁琐的称说,美丽的辞藻,对于劝谏是没有任何帮助的,只要观察清楚它的解决途径就可以了。

物类之相摩近而异门户者①,众而难识也。故或类之而非,或不类之而是;或若然而不然者,或不若然而然者。

谚曰:"鸢堕腐鼠②,而虞氏以亡。"何谓也?曰:虞氏,梁之大富人也③。家充盈殷富,金钱无量,财货无赀④。升高楼,临大路,设乐陈酒,积博其上⑤,游侠相随而行楼下⑥。博上者⑦,射朋张中,反两而笑⑧。飞鸢适堕其腐鼠,而中游侠⑨。游侠相与言曰:"虞氏富乐之日久矣,而常有轻易人之志。吾不敢侵犯,而乃辱我以腐鼠。如此不报,无以立务于天下⑩。请与公僇力一志⑪,悉率徒属,而必以灭其家。"此所谓类之而非者也。

【注释】

①摩(mó):近。刘典爵《淮南子韵谱》断作"物类之相摩,近而异门户者",疑非。

②鸢（yuān）：老鹰。

③梁：许慎注：今之陈留浚（xùn）仪也。按，在今河南开封东南。

④赀（zī）：估量，计算。

⑤积：《列子·说符》作"击"，敲、打义。博：一种赌博游戏。击博共十二棋，六黑六白，两人相博，每人六棋。

⑥楼下：《列子·说符》作"楼上博者"。疑"下"当作"上"。并断为下句。

⑦博上者："上"字疑衍。

⑧"射朋"二句：许慎注：射朋张，上棋中之，以一反两也。按，游戏时能取中的叫射。朋，疑为"明"。《列子·说符》叫明琼，棋子名。张中（zhòng），即投中。反，翻。两，即两鱼，棋子名。《列子·说符》作"反两檐（tà）鱼而笑"，更准确。

⑨游侠：古代指重义轻生、解救人难的一类人。《史记》有《游侠列传》，专述其人其事。

⑩务：许慎注：势。按，《列子·说符》作"懂（qín）"。王念孙《读书杂志》王引之曰："务"当为"矜（jīn）"，字之误也。"懂"与"矜"古同声而通用。张湛注《列子》："懂，勇也。""势"与"勇"亦同义。

⑪僇：通"勠（lù）"，并力。《列子·说符》："至期日之夜，聚众积兵以攻虞氏，大灭其家。"

【译文】

万物种类之间互相接近而门径不同的现象，因为种类繁多而难于识别。因此有的相类似而实际不是，有的不类似而实际相似；有的像这样而不是这样，有的不像这样而实际是这样。

俗谚说："老鹰口中掉下臭老鼠，而虞氏因此灭亡。"说的是什么意思？说的是：姓虞的人家，是开封的大富豪。家里富贵至极，金钱无法计算，财货无法估量。一天登上高楼，对着大路，摆起酒宴歌妓作乐，赌起博来，游侠相随从下面经过。楼上赌博时，投射明琼而中，翻过两鱼大笑不止。恰好老鹰衔着的臭老鼠，落在游侠身上。游侠互相商议说："姓虞的富裕享乐的日子已经很久了，而且经常有看不起人的意思。我们不敢侵犯他，他却用臭老鼠来污辱我。如果这样我们却不敢去报复，就没有办法在天下站住脚跟了。请求大家齐心合力，率领全部徒众，一定消灭虞氏。"这就是所说的类似但实际不是的事例。

何谓非类而是？屈建告石乞曰①："白公胜将为乱。"石乞曰："不然！白公胜卑身下士，不敢骄贤，其家无筦籥之信②，关楗之固③，大斗斛以出④，轻斤两以内，而乃论之以不宜也？"屈建曰："此乃所以反也。"居三年，白公胜果为乱，杀令尹子椒、司马子期⑤。此所谓弗类而是者也。

【注释】

①屈建：楚大夫。石乞：白公之党。

②筦籥(guǎn yuè)：钥匙。其形似古代乐器笙箫，用铁制成。

③关楗(jiàn)：闭门的横木和加锁的木闩。

④斛(hú)：十斗为一斛。

⑤子椒、子期：许慎注：皆白公之季父。按，已见《道应训》，《说苑·权谋》亦载之。

【译文】

什么叫不类似却是这样的？屈建告诉石乞说："白公胜将要作乱。"石乞说："不是这样！白公胜礼贤下士，不敢对贤才有任何骄傲的表示，他的家里没有作为信物的钥匙，门户不加门栓，用大斗卖出去，用小斗收进来，怎么却用这么不适宜的话来议论他？"屈建说："这就是所用来作乱的征兆。"等了三年，白公胜果然作乱，杀掉令尹子椒、司马子期。这就是所说的不类似却是这样的例子。

　　何谓若然而不然？子发为上蔡令①,民有罪当刑,狱断论定,决于令尹前②。子发喟然有悽怆之心③。罪人已刑而不忘其恩。此其后,子发盘罪威王而出奔④,刑者遂袭恩者,恩者逃之于城下之庐。踹足而怒曰⑤:"子发视决吾罪而被吾刑⑥,吾怨之憯于骨髓⑦,使我得其肉而食之,其知厌乎⑧?"追者皆以为然,而不索其内,果活子发。此所谓若然而不若然者。

【注释】

①上蔡:今河南上蔡西南。周初蔡叔封地。

②尹:王念孙《读书杂志》:《太平御览·刑法部》二引此,无"尹"字。

③悽怆:悲感的样子。

④"子发"句:许慎注:盘,辟也。发得罪,辟于威王也。按,盘,通"般",辟。辟,通"避"。威王,名熊商。战国楚君,在位12年。建天下强国。

⑤踹(chuài)足:顿足。刘绩《补注》本"踹足"上有"追者至"三字。疑脱。

⑥视:王念孙《读书杂志》:"视"当为"亲",字之误也。

⑦憯(cǎn):痛恨。

⑧厌:满足。

【译文】

什么叫像这样却不是这样呢？子发担任上蔡令,百姓中有犯罪的应当判罪,判决结案之后,送到县令面前决定。子发叹了一口气露出悲伤的神色。罪人已经服刑但是没有忘记他的恩德。以后子发避罪楚威王而出逃,从前服刑的罪人便掩护对他有恩的子发,子发在城墙下的茅屋里躲藏起来。追赶的官吏来到,服刑的人顿足而愤恨地说:

"子发亲自判我的罪并给我施加刑法,我痛恨他已入骨髓,假使我得到他而吃他的肉,恐怕也不会满足!"追赶的人以为确实是这样,而没有搜索茅屋内室,果然救活了子发。这就是所说的像这样却不是这样的例子。

　　何谓不然而若然者？昔越王句践卑下吴王夫差,请身为臣,妻为妾;奉四时之祭祀,而入春秋之贡职;委社稷,效民力;居隐为蔽,而战为锋行;礼甚卑,辞甚服,其离叛之心远矣。然而甲卒三千人,以擒夫差于姑胥①。此四策者,不可不审也。

　　夫事之所以难知者,以其窜端匿迹②,立私于公,倚邪于正,而以胜惑人之心者也③。若使人之所怀于内者,与所见于外者,若合符节,则天下无亡国破家矣。夫狐之捕雉也④,必先卑体弭耳⑤,以待其来也。雉见而信之,故可得而擒也。使狐瞋目植睹⑥,见必杀之势,雉亦知惊惮远飞,以避其怒矣。夫人伪之相欺也,非直禽兽之诈计也。物类相似若然,而不可从外论者,众而难识矣。是故不可不察也。

【注释】

①姑胥:山名、台名。在今苏州西南。

②窜端匿迹:掩饰事由真相。窜,隐藏。

③胜:通"称",美好。

④捕:《太平御览》卷四百九十四《人事部》一百三十五、《兽部》二十一引作"搏"。雉:一种鸟,也叫野鸡。《说文》载有十四种。

⑤弭(mǐ):低下。

⑥瞋(chēn)目:瞪眼。植睹:许慎注:枉尾也。吴承仕《淮南旧注校

理》:疑本文"睢"当作"脽(shuí)"。注文当云:"植脽,柱尾也。"
柱尾,犹言竖尾矣。

【译文】

什么叫不是这样而像这样? 从前越王句践卑身侍奉吴王,请求允许自己当奴仆,妻子当贱妾;供奉四时祭祀的礼品,春秋之时献上贡品;社稷托付给吴王,百姓献出自己的力量;吴王深居时给他作蔽障,在战斗的时候给他作前锋;礼节非常卑下,言辞非常恭顺,这个样子距离背叛之心已经很远了。虽然这样但是却以甲卒三千人,在姑胥山活捉了吴王夫差。这四个计策,不能够不审慎地对待它。

凡事之所以难于知道的原因,因为它们的事由真相被掩盖了,在公的后面大搞私货,在正的背后专搞邪道,而却以美言迷惑人心。如果使人的内心所怀藏的,能和在外面所表现的,像符节一样吻合,那么天下便没有灭亡的诸侯国和破败的大夫之家了。狐在捕杀野鸡的时候,必定首先低下身子耷下耳朵,等待野鸡的到来。野鸡相信了狐不会伤害它,因此狐就能够擒住野鸡了。假使狐瞪大眼睛竖起尾巴来对着它,野鸡见到这副被杀的势头,就会惊恐地高飞而去,以便避开狐的怒气。人们用虚伪来欺骗对方,还不仅仅像飞禽走兽那样欺诈的伎俩。万物类别之间类似的情况就像这样,而不能够从外部认识它,一般大众是很难识别的。因此不能够不审慎加以考察。

第十九卷　脩务训

【题解】

脩务,就是勉励人们要致力事业,及时奋进,为济救万民而立功。本篇是《淮南子》的重要内容之一。

本训对先秦道家的"无为"学说,进行了新的阐释,提出了适应汉初治国需要的黄老道家"无为"论。本文首先对"无为"、"有为"的内涵进行了准确的界定。无为,就是按自然和社会规律办事;有为,就是背离自然。它第一次对《老》、《庄》中的消极无为的思想,进行了彻底的改造,赋予了崭新的内容。

本训特别强调学习、教育和自强。认为"学亦人之砥锡","学不可以已";"不自强而功成者,天下未之有也";"教顺施续,而知能流通"。要达到学习、自强的要求,不要随波逐流,要有自己的独立见解,持之以恒,"不为古今易志",方能成就事业。同时对世俗社会中"贵古贱今"、"重名轻实"的现象进行了批判。

陶方琦《淮南许注异同诂》:(此)"高注本也。"

或曰:"无为者,寂然无声,漠然不动,引之不来,推之不往,如此者乃得道之像①。"吾以为不然,尝试问之矣②:

若夫神农、尧、舜、禹、汤,可谓圣人乎?有论者必不能废③。以五圣观之,则莫得无为明矣。

古者民茹草饮水④,采树木之实,食蠃蛖之肉⑤,时多疾病毒伤之害。于是神农乃始教民播种五谷⑥,相土地宜燥湿肥垆高下⑦;尝百草之滋味,水泉之甘苦,令民知所避就。当此之时,一日而遇七十毒。

尧立孝慈仁爱,使民如子弟。西教沃民⑧,东至黑齿⑨,北抚幽都⑩,南道交趾⑪。放谨兜于崇山⑫,窜三苗于三危⑬,流共工于幽州⑭,殛鲧于羽山⑮。

舜作室,筑墙茨屋,辟地树谷,令民皆知去岩穴,各有家室。南征三苗,道死苍梧⑯。

禹沐浴霪雨,栉扶风⑰,决江疏河⑱,凿龙门,辟伊阙;脩彭蠡之防⑲,乘四载⑳,随山刊木㉑,平治水土,定千八百国。

汤夙兴夜寐,以致聪明,轻赋薄敛,以宽民氓㉒;布德施惠,以振困穷;吊死问疾,以养孤孀㉓;百姓亲附,政令流行。乃整兵鸣条㉔,困夏南巢㉕,谯以其过㉖,放之历山㉗。

此五圣者,天下之盛主,劳形尽虑,为民兴利除害而不懈。奉一爵酒,不知于色㉘;挈一石之尊㉙,则白汗交流。又况赢天下之忧㉚,而海内之事者乎㉛?其重于尊亦远矣。且夫圣人者,不耻身之贱,而愧道之不行;不忧命之短,而忧百姓之穷。是故禹之为水,以身解于阳盱之河㉜;汤旱,以身祷于桑山之林㉝。圣人忧民如此其明也,而称以无为,岂不悖哉㉞?

【注释】

①“无为者”六句:高诱注:或人以为先为术如此,乃可谓为得道之法也。像,法。

②"吾以为"二句：高诱注：以为不如或人之言。尝问之于圣人矣。按，然，这样。

③"有论"句：高诱注：言五人可谓圣人耶？有论者何能废其道也。按，废，否认。

④茹：吞咽。

⑤蠃(luó)：同"螺"。蚌(bàng)：蚌属。

⑥始：北宋本原作"如"。《道藏》本作"始"。据正。五谷：菽、麦、黍、稷、稻。

⑦相：省视。土地宜：《太平御览》卷七十八《皇王部》三引作"相土地之宜"。墝(qiāo)：土壤坚硬贫瘠。

⑧沃民：西方之国。

⑨黑齿：东方之国。

⑩幽都：高诱注：阴气所聚，故曰幽都，今雁门以北是。

⑪交趾：南方之国。指五岭以南。

⑫放：放逐。讙(huān)兜：尧时佞臣。据《山海经·海外南经》及郭璞注，亦为南方国名。崇山：南极之山。按，"放讙兜"四句，亦见《尚书·尧典》、《孟子·万章上》、《庄子·在宥》，及《大戴礼记·五帝德》等。

⑬三苗：古代生活在鄱阳湖、洞庭湖一带的少数民族。三危：西极之山名。在今甘肃敦煌东南。

⑭共工：尧时有共工官。

⑮殛(jí)：杀死。鲧(gǔn)：禹之父。治水不成，尧殛之。羽山：东极之山。

⑯苍梧：高诱注：时舜死苍梧，葬于九嶷之山，在苍梧冯乘县东北，零陵之南千里也。按，在今湖南宁远南。

⑰浴霪雨，栉扶风：见于《庄子·天下》。扶风，疾风。

⑱"决江疏河"三句：高诱注：决巫山，令江水得东过，故曰"决"。疏

道东注于海,故言"疏"。龙门本有水门,鳎(dié)鱼游其中,上行得上过者,便为龙,故曰"龙门"。禹辟而大之,故言"凿"。伊阙,山名,禹开截山体,令伊水得北过,入雒(luò)水,故言"阙"也。按,龙门,在今山西河津西北。鳎,一本作"鲋"。吴承仕《淮南旧注校理》认为作"鲔"。伊阙,在今河南洛阳南部。伊水流经两山之间。

⑲彭蠡(lí):即今洞庭湖。

⑳四载:高诱注:山行用蔂(léi),水行用舟,陆行为车,泽行用莅。按,蔂,通"樏(léi)",登山用具。莅(jué),古代泥路的行走用具。

㉑刊:斩除。载《尚书·皋陶谟》、《禹贡》。刊木,即表木。刊木立为表记。

㉒氓(méng):高诱注:野民曰氓也。按,指流动之民。

㉓"以养"句:高诱注:幼无父曰孤。孀,寡妇。雒家谓寡妇为孀妇。

㉔鸣条:地名。在今山西运城夏县西。

㉕南巢:高诱注:今庐江居巢是。按,在今安徽巢湖西南。

㉖谯(qiáo):责备。

㉗历山:在今安徽和县境。即历阳之山。

㉘知:见。

㉙挈(qiè):提起。

㉚赢(yíng):担负。

㉛海内:王念孙《读书杂志》:"海内"上脱"任"字。《艺文类聚·人部》四、《杂器物部》引,皆有"任"字。

㉜解(jiě):高诱注:祷(dǎo),以身为质。按,指祈祷以身为人质。阳眄(miàn)之河:高诱注:在秦地。按,《地形训》作"阳纡",《吕览·有始》作"阳华"。眄,当为"盱"之误。盱,同"盱(xū)"。

㉝桑山之林:商汤祭祀求雨之地。在今河南荥阳氾水镇一带。

㉞悖(bèi):荒谬。

【译文】

有的人说："无为，就是静寂地没有声音，淡漠地没有行动，招引它不来，推动它不去，像这样才是掌握了道的法则。"我认为不是这样。试试说一说我的考察结果：

如果说到神农、尧、舜、禹、汤，可以说是圣人了吧？提出论题的人必定都不能否认他们的观点。从五圣来看，那么他们都没有做到无为这是很明显的。

古时候人们吃野草喝生水，采集树木的果实，吃蚌蛤的肉，当时人民经常发生疾病毒伤的灾害。在这个时候神农便开始教导百姓播种五谷，察看土地的适宜情况，根据干旱燥湿肥沃贫瘠高丘平原因地制宜；品尝百草的滋味，以及水泉的甘苦，指导百姓避开有害的而接近有益的。在这个时候，神农一天遇到有毒的植物和水源七十次。

尧建立孝慈仁爱的道德规范，役使百姓就像对待自己的子弟一样。在西部教导沃民，东方到达黑齿，北边安抚幽都，南方到达交趾，亲自以仁义教导他们。把谨兜流放到崇山，将三苗驱逐到三危，把共工流放到幽都，把鲧处死在羽山。

舜教民造屋，筑起墙壁用茅草盖房，开辟土地种植五谷，使百姓都知道离开岩洞，而各自建立家室。到遥远的南方去征服三苗，死在经过苍梧山的路途之中。

禹冒着淫雨，顶着疾风，劳苦奔波，疏通长江、黄河，凿通龙门，劈开伊阙；修筑彭蠡的堤防，乘着四种交通工具，顺着山势砍削大木作标志，整治水土，安定了天下一千八百多个诸侯国。

商汤起早睡晚忧心国事，极尽自己的聪明智慧，轻纳赋税少征财物，以便使百姓富裕；广布德泽施予恩惠，用来赈救困穷之人；慰问死者亲属恤问患病之人，抚养孤儿寡妇；百姓亲近归附，政教法令通行天下。于是在鸣条整治军队，把夏桀围困在南巢，为了责罚他的罪过，并把他流放到历山。

这五位圣君，是天下最具盛德的天子，疲劳形体竭尽思虑，为百姓兴利除害而不松懈。捧起轻轻的一爵酒，脸上不见有难色；提起重一石的酒樽，那么就会汗流浃背。又何况担负起天下人的忧虑，胜任海内的大事呢？它比一樽的重量已超出很远了。况且对于圣人，不以自身低贱为耻辱，而以大道没有推行为羞愧；不担心生命的短暂，而忧虑百姓的穷困。因此大禹为了治水，亲自到阳盱之水作祈祷；汤时面临七年大旱，他亲自到桑林向天神祈求降雨。圣人忧虑百姓像这样清楚明白，而用无为来称说他们，难道不是十分荒谬的吗？

且古之立帝王者，非以奉养其欲也；圣人践位者[①]，非以逸乐其身也[②]。为天下强掩弱，众暴寡；诈欺愚，勇侵怯；怀知而不以相教，积财而不以相分，故立天子以齐之[③]。为一人聪明而不足以遍烛海内，故立三公、九卿以辅翼之[④]。绝国殊俗、僻远幽间之处[⑤]，不能被德承泽，故立诸侯以教诲之。是以地无不任，时无不应，官无隐事，国无遗利[⑥]，所以衣寒食饥，养老弱而息劳倦也。

若以布衣徒步之人观之，则伊尹负鼎而干汤[⑦]，吕望鼓刀而入周[⑧]，伯里奚转鬻[⑨]，管仲束缚[⑩]，孔子无黔突，墨子无暖席[⑪]。是以圣人不高山、不广河，蒙耻辱以干世主，非以贪禄慕位[⑫]，欲事起天下利，而除万民之害[⑬]。盖闻传书曰："神农憔悴，尧瘦臞[⑭]，舜霉黑，禹胼胝[⑮]。"由此观之，则圣人之忧劳百姓甚矣[⑯]！故自天子以下至于庶人，四肢不动[⑰]，思虑不用，事治求赡者，未之闻也。

【注释】

① 践：承袭。

② 逸乐：安乐。

③ 齐之：刘绩《补注》本、《文子·自然》作"齐一之"。且本文注有："齐，等。一，同也。"当脱"一"字。

④ 辅翼：辅佐。

⑤ 绝：远。

⑥ "官无隐事"二句：高诱注：言官无隐病、失职之事，以利民，故无所遗亡也。

⑦ "伊尹"句：高诱注：伊尹处于有莘（shēn）之野，执鼎俎，和五味以干汤，欲其调阴阳，行其道。按，伊尹，生于伊水空桑之中。曾为庖厨，以奴隶身份随汤妻陪嫁，佐汤伐桀，被任为阿衡。

⑧ "吕望"句：高诱注：吕望，姜姓，四岳之后。四岳佐禹治水有功，赐姓曰姜氏，有吕望其后，居殷，乃屠于朝歌，故曰"鼓刀入周"。自殷而往，为文王太师，佐武王伐纣，成王封之于齐也。按，吕姓，名尚。九十为文王师，佐武王伐纣，封于齐。

⑨ "伯里奚"句：高诱注：伯里奚，虞臣，自知虞公不可谏而去，转行自卖于秦，为穆公相而秦兴也。按，姓伯里，名奚。曾为奴隶。春秋秦国大夫，为秦穆公贤相。

⑩ 管仲束缚：高诱注：管仲傅相齐公子纠，不死子纠之难而奔鲁，束缚以归齐，桓公用之而霸也。

⑪ "孔子"二句：高诱注：默，言其突灶不至于黑，坐席不至于温，历行诸国，汲汲于行道也。按，默，刘绩《补注》本作"黔"。其义同。

⑫ "是以"三句：高诱注：圣人盖谓禹、稷，不以山为高，不以河为广，言必逾渡之。事，治也。

⑬ "欲事起"二句：《文子·自然》作"将欲起天下之利，除万民之害也。""利"上有"之"字。

⑭臞（qú）：瘦弱。

⑮胼胝（pián zhī）：手脚上的老茧。

⑯甚：深。

⑰胑（zhī）：同"肢"。动：《文子·自然》、刘绩《补注》本作"勤"。

【译文】

　　况且古代拥立帝王的目的，不是用来供养他们的嗜欲；圣人承袭君位的目的，不是用来使他们的身子安乐。为的是天下有强大的压迫弱小的，众多的欺凌人少的；巧诈的欺骗愚昧的，勇敢的侵犯怯弱的；怀藏知识而不能用来互相教导，积累财富而不能分配众人，因此拥立天子来使他们等同一致。因为一个人的聪明才智并不能够遍照海内，所以设立三公、九卿来辅佐帮助他们。因为远方的国家不同习俗的民族、荒远偏僻的地方，不能够承受德泽，所以建立诸侯来教诲他们。因此土地没有不发挥地力的，天时没有不与作物相适应的，官吏没有失职之事，国家没有遗失之利，以便用来使寒冷的人有衣穿，饥饿的人有食物，老弱的人得以奉养，而劳倦的人得以休息。

　　如果用普通百姓的身份来看，那么伊尹背着鼎去为汤效劳，吕望击刀而进入周地，百里奚被转卖，管仲被囚禁于桎梏之中，孔子所用过的烟囱没有变黑的，墨子的坐席没有变暖的。因此圣人不以大山为高、不以黄河为宽，蒙受耻辱来求得当时国君的任用，不是贪图俸禄羡慕爵位，而是想担当兴起天下之利，而消除万民之害的重任。曾经听到书传中说："神农面色憔悴，尧瘦弱，舜身上霉黑，禹手足结成老茧。"从这里可以看出，圣人忧劳百姓是多么深重呵！因此从天子到庶人，四肢不勤劳，思虑不使用，而政事得到治理，需求得到满足的，从来没有听说过。

　　夫地势水东流，人必事焉，然后水潦得谷行①；禾稼春生，人必加功焉②，故五谷得遂长③。听其自流，待其自生，则鲧、禹之功不立④，而后稷之智不用。若吾所谓无为者，私志

不得入公道，耆欲不得枉正术⑤；循理而举事，因资而立
［功］⑥；权自然之势⑦，而曲故不得容者⑧；政事而身弗伐⑨，
功立而名弗有。非谓其感而不应，攻而不动者⑩。若夫以火
燺井，以淮灌山，此用己而背自然，故谓之有为⑪。若夫水之
用舟，沙之用肆⑫，泥之用辁⑬，山之用蔂⑭；夏渎而冬陂；因
高为田，因下为池，此非吾所谓为之⑮。

【注释】

①"夫地势"三句：高诱注：水势虽东流，人必事而通之，使得循谷而
　　行也。潦(lǎo)，雨水大。

②加功：耕耘。

③遂：成。

④鲧、禹：王叔岷《淮南子斠证》：《齐民要术·种谷》第三引此作"大
　　禹"。

⑤耆：通"嗜(shì)"。《道藏》本、《文子·自然》作"嗜"。

⑥立：王念孙《读书杂志》："因资而立"下脱一字，当依《文子·
　　自然》作"因资而立功"。《氾论训》、《说林训》皆作"因资而立
　　功"。

⑦权：王念孙《读书杂志》：当依《文子》作"推自然之势"，字之误也。
　　于大成《修务校释》云：日本宝历本《文子》江忠囿序引此文，字正
　　作"推"。

⑧曲故：巧诈。

⑨政：刘绩《补注》本作"事成而身弗伐"。无"政"字，有"成"字。王
　　念孙《读书杂志》："政"当作"故"，字之误也。伐：自我夸耀。

⑩攻：王念孙《读书杂志》王引之曰："攻"当为"敀(pò)"。敀，今
　　"迫"字也。故《文子》作"迫而不动"。

⑪"若夫"四句：高诱注：火不可以熯（hàn）井，淮不可以灌山，而以用之，非其道，故谓之"有为"也。按，熯，烤干。有为，指违背自然规律，肆行妄为。

⑫肆：沙行用具。疑误。《文子·自然》作"崶（niǎo）"。《吕览》作"鸠"。

⑬辒：古代用于泥路的交通工具。

⑭蔂：通"樏（léi）"，登山的用具。

⑮"因高"三句：高诱注：此皆因其宜用之，故曰"非吾所谓为"，言无为。按，《文子·自然》作"因高为山"。

【译文】

按照地势水是向东流的，人们必须根据地势来治理它，然后流水才能沿着低洼山谷穿行；禾苗春天生长，人们就要按照这个特点耕耘除草，因此五谷才能得以生长。听凭它自然流动，等待它自然生长，那么鲧、禹之功不会建立，而后稷的才智也不会被使用。像我所说的无为，指的是偏私的念头不能够进入公道之中，嗜欲爱好不能使正道歪曲；根据道理而行事，按照资用而建立功劳；推究自然的规律，那么巧诈便没有容身之地了；事业成功而自己不夸耀，功名建立而不称说有功。而不是所说的感动而不响应，压迫而不活动的情形。至于像用火来烤干井水，把淮水引上八公山，这只是凭主观想象而违背自然规律，因此称它叫有为。像水行用舟船，沙地用崶，泥地用辒，山地用蔂；夏天形成川流而冬天蓄为陂塘；按照高低而建成梯田，沿着低洼之地而修建池塘，这不是我所说的有为。

圣人之从事也①，殊体而合于理②，其所由异路而同归，其存危定倾若一③，志不忘于欲利人。何以明之？

昔者楚欲攻宋④，墨子闻而悼之⑤。自鲁趋而十日十夜，足重茧而不休息，裂衣裳裹足，至于郢⑥。见楚王曰："臣闻大王举兵将攻宋，计必得宋而后攻之乎⑦？忘其苦众劳民⑧，顿兵剉锐⑨，负天下以不义之名，而不得咫尺之地，犹且攻之乎？"王曰："必不得宋，又且为不义，曷为攻之？"墨子曰："臣见大王之必伤义而不得宋。"王曰："公输，天下之巧士，作为云梯之械，设以攻宋⑩，曷为弗取？"墨子曰："令公输设攻⑪，臣请守之。"于是公输般设攻城之械，墨子设守宋之备，九攻而墨子九却之，弗能入。于是乃偃兵，辍不攻宋⑫。

【注释】

①从事：行事，处理事务。

②体：事体。

③定倾：扶助倾危，使之安定。

④楚：指楚惠王，名熊章，战国初期楚君，在位57年。宋：周初微子启的封地，都商丘（今河南商丘）。

⑤悼：悲伤。按，此条见于《墨子·公输》，《吕览·爱类》、《慎大》。

⑥郢（yǐng）：高诱注：楚都也，今南郡江陵北［十］里郢是也。按，在今湖北江陵西北，遗址称纪南城。

⑦计：谋划。

⑧忘其：还是。忘，通"亡"。《吕览·爱类》作"亡"。

⑨剉（cuò）：辱折，折伤。

⑩"公输"四句：高诱注：公输，鲁班号，时在楚。云梯，攻城具，高长，上与云齐，故曰"云梯"。巧士，《吕览·爱类》作"巧工"。

⑪令：北宋本原作"今"。《道藏》本作"令"。据正。

⑫辍（chuò）：停止。

【译文】

圣人处理事务，事体不同而都能符合道理，他们所经过的道路不同而归向一致，使危亡得到保存、使倾覆变成安定的目的一致，心中不忘让天下之人得到利益。怎么能说明这个问题？

从前楚惠王准备攻打北方弱小的宋国，墨子听了非常悲伤，决定亲自去制止战争。他从鲁国急行十天十夜，脚下磨出层层老茧却不愿意休息，撕裂衣裳包裹磨烂的双脚，一直到达郢都。谒见楚王说："我听说大王准备发兵攻打宋国，你盘算一定能够得到宋国才攻打它呢？还是使他的民众痛苦万民疲惫，军队劳顿精锐挫伤，在天下背负不义的名声，而得不到一尺土地，这样还将要攻打它呢？"楚王说："如果一定不能够攻下宋，又将是不义的举动，那还攻打它做什么？"墨子说："我预见大王必定损伤大义而又不能够得到宋国。"楚王说："公输般，是天下著名的巧匠，制造了攻城用的云梯，安排用来攻打宋国，为什么不能取胜呢？"墨子说："让公输般设置攻城的器械，请允许我来守卫它。"在这个时候公输般设置了攻打宋城的器械，墨子布置了守卫宋城的设施，公输般攻打九次，而墨子九次都使他退却下来，根本无法进入宋城。在这时双方才停止了交兵，楚王也停下来不再攻打宋国。

段干木辞禄而处家①，魏文侯过其闾而轼之②。其仆曰："君何为轼？"文侯曰："段干木在，是以轼。"其仆曰："段干木布衣之士，君轼其闾，不已甚乎？"文侯曰："段干木不趋势利，怀君子之道，隐处穷巷，声施千里③，寡人敢勿轼乎？段干木光于德④，寡人光于势；段干木富于义，寡人富于财。势不若德尊，财不若义高。干木虽以己易寡人，不为⑤。吾日悠悠惭于影⑥，子何以轻之哉？"其后秦将起兵伐魏，司马庾谏曰⑦："段干木贤者，其君礼之，天下莫不知，诸侯莫不闻，举兵伐之，无乃妨于义乎？"于是秦乃偃兵，辍不攻魏。

夫墨子跌蹄而趋千里⑧，以存楚、宋；段干木阖门不出⑨，以安秦、魏。夫行与止也,其势相反,而皆可以存国,此所谓异路而同归者也⑩。

今夫救火者,汲水而趣之,或以瓮瓴⑪,或以盆盂⑫,其方员锐椭不同,盛水各异,其于灭火,钧也。故秦、楚、燕、魏之歌也,异转而皆乐⑬;九夷八狄之哭也⑭,殊声而皆悲,一也。夫歌者乐之征也⑮,哭者悲之效也⑯,愤于中则应于外⑰,故在所以感⑱。夫圣人之心,日夜不忘于欲利人,其泽之所及者,效亦大矣⑲。

【注释】

① 段干木:复姓段干,战国魏人。师事子夏,文侯请以为相,辞不受。文侯以师事之。

② 闾:里闾。轼:凭轼致敬。

③ 施:行。

④ 光:光耀显明。

⑤ “干木”二句:高诱注:使干木之己贤,易寡人之尊,不肯为之矣。干木,何宁《淮南子集释》:“干木”上应有“段”字。段干复姓。

⑥ 悠悠:忧思的样子。

⑦ 司马庾(yǔ):战国秦大夫。《吕览·期贤》作司马唐。《史记·魏世家》亦载其事。

⑧ 趹:疾行。蹄(tí):快步跑。王念孙《读书杂志》王引之曰:“趹”当为“趹(jué)”。《玉篇》:“趹,疾也。”疾行谓之趹蹄。

⑨ 阖(hé):关闭。

⑩ “此所谓”句:高诱注:异路,谓行与止也。同归,谓归于存国。

⑪ 瓴(líng):古代一种盛水瓦器。

⑫ 盂(yú):饮水器。

⑬转：高诱注：音声也。按，指曼声念、唱。

⑭九夷：高诱注：东方之夷九种。八狄：高诱注：北方之狄八类。

　按，其说本《尔雅·释地》。九夷，亦见于《后汉书·东夷传》等。

⑮征：征验。

⑯效：效应。

⑰愤：指郁结于心。

⑱感：《文子·精诚》作"感之也"。

⑲效：功效。

【译文】

　　段干木辞去高官厚禄避居家中，魏文侯每次经过段干木的门间，总是凭轼致敬。他的仆人说："您为什么要凭轼致敬呢？"魏文侯说："段干木住在那里，因此要凭轼致敬。"他的仆人说："段干木是个普通百姓，国君对他的门间凭轼致敬，不是太过分了吗？"魏文侯说："段干木不趋炎附势，具有君子的高尚德性，隐居在陋巷的茅草房内，名声传遍千里之外，我怎么能够不尊重他呢？段干木在道德上光耀显明，我在权势上光耀显明；段干木最富于大义，我对财物占有最多。而权势不如道德尊宠，财富不如大义高贵。段干木即使来和我交换位置，他也是不干的。我对待自己的形象还整天忧思羞愧，你怎么能轻视他呢？"在这以后秦军准备起兵侵略魏国，秦大夫司马庚劝谏道："魏国段干木是天下有名的贤人，他的国君对他十分尊敬，天下没有人不知道这件事的，诸侯国也没有不清楚的，举兵侵伐这样的国家，恐怕对推行大义有妨碍吧？"这样秦君便停止了起兵的念头，不再攻打魏国。

　　墨子奔走千里，而去制止楚国不要攻打宋国；段干木闭门不出，而能安定秦、魏。奔走与家居，它们的情势正好相反，但是都可以保存国家，这就是所说的道路不同而归向都是一样的道理。

　　现在救火的人，有的打了水而奔跑，有的用瓮瓴，有的用盆盂，它们的方圆尖椭形状是各不相同的，盛水多少也各有差异，但是对于灭火，则是一致的。因此秦、楚、燕、魏各地的民歌，声调不同而都能使人快乐；九夷八狄之人的痛哭，声音不同但都是表达了悲哀之情，这是一致的。歌唱是快乐的验证，哭泣是悲哀的反映，悲喜之情发于心中就会在外部表现出来，因此内心情感存在就是在外部表现出来的原因。圣人的心中，日夜思念对人民谋利，他的恩泽所施及的地方，产生的功效也是很大的。

世俗废衰，而非学者多①："人性各有所脩短，若鱼之跃，若鹊之驳②，此自然者，不可损益。"吾以为不然。

夫鱼者跃，鹊者驳也，犹人马之为马③，筋骨形体，所受于天，不可变。以此论之，则不类矣④。

夫马之为草驹之时⑤，跳跃杨蹄，翘尾而走⑥，人不能制；龁咋足以噆肌碎骨⑦，蹴蹄足以破卢陷匈⑧。及至圉人扰之⑨，良御教之，掩以衡扼⑩，连以辔衔，则虽历险超堑弗敢辞。故其形之为马，马不可化；其可驾御，教之所为也。马，聋虫也⑪，而可以通气志，犹待教而成，又况人乎？

且夫身正性善，发愤而成⑫，帼凭而为义⑬，性命可说，不待学问而合于道者⑭，尧、舜、文王；沉湎耽荒⑮，不可教以道，不可喻以德，严父弗能正，贤师不能化，丹朱、商均也⑯；曼颊皓齿⑰，形夸骨佳⑱，不待脂粉芳泽而性可说者⑲，西施、阳文也⑳；嗜膝哆呐㉑，蘧蒢戚施㉒，虽粉白黛黑㉓，弗能为美者，嫫母、仳惟也㉔。夫上不及尧、舜，下不及商均，美不及西施，恶不若嫫母，此教训之所俞㉕，而芳泽之施㉖。

且子有弑父者，然而天下莫疏其子，何也？爱父者众也。儒有邪辟者，而先王之道不废，何也？其行之者多也。

今以为学者之有过而非学者，则是以一饱之故，绝谷不食；以一蹪之难，辍足不行，惑也㉗。

【注释】

①非：非难。

②驳：混杂。

③犹人马之为马：刘绩《补注》本作"犹人马之为人马"。

④"以此"二句：高诱注：言人自为人，马自为马，不相类也。按，类，同类。

⑤草驹(jū)：高诱注：马五尺已下为驹，放在草中，故曰草驹。按，指未加驯服的小马。

⑥翘：通"趫"，举足。

⑦龁(hé)：咬穿。咋(zé)：咬住。嚼(zǎn)：咬穿。

⑧卢：通"颅"，头颅。

⑨圉(yǔ)人：养马人。扰：驯服。

⑩掩：套。扼：通"轭"，搁在牛马颈上的曲木。

⑪蠢虫：指无知的动物。

⑫成：刘绩《补注》本作"成仁"。

⑬悁凭：高诱注：盈满积思之貌。王念孙《读书杂志》："悁"当为"悁(wèi)"，字之误也。《广雅》："悁怦(pēng)，忧慨也。"《离骚》："悁凭心而历兹。"悁凭与悁凭，义亦相近。

⑭"性命"二句：高诱注：言有善性命可教说者，圣人不学而知之者，尧、舜、文王也。按，性命，指天性。

⑮沉湎(miǎn)：沉溺。耽(dān)荒：淫乐，放纵。

⑯丹朱：尧之子。因居于丹水，故名。商均：舜之子。《帝王世纪》载："娥皇无子，女英生商均。"《史记·五帝本纪》亦载丹朱、商均之事。

⑰曼：指肌肤细腻而有光泽。

⑱夸：柔美。

⑲粉：指铅粉、米粉。涂皮肤使光洁柔滑。性：指人的姿态。

⑳西施：春秋越国美女。阳文：春秋时楚国美女。

㉑嗛（quán）：杨树达《淮南子证闻》："嗛"当为"齤（quán）"之或字。《说文》："齤，缺齿也。一曰曲齿。"腃（kuí）：丑陋。杨树达《淮南子证闻》认为当作"睽（kuí）"。睽，两眼视力不正。哆（chǐ）：张大口。吹（huī）：口不正。

㉒籧篨（qú chú）：高诱注解作"偃"。按，指前胸突起、不能俯卧的病态。戚施：高诱注：偻。按，指驼背。

㉓黛：青黑色颜料，用以画眉。

㉔嫫（mó）母、仳倠（pí suī）：古代丑女。

㉕俞：通"喻"，喻导、引导。《道藏》本作"喻"。

㉖施：刘绩《补注》本作"所施"。

㉗"今以为"六句：高诱注：言以饱而不食，蹪而不行，喻丹朱、商均不可教化而复学，故谓之惑也。饱，王念孙《读书杂志》："饱"当为"饐（yē）"，字之误也。"饐"与"噎（yē）"同，《说文》："噎，饭窒（zhì）也。"《说苑·说丛》："一噎之故，绝谷不食。"语即本于《淮南》。按，蹪（tuí），跌倒。

【译文】

　　社会的习俗废弛衰败，而非难学习的人增多："人的天性各自都有高低的差别，就像鱼的跳跃高度不同，喜鹊的羽毛混杂不一，这都是自然形成的，不能够增加减少，因此不必要学习。"我认为不是这样。

　　那种认为鱼的跳跃、喜鹊的羽毛驳杂，就像人就是人、马是马一样，它们的筋骨形体，是天然形成的，不能够变更。用这种观点来讨论学习，那么就不好同类而言了。

　　马在草驹之时，时跳时跃扬起蹄子，举起尾巴而奔跑，人们不能禁止它;牙齿可以咬穿人的肌肉和咬碎骨头,翘起蹄子可以踢破人的脑袋踢通胸骨。等到养马人把它驯服之后,再用高明的驭手训练它,用衡轭来控制它,用辔衔把它羁绊起来,那么即使让它越过险阻跨过堑壕也不敢违抗。因此它的形体是马,马的样子不能够变化;但是它能够被人驾驭,这是教训它所造成的。马,是个无知的动物,但是都可以通达人的气志,还要有待教训才能成功,更何况是人呢?

至于那些身心端正性情美好,发愤而成就仁惠,慷慨而成就大义,善性能使人欢悦,不需要等待学习求教,而能够合乎大道的人,就是尧、舜、周文王这样的人;那些沉溺酒色放纵无度,不能够用大道来教诲,不能够用德性来晓谕,严厉的父亲不能够使他正直,贤明的师长不能使他转化的,是丹朱、商均这样的人;面颊细嫩牙齿洁白,体态柔美骨架匀称,不需要施加胭脂铅粉芳香,而形态让人欢悦的,是西施、阳文这样的美女;齿缺眼斜嘴歪,鸡胸驼背一类人,即使脸上涂抹白粉画上青黑色的眉毛,也不能够成为美人的,是嫫母、仳倠这样的丑女。至于高贵不如尧、舜,卑下不像商均,绝美不如西施,丑陋不像嫫母的中人,就需要用教训来引导他们,用芳香的油脂来打扮他们了。

再说有杀死父亲的儿子,但是天下并没有人因此而疏远他们的儿子,这是为什么呢?因为儿子爱父亲的还是占多数。儒生中有行为不轨的,但是先王的学说不因此而废止,为什么是这样的呢?因为推行先王之道的人是多数。现在认为学习的人有过错而非难学习,这样就像因为一次饭吃噎了,而拒绝吃饭;一次跌倒的难行,而止步不前一样,真是太糊涂了。

今曰良马^①,不待册锤而行^②;驽马虽两锤之不能进^③。为此不用册锤而御,则愚矣^④。夫怯夫操利剑,击则不能断,刺则不能入^⑤;及至勇武^⑥,攘捲一捣^⑦,则摺胁伤干^⑧。为此弃干将、镆邪而以手战,则悖矣。所为言者,齐于众而同于俗。今不称九天之顶⑨，则言黄泉之底，是两末之端义⑩，何可以公论乎？

夫橘柚冬生⑪，而人曰冬死，死者众；荠、麦夏死⑫，人曰夏生，生者众多⑬。江、河之回曲，亦时有南北者，而人谓江、河东流；摄提、镇星，日月东行，而人谓星辰日月西移者，以大氐为本⑭。胡人有知利者，而人谓之駤⑮；越人有重迟者，而人谓之訬⑯，以多者名之。

若夫尧眉八彩，九窍通洞，而公正无私，一言而万民齐⑰；舜二瞳子⑱，是谓重明⑲，作事成法，出言成章；禹耳参漏⑳，是谓大通，兴利除害，疏河决江；文王四乳，是谓大仁，天下所归，百姓所亲㉑；皋陶马喙，是谓至信㉒，决狱明白，察于人情；禹生于石㉓；契生于卵㉔；史皇产而能书㉕；羿左臂脩而善射㉖。若此九贤者，千岁而一出，犹继踵而生㉗。今无五圣之天奉㉘，四俊之才难㉙，欲弃学而循性，是谓犹释船而欲蹍水也。

夫纯钧、鱼肠剑之始下型㉚，击则不能断，刺则不能入，及加之砥砺，摩其锋锷㉛，则水断龙舟，陆刭犀甲㉜。明镜之始下型，矇然未见形容，及其粉以玄锡㉝，摩以白旃㉞，鬓眉微毫，可得而察。夫学，亦人之砥锡也，而谓学无益者，所以论之过。

【注释】

①曰：《道藏》本作"日"，刘绩《补注》本改作"有"。

②册：通作"策"，马鞭。

③锬（zhuì）：马鞭端的刺针。

④"为此"二句：高诱注：为良马能自走，不复用箠(chuí)，得驽马，无以行之，故曰"愚"也。

⑤入：北宋本原作"人"。《道藏》本作"入"。据正。

⑥勇武：勇士。

⑦攘(rǎng)：挥动。捲：通"拳"，拳头。捣：冲击，攻打。

⑧摺(zhé)：折断。

⑨九天：高诱注：八方、中央，故曰九。

⑩末：北宋本原作"未"。刘绩《补注》本作"末"。据正。义：通"议"。《道藏》本作"议"。

⑪柚：南方果木名，果实即柚子。

⑫荠：荠菜。花小，白色，嫩叶可食。

⑬多：刘绩《补注》本无"多"字，而刘本有注："众，多也。"

⑭"摄提"四句：高诱注：岁星在寅曰摄提。镇星，中央土星，镇四方，故曰"镇"。言其余星辰皆西行，故曰"大氏(dǐ)为本"也。按，摄提，已见《天文训》。亦指纪年中的摄提格。镇星，五星之一，即土星。大氏，大略，大概。氏，通"抵"，略。

⑮"胡人"二句：高诱注：骓(zhì)，忿戾恶理不通达。胡人性皆然，亦举多。按，骓，蛮横、固执。

⑯诌(chāo)：矫健、敏捷。

⑰"若夫尧"四句：高诱注：尧母庆都，盖天帝之女，寄伊长孺家，年二十无夫。出观于河，有赤龙负图而至，曰赤龙受天下之图。有人赤衣、光面、八彩、鬓须长。赤帝起，成元宝，奄然阴云。赤龙与庆都合而生尧，视如图，故眉有八彩之色。按，八彩，八种色彩。洞，通达。齐，整肃。于大成《脩务校释》：此文本之《子思子》，见《金楼子·立言篇》引。亦见《援神契》、《元命苞》、《演孔图》、《白虎通·圣人篇》、《论衡·骨相篇》、《金楼子·兴王篇》、《尚书大传》等。

⑱瞳(tóng)：瞳孔，瞳人。

⑲重明：即重瞳子。按，"舜二瞳子"条，出于《尸子》。亦见于《荀子·非相》、《尚书大传》、《论衡·骨相》等。

⑳参(sān)漏：每耳上有三个洞穴。按，"禹耳"条，亦见于《金楼子·兴王》、《论衡·骨相》等。参，通"叁"。

㉑"文王四乳"四句：高诱注：乳，所以养人，故曰"大仁"也。文王为西伯，遭纣之虐，三分天下而有二，受命而主，故曰"百姓所亲"。按，四乳，四个乳头。此条上二句载于《尸子》，亦见于《白虎通·圣人》、《论衡·骨相》、《春秋繁露·三代改制篇》等。

㉒"皋陶"二句：高诱注：喙(huì)若马口，出言皆不虚，故曰至信。按，亦见于《白虎通·圣人》、《论衡·骨相》等。

㉓禹生于石：高诱注：禹母脩纪，感石而生禹，折胸而出。按，王念孙《读书杂志》王引之云：遍考诸书，无"禹生于石"之说。"禹"当为"启"。郭璞注《中山经》泰室之山云："启母化为石而生启，在此山，见《淮南子》。"是《淮南》古本有作"启生于石"者。《汉书·武帝纪》师古注："事见《淮南子》。"

㉔契(xiè)生于卵：高诱注：契母，有娀(sōng)氏之女简翟(dí)，吞燕卵而生契，愊(bì)背而出。按《诗·商颂·玄鸟》略载其事，并见于《史记·夏本纪》等。

㉕"史皇"句：高诱注：史皇，苍颉(jié)，生而见鸟迹，知著书，故曰史皇，或曰颉皇。按，事载《随巢子》。《汉书·艺文志》"六艺略"收李斯作《苍颉》一篇。

㉖"羿(yì)"句：高诱注：羿，有穷之君也。庄逵吉《淮南子校刊》云：羿，有穷君，不得云"贤者"。此乃尧时之羿耳。

㉗"若此"三句：载于《韩非子·难势》，《战国策·齐三》略同。

㉘奉：佑助，扶助。

㉙"四俊"句：高诱注：才千人为俊，谓皋陶、稷、契、史皇。王念孙

《读书杂志》王引之云：四俊盖即契、启、史皇、羿也。

㉚纯钩、鱼肠：利剑名。亦见于《越绝书·外传记》、《吴越春秋》。
　　纯钩，并见《齐俗训》、《览冥训》，均作"淳"。型：铸造器物的
　　模子。

㉛剸（è）：刀剑之刃。今作"锷"。

㉜剸（tuán）：割，截。

㉝玄锡：用水银和锡化合而成的液体，今称锡汞合剂，用作抛光之
　　用。（详见陈广忠《淮南子科技思想》，安徽大学出版社，2001
　　年）。1980年上海博物院和中科院上海材料研究所用锡、汞、矾、
　　明矾、枯矾、鹿角灰等配成"磨镜药"，疑与"玄锡"相似。

㉞白旃（zhān）：白色的毛毡。旃，同"毡"。

【译文】

　　现在有一匹良马，不需要挥动鞭子就能奔跑；而低等的劣马，即使用两个刺针刺它，也不能够前进。因为这样而不用马鞭刺针来驾驭，那么就是愚蠢的了。就像怯懦的人手执利剑，砍杀也不能断开，刺杀也不能进入；等到勇武之人，挥拳一击，那么就能折断筋骨打伤躯干。因为这样而抛弃干将、镆邪，而来徒手肉搏，那么就违背常理了。所发表的议论，要和大众相一致而和习俗相齐同。而现在发表言论的不是夸到九天的顶端，就是贬到黄泉的底部，这样从两个极端来发议论，怎么能够得到公平的结论呢？

　　橘柚是冬天生长的，而人们通常说植物在冬天死亡，是因为植物在冬天死亡的多；荠菜、麦类是在夏天枯死的，人们通常说植物夏天生长，是因为植物在夏天生长的多。长江、黄河曲折往复，也有时出现南北走向，但是人们认为长江、黄河都是向东流；岁星、镇星，日月都是向东运行的，而人们认为星辰日月向西移动，是以大概情况作为依据的。北方胡人有能明白利害的，但是人们认为他们蛮横无理；南方越国人有行动迟缓的，但是人们认为他们身手矫健，这是用居多数的情况来称说

他们。

至于像尧眉宇有八种色彩，九窍通达，而公正无私，一句仁义之言而使万民肃整；舜眼珠中有两个瞳子，这叫做重明，做出的事情成为后世的规范，发表言论成为后世的章法；禹的耳朵有三个洞穴，这叫做大通，兴利除患，疏决长江黄河；周文王有四个乳头，这叫做大仁，天下的人归向他，庶民百姓亲近他；皋陶有一副马嘴，这叫做至信，判案明白无误，熟知民情；禹母感石而生；契母含玄鸟卵而孕；史皇生下来便能画图；羿左臂长而善于射箭。像这样九个圣贤，世上千年才出现一个，但就好像一个接一个产生一样。现在没有像尧、舜、禹、汤、文王五圣的上天之助，没有皋陶、稷、契、史皇这样难得的贤才，却想要抛弃学习而因循天性，这样就叫做抛弃渡船而要越水过河，其结果是可想而知的了。

像纯钩、鱼肠这样的宝剑，开始倒出模型的时候，用来砍杀则不能断开，用来击刺则不能进入，等到放在磨刀石上，磨快它的锋刃，那么在水中可以斩断龙舟，在陆地上可以截断犀甲。又像明镜在开始倒出模具的时候，模糊地看不清面容，等到用玄锡来抛光，用白色毛毡加以摩制，那么鬓发眉毛一点极小的差别，都可以看得很清楚。学习也是人的磨刀石和玄锡，而有人却说学习没有益处，这是提出这种观点的人的过错。

知者之所短，不若愚者之所脩；贤者之所不足，不若众人之有余。何以知其然？

夫宋画吴冶，刻刑镂法，乱脩曲出[①]，其为微妙，尧、舜之圣不能及；蔡之幼女[②]，卫之稚质[③]，梱纂组[④]，杂奇彩，抑黑质，杨赤文[⑤]，禹、汤之智不能逮。

夫天之所覆[⑥]，地之所载，包于六合之内，托于宇宙之间，阴阳之所生，血气之精，含牙戴角，前爪后距，奋翼攫肆⑦，蚑行蛲动之虫⑧，喜而合，怒而斗，见利而就，避害而去，其情一也。虽所好恶，其与人无以异。然其爪牙虽利，筋骨虽强，不免制于人者，知不能相通，才力不能相一也。各有其自然之势⑨，无禀受于外⑩，故力竭功沮⑪。

　　夫雁顺风⑫，以爱气力；衔芦而翔，以备矰弋⑬。蚁知为垤⑭，貛貉为曲穴⑮，虎豹有茂草，野彘有艽莦⑯，槎栉堀虚⑰，连比以像宫室⑱，阴以防雨，景以蔽日⑲，此亦鸟兽之所以知求合于其所利。今使人生于辟陋之国⑳，长于穷檐漏室之下㉑，长无兄弟，少无父母，目未尝见礼节，耳未尝闻先古，独守专室而不出门㉒，使其性虽不愚，然其知者必寡矣。

【注释】

①"夫宋画"三句：高诱注：宋人之画，吴人之冶，刻镂刑法，乱理之文，修饰之功，曲出于不意也。按，刻刑，刻木作为模式。刑，通"型"。镂法，镂金作为法规。乱，指扰乱文理的色彩。曲出，出其不意。

②蔡：蔡国，在今河南上蔡西南。

③卫：周初卫国为康叔封地，建都朝歌。即今河南淇县。稚质：少女。

④梱（kǔn）：敲打，使之齐平。纂（zuǎn）组：指红色的绶带。

⑤杨：《道藏》本作"扬"，突起义。赤文：红色的花纹。

⑥夫：北宋本原作"天"。《道藏》本作"夫"。据正。

⑦攫（jué）：搏击。肆：高诱注：极。于省吾《淮南子新证》："肆，极"不词，注说非是。"肆"应读作"杀"，二字音近相假。

⑧蚑（qí）行蛲（náo）动：指爬行蠕动的动物。

⑨势：高诱注：力也。按，指形势和力量。

⑩"无禀(bǐng)受"句:高诱注:无有学问,受谋虑于外,以益其思也。按,禀,承受,接受。

⑪竭:枯竭。沮(jǔ):失败。

⑫顺风:王念孙《读书杂志》:"顺风"下有"而飞"二字。《艺文类聚·鸟部》中、《白帖》九十四、《太平御览·羽族部》四引此并作"从风而飞"。《说苑·说丛》作"顺风而飞"。

⑬"衔芦"二句:高诱注:未秀曰芦,已秀曰苇。矰(zēng),矢。弋,缴(zhuó)。衔芦,所以令缴不得截其翼也。按,以备矰弋,《事类赋》十九引作"以避弋缴"。矰,带有丝绳的箭。

⑭垤(dié):蚂蚁做窝时堆在洞口的小土堆。

⑮貛(huān):形如家狗而脚短,穴居野出的动物。有狗貛、猪貛。貉(hé):似狸,尖头尖鼻,昼伏夜出。

⑯芄(qiú):野兽窟穴中的垫草。菁(shāo):野生的杂草。

⑰槎(chá):斜砍。枑(zhì):梳篦的总称。槎枑,即阻挡野兽的栅栏。堀(kū)虚:即窟穴。堀,俗作"窟"。

⑱连比:连接。

⑲景:光照。

⑳辟(pì):偏远。陋:鄙小。

㉑檐(yán):同"檐",屋檐。

㉒专室:小屋。

【译文】

聪明人有缺陷,不如愚笨人有长处;贤德的人所不足的地方,不如众人所有余的地方。怎么知道是这样的呢?

宋国人的绘画、吴国人的冶炼,可以刻在木上作为模式,镂在金器上成为法规,色彩灿烂构思奇巧,它的技法之巧妙,就是尧、舜这样的圣人也达不到;蔡国的少女,卫国的姑娘,织出的红色绶带,间杂着奇异的色彩,先织上黑色的底色,再突出红色的花纹,就是禹、汤的智慧也不能达到。

　　苍天所覆盖的,大地所运载的,包容在六合之内,寄托在宇宙之间,阴阳所产生的,是带有血气的精灵,有嘴含利牙头长触角、前有钩爪后有尖距的兽类,奋翼而飞自由搏击的鸟类,徐行蠕动的爬行类,高兴时就会合在一起,愤怒时便相互争斗,看到利益就争着靠近,遇到危险便各自离去,它们的性情是一样的。虽然动物有好恶,在这一点上与人没有什么差异。然而飞禽走兽的爪牙虽然很尖利,筋骨虽然很强健,但是还免不了要被人制服,因为它们的智慧不能沟通,才智和力量不能互相协同。虽然各自都具有它们的天然特性,但在外部没有接受学问来增加它们的智慧,因此它们精力枯竭而功效必然失败。

　　大雁顺风飞行,以便爱惜它的气力;口衔芦苇而飞翔,用来防备射伤。蚂蚁知道在巢穴口垒成土堆,貛子貉子挖掘曲折的洞穴,虎豹躲在茂密的草丛中,野猪窝里垫有杂草,用木栏遮掩连通窟穴,就像宫室一样,阴天可以防雨,晴天用来挡太阳,这些鸟兽也知道用来求得对它们有利的事情。现在使人生活在荒凉偏僻的国度里,生长在破烂不堪的房舍里,长大没有兄弟,少时没有父母,眼睛里不曾见到礼仪,耳朵里不曾听说圣贤之道,独自困守在隔绝的房子里而不能出门,这样即使他的天性不愚蠢,那么他的知识也一定是很少的。

　　昔者仓颉作书,容成造历①,胡曹为衣②,后稷耕稼,仪狄作酒③,奚仲为车④,此六人者,皆有神明之道,圣智之迹。故人作一事而遗后世,非能一人而独兼有之。各悉其知,贵其所欲达,遂为天下备。今使六子者易事,而明弗能见者何?万物至众,而知不足以奄之⑤。周室以后,无六子之贤,而皆脩其业;当世之人,无一人之才,而知其六贤之道者何? 教顺施续⑥,而知能流通。由此观之,学不可已⑦,明矣。

【注释】

①容成造历：高诱注：容成，皇帝臣，造作历，知日月星辰之行度。按，《世本·作篇》："容成作调历。"

②胡曹：黄帝臣。其事亦见《世本》、《吕览·勿躬》。

③仪狄：禹臣。其事见《世本》、《战国策·魏一》。

④奚仲为车：高诱注：《传》曰：奚仲为夏车正，封于薛也。按，引文见《左传·定公元年》。《吕览·君守》亦载其事。薛，今山东滕州南四十里。

⑤奄：包裹、覆盖。

⑥教顺：教训。顺，通"训"。施(yì)续：连续。施，延。

⑦学不可已：见于《荀子·劝学》。

【译文】

从前仓颉创造文字，容成制造历法，胡曹教人做衣裳，后稷种植五谷，仪狄造酒，奚仲制造车子，这六个人，都是掌握了变化莫测的道理，具有超人的才智而留下光辉的业绩。因此人能干出一件大事而遗留给后代，但不能一个人单独具有许多发明。各人拿出他们的全部智慧，可贵的是他们把心中的想法全部表达出来，这样便能供给天下人的需用了。现在如果使六个人改变他们所从事的工作，而他们的明智就不能显现出来这是为什么？世间万物是纷纭复杂的，而个人的智慧是不能够覆盖他们的。周朝以后，没有出现六子这样有才能的人，而都能继承他们的事业；当代的人，没有一个人具有六子这样的才智，而都能了解六子的技艺这是为什么？一代代的教训使他们的技艺延续下来，而凭着知识才能够代代流传下去。从这里可以看出，学习是不可以停止的，这是十分明确的。

今夫盲者目不能别昼夜，分白黑，然而搏琴抚弦①，参弹复徽②，攫援摽拂③，手若蔑蒙④，不失一弦。使未尝鼓瑟者⑤，虽有离朱之明，攫掇之捷，犹不能屈伸其指⑥，何则？服习积贯之所致⑦。故弓待檠而后能调⑧，剑待砥而后能利⑨。玉坚无敌，镂以为兽；首尾成形，磋诸之功⑩。木直中绳，楺以为轮；其曲中规，隐栝之力⑪。唐碧坚忍之类⑫，犹可刻镂，揉以成器用⑬，又况心意乎？

　　且夫精神滑淖纤微⑭，倏忽变化⑮，与物推移⑯，云蒸风行，在所设施。君子有能精摇摩监⑰，砥砺其才，自试神明⑱，览物之博，通物之壅，观始卒之端，见无外之境，以逍遥仿佯于尘埃之外⑲，超然独立⑳，卓然离世㉑，此圣人之所以游心㉒。若此而不能，闭居静思，鼓琴读书；追观上古及贤大夫㉓，学问讲辩，日以自娱㉔；苏援世事，分白黑利害㉕；筹策得失，以观祸福；设仪立度，可以为法则㉖；穷道本末，究事之情；立是废非，明示后人；死有遗业㉗，生有荣名。如此者，人才之所能逮㉘。然而莫能至焉者，偷慢懈惰㉙，多不暇日之故。夫瘠地之民多有心者，劳也；沃地之民多不才者，饶也㉚。由此观之，知人无务，不若愚而好学。自人君公卿至于庶人，不自强而功成者，天下未之有也。《诗》云："日就月将，学有缉熙于光明㉛。"此之谓也。

【注释】

①搏：拍，打。抚：拍，弹。

②参弹：高诱注：(无)［并］弦。按，古代弹琴的一种手法。复徽：高诱注：上下手。按，即手指上下移动。徽，琴徽，琴弦音位标志。琴徽是琴曲演奏艺术高度发展的产物。

③攫(jué)援：即收拢、拉长。摽拂(biào fú)：铺陈。攫援、摽拂，古

代弹琴的两种指法。

④蔑蒙(miè měng)：高诱注：言其疾学之习〔举之急〕。按，《辞通》收"蠛蠓"、"蔑蠓"、"蔑蒙"。蠛蠓乃一种微小之虫，随风飞扬，上升霄汉。喻指法之熟练、迅疾。

⑤瑟：俞樾《诸子平议》："瑟"当为"琴"。

⑥"虽有"三句：高诱注：离朱，黄帝时人，明目，能见百步之外、秋毫之末。攫掇(jué duō)，亦黄帝时捷疾者也。按，亦见《人间训》。彼文作"捷剟(duō)"。

⑦服习：熟习。积贯：积久而习惯。即熟能生巧之义。

⑧撒：矫正弓弩的器具。撒，通"檠(qíng)"。

⑨砥：磨刀石。

⑩礛诸(jiān zhū)：治玉之石。

⑪隐栝(kuò)：隐，通"檃(yǐn)"，矫正竹木弯曲的工具。按，"木直"四句又见于《荀子·劝学》。

⑫唐碧：坚硬的玉石。忍：坚柔。

⑬揉：似有脱文。杨树达《淮南子证闻》以"揉"为衍文，不可取。

⑭滑淖(zhào)：柔和，淖和。纤微：细微。

⑮倏(shū)忽：迅速。

⑯推移：转易。

⑰精摇：《要略》高诱注：楚人谓精进为精摇。按，专心进取。摩监：反复磨炼。摩，通"礳"。即磨。监，通"礛"，磨玉之礛诸。

⑱试：杨树达《淮南子证闻》："试"当作"诚"，形近误也。《说苑·建本》云"自诚神明"，即本《淮南》之文，字正作"诚"。

⑲尘埃：有窈冥义。

⑳超然：超脱世俗的样子。

㉑卓然：高远的样子。

㉒游心：注意、留心。又有遨游精神之义。游，北宋本原作"诗"。

《道藏》本作"游"。据正。

㉓及:《说苑·建本》作"友"。贤:刘绩《补注》本作"贤士"。

㉔"学问"二句:高诱注:讲论辩别然否,自娱乐。

㉕"苏援"二句:高诱注:苏,犹索。援,别。分别白黑,知利害之所在。按,苏援,探求。苏,通"稣",求取、求索。援,引。《说苑·建本》作"疏远世事,分明利害"。

㉖可以:《说苑·建本》无"可"字。

㉗死:北宋本原作"北"。《道藏》本作"死"。据正。

㉘逮:达到。

㉙偷慢:苟且怠惰。偷,苟且。

㉚"夫瘠"四句:出自《国语·鲁语》。民,北宋本原作"吴"。《道藏》本作"民"。据正。饶,安逸。

㉛"日就"四句:高诱注:言为善者,日有所成就,月有所奉行,当学之是明,此勉学之谓也。按,引文见《诗·周颂·敬之》。缉熙,积渐。缉,积累。熙,光明。

【译文】

现在眼睛瞎了的人不能分辨白天和黑夜,分不清白色和黑色,但是弹琴抚弦,运用参弹复徽等手法,时而收拢拉长时而铺陈,指法熟练,不会弹错一弦。假使不曾鼓过琴的人,即使有离朱那样明亮的眼睛,攫掇那样敏捷的手指,也不能自由伸缩,为什么这样呢?长期积累而养成了习惯才达到这样的效果。因此弓弦必须等待檠的矫正才能调整好,宝剑必须等待磨刀石的砥砺才能锋利。美玉坚硬无比,可以雕镂成为兽形;有首有尾形象逼真,这就是礛诸的功劳。木头取直要符合绳墨的要求,经过煣制才可以成为车轮;它的弯曲要符合规的要求,这就是隐括的力量。唐碧是坚硬的玉石,还可以雕刻,木头煣制可以成器用,又何况心志却不可以改变吗?

至于人的精神柔顺微妙,思绪神速,和万物一起转移变化,像乌云上升狂风便要跟随一样，存在于你所施用的一切事物之中。君子精力能够专心进取反复磨炼，锻炼他的才能，使自己的精神清明，可以观察广博的万物，通达万物的壅塞，观察开始和结束的端倪，看到无穷无尽的境界，来自由逍遥徘徊在尘世之外，超脱世俗而独处，高远地离开人世，这就是圣人所用来遨游精神的地方。如果不能像君子那样，那么可以避人独居而安静思索，鼓琴读书；探求观察上古之道以贤士大夫为友，学习研究讲论辩证，每天自己都能得到快乐；探索分析人世之事，分别黑白知道利害；筹划得失，而观察祸福变化；设置规划确立法度，把它们作为行动的准则；探求道的根本，考察事情的来龙去脉；确立正确的排除错误的，用来明白告诫后人；死后有遗留下来的业绩，活着有显荣的名声。像这样，是人的才力所能够达到的。但是却没有人能够达到这样的境界，则是由于松懈懒惰，而口称没有闲暇来这样做的缘故。贫瘠土地上的人多有创业之心，这是身心疲劳的结果；肥沃土地上的人多有不成器的人，这是富裕享乐的结果。从这里可以看出，聪明的人不能成事，不如愚笨的人好学深思。从国君公卿直到庶民百姓，自己不能发愤图强而能够使大功告成的，在天下是没有的。因此《诗》中说："日日有所成就月月有所奉行，积累学习就能到达光明。"说的就是这样的事。

名可务立①，功可强成。故君子积志委正②，以趣明师；励节亢高③，以绝世俗。何以明之？

昔于南荣畴耻圣道之独亡于己④，身淬霜露⑤，敕蹻趹⑥，跋涉山川，冒蒙荆棘，百舍重跰⑦，不敢休息，南见老聃，受教一言⑧。精神晓泠，钝闻条达⑨，欣若七日不食⑩，如飨大牢⑪。是以明照四海，名施后世⑫，达略天地⑬，察分秋毫，称誉叶语，至今不休⑭。此所谓名可强立者。

吴与楚战⑮，莫嚣大心抚其御之手曰⑯："今日距强敌，犯白刃，蒙矢石，战而身死，卒胜民治，全我社稷，可以庶几乎[17]！”遂入不返，决腹断头，不旋踵运轨而死[18]。申包胥竭筋力以赴严敌[19]，伏尸流血[20]，不过一卒之才，不如约身卑辞[21]，求救于诸侯。于是乃赢粮跣走[22]，跋涉谷行。上峭山[23]，赴深溪，游川水，犯津关，猎蒙笼[24]，蹶沙石[25]，蹠达膝[26]，曾茧重胝，七日七夜，至于秦庭。鹤跱而不食，昼吟宵哭，面若死灰，颜色霉黑，涕液来集，以见秦王[27]，曰：“吴为封豨脩蛇[28]，蚕食上国[29]，虐始于楚。寡君失社稷[30]，越在草茅[31]。百姓离散，夫妇男女，不遑启处[32]，使下臣告急。”秦王乃发车千乘，步卒七万[33]，属之子虎[34]。逾塞而东[35]，击吴浊水之上[36]，果大破之[37]，以存楚国。烈藏庙堂[38]，著于宪法，此功之可强成者也。

【注释】

①务：勉力。与“强”字同义。

②积志：积蓄志气。委正：积累正事。

③励节：勉励成就高尚的节操。亢高：德行高尚。

④于：《道藏》本作“者”。南荣畴（chóu）：鲁人，庚桑楚弟子。

⑤淬（cuì）：侵入、冒受。

⑥赖跻跌：陆德明《经典释文·庄子音义》作“赖蟜（jiǎo）趹步”。“跻”作“蟜”，本文疑脱“步”字。赖（chì），高诱注：犹“著”。按，引申有穿着义。跻（jué），即今草鞋。趹（jué），疾行。

⑦舍：高诱注：百里一舍。按，《吕览·不广》高诱注：军行三十里为一舍。按，两说不同。趼（piǎn）：高诱注：足胝（zhī）生。按，即老茧。

⑧“南见”二句：高诱注：老聃（dān），老子，字伯阳，楚苦（hù）县赖乡

曲里人。今陈国蒙濑乡有祠存。据在鲁南，故曰"南见"老子聃。按，苦县，在今河南鹿邑东及安徽涡阳境内。此事载于《庄子·庚桑楚》、贾谊《新书》。

⑨"精神"二句：高诱注：晓，明。泠（líng），犹了。钝闻，犹钝惛（dùn hūn）。按，《文子·精神》作"晓灵"，即明了解悟之义。钝闻，《文子·精诚》作"屯闵（mǐn）"。有迟钝、昏聩义。

⑩欣若：喜悦的样子。《道藏》本作"欣然"。

⑪大（tài）牢：三牲即猪、牛、羊具备叫大牢。

⑫施（yì）：延续。

⑬略：高诱注：犹数也。按，即术数。《文子·精诚》作"智络天地"。

⑭"称誉"二句：高诱注：叶，世。言荣畴见称誉，世传相语，至今不止。按，叶，世代。

⑮吴与楚战：高诱注：吴王阖闾与楚昭王战于伯举。按，楚昭王，名轸，平王子。在位25年。伯举，在今湖北麻城。此战楚人大败，吴军占领郢都。

⑯莫嚣：高诱注：莫，大也。嚣，众也，主大众之官，楚卿大夫。心，楚成得臣子玉之孙。强［敌］，谓吴。蒙，冒。石，矢弩也。一曰矢石也。按，莫嚣，楚官名，低于令尹。《战国策·楚一》作"莫敖"。梁玉绳《校庄本淮南子》、王绍兰《淮南子札记》对"大心"皆有考证。子玉之孙到伯举之战时（鲁定公四年），梁氏认为已一百二十余岁，知为另一称"大心"之人。高注有误。

⑰庶几：差不多。

⑱"遂入"三句：高诱注：言入吴不旋踵（zhǒng）回轨而死。按，运轨，回轨，即回车。

⑲申包胥：春秋时楚贵族，又称王孙包胥。与伍子胥为友。高诱注：子胥之亡，谓申包胥曰："我必复楚国。"申包胥曰："子能复亡，我必兴之。"及昭王败于伯举，奔随，申包胥如秦乞师，故曰

"不如求救于诸侯"。按，此事载于《左传·定公四年》、《吴越春秋》、《史记·楚世家》等。《战国策·楚一》作"棼(fén)冒勃苏"。严敌，指吴军。此时已占领郢都。

⑳伏：北宋本原作"休"。《道藏》本作"伏"。据正。

㉑卑：北宋本原作"早"。《道藏》本作"卑"。据正。

㉒赢(yíng)：背负。跣(xiǎn)：赤脚。

㉓峭山：高山。

㉔猎：刘绩《补注》本作"躐(liè)"。躐，越过。蒙笼：草木丛生。一曰蒙笼山。

㉕蹶(jué)：踏。

㉖蹠(zhí)：脚。

㉗"鹤跱"六句：高诱注：鹤跱(zhì)，跱立。言不动不食，霉黑其面色，欲速得秦救也。按，跱，直立。液，《道藏》本作"流"。来，《道藏》本作"交"。秦王，指秦哀公(？—前501)。春秋末秦君，在位36年。

㉘封豨(xī)：大野猪。脩蛇：大蟒蛇。

㉙上国：中原之国。

㉚寡君：楚昭王。

㉛越：远。指楚昭王远逃到随国。

㉜遑(huáng)：闲暇。启处：指安居。启，跪。

㉝"秦王"二句：高诱注：《传》曰："率车五百乘以救楚"，凡三万七千五百人。此曰"千乘"，步卒"七万"，不合也。按，《战国策·楚一》作"出革车千乘，卒万人"。

㉞子虎：高诱注：秦大夫子车铖(zhēn)虎。王绍兰《淮南子札记》：子车铖虎殉葬秦穆公。秦师救楚之年，铖虎已百三十七岁，可知子虎非铖虎也。

㉟塞：指函谷关。

㊱浊水：源出今湖北襄樊市北，南流注入白河。高诱注"浊水盖江
　　水"有误。

㊲大：北宋本原作"不"，刘绩《补注》本作"大"。据正。

㊳烈：功业。

【译文】

　　名声是能够勉力求得的，功业是可以努力成就的。因此君子含蓄
正气积累善事，而投向高明的老师；勉励自己树立高尚的节操培养自己
美好的德行，来杜绝世俗的干扰。怎么能说明这个问题呢？

　　从前鲁国南荣畴对圣王之道在自己身上失去感到十分羞耻，于是
他踏着霜露，穿着草鞋，快步疾行，跋涉山川，穿过荆棘，越过千里，脚上
磨起老茧，也不敢休息，向南去求见老聃，受到了一句话的教诲。精神
顿时开朗，昏聩的心绪彻底清楚了，高兴得七天也没有吃东西，还像享
用了太牢一样。因而他的光辉照遍了四海，名声传到了后代，道术通达
天地，明察分辨秋毫，世人称誉颂赞之语，到现在也不停止。这就是所
说的美名是可以勉力求得的。

　　吴国和楚国在伯举展开大战，莫嚣大心抚摸着他车夫的手说："今
天抵御强大的敌人，冒着敌人的刀枪，受着箭矢礌石袭击，血战而身死，
最终获得胜利保全人民，使社稷完整，自己也差不多可以瞑目了！"于是
冲入吴阵而没有返回，腹部被剖开，头颅被割下，御者也没有回头，随着
而壮烈牺牲。吴军攻破郢都，楚昭王逃走，申包胥心想自己竭尽全力冲
入敌阵，尸体倒地流血牺牲，不过是斩杀一卒的功劳，不如低声下气，去
向诸侯国求救。于是申包胥背着干粮，来不及穿上鞋子，跋山涉水，沿
着山谷穿行。爬上陡峭的山峦，奔向深不见底的沟壑，渡过大川，闯过
渡口关塞，越过草丛，践踏沙石，脚掌溃烂一直到膝盖，磨出层层老茧，
经过七天七夜的跋涉，到达秦朝王庭。他像鹤一样直立而不食，白天呻
吟晚上哭泣，神情像死人一般，脸色呈黑灰色，泪流满面，求见秦哀公，
说："吴国是野猪毒蛇，蚕食中国土地，首先为害楚国。我国君失去了国

家,奔走在草莽之中。百姓妻离子散,男女老少,不能够安居,派我向君王告急求救。"于是秦哀公出动兵车千辆,步兵七万,由勇将子虎率领。越过关塞向东进发,在浊水和吴军交战,果然大破吴军,从而保存了楚国。申包胥光辉的功绩保藏在庙堂之上,记载在大法之中,这是功业可以努力完成的例子。

　　夫七尺之形,心致忧愁劳苦①,肤之知痛疾寒暑,人情一也②。圣人知时之难得,务之可趣也③,苦身劳形,焦心怖肝④,不避烦难,不违危殆。盖闻子发之战⑤,进如激矢,合如雷电,解如风雨,员之中规,方之中矩,破敌陷陈,莫能壅御⑥,泽战必克,攻城必下。彼非轻身而乐死,务在于前,遗利于后。故名立而不堕,此自强而成功者也⑦。

　　是故田者不强,囷仓不盈;官御不厉⑧,心意不精;将相不强,功烈不成;侯王懈惰,后世无名⑨。《诗》云:"我马唯骐,六国如丝。载驰载驱,周爰咨谋⑩。"以言人之有所务也。

【注释】

①致:传达。

②一:相同。

③务:指事业。趣(cù):通"促",促成。

④怖肝:高诱注:犹戒惧。按,有惶恐义。

⑤子发:楚威王时将军。

⑥壅御:堵塞,抵御。

⑦自强:奋发图强。

⑧官御:官府的御者。

⑨世:北宋本原作"出"。《道藏》本作"世"。据正。

⑩"我马"四句：见于《诗·小雅·皇皇者华》。骐（qí），马淡黑色。国，《道藏》本作"辔（pèi）"。周，忠信。咨，询问。谟（mó），谋划。

【译文】

人有七尺的形体，心中传达忧愁劳苦，皮肤知道疾病寒暑，人的情感是相同的。圣人知道时光难得，事业是可以促成的，因此劳苦心思疲劳形体，心中焦虑惶恐不宁，不会躲开烦琐危难之事，不回避危险的事情。曾经听说楚威王时将领子发在指挥作战之时，前进像飞快的利箭，合围就像惊雷闪电，分散就像雨随风势，摆开阵势圆阵符合规的要求，方阵符合矩的规定，攻破敌人冲锋陷阵，没有人能够阻挡抵御，在湖泽中作战必定能战胜，在陆地上攻打城邑一定能夺取。他们不是轻视生命而喜欢去死，而是把成就大事放在前面，把利益遗留给后代。因此名声树立而不会失落，这就是奋发图强而成就功业的例子。

因此种田的人不去拼命出力，仓库就不会充满；给官府驾驭的人不磨炼技艺，心意就不能专一；将相不自强奋斗，功业就不会建立；侯王松懈懒惰，身后就不会留下好名声。《诗》中说："我们的马是淡黑色的，六根缰绳好像六道柔丝。马儿奔跑疾驰着，很忠实地广为询问谋划。"说的就是人对事业要有所追求。

通于物者不可惊怪①，喻于道者不可动以奇②，察于辞者不可耀以名③，审于形者不可遁以状④。世俗之人，多尊古而贱今。故为道者，必托之于神农、黄帝而后能入说⑤。乱世暗主，高远其所从来，因而贵之。为学者，蔽于论而尊其所闻，相与危坐而称之⑥，正领而诵之⑦，此见是非之分不明。

夫无规矩，虽奚仲不能以定方圆；无准绳，虽鲁班不能以定曲直。是故钟子期死而伯牙绝弦破琴，知世莫赏也⑧；惠施死而庄子寝说言⑨，见世莫可为语者也。

【注释】

①"通于物"句：高诱注：通，达。言怪物不能惊之也。惊怪：刘绩《补注》本作"惊以怪"。

②喻：晓谕，明白。奇：奇巧，奇异。

③耀：炫耀、显扬。名：高诱注：虚实之名。按，即虚名。

④遁：欺骗。

⑤"故为道"二句：高诱注：说，言。言为二圣所作，乃能入其说于人，人乃用之。按，说，指学说、理论。《汉书·艺文志》中有《黄帝五家历》、《神农大幽五行》、《黄帝内经》、《神农教田相土耕种》等，1973 年长沙马王堆汉墓帛书有《黄帝四经》。本文论之有据。按，"世俗"至"入说"，化自《庄子·外物》。

⑥危坐：端坐。

⑦正领：摆正头部及领部。

⑧"是故"二句：高诱注：钟，官氏。子，通称。期，名。达于音律。伯牙，楚人，睹世无有知音若子期，故绝弦破其琴也。按，事载《列子·汤问》、《吕览·本味》，《说苑·谈丛》、《汉书·司马相如传》等亦载之。破，北宋本原作"被"。《道藏》本作"破"。据正。

⑨"惠施"句：高诱注：惠施，宋人，仕于梁，为惠王相。庄子，名周，宋蒙县人，作书三十三篇，为道家之言也。按，《汉书·艺文志》"名家"有《惠子》一篇。《汉书·艺文志》"道家"有《庄子》五十二篇。今存郭象注三十三篇。按，本条亦载于《庄子·徐无鬼》、《吕览·本味》、《韩诗外传》卷九。"庄子"《史记》有传。寑（qǐn），止息。"庄子寑说言"，《说苑·说丛》作"庄子深瞑不言"。

【译文】

通达万物变化的人不能够用怪物来使他们惊恐，明确大道的人不能够用奇巧来惑乱他，明察言论的人不能够用虚名来向他炫耀，洞察形体的人不能用万物的形貌来欺哄他。世俗之人，大多尊重古代而轻视现代。因此创立学说的人，必定托辞于神农、黄帝而后才能建立自己的学说。乱世昏君，把他们自己的来源说得高深遥远，因而要人们尊重他们。从事学习的人，也被这种观点所蒙蔽而对他们的见闻很尊重，相互端正地坐着来加以称颂，摆正衣领而诵读它们，他们对于是非是这样的分辨不清。

　　没有规矩，即使奚仲也不能确定出方圆的尺寸；没有准绳，即使鲁班也不能够来确定曲直。因此钟子期死后而伯牙毁琴断弦，知道世上没有人能欣赏他的琴音了；惠施死了而庄子停止说话，是因为看到世上没有人可以同他交谈了。

　　夫项托年七岁为孔子师，孔子有以听其言也^①。以年之少，为闾丈人说^②，救敲不给^③，何道之能明也？

　　昔者谢子见于秦惠王^④，惠王说之，以问唐姑梁^⑤。唐姑梁曰：“谢子，山东辨士，固权说以取少主^⑥。”惠王因藏怒而待之。后日复见，逆而弗听。非其说异也，所以听者易。

　　夫以徵为羽，非弦之罪；以甘为苦，非味之过。楚人有烹猴而召其邻人，以为狗羹也而甘之。后闻其猴也，据地而吐之^⑦，尽写其食^⑧。此未始知味者也。

　　邯郸师有出新曲者^⑨，托之李奇^⑩，诸人皆争学之，后知其非也，而皆弃其曲。此未始知音者也。

　　鄙人有得玉璞者^⑪，喜其状，以为宝而藏之。以示人，人以为石也，因而弃之。此未始知玉者也。

　　故有符于中，则贵是而同今古^⑫；无以听其说，则所从来者远而贵之耳^⑬。此和氏之所以泣血于荆山之下^⑭。

【注释】

① "夫项托"二句：载于《战国策·秦五》。

② 闾：乡里。丈人：老人。

③ 给(jǐ)：来不及。

④ 谢子：山东辩士。秦惠王：即惠文王。战国秦君，在位13年。

⑤ 唐姑梁：秦大夫。《吕览·去宥》作"唐姑果"。二人属墨家。

⑥ 权说：巧说。《吕览·去宥》作"奋说"。即强于辩说。少主：高诱注：谢子之君。一曰谓惠王。惠王，秦孝公之子也。按，高注似有未明处。《吕览·去宥》高诱注：少主，惠王也。陈奇猷《吕氏春秋集释》："少主"即"小主"。按，指秦惠公之子出子。见《史记·秦本记》。

⑦ 据：依凭、按着。

⑧ 写(xiè)：《说文义证》：俗作"泄"。

⑨ 邯郸：今河北邯郸。师：乐师。

⑩ 李奇：赵国善于创作歌曲的人。

⑪ 鄙人：乡野农人。

⑫ "故有符"二句：高诱注：言中心能明实是者则贵之，古今一也，故曰同也。按，符，符验。是，事实，实际。

⑬ "无以"二句：高诱注：言无中心明验，无以听人说之是否，但见其言远古之事，便珍贵之耳。近世之事，有可贵者亦不贵之也。

⑭ "此和氏"句：高诱注：荆人和氏得美玉之璞于荆山之下，献楚武王，武王以为石，刖(yuè)其左趾。及文王即位，复献之，如是，乃泣血，证之为宝。文王曰："先王轻于刖足而重剖石。"遂为剖之，毕如和言，因号为和氏之璧也。按，事载《韩非子·和氏》。荆山，位于安徽怀远淮河之畔，山上有卞和洞。(见清《江南通志》卷十七)

【译文】

项托七岁成为孔子的老师,孔子认为有值得听取他的意见的地方。凭着这么小的年纪,对乡里老者说这种话,老人会敲着他的头,自己连躲避还来不及,还有什么主张能够得到充分表达呢?

从前墨子信徒谢子西行见秦惠王,惠王非常高兴,并就此询问唐姑梁的意见。唐姑梁说:"谢子是山东的辩士,本来是想凭游说而讨得少主的欢心。"惠王因此压起怒气而等待谢子。后天谢子又来拜见惠王,惠王背朝着他而不再听他的意见了。不是他所说的内容变了,而是听的对象思想起了大的变化。

把徵音作为羽音,不是弦的过错;把甜的作为苦的,不是味道的过错。楚国有人杀了一只猴子而召请他的邻人来品尝,邻人以为是狗肉汤而觉得味道很鲜美。吃过以后听说是猴肉,伏在地上而吐了起来,一直到全部吐光。这说明邻人并不懂得真正的味道。

邯郸的乐师谱制了新的曲子,假托是音乐家李奇所作,于是许多人都争着去学唱,后来知道不是的,便都把那曲谱抛弃了。这说明那些人并不懂得真正的音乐。

有个乡下人得到一块未雕琢的美玉,喜爱它的外貌,认为是宝贝而珍藏起来。一次他拿出来给人看,人们认为是石头,因此他把玉璞扔掉了。这说明这个人并不懂得真正的美玉。

因此在心中有了明确的标准,那么就能尊重实际而把今天与古代的等同看待;没有标准来听取别人的学说,那么便认为它的来历很久远,而加以盲目崇拜。这就是卞和在荆山之下哭泣出血,却无人识宝的原因。

今剑或绝侧嬴文,啮缺卷钎,而称以顷襄之剑,则贵之争带之①;琴或拨剌枉桡,阔解漏越,而称以楚庄之琴,侧室争鼓之②。苗山之铤,羊头之销,虽水断龙舟,陆刭兕甲,莫之服带③；山桐之琴，涧梓之腹，虽鸣廉隅脩营，唐牙[莫之鼓也]④。

通人则不然⑤。服剑者期于铦利⑥，而不期于墨阳、莫邪⑦；乘马者期于千里，而不期于华骝、绿耳⑧；鼓琴者期于鸣廉、脩营，而不期于滥胁、号钟⑨；诵《诗》、《书》者期于通道略物⑩，而不期于《洪范》、《商颂》⑪。圣人见是非，若白黑之于目辨，清浊之于耳听⑫。众人则不然。中无主以受之，譬若遗腹子之上陇⑬，以礼哭泣之，而无所归心⑭。

故夫孪子之相似者，唯其母能知之；玉石之相类者，唯良工能识之⑮；书传之微者，唯圣人能论之。今取新圣人书，名之孔、墨⑯，则弟子句指而受者必众矣⑰。故美人者，非必西施之种；通士者，不必孔、墨之类。晓然意有所通于物，故作书以喻意，以为知者也⑱。诚得清明之士，执玄鉴于心⑲，照物明白⑳，不为古今易意，櫎书明指以示之㉑，虽阖棺亦不恨矣㉒。

昔晋平公令官为钟，钟成而示师旷，师旷曰："钟音不调。"平公曰："寡人以示工，工皆以为调，而以为不调，何也？"师旷曰："使后世无知音者则已，若有知音者，必知钟之不调。"故师旷之欲善调钟也，以为后之有知音者也㉓。

【注释】

①"今剑或"四句：高诱注：绝无侧，羸无文，啮缺卷铦，钝弊（bì）无刃。托之为楚顷襄王所服剑，故贵人慕而争带之。一说：顷襄王，善为剑人名。按，绝，断。侧，侧边。羸（léi），光秃。啮（niè）缺，缺刃。如被啮咬状。铦（rén），卷曲。顷襄，楚顷襄王，战国楚王，在位36年。之，刘绩《补注》本作"人"。

②"琴或"四句：高诱注：拨剌，不正。枉桡（ráo），曲弱。阔解，坏。漏越，音声散。托之为楚庄王琴，则侧室之宠人争鼓之也。侧室，或作庙堂也。按，拨剌（là），似指音声不正。枉桡，指音声扭曲不准。漏越，指琴体破损，发声散乱。侧室，帝王的偏房。刘典爵《淮南子韵谱》："侧"当作"则"。"室"上疑脱一字。

③"苗山"五句：高诱注：苗山，楚山，利金所出。羊头之销，白羊子刀。虽有利用，无所称托，故无人服带也。按，铤（chán），《说文》注作"小矛也"。即铁把短矛。羊头之销（xiāo），三棱类似羊头的箭镞（zú）。刌（tuán），斩断。

④"山桐"四句：高诱注：伐山桐以为琴，溪涧之梓以为腹。言其鸣，音声有廉隅、脩营，音清凉，声和调。唐犹堂。按，桐，桐树。梓，梓树。木质轻而易割，可作乐器。鸣廉隅脩营，《广雅·释乐》中列有琴名"鸣廉、修营"，则"隅"为衍字。唐牙，刘绩《补注》本"唐牙"下有"莫之鼓也"四字。金其源《淮南子管见》：《文选·〈七发〉》"使师堂操畅，伯牙为之歌"。则"唐"谓师堂，"牙"谓伯牙也。于大成《修务校释》："唐牙□□"亦当为琴名。刘绩补四字，"莫之"二字当是，"鼓也"与上"服带"不对。

⑤通人：即通达事物变化的人。

⑥铦（xiān）利：锋利。

⑦墨阳、莫邪：高诱注：美剑名也。按，又有匠名、地名之说。"服剑"至"绿耳"，化自《吕览·察今》。

⑧华骝（liú）、绿耳：千里马名。

⑨滥胁、号钟：高诱注：滥胁，音不和。号钟，高声，非耳所及也。按，《广雅·释乐》琴名有"蓝胁、号钟"。与高注异。

⑩略物：通达事物。

⑪《洪范》：《尚书》篇名，意为大法。为商朝灭亡后箕子向周武王所陈。《商颂》：《诗》篇名，共收五篇。

⑫清浊：高诱注：清，商也。浊，宫也。按，清浊，指高音和低音。

⑬陇：通"垄"，坟墓。

⑭无所归心：高诱注：目不识父之颜，心不哀也。

⑮"故夫"四句：见于《战国策·韩三》《吕览·疑似》。孪（luán）子，双生子。

⑯"今取"二句：高诱注：眩于孔、墨之名而或，不知其实非孔、墨所作也。

⑰句（jù）指：研讨旨义。指，与"旨"同。

⑱"故作书"二句：高诱注：作书者以明古今传代之事，以为知者施也。喻：说明，表明。

⑲玄鉴：高诱注：玄，水也。鉴，镜也。按，指玄妙的心境。

⑳照物：即观照万物。

㉑摅（shū）：抒发。《道藏》本作"摅"。

㉒恨：遗憾。

㉓"昔晋平公"段：高诱注：平公，晋悼公之子彪。师旷识音，故知其不调也。按，不调，不符合音律要求。令，北宋本原作"今"。《道藏》本作"令"。据正。"以为"句，高诱注：喻上句作书，为知音施也。此节本于《吕览·长见》。

【译文】

现在有的剑破裂得侧边不正，光秃而没有光采，锋口卷曲，就像被啃咬过似的，但如果称它是楚顷襄王佩带的宝剑，那么人们必定珍视并争着佩带它；有的琴弯曲不正，琴弦已坏，弹不出乐曲，但如果说它是楚庄王用过的名琴，那么后宫嫔妃争着弹奏它。苗山的短把铁矛，三棱的箭镞，即使能在水里斩断龙舟，在陆上刺穿犀甲，也没有人佩带它；以山陵的桐木做成的琴，以涧溪的梓木制成的琴腹，即使声音清和纯正，师堂、伯牙也不会弹奏它。

通达事理的人则不是这样贵古慕名。佩带宝剑只希望它能够锋利，而不一定具有墨阳、莫邪那样的美名；乘马只希望能够到达千里，而不一定都是华骝、绿耳那样的千里马；鼓琴只希望清和纯正，而不希望滥胁、号钟那样的名琴；诵读《诗》、《书》只希望通晓事理掌握事物的变化，而不希望它是《洪范》、《商颂》那样的佳作。圣人观察是非，就像眼睛辨别白黑，耳朵能听出清浊一样。普通人则不是这样。心中没有主见来接受外物，就像遗腹子去上坟一样，按照礼节来哭泣，而心中并不把悲哀放到思念父亲上面。

因此双生子形貌相似，只有他们的母亲能够区别开；美玉和石头相类似，只有高明的工匠能够加以辨别；书传中的微言大义，只有圣人能够论列清楚。现在拿来新圣人的著作，称它们是孔、墨的作品，那么必定有很多弟子研究而接受它。因此成为美人的，不一定是西施的后代；学识渊博的人，不一定都是孔、墨一类的人。心中对于万物变化规律有所通晓，因此就能著书来表明自己的心意，用来传给知音的人。果真能得到思想清明的人，掌握万物的变化像明镜一样清晰，照映万物明白无误，不因古今陈说改变自己的独立见解，并将自己的观点抒发在著作之中让人们从中明了旨意，这样就是死了也没有什么遗憾了。

从前晋平公命令乐官铸造了一口大钟，制成以后请师旷来检验。师旷说："钟的音调不符合声律要求。"平公说："我已经让乐工看了，他们都认为合乎音律要求，而你认为不符合音律要求，这是为什么？"师旷说："假使后代没有懂得音律的人就算了，如果有通晓音律的人，一定知道这只钟的音律不合规定。"因此师旷想把这只大钟的音律调整好，是因为后代有懂得音乐的人。

三代与我同行①，五伯与我齐智。彼独有圣知之实，我曾无有间里气闻、穷巷之知者何②？彼并身而立节，我诞谩而悠忽③。

今夫毛墙、西施天下之美人，若使之衔腐鼠，蒙猬皮，衣豹裘，带死蛇，则布衣韦带之人，过者莫不左右睥睨而掩鼻④。尝试使之施芳泽，正娥眉⑤，设笄珥⑥，衣阿锡⑦，曳齐纨⑧，粉白黛黑，佩玉环，榆步⑨，杂芝若⑩，笼蒙目视⑪，冶由笑⑫，目流眺⑬，口曾挠⑭，奇牙出，靥酺摇⑮，则虽王公大人，有严志颉颃之行者⑯，无不憛悇痒心而悦其色矣⑰。今以中人之才，蒙愚惑之智，被污辱之行⑱，无本业所修，方术所务⑲，焉得无有睥面掩鼻之容哉⑳？

今鼓舞者㉑，绕身若环，曾挠摩地㉒，扶于猗那㉓，动容转曲㉔，便媚拟神㉕，身若秋药被风㉖，发若结旌㉗，骋驰若骛㉘。木熙者㉙，举梧槚㉚，据句枉㉛，猿自纵，好茂叶㉜，龙夭矫㉝，燕枝拘㉞，援丰条㉟，舞扶疏㊱，龙从鸟集㊲，搏援攫肆㊳，蔜蒙踊跃㊴。且夫观者莫不为之损心酸足㊵。彼乃始徐行微笑，被衣修擢㊶。夫鼓［舞］者非柔纵㊷，而木熙者非眇劲㊸，淹浸渍渐靡使然也㊹。

是故生木之长，莫见其益，有时而修㊺；砥砺礛磏㊻，莫见其损，有时而薄。藜藿之生㊼，蠕蠕然日加数寸㊽，不可以为栌栋㊾；楩柟豫章之生也㊿，七年而后知，故可以为棺舟。夫事有易成者名小，难成者功大。君子修美，虽未有利，福将在后至。故《诗》云："日就月将，学有缉熙于光明。"此之谓也。

【注释】

①我：高诱注：谓作书（者）。

②"彼独有"二句：高诱注：我则无声名宣闻于闾里，穷巷之人无有知我之贤，何故也？按，气，刘绩《补注》本作"之"。贾谊《新书·

劝学》亦作"之"。

③"彼并身"二句：高诱注：彼谓三代、五伯。并身同行，而五伯也立节，我谓诞谩倨(mán jù)敖，悠悠忽游荡轻物。按，刘绩《补注》本注文作"悠忽"。并身，身心专一。诞谩，放纵，散漫。悠忽，轻忽，放荡，指消磨时间。

④"今夫"七句：高诱注：言虽有美姿，人恶闻其臭，故睥睨(pì nì)掩其鼻。孟子曰："西子之蒙不洁，则人皆掩鼻而过之。"是也。按，韦带，皮带。熟皮曰韦，生皮曰革。睥睨，斜视。左视曰睥，右视曰睨。之，北宋本原作"人"。刘绩《补注》本作"之"。据正。

⑤娥眉：古代女子的眉饰，如蚕蛾之形。

⑥笄：簪子。珥：用玉石作的耳环。

⑦阿锡：一说为山东东阿产的细布。锡，通"緆(xī)"，细布。

⑧曳(yè)：拉，牵。齐纨：齐地产的细绢。

⑨揄：通"摇"，摇动。

⑩芝：刘绩《补注》：按《列子》"杂芷若"，则"芝"当作"芷"。

⑪笼蒙：微视，偷看。"笼蒙目视"，刘绩《补注》本云衍"目"字。王念孙《读书杂志》：此当衍"视"字。高注：目，视也。

⑫冶由：妖媚的神态。

⑬流眺：转目斜视。

⑭挢：通"㧓"，张嘴笑的样子。

⑮靥酺：女子脸上的酒窝。

⑯颉颃(xié háng)：倔强，倨傲。

⑰憛悇：贪欲强烈的样子。痒心：指喜其色，而欲得到的焦躁心情。

⑱污辱：耻辱。

⑲方术：指医卜星相之术。

⑳睥(pì)面：吕传元《淮南子斠补》："睥"下当脱"睨"字，"面"当为"而"。此承上文"左右睥睨而掩鼻"言也。

㉑鼓舞：即合乐而舞。

㉒曾：通"层"，重叠。曾挠：屈曲的样子。挠，通"桡"，弯曲。摩：
接近。

㉓扶于：周旋。猗那：柔美的样子。

㉔动容：摇荡。又有改变仪容之义。转曲：旋转，曲屈。

㉕便媚：轻盈柔美的样子。拟：模拟。

㉖药：即白芷，香草。被风：随风摇摆。

㉗结旌：屈曲而又舒展。旌，古时用五色羽毛装饰的旗帜。

㉘骛(wù)：疾速。

㉙木熙：缘木为戏。古代的爬竿、顶竿之类的游戏。熙，通"戏"。

㉚梧：梧桐。槚(jiǎ)：梓木。

㉛据：依靠。句枉：弯曲的枝条。

㉜"猿自纵"二句：高诱注：言舞者若猿，不复践地，好上茂木之枝
叶。按，纵，放任。

㉝龙夭矫：于省吾《淮南子新证》：与"燕枝拘"对文，言舞之姿势，如
龙蟠夭矫、燕飞屈曲也。按，夭矫，屈伸自如。

㉞燕枝拘：高诱注：言其著树如燕附枝也。按，枝拘，屈曲。

㉟援：持。丰条：大的枝条。

㊱扶疏：蹒跚。形容旋转的舞姿。

㊲龙从鸟集：高诱注：言其舞体如龙附云，如鸟集山。

㊳搏援：攀援攫(jué)取。攫肆：尽情抓取。

㊴蔑(miè)蒙踊跃：高诱注：言其疾也。按，蔑蒙，迅疾。踊跃，
跳跃。

㊵"且夫"句：高诱注：观者见其微妙危险，皆为之损动中心，酸酢
(cù)其足也。按，损心酸足，即提心吊胆之义。

㊶"彼乃"二句：高诱注：彼，彼舞者.更复徐行小笑，被倡衣，脩擢
(zhuó)舞，为后曲也。按，擢，通"掉"。即《掉羽》。舞名。

㊷夫鼓[舞]者：北宋本原作"夫鼓者"。刘绩《补注》本作"夫鼓舞者"。据补。柔纵：柔弱，委曲。

㊸眇（miǎo）劲：轻劲。《文选·左思〈吴都赋〉》李善注引高诱《淮南子注》曰："訬（chāo），轻利急疾也。"则正文作"訬"字。

㊹淹：长久。浸渍：长久的磨炼。渐靡：渐进教化。靡，通"摩"。又王念孙《读书杂志》："渍"字涉注文而衍。淹浸、渐靡，皆两字连读，不当有"渍"字。

㊺有时：高诱注：积时。言非一日。

㊻礛（mò）䃺：礛，石磑（wèi）。今省作"磨"。䃺，通"䃺（jiān）"。即礛诸，治玉的磨石。礛䃺，磨砺、磨炼。前文"精摇摩䃺"，亦为此义。

㊼藜藿：王念孙《读书杂志》：当为"藜藋（diào）"，字之误也。"藜藋"皆一茎直上，形似树而质不坚，若"藿"则非其类矣。《太平御览·百卉部》引此，正作"藜藋"。

㊽蠕（rú）蠕然：蠕动的样子。

㊾栌（lú）栋：斗拱、大梁。

㊿楩（pián）：黄楩木。枏（nán）：楠木。豫章：木名，樟木类。

【译文】

夏商周三代的君主和我们品行相同，春秋五霸的智慧和我们一样。他们独有圣贤智慧的名实相副的声誉，而我们则没有闻名于乡里的名气、不被穷巷之人所了解，这是为什么？因为他们都能身心专一地树立名节，而我们却放纵散漫而游荡轻浮。

现在都把毛墙、西施看作天下的美人，假若让她们嘴里衔着臭老鼠，蒙着刺猬皮，穿着豹皮裘衣，佩带死蛇，那么平民百姓经过她们，没有不把头转向一边而捂住鼻子的。试着给她们涂上发油，描画蛾眉，戴上玉簪耳环，穿上东阿名缯裁制之衣，拖起齐地细绢做的长裙，敷上白粉描绘黛眉，佩带玉环，轻移细步，头插香草，凝眸微盼，面带微笑，目送秋波,樱口微张,奇牙露出,酒窝忽现,那么即使是王公大人,有严正的志向行止高傲的人,也没有不产生贪欲心中焦躁而陶醉在她们的美色之中的。现在凭着平常人的才智,智慧被愚昧惑乱所覆盖,品行被污秽所玷污,没有本业来修治,更无有一技之长,怎么会没有让人扭头捂鼻子的面容呢?

现在合乐起舞的人,转动身体就像圆环一样,腰肢弯曲时而靠近地面,旋转舞动柔美多姿,屈曲结束改换仪容,轻盈起舞宛如神女,腰肢像香草随风摇摆,乌发时而盘结时而舒展,舞姿变化迅速如同受惊而狂奔的骏马。表演木戏杂技的人,举起两根大木,演员依据弯曲的枝条,像猿猴一样自由跳跃,特别喜好茂密的树叶,像龙一样屈伸自如,像燕子一样蹲立枝头,攀援大木枝,表演起旋转的舞姿,像云层托住蛟龙,像飞鸟聚集山林,攀援抓取自由自在,跳跃穿行迅疾而过。那些观看奇妙惊险表演的人,没有人不替他们提心吊胆的。表演完一段,他们慢慢微笑着走过来,穿起舞衣又表演起《掉羽》之舞。那些起舞的人不是天生的柔弱委纵,而表演杂技的人也不是生就绝妙的强健敏捷,是因为长久的磨炼、逐渐的教化,而练就了这样的妙技。

因此木头的生长,没有人见到它的增加,而经过一些时间可以长成巨木;石磨经过不停地研磨和粉碎加工,没有见到它的减少,而经过一段时间可以变薄。藜藿的生长,就像蠕动一样每天都生长数寸,最终不能够成为房屋的栋梁;楩楠豫章的生长,虽然到七年后才能感觉它的高大,所以最终能够制成棺木舟船。事情容易办成的名声小,难于成功的名声大。君子修治善道,即使当时没有得到利益,好处必将在以后到来。因此《诗》中说:“日日有所成就,月月有所奉行,学习积累达到光明。”说的就是这样的事。

第二十卷　泰族训

【题解】

　　曾国藩《淮南子读书录》："族，聚也。群道众妙之所聚萃也。泰族者，聚而又聚者也。"泰，通"大"。"泰族"是对全书理论体系的总结。本训是体现黄老道家天道自然观和治国理论的重要篇章。

　　本训集中讨论自然规律和人类之间的天人关系，并把它们归纳到道这个总规律之中。自然规律是客观存在的，是不可抗拒的。它不但"化生万物"，同时，"天之与人，有以相通也"，违背自然规律，就要受到惩罚。因此，"能因，则无敌于天下"。"因"，就是要按照规律办事。

　　人类社会的礼乐、伦理、法律制度等，都是以自然规律为指导的。

　　圣人治政要懂得物极必反的辩证关系。"天地之道，极则反，盈则损"。要"顺万物之宜"，"事穷而更为，法弊而改制"，才能避免失败。

　　圣人治政要注意掌握根本，不能舍本求末。国家大治，"得贤"与"得人心"，是最根本的要求。圣主要能"举贤而立功"，"得天下之心"。得贤与失贤，得人心与失人心，其结果截然相反。

　　本训提出了黄老道家"养身"和"治国"的关系："治身，太上养神，其次养形。治国，太上养化，其次正法。"非常明确地提出，要把"养神"和"养化"放在首位。

　　陶方琦《淮南许注异同诂》："序目无'因以题篇'字，许注本也。取旧辑许注与今本较之,说多同。"

　　天设日月,列星辰,调阴阳,张四时;日以暴之,夜以息之,风以干之,雨露以濡之①。其生物也,莫见其所养而物长;其杀物也,莫见其所丧而物亡,此之谓神明②。圣人象之③。故其起福也,不见其所由而福起;其除祸也,不见其所以而祸除。远之则迩④,延之则疏⑤;稽之弗得⑥,察之不虚;日计无筹,岁计有余⑦。

【注释】

①濡(rú):浸渍。

②神明:指自然界有规律的运动及化生万物的作用。《经法·明理》:"道者,神明之原也。""其生物也"至"而祸除",当化自《尸子·贵言》。

③象:依循、效法。

④迩(ěr):近。

⑤延:接近。

⑥稽:考核。

⑦"日计"二句:化自《庄子·庚桑楚》。《文子·精诚》作"日计不足"。筹(suàn),《说文》:"长六寸,计历数者。"按,计数用的筹码。

【译文】

　　上天设置了日月,摆列了星辰,协调阴阳变化,设立了一年四季;用阳光来照射万物,用黑夜来使万物休息,用风使它们干燥,用雨露来使它们滋润。上天在使万物生长的时候,没有见到它在抚育而万物自然生长;上天在消灭万物的时候,没有见到它在杀害而万物灭亡,这就叫"神明"。圣人依循这个规律。因此他在兴起福祉的时候,没有见到他起步而幸福便得到了；他在消除祸害的时候，没有见到他的行动而祸患解除了。远远离开它反而距离很近，伸手接近它又很疏远；考察它又不能得到，观察它又不是虚幻；每天计算它又无法算出来，以一年来计算又感到有余。

夫湿之至也，莫见其形，而炭已重矣①；风之至矣，莫见其象，而木已动矣；日之行也，不见其移；骐骥倍日而驰，草木为之靡②；县烽未转，而日在其前③。故天之且风，草木未动而鸟已翔矣④；其且雨也，阴曀未集而鱼已唵矣⑤：以阴阳之气相动也。故寒暑燥湿，以类相从；声响疾徐，以音相应也。故《易》曰：“鸣鹤在阴，其子和之⑥。”

【注释】

①“夫湿之”三句：古代测量湿度之法。

②“骐骥”二句：疑位置应颠倒，方与上下文义相合。靡（mǐ），枯萎。

③“县（xuán）烽”二句：许慎注：县烽，边候见虏举烽，转相受，行道里最疾者。按，县，悬挂。烽，报警烟火。夜里点火叫烽，白天烧烟叫燧（suì）。

④“故天之”二句：许慎注：鸟巢居，知风也。

⑤“阴曀（yì）”句：许慎注：鱼潜居，知雨也。按，曀，天气阴沉。唵（yǎn），即鱼出头呼吸。

⑥“鸣鹤”二句：见于《周易·中孚卦》“九二”爻辞。阴，通“荫”，树荫。和，应和。

【译文】

当湿气来到的时候，没有人见到它的形迹，而平衡物上的木炭已经重了；大风到来的时候，没有人见到它的迹象，而树木已经摇动了；太阳不停地运行,看不到它在移动位置,草木却因之而枯萎;千里马以比太阳运行加倍的速度奔驰,悬挂燃烧的烽燧还没转到下一站,而太阳已经行到了马的前面。因此天空将要起风的时候,草木没有摇动而鸟类已经高翔归巢了;将要下雨的时候,阴沉的云层没有会合而游鱼已经呼吸急迫了;这是因为阴阳二气互相感动而造成的。因此严寒酷暑干燥湿润,依照其类别互相依从;声响回声根据快慢而互相呼应。所以《周易》中说:"老鹤在树荫下鸣叫,它的子女便来应和。"

　　高宗谅暗,三年不言①;四海之内,寂然无声;一言声然②,大动天下。是以天心呿唫者也③。故一动其本而百枝皆应,若春雨之灌万物也,浑然而流④,沛然而施⑤,无地而不澍⑥,无物而不生。故圣人者怀天心,声然能动化天下者也⑦。故精诚感于内,形气动于天,则景星见⑧,黄龙下⑨,祥凤至,醴泉出⑩,嘉谷生,河不满溢,海不溶波⑪。故《诗》云:"怀柔百神,及河峤岳⑫。"逆天暴物,则日月薄蚀⑬,五星失行,四时干乘⑭,昼冥宵光,山崩川涸,冬雷夏霜。《诗》曰:"正月繁霜,我心忧伤⑮。"天之与人,有以相通也⑯。故国危亡而天文变,世惑乱而虹霓见,万物有以相连,精祲有以相荡也⑰。故神明之事,不可以智巧为也,不可以筋力致也⑱。

【注释】

①"高宗"二句:高宗:殷代中兴帝王,名武丁。在位59年。谅暗,又作"谅阴",居丧时所居之室,又叫凶室。又一说指天子、诸侯居丧之称。帝小乙崩,武丁立,服三年之丧。二句化自《尚书·无逸》,亦载于《论语·宪问》《礼记·丧服四制》。

②声然:声威振动的样子。

③天心：指天然的规律。呿唫(qù jìn)：开闭。

④浑然：混浊的样子。

⑤沛然：源源不断的样子。

⑥澍(shù)：润泽。

⑦动化：震动，感化。

⑧景星：杂星名，也叫瑞星、德星。

⑨黄龙：传说中吉祥的龙。

⑩醴(lǐ)泉：甘美的泉水。

⑪溶：水盛。《文子·精诚》作"海不波涌"。

⑫"怀柔"二句：见于《诗·周颂·时迈》。怀柔，安抚。峤(qiáo)岳，高山。峤，山尖而高。

⑬薄蚀：日月相掩食。薄，通"迫"，迫近，逼迫。

⑭干乘：干犯，侵凌。《道藏》本、刘绩《补注》本作"乖"。非是。

⑮"正月"二句：见于《诗·小雅·正月》。正月，指夏历四月。《诗》毛亨传："正月，夏之四月。"而《竹书纪年统笺》："幽王，四年夏六月陨霜。"

⑯"天之"二句：天人相通之观点，并见《天文训》、《览冥训》。

⑰精祲(jìn)：许慎注：气之侵入者也。按，祲，指阴阳灾害之气。

⑱筋力：强力。

【译文】

　　殷高宗守孝住在凶庐，三年不说话，在四海之内，也都寂静无声；一句话发布，便震动天下。这是按照天然的规律来决定开闭的。因此草木动摇一下根本千枝万叶都要因应而动，就像春雨灌溉万物一样，混混浊浊地奔流着，源源不断地施予万物，没有土地不被润泽的，没有生物不能生长的。因此圣人心中怀藏自然的法则，所以声威能震动感化天下。因此专一真诚能在内心感发，形体和精神就会感动上天，那么就会有瑞星出现，黄龙下降，祥瑞的凤凰来翔，醴泉涌出，美禾产生，黄河水不会漫溢，大海不会掀起狂涛。因此《诗》中说："用祭祀来安抚百神，并祭高山大川的神灵。"如果背离天道暴虐万物，那么就会发生日月相蚀，五星失去正常运行规律，四季互相干犯，白天黑暗夜里光明，大山崩摧深壑干涸，冬天雷声隆隆，夏季白霜遍地。《诗》中说："夏历四月多霜，我的心里忧伤。"上天和人类，有用来互相感应的地方。因此国家灭亡而天象就会发生变化，世道混乱就会有虹霓出现，万物中都有互相联系的地方，阴阳灾害之气也有与此相激荡的地方。因此天道的规律变化，不能够用智巧来对待它，不能用人力来招致它。

　　天地所包，阴阳所呕，雨露所濡，以生万物，瑶碧玉珠①，翡翠玳瑁②，文彩明朗，润泽若濡，摩而不玩③，久而不渝④，奚仲不能旅⑤，鲁般不能造，此之谓大巧。

　　宋人有以象为其君为楮叶者⑥，三年而成，茎柯豪芒⑦，锋杀颜泽⑧，乱之楮华之中⑨，而不可知也。列子曰⑩："使天地三年而成一叶，则万物之有叶者寡矣。"夫天地之施化也，呕之而生⑪，吹之而落，岂此契契哉⑫？故凡可度者小也，可数者少也，至大非度之所能及也，至众非数之所能领也。故九州不可顷亩也，八极不可道里也，太山不可丈尺也，江海不可斗斛也。

　　故大人者，与天地合德、日月合明，与鬼神合灵，与四时合信⑬。故圣人怀天气，抱天心，执中含和，不下庙堂而衍四海⑭，变习易俗，民化而迁善，若性诸己，能以神化也。《诗》云："神之听之，终和且平⑮。"夫鬼神视之无形，听之无声，然而郊天、望山川⑯，祷祠而求福，雩兑而请雨⑰，卜筮而决事。《诗》云："神之格思，不可度思，矧可射思⑱。"此之谓也。

【注释】

①瑶碧：玉名。

②翡翠：鸟名，羽毛华美，可作装饰品。雄赤曰翡，雌青曰翠。玳瑁（dài mào）：动物名，似龟，甲片可作装饰品。

③玩：通"刓（wán）"，损，缺。

④渝：改变。

⑤旅：辅助、帮助。俞樾《诸子平议》："旅"字无义，疑"放"字之误。《广雅·释诂》："放，效也。"金其源《读书管见》：《孔子家语·子贡问》注："旅，施也。"谓奚仲不能施工也。

⑥象：象牙。《列子·说符》作"玉"。楮（chǔ）：木名，叶似桑，多涩毛，果实圆红色。

⑦茎柯（kē）：叶柄。柯，斧柄。

⑧锋杀：《韩非子·喻老》作"丰杀"。隆起为"丰"，低平者为"杀"。指肥瘦。"丰"与"锋"通。颜泽：色泽。《韩非子·喻老》作"繁泽"。

⑨华：《列子·说符》、《韩非子·喻老》作"叶"。

⑩列子：战国前期郑国人，道家人物。《汉书·艺文志》"道家"有《列子》八篇。其事迹亦见于《庄子·列御寇》。

⑪呕：通"煦（xù）"，呵气使温暖。

⑫契（qì）契：勤苦的样子。

⑬"故大人"四句：化自《周易·乾·文言》。《文子·精诚》"日月"前有"与"字。

⑭衍（yǎn）：蔓延，扩展。《文子·精诚》作"行"。

⑮"神之"二句：见于《诗·小雅·伐木》。终，既。

⑯郊：古代帝王每年冬至在南郊祭天叫"郊"。望：祭祀山川之神为望。

⑰雩（yú）：古代旱天求雨之祭。兑：通"说"，以辞责之。周代祭名。

见《周礼·春官·大祝》"六日说"。

⑱"神之"二句：见于《诗·大雅·抑》。格，来到。度（duó），揣测。矧（shěn），况且。射，通"斁（yì）"，厌倦。

【译文】

天地包蕴，阴阳抚育，雨露滋润，因而产生了万物，珍珠碧玉，翡翠玳瑁，出于自然，色彩鲜明，光泽像浸渍过一样，抚摩它而不会损坏，经久而不会改变，美仲不能助成它，鲁般不能制造它，这就叫大巧。

宋国有人用象牙为他的国君雕刻楮树叶子，三年才雕成，叶柄的粗细叶尖的锋利，叶沿的平斜叶子的光泽，与真楮叶一模一样，而无法分辨出来。列子听到后说："假使天地也像这个宋国人一样三年才长成一片叶子，那么万物之中有叶子的就很少了。"天地施予化育万物，抚育它而生长，风吹它而凋落，难道需要像这样勤苦吗？因此凡是能够用来度量的东西是很小的，能够计算出来的东西是很少的，最大的不是度量所能够达到的，最多的不是数量所能够计算的。所以九州之大不能够用顷亩来比量，八极之远不能够用道里来计算，太山之高不能够用丈尺来测量，广阔的长江大海不能够用斗斛来盛量。

因此品行高尚的君子，和天地的德性一致、和日月一起普照万物，和鬼神一起掌握吉凶祸福，和四季一起循环往复。因此圣人怀着天地的阴阳正气，怀抱着自然的规律，执掌中正饱含和气，不需要走下庙堂而德泽便可以扩展到四海之外，移风易俗，百姓就会随之转化向善，就像他们效法自己的性情一样，这是因为能够用神明来感化他们。《诗》中说："神听到人的相互友爱，就会赐以和平之福。"鬼神看起来没有形体，听起来没有声音，但是冬至帝王在南郊祭祀上天、望祭山川，以求吉祥和幸福，祈祷旱神普降雨水，进行卜筮而决定大事。《诗》中说："神的到来，不可揣测，人们哪可厌倦不信呢？"说的就是这个意思。

天致其高，地致其厚，月照其夜，日照其昼，阴阳化，列星期①，非有道而物自然②。故阴阳四时，非生万物也；雨露时降，非养草木也。神明接，阴阳和，而万物生矣。故高山深林，非为虎豹也；大木茂枝，非为飞鸟也；流源千里，渊深百仞③，非为蛟龙也。致其高崇，成其广大，山居木栖，巢枝穴藏，冰潜陆行④，各得其所宁焉。

　　夫大生小，多生少，天之道也。故丘阜不能生云雨，荥水不能生鱼鳖者⑤，小也。牛马之气蒸，生虮虱；虮虱之气蒸，不能生牛马⑥。故化生于外，非生于内也。夫蛟龙伏寝于渊，而卵剖于陵⑦；腾蛇雄鸣于上风⑧，雌鸣于下风，而化成形，精之至也。故圣人养心，莫善于诚，至诚而能动化矣⑨。今夫道者，藏精于内，栖神于心⑩，静漠恬淡⑪，讼缪匈中⑫，邪气无所留滞；四枝节族⑬，毛蒸理泄⑭，则机枢调利，百脉九窍⑮，莫不顺比⑯。其所居神者，得其位也，岂节椎而毛脩之哉⑰？

【注释】

①期：会合。如五星连珠。刘绩《补注》本、《文子·精诚》作"朗"。

②"非有道"句：刘绩《补注》本作"正其道而物自然"，《文子·精诚》作"非有为焉，正其道而物自然"。道，引导、主导。

③"流源"二句：王念孙《读书杂志》：《太平御览·鳞介部》二引此，"流源"作"源流"，"渊深"作"深渊"。

④冰：刘绩《补注》本作"水"。

⑤荥(xíng)：小水。

⑥"牛马"四句：《吕览·谕大》高诱注：《淮南记》："牛马之气烝(zhēng)生虮虱，虮虱气烝不能生牛马。"

⑦"夫蛟龙"二句：许慎注：蛟龙，鳖属也。乳于陵而伏于渊，其卵自
　　孕也。按，"鳖"当作"龙"。"孕"当作"孚"。剖，破。

⑧螣（téng）蛇：传说中能飞的蛇。

⑨动化：感动而致教化。

⑩栖神：义同"栖真"。道家以性命之根为"真"。栖真为保其根本，
　　养其元气。

⑪恬：北宋本原作"活"。《道藏》本作"恬"。据正。

⑫讼：通"容"，接纳。缪：通"穆"，和。《文子·精诚》作"悦穆胸
　　中"。

⑬节族：节指骨节，族为骨肉交错聚结的部位。族，聚结。

⑭毛蒸理泄：毛孔、腠（còu）理有所蒸发、泄流。理，腠理。

⑮脉：指血液运行的通道。

⑯顺比：和顺，连接。

⑰柎：通"拊（fǔ）"，抚摸。脩：通"修"，修治。王念孙《读书杂志》：当
　　为"循"。有和顺义。

【译文】

　　上天极尽它的高远，大地极尽它的深厚，明月照亮黑夜，太阳照耀白昼，阴阳相互变化，星辰按期交会，并非有什么主宰而万物都是自然形成的。因此阴阳变化和四时交替，不是为了产生万物；甘雨清露按时降落，不是为了养育草木。天道规律的不停变化，阴阳之气的互相融合，那么万物便自然产生了。所以高山深林，不是专为虎豹设置的；乔木茂叶，不是专给飞鸟安排的；泉流千里，深渊百丈，不是专门为蛟龙准备的。大山极尽它的高崇，江河极尽它的广大，有的栖息山上，有的居住在木枝，有的筑巢，有的造穴，有的潜入水中，有的陆上爬行，这是各自得到它们适宜的生存环境罢了。

　　至于大的可以产生小的，多的可以生出少的，这是自然的规律。因此山丘不能产生云雨，浅水不能生长鱼鳖，是因为范围狭小的原因。牛

马的气味蒸发，产生了虮子虱子；虮虱的气味散发，却不能生出牛马。因此阴阳二气交感变化可以在外部产生万物，不是产生在阴阳二气的内部。蛟龙之属在深渊中潜伏，但是却在丘陵之中产卵；雄性螣蛇在上风鸣叫，雌性在下风鸣叫，而可以受孕孵化成后代，这是精气能够感应的缘故。所以圣人修养身心，没有比真诚更美好的了，最高的真诚能够使他人感动变化。现在掌握大道的人，把精气藏于内部，把元神栖息在心中，安宁淡泊，身心平和，邪气就没有办法滞留了；四肢关节，毛发腠理蒸发散泄，那么全身要害部位都得到调节，所有经络孔窍，没有不和顺协调的。他所安处的精神，得到了合适的位置，难道还需要抚摩关节和修治毛发吗？

圣主在上位，廓然无形，寂然无声，官府若无事，朝廷若无人；无隐士，无轶民①，无劳役，无冤刑。四海之内，莫不仰上之德，象主之指②，夷狄之国，重译而至。非户辨而家说之也③，推其诚心，施之天下而已矣。《诗》曰："惠此中国，以绥四方④。"内顺而外宁矣。

大王亶父处邠，狄人攻之，杖策而去，百姓携幼扶老，负釜甑，逾梁山⑤，而国乎歧周⑥，非令之所能召也。秦穆公为野人食骏马肉之伤也，饮之美酒；韩之战，以其死力报，非券之所责也⑦。宓子治亶父⑧，巫马期往观化焉，见夜渔者，得小即释之，非刑之所能禁也。孔子为鲁司寇，道不拾遗，市买不豫贾⑨，田渔皆让长，而班白不戴负⑩，非法之所能致也。

夫矢之所以射远贯牢者，弩力也；其所以中的剖微者⑪，正心也⑫；赏善罚暴者，政令也；其所以能行者，精诚也。故弩虽强，不能独中；令虽明，不能独行，必自精气所以与之施道⑬。故摅道以被民⑭,而民弗从者,诚心弗施也。

【注释】

①轶(yì)民:指隐居避世的人。轶,通"佚",佚民。《群书治要》引作"逸"。

②象:效法。指:通"旨",旨意。

③户辨:向家家户户辩说。辨,古"辩"字。

④"惠此"二句:见于《诗·大雅·民劳》。绥(suí),安抚。按,以上与《新语·至德》文意相近。

⑤梁山:今陕西乾县西北。

⑥歧周:即今陕西岐山。

⑦券(quàn):即契约、凭证。责:通"债",债务。于大成《泰族校释》:《喻林》六十二引"责"上有"能"字。

⑧宓子:密、宓上古同音,可通假。宓子贱,春秋末期鲁国人,孔子弟子。曾为单父宰。

⑨买:王念孙《读书杂志》:"买"字即"贾"字误而衍者也。《览冥篇》云"市不豫贾"。豫贾(jià):即抬高物价。豫,欺骗。

⑩班白:许慎注:头有白发。按,《道藏》本作"斑",刘绩《补注》本作"班"。《说文》:"辬,驳文也。"今作"斑"。班,通"斑"。按,"孔子"至"能致也",亦见于《荀子·儒孝》。

⑪的(dì):指靶心。剖(pōu):穿破。

⑫正心:王念孙《读书杂志》:《群书治要》、《太平御览·工艺部》二引此,并作"人心"。

⑬自:《群书治要》引作"有"。

⑭摅(shū):阐明,抒发。《群书治要》、《文子·精诚》引作"总"。道:指规律、法则。

【译文】

英明的君主处在高位,空阔的样子好像没有形体,寂静的样子好像是没有声音,官府里好像是没有事情可做,朝廷里好像空虚无人;国中没有隐居不仕之人,山野没有避世的遗民,没有劳役,没有冤狱。四海之内,没有人不仰慕国君的恩德,依顺君主的意旨,东夷北狄等远方之国,经过多次翻译而来到中央之国。这不是靠向家家户户辩白说明,而是把他的真诚之心,施行天下罢了。《诗》中说:"爱抚国中百姓,就可以进而安抚四方。"这样内部和顺而外部就会安宁了。

太王亶父居住在邠地的时候,狄人来攻打,亶父驱马离开了邠地,百姓扶老携幼,背着锅甑,跨过了梁山,并在岐周建立了国家,这不是靠命令所能够号召他们的。秦穆公的御马跑散了,而被乡野之人煮吃了,穆公担心他们吃了马肉伤害身体,让他们饮了美酒以解毒;后来在韩地发生恶战时,他们拼死保护穆公,这不是凭借券契所能偿还的债务。密子贱治理亶父的时候,巫马期去暗暗考察他的政绩变化,看到有夜间捕鱼的,得到小鱼便放回水里,这不是靠刑法所能禁止的。孔子担任鲁国司寇的时候,道路没有人拾取遗失之物,市场买卖不抬高物价,种田打鱼的都谦让长者,而头发花白的老年人也不再背负东西,这不是靠法律所能达到的。

箭能够射向远方贯通牢固的铠甲,这是弩的力量;但它所以能够射中目标穿透细微的地方,是人的心智的作用;奖励善事惩罚残暴,这是政令的威力;政令之所以能够被推行,是精诚努力的结果。因此弩即使很强硬,也不能单独射中目标;政令即使很明确,还是不能够单独来施行,必定靠相通的精微之气,才能用来对它们施行大道。因此阐明大道来施于万民,而百姓却不跟从,这是因为对他们没有施行真诚之心。

天地四时,非生万物也,神明接,阴阳和,而万物生之。圣人之治天下,非易民性也,树循其所有①,而涤荡之②。故因则大，化则细矣③。禹凿龙门，辟伊阙，决江濬河④，东注之海，因水之流也；后稷垦草发菑⑤，粪土树谷，使五种各得其宜⑥，因地之势也；汤、武革车三百乘，甲卒三千人，讨暴乱，制夏、商⑦，因民之欲也。故能因，则无敌于天下矣。

夫物有以自然，而后人事有治也。故良匠不能斫金，巧冶不能铄木，金之势不可斫，而木之性不可铄也。埏埴而为器⑧，窬木而为舟⑨，铄铁而为刀⑩，铸金而为钟，因其可也。驾马服牛，令鸡司夜，令狗守门，因其然也。

民有好色之性，故有大婚之礼；有饮食之性，故有大飨之谊；有喜乐之性，故有钟鼓筦弦之音；有悲哀之性，故有衰绖哭踊之节⑪。故先王之制法也，因民之所好，而为之节文者也⑫。因其好色而制婚姻之礼，故男女有别；因其喜音而正《雅》、《颂》之声，故风俗不流；因其宁家室、乐妻子，教之以顺⑬，故父子有亲；因其喜朋友，而教之以悌，故长幼有序。然后脩朝聘以明贵贱⑭，飨饮习射以明长幼⑮，时搜振旅以习用兵也⑯，入学庠序以脩人伦⑰。此皆人之所有于性，而圣人之所匠成也⑱。故无其性，不可教训；有其性无其养，不能遵道。茧之性为丝，然非得工女煮以热汤，而抽其统纪，则不能成丝⑲。卵之化为雏，非慈雌呕暖覆伏⑳，累日积久，则不能为雏。人之性有仁义之资，非圣王为之法度而教导之，则不可使乡方㉑。

故先王之教也，因其所喜以劝善，因其所恶以禁奸。故刑罚不用，而威行如流；政令约省，而化耀如神。故因其性，则天下听从；拂其性㉒，则法县而不用。

【注释】

①柎循：安抚，抚慰。柎，通"拊(fǔ)"，抚摸。

②涤荡：《文子·自然》作"条畅"，条达通畅义。

③"故因"二句：许慎注：能循，则必大也；化而欲作，则小矣。按，因，依循规律。《文子·自然》："故因即大，作即小。"化，指违背规律行事，即人为造作。

④濬：通"浚(jùn)"，疏通河道。

⑤发菑(zī)：开荒。菑，不耕之田。

⑥五种：即五谷。

⑦夏、商：夏桀、商纣。

⑧"埏埴(shān zhí)"句：化自《老子》十一章。埏，和，揉。埴，黏土。

⑨窬(yú)：凿空。

⑩刀：《道藏》本作"刃"。

⑪"民有好色"八句：亦载于《汉书·礼乐志》。谊，通"仪"，礼仪。衰绖(dié)，丧服。披在胸前和戴在头上的布条。衰，通"缞(cuī)"。古时用粗麻布制成的丧衣。哭踊，丧礼的仪节。顿足、捶胸以表哀痛。

⑫节文：节制修饰。

⑬顺：《群书治要》作"孝"。

⑭朝聘：古代诸侯定期朝见天子。

⑮飨(xiǎng)饮：即乡饮酒之礼。《礼记》有《乡饮酒礼》。

⑯"时搜振旅"句：许慎注：搜，简车马也。出曰治兵，入曰振旅也。按，搜，通"蒐"，检阅车马。振旅，整顿部队。

⑰庠(xiáng)序：古代地方所开设的学校。《说文》：夏曰校，殷曰庠，周曰序。

⑱匠成：培养造成。

⑲"茧之"四句：亦载于《韩诗外传》卷五。统纪，指头绪。

⑳呕（xū）暖：生育抚养。

㉑乡：通"向"，向着。

㉒拂（fú）：背离。

【译文】

天地四时，不是为了产生万物，大道规律的不断变化，阴阳之气的互相融合，而万物便产生了。圣人治理天下，不是改变百姓的性情，而是要抚慰他们已有的品德，而使之条达通畅。所以按照规律行事就会逐渐扩大，人为地违背规律就会逐渐缩小。禹凿开龙门，劈开伊阙山，疏通长江黄河，向东注入大海，是按照水流规律行事的；后稷开垦荒地，施肥种植农作物，使五谷生长各自得到适宜的条件，是按照土壤的情势决定的；商汤、周武使用兵车三百乘，甲卒三千人，讨伐暴乱，制伏夏桀、商纣，是按照百姓的愿望进行的。所以能够遵循规律行事，就会无敌于天下。

万物有用来生长的天然规律，而后人事便可按照这个规律进行治理。因此高明的木匠不能来砍斫金属，巧手的冶工也不能来冶炼木头，因为金属的特性不能够被砍削，而木头的特性不能够被熔化。和泥制作陶器，凿空木头而作舟船，熔化铁器而制兵刃，冶炼铜液而铸钟，这都是遵循万物的规律而制成的。驾驭骏马套牛拉车，让公鸡打鸣，使狗守护门户，是按照它们的天然特性而进行的。

人类有爱好异性美色的本性，因此就制定了婚娶的礼节；有喜欢饮食的爱好，因此就规定了大飨的礼仪；有爱好音乐的特性，因此就制造了钟鼓管弦来演奏；有悲哀的感情，因此就有了衰绖哭踊等丧礼的规定。所以先王制定法规，是按照百姓的喜好，而为他们进行节制修饰。按照他们爱好异性美色的本性而制定了婚姻的礼节，因此男女之间才有了区别；依照他们喜爱音乐的特性，而有了纯正的《雅》、《颂》之声，所以风气习俗不致趋于下流；根据他们需要家室安宁、妻儿快乐的要求，用和顺来教导他们，因此父子之间讲究孝道；依照他们喜爱结交朋友，而用弟从兄来教诲他们，所以长幼之间讲究"悌"。然后便制定诸侯朝见天子的礼节来明确贵贱的等级，用乡饮和教习射术来表明长幼关系，按时检阅车马整顿军队来熟习用兵，进入学校学习来修治人伦道德。这些都是人性之中本来就具有的，而圣人把它们完备化了。因此人如果没有这种本性，便不能够加以教训；有这种本性而不加以修养，便不能够遵循大道。就像茧的特性可以织成丝，但是如果没有女工用热水漂煮，来抽出它的头绪，便不能够成丝。蛋可以化为雏禽，但是如果没有慈禽用温暖的身体进行孵化，积累很长的时间，便不能成为幼禽。人的天性中有仁爱的资质，但是如果不是圣人替他们建立法度而教导他们，便不可能使他们通向正道。

　　因此先王的教化，是按照百姓所喜爱的来勉励他们推行善事，根据他们所厌恶的来禁止奸邪。所以刑罚虽不使用，而威严像流水一样畅通；政令简约明了，而感化照耀像神灵一样迅速。所以按照百姓的天性，那么天下人民就会听从；违背他们的天性，那么就是悬挂法律也不会被使用。

　　昔者五帝、三王之莅政施教①，必用参五②。何谓参五？仰取象于天，俯取度于地，中取法于人。乃立明堂之朝③，行明堂之令④，以调阴阳之气，而和四时之节，以辟疾病之菑⑤。俯视地理，以制度量，察陵陆水泽肥墽高下之宜⑥，立事生财⑦，以除饥寒之患。中考乎人德，以制礼乐；行仁义之道，以治人伦而除暴乱之祸。乃澄列金木水火土之性⑧，故立父子之亲而成家⑨；别清浊五音六律相生之数，以立君臣之义而成国；察四时季孟之序，以立长幼之礼而成官。此之谓参⑩。制君臣之义，父子之亲，夫妇之辨⑪，长幼之序，朋友之际。此之谓五。乃裂地而州之，分职而治之⑫，筑城而居之，割宅而异之,分财而衣食之,立大学而教诲之⑬,夙兴夜寐而劳力之⑭,此治之纪纲已⑮。然得其人则举,失其人则废。

尧治天下,政教平,德润洽⑯,在位七十载,乃求所属天下之统,令四岳扬侧陋⑰。四岳举舜而荐之尧,尧乃妻以二女⑱,以观其内;任以百官,以观其外。既入大麓,烈风雷雨而不迷⑲。乃属以九子⑳,赠以昭华之玉㉑,而传天下焉。以为虽有法度,而朱弗能统也㉒。

【注释】

①莅(lì)政:处理政事。莅,临。

②参五:错综比较,以为验证。出自《周易·系辞上》:"参伍以变,错综其数。"

③"乃立"句:蒋礼鸿《淮南子校记》:"乃立"上脱"仰□天□"一句。

④行明堂之令:许慎注:明堂,布政之官,有十二月之政令也。

⑤菑(zāi):同"灾",祸害。

⑥墝(qiāo):指土地坚硬贫瘠。

⑦生财:指开发财源。

⑧澄:清楚。

⑨"故立父子"句:《文子·上礼》作"以立"。

⑩参:即列五行,成家;别五音,成国;察四时,成官。

⑪辨:别。按,"非君臣"至"之辨",可与《孟子·滕文公上》相参。

⑫职:《文子·上礼》作"国"。

⑬大学:即太学。古代教国子之学。

⑭力:勤力。

⑮已:刘绩《补注》本作"也"。

⑯洽:广博、普遍。

⑰四岳：古时分掌四时、方岳的部落首领。扬：举荐。侧陋：偏僻简
　陋。引申为微贱。《尚书·尧典》作"明明扬侧陋"。

⑱二女：娥皇、女英。

⑲"既入"二句：许慎注：林属于山曰麓(lù)。尧使舜入林麓之中，遭
　大风雨不迷也。按，"尧治"至"天下焉"十六句，化自《尚书·尧
　典》。《史记·五帝本纪》《尚书大传》亦载之。

⑳属(zhǔ)：嘱托。九子：尧有九男。《吕览·去私》："尧有子
　十人。"

㉑昭华：传国之玉名。

㉒朱：尧长子，名丹朱。

【译文】

　　从前五帝、三王统治天下施行教化，必定采用参五之法。什么叫参
五呢？向上取法于天的形象，向下取法于大地的法度，中间取法于人的
法规。仰观天象，于是建立明堂朝廷，颁行十二个月的政令，用来调节
阴阳之气，协调四季的节令变化，从而避开疾病带来的灾祸。向下俯视
地理，用来制定度量的标准，考察丘陵陆地水流沼泽的肥沃贫瘠高低适
宜的情况，确定从事的内容，创造生活财富，来解除饥饿带来的祸患。
在中间考察人的道德，来制定出礼乐制度；实行仁义之道，来治理人伦
的道德关系而消除暴乱产生的祸害。于是清楚地摆列金木水火土五行
的特性，来确立父子之间的亲缘关系并建立家室；分别清浊五音六律相
互产生的数量关系，来建立君臣之间的道义关系并成立国家；考察四季
及孟仲季之间的变化次序，来确立长幼之间的礼节并建立官职制度。
这些就叫做"参"。规定君臣之间的大义，明确父子间的亲缘关系，分清
夫妇之间的区别，建立长幼之间的次序，讲究交友之间的信任，这就叫
"五"。于是帝王分割土地而建立州国，分清职守而加以治理，修筑城市
而使人民居住，划分田宅而相互区别，分配财物而使他们得到衣食，建
立大学而教诲他们，起早睡晚而使他们辛勤劳作，这些就是治理国家的

大纲要领。但是这样的纲领得到贤人就能举兴,失去贤人就会废弃。

尧治理天下的时候,政治教化非常平和,德泽普施百姓,统治天下七十年,于是在他所统领的范围内,命令四方长官推荐哪怕低贱之人代他统领天下。四岳一致把舜推荐给尧,尧于是把两个女儿嫁给他,用来观察他的理家能力;并把统治百官的重任交付给他,来观察他的治国能力。让舜进入大森林,他面临狂风暴雨却不迷失方向。于是尧把自己的九个儿子嘱托给舜,又赠给他昭华美玉,并把天下传给了他。尧认为即使国家有法度,而长子丹朱也不能够统领天下。

夫物未尝有张而不弛、成而不毁者也。唯圣人能盛而不衰,盈而不亏。神农之初作琴也①,以归神②;及其淫也,反其天心③。夔之初作乐也④,皆合六律而调五音,以通八风;及其衰也,以沉湎淫康⑤,不顾政治⑥,至于灭亡。苍颉之初作书⑦,以辩治百官⑧,领圣万事⑨,愚者得以不忘,智者得以志远⑩;至其衰也,为奸刻伪书,以解有罪,以杀不辜。汤之初作囿也⑪,以奉宗庙鲜牷之具⑫,简士卒⑬,习射御,以戒不虞⑭;及至其衰也,驰骋猎射,以夺民时,罢民之力⑮。尧之举禹、契、后稷、皋陶,政教平,奸宄息⑯,狱讼止而衣食足,贤者劝善而不肖者怀其德;及至其末,朋党比周,各推其与⑰,废公趋私,外内相推举⑱,奸人在朝,而贤者隐处。故《易》之失也卦,《书》之失也敷,《乐》之失也淫,《诗》之失也辟,《礼》之失也责,《春秋》之失也刺⑲。

天地之道,极则反,盈则损⑳。五色虽朗,有时而渝㉑;茂木丰草,有时而落。物有降杀㉒,不得自若㉓。故圣人事穷而更为,法弊而改制,非乐变古易常也,将以救败扶衰,黜淫济非^㉔，以调天地之气，顺万物之宜也。

【注释】

① 神农："三皇"之一，亦称炎帝，教民耕农，为医药之祖。

② 神：指神明，精神清明。

③ 天心：无为自化，清静自理，谓之天心。即天然的规律。《群书治要》摘引《文子·上礼》："圣人初作乐也，以归神杜淫，反其天心；至其衰也，流而不反，淫而好色，至以亡国。"可与本文相参。

④ 夔（kuí）：许慎注：尧典乐臣也。按，较早见于《尚书·舜典》。

⑤ 淫康：淫乐过度。

⑥ 政治：指政事，治政措施。

⑦ 作书：刘绩《补注》本"书"下有"也"字。

⑧ 辩治：治理。辩，治。

⑨ 圣：通达。《道藏》本作"理"。

⑩ 志远：《文子·上礼》作"记事"。

⑪ 囿（yòu）：畜养禽兽的园地。

⑫ 鲜犒：生肉为鲜，干肉为犒。犒，疑通"犒（kào）"，干。

⑬ 简：选练。

⑭ 不虞（yú）：没有预料的事。虞，防备。

⑮ "罢民"句：《文子·上礼》作"以罢民力"。《初学记》卷二十四《苑囿第十二》："以夺人之时，劳人之力。""民"，避唐讳改作"人"。

⑯ 奸宄（guǐ）：为非作歹之人。宄，坏人。

⑰ 与：党与。

⑱ 相推举：《文子·上礼》无"推"字。

⑲ "故《易》"六句：本书《诠言训》有"《诗》之失僻，《乐》之失刺，《礼》之失责"三句。下文又有六句，其义相近，疑有衍文。卦，指依靠卦占。敷，铺陈、扩展。辟，邪僻。责，责罚。刺，责难。

⑳"极则反"二句：极、盈，指事物发展达到某种极限。反、损，指事物要向相反方向转化。

㉑渝：改变。

㉒降杀：厚薄、增减。降，通"隆"，丰大。

㉓自若：保持原样。

㉔黜（chù）：贬下。济：制止。

【译文】

万物不曾有紧张而不松弛、成功而不毁坏的情况。只有圣人能够盛大而不衰败，充满而不亏损。神农开始制作琴的时候，使人归向精神清明；等到暗主使用的时候淫乱过分，就违反了天然的规律。夔在开始制作乐器的时候，都是合乎六律而使五音协调，来通达八方之风；等到昏君使用的时候，沉湎酒色放纵无度，不管政事，而至于灭亡。仓颉开始创造文字的时候，用来治理百官，统领管理天下之事，使愚笨的人不会遗忘，聪明的人能够记载远方风物；等到暗主使用的时候，就用来私自刻写骗人的文书，以解脱有罪之人，而杀死无罪者。商汤开始作围畜养禽兽的时候，用来准备奉献给宗庙祭祀用的干鲜肉食，选练士卒，学习射御，用来防备意外的战事发生；等到昏君使用的时候，用来奔驰打猎，而占用百姓生产的季节，使民力疲惫不堪。尧举用禹、契、后稷、皋陶，刑德教化平和，奸人止息，诉讼案件断绝而百姓衣食充足，贤德的人劝勉推行善事，而不肖的人感怀他的德泽；等到陶唐朝代的末世，结党营私排除异己，各自推举他们的党与，废弃公道专营私利，朝廷内外互相推举，奸佞小人把持朝政，而贤德之人隐处山野。因此《易》的丧失旨意只重卦占，《尚书》失去主旨只重视铺陈，《乐》失掉旨意成为淫乱的工具，《诗》失掉主旨使人走上邪僻之路，《礼》丧失根本变成互相责罚，《春秋》失掉精髓被用来进行责难。

天地的自然法则，发展到极端就会走向反面，满溢就要亏损。五色虽然很鲜艳，时间长了就会改变颜色；茂密的树林，丰盛的野草，秋后就要落叶。万物有繁盛衰败的时候，不能够保持原样。因此圣人事业失败了就要重新做起，法制失败了而要改革制度，这并不是喜欢改变古法变革常规，而是要用来挽救失败解救衰退，罢黜淫乱拯救失败，以便协调天地的和气，顺应万物的适宜变化。

圣人天覆地载，日月照，阴阳调，四时化，万物不同，无故无新，无疏无亲，故能法天①。天不一时，地不一利，人不一事，是以绪业不得不多端②，趋行不得不殊方。五行异气，而皆适调；六艺异科，而皆同道③。温惠柔良者，《诗》之风也；淳庞敦厚者④，《书》之教也；清明条达者，《易》之义也；恭俭尊让者⑤，《礼》之为也；宽裕简易者，《乐》之化也；刺几辩义者⑥，《春秋》之靡也⑦。故《易》之失鬼⑧，《乐》之失淫⑨，《诗》之失愚⑩，《书》之失拘⑪，《礼》之失忮⑫，《春秋》之失訾⑬。六者圣人兼用而财制之⑭。

失本则乱，得本则治；其美在调⑮，其失在权。水火金木土谷，异物而皆任；规矩权衡准绳，异形而皆施；丹青胶漆，不同而皆用。各有所适，物各有宜。轮员舆方，辕从衡横，势施便也；骖欲驰⑯，服欲步⑰；带不厌新，钩不厌故，处地宜也。《关雎》兴于鸟，而君子美之，为其雌雄之不乖居也⑱；《鹿鸣》兴于兽⑲，君子大之，取其见食而相呼也；泓之战，军败君获，而《春秋》大之，取其不鼓不成列也⑳；宋伯姬坐烧而死，《春秋》大之，取其不逾礼而行也㉑。成功立事，岂足多哉？方指所言㉒，而取一概焉尔㉓。

【注释】

①法天：以天道为法则。化自《老子》二十五章："人法地，地法天，天法道，道法自然。"

②绪业：事业，遗业。

③"五行"四句：王念孙《读书杂志》：《太平御览·学部》二引作"五行异气而皆和，六艺异科而皆道"。按，六艺，《汉书·艺文志》指《易》、《书》、《诗》、《礼》、《乐》、《春秋》六经。

④淳庬（máng）：淳朴宽大。庬，厚。敦厚：诚朴宽厚。

⑤尊让：揖让，谦让。

⑥刺几：指责，讽刺。几，通"讥"。

⑦靡（mǐ）：美。

⑧"故《易》"句：许慎注：《易》以气定吉凶，故鬼也。按，鬼，指敬畏鬼神。

⑨"《乐》之"句：许慎注：乐变之于郑声，淫也。按，淫，指淫乱。

⑩"《诗》之"句：许慎注：诗人怒，怒近愚也。

⑪"《书》之"句：许慎注：《书》有典谟（mó）之制，拘以法也。

⑫"《礼》之"句：许慎注：《礼》尊尊卑卑，尊不下卑，故忮（zhì）也。按，忮，嫉恨。

⑬"《春秋》之"句：许慎注：《春秋》贬绝不避王人，书人之过，相訾（zǐ）也。按，訾，非议，诋毁。"温良"至"之失訾"，当化自《礼记·经解》，亦见《孔子家语·问玉》。

⑭财：通"裁"，制定。

⑮调：《文子·上礼》作"和"。

⑯骖（cān）：车辕两侧的马。

⑰服：车中马。

⑱不乖居：居处和谐。乖，背离、不协调。

⑲《鹿鸣》：《诗·小雅》篇名。为宴会宾客时所作的乐歌。

⑳"泓（hóng）之战"四句：许慎注：宋襄公与楚战于泓，楚人败之，襄公获也。按，泓，古水名，在今河南柘（zhè）城。前638年成为霸主的宋襄公与楚战于泓水。楚军强大，襄公自称"仁义之师"，要等待楚军渡河摆列阵势再战，结果自己伤股，军队大败。第二年不治而死。见《左传·僖公二十三年》。亦载于《韩非子·外储说左上》，并见《史记·宋世家》。获，受辱。

㉑"宋伯姬"三句：许慎注：伯姬，宋共公夫人。夜失火，待傅母，不至不下堂，而及火死之也。按，事见《左传·襄公三十年》。亦见《汉书·五行志》、《列女传·贞顺传》等。

㉒方：指书籍。指：通"旨"，旨意。

㉓一概：一端，一节。

【译文】

圣人之德像上天覆盖一切，如大地运载万物，像日月照耀，阴阳和调，四时变化，对待不同的万事万物，没有旧的没有新的，没有亲近的没有疏远的，因此能够效法天道。上天不会只有一个季节，大地不会只有一种利益，人也不能从事一样的事情，因此事业不能够不是多方面的，奔驰行走也不得不是不同的方向。五行具有不同的气色，而都能适宜协调；六艺具有不同的科目，而都符合大道。温柔仁惠，是《诗》的风格；质朴宽厚，是《书》的教义；清新畅达，是《易》的大义；恭敬谦让，是《礼》的要求；宽容简易，是《乐》的感化主旨；讽刺弊政辩明要义，是《春秋》的美义。因此《易》义的丧失注重鬼神，《乐》旨的失去成为淫乱，《诗》义的丧失使人愚蠢，《书》旨的失去使人拘泥，《礼》仪的丧失使人嫉恨，《春秋》失去大要使人相互非议。六种经典圣人同时采用而加以裁定。

如果失去根本就会造成混乱，掌握根本就能得到大治；它的精美在于和调，它的失败在于权变。水火金木土谷，种类不同而都能得到使用；规矩权衡准绳，形体不同而都能得到施行；丹青胶漆，性质不同而都能被使用。各种物品都有适宜的标准，万物各自有适宜的地方。圆的轮子方的车子,纵放的是辕横摆的是衡,按照不同的情势得到不同的便利;车两边的骖马要奔驰,中央的服马却要一步步行走;衣带是不厌烦新的,带钩是不讨厌用旧的,各自处于不同的地方有不同的适宜特点。《关雎》一篇从鸟起兴,而君子赞美它,因为它们雌雄居处和谐;《鹿鸣》一篇从兽起兴,而君子重视它,取用的是它们看见食物便相互打招呼;泓水之战的时候,宋军失败而国君被辱,而《春秋》肯定他,是取用他的不击鼓不摆阵势,希望双方不去开战的仁心;宋伯姬坐不离开席位而被烧死,《春秋》赞扬她,取用的是她不越礼仪而随便行动。成就功名建立事业,哪里需要做更多的事情呢? 典籍记载中所说的观点,只是取用其中一个方面罢了。

　　王乔、赤松①,去尘埃之间,离群慝之纷②,及阴阳之和③,食天地之精,呼而出故,吸而入新,喋虚轻举④,乘云游雾,可谓养性矣,而未可谓孝子也;周公诛管叔、蔡叔,以平国弭乱⑤,可谓忠臣也,而未可谓弟也⑥;汤放桀,武王诛纣,以为天下去残除贼,可谓惠君,而未可谓忠臣矣;乐羊攻中山未能下,中山烹其子,而食之以示威⑦,可谓良将,而未可谓慈父也。故可乎可,而不可乎不可;不可乎不可,而可乎可。

　　舜、许由异行而皆圣,伊尹、伯夷异道而皆仁;箕子、比干异趋而皆贤。故用兵者,或轻或重,或贪或廉,此四者相反,而不可一无也。轻者欲发,重者欲止,贪者欲取,廉者不利非其有。故勇者可令进斗⑧,而不可令持牢⑨;重者可令埴固⑩,而不可令凌敌;贪者可令进取,而不可令守职;廉者可令守分,而不可令进取;信者可令持约,而不可令应变。五者相反,圣人兼用而财使之⑪。

【注释】

①王乔:《列仙传》指周灵王太子晋,好吹笙,作凤鸣之声,随浮丘公仙去。《齐俗训》高诱注指蜀武阳王乔,曾为柏人令,得道而仙。赤松:即赤松子。古代传说中的得道仙人。

②慝(tè):邪恶。

③及:通“汲”,汲取。《道藏》本作“吸”。

④喋(dié)虚:脚踏空虚,即飞升之义。喋,通“蹀”。轻举:轻身升起。

⑤弭(mǐ):制止。

⑥弟:同“悌(tì)”,弟弟顺从兄长。

⑦示威:表示威武。

⑧令:北宋本原作“贪”。刘绩《补注》本、《文子·自然》作“令”。据正。

⑨持牢:把稳、固守。《文子·自然》作“持坚”。刘典爵《淮南子韵谱》:“盖许注本避吴讳改。”

⑩埴(zhí)固:坚牢。埴,黏土,有坚牢义。

⑪财:通“裁”,裁定。

【译文】

王乔、赤松子,离开尘垢污秽,避开世间邪恶的纷争,呼吸阴阳的和气,食用天地的精华,呼出陈旧的气体,吸进新鲜空气,踏着虚空轻身飞起,驾着白云遨游在雾气之中,可以说是达到养性的境界了,但是却不能够称为孝子;周公杀掉管叔、蔡叔,来平定国内的叛乱,可以说是国家的忠臣,但是不符合悌的要求;商汤流放夏桀,武王讨伐商纣王,而为天下除去残贼之人,可以说是仁惠之君,但不能说是忠臣;乐羊攻打中山不能夺取,中山国君烹了他的儿子,乐羊怒而吃了肉羹而表示决不屈服,可以称得上是良将,但是不能称得上是慈父。所以要肯定正确的,而不肯定不正确的;不肯定不正确的,而肯定正确的。

舜、许由行为相异而都有圣名,伊尹、伯夷道路不同而都有仁行;箕子、比干趋向不同而都称其贤德。因此用兵的人,有的用轻敌,有的用慎重,有的用贪婪,有的用廉洁,这四个方面完全相反,而缺一不可。轻敌的人想要发兵,慎重的人却要停止,贪婪的人想要夺取,廉洁的人对不归己有的不去求利。因此勇敢的人可以使他前进冲锋,而不能使他防守阵地;慎重的人可以让他把守,而不能使他冲锋杀敌;贪婪的人可以使他们进取,而不能使他们坚守职责;廉洁的人可以使他们安守本分,而不能使他们进击;持守信用的人可以让他们坚持要约,而不能使他们应对变化。五种人完全相反,圣人各有所取而加以裁定。

夫天地不包一物,阴阳不生一类①;海不让水潦以成其大,山不让土石以成其高。夫守一隅而遗万方②,取一物而弃其余,则其所得者鲜,而所治者浅矣。

治大者道不可以小,地广者制不可以狭,位高者事不可以烦,民众者教不可以苛③。夫事碎难治也,法烦难行也,求多难赡也。寸而度之,至丈必差;铢而称之,至石必过;石秤丈量,径而寡失;简丝数米,烦而不察④。故大较易为智⑤,曲辩难为惠⑥。故无益于治,而有益于烦者,圣人不为;无益于用,而有益于费者,智者弗行也。故功不厌约,事不厌省,求不厌寡。功约易成也,事省易治也,求寡易赡也。众易之,于以任人易矣。孔子曰:"小辩破言⑦,小利破义,小义破道⑧,小见不达⑨,必简⑩。"

【注释】

①"夫天地"二句：化自《吕览·贵公》。

②一隅：一个角落。

③苛：苛刻。北宋本原作"苟"。刘绩《补注》本、《文子·上仁》作"苛"。据正。

④"简丝"二句：许慎注：言事当因大法，如简阅丝数米，则烦而无功也。按，简，查阅，检查。

⑤大较：大法。

⑥曲辩：曲意辩说。惠：通"慧"，聪明。《道藏》本作"慧"。

⑦小辩：巧辩之言。言：指规律。

⑧小义：刘绩《补注》本作"小艺"。

⑨小见：略见。

⑩必简：《大戴礼记·小辨》作"通道必简"，《文子·上仁》作"道小必不通，通必简"。刘绩《补注》本作"达必简"。疑脱"通"或"达"字。简，大。

【译文】

天地之间不只包含一种事物，阴阳不仅仅只产生一个物类；海水不辞让雨水而成为大海，高山不辞让土石而能成为大山。只持守一个角落而遗弃四方，只求取一件物品而抛弃其他物类，那么他所得到的少，而所能治理的就很肤浅了。

治理大的国家道术不能够偏小，地域广阔的国度制度不能够狭隘，处高位的人行事不能够烦琐，百姓众多的地方不能够进行苛刻的教化。事情琐细的难以治理，法令繁苛的难以实行，贪求过多的难以满足。一寸寸地去度量，到达一丈远必定有差错；一铢铢地去称量，到了一石必定有过错；大的物体用石秤用丈量，直截了当失误少；像检查丝的根数、数清米粒那样来计量，只会繁琐而无功。因此大法容易运用智慧，曲意辩说难以成为聪明。所以对于国家治理没有帮助，而增加烦扰的，圣人是不去干的;对于使用没有益处,而只会浪费财物的,聪明的人是不去实行的。因此成就功业不厌恶简约,事业成功不厌烦减省,求取不厌恶寡少。功业简约就容易成就,事务减省就容易治理,求取寡少就容易满足。在许多方面都容易做到,对于用人也就容易了。孔子说:"辨析之言容易破坏大的规律,小的利益会破坏大的义理,小的道义会破坏大的道理,粗疏的见解不能通达大道,通达大道必行圣人之道。"

　　河以逶蛇^①,故能远;山以陵迟^②,故能高;阴阳无为,故能和^③;道以优游^④,故能化。夫彻于一事^⑤,察于一辞,审于一技^⑥,可以曲说^⑦,而未可广应也。蓼菜成行^⑧,甀瓯有堥^⑨,称薪而爨,数米而炊,可以治小,而未可以治大也。员中规,方中矩,动成兽,止成文^⑩,可以愉舞^⑪,而不可以陈军;涤杯而食,洗爵而饮,盥而后馈^⑫,可以养少,而不可以飨众。

　　今夫祭者,屠割烹杀,剥狗烧豕,调平五味者,庖也;陈簠簋^⑬,列樽俎^⑭,设笾豆者^⑮,祝也;齐明盛服^⑯,渊默而不言^⑰,神之所依者,尸也。宰祝虽不能,尸不越樽俎而代之^⑱。故张瑟者,小弦急而大弦缓^⑲;立事者^⑳,贱者劳而贵者逸。舜为天子,弹五弦之琴,歌《南风》之诗,而天下治;周公肴臑不收于前^㉑,钟鼓不解于悬,而四夷服。赵政昼决狱夜理书^㉒,御史冠盖接于郡县^㉓,覆稽趋留^㉔,戍五岭以备越^㉕,筑脩城以守胡,然奸邪萌生,盗贼群居,事愈烦而乱愈生。故法者,治之具也,而非所以为治也;而犹弓矢中之具,而非所以中也。

【注释】

①逶蛇(wēi yí)：弯曲绵延。

②陵迟：延缓的斜坡。

③"阴阳"二句：王念孙《读书杂志》：《太平御览·地部》二十六引《淮南》无此二句。《说苑·说丛》、《文子·上仁》并同。

④优游：既远且长。

⑤彻：通达。

⑥技：北宋本原作"投"。刘绩《补注》本作"技"。据正。

⑦曲说：片面之说。按，"故彻于"至"广应也"，化自《管子·宙合》。

⑧蓼(liǎo)：水草名。花白色或浅红色。

⑨甂(biān)：大口小瓦盆。瓯(ōu)：小瓦盆。甄：通"堤"，盆盂下面的底座。

⑩"动成兽"二句：《诠言训》作"行成兽，止成文"。

⑪愉舞：戏乐。

⑫盥(guàn)：洗手。馈(kuì)：进食。

⑬簠簋(fǔ guǐ)：为古代宴饮以盛稻粱的器具。簠，方形有盖和耳。簋，圆口，两耳。

⑭樽俎(zūn zǔ)：酒器，食器。

⑮笾(biān)豆：古代祭祀时用以盛果脯的竹制食器，形如豆，故笾豆连称。

⑯齐明：斋戒严整。齐，通"斋"，整洁身心。

⑰渊默：深沉不言。又通"玄默"。《主术训》："天道玄默。"

⑱"宰祝"二句：化自《庄子·逍遥游》。

⑲"故张瑟"二句：亦与《缪称训》相似："大弦絚(gēng)则小弦绝矣。"许慎注：絚，急也。

⑳立：通"莅(lì)"，掌管。

㉑肴臑(yáo nào)：做好的膳食等。肴，膳食。臑，煮熟。

㉒赵政:秦始皇于秦昭王四十八年(前259)正月元旦,生于赵都邯郸,寄姓赵氏,名政(正)。

㉓御史:御史大夫。主管监察、执法的高级行政长官,仅次于丞相。

㉔覆稽:反复稽查。

㉕五岭:镡城之岭、九疑之塞、番禺之都、南野之界、射干之水。今指越城、都庞、萌诸、骑田、大庾五岭。

【译文】

黄河因为它绵延曲折,所以才能通达远方;大山因为起伏不平,所以才能显示它的高峻;阴阳二气各自按照规律运行,所以才能和谐;大道因为深远而悠长,所以才能化育万物。因此通达一件事情,明察一个词语,通晓一种技艺,只可以知道片面之说,而不能够广泛应对万物。像蓼菜一样摆列成行,像甂瓯一样有底座,称量薪柴而烧火,清数米粒而做饭,可以治小家,而不可以治大国。圆形符合规的要求,方形符合矩的要求,行动模仿兽类,停止时整齐划一,能够戏乐玩耍而不能够摆列阵势;洗净杯子而吃饭,刷洗酒杯而饮酒,洗手后才进食,能够奉养少数人,而不能够用来招待大众。

现在准备祭祀,屠宰烹煮,剥去狗皮烧熟肥猪,调和五味,是庖厨的责任;陈列篚簋,摆列酒器食器,陈设笾豆,是祝的工作;斋戒严整穿上盛美的礼服,深沉而不言,神灵要依托他,这是尸的责任。宰祝即使不能做好自己的工作,尸也不能越过樽俎而代替他们。因此弹奏瑟的人,小弦急促而大弦舒缓;管理事务的人,贫贱的来劳作而富贵的得安逸。舜担任天子,弹起五弦琴,唱起了《南风》之诗,而天下得到治理;周公饭食放到面前来不及去吃,钟鼓悬挂着来不及解下来,而四夷归服。赵政白天判决案件,而晚上处理书牍,御史的车马直接到达郡县,反复稽查奔走不停,派兵戍守五岭用来防备越人,遣人修筑长城来守边备胡,但是奸邪还不断滋生,盗贼聚居占据山寨,事情越来越烦琐,而且混乱越来越多。因此法律是治理的工具,而不是实现治理的目的;就像弓矢是射中目标的工具,而不是射中的原因一样。

　　黄帝曰:"芒芒昧昧①,因天之威,与元同气②。"故同气者帝③,同义者王,同力者霸④,无一焉者亡。故人主有伐国之志,邑犬群嗥,雄鸡夜鸣,库兵动而戎马惊⑤。今日解怨偃兵,家老甘卧,巷无聚人,妖菑不生⑥,非法之应也,精气之动也。故不言而信,不施而仁,不怒而威,是以天心动化者也⑦;施而仁,言而信,怒而威,是以精诚感之者也;施而不仁,言而不信,怒而不威,是以外貌为之者也⑧。故有道以统之,法虽少,足以化矣;无道以行之,法虽众,足以乱矣。

【注释】

①芒芒昧(mèi)昧:淳朴广大的样子。

②元:义同"玄",上天。

③同气:性质相近或相同。见于《周易·乾卦》:"同声相应,同气相求。"

④同力:协力。

⑤"故人主"四句:许慎注:伐国,逆天之行,则时必有大祸。戎马,兵马也。鸡夜鸣而兵马起,气之感动也。按,伐国,指无故侵略他国。

⑥妖菑(zāi):妖祸,灾害。

⑦动化:感应而变化。

⑧外貌:表面现象及形状。

【译文】

　　黄帝说:"淳朴广大啊,凭借着上天的威力,和上天同出一气。"因此和天同气的可以称帝,和天同义的可以称王,和天同力的可以称霸,哪

一个方面都没有的就会灭亡。因此人君有侵伐别国的志向，那么城邑
的狗便成群嗥叫，雄鸡在夜间鸣叫，府库兵器振动而战马惊叫。即日解
除怨恨停息战争，家中长老会甜蜜地睡去，里巷不会有聚集思念出征之
人，妖祸也不会产生，这些都不是法律所起的效应，而是精气感动的结
果。因此不说话而能得到信任，不施予而能得到仁惠，不发怒而能显出
威风，这是因为自然规律感应而引起的变化；施予得到仁惠，说话得到
信任，发怒而显出威风，这是真诚感动的结果；施予而得不到仁惠，说话
而不被信任，发怒而没有威风，这是使用表面手段而造成了这个样子。
所以用道术来统领他们，法则即使很少，完全能够使人们感化；没有道
术来推行它，法律即使很多，也只能引起混乱。

　　治身，太上养神，其次养形。治国，太上养化①，其次正
法②。神清志平，百节皆宁，养性之本也③；肥肌肤，充肠腹，
供嗜欲，养生之末也。民交让争处卑，委利争受寡，力事争
就劳，日化上迁善而不知其所以然，此治之上也④。利赏而
劝善，畏刑而不为非，法令正于上而百姓服于下，此治之末
也。上世养本，而下世事末，此太平之所以不起也。夫欲治
之主不世出，而可与兴治之臣不万一，以〔不〕万一求不世
出，此所以千岁不一会也⑤。

　　水之性淖以清⑥，穷谷之污⑦，生以青苔⑧，不治其性也。
掘其所流而深之，茨其所决而高之⑨，使得循势而行，乘衰而
流⑩，虽有腐髊流渐⑪，弗能污也。其性非异也，通之与不通
也。风俗犹此也。诚决其善志，防其邪心，启其善道，塞其
奸路，与同出一道，则民性可善，而风俗可美也。

　　所以贵扁鹊者，非贵其随病而调药，贵其犀息脉血，知

疾之所从生也⑫；所以贵圣人者，非贵随罪而鉴刑也，贵其知乱之所由起也。若不脩其风俗，而纵之淫辟⑬，乃随之以刑，绳之法⑭，法虽残贼天下，弗能禁也。禹以夏王，桀以夏亡⑮；汤以殷王，纣以殷亡。非法度不存也，纪纲不张，风俗坏也。

【注释】

①养化：即施行教化。

②正法：建立正常法制。

③性：通"生"。《文子·下德》正作"生"。

④治之上：《文子·下德》作"治之本"。

⑤"夫欲治"四句：《吕览·观世》高诱注：《淮南记》曰："欲治之君不世出，可与治之臣不万一，以不万一待不世出，何由遇哉？"《文子·下德》二句作："可与治之臣不万一，以不世出求不万一。"知"与兴治"无"兴"字，"万一"作"不万一"。会，时机。

⑥淖（zhào）：柔和。

⑦污：停积不流的水。

⑧青苔：即苔藓类植物。也叫地衣。

⑨茨：聚积。

⑩衰（cuī）：降下、递减。

⑪腐骴（cī）：即肉未烂完的骸骨。骴，枯骨。渐（jiān）：《太平御览》卷五十八《地部》二十三"渐"作"澌（sī）"，有"死"义。骴骨、死尸并列，当为《太平御览》引文之义。

⑫"贵其"二句：许慎注：言人之喘息，脉之，病可知。按，厣（yè）息，按脉，也叫切脉。厣，一指按。脉血，指脉搏。《汉书·艺文志》"方技略""医经"有《扁鹊内经》九卷。《隋书·经籍志》收有《扁鹊偃侧针灸图》三卷等。

⑬淫辟：放纵与邪恶。

⑭绳之法:刘绩《补注》本作"绳之以法"。

⑮亡:北宋本原作"止"。《道藏》本作"亡"。据正。

【译文】

　　治理自身,最上等的是保养精神,其次是保养形体。治理国家,最上等的是施行教化,其次是建立正常法制。神志如果清平,百姓就会安宁,这是养生的根本;肌肤肥胖,腹肠充满,满足自己的嗜欲,这是养生的末节。百姓交互谦让争处卑位,舍弃厚利争得较少的利益,从事劳作争干辛苦的事儿,每天都在变化逐渐走上善道,而不知道这样做的原因,这是达到治国的最高要求。赏赐好处而劝人行善,畏惧刑罚而不干非法之事,上面颁布正确的法令,而下面百姓服从,这是治国的下等方法。上古之时注重保养根本,而末世只是从事末节,这是太平盛世不能出现的原因。那些想要把国家治理好的君王,不是每个时代都能出现的,而能和君王一起振兴国家的贤臣万中无一,用万中无一的贤臣去求得不是每个时代都出现的明君,这就是一千年也难得有一次明君贤臣配合造成治世的原因。

　　水的特性柔和而清净,但是幽谷的污水,会长出青苔,这是不按照水的特性处理而造成的。按照它流动的方向而深掘,把它冲决的地方堵塞而增加水位,使水能够按照流势而运行,依照逐步向下的势头而奔流,即使有腐朽的尸骨流入浸泡,也不会变臭。水的特性没有变化,水流畅通与不畅通造成了这个样子。民间风俗也像这样。果真推行美好的志向,防止邪心出现,开发行善之路,堵塞奸邪之道,与水性同出一途,那么百姓的性情便向往善道,而风俗可以变得美好了。

　　因此尊重扁鹊的原因,不是看重他按照疾病而配药,而是尊重他能够按脉问病,知道疾病产生的根源;所以尊重圣人的原因,不是尊重他根据罪行而定刑,而是尊重他知道祸乱产生的原因。如果不整治社会风俗,而放纵淫乱邪恶,却接着使用刑法,并用法律标准来处罚,法令虽然能在天下诛杀邪恶,却不能禁止邪恶不发生。禹建立夏朝而称王,桀为夏天子而灭亡;汤凭着殷而称王,纣王因为殷朝而灭亡。不是法令制度不存在了，而是法纪不能够伸张，风俗已经败坏了。

　　三代之法不亡，而世不治者，无三代之智也；六律具存，而莫能听者，无师旷之耳也。故法虽在，必待圣而后治；律虽具，必待耳而后听。故国之所以存者，非以有法也，以有贤人也；其所亡者，非以无法也，以无圣人也。

　　晋献公欲伐虞，宫之奇存焉，为之寝不安席，食不甘味，而不敢加兵焉。赂以宝玉骏马，宫之奇谏而不听，言而不用，越疆而去。荀息伐之，兵不血刃，抱宝牵马而去。故守不待渠堑而固①，攻不待冲降而拔②，得贤之与失贤也。故臧武仲以其智存鲁③，而天下莫能亡也；璩伯玉以其仁宁卫，而天下莫能危也。《易》曰："丰其屋，蔀其家，窥其户，阒其无人④。"无人者，非无众庶也，言无圣人以统理之也。

【注释】

①渠堑(qiàn)：深沟，天堑。

②冲降：攻城用的兵车。《兵略训》作"冲隆"，《氾论训》作"隆冲"。降、隆上古同音通假。按，"晋献公"至"而去"，亦载于《公羊传·僖公二年》。

③臧武仲：春秋鲁大夫，仕成公、襄公、昭公，很有智慧。

④"丰其屋"四句：见于《周易·丰卦》"上六"爻辞。丰，大。蔀(bù)，搭席棚。阒(qù)，空静。

【译文】

　　夏、商、周三代的法纪没有丧失，而社会未得到治理的原因，是没有三代君主的智慧；六律全部存在，而没有人能够听得明白，是没有师旷的耳朵。因此法令即使存在，必定等待圣人才能得到治理；六律即使全备,必须需要耳朵才能听清。因此国家所以存在的原因,不是因为有了法令,是因为有了贤人;国家所以灭亡的原因,不是因为没有法律,而是没有贤人的缘故。

　　晋献公准备侵占虞国,由于虞大夫宫之奇在位,晋献公对此事睡不安,吃不甜,而不敢擅自出兵。献公用美玉骏马贿赂虞君,虞君同意借道,宫之奇劝谏而虞公不听,又出谋划策不被接受,于是宫之奇越过疆界而离去。晋大夫荀息灭虢以后,又灭了虞国,军队没有一点伤亡,便抱着美玉牵着骏马离开虞国。因此守卫国家不一定依靠深沟天堑才能巩固,攻打别国也不需要冲车进攻去夺取,而得到贤人与失去贤人才是关键。因此臧武仲凭借着他的智慧保存了鲁国,而天下诸侯没有人能使鲁灭亡;璩伯玉用他的仁惠安定了卫国,而天下列强不能危害卫国。《周易》中说:"扩大他的宫室,又搭起了席棚,但窥视他们的门户,却空无一人。"没有人,不是没有大众,说的是没有圣人来管理它。

　　民无廉耻,不可治也,非修礼义①,廉耻不立。民不知礼义,法弗能正也;非崇善废丑,不向礼义②。无法不可以为治也,不知礼义,不可以行法。法能杀不孝者,而不能使人为孔、曾之行③;法能刑窃盗者,而不能使人为伯夷之廉④。孔子弟子七十,养徒三千人,皆入孝出悌,言为文章,行为仪表,教之所以成也;墨子服役百八十人,皆可使赴火蹈刃,死不还踵,化之所致也。夫刻肌肤,镵皮革⑤,被创流血,至难也,然越为之⑥,以求荣也。圣王在上,明好恶以示之,经诽誉以尊之⑦,亲贤而进之,贱不肖而退之,无被创流血之苦,而有高世尊显之名,民孰不从?

【注释】

①修:《道藏》本作"脩"。《群书治要》亦作"脩"。当是。

②不:北宋本原作"而"。刘绩《补注》本、《文子·上礼》作"不"。据正。

③孔、曾:《群书治要》引作此"孔、墨"。

④伯夷之廉:指伯夷、叔齐兄弟让国,不食周粟而死。其事见《孟子·万章下》,亦载于《史记·伯夷列传》。

⑤镵(chán):刺伤。

⑥然越为之:许慎注:越人以箴刺皮为龙文,所以为尊荣之也。按,《群书治要》引作"越人"。

⑦经:度量,衡量。尊:刘绩《补注》本、《群书治要》作"导",《文子·上礼》同。

【译文】

百姓没有廉耻之心,是不能够治理的,不去修治礼义,廉耻的观念是不能够建立起来的。百姓不知道礼义,法令也不能使他们进入正道;不崇尚美好废弃丑陋,那么百姓不会向往礼义。没有法令是不能够治理的,不懂得礼义,不能够推行法律。法律能够杀死不孝者,但是不能使人达到孔子、曾子的高尚品行;法律能够惩罚盗窃之人,而不能使人像伯夷那样廉洁。孔子弟子中贤人七十,门徒三千人,都能做到入家讲孝,出门讲悌,言辞具有文采,行为可作表率,这也是教育所达到的效果;信奉墨子学说的百八十人,都可使他们扑向烈火脚踏利刃,至死不回头,这也是教化而养成的。刻划肌肤,刺烂皮肉,蒙受创伤不惜流血,可以说是大的灾难了,但是越国人把断发文身,作为求得尊荣的标志。圣明的君主处在高位,明确好恶来指示给百姓,衡量诽誉来加以引导,亲近贤才而举用他们,鄙视奸佞而斥退他们,没有蒙受创伤流血的痛苦,而有高于世人尊贵显要的名声,百姓谁能够不跟从他们呢?

古者法设而不犯，刑错而不用①，非可刑而不刑也。百工维时，庶绩咸熙②，礼义脩而任贤得也③。故举天下之高④，以为三公；一国之高，以为九卿；一县之高，以为二十七大夫；一乡之高，以为八十一元士⑤。故知过万人者谓之英⑥，千人者谓之俊⑦，百人者谓之豪⑧，十人者谓之杰⑨。明于天道，察于地理，通于人情，大足以容众，德足以怀远，信足以一异，知足以知变者⑩，人之英也。德足以教化，行足以隐义⑪，仁足以得众，明足以照下者，人之俊也。行足以为仪表，知足以决嫌疑⑫，廉可以分财，信可使守约，作事可法，出言可道者，人之豪也。守职而不废，处义而不比，见难不苟免，见利不苟得者，人之杰也。英俊豪杰，各以小大之材，处其位，得其宜，由本流末，以重制轻，上唱而民和，上动而下随，四海之内，一心同归。背贪鄙而向义理⑬，其于化民矣，若风之摇草木，无之而不靡⑭。

【注释】

①错：通“措”，放置。

②“百工”二句：见于《尚书·皋陶谟》。百工，指百官。时，善。庶，众。绩，功绩。熙，《皋陶谟》作“凝”，成就。

③得：通“德”。

④高：高才，指贤德之人。

⑤元士：商、西周、春秋时最低一级官员，有元士、上士、中士、下士等。“故举”至“元士”，与《礼记·王制》内容相近。

⑥英：《战国策·齐二》高诱注：才胜万人曰英。

⑦俊：《说文》：“材千人也。”

⑧豪：《吕览·功名》高诱注：才过百人曰豪。

⑨杰：《吕览·孟夏》高诱注：千人为俊，万人为杰。知英、杰高氏说法不一。

⑩变：刘典爵《淮南子韵谱》：《太平御览》（卷 432）引作"权"，今本《淮南》作"变"，盖许注本避吴讳改。出土《文子》编号（0198）亦作"权"。

⑪隐义：符合仪度。《兵略训》作"隐议"，《俶真训》作"隐仪"。隐，度。

⑫嫌疑：疑惑。

⑬义理：《文子·上礼》作"仁义"。

⑭靡：倒下。

【译文】

　　古时候设立法规而百姓不去触犯，设置刑律而不去使用，不是能够使用刑罚而不去使用。百官都能干好自己分内之事，许多功业便可以建成了，这是修治礼义而任用贤人所达到的效果。因此举用天下的高才，任为天子三公；举荐一国的高才，任为九卿；举用一县的高才，用为二十七大夫；举用一乡的高才，任为八十一元士。所以智慧超过万人的称作英，才智超过千人的称作俊，智慧超过百人的叫作豪，才能超过十人的称为杰。明白天道，洞察地理，通达人情，博大能够容纳众人，德泽能够使远方归服，信誉能够统一异国，智慧能够通达权变，这就是英的标准。德行能够教化大众，品行能够符合仪度，仁惠能够得到群众，光明能够照耀大众的，是人才之俊的要求。言行能够作为仪表，智慧能够决定疑难，廉洁能够把财物分给众人，信用能使人守住誓约，做事能够成为法式，出言能够符合大道，这是人才中豪的要求。持守职责而不废弃，处理事务符合大义而不互相勾结，看见困难不苟且求得避免，见到利益不苟且得到，这是人才中杰的标准。英、俊、豪、杰，各自凭着他们大小才能，处于自己的位置，得到发挥才能的适宜处所，这样可以从根本延伸到末节,用重的来制服轻的,君主倡导而百姓应和,国君行动而臣下跟随,四海之内,意念归往一处。背离贪婪之心而归向大道,这对于感化百姓,就像疾风摇动草木,没有不倒下的。

今使愚教知,使不肖临贤①,虽严刑罚,民弗从也。小不能制大,弱不能使强也。故圣主者,举贤以立功;不肖主举其所与同②。文王举大公望、召公奭而王③,桓公任管仲、隰朋而霸④,此举贤以立功也;夫差用太宰嚭而灭,秦任李斯、赵高而亡⑤,此举所与同。故观其所举,而治乱可见也;察其党与⑥,而贤不肖可论也。

夫圣人之屈者,以求伸也;枉者,以求直也。故虽出邪辟之道,行幽昧之涂,将欲以直大道、成大功⑦。犹出林之中,不得直道;拯溺之人⑧,不得不濡足也。伊尹忧天下之不治,调和五味,负鼎俎而行,五就桀、五就汤⑨,将欲以浊为清,以危为宁也;周公股肱周室⑩,辅翼成王,管叔、蔡叔奉公子禄父而欲为乱⑪,周公诛之以定天下,缘不得已也;管子忧周室之卑,诸侯之力征,夷狄伐中国,民不得宁处,故蒙耻辱而不死,将欲以忧夷狄之患⑫,平夷狄之乱也⑬;孔子欲行王道,东西南北,七十说而无所偶⑭,故因卫夫人、弥子瑕而欲通其道⑮。此皆欲平险除秽,由冥冥至炤炤,动于权而统于善者也。

【注释】

①使:北宋本原作"便"。《道藏》本作"使"。据正。临:制约、治理。

②与同:指同类。

③召（shào）公奭（shì）：姬姓，名奭。周文王之子。周武王灭商纣王，封召公于燕。《史记·燕召公世家》载其事。

④隰朋（？—前644）：春秋齐国大夫。与管仲、鲍叔牙等辅政，称为"五杰"之一。

⑤赵高：秦始皇时宦官。曾控制朝中大权，伪造诏书，杀害公子扶苏、丞相李斯，并杀死秦二世，立子婴。后被子婴杀死。见《史记·秦始皇本纪》。

⑥党与：指结党亲附之人。

⑦直：《群书治要》作"兴"。

⑧拯：北宋本原作"极"。《道藏》本作"拯"。据正。

⑨"伊尹"三句：许慎注：伊尹七十说汤而不用，于是负鼎俎，调五味，仅然后得用。按，"五就桀、五犹汤"事，疑指伊尹从事反间工作。《国语·晋语一》："妹喜有宠，于是乎与伊尹比而亡夏。"

⑩股肱（gōng）：大腿和胳膊。喻辅佐大臣。

⑪公子禄父：商纣王子武庚，字禄父，周初与三监一起叛乱。

⑫忧夷狄之患：陶鸿庆《读淮南子札记》：当作"忧中国之患"。

⑬平：北宋本原作"乎"。《道藏》本作"平"。据正。

⑭偶：相合。

⑮卫夫人：许慎注：卫灵公夫人南子也。按，南子，宋国公主，"美而淫"。少卫灵公三十多岁。事载《论语·雍也》。《史记·孔子世家》亦载其事。弥子瑕：卫灵公宠臣。

【译文】

现在使愚蠢的教导聪明的，使不肖的制约贤德的，即使施用严酷的刑罚，百姓也不会跟从。因为小的不能制服大的，懦弱的不能命令强大的。因此圣明的君主，举用贤才而建立功劳；不肖的国君举用与自己兴趣相同的人。周文王举用太公望、召公奭而称王，齐桓公任用管仲、隰朋而称霸，这是举用贤才而建立了功劳；夫差重用太宰嚭而灭国，秦国任用李斯、赵高而灭亡,这是举用了和自己兴趣相同的人。因此观察他们举用人才的情况,而治乱的结果便可以看清了;考察他们的党与亲疏,而贤人、不肖者就能够论说清楚了。

圣人的委屈,是为了求得伸展;弯曲,是为了得到伸直。因此即使出现在邪僻的小道上,行走在幽暗的路途中,也是将要用来兴起大道、成就大的功业。就像出自树林之中,不能有直道;拯救落水的人,不得不沾湿脚一样。伊尹忧虑天下得不到治理,调和五味,背着鼎俎而奔走,五次接近桀、五次靠近汤,是想要把混浊变为清澄,把危险变成安宁的缘故;周公辅佐王室,翼护成王,管叔鲜、蔡叔度拥戴公子禄父而要叛乱,周公诛灭了他们而平定了天下,只是迫不得已罢了;管子忧虑周王室的卑微,诸侯的互相征伐,夷狄侵略中国,百姓不得安宁,因此他蒙受耻辱而不去死,是因为忧虑夷狄造成的祸患,平定夷狄的侵略;孔子想推行王道,奔走东西南北,游说七十个国君而没有人同他相合,因此通过卫夫人南子和弥子瑕来通达他的大道。这些人都是为了想平定危险清除污秽,由昏暗进入光明,在权变上采取行动而最终在善道上得到了统一。

　　夫观逐者于其反也①,而观行者于其终也。故舜放弟②,周公杀兄,犹之为仁也;文公树米③,曾子架羊④,犹之为知也。当今之世,丑必托善以自为解,邪必蒙正以自为辟⑤。游不论国⑥,仕不择官,行不辟污,曰"伊尹之道也";分别争财,亲戚兄弟搆怨⑦,骨肉相贼,曰"周公之义也";行无廉耻,辱而不死,曰"管子之趋也";行货赂,趋势门,立私废公,比周而取容,曰"孔子之术也。"此使君子小人纷然殽乱⑧,莫知其是非者也。

　　故百川并流,不注海者不为川谷⑨;趋行蹲驰⑩,不归善者不为君子。故善言归乎可行[11]，善行归乎仁义。田子方、段干木轻爵禄而重其身，不以欲伤生，不以利累形；李克竭股肱之力，领理百官，辑穆万民，使其君生无废事，死无遗忧，此异行而归于善者[12]。张仪、苏秦家无常居，身无定君；约从横之事，为倾覆之谋；浊乱天下，挠滑诸侯[13]，使百姓不遑启居[14]；或从或横，或合众弱[15]，或辅富强[16]，此异行而归于丑者也。故君子之过也，犹日月之蚀[17]，何害于明？小人之可也，犹狗之昼吠，鸱之夜见，何益于善？

【注释】

①逐：追逐，赛跑。

②"舜放弟"事：载于《孟子·万章上》。《韩非子·忠孝》谓舜杀弟。

③文公树米：许慎注：文公，晋文公也。树米，而欲生之。按，《太平御览》卷八百二十三《资产部》三、《艺文类聚》二十一、《新语·辅政》、《说苑·杂言》作"种"。

④曾子架羊：许慎注：架，连架，所以备知也。按，架，通"枷"，枷锁。《意林》作"曾子枷羊"，以此使羊知道事理。《新语·辅政》、《说苑·杂言》作"驾"，驾驭。

⑤辟：通"譬"，说明、辨明。

⑥论：通"抡"，选择。

⑦搆（gòu）怨：结怨。搆，结。

⑧殽乱：混乱、杂乱。《道藏》本作"殽（xiáo）"，相杂错。

⑨川谷：《文子·上义》作"谷"，无"川"字。

⑩踳（chuǎn）驰：背道而驰。《慧琳音义》卷八十四注引许叔重注《淮南子》云："踳，相背也。"

⑪可：适宜。

⑫"田子方"九句：许慎注：田子方、段干木、李克，皆魏文侯臣，故皆归于善。按，辑穆，和睦。

⑬挠滑（náo gǔ）：扰乱。滑，乱。

⑭遑（huáng）：闲暇。

⑮合众弱：指苏秦联合六国以攻秦。

⑯辅富强：指张仪主张连横以强秦。

⑰"故君子"二句：亦载于《论语·子张》。

【译文】

观看赛跑要看赛跑者返回时的表现，观看走路要看行者到达终点的表现。因此舜流放弟弟，周公杀掉兄长，还能算是仁义之举；晋文公种植稻米，曾子给羊带上枷，还能算作有智慧。在现在这个社会，丑恶的东西必定寄托善事之中来进行解脱，邪术必定打着正直的幌子来为自己辩说。游说不选择国度，做官不选择官职，行动不避污秽，说"这是伊尹所走的道路"；分离时争夺财物，亲戚兄弟之间结成怨恨，骨肉之间相互残杀，说"这是周公推行的大义"；行动不讲廉耻，受辱而不去死，说"这是管子的志向"；行贿赂，奔走权势之门，谋求私利废弃公道，相互勾结而取悦国君，说"这是孔子的方法"。这样一来把君子和小人的界限混乱地颠倒过来了，没有人知道他们的是非了。

因此百川并流，不能注入大海的不能成为大溪谷；奔跑行走或背道而驰，不归向善道的不算作君子。因此美好的言论归结到适宜的行动之中，美好的行为归纳到仁义之中。田子方、段干木轻视爵位俸禄而看重自身，不因为贪欲伤害自己的生命，不因为利益拖累自己的形体；李克竭尽自己的辅佐之力，统领百官，和睦万民，使他的国君生前没有废弃的事业，死后没有遗留的忧虑，这是行为不同而都归向善事的例子。张仪、苏秦家居没有固定的地方，事奉没有固定的国君；谋划合纵连横之事，从事倾覆的阴谋；使天下混乱，诸侯挠动，使百姓没有安居之时；有时纵有时横，有时联合众弱攻一强，有时辅助强大攻打弱小，这是行为不同而都归向丑恶的例子。因此君子的过错，就像发生日月之蚀一样，对于光明又有什么妨害呢？小人认为的正当之事，就像狗白天叫唤，猫头鹰夜里目光锐利，对于善事又有什么帮助呢？

夫知者不妄发①，择善而为之，计义而行之，故事成而功足赖也，身死而名足称也。虽有知能，必以仁义为之本，然后可立也。知能蹠驰②，百事并行，圣人一以仁义为之准绳，中之者谓之君子，弗中者谓之小人。君子虽死亡，其名不灭；小人虽得势，其罪不除。使人左据天下之图而右刎喉，愚者不为也，身贵于天下也③；死君亲之难，视死若归，义重于身也。天下大利也，比之身则小；身所重也，比之义则轻，义所全也④。《诗》曰："恺悌君子，求福不回⑤。"言以信义为准绳也。

欲成霸王之业者，必得胜者也；能得胜⑥，必强者也；能强者，必用人力者也；能用人力者，必得人心者也；能得人心者，必自得者也。故心者身之本也，身者国之本也。未有得己而失人者也，未有失己而得人者也。故为治之本，务在宁民；宁民之本，在于足用；足用之本，在于勿夺时；勿夺时之本，在于省事；省事之本，在于节用⑦；节用之本，在于反性。未有能摇其本而静其末，浊其源而清其流者也。

故知性之情者，不务性之所无以为；知命之情者，不忧命之所无奈何。故不高宫室者，非爱木也；不大钟鼎者，非爱金也。直行性命之情⑧，而制度可以为万民仪。今目悦五色⑨，口嚼滋味，耳淫五声，七窍交争，以害其性，日引邪欲而浇其身⑩。夫调身弗能治⑪，奈天下何？故自养得其节，则养民得其心矣。

【注释】

①"夫知者"句:《群书治要》作"夫智者不妄为,勇者不妄发"。

②踌驰:同上。《群书治要》皆作"踌(jí)"。《说文》:"踌,小步也。"
　与文义不合。

③"使人"三句:《吕览·知分》高诱注:《淮南记》曰:"左手据天下之
　图,右手刿其喉,愚夫弗为,生贵于天下也。"《不侵》高诱注:《淮
　南记》曰:"……愚夫不为也。"词语稍异。

④"天下大利"五句:当化自《墨子·贵义》。

⑤"恺悌(kǎi tì)"二句:见于《诗·大雅·旱麓》。恺悌,和乐简易。
　恺,和乐。悌,平易,简易。回,邪僻。

⑥能得胜:黄锡禧本"胜"下有"者"字。

⑦节用:北魏贾思勰《齐民要术》卷一:"省事之本,在于节欲(节,
　止;欲,贪);节欲之本,在于反性。"

⑧直:只。

⑨今目:北宋本原作"令自",刘绩《补注》本作"今目"。据正。

⑩浇其身:《文子·下德》作"日引邪欲竭其天和"。浇,浸渍。

⑪调:《说林训》高诱注:调,适也。按,有调节义。王念孙《读书杂
　志》谓"夫调"为"天和"之误。

【译文】

　　聪明的人不妄自行动,必然选择善事而从事它,衡量符合大义而后
推行它,因此事业成功而功业可以依赖,自身死后而名声值得称颂。即
使有智慧才能,必定要以仁义作为根本,然后才能够树立。智慧才能相
背而行,各种事情一起到来,圣人统一用仁义作为准绳,符合的就叫做
君子,不符合的就是小人。君子即使死亡,他的名声不会磨灭;小人即
使得势,他的罪过也不会消除。假使有人左手拿着占有天下的地图而
右手用剑去割他的咽喉,就是愚蠢的人也不干,因为自身性命比得到天
下要可贵得多;但要是为国君及亲人的患难而死,就会把死看作回归本

宅一样,这是大义比生命更重要。据有天下虽是最大的利益,但同自身相比就显得很小了;生命是重要的,生命同大义相比,就是轻的了,大义是要保全的。《诗》中说:"平易的君子,求福不走邪道。"说的是用信义作为准绳。

想要成就霸王之业的,必定是取得胜利的人;能够得到胜利的,必定是强大的人;能够强大的,必定是能够善于任人的人;能够善于用人的人,必定是得人心的人;能得人心的,必定是自得善性的人。因此心是身体的根本,身体是国家的根本。没有得到自己的天性而失去贤人的,也没有失去自己天性而能得到贤人的。因此作为治国的根本,在于务求安定百姓;安定百姓的根本,在于有足够的用度;满足用度的根本,在于不要占用农时;不要耽误农时的根本,在于减少事务;减少事务的根本,在于节约用度;节约用度的根本,在于返回本性。没有能够动摇根本而安定末节的,也没有使水的源头混浊而水流仍然清澈见底的。

因此懂得生命真性的人,不务求性命所没有办法达到的东西;知道命运真情的人,不担忧命运中没有办法实现的目标。因此不去建筑高大宫室的人,并不是爱护木头;不去铸造大的钟鼎的人,并不是爱护铜铁。只有依循性命的真情,那么法令制度便可以作为万民的仪表了。现在眼睛里欣赏五颜六色,口中咀嚼美味佳肴,耳朵中听到的是靡靡之乐,人身七窍互相争夺,而危害自己的性情,每天招引邪恶的欲念来侵蚀自身。调节自身都不能做到,治理天下又怎么能办到呢? 因此自己养身能够得到调节,那么保养万民就会得到他们的真心了。

　　所谓有天下者,非谓其履势位,受传藉①,称尊号也,言运天下之力,而得天下之心。纣之地,左东海,右流沙,前交阯,后幽都,师起容阅②,至浦水③,士亿有余万④,然皆倒矢而射,傍戟而战⑤。武王左操黄钺、右执白旄以麾之⑥,则瓦解而走，遂土崩而下。纣有南面之名，而无一人之德⑦，此失天下也。故桀、纣不为王，汤、武不为放⑧。

周处酆、镐之地⑨，方不过百里，而誓纣牧之野⑩，入据殷国⑪，朝成汤之庙，表商容之闾，封比干之墓，解箕子之囚，乃折抱毁鼓⑫，偃五兵，纵牛马，挺刃而朝天下⑬。百姓歌讴而乐之，诸侯执禽而朝之，得民心也。

阖闾伐楚，五战入郢，烧高府之粟⑭，破九龙之钟⑮，鞭荆平王之墓⑯，舍昭王之宫⑰；昭王奔随⑱，百姓父兄携幼扶老而随之，乃相率而为致勇之寇⑲，皆方面奋臂而为之斗⑳。当此之时，无将卒以行列之，各致其死，却吴兵，复楚地。灵王作章华之台㉑，发乾溪之役㉒，内外搔动，百姓罢弊，弃疾乘民之怨而立公子比㉓，百姓放臂而去之㉔，饿于乾溪，食莽饮水㉕，枕块而死㉖。楚国山川不变，土地不易，民性不殊，昭王则相率而殉之，灵王则倍畔而去之，得民之与失民也。

故天子得道，守在四夷；天子失道，守在诸侯。诸侯得道，守在四邻；诸侯失道，守在四境。故汤处亳七十里㉗，文王处酆百里㉘，皆令行禁止于天下。周之衰也，戎伐凡伯于楚丘以归㉙。故得道则以百里之地令于诸侯，失道则以天下之大畏于冀州㉚。故曰：无恃其不吾夺也，恃吾不可夺。行可夺之道，而非篡弑之行㉛，无益于恃天下矣。

【注释】

①传（zhuàn）藉：指符印、图籍。传，传符。藉，通"籍"，簿书。《道藏》本作"籍"。

②阈：《道藏》本作"关"。《太平御览》卷八十三《皇王部》八引《帝王

世纪》和《淮南子》作"间"。

③浦水：水名。

④士亿有余万：《左传·昭公二十四年》："纣有亿兆夷人，亦有离德。"可与此相参。

⑤傍：于大成《泰族校释》：《帝王世纪》作"倒戈而战"。

⑥王：北宋本原作"左"。疑作"王"。

⑦德：《文子·下德》作"誉"。

⑧放：流放。

⑨酆(fēng)：周文王的都城，在陕西西安鄠邑区东。镐(hào)：周武王迁都于镐，在今长安西北。

⑩牧之野：即牧野，在今河南淇县南。

⑪殷国：指商朝都殷，即今河南淇县殷墟。

⑫抱：刘绩《补注》本作"枹"。

⑬挺智(hū)：《道藏》本作"挺肠(wěn)"。刘绩补注："一作搢(jìn)笏(hū)。"搢，插。智、笏，笏板。朝：使朝拜。

⑭高府：大仓。

⑮九龙之钟：许慎注：楚为九龙之簴(jù)以县钟也。按，用九条龙装饰的大钟。

⑯"鞭荆平王"句：许慎注：荆平王杀子胥之父，故鞭平王之墓以复仇。按，事载《吕览·首时》、《贾子·耳痹》，《史记·伍子胥列传》详载其事。于大成《泰族校释》：《艺文类聚》七十三引作"鞭平王之墓"，则"荆"字后人所加。

⑰"舍昭王"句：许慎注：吴之入楚，君舍乎君室，大夫舍大夫室也。按，事载《左传·定公四年》及《谷梁传》。

⑱随：古国名，姬姓，在今湖北随州。

⑲致：极尽。

⑳方面：黄锡禧本作"方命"。方，并船。方命，即同命。又，方，四

方。方面,即四面。

㉑灵王:春秋楚君,楚共王之子,用屠杀手段夺得王位,后被政变杀死,在位 12 年。

㉒乾溪之役:许慎注:灵王伐徐以恐吴,次于乾溪也。按,载于《左传·昭公十二年》,亦见于《史记·楚世家》。乾溪,在今安徽亳州东南。灵王在此修建别宫,仍名章华台。

㉓弃疾:楚共王子,楚灵王之弟。联合共王之子,杀死灵王。后又设计杀死另外二子,自立为君,是为楚平王。在位 13 年。昭王为其子。公子比:灵王之弟。曾一度为王。

㉔放:甩开。

㉕莽:野草。《太平御览》卷九百七十五《果部》十二引作"食菱饮水"。

㉖枕块而死:《史记·楚世家》中记载:"王(灵王)行遇其故锅(xuān)人,王因枕其股而卧。锅人又以土自代,逃去。"

㉗亳:《史记·殷本纪》:"汤始居亳。"南亳在今河南虞城,安徽亳州有汤陵。

㉘鄩:北宋本原作"礼"。《道藏》本作"鄩"。据正。

㉙"周之衰"二句:许慎注:凡伯,周大夫,使于鲁,而戎伐之楚丘。按,凡,国名。周公之后,在今河南辉县一带。凡伯曾历为周王室卿士。楚丘,在今山东曹县东南三十里。"戎伐凡伯"事,见《春秋·隐公七年》。

㉚冀州:两河之间曰冀州。指中原之地。

㉛篡弑:杀君夺位。

【译文】

所说的据有天下,并不是说他掌握了天子的权势和地位,接受符印和图籍,有高贵的称谓和爵号,而说的是他能运用天下的力量,得到天下的民心。商纣王的土地,左边到达东海,右边到达流沙,前面是交趾,后边是幽都，军队从容阅出发，一直可以达到浦水，士卒有上亿人，但是却是掉转箭头射向纣王，反戟而击杀纣军。周武王左手执黄钺、右手拿着白旄来指挥他们，而纣军像瓦解而逃散，像土崩而倒下。商纣王虽然有天子之名，却没有一人称誉他，就这样失去了天下。因此桀、纣如果不担任天子，商汤、周武王也不会流放他们。

周人处在酆、镐之间，土地方圆不过百里，而在牧野誓师伐纣，占领了商朝的领土，接着朝拜商汤的宗庙，旌表商容的里闾，加高比干的墓地封土，解放被囚禁的箕子，而后更折断鼓槌毁弃军鼓，停止使用各种兵器，放开军马，使官员身插笏板接受天下朝拜。百姓载歌载舞来庆贺，诸侯手执珍禽来朝见，这是得到民心的结果。

吴王阖闾讨伐楚国，经过五次战斗打入郢都，焚烧高府的粮食，砸破铸有九龙的巨钟，鞭打楚平王的尸骨，驻扎在楚昭王的宫殿里；昭王狼狈逃往随国，百姓父兄扶老携幼跟随他，于是便相互率领着竭尽勇敢指向吴寇，同心一致奋力同吴军搏斗。在这个时候，虽然没有将帅士卒来组成行列，然而各自却献出自己的生命，来抵御吴军追袭，从而恢复了楚国的土地。楚灵王建立了豪华的章华之台，又发动乾溪之战，内外骚动不安，百姓疲敝不堪，其弟弃疾借着百姓怨恨之机而拥立灵公之弟公子比，百姓甩开手臂而离开灵王，灵王在乾溪之宫饥饿难忍，吃野草喝生水，头枕土块而死。楚国山川没有改变，土地没有更换，百姓性情也没有不同，昭王逃难百姓相互带领而为他殉葬，对灵王则背叛而去，这是得民心与失民心的区别。

因此天子得到道义，把守天下的人在四夷；天子失去道义，把守的人在诸侯国。诸侯得到道义，那么守护国家的人在四方之邻；诸侯失去道义，守护的人在四方境内。因此商汤处在亳地七十里，文王占有酆百里之地，而他们能够在天下令必行禁必止。周朝衰败的时候，戎人在楚丘拦截报聘鲁国的凡伯，并把他活捉而归。因此得道可以凭借百里之地号令天下，失道即使有天下之权，对冀州一地的诸侯也十分害怕。因此说：不要靠他们不会侵伐我们，要依靠的是我们不能够被人侵夺。实行能够被人夺取的办法，而又非议篡弑的行为，对于持守天下就没有任何益处了。

凡人之所以生者，衣与食也。今囚之冥室之中，虽养之以刍豢，衣之以绮绣，不能乐也，以目之无见，耳之无闻。穿隙穴，见雨零，则快然而叹之①，况开户发牖，从冥冥见炤炤乎？从冥冥[见炤炤]②，犹尚肆然而喜③，又况出室坐堂，见日月光④？见日月光，旷然而乐⑤，又况登太山，履石封⑥，以望八荒⑦，视天都若盖⑧，江、河若带，又况万物在其间者乎⑨？其为乐岂不大哉？

且聋者耳形具而无能闻也，盲者目形存而无能见也。夫言者所以通己于人也，闻者所以通人于己也。喑者不言，聋者不闻，既喑且聋，人道不通。故有喑聋之病者，虽破家求医，不顾其费，岂独形骸有喑聋哉？心志亦有之⑩。夫指之拘也⑪，莫不事申也；心之塞也，莫知务通也⑫，不明于类也。夫观六艺之广崇⑬，穷道德之渊深，达乎无上，至乎无下，运乎无极，翔乎无形，广于四海，崇于太山，富于江、河，旷然而通，昭然而明，天地之间，无所系戾⑭，其于以监观⑮，岂不大哉？

【注释】

①叹：通"欢"，喜乐。

②从冥冥：刘绩《补注》本有"见炤炤"，又补"从冥冥"三字。

③肆然：纵情的样子。

④光：刘绩《补注》本作"光乎"。

⑤旷然：开朗的样子。

⑥石封：登泰山封禅（shàn）刻石记功，仪式有金册石函之封，故名石封。

⑦八荒：八方荒远之处。

⑧天都：天空。

⑨又况：刘绩《补注》："衍此二字。"

⑩心志：《文子·符言》作"心"，无"志"字。

⑪拘：通"句（gōu）"，曲，痉挛、不能伸直。

⑫莫知务通：《文子·符言》作"莫知所通"。按，"夫指"至"于类也"，化自《孟子·告子上》、《庄子·逍遥游》。

⑬广崇：高深，广博。

⑭系戾（lì）：马宗霍《淮南旧注参正》："系"与"击"通，"系戾"犹"击戾"也。"击戾"义犹乖隔。"无所击戾"，即无所乖隔也。

⑮监观：照视。

【译文】

　　大凡人们用来养生的，是衣服和食物。现在把人囚禁在暗室之中，即使用佳肴来供养他，给他穿锦绣的衣服，也不能使他快乐，因为眼睛看不到光明，耳朵听不到声音。透过孔隙，见到零落的细雨，他就会快意地高兴起来，何况打开门窗，从黑暗见到光明呢？从黑暗见到光明，还要放纵地高兴起来，又何况出了内室，坐在厅堂之上，见到日月的光明呢？见到日月的光明，开怀而乐，又何况登上泰山，脚踏石封，放眼八荒，看到天空像盖子，江、河像银带，万物在其间生存呢？它作为快乐不是更大吗？

　　聋子虽然耳朵形体具备，但是却不能够听到声音，瞎子眼睛形体存在，但是却看不到东西。说话的人能够把自己同别人沟通，听话的人能够把别人同自己沟通。哑巴不说话，聋子听不到声音，既哑又聋，人的情感就不能沟通了。因此有聋哑之病的人，即使是破费家产也要求得医治，不顾忌它的费用，难道只有人的形体有聋哑之病吗？人的心意中也存在这样的疾病。手指头痉挛弯曲，没有人不想使它伸直的；心志的堵塞，却没有人知道务必使它畅通，这是不明辨事物类别的缘故。观察六艺的广博精深，探究道德的渊源，向上到达无穷的高度，向下达到无尽的深度，运行起来没有极限，翱翔起来没有形体，广大达到四海，高崇超过太山，丰富胜过江、河，旷远地无所不通，明亮地光照四海，天地之间，没有什么能阻隔它，用它来照视的，难道不是很大吗？

　　人之所知者浅，而物变无穷，曩不知而今知之①，非知益多也，问学之所加也。夫物常见则识之，尝为则能之②，故因其患则造其备，犯其难则得其便。夫以一世之寿③，而观千岁之知，古今之论，虽未尝更也，其道理素具④，可不谓有术乎？

　　人欲知高下而不能，教之用管准则说⑤；欲知轻重而无以，予之权衡则喜；欲知远近而不能，教之以金目则射快⑥，又况知应无方而不穷哉？犯大难而不摄⑦，见烦缪而不惑⑧，晏然自得⑨，其为乐也，岂直一说之快哉！夫道，有形者皆生焉，其为亲亦戚矣⑩；享谷食气者皆受焉⑪，其为君亦惠矣⑫；诸有智者皆学焉，其为师亦博矣。射者数发不中，人教之以仪则喜矣⑬，又况生仪者乎？

　　人莫不知学之有益于己也，然而不能者，嬉戏害人也⑭。人皆多以无用害有用，故知不博而日不足。以凿观池之力耕，则田野必辟矣；以积土山之高脩堤防，则水用必足矣；以食狗马鸿雁之费养士，则名誉必荣矣；以弋猎博弈之日诵

《诗》读《书》⑮，闻识必博矣⑯。故不学之与学也，犹暗聋之比于人也。

【注释】

①曩（nǎng）：从前。

②尝：通"常"，经常。

③世：北宋本原作"出"。《道藏》本作"世"。据正。

④素：向来。

⑤管准：管，古代远视的设备。准，即水平仪。

⑥金目：许慎注：深目，所以望远近射准也。按，近代发现居延汉简中有"金目"一词，清姚范《援鹑堂笔记》四八《杂识》疑"金目"类似后世眼镜之物。射快：刘绩《补注》本作"快射"。何宁《淮南子集释》："射"字即"则"字之误而衍。

⑦摄：通"慑"。《道藏》本作"慑"。

⑧烦缪（miù）：烦乱，谬误。

⑨晏然：安谧（mì）的样子。

⑩戚：近。亲，指族内。戚，言族外。

⑪食气：服气。古代的一种练功长寿的方法。

⑫惠：北宋本原作"患"。刘绩《补注》本作"惠"。《文子·符言》同。据正。

⑬仪：射法。又指弩射头。即所"发"者。

⑭"嬉戏"句：《群书治要》引作"嬉戏害之也"。"人"作"之"。

⑮博弈（yì）：指六博和围棋。

⑯闻识必博也：《群书治要》引作"则闻识必博矣"。有"则"字。

【译文】

人们所知道的东西都是很肤浅的，而万物的变化是无穷无尽的，过去不知道而现在知道，不是智慧增多了，而是靠学习研究增加了知识。

万物中经常见到的就能认识它,经常做的就能掌握它。因此根据产生的祸患,就能制定出相应的防备措施,接触到它的困难,就能得到便利的解决方法。凭着一生的寿命,而想观察得到千年以来的知识,通晓古今的论说,即使知识内容上不曾改变,其中的道理向来已经具备,难道能够说这样的人没有一定的方法吗?

人们想知道高下而不能够做到,教他们使用管准就高兴了;想要知道轻重而没有办法,给他使用权衡就欢喜了;想要知道远近而不能够办到,教他使用金目就痛快了。又何况知道应对没有极限无穷无尽的事物呢?触犯大难而不害怕,看到纷繁谬误而不迷惑,安然自得,它作为快乐,难道仅仅是一种见解的快乐所能相比的吗!道是无形的,有形的物体都是从此产生的,它们作为亲缘关系当是很亲近的了;享用谷物的凡人和食气的仙人都能接受它,道作为化生万物的主宰恩惠也是很大的了;许多有智慧的人都向他学习,它作为老师来说也是很博学的了。射箭的人多次发射而不能命中,人们教他使用仪标那么就欢喜了,又何况教他制造仪标的办法呢?

没有人不知道学习是有益于自己的,然而却不能够做到它,其原因就是嬉戏危害了他。人们大多都用无用的外物来妨害有用的学习,因此智慧不广博而每天都感到不够用。拿挖凿水池的力量来耕作,那么田野必定能开辟了;用堆积高高的土山的力量来修筑堤防,那么水用必定充足了;用喂养狗马鸿雁的食粮来奉养士人,他的名誉就必定显耀了;拿打猎下棋的时间诵读《诗》《书》,他的见识就必定是十分广博的了。因此不学习和学习之间的差别,就像聋哑人和正常人一样。

　　凡学者能明于天下之分①,通于治乱之本,澄心清意以存之②,见其终始,可谓知略矣③。

　　天之所为,禽兽草木;人之所为,礼节制度;构而为宫室,制而为舟舆是也。治之所以为本者,仁义也;所以为末者,法度也。凡人之所以事生者,本也;其所以事死者,末也。本末,一体也;其两爱之,一性也④。先本后末,谓之君子;以末害本,谓之小人。君子与小人之性非异也,所在先后而已矣。草木洪者为本⑤,而杀者为末⑥;禽兽之性,大者为首,而小者为尾。末大于本则折,尾大于要则不掉矣⑦。故食其口而百节肥,灌其本而枝叶美,天地之性也。天地之生物也有本末,其养物也有先后,人之于治也,岂得无终始哉?

　　故仁义者,治之本也。今不知事脩其本⑧,而务治其末,是释其根而灌其枝也。且法之生也,以辅仁义。今重法而弃义,是贵其冠履而忘其头足也。故仁义者为厚基者也。不益其厚而张其广者毁,不广其基而增其高者覆。赵政不增其德而累其高,故灭;知伯不行仁义而务广地,故亡。其《国语》曰⑨:“不大其栋,不能任重。重莫若国,栋若莫德。”国主之有民也⑩,犹城之有基,木之有根;根深即本固,基美则上宁。

【注释】

①天下:刘绩《补注》本作“天人”,《文子·上义》同。天人,指天与人、天道与人道、自然与人为之间的关系。当出自《荀子·天论》:“明于天人之分,则可谓至人矣。”

②存:观察。

③略:谋略。

④一性也:《文子·上义》无“一”字。

⑤洪:大,苗壮。

⑥杀：衰败。

⑦"尾大于"句：尾巴大于腰则摇动不灵。见《左传·昭公十一年》。掉：摇。

⑧今：北宋本原作"令"。《道藏》本作"今"。据正。

⑨《国语》：书名。《汉书·艺文志》"六艺略"："《国语》二十一篇。左丘明著。"《史记·太史公自序》："左丘失明，厥有《国语》。"引文见《鲁语》，词语稍异。

⑩国主：《文子·上义》作"人主"。

【译文】

凡是求学的人能够明确天道人事的区别，通达治乱的根本，使心情清净意念清新来观察事物，能够搞清楚终始的变化，可以称得上是知道略要了。

上天所自然形成的，有飞禽走兽和花草树木；人类所制订的，是礼节制度；构筑的是宫室，制造的是舟船。治理国家最根本的，是仁义；治理国家用作末节的，是法度。凡是人们用来从事生存的，是根本；用来奉事死亡的，是末节。本末，是一个整体；对两方面都爱护它，一样都是天性。先求根本而后求末节，叫做君子；用末节妨害根本，叫做小人。君子和小人的特性是没有差异的，在于本末先后的差别罢了。草木茁壮的是根本，而衰败的是末节；飞禽走兽的特性，其身体以大的为头部，而以小的为尾巴。末节大于根本的就会折断，尾部大于腰部就摇不动。因此从口中喂养就会百节肥壮，浇灌它的根本就会枝叶茁壮，这是天地的特性。天地产生万物有本末，生养万物有先后，人们对于治理国家，难道就没有根本和末节的区别吗？

因此仁义是治理国家的根本。现在不懂得致力修治根本，而务求治理末节，这样是放弃根本而浇灌它的枝叶。况且法令的产生，是用来辅助仁义的。现在重视法律而放弃仁义，这样是珍视他的鞋帽而忘记他的头和脚。因此仁义是治国的深厚基础。不增加它的厚度而扩张它的广度就会毁坏,不增广它的基础而增加它的高度就会倾覆。赵政不增加他的德性而增加他的高度,所以灭亡;智伯不推行仁义而务求扩张土地,因此被消灭。《国语》中说:"不增大它的栋梁,不能负担重物。重物没有比国家更重要的了,栋梁没有比道德要大的了。"国君拥有万民,就像城墙有基础,树木有根系一样;根深那么树木稳固,基础坚实那么上部才能安宁。

　　五帝三王之道,天下之纲纪,治之仪表也。今商鞅之《启塞》①,申子之《三符》②,韩非之《孤愤》③,张仪、苏秦之从横④,皆掇取之权⑤,一切之术也⑥,非治之大本、事之恒常、可博内而世传者也⑦。子囊北而全楚⑧,北不可以为庸⑨;弦高诞而存郑,诞不可以为常。今夫《雅》、《颂》之声,皆发于词,本于情,故君臣以睦,父子以亲。故《韶》、《夏》之乐也,声浸乎金石,润乎草木。今取怨思之声,施之于弦管,闻其音者,不淫则悲;淫则乱男女之辩,悲则感怨思之气,岂所谓乐哉?赵王迁流于房陵⑩,思故乡,作为《山水》之呕⑪,闻者莫不殒涕;荆轲西刺秦王⑫,高渐离、宋意为击筑而歌于易水之上⑬,闻者莫不瞋目裂眦⑭,发植穿冠⑮。因以此声为乐而入宗庙,岂古之所谓乐哉?故弁冕辂舆⑯,可服而不可好也;大羹之和⑰,可食而不可嗜也;朱弦漏越⑱,一唱而三叹⑲,可听而不可快也。故无声者,正其可听者也;其无味者,正其足味者也。吷声清于耳⑳,兼味快于口,非其贵也。

　　故事不本于道德者,不可以为仪;言不合乎先王者,不可以为道;音不调乎《雅》、《颂》者,不可以为乐。故五子之言㉑,所以便说掇取也㉒,非天下之通义也。

【注释】

①《启塞》：许慎注：启之以利，塞之以禁，商鞅之术也。按，《启塞》为《商君书》篇名。今作《开塞》。《汉书·艺文志》"法家"有"《商君》二十九篇"。

②《三符》：许慎注：申不害治韩，有三符验之术也。按，《汉书·艺文志》"法家"有"《申子》六篇"。注：名不害，京人，相韩昭侯，终其身诸侯不敢侵韩。《三符》亦见《论衡·效力》，已佚。

③韩非之《孤愤》：许慎注：韩非说孤生之愤志。按，《汉书·艺文志》"法家"有"《韩子》五十五篇"。《孤愤》，《史记·老子韩非列传》司马贞索隐：《孤愤》，愤其孤直不容于时也。

④"张仪、苏秦"句：许慎注：苏秦，合六国为从；张仪说为横。按，《汉书·艺文志》"纵横家"："《苏子》三十一篇。《张子》十篇。"《史记》有《列传》。

⑤掇（duō）取：拾取，抄掠。

⑥一切：权宜。

⑦内：刘绩《补注》本作"闻"。何宁《淮南子集释》："内"即"纳"字。"博内而世传"，谓广博采纳而世传之也。

⑧子囊：楚庄王之子，共王之弟公子贞，曾为令尹。事载《左传·襄公十四年》、《吕览·高义》。

⑨北：败走。庸：常法。

⑩赵王：许慎注：秦灭赵，王迁之汉中房陵也。按，赵王，指赵代王。名嘉，在位6年。房陵：地名，治所在今湖北房县。其事亦见于《史记·赵世家》。

⑪《山水》之呕（ōu）：许慎注：《山水》之呕，歌曲。按，呕，歌。王念孙《读书杂志》：《史记·赵世家》集解、正义及《文选·〈恨赋〉》注引此，并作"山木"。

⑫荆轲：许慎注：燕人，太子丹之客也，丹怨秦王，故遣轲刺之也。

按,荆轲,战国末年卫人,燕太子丹尊为上卿。击刺秦王未中,被杀。其事亦载于《史记·刺客列传》。

⑬高渐(jiān)离、宋意:太子丹之门客。善击筑。《论衡·书虚》、《史记·刺客列传》、《战国策·燕三》载其以筑击秦始皇事,未果而被杀。筑:许慎注:筑曲二十一弦。按,外形似筝,有五弦、十二弦、十三弦或二十一弦不等。歌:《史记·刺客列传》:又前而为歌曰:"风萧萧兮易水寒,壮士一去兮不复还。"易水:在今河北易县境内。

⑭瞋(chēn)目:发怒时睁大眼睛。裂眦(zì):形容极其愤怒的神态。眦,眼眶。

⑮植:竖立。

⑯弁冕(biàn miǎn):弁,帽子。冕,大夫以上官员所戴的礼帽。辂(lù)舆:大车。

⑰大羹:不和五味之羹。

⑱朱弦:许慎注:练丝。按,即乐器上的红色丝弦,使音浊。漏越(huó):许慎注:漏,穿;越,琴瑟两头也。按,意即使琴瑟底孔加大,使音缓。当本之《吕览·适音》、《礼记·乐记》、《荀子·礼论》,亦见于《史记·礼书》。

⑲叹:应和。

⑳吠(fèi):鸣叫。

㉑五子:许慎注中指"谓商鞅、申子、韩非、苏秦、张仪也"。

㉒便说:牵强附会之说。

【译文】

五帝三王的学说,是统治天下的纲领,治世的法则。现在商鞅的《启塞》,申不害的《三符》,韩非子的《孤愤》,张仪、苏秦的纵横之说,都是拾取的权变之术,实行的是权宜之计,不是治理国家的根本大法、也不是事物的常规、不能够广博地采纳而流传于世。楚相子襄败北而保全了楚国,但败北不能够作为常法;弦高用欺骗手段保存了郑国,但是欺骗不能够作为榜样。现在演唱的《雅》、《颂》之声,都发于言词,本于真情,因此君臣用它来和睦关系,父子用它来相互亲近。因此《九韶》、《大夏》这样的音乐,声音可以浸透到金石之内,滋润到草木之中。现在采用幽怨哀思内容的音乐,在弦管上弹奏出来,听到它的声音,不是淫乱就是感到悲伤;放纵就会扰乱男女大伦,悲伤就会使人感染哀怨的气氛,这难道就是所谓的音乐吗?秦皇把赵王流放到房陵,思念自己的故乡,创作了《山水》之歌,听到的人没有不流下眼泪的;荆轲向西刺杀秦王,高渐离、宋意在易水之上击筑送别唱起了悲歌,听到弹唱的人没有不瞪大眼睛眼角裂开,头发直立冲起帽子。如果因此而把这种声调作为佳乐送进宗庙,难道就是古代的所谓音乐吗?因此古代的弁冕大车,可以使用而不能爱好它;调好的大羹,可以食用而不能够嗜求;红色的丝弦穿越琴瑟两头,一人演唱而三人应和,可以谛听而不能够使人快乐。因此没有声音的音乐,使那些可以听的音乐得到修正;没有味道的滋味,使那些鲜美的味道得到纠正。鸣叫能使耳感清新,合味能使口感痛快,但是不能够使它尊贵。

因此事情不以道德做根本,不能够成为仪表;言辞不合乎先王之意的,不能够成为大道;声音不同《雅》、《颂》协调的,不能够作为正乐。因此上述五子的观点,只是牵强附会的抄袭之言,不是统治天下普遍适用的道理。

圣王之设政施教也,必察其终始;其县法立仪,必原其本末,不苟以一事备一物而已矣。见其造而思其功①,观其源而知其流,故博施而不竭,弥久而不垢②。夫水出于山而入于海,稼生于田而藏于仓,圣人见其所生,则知其所归矣。故舜深藏黄金于崭岩之山③,所以塞贪鄙之心也;仪狄为酒,禹饮而甘之，遂疏仪狄而绝嗜酒，所以遏流湎之行也^④；师延为平公鼓朝歌北鄙之音，师旷曰："此亡国之乐也！"大息而抚之，所以防淫辟之风也^⑤。故民知书而德衰，知数而厚衰，知券契而信衰，知械机而空衰也^⑥。巧诈藏于胸中，则纯白不备，而神德不全矣。

　　琴不鸣^⑦，而二十五弦各以其声应；轴不运，而三十辐各以其力疾^⑧。弦有缓急小大，然后成曲；车有劳轶动静^⑨，而后能致远。使有声者，乃无声者也；能致千里者，乃不动者也。故上下异道则治，同道则乱。位高而道大者从^⑩，事大而道小者凶^⑪。故小快害义，小慧害道，小辩害治，苟削伤德^⑫。大政不险，故民易道^⑬；至治宽裕，故下不相贼^⑭；至中复素^⑮，故民无匿情^⑯。

【注释】

①造：开始。

②垢（gòu）：被玷污。

③嶄（chán）岩：险峻的样子。本于《新语·术事》。

④"仪狄"四句：化自《战国策·魏二》。遏（è），制止，阻止。流湎（miǎn），沉溺。湎，沉醉于酒。

⑤"师延"五句：许慎注：卫灵公宿于濮水之上，闻琴音，召师涓而写之，盖师延所为纣作朝歌北鄙之音也。灵公进新声平公，平公以问师旷，师旷曰："纣子师延作靡靡之乐，纣亡，师延东走，自投濮水而死。得此音必于濮上也。"按，事载《韩非子·十过》，并载《史记·乐书》《论衡·纪妖》。"师延"当作"师涓"。北鄙，北部边鄙。《史记·乐书》作"北者败也，鄙者陋也"，解异。抚之，《史记·乐书》作"抚而止之"。《韩非子·十过》《论衡·纪妖》同。

淫辟,淫乱邪僻。大:《集韵》过韵:"大,太也。"

⑥械机:指机巧心智。空:许慎注:质也。按,刘绩《补注》本、《文子·微明》作"实"。

⑦琴:刘绩《补注》本、《文子·微明》作"瑟"。

⑧疾:刘绩《补注》本作"旋"。何宁《淮南子集释》:"旋"当作"疾"。《玉篇》:"疾,速也。"

⑨轶:通"逸",安。

⑩道大:指道术高深。

⑪道小:指道行浅薄。

⑫苟(gǒu):刘绩《补注》本作"苛",《文子·微明》、《群书治要》同。"苟"字疑误,当作"苟"。苟(jì),《说文》:"自急敕(chì)也。"《玉篇》:"急也。"合本文之义。

⑬道:《群书治要》作"遵",《文子·微明》作"导"。

⑭下不相贼:《群书治要》同,《文子·微明》作"下不贼"。

⑮至中:《文子·微明》作"至忠"。复素:《群书治要》作"朴素"。

⑯情:《群书治要》、《文子·微明》无此字。

【译文】

圣明的君主施行政治推行教化,一定要考察它的终始变化;他们悬挂法规树立仪表,必定先探究清楚它的本末,不因为一件事情而苟且,不只是为了防备一件事情的发生罢了。看到事情的开始而思考它的成功,考察它的源头而知道它的流向,因此广泛施行而不会枯竭,历时长久而不会被玷污。水从群山出发而进入大海,庄稼生于田间而果实藏于粮仓,圣人看到它的生长,那么便知道它的归向了。因此舜把黄金隐藏在险峻的大山之中,用来堵塞贪鄙之人的欲望;仪狄造酒,禹品尝以后觉得十分甜美,于是便疏远了仪狄而禁绝美酒,用来遏制沉湎于酒的行为;师涓为晋平公弹奏朝歌北鄙的靡靡之音,师旷说:"这是使国家灭亡的音乐啊!"叹了口气而加以制止,用来防止淫乱邪僻的风气。因此老百姓知道了书籍而他们的道德就会衰败,知道技艺而纯厚之性就消亡了,懂得契约凭证而信誉就淡泊了,掌握了机巧而诚实就衰微了。机巧诈伪隐藏在心中,那么纯粹洁白的心就不再完美,而精神德性便不会全备了。

琴本身没有声音,而二十五弦各自都按照自己的声音相应和;轴没有运转,而三十个车辐各自以它的力量疾行。琴弦有缓急小大的区别,然后才能成为歌曲;车子有劳逸动静的不同,而后才能到达远方。能够产生声音的,却是没有声音的琴身;能够到达千里的,却是不动的车轴。因此君臣道术不同就能得到治理,道术相同就会混乱。地位高而道行深的人百姓便会相从,从事大业而道术浅薄的人就会遇到危险。所以小的痛快就会危害大义,小的聪明便会妨害大道,小的巧辩就会危害大治,急切刻削的法令就会损伤大德。大的德政不险恶,因此百姓容易遵循;最好的大治是宽裕的,因此百姓不会相互残害;最大的忠实是朴实的,因此人民不会隐匿真情。

商鞅为秦立相坐之法①,而百姓怨矣;吴起为楚减爵禄之令②,而功臣畔③。商鞅之立法也,吴起之用兵也,天下之善者也。然商鞅以法亡秦,察于刀笔之迹,而不知治乱之本也;吴起以兵弱楚,习于行陈之事,而不知庙战之权也。

晋献公之伐骊,得其女,非不善也,然而史苏叹之,见其四世之被祸也④。吴王夫差破齐艾陵,胜晋黄池⑤,非不捷也⑥,而子胥忧之,见其必擒于越也。小白奔莒⑦,重耳奔曹,非不困也,而鲍叔、咎犯随而辅之⑧,知其可与至于霸也。句践栖于会稽⑨,脩政不殆,谟虑不休⑩,知祸之为福也。襄子再胜而有忧色,畏福之为祸也⑪。故齐桓公亡汶阳之田而霸⑫,知伯兼三晋之地而亡。圣人见祸福于重闭之内⑬,而虑患于九拂之外者也⑭。

【注释】

①相（xiāng）坐之法：许慎注：相坐之法，一家有罪，三家坐之。按，《史记·商君列传》又叫"连坐"。

②减爵禄之令：许慎注：减爵者，收减群臣之爵禄。按，《韩非子·和氏》有相关之记载。

③畔：通"叛"。刘绩《补注》本作"畔矣"。

④"晋献公"五句：许慎注：晋献公得骊姬，使史苏占之，史苏曰："侠以衔骨，齿牙为祸也。"按，史苏，晋臣，占卜之官。此记载本于《国语·晋语一》，亦见于《史记·晋世家》。四世，指晋献公、奚齐、悼子、晋惠公四代。

⑤池：北宋本原作"地"。《道藏》本作"池"。据正。

⑥捷：军事胜利。

⑦小白：即齐桓公。莒（jǔ）：地名，在今山东莒县。

⑧鲍叔：春秋齐大夫，以知人著称。曾推举管仲为相。

⑨栖：栖身。北宋本原作"捷"。《道藏》本作"栖"。据正。

⑩谟（mó）虑：谋划运筹。谟，筹划。

⑪"襄子"二句：许慎注：赵襄子再胜，谓伐狄，胜二邑也。按，事载《国语·晋语九》。

⑫"故齐桓公"句：许慎注：鲁庄公使曹子劫桓公，取汶阳之田，桓公不背信，诸侯朝之也。按，汶阳，古地名，在今山东泰安西南一带。因处汶水之阳，故名。事载《公羊传·庄公十三年》。

⑬祸福：《文子·微明》无"祸"字。

⑭九拂（fú）：许慎注：九曲，是折投拂不见处也。按，拂，曲折。

【译文】

商鞅给秦孝公建立连坐之法，而遭到百姓怨恨；吴起为楚国制定削减爵禄的法令，而功臣背叛。商鞅的建立法律，吴起的用兵作战，都是天下最好的人才。但是商鞅的法律使秦朝灭亡，这是由于它在笔墨之间考察清楚了，而不知道治理祸乱的根本措施；吴起因为用兵而削弱了楚国，这是由于他只熟悉战阵之事，而不知道朝廷斗争的权术。

晋献公讨伐骊戎氏，夺得了骊君之女，不能说不好，但是史苏对此事却不住地哀叹，预见到晋国四代将蒙受灾祸。吴王夫差在艾陵打败齐国，在黄池战胜晋君，不能说不是大捷，但是伍子胥忧虑这件事，预见到吴王必定被越王擒俘。公子小白逃到莒国，重耳流亡经过曹国，不是没有遇到困窘，但是鲍叔牙、咎犯跟随着辅佐他们，知道帮助他们可以成为天下的霸主。句践栖留在会稽山，修治政事不懈怠，谋划运筹不停止，知道灾祸可以带来幸福。赵襄子轻易地夺取了狄人的二座城邑而面露忧色，是害怕好事会变成灾祸。因此齐桓公退还鲁国汶阳之田而称霸诸侯，智伯并吞三晋之地而自身灭亡。圣人在重重封闭之中看到好事，而在反复曲折之外考虑到祸患。

　　螟蚕一岁再收①，非不利也，然而王法禁之者，为其残桑也；离先稻熟，而农夫耨之，不以小利伤大获也②；家老异饭而食，殊器而享③，子妇跣而上堂④，跪而斟羹，非不费也，然而不可省者，为其害义也；得媒而结言，聘纳而取妇⑤，初绲而亲迎⑥，非不烦也，然而不可易者，所以防淫也；使民居处相司⑦，有罪相觉⑧，于以举奸，非不掇也⑨，然而伤和睦之心，而构仇雠之怨⑩。故事有凿一孔而生百隙，树一物而生万叶者。所凿不足以为便，而所开足以为败；所树不足以为利，而所生足以为涉⑪。愚者惑于小利，而忘其大害⑫。昌羊去蚤虱⑬，而人弗庠者⑭，为其来蛉穷也⑮；狸执鼠，而不可脱于庭者，为搏鸡也⑯。故事有利于小而害于大，得于此而亡于彼者。

　　故行棋者或食两而路穷⑰，或予踦而取胜⑱。偷利不可以为行，而知术可以为法。故仁、知，人材之美者也。所谓仁者,爱人也;所谓知者,知人也。爱人则无虐刑矣⑲,知人则无乱政矣。治由文理,则无悖谬之事矣⑳;刑不侵滥㉑,则无暴虐之行矣。上无烦乱之治,下无怨望之心,则百残除而中和作矣㉒,此三代之所昌。故《书》曰:"能哲且惠,黎民怀之,何忧谨兜? 何迁有苗㉓?"知伯有五过人之材,而不免于身死人手者,不爱人也㉔;齐王建有三过人之巧,而身虏于秦者,不知贤也㉕。故仁莫大于爱人,知莫大于知人。二者不立,虽察慧捷巧,劬禄疾力㉖,不免于乱也。

【注释】

①螈(yuán):许慎注:再。按,螈,通"原"。原蚕,即夏秋第二次孵化的蚕。收:收获。

②"离先"三句:许慎注:稻米随地而生者为离,与稻相似。耨(nòu)之,为其少实。按,离,通"秜(ní)",水稻再生。又通"稆(lǚ)",禾苗自生。耨,锄草。

③享:《群书治要》作"烹"。

④跣(xiǎn):赤脚。

⑤聘纳:古代婚礼内容之一。即问名、纳币。

⑥初绵(miǎn):孙诒让《札迻》:"初"当为"袀(jūn)",形近而误。袀绵者,谓玄衣而冕(miǎn)。按,袀,指玄色礼服。绵,冕。古代帝王、诸侯及卿大夫所戴的礼帽。

⑦司:通"伺",探察。

⑧觉:《群书治要》作"告"。

⑨掇(duō):选取。

⑩"然而"二句:《群书治要》作:"然而不可行者,为伤和睦之心,而搆仇雠之怨也。"

⑪涉(huì)：《群书治要》作"秽(huì)"，恶，失败。

⑫"愚者"二句：《群书治要》有"不可以为法也"。

⑬昌羊：即菖蒲。水生植物，可作香料。

⑭庠(xiáng)：养。王念孙《读书杂志》："庠"当为"席"，字之误也。《太平御览·虫豸部》八引此，正作"席"。

⑮蛉(líng)穷：蚰蜒(yóu yán)，似蜈蚣。能入耳中。

⑯搏：抓扑。

⑰行棋：许慎注：谓大博也。按，即下棋，着棋。大，当作"六"。两：两个棋子。

⑱予踦(jī)：许慎注：予对家奇一棋也。按，予，北宋本原作"子"。《道藏》本作"予"。据正。踦，同"奇"，一个。

⑲无：北宋本原作"天"。《道藏》本作"无"。据正。

⑳悖(bèi)谬：背理及谬误之事。

㉑侵滥：侵淫而泛滥。

㉒中和：中正平和。

㉓"能哲"四句：见于《尚书·皋陶谟》。哲，聪明。黎民，指百姓。"何忧"二句，许慎注：谨(huān)兜、有苗，舜所放佞[人]也。

㉔"知伯"三句：许慎注：知伯美须长大，一材也；射御足力，二材也；材艺毕给，三材也；功文辩慧，四材也；强毅果敢，五材也。

㉕"齐王建"三句：许慎注：力能引强，走先驰马，超能越高。王建任用后胜之计，不用淳于越之言也。按，齐王建，战国齐君，前221年投降秦始皇。亦载于《史记·田敬仲完世家》。

㉖劬(qú)禄：苦身劳心。《主术训》作"劬录"。劬，劳。录，通"虑"，思虑。

【译文】

二茁蚕在一年中可以再抽丝一次，这不是没有好处，但是王法禁止这样做，因为它危害桑树生长；落地而生的稻子比种植的稻子先熟，但是农民要锄掉它，不因为小利伤害大的收获；家中老人要吃与家人不同的饭食,用特殊的器具烹调,媳妇要赤脚进入厅堂,跪着给他倒进肉汤,不是不耗费精力,但是不能够省去,因为省了会危害大义;等待媒人而订约,男方送去求婚的聘礼才娶媳妇,穿上礼服到女家迎新娘,不是不麻烦,但是不能够改变它,是用来防止淫乱的发生;使百姓居处互相督察,有人犯罪能够互相发觉,对于用来检举奸人,不是不可以采取的,但是容易伤害和睦之心,而造成敌对的怨恨情绪。因此事物中有的凿开一个孔隙就能裂出百个孔洞,栽下一棵树苗而能生出千枝万叶的情形。所凿开孔洞的不能带来便利,而所开掘的孔隙能够造成失败;所栽种的树木不能够带来利益,而所生出的枝叶能够造成污秽。愚蠢的人被小利所迷惑,而忘记了大的祸害。菖蒲可以使跳蚤虱子逃走,而人们不能够作席子,因为它会招来蛉穷;狸子能够捉住老鼠,但是不能够让它离开庭院,因为它会抓住小鸡。因此事情中有的对小处有利而对大处有害,有的在这里有所得到而在它处有所失去。

　　因此下棋的人有时吃了两个棋子,而却面临困境,有的让出对方一个棋子,却反而能够取胜。苟且求利的做法不能成为德行,而智术能够成为法式。因此仁慈、智慧,是人才中的优美品质。所说的仁慈,是爱护别人;所说的智慧,就是能够知道别人。爱护别人那么就没有暴虐的刑法了,知道别人那么就没有混乱的政治了。治国根据礼仪,那么就没有背理和错误的事情了;刑罚不侵凌泛滥,那么就没有残暴的行为了。国君没有烦琐杂乱的治理,臣民没有怨恨的心情,那么各种残酷的法令可以解除,而和平就会产生了,这就是三代之所以昌盛的原因。所以《书》中说:"能够聪明而有恩惠,百姓就会怀念他,还忧虑什么谨兜?何必迁徙有苗呢?"智伯有五种超出常人的才能,而最后免不了死在别人手中,不爱护百姓是根本原因;齐王建有三方面过人的巧技,而自己被秦国俘虏,不知道贤人是主要原因。因此仁慈没有比爱护他人更重大的了,智慧没有比知道别人更重要的了。这两方面如果不能够确立,即使能明察秋毫才华过人、敏捷灵巧,勤劳政事、用力辛苦,也免不了要造成混乱。

第二十一卷　要略

【题解】

许慎题解中说:"凡鸿烈之书二十篇,略数其要,明其所指,序其微妙,论其大体。"这是一篇作者的自序,也是全书的纲要。

作者的写作目的是"纪纲道德,经纬人事","统天下,理万物,应变化,通殊类",为汉代治国安邦提供理论依据。

本书写作原则是"道"、"事"结合。"道"指的是自然规律,"事"指的是社会的典章制度、伦理道德、风俗习惯以及人们的活动。因此作者对二十篇的主要内容及其辩证关系,进行了全面的论述;最后作者对先秦儒家、墨家、纵横家、刑名家以及管晏学说的产生背景、历史条件进行了分析,认为是救时弊而生。

这部书的创作要求是"非循一迹之路,守一隅之指",也就是要自成一家之言,走学术创新之路,而立于诸子之林。看来,这个目的是达到了。

陶方琦《淮南许注异同诂》:"(此)许注本也。"

夫作为书论者①,所以纪纲道德②,经纬人事③,上考之天,下揆之地④,中通诸理。虽未能抽引玄妙之中才⑤,繁然足以观终始矣⑥。总要举凡⑦,而语不剖判纯朴⑧,靡散大宗⑨，则为人之惽惽然弗能知也⑩，故多为之辞，博为之说。又恐人之离本就末也，故言道而不言事，则无以与世浮沉⑪；言事而不言道，则无以与化游息⑫。故著二十篇，有《原道》，有《俶真》，有《天文》，有《地形》，有《时则》，有《冥览》⑬，有《精神》，有《本经》，有《主术》，有《缪称》，有《齐俗》，有《道应》，有《氾论》，有《诠言》，有《兵略》，有《说山》，有《说林》，有《人间》，有《脩务》，有《泰族》也。

【注释】

①书论：指论说的文章。

②纪纲：治理。

③经纬：规划、治理。

④揆(kuí)：度量，考察。按，"夫作为"至"诸理"六句，与《吕览·序意》相似。

⑤抽引：抽绎(yì)、提出。玄妙：深奥，玄秘。才：通"哉"，古作"才"。

⑥繁然：繁盛的样子。

⑦总要：总其要领。举凡：举其大要。凡，要。

⑧剖判：辨析，分析。纯朴：许慎注：太素也。按，指未经雕琢的材料。

⑨靡散：散碎，消散。大宗：许慎注：事本也。按，即事物的本源。

⑩则：刘绩《补注》本改作"惧"。惽惽(hūn)然：糊涂的样子。

⑪浮沉：盛衰，得失。

⑫化：造化。游息：流动，停息。

⑬冥览：刘绩《补注》本改作"览冥"。

【译文】

著书立说的目的，是用来整治道德，规划人事，向上考察天道的变化规律，向下研究大地上的万事万物，在中间能够贯通各种事理。即使这部书不能把深奥玄妙的道理提炼出来，但涉猎广泛也完全能够观察事物的终始变化了。如果只是提纲挈领地说明大概的意思，而文章中不去剖析最基本的材料，分清事物的本来面貌，担心别人会对基本理论糊里糊涂地搞不清楚，因此较多地增加了一些文字，广泛地加以阐述说明。又害怕别人脱离根本而去追求末节，所以如果只谈论大道而不谈人事，那么便没有办法和社会一起共处；光谈论人事而不谈大道，那么便不能和自然变化一起行止。因此著作二十篇，有《原道》，有《俶真》，有《天文》，有《地形》，有《时则》，有《冥览》，有《精神》，有《本经》，有《主术》，有《缪称》，有《齐俗》，有《道应》，有《氾论》，有《诠言》，有《兵略》，有《说山》，有《说林》，有《人间》，有《脩务》，有《泰族》。

《原道》者，卢牟六合①，混沌万物②，象太一之容③，测窈冥之深④，以翔虚无之轸⑤；托小以苞大，守约以治广，使人知先后之祸福，动静之利害。诚通其志，浩然可以大观矣⑥。欲一言而寤时⑦，则尊天而保真；欲再言而通，则贱物而贵身；欲参言而究，则外欲而反情。执其大指，以内洽五藏⑧，瀸濡肌肤⑨，被服法则⑩，而与之终身。所以应待万方，览耦百变也⑪。若转丸掌中⑫，足以自乐也。

【注释】

①卢牟：规划。许慎注：由规模也。

②混沌：阴阳未分。指探索混沌之时。

③象：拟象。太一之容：许慎注：北极之气，合为一体也。按，即指上天，又指元气。《文子·自然》作"太乙"。

④窈冥：深远，奥妙。见于《老子》二十一章："窈兮冥兮，其中

有精。"

⑤轸:通"畛(zhěn)",界域。许慎注:道畛也。

⑥浩然:广博、众多的样子。大观:洞达透彻的观察。

⑦寤:通"悟",明白。时:刘绩《补注》本无此字。疑衍。

⑧洽:润泽。许慎注:润。

⑨瀸(jiān)渍:浸渍。瀸,渍(zì)。王念孙《读书杂志》认为,"渍"当为"渍"。

⑩被服:以被服之不离身,喻亲身感受。

⑪览:通"揽",持取。耦(ǒu):通"偶",合。

⑫转丸:即弄丸,类似今手技抛球。《庄子·徐无鬼》有"弄丸"之记载。

【译文】

《原道》的内容,规划了天地四方,探索万事万物的形成规律,拟象元气的形状,探测大道的深远,而翱翔在虚无的境界之内;虽然寄托在小处但包容深广,持守简约但治理广大,使人们懂得祸福发生的先后次序,也可以了解行、止的利害关系。果真能够通达它的旨意,对广博纷繁的事物便可以得到透彻的了解了。想要用一句话来明白其中的道理,那么就是尊重天道而保持本真;用第二句话来说明其中的道理,就是轻视外物而重视自身;想用第三句话来探究其中的奥秘,就是抛开私欲而返回真情。掌握了其中的要领,可以对内润泽五脏,对外浸渍肌肤,亲身体验到这个自然的法则,可以和它伴随终身。可以用来应对万方揽合百变。对待万方百变,就像弄丸掌中,自己也完全可以得到其中的乐趣。

　　《俶真》者,穷逐终始之化,嬴垺有无之精①,离别万物之变,合同死生之形②,使人知遗物反己③。审仁义之间,通同异之理,观至德之统,知变化之纪,说符玄妙之中④,通迥造化之母也⑤。

【注释】

①嬴：通"萦"，环绕。坲(hū)：许慎注：坲(liè)，摩烦也。按，摩，研
　摩、切摩。烦，繁细。依许注，当有细密、微妙义。《道藏》本亦作
　"坲"。坲，形兆、兆朕。

②合同：会合，齐同。

③遗物：超然物外。

④符：符验。

⑤迥：王念孙《读书杂志》："通迥"二字，义不相属。"迥"当为"迵
　(dòng)"，字之误也。迵亦通也。通迵造化之母，谓通乎造化之
　原也。按，通迵，通达。造化之母：许慎注：元气太一初也。按，
　即自然变化的根源。

【译文】

《俶真》的内容，探求自然界起始终结的演化规律，包容了微妙的有
无相生的精髓，辨别万物的变化规律，等齐合同生死的形体关系，使人
明白超然物外而返回真性的道理。审察清楚仁义的得失，沟道相同与
差别之间的联系，观察最高的道德的领属关系，寻求千变万化的头绪，
解说清楚深奥玄妙的符验，通达自然变化的根源。

《天文》者，所以和阴阳之气，理日月之光；节开塞之
时①，列星辰之行；知逆顺之变②，避忌讳之殃；顺时运之
应③，法五神之常④。使人有以仰天承顺⑤，而不乱其常
者也。

【注释】

①开塞:开通和闭藏。如正月孟春,亦称开春。

②逆顺:行星朝东运行称为"顺行",朝西运动称为"逆行"。

③时运:即四时的运行。

④五神:即五星之神。

⑤仰天:仰慕天道。承顺:顺从,顺应。

【译文】

《天文》的内容,是用来协调阴阳二气的关系,理顺日月运行的规律;掌握开启闭藏的季节变化,排列星辰运行的顺序;知道逆行顺行的变化,避开忌讳和祸殃的发生;顺从天时规律的对应变化,效法五星之神活动的规则。使人能够尊奉天道顺应变化,而不会扰乱它的正常规律。

《地形》者,所以穷南北之脩①,极东西之广②,经山陵之形③,区川谷之居④,明万物之主,知生类之众⑤,列山渊之数⑥,规远近之路,使人通迥周备⑦,不可动以物,不可惊以怪者也。

【注释】

①脩:刘典爵《淮南子韵谱》:今本作"脩"者,盖避淮南王讳改。当作"长"。"长"与"广"为韵。

②极:标准。

③经:划分,度量。

④居:指流向。

⑤生类:生物的种类。

⑥山渊:郑良树《淮南子斠理》:《记纂渊海》引此作"山川"。

⑦周备：周详全备。

【译文】

《地形》的内容，是用来探究南北的长度，确定东西的宽度，度量山陵的形势，区别大川深谷的流向，明确万物的根本，知道生物繁多的种类，罗列山川的数量，规划远近的道路，使人能够通达周详，不可以因外物而妄动，不能够因为怪物而惊恐。

《时则》者，所以上因天时，下尽地力；据度行当①，合诸人则②；刑十二节③，以为法式；终而复始④，转于无极；因循仿依，以知祸福；操舍开塞⑤，各有龙忌⑥；发号施令，以时教期⑦。使君人者知所以从事⑧。

【注释】

①据：依据、据守。度：即六度，准、绳、规、矩、权、衡。

②人则：人类生命的准则。

③刑：通“形”。《道藏》本作“形”。十二节：许慎注：一月为人一节也。

④终而原始：许慎注：岁终十二月，从正月始也。

⑤操舍：执持、舍弃。

⑥龙忌：指鬼神的禁忌。许慎注：中国以鬼神之事日忌，北胡、南越皆谓之请龙。

⑦教期：教化、教训。期，通“惎(jì)”，教。

⑧从事：郑良树《淮南子斠理》“从事”下当有“者也”二字。

【译文】

《时则》的内容，是说上面要依循自然运行的时序，下面要尽力发挥土地的潜力；据守六度的法则实行适当的节令，符合人类生命的规律；

形成十二个月的节令,作为共同遵循的准则;周而复始,循环不已;按照自然法则依样效法,便知祸福产生的规律;持守舍弃开启闭藏,各自都有鬼神的禁忌;国君发布政令,按时教化百姓。这样可以使统治天下的国君知道治理政事的方法。

　　《览冥》者,所以言至精之通九天也①,至微之沦无形也②,纯粹之入至清也③,昭昭之通冥冥也。乃始揽物物引类④,览取桥掇⑤,浸想宵类⑥。物之可以喻意象形者⑦,乃以穿通窘滞⑧,决渎壅塞,引人之意⑨,系之无极,乃以明物类之感,同气之应。阴阳之合,形埒之朕⑩,所以令人远观博见者也。

【注释】

①至精:最微细的精气。

②至微:最微小的事物。

③纯粹:纯一不杂,精美无瑕。至清:最洁净的境地。

④揽(lǎn):挹(yì)取,采摘。物物:黄锡禧本仅一"物"字。引类:招引同类。

⑤览:通"揽",撮持。桥掇(duō):拾取、积聚。桥,《道藏》本作"挢(jiǎo)"。

⑥浸:渐。许慎注:微视也。想:通"像",形象。宵类:许慎注:宵,物似也。类,众也。按,宵,通"肖",似。

⑦喻意:表明意旨。象形:描画事物的形状。

⑧穿通:贯通。窘(jiǒng)滞:困迫,凝滞。窘,迫。

⑨引:引导。

⑩形埒(liè):形迹,形兆。朕(zhèn):征兆。

【译文】

《览冥》的内容,是用来说明最精微之气可以上通九天,最微小的事情可以沦没在无形之中,纯洁精粹之物可以进入最洁净的境地,光明的东西可以通向黑暗之中。于是便可以挹取万物招引同类,撮持积聚,渐渐形成物象及类似的事物。万物中能够表明意旨用形象摹画出来的事物,可以用来贯通凝滞,像疏决川渎堵塞险要一样,引导人们的意志,同无穷无尽的事物联系起来,用来表明万物种类之间的互相感应关系,说明阴阳相同之气可以互相应和。阴阳二气的互相融合,而能显露天地之间的各种征兆,可以用来使人观察遥远而广博的事物。

《精神》者,所以原本人之所由生,而晓寤①:其形骸九窍取象,於天合同②;其血气,与雷霆风雨比类③;其喜怒,与昼宵寒暑并明④。审死生之分,别同异之迹,节动静之机,以反其性命之宗。所以使人爱养其精神,抚静其魂魄,不以物易己,而坚守虚无之宅者也⑤。

【注释】

①晓寤:领会、理解。寤,通"悟",明白。以下六句各本断句较乱,然皆难通。

②於:黄锡禧本作"与"。合同:会和齐同。

③比类:比照类推。

④宵:夜。明:形成。

⑤虚无之宅:指大道的根本。

【译文】

《精神》的内容,用来探讨人类产生的本源,而要明白:人的形骸九窍所仿效的,是与上天齐同的;人体的血液精气,是和自然界的雷霆风雨相比照的；人的喜怒哀乐，是和白天黑夜严寒酷暑相互一起变化的。辨明死生的分别，区别相同不同的迹象，调节动静的机能，以返回到性命的根本之处。以便用来使人爱护保养他的精神，抚慰安定他的魂魄，使人不因为外物而改变自己的天性，而坚守大道的根本。

《本经》者，所以明大圣之德，通维初之道①，垺略衰世古今之变②，以褒先圣之隆盛，而贬末世之曲政也③。所以使人黜耳目之聪明，静精神之感动，樽流遁之观④，节养性之和，分帝王之操⑤，列小大之差者也。

【注释】

①维初：开初。

②垺（liè）略：略列征兆。垺，形。

③曲政：弊政，即腐败之政。

④樽（zūn）：许慎注：止也。按，刘绩《补注》本作“撙（zǔn）”，抑制。

　　流遁：许慎注：披散也。按，流，放。遁，淫逸放纵。

⑤操：操守。

【译文】

《本经》的内容，是用来彰明圣人的美好德行，通达古代圣贤开创的道德规范，略列衰世道德的颓败和古今道德的变化，用来褒扬先世的隆盛，而贬斥末世的弊政。用来使人废黜耳目的聪明，安定精神上引起的激动，抑制由于情欲而产生的淫逸，用来调节养性的天和，分清帝王所具有的不同操守，罗列操守大小之间的差别。

《主术》者，君人之事也，所以因作任督责①，使群臣各尽其能也。明摄权操柄②，以制群下；提名责实③，考之参伍，所以使人主秉数持要,不妄喜怒也。其数直施而正邪④,外私而立公;使百官条通而辐辏,各务其业⑤,人致其功。此主术之明也。

【注释】

①作:王念孙《读书杂志》:今本"作"字即"任"字之误而衍者耳。"因任督责",谓因任其臣而督责其功也。

②摄:执掌。

③提:提举。责实:督责实施。

④施(yí):邪曲。

⑤各:北宋本原作"名"。刘绩《补注》本作"各"。据正。

【译文】

《主术》的内容,是讲国君统治天下之事,用来使国君按照百官任职督察责罚,让群臣各自尽到自己的才能。说明国君应执掌权柄用来控制臣下;掌握名分按照实际督责检查,并且互相参照考核,以便使国君掌握权术抓住要害,不致妄生喜怒之情。他的统治术使邪曲变得正直,排除私欲而树立公道;可以使百官像枝条通往树干,如车辐辏聚车轴,各自力求干好本业,人人便可以建立他们的功业。这就是国君统治的聪明之处。

《缪称》者,破碎道德之论①,差次仁义之分②,略杂人间之事,总同乎神明之德③。假象取耦④,以相譬喻⑤;断短为节⑥,以应小具⑦。所以曲说攻论⑧,应感而不匮者也⑨。

【注释】

①破碎:破分,解析。

②差次:等级次序,顺序安排。

③总同:聚集、会同。

④假象:借助外物的形象。耦(ǒu):耦合。

⑤譬喻:比喻。

⑥节:符节。

⑦小具:小的预备。

⑧曲说:周曲解说。攻论:即巧论。攻,通"工",巧。

⑨应感:应对,感通。匮(kuì):乏。

【译文】

《缪称》的内容,剖析道德的理论,排列仁义的区别,稍微杂列人世间的事情,而全部汇集在变化莫测的大道之中。假借外物的形象来取得耦合的例证,以便用来相互比方验证;就像截断小的竹子作为符节,用来适应小的需求一样。以便用来周曲解说和精巧论述,感通应对外物而不致缺乏理论依据。

《齐俗》者,所以一群生之短脩①,同九夷之风气②,通古今之论,贯万物之理,财制礼义之宜③,擘画人事之终始者也④。

【注释】

①群生:一切生物。脩:刘典爵《淮南子韵谱》:"脩"当为"长",盖避淮南王讳改。

②风气:王念孙《读书杂志》:"风气"本作"风采"。《文选·〈魏都赋〉》李善注:《淮南子》曰:"同九夷之风采。"高诱注:风,俗也;采,事也。何宁《淮南子集释》:原本《玉篇》"言"部"谭"字引作"通古今之风气,以贯谭万物之理"。

③财制:裁制。财,通"裁"。

④擘(bò)画:筹划、处理。擘,剖。

【译文】

《齐俗》的内容，是用来齐一万物的长短优劣，齐同九夷的风气，沟通古今不同的论说，贯通万物生存的道理，裁定礼义的适宜内容，规划人世间事情的终始。

《道应》者，揽掇遂事之踪①，追观往古之迹，察祸福利害之反②，考验乎老、庄之术，而以合得失之势者也。

【注释】

①揽掇（duō）：选取。掇，拾取。遂事：已经完成的事。遂，成。

②察：郑良树《淮南子斠理》："察"上疑当有"明"字。

【译文】

《道应》的内容，选取成功之事的事迹，追寻观察往古之时的印迹，考察祸福利害间的正反关系，而同老子、庄子的学说相验证，以便符合得失的趋势。

《氾论》者，所以箴缕缥绤之间①，橪楔呋齱之郄也②。接径直施③，以推本朴，而兆见得失之变，利病之文④，所以使人不妄没于势利，不诱惑于事态，有符晤晲⑤，兼稽时世之变⑥，而与化推移者也。

【注释】

①箴（zhēn）缕：缝缀。箴，同"针"，缝衣的工具。缕，丝线，麻线。缥绤，即衣服残破。喻认识缺陷。缥：通"㡡（cài）"，残帛。绤：同"綵（shǎi）"，衣破。

②橪：许慎注："薛也。"《道藏》本作"撷（jiē）"。黄锡禧本作"撅

(xiān)"。吴承仕《淮南旧注校理》：文当作"櫼楔(jiān xiē)"。按，即木楔义。薛，通"楔"。"楔"有"櫼"义。楔：楔子。唲齵(ér óu)：许慎注：错牾(wǔ)也。按，唲，通"齯(ní)"，老人齿。齵，齿不正。唲齵，指牙齿参差不齐。郤(xì)：即间隙。马宗霍《淮南旧注参正》：上句取喻于衣缝，下句取喻于齿郤，盖言《氾论篇》持论之密，无微不入，无孔不弥也。

③接：通"捷"，邪出之路。径：直。施(yí)：邪。接、施同义，径、直同义。

④文：兆征。黄锡禧本、庄逵吉本作"反"，疑误。

⑤旸晲(yǎng nǐ)：马宗霍《淮南旧注参正》："旸晲"连文，盖状日行之貌。日行不失次谓之旸晲。按，旸，日行。晲，日过竿偏斜。

⑥稽：考核。

【译文】

《氾论》的内容，是像用针线穿插在衣缝之间，如同木楔补缀在齿缝之隙，来补正认识上的缺失。从而使邪路变成直道，以便推论事物的本来面目，而预见得失的变化，利害的征兆，以便用来使人不盲目沉沦在势利之中，不被事态的变化所迷惑，而又符合天道运行的规律，并且兼顾考察时代社会的变化，而能够与自然一起转移变迁。

《诠言》者①，所以譬类人事之指②，解喻治乱之体也③；差择微言之眇④，诠以至理之文，而补缝过失之阙者也⑤。

【注释】

①诠言：阐明事理的言论。

②类：类此。指：通"旨"，意旨。

③解喻：解释、晓谕。

④差(chāi)择：比较选择。差，择。眇：通"妙"，奥妙。

⑤阙：过失，缺点。

【译文】

《诠言》的内容，是用来比类人世之事的意旨，解释辨明国家治乱的根本；比较选择深微之言的奥妙，用最根本的道理加以解释，并用来补救治政的过失。

《兵略》者，所以明战胜攻取之数，形机之势①，诈谲之变②，体因循之道，操持后之论也③。所以知战阵分争之非道不行也，知攻取坚守之非德不强也。诚明其意，进退左右无所击危④，乘势以为资，清静以为常，避实就虚⑤，若驱群羊，此所以言兵也。

【注释】

①形机之势：指形成机变的态势。

②诈谲（jué）：欺骗，诡计。谲，诈。

③"操持后"句：许慎注：持后者，不敢为主而为客也。按，持后，即重视后发制人。当化自《老子》六十九章、六十七章之文意。

④击危：危，《荀子·修身》及《淮南子·主术训》、《泰族训》皆作"戾"。戾、危草书相似，故误"戾"为"危"。击戾，违碍。击，通"系"，拘系。戾，背戾。王念孙《读书杂志》谓"危"与"诡"同。诡，戾也。亦通。

⑤避实就虚：出自《孙子·虚实》："兵之形，避实而就虚。"

【译文】

《兵略》的内容，是用来说明战胜敌人攻取敌阵的方法，形势机变的态势，欺诈多变的战术，体察军事斗争的规律，采取后发制人的策略。以用来表明战争的胜负没有大道是行不通的，知道夺取敌阵坚守城池没有德性是不能强大的。如果真正明了这个意旨,前进后退左冲右突都没有什么违碍,乘着有利的时机以此来作为凭借,而把清净作为准则,避开实力攻击虚弱之敌,就像驱赶牛羊一样,这就是所说的用兵问题。

《说山》、《说林》者,所以窍窕穿凿百事之壅遏①,而通行贯扃万物之窒塞者也②。假譬取象,异类殊形,以领理人之意③,懈堕结细④,说捍抟囷⑤,而以明事埒事者也⑥。

【注释】

①窍窕(tiǎo):贯通。穿凿:穿通。壅遏(yōng è):阻塞。

②贯扃(jiōng):贯通。窒(zhì)塞:堵塞。窒,塞。

③领理:领会,理解。

④懈堕(duò):解脱。懈,通"解"。堕,脱。结细:纽结。王念孙《读书杂志》:"细"当为"纽",字之误也。纽亦结也。

⑤说:通"脱"。捍:王念孙《读书杂志》:"捍"当为"择",字之误也。"择"与"释"同。"脱"、"释"皆解也。抟囷(tuán qūn):卷束。抟,许慎注:圆也。按,楚人名圆为"抟"。囷,许慎注:芼(mào)也。按,芼,有蔓草覆盖为圆形之义。

⑥明事埒(liè)事:王念孙《读书杂志》:下"事"字因上"事"字而衍。"明事埒"者,明百事之形埒以示人也。刘家立《淮南内篇集证》:疑此"事"字本在"人"字之下,写者误衍于"事埒"下。"以领理人事之意",即所谓假譬取象,异类殊形,皆人事也。按,埒,征兆。

【译文】

《说山》、《说林》的内容,是用来打通百事的堵塞,而使万物的障碍畅通无阻。借用比喻来选择对象,联系不同的种类和殊别的形体,用来领会人世间事物的要义,解开纽结,辨释疑团,而用来阐明百事变化的征兆。

　　《人间》者，所以观祸福之变，察利害之反，钻脉得失之迹①，标举终始之坛也②。分别百事之微，敷陈存亡之机③，使人知祸之为福，亡之为得，成之为败，利之为害也。诚喻至意④，则有以倾侧偃仰世俗之间⑤，而无伤乎谗贼螫毒者也⑥。

【注释】

①钻脉：推究事理。章太炎《膏兰室札记》：按"钻"借为"趲(zàn)"。《方言》："趲，解也。"《周语》注："脉，理也。"趲谓解之也，脉谓理之也。

②标举：揭示。标，通"幖(biāo)"，标志。坛：疑通"嬗(shàn)"，变化、更替。

③敷(fū)陈：铺叙，详加论列。

④喻：理解。至意：深远之意。

⑤倾侧：倾倒，偏侧。偃(yǎn)仰：俯仰。

⑥谗贼：说别人坏话的人。

【译文】

　　《人间》的内容，是用来观察祸福的变化，考察利害的正反演变，按照事理研究得失之迹，揭示事物终始的更替关系。分清各种事物的微小区别，陈述存在灭亡的机变，使人们知道坏事可以变成好事，失去可以变为得到，成功可以变为失败，有利可以变为有害。果真理解了它的深义，那么就可以在世俗之间俯仰曲伸，而不会被谗佞和坏人所伤害。

　　《脩务》者，所以为人之于道未淹①，味论未深②，见其文辞,反之以清净为常,恬惔为本③,则懈随分学④,纵欲适情,欲以偷自佚⑤,而塞于大道也。今夫狂者无忧,圣人亦无忧。圣人无忧,和以德也⑥;狂者无忧,不知祸福也。故通而无为也,与塞而无为也同⑦,其无为则通⑧,其所以无为则异。故为之浮称流说⑨,其所以能听,所以使学者孳孳以自几也⑩。

【注释】

①淹:精深、广博。

②味:指旨趣、意义。

③惔(dàn):恬淡。

④懈随:松懈、堕落。随,《道藏》本作"堕"。分:离开。

⑤偷:马虎,得过且过。自佚:自我放纵。佚,放纵。

⑥和:协调。

⑦同:王念孙《读书杂志》认为是衍文。

⑧通:刘绩《补注》本作"同"。

⑨浮称:虚浮不实的称说。流说:没有根据的言论。见于《吕览·知度》。

⑩孳孳:同"孜孜",勤勉不懈。几:差不多。

【译文】

《修务》的内容,是用来针对有人对道没有精深的理解,对其旨意没有深入探索,只看到那些文辞,反而误把清净作为法则,把恬淡作为根本,那么就会松懈堕落而放弃学业,放纵情欲满足安逸,想用得过且过的态度自我放纵,从而堵塞了大道。现在疯子是没有忧虑的,圣人也是没有忧虑的。圣人没有忧虑,是用德性来协调;疯子没有忧虑,是不知道祸福的发生。因此通晓大道的人实行无为,和根本不懂的人实行无为,他们的无为是相同的,他们所以用来实行无为的原因则是不同的。

这就是对有些人称说虚浮不实和没有依据的言论，他们所能够听从的原因，所以使求学的人能不断勤勉努力，自己也就差不多达到要求了。

《泰族》者，横八极，致高崇，上明三光，下和水土，经古今之道①，治伦理之序，总万方之指，而归之一本，以经纬治道，纪纲王事。乃原心术②，理情性，以馆清平之灵③，澄澈神明之精④，以与天和相婴薄⑤。所以览五帝三王，怀天气，抱天心⑥，执中含和；德形于内，以莙凝天地⑦，发起阴阳⑧；序四时之正流方⑨；绥之斯宁⑩，推之斯行。乃以陶冶万物⑪，游化群生⑫；唱而和，动而随；四海之内，一心同归。故景星见⑬，祥风至⑭，黄龙下，凤巢列树，麟止郊野。德不内形，而行其法藉⑮，用制度⑯，神祇弗应⑰，福祥不归，四海弗宾，兆民弗化。故德形于内，治之大本。此《鸿烈》之《泰族》也⑱。

【注释】

①经：理清。

②心术：指人的思想意识。

③馆：安置、安顿。

④澄澈：分别、澄清。许慎注：澄，清也。澈，澄，别清浊也。

⑤婴：环绕。薄：依附。与环绕义近。

⑥怀天气，抱天心：《文子·精诚》有"怀天心，抱地气"之语，可与此相参。天心，指上天的旨意。地气，指大地自然之气。

⑦莙凝：凝结。莙，疑通"窘（jiǒng）"，束。

⑧发起：开启，启发。

⑨之：刘绩《补注》本无"之"字。流方：传布四方。

⑩绥（suí）：安抚。

⑪陶冶:化育、造成。

⑫游化:流行,感化。

⑬景星:许慎注:在月之旁,则助日月之明也。按,《史记·天官书》:景星者,德星也。

⑭祥风:吉祥之风。

⑮藉:通"籍",典籍。

⑯用制度:刘绩《补注》本"用"上有"专"字。刘家立《淮南内篇集证》作"用其"。

⑰神祇(qí):天地之神。天曰神,地曰祇。

⑱《鸿烈》:许慎注:鸿,大也;烈,功也。凡二十篇,总谓之《鸿烈》。按,许注指大的功业。高诱"叙"云:"鸿,大也;烈,明也。以为大明道之言也。"许、高注有别。

【译文】

《泰族》的内容,是说道充满四方八极,达到至高无上的境地,上面使日月星大放光明,下面使水土和调,理清古今之道的规律,给伦理关系确定顺序,总括万方的要旨,而把它们归向根本——道,以便用来规划治理天下,管理统治天下之事。于是便要探索思想和意识的源流,理顺人的情性,用来安置清净平正的灵魂,彻底澄清变化莫测的精神,以便能同自然祥和之气相融合。用来观览五帝三王的业绩,他们含怀着上天的意旨,怀抱着大地之气,执掌公正,包含和气;大德在内心形成,而正气凝结在天地之中,引发阴阳二气,规定了四季的时序,正气传布四方;用它来安抚天下就会安宁,推广它就能得到施行。于是便用来化育万物,流行感化一切生物;就像唱歌就有和声,活动就有跟随一样;天下之内,万众一心。因此瑞星出现,吉祥之风来临,黄龙随之降下,凤凰在树上筑巢,麒麟在郊野停息。如果大德没有在内心形成,而只是推行他的法令,使用他的制度,那么天地之神也不会响应,幸福吉祥不会来临,四海之内不能宾服,亿万人民不能归顺。因此大德在内心形成,这是治理天下的最大根本。这就是《鸿烈》中的《泰族》所要表达的内容。

　　凡属书者①，所以窥道开塞②，庶后世使知举错取舍之宜适③，外与物接而不眩，内有以处神养气，宴炀至和④，而已自乐，所受乎天地者也。故言道而不明终始，则不知所仿依；言终始而不明天地四时，则不知所避讳⑤；言天地四时而不引譬援类⑥，则不识精微；言至精而不原人之神气，则不知养生之机；原人情而不言大圣之德，则不知五行之差；言帝道而不言君事，则不知小大之衰⑦；言君事而不为称喻，则不知动静之宜；以称喻而不言俗变⑧，则不知合同大指⑨；已言俗变而不言往事，则不知道德之应；知道德而不知世曲，则无以耦万方⑩；知氾论而不知诠言，则无以从容；通书文而不知兵指，则无以应卒；已知大略而不知譬喻，则无以推明事；知公道而不知人间，则无以应祸福；知人间而不知脩务，则无以使学者劝力⑪。欲强省其辞，览总其要，弗曲行区入⑫，则不足以穷道德之意⑬。故著书二十篇，则天地之理究矣，人间之事接矣⑭，帝王之道备矣。其言有小有巨，有微有粗，指奏卷异⑮，各有为语。今专言道，则无不在焉。然而能得本知末者，其唯圣人也。今学者无圣人之才，而不为详说，则终身颠顿乎混溟之中，而不知觉寤乎昭明之术矣⑯。

【注释】

　　①属书：著书。

　　②窥：观察、探究。

　　③庶：希望。错：通"措"，放置。

④宴炀（yáng）：温暖。宴，本又作"晏"。晏，阳光。炀，温煦。至
　和：最高的和气。

⑤避讳：回避忌讳。

⑥援：引。

⑦衰（cuī）：等次。

⑧以：刘绩《补注》本作"言"。何宁《淮南子集释》："以字是也。"
　"以"通"已"。此则谓已为之称誉而不言俗变，若作"言"则与称
　誉义不相属。称喻：陈说，譬喻。

⑨大指：大意，大要。

⑩耦（ǒu）：应对。

⑪劝：勤勉。

⑫曲行区（gōu）入：婉转而行，屈曲而入。区，屈。

⑬穷：穷尽。

⑭接：全备。

⑮指奏：旨趣。奏，通"趣"。

⑯"今学者"四句：化自《邓析子·转辞》。颠顿，颠沛，困顿。混溟
　（míng），杂乱，昏暗。觉寤，觉醒，省悟。寤，通"悟"，明白。昭
　明，光明。

【译文】

　　大凡著书的目的，是用来观察大道的开启和闭藏，希望后代能够懂
得举止取舍的适当做法，在外部和万物交接而不致迷惑，在内部能够用
来静处精神颐养元气，温煦最高的和气，而自己也能够从中得到快乐，
这些都是从天地之中得到的。因此谈论大道而不明白事物的终始变
化，便不知道所学习效仿的对象；谈论事物的始终转化而不明白天地四
时的变化，便不知道回避灾祸和忌讳的事情；谈说天地四时之间的变
化，而不去引用譬喻援引类似的例证，便不知道精微奥妙的事物；谈论
人的最微妙的精气而不探索人的神气发生的原因，便不知道养生的机

变;探索人之常情而不谈论最高的道德,便不知道在五种行为方面的差失;谈论天子之道而不说诸侯国君之事,便不知道大小的等次;谈论国君之事而不去陈说譬喻,便不知道掌握动静的适度;谈论陈说譬喻而不论及习俗的变化,便不知道会合大要;谈论习俗变化而不谈往古之事,就不了解道德的对应变化;了解道德的对应变化而不知道世事的曲折,便不能应对各种变故;知道广博地论说而不知道阐明精微之言,便不能从容不迫;通晓书籍文章而不知道用兵的要旨,便没有办法应对突然的变故;知道大要而不知道使用引证譬喻,就没有办法推论明白事理;了解公正之道而不知道人间曲直,便不能应对祸福;知道人间之事而不了解修业进取,便不能来使学者勤奋努力。想尽力减少它的文字,概括它的要点,如果不经过委婉曲折地引入境地,便不能够穷尽道德的旨意。因此著书二十篇,这样天地之间的道理便探究清楚了,人世间的事情业已齐全了,帝王统治天下的方法也就完备了。书中的论说有的谈及小事,有的涉及大事,有细微之说,也有粗疏之言,每卷旨趣都是不同的,各自都有论述的内容。现在如果专门谈论道,那么是没有地方不存在的。但是能够得到道的根本而且能知道事物末节的,恐怕只有圣人了。现在读书的人没有圣人之才,如果不替他们详细解说,那么就会终身困顿在杂乱昏暗之中,而不知道行进在光明道路上的方法。

今《易》之《乾》、《坤》①,足以穷道通意也,八卦可以识吉凶、知祸福矣②,然而伏戏为之六十四变③,周室增以六爻④,所以原测淑清之道⑤,而攗逐万物之祖也⑥。夫五音之数,不过宫、商、角、徵、羽,然而五弦之琴不可鼓也,必有细大驾和⑦,而后可以成曲。今画龙首,观者不知其何兽也,具其形,则不疑矣。今谓之道则多,谓之物则少;谓之术则博,谓之事则浅,推之以论,则无可言者。所以为学者,固欲致之不言而已也。

夫道论至深，故多为之辞，以杼其情⑧；万物至众，故博为之说，以通其意。辞虽坛卷连漫⑨，绞纷远援⑩，所以洮汰涤荡至意⑪，使之无凝竭底滞⑫，卷握而不散也⑬。夫江、河之腐胔不可胜数⑭，然祭者汲焉，大也；一杯酒白⑮，蝇渍其中⑯，匹夫弗尝者，小也。诚通乎二十篇之论，睹凡得要，以通九野⑰，径十门⑱，外天地，挥山川⑲，其于逍遥一世之间，宰匠万物之形⑳，亦优游矣。若然者，挟日月而不桃㉑，润万物而不耗㉒。曼兮洮兮㉓，足以览矣；藐兮浩浩㉔，旷旷兮，可以游矣。

【注释】

①《乾》、《坤》：《周易》中两个卦名。乾，象征天，阳性；坤，象征地，阴性。

②八卦：《周易》中的八种符号，名称是乾、坤、震、巽、坎、离、艮、兑。《周易·系辞下》：古者包牺氏之王天下也，于是始作八卦，以通神明之德，以类万物之情。

③伏戏：古代传说中的部落酋长。相传始作八卦，教民渔猎，以充庖厨。又写作庖牺、宓羲等，皆可通假。六十四变：许慎注：八八变为六十四卦，伏羲示其象。按，即六十四卦。八卦中之两卦相重，则为六十四卦。

④周室：许慎注：谓文王也。按，《汉书·艺文志》中载："文王……于是重《易》六爻，作上下篇。"六爻：《易》把组成长、短两画叫爻，分阳爻、阴爻。重卦，即由三画到六画，叫六爻。

⑤原：推根求源。淑清：明朗、纯净。

⑥攓逐：穷追，远溯。攓，同"捃（jùn）"，拾、取。马宗霍《淮南旧注

参正》：攈，通"窘（jiǒng）"，迫。引申义则为穷。逐，追。犹言穷
追万物之祖也。穷追即远溯义。

⑦细：高音。《国语·周语下》：细不过羽。大：低音。相对"细"而
言。《国语·周语下》：大不逾宫。驾和：更相调和。驾，更。

⑧杼：同"抒"，表达。《道藏》本作"抒"。

⑨坛（zhān）卷：互相牵连。坛，通"邅"，缠绕。连漫：散乱的样子。

⑩绞纷：纷纭交缠。远援：遥远，松缓。援，通"缓"。

⑪洮汰（táo tài）：消除、淘汰。洮，洗。涤荡：洗涤、清除。

⑫底滞：停留、闭塞。底，滞。

⑬握：掌握。

⑭腐胔（zì）：腐烂之尸。

⑮白：本色、纯粹。王念孙《读书杂志》："一杯酒白"，"白"字义不可
通。《艺文类聚·器物部》引此，"白"作"甘"。俞樾《诸子平议》：
"酒白"二字文不成义，疑本作"白酒"，而传写误倒之。

⑯渍（zì）：浸泡。

⑰九野：许慎注：八方中央也。

⑱俓（jìng）：同"径"，经过。十门：许慎注：八方上下也。

⑲捭（bǎi）：离开。

⑳宰匠：执掌，主宰。按，"其于"二句，化自《邓析子·转辞》。

㉑挟：通"匝（zā）"，环行。姚（yáo）：许慎注：光也。孙诒让《札迻》
认为，姚，通"窔"，间隙。

㉒耗：消耗。

㉓曼兮：漫布的样子。洮（táo）兮：润泽的样子。

㉔巍兮：高远的样子。浩浩：广大的样子。黄锡禧本"浩浩"后有
"兮"字。

【译文】

现在《周易》中的《乾》和《坤》，完全能够穷尽道术通达旨意了，八卦

可以识别吉凶、知道祸福了,但是伏羲氏还为它演变成六十四个卦象,周文王又增加到六爻,用来探究测度明清之道,而远溯万物的本源。五音的数量,不过宫、商、角、徵、羽,但是五弦的琴不能够弹奏,必须有高音低音的更相调和,然后才能成为曲子。现在只画一个龙头,观看的人不知道是什么野兽,画完它的全部形状,就不会有疑惑了。现在说到的道的就会谈得很多,说到万物的就会谈得很少;谈到统治之术的就会议论很广泛,而谈到具体事物的就很浅薄,如果从理论来推求,便觉得无话可说了。所以从事教学的人,本来想要指引他们,如此也只好不言罢了。

　　大道的学问是最深的,所以要多多地替它说明,以便表达它的实际情况;万物是纷纭复杂的,所以要广博地为它论说,以便通达它的意旨。言辞即使很曲折散乱,纷纭交错而又遥远松缓,但用来淘汰清除个人牢固的意念,使之没有凝结闭塞,那么在掌握之中就不会松散了。在长江、黄河里的腐烂尸骨是数不清的,但是祭祀的人会从中汲水,因为它广大;一杯纯酒,苍蝇淹没在其中,连常人都不去品尝,因为它狭小。果真能够通达二十篇的论述,看到大概,得到要领,可以用来通达九野,经历十门,把天地排除在外,抛开山川,对于逍遥于人世之间,执宰万物之形,也可以说能悠闲自得了。如果能像这样,包容日月而不会有间隙,润泽万物而不会有消耗。漫布大地呵,润泽万物呵,完全可以用来纵情观览了;深远无边呵,无比旷远呵,可以遨游在无垠的天宇了。

　　文王之时,纣为天子,赋敛无度,戮杀无止,康梁沉湎①,宫中成市②,作为炮格之刑,刳谏者,剔孕妇,天下同心而苦之;文王四世累善③,脩德行义,处歧周之间,地方不过百里,天下二垂归之④。文王欲以卑弱制强暴,以为天下去残余贼而成王道⑤,故太公之谋生矣⑥。

文王业之而不卒⑦，武王继文王之业，用太公之谋，悉索薄赋⑧，躬擐甲胄⑨，以伐无道而讨不义，誓师牧野⑩，以践天子之位。天下未定，海内未辑⑪，武王欲昭文王之令德，使夷狄各以其赇来贡⑫。辽远未能至，故治三年之丧，殡文王于两楹之间⑬，以俟远方⑭。武王立三年而崩，成王在襁褓之中⑮，未能用事。蔡叔、管叔，辅公子禄父⑯，而欲为乱。周公继文王之业，持天子之政，以股肱周室，辅翼成王。惧争道之不塞，臣下之危上也，故纵马华山，放牛桃林⑰，败鼓折枹⑱，搢笏而朝⑲，以宁静王室，镇抚诸侯。成王既壮，能从政事，周公受封于鲁，以此移风易俗。孔子脩成、康之道⑳，述周公之训，以教七十子。使服其衣冠，脩其篇藉，故儒者之学生焉㉑。

【注释】

①康梁：沉溺于淫乐。康，淫乐怠政。梁，通"良"，过分。沉湎：耽于酒。

②成市：许慎注：言集者多。按，市，指众聚之处。

③四世：指大王、王季、文王、武王四世。炮格：铜格下布火，置人于上。

④二垂：天下西、北之境。垂，边境。

⑤余：《道藏》本作"除"。余，本作"除"。余、除上古同音通假。王道：儒家主张要用"仁政"来进行统治，称为"王道"。

⑥太公之谋：许慎注：太公为周陈《阴符》兵谋也。按，《汉书·艺文志》"道家"有《太公》二百三十七篇，《谋》八十一篇，《言》七十一篇，《兵》八十五篇。"儒家"有《周史六弢》六篇。颜师古注：即今之《六韬》也。《隋书·经籍志》有《太公阴符钤录》一卷。

⑦业：开始。卒：终。

⑧悉索薄赋：指倾注全国兵力。薄，少量。赋，古代按田地出兵车、甲士，故称"赋"。

⑨躬：亲身。擐(huàn)：穿。

⑩誓师：出兵时告诫将士。

⑪辑：安定。

⑫贿：即财币。

⑬"殡(bìn)文王"句：许慎注：殡，大敛也。两楹，堂柱之间。宾主夹之。按，殡，停柩。楹(yíng)，指厅堂东西两根楹柱。

⑭俟(sì)：等待。

⑮褓褓：婴儿布带和布兜。

⑯公子禄父：许慎注：纣之兄子，周封之以为殷后，使管、蔡监之。按，《史记·周本纪》作"封商纣子禄父殷之余民"。

⑰"故纵马"二句：见于《尚书·武成》。华山，即今西岳华山。桃林，在今河南灵宝以西、陕西潼关以东地区。

⑱抱：刘绩《补注》本作"枹(fú)"，鼓槌。

⑲搢(jìn)：插。笏(hù)：古代朝会时所执手板。

⑳成、康：即周成王、周康王父子。

㉑"故儒者"句：指孔子开创的学派。《汉书·艺文志》："儒家者流，祖述尧舜，宪章文武，宗师仲尼。""游文于六经之中，留意于仁义之际。"

【译文】

周文王的时候，商纣王是天子，搜刮民财没有限度，杀戮不止，沉溺于淫乐美酒之中，宫廷之中就像集市一样，制造了炮格之刑，挖掉劝谏的贤人之心，剖开孕妇的肚子，天下人一心痛恨他；周文王四代积累善事，修治德行推行大义，处在岐周之地，土地方圆不过百里，但是天下西、北二地的诸侯归向了他。周文王打算以卑下弱小的地位战胜强暴的纣王，为天下人民除去凶残之君而成就王道，因此姜太公的兵谋便产生了。

　　周文王从事讨伐的事业刚开始便去世了，周武王继承文王的大业，采用太公的谋略，倾注全国很少的兵力，亲自穿上甲胄，来讨伐无道之君声讨不义之事，在牧野誓师伐纣，终于登上了天子之位。这时天下没有平定，海内没有安宁，武王打算使文王的美德昭明天下，使夷狄各自带着他们的财物前来进献。道路遥远的地方不能按时到达，于是便规定三年之丧，把文王的尸体殡在大堂两个楹柱之间，用来等待远方之人。周武王立国三年而驾崩，周成王还在襁褓之中，不能执政。蔡叔、管叔，辅助纣公子禄父，而要发动叛乱。周公旦继承文王的事业，摄行了天子的权力，用来安定周王室，辅佐成王，平定天下叛乱。周公担心争斗不停止，臣下危及天子，因此便把军马释放到华山，把牛散放到桃林，打破战鼓、折断鼓槌，身插笏板而朝见，以便安定周王室，镇压安抚天下诸侯。成王已经长大，能够处理政事，周公便到鲁国受封，用这个办法转移风气改变习俗。孔子修治成、康的治国理念，祖述周公的教训，用来教导七十个学生。使他们穿戴起周王朝的衣冠，研究遗留下来的典籍，于是儒学便产生了。

　　墨子学儒者之业，受孔子之术，以为其礼烦扰而不悦[1]，厚葬靡财而贫民，服伤生而害事[2]。故背周道而用夏政。禹之时，天下大水，禹身执虆臿[3]，以为民先，剔河而道九歧[4]，凿江而通九路[5]，辟五湖而定东海[6]。当此之时，烧不暇揲[7]，濡不给扢[8]，死陵者葬陵，死泽者葬泽，故节财、薄葬、闲服生焉[9]。

【注释】

　　①悦：许慎注：易也。王念孙《读书杂志》："悦"当为"悦（tuō）"。

《本经篇》彼注云:"悦,简易也。"义与此注同。

②服:王念孙《读书杂志》:"服"上当有"久"字,厚葬、久服相对
为文。

③蔂(léi):同"藁",盛土笼。臿(chā):锹。

④剔:疏通。九歧:许慎注:河水播歧为九,以入海也。

⑤九路:许慎注:江水通别为九。

⑥辟五湖:此指开通五湖。

⑦撌(guì):清除。

⑧给(jǐ):及。扢(gǔ):擦拭。

⑨间(jiǎn)服:《文选·潘岳〈夏侯常侍诔〉》李善注:《淮南子》曰:
"节财薄葬,简服生焉。"即简易之服丧制度。间,与"简"同。

【译文】

墨子学习儒家的学说,接受孔子的思想,但是认为他的礼节烦琐而不简易,丰厚的葬礼耗费了资财而使百姓贫困,长久的服丧伤害生命而妨碍政事。因此不用周朝的法规而使用夏朝的法令。夏禹的时候,天下发了大水,禹亲自拿着畚箕和木锹,来给百姓作出表率,疏通黄河并分成九个支流,凿通长江而沟通众多的河流,开通五湖而注入东海。在这个时候,烧火的余烬来不及排除,衣服沾湿了来不及擦拭,死在山陵葬在山陵,死在湖泽葬在湖泽,因此节省财物、简单的葬礼、简易的服丧制度便产生了。

齐桓公之时,天子卑弱,诸侯力征,南夷北狄,交伐中国,中国之不绝如线①。齐国之地,东负海而北障河②,地狭田少,而民多智巧。桓公忧中国之患,苦夷狄之乱,欲以存亡继绝,崇天子之位,广文、武之业,故管子之书生焉③。

【注释】

①线：细丝。

②障：阻隔。

③"故管子"句：《汉书·艺文志》"道家"列《筦子》八十六篇。

【译文】

　　齐桓公的时候，周天子的地位卑下势力弱小，诸侯用武力互相征伐，南夷北狄，交互侵伐中原，中原各国没有断绝，仅像细丝一样。齐国之地，东边背靠大海而北面有黄河作阻塞，土地狭小，田地很少，而百姓多有智术和巧诈。桓公忧虑中国的祸患，苦于夷狄的战乱，想来保存灭亡的国家，继续绝嗣的宗族，使天子的地位尊崇起来，增广文、武的事业，因此管子的著作便产生了。

　　齐景公内好声色，外好狗马，猎射忘归，好色无辨^①，作为路寝之台^②，族铸大钟^③，撞之庭下，郊雉皆响^④，一朝用三千钟赣^⑤，梁丘据、子家哙导于左右^⑥，故晏子之谏生焉^⑦。

【注释】

①好色：刘家立《淮南内篇集证》：疑"好色"乃"好贤"之误。谓景公知好贤而不能辨别其人，如梁丘据、子家哙与晏子并用，贤愚不分也。作"好色"则义不可通也。辨：辨别。

②路寝之台：天子、诸侯所居的正室。

③族：聚集。

④郊雉皆响：许慎注：大钟声似雷震，雉应而响（gòu）鸣也。按，雉，野鸡。响，鸟鸣声。

⑤"一朝用"句：许慎注：钟，十斛也。赣（gàn），赐也。一朝赐群臣之费三万斛也。按，许注"斛"当为"釜"。《左传·昭公三年》："釜十则钟。"

⑥梁丘据、子家哙：许慎注：二人，景公臣也。导：导引，诱引。

⑦"故晏子"句：《汉书·艺文志》"儒家"载《晏子》八篇。

【译文】

齐景公在宫廷内贪恋音乐美色，在外爱好走狗跑马，射箭打猎时常忘记归来，虽然喜欢贤人但是常常不能辨别真伪，建立起豪华的路寝之台，聚集铜铁铸起了大钟，在庭下撞击之后，引起远郊的野鸡鸣叫，一个早上便赐给群臣三千钟粮食，梁丘据、子家哙等佞臣在左右引诱齐景公，因此晏子的讽谏便产生了。

晚世之时，六国诸侯，溪异谷别，水绝山隔，各自治其境内，守其分地，握其权柄，擅其政令，下无方伯①，上无天子，力征争权，胜者为右，恃连与国②，约重致，剖信符，结远援，以守其国家，持其社稷，故纵横脩短生焉③。

【注释】

①方伯：一方诸侯之长。

②恃(shì)连与国：许慎注：恃性连与之国。按，恃，依仗。连与，联合。

③"故纵横"句：《汉书·艺文志》"纵横家"有《苏子》三十一篇，《张子》十篇。收纵横十二家，百七篇。脩短，指纵横家的言论和著作。《汉书·艺文志》"春秋"类列《战国策》三十三篇。

【译文】

战国的时候，六国诸侯，地域各不相同，大水阻断，高山隔绝，各自治理自己的境内，守卫着各自分割的土地，掌握着他们的大权，擅自发布政令，下面没有诸侯之长，上面没有天子统治，用武力争夺权力，胜利者为尊，依仗联合之国，约定能够招致的重兵，剖开符契，连接远方的援兵，用来防守他们的国家,护卫他们的社稷,因此纵横长短之术便产生了。

申子者①,韩昭釐之左②。韩③,晋别国也。地墝民险④,而介于大国之间。晋国之故礼未灭,韩国之新法重出;先君之令未收,后君之令又下⑤。新故相反,前后相缪⑥,百官背乱,不知所用,故刑名之书生焉⑦。

【注释】

①申子:即申不害(前385?—前337),战国中期法家。韩昭侯八年(前355)被任为相,直至卒年,使韩国"国治兵强"。

②韩昭釐(xī):战国韩昭侯,在位30年。昭釐,谥号。其事并见《吕览·任数》、《韩非子·内储说下》等。

③韩:战国七雄之一。开国君主韩景侯,为春秋晋大夫韩武子之后。与赵、魏瓜分晋国,前403年周王室承认其为诸侯。前230年被秦所灭。

④墝(qiāo):指土地坚硬贫瘠。

⑤令:北宋本原作"今"。《道藏》本作"令"。据正。

⑥缪:通"谬(miù)",抵触。

⑦"故刑名"句:刑名,法家一派,强调循名责实,以强化上下关系。《汉书·艺文志》"法家"有《申子》六篇。章学诚《校雠通义》"内篇"三:刘向《别录》:申子学号刑名,以名责实,尊君卑臣,崇上抑下。

【译文】

申不害,是韩昭侯的辅佐。韩,原是由晋分割而建立的。其国土地贫瘠,民风险恶,而又介于大国之间。晋国原来的礼仪没有废止,韩国的新法又重新出现;先君的命令没有收回,后君的命令又接着而下。新旧相反,前后抵触,百官相背而混乱,不知如何使用,因此刑名之学便产生了。

　　秦国之俗,贪狼强力①,寡义而趋利;可威以刑,而不可化以善;可劝以赏,而不可厉以名②。被险而带河,四塞以为固③;地利形便,畜积殷富。孝公欲以虎狼之势④,而吞诸侯,故商鞅之法生焉⑤。

【注释】

①狼:通“狠”,凶狠。

②厉:通“励”,劝勉。

③四塞:四面关塞。

④孝公:秦孝公(前381—前338),战国秦君,在位23年。任用商鞅,实行变法,使秦国走向富强。

⑤“故商鞅”句:《汉书·艺文志》“法家”载《商君》二十九篇。

【译文】

　　秦国的习俗,贪狼如狼竭尽武力,缺少大义而追逐利益;可以用刑法来施行威严,而不能够用教化让他们行善;可以用奖励来勉励他们,而不能用名誉来劝勉他们。覆盖险阻而以黄河为带,四周有险关堵塞;地理形势极为有利方便,积蓄充足。秦孝公想以虎狼般的优势,来吞并天下诸侯,因此商鞅的法家思想就产生了。

　　若刘氏之书①,观天地之象,通古今之论②,权事而立制,度形而施宜,原道之心③,合三王之风,以储与扈冶④。玄眇之中,精摇靡览⑤,弃其畛挈⑥,斟其淑静⑦,以统天下,理万物,应变化,通殊类。非循一迹之路,守一隅之指,拘系牵连于物⑧,而不与世推移也。故置之寻常而不塞,布之天下而不窕⑨。

【注释】

①若刘氏之书：许慎注：淮南王自谓也。

②论：《道藏》本作"事"。

③原道：顾广圻《校淮南子》云："道"下疑当有"德"字，与下句对文也。《精神训》"深原道德之意"亦可证。

④以储（chǔ）与扈（hù）冶：许慎注：储与，犹摄业。扈冶，广大也。按，《俶真训》高诱注：储与扈冶，襃（bāo）大意也。

⑤精摇：许慎注：楚人谓精进为精摇。按，即精心进取之义。靡（mǐ）览：览，通"监"。监、览上古同音。《脩务训》："君子有能精摇摩监。"靡、摩相通。即磨炼义。

⑥畛挈（zhěn qiè）：许慎注：楚人谓泽浊为畛挈。按，即垢（gòu）浊义。

⑦淑静：清澈，明净。

⑧拘系：拘泥，束缚。牵连：牵绊。

⑨"故置之"二句：亦见于《大戴礼记·王言》。许慎注：窕（tiǎo），缓也。布之天下，虽大不窕。按，布，北宋本原作"市"。《道藏》本作"布"。据正。窕，空隙。

【译文】

　　至于像刘氏的著述，观察天地的形象，通达古今的学说，权衡事理而建立法规，度量形势而施行合宜的措施，探索人们的道德规范，使之符合三王的风气，以便扩大道旨。在幽深微妙之中，探索精妙美好的政教，抛弃了它的混浊，斟取它的精髓，而用来统一天下，治理万物，适应变化，来沟通不同的物类。不是依循一个车轨形成的路子，恪守一个角落的偏见，拘泥牵制于具体的事物，不知随世道的变迁而转移。因此放置到狭小之地而不会有阻塞，布散到天下而不会有空隙。

中华经典名著
全本全注全译丛书
（已出书目）

搜神记

拾遗记

世说新语

弘明集

齐民要术

刘子

颜氏家训

中说

群书治要

帝范·臣轨·庭训格言

坛经

大慈恩寺三藏法师传

长短经

蒙求·童蒙须知

茶经·续茶经

玄怪录·续玄怪录

酉阳杂俎

历代名画记

唐摭言

化书·无能子

梦溪笔谈

东坡志林

唐语林

北山酒经（外二种）

折狱龟鉴

容斋随笔

近思录

洗冤集录

传习录

焚书

菜根谭

增广贤文

呻吟语

了凡四训

龙文鞭影

长物志

智囊全集

天工开物

溪山琴况·琴声十六法

温疫论

明夷待访录·破邪论

潜书

陶庵梦忆

西湖梦寻

虞初新志

幼学琼林

笠翁对韵

声律启蒙

老老恒言

随园食单

阅微草堂笔记

格言联璧